ŒUVRES ILLUSTRÉES

DE

GEORGE SAND

CE VOLUME CONTIENT

Consuelo — Procope le Grand.

★★★★★★★★

OEUVRES ILLUSTRÉES

DE

GEORGE SAND

PRÉFACES ET NOTICES NOUVELLES PAR L'AUTEUR

DESSINS

DE TONY JOHANNOT

ET MAURICE SAND

ÉDITION J. HETZEL

LIBRAIRIE BLANCHARD — **1855** — LIBRAIRIE CENTRALE
Ancienne Librairie HETZEL — des Publications à 20 centimes
78, RUE RICHELIEU, 78. — PARIS — 5, RUE DU PONT-DE-LODI, 5

CONSUELO

NOTICE

Ce long roman de *Consuelo*, suivi de *la Comtesse de Rudolstadt* et accompagné, lors de sa publication dans la *Revue indépendante*, de deux notices sur *Jean Ziska* et *Procope le Grand*, forme un tout assez important comme appréciation et résumé de mœurs historiques. Le roman n'est pas bien conduit. Il va souvent un peu à l'aventure, a-t-on dit; il manque de proportion. C'est l'opinion de mes amis, et je la crois fondée. Ce défaut, qui ne consiste pas dans un *décousu*, mais dans une *sinuosité* exagérée d'événements, a été l'effet de mon infirmité ordinaire : l'absence de plan. Je le corrige ordinairement beaucoup quand l'ouvrage, terminé, est entier dans mes mains. Mais la grande consommation de livres nouveaux qui s'est faite de 1835 à 1845 particulièrement, la concurrence des journaux et des revues, l'avidité des lecteurs, complice de celle des éditeurs, ce furent là des causes de production rapide et de publication pour ainsi dire forcée. Je m'intéressais vivement au succès de la *Revue indépendante*, fondée par mes amis Pierre Leroux et Louis Viardot, continuée par mes amis Ferdinand François et Pernet. J'avais commencé *Consuelo* avec le projet de ne faire qu'une nouvelle. Ce commencement plut, et on m'engagea à le développer, en me faisant pressentir tout ce que le dix-huitième siècle offrait d'intérêt sous le rapport de l'art, de la philosophie et du merveilleux, trois éléments produits par ce siècle d'une façon très-hétérogène en apparence, et dont le lien était cependant curieux et piquant à établir sans trop de fantaisie.

Dès lors, j'avançai dans mon sujet, au jour le jour, lisant beaucoup et produisant aussitôt, pour chaque numéro de la *Revue* (car on me priait de ne pas m'interrompre), un fragment assez considérable.

Je sentais bien que cette manière de travailler n'était pas normale et offrait de grands dangers; ce n'était pas la première fois que je m'y étais laissé entraîner; mais, dans un ouvrage d'aussi longue haleine et appuyé sur tant de réalités historiques, l'entreprise était téméraire. La première condition d'un ouvrage d'art, c'est le temps et la liberté. Je parle ici de la liberté qui consiste à revenir sur ses pas quand on s'aperçoit qu'on a quitté son chemin pour se jeter dans une traverse; je parle du temps qu'il faudrait se réserver pour abandonner les sentiers hasardeux et retrouver la ligne droite. L'absence de ces deux sécurités, crée à l'artiste une inquiétude fiévreuse, parfois favorable à l'inspiration, parfois périlleuse pour la raison, qui, en somme, doit enchaîner le caprice, quelque carrière qui lui soit donnée dans un travail de ce genre.

Ma réflexion condamne donc beaucoup cette manière de produire. Qu'on travaille aussi vite qu'on voudra et qu'on pourra : *le temps ne fait rien à l'affaire*; mais entre la création spontanée et la publication, il faudrait absolument le temps de relire l'ensemble et de l'expurger des longueurs qui sont précisément l'effet ordinaire de la précipitation. La fièvre est bonne, mais la conscience de l'artiste a besoin de passer en revue, à tête reposée, avant de les raconter tout haut, les songes qui ont charmé sa divagation libre et solitaire.

Je me suis donc presque toujours abstenue depuis, d'agir avec cette complaisance mal entendue pour les autres et pour soi, et mes amis se sont aperçus d'une seconde manière, plus sobre et mieux digérée, dont je m'étais fait la promesse à moi-même, en courant à travers champs après la voyageuse *Consuelo*. Je sentais là un beau sujet, des types puissants, une époque et des pays semés d'accidents historiques, dont le côté intime était précieux à explorer; et j'avais regret de ne pouvoir reprendre mon itinéraire et choisir mes étapes, à mesure que j'avançais au hasard, toujours frappée et tentée par des horizons nouveaux.

Il y a dans *Consuelo* et dans la *Comtesse de Rudolstadt*, des matériaux pour trois ou quatre bons romans. Le défaut, c'est d'avoir entassé trop de richesses brutes dans un seul. Ces richesses me venaient à foison dans les lectures dont j'accompagnais mon travail. Il y avait là plus d'une mine à explorer, et je ne pouvais résister au désir de puiser un peu dans chacune, au risque de ne pas classer bien sagement mes conquêtes.

Tel qu'il est, l'ouvrage a de l'intérêt et, contre ma coutume quand il s'agit de mes ouvrages, j'en conseille la lecture. On y apprendra beaucoup de choses qui ne sont pas nouvelles pour les gens instruits, mais qui, par leur rapprochement, jettent une certaine lumière sur les préoccupations et, par conséquent, sur l'esprit du siècle de Marie-Thérèse et de Frédéric II, de Voltaire et de Cagliostro : siècle étrange, qui commence par des chansons, se développe dans des conspirations bizarres, aboutit, par des idées profondes, à des révolutions formidables !

Que l'on fasse bon marché de l'intrigue et de l'invraisemblance de certaines situations; que l'on regarde autour de ces gens et de ces aventures de ma fantaisie, on verra un monde où je n'ai rien inventé, un monde qui a existé et qui a été beaucoup plus fantastique que mes personnages et leurs vicissitudes : de sorte que je pourrais dire que ce qu'il y a de plus impossible dans mon livre, est précisément ce qui s'est passé dans la réalité des choses.

GEORGE SAND.

Nohant, 15 septembre 1854.

I.

« Oui, oui, Mesdemoiselles, hochez la tête tant qu'il vous plaira, la plus sage et la meilleure d'entre vous, c'est... Mais je ne veux pas le dire; car c'est la seule de ma classe qui ait de la modestie, et je craindrais, en la nommant, de lui faire perdre à l'instant même cette rare vertu que je vous souhaite...

— *In nomine Patris, et Filii, et Spiritus Sancti*, chanta la Costanza d'un air effronté.

— *Amen*, chantèrent en chœur toutes les autres petites filles.

— Vilain méchant! dit la Clorinda en faisant une jolie moue, et en donnant un petit coup du manche de son éventail sur les doigts osseux et ridés que le maître de chant laissait dormir allongés sur le clavier muet de l'orgue.

— A d'autres! dit le vieux professeur, de l'air profondément désabusé d'un homme qui, depuis quarante ans, affronte six heures par jour toutes les agaceries et toutes les mutineries de plusieurs générations d'enfants femelles. Il n'en est pas moins vrai, ajouta-t-il en mettant ses lunettes dans leur étui et sa tabatière dans sa poche, sans lever les yeux sur l'essaim railleur et courroucé, que cette sage, cette docile, cette studieuse, cette attentive, cette bonne enfant, ce n'est pas vous, signora Clorinda; ni vous, signora Costanza; ni vous non plus, signora Zulietta; et la Rosina pas davantage, et Michela encore moins...

— En ce cas, c'est moi... — Non, c'est moi... — Pas du tout, c'est moi? — Moi ! — Moi ! s'écrièrent de leurs voix flûtées ou perçantes une cinquantaine de blondines ou de brunettes, en se précipitant comme une volée de mouettes crieuses sur un pauvre coquillage laissé à sec sur la grève par le retrait du flot. »

Le coquillage, c'est-à-dire le maestro (et je soutiens qu'aucune métaphore ne pouvait être mieux appropriée à ses mouvements anguleux, à ses yeux nacrés, à ses pommettes tachetées de rouge, et surtout aux mille petites boucles blanches, raides et pointues de la perruque professorale); le maestro, dis-je, forcé par trois fois de retomber sur la banquette après s'être levé pour partir, mais calme et impassible comme un coquillage bercé et endurci dans les tempêtes, se fit longtemps prier pour dire laquelle de ses élèves méritait les éloges dont il était toujours si avare, et dont il venait de se montrer si prodigue. Enfin, cédant comme à regret à des prières que provoquait sa malice, il prit le bâton doctoral dont il avait coutume de marquer la mesure, et s'en servit pour séparer et resserrer sur deux files son troupeau indiscipliné. Puis avançant d'un air grave entre cette double haie de têtes légères, il alla se poser dans le fond de la tribune de l'orgue, en face d'une petite personne accroupie sur un gradin. Elle, les coudes sur ses genoux, les doigts dans ses oreilles pour n'être pas distraite par le bruit, étudiait sa leçon à demi-voix pour n'être incommode à personne, tortillée et repliée sur elle-même comme un petit singe; lui, solennel et triomphant, le jarret et le bras tendus, semblable au berger Pâris adjugeant la pomme, non à la plus belle, mais à la plus sage.

« *Consuelo?* l'Espagnole? » s'écrièrent tout d'une voix les jeunes choristes, d'abord frappées de surprise. Puis un éclat de rire universel, homérique, fit monter enfin le rouge de l'indignation et de la colère au front majestueux du professeur.

La petite Consuelo, dont les oreilles bouchées n'avaient rien entendu de tout ce dialogue, et dont les yeux distraits erraient au hasard sans rien voir, tant elle était absorbée par son travail, demeura quelques instants insensible à tout ce tapage. Puis enfin, s'apercevant de l'attention dont elle était l'objet, elle laissa tomber ses mains de ses oreilles sur ses genoux, et son cahier de ses genoux à terre; elle resta ainsi pétrifiée d'étonnement, non confuse, mais un peu effrayée, et finit par se lever pour regarder derrière elle si quelque objet bizarre ou quelque personnage ridicule n'était point, au lieu d'elle, la cause de cette bruyante gaîté.

« Consuelo, lui dit le maestro en la prenant par la main sans s'expliquer davantage, viens là, ma bonne fille, chante-moi le *Salve Regina* de Pergolèse, que tu apprends depuis quinze jours, et que la Clorinda étudie depuis un an. »

Consuelo, sans rien répondre, sans montrer ni crainte, ni orgueil, ni embarras, suivit le maître de chant jusqu'à l'orgue, où il se rassit, et, d'un air de triomphe, donna le ton à la jeune élève. Alors Consuelo, avec simplicité et avec aisance, éleva purement, sous les profondes voûtes de la cathédrale, les accents de la plus belle voix qui les eût jamais fait retentir. Elle chanta le *Salve Regina* sans faire une seule faute de mémoire, sans hasarder un son qui ne fût complétement juste, plein, soutenu ou brisé à propos; et suivant avec une exactitude toute passive les instructions que le savant maître lui avait données, rendant avec ses facultés puissantes les intentions intelligentes et droites du bonhomme, elle fit, avec l'inexpérience et l'insouciance d'un enfant, ce que la science, l'habitude et l'enthousiasme n'eussent pas fait faire à un chanteur consommé : elle chanta avec perfection. « C'est bien, ma fille, lui dit le vieux maître toujours sobre de compliments. Tu as étudié avec attention, et tu as chanté avec conscience. La prochaine fois tu me répéteras la cantate de Scarlati que je t'ai enseignée.

— *Si, Signor professore*, répondit Consuelo. A présent je puis m'en aller?

— Oui, mon enfant. Mademoiselles, la leçon est finie. »

Consuelo mit dans un petit panier ses cahiers, ses crayons, et son petit éventail de papier noir, inséparable jouet de l'Espagnole aussi bien que de la Vénitienne, et dont elle ne se servait presque jamais, bien qu'elle l'eût toujours auprès d'elle. Puis elle disparut derrière les tuyaux de l'orgue, descendit avec la légèreté d'une souris l'escalier mystérieux qui ramène à l'église, s'agenouilla un instant en traversant la nef du milieu, et, au moment de sortir, trouva auprès du bénitier un beau jeune seigneur qui lui tendit le goupillon en souriant. Elle en prit; et, tout en le regardant droit au visage avec l'aplomb d'une petite fille qui ne se croit point et ne se sent point encore femme, elle mêla son signe de croix et son remerciment d'une si plaisante façon, que le jeune seigneur se prit à rire tout à fait. Consuelo se mit à rire aussi; et tout à coup, comme si elle se fût rappelé qu'on l'attendait, elle prit sa course, et franchit le seuil de l'église, les degrés et le portique en un clin d'œil.

Cependant le professeur remettait pour la seconde fois ses lunettes dans la vaste poche de son gilet, et s'adressant aux écolières silencieuses : « Honte à vous! mes belles demoiselles, leur disait-il. Cette petite fille, la plus jeune d'entre vous, la plus nouvelle dans ma classe, est seule capable de chanter proprement un solo; et dans les chœurs, quelque sottise que vous fassiez autour d'elle, je la retrouve toujours aussi ferme et aussi juste qu'une note de clavecin. C'est qu'elle a du zèle, de la patience, et ce que vous n'avez pas et que vous n'aurez jamais, toutes tant que vous êtes, *de la conscience!*

— Ah! voilà son grand mot lâché! s'écria la Costanza dès qu'il fut sorti. Il ne l'avait dit que trente-neuf fois durant la leçon, et il ferait une maladie s'il n'arrivait à la quarantième.

— Belle merveille que cette Consuelo fasse des progrès! dit la Zulietta. Elle est si pauvre! elle ne songe qu'à se dépêcher d'apprendre quelque chose pour aller gagner son pain.

— On m'a dit que sa mère était une Bohémienne, ajouta la Michelina, et que la petite a chanté dans les rues et sur les chemins avant de venir ici. On ne saurait nier qu'elle a une belle voix; mais elle n'a pas l'ombre d'intelligence, cette pauvre enfant! Elle apprend par cœur, elle suit servilement les indications du professeur, et puis ses bons poumons font le reste.

— Qu'elle ait les meilleurs poumons et la plus grande intelligence par-dessus le marché, dit la belle Clorinda, je ne voudrais pas lui disputer ces avantages s'il me fallait échanger ma figure contre la sienne.

— Vous n'y perdriez déjà pas tant! reprit Costanza, qui ne mettait pas beaucoup d'entraînement à reconnaître la beauté de Clorinda.

— Elle n'est pas belle non plus, dit une autre. Elle est jaune comme un cierge pascal, et ses grands yeux ne disent rien du tout; et puis toujours si mal habillée. Décidément c'est une laideron.

— Pauvre fille! c'est bien malheureux pour elle, tout cela : point d'argent, et point de beauté! »

C'est ainsi qu'elles terminèrent le panégyrique de Consuelo, et qu'elles se consolèrent en la plaignant, de l'avoir admirée tandis qu'elle chantait.

II.

Ceci se passait à Venise il y a environ une centaine d'années, dans l'église des *Mendicanti*, où le célèbre maestro Porpora venait d'essayer la répétition de ses grandes vêpres en musique, qu'il devait y diriger le dimanche suivant, jour de l'Assomption. Les jeunes choristes qu'il avait si vertement gourmandées étaient des enfants de ces *scuole*, où elles étaient instruites aux frais de l'État, pour être par lui dotées ensuite, *soit pour le mariage, soit pour le cloître*, dit Jean-Jacques Rousseau, qui admira leurs voix magnifiques vers la même époque, dans cette même église. Lecteur, tu ne te rappelles que trop ces détails, et un épisode charmant raconté par lui à ce propos dans le livre VIII des *Confessions*. Je n'aurai garde de transcrire ici ces adorables pages, après lesquelles tu ne pourrais certainement pas te résoudre à reprendre les miennes; et bien autant ferais-je à ta place, ami lecteur. J'espère donc que tu n'as pas en ce moment les *Confessions* sous la main, et je poursuis mon conte.

Toutes ces jeunes personnes n'étaient pas également pauvres, et il est bien certain que, malgré la grande intégrité de l'administration, quelques-unes se glissaient là, pour lesquelles c'était plutôt une spéculation qu'une nécessité de recevoir, aux frais de la République, une éducation d'artiste et des moyens d'établissement. C'est pourquoi quelques-unes se permettaient d'oublier les saintes lois de l'égalité, grâce auxquelles on les avait laissées s'asseoir furtivement sur les mêmes bancs que leurs pauvres sœurs. Toutes aussi ne remplissaient pas les vues austères que la République avait sur leur sort futur. Il s'en détachait bien quelqu'une de temps en temps, qui, ayant profité de l'éducation gratuite, renonçait à la dot pour chercher ailleurs une plus brillante fortune. L'administration, voyant que cela était inévitable, avait quelquefois admis aux cours de musique les enfants des pauvres artistes dont l'existence nomade ne permettait pas un bien long séjour à Venise. De ce nombre était la petite Consuelo, née en Espagne, et arrivée de là en Italie en passant par Saint-Pétersbourg, Constantinople, Mexico, ou Arkangel, ou par toute autre route encore plus directe à l'usage des seuls Bohémiens.

Bohémienne, elle ne l'était pourtant que de profession et par manière de dire; car de race, elle n'était ni Gitana ni Indoue, non plus qu'Israélite en aucune façon. Elle était de bon sang espagnol, sans doute mauresque à l'origine, car elle était passablement brune, et toute sa personne avait une tranquillité qui n'annonçait rien des races vagabondes. Ce n'est point que de ces races-là je veuille médire. Si j'avais inventé le personnage de Consuelo, je ne prétends point que je ne l'eusse fait sortir d'Israël, ou de plus loin encore; mais elle était formée de la côte d'Ismaël, tout le révélait dans son organisation. Je ne l'ai point vue, car je n'ai pas encore cent ans, mais on me l'a affirmé, et je n'y puis contredire. Elle n'avait pas cette pétulance fébrile interrompue par des accès de langueur apathique qui distingue les *zingarelle*. Elle n'avait pas la curiosité insinuante ni la mendicité tenace d'une *ebbrea* indigente. Elle était aussi calme que l'eau des lagunes, et en même temps aussi active que les gondoles légères qui en sillonnent incessamment la face.

Comme elle grandissait beaucoup, et que sa mère était fort misérable, elle portait toujours ses robes trop courtes d'une année; ce qui donnait à ses longues jambes de quatorze ans, habituées à se montrer en public, une sorte de grâce sauvage et d'allure franche qui faisait plaisir et pitié à voir. Si son pied était petit, on ne le pouvait dire, tant il était mal chaussé. En revanche, sa taille, prise dans des *corps* devenus trop étroits et craqués à toutes les coutures, était svelte et flexible comme un palmier, mais sans forme, sans rondeur, sans aucune séduction. La pauvre fille n'y songeait guère, habituée qu'elle était à s'entendre traiter de *guenon*, de *cédrat*, et de *moricaude*, par les blondes, blanches et replètes filles de l'Adriatique. Son visage tout rond, blême et insignifiant, n'eût frappé personne, si ses cheveux courts, épais et rejetés derrière ses oreilles, en même temps que son air sérieux et indifférent à toutes les choses extérieures, ne lui eussent donné une certaine singularité peu agréable. Les figures qui ne plaisent pas perdent de plus en plus la faculté de plaire. L'être qui les porte, indifférent aux autres, le devient à lui-même, et prend une négligence de physionomie qui éloigne de plus en plus les regards. La beauté s'observe, s'arrange, se soutient, se contemple, et se pose pour ainsi dire sans cesse dans un miroir imaginaire placé devant elle. La laideur s'oublie et se laisse aller. Cependant il en est de deux sortes : l'une qui souffre et proteste sans cesse contre la réprobation générale par une habitude de rage et d'envie : ceci est la vraie, la seule laideur ; l'autre, ingénue, insouciante, qui prend son parti, qui n'évite et ne provoque aucun jugement, et qui gagne le cœur tout en choquant les yeux : c'était la laideur de Consuelo. Les personnes généreuses qui s'intéressaient à elle regrettaient d'abord qu'elle ne fût pas jolie ; et puis, se ravisant, elles disaient, en lui prenant la tête avec cette familiarité qu'on n'a pas pour la beauté : « Eh bien, toi, tu as la mine d'une bonne créature ; » et Consuelo était fort contente, bien qu'elle n'ignorât point que cela voulait dire : « Tu n'as rien de plus. »

Cependant le jeune et beau seigneur qui lui avait offert de l'eau bénite resta auprès de la coupe lustrale, jusqu'à ce qu'il eût vu défiler l'une après l'autre jusqu'à la dernière des *scolari*. Il les regarda toutes avec attention, et lorsque la plus belle, la Clorinda, passa près de lui, il lui donna l'eau bénite avec ses doigts, afin d'avoir le plaisir de toucher les siens. La jeune fille rougit d'orgueil, et passa outre, en lui jetant ce regard, mêlé de honte et d'audace, qui n'est l'expression ni de la fierté ni de la pudeur.

Dès qu'elles furent rentrées dans l'intérieur du couvent, le galant patricien revint sous la nef, et abordant le professeur qui descendait plus lentement de la tribune : « Par le corps de Bacchus ! vous allez me dire, mon cher maître, s'écria-t-il, laquelle de vos élèves a chanté le *Salve Regina*.

— Et pourquoi voulez-vous le savoir, comte Zustiniani ? répondit le professeur en sortant avec lui de l'église.

— Pour vous en faire mon compliment, reprit le patricien. Il y a longtemps que je suis, non-seulement vos vêpres, mais jusqu'à vos exercices ; car vous savez combien je suis *dilettante* de musique sacrée. Eh bien, voici la première fois que j'entends chanter du Pergolèse d'une manière aussi parfaite ; et quant à la voix, c'est certainement la plus belle que j'aie rencontrée dans ma vie.

— Par le Christ ! je le crois bien ! répliqua le professeur en savourant une large prise de tabac avec complaisance et dignité.

— Dites-moi donc le nom de la créature céleste qui m'a jeté dans de tels ravissements. Malgré vos sévérités et vos plaintes continuelles, on peut dire que vous avez fait de votre école une des meilleures de toute l'Italie ; vos chœurs sont excellents, et vos solos fort estimables ; mais la musique que vous faites exécuter est si grande, si austère, que bien rarement de jeunes filles peuvent en faire sentir toutes les beautés...

— Elles ne les font point sentir, dit le professeur avec tristesse, parce qu'elles ne les sentent point elles-mêmes ! Pour des voix fraîches, étendues, timbrées, nous n'en manquons pas, Dieu merci ! mais pour des organisations musicales, hélas ! qu'elles sont rares et incomplètes !

— Du moins vous en possédez une admirablement douée : l'instrument est magnifique, le sentiment parfait, le savoir remarquable. Nommez-la-moi donc.

— N'est-ce pas, dit le professeur en éludant la question, qu'elle vous a fait plaisir ?

— Elle m'a pris au cœur, elle m'a arraché des larmes, et par des moyens si simples, par des effets si peu cherchés, que je n'y comprenais rien d'abord. Et puis, je me suis rappelé ce que vous m'avez dit tant de fois en m'enseignant votre art divin, ô mon cher maître ! et pour la première fois, moi j'ai compris combien vous aviez raison.

— Et qu'est-ce que je vous disais ? reprit encore le maestro d'un air de triomphe.

— Vous me disiez, répondit le comte, que le grand, le vrai, le beau dans les arts, c'était le simple.

— Je vous disais bien aussi qu'il y avait le *brillant*, le *cherché*, l'*habile*, et qu'il y avait souvent lieu d'applaudir et de remarquer ces qualités-là ?

— Sans doute ; mais de ces qualités secondaires à la vraie manifestation du génie, il y a un abîme, disiez-vous. Eh bien, cher maître ! votre cantatrice est seule d'un côté, et toutes les autres sont en deçà.

— C'est vrai, et c'est bien dit, observa le professeur se frottant les mains.

— Son nom ? reprit le comte.

— Quel nom ? dit le malin professeur.

— Et, *per Dio santo* ! celui de la sirène ou plutôt de l'archange que je viens d'entendre.

— Et qu'en voulez-vous faire de son nom, seigneur comte ? répliqua le Porpora d'un ton sévère.

— Monsieur le professeur, pourquoi voulez-vous m'en faire un secret ?

— Je vous dirai pourquoi, si vous commencez par me dire à quelles fins vous le demandez si instamment.

— N'est-ce pas un sentiment bien naturel et véritablement irrésistible, que celui qui nous pousse à connaître, à nommer et à voir les objets de notre admiration ?

— Eh bien, ce n'est pas là votre seul motif ; laissez-moi, cher comte, vous donner ce démenti. Vous êtes grand amateur, et bon connaisseur en musique, je le sais ; mais vous êtes, par-dessus tout, propriétaire du théâtre San-Samuel. Vous mettez votre gloire, encore plus que votre intérêt, à attirer les plus beaux talents et les plus belles voix d'Italie. Vous savez bien que nous donnons de bonnes leçons, que chez nous seulement se font les fortes études et se forment les grandes musiciennes. Vous nous avez déjà enlevé la Corilla ; et comme elle vous sera peut-être enlevée au premier jour par un engagement avec quelque autre théâtre, vous venez rôder autour de notre école, pour voir si nous ne vous avons pas formé quelque nouvelle Corilla que vous vous tenez prêt à capturer... Voilà la vérité, monsieur le comte : avouez que j'ai dit la vérité.

— Et quand cela serait, cher maestro, répondit le comte en souriant, que vous importe, et quel mal y trouvez-vous ?

— J'en trouve un fort grand, seigneur comte ; c'est que vous corrompez, vous perdez ces pauvres créatures.

— Ah ça, comment l'entendez-vous, farouche professeur ? Depuis quand vous faites-vous le père gardien de ces vertus fragiles ?

— Je l'entends comme il faut, monsieur le comte, et ne me soucie ni de leur vertu, ni de leur fragilité ; mais je me soucie de leur talent, que vous dénaturez et que vous avilissez sur vos théâtres, en leur donnant à chanter de la musique vulgaire et de mauvais goût. N'est-ce point une désolation, une honte de voir cette Corilla, qui commençait à comprendre grandement l'art sérieux, descendre du sacré au profane, de la prière au badinage, de l'autel au tréteau, du sublime au ridicule, d'Allegri et de Palestrina à Albinoni et au barbier Apollini ?

— Ainsi vous refusez, dans votre rigorisme, de me nommer cette fille, sur laquelle je ne puis avoir des vues, puisque j'ignore si elle possède d'ailleurs les qualités requises pour le théâtre ?

— Je m'y refuse absolument.

— Et vous pensez que je ne la découvrirai pas ?

— Hélas ! vous la découvrirez, si telle est votre détermination ; mais je ferai tout mon possible pour vous empêcher de nous l'enlever.

— Eh bien, maître, vous êtes déjà à moitié vaincu ; car je l'ai vue, je l'ai devinée, je l'ai reconnue, votre divinité mystérieuse.

— Oui da ? dit le maître d'un air méfiant et réservé ; en êtes-vous bien sûr ?

— Mes yeux et mon cœur me l'ont révélée, et je vais vous faire son portrait pour vous en convaincre. Elle est grande : c'est, je crois, la plus grande de toutes vos élèves ; elle est blanche comme la neige du Frioul, et rose comme l'horizon au matin d'un beau jour ; elle a des cheveux dorés, des yeux d'azur, un aimable embonpoint, et porte au doigt un petit rubis qui m'a brûlé en effleurant ma main comme l'étincelle d'un feu magique.
— Bravo ! s'écria le Porpora d'un air narquois. Je n'ai rien à vous cacher, en ce cas ; et le nom de cette beauté, c'est la Clorinda. Allez donc lui faire vos offres séduisantes ; donnez-lui de l'or, des diamants et des chiffons. Vous l'engagerez facilement dans votre troupe, et elle pourra peut-être vous faire remplacer la Corilla ; car le public de vos théâtres préfère aujourd'hui de belles épaules et de beaux sons, et des yeux hardis à une intelligence élevée.
— Me serais-je donc trompé, mon cher maître ? dit le comte un peu confus ; la Clorinda ne serait-elle qu'une beauté vulgaire ?
— Et si ma sirène, ma divinité, mon archange, comme il vous plait de l'appeler, n'était rien moins que belle ? reprit le maître avec malice.
— Si elle était difforme, je vous supplierais de ne jamais me la montrer, car mon illusion serait trop cruellement détruite. Si elle était seulement laide, je pourrais l'adorer encore ; mais je ne l'engagerais pas pour le théâtre, parce que le talent sans la beauté n'est parfois qu'un malheur, une lutte, une supplice pour une femme. Que regardez-vous, maestro, et pourquoi vous arrêtez-vous ainsi ?
— Nous voici à l'embarcadère où se tiennent les gondoles, et je n'en vois aucune. Mais vous, comte, que regardez-vous ainsi par là ?
— Je regarde si ce jeune gars, que vous voyez assis sur les degrés de l'embarcadère auprès d'une petite fille assez vilaine, n'est point mon protégé Anzoleto, le plus intelligent et le plus joli de nos petits plébéiens. Regardez-le, cher maestro, ceci vous intéresse comme moi. Cet enfant a la plus belle voix de ténor qui soit dans Venise ; il a un goût passionné pour la musique et des dispositions incroyables. Il y a longtemps que je veux vous parler de lui et vous prier de lui donner des leçons. Celui-là, je le destine véritablement à soutenir le succès de mon théâtre, et dans quelques années, j'espère être bien récompensé de mes soins. Holà, Zoto ! viens ici, mon enfant, que je te présente à l'illustre maître Porpora.

Anzoleto tira ses jambes nues de l'eau, où elles pendaient avec insouciance tandis qu'il s'occupait à percer d'une grosse aiguille ces jolies coquillages qu'on appelle poétiquement à Venise *fiori di mare*. Il avait pour tout vêtement une culotte fort râpée et une chemise assez fine, mais fort déchirée, à travers laquelle on voyait ses épaules blanches et modelées comme celles d'un petit Bacchus antique. Il avait effectivement la beauté grecque d'un jeune faune, et sa physionomie offrait le mélange singulier, mais bien fréquent dans ces créations de la statuaire païenne, d'une mélancolie rêveuse et d'une ironique insouciance. Ses cheveux crépus, bien que fins, d'un blond vif un peu cuivré par le soleil, se roulaient en mille boucles épaisses et courtes autour de son cou d'albâtre. Tous ses traits étaient d'une perfection incomparable ; mais il y avait, dans le regard pénétrant de ses yeux noirs comme l'encre, quelque chose de trop hardi qui ne plut pas au professeur. L'enfant se leva bien vite à la voix de Zustiniani, jeta tous ses coquillages sur les genoux de la petite fille assise à côté de lui, et tandis que celle-ci, sans se déranger, continuait à les enfiler et à les entremêler de petites perles d'or, il s'approcha, et vint baiser la main du comte, à la manière du pays.

— Voici en effet un beau garçon, dit le professeur en lui donnant une petite tape sur la joue. Mais il me paraît occupé à des amusements bien puériels pour son âge : car enfin il a bien dix-huit ans, n'est-ce pas ?

— Dix-neuf bientôt, *sior profesor*, répondit Anzoleto dans le dialecte vénitien ; mais si je m'amuse avec des coquilles, c'est pour aider la petite Consuelo qui fabrique des colliers.

— Consuelo, répondit le maître en se rapprochant de son élève avec le comte et Anzoleto, je ne croyais pas que tu eusses le goût de la parure.

— Oh ! ce n'est pas pour moi, monsieur le professeur, répondit Consuelo en se levant à demi avec précaution pour ne pas faire tomber dans l'eau les coquilles entassées dans son tablier ; c'est pour le vendre, et pour acheter du riz et du maïs.

— Elle est pauvre, et elle nourrit sa mère, dit le Porpora. Écoute, Consuelo : quand vous êtes dans l'embarras, ta mère et toi, il faut venir me trouver ; mais je te défends de mendier, entends-tu bien ?

— Oh ! vous n'avez que faire de le lui défendre, *sior profesor*, répondit vivement Anzoleto ; elle ne le ferait pas ; et puis, moi, je l'en empêcherais.

— Mais toi, tu n'as rien ? dit le comte.

— Rien que vos bontés, seigneur illustrissime ; mais nous partageons, la mère et moi.

— Elle donc ta parente ?

— Non, c'est une étrangère, c'est Consuelo.

— Consuelo ? quel nom bizarre ! dit le comte.

— Un beau nom, illustrissime, reprit Anzoleto ; cela veut dire consolation.

— A la bonne heure. Elle est ton amie, à ce qu'il me semble ?

— Elle est ma fiancée, seigneur.

— Déjà ? Voyez ces enfants qui songent déjà au mariage !

— Nous nous marierons le jour où vous signerez mon engagement au théâtre de San-Samuel, illustrissime.

— En ce cas, vous attendrez encore longtemps, mes petits.

— Oh ! nous attendrons, dit Consuelo avec le calme enjoué de l'innocence. »

Le comte et le maestro s'égayèrent quelques moments de la candeur et des reparties de ce jeune couple ; puis, ayant donné rendez-vous à Anzoleto pour qu'il fît entendre sa voix au professeur le lendemain, ils s'éloignèrent, le laissant à ses graves occupations.

« Comment trouvez-vous cette petite fille ? dit le professeur à Zustiniani.

— Je l'avais vue déjà, il n'y a qu'un instant, et je la trouve assez laide pour justifier l'axiome qui dit : Aux yeux d'un homme de dix-huit ans, toute femme semble belle.

— C'est bon, répondit le professeur ; maintenant je puis donc vous dire que votre divine cantatrice, votre sirène, votre mystérieuse beauté, c'était Consuelo.

— Elle ! ce sale enfant ! cette noire et maigre sauterelle ? impossible, maestro !

— Elle-même, seigneur comte. Ne ferait-elle pas une *prima donna* bien séduisante ? »

Le comte s'arrêta, se retourna, examina encore de loin Consuelo, et joignant les mains avec un désespoir assez comique :

« Juste ciel ! s'écria-t-il, peux-tu faire de semblables méprises, et verser le feu du génie dans des têtes si mal ébauchées !

— Ainsi, vous renoncez à vos projets coupables ? dit le professeur.

— Bien certainement.

— Vous me le promettez ? ajouta le Porpora.

— Oh ! je vous le jure, répondit le comte. »

III.

Éclos sous le ciel de l'Italie, élevé par hasard comme un oiseau des rivages, pauvre, orphelin abandonné, et cependant heureux dans le présent et confiant dans l'avenir comme un enfant de l'amour qu'il était sans doute, Anzoleto, ce beau garçon de dix-neuf ans, qui passait tous ses jours auprès de la petite Consuelo, dans la plus complète liberté, sur le pavé de Venise, n'en était pas, comme on peut le croire, à ses premières amours. Initié aux voluptés faciles qui s'étaient offertes à lui plus d'une fois, il eût été usé déjà et corrompu peut-être, s'il eût vécu dans nos tristes climats, et si la nature l'eût doué d'une organisation moins riche. Mais, développé de bonne heure et destiné à une longue et puissante virilité, il avait encore le cœur pur et les sens contenus par la volonté. Le hasard lui avait fait rencontrer la petite Espagnole devant les Madonettes, chantant des cantiques par dévotion; et lui, pour le plaisir d'exercer sa voix, il avait chanté avec elle aux étoiles durant des soirées entières. Et puis ils s'étaient rencontrés sur les sables du Lido, ramassant des coquillages, lui pour les manger, elle pour en faire des chapelets et des ornements. Et puis encore ils s'étaient rencontrés à l'église, elle priant le bon Dieu de tout son cœur, lui regardant les belles dames de tous ses yeux. Et dans toutes ces rencontres, Consuelo lui avait semblé si bonne, si douce, si obligeante, si gaie, qu'il s'était fait son ami et son compagnon inséparable, sans trop savoir pourquoi ni comment. Anzoleto ne connaissait encore de l'amour que le plaisir. Il éprouva de l'amitié pour Consuelo; et comme il était d'un pays et d'un peuple où les passions règnent plus que les attachements, il ne but point donner à cette amitié un autre nom que celui d'amour. Consuelo accepta cette façon de parler, après qu'elle eut fait à Anzoleto l'objection suivante: « Si tu te dis mon amoureux, c'est donc que tu veux te marier avec moi? » et qu'il lui eut répondu : « Bien certainement, si tu le veux, nous nous marierons ensemble. »

Ce fut dès lors une chose arrêtée. Peut-être qu'Anzoleto s'en fit un jeu, tandis que Consuelo y crut de la meilleure foi du monde. Mais il est certain que déjà ce jeune cœur éprouvait ces sentiments contraires et ces émotions compliquées qui agitent et désunissent l'existence des hommes blasés.

Abandonné à des instincts violents, avide de plaisirs, n'aimant que ce qui servait à son bonheur, haïssant et fuyant tout ce qui s'opposait à sa joie, artiste jusqu'aux os, c'est-à-dire cherchant et sentant la vie avec une intensité effrayante, il trouva que ses maîtresses lui imposaient les souffrances et les dangers de passions qu'il n'éprouvait pas profondément. Cependant il les voyait de temps en temps, rappelé par ses désirs, repoussé bientôt après par la satiété ou le dépit. Et quand cet étrange enfant avait ainsi dépensé sans idéal et sans dignité l'excès de sa vie, il sentait le besoin d'une société douce et d'une expansion chaste et sereine. Il eût pu dire déjà, comme Jean-Jeacques : « Tant il est vrai que ce qui nous attache le plus aux femmes est moins la débauche qu'un certain agrément de vivre auprès d'elles! » Alors, sans se rendre compte du charme qui l'attirait vers Consuelo, n'ayant guère encore le sens du beau, et ne sachant si elle était laide ou jolie, enfant lui-même au point de s'amuser avec elle de jeux au-dessous de son âge, homme au point de respecter scrupuleusement ses quatorze ans, il menait avec elle, en public, sur les marbres et sur les flots de Venise, une vie aussi heureuse, aussi pure, aussi cachée, et presque aussi poétique que celle de Paul et Virginie sous les pamplemousses du désert. Quoiqu'ils eussent une liberté plus absolue et plus dangereuse, point de famille, point de mères vigilantes et tendres pour les former à la vertu, point de serviteur dévoué pour les chercher le soir et les ramener au bercail, pas même un chien pour les avertir du danger, ils ne firent aucun genre de chute. Ils coururent les lagunes en barque découverte, à toute heure et par tous les temps, sans rames et sans pilote; ils errèrent sur les paludes sans guide, sans montre, et sans souci de la marée montante; ils chantèrent devant les chapelles dressées sous la vigne au coin des rues, sans songer à l'heure avancée, et sans avoir besoin d'autre lit jusqu'au matin que la dalle blanche encore tiède des feux du jour. Ils s'arrêtèrent devant le théâtre de Pulcinella, et suivirent avec une attention passionnée le drame fantastique de la belle Corisande, reine des marionnettes, sans se rappeler l'absence du déjeuner et le peu de probabilité du souper. Ils se livrèrent aux amusements effrénés du carnaval, ayant pour tout déguisement et pour toute parure, lui sa veste retournée à l'envers, elle un gros nœud de vieux rubans sur l'oreille. Ils firent des repas somptueux sur la rampe d'un pont, ou sur les marches d'un palais avec des fruits de mer[1], des tiges de fenouil cru, ou des écorces de cédrat. Enfin ils menèrent joyeuse et libre vie, sans plus de caresses périlleuses ni de sentiments amoureux que n'en eussent échangé deux honnêtes enfants du même âge et du même sexe. Les jours, les années s'écoulèrent. Anzoleto eut d'autres maîtresses; Consuelo ne sut pas même qu'on pût avoir d'autres amours que celui dont elle était l'objet. Elle devint une jeune fille sans se croire obligée à plus de réserve avec son fiancé; et lui la vit grandir et se transformer, sans éprouver d'impatience et sans désirer de changement à cette intimité sans nuage, sans scrupule, sans mystère, et sans remords.

Il y avait quatre ans déjà que le professeur Porpora et le comte Zustiniani s'étaient mutuellement présenté leurs *petits musiciens*, et depuis ce temps le comte n'avait plus pensé à la jeune chanteuse de musique sacrée: depuis ce temps, le professeur avait également oublié le bel Anzoleto, vu qu'il ne l'avait trouvé, après un premier examen, doué d'aucune des qualités qu'il exigeait dans un élève : d'abord une nature d'intelligence sérieuse et patiente, ensuite une modestie poussée jusqu'à l'annihilation de l'élève devant les maîtres, enfin une absence complète d'études musicales antérieures à celles qu'il voulait donner lui-même. « Ne me parlez jamais, disait-il, d'un écolier dont le cerveau ne soit pas sous ma volonté comme une table rase, comme une cire vierge où je puisse jeter la première empreinte. Je n'ai pas le temps de consacrer une année à faire désapprendre avant de commencer à montrer. Si vous voulez que j'écrive sur une ardoise, présentez-la-moi nette. Ce n'est pas tout, donnez-la-moi de bonne qualité. Si elle est trop épaisse, je ne pourrai l'entamer; si elle est trop mince, je la briserai au premier trait. » En somme, bien qu'il reconnût les moyens extraordinaires du jeune Anzoleto, il déclara au comte, avec quelque humeur et avec une ironique humilité à la fin de la première leçon, que sa méthode n'était pas le fait d'un élève déjà si avancé, et que le premier maître venu *suffirait pour embarrasser et retarder les progrès naturels et le développement invincible de cette magnifique organisation*.

Le comte envoya son protégé chez le professeur Mellifiore, qui de roulade en cadence, et de trilles en grupetti, le conduisit à l'entier développement de ses qualités brillantes; si bien que lorsqu'il eut vingt-trois ans accomplis, il fut jugé, par tous ceux qui l'entendirent dans le salon du comte, capable de débuter à San-Samuel avec un grand succès dans les premiers rôles.

Un soir, toute la noblesse dilettante, et tous les artistes un peu renommés qui se trouvaient à Venise furent priés d'assister à une épreuve finale et décisive. Pour la première fois de sa vie, Anzoleto quitta la souquenille plébéienne, endossa un habit noir, une veste de satin, releva et poudra ses beaux cheveux, chaussa des souliers à boucles, prit un maintien composé, et se glissa sur la pointe du pied jusqu'à un clavecin, où, à la clarté de cent bougies, et sous les regards de deux ou trois cents personnes, il suivit des yeux la ritournelle, enflamma ses poumons, et se lança, avec son audace, son ambition et son *ut* de poitrine, dans cette carrière périlleuse où, non pas un juge, mais tout un public, tient d'une main la palme et de l'autre le sifflet.

Si Anzoleto était ému intérieurement, il ne faut pas le demander; cependant il y parut fort peu, et à peine ses yeux perçants, qui interrogeaient à la dérobée ceux des femmes, eurent-ils deviné cette approbation secrète qu'on refuse rarement à un aussi beau jeune homme, à peine les amateurs, surpris d'une telle puissance de timbre et d'une telle facilité de vocalisation, eurent-ils fait entendre autour d'eux des murmures favorables, que la joie et l'espoir inondèrent tout son être. Alors aussi, pour la première fois de sa vie, Anzoleto, jusque-là vulgairement compris et vulgairement enseigné, sentit qu'il n'était point un homme vulgaire, et transporté par le

[1]. Diverses sortes de coquillages très-grossiers et à fort bas prix don le peuple de Venise est friand.

besoin et le sentiment du triomphe, il chanta avec une énergie, une originalité et une verve remarquables. Certes, son goût ne fut pas toujours pur, ni son exécution sans reproche dans toutes les parties du morceau; mais il sut toujours se relever par des traits d'audace, par des éclairs d'intelligence et des élans d'enthousiasme. Il manqua des effets que le compositeur avait ménagés; mais il en trouva d'autres auxquels personne n'avait songé, ni l'auteur qui les avait tracés, ni le professeur qui les avait interprétés, ni aucun des virtuoses qui les avaient rendus. Ces hardiesses saisirent et enlevèrent tout le monde. Pour une innovation, on lui pardonna dix maladresses; pour un sentiment individuel, dix rébellions contre la méthode. Tant il est vrai qu'en fait d'art, le moindre éclair de génie, le moindre essor vers de nouvelles conquêtes, exerce sur les hommes plus de fascination que toutes les ressources et toutes les lumières de la science dans les limites du connu.

Personne peut-être ne se rendit compte des causes et personne n'échappa aux effets de cet enthousiasme. La Corilla venait d'ouvrir la séance par un grand air bien chanté et vivement applaudi; cependant le succès qu'obtint le jeune débutant effaça tellement le sien qu'elle en ressentit un mouvement de rage. Mais au moment où Anzoleto, accablé de louanges et de caresses, revint auprès du clavecin où elle était assise, il lui dit en se penchant vers elle avec un mélange de soumission et d'audace: « Et vous, reine du chant, reine de la beauté, n'avez-vous pas un regard d'encouragement pour le pauvre malheureux qui vous craint et qui vous adore? »

La prima-donna, surprise de tant de hardiesse, regarda de près ce beau visage qu'elle avait à peine daigné apercevoir; car quelle femme vaine et triomphante daignerait faire attention à un enfant obscur et pauvre? Elle le remarqua enfin; elle fut frappée de sa beauté: son regard plein de feu pénétra en elle, et, vaincue, fascinée à son tour, elle laissa tomber sur lui une longue et profonde œillade qui fut comme le sceau apposé sur son brevet de célébrité. Dans cette mémorable soirée, Anzoleto avait dominé son public et désarmé son plus redoutable ennemi; car la belle cantatrice n'était pas seulement reine sur les planches, mais encore à l'administration et dans le cabinet du comte Zustiniani.

IV.

Au milieu des applaudissements unanimes, et même un peu insensés, que la voix et la manière du débutant avaient provoqués, un seul auditeur, assis sur le bord de sa chaise, les jambes serrées et les mains immobiles sur ses genoux, à la manière des dieux égyptiens, restait muet comme un sphinx et mystérieux comme un hiéroglyphe: c'était le savant professeur et compositeur célèbre, Porpora. Tandis que son galant collègue, le professeur Mellifiore, s'attribuant tout l'honneur du succès d'Anzoleto, se pavanait auprès des femmes, et saluait tous les hommes avec souplesse pour remercier jusqu'à leurs regards, le maître du chant sacré se tenait là les yeux à terre, les sourcils froncés, la bouche close, et comme perdu dans ses réflexions. Lorsque toute la société, qui était priée ce soir-là à un grand bal chez la dogaresse, se fut écoulée peu à peu, et que les dilettanti les plus chauds restèrent seulement avec quelques dames et les principaux artistes autour du clavecin, Zustiniani s'approcha du sévère maestro.

— C'est trop bouder contre les modernes, mon cher professeur, lui dit-il, et votre silence ne m'en impose point. Vous voulez jusqu'au bout fermer vos sens à cette musique profane et à cette manière nouvelle qui nous charment. Votre cœur s'est ouvert malgré vous, et vos oreilles ont reçu le venin de la séduction.

— Voyons, *sior profesor*, dit en dialecte la charmante Corilla, reprenant avec son ancien maître les manières enfantines de la *scuola*, il faut que vous m'accordiez une grâce...

— Loin de moi, malheureuse fille! s'écria le maître, riant à demi, et résistant avec un reste d'humeur aux caresses de son inconstante élève. Qu'y a-t-il désormais de commun entre nous? Je ne te connais plus. Porte ailleurs tes beaux sourires et tes gazouillements perfides.

— Le voilà qui s'adoucit, dit la Corilla en prenant d'une main le bras du professeur, sans cesser de chiffonner de l'autre l'ample cravate blanche du professeur. Viens ici, *Zoto*[1], et plie le genou devant le plus savant maître de chant de toute l'Italie. Humilie-toi, mon enfant, et désarme sa rigueur. Un mot de lui, si tu peux l'obtenir, doit avoir plus de prix pour toi que toutes les trompettes de la renommée.

— Vous avez été bien sévère pour moi, monsieur le professeur, dit Anzoleto en s'inclinant devant lui avec une modestie un peu railleuse; cependant mon unique pensée, depuis quatre ans, a été de vous faire révoquer un arrêt bien cruel; et si je n'y suis pas parvenu ce soir, j'ignore si j'aurai le courage de reparaître devant le public, chargé comme me voilà de votre anathème.

— Enfant, dit le professeur en se levant avec une vivacité et en parlant avec une conviction qui le rendirent noble et grand, de crochu et maussade qu'il semblait à l'ordinaire, laisse aux femmes les mielleuses et perfides paroles. Ne t'abaisse jamais au langage de la flatterie, même devant ton supérieur, à plus forte raison devant celui dont tu dédaignes intérieurement le suffrage. Il y a une heure tu étais là-bas dans ce coin, pauvre, ignoré, craintif; tout ton avenir tenait à un cheveu, à un son de ton gosier, à un instant de défaillance dans tes moyens, à un caprice de ton auditoire. Un hasard, un effort, un instant, t'ont fait riche, célèbre, insolent. La carrière est ouverte, tu n'as plus qu'à y courir tant que tes forces t'y soutiendront. Écoute donc; car pour la première fois, pour la dernière peut-être, tu vas entendre la vérité. Tu es dans une mauvaise voie, tu chantes mal, et tu aimes la mauvaise musique. Tu ne sais rien, tu n'as rien étudié à fond. Tu n'as que de l'exercice et de la facilité. Tu te passionnes à froid; tu sais roucouler, gazouiller comme ces demoiselles gentilles et coquettes auxquelles on pardonne de minauder ce qu'elles ne savent pas chanter. Mais tu ne sais point phraser, tu prononces mal, tu as un accent vulgaire, un style faux et commun. Ne te décourage pas pourtant; tu as tous ces défauts, mais tu as de quoi les vaincre; car tu as les qualités que ne peuvent donner ni l'enseignement ni le travail; tu as ce que ne peuvent faire perdre ni les mauvais conseils ni les mauvais exemples, tu as le feu sacré... tu as le génie!... Hélas! un feu qui n'éclairera rien de grand, un génie qui demeurera stérile... car, je le vois dans tes yeux, comme je l'ai senti dans ta poitrine, tu n'as pas le culte de l'art, tu n'as pas de foi pour les grands maîtres, ni de respect pour les grandes créations; tu aimes la gloire, rien que la gloire, et pour toi seul... Tu aurais pu... tu pourrais... Mais non, il est trop tard, ta destinée sera la course d'un météore, comme celle de... »

Et le professeur enfonçant brusquement son chapeau sur sa tête, tourna le dos, et s'en alla sans saluer personne, absorbé qu'il était dans le développement intérieur de son énigmatique sentence.

Quoique tout le monde s'efforçât de rire des bizarreries du professeur, elles laissèrent une impression pénible et comme un sentiment de doute et de tristesse durant quelques instants. Anzoleto fut le premier qui parut n'y plus songer, bien qu'elles lui eussent causé une émotion profonde de joie, d'orgueil, de colère et d'émulation dont toute sa vie devait être désormais la conséquence. Il parut uniquement occupé de plaire à la Corilla, et si bien le lui persuader, qu'elle s'éprit de lui très-sérieusement à cette première rencontre. Le comte Zustiniani n'était pas fort jaloux d'elle, et peut-être avait-il ses raisons pour ne pas la gêner beaucoup. De plus, il s'intéressait à la gloire et à l'éclat de son théâtre plus qu'à toute chose au monde; non qu'il fût *vilain* à l'endroit des richesses, mais parce qu'il était vraiment fanatique de ce qu'on appelle les *beaux-arts*. C'est, selon moi, une

---

[1]. Contraction d'*Anzoleto*, qui est le diminutif d'*Angelo*, *Anzolo* en dialecte.

Ce jeune gars, que vous voyez assis.. (Page 5.)

expression qui convient à un certain sentiment vulgaire, tout italien et par conséquent passionné sans beaucoup de discernement. Le *culte de l'art,* expression plus moderne, et dont tout le monde ne se servait pas il y a cent ans, a un sens tout autre que le *goût des beaux-arts.* Le comte était en effet *homme de goût* comme on l'entendait alors, amateur, et rien de plus. Mais la satisfaction de ce goût était la plus grande affaire de sa vie. Il aimait à s'occuper du public et à l'occuper de lui; à fréquenter les artistes, à régner sur la mode, à faire parler de son théâtre, de son luxe, de son amabilité, de sa magnificence. Il avait, en un mot, la passion dominante des grands seigneurs de province, l'ostentation. Posséder et diriger un théâtre était le meilleur moyen de contenter et de divertir toute la ville. Plus heureux encore s'il eût pu faire asseoir toute la République à sa table! Quand des étrangers demandaient au professeur Porpora ce que c'était que le comte Zustiniani, il avait coutume de répondre : C'est un homme qui aime à régaler, et qui sert de la musique sur son théâtre comme des faisans sur sa table.

Vers une heure du matin on se sépara.

« Anzolo, dit la Corilla, qui se trouvait seule avec lui dans une embrasure du balcon, où demeures-tu? »

A cette question inattendue, Anzoleto se sentit rougir et pâlir presque simultanément; car comment avouer à cette merveilleuse et opulente beauté qu'il n'avait quasi ni feu ni lieu? Encore cette réponse eût-elle été plus facile à faire que l'aveu de la misérable tanière où il se retirait les nuits qu'il ne passait pas par goût ou par nécessité à la belle étoile.

« Eh bien, qu'est-ce que ma question a de si extraordinaire? dit la Corilla en riant de son trouble.

— Je me demandais, moi, répondit Anzoleto avec beaucoup de présence d'esprit, quel palais de rois ou de fées pourrait être digne de l'orgueilleux mortel qui y porterait le souvenir d'un regard d'amour de la Corilla!

— Et que prétend dire par là ce flatteur? reprit-elle en lui lançant le plus brûlant regard qu'elle put tirer de son arsenal de diableries.

— Que je n'ai pas ce bonheur, répondit le jeune homme; mais que si je l'avais, j'aurais l'orgueil de ne vouloir demeurer qu'entre le ciel et la mer, comme les étoiles.

C'est dans la *Corte Minelli...* (Page 11.)

— Ou comme les *cuccali?* s'écria la cantatrice en éclatant de rire. On sait que les goëlands sont des oiseaux d'une simplicité proverbiale, et que leur maladresse équivaut, dans le langage de Venise, à notre locution, *étourdi comme un hanneton*.

— Raillez-moi, méprisez-moi, répondit Anzoleto; je crois que j'aime encore mieux cela que de ne pas vous occuper du tout.

— Allons, puisque tu ne veux me répondre que par métaphores, reprit-elle, je vais t'emmener dans ma gondole, sauf à t'éloigner de ta demeure, au lieu de t'en rapprocher. Si je te joue ce mauvais tour, c'est ta faute.

— Était-ce là le motif de votre curiosité, signora? En ce cas ma réponse est bien courte et bien claire : Je demeure sur les marches de votre palais.

— Va donc m'attendre sur les marches de celui où nous sommes, dit la Corilla en baissant la voix; car Zustiniani pourrait bien blâmer l'indulgence avec laquelle j'écoute tes fadaises. »

Dans le premier élan de sa vanité, Anzoleto s'esquiva, et courut voltiger de l'embarcadère du palais à la proue de la gondole de Corilla, comptant les secondes aux battements rapides de son cœur enivré. Mais avant qu'elle parût sur les marches du palais, bien des réflexions passèrent par la cervelle active et ambitieuse du débutant. La Corilla est toute-puissante, se dit-il, mais si, à force de lui plaire, j'allais déplaire au comte? ou bien si j'allais par mon trop facile triomphe, lui faire perdre la puissance qu'elle tient de lui, en le dégoûtant tout à fait d'une maîtresse si volage?

Dans ces perplexités, Anzoleto mesura de l'œil l'escalier qu'il pouvait remonter encore, et il songeait à effectuer son évasion, lorsque les flambeaux brillèrent sous le portique, et la belle Corilla, enveloppée de son mantelet d'hermine, parut sur les premiers degrés, au milieu d'un groupe de cavaliers jaloux de soutenir son coude arrondi dans le creux de leur main, et de l'aider ainsi à descendre, comme c'est la coutume à Venise.

« Eh bien, dit le gondolier de la prima-donna à Anzoleto éperdu, que faites-vous là? Entrez dans la gondole bien vite, si vous en avez la permission; ou bien suivez la rive et courez, car le seigneur comte est avec la signora. »

Anzoleto se jeta au fond de la gondole sans savoir ce

qu'il faisait. Il avait la tête perdue. Mais à peine y fut-il, qu'il s'imagina la stupeur et l'indignation qu'éprouverait le comte s'il entrait dans la gondole avec sa maîtresse, en trouvant là son insolent protégé. Son angoisse fut d'autant plus cruelle qu'elle se prolongea plus de cinq minutes. La signora s'était arrêtée au beau milieu de l'escalier. Elle causait, riait très-haut avec son cortége, et, discutant sur un trait, elle le répétait à pleine voix de plusieurs manières différentes. Sa voix claire et vibrante allait se perdre sur les palais et sur les coupoles du canal, comme le chant du coq réveillé avant l'aube se perd dans le silence des campagnes.

Anzoleto, n'y pouvant plus tenir, résolut de s'élancer dans l'eau par l'ouverture de la gondole qui ne faisait pas face à l'escalier. Déjà il avait fait glisser la glace dans son panneau de velours noir, et déjà il avait passé une jambe dehors, lorsque le second rameur de la primadonna, celui qui occupait à la poupe, se penchant vers lui sur le flanc de la cabanette, lui dit à voix basse:

« Puisqu'on chante, cela veut dire que vous devez vous tenir coi, et attendre sans crainte. »

Je ne connaissais pas les usages, pensa Anzoleto, et il attendit, mais non sans un reste de frayeur douloureuse. La Corilla se donna le plaisir d'amener le comte jusqu'à la proue de sa gondole, et de s'y tenir debout en lui adressant les compliments de *felicissima notte*, jusqu'à ce qu'elle eût quitté la rive : puis elle vint s'asseoir auprès de son nouvel amant avec autant de naturel et de tranquillité que si elle n'eût pas risqué la vie de celui-ci et sa propre fortune à ce jeu impertinent.

« Vous voyez bien la Corilla? disait pendant ce temps Zustiniani au comte Barberigo ; eh bien, je parierai ma tête qu'elle n'est pas seule dans sa gondole.

— Et comment pouvez-vous avoir une pareille idée ? reprit Barberigo.

— Parce qu'elle m'a fait mille instances pour que je la reconduisisse à son palais.

— Et vous n'êtes pas plus jaloux que cela ?

— Il y a longtemps que je suis guéri de cette faiblesse. Je donnerais beaucoup pour que notre première cantatrice s'éprît sérieusement de quelqu'un qui lui fît préférer le séjour de Venise aux rêves de voyage dont elle me menace. Je puis très-bien me consoler de ses infidélités ; mais je ne pourrais remplacer ni sa voix, ni son talent, ni la fureur du public qu'elle captive à San-Samuel.

— Je comprends ; mais qui donc peut être ce soir l'amant heureux de cette folle princesse ? »

Le comte et son ami passèrent en revue tous ceux que la Corilla avait pu remarquer et encourager dans la soirée. Anzoleto fut absolument le seul dont ils ne s'avisèrent pas.

V.

Cependant un violent combat s'élevait dans l'âme de cet heureux amant que l'onde et la nuit emportaient dans leurs ombres tranquilles, éperdu et palpitant auprès de la plus célèbre beauté de Venise. D'une part, Anzoleto sentait fermenter en lui l'ardeur d'un désir que la joie de l'orgueil satisfait rendait plus puissant encore ; mais d'un autre côté, la crainte de déplaire bientôt, d'être raillé, éconduit et traîtreusement accusé auprès du comte, venait refroidir ses transports. Prudent et rusé comme un vrai Vénitien, il n'avait pas, depuis six ans, aspiré au théâtre sans s'être bien renseigné sur le compte de la femme fantasque et impérieuse qui en gouvernait toutes les intrigues. Il avait tout lieu de penser que son règne auprès d'elle serait de courte durée ; et s'il ne s'était pas soustrait à ce dangereux honneur, c'est que, ne le prévoyant pas si proche, il avait été subjugué et enlevé par surprise. Il avait cru se faire tolérer par sa courtoisie, et voilà qu'il était déjà aimé pour sa jeunesse, sa beauté et sa gloire naissante ! Maintenant, se dit Anzoleto avec cette rapidité d'aperçus et de conclusions que possèdent quelques têtes merveilleusement organisées, il ne me reste plus qu'à me faire craindre, si je ne veux toucher au lendemain amer et ridicule de mon triomphe. Mais comment me faire craindre, moi, pauvre diable, de la reine des enfers en personne? Son parti fut bientôt pris. Il se jeta dans un système de méfiance, de jalousies et d'amertumes dont la coquetterie passionnée étonna la prima-donna. Toute leur causerie ardente et légère peut se résumer ainsi :

ANZOLETO.

Je sais bien que vous ne m'aimez pas, que vous ne m'aimerez jamais, et voilà pourquoi je suis triste et contraint auprès de vous.

CORILLA.

Et si je t'aimais?

ANZOLETO.

Je serais tout à fait désespéré, parce qu'il me faudrait tomber du ciel dans un abîme, et vous perdre peut être une heure après vous avoir conquise au prix de tout mon bonheur futur.

CORILLA.

Et qui te fait croire à tant d'inconstance de ma part?

ANZOLETO.

D'abord, mon peu de mérite. Ensuite, tout le mal qu'on dit de vous.

CORILLA.

Et qui donc médit ainsi de moi?

ANZOLETO.

Tous les hommes, parce que tous les hommes vous adorent.

CORILLA.

Ainsi, si j'avais la folie de prendre de l'affection pour toi et de te le dire, tu me repousserais?

ANZOLETO.

Je ne sais si j'aurais la force de m'enfuir; mais si je l'avais, il est certain que je ne voudrais vous revoir de ma vie.

— Eh bien, dit la Corilla, j'ai envie de faire cette épreuve par curiosité... Anzoleto, je crois que je t'aime.

— Et moi, je n'en crois rien, répondit-il. Si je reste, c'est parce que je comprends bien que c'est un persiflage. A ce jeu-là, vous ne m'intimiderez pas, et vous me piquerez encore moins.

— Tu veux faire assaut de finesse, je crois?

— Pourquoi non? Je ne suis pas bien redoutable, puisque je vous donne le moyen de me vaincre.

— Lequel?

— C'est de me glacer d'épouvante, et de me mettre en fuite en me disant sérieusement ce que vous venez de me dire par raillerie.

— Tu es un drôle de corps ! et je vois bien qu'il faut faire attention à tout avec toi. Tu es de ces hommes qui ne veulent pas respirer seulement le parfum de la rose, mais la cueillir et la mettre sous verre. Je ne t'aurais cru ni si hardi ni si volontaire à ton âge !

— Et vous me méprisez pour cela?

— Au contraire : tu m'en plais davantage. Bonsoir, Anzoleto, nous nous reverrons.

Elle lui tendit sa belle main, qu'il baisa avec passion. Je ne m'en suis pas mal tiré, se dit-il en fuyant sous les galeries qui bordaient le canaletto.

Désespérant de se faire ouvrir à cette heure indue le bouge où il se retirait de coutume, il songea à s'aller étendre sur le premier seuil venu, pour y goûter le repos angélique que connaissent seules l'enfance et la pauvreté. Mais, pour la première fois de sa vie, il ne trouva pas une dalle assez propre pour s'y coucher. Bien que le pavé de Venise soit plus net et plus blanc que dans aucun autre lieu du monde, il s'en fallait de beaucoup que ce lit légèrement poudreux convînt à un habit noir complet de la plus fine étoffe, et de la coupe la plus élégante. Et puis la convenance ! Les mêmes bateliers qui, le matin, enjambaient honnêtement les marches des escaliers sans heurter les haillons du jeune plébéien, eussent insulté son sommeil, et peut-être souillé à dessein les livrées de son parasite étalées sous leurs pieds. Qu'eussent-ils pensé d'un dormeur en plein air, en bas de soie, en linge fin, en manchettes et en rabat de dentelle ? Anzoleto regretta en ce moment sa bonne cape de laine brune et rouge, bien fanée, bien usée, mais encore épaisse de deux doigts et à l'épreuve de la brume malsaine qui s'élève au matin sur les eaux de Venise. On était aux derniers jours de février; et bien qu'à cette époque de l'année le soleil soit déjà brillant et chaud dans ce climat, les nuits y sont encore très-froides. L'idée lui vint d'aller se b'ottir dans quelque gondole amarrée au rivage : toutes étaient fermées à clé. Enfin il en trouva une dont la porte céda devant lui; mais en y pénétrant il heurta les pieds du barcarolle qui s'y était retiré pour dormir, et tomba sur lui. — Par le corps du diable ! lui cria une grosse voix rauque sortant du fond de cet antre, qui êtes-vous, et que demandez-vous?

— C'est toi, Zanetto? répondit Anzoleto en reconnaissant la voix du gondolier, assez bienveillant pour lui à l'ordinaire. Laisse-moi me coucher à tes côtés, et faire un somme à couvert sous ta cabanette.

— Et qui es-tu? demanda Zanetto.

— Anzoleto; ne me reconnais-tu pas?

— Par Satan, non! Tu portes des habits qu'Anzoleto ne pourrait porter, à moins qu'il ne les eût volés. Va-t'en, va-t'en! Fusses-tu le doge en personne, je n'ouvrirai pas ma barque à un homme qui a un bel habit pour se promener et pas un coin pour dormir.

Jusqu'ici, pensa Anzoleto, la protection et les faveurs du comte Zustiniani m'ont exposé à plus de périls et de désagréments qu'elles ne m'ont procuré d'avantages. Il est temps que ma fortune réponde à mes succès, et il me tarde d'avoir quelques sequins dans mes poches pour soutenir le personnage qu'on me fait jouer.

Plein d'humeur, il se promena au hasard dans les rues désertes, n'osant s'arrêter de peur de faire rentrer la transpiration que la colère et la fatigue lui avaient causée. Pourvu qu'à tout ceci je ne gagne pas un enrouement, se disait-il. Demain monsieur le comte va vouloir faire entendre son jeune prodige à quelque sot aristarque, qui, si j'ai dans le gosier le moindre petit chat par suite d'une nuit sans repos, sans sommeil et sans abri, prononcera que je n'ai pas de voix; et monsieur le comte, qui sait bien le contraire, dira : Ah! si vous l'aviez entendu hier! — Il n'est donc pas égal? dira l'autre. Peut-être n'est-il pas d'une bonne santé? — Ou peut-être, dira un troisième, s'est-il fatigué hier. Il est bien jeune en effet pour chanter plusieurs jours de suite. Vous feriez bien d'attendre qu'il fût plus mûr et plus robuste pour le lancer sur les planches. — Et le comte dira : Diable ! s'il s'enroue pour avoir chanté deux fois, ce n'est pas là mon affaire. — Alors, pour s'assurer que j'ai de la force et de la santé, ils me feront faire des exercices tous les jours, jusqu'à perdre haleine, et ils me casseront la voix pour s'assurer que j'ai des poumons. Au diable la protection des grands seigneurs! Ah! quand pourrai-je m'en affranchir, et, fort de ma renommée, de la faveur du public, de la concurrence des théâtres, quand pourrai-je chanter dans leurs salons par grâce, et traiter de puissance à puissance avec eux?

En devisant ainsi avec lui-même, Anzoleto arriva dans une de ces petites places qu'on appelle *corti* à Venise, bien que ce ne soient pas des cours, et que cet assemblage de maisons, s'ouvrant sur un espace commun, corresponde plutôt à ce que nous appelons aujourd'hui à Paris *cité*. Mais il s'en faut de beaucoup que la disposition de ces prétendues cours soit régulière, élégante et soignée comme nos *squares* modernes. Ce sont plutôt de petites places obscures, quelquefois formant impasse, d'autres fois servant de passage d'un quartier à l'autre; mais peu fréquentées, habitées à l'entour par des gens de mince fortune et de mince condition, le plus souvent par des gens du peuple, des ouvriers ou blanchisseuses qui étendent leur linge sur des cordes tendues en travers du chemin, inconvénient que le passant supporte avec beaucoup de tolérance, car son droit de passage est parfois toléré aussi plutôt que fondé. Malheur à l'artiste pauvre, réduit à ouvrir les fenêtres de son cabinet sur ces recoins tranquilles, où la vie prolétaire, avec ses habitudes rustiques, bruyantes et un peu malpropres, reparaît tout à coup au sein de Venise, à deux pas des larges canaux et des somptueux édifices. Malheur à lui, si le silence est nécessaire à ses méditations; car de l'aube à la nuit un bruit d'enfants, de poules et de chiens, jouant et criant ensemble dans cette enceinte resserrée, les interminables babillages des femmes rassemblées sur le seuil des portes, et les chansons des travailleurs dans leurs ateliers, ne lui laisseront pas un instant de repos. Heureux encore quand l'*improvisatore* ne vient pas hurler ses sonnets et ses dithyrambes jusqu'à ce qu'il ait recueilli un sou de chaque fenêtre, ou quand Brighella n'établit pas sa baraque au milieu de la cour, patient à recommencer son dialogue avec l'*avocato, il tedesco e il diavolo*, jusqu'à ce qu'il ait épuisé en vain sa faconde gratis devant les enfants déguenillés, heureux spectateurs qui ne se font scrupule d'écouter et de regarder sans avoir un liard dans leur poche!

Mais, la nuit, quand tout est rentré dans le silence, et que la lune paisible éclaire et blanchit les dalles, cet assemblage de maisons de toutes les époques, accolées les unes aux autres sans symétrie et sans prétention, coupées par de fortes ombres, pleines de mystère dans leurs enfoncements, et de grâce instinctive dans leurs bizarreries, offre un désordre infiniment pittoresque. Tout devient beau sous les regards de la lune; le moindre effet d'architecture s'agrandit et prend du caractère; le moindre balcon festonné de vigne se donne des airs de roman espagnol, et vous remplit l'imagination de ces belles aventures dites de *cape et d'épée*. Le ciel limpide où se baignent, au-dessus de ce cadre sombre et anguleux, les pâles coupoles des édifices lointains, verse sur les moindres détails du tableau une couleur vague et harmonieuse qui porte à des rêveries sans fin.

C'est dans la *corte Minelli*, près l'église San-Fantin, qu'Anzoleto se trouva au moment où les horloges se renvoyaient l'une à l'autre le coup de deux heures après minuit. Un instinct secret avait conduit ses pas vers la demeure d'une personne dont le nom et l'image ne s'étaient pas présentés à lui depuis le coucher du soleil. A peine était-il rentré dans cette cour, qu'il entendit une voix douce l'appeler bien bas par les dernières syllabes de son nom; et, levant la tête, il vit une légère silhouette se dessiner sur une des plus misérables terrasses de l'enceinte. Un instant après, la porte de cette masure s'ouvrit, et Consuelo en jupe d'indienne, et le corsage enveloppé d'une vieille mante de soie noire qui avait servi jadis de parure à sa mère, vint lui tendre une main, tandis qu'elle posait de l'autre un doigt sur ses lèvres pour lui recommander le silence. Ils montèrent sur la pointe du pied et à tâtons l'escalier de bois tournant et délabré qui conduisait jusque sur le toit; et quand ils furent assis sur la terrasse, ils commencèrent un de ces longs chuchotements entrecoupés de baisers, que chaque nuit on entend murmurer sur les toits, comme des brises mystérieuses, ou comme un babillage d'esprits aériens voltigeant par couples dans la brume autour des cheminées bizarres qui coiffent de leurs nombreux turbans rouges toutes les maisons de Venise.

« Comment, ma pauvre amie, dit Anzoleto, tu m'as attendu jusqu'à présent?

— Ne m'avais-tu pas dit que tu viendrais me rendre compte de ta soirée ? Eh bien, dis-moi donc si tu as bien chanté, si tu as fait plaisir, si on t'a applaudi, si on t'a signifié ton engagement?

— Et toi, ma bonne Consuelo, dit Anzoleto, pénétré tout à coup de remords en voyant la confiance et la douceur de cette pauvre fille, dis-moi donc si tu t'es impatientée de ma longue absence, si tu n'es pas bien fatiguée de m'attendre ainsi, si tu n'as pas bien froid sur cette terrasse, si tu as songé à souper, si tu ne m'en veux pas de venir si tard, si tu as été inquiète, si tu m'accusais?

— Rien de tout cela, répondit-elle en lui jetant ses bras au cou avec candeur. Si je me suis impatientée, ce n'est pas contre toi; si je suis fatiguée, si j'ai eu froid, je ne m'en ressens plus depuis que tu es là; si j'ai soupé je ne m'en souviens plus; si je t'ai accusé... de quoi l'aurais-je accusé? si j'ai été inquiète... pourquoi l'aurais-je été ? si je t'en veux? jamais.

— Tu es un ange, toi ! dit Anzoleto en l'embrassant. Ah ! ma consolation ! que les autres cœurs sont perfides et durs !

— Hélas ! qu'est-il donc arrivé ? quel mal a-t-on fait là-bas au *fils de mon âme ?* dit Consuelo, mêlant au gentil dialecte vénitien les métaphores hardies et passionnées de sa langue natale.

Anzoleto raconta tout ce qui lui était arrivé, même ses galanteries auprès de la Corilla, et surtout les agaceries qu'il en avait reçues. Seulement, il raconta les choses d'une certaine façon, disant tout ce qui ne pouvait affliger Consuelo, puisque, de fait et d'intention, il lui avait été fidèle, et c'était *presque* toute la vérité. Mais il y a une centième partie de vérité que nulle enquête judiciaire n'a jamais éclairée, que nul client n'a jamais confessée à son avocat, et que nul arrêt n'a jamais atteinte qu'au hasard, parce que dans ce peu de faits ou d'intentions qui reste mystérieux, est la cause tout entière, le motif, le but, le mot enfin de ces grands procès toujours si mal plaidés et toujours si mal jugés, quelles que soient la passion des orateurs et la froideur des magistrats.

Pour en revenir à Anzoleto, il n'est pas besoin de dire quelles peccadilles il passa sous silence, quelles émotions ardentes devant le public il traduisit à sa manière, et quelles palpitations étouffées dans la gondole il oublia de mentionner. Je crois même qu'il ne parla point du tout de la gondole, et qu'il rapporta ses flatteries à la cantatrice comme les adroites moqueries au moyen desquelles il avait échappé sans s'irriter aux périlleuses avances dont elle l'avait accablé. Pourquoi, ne voulant pas et ne pouvant pas dire le fond des choses, c'est-à-dire la puissance des tentations qu'il avait surmontées par prudence et par esprit de conduite, pourquoi, dites-vous, chère lectrice, ce jeune fourbe allait-il risquer d'éveiller la jalousie de Consuelo ? Vous me le demandez, Madame ? Dites-moi donc si vous n'avez pas pour habitude de conter à l'amant, je veux dire à l'époux de votre choix, tous les hommages dont vous avez été entourée par les autres, tous les aspirants que vous avez éconduits, tous les rivaux que vous avez sacrifiés, non-seulement avant l'hymen, mais après, mais tous les jours de bal, mais hier et ce matin encore ! Voyons, Madame, si vous êtes belle, comme je me complais à le croire, je gage ma tête que vous ne faites point autrement qu'Anzoleto, non pour vous faire valoir, non pour faire souffrir une âme jalouse, non pour enorgueillir un cœur trop orgueilleux déjà de vos préférences ; mais parce qu'il est doux d'avoir près de soi quelqu'un à qui l'on puisse raconter ces choses-là, tout en ayant l'air d'accomplir un devoir, et de se confesser en se vantant au confesseur. Seulement, Madame, vous ne vous confessez que *presque tout*. Il n'y a qu'un tout petit rien dont vous ne parlez jamais ; c'est le regard, c'est le sourire qui ont provoqué l'impertinente déclaration du présomptueux dont vous vous plaignez. Ce sourire, ce regard, ce rien, c'est précisément la gondole dont Anzoleto, heureux de repasser tout haut dans sa mémoire les enivrements de la soirée, oublia de parler à Consuelo. Heureusement pour la petite Espagnole, elle ne savait point encore ce que c'est que la jalousie : ce noir et amer sentiment ne vient qu'aux âmes qui ont beaucoup souffert, et jusqu'ici Consuelo était aussi heureuse de son amour qu'elle était bonne. La seule circonstance qui fit en elle une impression profonde, ce fut l'oracle flatteur et sévère prononcé par son respectable maître, le professeur Porpora, sur la tête adorée d'Anzoleto. Elle fit répéter à ce dernier les expressions dont le maître s'était servi ; et après qu'il les lui eut exactement rapportées, elle y pensa longtemps et demeura silencieuse.

« Consuelina, lui dit Anzoleto sans trop s'apercevoir de sa rêverie, je t'avoue que l'air est extrêmement frais. Ne crains-tu pas de t'enrhumer ? Songe, ma chérie, que notre avenir repose sur ta voix encore plus que sur la mienne...

— Je ne m'enrhume jamais, répondit-elle ; mais toi, tu es si peu vêtu avec tes beaux habits ! Tiens, enveloppe-toi de ma mantille..

— Que veux-tu que je fasse de ce pauvre morceau de taffetas percé à jour ? J'aimerais bien mieux me mettre à couvert une demi-heure dans ta chambre.

— Je le veux bien, dit Consuelo : mais alors il ne faudra pas parler ; car les voisins pourraient nous entendre, et ils nous blâmeraient. Ils ne sont pas méchants ; ils voient nos amours sans trop me tourmenter, parce qu'ils savent bien que jamais tu n'entres chez moi la nuit. Tu ferais mieux d'aller dormir chez toi.

— Impossible ! on ne m'ouvrira qu'au jour, et j'ai encore trois heures à grelotter. Tiens, mes dents claquent dans ma bouche.

— En ce cas, viens, dit Consuelo en se levant ; je t'enfermerai dans ma chambre, et je reviendrai sur la terrasse pour que, si quelqu'un nous observe, il voie bien que je ne fais pas de scandale. »

Elle le conduisit en effet dans sa chambre : c'était une assez grande pièce délabrée, où les fleurs peintes à fresque sur les murs reparaissaient çà et là sous une seconde peinture encore plus grossière et déjà presque aussi dégradée. Un grand bois de lit carré avec une paillasse d'algues marines, et une couverture d'indienne piquée fort propre, mais rapetassée en mille endroits avec des morceaux de toutes couleurs, une chaise de paille, une petite table, une guitare fort ancienne, et un Christ de filigrane, uniques richesses que sa mère lui avait laissées ; une petite épinette, et un gros tas de vieille musique rongée des vers, que le professeur Porpora avait la générosité de lui prêter : tel était l'ameublement de la jeune artiste, fille d'une pauvre Bohémienne, élève d'un grand maître et amoureuse d'un bel aventurier.

Comme il n'y avait qu'une chaise, et que la table était couverte de musique, il n'y avait qu'un siége pour Anzoleto ; c'était le lit, et il s'en accommoda sans façon. A peine se fut-il assis sur le bord, que la fatigue s'emparant de lui, il laissa tomber sa tête sur un gros coussin de laine qui servait d'oreiller, en disant :

« Oh ! ma chère petite femme, je donnerais en cet instant tout ce qui me reste d'années à vivre pour une heure de bon sommeil, et tous les trésors de l'univers pour un bout de cette couverture sur mes jambes. Je n'ai jamais eu si froid que dans ces maudits habits, et le malaise de cette insomnie me donne le frisson de la fièvre. »

Consuelo hésita un instant. Orpheline et seule au monde à dix-huit ans, elle ne devait compte qu'à Dieu de ses actions. Croyant à la promesse d'Anzoleto comme à la parole de l'Évangile, elle ne se croyait menacée ni de son dégoût ni de son abandon en cédant à tous ses désirs. Mais un sentiment de pudeur qu'Anzoleto n'avait jamais ni combattu ni altéré en elle, lui fit trouver sa demande un peu grossière. Elle s'approcha de lui, et lui toucha la main. Cette main était bien froide en effet, et Anzoleto prenant celle de Consuelo la porta à son front, qui était brûlant.

« Tu es malade ! lui dit-elle, saisie d'une sollicitude qui fit taire toutes les autres considérations. Eh bien, dors une heure sur ce lit »

Anzoleto ne se le fit pas dire deux fois.

« Bonne comme Dieu même ! » murmura-t-il en s'étendant sur le matelas d'algue marine.

Consuelo l'entoura de sa couverture ; elle alla prendre dans un coin quelques pauvres hardes qui lui restaient, et lui en couvrit les pieds.

« Anzoleto, lui dit-elle à voix basse tout en remplissant ce soin maternel, ce lit où tu vas dormir, c'est celui où j'ai dormi avec ma mère les dernières années de sa vie ; c'est celui où je l'ai vue mourir, où je l'ai enveloppée de son drap mortuaire, où j'ai veillé sur son corps en priant et en pleurant, jusqu'à ce que la barque des morts soit venue me l'ôter pour toujours. Eh bien, je vais te dire maintenant ce qu'elle m'a fait promettre à sa dernière heure. Consuelo, m'a-t-elle dit, jure-moi sur le Christ qu'Anzoleto ne prendra pas ma place dans ce lit avant de s'être marié avec toi devant un prêtre.

— Et tu as juré ?

— Et j'ai juré. Mais en te laissant dormir ici pour la première fois, ce n'est pas la place de ma mère que je te donne, c'est la mienne.

— Et toi, pauvre fille, tu ne dormiras donc pas? reprit Anzoleto en se relevant à demi par un violent effort. Ah! je suis un lâche, je m'en vais dormir dans la rue.

— Non! dit Consuelo en le repoussant sur le coussin avec une douce violence; tu es malade, et je ne le suis pas. Ma mère qui est morte en bonne catholique, et qui est dans le ciel, nous voit à toute heure. Elle sait que tu lui as tenu la promesse que tu lui avais faite de ne pas m'abandonner. Elle sait aussi que notre amour est aussi honnête depuis sa mort qu'il l'a été de son vivant. Elle voit qu'en ce moment je ne fais et je ne pense rien de mal. Que son âme repose dans le Seigneur! »

Ici Consuelo fit un grand signe de croix. Anzoleto était déjà endormi.

« Je vais dire mon chapelet là-haut sur la terrasse pour que tu n'aies pas la fièvre, » ajouta Consuelo en s'éloignant.

« Bonne comme Dieu! » répéta faiblement Anzoleto, et il ne s'aperçut seulement pas que sa fiancée le laissait seul. Elle alla en effet dire son chapelet sur le toit. Puis elle revint pour s'assurer qu'il n'était pas plus malade, et le voyant dormir paisiblement, elle le contempla longtemps avec recueillement son beau visage pâle éclairé par la lune.

Et puis, ne voulant pas céder au sommeil elle-même, et se rappelant que les émotions de la soirée lui avaient fait négliger son travail, elle ralluma sa lampe, s'assit devant sa petite table, et nota un essai de composition que maître Porpora lui avait demandé pour le jour suivant.

VI.

Le comte Zustiniani, malgré son détachement philosophique et de nouvelles amours dont la Corilla feignait assez maladroitement d'être jalouse, n'était pas cependant aussi insensible aux insolents caprices de cette folle maîtresse qu'il s'efforçait de le paraître. Bon, faible et frivole, Zustiniani n'était roué que par ton et par position sociale. Il ne pouvait s'empêcher de souffrir, au fond de son cœur, de l'ingratitude à laquelle cette femme avait répondu à sa générosité; et d'ailleurs, quoiqu'il fût à cette époque (à Venise aussi bien qu'à Paris) de la dernière inconvenance de montrer de la jalousie, l'orgueil italien se révoltait contre le rôle ridicule et misérable que la Corilla lui faisait jouer.

Donc, ce même soir où Anzoleto avait brillé au palais Zustiniani, le comte, après avoir agréablement plaisanté avec son ami Barberigo sur les espiègleries de sa maîtresse, dès qu'il vit ses salons déserts et les flambeaux éteints, prit son manteau et son épée, et, pour en avoir le cœur net, courut au palais qu'habitait la Corilla.

Quand il se fut assuré qu'elle était bien seule, ne se trouvant pas encore tranquille, il entama la conversation à voix basse avec le barcarolle qui était en train de remiser la gondole de la prima-donna sous la voûte destinée à cet usage. Moyennant quelques sequins, il le fit parler, et se convainquit bientôt qu'il ne s'était pas trompé en supposant que la Corilla avait pris un compagnon de route dans sa gondole. Mais il lui fut impossible de savoir qui était ce compagnon; le gondolier ne le savait pas. Bien qu'il eût vu cent fois Anzoleto aux alentours du théâtre et du palais Zustiniani, il ne l'avait pas reconnu dans l'ombre, sous l'habit noir et avec de la poudre.

Ce mystère impénétrable acheva de donner de l'humeur au comte. Il se fût consolé en persiflant son rival, seule vengeance de bon goût, mais aussi cruelle dans les temps de parade que le meurtre l'est aux époques de passions sérieuses. Il ne dormit pas; et avant l'heure où Porpora commençait son cours de musique au conservatoire des filles pauvres, il s'achemina vers la *scuola di Mendicanti*, dans la salle où devaient se rassembler les jeunes élèves.

La position du comte à l'égard du docte professeur avait beaucoup changé depuis quelques années. Zustiniani n'était plus l'antagoniste musical de Porpora, mais son associé, et son chef en quelque sorte; il avait fait des dons considérables à l'établissement que dirigeait ce savant maître, et par reconnaissance on lui en avait donné la direction suprême. Ces deux amis vivaient donc désormais en aussi bonne intelligence que pouvait le permettre l'intolérance du professeur à l'égard de la musique à la mode; intolérance qui cependant était forcée de s'adoucir à la vue des encouragements que le comte donnait de ses soins et de sa bourse à l'enseignement et à la propagation de la musique sérieuse. En outre, il avait fait représenter à San-Samuel un opéra que ce maître venait de composer.

« Mon cher maître, lui dit Zustiniani en l'attirant à l'écart, il faut que non-seulement vous vous décidiez à vous laisser enlever pour le théâtre une de vos élèves, mais il faut encore que vous m'indiquiez celle qui vous paraîtra la plus propre à remplacer la Corilla. Cette cantatrice est fatiguée, sa voix se perd, ses caprices nous ruinent, le public est bientôt dégoûté d'elle. Vraiment nous devons songer à lui trouver une *succeditrice*. (Pardon, cher lecteur, ceci se dit en italien, et le comte ne faisait point un néologisme.)

— Je n'ai pas ce qu'il vous faut, répliqua sèchement Porpora.

— Eh quoi, maître, s'écria le comte, allez-vous retomber dans vos humeurs noires? Est-ce tout de bon qu'après tant de sacrifices et de dévoûment de ma part pour encourager votre œuvre musicale, vous vous refusez à la moindre obligeance quand je réclame votre aide et vos conseils pour la mienne?

— Je n'en ai plus le droit, comte, répondit le professeur; et ce que je viens de vous dire est la vérité, dite par un ami, et avec le désir de vous obliger. Je n'ai point dans mon école de chant une seule personne capable de vous remplacer la Corilla. Je ne fais pas plus de cas d'elle qu'il ne faut; mais en déclarant que le talent de cette fille n'a aucune valeur solide et à mes yeux, je suis forcé de reconnaître qu'elle possède un savoir-faire, une habitude, une facilité et une communication établie avec les sens du public qui ne s'acquièrent qu'avec des années de pratique, et que n'auront de long-temps d'autres débutantes.

— Cela est vrai, dit le comte; mais enfin nous avons formé la Corilla, nous l'avons vue commencer, nous l'avons fait accepter au public; sa beauté a fait les trois quarts de son succès, et vous avez d'aussi charmantes personnes dans votre école. Vous ne nierez pas cela, mon maître! Voyons, confessez que la Clorinda est la plus belle créature de l'univers!

— Mais affectée, mais minaudière, mais insupportable... Il est vrai que le public trouvera peut-être charmantes ces grimaces ridicules... mais elle chante faux, elle n'a ni âme, ni intelligence... Il est vrai que le public n'en a pas plus que d'oreilles... mais elle n'a ni mémoire, ni adresse, et elle ne se sauvera même pas du *fiasco* par le charlatanisme heureux qui réussit à tant de gens! »

En parlant ainsi, le professeur laissa tomber un regard involontaire sur Anzoleto, qui, à la faveur de son titre de favori du comte, et sous prétexte de venir lui parler, s'était glissé dans la classe, et se tenait à peu de distance, l'oreille ouverte à la conversation.

« N'importe, dit le comte sans faire attention à la malice rancunière du maître; je n'abandonne pas mon idée. Il y a longtemps que je n'ai entendu la Clorinda. Faisons-la venir, et avec cinq ou six autres, les plus jolies que l'on pourra trouver. Voyons, Anzoleto, ajouta-t-il en riant, te voilà assez bien équipé pour prendre l'air grave d'un jeune professeur. Entre dans le jardin, et adresse-toi aux plus remarquables de ces jeunes beautés, pour leur dire que nous les attendons ici, monsieur le professeur et moi. »

Anzoleto obéit; mais soit par malice, soit qu'il eût ses vues, il amena les plus laides, et c'est pour le coup que Jean-Jacques aurait pu s'écrier : « La Sofia était borgne, la Cattina était boiteuse. »

Ce quiproquo fut pris en bonne part, et, après qu'on en eut ri sous cape, on renvoya ces demoiselles avertir celles de leurs compagnes que désigna le professeur. Un groupe charmant vint bientôt, avec la belle Clorinda au centre.

« La magnifique chevelure! dit le comte à l'oreille du professeur en voyant passer près de lui les superbes tresses blondes de cette dernière.

— Il y a beaucoup plus *dessus* que *dedans* cette tête, répondit le rude censeur sans daigner baisser la voix. »

Après une heure d'épreuve, le comte, n'y pouvant plus tenir, se retira consterné en donnant des éloges pleins de grâces à ces demoiselles, et en disant tout bas au professeur : — Il ne faut point songer à ces perruches!

« Si votre seigneurie illustrissime daignait me permettre de dire un mot sur ce qui la préoccupe... articula doucement Anzoleto à l'oreille du comte en descendant l'escalier.

— Parle, reprit le comte; connaîtrais-tu cette merveille que nous cherchons?

— Oui, excellence.

— Et au fond de quelle mer iras-tu pêcher cette perle fine?

— Tout au fond de la classe où le malin professeur Porpora la tient cachée les jours où vous passez votre bataillon féminin en revue.

— Quoi? est-il dans la scuola un diamant dont mes yeux n'aient jamais aperçu l'éclat? Si maître Porpora m'a joué un pareil tour!...

— Illustrissime, le diamant dont je parle ne fait pas partie de la scuola. C'est une pauvre fille qui vient seulement chanter dans les chœurs quand on a besoin d'elle, et à qui le professeur donne des leçons particulières par charité, et plus encore par amour de l'art.

— Il faut donc que cette pauvre fille ait des facultés extraordinaires; car le professeur n'est pas facile à contenter, et il n'est pas prodigue de son temps et de sa peine. L'ai-je entendue quelquefois sans la connaître?

— Votre Seigneurie l'a entendue une fois, il y a bien longtemps, et lorsqu'elle n'était encore qu'un enfant. Aujourd'hui c'est une grande jeune fille, forte, studieuse, savante comme le professeur, et capable de faire siffler la Corilla le jour où elle chantera une phrase de trois mesures à côté d'elle sur le théâtre.

— Et ne chante-t-elle jamais en public? Le professeur ne lui a-t-il pas fait dire quelques motets aux grandes vêpres?

— Autrefois, excellence, le professeur se faisait une joie de l'entendre chanter à l'église; mais depuis que les *scolari*, par jalousie et par vengeance, ont menacé de la faire chasser de la tribune si elle y reparaissait à côté d'elles...

— C'est donc une fille de mauvaise vie?...

— O Dieu vivant! excellence, c'est une vierge aussi pure que la porte du ciel! Mais elle est pauvre et de basse extraction... comme moi, excellence, que vous daignez cependant élever jusqu'à vous par vos bontés; et ces méchantes harpies ont menacé le professeur de se plaindre à vous de l'infraction qu'il commettait contre le règlement en introduisant dans leur classe une élève qui n'en fait point partie.

— Où pourrai-je donc entendre cette merveille?

— Que votre seigneurie donne l'ordre au professeur de la faire chanter devant elle; elle pourra juger de sa voix et de la grandeur de son talent.

— Ton assurance me donne envie de te croire. Tu dis donc que je l'ai déjà entendue, il y a longtemps... J'ai beau chercher je ne puis me la rappeler...

— Dans l'église des Mendicanti, un jour de répétition générale, le *Salve Regina* de Pergolèse...

— Oh! j'y suis, s'écria le comte; une voix, un accent, une intelligence admirables!

— Et elle n'avait que quatorze ans, monseigneur, c'était un enfant.

— Oui, mais... je crois me rappeler qu'elle n'était pas jolie.

— Pas jolie, excellence! dit Anzoleto tout interdit.

— Ne s'appelait-elle pas?... Oui, c'était une Espagnole, un nom bizarre...

— Consuelo, monseigneur.

— C'est cela, tu voulais l'épouser alors, et vos amours nous ont fait rire, le professeur et moi. Consuelo! c'est bien elle; la favorite du professeur, une fille bien intelligente, mais bien laide!

— Bien laide! répéta Anzoleto stupéfait.

— Eh oui, mon enfant. Tu en es donc toujours épris?

— C'est mon amie, illustrissime.

— Amie veut dire chez nous également sœur et amante. Laquelle des deux?

— Sœur, mon maître.

— Eh bien, je puis, sans te faire de peine, te dire ce que j'en pense. Ton idée n'a pas le sens commun. Pour remplacer la Corilla il faut un ange de beauté, et ta Consuelo, je m'en souviens bien maintenant, est plus que laide, elle est affreuse. »

Le comte fut abordé en cet instant par un de ses amis, qui l'emmena d'un autre côté, et il laissa Anzoleto consterné se répéter en soupirant : — Elle est affreuse!...

VII.

Il vous paraîtra peut-être étonnant, et il est pourtant très-certain, cher lecteur, que jamais Anzoleto n'avait eu d'opinion sur la beauté ou la laideur de Consuelo. Consuelo était un être tellement isolé, tellement ignoré dans Venise, que nul n'avait jamais songé à chercher si, à travers ce voile d'oubli et d'obscurité, l'intelligence et la bonté avaient fini par se montrer sous une forme agréable ou insignifiante. Porpora, qui n'avait plus de sens que pour l'art, n'avait vu en elle que l'artiste. Les voisins de la *Corte-Minelli* voyaient sans se scandaliser ses innocentes amours avec Anzoleto. A Venise on n'est point féroce sur ce chapitre-là. Ils lui prédisaient bien parfois qu'elle serait malheureuse avec ce garçon sans aveu et sans état, et ils lui conseillaient de chercher plutôt à s'établir avec quelque honnête et paisible ouvrier. Mais comme elle leur répondait qu'étant sans famille et sans appui elle-même, Anzoleto lui convenait parfaitement; comme, depuis six ans, il ne s'était pas écoulé un seul jour sans qu'on les vît ensemble, ne cherchant point le mystère, et ne se querellant jamais, on avait fini par s'habituer à leur union libre et indissoluble. Aucun voisin ne s'était jamais avisé de faire la cour à l'*amica* d'Anzoleto. Était-ce seulement à cause des engagements qu'on lui supposait, ou bien était-ce à cause de sa misère? ou bien encore n'était-ce pas que sa personne n'avait exercé de séduction sur aucun d'eux? La dernière hypothèse est fort vraisemblable.

Cependant chacun sait que, de douze à quatorze ans, les jeunes filles sont généralement maigres, décontenancées, sans harmonie dans les traits, dans les proportions, dans les mouvements. Vers quinze ans elles se *refont* (c'est en français vulgaire l'expression des matrones); et celle qui paraissait affreuse naguère reparaît, après ce court travail de transformation, sinon belle, du moins agréable. On a remarqué même qu'il n'était pas avantageux à l'avenir d'une fillette d'être jolie de trop bonne heure.

Consuelo ayant recueilli comme les autres le bénéfice de l'adolescence, on avait cessé de dire qu'elle était laide; et le fait est qu'elle ne l'était plus. Seulement, comme elle n'était ni dauphine, ni infante, elle n'avait point eu de courtisans autour d'elle pour proclamer que la royale progéniture embellissait à vue d'œil; et comme elle n'avait pas l'appui de tendres sollicitudes pour s'inquiéter de son avenir, personne ne prenait la peine de dire à Anzoleto : « Ta fiancée ne te fera point rougir devant le monde. »

Si bien qu'Anzoleto l'avait entendu traiter de laideron à l'âge où ce reproche n'avait pour lui ni sens ni valeur; et depuis qu'on ne disait plus ni mal ni bien de la figure de Consuelo, il avait oublié de s'en préoccuper. Sa vanité avait pris un autre essor. Il rêvait le théâtre et la célébrité, et n'avait pas le temps de songer à faire étalage de ses conquêtes. Et puis la grosse part de curiosité qui entre dans les désirs de la première jeunesse était assouvie chez lui. J'ai dit qu'à dix-huit ans il n'avait plus rien à apprendre. A vingt-deux ans, il était quasi blasé; et à vingt-deux ans comme à dix-huit, son attachement pour Consuelo était aussi tranquille, en dépit de quelques chastes baisers pris sans trouble et rendus sans honte, qu'il l'avait été jusque-là.

Pour qu'on ne s'étonne pas trop de ce calme et de cette vertu de la part d'un jeune homme qui ne s'en piquait point ailleurs, il faut faire observer que la grande liberté dans laquelle nos adolescents vivaient au commencement de cette histoire s'était modifiée et peu à peu restreinte avec le temps. Consuelo avait près de seize ans, et menait encore une vie un peu vagabonde, sortant du Conservatoire toute seule pour aller répéter sa leçon et manger son riz sur les degrés de la Piazzetta avec Anzoleto, lorsque sa mère, épuisée de fatigue, cessa de chanter le soir dans les cafés, une guitare à la main et une sébile devant elle. La pauvre créature se retira dans un des plus misérables greniers de la *Corte-Minelli*, pour s'y éteindre à petit feu sur un grabat. Alors la bonne Consuelo, ne voulant plus la quitter, changea tout à fait de genre de vie. Hormis les heures où le professeur daignait lui donner sa leçon, elle travaillait soit à l'aiguille, soit au contre-point, toujours auprès du chevet de cette mère impérieuse et désespérée, qui l'avait cruellement maltraitée dans son enfance, et qui maintenant lui donnait l'affreux spectacle d'une agonie sans courage et sans vertu. La piété filiale et le dévoûment tranquille de Consuelo ne se démentirent pas un seul instant. Joies de l'enfance, liberté, vie errante, amour même, tout fut sacrifié sans amertume et sans hésitation. Anzoleto s'en plaignit vivement, et, voyant ses reproches inutiles, résolut d'oublier et de se distraire; mais ce lui fut impossible. Anzoleto n'était pas assidu au travail comme Consuelo; il prenait vite et mal les mauvaises leçons que son professeur, pour gagner le salaire promis par Zustiniani, lui donnait tout aussi mal et aussi vite. Cela était fort heureux pour Anzoleto, en qui les prodigalités de la nature réparaient aussi bien que possible le temps perdu et les effets d'un mauvais enseignement; mais il en résultait bien des heures d'oisiveté durant lesquelles la société fidèle et enjouée de Consuelo lui manquait horriblement. Il tenta de s'adonner aux passions de son âge et de sa classe; il fréquenta les cabarets, et joua avec les polissons les petites gratifications que lui octroyait de temps en temps le comte Zustiniani. Cette vie lui plut deux ou trois semaines, au bout desquelles il trouva que son bien-être, sa santé et sa voix s'altéraient sensiblement; que le *far-niente* n'était pas le désordre, et que le désordre n'était pas son élément. Préservé des mauvaises passions par l'amour bien entendu de soi-même, il se retira dans la solitude et s'efforça d'étudier; mais cette solitude lui sembla effrayante de tristesse et de difficultés. Il s'aperçut alors que Consuelo était aussi nécessaire à son talent qu'à son bonheur. Studieuse et persévérante, vivant dans la musique comme l'oiseau dans l'air et le poisson dans l'eau, aimant à vaincre les difficultés sans se rendre plus de raison de l'importance de cette victoire qu'il n'appartient à un enfant, mais poussée fatalement à combattre les obstacles et à pénétrer les mystères de l'art, par cet invincible instinct qui fait que le germe des plantes cherche à percer le sein de la terre et à se lancer vers le jour, Consuelo avait une de ces rares et bienheureuses organisations pour lesquelles le travail est une jouissance, un repos véritable, un état normal nécessaire, et pour qui l'inaction serait une fatigue, un dépérissement, un état maladif, si l'inaction était possible à de telles natures. Mais elles ne la connaissent pas; dans une oisiveté apparente, elles travaillent encore; leur rêverie n'est point vague, c'est une méditation. Quand on les voit agir, on croit qu'elles créent, tandis qu'elles manifestent seulement une création récente. — Tu me diras, cher lecteur, que tu n'as guère connu de ces organisations exceptionnelles. Je te répondrai, lecteur bien-aimé, que je n'en ai connu qu'une seule, et si, suis-je plus vieux que toi. Que ne puis-je te dire que j'ai analysé sur mon pauvre cerveau le divin mystère de cette activité intellectuelle! Mais, hélas! ami lecteur, ce n'est ni toi ni moi qui étudierons sur nous-mêmes.

Consuelo travaillait toujours, en s'amusant toujours; elle s'obstinait des heures entières à vaincre, soit par le chant libre et capricieux, soit par la lecture musicale, des difficultés qui eussent rebuté Anzoleto livré à lui-même; et sans dessein prémédité, sans aucune idée d'émulation, elle le forçait à la suivre, à la seconder, à la comprendre et à lui répondre, tantôt au milieu des éclats de rires enfantins, tantôt emportée avec lui par cette *fantasia* poétique et créatrice que connaissent les organisations populaires en Espagne et en Italie. Depuis plusieurs années qu'il s'était imprégné du génie de Consuelo, le buvant à sa source sans le comprendre, et se l'appropriant sans s'en apercevoir, Anzoleto, retenu d'ailleurs par sa paresse, était devenu en musique un étrange composé de savoir et d'ignorance, d'inspiration et de frivolité, de puissance et de gaucherie, d'audace et de faiblesse, qui avait plongé, à la dernière audition, le Porpora dans un dédale de méditations et de conjectures. Ce maître ne savait point le secret de toutes ces richesses dérobées à Consuelo; car ayant une fois sévèrement grondé la petite de son intimité avec ce grand vaurien, il ne les avait jamais revus ensemble. Consuelo, qui tenait à conserver les bonnes grâces de son professeur, avait eu soin de ne jamais se montrer devant lui en compagnie d'Anzoleto, et du plus loin qu'elle l'apercevait dans la rue, si Anzoleto était avec elle, leste comme un jeune chat, il se cachait derrière une colonne ou se blottissait dans une gondole.

Ces précautions continuèrent lorsque Consuelo, devenue garde-malade, et Anzoleto ne pouvant plus supporter son absence, sentant la vie, l'inspiration et jusqu'au souffle lui manquer, revint partager sa vie sédentaire, et affronter avec elle tous les soirs les âcretés et les emportements de la moribonde. Quelques mois avant de en finir, cette malheureuse femme perdit l'énergie de ses souffrances, et, vaincue par la piété de sa fille, sentit son âme s'ouvrir à de plus douces émotions. Elle s'habitua à recevoir les soins d'Anzoleto, qui, malgré son peu de vocation pour ce rôle de dévouement, s'habitua de son côté à une sorte de zèle enjoué et de douceur complaisante envers la faiblesse et la souffrance. Anzoleto avait le caractère égal et les manières bienveillantes. Sa persévérance auprès d'elle et de Consuelo gagna enfin son cœur, et, à son heure dernière, elle leur dit jurer de ne se quitter jamais. Anzoleto le promit, et même il l'éprouva en cet instant solennel une sorte d'attendrissement sérieux qu'il ne connaissait pas encore. La mourante lui rendit cet engagement plus facile en lui disant : Qu'elle soit ton amie, ta sœur, la maîtresse ou ta femme, puisqu'elle ne connaît que toi et n'a jamais voulu écouter que toi, ne l'abandonne pas. — Puis, croyant donner à sa fille un conseil bien habile et bien salutaire, sans trop songer s'il était réalisable ou non, elle lui avait fait jurer en particulier, ainsi qu'on l'a vu déjà, de ne jamais s'abandonner à son amant avant la consécration religieuse du mariage. Consuelo l'avait juré, sans prévoir les obstacles que le caractère indépendant et irréligieux d'Anzoleto pourrait apporter à ce projet.

Devenue orpheline, Consuelo avait continué de travailler à l'aiguille pour vivre dans le présent, et d'étudier la musique pour s'associer à l'avenir d'Anzoleto. Depuis deux ans qu'il vivait seule dans son grenier, il avait continué à la voir tous les jours, sans éprouver pour elle aucune passion, et sans pouvoir en éprouver pour d'autres femmes, tant la douceur de son intimité et l'*agrément de vivre auprès d'elle* lui semblaient préférables à tout.

Sans se rendre compte des hautes facultés de sa compagne, il avait acquis désormais assez de goût et de discernement pour savoir qu'elle avait plus de science et de moyens qu'aucune des cantatrices de San-Samuel et que la Corilla elle-même. A son affection d'habitude s'était donc joint l'espoir et presque la certitude d'une association d'intérêts, qui rendrait leur existence profitable et

Consuelo

brillante avec le temps. Consuelo n'avait guère coutume de penser à l'avenir. La prévoyance n'était point au nombre de ses occupations d'esprit. Elle eût encore cultivé la musique sans autre but que celui d'obéir à sa vocation ; et la communauté d'intérêts que la pratique de cet art devait établir entre elle et son ami, n'avait pas d'autre sens pour elle que celui d'association de bonheur et d'affection. C'était donc sans l'en avertir qu'il avait conçu tout à coup l'espoir de hâter la réalisation de leurs rêves ; et en même temps que Zustiniani s'était préoccupé du remplacement de la Corilla, Anzoleto, devinant avec une rare sagacité la situation d'esprit de son patron, avait improvisé la proposition qu'il venait de lui faire.

Mais la laideur de Consuelo, cet obstacle inattendu, étrange, invincible, si le comte ne se trompait pas, était venu jeter l'effroi et la consternation dans son âme. Aussi reprit-il le chemin de la *Corte-Minelli*, en s'arrêtant à chaque pas pour se représenter sous un nouveau jour l'image de son amie, et pour répéter avec un point d'interrogation à chaque parole : Pas jolie ? bien laide ? affreuse ?

VIII.

« Qu'as-tu donc à me regarder ainsi ? lui dit Consuelo en le voyant entrer chez elle et la contempler d'un air étrange sans lui dire un mot. On dirait que tu ne m'as jamais vue.

— C'est la vérité, Consuelo, répondit-il. Je ne t'ai jamais vue.

— As-tu l'esprit égaré ? reprit-elle. Je ne sais pas ce que tu veux dire.

— Mon Dieu ! mon Dieu ! je le crois bien, s'écria Anzoleto. J'ai une grande tache noire dans le cerveau à travers laquelle je ne te vois pas.

— Miséricorde ! tu es malade, mon ami ?

— Non, chère fille, calme-toi, et tâchons de voir clair. Dis-moi, Consuelita, est-ce que tu me trouves beau ?

— Mais certainement, puisque je t'aime.

— Et si tu ne m'aimais pas, comment me trouverais-tu ?

— Est-ce que je sais ?

— Quand tu regardes d'autres hommes que moi, sais-tu s'ils sont beaux ou laids ?

La Corilla.

— Oui; mais je te trouve plus beau que les plus beaux.
— Est-ce parce que je le suis, ou parce que tu m'aimes?
— Je crois bien que c'est l'un et l'autre. D'ailleurs tout le monde dit que tu es beau, et tu le sais bien. Mais qu'est-ce que cela te fait?
— Je veux savoir si tu m'aimerais quand même je serais affreux.
— Je ne m'en apercevrais peut-être pas.
— Tu crois donc qu'on peut aimer une personne laide?
— Pourquoi pas, puisque tu m'aimes?
— Tu es donc laide, Consuelo? Vraiment, dis-moi, réponds-moi, tu es donc laide?
— On me l'a toujours dit. Est-ce que tu ne le vois pas?
— Non, non, en vérité, je ne le vois pas!
— En ce cas, je me trouve assez belle, et je suis bien contente.
— Tiens, dans ce moment-ci, Consuelo, quand tu me regardes d'un air si bon, si naturel, si aimant, il me semble que tu es plus belle que la Corilla. Mais je voudrais savoir si c'est l'effet de mon illusion ou la vérité. Je connais ta physionomie, je sais qu'elle est honnête, et qu'elle me plaît, et que quand je suis en colère elle me calme; que quand je suis triste, elle m'égaie; que quand je suis abattu, elle me ranime. Mais je ne connais pas ta figure. Ta figure, Consuelo, je ne peux pas savoir si elle est laide.
— Mais qu'est-ce que cela te fait, encore une fois?
— Il faut que je le sache. Dis-moi si un homme beau pourrait aimer une femme laide.
— Tu aimais bien ma pauvre mère, qui n'était plus qu'un spectre! Et moi, je l'aimais tant!
— Et la trouvais-tu laide?
— Non. Et toi?
— Je n'y songeais pas. Mais aimer d'amour, Consuelo... car enfin je t'aime d'amour, n'est-ce pas? Je ne peux pas me passer de toi, je ne peux pas te quitter. C'est de l'amour: que t'en semble?
— Est-ce que cela pourrait être autre chose?
— Cela pourrait être de l'amitié.
— Oui, cela pourrait être de l'amitié. »
Ici Consuelo surprise s'arrêta, et regarda attentivement Anzoleto; et lui, tombant dans une rêverie mélancolique, se demanda positivement pour la première fois, s'il avait

de l'amour ou de l'amitié pour Consuelo ; si le calme de ses sens, si la chasteté qu'il observait facilement auprès d'elle, étaient le résultat du respect ou de l'indifférence. Pour la première fois, il regarda cette jeune fille avec les yeux d'un jeune homme, interrogeant, avec un esprit d'analyse qui n'était pas sans trouble, ce front, ces yeux, cette taille, et tous ces détails dont il n'avait jamais saisi qu'une sorte d'ensemble idéal et comme voilé dans sa pensée. Pour la première fois, Consuelo interdite se sentit troublée par le regard de son ami ; elle rougit, son cœur battit avec violence, et ses yeux se détournèrent, ne pouvant supporter ceux d'Anzoleto. Enfin, comme il gardait toujours le silence, et qu'elle n'osait plus le rompre, une angoisse inexprimable s'empara d'elle, de grosses larmes roulèrent sur ses joues ; et cachant sa tête dans ses mains :

« Oh ! je vois bien, dit-elle, tu viens me dire que tu ne veux plus de moi pour ton amie.

— Non, non ! je n'ai pas dit cela ! je ne le dis pas ! s'écria Anzoleto effrayé de ces larmes qu'il faisait couler pour la première fois ; et vivement ramené à son sentiment fraternel, il entoura Consuelo de ses bras. Mais, comme elle détournait son visage au lieu de sa joue fraîche et calme il baisa une épaule brûlante que cachait mal un fichu de grosse dentelle noire.

Quand le premier éclair de la passion s'allume instantanément dans une organisation forte, restée chaste comme l'enfance au milieu du développement complet de la jeunesse, elle y porte un choc violent et presque douloureux.

« Je ne sais ce que j'ai, dit Consuelo en s'arrachant des bras de son ami avec une sorte de crainte qu'elle n'avait jamais éprouvée ; mais je me sens bien mal : il me semble que je vais mourir.

— Ne meurs pas, lui dit Anzoleto en la suivant et en la soutenant dans ses bras ; tu es belle, Consuelo, je suis sûr que tu es belle. »

En effet, Consuelo était belle en cet instant ; et quoique Anzoleto n'en fût pas certain au point de vue de l'art, il ne pouvait s'empêcher de le dire, parce que son cœur le sentait vivement.

« Mais enfin, lui dit Consuelo toute pâlie et tout abattue en un instant, pourquoi donc tiens-tu aujourd'hui à me trouver belle ?

— Ne voudrais-tu pas l'être, chère Consuelo ?

— Oui, pour toi.

— Et pour les autres ?

— Peu m'importe.

— Et si c'était une condition pour notre avenir ? »

Ici Anzoleto, voyant l'inquiétude qu'il causait à son amie, lui rapporta naïvement ce qui s'était passé entre le comte et lui ; et quand il en vint à répéter les expressions peu flatteuses dont Zustiniani s'était servi en parlant d'elle, la bonne Consuelo qui peu à peu s'était tranquillisée en croyant voir tout ce dont il s'agissait, partit d'un grand éclat de rire en achevant d'essuyer ses yeux humides.

« Eh bien ! lui dit Anzoleto tout surpris de cette absence totale de vanité, tu n'es pas plus émue, pas plus inquiète que cela ? Ah ! je vois, Consuelina, vous êtes une petite coquette ; vous savez que vous n'êtes pas laide.

— Écoute, lui répondit-elle en souriant, puisque tu prends de pareilles folies au sérieux, il faut que je te tranquillise un peu. Je n'ai jamais été coquette : n'étant pas belle, je ne veux pas être ridicule. Mais quant à être laide, je ne le suis plus.

— Vraiment on te l'a dit ? Qui t'a dit cela, Consuelo ?

— D'abord ma mère, qui ne s'est jamais tourmentée de ma laideur. Je lui ai entendu dire souvent que cela se passerait, qu'elle avait été encore plus laide dans son enfance ; et beaucoup de personnes qui l'avaient connue m'ont dit qu'à vingt ans elle avait été la plus belle fille de Burgos. Tu sais bien que quand par hasard quelqu'un la regardait dans les cafés où elle chantait, on disait : Cette femme doit avoir été belle. Vois-tu, mon pauvre ami, la beauté est comme cela quand on est pauvre ; c'est un instant : on n'est pas belle encore, et puis bientôt on ne l'est plus. Je le serai peut-être, qui sait ? si je peux ne pas me fatiguer trop, avoir du sommeil, et ne pas trop souffrir de la faim.

— Consuelo, nous ne nous quitterons pas ; bientôt je serai riche, et tu ne manqueras de rien. Tu pourras donc être belle à ton aise.

— A la bonne heure. Que Dieu fasse le reste !

— Mais tout cela ne conclut à rien pour le présent, et il s'agit de savoir si le comte te trouvera assez belle pour paraître au théâtre.

— Maudit comte ! pourvu qu'il ne fasse pas trop le difficile !

— D'abord, tu n'es pas laide.

— Non, je ne suis pas laide. J'ai entendu, il n'y a pas longtemps, le verrotier qui demeure ici en face, dire à sa femme : Sais-tu que la Consuelo n'est pas vilaine ? Elle a une belle taille, et quand elle rit, elle vous met tout le cœur en joie ; et quand elle chante, elle paraît jolie.

— Et qu'est-ce que la femme du verrotier a répondu ?

— Elle a répondu : Qu'est-ce que cela te fait, imbécile ? Songe à ton ouvrage ; est-ce qu'un homme marié doit regarder les jeunes filles ?

— Paraissait-elle fâchée ?

— Bien fâchée.

— C'est bon signe. Elle sentait que son mari ne se trompait pas. Et puis encore ?

— Et puis encore, la comtesse Mocenigo, qui me donne de l'ouvrage, et qui s'est toujours intéressée à moi, a dit la semaine dernière au docteur Ancillo, qui était chez elle au moment où j'entrais : Regardez donc, monsieur le docteur, comme cette *zitella* a grandi, et comme elle est devenue blanche et bien faite !

— Et qu'a répondu le docteur ?

— Il a répondu : C'est vrai, Madame, par Bacchus ! Je ne l'aurais pas reconnue ; elle est de la nature des flegmatiques, qui blanchissent en prenant un peu d'embonpoint. Ce sera une belle fille, vous verrez cela.

— Et puis encore ?

— Et puis encore la supérieure de Santa-Chiara, qui me fait faire des broderies pour ses autels, et qui a dit à une de ses sœurs : Tenez, voyez si ce que je vous disais n'est pas vrai ? La Consuelo ressemble à notre sainte Cécile. Toutes les fois que je fais ma prière devant cette image, je ne peux m'empêcher de penser à cette petite ; et alors je prie pour elle, afin qu'elle ne tombe pas dans le péché, et qu'elle ne chante jamais que pour l'église.

— Et qu'a répondu la sœur ?

— La sœur a répondu : C'est vrai, ma mère ; c'est tout à fait vrai. Et moi j'ai été bien vite dans leur église, et j'ai regardé la sainte Cécile qui est d'un grand maître, et qui est belle, bien belle !

— Et qui te ressemble ?

— Un peu.

— Et tu ne m'as jamais dit cela ?

— Je n'y ai pas pensé.

— Chère Consuelo, tu es donc belle ?

— Je ne crois pas ; mais je ne suis plus si laide qu'on le disait. Ce qu'il y a de sûr, c'est qu'on ne me le dit plus. Il est vrai que c'est peut-être parce qu'on s'imagine que cela me ferait de la peine à présent.

— Voyons, Consuelina, regarde-moi bien. Tu as les plus beaux yeux du monde, d'abord !

— Mais la bouche est grande, dit Consuelo en riant et en prenant un petit morceau de miroir cassé qui lui servait de *psyché*, pour se regarder.

— Elle n'est pas petite ; mais quelles belles dents ! reprit Anzoleto ; ce sont des perles fines, et tu les montres toutes quand tu ris.

— En ce cas tu me diras quelque chose qui me fasse rire, quand nous serons devant le comte.

— Tu as des cheveux magnifiques, Consuelo.

— Pour cela oui ! Veux-tu les voir ? » Elle détacha ses épingles, et laissa tomber jusqu'à terre un torrent de cheveux noirs, où le soleil brilla comme dans une glace.

— Et tu as la poitrine large, la ceinture fine, les épaules... ah ! bien belles, Consuelo ! Pourquoi me les caches-tu? Je ne demande à voir que ce qu'il faudra bien que tu montres au public.

— J'ai le pied assez petit, dit Consuelo pour détourner la conversation; » et elle montra un véritable petit pied andalous, beauté à peu près inconnue à Venise.

« La main est charmante aussi, dit Anzoleto en baisant, pour la première fois, la main que jusque là il avait serrée amicalement comme celle d'un camarade. Laisse-moi voir tes bras.

— Tu les as vus cent fois, dit-elle en ôtant ses mitaines.

— Non, je ne les avais jamais vus, dit Anzoleto que cet examen innocent et dangereux commençait à agiter singulièrement. »

Et il retomba dans le silence, couvant du regard cette jeune fille que chaque coup d'œil embellissait et transformait à ses yeux.

Peut-être n'était-ce pas tout à fait qu'il eût été aveugle jusqu'alors; car peut-être était-ce la première fois que Consuelo dépouillait, sans le savoir, cet air insouciant qu'une parfaite régularité de lignes peut seule faire accepter. En cet instant, émue d'une vive atteinte portée à son cœur, redevenue naïve et confiante, mais conservant un imperceptible embarras qui n'était pas l'éveil de la coquetterie, mais celui de la pudeur sentie et comprise, son teint avait une pâleur transparente, et ses yeux un éclat pur et serein qui la faisaient ressembler certainement à la sainte Cécile des nones de Santa-Chiara.

Anzoleto n'en pouvait plus détacher ses yeux. Le soleil s'était couché; la nuit se faisait vite dans cette grande chambre éclairée d'une seule petite fenêtre; et dans cette demi-teinte, qui embellissait encore Consuelo, semblait nager autour d'elle un fluide d'insaisissables voluptés. Anzoleto eut un instant la pensée de s'abandonner aux désirs qui s'éveillaient en lui avec une impétuosité toute nouvelle, et à cet entraînement se joignait par éclairs une froide réflexion. Il songeait à expérimenter, par l'ardeur de ses transports, si la beauté de Consuelo aurait autant de puissance sur lui que celle des autres femmes réputées belles qu'il avait possédées. Mais il n'osa pas se livrer à ces tentations indignes de celle qui les inspirait. Insensiblement son émotion devint plus profonde, et la crainte d'en perdre les étranges délices lui fit désirer de la prolonger.

Tout à coup, Consuelo, ne pouvant plus supporter son embarras se leva, et faisant un effort sur elle-même pour revenir à leur enjouement, se mit à marcher dans la chambre, en faisant de grands gestes de tragédie, et en chantant d'une manière un peu outrée plusieurs phrases de drame lyrique, comme si elle fût entrée en scène.

« Eh bien, c'est magnifique! s'écria Anzoleto ravi de surprise en la voyant capable d'un charlatanisme qu'elle ne lui avait jamais montré.

— Ce n'est pas magnifique, dit Consuelo en se rasseyant; et j'espère que c'est pour rire que tu dis cela?

— Ce serait magnifique à la scène. Je t'assure qu'il n'y aurait rien de trop. Corilla en crèverait de jalousie; car c'est tout aussi frappant que ce qu'elle fait dans les moments où on l'applaudit à tout rompre.

— Mon cher Anzoleto, répondit Consuelo, je ne voudrais pas que la Corilla crevât de jalousie pour de semblables jongleries, et si le public m'applaudissait parce que je sais la singer, je ne voudrais plus reparaître devant lui.

— Tu feras donc mieux encore?

— Je l'espère, ou bien je ne m'en mêlerai pas.

— Eh bien, comment feras-tu?

— Je n'en sais rien encore.

— Essaie.

— Non; car tout cela, c'est un rêve, et avant que l'on ait décidé si je suis laide ou non, il ne faut pas que nous fassions tant de beaux projets. Peut-être que nous sommes fous dans ce moment, et que, comme l'a dit M. le comte, la Consuelo est affreuse. »

Cette dernière hypothèse rendit à Anzoleto la force de s'en aller.

IX.

A cette époque de sa vie, à peu près inconnue des biographes, un des meilleurs compositeurs de l'Italie et le plus grand professeur de chant du dix-huitième siècle, l'élève de Scarlatti, le maître de Hasse, de Farinelli, de Cafarelli, de la Mingotti, de Salimbini, de Hubert (dit le *Proporina*), de la Gabrielli, de la Molteni, en un mot le père de la plus célèbre école de chant de son temps, Nicolas Porpora, languissait obscurément à Venise, dans un état voisin de la misère et du désespoir. Il avait dirigé cependant naguère, dans cette même ville, le Conservatoire de l'*Ospedaletto*, et cette période de sa vie avait été brillante. Il y avait écrit et fait chanter ses meilleurs opéras, ses plus belles cantates, et ses principaux ouvrages de musique d'église. Appelé à Vienne en 1728, il y avait conquis, après quelque combat, la faveur de l'empereur Charles VI. Favorisé aussi à la cour de Saxe[1], Porpora avait été appelé ensuite à Londres, où il avait eu la gloire de rivaliser pendant neuf ou dix ans avec Handel, le maître des maîtres, dont l'étoile pâlissait à cette époque. Mais le génie de ce dernier l'avait emporté enfin, et le Porpora, blessé dans son orgueil ainsi que maltraité dans sa fortune, était revenu à Venise reprendre sans bruit et non sans peine la direction d'un autre conservatoire. Il y écrivait encore des opéras : mais c'est avec peine qu'il les faisait représenter; et le dernier, bien que composé à Venise, fut joué à Londres où il n'eut point de succès. Son génie avait reçu ces profondes atteintes dont la fortune et la gloire eussent pu le relever; mais l'ingratitude de Hasse, de Farinelli, et de Cafarelli, qui l'abandonnèrent de plus en plus, acheva de briser son cœur, d'aigrir son caractère et d'empoisonner sa vieillesse. On sait qu'il est mort misérable et désolé, dans sa quatre-vingtième année, à Naples.

A l'époque où le comte Zustiniani, prévoyant et désirant presque la défection de Corilla, cherchait à remplacer cette cantatrice, le Porpora était en proie à de violents accès d'humeur atrabilaire, et son dépit n'était pas toujours mal fondé; car si l'on aimait et l'on chantait à Venise la musique de Jomelli, de Lotti, de Carissimi, de Gasparini, et d'autres excellents maîtres, on y prisait sans discernement la musique bouffe de Cocchi, del Buini, de Salvator Apollini, et d'autres compositeurs plus ou moins indigènes, dont le style commun et facile flattait le goût des esprits médiocres. Les opéras de Hasse ne pouvaient plaire à son maître, justement irrité. Le respectable et malheureux Porpora, fermant son cœur et ses oreilles à la musique des modernes, cherchait donc à les écraser sous la gloire et l'autorité des anciens. Il étendait sa réprobation trop sévère jusque sur les gracieuses compositions de Galoppi, et jusque sur les originales fantaisies du Chiozzetto, le compositeur populaire de Venise. Enfin il ne fallait plus lui parler que du père Martini, de Durante, de Monteverde, de Palestrina; j'ignore si Marcello et Leo trouvaient grâce devant lui. Ce fut donc froidement et tristement qu'il reçut les premières ouvertures du comte Zustiniani concernant son élève inconnue, la pauvre Consuelo, dont il désirait pourtant le bonheur et la gloire; car il était trop expérimenté dans le professorat pour ne pas savoir tout ce qu'elle valait, tout ce qu'elle méritait. Mais à l'idée de voir profaner ce talent si pur et si fortement nourri de la manne sacrée des vieux maîtres, il baissa la tête d'un air consterné, et répondit au comte:

« Prenez-la donc, cette âme sans tache, cette intelligence sans souillure; jetez-la aux chiens, et livrez-la aux bêtes, puisque telle est la destinée du génie au temps où nous sommes. »

Cette douleur à la fois sérieuse et comique donna au comte une idée du mérite de l'élève, par le prix qu'un maître si rigide y attachait.

[1]. Il y donna des leçons de chant et de composition à la princesse électorale de Saxe, qui fut depuis, en France, la *Grande Dauphine*, mère de Louis XVI, de Louis XVIII et de Charles X.

« Eh quoi, mon cher maestro, s'écria-t-il, est-ce là en effet votre opinion? La Consuelo est-elle un être aussi extraordinaire, aussi divin?

— Vous l'entendrez, dit le Porpora d'un air résigné; et il répéta : C'est sa destinée! »

Cependant le comte vint à bout de relever les esprits abattus du maître, en lui faisant espérer une réforme sérieuse dans le choix des opéras qu'il mettrait au répertoire de son théâtre. Il lui promit l'exclusion des mauvais ouvrages, aussitôt qu'il aurait expulsé la Corilla, sur le caprice de laquelle il rejeta leur admission et leur succès. Il fit même entendre adroitement qu'il serait très-sobre de Hasse, et déclara que si le Porpora voulait écrire un opéra pour Consuelo, le jour où l'élève couvrirait son maître d'une double gloire en exprimant sa pensée dans le style qui lui convenait, ce jour serait celui du triomphe lyrique de San Samuel et le plus beau de la vie du comte.

Le Porpora, vaincu, commença donc à se radoucir, et à désirer secrètement le début de son élève autant qu'il l'avait redouté jusque là, craignant de donner avec elle une nouvelle vogue aux ouvrages de son rival. Mais comme le comte lui exprimait ses inquiétudes sur la figure de Consuelo, il refusa de la lui faire entendre en particulier et à l'improviste.

« Je ne vous dirai point, répondait-il à ses questions et à ses instances, que ce soit une beauté. Une fille aussi pauvrement vêtue, et timide comme doit l'être, en présence d'un seigneur et d'un juge de votre sorte, un enfant du peuple qui n'a jamais été l'objet de la moindre attention, ne saurait se passer d'un peu de toilette et de préparation. Et puis la Consuelo est de celles que l'expression du génie rehausse extraordinairement. Il faut la voir et l'entendre en même temps. Laissez-moi faire : si vous n'en êtes pas content, vous me la laisserez, et je trouverai bien moyen d'en faire une bonne religieuse, qui fera la gloire de l'école, en formant des élèves sous sa direction. »

Tel était en effet l'avenir que jusque là le Porpora avait rêvé pour Consuelo.

Quand il revit son élève, il lui annonça qu'elle aurait à être entendue et jugée par le comte. Mais comme elle lui exprima naïvement sa crainte d'être trouvée laide, il lui fit croire qu'elle ne serait point vue, et qu'elle chanterait derrière la tribune grillée de l'orgue, le comte assistant à l'office dans l'église. Seulement il lui recommanda de s'habiller décemment, parce q .'elle aurait à être présentée ensuite à ce seigneur; et, bien qu'il fût pauvre aussi, le noble maître, il lui donna quelque argent à cet effet. Consuelo, tout interdite, tout agitée, occupée pour la première fois du soin de sa personne, prépara donc à la hâte sa toilette et sa voix; elle essaya vite la dernière, et la trouvant si fraîche, si forte, si souple, elle répéta plus d'une fois à Anzoleto, qui l'écoutait avec émotion et ravissement : « Hélas! pourquoi faut-il donc quelque chose de plus à une cantatrice que de savoir chanter? »

X.

La veille du jour solennel, Anzoleto trouva la porte de Consuelo fermée au verrou, et, après qu'il eut attendu presque un quart d'heure sur l'escalier, il fut admis enfin à voir son amie revêtue de sa toilette de fête, dont elle avait voulu faire l'épreuve devant lui. Elle avait une jolie robe de toile de Perse à grandes fleurs, un fichu de dentelles, et de la poudre. Elle était si changée ainsi, qu'Anzoleto resta quelques instants incertain, ne sachant si elle avait gagné ou perdu à cette transformation. L'irrésolution que Consuelo lut dans ses yeux fut pour elle un coup de poignard.

« Ah! tiens, s'écria-t-elle, je vois bien que je ne te plais pas ainsi. A qui donc semblerai-je supportable, si celui qui m'aime n'éprouve rien d'agréable en me regardant?

— Attends donc un peu, répondit Anzoleto; d'abord je suis frappé de ta belle taille dans ce long corsage, et de ton air distingué sous ces dentelles. Tu portes à merveille les larges plis de ta jupe. Mais je regrette tes cheveux noirs... du moins je le crois... Mais c'est la tenue du peuple, et il faut que tu sois demain une signora.

— Et pourquoi faut-il que je sois une signora? Moi, je hais cette poudre qui affadit, et qui vieillit les plus belles. J'ai l'air empruntée sous ces falbalas; en un mot, je me déplais ainsi, et je vois que tu es de mon avis. Tiens, j'ai été ce matin à la répétition, et j'ai vu la Clorinda qui essayait aussi une robe neuve. Elle était si pimpante, si brave, si belle (oh! celle-là est heureuse, et il ne faut pas la regarder deux fois pour s'assurer de sa beauté), que je me sens effrayée de paraître à côté d'elle devant le comte.

— Sois tranquille, le comte l'a vue; mais il l'a entendue aussi.

— Et elle a mal chanté?

— Comme elle chante toujours.

— Ah! mon ami, ces rivalités gâtent le cœur. Il y a quelque temps si la Clorinda, qui est une bonne fille malgré sa vanité, eût fait fiasco devant un juge, je l'aurais plainte du fond de l'âme, j'aurais partagé sa peine et son humiliation. Et voilà qu'aujourd'hui je me surprends à m'en réjouir! Lutter, envier, chercher à se détruire mutuellement; et tout cela pour un homme qu'on n'aime pas, qu'on ne connaît pas! Je me sens affreusement triste, mon cher amour, et il me semble que je suis aussi effrayée de l'idée de réussir que de celle d'échouer. Il me semble que notre bonheur prend fin, et que demain après l'épreuve, quelle qu'elle soit, je rentrerai dans cette pauvre chambre, tout autre que je n'y ai vécu jusqu'à présent. »

Deux grosses larmes roulèrent sur les joues de Consuelo.

« Eh bien! tu vas pleurer, à présent? s'écria Anzoleto. Y songes-tu? tu vas ternir tes yeux et gonfler tes paupières? Tes yeux, Consuelo! ne va pas gâter tes yeux, qui sont ce que tu as de plus beau.

— Ou de moins laid! dit-elle en essuyant ses larmes. Allons, quand on se donne au monde, on n'a même pas le droit de pleurer. »

Son ami s'efforça de la consoler, mais elle fut amèrement triste tout le reste du jour; et le soir, lorsqu'elle se retrouva seule, elle ôta soigneusement sa poudre, décrêpa et lissa ses beaux cheveux d'ébène, essaya une petite robe de soie noire encore fraîche qu'elle mettait ordinairement le dimanche, et reprit confiance en elle-même en se retrouvant devant sa glace telle qu'elle se connaissait. Puis elle fit sa prière avec ferveur, songea à sa mère, s'attendrit, s'endormit en pleurant. Lorsque Anzoleto vint la chercher le lendemain pour la conduire à l'église, il la trouva à son épinette, habillée et peignée comme tous les dimanches, et repassant son morceau d'épreuve.

« Eh quoi! s'écria-t-il, pas encore coiffée, pas encore parée! L'heure approche. A quoi songes-tu, Consuelo?

— Mon ami, répondit-elle avec résolution, je suis parée, je suis coiffée, je suis tranquille. Je veux rester ainsi. Ces belles robes ne me vont pas. Mes cheveux noirs te plaisent mieux que la poudre. Ce corsage ne gêne pas ma respiration. Ne me contredis pas : mon parti est pris. J'ai demandé à Dieu de m'inspirer, et à ma mère de veiller sur ma conduite. Dieu m'a inspiré une toilette modeste et simple. Ma mère est venue me voir en rêve, et elle m'a dit ce qu'elle me disait toujours : Occupe-toi de bien chanter, la Providence fera le reste. Je l'ai vue qui prenait ma belle robe, mes dentelles et mes rubans, et les rangeait dans l'armoire; après quoi, elle a placé ma robe noire et ma mantille de mousseline blanche sur la chaise à côté de mon lit. Aussitôt que je suis éveillée, j'ai fait ma toilette comme elle l'avait fait dans mon rêve, et j'ai mis la robe noire et la mantille : me voilà prête. Je me sens du courage depuis que j'ai renoncé à plaire par des moyens dont je ne sais pas me servir. Tiens, écoute ma voix, tout est là, vois-tu. »

Elle fit un trait.

« Juste ciel! nous sommes perdus! s'écria Anzoleto; ta voix est voilée, et tes yeux sont rouges. Tu as pleuré hier soir, Consuelo; voilà toute l'affaire! Je te dis que nous sommes perdus, que tu es folle avec ton caprice de t'habiller de deuil un jour de fête; cela porte malheur et cela t'enlaidit. Et vite, et vite! reprends ta belle robe, pendant que j'irai t'acheter du rouge. Tu es pâle comme un spectre. »

Une discussion assez vive s'éleva entre eux à ce sujet. Anzoleto fut un peu brutal. Le chagrin rentra dans l'âme de la pauvre fille; ses larmes coulèrent encore. Anzoleto s'en irrita davantage, et, au milieu du débat, l'heure sonna, l'heure fatale, le quart avant deux heures, juste le temps de courir à l'église, et d'y arriver en s'essoufflant. Anzoleto maudit le ciel par un jurement énergique. Consuelo, plus pâle et plus tremblante que l'étoile du matin qui se mire au sein des lagunes, se regarda une dernière fois dans sa petite glace brisée : puis se retournant, elle se jeta impétueusement dans les bras d'Anzoleto.

« O mon ami, s'écria-t-elle, ne me gronde pas, ne me maudis pas. Embrasse-moi bien fort, au contraire, pour ôter à mes joues cette pâleur livide. Que ton baiser soit comme le feu de l'autel sur les lèvres d'Isaïe, et que Dieu ne nous punisse pas d'avoir douté de son secours! »

Alors, elle jeta vivement sa mantille sur sa tête, prit ses cahiers, et, entraînant son amant consterné, elle courut aux Mendicanti, où déjà la foule était rassemblée pour entendre la belle musique du Porpora. Anzoleto, plus mort que vif, alla joindre le comte, qui lui avait donné rendez-vous dans sa tribune; et Consuelo monta à celle de l'orgue, où les chœurs étaient déjà en rang de bataille et le professeur devant son pupitre. Consuelo ignorait que la tribune du comte était située de manière à ce qu'il vît beaucoup moins dans l'église que dans la tribune de l'orgue, que déjà il avait les yeux sur elle, et qu'il ne perdait pas un de ses mouvements.

Mais il ne pouvait pas encore distinguer ses traits; car elle s'agenouilla en arrivant, cacha sa tête dans ses mains, et se mit à prier avec une dévotion ardente. Mon Dieu, disait-elle du fond du cœur, tu sais que je ne te le demande point de m'élever au-dessus de mes rivales pour les abaisser. Tu sais que je ne veux pas me donner au monde et aux arts profanes pour abandonner ton amour et m'égarer dans les sentiers du vice. Tu sais que l'orgueil n'enfle pas mon âme, et que c'est pour vivre avec celui que ma mère m'a permis d'aimer, pour ne m'en séparer jamais, pour assurer sa joie et son bonheur, que je te demande de me soutenir et d'ennoblir mon accent et ma pensée quand je chanterai tes louanges.

Lorsque les premiers accords de l'orchestre appelèrent Consuelo à sa place, elle se releva lentement; sa mantille tomba sur ses épaules, et son visage apparut enfin aux spectateurs inquiets et impatients de la tribune voisine. Mais quelle miraculeuse transformation s'était opérée dans cette jeune fille tout à l'heure si blême et si abattue, si effarée par la fatigue et la crainte! Son large front semblait nager dans un fluide céleste, une molle langueur baignait encore les plans doux et nobles de sa figure sereine et généreuse. Son regard calme n'exprimait aucune de ces petites passions qui cherchent et convoitent les succès ordinaires. Il y avait en elle quelque chose de grave, de mystérieux et de profond, qui commandait le respect et l'attendrissement.

« Courage, ma fille, lui dit le professeur à voix basse; tu vas chanter la musique d'un grand maître, et ce maître est là qui t'écoute.

— Qui, Marcello? dit Consuelo voyant le professeur déplier les psaumes de Marcello sur le pupitre.

— Oui, Marcello, répondit le professeur. Chante comme à l'ordinaire, rien de plus, rien de moins, et ce sera bien. »

En effet, Marcello, alors dans la dernière année de sa vie, était venu revoir une dernière fois Venise, sa patrie, dont il faisait la gloire comme compositeur, comme écrivain, et comme magistrat. Il avait été plein de courtoisie pour le Porpora, qui l'avait prié d'entendre son école, lui ménageant la surprise de faire chanter d'abord par Consuelo, qui le possédait parfaitement, son magnifique psaume : *I cieli immensi narrano*. Aucun morceau n'était mieux approprié à l'espèce d'exaltation religieuse où se trouvait en ce moment l'âme de cette noble fille. Aussitôt que les premières paroles de ce chant large et franc brillèrent devant ses yeux, elle se sentit transportée dans un autre monde. Oubliant le comte Zustiniani, les regards malveillants de ses rivales, et jusqu'à Anzoleto, elle ne songea qu'à Dieu et à Marcello, qui se plaçait dans sa pensée comme un interprète entre elle et ces cieux splendides dont elle avait à célébrer la gloire. Quel plus beau thème, en effet, et quelle plus grande idée!

I cieli immensi narrano
Del grande Iddio la gloria;
Il firmamento lucido
All' universo annunzia
Quanto sieno mirabili
Della sua destra le opere.

Un feu divin monta à ses joues, et la flamme sacrée jaillit de ses grands yeux noirs, lorsqu'elle remplit la voûte de cette voix sans égale et de cet accent victorieux, pur, vraiment grandiose, qui ne peut sortir que d'une grande intelligence jointe à un grand cœur. Au bout de quelques mesures d'audition, un torrent de larmes délicieuses s'échappa des yeux de Marcello. Le comte, ne pouvant maîtriser son émotion, s'écria :

« Par tout le sang du Christ, cette femme est belle! C'est sainte Cécile, sainte Thérèse, sainte Consuelo! c'est la poésie, c'est la musique, c'est la foi personnifiées! »

Quant à Anzoleto, qui s'était levé et qui ne se soutenait plus sur ses jambes fléchissantes que grâce à ses mains crispées sur la grille de la tribune, il retomba suffoqué sur son siège, prêt à s'évanouir et comme ivre de joie et d'orgueil.

Il fallut tout le respect dû au lieu saint pour que les nombreux dilettanti et la foule qui remplissait l'église n'éclatassent point en applaudissements frénétiques, comme s'ils eussent été au théâtre. Le comte n'eut pas la patience d'attendre la fin des offices pour passer à l'orgue, et pour exprimer son enthousiasme au Porpora et à Consuelo. Il fallut que, pendant la psalmodie des officiants, elle allât recevoir, dans la tribune du comte, les éloges et les remerciements de Marcello. Elle le trouva encore si ému qu'il pouvait à peine lui parler.

« Ma fille, lui dit-il d'une voix entrecoupée, reçois les actions de grâce et les bénédictions d'un mourant. Tu viens de me faire oublier en un instant des années de souffrance mortelle. Il me semble qu'un miracle s'est opéré en moi, et que ce mal incessant, épouvantable, s'est dissipé pour toujours au son de ta voix. Si les anges de là-haut chantent comme toi, j'aspire à quitter la terre pour aller goûter une éternité des délices que tu viens de me faire connaître. Sois donc bénie, enfant, et que ton bonheur en ce monde réponde à tes mérites. J'ai entendu la Faustina, la Romanina, la Cuzzoni, toutes les plus grandes cantatrices de l'univers; elles ne vont pas à la cheville. Il t'est réservé de faire entendre au monde ce que le monde n'a jamais entendu, et de lui faire sentir ce que nul homme n'a jamais senti. »

La Consuelo, anéantie et comme brisée sous cet éloge magnifique, courba la tête, mit presque un genou en terre, et sans pouvoir dire un mot, porta à ses lèvres la main livide de l'illustre moribond; mais en se relevant, elle laissa tomber sur Anzoleto un regard qui sembla lui dire : Ingrat, tu ne m'avais pas devinée!

XI.

Durant le reste de l'office, Consuelo déploya une énergie et des ressources qui répondirent à toutes les objections qu'eût pu faire encore le comte Zustiniani. Elle conduisit, soutint et anima les chœurs, faisant tour à tour chaque partie et montrant ainsi l'étendue prodigieuse et les qualités diverses de sa voix, plus la force inépuisable de ses poumons, ou pour mieux dire la perfection de sa science; car qui sait chanter ne se fatigue pas, et Consuelo chantait avec aussi peu d'effort et de travail que les autres respirent. On entendait le timbre clair et plein de sa voix par-dessus les cent voix de ses compagnes, non qu'elle criât comme font les chanteurs sans âme et sans souffle, mais parce que son timbre était d'une pureté irréprochable et son accent d'une netteté parfaite. En outre elle sentait et elle comprenait jusqu'à la moindre intention de la musique qu'elle exprimait. Elle seule, en un mot, était une musicienne et un maître, au milieu de ce troupeau d'intelligences vulgaires, de voix fraîches et de volontés molles. Elle remplissait donc instinctivement et sans ostentation son rôle de puissance; et tant que les chants durèrent, elle imposa naturellement sa domination qu'on sentait nécessaire. Après qu'ils eurent cessé, les choristes lui en firent intérieurement un grief et un crime; et telle qui, en se sentant faiblir, l'avait interrogée et comme implorée du regard, s'attribua tous les éloges qui furent donnés en masse à l'école du Porpora. A ces éloges, le maître souriait sans rien dire; mais il regardait Consuelo, et Anzoleto comprenait fort bien.

Après le salut et la bénédiction, les choristes prirent part à une collation friande que leur fit servir le comte dans un des parloirs du couvent. La grille séparait deux grandes tables en forme de demi-lune, mises en regard l'une de l'autre; une ouverture, mesurée à la dimension d'un immense pâté, était ménagée au centre du grillage pour faire passer les plats, que le comte présentait lui-même avec grâce aux principales religieuses et aux élèves. Celles-ci, vêtues en béguines, venaient par douzaines s'asseoir alternativement aux places vacantes dans l'intérieur du cloître. La supérieure, assise tout près de la grille, se trouvait ainsi à la droite du comte placé dans la salle extérieure. Mais à la gauche de Zustiniani, une place restait vacante; Marcello, Porpora, le curé de la paroisse, les principaux prêtres qui avaient officié à la cérémonie, quelques patriciens dilettanti et administrateurs laïques de la Scuola; enfin le bel Anzoleto, avec son habit noir et l'épée au côté, remplissaient la table des séculiers. Les jeunes chanteuses étaient fort animées ordinairement en pareille occasion; le plaisir de la gourmandise, celui de converser avec des hommes, l'envie de plaire ou d'être tout au moins remarquées, leur donnaient beaucoup de babil et de vivacité. Mais ce jour-là le goûter fut triste et contraint. C'est que le projet du comte avait transpiré (quel secret peut tourner autour d'un couvent sans s'y infiltrer par quelque fente?) et que chacune de ces jeunes filles s'était flattée en secret d'être présentée par le Porpora pour succéder à la Corilla. Le professeur avait eu même la malice d'encourager les illusions de quelques-unes, soit pour les disposer à mieux chanter sa musique devant Marcello, soit pour se venger, par leur dépit futur, de tout ceux qu'elles lui causaient aux leçons. Ce qu'il y a de certain, c'est que la Clorinda, qui n'était qu'externe à ce conservatoire, avait fait grande toilette pour ce jour-là, et s'attendait à prendre place à la droite du comte; mais quand elle vit cette *guenille* de Consuelo, avec sa petite robe noire et son air tranquille, cette *laideron* qu'elle affectait de mépriser, réputée désormais la seule musicienne et la seule beauté de l'école, s'asseoir entre le comte et Marcello, elle devint laide de colère, laide comme Consuelo ne l'avait jamais été, comme le deviendrait Vénus en personne, agitée d'un sentiment bas et méchant. Anzoleto l'examinait attentivement, et, triomphant de sa victoire, il s'assit auprès d'elle, et l'accabla de fadeurs railleuses qu'elle n'eut pas l'esprit de comprendre et qui la consolèrent bientôt. Elle s'imagina qu'elle se vengeait de sa rivale en fixant l'attention de son fiancé, et elle n'épargna rien pour l'enivrer de ses charmes. Mais elle était trop bornée pour que l'amant de Consuelo eût trop de finesse pour que cette lutte inégale ne la couvrît pas de ridicule.

Cependant le comte Zustiniani, en causant avec Consuelo, s'émerveillait de lui trouver autant de tact, de bon sens et de charme dans la conversation, qu'il lui avait trouvé de talent et de puissance à l'église. Quoiqu'elle fût absolument dépourvue de coquetterie, elle avait dans ses manières une franchise enjouée et une bonhomie confiante qui inspirait je ne sais quelle sympathie soudaine, irrésistible. Quand le goûter fut fini, il l'engagea à venir prendre le frais du soir dans sa gondole avec ses amis. Marcello en fut dispensé, à cause du mauvais état de sa santé. Mais le Porpora, le comte Barberigo, et plusieurs autres patriciens acceptèrent. Anzoleto fut admis. Consuelo, qui se sentait un peu troublée d'être seule avec tant d'hommes, pria tout bas le comte de vouloir bien inviter la Clorinda; et Zustiniani, qui ne comprenait pas le badinage d'Anzoleto avec cette pauvre fille, ne fut pas fâché de le voir occupé d'une autre que de sa fiancée. Ce noble comte, grâce à la légèreté de son caractère, grâce à sa belle figure, à son opulence, à son théâtre, et aussi aux mœurs faciles du pays et de l'époque, ne manquait pas d'une bonne dose de fatuité. Animé par le vin de Grèce et l'enthousiasme musical, impatient de se venger de *sa perfide* Corilla, il n'imagina rien de plus naturel que de faire la cour à Consuelo; et, s'asseyant près d'elle dans la gondole, tandis qu'il avait arrangé chacun de manière à ce que l'autre couple de jeunes gens se trouvât à l'extrémité opposée, il commença à couver du regard sa nouvelle proie d'une façon fort significative. La bonne Consuelo n'y comprit pourtant rien du tout. Sa candeur et sa loyauté se seraient refusées à supposer que le protecteur de son ami pût avoir de si méchants desseins; mais sa modestie habituelle, que n'altérait en rien le triomphe éclatant de la journée, ne lui permit pas même de croire de tels desseins possibles. Elle s'obstina à respecter dans son cœur le seigneur illustre qui l'adoptait avec Anzoleto, et à s'amuser ingénûment d'une partie de plaisir où elle n'entendait pas malice.

Tant de calme et de bonne foi surprirent le comte, au point qu'il resta incertain si c'était l'abandon joyeux d'une âme sans résistance ou la stupidité d'une innocence parfaite. A dix-huit ans, cependant, une fille en sait bien long, en Italie, je veux dire *en savait*, il y a cent ans surtout, avec un *ami* comme Anzoleto. Toute vraisemblance était donc en faveur des espérances du comte. Et cependant, chaque fois qu'il prenait la main de sa protégée, ou qu'il avançait un bras pour entourer sa taille, une crainte indéfinissable l'arrêtait aussitôt, et il éprouvait un sentiment d'incertitude et presque de respect dont il ne pouvait se rendre compte.

Barberigo trouvait aussi la Consuelo fort séduisante dans sa simplicité; et il eût volontiers élevé des prétentions du même genre que celle du comte, s'il n'eût cru fort délicat de sa part de ne pas contrarier les projets de son ami. « A tout seigneur tout honneur, se disait-il en voyant nager le jeune Zustiniani dans une atmosphère d'enivrement voluptueux. Mon tour viendra plus tard. » En attendant, comme le jeune Barberigo n'était pas trop habitué à contempler les étoiles dans une promenade avec des femmes, il se demanda de quel droit ce petit drôle d'Anzoleto accaparait la blonde Clorinda, et, se rapprochant d'elle, il essaya de faire comprendre au jeune ténor que son rôle serait plutôt de prendre la rame que de courtiser la donzelle. Anzoleto n'était pas assez bien élevé, malgré sa pénétration merveilleuse, pour comprendre à demi-mot. D'ailleurs il était d'un orgueil voisin de l'insolence avec les patriciens. Il les détestait cordialement, et sa souplesse avec eux n'était qu'une fourberie pleine de mépris intérieur. Barberigo, voyant qu'il se faisait un plaisir de le contrarier, s'avisa d'une vengeance cruelle.

« Parbleu, dit-il bien haut à la Clorinda, voyez donc le succès de votre amie Consuelo! Où s'arrêtera-t-elle aujourd'hui? Non contente de faire fureur dans toute la ville par la beauté de son chant, la voilà qui fait tourner la tête à notre pauvre comte, qui lui fait feu de des œillades. Il en deviendra fou, s'il ne l'est déjà, et voilà les affaires de madame Corilla tout à fait gâtées.

— Oh! il n'y a rien à craindre! répliqua la Clorinda d'un air sournois. Consuelo est éprise d'Anzoleto, que voici; elle est sa fiancée. Ils brûlent l'un pour l'autre depuis je ne sais combien d'années. »

—Je ne sais combien d'années d'amour peuvent être oubliées en un clin d'œil, reprit Barberigo, surtout quand les yeux de Zustiniani se mêlent de décocher le trait mortel. Ne le pensez-vous pas aussi, belle Clorinda?»

Anzoleto ne supporta pas longtemps ce persiflage. Mille serpents se glissaient déjà dans son cœur. Jusque là il n'avait eu ni soupçon ni souci de rien de pareil : il s'était livré en aveugle à la joie de voir triompher son amie ; et c'était autant pour donner à son transport une contenance, que pour goûter un raffinement de vanité, qu'il s'amusait depuis deux heures à railler la victime de cette journée enivrante. Après quelques quolibets échangés avec Barberigo, il feignit de prendre intérêt à la discussion musicale que le Porpora soutenait sur le milieu de la barque avec les autres promeneurs ; et, s'éloignant peu à peu d'une place qu'il n'avait plus envie de disputer, il se glissa dans l'ombre jusqu'à la proue. Dès le premier essai qu'il fit pour rompre le tête-à-tête du comte avec sa fiancée, il vit bien que Zustiniani goûtait peu cette diversion ; car il lui répondit avec froideur et même avec sécheresse. Enfin, après plusieurs questions oiseuses mal accueillies, il lui fut conseillé d'aller écouter les choses profondes et savantes que le grand Porpora disait sur le contre-point.

« Le grand Porpora n'est pas mon maître, répondit Anzoleto d'un ton badin qui dissimulait sa rage intérieure aussi bien que possible ; il est celui de Consuelo, et s'il plaisait à votre chère et bien-aimée seigneurie, ajouta-t-il tout bas en se courbant auprès du comte d'un air insinuant et caressant, que ma pauvre Consuelo ne prît pas d'autres leçons que celles de son vieux professeur...

— Cher et bien-aimé Zoto, répondit le comte d'un ton caressant, plein d'une malice profonde, j'ai un mot à vous dire à l'oreille ; » et, se penchant vers lui, il ajouta : « Votre fiancée a dû recevoir de vous des leçons de vertu qui la rendront invulnérable. Mais si j'avais quelque prétention à lui en donner d'autres, j'aurais le droit de l'essayer au moins pendant une soirée. »

Anzoleto se sentit froid de la tête aux pieds.

« Votre gracieuse seigneurie daignera-t-elle s'expliquer? dit-il d'une voix étouffée.

— Ce sera bientôt fait, mon gracieux ami, répondit le comte d'une voix claire : *gondole pour gondole.* »

Anzoleto fut terrifié en voyant que le comte avait découvert son tête-à-tête avec la Corilla. Cette folle et audacieuse fille s'en était vantée à Zustiniani dans une terrible querelle fort violente qu'ils avaient eue ensemble. Le coupable essaya vainement de faire l'étonné.

« Allez donc écouter ce que dit le Porpora sur les principes de l'école napolitaine, reprit le comte. Vous viendrez me le répéter, cela m'intéresse beaucoup.

— Je m'en aperçois, excellence, répondit Anzoleto furieux et prêt à se perdre.

— Eh bien! tu n'y vas pas? dit l'innocente Consuelo, étonnée de son hésitation. J'y vais, moi, seigneur comte. Vous verrez que je suis votre servante. » Et avant que le comte pût la retenir, elle avait franchi d'un bond léger la banquette qui la séparait de son vieux maître, et s'était assise sur ses talons à côté de lui.

Le comte, voyant que ses affaires n'étaient pas fort avancées auprès d'elle, jugea nécessaire de dissimuler.

« Anzoleto, dit-il en souriant et en tirant l'oreille de son protégé un peu fort, ici se bornera ma vengeance. Elle n'a pas été aussi loin à beaucoup près que votre délit. Mais aussi je ne fais pas de comparaison entre le plaisir d'entretenir honnêtement votre maîtresse un quart d'heure en présence de dix personnes, et celui que vous avez goûté tête à tête avec la mienne dans une gondole bien fermée.

— Seigneur comte, s'écria Anzoleto, violemment agité, je proteste sur mon honneur...

— Où est-il, votre honneur? reprit le comte, est-il dans votre oreille gauche? » Et en même temps il menaçait cette malheureuse oreille d'une leçon pareille à celle que l'autre venait de recevoir.

« Accordez-vous donc assez peu de finesse à votre protégé, dit Anzoleto, reprenant sa présence d'esprit, pour ne pas savoir qu'il n'aurait jamais commis une pareille balourdise?

— Commise ou non, répondit sèchement le comte, c'est la chose du monde la plus indifférente pour moi en ce moment. » Et il alla s'asseoir auprès de Consuelo.

XII.

La dissertation musicale se prolongea jusque dans le salon du palais Zustiniani, où l'on rentra vers minuit pour prendre le chocolat et les sorbets. Du technique de l'art on était passé au style, aux idées, aux formes anciennes et modernes, enfin à l'expression, et de là aux artistes, et à leurs différentes manières de sentir et d'exprimer. Le Porpora parlait avec admiration de son maître Scarlatti, le premier qui eût imprimé un caractère pathétique aux compositions religieuses. Mais il s'arrêtait là, et ne voulait pas que la musique sacrée empiétât sur le domaine du profane en se permettant les ornements, les traits et les roulades.

« Est-ce donc, lui dit Anzoleto, que votre seigneurie réprouve ces traits et ces ornements difficiles qui ont cependant fait le succès et la célébrité de son illustre élève Farinelli?

— Je ne les réprouve qu'à l'église, répondit le maëstro. Je les approuve au théâtre ; mais je les veux à leur place, et surtout j'en proscris l'abus. Je les veux d'un goût pur, sobres, ingénieux, élégants, et, dans leurs modulations, appropriés non-seulement au sujet qu'on traite, mais encore au personnage qu'on représente, à la passion qu'on exprime, et à la situation où se trouve le personnage. Les nymphes et les bergères peuvent roucouler comme les oiseaux, ou cadencer leurs accents comme le murmure des fontaines ; mais Médée ou Didon ne peuvent que sangloter ou rugir comme la lionne blessée. La coquette peut charger d'ornements capricieux et recherchés ses folles cavatines. La Corilla excelle en ce genre : mais qu'elle veuille exprimer les émotions profondes, les grandes passions, elle reste au-dessous de son rôle ; et c'est en vain qu'elle s'agite, c'est en vain qu'elle gonfle sa voix et son sein : un trait déplacé, une roulade absurde, viennent changer en un instant en ridicule parodie ce qu'elle croyait sublime. Vous avez tous entendu la Faustina Bordoni, aujourd'hui madame Hasse. En de certains rôles appropriés à ses qualités brillantes, elle n'avait point de rivale. Mais que la Cuzzoni vint, avec son sentiment pur et profond, faire parler la douleur, la prière, ou la tendresse, les larmes qu'elle vous arrachait effaçaient en un instant de vos cœurs le souvenir de toutes les merveilles que la Faustina avait prodiguées à vos sens. C'est qu'il y a le talent de la matière, et le génie de l'âme. Il y a ce qui amuse, et ce qui émeut ; ce qui étonne et ce qui ravit. Je sais fort bien que les tours de force sont en faveur ; mais quant à moi, si je les ai enseignés à mes élèves comme des accessoires utiles, je suis presque à m'en repentir, lorsque je vois la plupart d'entre eux en abuser, et sacrifier le nécessaire au superflu, l'attendrissement durable de l'auditoire aux cris de surprise et aux trépignements d'un plaisir fiévreux et passager. »

Personne ne combattait cette conclusion éternellement vraie dans tous les arts, et qui sera toujours appliquée à leurs diverses manifestations par les âmes élevées. Cependant le comte, qui était curieux de savoir comment Consuelo chanterait la musique profane, feignit de contredire un peu l'austérité des principes du Porpora ; mais voyant que la modeste fille, au lieu de réfuter ses hérésies, tournait toujours ses yeux vers son vieux maître, comme pour lui demander de répondre victorieusement, il prit le parti de l'attaquer directement elle-même, et de lui demander si elle entendait chanter sur la scène avec autant de sagesse et de pureté qu'à l'église.

« Je ne crois pas, répondit-elle avec une humilité sincère, que j'y trouve les mêmes inspirations, et je crains d'y valoir beaucoup moins.

— Cette réponse modeste et spirituelle me rassure, dit

Et commença à battre la mesure... (Page 25.)

le comte, je suis certain que vous vous inspirerez assez de la présence d'un public ardent, curieux, un peu gâté, je l'avoue, pour condescendre à étudier ces difficultés brillantes dont chaque jour il se montre plus avide.

— Étudier! dit le Porpora avec un sourire plein de finesse.

— Étudier! s'écria Anzoleto avec un dédain superbe.

— Oui sans doute, étudier, reprit Consuelo avec sa douceur accoutumée. Quoique je me sois exercée quelquefois à ce genre de travail, je ne pense pas encore être capable de rivaliser avec les illustres chanteuses qui ont paru sur notre scène...

— Tu mens! s'écria Anzoleto tout animé. Monseigneur, elle ment! faites-lui chanter les airs les plus ornés et les plus difficiles du répertoire, vous verrez ce qu'elle sait faire.

— Si je ne craignais pas qu'elle fût fatiguée... » dit le comte, dont les yeux pétillaient déjà d'impatience et de désir.

Consuelo tourna les siens naïvement vers le Porpora, comme pour prendre ses ordres.

« Au fait, dit celui-ci, comme elle ne se fatigue pas pour si peu, et comme nous sommes ici en petite et excellente compagnie, on pourrait examiner son talent sur toutes les faces. Voyons, seigneur comte, choisissez un air, et accompagnez-la vous-même au clavecin.

— L'émotion que sa voix et sa présence me causent, répondit Zustiniani, me feraient faire de fausses notes. Pourquoi pas vous, mon maître?

— Je voudrais la regarder chanter, dit le Porpora; car, entre nous soit dit, je l'ai toujours entendue sans jamais songer à la voir. Il faut que je sache comment elle se tient, ce qu'elle fait de sa bouche et de ses yeux. Allons, lève-toi, ma fille, c'est pour moi aussi que l'épreuve va être tentée.

— Ce sera donc moi qui l'accompagnerai, dit Anzoleto en s'asseyant au clavecin.

— Vous allez m'intimider trop, mon maître, dit Consuelo à Porpora.

— La timidité n'appartient qu'à la sottise, répondit le maître. Quiconque se sent pénétré d'un amour vrai pour son art ne peut rien craindre. Si tu trembles, tu n'as que de la vanité; si tu perds tes moyens, tu n'en as que de factices; et s'il en est ainsi, je suis là pour dire

Je vous permets, lui dit-il, de monter aussi dans ma gondole... (Page 26.)

tout le premier : La Consuelo n'est bonne à rien ! »
Et sans s'inquiéter de l'effet désastreux que pouvaient produire des encouragements aussi tendres, le professeur mit ses lunettes, arrangea sa chaise bien en face de son élève et commença à battre la mesure sur la queue du clavecin pour donner le vrai mouvement à la ritournelle. On avait choisi un air brillant, bizarre et difficile, tiré d'un opéra bouffe de Galuppi, *la Diavolessa*, afin de prendre tout à coup le genre le plus différent de celui où Consuelo avait triomphé le matin. La jeune fille avait une si prodigieuse facilité qu'elle été arrivée, presque sans études, à faire faire, en se jouant, tous les tours de force alors connus, à sa voix souple et puissante. Le Porpora lui avait recommandé de faire ces exercices, et, de temps en temps, les lui avait fait répéter pour s'assurer qu'elle ne les négligeait pas. Mais il n'y avait jamais donné assez de temps et d'attention pour savoir ce dont l'étonnante élève était capable en ce genre. Pour se venger de la rudesse qu'il venait de lui montrer, Consuelo eut l'espiéglerie de surcharger l'air extravagant de *la Diavolessa* d'une multitude d'ornements et de traits regardés jusque là comme impossibles, et qu'elle improvisa aussi tranquillement que si elle les eût notés et étudiés avec soin. Ces ornements furent si savants de modulations, d'un caractère si énergique, si infernal, et mêlés, au milieu de leur plus impétueuse gaîté, d'accents si lugubres, qu'un frisson de terreur vint traverser l'enthousiasme de l'auditoire, et que le Porpora, se levant tout à coup, s'écria avec force :

« C'est toi qui es le diable en personne ! »

Consuelo finit son air par un crescendo de force qui enleva les cris d'admiration, tandis qu'elle se rasseyait sur sa chaise en éclatant de rire.

« Méchante fille ! dit le Porpora, tu m'as joué un tour pendable. Tu t'es moquée de moi. Tu m'as caché la moitié de tes études et de tes ressources. Je n'avais plus rien à t'enseigner depuis longtemps, et tu prenais mes leçons par hypocrisie, peut-être pour me ravir tous les secrets de la composition et de l'enseignement, afin de me surpasser en toutes choses, et de me faire passer ensuite pour un vieux pédant !

— Mon maître, répondit Consuelo, je n'ai pas fait autre chose qu'imiter votre malice envers l'empereur Charles. Ne m'avez-vous pas raconté cette aventure ? comme quoi

Sa Majesté Impériale n'aimait pas les trilles, et vous avait fait défense d'en introduire un seul dans votre oratorio, et comme quoi, ayant scrupuleusement respecté sa défense jusqu'à la fin de l'œuvre, vous lui aviez donné un divertissement de bon goût à la fugue finale en la commençant par quatre trilles ascendantes, répétées ensuite à l'infini, dans le *stretto* par toutes les parties? Vous avez fait ce soir le procès à l'abus des ornements, et puis vous m'avez ordonné d'en faire. J'en ai fait trop, afin de vous prouver que moi aussi je puis outrer un travers dont je veux bien me laisser accuser.

— Je te dis que tu es le diable, reprit le Porpora. Maintenant chante-nous quelque chose d'humain, et chante-le comme tu l'entendras; car je vois bien que je ne puis plus être ton maître.

— Vous serez toujours mon maître respecté et bien-aimé, s'écria-t-elle en se jetant à son cou et en le serrant à l'étouffer; c'est à vous que je dois mon pain et mon instruction depuis dix ans. O mon maître! on dit que vous avez fait des ingrats: que Dieu me retire à l'instant même l'amour et la voix, si je porte dans mon cœur le poison de l'orgueil et de l'ingratitude! »

Le Porpora devint pâle, balbutia quelques mots, et déposa un baiser paternel sur le front de son élève: mais il y laissa une larme; et Consuelo, qui n'osa l'essuyer, sentit sécher lentement sur son front cette larme froide et douloureuse de la vieillesse abandonnée et du génie malheureux. Elle en ressentit une émotion profonde et comme une terreur religieuse qui éclipsa toute sa gaîté et éteignit toute sa verve pour le reste de la soirée. Une heure après, quand on eut épuisé autour d'elle et pour elle toutes les formules de l'admiration, de la surprise et du ravissement, sans pouvoir la distraire de sa mélancolie, on lui demanda un spécimen de son talent dramatique. Elle chanta un grand air de Jomelli dans l'opéra de *Didon abandonnée*; jamais elle n'avait mieux senti le besoin d'exhaler sa tristesse; elle fut sublime de pathétique, de simplicité, de grandeur, et belle de visage plus encore qu'elle ne l'avait été à l'église. Son teint s'était animé d'un peu de fièvre, ses yeux lançaient de sombres éclairs; ce n'était plus une sainte, c'était mieux encore, c'était une femme dévorée d'amour. Le comte, son ami Barberigo, Anzoleto, tous les auditeurs, et, je crois, le vieux Porpora lui-même, faillirent en perdre l'esprit. La Clorinda suffoqua, de désespoir. Consuelo, à qui le comte déclara que, dès le lendemain, son engagement serait dressé et signé, le pria de lui promettre une grâce secondaire, et de lui engager sa parole à la manière des anciens chevaliers, sans savoir de quoi il s'agissait. Il le fit, et l'on se sépara, brisé de cette émotion délicieuse que procurent les grandes choses, et qu'imposent les grandes intelligences.

XIII.

Pendant que Consuelo avait remporté tous ces triomphes, Anzoleto avait vécu si complétement en elle, qu'il s'était oublié lui-même. Cependant lorsque le comte, en les congédiant, signifia l'engagement de sa fiancée sans lui dire un mot du sien, il remarqua le froideur avec laquelle il avait été traité par lui, durant ces dernières heures; et la crainte d'être perdu sans retour dans son esprit empoisonna toute sa joie. Il lui vint dans la pensée de laisser Consuelo sur l'escalier, au bras du Porpora, et de courir se jeter aux pieds de son protecteur; mais comme en cet instant il le haïssait, il faut dire à sa louange qu'il résista à la tentation de s'aller humilier devant lui. Comme il prenait congé du Porpora, et se disposait à courir le long du canal avec Consuelo, le gondolier du comte l'arrêta; et lui dit que, par les ordres de son maître, la gondole attendait la signora Consuelo pour la reconduire. Une sueur froide lui vint au front.

« La signora est habituée à cheminer sur ses jambes, répondit-il avec violence. Elle est fort obligée au comte de ses gracieusetés.

— De quel droit refusez-vous pour elle? » dit le comte qui était sur ses talons. »

Anzoleto se retourna, et le vit, non la tête nue comme un homme qui reconduit son monde, mais le manteau sur l'épaule, son épée dans une main et son chapeau dans l'autre, comme un homme qui va courir les aventures nocturnes. Anzoleto ressentit un tel accès de fureur qu'il eut la pensée de lui enfoncer entre les côtes ce couteau mince et affilé qu'un Vénitien homme du peuple cache toujours dans quelque poche invisible de son ajustement.

« J'espère, Madame, dit le comte à Consuelo d'un ton ferme, que vous ne me ferez pas l'affront de refuser ma gondole pour vous reconduire, et le chagrin de ne pas vous appuyer sur mon bras pour y entrer. »

Consuelo, toujours confiante, et ne devinant rien de ce qui se passait autour d'elle, accepta, remercia, et abandonnant son joli coude arrondi à la main du comte, elle sauta dans la gondole sans cérémonie. Alors un dialogue muet, mais énergique, s'établit entre le comte et Anzoleto. Le comte avait un pied sur la rive, un pied sur la barque, et de l'œil toisait Anzoleto, qui, debout sur la dernière marche du perron, le toisait aussi, mais d'un air farouche, la main cachée dans sa poitrine, et serrant le manche de son couteau. Un mouvement de plus vers la barque, et le comte était perdu. Ce qu'il y eut de plus vénitien dans cette scène rapide et silencieuse, c'est que les deux rivaux s'observèrent sans hâter de part ni d'autre une catastrophe imminente. Le comte n'avait d'autre intention que celle de torturer son rival par une irrésolution apparente, et il le fit à loisir, quoiqu'il vît fort bien et comprît encore mieux le geste d'Anzoleto, prêt à le poignarder. De son côté, Anzoleto eut la force d'attendre sans se trahir officiellement qu'il plût au comte d'achever sa plaisanterie féroce, ou de renoncer à la vie. Ceci dura deux minutes qui lui semblèrent un siècle, et que le comte supporta avec un mépris stoïque; après quoi il fit une profonde révérence à Consuelo, et se tournant vers son protégé:

« Je vous permets, lui dit-il, de monter aussi dans ma gondole; à l'avenir vous saurez comment se conduit un galant homme. »

Et il se recula pour faire passer Anzoleto dans sa barque. Puis il donna aux gondoliers l'ordre de ramer vers la Corte-Minelli, et il resta debout sur la rive, immobile comme une statue. Il semblait attendre de pied ferme une nouvelle velléité de meurtre de la part de son rival humilié.

« Comment donc le comte sait-il où tu demeures? fut le premier mot qu'Anzoleto adressa à son amie dès qu'ils eurent perdu de vue le palais Zustiniani.

— Parce que je le lui ai dit, repartit Consuelo.

— Et pourquoi le lui as-tu dit?

— Parce qu'il me l'a demandé.

— Tu ne devines donc pas du tout pourquoi il voulait le savoir?

— Apparemment pour me faire reconduire.

— Tu crois que c'est là tout? Tu crois qu'il ne viendra pas te voir?

— Venir me voir? Quelle folie! Dans une aussi misérable demeure? Ce serait un excès de politesse de sa part que je ne désire pas du tout.

— Tu fais bien de ne pas le désirer, Consuelo; car un excès de honte serait peut-être pour toi le résultat de cet excès d'honneur!

— De la honte? Et pourquoi de la honte à moi? Vraiment je ne comprends rien à tes discours ce soir, cher Anzoleto, et je te trouve singulier de me parler de choses que je n'entends point, au lieu de me dire la joie que tu éprouves du succès inespéré et incroyable de notre journée.

— Inespéré, en effet, répondit Anzoleto avec amertume.

— Il me semblait qu'à vêpres, et ce soir pendant qu'on m'applaudissait, tu étais plus enivré que moi! Tu me regardais avec des yeux si passionnés, et je goûtais si bien mon bonheur en le voyant reflété sur ton visage! Mais depuis quelques instants te voilà sombre et bizarre comme tu l'es quelquefois quand nous manquons de pain, ou quand notre avenir paraît incertain et fâcheux.

— Et maintenant, tu veux que je me réjouisse de l'avenir ? Il est possible qu'il ne soit pas incertain, en effet ; mais à coup sûr il n'a rien de divertissant pour moi !

— Que te faut-il donc de plus ? Il y a à peine huit jours que tu as débuté chez le comte, tu as eu un succès d'enthousiasme...

— Mon succès auprès du comte est fort éclipsé par le tien, ma chère. Tu le sais de reste.

— J'espère bien que non. D'ailleurs, quand cela serait, nous ne pouvons pas être jaloux l'un de l'autre. »

Cette parole ingénue, dite avec un accent de tendresse et de vérité irrésistible, fit rentrer le calme dans l'âme d'Anzoleto.

« Oh ! tu as raison, dit-il en serrant sa fiancée dans ses bras, nous ne pouvons pas être jaloux l'un de l'autre ; car nous ne pouvons pas nous tromper. »

Mais en même temps qu'il prononça ces derniers mots, il se rappela avec remords son commencement d'aventure avec la Corilla, et il lui vint subitement dans l'idée, que le comte, pour achever de l'en punir, ne manquerait pas de le dévoiler à Consuelo, le jour où il croirait ses espérances tant soit peu encouragées par elle. Il retomba dans une morne rêverie, et Consuelo devint pensive aussi.

« Pourquoi, lui dit-elle après un instant de silence, dis-tu que nous ne pouvons pas nous tromper ? A coup sûr, c'est une grande vérité ; mais à quel propos cela t'est-il venu ?

— Tiens, ne parlons plus dans cette gondole, répondit Anzoleto à voix basse ; je crains qu'on n'écoute nos paroles et qu'on ne les rapporte au comte. Cette couverture de soie et de velours est bien mince, et ces barcarolles de palais ont les oreilles quatre fois plus larges et plus profondes que nos barcarolles de place. — Laisse-moi monter avec toi dans ta chambre, lui dit-il lorsqu'on les eut déposés sur la rive, à l'entrée de la Corte-Minelli.

— Tu sais que c'est contraire à nos habitudes et à nos conventions, lui répondit-elle.

— Oh ! ne me refuse pas cela, s'écria Anzoleto, tu me mettrais le désespoir et la fureur dans l'âme. »

Effrayée de son accent et de ses paroles, Consuelo n'osa refuser ; et quand elle eut allumé sa lampe et tiré ses rideaux, le voyant sombre et comme perdu dans ses pensées, elle entoura de ses bras le cou de son fiancé :

« Comme tu me parais malheureux et inquiet ce soir ! lui dit-elle tristement. Que se passe-t-il donc en toi ?

— Tu ne le sais pas, Consuelo ? tu ne t'en doutes pas ?

— Non ! sur mon âme !

— Jure-le, que tu ne devines pas ! Jure-le sur l'âme de ta mère, et sur ton Christ que tu pries tous les matins et tous les soirs.

— Oh ! je te le jure, sur mon Christ et sur l'âme de ma mère.

— Et sur notre amour ?

— Sur notre amour et sur notre salut éternel !

— Je te crois, Consuelo ; car ce serait la première fois de ta vie que tu ferais un mensonge.

— Et maintenant m'expliqueras-tu... ?

— Je ne t'expliquerai rien. Peut-être faudra-t-il bientôt que je te fasse comprendre... Ah ! quand ce moment sera venu, tu ne m'auras déjà que trop compris. Malheur ! malheur à nous deux le jour où tu sauras ce que je souffre maintenant !

— O mon Dieu, de quel affreux malheur sommes-nous donc menacés ? Hélas ! c'est donc sous le coup de je ne sais quelle malédiction que nous devions rentrer dans cette pauvre chambre, où nous n'avions eu jusqu'à présent aucun secret l'un pour l'autre ! Quelque chose me disait bien, quand je suis sortie ce matin, que j'y rentrerais la mort dans l'âme. Qu'ai-je donc fait pour ne pas jouir d'un jour qui semblait si beau ? N'ai-je pas prié Dieu ardemment et sincèrement ? N'ai-je pas éloigné de moi toute pensée d'orgueil ? N'ai-je pas chanté le mieux qu'il m'a été possible ? N'ai-je pas souffert de l'humiliation de la Clorinda ? N'ai-je pas obtenu du comte, sans qu'il s'en doutât et sans qu'il puisse se dédire, la promesse qu'elle serait engagée comme *seconda donna* avec nous ? Qu'ai-je donc fait de mal, encore une fois, pour souffrir les douleurs que tu m'annonces, et que je ressens déjà, puisque, toi, tu les éprouves ?

— En vérité, Consuelo, tu as eu la pensée de faire engager la Clorinda ?

— J'y suis résolue, si le comte est un homme de parole. Cette pauvre fille a toujours rêvé le théâtre, elle n'a pas d'autre existence devant elle.

— Et tu crois que le comte renverra la Rosalba, qui sait quelque chose, pour la Clorinda, qui ne sait rien ?

— La Rosalba suivra la fortune de sa sœur Corilla, et quant à la Clorinda, nous lui donnerons des leçons, nous lui apprendrons à tirer le meilleur parti de sa voix, qui est jolie. Le public sera indulgent pour une aussi belle fille. D'ailleurs, quand même je n'obtiendrais son admission que comme troisième femme, ce serait toujours une admission, un début dans la carrière, un commencement d'existence.

— Tu es une sainte, Consuelo. Tu ne vois pas que cette pécore, en acceptant tes bienfaits, et quoiqu'elle dût s'estimer trop heureuse d'être troisième ou quatrième femme, ne te pardonnera jamais d'être la première ?

— Qu'importe son ingratitude ? Va, j'en sais long déjà sur l'ingratitude et les ingrats !

— Toi ? dit Anzoleto en éclatant de rire et en l'embrassant avec son ancienne effusion de frère.

— Oui, répondit-elle, enchantée de l'avoir distrait de ses soucis ; j'ai eu jusqu'à présent toujours devant les yeux, et j'aurai toujours gravé dans l'âme, l'image de mon noble maître Porpora. Il lui est échappé bien souvent devant moi des paroles amères et profondes qu'il me croyait incapable de comprendre ; mais elles creusaient bien avant dans mon cœur, et elles n'en sortiront jamais. C'est un homme qui a bien souffert, et que le chagrin dévore. Par lui, par sa tristesse, par ses indignations concentrées, par les discours qui lui ont échappé devant moi, il m'a appris que les artistes sont plus dangereux et plus méchants que tu ne penses, mon cher ange, que le public est léger, oublieux, cruel, injuste ; qu'une grande carrière est une croix lourde à porter, et la gloire une couronne d'épines ! Oui, je sais tout cela ; et j'y ai pensé si souvent, et j'ai tant réfléchi là-dessus, que je me sens assez forte pour ne pas m'étonner beaucoup et pour ne pas trop me laisser abattre quand j'en ferai l'expérience par moi-même. Voilà pourquoi tu ne m'as pas vue trop enivrée aujourd'hui de mon triomphe ; voilà pourquoi aussi je ne suis pas découragée en ce moment de tes noires pensées. Je ne les comprends pas encore ; mais je sais qu'avec toi, et pourvu que tu m'aimes, je pourrai lutter avec assez de force pour ne pas tomber dans la haine du genre humain, comme mon pauvre maître, qui est un noble vieillard et un enfant malheureux. »

En écoutant parler son amie, Anzoleto reprit aussi son courage et sa sérénité. Elle exerçait sur lui une grande puissance, et chaque jour il découvrait en elle une fermeté de caractère et une droiture d'intentions qui suppléait à tout ce qui lui manquait à lui-même. Les terreurs que la jalousie lui avait inspirées s'effacèrent donc de son souvenir au bout d'un quart d'heure d'entretien avec elle ; et quand elle le questionna de nouveau, il eut tellement honte d'avoir soupçonné un être si pur et si calme, qu'il donna d'autres motifs à son agitation.

« Je n'ai qu'une crainte, lui dit-il, c'est que le comte ne te trouve tellement supérieure à moi, qu'il me juge indigne de paraître à côté de toi devant le public. Il ne m'a pas fait chanter ce soir, quoique je m'attendisse à ce qu'il me le demanderait un duo. Il semblait avoir oublié jusqu'à mon existence. Il ne s'est même pas aperçu qu'en t'accompagnant, je touchais assez joliment le clavecin. Enfin, lorsqu'il a signifié ton engagement, il ne m'a pas dit un mot du mien. Comment n'as-tu pas remarqué une chose aussi étrange ?

— La pensée ne m'est pas venue qu'il lui fût possible de vouloir m'engager sans toi. Est-ce qu'il ne sait pas que rien ne pourrait m'y décider, que nous sommes fiancés, que nous nous aimons? Est-ce que tu ne le lui as pas dit bien positivement?

— Je lui ai dit; mais peut-être croit-il que je me vante, Consuelo.

— En ce cas, je me vanterai moi-même de mon amour, Anzoleto; je lui dirai tout cela si bien qu'il n'en doutera pas. Mais tu t'abuses, mon ami: le comte n'a pas jugé nécessaire de te parler de ton engagement, parce que c'est une chose arrêtée, conclue, depuis le jour où tu as chanté chez lui avec tant de succès.

— Mais non signé! Et le tien sera signé demain: il te l'a dit!

— Crois-tu que je signerai la première? Oh! non pas! Tu as bien fait de me mettre sur mes gardes. Mon nom ne sera écrit qu'au bas du tien.

— Tu me le jures?

— Oh! fi! Vas-tu encore me faire faire des serments pour une chose que tu sais si bien? Vraiment, tu ne m'aimes pas ce soir, ou tu veux me faire souffrir; car tu fais semblant de croire que je ne t'aime point. »

A cette pensée, les yeux de Consuelo se gonflèrent, et elle s'assit avec un petit air boudeur qui la rendit charmante.

« Au fait, je suis un fou, un sot, pensa Anzoleto. Comment ai-je pu penser un instant que le comte triompherait d'une âme si pure et d'un amour si complet? Est-ce qu'il n'est pas assez expérimenté pour voir du premier coup d'œil que Consuelo n'est pas son fait; et aurait-il été assez généreux ce soir pour me faire monter dans la gondole à sa place, s'il n'eût connu pertinemment qu'il y jouerait auprès d'elle le rôle d'un fat ridicule? Non, non; mon sort est assuré, ma position inexpugnable. Que Consuelo lui plaise, qu'il l'aime, qu'il la courtise, tout cela ne servira qu'à avancer ma fortune; car elle saura bien obtenir de lui tout ce qu'elle voudra sans s'exposer. Consuelo en saura vite plus que moi sur ce chapitre. Elle est forte, elle est prudente. Les prétentions du cher comte tourneront à mon profit et à ma gloire. »

Et, abjurant complètement tous ses doutes, il se jeta aux pieds de son amie, et se livra à l'enthousiasme passionné qu'il éprouvait pour la première fois, et que depuis quelques heures la jalousie comprimait en lui.

« Ô ma belle! ô ma sainte! ô ma diablesse! ô ma reine! s'écria-t-il, pardonne-moi d'avoir pensé à moi-même au lieu de me prosterner devant toi pour t'adorer, ainsi que j'aurais dû le faire en me retrouvant seul avec toi dans cette chambre! J'en suis sorti ce matin en te querellant. Oui, oui, je devrais n'y être rentré qu'en me traînant sur mes genoux! Comment peux-tu aimer encore et sourire à une brute telle que moi? Casse-moi ton éventail sur la figure, Consuelo. Mets ton joli pied sur ma tête. Tu es plus grande que moi de cent coudées, et je suis ton esclave pour jamais, à partir d'aujourd'hui.

— Je ne mérite pas ces belles paroles, lui répondit-elle en s'abandonnant à ses étreintes; et quant à tes distractions, je les excuse, car je les comprends. Je vois bien que la peur d'être séparé de moi, et de voir diviser une vie qui ne peut être qu'une pour nous deux, t'a seule inspiré ce chagrin et ces doutes. Tu as manqué de foi envers Dieu; c'est bien plus mal que si tu m'avais accusée de quelque lâcheté. Mais je prierai pour toi, et je dirai: Seigneur, pardonnez-lui comme je lui pardonne. »

En exprimant son amour avec abandon, simplicité, et en y mêlant, comme toujours, cette dévotion espagnole pleine de tendresse humaine et de compromis ingénus, Consuelo était si belle; la fatigue et les émotions de la journée avaient répandu sur elle une langueur si suave, qu'Anzoleto, exalté d'ailleurs par cette espèce d'apothéose dont elle sortait et qui la lui montrait sous une face nouvelle, ressentit enfin tous les délires d'une passion violente pour cette petite sœur jusque là si paisiblement aimée. Il était de ces hommes qui ne s'enthousiasment que pour ce qui est applaudi, convoité et disputé par les autres. La joie de sentir en sa possession l'objet de tant de désirs qu'il avait vus s'allumer et bouillonner autour d'elle, éveilla en lui des désirs irréfrénables; et, pour la première fois, Consuelo fut réellement en péril entre ses bras.

« Sois mon amante, sois ma femme, s'écria-t-il enfin d'une voix étouffée. Sois à moi tout entière et pour toujours.

— Quand tu voudras, lui répondit Consuelo avec un sourire angélique. Demain si tu veux.

— Demain! Et pourquoi demain?

— Tu as raison, il est plus de minuit, c'est aujourd'hui que nous pouvons nous marier. Dès que le jour sera levé, nous pouvons aller trouver le prêtre. Nous n'avons de parents ni l'un ni l'autre, la cérémonie ne demandera pas de longs préparatifs. J'ai ma robe d'indienne que je n'ai pas encore mise. Tiens, mon ami, en la faisant, je me disais: Je n'aurai plus d'argent pour acheter ma robe de noces; et si mon ami se décidait à m'épouser un de ces jours, je serais forcée de porter à l'église la même qui aurait déjà été étrennée. Cela porte malheur, à ce qu'on dit. Aussi, quand ma mère est venue en rêve me la retirer pour la remettre dans l'armoire, elle savait bien ce qu'elle faisait, la pauvre âme! Ainsi donc tout est prêt; demain, au lever du soleil, nous nous jurerons fidélité. Tu attendais pour cela, méchant, d'être sûr que je n'étais pas laide?

— Oh! Consuelo, s'écria Anzoleto avec angoisse, tu es un enfant, un véritable enfant! Nous ne pouvons nous marier ainsi du jour au lendemain sans qu'on le sache; car le comte et le Porpora, dont la protection nous est encore si nécessaire, seraient fort irrités contre nous, si nous prenions cette détermination sans les consulter, sans même les avertir. Ton vieux maître ne m'aime pas trop, et le comte, je le sais de bonne part, n'aime pas les cantatrices mariées. Il faudra donc que nous gagnions du temps pour les amener à consentir à notre mariage; ou bien il faut au moins quelques jours, et nous nous marions en secret, pour préparer mystérieusement cette affaire délicate. Nous ne pouvons pas courir à San-Samuel, où tout le monde nous connaît, et où il ne faudra que la présence d'une vieille bonne femme pour que toute la paroisse en soit avertie au bout d'une heure.

— Je n'avais pas songé à tout cela, dit Consuelo. Eh bien, de quoi me parlais-tu donc tout à l'heure? Pourquoi, méchant, me disais-tu « Sois ma femme, » puisque tu savais que cela n'était pas encore possible? Ce n'est pas moi qui t'en ai parlé la première, Anzoleto? Quoique j'aie pensé bien souvent que nous étions en âge de nous marier, et que je n'eusse jamais songé aux obstacles dont tu parles, je m'étais fait un devoir de laisser ta décision à la prudence, et, faut-il te le dire? à ton inspiration; car je voyais bien que tu n'étais pas trop pressé de m'appeler ta femme, et je ne t'en voulais pas. Tu m'as souvent dit qu'avant de s'établir, il fallait assurer le sort de sa famille future, en s'assurant soi-même de quelques ressources. Ma mère le disait aussi, et je trouve cela raisonnable. Ainsi, tout bien considéré, ce serait encore trop tôt. Il faut que notre engagement à tous deux avec le théâtre soit signé, n'est-ce pas? Il faut même que la faveur du public nous soit assurée. Nous reparlerons de cela après nos débuts. Pourquoi pâlis-tu? Ô mon Dieu, pourquoi serres-tu ainsi les poings, Anzoleto? Ne sommes-nous pas bien heureux? Avons-nous besoin d'être liés par un serment pour nous aimer et compter l'un sur l'autre?

— Ô Consuelo, que tu es calme, que tu es pure, et que tu es froide! s'écria Anzoleto avec une sorte de rage.

— Moi! je suis froide! s'écria la jeune Espagnole stupéfaite et vermeille d'indignation.

— Hélas! je t'aime comme on peut aimer une femme, et tu m'écoutes et tu me réponds comme un enfant. Tu ne connais que l'amitié, tu ne comprends pas l'amour. Je souffre, je brûle, je meurs à tes pieds, et tu me parles de prêtre, de robe et de théâtre. »

Consuelo, qui s'était levée avec impétuosité, se rassit confuse et toute tremblante. Elle garda longtemps le silence; et lorsque Anzoleto voulut lui arracher de nouvelles caresses, elle le repoussa doucement.

« Écoute, lui dit-elle, il faut s'expliquer et se connaître. Tu me crois trop enfant en vérité, et ce serait une minauderie de ma part, de ne te pas avouer qu'à présent je comprends fort bien. Je n'ai pas traversé les trois quarts de l'Europe avec des gens de toute espèce, je n'ai pas vu de près les mœurs libres et sauvages des artistes vagabonds, je n'ai pas deviné, hélas! les secrets mal cachés de ma pauvre mère, sans savoir ce que toute fille du peuple sait d'ailleurs fort bien à mon âge. Mais je ne pouvais pas me décider à croire, Anzoleto, que tu voulusses m'engager à violer un serment fait à Dieu entre les mains de ma mère mourante. Je ne tiens pas beaucoup à ce que les patriciennes, dont j'entends quelquefois les causeries, appellent leur réputation. Je suis trop peu de chose dans le monde pour attacher mon honneur au plus ou moins de chasteté qu'on voudra bien me supposer; mais je fais consister mon honneur à garder mes promesses, de même que je fais consister le tien à savoir garder les tiennes. Je ne suis peut-être pas aussi bonne catholique que je voudrais l'être. J'ai été si peu instruite dans la religion! Je ne puis pas avoir d'aussi belles règles de conduite et d'aussi belles maximes de vertu que ces jeunes filles de la Scuola, élevées dans le cloître et entretenues du matin au soir dans la science divine. Mais je pratique comme je sais et comme je peux. Je ne crois pas notre amour capable de s'entacher d'impureté pour devenir un peu plus vif avec nos années. Je ne compte pas trop les baisers que je te donne, mais je sais que nous n'avons pas désobéi à ma mère, et que je ne veux pas lui désobéir pour satisfaire des impatiences faciles à réprimer.

— Faciles! s'écria Anzoleto en la pressant avec emportement sur sa poitrine; faciles! Je savais bien que tu étais froide.

— Froide, tant que tu voudras, répondit-elle en se dégageant de ses bras. Dieu, qui lit dans mon cœur, sait bien si je t'aime!

— Eh bien! jette-toi donc dans son sein, dit Anzoleto avec dépit; car le mien n'est pas un refuge aussi assuré, et je m'enfuis pour ne pas devenir impie. »

Il courut vers la porte, croyant que Consuelo, qui n'avait jamais pu se séparer de lui au milieu d'une querelle, si légère qu'elle fût, sans chercher à le calmer, s'empresserait de le retenir. Elle fit effectivement un mouvement impétueux pour s'élancer vers lui; puis elle s'arrêta, le vit sortir, courut aussi vers la porte, mit la main sur le loquet pour ouvrir et le rappeler. Mais, ramenée à sa résolution par une force surhumaine, elle tira le verrou sur lui; et, vaincue par une lutte trop violente, elle tomba raide évanouie sur le plancher, où elle resta sans mouvement jusqu'au jour.

XIV.

« Je t'avoue que j'en suis éperdument amoureux, disait cette même nuit le comte Zustiniani à son ami Barberigo, vers deux heures du matin, sur le balcon de son palais, par une nuit obscure et silencieuse.

— C'est me signifier que je dois me garder de le devenir, répondit le jeune et brillant Barberigo; et je me soumets, car tes droits priment les miens. Cependant si la Corilla réussissait à te reprendre dans ses filets, tu aurais la bonté de m'en avertir, et je pourrais alors essayer de me faire écouter?...

— N'y songe pas, si tu m'aimes. La Corilla n'a jamais été pour moi qu'un amusement. Je vois à la figure que tu me railles?

— Non, mais je pense que c'est un amusement un peu sérieux que celui qui nous fait faire de telles dépenses et de si grandes folies.

— J'entends que je porte tant d'ardeur dans mes amusements que rien ne me coûte pour les prolonger. Mais ici c'est plus qu'un désir; c'est, je crois, une passion. Je n'ai jamais vu de créature aussi étrangement belle que cette Consuelo; c'est comme une lampe qui pâlit de temps en temps, mais qui, au moment où elle semble prête à s'éteindre, jette une clarté si vive que les astres, comme disent nos poëtes, en sont éclipsés.

— Ah! dit Barberigo en soupirant, cette petite robe noire et cette collerette blanche, cette toilette à demi pauvre et à demi dévote, cette tête pâle, calme, sans éclat au premier regard, ces manières rondes et franches, cette étonnante absence de coquetterie, comme tout cela se transforme et se divinise lorsqu'elle s'inspire de son propre génie pour chanter! Heureux Zustiniani qui tiens dans tes mains les destinées de cette ambition naissante!

— Que ne suis-je assuré de ce bonheur que tu m'envies! mais je suis tout effrayé au contraire de ne trouver en elle aucune des passions féminines que je connais, et qui sont si faciles à mettre en jeu. Conçois-tu, ami, que cette fille soit restée une énigme pour moi, après toute une journée d'examen et de surveillance? Il me semble, à sa tranquillité et à ma maladresse, que je suis déjà épris au point de ne plus voir clair.

— Certes, tu es épris plus qu'il ne faudrait, puisque tu es aveugle. Moi, que l'espérance ne trouble point, je te dirai en trois mots ce que tu ne comprends pas. Consuelo est une fleur d'innocence; elle aime le petit Anzoleto; elle l'aimera encore pendant quelques jours; et si tu brusques cet attachement d'enfance, tu lui donneras des forces nouvelles. Mais si tu parais ne point t'en occuper, la comparaison qu'elle fera entre lui et toi refroidira bientôt son amour.

— Mais il est beau comme Apollon, ce petit drôle, il a une voix magnifique; il aura du succès. Déjà la Corilla en était folle. Ce n'est pas un rival à dédaigner auprès d'une fille qui a des yeux.

— Mais il est pauvre, et tu es riche; inconnu, et tu es tout-puissant, reprit Barberigo. L'important serait de savoir s'il est son amant ou son ami. Dans le premier cas, le désabusement arrivera plus vite que Consuelo; dans le second, il y aura entre eux une lutte, une incertitude, qui prolongeront ses angoisses.

— Il me faudrait donc désirer ce que je crains horriblement, ce qui me bouleverse de rage rien que d'y songer! Toi, qu'en penses-tu?

— Je crois qu'ils ne sont point amants.

— Mais c'est impossible! L'enfant est libertin, audacieux, bouillant: et puis les mœurs de ces gens-là !

— Consuelo est un prodige en toutes choses. Tu n'es pas bien expérimenté encore, malgré tous tes succès auprès des femmes, cher Zustiniani, si tu ne vois pas dans ses mouvements, dans toutes les paroles, dans tous les regards de cette fille, qu'elle est aussi pure que le cristal au sein du rocher.

— Tu me transportes de joie!

— Prends garde! c'est une folie, un préjugé! Si tu aimes Consuelo, il faut la marier demain, afin que dans huit jours son maître lui ait fait sentir le poids d'une chaîne, les tourments de la jalousie, l'ennui d'un surveillant fâcheux, injuste, et infidèle; car le bel Anzoleto sera tout cela. Je l'ai assez observé hier entre la Consuelo et la Clorinda, pour être à même de lui prophétiser ses torts et ses malheurs. Suis mon conseil, ami, et tu m'en remercieras bientôt. Le lien du mariage est facile à détendre entre gens de cette condition; et tu sais que, chez ces femmes-là, l'amour est une fantaisie ardente qui ne s'exalte qu'avec les obstacles.

— Tu me désespères, répondit le comte, et pourtant je sens que tu as raison.

Malheureusement pour les projets du comte Zustiniani, ce dialogue avait un auditeur sur lequel on ne comptait point et qui n'en perdait pas une syllabe. Après avoir quitté Consuelo, Anzoleto, repris de jalousie, était revenu rôder autour du palais de son protecteur, pour s'assurer qu'il ne machinait pas un de ces enlèvements si fort à la mode en ce temps-là, et dont l'impunité était à peu près garantie aux patriciens. Il ne put en entendre davantage; car la lune, qui commençait à monter obliquement au-dessus des combles du palais, vint dessiner, de plus en plus nette, son ombre sur le pavé, et les deux seigneurs, s'apercevant ainsi de la présence d'un homme sous le balcon, se retirèrent et fermèrent la croisée.

Anzoleto s'esquiva, et alla rêver en liberté à ce qu'il

venait d'entendre. C'en était bien assez pour qu'il sût à quoi s'en tenir, et pour qu'il fît son profit des vertueux conseils de Barberigo à son ami. Il dormit à peine deux heures vers le matin, puis il courut à la *Corte-Minelli*. La porte était encore fermée au verrou, mais à travers les fentes de cette barrière mal close, il put voir Consuelo tout habillée, étendue sur son lit, endormie, avec la pâleur et l'immobilité de la mort. La fraîcheur de l'aube l'avait tirée de son évanouissement, et elle s'était jetée sur sa couche sans avoir la force de se déshabiller. Il resta quelques instants à la contempler avec une inquiétude pleine de remords. Mais bientôt s'impatientant et s'effrayant de ce sommeil léthargique, si contraire aux vigilantes habitudes de son amie, il élargit doucement avec son couteau une fente par laquelle il put passer la lame et faire glisser le verrou. Cela ne réussit pourtant pas sans quelque bruit; mais Consuelo, brisée de fatigue, n'en fut point éveillée. Il entra donc, referma la porte, et vint s'agenouiller à son chevet, où il resta jusqu'à ce qu'elle ouvrit les yeux. En le trouvant là, le premier mouvement de Consuelo fut un cri de joie; mais, retirant aussitôt ses bras qu'elle lui avait jetés au cou, elle se recula avec un mouvement d'effroi.

« Tu me crains donc à présent, et, au lieu de m'embrasser, tu veux me fuir! lui dit-il avec douleur. Ah! que je suis cruellement puni de ma faute! Pardonne-moi, Consuelo, et vois si tu dois te méfier de ton ami. Il y a une grande heure que je suis là à te regarder dormir. Oh! pardonne-moi, ma sœur; c'est la première et la dernière fois de ta vie que tu auras eu à blâmer et à repousser ton frère. Jamais plus je n'offenserai la sainteté de notre amour par des emportements coupables. Quitte-moi, chasse-moi, si je manque à mon serment. Tiens, ici, sur ta couche virginale, sur le lit de mort de ta pauvre mère, je te jure de te respecter comme je t'ai respectée jusqu'à ce jour, et de ne pas te demander un seul baiser, si tu l'exiges, tant que le prêtre ne nous aura pas bénis. Es-tu contente de moi, chère et sainte Consuelo? »

Consuelo ne répondit qu'en pressant la tête blonde du Vénitien sur son cœur et en l'arrosant de larmes. Cette effusion la soulagea; et bientôt après, retombant sur son dur petit oreiller: « Je t'avoue, lui dit-elle, que je suis anéantie; car je n'ai pu fermer l'œil de toute la nuit. Nous nous étions si mal quittés!

— Dors, Consuelo, dors, mon cher ange, répondit Anzoleto; souviens-toi de cette nuit où tu m'as permis de dormir sur ton lit, pendant que tu priais et que tu travaillais à cette petite table. C'est à mon tour de garder et de protéger ton repos. Dors encore, mon enfant; je vais feuilleter ta musique et la lire tout bas, pendant que tu sommeilleras une heure ou deux. Personne ne s'occupera de nous (si on s'en occupe aujourd'hui) avant le soir. Dors donc, et prouve-moi par cette confiance que tu me pardonnes et que tu crois en moi. »

Consuelo lui répondit par un sourire de béatitude. Il l'embrassa au front, et s'installa devant la petite table, tandis qu'elle goûtait un sommeil bienfaisant entremêlé des plus doux songes.

Anzoleto avait vécu trop longtemps dans un état de calme et d'innocence auprès de cette jeune fille, pour qu'il lui fût bien difficile, après un seul jour d'agitation, de reprendre son rôle accoutumé. C'était pour ainsi dire l'état normal de son âme que cette affection fraternelle. D'ailleurs ce qu'il avait entendu la nuit précédente, sous le balcon de Zustiniani, était de nature à fortifier ses résolutions. Merci, mes beaux seigneurs, se disait-il en lui-même; vous m'avez donné des leçons de morale à votre usage, dont le *petit drôle* saura profiter ni plus ni moins qu'un roué de votre classe. Puisque la possession refroidit l'amour, puisque les droits du mariage amènent la satiété et le dégoût, nous saurons conserver pure cette flamme que vous croyez si facile à éteindre. Nous saurons nous abstenir et de la jalousie, et de l'infidélité, et même des joies de l'amour. Illustre et profond Barberigo, vos prophéties portent conseil, et il fait bon d'aller à votre école!

En songeant ainsi, Anzoleto, vaincu à son tour par la fatigue d'une nuit presque blanche, s'assoupit de son côté, la tête dans ses mains et les coudes sur la table. Mais son sommeil fut léger; et, le soleil commençant à baisser, il se leva pour regarder si Consuelo dormait encore. Les feux du couchant, pénétrant par la fenêtre, empourpraient d'un superbe reflet le vieux lit et la belle dormeuse. Elle s'était fait, de sa mantille de mousseline blanche, un rideau attaché aux pieds du crucifix de filigrane qui était cloué au mur au-dessus de sa tête. Ce voile léger retombait avec grâce sur son corps souple et admirable de proportions; et dans cette demi-teinte rose, affaisée comme une fleur aux approches du soir, les épaules inondées de ses beaux cheveux sombres sur sa peau blanche et mate, les mains jointes sur sa poitrine comme une sainte de marbre blanc sur son tombeau, elle était si chaste et si divine, qu'Anzoleto s'écria dans son cœur: Ah! comte Zustiniani! que ne peux-tu la voir en cet instant, et moi auprès d'elle, gardien jaloux et prudent d'un trésor que tu convoiteras en vain!

Au même instant un faible bruit se fit entendre au dehors; Anzoleto reconnut le clapotement de l'eau au pied de la masure où était située la chambre de Consuelo. Bien rarement les gondoles abordaient à cette pauvre Corte-Minelli; d'ailleurs un démon tenait en éveil les facultés divinatoires d'Anzoleto. Il grimpa sur une chaise, et atteignit à une petite lucarne percée près du plafond sur la face de la maison qui baignait le canaletto. Il vit distinctement le comte Zustiniani sortir de sa barque et interroger les enfants demi-nus qui jouaient sur la rive. Il fut incertain s'il éveillerait son amie, ou s'il tiendrait la porte fermée. Mais pendant dix minutes que le comte perdit à demander et à chercher la mansarde de Consuelo, il eut le temps de se faire un sang-froid diabolique et d'aller entr'ouvrir la porte, afin qu'on pût entrer sans obstacle et sans bruit; puis il se remit devant la petite table, prit une plume, et feignit d'écrire des notes. Son cœur battait violemment, mais sa figure était calme et impénétrable.

Le comte entra en effet sur la pointe du pied, se faisant un plaisir curieux de surprendre sa protégée, et se réjouissant de ces apparences de misère qu'il jugeait être les meilleures conditions possibles pour favoriser son plan de corruption. Il apportait l'engagement de Consuelo déjà signé de lui, et ne pensait point qu'avec un tel passe-port il dût essuyer un accueil trop farouche. Mais au premier aspect de ce sanctuaire étrange, où une adorable fille dormait du sommeil des anges, sous l'œil de son amant respectueux ou satisfait, le pauvre Zustiniani perdit contenance, s'embarrassa dans son manteau qu'il portait drapé sur l'épaule d'un air conquérant, et fit trois pas tout de travers entre le lit et la table sans savoir à qui s'adresser. Anzoleto était vengé de la scène de la veille à l'entrée de la gondole.

« Mon seigneur et maître! s'écria-t-il en se levant enfin comme surpris par une visite inattendue: je vais éveiller ma... fiancée.

— Non, lui répondit le comte, déjà remis de son trouble, et affectant de lui tourner le dos pour regarder Consuelo à son aise. Je suis trop heureux de la voir ainsi. Je te défends de l'éveiller.

— Oui, oui, regarde-la bien, pensait Anzoleto; c'est tout ce que je demandais. »

Consuelo ne s'éveilla point; et le comte, baissant la voix, se composant une figure gracieuse et sereine, exprima son admiration sans contrainte.

« Tu avais raison, Zoto, dit-il d'un air aisé; Consuelo est la première chanteuse de l'Italie, et j'avais tort de douter qu'elle fût la plus belle femme de l'univers.

— Votre seigneurie la croyait affreuse, cependant? dit Anzoleto avec malice.

— Tu m'as sans doute accusé auprès d'elle de toutes mes grossièretés? Mais je me réserve de me les faire pardonner par une amende honorable et complète, que tu ne pourras plus me nuire en lui rappelant mes torts.

— Vous nuire, mon cher seigneur! Ah! comment le pourrais-je, quand même j'en aurais la pensée? »

Consuelo s'agita un peu.

« Laissons-la s'éveiller sans trop de surprise, dit le comte, et débarrasse-moi cette table pour que je puisse y poser et y relire l'acte de son engagement. Tiens, ajouta-t-il lorsque Anzoleto eut obéi à son ordre, tu peux jeter les yeux sur ce papier, en attendant qu'elle ouvre les siens.

— Un engagement avant l'épreuve des débuts! Mais c'est magnifique, ô mon noble patron! Et le début tout de suite? avant que l'engagement de la Corilla soit expiré?

— Ceci ne m'embarrasse point. Il y a un dédit de mille sequins avec la Corilla ; nous le payerons; la belle affaire!

— Mais si la Corilla suscite des cabales?

— Nous la ferons mettre aux plombs, si elle cabale.

— Vive Dieu! Rien ne gêne votre seigneurie.

— Oui, Zoto, répondit le comte d'un ton raide, nous sommes comme cela; ce que nous voulons, nous le voulons envers et contre tous.

— Et les conditions de l'engagement sont les mêmes que pour la Corilla? Pour une débutante sans nom, sans gloire, les mêmes conditions que pour une cantatrice illustre, adorée du public?

— La nouvelle cantatrice le sera davantage; et si les conditions de l'ancienne ne la satisfont pas, elle n'aura qu'un mot à dire pour qu'on double ses appointements. Tout dépend d'elle, ajouta-t-il en élevant un peu la voix, car il s'aperçut que la Consuelo s'éveillait : son sort est dans ses mains. »

Consuelo avait entendu tout ceci dans un demi-sommeil. Quand elle se fut frotté les yeux et assuré que ce n'était point un rêve, elle se glissa dans sa ruelle sans trop songer à l'étrangeté de sa situation, releva sa chevelure sans trop s'inquiéter de son désordre, s'enveloppa de sa mantille, et vint avec une confiance ingénue se mêler à la conversation.

« Seigneur comte, dit-elle, c'est trop de bontés; mais je n'aurai pas l'impertinence d'en profiter. Je ne veux pas signer cet engagement avant d'avoir essayé mes forces devant le public ; ce ne serait point délicat de ma part. Je peux déplaire, je peux faire *fiasco*, être sifflée. Que je sois enrouée, troublée, ou bien laide ce jour-là, votre parole serait engagée, vous seriez trop fier pour la reprendre, et moi trop fière pour en abuser.

— Laide ce jour-là, Consuelo! s'écria le comte en la regardant avec des yeux enflammés; laide, vous? Tenez, regardez-vous comme vous voilà, ajouta-t-il en la prenant par la main et en la conduisant devant son miroir. Si vous êtes adorable dans ce costume, que serez-vous donc, couverte de pierreries et rayonnante de l'éclat du triomphe? »

L'impertinence du comte faisait presque grincer les dents à Anzoleto. Mais l'indifférence enjouée avec laquelle Consuelo recevait ses fadeurs le calma aussitôt.

« Monseigneur, dit-elle en repoussant le morceau de glace qu'il approchait de son visage, prenez garde de casser le reste de mon miroir ; je n'en ai jamais eu d'autre, et j'y tiens parce qu'il ne m'a jamais abusée. Laide ou belle, je refuse vos prodigalités. Et puis je dois vous dire franchement que je ne débuterai pas, et que je ne m'engagerai pas, si mon fiancé que voilà n'est engagé aussi ; car je ne veux ni d'un autre théâtre ni d'un autre public que le sien. Nous ne pouvons pas nous séparer, puisque nous devons nous marier. »

Cette brusque déclaration étourdit un peu le comte; mais il fut bientôt remis.

« Vous avez raison, Consuelo, répondit-il : aussi mon intention n'est-elle pas de jamais vous séparer. Zoto débutera en même temps que vous. Seulement nous ne pouvons pas nous dissimuler que son talent, bien que remarquable, est encore inférieur au vôtre...

— Je ne crois point cela, monseigneur, répliqua vivement Consuelo en rougissant, comme si elle eût reçu une offense personnelle.

— Je sais qu'il est votre élève, beaucoup plus que celui du professeur que je lui ai donné, répondit le comte en souriant. Ne vous en défendez pas, belle Consuelo. En apprenant votre intimité, le Porpora s'est écrié : Je ne m'étonne plus de certaines qualités qu'il possède et que je ne pouvais pas concilier avec tant de défauts!

— Grand merci au *signor professor!* dit Anzoleto en riant du bout des lèvres.

— Il en reviendra, dit Consuelo gaiement. Le public d'ailleurs lui donnera un démenti, à ce bon et cher maître.

— Le bon et cher maître est le premier juge et le premier connaisseur de la terre en fait de chant, répliqua le comte. Anzoleto profitera encore de vos leçons, et il fera bien. Mais je répète que nous ne pouvons fixer les bases de son engagement, avant d'avoir apprécié le sentiment du public à son égard. Qu'il débute donc, et nous verrons à le satisfaire suivant la justice et notre bienveillance, sur laquelle il doit compter.

— Qu'il débute donc, et moi aussi, reprit Consuelo ; nous sommes aux ordres de monsieur le comte. Mais pas de contrat, pas de signature avant l'épreuve, j'y suis déterminée...

— Vous n'êtes pas satisfaite des conditions que je vous propose, Consuelo? Eh bien, dictez-les vous-même : tenez, voici la plume, rayez, ajoutez; ma signature est au bas. »

Consuelo prit la plume. Anzoleto pâlit; et le comte, qui l'observait, mordit de plaisir le bout de son rabat de dentelle qu'il tortillait entre ses doigts. Consuelo fit une grande X sur le contrat, et écrivit sur ce qui restait de blanc au-dessus de la signature du comte : « Anzoleto et Consuelo s'engageront conjointement aux conditions qu'il plaira à monsieur le comte Zustiniani de leur imposer après leurs débuts, qui auront lieu le mois prochain au théâtre de San-Samuel. » Elle signa rapidement et passa ensuite la plume à son amant.

« Signe sans regarder, lui dit-elle, tu ne peux faire moins pour prouver ta gratitude et ta confiance à ton bienfaiteur. »

Anzoleto avait lu d'un clin d'œil avant de signer; lecture et signature furent l'affaire d'une demi-minute. Le comte lut par-dessus son épaule.

« Consuelo, dit-il, vous êtes une étrange fille, une admirable créature, en vérité! Venez dîner tous les deux avec moi, » dit-il en déchirant le contrat et en offrant sa main à Consuelo, qui accepta, mais en le priant d'aller l'attendre avec Anzoleto dans sa gondole, tandis qu'elle ferait un peu de toilette.

Décidément, se dit-elle dès qu'elle fut seule, j'aurai le moyen d'acheter une robe de noces. Elle mit sa robe d'indienne, rajusta ses cheveux, et bondit dans l'escalier en chantant à pleine voix une phrase éclatante de force et de fraîcheur. Le comte, par excès de courtoisie, avait voulu l'attendre avec Anzoleto sur l'escalier. Elle le croyait plus loin, et tomba presque dans ses bras. Mais, s'en dégageant avec prestesse, elle prit sa main et la porta à ses lèvres, à la manière des filles, avec le respect d'une inférieure qui ne veut point escalader les distances : puis, se retournant, elle se jeta au cou de son fiancé, et alla, toute joyeuse et toute folâtre, sauter dans la gondole, sans attendre l'escorte cérémonieuse du protecteur un peu mortifié.

XV.

Le comte, voyant que Consuelo était insensible à l'appât du gain, essaya de faire jouer les ressorts de la vanité, et lui offrit des bijoux et des parures : elle les refusa. D'abord Zustiniani s'imagina qu'elle comprenait ses intentions secrètes ; mais bientôt il s'aperçut que c'était uniquement chez elle une sorte de rustique fierté, et qu'elle ne voulait pas recevoir de récompenses avant de les avoir méritées en travaillant à la prospérité de son théâtre. Cependant il lui fit accepter un habillement complet de satin blanc, en lui disant qu'elle ne pouvait pas décemment paraître dans son salon avec sa robe d'indienne, et qu'il exigeait que, par égard pour lui, elle quittât la livrée

Le Porpora.

du peuple. Elle se soumit, et abandonna sa belle taille aux couturières à la mode, qui n'en tirèrent point mauvais parti et n'épargnèrent point l'étoffe. Ainsi transformée au bout de deux jours en femme élégante, forcée d'accepter aussi un rang de perles fines que le comte lui présenta comme le paiement de la soirée où elle avait chanté devant lui et ses amis, elle fut encore belle, sinon comme il convenait à son genre de beauté, mais comme il fallait qu'elle le devînt pour être comprise par les yeux vulgaires. Ce résultat ne fut pourtant jamais complétement obtenu. Au premier abord, Consuelo ne frappait et n'éblouissait personne. Elle fut toujours pâle, et ses habitudes studieuses et modestes ôtèrent à son regard cet éclat continuel qu'acquièrent les yeux des femmes dont l'unique pensée est de briller. Le fond de son caractère comme celui de sa physionomie était sérieux et réfléchi. On pouvait la regarder manger, parler de choses indifférentes, s'ennuyer poliment au milieu des banalités de la vie du monde, sans se douter qu'elle fût belle. Mais que le sourire d'un enjouement qui s'alliait aisément à cette sérénité de son âme vînt effleurer ses traits, on commençait à la trouver agréable. Et puis, qu'elle s'animât davantage, qu'elle s'intéressât vivement à l'action extérieure, qu'elle s'attendrît, qu'elle s'exaltât, qu'elle entrât dans la manifestation de son sentiment intérieur et dans l'exercice de sa force cachée, elle rayonnait de tous les feux du génie et de l'amour; c'était un autre rêve : on était ravi, passionné, anéanti à son gré, et sans qu'elle se rendît compte du mystère de sa puissance.

Aussi ce que le comte éprouvait pour elle l'étonnait et le tourmentait étrangement. Il y avait dans cet homme du monde des fibres d'artiste qui n'avaient pas encore vibré, et qu'elle faisait frémir de mouvements inconnus. Mais cette révélation ne pouvait pénétrer assez avant dans l'âme du patricien, pour qu'il comprît l'impuissance et la pauvreté des moyens de séduction qu'il voulait employer auprès d'une femme en tout différente de celle qu'il avait su corrompre.

Il prit patience, et résolut d'essayer sur elle les effets de l'émulation. Il la conduisit dans sa loge au théâtre, afin qu'elle vît les succès de la Corilla, et que l'ambition s'éveillât en elle. Mais le résultat de cette épreuve fut fort différent de ce qu'il en attendait. Consuelo sortit du théâtre froide, silencieuse, fatiguée et non émue de ce

Tu m'as plu tout un soir... (Page 35.)

bruit et de ces applaudissements. La Corilla lui avait paru manquer d'un talent solide, d'une passion noble, d'une puissance de bon aloi. Elle se sentit compétente pour juger ce talent factice, forcé, et déjà ruiné dans sa source par une vie de désordre et d'égoïsme. Elle battit des mains d'un air impassible, prononça des paroles d'approbation mesurée, et dédaigna de jouer cette vaine comédie d'un généreux enthousiasme pour une rivale qu'elle ne pouvait ni craindre ni admirer. Un instant, le comte la crut tourmentée d'une secrète jalousie, sinon pour le talent, du moins pour le succès de la prima-dona.

« Ce succès n'est rien auprès de celui que vous remporterez, lui dit-il ; qu'il vous serve seulement à pressentir les triomphes qui vous attendent, si vous êtes devant le public ce que vous avez été devant nous. J'espère que vous n'êtes pas effrayée de ce que vous voyez ?

— Non, seigneur comte, répondit Consuelo en souriant. Ce public ne m'effraie pas, car je ne pense pas à lui ; je pense au parti qu'on peut tirer de ce rôle que la Corilla remplit d'une manière brillante, mais où il reste à trouver d'autres effets qu'elle n'aperçoit point.

— Quoi ! vous ne pensez pas au public ?

— Non : je pense à la partition, aux intentions du compositeur, à l'esprit du rôle, à l'orchestre qui a ses qualités et ses défauts, les uns dont il faut tirer parti, les autres qu'il faut couvrir en se surpassant à de certains endroits. J'écoute les chœurs, qui ne sont pas toujours satisfaisants, et qui ont besoin d'une direction plus sévère ; j'examine les passages où il faut donner tous ses moyens, par conséquent ceux auxquels il faudrait se ménager. Vous voyez, monsieur le comte, que j'ai à penser à beaucoup de choses avant de penser au public, qui ne sait rien de tout cela, et qui ne peut rien m'en apprendre. »

Cette sécurité de jugement et cette gravité d'examen surprirent tellement Zustiniani, qu'il n'osa plus lui adresser une seule question, et qu'il se demanda avec effroi quelle prise un galant comme lui pouvait avoir sur un esprit de cette trempe.

L'apparition des deux débutants fut préparée avec toutes les rubriques usitées en pareille occasion. Ce fut une source de différends et de discussions continuelles entre le comte et Porpora, entre Consuelo et son amant. Le vieux maître et sa forte élève blâmaient le charlatanisme des pompeuses annonces et de ces mille vilains petits moyens que nous avons si bien fait progresser en impertinence et en mauvaise foi. A Venise, en ce temps-là, les journaux ne jouaient pas un grand rôle dans de telles affaires. On ne travaillait pas aussi savamment la composition de l'auditoire; on ignorait les ressources profondes de la réclame, les hâbleries du bulletin biographique, et jusqu'aux puissantes machines appelées claqueurs. Il y avait de fortes brigues, d'ardentes cabales; mais tout cela s'élaborait dans les coteries, et s'opérait par la seule force d'un public engoué naïvement des uns, hostile sincèrement aux autres. L'art n'était pas toujours le mobile. De petites et de grandes passions, étrangères à l'art et au talent, venaient bien, comme aujourd'hui, batailler dans le temple. Mais on était moins habile à cacher ces causes de discorde, et à les mettre sur le compte d'un dilettantisme sévère. Enfin c'était le même fond aussi vulgairement humain, avec une surface moins compliquée par la civilisation.

Zustiniani menait ces sortes d'affaires en grand seigneur plus qu'en directeur de spectacle. Son ostentation était un moteur plus puissant que la cupidité des spéculateurs ordinaires. C'était dans les salons qu'il préparait son public, et *chauffait* les succès de ses représentations. Ses moyens n'étaient donc jamais bas ni lâches; mais il y portait la puérilité de son amour-propre, l'activité de ses passions galantes, et le commérage adroit de la bonne compagnie. Il allait donc démolissant pièce à pièce, avec assez d'art, l'édifice élevé naguère de ses propres mains à la gloire de Corilla. Tout le monde voyait bien qu'il voulait édifier une autre gloire; et comme on lui attribuait la possession complète de cette prétendue merveille qu'il voulait produire, la pauvre Consuelo ne se doutait pas encore des sentiments du comte pour elle, quand déjà tout Venise disait que, dégoûté de la Corilla, il faisait débuter à sa place une nouvelle maîtresse. Plusieurs ajoutaient : « Grande mystification pour son public, et grand dommage pour son théâtre! car sa favorite est une petite chanteuse des rues qui ne sait *rien*, et ne possède rien qu'une belle voix et une figure passable. »

De là des cabales pour la Corilla, qui, de son côté, allait jouant le rôle de rivale sacrifiée, et invoquait son nombreux entourage d'adorateurs, afin qu'ils fissent, eux et leurs amis, justice des prétentions insolentes de la *Zingarella* (petite bohémienne). De là aussi des cabales en faveur de la Consuelo, de la part des femmes dont la Corilla avait détourné ou disputé les amants et les maris, ou bien de la part des maris qui souhaitaient qu'un certain groupe de Don Juan vénitiens se serrât autour de la débutante plutôt qu'autour de leurs femmes, ou bien encore de la part des amants rebutés ou trahis par la Corilla et qui désiraient de se voir vengés par le triomphe d'une autre.

Quant aux véritables *dilettanti di musica*, ils étaient également partagés entre le suffrage des maîtres sérieux, tels que le Porpora, Marcello, Jomelli, etc., qui annonçaient, avec le début d'une excellente musicienne, le retour des bonnes traditions et des bonnes partitions; et le dépit des compositeurs secondaires, dont la Corilla avait toujours préféré les œuvres faciles, et qui se voyaient menacés dans sa personne. Les musiciens de l'orchestre, qu'on menaçait aussi de remettre à des partitions depuis longtemps négligées, et de faire travailler sérieusement; tout le personnel du théâtre, qui prévoyait les réformes résultant toujours d'un notable changement dans la composition de la troupe; enfin jusqu'aux machinistes des décorations, aux habilleuses des actrices et au perruquier des figurantes, tout était en rumeur au théâtre San-Samuel, pour ou contre le début; et il est vrai de dire qu'on s'en occupait beaucoup plus dans la république que des actes de la nouvelle administration du doge Pietro Grimaldi, lequel venait de succéder paisiblement à son prédécesseur le doge Luigi Pisani.

Consuelo s'affligeait et s'ennuyait profondément de ces lenteurs et de ces misères attachées à sa carrière naissante. Elle eût voulu débuter tout de suite, sans préparation autre que celle de ses propres moyens et de l'étude de la pièce nouvelle. Elle ne comprenait rien à ces mille intrigues qui lui semblaient plus dangereuses qu'utiles, et dont elle sentait bien qu'elle pouvait se passer. Mais le comte, qui voyait de plus près les secrets du métier, et qui voulait être envié et non bafoué dans son bonheur imaginaire auprès d'elle, n'épargnait rien pour lui faire des partisans. Il la faisait venir tous les jours chez lui, et la présentait à toutes les aristocraties de la ville et de la campagne. La modestie et la souffrance intérieure de Consuelo secondaient mal ses desseins; mais il la faisait chanter, et la victoire était brillante, décisive, incontestable.

Anzoleto était loin de partager la répugnance de son amie pour les moyens secondaires. Son succès à lui n'était pas à beaucoup près aussi assuré. D'abord le comte n'y portait pas la même ardeur; ensuite le ténor auquel il allait succéder était un talent de premier ordre, qu'il ne pouvait point se flatter de faire oublier aisément. Il est vrai que tous les soirs il chantait aussi chez le comte; que Consuelo, dans les duos, le faisait admirablement ressortir, et que, poussé et soutenu par l'entraînement magnétique de ce génie supérieur au sien, il s'élevait souvent à une grande hauteur. Il était donc fort applaudi et fort encouragé. Mais après la surprise que sa belle voix excitait à la première audition, après surtout que Consuelo s'était révélée, on sentait bien les imperfections du débutant, et il les sentait lui-même avec effroi. C'était le moment de travailler avec une fureur nouvelle; mais en vain Consuelo l'y exhortait et lui donnait rendez-vous chaque matin à la *Corte-Minelli*, où elle s'obstinait à demeurer en dépit des prières du comte, qui voulait l'établir plus convenablement : Anzoleto se lançait dans tant de démarches, de visites, de sollicitations et d'intrigues, se préoccupait de tant de soucis et d'anxiétés misérables, qu'il ne lui restait ni temps ni courage pour étudier.

Au milieu de ces perplexités, prévoyant que la plus forte opposition à son succès viendrait de la Corilla, sachant que le comte ne la voyait plus et ne s'occupait d'elle en aucune façon, il se résolut à l'aller voir afin de se la rendre favorable. Il avait ouï dire qu'elle prenait très-gaiement et avec une ironie philosophique l'abandon et les vengeances de Zustiniani; qu'elle avait reçu de brillantes propositions de la part de l'Opéra italien de Paris, et qu'en attendant l'échec de sa rivale, sur lequel elle paraissait compter, elle riait à gorge déployée des illusions du comte et de son entourage. Il pensa qu'avec de la prudence et de la fausseté il désarmerait cette ennemie redoutable; et, s'étant paré et parfumé de son mieux, il pénétra dans ses appartements, un après-midi, à l'heure où l'habitude de la sieste rend les visites rares et les palais silencieux.

XVI.

Il trouva la Corilla seule, dans un boudoir exquis, assoupie encore sur sa chaise longue, et dans un déshabillé des plus galants, comme on disait alors; mais l'altération de ses traits au grand jour lui fit penser que sa sécurité n'était pas aussi profonde que le chapitre de Consuelo, que voulaient bien le dire ses partisans fidèles. Néanmoins elle le reçut d'un air fort enjoué, et lui frappant la joue avec malice :

« Ah! ah! c'est toi, petit fourbe? lui dit-elle en faisant signe à sa suivante de sortir et de fermer la porte; viens-tu encore m'en conter, et te flattes-tu de me faire croire que tu n'es pas le plus traître des conteurs de fleurettes, et le plus intrigant des postulants à la gloire? Vous êtes un maître fat, mon bel ami, si vous avez cru me désespérer par votre abandon subit, après de si tendres déclarations; et vous avez été un maître sot de vous faire désirer : car je vous ai parfaitement oublié au bout de vingt-quatre heures d'attente.

— Vingt-quatre heures! c'est immense, répondit Anzoleto en baisant le bras lourd et puissant de la Corilla. Oh! si je le croyais, je serais bien orgueilleux; mais je sais bien que si je m'étais abusé au point de vous croire lorsque vous me disiez...

— Ce que je te disais, je te conseille de l'oublier aussi ; et si tu étais venu me voir, tu aurais trouvé ma porte fermée. Mais qui te donne l'impudence de venir aujourd'hui ?

— N'est-il pas de bon goût de s'abstenir de prosternations devant ceux qui sont dans la faveur, et de venir apporter son cœur et son dévouement à ceux qui...

— Achève ! à ceux qui sont dans la disgrâce ? C'est bien généreux et très-humain de ta part, mon illustre ami. » Et la Corilla se renversa sur son oreiller de satin noir, en poussant des éclats de rire aigus et tant soit peu forcés.

Quoique la prima-donna disgraciée ne fût pas de la première fraîcheur, que la clarté de midi ne lui fût pas très-favorable, et que le dépit concentré de ces derniers temps eût un peu amolli les plans de son beau visage, florissant d'embonpoint, Anzoleto, qui n'avait jamais vu de si près en tête-à-tête une femme si parée et si renommée, se sentit émouvoir dans les régions de son âme où Consuelo n'avait pas voulu descendre, et d'où il avait banni volontairement sa pure image. Les hommes corrompus avant l'âge peuvent encore ressentir l'amitié pour une femme honnête et sans art ; mais pour ranimer leurs passions, il faut les avances d'une coquette. Anzoleto conjura les railleries de la Corilla par les témoignages d'un amour qu'il s'était promis de feindre et qu'il commença à ressentir véritablement. Je dis amour, faute d'un mot plus convenable ; mais c'est profaner un si beau nom que de l'appliquer à l'attrait qu'inspirent des femmes froidement provoquantes comme l'était la Corilla. Quand elle vit que le jeune ténor était ému tout de bon, elle s'adoucit, et le railla plus amicalement.

« Tu m'as plu tout un soir, je le confesse, dit-elle, mais au fond je ne t'estime pas. Je te sais ambitieux, par conséquent faux, et prêt à toutes les infidélités : je ne saurais me fier à toi. Tu fis le jaloux, une certaine nuit dans ma gondole ; tu te posas comme un despote. Cela m'eût désennuyée des fades galanteries de nos patriciens ; mais tu me trompais, lâche enfant ! tu étais épris d'une autre, et tu n'as pas cessé de l'être, et tu vas l'épouser... qui !... Oh ! je le sais fort bien, ma rivale, mon ennemie, la débutante, la nouvelle maîtresse de Zustiniani. Honte à nous deux, à nous trois, à nous quatre ! ajouta-t-elle en s'animant malgré elle et en retirant sa main de celles d'Anzoleto.

— Cruelle, lui dit-il en s'efforçant de ressaisir cette main potelée, vous devriez comprendre ce qui s'est passé en moi lorsque je vous vis pour la première fois, et ne pas vous soucier de ce qui m'occupait avant ce moment terrible. Quant à ce qui s'est passé depuis, ne pouvez-vous le deviner, et avons-nous besoin d'y songer désormais ?

— Je ne me paie pas de demi-mots et de réticences. Tu aimes toujours la zingarella, tu l'épouses ?

— Et si je l'aimais, comment se fait-il que je ne l'aie pas encore épousée ?

— Parce que le comte s'y opposait peut-être. A présent, chacun sait qu'il le désire. On dit même qu'il a sujet d'en être impatient, et la petite encore plus. »

Le rouge monta à la figure d'Anzoleto en entendant ces outrages prodigués à l'être qu'il vénérait en lui-même au-dessus de tout.

— Ah ! tu es outré de mes suppositions, répondit la Corilla, c'est bon ; voilà ce que je voulais savoir. Tu l'aimes ; et quand l'épouses-tu ?

— Je ne l'épouse point du tout.

— Alors vous partagez ? Tu es bien avant dans la faveur de monsieur le comte !

— Pour l'amour du ciel, madame, ne parlons ni du comte, ni de personne autre que de vous et de moi.

— Eh bien, soit, dit la Corilla. Aussi bien à cette heure, mon ex-amant et ta future épouse... »

Anzoleto était indigné. Il se leva pour sortir. Mais qu'allait-il faire ? allumer de plus en plus la haine de cette femme, qu'il était venu calmer. Il resta indécis, horriblement humilié et malheureux du rôle qu'il s'était imposé.

La Corilla brûlait d'envie de le rendre infidèle ; non qu'elle l'aimât, mais parce que c'était une manière de se venger de cette Consuelo qu'elle n'était pas certaine d'avoir outragée avec justice.

« Tu vois bien, lui dit-il en l'enchaînant au seuil de son boudoir par un regard pénétrant, que j'ai raison de me méfier de toi : car en ce moment tu trompes quelqu'un ici. Est-ce *elle* ou moi ?

— Ni l'une ni l'autre, s'écria-t-il en cherchant à se justifier à ses propres yeux ; je ne suis point son amant, je ne le fus jamais. Je n'ai pas d'amour pour elle ; car je ne suis pas jaloux du comte.

— En voici bien d'une autre ! Ah ! tu es jaloux au point de le nier, et tu viens ici pour te guérir ou te distraire ? grand merci !

— Je ne suis point jaloux, je vous le répète ; et pour vous prouver que ce n'est pas le dépit qui me fait parler, je vous dis que le comte n'est pas plus son amant que moi ; qu'elle est honnête comme un enfant qu'elle est, et que le seul coupable envers vous, c'est le comte Zustiniani.

— Ainsi, je puis faire siffler la zingarella sans l'affliger ? Tu seras dans ma loge et tu la siffleras, et en sortant de là tu seras mon unique amant. Accepte vite, ou je me rétracte.

— Hélas, madame, vous voulez donc m'empêcher de débuter ? car vous savez bien que je dois débuter en même temps que la Consuelo ? Si vous la faites siffler, moi qui chanterai avec elle, je tomberai donc, victime de votre courroux ? Et qu'ai-je fait, malheureux que je suis, pour vous déplaire ? Hélas ! j'ai fait un rêve délicieux et funeste ! je me suis imaginé tout un soir que vous preniez quelque intérêt à moi, et que je grandirais sous votre protection. Et voilà que je suis l'objet de votre mépris et de votre haine, moi qui vous ai aimée et respectée au point de vous fuir ! Eh bien, madame, contentez votre aversion. Faites-moi tomber, perdez-moi, fermez-moi la carrière. Pourvu qu'ici en secret vous me disiez que je ne vous suis point odieux, j'accepterai les marques publiques de votre courroux.

— Serpent que tu es, s'écria la Corilla, où as-tu sucé le poison de la flatterie que ta langue et tes yeux distillent ! Je donnerais beaucoup pour le connaître et le comprendre ; mais je te crains, car tu es le plus aimable des amants ou le plus dangereux des ennemis.

— Moi, votre ennemi ! Et comment oserais-je jamais me poser ainsi, quand même je ne serais pas subjugué par vos charmes ? Est-ce que vous avez des ennemis, divine Corilla ? Est-ce que vous pouvez en avoir à Venise, où l'on vous connaît et où vous avez toujours régné sans partage ? Une querelle d'amour jette le comte dans un dépit douloureux. Il veut vous éloigner, il veut cesser de souffrir. Il rencontre sur son chemin une petite fille qui semble montrer quelques moyens et qui ne demande pas mieux que de débuter. Est-ce un crime de la part d'une pauvre enfant qui n'entend prononcer votre nom illustre qu'avec terreur, et qui ne le prononce elle-même qu'avec respect ? Vous attribuez à cette pauvreté des prétentions insolentes qu'elle ne saurait avoir. Les efforts du comte pour la faire goûter à ses amis, l'obligeance de ces mêmes amis qui vont exagérant son mérite, l'amertume des vôtres qui répandent des calomnies pour vous aigrir et vous affliger, tandis qu'ils devraient rendre le calme à votre belle âme en vous montrant votre gloire inattaquable et votre rivale tremblante ; voilà les causes de ces préventions que je découvre avec peine en vous, et dont je suis si étonné, si stupéfait, que je sais à peine comment m'y prendre pour les combattre.

— Tu ne sais que trop bien, langue maudite, dit la Corilla en le regardant avec un attendrissement voluptueux, encore mêlé de défiance ; j'écoute tes douces paroles, mais ma raison me dit encore de te redouter. Je gage que cette Consuelo est divinement belle, quoiqu'on m'ait dit le contraire, et qu'elle a du mérite dans un certain genre opposé au mien, puisque le Porpora, que je connais si sévère, le proclame hautement.

— Vous connaissez le Porpora? donc vous savez ses bizarreries, ses manies, on peut dire. Ennemi de toute originalité chez les autres et de toute innovation dans l'art du chant, qu'une petite élève soit bien attentive à ses radotages, bien soumise à ses pédantesques leçons, le voilà qui, pour une gamme vocalisée proprement, déclare que cela est préférable à toutes les merveilles que le public idolâtre. Depuis quand vous tourmentez-vous des lubies de ce vieux fou?

— Elle est donc sans talent?

— Elle a une belle voix, et chante honnêtement à l'église; mais elle ne doit rien savoir du théâtre; et quant à la puissance qu'il y faudrait déployer, elle est tellement paralysée par la peur, qu'il est fort à craindre qu'elle y perde le peu de moyens que le ciel lui a donnés.

— Elle a peur! On m'a dit qu'elle était au contraire d'une rare impudence.

— Oh! la pauvre fille! hélas, on lui en veut donc bien? Vous l'entendrez, divine Corilla, et vous serez émue d'une noble pitié, et vous l'encouragerez au lieu de la faire siffler, comme vous le disiez en raillant tout à l'heure.

— Ou tu me trompes, ou mes amis m'ont bien trompée sur son compte.

— Vos amis se sont laissé tromper eux-mêmes. Dans leur zèle indiscret, ils se sont effrayés de vous voir une rivale : effrayés d'un enfant! effrayés pour vous! Ah! que ces gens-là vous aiment mal, puisqu'ils vous connaissent si peu! Oh! si j'avais le bonheur d'être votre ami, je saurais mieux ce que vous êtes, et je ne vous ferais pas l'injure de m'effrayer pour vous d'une rivalité quelconque, fût-ce celle d'une Faustina ou d'une Molteni.

— Ne crois pas que j'aie été effrayée. Je ne suis ni jalouse ni méchante; et les succès d'autrui n'ayant jamais fait de tort aux miens, je ne m'en suis jamais affligée. Mais quand je crois qu'on veut me braver et me faire souffrir...

— Voulez-vous que j'amène la petite Consuelo à vos pieds? Si elle l'eût osé, elle serait venue déjà vous demander votre appui et vos conseils. Mais c'est un enfant si timide! Et puis, on vous a calomniée aussi auprès d'elle. À elle aussi on est venu dire que vous étiez cruelle, vindicative, et que vous comptiez la faire tomber.

— On lui a dit cela? En ce cas je comprends pourquoi tu es ici.

— Non, madame, vous ne le comprenez pas; car je ne l'ai pas cru un instant, je ne le croirai jamais. Oh! non, madame! vous ne me comprenez pas! »

En parlant ainsi, Anzoleto fit scintiller ses yeux noirs, et fléchit le genou devant la Corilla avec une expression de langueur et d'amour incomparable.

La Corilla n'était pas dépourvue de malice et de pénétration; mais, comme il arrive aux femmes excessivement éprises d'elles-mêmes, la vanité lui mettait souvent un épais bandeau sur les yeux, et la faisait tomber dans des pièges fort grossiers. D'ailleurs elle était d'humeur galante. Anzoleto était le plus beau garçon qu'elle eût jamais vu. Elle ne put résister à ses mielleuses paroles; et peu à peu, après avoir goûté avec lui le plaisir de la vengeance, elle s'attacha à lui par les plaisirs de la possession. Huit jours après cette première entrevue, elle en était folle, et menaçait à tout moment de trahir le secret de leur intimité par des jalousies et des emportements terribles. Anzoleto, épris d'elle aussi d'une certaine façon (sans que son cœur pût réussir à être infidèle à Consuelo), était fort effrayé du trop rapide et trop complet succès de son entreprise. Cependant il se flattait de la dominer assez longtemps pour en venir à ses fins, c'est-à-dire pour l'empêcher de nuire aux débuts et au succès de Consuelo. Il déployait avec elle une grande habileté, et possédait l'art d'exprimer le mensonge avec un air de vérité diabolique. Il sut l'enchaîner, la persuader, et la réduire; il vint à bout de lui faire croire que ce qu'il aimait par-dessus tout dans une femme c'était la générosité, la douceur et la droiture; et il lui traça finement le rôle qu'elle avait à jouer devant le public avec Consuelo, si elle ne voulait être haïe et méprisée par lui-même. Il sut être sévère avec tendresse; et, masquant la menace sous la louange, il feignit de la prendre pour un ange de bonté. La pauvre Corilla avait joué tous les rôles dans son boudoir, excepté celui-là; et celui-là, elle l'avait toujours mal joué sur la scène. Elle s'y soumit pourtant, dans la crainte de perdre des voluptés dont elle n'était pas encore rassasiée, et que, sous divers prétextes, Anzoleto sut lui ménager et lui rendre désirables. Il lui fit croire que le comte était toujours épris d'elle, malgré son dépit, et secrètement jaloux en se vantant du contraire.

« S'il venait à découvrir le bonheur que je goûte près de toi, lui disait-il, c'en serait fait de mes débuts et peut-être de mon avenir : car je vois à son refroidissement, depuis le jour où tu as eu l'imprudence de trahir mon amour pour toi, qu'il me poursuivrait éternellement de sa haine s'il savait que je t'ai consolée. »

Cela était peu vraisemblable, au point où en étaient les choses; le comte eût été charmé de savoir Anzoleto infidèle à sa fiancée. Mais la vanité de Corilla aimait à se laisser abuser. Elle crut aussi n'avoir rien à craindre des sentiments d'Anzoleto pour la débutante. Lorsqu'il se justifiait sur ce point, et jurait par tous les dieux n'avoir été jamais que le frère de cette jeune fille, comme il disait matériellement la vérité, il y avait tant d'assurance dans ses dénégations que la jalousie de Corilla était vaincue. Enfin le grand jour approchait, et la cabale qu'elle avait préparée était anéantie. Pour son compte, elle travaillait désormais en sens contraire, persuadée que la timide et inexpérimentée Consuelo tomberait d'elle-même, et qu'Anzoleto lui saurait un gré infini de n'y avoir pas contribué. En outre, il avait déjà eu le talent de la brouiller avec ses plus fermes champions, en feignant d'être jaloux de leurs assiduités, et en la forçant à les éconduire un peu brusquement.

Tandis qu'il travaillait ainsi dans l'ombre à déjouer les espérances de la femme qu'il pressait chaque nuit dans ses bras, le rusé Vénitien jouait un autre rôle avec le comte et Consuelo. Il se vantait à eux d'avoir désarmé par d'adroites démarches, des visites intéressées, et des mensonges effrontés, la redoutable ennemie de leur triomphe. Le comte, frivole et un peu commère, s'amusait infiniment des contes de son protégé. Son amour-propre triomphait des regrets que celui-ci attribuait à la Corilla par rapport à leur rupture, et il poussait ce jeune homme à de lâches perfidies avec cette légèreté cruelle qu'on porte dans les relations du théâtre et de la galanterie. Consuelo s'en étonnait et s'en affligeait :

« Tu ferais mieux, lui disait-elle, de travailler ta voie et d'étudier ton rôle. Tu crois avoir fait beaucoup en désarmant l'ennemi. Mais une note bien épurée, une inflexion bien sentie, feraient beaucoup plus sur le public impartial que le silence des envieux. C'est à ce public seul qu'il faudrait songer, et je vois avec chagrin que tu n'y songes nullement.

— Sois donc tranquille, chère Consuelita, lui répondait-il. Ton erreur est de croire à un public à la fois impartial et éclairé. Les gens qui s'y connaissent ne sont presque jamais de bonne foi, et ceux qui sont de bonne foi s'y connaissent si peu qu'il suffit d'un peu d'audace pour les éblouir et les entraîner.

XVII.

La jalousie d'Anzoleto à l'égard du comte s'était endormie au milieu des distractions que lui donnaient la soif du succès et les ardeurs de la Corilla. Heureusement Consuelo n'avait pas besoin d'un défenseur plus moral et plus vigilant. Préservée par sa propre innocence, elle échappait encore aux hardiesses de Zustiniani et le tenait à distance, précisément par le peu de souci qu'elle en prenait. Au bout de quinze jours, ce roué Vénitien avait reconnu qu'elle n'avait point encore les passions mondaines qui mènent à la corruption, et il n'épargnait rien pour les faire éclore. Mais comme, à cet égard même, il n'était pas plus avancé que le premier jour, il ne voulait point ruiner ses espérances par trop d'empressement. Si Anzoleto l'eût contrarié par sa surveillance, peut-être le dépit l'eût-il poussé à brusquer les choses ; mais Anzoleto lui laissait le champ libre, Consuelo ne se méfiait de rien : tout ce qu'il avait à faire, c'était de se rendre agréable, en attendant qu'il devînt nécessaire. Il n'y avait donc sorte de prévenances délicates, de galanteries raffinées, dont il ne s'ingéniât pour plaire. Consuelo recevait toutes ces idolâtries en s'obstinant à les mettre sur le compte des mœurs élégantes et libérales du patriciat, du dilettantisme passionné et de la bonté naturelle de son protecteur. Elle éprouvait pour lui une amitié vraie, une sainte reconnaissance ; et lui, heureux et inquiet de cet abandon d'une âme pure, commençait à s'effrayer du sentiment qu'il inspirerait lorsqu'il voudrait rompre enfin la glace.

Tandis qu'il se livrait avec crainte, et non sans douceur à un sentiment tout nouveau pour lui (se consolant un peu de ses mécomptes par l'opinion où tout Venise était de son triomphe), la Corilla sentait s'opérer en elle aussi une sorte de transformation. Elle aimait sinon avec noblesse, du moins avec ardeur ; et son âme irritable et impérieuse pliait sous le joug de son jeune Adonis. C'était bien vraiment l'impudique Vénus éprise du chasseur superbe, et pour la première fois humble et craintive devant un mortel préféré. Elle se soumettait jusqu'à feindre des vertus qui n'étaient point en elle, et qu'elle n'affectait cependant point sans en ressentir une sorte d'attendrissement voluptueux et doux ; tant il est vrai que l'idolâtrie qu'on se retire à soi-même, pour la reporter sur un autre être, élève et ennoblit pour instants les âmes les moins susceptibles de grandeur et de dévouement.

L'émotion qu'elle éprouvait réagissait sur son talent, et l'on remarquait au théâtre qu'elle jouait avec plus de naturel et de sensibilité les rôles pathétiques. Mais comme son caractère et l'essence même de sa nature étaient pour ainsi dire brisés, comme il fallait une crise intérieure violente et pénible pour opérer cette métamorphose, sa force physique succombait dans la lutte ; et chaque jour on s'apercevait avec surprise, les uns avec une joie maligne, les autres avec un effroi sérieux, de la perte de ses moyens. Sa voix s'éteignait à chaque instant. Les brillants caprices de son improvisation étaient trahis par une respiration courte et des intonations hasardées. Le déplaisir et la terreur qu'elle en ressentait achevaient de l'affaiblir ; et, à la représentation qui précéda les débuts de Consuelo, elle chanta tellement faux et manqua tant de passages éclatants, que ses amis l'applaudirent faiblement et furent bientôt réduits au silence de la consternation par les murmures des opposants.

Enfin ce grand jour arriva, et la salle fut si remplie qu'on y pouvait à peine respirer. Corilla, vêtue de noir, pâle, émue, plus morte que vive, partagée entre la crainte de voir tomber son amant et celle de voir triompher sa rivale, alla s'asseoir au fond de sa petite loge obscure sur le théâtre. Tout le ban et l'arrière-ban des aristocraties et des beautés de Venise vinrent étaler les fleurs et les pierreries en un triple hémicycle étincelant. Les hommes *charmants* encombraient les coulisses et, comme c'était alors l'usage, une partie du théâtre. La dogaresse se montra à l'avant-scène avec tous les grands dignitaires de la république. Le Porpora dirigea l'orchestre en personne, et le comte Zustiniani attendit à la porte de la loge de Consuelo qu'elle eût achevé sa toilette, tandis qu'Anzoleto, paré en guerrier antique avec toute la coquetterie bizarre de l'époque, s'évanouissait dans la coulisse et avalait un grand verre de vin de Chypre pour se remettre sur les jambes.

L'opéra n'était ni d'un classique ni d'un novateur, ni d'un ancien sévère ni d'un moderne audacieux. C'était l'œuvre inconnue d'un étranger. Pour échapper aux cabales qui son propre nom, ou tout autre nom célèbre, n'eût pas manqué de soulever chez les compositeurs rivaux, le Porpora désirant, avant tout, le succès de son élève, avait proposé et mis à l'étude la partition d'*Ipermnestre*, début lyrique d'un jeune Allemand qui n'avait encore en Italie, et nulle part au monde, ni ennemis, ni séides, et qui s'appelait tout simplement monsieur Christophe Gluck.

Lorsque Anzoleto parut sur la scène, un murmure d'admiration courut dans toute la salle. Le ténor auquel il succédait, admirable chanteur, qui avait eu le tort d'attendre pour prendre sa retraite que l'âge eût exténué sa voix et enlaidi son visage, était peu regretté d'un public ingrat ; et le beau sexe, qui écoute plus souvent avec les yeux qu'avec les oreilles, fut ravi de voir, à la place de ce gros homme bourgeonné, un garçon de vingt-quatre ans, frais comme une rose, blond comme Phébus, bâti comme si Phidias s'en fût mêlé, un vrai fils des lagunes : *Bianco, crespo, e grassotto.*

Il était trop ému pour bien chanter son premier air ; mais sa voix magnifique, ses belles poses, quelques traits heureux et neufs suffirent pour lui conquérir l'engouement des femmes et des indigènes. Le débutant avait de grands moyens, de l'avenir : il fut applaudi à trois reprises et rappelé deux fois sur la scène après être rentré dans la coulisse, comme cela se pratique en Italie et à Venise plus que partout ailleurs.

Ce succès lui rendit le courage ; et lorsqu'il reparut avec *Ipermnestre*, il n'avait plus peur. Mais tout l'effet de cette scène était pour Consuelo : on ne voyait, on n'écoutait plus qu'elle. On se disait : « La voilà ; oui, c'est elle ! Qui ? L'Espagnole ? Oui, la débutante, l'*amante del Zustiniani.* »

Consuelo entra gravement et froidement. Elle fit des yeux le tour de son public, reçut les salves d'applaudissements de ses protecteurs avec une révérence sans humilité et sans coquetterie, et entonna son récitatif d'une voix si ferme, avec un accent si grandiose, et une sécurité si victorieuse, qu'à la première phrase des cris d'admiration partirent de tous les points de la salle.

« Ah ! le perfide s'est joué de moi, » s'écria la Corilla en lançant un regard terrible à Anzoleto, qui ne put s'empêcher en cet instant de lever les yeux vers elle avec un sourire mal déguisé.

Et elle se rejeta au fond de sa loge en fondant en larmes.

Consuelo dit encore quelques phrases. On entendit la voix cassée du vieux Lotti qui disait dans son coin :

« *Amici miei, questo è un portento !* »

Elle chanta son grand air du début, et fut interrompue dix fois ; on cria *bis !* on la rappela sept fois sur la scène ; il y eut des hurlements d'enthousiasme. Enfin la fureur du dilettantisme vénitien s'exhala dans toute sa fougue à la fois entraînante et ridicule.

« Qu'ont-ils donc à crier ainsi ? dit Consuelo en rentrant dans la coulisse pour en être arrachée aussitôt par les vociférations du parterre : on dirait qu'ils veulent me lapider. »

De ce moment on ne s'occupa plus que très-secondairement d'Anzoleto. On le traita bien, parce qu'on était en veine de satisfaction ; mais la froideur indulgente avec laquelle on laissa passer les endroits défectueux de son chant, sans le consoler immodérément à ceux où il s'en releva, lui prouva que si sa figure plaisait aux femmes, la majorité expansive et bruyante, le public masculin faisait bon marché de lui et réservait ses tempêtes d'exaltation pour la prima-donna. Parmi tous ceux qui étaient venus avec des intentions hostiles, il n'y en eut pas un qui hasarda un murmure, et la vérité est qu'il n'y en eut pas trois qui résistèrent à l'entraînement et au besoin invincible d'applaudir la merveille du jour.

La partition eut le plus grand succès, quoiqu'elle ne fût point écoutée et que personne ne s'occupât de la musique en elle-même. C'était une musique tout italienne, gracieuse, modérément pathétique, et qui ne faisait point encore pressentir, dit-on, l'auteur d'*Alceste* et d'*Orphée*. Il n'y avait pas assez de beautés frappantes pour choquer l'auditoire. Dès le premier entr'acte, le maëstro allemand fut rappelé devant le rideau avec le débutant, la débutante, voire la Clorinda qui, grâce à la protection de Consuelo, avait nasillé le second rôle d'une voix pâteuse et avec un accent commun, mais dont les beaux bras avaient désarmé tout le monde : la Rosalba, qu'elle remplaçait, était fort maigre.

Au dernier entr'acte, Anzoleto, qui surveillait Corilla à

la dérobée et qui s'était aperçu de son agitation croissante, jugea prudent d'aller la trouver dans sa loge pour prévenir quelque explosion. Aussitôt qu'elle l'aperçut, elle se jeta sur lui comme une tigresse, et lui appliqua deux ou trois vigoureux soufflets, dont le dernier se termina d'une manière assez crochue pour faire couler quelques gouttes de sang et laisser une marque que le rouge et le blanc ne purent ensuite couvrir. Le ténor outragé mit ordre à ces emportements par un grand coup de poing dans la poitrine, qui fit tomber la cantatrice à demi pâmée dans les bras de sa sœur Rosalba.

« Infâme, traître, *buggiardo!* murmura-t-elle d'une voix étouffée; ta Consuelo et toi ne périrez que de ma main.

— Si tu as le malheur de faire un pas, un geste, une inconvenance quelconque ce soir, je te poignarde à la face de Venise, répondit Anzoleto pâle et les dents serrées, en faisant briller devant ses yeux son couteau fidèle qu'il savait lancer avec toute la dextérité d'un homme des lagunes.

— Il le ferait comme il le dit, murmura la Rosalba épouvantée. Tais-toi; allons-nous-en, nous sommes ici en danger de mort.

— Oui, vous y êtes, ne l'oubliez pas, » répondit Anzoleto; et se retirant, il poussa la porte de la loge avec violence en les y enfermant à double tour.

Bien que cette scène tragi-comique se fût passée à la manière vénitienne dans un mezzo-voce mystérieux et rapide, en voyant le débutant traverser rapidement les coulisses pour regagner sa loge la joue cachée dans son mouchoir, on se douta de quelque mignonne bisbille; et le perruquier, qui fut appelé à rajuster les boucles de la coiffure du prince grec et à replâtrer sa cicatrice, raconta à toute la bande des choristes et des comparses, qu'une chatte amoureuse avait joué des griffes sur la face du héros. Ledit perruquier se connaissait à ces sortes de blessures, et n'était pas novice confident de pareilles aventures de coulisse. L'anecdote fit le tour de la scène, sauta, je ne sais comment, par-dessus la rampe, et alla se promener de l'orchestre aux balcons, et de là dans les loges, d'où elle redescendit, un peu grossie en chemin, jusque dans les profondeurs du parterre. On ignorait encore les relations d'Anzoleto avec Corilla ; mais quelques personnes l'avaient vu empressé en apparence auprès de la Clorinda, et le bruit général fut que la *seconda-donna*, jalouse de la *prima-donna*, venait de crever un œil et de casser trois dents au plus beau des *tenori*.

Ce fut une désolation pour les uns (je devrais dire les unes), et un délicieux petit scandale pour la plupart. On se demandait si la représentation serait suspendue, si on verrait reparaître le vieux ténor Stefanini pour achever le rôle, un cahier à la main. La toile se releva, et tout fut oublié lorsqu'on vit revenir Consuelo aussi calme et aussi sublime qu'au commencement. Quoique son rôle ne fût pas extrêmement tragique, elle le rendit tel par la puissance de son jeu et l'expression de son chant. Elle fit verser des larmes; et quand le ténor reparut, la mince égratignure n'excita qu'un sourire. Mais cet incident ridicule empêcha cependant son succès d'être aussi brillant qu'il eût pu l'être ; et tous les honneurs de la soirée demeurèrent à Consuelo, qui fut encore rappelée et applaudie à la fin avec frénésie.

Après le spectacle on alla souper au palais Zustiniani, et Anzoleto oublia la Corilla qu'il avait enfermée dans sa loge, et qui fut forcée d'en sortir avec effraction. Dans le tumulte qui suit dans l'intérieur du théâtre une représentation aussi brillante, on ne s'aperçut guère de sa retraite. Mais le lendemain cette porte brisée vint coïncider avec le coup de griffe reçu par Anzoleto, et c'est ainsi qu'on fut sur la voie de l'intrigue qu'il avait jusque là cachée si soigneusement.

A peine était-il assis au somptueux banquet que donnait le comte en l'honneur de Consuelo, et tandis que tous les abbés de la littérature vénitienne débitaient à la triomphatrice les sonnets et madrigaux improvisés de la veille, un valet glissa sous l'assiette d'Anzoleto un petit billet de la Corilla, qu'il lut à la dérobée, et qui était ainsi conçu :

« Si tu ne viens me trouver à l'instant même, je vais te
« chercher et faire un éclat, fusses-tu au bout du monde,
« fusses-tu dans les bras de ta Consuelo, trois fois mau-
« dite. »

Anzoleto feignit d'être pris d'une quinte de toux, et sortit pour écrire cette réponse au crayon sur un bout de papier réglé arraché dans l'antichambre à un cahier de musique :

« Viens si tu veux ; mon couteau est toujours prêt, et avec lui mon mépris et ma haine. »

Le despote savait bien qu'avec une nature comme celle à qui il avait affaire, la peur était le seul frein, la menace le seul expédient du moment. Mais, malgré lui, il fut sombre et distrait durant la fête ; et lorsqu'on se leva de table, il s'esquiva pour courir chez la Corilla.

Il trouva cette malheureuse fille dans un état digne de pitié. Aux convulsions avaient succédé des torrents de larmes ; elle était assise à sa fenêtre, échevelée, les yeux meurtris de sanglots ; et sa robe, qu'elle avait déchirée de rage, tombait en lambeaux sur sa poitrine haletante. Elle renvoya sa sœur et sa femme de chambre ; et, malgré elle, un éclair de joie ranima ses traits en se trouvant auprès de celui qu'elle avait craint de ne plus revoir. Mais Anzoleto la connaissait trop pour chercher à la consoler. Il savait bien qu'au premier témoignage de pitié ou de repentir, il verrait sa fureur se réveiller et abuser de la vengeance. Il prit le parti de persévérer dans son rôle de dureté inflexible ; et bien qu'il fût touché de son désespoir, il l'accabla des plus cruels reproches, et lui déclara qu'il venait lui faire d'éternels adieux. Il l'amena à se jeter à ses pieds, à se traîner sur ses genoux jusqu'à la porte et à implorer son pardon dans l'angoisse d'une mortelle douleur. Quand il l'eut ainsi brisée et anéantie, il feignit de se laisser attendrir ; et tout éperdu d'orgueil et de je ne sais quelle émotion fougueuse, en voyant cette femme si belle et si fière se rouler devant lui dans la poussière comme une Madeleine pénitente, il céda à ses transports et la plongea dans de nouvelles ivresses. Mais en se familiarisant avec cette lionne domptée, il n'oublia pas un instant que c'était une bête féroce, et garda jusqu'au bout l'attitude d'un maître offensé qui pardonne.

L'aube commençait à poindre lorsque cette femme, enivrée et avilie, appuyant son bras de marbre sur le balcon humide du froid matinal, et ensevelissant sa face pâle sous ses longs cheveux noirs, se mit à se plaindre d'une voix douce et caressante des tortures que son amour lui faisait éprouver.

« Eh bien, oui, lui dit-elle, je suis jalouse ; et si tu le veux absolument, je suis pire que cela, je suis envieuse. Je ne puis voir ma gloire de dix années éclipsée en un instant par une puissance nouvelle qui s'élève, et devant laquelle une foule oublieuse et cruelle m'immole sans ménagement et sans regret. Quand tu auras connu les transports du triomphe et les humiliations de la décadence, tu ne seras plus si exigeant et si austère envers toi-même que tu l'es aujourd'hui envers moi. Je suis encore puissante, dis-tu ; comblée de vanités, de succès, de richesses, et d'espérances superbes, je vais voir de nouvelles contrées, subjuguer de nouveaux amants, charmer un peuple nouveau. Quand tout cela serait vrai, crois-tu que quelque chose au monde puisse me consoler d'avoir été abandonnée de tous mes amis, chassée de mon trône, et d'y voir monter devant moi une autre idole ? Et cette honte, la première de ma vie, la seule dans toute ma carrière, elle m'est infligée sous tes yeux ; que dis-je ! elle m'est infligée par toi ; elle est l'ouvrage de mon amant, du premier homme que j'aie aimé lâchement, éperdument ! Tu dis encore que je suis fausse et méchante, que j'ai affecté devant toi une grandeur hypocrite, une générosité menteuse ; c'est toi qui l'as voulu ainsi, Anzoleto. J'étais offensée, tu m'as prescrit de paraître tranquille, et je me suis tenue tranquille ; j'étais méfiante, tu m'as commandé de croire sincère, et j'ai cru en toi ; j'avais la rage et la mort dans l'âme, tu m'as dit de sourire, et j'ai souri ; j'étais furieuse et désespérée, tu m'as ordonné de garder le silence, et je me suis tue. Que pouvais-je faire de plus que de m'imposer un caractère qui n'était pas le mien, et de me parer d'un courage qui m'est impossible? Et quand ce courage m'abandonne, quand ce supplice devient intolérable, quand je deviens folle et que mes tortures devraient briser ton cœur, tu me foules aux pieds, et tu veux m'abandonner mourante dans la fange où tu m'as plongée! O Anzoleto, vous avez un cœur de bronze, et moi je ne suis aussi peu de chose que le sable des grèves qui se laisse tourmenter et emporter par le flot rongeur. Ah! gronde-moi, frappe-moi, outrage-moi, puisque c'est le besoin de ta force; mais plains-moi au moins au fond de ton âme; et à la mauvaise opinion que tu as de moi, juge de l'immensité de mon amour, puisque je souffre tout cela et demande à le souffrir encore.

« Mais écoute, mon ami, lui dit-elle avec plus de douceur et en l'enlaçant dans ses bras : ce que tu m'as fait souffrir n'est rien auprès de ce que j'éprouve en songeant à ton avenir et à ton propre bonheur. Tu es perdu, Anzoleto, cher Anzoleto! perdu sans retour. Tu ne le sais pas, tu ne t'en doutes pas; et moi je le vois, et je me dis : « Si du moins j'avais été sacrifiée à son ambition, si ma chute servait à édifier son triomphe! Mais non! elle n'a servi qu'à sa perte, et je suis l'instrument d'une rivale qui met son pied sur nos deux têtes. »

— Que veux-tu dire, insensée? reprit Anzoleto; je ne te comprends pas.

— Tu devrais me comprendre pourtant! tu devrais comprendre du moins ce qui s'est passé ce soir. Tu n'as donc pas vu la froideur du public succéder à l'enthousiasme que ton premier air avait excité, après qu'elle a eu chanté, hélas! comme elle chantera toujours, mieux que moi, mieux que tout le monde, et faut-il te le dire? mieux que toi, mille fois, mon cher Anzoleto. Ah! tu ne vois pas que cette femme t'écrasera, et que déjà elle t'a écrasé en naissant? Tu ne vois pas que ta beauté est éclipsée par sa laideur; car elle est laide, je le soutiens; mais je sais aussi que les laides qui plaisent allument de plus furieuses passions et de plus violents engouements chez les hommes que les plus parfaites beautés de la terre. Tu ne vois pas qu'on l'idolâtre et que partout où tu seras auprès d'elle, tu seras effacé et passeras inaperçu? Tu ne sais pas que pour se développer et pour prendre son essor, le talent du théâtre a besoin de louanges et de succès, comme l'enfant qui vient au monde a besoin d'air pour vivre et pour grandir; que la moindre rivalité absorbe une partie de la vie que l'artiste aspire, et qu'une rivalité redoutable, c'est le vide qui se fait autour de nous, c'est la mort qui pénètre dans notre âme! Tu le vois bien par mon triste exemple : la seule appréhension de cette rivale que je ne connaissais pas, et que tu voulais m'empêcher de craindre, a suffi pour me paralyser depuis un mois; et plus j'approchais du jour de son triomphe, plus ma voix s'éteignait, plus je me sentais dépérir. Et je croyais à peine à ce triomphe possible! Que sera-ce donc maintenant que je l'ai vu certain, éclatant, inattaquable? Sais-tu bien que je ne peux plus reparaître à Venise, et peut-être en Italie sur aucun théâtre, parce que je serais démoralisée, tremblante, frappée d'impuissance? Et qui sait où ce souvenir ne m'atteindra pas, où le nom et la présence de cette rivale victorieuse ne viendront pas me poursuivre et me mettre en fuite? Ah! moi, je suis perdue; mais tu l'es aussi, Anzoleto. Tu es mort avant d'avoir vécu; et si j'étais aussi méchante que tu le dis, je m'en réjouirais, je te pousserais à ta perte, et je serais vengée; au lieu que je te le dis avec désespoir : si tu reparais une seule fois auprès d'elle à Venise, tu n'as plus d'avenir à Venise; si tu la suis dans ses voyages, la honte et le néant voyageront avec toi. Si, vivant de ses recettes, partageant son opulence, et t'abritant sous sa renommée, tu traînes à ses côtés une existence pâle et misérable, sais-tu quel sera ton titre auprès du public? Quel est, dira-t-on en te voyant, ce beau jeune homme qu'on aperçoit derrière elle? Rien, répondra-t-on, moins que rien : c'est le mari ou l'amant de la divine cantatrice. »

Anzoleto devint sombre comme les nuées orageuses qui montaient à l'orient du ciel.

« Tu es une folle, chère Corilla, répondit-il; la Consuelo n'est pas redoutable pour toi que tu te l'es représentée aujourd'hui dans ton imagination malade. Quant à moi, je te l'ai dit, je ne suis pas son amant, je ne serai sûrement jamais son mari, et je ne vivrai pas comme un oiseau chétif sous l'ombre de ses larges ailes. Laisse-la prendre son vol. Il y a dans le ciel de l'air et de l'espace pour tous ceux qu'un essor puissant enlève de terre. Tiens, regarde ce passereau; ne vole-t-il pas aussi bien sur le canal que le plus lourd goéland sur la mer? Allons! trêve à ces rêveries! le jour me chasse de tes bras. A demain. Si tu veux que je revienne, reprends cette douceur et cette patience qui m'avaient charmé, et qui vont mieux à ta beauté que les cris et les emportements de la jalousie. »

Anzoleto, absorbé pourtant dans de noires pensées, se retira chez lui, et ce ne fut que couché et prêt à s'endormir, qu'il se demanda qui avait dû accompagner Consuelo au sortir du palais Zustiniani pour la ramener chez elle. C'était un soin qu'il n'avait jamais laissé prendre à personne.

« Après tout, se dit-il en donnant de grands coups de poing à son oreiller pour l'arranger sous sa tête, si la destinée veut que le comte en vienne à ses fins, autant vaut pour moi que cela arrive plus tôt que plus tard! »

XVIII.

Lorsque Anzoleto s'éveilla, il sentit se réveiller aussi la jalousie que lui avait inspirée le comte Zustiniani. Mille sentiments contraires se partageaient son âme. D'abord cette autre jalousie que la Corilla avait éveillée en lui pour le génie et le succès de Consuelo. Celle-là s'enfonçait plus avant dans son sein, à mesure qu'il comparait le triomphe de sa fiancée à ce que, dans son ambition trompée, il appelait sa propre chute. Ensuite l'humiliation d'être supplanté peut-être dans la réalité, comme il l'était déjà dans l'opinion, auprès de cette femme désormais célèbre et toute-puissante dont il était si flatté la veille d'être l'unique et souverain amour. Ces deux jalousies se disputaient dans sa pensée, et il ne savait à laquelle se livrer pour éteindre l'autre. Il avait à choisir entre deux partis : ou d'éloigner Consuelo du comte et de Venise, et de chercher avec elle fortune ailleurs, ou de l'abandonner à son rival, et d'aller au loin tenter seul les chances d'un succès qu'elle ne viendrait plus contre-balancer. Dans cette incertitude de plus en plus poignante, au lieu d'aller reprendre du calme auprès de sa véritable amie, il se lança de nouveau dans l'orage en retournant chez la Corilla. Elle attisa le feu en lui démontrant, avec plus de force que la veille, tout le désavantage de sa position.

« Nul n'est prophète en son pays, lui dit-elle ; et c'est déjà un mauvais milieu pour toi que la ville où tu es né, où l'on t'a vu courir en haillons sur la place publique, où chacun peut se dire (et Dieu sait que les nobles aiment à se vanter de leurs bienfaits, même imaginaires, envers les artistes) : « C'est moi qui l'ai protégé ; je me suis aperçu le premier de son talent ; c'est moi qui l'ai recommandé à celui-ci, c'est moi qui l'ai préféré à celui-là. » Tu as beaucoup trop vécu ici au grand air, mon pauvre Anzolo ; ta charmante figure avait frappé tous les passants avant qu'on sût qu'il y avait en toi de l'avenir. Le moyen d'éblouir des gens qui t'ont vu ramer sur leur gondole, pour gagner quelques sous, en leur chantant les strophes du Tasse, ou faire leurs commissions pour avoir de quoi souper! Consuelo, laide et menant une vie retirée, est ici une merveille étrangère. Elle est Espagnole d'ailleurs, elle n'a pas l'accent vénitien. Sa prononciation belle, quoiqu'un peu singulière, leur plairait encore, quand même elle serait détestable : c'est quelque chose dont leurs oreilles ne sont pas rebattues. Ta beauté a été pour les trois quarts dans le petit succès que tu as eu

Tandis qu'Anzoletto, paré en guerrier antique... (Page 37.)

au premier acte. Au dernier on y était déjà habitué.

— Dites aussi que la belle cicatrice que vous m'avez faite au-dessous de l'œil, et que je ne devrais vous pardonner de ma vie, n'a pas peu contribué à m'enlever ce dernier, ce frivole avantage.

— Sérieux au contraire aux yeux des femmes, mais frivole à ceux des hommes. Avec les unes, tu régneras dans les salons; sans les autres, tu succomberas au théâtre. Et comment veux-tu les occuper, quand c'est une femme qui te les dispute? une femme qui subjugue non-seulement les dilettanti sérieux, mais qui enivre encore, par sa grâce et le prestige de son sexe, tous les hommes qui ne sont point connaisseurs en musique! Ah! que pour lutter avec moi, il a fallu de talent et de science à Stefanini, à Saverio, et à tous ceux qui ont paru avec moi sur la scène!

— A ce compte, chère Corilla, je courrais autant de risques en me montrant auprès de toi, que j'en cours auprès de la Consuelo. Si j'avais eu la fantaisie de te suivre en France, tu me donnerais là un bon avertissement. »

Ces mots échappés à Anzoleto furent un trait de lumière pour la Corilla. Elle vit qu'elle avait frappé plus juste qu'elle ne s'en flattait encore; car la pensée de quitter Venise s'était déjà formulée dans l'esprit de son amant. Dès qu'elle conçut l'espoir de l'entraîner avec elle, elle n'épargna rien pour lui faire goûter ce projet. Elle s'abaissa elle-même tant qu'elle put, et elle se mit au-dessous de sa rivale avec une modestie sans bornes. Elle se résigna même à dire qu'elle n'était ni assez grande cantatrice, ni assez belle pour allumer des passions dans le public. Et comme tout cela était plus vrai qu'elle ne le pensait en le disant, comme Anzoleto s'en apercevait de reste, et ne s'était jamais abusé sur l'immense supériorité de Consuelo, elle n'eut pas de peine à le lui persuader. Leur association et leur fuite furent donc à peu près résolues dans cette séance; et Anzoleto y songeait sérieusement, bien qu'il se gardât toujours une porte de derrière pour échapper à cet engagement dans l'occasion.

Corilla, voyant qu'il lui restait un fond d'incertitude, l'engagea fortement à continuer ses débuts, le flattant de l'espérance d'un meilleur sort pour les autres représentations; mais bien certaine, au fond, que ces épreuves malheureuses le dégoûteraient complétement et de Venise et de Consuelo.

Et Consuelo n'eut qu'à regarder dans la direction... (Page 44.)

En sortant de chez sa maîtresse, il se rendit chez son amie. Un invincible besoin de la revoir l'y poussait impérieusement. C'était la première fois qu'il avait fini et commencé une journée sans recevoir son chaste baiser au front. Mais comme, après ce qui venait de se passer avec la Corilla, il eût rougi de sa versatilité, il essaya de se persuader qu'il allait chercher auprès d'elle la certitude de son infidélité, et le désabusement complet de son amour. Sans nul doute, se disait-il, le comte aura profité de l'occasion et du dépit causé par mon absence, et il est impossible qu'un libertin tel que lui se soit trouvé avec elle la nuit en tête-à-tête, sans que la pauvrette ait succombé. Cette idée lui faisait pourtant venir une sueur froide au visage ; s'il s'y arrêtait, la certitude du remords et du désespoir de Consuelo brisait son âme, et il hâtait le pas, s'imaginant la trouver noyée de larmes. Et puis une voix intérieure, plus forte que toutes les autres, lui disait qu'une chute aussi prompte et aussi honteuse était impossible à un être aussi pur et aussi noble ; et il ralentissait sa marche en songeant à lui-même, à l'odieux de sa conduite, à l'égoïsme de son ambition, aux mensonges et aux reproches dont il avait rempli sa vie et sa conscience.

Il trouva Consuelo dans sa robe noire, devant sa table, aussi sereine et aussi sainte dans son attitude et dans son regard qu'il l'avait toujours vue. Elle courut à lui avec la même effusion qu'à l'ordinaire, et l'interrogea avec inquiétude, mais sans reproche et sans méfiance, sur l'emploi de ce temps passé loin d'elle.

« J'ai été souffrant, lui répondit-il avec l'abattement profond que lui causait son humiliation intérieure. Ce coup que je me suis donné à la tête contre un décor, et dont je t'ai montré la marque en te disant que ce n'était rien, m'a pourtant causé un si fort ébranlement au cerveau qu'il m'a fallu quitter le palais Zustiniani dans la crainte de m'y évanouir, et que j'ai eu besoin de garder le lit toute la matinée.

— O mon Dieu ! dit Consuelo en baisant la cicatrice faite par sa rivale ; tu as souffert, et tu souffres encore ?

— Non, ce repos m'a fait du bien. N'y songe plus, et dis-moi comment tu as fait pour revenir toute seule cette nuit ?

— Toute seule ? Oh ! non, le comte m'a ramenée dans sa gondole.

— Ah ! j'en étais sûr ! s'écria Anzoleto avec un accent

étrange. Et sans doute... il t'a dit de bien belles choses dans ce tête-à-tête?

— Qu'eût-il pu me dire qu'il ne m'ait dit cent fois devant tout le monde? Il me gâte, et me donnerait de la vanité si je n'étais en garde contre cette maladie. D'ailleurs, nous n'étions pas tête à tête; mon bon maître a voulu m'accompagner aussi. Oh! l'excellent ami!

— Quel maître? quel excellent ami? dit Anzoleto rassuré et déjà préoccupé.

— Eh! le Porpora! A quoi songes-tu donc?

— Je songe, chère Consuelo, à ton triomphe d'hier soir; et toi, y songes-tu?

— Moins qu'au tien, je te jure!

— Le mien! Ah! ne me raille pas, ma belle amie; le mien a été si pâle qu'il ressemblait beaucoup à une chute. »

Consuelo pâlit de surprise. Elle n'avait pas eu, malgré sa fermeté remarquable, tout le sang-froid nécessaire pour apprécier la différence des applaudissements qu'elle et son amant avaient recueillis. Il y a dans ces sortes d'ovations un trouble auquel l'artiste le plus sage ne peut se dérober, et qui fait souvent illusion à quelques-uns, au point de leur faire prendre l'appui d'une cabale pour la clameur d'un succès. Mais au lieu de s'exagérer l'amour de son public, Consuelo, presque effrayée d'un bruit si terrible, avait eu peine à le comprendre, et n'avait pas constaté la préférence qu'on lui avait donnée sur Anzoleto. Elle le gronda naïvement de son exigence envers la fortune; et voyant qu'elle ne pouvait le persuader ni vaincre sa tristesse, elle lui reprocha doucement d'être trop amoureux de la gloire, et d'attacher trop de prix à la faveur du monde.

« Je te l'ai toujours prédit, lui dit-elle, tu préfères les résultats de l'art à l'art lui-même. Quand on a fait de son mieux, quand on sent qu'on a fait bien, il me semble qu'un peu plus ou un peu moins d'approbation n'ôte ni n'ajoute rien au contentement intérieur. Souviens-toi de ce que me disait le Porpora la première fois que j'ai chanté au palais Zustiniani : Quiconque se sent pénétré d'un amour vrai pour son art ne peut rien craindre...

— Ton Porpora et toi, interrompit Anzoleto avec humeur, pouvez bien vous nourrir de ces belles maximes. Rien n'est si aisé que de philosopher sur les maux de la vie quand on n'en connaît que les biens. Le Porpora, quoique pauvre et contesté, a un nom illustre. Il a cueilli assez de lauriers pour que sa vieille tête puisse blanchir en paix sous leur ombre. Toi qui te sens invincible, tu es inaccessible à la peur. Tu t'élèves du premier bond au sommet de l'échelle, et tu reproches à ceux qui n'ont pas de jambes de ne pas avoir de vertige. C'est peu charitable, Consuelo, et souverainement injuste. Et puis ton argument ne m'est pas applicable : tu dis que l'on doit mépriser l'assentiment du public quand on a le sien propre; mais si je ne l'ai pas, ce témoignage intérieur d'avoir bien fait? Et ne vois-tu pas que je suis horriblement mécontent de moi-même? N'as-tu pas vu que j'étais détestable? N'as-tu pas entendu que j'ai chanté pitoyablement?

— Non, car cela n'est pas. Tu n'as été ni au-dessus ni au-dessous de toi-même. L'émotion t'a éprouvais n'a presque rien ôté à tes moyens. Elle s'est vite dissipée d'ailleurs, et les choses que tu sais bien, tu les a bien rendues.

— Et celles que je ne sais pas? » dit Anzoleto en fixant sur elle ses grands yeux noirs creusés par la fatigue et le chagrin.

Elle soupira et garda un instant le silence, puis elle lui dit en l'embrassant :

« Celles que tu ne sais pas, il faut les apprendre. Si tu avais voulu étudier sérieusement pendant les répétitions... Te l'ai-je dit? Mais ce n'est pas le moment de faire des reproches, c'est le moment au contraire de tout réparer. Voyons, prenons seulement deux heures par jour, et tu verras que nous triompherons vite de ce qui t'arrête.

— Sera-ce donc l'affaire d'un jour?

— Ce sera l'affaire de quelques mois tout au plus.

— Et cependant je joue demain! je continue à débuter devant le public qui me juge sur mes défauts beaucoup plus que sur mes qualités.

— Mais qui s'apercevra bien de tes progrès.

— Qui sait? S'il me prend en aversion?

— Il t'a prouvé le contraire.

— Oui! tu trouves qu'il a été indulgent pour moi?

— Eh bien, oui, il l'a été, mon ami. Là où tu as été faible, il a été bienveillant; là où tu as été fort, il t'a rendu justice.

— Mais, en attendant, on va me faire en conséquence un engagement misérable.

— Le comte est magnifique en tout et n'épargne pas l'argent. D'ailleurs ne m'en offre-t-il pas plus qu'il ne nous en faut pour vivre tous deux dans l'opulence?

— C'est cela! je vivrais de ton succès!

— J'ai bien assez longtemps vécu de ta faveur.

— Ce n'est pas de l'argent qu'il s'agit. Qu'il m'engage à peu de frais, peu importe; mais il m'engagera pour les seconds ou les troisièmes rôles.

— Il n'a pas d'autre *primo-uomo* sous la main. Il y a longtemps qu'il compte sur toi et ne songe à toi. D'ailleurs il est tout porté pour toi. Tu disais qu'il serait contraire à notre mariage! Loin de là, il semble le désirer, et me demande souvent quand je l'inviterai à ma noce.

— Ah! vraiment? C'est fort bien! Grand merci, monsieur le comte!

— Que veux-tu dire?

— Rien. Seulement, Consuelo, tu as eu grand tort de ne pas m'empêcher de débuter jusqu'à ce que mes défauts que tu connaissais si bien, se fussent corrigés dans de meilleures études. Car tu les connais, mes défauts, je le répète.

— Ai-je manqué de franchise? ne t'ai-je pas averti souvent? Mais tu m'as toujours dit que le public ne s'y connaissait pas; et quand j'ai su quel succès tu avais remporté chez le comte la première fois que tu as chanté dans son salon, j'ai pensé que...

— Que les gens du monde ne s'y connaissaient pas plus que le public vulgaire?

— J'ai pensé que tes qualités frapperaient plus que tes défauts; et ii en a été ainsi, ce me semble, pour les uns comme pour l'autre.

— Au fait, pensa Anzoleto, elle dit vrai, et si je pouvais reculer mes débuts... Mais c'est courir le risque de voir appeler à ma place un ténor qui ne me le céderait plus. Voyons! dit-il après avoir fait plusieurs tours dans la chambre, quels sont donc mes défauts?

— Ceux que je t'ai dits souvent, trop de hardiesse et pas assez de préparation; une énergie plus fiévreuse que sentie; des effets dramatiques qui sont l'ouvrage de la volonté plus que de l'attendrissement. Tu ne t'es pas pénétré de l'ensemble de ton rôle. Tu l'as appris par fragments. Tu n'y as vu qu'une succession de morceaux plus ou moins brillants. Tu n'en as saisi ni la gradation, ni le développement, ni le résumé. Pressé de montrer la belle voix et l'habileté que tu as à certains égards, tu as donné ton dernier mot presque en entrant en scène. A la moindre occasion, tu as cherché un effet, et tous les effets ont été semblables. A la fin du premier acte, on te connaissait, on te savait par cœur; mais on ne savait pas que c'était tout, et on attendait quelque chose de prodigieux pour la fin. Ce quelque chose n'était pas en toi. Ton émotion était épuisée, et ta voix n'avait plus la même fraîcheur. Tu l'as senti, tu as forcé l'une et l'autre; on l'a senti aussi, et l'on est resté froid, à ta grande surprise, au moment où tu te croyais le plus pathétique. C'est qu'à ce moment-là on ne voyait pas l'artiste inspiré par la passion, mais l'acteur aux prises avec le succès.

— Et comment donc font les autres? s'écria Anzoleto en frappant du pied. Est-ce que je ne les ai pas entendus, tous ceux qu'on a applaudis à Venise depuis dix ans? Est-ce que le vieux Stefanini ne criait pas, quand la voix lui manquait? Et cependant on l'applaudissait avec rage.

— Il est vrai, et je n'ai pas compris que le public pût s'y tromper. Sans doute on se souvenait du temps où il y avait eu en lui plus de puissance, et on ne voulait pas lui faire sentir le malheur de son âge.

— Et la Corilla, voyons, cette idole que tu renverses, est-ce qu'elle ne forçait pas les situations? Est-ce qu'elle ne faisait pas des efforts pénibles à voir et à entendre? Est-ce qu'elle était passionnée tout de bon, quand on la portait aux nues?

— C'est parce que j'ai trouvé ses moyens factices, ses effets détestables, son jeu comme son chant dépourvus de goût et de grandeur, que je me suis présentée si tranquillement sur la scène, persuadée comme toi que le public ne s'y connaissait pas beaucoup.

— Ah! dit Anzoleto avec un profond soupir, tu mets le doigt sur ma plaie, pauvre Consuelo!

— Comment cela, mon bien-aimé?

— Comment cela? tu me le demandes? Nous nous étions trompés, Consuelo. Le public s'y connaît. Son cœur lui apprend ce que son ignorance lui voile. C'est un grand enfant qui a besoin d'amusement et d'émotion. Il se contente de ce qu'on lui donne; mais qu'on lui montre quelque chose de mieux, et le voilà qui compare et qui comprend. La Corilla pouvait encore le charmer la semaine dernière, bien qu'elle chantât faux et manquât de respiration. Tu parais, la Corilla est perdue; elle est effacée, enterrée. Qu'elle reparaisse, on la sifflera. Si j'avais débuté auprès d'elle, j'aurais eu un succès complet comme celui que j'ai eu chez le comte, la première fois que j'ai chanté après elle. Mais auprès de toi, j'ai été éclipsé. Il en devait être ainsi, et il en sera toujours ainsi. Le public avait le goût du clinquant. Il prenait des oripeaux pour des pierreries, il en était ébloui. On lui montre un diamant fin, et déjà il ne comprend plus qu'on ait pu le tromper si grossièrement. Il ne peut plus souffrir les diamants faux, et il en fait justice. Voilà mon malheur, Consuelo : c'est d'avoir été produit, moi, verroterie de Venise, à côté d'une perle sortie du fond des mers. »

Consuelo ne comprit pas tout ce qu'il y avait d'amertume et de vérité dans ces réflexions. Elle les mit sur le compte de l'amour de son fiancé, et ne répondit à ce qu'elle prit pour de douces flatteries, que par des sourires et des caresses. Elle prétendait qu'il la surpasserait, le jour où il voudrait s'en donner la peine, et relava son courage en lui persuadant que rien n'était plus facile que de chanter comme elle. Elle était de bonne foi en ceci, n'ayant jamais été arrêtée par aucune difficulté, et ne sachant pas que le travail même est le premier des obstacles, pour quiconque n'en a pas l'amour et la persévérance.

XIX.

Encouragé par la franchise de Consuelo et la perfidie de Corilla qui le pressait de se faire entendre encore en public, Anzoleto se mit à travailler avec ardeur; et à la seconde représentation d'*Ipermnestre*, il chanta beaucoup plus purement son premier acte. On lui en sut gré. Mais, comme le succès de Consuelo grandit en proportion, il ne fut pas satisfait du sien, et commença à se sentir démoralisé par cette nouvelle constatation de son infériorité. Dès ce moment, tout prit à ses yeux un aspect sinistre. Il lui sembla qu'on ne l'écoutait pas, que les spectateurs placés près de lui murmuraient des réflexions humiliantes pour son compte, et que les amateurs bienveillants qui l'encourageaient dans les coulisses avaient l'air de le plaindre profondément. Tous leurs éloges eurent pour lui un double sens dont il s'appliqua le plus mauvais. La Corilla, qu'il alla consulter dans sa loge durant l'entr'acte, affecta de lui demander d'un air effrayé s'il n'était pas malade.

— Pourquoi? lui dit-il avec impatience.

« Parce que ta voix est sourde aujourd'hui, et que tu sembles accablé! Cher Anzoleto, reprends courage; donne tes moyens qui sont paralysés par la crainte ou le découragement.

— N'ai-je pas bien dit mon premier air?

— Pas à beaucoup près aussi bien que la première fois. J'en ai eu le cœur si serré que j'ai failli me trouver mal.

— Mais on m'a applaudi, pourtant?

— Hélas!... n'importe : j'ai tort de t'ôter l'illusion. Continue... Seulement tâche de dérouiller ta voix. »

« Consuelo, pensa-t-il, a cru me donner un conseil. Elle agit d'instinct, et réussit pour son propre compte. Mais où aurait-elle pris l'expérience de m'enseigner à dominer ce public récalcitrant? En suivant la direction qu'elle me donne, je perds mes avantages, et on ne me tient pas compte de l'amélioration de ma manière. Voyons! revenons à mon audace première. N'ai-je pas éprouvé, à mon début chez le comte, que je pouvais éblouir même ceux que je ne persuadais pas? Le vieux Porpora ne m'a-t-il pas dit que j'avais les taches du génie? Allons donc! que ce public subisse mes taches et qu'il plie sous mon génie. »

Il se battit les flancs, fit des prodiges au second acte, et fut écouté avec surprise. Quelques-uns battirent des mains, d'autres imposèrent silence aux applaudissements. Le public en masse se demanda si cela était sublime ou détestable.

Encore un peu d'audace, et peut-être qu'Anzoleto l'emportait. Mais cet échec le troubla au point que sa tête s'égara, et qu'il manqua honteusement tout le reste de son rôle.

A la troisième représentation, il avait repris son courage, et, résolu d'aller à sa guise sans écouter les conseils de Consuelo, il hasarda les plus étranges caprices, les bizarreries les plus impertinentes. O honte! deux ou trois sifflets interrompirent le silence qui accueillait ces tentatives désespérées. Le bon et généreux public fit taire les sifflets et se mit à battre des mains; il n'y avait pas moyen de s'abuser sur cette bienveillance envers la personne et sur ce blâme envers l'artiste. Anzoleto déchira son costume en rentrant dans sa loge, et, à peine la pièce finie, il courut s'enfermer avec la Corilla, en proie à une rage profonde et déterminé à fuir avec elle au bout de la terre.

Trois jours s'écoulèrent sans qu'il revît Consuelo. Elle lui inspirait non pas de la haine, non pas du refroidissement (au fond de son âme bourrelée de remords, il la chérissait toujours et souffrait mortellement de ne pas la voir), mais une véritable terreur. Il sentait la domination de cet être qui l'écrasait en public de toute sa grandeur, et qui en secret reprenait à son gré possession de sa confiance et de sa volonté. Dans son agitation il n'eut pas la force de cacher à la Corilla combien il était attaché à sa noble fiancée, et combien elle avait encore d'empire sur ses convictions. La Corilla en conçut un dépit amer, qu'elle eut la force de dissimuler. Elle le plaignit, le confessa; et quand elle sut le secret de sa jalousie, elle frappa un grand coup en faisant savoir sous main à Zustiniani sa propre intimité avec Anzoleto, pensant bien que le comte ne perdrait pas une si belle occasion d'en instruire l'objet de ses désirs, et de rendre à Anzoleto le retour impossible.

Surprise de voir un jour entier s'écouler dans la solitude de sa mansarde, Consuelo s'inquiéta; et le lendemain d'un nouveau jour d'attente vaine et d'angoisse mortelle, à la nuit tombante, elle s'enveloppa d'une mante épaisse (car la cantatrice célèbre n'était plus garantie par son obscurité contre les méchants propos), et courut à la maison qu'occupait Anzoleto depuis quelques semaines, logement plus convenable que les précédents, et que le comte lui avait assigné dans une des nombreuses maisons qu'il possédait dans la ville. Elle ne l'y trouva point, et apprit qu'il y passait rarement la nuit.

Cette circonstance ne l'éclaira pas sur son infidélité. Elle connaissait ses habitudes de vagabondage poétique, et pensa que, ne pouvant s'habituer à ces somptueuses demeures, il retournait à quelqu'un de ses anciens gîtes. Elle allait se hasarder à l'y chercher, lorsqu'en se retournant vers la porte, elle se trouva face à face avec maître Porpora.

« Consuelo, lui dit-il à voix basse, il est inutile de me cacher les traits; je viens d'entendre ta voix, et ne puis m'y méprendre. Que viens-tu faire ici, à cette heure, ma pauvre enfant, et que cherches-tu dans cette maison?

— J'y cherche mon fiancé, répondit Consuelo en s'attachant au bras de son vieux maître. Et je ne sais pas pourquoi je rougirais de l'avouer à mon meilleur ami. Je sais bien que vous blâmez mon attachement pour lui; mais je ne saurais vous faire un mensonge. Je suis inquiète. Je n'ai pas vu Anzoleto depuis avant-hier au théâtre. Je le crois malade.

— Malade? lui! dit le professeur en haussant les épaules. Viens avec moi, pauvre fille; il faut que nous causions; et puisque tu prends enfin le parti de m'ouvrir ton cœur, il faut que je t'ouvre le mien aussi. Donne-moi le bras, nous parlerons en marchant. Écoute, Consuelo, et pénètre-toi bien de ce que je vais te dire. Tu ne peux pas, tu ne dois pas être la femme de ce jeune homme. Je le défends, au nom du Dieu vivant qui m'a donné pour toi des entrailles de père.

— O mon maître, répondit-elle avec douleur, demandez-moi le sacrifice de ma vie, mais non celui de mon amour.

— Je ne le demande pas, je l'exige, répondit le Porpora avec fermeté. Cet amant est maudit. Il fera ton tourment et ta honte si tu ne l'abjures à l'instant même.

— Cher maître, reprit-elle avec un sourire triste et caressant, vous m'avez dit cela bien souvent; mais j'ai vainement essayé de vous obéir. Vous haïssez ce pauvre enfant. Vous ne le connaissez pas, et je suis certaine que vous reviendrez de vos préventions.

— Consuelo, dit le maëstro avec plus de force, je t'ai fait jusqu'ici d'assez vaines objections et de très-inutiles défenses, je le sais. Je t'ai parlé en artiste, et comme à une artiste; je ne voyais non plus dans ton fiancé que l'artiste. Aujourd'hui, je te parle en homme, et je te parle d'un homme, et je te parle comme à une femme. Cette femme a mal placé son amour, cet homme en est indigne, et l'homme qui te le dit en est certain.

— O mon Dieu! Anzoleto indigne de mon amour! Lui, mon seul ami, mon protecteur, mon frère! Ah! vous ne savez pas comme il m'a aidée et comme il m'a respectée depuis que je suis au monde! Il faut que je vous le dise. » Et Consuelo raconta toute l'histoire de sa vie et de son amour, qui était une seule et même histoire.

Le Porpora en fut ému, mais non ébranlé.

« Dans tout ceci, dit-il, je ne vois que ton innocence, ta fidélité, ta vertu. Quant à lui, je vois bien le besoin qu'il a eu de ta société et de tes enseignements, auxquels, bien que tu en penses, je sais qu'il doit le peu qu'il sait et le peu qu'il vaut; mais il n'en est pas moins vrai que cet amant si chaste et si pur n'est que le rebut de toutes les femmes perdues de Venise, qu'il apaise l'ardeur des feux que tu lui inspires dans les maisons de débauche, et qu'il ne songe qu'à t'exploiter, tandis qu'il assouvit ailleurs ses honteuses passions.

— Prenez garde à ce que vous dites, répondit Consuelo d'une voix étouffée; j'ai coutume de croire en vous comme en Dieu, ô mon maître! Mais en ce qui concerne Anzoleto, je suis résolu de vous fermer mes oreilles et mon cœur... Ah! laissez-moi vous quitter, ajouta-t-elle en essayant de détacher son bras de celui du professeur, vous me donnez la mort.

— Je veux donner la mort à ta passion funeste, et par la vérité je veux te rendre à la vie, répondit-il en serrant le bras de l'enfant contre sa poitrine généreuse et indignée. Je sais que je suis rude, Consuelo. Je ne sais pas être autrement, et c'est à cause de cela que j'ai retardé, tant que je l'ai pu, le coup que je vais te porter. J'ai espéré que tu ouvrirais les yeux, que tu comprendrais ce qui se passe autour de toi. Mais au lieu de t'éclairer par l'expérience, tu te lances en aveugle au milieu des abîmes. Je ne veux pas t'y laisser tomber! moi! Tu es le seul être que j'aie estimé depuis dix ans. Il ne faut pas que tu périsses, non, il ne le faut pas.

— Mais, mon ami, je ne suis pas en danger. Croyez-vous que je mente quand je vous jure, par tout ce qu'il y a de sacré, que j'ai respecté le serment fait au lit de mort de ma mère? Anzoleto le respecte aussi. Je ne suis pas encore sa femme, je ne suis donc pas sa maîtresse.

— Mais qu'il dise un mot, et tu seras l'une et l'autre!

— Ma mère elle-même nous l'a fait promettre.

— Et tu venais cependant ce soir trouver cet homme qui ne veut pas et qui ne peut pas être ton mari?

— Qui vous l'a dit?

— La Corilla lui permettrait-elle jamais de...

— La Corilla? Qu'y a-t-il de commun entre lui et la Corilla?

— Nous sommes à deux pas de la demeure de cette fille... Tu cherchais ton fiancé... allons l'y trouver. T'en sens-tu le courage?

— Non! non! mille fois non! répondit Consuelo en fléchissant dans sa marche et en s'appuyant contre la muraille. Laissez-moi la vie, mon maître; ne me tuez pas avant que j'aie vécu. Je vous dis que vous me faites mourir.

— Il faut que tu boives ce calice, reprit l'inexorable vieillard; je fais ici le rôle du destin. N'ayant jamais fait que des ingrats et par conséquent des malheureux par ma tendresse et ma mansuétude, il faut que je dise la vérité à ceux que j'aime. C'est le seul bien que je puisse opérer un cœur desséché par le malheur et pétrifié par la souffrance. Je te plains, ma pauvre fille, de n'avoir pas un ami plus doux et plus humain pour te soutenir dans cette crise fatale. Mais tel que l'on m'a fait, il faut que j'agisse sur les autres et que j'éclaire par le rayonnement de la foudre, ne pouvant vivifier par la chaleur du soleil. Ainsi donc, Consuelo, pas de faiblesse entre nous. Viens à ce palais. Je veux que tu surprennes ton amant dans les bras de l'impure Corilla. Si tu ne peux marcher, je te traînerai! Si tu tombes, je te porterai! Ah! le vieux Porpora est robuste encore, quand le feu de la colère divine brûle dans ses entrailles!

— Grâce! grâce! s'écria Consuelo plus pâle que la mort. Laissez-moi douter encore... Donnez-moi encore un jour, un seul jour pour croire en lui; je ne suis pas préparée à ce supplice...

— Non, pas un jour, pas une heure, répondit-il d'un ton inflexible; car cette heure qui s'écoule, je ne la retrouverai pas pour te mettre la vérité sous les yeux; et ce jour que tu demandes, l'infâme en profiterait pour te remettre sous le joug du mensonge. Tu viendras avec moi; je te l'ordonne, je le veux.

— Eh bien, oui! j'irai, dit Consuelo en reprenant sa force par une violente réaction de l'amour. J'irai avec vous pour constater votre injustice et la foi de mon amant; car vous vous trompez indignement, et vous voulez que je me trompe avec vous! Allez donc, bourreau que vous êtes! Je vous suis, et je ne vous crains pas. »

Le Porpora la prit au mot; et, saisissant son bras dans sa main nerveuse, forte comme une pince de fer, il la conduisit dans la maison qu'il habitait, où, après lui avoir fait parcourir tous les corridors et monter tous les escaliers, il lui fit atteindre une terrasse supérieure, d'où l'on distinguait, au-dessus d'une maison plus basse, complètement inhabitée, le palais de la Corilla, sombre du bas en haut, à l'exception d'une seule fenêtre qui était éclairée et ouverte sur la façade noire et silencieuse de la maison déserte. Il semblait, de cette fenêtre, qu'on ne pût être aperçu de nulle part; car un balcon avancé empêchait que d'en bas on pût les distinguer. De niveau, il n'y avait rien, et au dessus seulement les combles de la maison qu'habitait le Porpora, et qui n'était pas tournée de façon à pouvoir plonger dans le palais de la cantatrice. Mais la Corilla ignorait qu'à l'angle de ces combles il y avait un rebord festonné de plomb, une sorte de niche en plein air, où, derrière un large tuyau de cheminée, le maëstro, par un caprice d'artiste, venait chaque soir regarder les étoiles, fuir ses semblables, et rêver à ses sujets sacrés ou dramatiques. Le hasard lui avait fait ainsi découvrir le mystère des amours d'Anzoleto et Consuelo n'eut qu'à regarder dans la direction qu'il lui donnait, pour voir son amant auprès de sa rivale dans un voluptueux tête-à-tête. Elle se détourna aussitôt; et le Porpora qui, dans la crainte de quelque vertige de désespoir, la tenait avec une force surhumaine, la ramena à l'étage inférieur et la fit entrer dans son cabinet, dont il ferma la porte et la fenêtre pour ensevelir dans le mystère l'explosion qu'il prévoyait.

XX.

Mais il n'y eut point d'explosion. Consuelo resta muette et atterrée. Le Porpora lui adressa la parole. Elle ne répondit pas, et lui fit signe de ne pas l'interroger; puis elle se leva, alla boire, à grands verres, toute une carafe d'eau glacée qui était sur le clavecin, fit quelques tours dans la chambre, et revint s'asseoir en face de son maître sans dire une parole.

Le vieillard austère ne comprit pas la profondeur de sa souffrance.

« Eh bien, lui dit-il, t'avais-je trompée? Que penses-tu faire maintenant? »

Un frisson douloureux ébranla la statue; et après avoir passé la main sur son front : « Je pense ne rien faire, dit-elle, avant d'avoir compris ce qui m'arrive.

— Et que te reste-t-il à comprendre?

— Tout! car je ne comprends rien; et vous me voyez occupée à chercher la cause de mon malheur, sans rien trouver qui me l'explique. Quel mal ai-je fait à Anzoleto pour qu'il ne m'aime plus? Quelle faute ai-je commise qui m'ait rendue méprisable à ses yeux? Vous ne pouvez pas me le dire, vous! puisque moi qui lis dans ma propre conscience, je n'y vois rien qui me donne la clef de ce mystère. Oh! c'est un prodige inconcevable! Ma mère croyait à la puissance des philtres : cette Corilla serait-elle une magicienne?

— Pauvre enfant! dit le maëstro; il y a bien ici une magicienne, mais elle s'appelle Vanité; il y a bien un poison, mais il s'appelle Envie. La Corilla a pu le verser, mais ce n'est pas elle qui a pétri cette âme si propre à le recevoir. Le venin coulait déjà dans les veines impures d'Anzoleto. Une dose de plus l'a rendu traître, de fourbe qu'il était; infidèle, d'ingrat qu'il a toujours été.

— Quelle vanité? quelle envie?

— La vanité de surpasser tous les autres, l'envie de te surpasser, la rage d'être surpassé par toi.

— Cela est-il croyable? Un homme peut-il être jaloux des avantages d'une femme? Un amant peut-il haïr le succès de son amante? Il y a donc bien des choses que je ne sais pas, et que je ne puis pas comprendre!

— Tu ne les comprendras jamais; mais tu les constateras à toute heure de la vie. Tu sauras qu'un homme peut être jaloux des avantages d'une femme, quand cet homme est un artiste vaniteux; et qu'un amant peut haïr les succès de son amante, quand le théâtre est le milieu où ils vivent. C'est qu'un comédien n'est pas un homme, Consuelo; c'est une femme. Il ne vit que de vanité maladive; il ne songe qu'à satisfaire sa vanité; il ne travaille que pour s'enivrer de vanité. La beauté d'une femme lui fait du tort. Le talent d'une femme efface ou conteste le sien. Une femme est son rival, ou plutôt il est la rivale d'une femme; il a toutes les petitesses, tous les caprices, toutes les exigences, tous les ridicules d'une coquette. Voilà le caractère de la plupart des hommes de théâtre. Il y a de grandes exceptions; elles sont si rares, elles sont si méritoires, qu'il faut se prosterner devant elles, et leur faire plus d'honneur qu'aux docteurs les plus sages. Anzoleto n'est point une exception; parmi les vaniteux, c'est un des plus vaniteux : voilà tout le secret de sa conduite.

— Mais quelle vengeance incompréhensible! mais quels moyens pauvres et inefficaces! En quoi la Corilla peut-elle le dédommager de ses mécomptes auprès du public? S'il m'eût dit franchement sa souffrance... (Ah! il ne fallait qu'un mot pour cela!) je l'aurais comprise, peut-être; du moins j'y aurais compati; je me serais effacée pour lui faire place.

— Le propre des âmes envieuses est de haïr les gens en raison du bonheur qu'ils leur dérobent. Et le propre de l'amour, hélas! n'est-il pas de détester, dans l'objet qu'on aime, les plaisirs qu'on ne lui procure pas? Tandis que ton amant abhorre le public qui te comble de gloire, ne hais-tu pas la rivale qui l'enivre de plaisirs?

— Vous dites là, mon maître, une chose profonde et à laquelle je veux réfléchir.

— C'est une chose vraie. En même temps qu'Anzoleto te hait pour ton bonheur sur la scène, tu le hais pour ses voluptés dans le boudoir de la Corilla.

— Cela n'est pas. Je ne saurais le haïr, et vous me faites comprendre qu'il serait lâche et honteux de haïr ma rivale. Reste donc ce plaisir dont elle l'enivre et auquel je ne puis songer sans frémir. Mais pourquoi? je l'ignore. Si c'est un crime involontaire, Anzoleto n'est donc pas si coupable de haïr mon triomphe.

— Tu es prompte à interpréter les choses de manière à excuser sa conduite et ses sentiments. Non, Anzoleto n'est pas innocent et respectable comme toi dans sa souffrance. Il te trompe, il t'avilit, tandis que tu t'efforces de le réhabiliter. Au reste, ce n'est pas la haine et le ressentiment que j'ai voulu t'inspirer; c'est le calme et l'indifférence. Le caractère de cet homme entraîne les actions de sa vie. Jamais tu ne le changeras. Prends ton parti, et songe à toi-même.

— A moi-même! c'est-à-dire à moi seule? à moi sans espoir et sans amour?

— Songe à la musique, à l'art divin, Consuelo; oserais-tu dire que tu ne l'aimes que pour Anzoleto?

— J'ai aimé l'art pour lui-même aussi; mais je n'avais jamais séparé dans ma pensée ces deux choses indivisibles : ma vie et celle d'Anzoleto. Et je ne vois pas comment il restera quelque chose de moi pour aimer quelque chose, quand la moitié nécessaire de ma vie me sera enlevée.

— Anzoleto n'était pour toi qu'une idée, et cette idée te faisait vivre. Tu la remplaceras par une idée plus grande, plus pure et plus vivifiante. Ton âme, ton génie, ton être enfin ne sera plus à la merci d'une forme fragile et trompeuse; tu contempleras l'idéal sublime dépouillé de ce voile terrestre; tu t'élanceras dans le ciel, et tu vivras d'un hymen sacré avec Dieu même.

— Voulez-vous dire que je me ferai religieuse, comme vous m'y avez exhortée autrefois?

— Non, ce serait borner l'exercice de tes facultés d'artiste à un seul genre, et tu dois les embrasser tous. Quoi que tu fasses et où que tu sois, au théâtre comme dans le cloître, tu peux être une sainte, une vierge céleste, la fiancée de l'idéal sacré.

— Ce que vous dites présente un sens sublime entouré de ligures mystérieuses. Laissez-moi me retirer, mon maître. J'ai besoin de me recueillir et de me connaître.

— Tu as dit le mot, Consuelo, tu as besoin de te connaître. Jusqu'ici tu t'es méconnue en livrant ton âme et ton avenir à un être inférieur à toi dans tous les sens. Tu as méconnu ta destinée, en ne voyant pas que tu es née sans égal, et par conséquent sans associé possible en ce monde. Il te faut la solitude, la liberté absolue. Je ne te veux ni mari, ni amant, ni famille, ni passions, ni liens d'aucune sorte. C'est ainsi que j'ai toujours conçu ton existence et compris ta carrière. Le jour où tu te donneras à un mortel, tu perdras ta divinité. Ah! si la Mingotti et la Molteni, mes illustres élèves, mes puissantes créations, avaient voulu me croire, elles auraient vécu sans rivales sur la terre. Mais la femme est faible et curieuse; la vanité l'aveugle, de vains désirs l'agitent, le caprice l'entraîne. Qu'ont-elles recueilli d'une inquiétude satisfaite? des orages, de la fatigue, la perte ou l'altération de leur génie. Ne voudras-tu pas être plus qu'elles, Consuelo? n'auras-tu pas une ambition supérieure à tous les faux besoins de ton cœur pour saisir la plus belle couronne qui ait jamais servi d'auréole au génie? »

Le Porpora parla encore longtemps, mais avec une énergie et une éloquence que je ne saurais vous rendre. Consuelo l'écouta, la tête penchée et les yeux attachés à la terre. Quand il eut tout dit : « Mon maître, lui répondit-elle, vous êtes grand; mais je ne le suis pas assez pour vous comprendre. Il me semble que vous outragez la nature humaine en proscrivant ses plus nobles passions. Il me semble que vous étouffez les instincts que Dieu même nous a donnés pour faire une sorte de déification d'un égoïsme monstrueux et antihumain. Peut-être vous comprendrais-je mieux si j'étais plus chrétienne : je tâcherai de le devenir; voilà ce que je puis vous promettre. »

Elle se retira tranquille en apparence, mais dévorée au fond de l'âme. Le grand et sauvage artiste la reconduisit jusque chez elle, l'endoctrinant toujours, sans pouvoir la convaincre. Il lui fit du bien cependant, en ouvrant à sa pensée un vaste champ de méditations profondes et sérieuses, au milieu desquelles le crime d'Anzoleto vint s'abîmer comme un fait particulier servant d'introduction douloureuse, mais solennelle, à des rêveries infinies. Elle passa de longues heures à prier, à pleurer et à réfléchir; et puis elle s'endormit avec la conscience de sa vertu, et l'espérance en un Dieu initiateur et secourable.

Le lendemain Porpora vint lui annoncer qu'il y aurait répétition d'*Ipermnestre* pour Stefanini, qui prenait le rôle d'Anzoleto. Ce dernier était malade, gardait le lit, et se plaignait d'une extinction de voix. Le premier mouvement de Consuelo fut de courir chez lui pour le soigner.

« Épargne-toi cette peine, lui dit le professeur; il se porte à merveille; le médecin du théâtre l'a constaté, et il ira ce soir chez la Corilla. Mais le comte Zustiniani, qui comprend fort bien ce que cela veut dire, et qui consent sans beaucoup de regrets à ce qu'il suspende ses débuts, a défendu au médecin de démasquer la feinte, et a prié le bon Stefanini de rentrer au théâtre pour quelques jours.

— Mais, mon Dieu, que compte donc faire Anzoleto? Est-il découragé au point de quitter le théâtre?

— Oui, le théâtre de San-Samuel. Il part dans un mois pour la France avec la Corilla. Cela t'étonne? Il fuit l'ombre que tu projettes sur lui. Il remet son sort dans les mains d'une femme moins redoutable, et qu'il trahira quand il n'aura plus besoin d'elle. »

La Consuelo pâlit et mit les deux mains sur son cœur prêt à se briser. Peut-être s'était-elle flattée de ramener Anzoleto, en lui reprochant doucement sa faute, et en lui offrant de suspendre ses propres débuts. Cette nouvelle était un coup de poignard, et la pensée de ne plus revoir celui qu'elle avait tant aimé ne pouvait entrer dans son esprit.

« Ah! c'est un mauvais rêve, s'écria-t-elle; il faut que j'aille le trouver et qu'il m'explique cette vision. Il ne peut pas suivre cette femme, ce serait sa perte. Je ne peux pas, moi, l'y laisser courir; je le retiendrai, je lui ferai comprendre ses véritables intérêts, il est vrai qu'il ne comprenne plus autre chose... Venez avec moi, mon cher maître, ne l'abandonnons pas ainsi...

— Je t'abandonnerais, moi, et pour toujours, s'écria le Porpora indigné, si tu commettais une pareille lâcheté. Implorer ce misérable, le disputer à une Corilla? Ah! sainte Cécile, méfie-toi de ton origine bohémienne, et songe à étouffer les instincts aveugles et vagabonds. Allons, suis-moi : on t'attend pour répéter. Tu auras, malgré toi, un certain plaisir ce soir à chanter avec un maître comme Stefanini. Tu verras un artiste savant, modeste et généreux. »

Il la traîna au théâtre, et là, pour la première fois, elle sentit l'horreur de cette vie d'artiste, enchaînée aux exigences du public, condamnée à étouffer ses sentiments et à refouler ses émotions pour obéir aux sentiments et flatter les émotions d'autrui. Cette répétition, ensuite la toilette, et la représentation du soir furent un supplice atroce. Anzoleto ne parut pas. Le surlendemain il fallait débuter dans un opéra bouffe de Galuppi : *Arcifanfano re de' matti*. On avait choisi cette farce pour plaire à Stefanini, qui y était d'un comique excellent. Il fallut que Consuelo s'évertuât à faire rire ceux qu'elle avait fait pleurer. Elle fut brillante, charmante, plaisante au dernier point en mourant dans l'âme. Deux ou trois fois des sanglots remplirent sa poitrine et s'exhalèrent en une gaîté forcée, affreuse à voir pour qui l'eût comprise! En rentrant dans sa loge elle tomba en convulsions. Le public voulait la revoir pour l'applaudir; elle tarda, on fit un horrible vacarme; on voulait casser les banquettes, escalader la rampe. Stefanini vint la chercher à demi vêtue, les cheveux en désordre, pâle comme un spectre; elle se laissa traîner sur la scène, et, accablée d'une pluie de fleurs, elle fut forcée de se baisser pour ramasser une couronne de laurier.

« Ah! les bêtes féroces! murmura-t-elle en rentrant dans la coulisse.

— Ma belle, lui dit le vieux chanteur qui lui donnait la main, tu es bien souffrante; mais ces petites choses-là, ajouta-t-il en lui remettant une gerbe des fleurs qu'il avait ramassées pour elle, sont un spécifique merveilleux pour tous nos maux. Tu t'y habitueras, et un jour viendra où tu ne sentiras ton mal et ta fatigue que les jours où l'on oubliera de te couronner.

— Oh! qu'ils sont vains et petits! pensa la pauvre Consuelo. »

Rentrée dans sa loge, elle s'évanouit littéralement sur un lit de fleurs qu'on avait recueillies sur le théâtre et jetées pêle-mêle sur le sofa. L'habilleuse sortit pour appeler un médecin. Le comte Zustiniani resta seul quelques instants auprès de sa belle cantatrice, pâle et brisée comme les jasmins qui jonchaient sa couche. En cet instant de trouble et d'enivrement, Zustiniani perdit la tête et céda à la folle inspiration de la ranimer par ses caresses. Mais son premier baiser fut odieux aux lèvres pures de Consuelo. Elle se ranima pour le repousser, comme si c'eût été la morsure d'un serpent.

« Ah! loin de moi, dit-elle en s'agitant dans une sorte de délire; loin de moi l'amour et les caresses et les douces paroles! Jamais d'amour! jamais d'époux! jamais d'amant! jamais de famille! Mon maître l'a dit! la liberté, l'idéal, la solitude, la gloire!... »

Et elle fondit en larmes si déchirantes, que le comte effrayé se jeta à genoux auprès d'elle et s'efforça de la calmer. Mais il ne put rien dire de salutaire à cette âme blessée, et sa passion, arrivée en cet instant à son plus haut paroxysme, s'exprima en dépit de lui-même. Il ne comprenait que trop le désespoir de l'amante trahie. Il fit parler l'enthousiasme de l'amant qui espère. Consuelo eut l'air de l'écouter, et retira machinalement sa main des siennes avec un sourire égaré que le comte prit pour un faible encouragement. Certains hommes, pleins de tact et de pénétration dans le monde, sont absurdes dans de pareilles entreprises. Le médecin arriva et administra un calmant à la mode qu'on appelait *des gouttes*. Consuelo fut ensuite enveloppée de sa mante et portée dans sa gondole. Le comte y entra avec elle, la soutenant dans ses bras et parlant toujours de son amour, voire avec une certaine éloquence qui lui semblait devoir porter la conviction. Au bout d'un quart d'heure, n'obtenant pas de réponse, il implora un mot, un regard.

« A quoi donc dois-je répondre? lui dit Consuelo, sortant comme d'un rêve. Je n'ai rien entendu. »

Zustiniani, découragé d'abord, pensa que l'occasion ne pouvait revenir meilleure, et que cette âme brisée serait plus accessible en cet instant qu'après la réflexion et le conseil de la raison. Il parla donc encore et trouva le même silence, la même préoccupation, seulement une sorte d'empressement instinctif à repousser ses bras et ses lèvres qui ne se démentit pas, quoiqu'il n'y eût pas d'énergie pour la colère. Quand la gondole aborda, il essaya de retenir Consuelo encore un instant pour en obtenir une parole plus encourageante.

« Ah! seigneur comte, lui répondit-elle avec une froide douceur, excusez l'état de faiblesse où je me trouve; j'ai mal écouté, mais je comprends. Oh! oui, j'ai fort bien compris. Je vous demande la nuit pour réfléchir, pour me remettre du trouble où je suis. Demain, oui... demain, je vous répondrai sans détour.

— Demain, chère Consuelo, oh! c'est un siècle; mais je me soumettrai si vous me permettez d'espérer que du moins votre amitié...

— Oh! oui! oui! il y a lieu d'espérer! répondit Consuelo d'un ton étrange en posant les pieds sur la rive; mais ne me suivez pas, dit-elle en faisant le geste impérieux de le repousser au fond de sa gondole. Sans cela vous n'auriez pas sujet d'espérer. »

La honte et l'indignation venaient de lui rendre la force; mais une force nerveuse, fébrile, et qui s'exhala en un rire sardonique effrayant tandis qu'elle montait l'escalier.

« Vous êtes bien joyeuse, Consuelo! lui dit dans l'obscurité une voix qui faillit la foudroyer. Je vous félicite de votre gaîté!

— Ah! oui, répondit-elle en saisissant avec force le bras d'Anzoleto et en montant rapidement avec lui à sa chambre; je te remercie, Anzoleto, tu as bien raison de me féliciter, je suis vraiment joyeuse; oh! tout a fait joyeuse! »

Anzoleto, qui l'avait entendue, avait déjà allumé la lampe. Quand la clarté bleuâtre tomba sur leurs traits décomposés, ils se firent peur l'un à l'autre.

« Nous sommes bien heureux, n'est-ce pas, Anzoleto? dit-elle d'une voix âpre, en contractant ses traits par un sourire qui fit couler sur ses joues un ruisseau de larmes. Que penses-tu de notre bonheur?

— Je pense, Consuelo, répondit-il avec un sourire amer et des yeux secs, que nous avons eu quelque peine à y souscrire, mais que nous finirons par nous y habituer.

— Tu m'as semblé fort bien habitué au boudoir de la Corilla.

— Et toi, je te retrouve très-aguerrie avec la gondole de monsieur le comte.

— Monsieur le comte?... Tu savais donc, Anzoleto, que monsieur le comte voulait faire de moi sa maîtresse?

— Et c'est pour ne pas te gêner, ma chère, que j'ai discrètement battu en retraite.

— Ah! tu savais cela? et c'est le moment que tu as choisi pour m'abandonner?

— N'ai-je pas bien fait, et n'es-tu pas satisfaite de ton sort? Le comte est un amant magnifique, et le pauvre débutant tombé n'eût pas pu lutter avec lui, je pense.

— Le Porpora avait raison : vous êtes un homme infâme. Sortez d'ici! vous ne méritez pas que je me justifie, et il me semble que je serais souillée par un regret de vous. Sortez, vous dis-je! Mais sachez auparavant que vous pouvez débuter à Venise et rentrer à San-Samuel avec la Corilla : jamais plus la fille de ma mère ne remettra les pieds sur ces ignobles tréteaux qu'on appelle le théâtre.

— La fille de votre mère la *Zingara* va donc faire la grande dame dans la villa de Zustiniani, aux bords de la Brenta? Ce sera une belle existence, et je m'en réjouis!

— O ma mère! » dit Consuelo en se retournant vers son lit, et en s'y jetant à genoux, la face enfoncée dans la couverture qui avait servi de linceul à la zingara.

Anzoleto fut effrayé et pénétré de ce mouvement énergique et de ces sanglots terribles qu'il entendait gronder dans la poitrine de Consuelo. Le remords frappa un grand coup dans la sienne, et il s'approcha pour prendre son amie dans ses bras et la relever. Mais elle se releva d'elle-même, et le repoussant avec une force sauvage, elle le jeta à la porte en lui criant : « Hors de chez moi, hors de mon cœur, hors de mon souvenir! A tout jamais, adieu! adieu! »

Anzoleto était venu la trouver avec une pensée d'égoïsme atroce, et c'était pourtant la meilleure pensée qu'il eût pu concevoir. Il ne s'était pas senti la force de s'éloigner d'elle, et il avait trouvé un terme moyen pour tout concilier : c'était de lui dire qu'elle était menacée dans son honneur par les projets amoureux de Zustiniani, et de l'éloigner ainsi du théâtre. Il y avait, dans cette résolution, un hommage rendu à la pureté et à la fierté de Consuelo. Il la savait incapable de transiger avec une position équivoque, et d'accepter une protection qui la ferait rougir. Il y avait encore dans son âme coupable et corrompue une foi inébranlable dans l'innocence de cette jeune fille, qu'il comptait retrouver aussi chaste, aussi fidèle, aussi dévouée qu'il l'avait laissée quelques jours auparavant. Mais comment concilier cette religion envers elle, avec le dessein arrêté de la tromper et de rester son fiancé, son ami, sans rompre avec la Corilla? Il voulait faire rentrer cette dernière avec lui au théâtre, et ne pouvait songer à s'en détacher dans un moment où son succès allait dépendre d'elle entièrement. Ce plan audacieux et lâche était cependant formulé dans sa pensée, et il traitait Consuelo comme ces madones dont les femmes italiennes implorent la protection à l'heure du repentir, et dont elles voilent la face à l'heure du péché.

Quand il la vit si brillante et si folle en apparence au théâtre, dans son rôle bouffe, il commença à craindre d'avoir perdu trop de temps à mûrir son projet. Quand il la vit rentrer dans la gondole du comte, et approcher avec un éclat de rire convulsif, ne comprenant pas la détresse de cette âme en délire, il pensa qu'il venait trop tard, et le dépit s'empara de lui. Mais quand il la vit se relever de ses insultes et le chasser avec mépris, le respect lui revint avec la crainte, et il erra longtemps dans l'escalier et sur la rive attendant qu'elle le rappelât. Il se hasarda même à frapper et à implorer son pardon à travers la porte. Mais un profond silence régna dans cette chambre, dont il ne devait plus jamais repasser le seuil avec Consuelo. Il se retira confus et dépité, se promettant de revenir le lendemain et se flattant d'être plus heureux. « Après tout, se disait-il, mon projet va réussir; elle sait l'amour du comte; la besogne est à moitié faite. »

Accablé de fatigue, il dormit longtemps; et dans l'après-midi il se rendit chez la Corilla.

« Grande nouvelle! s'écria-t-elle en lui tendant les bras; la Consuelo est partie!

— Partie! et avec qui, grand Dieu! et pour quel pays?

— Pour Vienne, où le Porpora l'envoie en attendant qu'il s'y rende lui-même. Elle nous a tous trompés, cette petite masque. Elle était engagée pour le théâtre de l'empereur, où le Porpora va faire représenter son nouvel opéra.

— Partie! partie sans me dire un mot! s'écria Anzoleto en courant vers la porte.

— Oh! rien ne te servira de la chercher à Venise, dit la Corilla avec un rire méchant et un regard de triomphe. Elle s'est embarquée pour Palestrine au jour naissant; elle est déjà loin en terre ferme. Zustiniani, qui se croyait aimé et qui était joué, est furieux; il est au lit avec la fièvre. Mais il m'a dépêché tout à l'heure le Porpora, pour me prier de chanter ce soir; et Stefanini, qui est très-fatigué du théâtre et très-impatient d'aller jouir dans son château des douceurs de la retraite, est fort désireux de te voir reprendre tes débuts. Ainsi songe à reparaître demain dans *Ipermnestre*. Moi, je vais à la répétition : on m'attend. Tu peux, si tu ne me crois pas, aller faire un tour dans la ville, tu te convaincras de la vérité.

— Ah! furie! s'écria Anzoleto, tu l'emportes! mais tu m'arraches la vie. »

Et il tomba évanoui sur le tapis de Perse de la courtisane.

XXI.

Le plus embarrassé de son rôle, lors de la fuite de Consuelo, ce fut le comte Zustiniani. Après avoir laissé dire et donné à penser à tout Venise que la merveilleuse débutante était sa maîtresse, comment expliquer d'une manière flatteuse pour son amour-propre qu'au premier mot de déclaration elle s'était soustraite brusquement et mystérieusement à ses désirs et à ses espérances? Plusieurs personnes pensèrent que, jaloux de son trésor, il l'avait cachée dans une de ses maisons de campagne. Mais lorsqu'on entendit le Porpora dire avec cette austérité de franchise qui ne s'était jamais démentie, le parti qu'avait pris son élève d'aller l'attendre en Allemagne, il n'y eut plus qu'à chercher les motifs de cette étrange résolution. Le comte affecta bien, pour donner le change, de ne montrer ni dépit ni surprise; mais son chagrin perça malgré lui, et on cessa de lui attribuer cette bonne fortune dont on l'avait tant félicité. La majeure partie de la vérité devint claire pour tout le monde; savoir : l'infidélité d'Anzoleto, la rivalité de Corilla, et le désespoir de

Hors de chez moi... (Page 47.)

la pauvre Espagnole, qu'on se prit à plaindre et à regretter vivement.

Le premier mouvement d'Anzoleto avait été de courir chez le Porpora; mais celui-ci l'avait repoussé sévèrement :

« Cesse de m'interroger, jeune ambitieux sans cœur et sans foi, lui avait répondu le maître indigné; tu ne méritas jamais l'affection de cette noble fille, et tu ne sauras jamais de moi ce qu'elle est devenue. Je mettrai tous mes soins à ce que tu ne retrouves pas sa trace, et j'espère que si le hasard te la fait rencontrer un jour, ton image sera effacée de son cœur et de sa mémoire autant que je le désire et que j'y travaille. »

De chez le Porpora, Anzoleto s'était rendu à la Corte-Minelli. Il avait trouvé la chambre de Consuelo déjà livrée à un nouvel occupant et tout encombrée des matériaux de son travail. C'était un ouvrier en verrerie, installé depuis longtemps dans la maison, et qui transportait là son atelier avec beaucoup de gaieté.

« Ah! ah! c'est toi, mon garçon, dit-il au jeune ténor. Tu viens me voir dans mon nouveau logement? J'y serai fort bien, et ma femme est toute joyeuse d'avoir de quoi loger tous ses enfants en bas. Que cherches-tu? Consuelina aurait-elle oublié quelque chose ici? Cherche, mon enfant; regarde. Cela ne me fâche point.

— Où a-t-on mis ses meubles? dit Anzoleto tout troublé, et déchiré au fond du cœur de ne plus retrouver aucun vestige de Consuelo, dans ce lieu consacré aux plus pures jouissances de toute sa vie passée.

— Les meubles sont en bas, dans la cour. Elle en a fait cadeau à la mère Agathe; elle a bien fait. La vieille est pauvre, et va se faire un peu d'argent avec cela. Oh! la Consuelo a toujours eu un bon cœur. Elle n'a pas laissé un sou de dette dans la *Corte*, et elle a fait un petit présent à tout le monde en s'en allant. Elle n'a emporté que son crucifix. C'est drôle tout de même, ce départ, au milieu de la nuit et sans prévenir personne! Maître Porpora est venu ici dès le matin arranger toutes ses affaires; c'était comme l'exécution d'un testament. Ça a fait de la peine à tous les voisins; mais enfin on s'en console en pensant qu'elle va habiter sans doute un beau palais sur le Canalazzo, à présent qu'elle est riche et grande dame! Moi, j'avais toujours dit qu'elle ferait fortune avec sa voix. Elle travaillait tant! Et à quand la noce, Anzoleto?

Hanz resta immobile... (Page 54.)

J'espère que tu m'achèteras quelque chose pour faire de petits présents aux jeunes filles du quartier.
— Oui, oui! répondit Anzoleto tout égaré. »

Il s'enfuit la mort dans l'âme, et vit dans la cour toutes les commères de l'endroit qui mettaient à l'enchère le lit et la table de Consuelo ; ce lit où il l'avait vue dormir, cette table où il l'avait vue travailler !

« O mon Dieu ! déjà plus rien d'elle ! » s'écria-t-il involontairement en se tordant les mains.

Il eut envie d'aller poignarder la Corilla.

Au bout de trois jours il remonta sur le théâtre avec la Corilla. Tous deux furent outrageusement sifflés, et on fut obligé de baisser le rideau sans pouvoir achever la pièce. Anzoleto était furieux, et la Corilla impassible.

« Voici ce que me vaut ta protection, » lui dit-il d'un ton menaçant dès qu'il se retrouva seul avec elle.

La prima-donna lui répondit avec beaucoup de tranquillité :

« Tu t'affectes de peu, mon pauvre enfant ; on voit que tu ne connais guère le public et que tu n'as jamais affronté ses caprices. J'étais si bien préparée à l'échec de ce soir, que je ne m'étais pas donné la peine de repasser mon rôle : et si je ne t'ai pas annoncé ce qui devait arriver, c'est parce que je savais bien que tu n'aurais pas le courage d'entrer en scène avec la certitude d'être sifflé. Maintenant il faut que tu saches ce qui nous attend encore. La prochaine fois nous serons maltraités de plus belle. Trois, quatre, six, huit représentations peut-être, se passeront ainsi ; mais durant ces orages une opposition se manifestera en notre faveur. Fussions-nous les derniers cabotins du monde, l'esprit de contradiction et d'indépendance nous susciterait encore des partisans de plus en plus zélés. Il y a tant de gens qui croient se grandir en outrageant les autres, qu'il n'en manque pas qui croient se grandir aussi en les protégeant. Après une douzaine d'épreuves, durant lesquelles la salle sera un champ de bataille entre les sifflets et les applaudissements, les récalcitrants se fatigueront, les opiniâtres bouderont, et nous entrerons dans une nouvelle phase. La portion du public qui nous aura soutenus sans trop savoir pourquoi, nous écoutera assez froidement ; ce sera pour nous comme un nouveau début, et alors, c'est à nous, vive Dieu ! de passionner cet auditoire, et de rester les maîtres. Je te prédis de grands succès pour ce moment-là, cher Anzoleto; le charme qui pesait sur toi naguère sera dissipé. Tu respireras une atmosphère d'encouragements et de douces louanges qui te rendra ta puissance. Rappelle-toi l'effet que tu as produit chez Zustiniani la première fois que tu t'es fait entendre. Tu n'eus pas le temps de consolider ta conquête; un astre plus brillant est venu trop tôt t'éclipser; mais cet astre s'est laissé retomber sous l'horizon, et tu dois te préparer à remonter avec moi dans l'empyrée. »

Tout se passa ainsi que la Corilla l'avait prédit. A la vérité, on fit payer cher aux deux amants, pendant quelques jours, la perte que le public avait faite dans la personne de Consuelo. Mais leur constance à braver la tempête épuisa un courroux trop expansif pour être durable. Le comte encouragea les efforts de Corilla. Quant à Anzoleto, après avoir fait de vaines démarches pour attirer à Venise un *primo-uomo* dans une saison avancée, où tous les engagements étaient faits avec les principaux théâtres de l'Europe, le comte prit son parti, et l'accepta pour champion dans la lutte qui s'établissait entre le public et l'administration de son théâtre. Ce théâtre avait eu une vogue trop brillante pour la perdre avec tel ou tel sujet. Rien de semblable ne pouvait vaincre les habitudes consacrées. Toutes les loges étaient louées pour la saison. Les dames y tenaient leur salon et y causaient comme de coutume. Les vrais dilettanti boudèrent quelque temps; ils étaient en trop petit nombre pour qu'on s'en aperçût. D'ailleurs ils finirent par s'ennuyer de leur rancune, et un beau soir la Corilla, ayant chanté avec feu, fut unanimement rappelée. Elle reparut, entraînant avec elle Anzoleto, qu'on ne redemandait pas, et qui semblait céder à une douce violence d'un air modeste et craintif. Il reçut sa part des applaudissements, et fut rappelé le lendemain. Enfin, avant qu'un mois se fût écoulé, Consuelo était oubliée, comme l'éclair qui traverse un ciel d'été. Corilla faisait fureur comme auparavant, et le méritait peut-être davantage; car l'émulation lui avait donné plus d'*entrain*, et l'amour lui inspirait parfois une expression mieux sentie. Quant à Anzoleto, quoiqu'il n'eût point perdu ses défauts, il avait réussi à déployer ses incontestables qualités. On s'était habitué aux uns, et on admirait les autres. Sa personne charmante fascinait les femmes : on se l'arrachait dans les salons, d'autant plus que la jalousie de Corilla donnait plus de piquant aux coquetteries dont il était l'objet. La Clorinda aussi développait ses moyens au théâtre, c'est-à-dire sa lourde beauté et la nonchalance lascive d'une stupidité sans exemple, mais non sans attrait pour une certaine fraction des spectateurs. Zustiniani, pour se distraire d'un chagrin assez profond, en avait fait sa maîtresse, la couvrait de diamants, et la poussait aux premiers rôles, espérant la faire succéder dans cet emploi à la Corilla, qui s'était définitivement engagée avec Paris pour la saison suivante.

Corilla voyait sans dépit cette concurrence dont elle n'avait rien à craindre, ni dans le présent, ni dans l'avenir; elle prenait même un méchant plaisir à faire ressortir cette incapacité froidement impudente qui ne reculait devant rien. Ces deux créatures vivaient donc en bonne intelligence, et gouvernaient souverainement l'administration. Elles mettaient à l'index toute partition sérieuse, et se vengeaient du Porpora en refusant ses opéras pour accepter et faire briller ses plus indignes rivaux. Elles s'entendaient pour nuire à tout ce qui leur déplaisait, pour protéger tout ce qui s'humiliait devant leur pouvoir. Grâce à elles, on applaudit cette année-là à Venise les œuvres de la décadence, et on oublia que la vraie, la grande musique y avait régné naguère.

Au milieu de son succès et de sa prospérité (car le comte lui avait fait un engagement assez avantageux), Anzoleto était accablé d'un profond dégoût, et succombait sous le poids d'un bonheur déplorable. C'était pitié de le voir se traîner aux répétitions, attaché au bras de la triomphante Corilla, pâle, languissant, beau comme un ange, ridicule de fatuité, ennuyé comme un homme qu'on adore, anéanti et débraillé sous les lauriers et les myrtes qu'il avait si aisément et si largement cueillis.

Même aux représentations, lorsqu'il était en scène avec sa fougueuse amante, il cédait au besoin de protester contre elle par son attitude superbe et sa langueur impertinente. Lorsqu'elle le dévorait des yeux, il semblait, par ses regards, dire au public : N'allez pas croire que je réponde à tant d'amour. Qui m'en délivrera, au contraire, me rendra un grand service.

Le fait est qu'Anzoleto, gâté et corrompu par la Corilla, tournait contre elle les instincts d'égoïsme et d'ingratitude qu'elle lui suggérait contre le monde entier. Il ne lui restait plus dans le cœur qu'un sentiment vrai et pur dans son essence : l'indestructible amour qu'en dépit de ses vices il nourrissait pour Consuelo. Il pouvait s'en distraire, grâce à sa légèreté naturelle; mais il n'en pouvait pas guérir, et cet amour lui revenait comme un remords, comme une torture, au milieu de ses coupables égarements. Infidèle à la Corilla, adonné à mille intrigues galantes, un jour avec la Clorinda pour se venger en secret du comte, un autre avec quelque illustre beauté du grand monde, et le troisième avec la plus malpropre des comparses; passant du boudoir mystérieux à l'orgie insolente, et des fureurs de la Corilla aux insouciantes débauches de la table, il semblait qu'il eût pris à tâche d'effacer en lui tout souvenir du passé. Mais au milieu de ce désordre, un spectre semblait s'acharner à ses pas; et de longs sanglots s'échappaient de sa poitrine, lorsqu'au milieu de la nuit, il passait en gondole, avec ses bruyants compagnons de plaisir, le long des sombres masures de la Corte-Minelli.

La Corilla, longtemps dominée par ses mauvais traitements, et portée, comme toutes les âmes viles, à n'aimer qu'en raison des mépris et des outrages qu'elle recevait, commençait pourtant elle-même à se lasser de cette passion funeste. Elle s'était flattée de vaincre et d'enchaîner cette sauvage indépendance. Elle y avait travaillé avec acharnement, elle y avait tout sacrifié. Quand elle reconnut qu'elle n'y parviendrait jamais, elle commença à haïr, et à chercher des distractions et des vengeances. Une nuit qu'Anzoleto errait en gondole dans Venise avec la Clorinda, il vit filer rapidement une autre gondole dont le fanal éteint annonçait quelque furtif rendez-vous. Il y fit peu d'attention; mais la Clorinda, qui, dans sa frayeur d'être découverte, était toujours aux aguets, lui dit :

« Allons plus lentement. C'est la gondole du comte; j'ai reconnu le gondolier.

— En ce cas, allons plus vite, répondit Anzoleto; je veux le rejoindre, et savoir de quelle infidélité il paie la tienne cette nuit.

— Non, non, retournons! s'écria Clorinda. Il a l'œil si perçant, et l'oreille si fine! Gardons-nous bien de le troubler.

— Marche! te dis-je, cria Anzoleto à son barcarolle; je veux rejoindre cette barque que tu vois là devant nous. »

Ce fut, malgré la prière et la terreur de Clorinda, l'affaire d'un instant. Les deux barques s'effleurèrent de nouveau, et Anzoleto entendit un éclat de rire mal étouffé partir de la gondole.

« A la bonne heure, dit-il, ceci est de bonne guerre : c'est la Corilla qui prend le frais avec monsieur le comte. »

En parlant ainsi, Anzoleto sauta sur l'avant de sa gondole, prit la rame des mains de son barcarolle, et suivant l'autre gondole avec rapidité, la rejoignit, l'effleura de nouveau, et, soit qu'il eût entendu son nom au milieu des éclats de rire de la Corilla, soit qu'un accès de démence se fût emparé de lui, il se mit à dire tout haut :

« Chère Clorinda, tu es sans contredit la plus belle et la plus aimée de toutes les femmes.

— J'en disais autant tout à l'heure à la Corilla, répondit aussitôt le comte en sortant de sa cabanette, et en s'avançant vers l'autre barque avec une grande aisance; et maintenant que nos promenades sont terminées de part et d'autre, nous pourrions faire un échange, comme entre gens de bonne foi qui trafiquent de richesses équivalentes.

« Monsieur le comte rend justice à ma loyauté, répondit Anzoleto sur le même ton. Je vais, s'il veut bien le permettre, lui offrir mon bras pour qu'il puisse venir reprendre son bien où il le retrouve. »

Le comte avança le bras pour s'appuyer sur Anzoleto, dans je ne sais quelle intention railleuse et méprisante pour lui et leurs communes maîtresses. Mais le ténor, dévoré de haine, et transporté d'une rage profonde, s'élança de tout le poids de son corps sur la gondole du comte, et la fit chavirer en s'écriant d'une voix sauvage :

« Femme pour femme, monsieur le comte; et *gondole pour gondole!* »

Puis, abandonnant ses victimes à leur destinée, ainsi que la Clorinda à sa stupeur et aux conséquences de l'aventure, il gagna à la nage la rive opposée, prit sa course à travers les rues sombres et tortueuses, entra dans son logement, changea de vêtements en un clin d'œil, emporta tout l'argent qu'il possédait, sortit, se jeta dans la première chaloupe qui mettait à la voile; et, cinglant vers Trieste, il fit claquer ses doigts en signe de triomphe, en voyant les clochers et les dômes de Venise s'abaisser sous les flots aux premières clartés du matin.

XXII.

Dans la ramification occidentale des monts Carpathes qui sépare la Bohême de la Bavière, et qui prend dans ces contrées le nom de Buehmer-Wald (forêt de Bohême), s'élevait encore, il y a une centaine d'années, un vieux manoir très-vaste, appelé, en vertu de je ne sais quelle tradition, le *Château des Géants*. Quoiqu'il eût de loin l'apparence d'une antique forteresse, ce n'était plus qu'une maison de plaisance, décorée à l'intérieur, dans le goût, déjà suranné à cette époque, mais toujours somptueux et noble, de Louis XIV. L'architecture féodale avait aussi subi d'heureuses modifications dans les parties de l'édifice occupées par les seigneurs de Rudolstadt, maîtres de ce riche domaine.

Cette famille, d'origine bohême, avait germanisé son nom en abjurant la Réforme à l'époque la plus tragique de la guerre de trente ans. Un noble et vaillant aïeul, protestant inflexible, avait été massacré sur la montagne voisine de son château par la soldatesque fanatique. Sa veuve, qui était de famille saxonne, sauva la fortune et la vie de ses jeunes enfants, en se proclamant catholique, et en confiant l'éducation des héritiers de Rudolstadt à des jésuites. Après deux générations, la Bohême étant muette et opprimée, la puissance autrichienne définitivement affermie, la gloire et les malheurs de la Réforme oubliés, du moins en apparence, les seigneurs de Rudolstadt pratiquaient doucement les vertus chrétiennes, professaient le dogme romain, et vivaient dans leurs terres avec une somptueuse simplicité, en bons aristocrates et en fidèles serviteurs de Marie-Thérèse. Ils avaient fait leurs preuves de bravoure autrefois au service de l'empereur Charles VI. Mais on s'étonnait que le dernier de cette race illustre et vaillante, le jeune Albert, fils unique du comte Christian de Rudolstadt, n'eût point porté les armes dans la guerre de succession qui venait de finir, et qu'il fût arrivé à l'âge de trente ans sans avoir connu ni recherché d'autre grandeur que celle de sa naissance et de sa fortune. Cette conduite étrange avait inspiré à sa souveraine des soupçons de complicité avec ses ennemis. Mais le comte Christian, ayant eu l'honneur de recevoir l'impératrice dans son château, lui avait donné de la conduite de son fils des excuses dont elle avait paru satisfaite. De l'entretien de Marie-Thérèse avec le comte de Rudolstadt, rien n'avait transpiré. Un mystère étrange régnait dans le sanctuaire de cette famille dévote et bienfaisante, que, depuis dix ans, aucun voisin ne fréquentait assidûment; qu'aucune affaire, aucun plaisir, aucune agitation politique ne faisait sortir de ses domaines; qui payait largement, et sans murmurer, tous les subsides de la guerre, ne montrant aucune agitation au milieu des dangers et des malheurs publics; qui, enfin, ne semblait plus vivre de la même vie que les autres nobles, et de laquelle on se méfiait, bien qu'on n'eût jamais eu à enregistrer de ses faits extérieurs que de bonnes actions et de nobles procédés. Ne sachant à quoi attribuer cette vie froide et retirée, on accusait les Rudolstadt, tantôt de misanthropie, tantôt d'avarice; mais comme, à chaque instant, leur conduite donnait un démenti à ces imputations, on était réduit à leur reprocher simplement trop d'apathie et de nonchalance. On disait que le comte Christian n'avait pas voulu exposer les jours de son fils unique, dernier héritier de son nom, dans ces guerres désastreuses, et que l'impératrice avait accepté, en échange de ses services militaires, une somme d'argent assez forte pour équiper un régiment de hussards. Les nobles dames qui avaient des filles à marier disaient que le comte avait fort bien agi; mais lorsqu'elles apprirent la résolution que semblait manifester Christian de marier son fils dans sa propre famille, en lui faisant épouser la fille du baron Frédérick, son frère; quand elles surent que la jeune baronne Amélie venait de quitter le couvent où elle avait été élevée à Prague, pour habiter désormais, auprès de son cousin, le château des Géants, ces nobles dames déclarèrent unanimement que la famille des Rudolstadt était une tanière de loups, tous plus insociables et plus sauvages les uns que les autres. Quelques serviteurs incorruptibles et quelques amis dévoués surent seuls le secret de la famille, et le gardèrent fidèlement.

Cette noble famille était rassemblée un soir autour d'une table chargée à profusion de gibier et de ces mets substantiels dont nos aïeux se nourrissaient encore à cette époque dans les pays slaves, en dépit des raffinements que la cour de Louis XV avait introduits dans les habitudes aristocratiques d'une grande partie de l'Europe. Un poêle immense, où brûlaient des chênes tout entiers, réchauffait la salle vaste et sombre. Le comte Christian venait d'achever à voix haute le *Benedicite*, que les autres membres de la famille avaient écouté debout. De nombreux serviteurs, tous vieux et graves, en costume du pays, en larges culottes de Mamelucks, et en longues moustaches, se pressaient lentement autour de leurs maîtres révérés. Le chapelain du château s'assit à la droite du comte, et sa nièce, la jeune baronne Amélie, à sa gauche, le *côté du cœur*, comme il affectait de le dire avec un air de galanterie austère et paternelle. Le baron Frédérick, son frère puîné, qu'il appelait toujours son jeune frère, parce qu'il n'avait guère que soixante ans, se plaça en face de lui. La chanoinesse Wenceslawa de Rudolstadt, sa sœur aînée, respectable personnage sexagénaire affligé d'une bosse énorme et d'une maigreur effrayante, s'assit à un bout de la table, et le comte Albert, fils du comte Christian, le fiancé d'Amélie, le dernier des Rudolstadt, vint, pâle et morne, s'installer d'un air distrait à l'autre bout, vis-à-vis de sa noble tante.

De tous ces personnages silencieux, Albert était certainement le moins disposé et le moins habitué à donner de l'animation aux autres. Le chapelain était si dévoué à ses maîtres et si respectueux envers le chef de la famille, qu'il n'ouvrait guère la bouche sans y être sollicité par un regard du comte Christian; et celui-ci était d'une nature si paisible et si recueillie, qu'il n'éprouvait presque jamais le besoin de chercher dans les autres une distraction à ses propres pensées.

Le baron Frédérick était un caractère moins profond et un tempérament plus actif; mais son esprit n'était guère plus animé. Aussi doux et aussi bienveillant que son aîné, il avait moins d'intelligence et d'enthousiasme intérieur. Sa dévotion était toute d'habitude et de savoir-vivre. Son unique passion était la chasse. Il y passait toutes ses journées, rentrait chaque soir, non fatigué (c'était un corps de fer), mais rouge, essoufflé, et affamé. Il mangeait comme dix, buvait comme trente, s'égayait un peu au dessert en racontant comment son chien Saphyr avait forcé le lièvre, comment sa chienne Panthère avait dépisté le loup, comment son faucon Attila avait pris le vol; et quand on l'avait écouté avec une complaisance inépuisable, il s'assoupissait doucement auprès du feu dans un grand fauteuil de cuir noir, jusqu'à ce que sa fille l'eût averti que son heure d'aller se mettre au lit venait de sonner.

La chanoinesse était la plus causeuse de la famille. Elle pouvait même passer pour babillarde; car il lui arrivait au moins deux fois par semaine de discuter un quart d'heure durant avec le chapelain sur la généalogie des familles bohêmes, hongroises et saxonnes, qu'elle savait sur le bout de son doigt, depuis celle des rois jusqu'à celle du moindre gentilhomme.

Quant au comte Albert, son extérieur avait quelque chose d'effrayant et de solennel pour les autres, comme si chacun de ses gestes eût été un présage, et chacune de ses paroles une sentence. Par une bizarrerie inexplicable à quiconque n'était pas initié au secret de la maison, dès qu'il ouvrait la bouche, ce qui n'arrivait pas toujours une fois par vingt-quatre heures, tous les regards des parents et des serviteurs se portaient sur lui; et alors on eût pu lire sur tous les visages une anxiété profonde, une sollicitude douloureuse et tendre excepté cependant sur celui de la jeune Amélie, qui n'accueillait pas toujours ses paroles sans un mélange d'impatience ou de moquerie, et qui, seule, osait y répondre avec une familiarité dédaigneuse ou enjouée, suivant sa disposition du moment.

Cette jeune fille, blonde, un peu haute en couleur, vive et bien faite, était une petite perle de beauté; et quand sa femme de chambre le lui disait pour la consoler de son ennui : « Hélas ! répondait la jeune fille, je suis une perle enfermée dans ma triste famille comme dans une huître dont cet affreux château des Géants est l'écaille. » C'est en dire assez pour faire comprendre au lecteur quel pétulant oiseau renfermait cette impitoyable cage.

Ce soir-là le silence solennel qui pesait sur la famille, particulièrement au premier service (car les deux vieux seigneurs, la chanoinesse et le chapelain avaient une solidité et une régularité d'appétit qui ne se démentaient en aucune saison de l'année), fut interrompue par le comte Albert.

« Quel temps affreux ! » dit-il avec un profond soupir.

Chacun se regarda avec surprise; car si le temps était devenu sombre et menaçant, depuis une heure qu'on se tenait dans l'intérieur du château, et que les épais volets de chêne étaient fermés, nul ne pouvait s'en apercevoir. Un calme profond régnait au dehors comme au dedans, et rien n'annonçait qu'une tempête dût éclater prochainement.

Cependant nul ne s'avisa de contredire Albert, et Amélie seule se contenta de hausser les épaules, tandis que le jeu des fourchettes et le cliquetis de la vaisselle, échangée lentement par les valets, recommençait après un moment d'interruption et d'inquiétude.

« N'entendez-vous pas le vent qui se déchaîne dans les sapins du Boehmer-Wald, et la voix du torrent qui monte jusqu'à vous? » reprit Albert d'une voix plus haute, et avec un regard fixe dirigé vers son père.

Le comte Christian ne répondit rien. Le baron, qui avait coutume de tout concilier, répondit, sans quitter des yeux le morceau de venaison qu'il taillait d'une main athlétique comme il eût fait d'un quartier de granit :

« En effet, le vent était à la pluie au coucher du soleil, et nous pourrions bien avoir mauvais temps pour la journée de demain. »

Albert sourit d'un air étrange, et tout redevint morne. Mais cinq minutes s'étaient à peine écoulées qu'un coup de vent terrible ébranla les vitraux des immenses croisées, rugit à plusieurs reprises en battant comme d'un fouet les eaux du fossé, et se perdit dans les hauteurs de la montagne avec un gémissement si aigu et si plaintif que tous les visages en pâlirent, à l'exception de celui d'Albert, qui sourit encore avec la même expression indéfinissable que la première fois.

« Il y a en ce moment, dit-il, une âme que l'orage pousse vers nous. Vous feriez bien, monsieur le chapelain, de prier pour ceux qui voyagent dans nos âpres montagnes sous le coup de la tempête.

— Je prie à toute heure et du fond de mon âme, répondit le chapelain tout tremblant, pour ceux qui cheminent dans les rudes sentiers de la vie, sous la tempête des passions humaines.

— Ne lui répondez donc pas, monsieur le chapelain dit Amélie sans faire attention aux regards et aux signes qui l'avertissaient de tous côtés de ne pas donner de suite à cet entretien; vous savez bien que mon cousin se fait un plaisir de tourmenter les autres en leur parlant par énigmes. Quant à moi, je ne tiens guère à savoir le mot des siennes. »

Le comte Albert ne parut pas faire plus attention aux dédains de sa cousine qu'elle ne prétendait accorder à ses discours bizarres. Il mit un coude dans son assiette, qui était presque toujours vide et nette devant lui, et regarda fixement la nappe damassée dont il semblait compter les fleurons et les rosaces, bien qu'il fût absorbé dans une sorte de rêve extatique.

XXIII.

Une tempête furieuse éclata durant le souper, lequel durait toujours deux heures, ni plus ni moins, même les jours d'abstinence, que l'on observait religieusement, mais qui ne dégageaient point le comte du joug de ses habitudes, aussi sacrées pour lui que les ordonnances de l'église romaine. L'orage était trop fréquent dans ces montagnes, et les immenses forêts qui couvraient encore leurs flancs à cette époque, donnaient au bruit du vent et de la foudre des retentissements et des échos trop connus des hôtes du château, pour qu'un accident de cette nature les émût énormément. Cependant l'agitation extraordinaire que montrait le comte Albert se communiqua involontairement à la famille; et le baron, troublé dans les douceurs de sa réfection, en eût éprouvé quelque humeur, s'il eût été possible à sa douceur bienveillante de se démentir un seul instant. Il se contenta de soupirer profondément lorsqu'un épouvantable éclat de la foudre, survenu à l'entremets, impressionna l'écuyer tranchant au point de lui faire manquer la *noix* du jambon de sanglier qu'il entamait en cet instant.

« C'est une affaire faite ! dit-il en adressant un sourire compatissant au pauvre écuyer consterné de sa mésaventure.

— Oui, mon oncle, vous avez raison ! s'écria le comte Albert d'une voix forte, et en se levant; c'est une affaire faite. Le *Hussite* est abattu; la foudre le consume. Le printemps ne reverdira plus son feuillage.

— Que veux-tu dire, mon fils? demanda le vieux Christian d'une voix tristesse; parles-tu du grand chêne de Schreckenstein[1]?

— Oui, mon père, je parle du grand chêne aux branches duquel nous avons fait pendre, l'autre semaine, plus de vingt moines augustins.

— Il prend les siècles pour des semaines, à présent ! dit la chanoinesse à voix basse en faisant un grand signe de croix. S'il est vrai, mon cher enfant, ajouta-t-elle plus haut et en s'adressant à son neveu, que vous ayez vu dans votre rêve une chose réellement arrivée, ou devant arriver prochainement (comme en effet ce hasard singulier s'est rencontré plusieurs fois dans votre imagination), ce ne sera pas une grande perte pour nous que ce vilain chêne à moitié desséché, qui nous rappelle, ainsi que le rocher qu'il ombrage, de si funestes souvenirs historiques.

— Quant à moi, reprit vivement Amélie, heureuse de trouver enfin une occasion de dégourdir un peu sa petite langue, je remercierais l'orage de nous avoir débarrassés du spectacle de cette affreuse potence dont les branches ressemblent à des ossements, et dont le tronc couvert d'une mousse rougeâtre paraît toujours suinter du sang. Je ne suis jamais passée le soir sous son ombre sans frissonner au souffle du vent qui râle dans son feuillage, comme des soupirs d'agonie, et je recommande alors mon âme à Dieu tout en doublant le pas et en détournant la tête.

— Amélie, reprit le jeune comte, qui, pour la pre-

---

[1]. Schreckenstein (*pierre d'épouvante*); plusieurs endroits portent ce nom dans ces contrées.

mière fois peut-être, depuis bien des jours, avait écouté avec attention les paroles de sa cousine, vous avez bien fait de ne pas rester sous le *Hussite*, comme je l'ai fait, des heures et des nuits entières. Vous eussiez vu et entendu là des choses qui vous eussent glacée d'effroi, et dont le souvenir ne se fût jamais effacé de votre mémoire.

— Taisez-vous, s'écria la jeune baronne en tressaillant sur sa chaise comme pour s'éloigner de la table où s'appuyait Albert, je ne comprends pas l'insupportable amusement que vous vous donnez de me faire peur, chaque fois qu'il vous plaît de desserrer les dents.

— Plût au ciel, ma chère Amélie, dit le vieux Christian avec douceur, que ce fût en effet un amusement pour votre cousin de dire de pareilles choses!

— Non, mon père, c'est très-sérieusement que je vous parle, reprit le comte Albert. Le chêne de la *pierre d'épouvante* est renversé, fendu en quatre, et vous pouvez demain envoyer les bûcherons pour le dépecer; je planterai un cyprès à la place, et je l'appellerai non plus le Hussite, mais le Pénitent; et la pierre d'épouvante, il y a longtemps que vous eussiez dû la nommer *pierre d'expiation*.

— Assez, assez, mon fils, dit le vieillard avec une angoisse extrême. Éloignez de vous ces tristes images, et remettez-vous à Dieu du soin de juger les actions des hommes.

— Les tristes images ont disparu, mon père; elles rentrent dans le néant avec ces instruments de supplice que le souffle de l'orage et le feu du ciel viennent de coucher dans la poussière. Je vois, à la place des squelettes qui pendaient aux branches, des fleurs et des fruits que le zéphyr balance aux rameaux d'une tige nouvelle. À la place de l'homme noir qui chaque nuit rallumait le bûcher, je vois une âme toute blanche et toute céleste qui plane sur ma tête et sur la vôtre. L'orage se dissipe, ô mes chers parents! Le danger est passé, ceux qui voyagent sont à l'abri; mon âme est en paix. Le temps de l'expiation touche à sa fin. Je me sens renaître.

— Puisses-tu dire vrai, ô mon fils bien-aimé! répondit le vieux Christian d'une voix émue et avec un accent de tendresse profonde; puisses-tu être délivré des visions et des fantômes qui assiégent ton repos! Dieu me ferait-il cette grâce, de rendre à mon cher Albert le repos, l'espérance, et la lumière de la foi! »

Avant que le vieillard eût achevé ces affectueuses paroles, Albert s'était doucement incliné sur la table, et paraissait tombé subitement dans un paisible sommeil.

« Qu'est-ce que cela signifie encore? dit la jeune baronne à son père; le voilà qui s'endort à table? c'est vraiment fort galant!

— Ce sommeil soudain et profond, dit le chapelain en regardant le jeune homme avec intérêt, est une crise favorable et qui me fait présager, pour quelque temps du moins, un heureux changement dans sa situation.

— Que personne ne lui parle, dit le comte Christian, et ne cherche à le tirer de cet assoupissement.

— Seigneur miséricordieux! dit la chanoinesse avec effusion en joignant les mains, faites que sa prédiction constante se réalise, et que le jour où il entre dans sa trentième année soit celui de sa guérison définitive!

— Amen, ajouta le chapelain avec componction. Élevons tous nos cœurs vers le Dieu de miséricorde; et, en lui rendant grâces de la nourriture que nous venons de prendre, supplions-le de nous accorder la délivrance de ce noble enfant, objet de toutes nos sollicitudes. »

On se leva pour réciter *les grâces*, et chacun resta debout pendant quelques minutes, occupé à prier intérieurement pour le dernier des Rudolstadt. Le vieux Christian y mit tant de ferveur, que deux grosses larmes coulèrent sur ses joues flétries.

Le vieillard venait de donner à ses fidèles serviteurs l'ordre d'emporter son fils dans son appartement, lorsque le baron Frédérick, ayant cherché naïvement dans sa cervelle par quel acte de dévouement il pourrait contribuer au bien-être de son cher neveu, dit à son aîné d'un air de satisfaction enfantine : « Il me vient une bonne idée, frère. Si ton fils se réveille dans la solitude de son appartement, au milieu de sa digestion, il peut lui venir encore quelques idées noires, par suite de quelques mauvais rêves. Fais-le transporter dans le salon, et qu'on l'asseye sur mon grand fauteuil. C'est le meilleur de la maison pour dormir. Il y sera mieux que dans son lit; et quand il se réveillera, il trouvera du moins un bon feu pour égayer ses regards, et des figures amies pour réjouir son cœur.

— Vous avez raison, mon frère, répondit Christian : on peut en effet le transporter au salon, et le coucher sur le grand sofa.

— Il est très-pernicieux de dormir étendu après souper, s'écria le baron. Croyez-moi, frère, je sais cela par expérience. Il faut lui donner mon fauteuil. Oui, je veux absolument qu'il ait mon fauteuil. »

Christian comprit que refuser l'offre de son frère serait lui faire un véritable chagrin. On installa donc le jeune comte dans le fauteuil de cuir du vieux chasseur, sans qu'il s'aperçût en aucune façon du dérangement, tant son sommeil était voisin de l'état léthargique. Le baron s'assit tout joyeux et tout fier sur un autre siége, se chauffant les tibias devant un feu digne des temps antiques, et souriant d'un air de triomphe chaque fois que le chapelain faisait la remarque que ce sommeil du comte Albert devait avoir un heureux résultat. Le bonhomme se promettait de sacrifier sa sieste aussi bien que son fauteuil, et de s'associer au reste de sa famille pour veiller sur le jeune comte; mais, au bout d'un quart d'heure, il s'habitua si bien à son nouveau siége, qu'il se mit à ronfler sur un ton à couvrir les derniers grondements du tonnerre, qui se perdaient par degrés dans l'éloignement.

Le bruit de la grosse cloche du château (celle qu'on ne sonnait que pour les visites extraordinaires) se fit tout à coup entendre, et le vieux Hanz, le doyen des serviteurs de la maison, entra peu après, tenant une grande lettre qu'il présenta au comte Christian, sans dire une seule parole. Puis il sortit pour attendre dans la salle voisine les ordres de son maître; Christian ouvrit la lettre, et, ayant jeté les yeux sur la signature, présenta ce papier à la jeune baronne en la priant de lui en faire la lecture. Amélie, curieuse et empressée, s'approcha d'une bougie, et lut tout haut ce qui suit :

« Illustre et bien-aimé seigneur comte,

« Votre excellence me fait l'honneur de me demander un service. C'est m'en rendre un plus grand encore que tous ceux que j'ai reçus d'elle, et dont mon cœur chérit et conserve le souvenir. Malgré mon empressement à exécuter ses ordres révérés, je n'espérais pas, cependant, trouver la personne qu'elle me demande aussi promptement et aussi convenablement que je désirais le faire. Mais des circonstances favorables venant à coïncider d'une manière imprévue avec les désirs de votre seigneurie, je m'empresse de lui envoyer une jeune personne qui remplit une partie des conditions imposées. Elle ne les remplit cependant pas toutes. Aussi, je ne l'envoie que provisoirement, et pour donner à votre illustre et aimable nièce le loisir d'attendre sans trop d'impatience un résultat plus complet de mes recherches et de mes démarches.

« La personne qui aura l'honneur de vous remettre cette lettre est mon élève, et ma fille adoptive en quelque sorte; elle sera, ainsi que le désire l'aimable baronnne Amélie, à la fois une demoiselle de compagnie obligeante et gracieuse, et une institutrice savante dans la musique. Elle n'a point, du reste, l'instruction que vous réclamez d'une gouvernante. Elle parle facilement plusieurs langues; mais elle ne les sait peut-être pas assez correctement pour les enseigner. Elle possède à fond la musique, et chante remarquablement bien. Vous serez satisfait de son talent, de sa voix et de son maintien. Vous ne le serez pas moins de la douceur et de la dignité de son caractère, et vos seigneuries pourront l'admettre dans leur intimité sans crainte de lui voir jamais commettre une inconvenance, ni donner la preuve d'un mauvais sentiment. Elle désire être libre dans la mesure de ses devoirs envers votre noble famille, et ne point recevoir d'honoraires. En un mot, ce n'est ni une *duègne* ni une *suivante* que j'adresse à l'aimable baronne, mais une *compagne* et une *amie*, ainsi qu'elle m'a fait l'honneur de me le demander dans le gracieux post-scriptum ajouté de sa belle main à la lettre de votre excellence.

« Le seigneur Corner, nommé à l'ambassade d'Autriche, attend l'ordre de son départ. Mais il est à peu près certain que cet ordre n'arrivera pas avant deux mois. La signora Corner, sa digne épouse et ma généreuse élève, veut m'emmener à Vienne, où, selon elle, ma carrière doit prendre une face plus heureuse. Sans croire à un meilleur avenir, je cède à ses offres bienveillantes, avide que je suis de quitter l'ingrate Venise, où je n'ai éprouvé que déceptions, affronts et revers de tous genres. Il me tarde de revoir la noble Allemagne, où j'ai connu des jours plus heureux et plus doux, et les amis vénérables que j'y ai laissés. Votre seigneurie sait bien qu'elle occupe une des premières places dans les souvenirs de ce vieux cœur froissé, mais non refroidi, qu'elle a rempli d'une éternelle affection et d'une profonde gratitude. C'est donc à vous, seigneur illustrissime, que je recommande et confie ma fille adoptive, vous demandant pour elle hospitalité, protection et bénédiction. Elle saura reconnaître vos bontés par son zèle à se rendre utile et agréable à la jeune baronne. Dans trois mois au plus j'irai la reprendre, et vous présenter à sa place une institutrice qui pourra contracter avec votre illustre famille de plus longs engagements.

« En attendant ce jour fortuné où je presserai dans mes mains la main du meilleur des hommes, j'ose me dire, avec respect et fierté, le plus humble des serviteurs et le plus dévoué des amis de votre excellence *chiarissima*, *stimatissima*, *illustrissima*, etc.

« NICOLAS PORPORA.

« Maître de chapelle, compositeur et professeur de chant.

« Venise, le.... 17... »

Amélie sauta de joie en achevant cette lettre, tandis que le vieux comte répétait à plusieurs reprises avec attendrissement : « Digne Porpora, excellent ami, homme respectable !

— Certainement, certainement, dit la chanoinesse Wenceslawa, partagée entre la crainte de voir les habitudes de la famille dérangées par l'arrivée d'une étrangère, et le désir d'exercer noblement les devoirs de l'hospitalité : il faudra la bien recevoir, la bien traiter... Pourvu qu'elle ne s'ennuie pas ici !...

— Mais, mon oncle, c'est donc est ma future amie, ma précieuse maîtresse ? s'écria la jeune baronne sans écouter les réflexions de sa tante. Sans doute elle va arriver bientôt en personne ?... Je l'attends avec une impatience... »

Le comte Christian sonna. « Hanz, dit-il au vieux serviteur, par qui cette lettre vous a-t-elle été remise ?

— Par une dame, monseigneur maître.

— Elle est déjà ici ? s'écria Amélie. Où donc, où donc ?

— Dans sa chaise de poste, à l'entrée du pont-levis.

— Et vous l'avez laissée se morfondre à la porte du château, au lieu de l'introduire tout de suite au salon ?

— Oui, madame la baronne, j'ai lu la lettre ; j'ai défendu au postillon de mettre le pied hors de l'étrier, ni de quitter ses rênes. J'ai fait relever le pont derrière moi, et j'ai remis la lettre à monseigneur maître.

— Mais c'est absurde, impardonnable, de faire attendre ainsi par le mauvais temps les hôtes qui nous arrivent ! Ne dirait-on pas que nous sommes dans une forteresse, et que tous les gens qui en approchent sont des ennemis ! Courez donc, Hanz ! »

Hanz resta immobile comme une statue. Ses yeux seuls exprimaient le regret de ne pouvoir obéir aux désirs de sa jeune maîtresse ; mais un boulet de canon passant sur sa tête n'eût pas dérangé d'une ligne l'attitude impassible dans laquelle il attendait les ordres souverains de son maître.

« Le fidèle Hanz ne connaît que son devoir et sa consigne, ma chère enfant, dit enfin le comte Christian avec une lenteur qui fit bouillir le sang de la baronne. Maintenant, Hanz, allez faire ouvrir la grille et baisser le pont. Que tout le monde aille avec des flambeaux recevoir la voyageuse ; qu'elle soit ici la bienvenue ! »

Hanz ne montra pas la moindre surprise d'avoir à introduire d'emblée une inconnue dans cette maison, où les parents les plus proches et les amis les plus sûrs n'étaient jamais admis sans précautions et sans lenteurs. La chanoinesse alla donner des ordres pour le souper de l'étrangère. Amélie voulut courir au pont-levis ; mais son oncle, tenant à honneur d'aller lui-même à la rencontre de son hôtesse, lui offrit son bras ; et force fut à l'impétueuse petite baronne de se traîner majestueusement jusqu'au péristyle, où déjà la chaise de poste venait de déposer sur les premières marches l'errante et fugitive Consuelo.

XXIV.

Depuis trois mois que la baronne Amélie s'était mis en tête d'avoir une compagne, pour l'instruire bien moins que pour dissiper l'ennui de son isolement, elle avait fait cent fois dans son imagination le portrait de sa future amie. Connaissant l'humeur chagrine du Porpora, elle avait craint qu'il ne lui envoyât une gouvernante austère et pédante. Aussi avait-elle écrit en cachette au professeur pour lui annoncer qu'elle ferait un très-mauvais accueil à toute gouvernante âgée de plus de vingt-cinq ans, comme s'il n'eût pas suffi qu'elle exprimât son désir à de vieux parents dont elle était l'idole et la souveraine.

En lisant la réponse du Porpora, elle fut si transportée, qu'elle improvisa tout d'un trait dans sa tête une nouvelle image de la musicienne, fille adoptive du professeur, jeune, et Vénitienne surtout, c'est-à-dire, dans les idées d'Amélie, faite exprès pour elle, à sa guise et à sa ressemblance.

Elle fut donc un peu déconcertée lorsqu'au lieu de l'espiègle enfant couleur de rose qu'elle rêvait déjà, elle vit une jeune personne pâle, mélancolique et très-interdite. Car au chagrin profond dont son pauvre cœur était accablé, et à la fatigue d'un long et rapide voyage, une impression pénible et presque mortelle était venue se joindre dans l'âme de Consuelo, au milieu de ces vastes forêts de sapins battues par l'orage, au sein de cette nuit lugubre traversée de livides éclairs, et surtout à l'aspect de ce sombre château, où les hurlements de la meute du baron et la lueur des torches que portaient les serviteurs répandaient quelque chose de vraiment sinistre. Quel contraste avec le *firmamento lucido* de Marcello, le silence harmonieux des nuits de Venise, la liberté confiante de sa vie passée au sein de l'amour et de la riante poésie ! Lorsque la voiture eut franchi lentement le pont-levis qui résonna sourdement sous les pieds des chevaux, et que la herse retomba derrière elle avec un affreux grincement, il lui sembla qu'elle entrait dans l'enfer du Dante, et saisie de terreur, elle recommanda son âme à Dieu.

Sa figure était donc bouleversée lorsqu'elle se présenta devant ses hôtes ; et celle du comte Christian venant à la frapper tout d'un coup, cette longue figure blême, flétrie par l'âge et le chagrin, et ce grand corps maigre et raide sous son costume antique, elle crut voir le spectre d'un châtelain du moyen âge ; et, prenant tout ce qui l'entourait pour une vision, elle recula en étouffant un cri d'effroi.

Le vieux comte, n'attribuant son hésitation et sa pâleur qu'à l'engourdissement de la voiture et à la fatigue du voyage, lui offrit son bras pour monter le perron, en essayant de lui adresser quelques paroles d'intérêt et de politesse. Mais le digne homme, outre que la nature lui avait donné un caractère froid et réservé, était devenu, depuis plusieurs années d'une retraite absolue, tellement étranger au monde, que sa timidité avait redoublé, et que, sous un aspect grave et sévère au premier abord, il cachait le trouble et la confusion d'un enfant. L'obligation qu'il s'imposa de parler italien (langue qu'il avait sue passablement, mais dont il n'avait plus l'habitude) ajoutant à son embarras, il ne put que balbutier quelques paroles que Consuelo entendit à peine, et qu'elle prit pour le langage inconnu et mystérieux des ombres.

Amélie, qui s'était promis de se jeter à son cou pour l'apprivoiser tout de suite, ne trouva rien à lui dire, ainsi qu'il arrive souvent par contagion aux natures les plus entreprenantes, lorsque la timidité d'autrui semble prête à reculer devant leurs prévenances.

Consuelo fut introduite dans la grande salle où l'on avait soupé. Le comte, partagé entre le désir de lui faire honneur, et la crainte de lui montrer son fils plongé dans un sommeil léthargique, s'arrêta irrésolu; et Consuelo, toute tremblante, sentant ses genoux fléchir, se laissa tomber sur le premier siége qui se trouva auprès d'elle.

« Mon oncle, dit Amélie qui comprenait l'embarras du vieux comte, je crois que nous ferions mieux de recevoir ici la signora. Il y fait plus chaud que dans le grand salon, et elle doit être transie par ce vent d'orage si froid dans nos montagnes. Je vois avec chagrin qu'elle tombe de fatigue, et je suis sûre qu'elle a plus besoin d'un bon souper et d'un bon sommeil que de toutes nos cérémonies. N'est-il pas vrai, ma chère signora? » ajouta-t-elle en s'enhardissant jusqu'à presser doucement de sa jolie main potelée le bras languissant de Consuelo.

Le son de cette voix fraîche qui prononçait l'italien avec une rudesse allemande très-franche, rassura Consuelo. Elle leva ses yeux voilés par la crainte sur le joli visage de la jeune baronne, et ce regard échangé entre elles rompit la glace aussitôt. La voyageuse comprit tout de suite ce qu'était là son élève, et que cette charmante tête n'était pas celle d'un fantôme. Elle répondit à l'étreinte de sa main, confessa qu'elle était tout étourdie du bruit de la voiture, et que l'orage l'avait beaucoup effrayée. Elle se prêta à tous les soins qu'Amélie voulut lui rendre, s'approcha du feu, se laissa débarrasser de son mantelet, accepta l'offre du souper quoiqu'elle n'eût pas faim le moins du monde, et, de plus en plus rassurée par l'amabilité croissante de sa jeune hôtesse, elle retrouva enfin la faculté de voir, d'entendre et de répondre.

Tandis que les domestiques servaient le souper, la conversation s'engagea naturellement sur le Porpora. Consuelo fut heureuse d'entendre le vieux comte parler de lui comme de son ami, de son égal, et presque de son supérieur. Puis on en revint à parler du voyage de Consuelo, de la route qu'elle avait tenue, et surtout de l'orage qui avait dû l'épouvanter.

« Nous sommes habitués, à Venise, répondit Consuelo, à des tempêtes encore plus soudaines, et beaucoup plus dangereuses; car dans nos gondoles, en traversant la ville, et jusqu'au seuil de nos maisons, nous risquons de faire naufrage. L'eau, qui sert de pavé à nos rues, grossit et s'agite comme les flots de la mer, et pousse nos barques fragiles le long des murailles avec tant de violence, qu'elles peuvent s'y briser avant que nous ayons eu le temps d'aborder. Cependant, bien que j'aie vu de près de semblables accidents et que je ne sois pas très-peureuse, j'ai été plus effrayée ce soir que je ne l'avais été de ma vie, par la chute d'un grand arbre que la foudre a jeté du haut de la montagne en travers de la route; les chevaux se sont cabrés tout droits, et le postillon s'est écrié : *C'est l'arbre du malheur qui tombe! c'est le Hussite!* Ne pourriez-vous m'expliquer, *signora baronessa*, ce que cela signifie ? »

Ni le comte ni Amélie ne songèrent à répondre à cette question. Ils venaient de tressaillir fortement en se regardant l'un l'autre.

« Mon fils ne s'était donc pas trompé! dit le vieillard; étrange, étrange, en vérité! »

Et, ramené à sa sollicitude pour Albert, il sortit de la salle pour aller le rejoindre, tandis qu'Amélie murmurait en joignant les mains :

« Il y a ici de la magie, et le Diable demeure avec nous ! »

Ces bizarres propos ramenèrent Consuelo au sentiment de terreur superstitieuse qu'elle avait éprouvé en entrant dans la demeure des Rudolstadt. La subite pâleur d'Amélie, le silence solennel de ces vieux valets à culottes rouges, à figures cramoisies, toutes semblables, toutes larges et carrées, avec ces yeux sans regards et sans vie qui donnent l'amour et l'éternité de la servitude; la profondeur de cette salle boisée de chêne noir, où la clarté d'un lustre chargé de bougies ne suffisait pas à dissiper l'obscurité; les cris de l'effraie qui recommençait sa chasse après l'orage autour du château; les grands portraits de famille, les énormes têtes de cerf et de sanglier sculptées en relief sur la boiserie, tout, jusqu'aux moindres circonstances, réveillait en elle les sinistres émotions qui venaient à peine de se dissiper. Les réflexions de la jeune baronne n'étaient pas de nature à la rassurer beaucoup.

« Ma chère signora, disait-elle en s'apprêtant à la servir, il faut vous préparer à voir ici des choses inouïes, inexplicables, fastidieuses le plus souvent, effrayantes parfois; de véritables scènes de roman, que personne ne voudrait croire si vous les racontiez, et que vous serez engagée sur l'honneur à ensevelir dans un éternel silence. »

Comme la baronne parlait ainsi, la porte s'ouvrit lentement, et la chanoinesse Wenceslawa, avec sa bosse, sa figure anguleuse et son costume sévère, rehaussé du grand cordon de son ordre qu'elle ne quittait jamais, entra de l'air le plus majestueusement affable qu'elle eût eu depuis le jour mémorable où l'impératrice Marie-Thérèse, au retour de son voyage en Hongrie, avait fait au château des Géants l'insigne honneur d'y prendre, avec sa suite, un verre d'hypocras et une heure de repos. Elle s'avança vers Consuelo, qui surprise et terrifiée, la regardait d'un œil hagard sans songer à se lever, lui fit deux révérences, et, après un discours en allemand qu'elle semblait avoir appris par cœur longtemps d'avance, tant il était compassé, s'approcha d'elle pour l'embrasser au front. La pauvre enfant, plus froide qu'un marbre, crut recevoir le baiser de la mort, et, prête à s'évanouir, murmura un remerciement inintelligible.

Quand la chanoinesse eut passé dans le salon, car elle voyait bien que sa présence intimidait la voyageuse plus qu'elle ne l'avait désiré, Amélie partit d'un grand éclat de rire.

« Vous avez cru, je gage, dit-elle à sa compagne, voir le spectre de la reine Libussa? Mais tranquillisez-vous. Cette bonne chanoinesse est ma tante, la plus ennuyeuse et la meilleure des femmes. »

A peine remise de cette émotion, Consuelo entendit craquer derrière elle de grosses bottes hongroises. Un pas lourd et mesuré ébranla le pavé, et une figure massive, rouge et carrée au point que celles de ces gros serviteurs parurent pâles et fines à côté d'elle, traversa la salle dans un profond silence, et sortit par la grande porte que les valets lui ouvrirent respectueusement. Nouveau tressaillement de Consuelo, nouveau rire d'Amélie.

« Celui-ci, dit-elle, c'est le baron de Rudolstadt, le plus chasseur, le plus dormeur, et le plus tendre des pères. Il vient d'achever sa sieste au salon. A neuf heures sonnantes, il se lève de son fauteuil, sans pour cela se réveiller; il traverse cette salle sans rien voir et sans rien entendre, monte l'escalier, toujours endormi; se couche sans avoir conscience de rien, et s'éveille avec le jour, aussi dispos, aussi alerte, et aussi actif qu'un jeune homme, pour aller pré, avec ses chiens, ses chevaux et ses faucons pour la chasse. »

A peine avait-elle fini cette explication, que le chapelain vint à passer. Celui-là aussi était gros, mais court et blême comme un lymphatique. La vie contemplative ne convient pas à ces épaisses natures slaves, et l'embonpoint du saint homme était maladif. Il se contenta de saluer profondément les deux dames, parla bas à un domestique, et disparut par le même chemin que le baron avait pris. Aussitôt, le vieux Hanz et un autre de ces automates que Consuelo ne pouvait distinguer les uns des autres, tant ils appartenaient au même type robuste et grave, se dirigèrent vers le salon. Consuelo, ne trouvant plus la force de faire semblant de manger, se retourna pour les suivre des yeux. Mais avant qu'ils eussent franchi la porte située derrière elle, une nouvelle apparition plus saisissante que toutes les autres se pré-

C'était un jeune homme de haute taille... (Page 56.)

senta sur le seuil : c'était un jeune homme d'une haute taille et d'une superbe figure, mais d'une pâleur effrayante. Il était vêtu de noir de la tête aux pieds, et une riche pelisse de velours garnie de martre était retenue sur ses épaules par des brandebourgs et des agrafes d'or. Ses longs cheveux, noirs comme l'ébène, tombaient en désordre sur ses joues pâles, un peu voilées par une barbe soyeuse qui bouclait naturellement. Il fit aux serviteurs qui s'étaient avancés à sa rencontre un geste impératif, qui les força de reculer et les tint immobiles à distance, comme si son regard les eût fascinés. Puis, se retournant vers le comte Christian, qui venait derrière lui :

« Je vous assure, mon père, dit-il d'une voix harmonieuse et avec l'accent le plus noble, que je n'ai jamais été aussi calme. Quelque chose de grand s'est accompli dans ma destinée, et la paix du ciel est descendue sur notre maison.

— Que Dieu t'entende, mon enfant! » répondit le vieillard en étendant la main comme pour le bénir.

Le jeune homme inclina profondément sa tête sous la main de son père; puis, se redressant avec une expression douce et sereine, il s'avança jusqu'au milieu de la salle, sourit faiblement en touchant du bout des doigts la main que lui tendait Amélie, et regarda fixement Consuelo pendant quelques secondes. Frappée d'un respect involontaire, Consuelo le salua en baissant les yeux. Mais il ne lui rendit pas son salut, et continua à la regarder.

« Cette jeune personne, lui dit la chanoinesse en allemand, c'est celle que... »

Mais il l'interrompit par un geste qui semblait dire : Ne me parlez pas, ne dérangez pas le cours de mes pensées. Puis il se détourna sans donner le moindre témoignage de surprise ou d'intérêt, et sortit lentement par la grande porte.

« Il faut, ma chère demoiselle, dit la chanoinesse, que vous excusiez...

— Ma tante, je vous demande pardon de vous interrompre, dit Amélie; mais vous parlez allemand à la signora qui ne l'entend point.

— Pardonnez-moi, bonne signora, répondit Consuelo en italien; j'ai parlé beaucoup de langues dans mon enfance, car j'ai beaucoup voyagé; je me souviens assez de l'allemand pour le comprendre parfaitement. Je n'ose

Sachez donc, ma chère... (Page 58.)

pas encore essayer de le prononcer; mais si vous voulez me donner quelques leçons, j'espère m'y remettre dans peu de jours.

— Vraiment, c'est comme moi, repartit la chanoinesse en allemand. Je comprends tout ce que dit mademoiselle, et cependant je ne saurais parler sa langue. Puisqu'elle m'entend, je lui dirai que mon neveu vient de faire, en ne la saluant pas, une impolitesse qu'elle voudra bien pardonner lorsqu'elle saura que ce jeune homme a été ce soir fortement indisposé... et qu'après son évanouissement il était encore si faible, que sans doute il ne l'a point vue... N'est-il pas vrai, mon frère? ajouta la bonne Wenceslawa, toute troublée des mensonges qu'elle venait de faire, et cherchant son excuse dans les yeux du comte Christian.

— Ma chère sœur, répondit le vieillard, vous êtes généreuse d'excuser mon fils. La signora voudra bien ne pas trop s'étonner de certaines choses que nous lui apprendrons demain à cœur ouvert, avec la confiance que doit nous inspirer la fille adoptive du Porpora, j'espère dire bientôt l'amie de notre famille. »

C'était l'heure où chacun se retirait, et la maison était soumise à des habitudes si régulières, que si les deux jeunes filles fussent restées plus longtemps à table, les serviteurs, comme de véritables machines, eussent emporté, je crois, leurs sièges et soufflé les bougies sans tenir compte de leur présence. D'ailleurs il tardait à Consuelo de se retirer; et Amélie la conduisit à la chambre élégante et confortable qu'elle lui avait fait réserver tout à côté de la sienne propre.

« J'aurais bien envie de causer avec vous une heure ou deux, lui dit-elle aussitôt que la chanoinesse, qui avait fait gravement les honneurs de l'appartement, se fut retirée. Il me tarde de vous mettre au courant de tout ce qui se passe ici, avant que vous ayez à supporter nos bizarreries. Mais vous êtes si fatiguée que vous devez désirer avant tout de vous reposer.

— Qu'à cela ne tienne, signora, répondit Consuelo. J'ai les membres brisés, il est vrai; mais j'ai la tête si échauffée, que je suis bien certaine de ne pas dormir de la nuit. Ainsi parlez-moi tant que vous voudrez; mais à condition que ce sera en allemand, cela me servira de leçon; car je vois que l'italien n'est pas familier au seigneur comte, et encore moins à madame la chanoinesse.

— Faisons un accord, dit Amélie. Vous allez vous mettre au lit pour reposer vos pauvres membres brisés. Pendant ce temps, j'irai passer une robe de nuit et congédier ma femme de chambre. Je reviendrai après m'asseoir à votre chevet, et nous parlerons allemand jusqu'à ce que le sommeil nous vienne. Est-ce convenu?

— De tout mon cœur, » répondit la nouvelle gouvernante.

XXV.

« Sachez donc, ma chère... dit Amélie lorsqu'elle eut fait ses arrangements pour la conversation projetée. Mais je m'aperçois que je ne sais point votre nom, ajouta-t-elle en souriant. Il serait temps de supprimer entre nous les titres et les cérémonies. Je veux que vous m'appeliez désormais Amélie, comme je veux vous appeler...

— J'ai un nom étranger, difficile à prononcer, répondit Consuelo. L'excellent maître Porpora, en m'envoyant ici, m'a ordonné de prendre le sien, comme c'est l'usage des protecteurs ou des maîtres envers leurs élèves privilégiés; je partage donc désormais, avec le grand chanteur Huber (dit le Porporino), l'honneur de me nommer la Porporina; mais par abréviation vous m'appellerez, si vous voulez, tout simplement *Nina*.

— Va pour Nina, entre nous, reprit Amélie. Maintenant écoutez-moi, car j'ai une assez longue histoire à vous raconter, et si je ne remonte un peu haut dans le passé, vous ne pourrez jamais comprendre ce qui se passe aujourd'hui dans cette maison.

— Je suis toute attention et toute oreilles, dit la nouvelle Porporina.

— Vous n'êtes pas, ma chère Nina, sans connaître un peu l'histoire de la Bohême? dit la jeune baronne.

— Hélas, répondit Consuelo, ainsi que mon maître a dû vous l'écrire, je suis tout à fait dépourvue d'instruction; je connais tout au plus un peu l'histoire de la musique; mais celle de la Bohême, je ne la connais pas plus que celle d'aucun pays du monde.

— En ce cas, reprit Amélie, je vais vous en dire succinctement ce qu'il vous importe d'en savoir pour l'intelligence de mon récit. Il y a trois cents ans et plus, le peuple opprimé et effacé au milieu duquel vous voici transplantée était un grand peuple, audacieux, indomptable, héroïque. Il avait dès lors, à la vérité, des maîtres étrangers, une religion qu'il ne comprenait pas bien et qu'on voulait lui imposer de force. Des moines innombrables le pressuraient; un roi cruel et débauché se jouait de sa dignité et froissait toutes ses sympathies. Mais une fureur secrète, une haine profonde, fermentaient de plus en plus, et un jour l'orage éclata: les maîtres étrangers furent chassés, la religion fut réformée, les couvents pillés et rasés, l'ivrogne Wenceslas jeté en prison et dépouillé de sa couronne. Le signal de la révolte avait été le supplice de Jean Huss et de Jérôme de Prague, deux savants courageux de Bohême qui voulaient examiner et éclaircir le mystère du catholicisme, et qu'un concile appela, condamna et fit brûler, après leur avoir promis la vie sauve et la liberté de la discussion. Cette trahison et cette infamie furent si sensibles à l'honneur national, que la guerre ensanglanta la Bohême et une grande partie de l'Allemagne, pendant de longues années. Cette guerre d'extermination fut appelée la guerre des Hussites. Des crimes odieux et innombrables y furent commis de part et d'autre. Les mœurs du temps étaient farouches et impitoyables sur toute la face de la terre. L'esprit de parti et le fanatisme religieux les rendirent plus terribles encore, et la Bohême fut l'épouvante de l'Europe. Je n'effraierai pas votre imagination, déjà émue de l'aspect de ce pays sauvage, par le récit des scènes effroyables qui s'y passèrent. Ce ne sont, d'une part, que meurtres, incendies, rapines, bûchers, destructions, églises profanées, moines et religieux mutilés, pendus, jetés dans la poix bouillante; de l'autre, que villes détruites, pays désolés, trahisons, men songes, cruautés, hussites jetés par milliers dans les mines, comblant des abîmes de leurs cadavres, et jonchant la terre de leurs ossements et de ceux de leurs ennemis. Ces affreux Hussites furent longtemps invincibles; aujourd'hui nous ne prononçons leur nom qu'avec effroi: et cependant leur patriotisme, leur constance intrépide et leurs exploits fabuleux laissent en nous un secret sentiment d'admiration et d'orgueil que de jeunes esprits comme le mien ont parfois de la peine à dissimuler.

— Et pourquoi dissimuler? demanda Consuelo naïvement.

— C'est que la Bohême est retombée, après bien des luttes, sous le joug de l'esclavage: c'est qu'il n'y a plus de Bohême, ma pauvre Nina. Nos maîtres savaient bien que la liberté religieuse de notre pays, c'était sa liberté politique. Voilà pourquoi ils ont étouffé l'une et l'autre.

— Voyez, reprit Consuelo, combien je suis ignorante! Je n'avais jamais entendu parler de ces choses, et je ne savais pas que les hommes eussent été si malheureux et si méchants.

— Cent ans après Jean Huss, un nouveau savant, un nouveau sectaire, un pauvre moine, appelé Martin Luther, vint réveiller l'esprit national, et inspirer à la Bohême et à toutes les provinces indépendantes de l'Allemagne la haine du joug étranger et la révolte contre les papes. Les plus puissants rois demeurèrent catholiques, non pas tant par amour de la religion que par amour du pouvoir absolu. L'Autriche s'unit à nous pour nous accabler, et une nouvelle guerre, appelée la guerre de trente ans, vint ébranler et détruire notre nationalité. Dès le commencement de cette guerre, la Bohême fut la proie du plus fort; l'Autriche nous traita en vaincus, nous ôta notre foi, notre liberté, notre langue, et jusqu'à notre nom. Nos pères résistèrent courageusement, mais le joug impérial s'est de plus en plus appesanti sur nous. Il y a cent vingt ans que notre noblesse, ruinée et décimée par les exactions, les combats et les supplices, a été forcée de s'expatrier ou de se dénationaliser, en abjurant ses origines, et en germanisant ses noms (faites attention à ceci) et en renonçant à la liberté de ses croyances religieuses. On a brûlé nos livres, on a détruit nos écoles, on nous a fait Autrichiens en un mot. Nous ne sommes plus qu'une province de l'Empire, et vous entendez parler allemand dans un pays slave; c'est vous en dire assez.

— Et maintenant, vous souffrez de cet esclavage et vous en rougissez? Je le comprends, et je hais déjà l'Autriche de tout mon cœur.

— Oh! parlez plus bas! s'écria la jeune baronne. Nul ne peut parler ainsi sans danger, sous le ciel noir de la Bohême; et dans ce château, il n'y a qu'une seule personne qui ait l'audace et la folie de dire ce que vous venez de dire, ma chère Nina! C'est mon cousin Albert.

— Voilà donc la cause du chagrin qu'on lit sur son visage? Je me suis sentie saisie de respect en le regardant.

— Ah! ma belle lionne de Saint-Marc! dit Amélie, surprise de l'animation généreuse qui tout à coup fit resplendir le pâle visage de sa compagne; vous prenez les choses trop au sérieux. Je crains bien que dans peu de jours mon pauvre cousin ne vous inspire plus de pitié que de respect.

— L'un pourrait bien ne pas empêcher l'autre, reprit Consuelo; mais expliquez-vous, chère baronne.

— Écoutez bien, dit Amélie. Nous sommes une famille très-catholique, très-fidèle à l'église et à l'empire. Nous portons un nom saxon, et nos ancêtres de la branche saxonne furent toujours très-orthodoxes. Si ma tante la chanoinesse entreprend un jour, pour votre malheur, de vous raconter les services que nos aïeux les comtes et les barons allemands ont rendus à la sainte cause, vous verrez qu'il n'y a pas, selon elle, la plus petite tache d'hérésie sur notre écusson. Même au temps où la Saxe était protestante, les Rudolstadt aimèrent mieux abandonner leurs électeurs protestants que le giron de l'église romaine. Mais ma tante ne s'avisera jamais de vanter ces choses-là en présence du comte Albert, sans quoi vous entendriez dire à celui-ci les choses les plus surprenantes que jamais oreilles humaines aient entendues.

— Vous piquez toujours ma curiosité sans la satisfaire. Je comprends jusqu'ici que je ne dois pas avoir l'air, devant vos nobles parents, de partager vos sympathies et celle du comte Albert pour la vieille Bohême. Vous pouvez, chère baronne, vous en rapporter à ma prudence. D'ailleurs je suis née en pays catholique, et le respect que j'ai pour ma religion, autant que celui que je dois à votre famille, suffiraient pour m'imposer silence en toute occasion.

— Ce sera prudent; car je vous avertis encore une fois que nous sommes terriblement collets-montés à cet endroit-là. Quant à moi, en particulier, chère Nina, je suis de meilleure composition. Je ne suis ni protestante ni catholique. J'ai été élevée par des religieuses; leurs sermons et leurs patenôtres m'ont ennuyée considérablement. Le même ennui me poursuit jusqu'ici, et ma tante Wenceslawa résume en elle seule le pédantisme et les superstitions de toute une communauté. Mais je suis trop de mon siècle pour me jeter par réaction dans les controverses non moins assommantes des luthériens : et, quant aux hussites, c'est de l'histoire si ancienne, que je n'en suis guère plus engouée que de la gloire des Grecs ou des Romains. L'esprit français est mon idéal, et je ne crois pas qu'il y ait d'autre raison, d'autre philosophie et d'autre civilisation que celle que l'on pratique dans cet aimable et riant pays de France, dont je lis quelquefois les écrits en cachette, et dont j'aperçois le bonheur, la liberté et les plaisirs de loin, comme dans un rêve à travers les fentes de ma prison.

— Vous me surprenez à chaque instant davantage, dit Consuelo avec simplicité. D'où vient donc que tout à l'heure vous me sembliez pleine d'héroïsme en rappelant les exploits de vos antiques Bohémiens? Je vous ai crue Bohémienne et quelque peu hérétique.

— Je suis plus qu'hérétique, et plus que Bohémienne, répondit Amélie en riant, je suis un peu incrédule, et tout à fait rebelle. Je hais toute espèce de domination, qu'elle soit spirituelle ou temporelle, et je proteste tout bas contre l'Autriche, qui de toutes les duègnes est la plus guindée et la plus dévote.

— Et le comte Albert est-il incrédule de la même manière? A-t-il aussi l'esprit français? Vous devez, en ce cas, vous entendre à merveille?

— Oh! nous ne nous entendons pas le moins du monde, et voici, enfin, après tous mes préambules nécessaires, le moment de vous parler de lui :

« Le comte Christian, mon oncle, n'eut pas d'enfants de sa première femme. Remarié à l'âge de quarante ans, il eut de la seconde cinq fils qui moururent tous, ainsi que leur mère, de la même maladie née avec eux, une douleur continuelle et une sorte de fièvre dans le cerveau. Cette seconde femme était de pur sang bohême et avait, dit-on, une grande beauté et beaucoup d'esprit. Je ne l'ai pas connue. Vous verrez son portrait, en corset de pierreries et en manteau d'écarlate, dans le grand salon. Albert lui ressemble prodigieusement. C'est le sixième et le dernier de ses enfants, le seul qui ait atteint l'âge de trente ans ; et ce n'est pas sans peine : car, sans être malade en apparence, il a passé par de rudes épreuves, et d'étranges symptômes de maladie du cerveau donnent encore à craindre pour ses jours. Entre nous, je ne crois pas qu'il dépasse de beaucoup ce terme fatal que sa mère n'a pu franchir. Quoiqu'il fût né d'un père déjà avancé en âge, Albert est doué pourtant d'une forte constitution; mais, comme il le dit lui-même, le mal est dans son âme, et ce mal a été toujours en augmentant. Dès sa première enfance, il eut l'esprit frappé d'idées bizarres et superstitieuses. A l'âge de quatre ans, il prétendait voir souvent sa mère auprès de son berceau, bien qu'elle fût morte et qu'il l'eût vu ensevelir. La nuit il s'éveillait pour lui répondre ; et ma tante Wenceslawa en fut parfois si effrayée, qu'elle faisait toujours coucher plusieurs femmes dans sa chambre auprès de l'enfant, tandis que le chapelain usait je ne sais combien d'eau bénite pour exorciser le fantôme, et disait des messes par douzaines pour l'obliger à se tenir tranquille. Mais rien n'y fit ; car l'enfant n'ayant plus parlé de ces apparitions pendant bien longtemps, il avoua pourtant un jour en confidence à sa nourrice qu'il voyait toujours *sa petite mère*, mais qu'il ne voulait plus le raconter, parce que monsieur le chapelain disait ensuite dans la chambre de méchantes paroles pour l'empêcher de revenir.

« C'était un enfant sombre et taciturne. On s'efforçait de le distraire, on l'accablait de jouets et de divertissements qui ne servirent pendant longtemps qu'à l'attrister davantage. Enfin on prit le parti de ne pas contrarier le goût qu'il montrait pour l'étude, et en effet, cette passion satisfaite lui donna plus d'animation ; mais cela ne fit que changer sa mélancolie calme et languissante en une exaltation bizarre, mêlée d'accès de chagrin dont les causes étaient impossibles à prévoir et à détourner. Par exemple, lorsqu'il voyait des pauvres, il fondait en larmes, et se dépouillait de toutes ses petites richesses, se reprochant et s'affligeant toujours de ne pouvoir leur donner assez. S'il voyait battre un enfant, ou rudoyer un paysan, il entrait dans de telles indignations, qu'il tombait ou évanoui, ou en convulsion pour des heures entières. Tout cela annonçait un bon naturel et un grand cœur ; mais les meilleures qualités poussées à l'excès deviennent des défauts ou des ridicules. La raison ne se développait point dans le jeune Albert en même temps que le sentiment et l'imagination. L'étude de l'histoire le passionnait sans l'éclairer. Il était toujours, en apprenant les crimes et les injustices des hommes, agité d'émotions par trop naïves, comme ce roi barbare qui, en écoutant la lecture de la passion de Notre-Seigneur, s'écriait en brandissant sa lance : « Ah ! si j'avais été là avec mes hommes d'armes, de telles choses ne seraient pas arrivées ! j'aurais haché ces méchants Juifs en mille pièces ! »

« Albert ne pouvait pas accepter les hommes pour ce qu'ils ont été et pour ce qu'ils sont encore. Il trouvait le ciel injuste de ne les avoir pas créés tous bons et compatissants comme lui ; et à force de tendresse et de vertu, il ne s'apercevait pas qu'il devenait impie et misanthrope. Il ne comprenait que ce qu'il éprouvait, et, à dix-huit ans, il était aussi incapable de vivre avec les hommes et de jouer dans la société le rôle que sa position exigeait, que s'il n'eût eu que six mois. Si quelqu'un émettait devant lui une de ces pensées d'égoïsme dont notre pauvre monde fourmille et sans lequel il n'existerait pas, sans se soucier de la qualité de cette personne, ni des égards que sa famille pouvait lui devoir, il lui montrait sur-le-champ un éloignement invincible, et rien ne l'eût décidé à lui faire le moindre accueil. Il faisait sa société des êtres les plus vulgaires et les plus disgraciés de la fortune et même de la nature. Dans les jeux de son enfance, il ne se plaisait qu'avec les enfants des pauvres, et surtout avec ceux dont la stupidité ou les infirmités n'eussent inspiré à tout autre que l'ennui et le dégoût. Il n'a pas perdu ce singulier penchant, et vous ne serez pas longtemps ici sans en avoir la preuve.

« Comme, au milieu de ces bizarreries, il montrait beaucoup d'esprit, de mémoire et d'aptitude pour les beaux-arts, son père et sa bonne tante Wenceslawa, qui l'élevaient avec amour, n'avaient point sujet de rougir de lui dans le monde. On attribuait ses ingénuités à un peu de sauvagerie, contractée dans les habitudes de la campagne, et lorsqu'il était disposé à les pousser trop loin, on avait soin de le cacher, sous quelque prétexte, aux personnes qui auraient pu s'en offenser. Mais, malgré ses admirables qualités et ses heureuses dispositions, le comte et la chanoinesse voyaient avec effroi cette nature indépendante et insensible à beaucoup d'égards, se refuser de plus en plus aux lois de la bienséance et aux usages du monde.

— Mais jusqu'ici, interrompit Consuelo, je ne vois rien qui prouve cette déraison dont vous parlez.

— C'est que vous êtes vous-même, à ce que je pense, répondit Amélie, une belle âme tout à fait candide...

Mais peut-être êtes-vous fatiguée de m'entendre babiller, et voulez-vous essayer de vous endormir.

— Nullement, chère baronne, je vous supplie de continuer, répondit Consuelo. »

Amélie reprit son récit en ces termes :

XXVI.

« Vous dites, chère Nina, que vous ne voyez jusqu'ici aucune extravagance dans les faits et gestes de mon pauvre cousin. Je vais vous en donner de meilleures preuves. Mon oncle et ma tante sont, à coup sûr, les meilleurs chrétiens et les âmes les plus charitables qu'il y ait au monde. Ils ont toujours répandu les aumônes autour d'eux à pleines mains, et il est impossible de mettre moins de faste et d'orgueil dans l'emploi des richesses que ne le font ces dignes parents. Eh bien, mon cousin trouvait leur manière de vivre tout à fait contraire à l'esprit évangélique. Il eût voulu qu'à l'exemple des premiers chrétiens, ils vendissent leurs biens, et se fissent mendiants, après les avoir distribués aux pauvres. S'il ne disait pas cela précisément, retenu par le respect et l'amour qu'il leur portait, il faisait bien voir que telle était sa pensée, en plaignant avec amertume le sort des misérables qui ne font que souffrir et travailler, tandis que les riches vivent dans le bien-être et l'oisiveté. Quand il avait donné tout l'argent qu'on lui permettait de dépenser, ce n'était, selon lui, qu'une goutte d'eau dans la mer ; et il demandait d'autres sommes plus considérables, qu'on n'osait trop lui refuser, et qui s'écoulaient comme de l'eau entre ses mains. Il en a tant donné, que vous ne verrez pas un indigent dans le pays qui nous environne ; et je dois dire que nous ne nous en trouvons pas mieux : car les exigences des petits et leurs besoins augmentent en raison des concessions qu'on leur fait, et nos bons paysans, jadis si humbles et si doux, lèvent beaucoup la tête, grâce aux prodigalités et aux beaux discours de leur jeune maître. Si nous n'avions la force impériale au-dessus de nous tous, pour nous protéger d'une part, tandis qu'elle nous opprime de l'autre, je crois que nos terres et nos châteaux eussent été pillés et dévastés vingt fois par les bandes de paysans des districts voisins que la guerre a affamés, et que l'inépuisable pitié d'Albert (célèbre à trente lieues à la ronde) nous a mis sur le dos, surtout dans ces dernières affaires de la succession de l'empereur Charles.

« Lorsque le comte Christian voulait faire au jeune Albert quelques sages remontrances, lui disant que donner tout dans un jour, c'était s'ôter le moyen de donner le lendemain :

« — Eh quoi, mon père bien-aimé, lui répondait-il, n'avons-nous pas, pour nous abriter, un toit qui durera plus que nous, tandis que des milliers d'infortunés n'ont que le ciel inclément et froid sur leurs têtes ? N'avons-nous pas chacun plus d'habits qu'il n'en faudrait pour vêtir une de ces familles couvertes de haillons ? Ne vois-je point sur notre table, chaque jour, plus de viandes et de bons vins de Hongrie qu'il n'en faudrait pour rassasier et reconforter ces mendiants épuisés de besoin et de lassitude ? Avons-nous le droit de refuser quelque chose tant que nous avons au delà du nécessaire ? Et le nécessaire même, nous est-il permis d'en user quand les autres ne l'ont pas ? La loi du Christ a-t-elle changé ? »

« Que pouvaient répondre à de si belles paroles le comte et la chanoinesse et le chapelain, qui avaient élevé ce jeune homme dans des principes de religion si fervents et si austères ? Aussi se trouvaient-ils bien embarrassés en le voyant prendre ainsi les choses au pied de la lettre, et ne vouloir accepter aucune de ces transactions avec le siècle, sur lesquelles repose pourtant, ce me semble, tout l'édifice des sociétés.

« C'était bien autre chose quand il s'agissait de politique. Albert trouvait monstrueuses ces lois humaines qui autorisent les souverains à faire tuer des millions d'hommes, et à ruiner des contrées immenses, pour les caprices de leur orgueil et les intérêts de leur vanité. Son intolérance sur ce point devenait dangereuse, et ses parents n'osaient plus le mener à Vienne, ni à Prague, ni dans aucune grande ville, où son fanatisme de vertu leur eût fait de mauvaises affaires. Ils n'étaient pas plus rassurés à l'endroit de ses principes religieux ; car il y avait, dans sa piété exaltée, tout ce qu'il faut pour faire un hérétique à pendre et à brûler. Il haïssait les papes, ces apôtres de Jésus-Christ qui se liguent avec les rois contre le repos et la dignité des peuples. Il blâmait le luxe des évêques et l'esprit mondain des abbés, et l'ambition de tous les hommes d'église. Il faisait au pauvre chapelain des sermons renouvelés de Luther et de Jean Huss ; et cependant Albert passait des heures entières prosterné sur le pavé des chapelles, plongé dans des méditations et des extases dignes d'un saint. Il observait les jeûnes, les abstinences bien au delà des prescriptions de l'Église ; on dit même qu'il portait un cilice, et qu'il fallut toute l'autorité de son père et toute la tendresse de sa tante pour le faire renoncer à ces macérations, qui ne contribuaient pas peu à exalter sa pauvre tête.

« Quand ces bons et sages parents virent qu'il était en chemin de dissiper tout son patrimoine en peu d'années, et de se faire jeter en prison comme rebelle à la Sainte-Église et au Saint-Empire, ils prirent enfin, avec douleur, le parti de le faire voyager, espérant qu'à force de voir les hommes et leurs lois fondamentales, à peu près les mêmes dans tout le monde civilisé, il s'habituerait à vivre comme eux et avec eux. Ils le confièrent donc à un gouverneur, fin jésuite, homme du monde et homme d'esprit s'il en fut, qui comprit son rôle à demi-mot, et se chargea, dans sa conscience, de prendre sur lui tout ce qu'on n'osait pas lui demander. Pour parler clair, il s'agissait de corrompre et d'émousser cette âme farouche, de la façonner au joug social, en lui infusant goutte à goutte les poisons si doux et si nécessaires de l'ambition, de la vanité, de l'indifférence religieuse, politique et morale. — Ne froncez pas ainsi le sourcil en m'écoutant, chère Porporina. Mon digne oncle est un homme simple et bon, qui dès sa jeunesse, a accepté toutes ces choses, telles qu'on les lui a données, et qui a su, dans tout le cours de sa vie, concilier, sans hypocrisie et sans examen, la tolérance et la religion, les devoirs du chrétien et ceux du grand seigneur. Dans un monde et dans un siècle où l'on trouve un homme comme Albert sur des millions comme nous autres, celui qui marche avec le siècle et le monde est sage, et celui qui veut remonter de deux mille ans dans le passé est un fou qui scandalise ses pareils et ne convertit personne.

« Albert a voyagé pendant huit ans. Il a vu l'Italie, la France, l'Angleterre, la Prusse, la Pologne, la Russie, les Turcs même ; il est revenu par la Hongrie, l'Allemagne méridionale et la Bavière. Il s'est conduit sagement durant ces longues excursions, ne dépensant point au delà du revenu honorable que ses parents lui avaient assigné, leur écrivant des lettres fort douces et très-affectueuses, où il ne parlait jamais que des choses qui avaient frappé ses yeux, sans faire aucune réflexion approfondie sur quoi que ce fût, et sans donner à l'abbé, son gouverneur, aucun sujet de plainte ou d'ingratitude.

« Revenu ici au commencement de l'année dernière, après les premiers embrassements, il se retira, dit-on, dans la chambre qu'avait habitée sa mère, y resta enfermé pendant plusieurs heures, et en sortit fort pâle, pour s'en aller promener seul sur la montagne.

« Pendant ce temps, l'abbé parla en confidence à la chanoinesse Wenceslawa et au chapelain, qui avaient exigé de lui une complète sincérité sur l'état physique et moral du jeune comte. Le comte Albert, leur dit-il, soit que l'effet du voyage l'ait subitement métamorphosé, soit que, d'après ce que vos seigneuries m'avaient raconté de son enfance, je me fusse fait une fausse idée de lui, le comte Albert, dis-je, s'est montré à moi, dès le premier jour de notre association, tel que vous le verrez aujourd'hui, doux, calme, longanime, patient, et d'une exquise politesse. Cette excellente manière d'être ne s'est pas démentie un seul instant, et je serais le plus injuste des hommes si je formulais la moindre plainte contre lui. Rien de ce que je craignais de ses folles dépenses, de ses brusqueries, de ses déclamations, de son ascétisme exalté, n'est arrivé. Il ne m'a pas demandé une seule fois à administrer par lui-même la petite fortune que vous m'aviez confiée, et n'a jamais exprimé le moindre mécontentement. Il est vrai que j'ai toujours prévenu ses désirs, et que, lorsque je voyais un pauvre s'approcher de sa voiture, je me hâtais de le renvoyer satisfait avant qu'il eût tendu la main. Cette façon d'agir a complétement réussi, et je puis dire que le spectacle de la misère et des infirmités n'ayant presque plus attristé les regards de sa seigneurie, elle ne m'a pas semblé une seule fois se rappeler ses anciennes préoccupations sur ce point. Jamais je ne l'ai entendu gronder personne, ni blâmer aucun usage, ni porter un jugement défavorable sur aucune institution. Cette dévotion ardente, dont vous redoutiez l'excès, a semblé faire place à une régularité de conduite et de pratiques tout à fait convenables à un homme du monde. Il a vu les plus brillantes cours de l'Europe, et les plus nobles compagnies sans paraître ni enivré ni scandalisé d'aucune chose. Partout on a remarqué sa belle figure, son noble maintien, sa politesse sans emphase, et le bon goût qui présidait aux paroles qu'il a su dire toujours à propos. Ses mœurs sont demeurées aussi pures que celles d'une jeune fille parfaitement élevée, sans qu'il ait montré aucune pruderie de mauvais ton. Il a vu les théâtres, les musées et les monuments ; il a parlé sobrement et judicieusement sur les arts. Enfin, je ne conçois en aucune façon l'inquiétude qu'il avait donnée à vos seigneuries, n'ayant jamais vu, pour ma part, d'homme plus raisonnable. S'il y a quelque chose d'extraordinaire en lui, c'est précisément cette mesure, cette prudence, ce sang-froid, cette absence d'entraînements et de passions que je n'ai jamais rencontrés dans un jeune homme aussi avantageusement pourvu par la nature, la naissance, et la fortune.

« Ceci n'était, au reste, que la confirmation des fréquentes lettres que l'abbé avait écrites à la famille ; mais on avait toujours craint quelque exagération de sa part, et l'on n'était vraiment tranquille que de ce moment où il affirmait la guérison morale de mon cousin, sans crainte d'être démenti par la conduite qu'il tiendrait sous les yeux de ses parents. On accabla l'abbé de présents et de caresses, et l'on attendit avec impatience qu'Albert fût rentré de sa promenade. Elle dura longtemps, et, lorsqu'il vint enfin se mettre à table à l'heure du souper, on fut frappé de la pâleur et de la gravité de sa physionomie. Dans le premier moment d'effusion, ses traits avaient exprimé une satisfaction douce et profonde qu'on n'y retrouvait déjà plus. On s'en étonna, et on en parla tout bas à l'abbé avec inquiétude. Il regarda Albert, et se retournant avec surprise vers ceux qui l'interrogeaient dans un coin de l'appartement :

« — Je ne trouve rien d'extraordinaire dans la figure de monsieur le comte, répondit-il ; il a l'expression digne et paisible que je lui ai vue depuis huit ans que j'ai l'honneur de l'accompagner. »

« Le comte Christian se paya de cette réponse.

« — Nous l'avons quitté encore paré des roses de l'adolescence, dit-il à sa sœur, et souvent, hélas ! en proie à une sorte de fièvre intérieure qui faisait éclater sa voix et briller ses regards ; nous le retrouvons bruni par le soleil des contrées méridionales, un peu creusé par la fatigue peut-être, et de plus entouré de la gravité qui convient à un homme fait. Ne trouvez-vous pas, ma chère sœur, qu'il est mieux ainsi ?

« — Je lui trouve l'air bien triste sous cette gravité, répondit ma bonne tante, et je n'ai jamais vu un homme de vingt-huit ans aussi flegmatique et aussi peu discoureur. Il nous répond par monosyllabes.

« — Monsieur le comte a toujours été fort sobre de paroles, répondit l'abbé.

« — Il n'était point ainsi autrefois, dit la chanoinesse. S'il avait des semaines de silence et de méditation, il avait des jours d'expansion et des heures d'éloquence.

« — Je ne l'ai jamais vu se départir, reprit l'abbé, de la réserve que votre seigneurie remarque en ce moment.

« — L'aimiez-vous donc mieux alors qu'il parlait trop, et disait des choses qui nous faisaient trembler ? dit le comte Christian à sa sœur alarmée ; voilà bien les femmes !

« — Mais il existait, dit-elle, et maintenant il a l'air d'un habitant de l'autre monde, qui ne prend aucune part aux affaires de celui-ci.

« — C'est le caractère constant de monsieur le comte, répondit l'abbé ; c'est un homme concentré, qui ne fait part à personne de ses impressions, et qui, si je dois dire toute ma pensée, ne s'impressionne de presque rien d'extérieur. C'est le fait des personnes froides, sensées, réfléchies. Il est ainsi fait, et je crois qu'en cherchant à l'exciter, on ne ferait que porter le trouble dans cette âme ennemie de l'action et de toute initiative dangereuse.

« — Oh ! je fais serment que ce n'est pas là son vrai caractère ! s'écria la chanoinesse.

« — Madame la chanoinesse reviendra des préventions qu'elle se forme contre un si rare avantage.

« — En effet, ma sœur, dit le comte, je trouve que monsieur l'abbé parle fort sagement. N'a-t-il pas obtenu par ses soins et sa condescendance le résultat que nous avons tant désiré ? N'a-t-il pas détourné les malheurs que nous redoutions ? Albert s'annonçait comme un prodigue, un enthousiaste, un téméraire. Il nous revient tel qu'il doit être pour mériter l'estime, la confiance et la considération de ses semblables.

« — Mais effacé comme un vieux livre, dit la chanoinesse, ou peut-être raidi contre toutes choses, et dédaigneux de tout ce qui ne répond pas à ses secrets instincts. Il ne semble point heureux de nous revoir, nous qui l'attendions avec tant d'impatience !

« — Monsieur le comte était impatient lui-même de revenir, reprit l'abbé ; je le voyais, bien qu'il ne le manifestât pas ouvertement. Il est si peu démonstratif ! La nature l'a fait recueilli.

« — La nature l'a fait démonstratif, au contraire, répliqua-t-elle vivement. Il était quelquefois violent, et quelquefois tendre à l'excès. Il me fâchait souvent, mais il se jetait dans mes bras, et j'étais désarmée.

« — Avec moi, dit l'abbé, il n'a jamais eu rien à réparer.

« — Croyez-moi, ma sœur, c'est beaucoup mieux ainsi, dit mon oncle.

« — Hélas ! dit la chanoinesse, il aura donc toujours ce visage qui me consterne et me serre le cœur ?

« — C'est le visage noble et fier qui sied à un homme de son rang, répondit l'abbé.

« — C'est un visage de pierre ! s'écria la chanoinesse. Il me semble que je vois ma mère, non pas telle que je l'ai connue, sensible et bienveillante, mais telle qu'elle est peinte, immobile et glacée dans son cadre de bois de chêne.

« — Je répète à votre seigneurie, dit l'abbé, que c'est l'expression habituelle du comte Albert depuis huit années.

« — Hélas ! il y a donc huit mortelles années qu'il n'a souri à personne ! dit la bonne tante en laissant couler ses larmes ; car depuis deux heures que je le couve des yeux, je n'ai pas vu le moindre sourire animer sa bouche close et décolorée ! Ah ! j'ai envie de me précipiter vers lui et de le serrer bien fort sur mon cœur, en lui reprochant son indifférence, en le grondant même comme autrefois, pour voir si, comme autrefois, il ne se jettera pas à mon cou en sanglotant.

« — Gardez-vous de pareilles imprudences, ma chère sœur, dit le comte Christian en la forçant de détourner d'Albert qu'elle regardait toujours avec ses yeux humides. N'écoutez pas les faiblesses d'un cœur maternel : nous avons bien assez éprouvé qu'une sensibilité excessive était le fléau de la vie et de la raison de notre enfant. En le distrayant, en éloignant de lui toute émotion vive, monsieur l'abbé, conformément à nos recommandations et à celles des médecins, est parvenu à calmer cette âme agitée ; ne détruisez pas son ouvrage par les caprices d'une tendresse puérile. »

« La chanoinesse se rendit à ces raisons, et tâcha de s'habituer à l'extérieur glacé d'Albert ; mais elle ne s'y habitua nullement, et elle disait souvent à l'oreille de son frère : Vous direz ce que vous voudrez, Christian, je crains qu'on ne nous l'ait abruti, en ne le traitant pas comme un homme, mais comme un enfant malade.

« Le soir, au moment de se séparer, on s'embrassa; Albert reçut respectueusement la bénédiction de son père, et lorsque la chanoinesse le pressa sur son cœur, il s'aperçut qu'elle tremblait et que sa voix était émue. Elle se mit à trembler aussi; et s'arracha brusquement de ses bras, comme si une vive souffrance venait de s'éveiller en lui.

« — Vous le voyez, ma sœur, dit tout bas le comte, il n'est plus habitué à ces émotions, et vous lui faites du mal. »

« En même temps, peu rassuré, et fort ému lui-même, il suivait des yeux son fils, pour voir si dans ses manières et dans ses paroles il surprendrait une préférence exclusive pour ce personnage. Mais Albert salua son gouverneur avec une politesse très-froide.

« — Mon fils, dit le comte, je crois avoir rempli vos intentions et satisfait votre cœur, en priant monsieur l'abbé de ne pas vous quitter comme il en manifestait déjà le projet, et en l'engageant à rester près de nous le plus longtemps qu'il lui sera possible. Je ne voudrais pas que le bonheur de nous retrouver en famille fût empoisonné pour vous par un regret, et j'espère que votre respectable ami nous aidera à vous donner cette joie sans mélange. »

« Albert ne répondit que par un profond salut, et en même temps un sourire étrange effleura ses lèvres.

« — Hélas! dit la chanoinesse lorsqu'il se fut éloigné, c'est donc là son sourire à présent »

XXVII.

« Durant l'absence d'Albert, le comte et la chanoinesse avaient fait beaucoup de projets pour l'avenir de leur cher enfant, et particulièrement celui de le marier. Avec sa belle figure, son nom illustre et sa fortune encore considérable, Albert pouvait prétendre aux premiers partis. Mais dans le cas où un reste d'indolence et de sauvagerie le rendrait inhabile à se produire et à se pousser dans le monde, on lui tenait en réserve une jeune personne aussi bien née que lui, puisqu'elle était sa cousine germaine et qu'elle portait son nom, moins riche que lui, mais fille unique, et assez jolie comme on l'est à seize ans, quand on est fraîche et parée de ce qu'on appelle en France la beauté du diable. Cette jeune personne, c'était Amélie, baronne de Rudolstadt, votre humble servante et votre nouvelle amie.

« Celle-là, se disait-on au coin du feu, n'a encore vu aucun homme. Élevée au couvent, elle ne manquera pas d'envie d'en sortir pour se marier. Elle ne peut guère aspirer à un meilleur parti; et quant aux bizarreries que pourrait encore présenter le caractère de son cousin, d'anciennes habitudes d'enfance, la parenté, quelques mois d'intimité auprès de l'abbé, effaceront certainement toute répugnance, et l'engageront, ne fût-ce que par esprit de famille, à tolérer en silence ce qu'une étrangère ne supporterait peut-être pas. On était sûr de l'assentiment de mon père, qui n'a jamais eu d'autre volonté que celle de son aîné et de sa sœur Wenceslawa, et qui, à vrai dire, n'a jamais eu une volonté en propre.

« Lorsque après quinze jours d'examen attentif, on eut reconnu la constante mélancolie et la réserve absolue qui semblaient être le caractère décidé de mon cousin, mon oncle et ma tante se dirent que le dernier rejeton de leur race n'était destiné à lui rendre aucun éclat par sa conduite personnelle. Il ne montrait d'inclination pour aucun rôle brillant dans le monde, ni pour les armes, ni pour la diplomatie, ni pour les charges civiles. A tout ce qu'on lui proposait, il répondait d'un air de résignation qu'il obéirait aux volontés de ses parents, mais qu'il n'avait pour lui-même aucun besoin de luxe ou de gloire. Après tout, ce naturel indolent n'était que la répétition exagérée de celui de son père, cet homme calme dont la patience est voisine de l'apathie, et chez qui la modestie est une sorte d'abnégation. Ce qui donne à mon oncle une physionomie que son fils n'a pas, c'est un sentiment énergique, quoique dépourvu d'emphase et d'orgueil, du devoir social. Albert semblait désormais comprendre les devoirs de la famille; mais les devoirs publics, tels que nous les concevons, ne paraissaient pas l'occuper plus qu'aux jours de son enfance. Son père et le mien avaient suivi la carrière des armes sous Montecuculli contre Turenne. Ils avaient porté dans la guerre une sorte de sentiment religieux inspiré par la majesté impériale. C'était le devoir de leur temps d'obéir et de croire aveuglément à des maîtres. Ce temps-ci, plus éclairé, dépouille les souverains de l'auréole, et la jeunesse se permet de ne pas croire à la couronne plus qu'à la tiare. Lorsque mon oncle essayait de ranimer dans son fils l'antique ardeur chevaleresque, il voyait bien que ses discours n'avaient aucun sens pour ce raisonneur dédaigneux.

« Puisqu'il en est ainsi, se dirent mon oncle et ma tante, ne le contrarions pas. Ne compromettons pas cette guérison assez triste qui nous a rendu un homme éteint à la place d'un homme exaspéré. Laissons-le vivre paisiblement à sa guise, et qu'il soit un philosophe studieux, comme l'ont été plusieurs de ses ancêtres, ou un chasseur passionné contre notre frère Frédérick, ou un seigneur juste et bienfaisant comme nous nous efforçons de l'être. Qu'il mène dès à présent la vie tranquille et inoffensive des vieillards : ce sera le premier des Rudolstadt qui n'aura point eu de jeunesse. Mais comme il ne faut pas qu'il soit le dernier de sa race, hâtons-nous de le marier, afin que les héritiers de notre nom effacent cette lacune dans l'éclat de nos destinées. Qui sait? peut-être le généreux sang de ses aïeux se repose-t-il en lui par l'ordre de la Providence, afin de se ranimer plus bouillant et plus fier dans les veines de ses descendants.

« Et il fut décidé qu'on parlerait mariage à mon cousin Albert.

« On lui en parla doucement d'abord; et comme on le trouvait aussi peu disposé à ce parti qu'à tous les autres, on lui en parla sérieusement et vivement. Il objecta sa timidité, sa gaucherie auprès des femmes. « Il est certain, disait ma tante, que, dans ma jeunesse, un prétendant aussi sérieux qu'Albert m'eût fait plus de peur que d'envie, et que je n'eusse pas échangé ma bosse contre sa conversation.

« — Il faut donc, lui dit mon oncle, revenir à notre pis-aller, et lui faire épouser Amélie. Il l'a connue enfant, il la considère comme sa sœur, il sera moins timide auprès d'elle; et comme elle est d'un caractère enjoué et décidé, elle corrigera, par sa bonne humeur, l'humeur noire dans laquelle il semble retomber de plus en plus. »

« Albert ne repoussa pas ce projet, et sans se prononcer ouvertement, consentit à me voir et à me connaître. Il fut convenu que je ne serais avertie de rien, afin de me sauver la mortification d'un refus toujours possible de sa part. On écrivit à mon père; et dès qu'on eut son assentiment, on commença les démarches pour obtenir du pape les dispenses nécessaires à cause de notre parenté. En même temps mon père me retira du couvent, et un beau matin nous arrivâmes au château des Géants, moi fort contente de respirer le grand air, et fort impatiente de voir mon fiancé; mon bon père plein d'espérance, et s'imaginant m'avoir bien caché un projet qu'à mon insu il m'avait, chemin faisant, révélé à chaque mot.

« La première chose qui me frappa chez Albert, ce fut sa belle figure et son air digne. Je vous avouerai, ma chère Nina, que mon cœur battit bien fort lorsqu'il me baisa la main, et que pendant quelques jours je fus sous le charme de son regard et de ses moindres paroles. Ses manières sérieuses ne me déplaisaient pas; il ne semblait pas contraint le moins du monde auprès de moi. Il me tutoyait comme aux jours de notre enfance, et lorsqu'il voulait se reprendre, dans la crainte de manquer aux convenances, nos parents l'autorisaient et le priaient, en quelque sorte, de conserver avec moi son ancienne familiarité. Ma gaieté le faisait quelquefois sourire sans effort, et ma bonne tante, transportée de joie, m'attribuait l'honneur de cette guérison qu'elle croyait devoir être radicale. Enfin il me traitait avec la bienveillance et la douceur qu'on a pour un enfant ; et je m'en contentais, persuadée qu'il ferait bientôt plus d'attention à ma petite mine éveillée et aux jolies toilettes que je prodiguais pour lui plaire.

« Mais j'eus bientôt la mortification de voir qu'il se souciait fort peu de l'une, et qu'il ne voyait pas seulement les autres. Un jour, ma bonne tante voulut lui faire remarquer une charmante robe bleu lapis qui dessinait ma taille à ravir. Il prétendit que la robe était d'un beau rouge. L'abbé, son gouverneur, qui avait toujours des compliments fort mielleux au bord des lèvres, et qui voulait lui donner une leçon de galanterie, s'écria qu'il comprenait fort bien que le comte Albert ne vît pas seulement la couleur de mon vêtement. C'était pour Albert l'occasion de me dire quelque chose de flatteur sur les roses de mes joues, ou sur l'or de ma chevelure. Il se contenta de répondre à l'abbé, d'un ton fort sec, qu'il était aussi capable que lui de distinguer les couleurs, et que ma robe était rouge comme du sang.

« Je ne sais pourquoi cette brutalité et cette bizarrerie d'expression me donnèrent le frisson. Je regardai Albert, et lui trouvai un regard qui me fit peur. De ce jour-là, je commençai à le craindre plus qu'à l'aimer. Bientôt je l'aimai plus du tout, et aujourd'hui je ne le crains ni ne l'aime. Je le plains, et c'est tout. Vous verrez pourquoi, peu à peu, et vous me comprendrez.

« Le lendemain, nous devions aller faire quelques emplettes à Tauss, la ville la plus voisine. Je me promettais un grand plaisir de cette promenade. Albert devait m'accompagner à cheval. J'étais prête, et j'attendais qu'il vînt me présenter la main. Les voitures attendaient aussi dans la cour. Il n'avait pas encore paru. Son valet de chambre disait avoir frappé à sa porte à l'heure accoutumée. On envoya de nouveau savoir s'il se préparait. Albert avait la manie de s'habiller toujours lui-même, et de ne jamais laisser aucun valet entrer dans sa chambre avant qu'il en fût sorti. On frappa en vain ; il ne répondit pas. Son père, inquiet de ce silence, monta à sa chambre, et ne put ni ouvrir la porte, qui était barricadée en dedans, ni obtenir un mot. On commençait à s'effrayer, lorsque l'abbé dit d'un air fort tranquille que le comte Albert était sujet à de longs accès de sommeil qui tenaient de l'engourdissement, et que lorsqu'on voulait l'en tirer brusquement, il était agité et comme souffrant pendant plusieurs jours.

« — Mais c'est une maladie, cela, dit la chanoinesse avec inquiétude.

« — Je ne le pense pas, répondit l'abbé. Je ne l'ai jamais entendu se plaindre de rien. Les médecins que j'ai fait venir lorsqu'il dormait ainsi, ne lui ont trouvé aucun symptôme de fièvre, et ont attribué cet accablement à quelque excès de travail ou de réflexion. Ils ont grandement conseillé de ne pas contrarier ce besoin de repos et d'oubli de toutes choses.

« — Et cela est fréquent ? demanda mon oncle.

« — J'ai observé ce phénomène cinq ou six fois seulement durant huit années, répondit l'abbé ; et, ne l'ayant jamais troublé par mes empressements, je ne l'ai jamais vu avoir de suites fâcheuses.

« — Et cela dure-t-il longtemps ? demandai-je à mon tour, fort impatientée.

« — Plus ou moins, dit l'abbé, suivant la durée de l'insomnie qui précède ou occasionne ces fatigues : mais nul ne peut le savoir, car monsieur le comte ne se souvient jamais de cette cause, ou ne veut jamais la dire. Il est extrêmement assidu au travail, et s'en cache avec une modestie bien rare.

« — Il est donc bien savant ? repris-je.

« — Il est extrêmement savant.

« — Et il ne se montre jamais ?

« — Il en fait mystère, et ne s'en doute pas lui-même.

« — A quoi cela lui sert-il, en ce cas ?

« — Le génie est comme la beauté, répondit ce jésuite courtisan en me regardant d'un air doucereux : ce sont des grâces du ciel qui ne suggèrent ni orgueil ni agitation à ceux qui les possèdent. »

« Je compris la leçon, et n'en eus que plus de dépit, comme vous pouvez croire. On résolut d'attendre, pour sortir, le réveil de mon cousin ; mais lorsqu'au bout de deux heures, je vis qu'il ne bougeait, j'allai quitter mon riche habit d'amazone, et je me mis à broder au métier, non sans casser beaucoup de soies, et sans sauter beaucoup de points. J'étais outrée de l'impertinence d'Albert, qui s'était oublié sur ses livres la veille d'une promenade avec moi, et qui, maintenant, s'abandonnait aux douceurs d'un paisible sommeil, pendant que je l'attendais. L'heure s'avançait, et force fut de renoncer au projet de la journée. Mon père, bien confiant aux paroles de l'abbé, prit son fusil, et alla tuer un lièvre ou deux. Ma tante, moins rassurée, monta les escaliers plus de vingt fois pour écouter à la porte de son neveu, sans pouvoir entendre même le bruit de sa respiration. La pauvre femme était désolée de mon mécontentement. Quant à mon oncle, il prit un livre de dévotion pour se distraire de son inquiétude, et se mit à lire dans un coin du salon avec une résignation qui me donnait envie de sauter par les fenêtres. Enfin, vers le soir, ma tante, toute joyeuse, vint nous dire qu'elle avait entendu Albert se lever et s'habiller. L'abbé nous recommanda de ne paraître ni inquiets ni surpris, de ne pas adresser de questions à monsieur le comte, et de tâcher de le distraire s'il montrait quelque chagrin de sa mésaventure.

« — Mais si mon cousin n'est pas malade, il est donc maniaque ? m'écriai-je avec un peu d'emportement. »

« Je vis la figure de mon oncle se décomposer à cette dure parole, et j'en eus des remords sur-le-champ. Mais lorsque Albert entra sans faire d'excuses à personne, et sans paraître se douter le moins du monde de notre contrariété, je fus outrée, et lui fis un accueil très-sec. Il ne s'en aperçut seulement pas. Il paraissait plongé dans ses réflexions.

Le soir, mon père pensa qu'un peu de musique l'égaierait. Je n'avais pas encore chanté devant Albert. Ma harpe n'était arrivée que de la veille. Ce n'est pas devant vous, savante Porporina, que je puis me piquer de connaître la musique. Mais vous verrez que j'ai une jolie voix, et que je ne manque pas de goût naturel. Je me fis prier ; j'avais plus envie de pleurer que de chanter. Albert ne dit pas un mot pour m'y encourager. Enfin je cédai ; je chantai fort mal, et Albert, comme si je lui eusse écorché les oreilles, eut la grossièreté de sortir au bout de quelques mesures. Il me fallut toute la force de mon orgueil pour ne pas fondre en larmes, et pour achever mon air sans faire sauter les cordes de ma harpe. Ma tante avait suivi son neveu, mon père s'était endormi, mon oncle attendait près de la porte que sa sœur vînt lui dire quelque chose de son fils. L'abbé resta seul à me faire des compliments qui m'irritèrent encore plus que l'indifférence des autres.

« — Il paraît, lui dis-je, que mon cousin n'aime pas la musique.

« — Il l'aime beaucoup, au contraire, répondit-il ; mais c'est selon...

« — C'est selon la manière dont on chante ? lui dis-je en l'interrompant.

« — C'est selon, reprit-il sans se déconcerter, la disposition de son âme ; quelquefois la musique lui fait du bien, et quelquefois du mal. Vous l'aurez ému, j'en suis certain, au point qu'il aura craint de ne pouvoir se contenir. Cette fuite est plus flatteuse pour vous que les plus grands éloges. »

« Les adulations de ce jésuite avaient quelque chose de sournois et de railleur qui me le faisait détester. Mais j'en fus bientôt délivrée, comme vous allez l'apprendre tout à l'heure. »

XXVIII.

« Le lendemain, ma tante, qui ne parle guère lorsque son cœur n'est pas vivement ému, eut la malheureuse

La baronne Amélie.

idée de s'engager dans une conversation avec l'abbé et le chapelain. Et comme, en dehors de ses affections de famille, qui l'absorbent presque entièrement, il n'y a pour elle au monde qu'une distraction possible, laquelle est son orgueil de famille, elle ne manqua pas de s'y livrer en dissertant sur sa généalogie, et en prouvant à ces deux prêtres que notre race était la plus pure, la plus illustre, et la plus excellente de toutes les familles de l'Allemagne, du côté des femmes particulièrement. L'abbé l'écoutait avec patience et notre chapelain avec révérence, lorsque Albert, qui ne paraissait pas l'écouter du tout, l'interrompit avec un peu de vivacité :

« — Il me semble, ma bonne tante, lui dit-il, que vous vous faites quelques illusions sur la prééminence de notre famille. Il est vrai que la noblesse et les titres de nos ancêtres remontent assez haut dans le passé; mais une famille qui perd son nom, qui l'abjure en quelque sorte, pour prendre celui d'une femme de race et de religion étrangère, renonce au droit de se faire valoir comme antique en vertu et fidèle à la gloire de son pays. »

« Cette remarque contraria beaucoup la chanoinesse; mais, comme l'abbé avait paru ouvrir l'oreille, elle crut devoir y répondre.

« — Je ne suis pas de votre avis, mon cher enfant, dit-elle. On a vu bien souvent d'illustres maisons se rendre, à bon droit, plus illustres encore, en joignant à leur nom celui d'une branche maternelle, afin de ne pas priver leurs hoirs de l'honneur qui leur revenait d'être issus d'une femme glorieusement apparentée.

« — Mais ce n'est pas ici le cas d'appliquer cette règle, reprit Albert avec une ténacité à laquelle il n'était point sujet. Je conçois l'alliance de deux noms illustres. Je trouve fort légitime qu'une femme transmette à ses enfants son nom accolé à celui de son époux. Mais l'effacement complet de ce dernier nom me paraît un outrage de la part de celle qui l'exige, une lâcheté de la part de celui qui s'y soumet.

« — Vous rappelez des choses bien anciennes, Albert, dit la chanoinesse avec un profond soupir, et vous appliquez la règle plus mal à propos que moi. Monsieur l'abbé pourrait croire, en vous entendant, que quelque mâle, dans notre ascendance, aurait été capable d'une lâcheté; et puisque vous savez si bien des choses dont je vous croyais à

C'est que le vieux chêne de la pierre d'épouvante... (Page 66.)

peine instruit, vous n'auriez pas dû faire une pareille réflexion à propos des événements politiques... déjà bien loin de nous, Dieu merci !

« — Si ma réflexion vous inquiète, je vais rapporter le fait, afin de laver notre aïeul Withold, dernier comte des Rudolstadt, de toute imputation injurieuse à sa mémoire. Cela paraît intéresser ma cousine, ajouta-t-il en voyant que je l'écoutais avec de grands yeux, tout étonnée que j'étais de le voir se lancer dans une discussion si contraire à ses idées philosophiques et à ses habitudes de silence. Sachez donc, Amélie, que notre arrière-grand-père Wratislaw n'avait pas plus de quatre ans lorsque sa mère Ulrique de Rudolstadt crut devoir lui infliger la flétrissure de quitter son véritable nom, le nom de ses pères, qui était Podiebrad, pour lui donner ce nom saxon que vous et moi portons aujourd'hui, vous sans en rougir, et moi sans m'en glorifier.

« — Il est au moins inutile, dit mon oncle Christian, qui paraissait fort mal à l'aise, de rappeler des choses si éloignées du temps où nous vivons.

« — Il me semble, reprit Albert, que ma tante a remonté bien plus haut dans le passé en nous racontant les hauts faits des Rudolstadt, et je ne sais pas pourquoi l'un de nous, venant par hasard à se rappeler qu'il est Bohême, et non pas Saxon d'origine, qu'il s'appelle Podiebrad, et non pas Rudolstadt, ferait une chose de mauvais goût en parlant d'événements qui n'ont guère plus de cent vingt ans de date.

« — Je savais bien, observa l'abbé qui avait écouté Albert avec un certain intérêt, que votre illustre famille était alliée, dans le passé, à la royauté nationale de George Podiebrad; mais j'ignorais qu'elle en descendît par une ligne assez directe pour en porter le nom.

« — C'est que ma tante, qui sait dessiner des arbres généalogiques, a jugé à propos d'abattre dans sa mémoire l'arbre antique et vénérable dont la souche nous a produits. Mais un arbre généalogique sur lequel notre histoire glorieuse et sombre a été tracée en caractères de sang, est encore debout sur la montagne voisine. »

« Comme Albert s'animait beaucoup en parlant ainsi, et que le visage de mon oncle paraissait s'assombrir, l'abbé essaya de détourner la conversation, bien que sa curiosité fût fort excitée. Mais la mienne ne me permit pas de rester en si beau chemin.

« — Que voulez-vous dire, Albert? m'écriai-je en me rapprochant de lui.

« — Je veux dire ce qu'une Podiebrad ne devrait pas ignorer, répondit-il. C'est que le vieux chêne de la *pierre d'épouvante*, que vous voyez tous les jours de votre fenêtre, Amélie, et sous lequel je vous engage à ne jamais vous asseoir sans élever votre âme à Dieu, a porté, il y a trois cents ans, des fruits un peu plus lourds que les glands desséchés qu'il a peine à produire aujourd'hui.

« — C'est une histoire affreuse, dit le chapelain tout effaré, et j'ignore qui a pu l'apprendre au comte Albert.

« — La tradition du pays, et peut-être quelque chose de plus certain encore, répondit Albert. Car on a beau brûler les archives des familles et les documents de l'histoire, monsieur le chapelain; on a beau élever les enfants dans l'ignorance de la vie antérieure; on a beau imposer silence aux simples par le sophisme, et aux faibles par la menace : ni la crainte du despotisme, ni celle de l'enfer, ne peuvent étouffer les mille voix du passé qui s'élèvent de toutes parts. Non, non, elles parlent trop haut, ces voix terribles, pour que celle d'un prêtre leur impose silence! Elles parlent à nos âmes dans le sommeil, par la bouche des spectres qui se lèvent pour nous avertir; elles parlent à nos oreilles, par tous les bruits de la nature; elles sortent même du tronc des arbres, comme autrefois celle des dieux dans les bois sacrés, pour nous raconter les crimes, les malheurs, et les exploits de nos pères.

« — Et pourquoi, mon pauvre enfant, dit la chanoinesse, nourrir ton esprit de ces pensées amères et de ces souvenirs funestes?

« — Ce sont vos généalogies, ma tante, c'est le voyage que vous venez de faire dans les siècles passés, qui ont réveillé en moi le souvenir de ces quinze moines pendus aux branches du chêne, de la propre main d'un de mes aïeux, à moi... oh! le plus grand, le plus terrible, le plus persévérant, celui qu'on appelait le redoutable aveugle, l'invincible Jean Ziska du Calice!

« Le nom sublime et abhorré du chef des Taborites, sectaires qui renchérirent durant la guerre des Hussites sur l'énergie, la bravoure, et les cruautés des autres religionnaires, tomba comme la foudre sur l'abbé et sur le chapelain. Le dernier fit un grand signe de croix; ma tante recula sa chaise, qui touchait celle d'Albert.

« — Bonté divine! s'écria-t-elle; de quoi et de qui parle donc cet enfant? Ne l'écoutez pas, monsieur l'abbé! Jamais, non, jamais, notre famille n'a eu ni lien, ni rapport avec le réprouvé dont il vient de prononcer le nom abominable.

« — Parlez pour vous, ma tante, reprit Albert avec énergie. Vous êtes une Rudolstadt dans le fond de l'âme, bien que vous soyez dans le fait une Podiebrad. Mais, quant à moi, j'ai dans les veines un sang coloré de quelques gouttes de plus de sang bohème, purifié de quelques gouttes de moins de sang étranger. Ma mère n'avait ni Saxons, ni Bavarois, ni Prussiens, dans son arbre généalogique : elle était de pure race slave; et comme vous paraissez ne pas vous soucier beaucoup d'une noblesse à laquelle vous ne pouvez prétendre, moi, qui tiens à ma noblesse personnelle, je vous apprendrai, si vous l'ignorez, je vous rappellerai, si vous l'avez oublié, que Jean Ziska laissa une fille, laquelle épousa un seigneur de Prachalitz, et que ma mère, étant une Prachalitz elle-même, descendait en ligne directe de Jean Ziska par les femmes, comme vous descendez des Rudolstadt, ma tante!

« — Ceci est un rêve, une erreur, Albert!...

« — Non, ma chère tante; j'en appelle à monsieur le chapelain, qui est un homme véridique et craignant Dieu. Il a eu entre les mains les parchemins qui le prouvaient.

« — Moi? s'écria le chapelain, pâle comme la mort.

« — Vous pouvez l'avouer sans rougir devant monsieur l'abbé, répondit Albert avec une amère ironie, puisque vous avez fait votre devoir de prêtre catholique et de sujet autrichien en les brûlant le lendemain de la mort de ma mère!

« — Cette action, que me commandait ma conscience, n'a eu que Dieu pour témoin! reprit l'abbé, plus pâle encore. Comte Albert, qui a pu vous révéler...?

« — Je vous l'ai dit, monsieur le chapelain, la voix qui parle plus haut que celle du prêtre!

« — Quelle voix, Albert? demandai-je vivement intéressée.

« — La voix qui parle dans le sommeil, répondit Albert.

« — Mais, ceci n'explique rien, mon fils, dit le comte Christian tout pensif et tout triste.

« — La voix du sang, mon père! répondit Albert d'un ton qui nous fit tous tressaillir.

« — Hélas! mon Dieu! dit mon oncle en joignant les mains, ce sont les mêmes rêveries, les mêmes imaginations, qui tourmentaient sa pauvre mère. Il faut donc, dans sa maladie, elle ait parlé de tout cela devant notre enfant, ajouta-t-il en se penchant vers ma tante, et que son esprit en ait été frappé de bonne heure.

« — Impossible, mon frère, répondit la chanoinesse : Albert n'avait pas trois ans lorsqu'il perdit sa mère.

« — Il faut plutôt, dit le chapelain à voix basse, qu'il soit resté dans la maison quelques-uns de ces maudits écrits hérétiques, tout remplis de mensonge et tissus d'impiétés, qu'elle avait conservés par esprit de famille, et dont elle eut pourtant la vertu de me faire le sacrifice à son heure suprême.

« — Non, il n'en est pas resté, répondit Albert, qui n'avait pas perdu une seule parole du chapelain, bien que celui-ci eût parlé assez bas, et qu'Albert, qui se promenait avec agitation, fût en ce moment à l'autre bout du grand salon. Vous savez bien, monsieur le chapelain, que vous avez tout détruit, et que vous avez encore, au lendemain de *son* dernier jour, cherché et fureté dans tous les coins de sa chambre.

« — Qui donc a ainsi aidé ou égaré votre mémoire, Albert? demanda le comte Christian d'un ton sévère. Quel serviteur infidèle ou imprudent s'est donc avisé de troubler votre jeune esprit par le récit, sans doute exagéré, de ces événements domestiques?

« — Aucun, mon père; je vous le jure sur ma religion et sur ma conscience.

« — L'ennemi du genre humain est intervenu dans tout ceci, dit le chapelain consterné.

« — Il serait plus vraisemblable et plus chrétien de penser, observa l'abbé, que le comte Albert est doué d'une mémoire extraordinaire, et que des événements dont le spectacle ne frappe point ordinairement l'âge tendre sont restés gravés dans son esprit. Ce que j'ai vu de sa rare intelligence me fait aisément croire que sa raison a dû avoir un développement fort précoce; et quant à sa faculté de garder le souvenir des choses, j'ai reconnu qu'elle était prodigieuse en effet.

« — Elle ne vous semble prodigieuse que parce que vous en êtes tout à fait dépourvu, répondit Albert sèchement. Par exemple, vous ne vous rappelez pas ce que vous avez fait en l'année 1619, après que Withold Podiebrad le protestant, le vaillant, le fidèle (votre grand-père, ma chère tante), le dernier qui porta notre nom, eut rougi de son sang la pierre d'épouvante? Vous avez oublié votre conduite en cette circonstance, je le parierais, monsieur l'abbé?

« — Je l'ai oubliée entièrement, je l'avoue, répondit l'abbé avec un sourire railleur qui n'était pas de trop bon goût dans un moment où il devenait évident pour nous tous qu'Albert divaguait complètement.

« — Eh bien! je vais vous la rappeler, reprit Albert sans se déconcerter. Vous allâtes bien vite conseiller à ceux des soldats impériaux qui avaient fait le coup de se sauver ou de se cacher, parce que les ouvriers de Pilsen, qui avaient le courage de s'avouer protestants, et qui adoraient Withold, venaient pour venger la mort de leur maître, et s'apprêtaient à les mettre en pièces. Puis, vous vintes trouver mon aïeule Ulrique, la veuve tremblante et consternée de Withold, et vous lui promîtes de faire sa paix avec l'empereur Ferdinand II, de lui conserver ses biens, ses titres, sa liberté, et la tête de ses enfants, si elle voulait suivre vos conseils et vous payer vos services à prix d'or; elle y consentit : son amour maternel lui suggéra cet acte de faiblesse. Elle ne respecta pas le martyre de son noble époux. Elle était née catholique, et n'avait abjuré que par amour pour lui. Elle ne sut point accepter la misère, la proscription, la persécution, pour conserver à ses enfants une foi que Withold venait de signer de son sang, et un nom qu'il venait de rendre plus illustre encore que tous ceux de ses ancêtres *hussites*, *calixtins*, *taborites*, *orphelins*, *frères de l'union*, *et luthériens*. (Tous ces noms, ma chère Porporina, sont ceux des diverses sectes qui joignent l'hérésie de Jean Huss à celle de Luther, et qu'avait probablement suivies la branche des Podiebrad dont nous descendons.) Enfin, continua Albert, la Saxonne eut peur, et céda. Vous prîtes possession du château, vous en éloignâtes les bandes impériales, vous fîtes respecter nos terres. Vous fîtes un immense auto-da-fé de nos titres et de nos archives. C'est pourquoi ma tante, pour son bonheur, n'a pu rétablir l'arbre généalogique des Podiebrad, et s'est rejetée sur la pâture moins indigeste des Rudolstadt. Pour prix de vos services, vous fûtes riche, très-riche. Trois mois après, il fut permis à Ulrique d'aller embrasser à Vienne les genoux de l'empereur, qui lui permit gracieusement de dénationaliser ses enfants, de les faire élever par vous dans la religion romaine, et de les enrôler ensuite sous les drapeaux contre lesquels leur père et leurs aïeux avaient si vaillamment combattu. Nous fûmes incorporés, mes fils et moi, dans les rangs de la tyrannie autrichienne...

« — Tes fils et toi!... dit ma tante désespérée, voyant qu'il battait la campagne.

« — Oui, mes fils Sigismond et Rodolphe, répondit très-sérieusement Albert.

« — C'est le nom de mon père et de mon oncle, dit le comte Christian. Albert, où est ton esprit? Reviens à toi, mon fils. Plus d'un siècle nous sépare de ces événements douloureux accomplis par l'ordre de la Providence. »

« Albert n'en voulut point démordre. Il se persuada et voulut nous persuader qu'il était le même que Wratislaw, fils de Withold, et le premier de Podiebrad qui eût porté le nom maternel de Rudolstadt. Il nous raconta son enfance, le souvenir distinct qu'il avait gardé du supplice du comte Withold, supplice dont il attribuait tout l'odieux au jésuite Dithmar (lequel, selon lui, n'était autre que l'abbé, son gouverneur), la haine profonde que, pendant son enfance, il avait éprouvée pour ce Dithmar, pour l'Autriche, pour les impériaux et pour les catholiques. Et puis, ses souvenirs parurent se confondre, et il ajouta mille choses incompréhensibles sur la vie éternelle et perpétuelle, sur la réapparition des hommes sur la terre, se fondant sur cet article de la croyance hussitique, que Jean Huss devait revenir en Bohême cent ans après sa mort, et compléter son œuvre; prédiction qui s'était première fois accomplie, puisque, selon lui, Luther était Jean Huss ressuscité. Enfin ses discours furent un mélange d'hérésie, de superstition, de métaphysique obscure, de délire poétique; et tout cela fut débité avec une telle apparence de conviction, avec des souvenirs si détaillés, si précis, et si intéressants, de ce qu'il prétendait avoir vu, non-seulement dans la personne de Wratislaw, mais encore dans celle de Jean Ziska, et de je ne sais combien d'autres morts qu'il soutenait avoir été ses propres apparitions dans la vie du passé, que nous restâmes tous béants à l'écouter, sans qu'aucun de nous eût la force de l'interrompre ou de le contredire. Mon oncle et ma tante, qui souffraient horriblement de cette démence, impie selon eux, voulaient du moins la connaître à fond; car c'était la première fois qu'elle se manifestait ouvertement, et il fallait bien en savoir la source pour tâcher ensuite de la combattre. L'abbé s'efforçait de tourner la chose en plaisantant, et de nous faire croire que le comte Albert était un esprit fort plaisant et fort malicieux, qui prenait plaisir à nous mystifier par son incroyable érudition.

« — Il a tant lu, nous disait-il, qu'il pourrait nous raconter ainsi l'histoire de tous les siècles, chapitre par chapitre, avec assez de détails et de précision pour faire accroire à des esprits un peu portés au merveilleux, qu'il a véritablement assisté aux scènes qu'il raconte. »

« La chanoinesse, qui, dans sa dévotion ardente, n'est pas très-éloignée de la superstition, et qui commençait à croire son neveu sur parole, prit très-mal les insinuations de l'abbé, et lui conseilla de garder ses explications badines pour une occasion plus gaie; puis elle fit un grand effort pour amener Albert à rétracter les erreurs dont il avait la tête remplie.

« — Prenez garde, ma tante, s'écria Albert avec impatience, que je ne vous dise qui vous êtes. Jusqu'ici je n'ai pas voulu le savoir; mais quelque chose m'avertit en ce moment que la Saxonne Ulrique est auprès de moi.

« — Eh quoi, mon pauvre enfant, répondit elle, cette aïeule prudente et dévouée qui sut conserver à ses enfants la vie, et à ses descendants l'indépendance, les biens et les honneurs dont ils jouissent, vous pensez qu'elle revit en moi? Eh bien! Albert, je vous aime tant, que pour vous je ferais plus encore : je sacrifierais ma vie, si je pouvais, à ce prix, calmer votre esprit égaré. »

« Albert la regarda quelques instants avec des yeux à la fois sévères et attendris.

« — Non, non, dit-il enfin en s'approchant d'elle, et en s'agenouillant à ses pieds, vous êtes un ange, et vous avez communié jadis dans la coupe de bois des Hussites. Mais la Saxonne est ici, cependant, et sa voix a frappé mon oreille aujourd'hui à plusieurs reprises.

« — Prenez que c'est moi, Albert, lui dis-je en m'efforçant de l'égayer, et ne m'en veuillez pas trop de ne pas vous avoir livré aux bourreaux en l'année 1619.

« — Vous, ma mère, dit-il en me regardant avec des yeux effrayants, ne dites pas cela; car je ne puis vous pardonner. Dieu m'a fait renaître dans le sein d'une femme plus forte; il m'a retrempé dans le sang de Ziska, dans ma propre substance, qui s'était égarée je ne sais comment. Amélie, ne me regardez pas, ne me parlez pas surtout! C'est votre voix, Ulrique, qui me fait aujourd'hui tout le mal que je souffre. »

« En disant cela, Albert sortit précipitamment, et nous restâmes tous consternés de la triste découverte qu'il venait enfin de nous faire faire sur le dérangement de son esprit.

« Il était alors deux heures après midi; nous avions dîné paisiblement, Albert n'avait bu que de l'eau. Rien ne pouvait nous donner l'espoir que cette démence fût l'effet de l'ivresse. Le chapelain et ma tante se levèrent aussitôt pour le suivre et pour le soigner, le jugeant fort malade. Mais, chose inconcevable! Albert avait déjà disparu comme par enchantement; on ne le trouva ni dans sa chambre, ni dans celle de sa mère, où il avait coutume de s'enfermer souvent, ni dans aucun recoin du château; on le chercha dans le jardin, dans la garenne, dans les bois environnants, dans les montagnes. Personne ne l'avait vu de près ni de loin. La trace de ses pas n'était restée nulle part. La journée et la nuit s'écoulèrent ainsi. Personne ne se coucha dans la maison. Nos gens furent sur pied jusqu'au jour pour le chercher avec des flambeaux.

« Toute la famille se mit en prières. La journée du lendemain se passa dans les mêmes anxiétés, et la nuit suivante dans la même consternation. Je ne puis vous dire quelle terreur j'éprouvai, moi qui n'avais jamais souffert, jamais tremblé de ma vie pour des événements domestiques de cette importance. Je crus très-sérieusement qu'Albert s'était donné la mort, ou enfui pour jamais. J'en pris des convulsions et une fièvre assez forte. Il y avait encore en moi un reste d'amour, au milieu de l'effroi que m'inspirait un être si fatal et si bizarre. Mon père conservait la force d'aller à la chasse, s'imaginant que, dans ses courses lointaines, il retrouverait Albert au fond des bois. Ma pauvre tante, dévorée de douleur, mais active et courageuse, me soignait, et cherchait à rassurer tout le monde. Mon oncle priait jour et nuit. En voyant sa foi et sa soumission stoïque aux volontés de Dieu, je regrettais de n'être pas dévote.

« L'abbé feignait un peu de chagrin, mais affectait de n'avoir aucune inquiétude. Il est vrai, disait-il, qu'Albert n'avait jamais disparu ainsi de sa présence; mais il était sujet à des besoins de solitude et de recueillement. Sa conclusion était que le seul remède à ces singularités était de ne jamais les contrarier, et de ne pas paraître les remarquer beaucoup. Le fait est que ce subalterne intrigant et profondément égoïste ne s'était soucié que de gagner les larges appointements attachés à son rôle de surveillant, et qu'il les avait fait durer le plus longtemps possible en trompant la famille sur le résultat de ses bons offices. Occupé de ses affaires et de ses plaisirs, il avait abandonné Albert à ses penchants extrêmes. Peut-être l'avait-il vu souvent malade et souvent exalté. Il avait sans doute laissé un libre cours à ses fantaisies. Ce qu'il y a de certain, c'est qu'il avait eu l'habileté de les cacher à tous ceux qui eussent pu nous en rendre compte; car dans toutes les lettres que reçut mon oncle au sujet de son fils, il n'y eut jamais que des éloges de son extérieur et des félicitations sur les avantages de sa personne. Albert n'a laissé nulle part la réputation d'un malade ou d'un insensé. Quoi qu'il en soit, sa vie intérieure durant ces huit ans d'absence est restée pour nous un secret impénétrable. L'abbé, voyant, au bout de trois jours, qu'il ne reparaissait pas, et craignant que ses propres affaires ne fussent gâtées par cet incident, se mit en campagne, soi-disant pour le chercher à Prague, où l'envie de chercher quelque livre rare pouvait, selon lui, l'avoir poussé.

« — Il est, disait-il, comme les savants qui s'abîment dans leurs recherches, et qui oublient le monde entier pour satisfaire leur innocente passion. »

« Là-dessus l'abbé partit, et ne revint pas.

« Au bout de sept jours d'angoisses mortelles, et comme nous commencions à désespérer, ma tante, passant vers le soir devant la chambre d'Albert, vit la porte ouverte, et Albert assis dans son fauteuil, caressant son chien qui l'avait suivi dans son mystérieux voyage. Ses vêtements n'étaient ni salis ni déchirés ; seulement la dorure en était noircie, comme s'il fût sorti d'un lieu humide, ou comme s'il eût passé les nuits à la belle étoile. Sa chaussure n'annonçait pas qu'il eût beaucoup marché ; mais sa barbe et ses cheveux témoignaient d'un long oubli des soins de sa personne. Depuis ce jour-là, il a constamment refusé de se raser et de se poudrer comme les autres hommes ; c'est pourquoi vous lui avez trouvé l'aspect d'un revenant.

« Ma tante s'élança vers lui en faisant un grand cri.

« — Qu'avez-vous donc, ma chère tante? dit-il en lui baisant la main. On dirait que vous ne m'avez pas vu depuis un siècle !

« — Mais, malheureux enfant ! s'écria-t-elle ; il y a sept jours que tu nous as quittés sans nous rien dire ; sept mortels jours, sept affreuses nuits, que nous te cherchons, que nous te pleurons, et que nous prions pour toi !

« — Sept jours? dit Albert en la regardant avec surprise. Il faut que vous ayez voulu dire sept heures, ma chère tante ; car je suis sorti ce matin pour me promener, et je rentre à temps pour souper avec vous. Comment ai-je pu vous causer une pareille inquiétude par une si courte absence?

« — Sans doute, dit-elle, craignant d'aggraver son mal en le lui révélant, la langue m'a tourné ; j'ai voulu dire sept heures. Je me suis inquiétée parce que tu n'as pas l'habitude de faire d'aussi longues promenades, et puis j'avais fait cette nuit un mauvais rêve : j'étais folle.

« — Bonne tante, excellente amie ! dit Albert en couvrant ses mains de baisers, vous m'aimez comme un petit enfant. Mon père n'a pas partagé votre inquiétude, j'espère?

« — Nullement. Il t'attend pour souper. Tu dois avoir bien faim?

« — Fort peu. J'ai très-bien dîné.

« — Où donc, et quand donc, Albert?

« — Ici, ce matin, avec vous, ma bonne tante. Vous n'êtes pas encore revenue à vous-même, je le vois. Oh ! que je suis malheureux d'avoir causé une telle frayeur ! Comment aurais-je pu le prévoir ?

« — Tu sais que je suis ainsi. Laisse-moi donc te demander où tu as mangé, où tu as dormi depuis que tu nous as quittés !

« — Depuis ce matin, comment aurais-je eu envie de dormir ou de manger?

« — Tu ne te sens pas malade?

« — Pas le moins du monde.

« — Point fatigué? Tu as sans doute beaucoup marché ! gravi les montagnes? cela est fort pénible. Où as-tu été? »

« Albert mit la main sur ses yeux comme pour se rappeler ; mais il ne put le dire.

« — Je vous avoue, répondit-il, que je n'en sais plus rien. J'ai été fort préoccupé. J'ai marché sans rien voir, comme je faisais dans mon enfance, vous savez? je ne pouvais jamais vous répondre quand vous m'interrogiez.

« — Et durant tes voyages, faisais-tu plus d'attention à ce que tu voyais?

« — Quelquefois, mais pas toujours. J'ai observé bien des choses ; mais j'en ai oublié beaucoup d'autres, Dieu merci !

« — Et pourquoi *Dieu merci?*

« — Parce qu'il y a des choses affreuses à voir sur la face de ce monde ! » répondit-il en se levant avec un visage sombre, que jusque-là ma tante ne lui avait pas trouvé.

« Elle vit qu'il ne fallait pas le faire causer davantage, et courut annoncer à mon oncle que son fils était retrouvé. Personne ne le savait encore dans la maison, personne ne l'avait vu rentrer. Son retour n'avait pas laissé plus de traces que son départ.

« Mon pauvre oncle, qui avait eu tant de courage pour supporter le malheur, n'en eut pas dans le premier moment pour la joie. Il perdit connaissance ; et lorsque Albert reparut devant lui, il avait la figure plus altérée que celle de son fils. Albert, qui depuis ses longs voyages semblait ne remarquer aucune émotion autour de lui, parut ce jour-là tout renouvelé et tout différent de ce qu'on l'avait vu jusqu'alors. Il fit mille caresses à son père, s'inquiéta de le voir si changé, et voulut en savoir la cause. Mais quand on se hasarda à la lui faire pressentir, il ne put jamais la comprendre, et toutes ses réponses furent faites avec une bonne foi et une assurance qui semblaient bien prouver l'ignorance complète où il était des sept jours de sa disparition. »

— Ce que vous me racontez ressemble à un rêve, dit Consuelo, et me porte à divaguer plutôt qu'à dormir, ma chère baronne. Comment est-il possible qu'un homme vive pendant sept jours sans avoir conscience de rien?

— Ceci n'est rien auprès de ce que j'ai encore à vous raconter ; et jusqu'à ce que vous ayez vu par vous-même que, loin d'exagérer, j'atténue pour abréger, vous aurez, je le conçois, de la peine à me croire. Moi-même qui vous rapporte ce dont j'ai été témoin, je me demande encore quelquefois si Albert est sorcier ou s'il se moque de nous. Mais l'heure est avancée, et véritablement je crains d'abuser de votre complaisance.

— C'est moi qui abuse de la vôtre, répondit Consuelo ; vous devez être fatiguée de parler. Remettons donc à demain soir, si vous le voulez bien, la suite de cette incroyable histoire.

— A demain soit, dit la jeune baronne en l'embrassant.

XXIX

L'histoire incroyable, en effet, qu'elle venait d'entendre tint Consuelo assez longtemps éveillée. La nuit sombre, pluvieuse, et pleine de gémissements, contribuait aussi à l'agiter de sentiments superstitieux qu'elle ne connaissait pas encore. Il y a donc une fatalité incompréhensible, se disait-elle, qui pèse sur certains êtres! Qu'avait fait à Dieu cette jeune fille qui me parlait tout à l'heure, avec tant d'abandon, de son naïf amour-propre blessé et de ses beaux rêves déçus? Et qu'avais-je fait de mal moi-même pour que mon seul amour fût si horriblement froissé et brisé dans mon cœur? Mais, hélas! quelle faute a donc commise ce farouche Albert de Rudolstadt pour perdre ainsi la conscience et la direction de sa propre vie? Quelle horreur la Providence a-t-elle conçue pour Anzoleto de l'abandonner, ainsi qu'elle l'a fait, aux mauvais penchants et aux perverses tentations?

Vaincue enfin par la fatigue, elle s'endormit, et se perdit dans une suite de rêves sans rapport et sans issue. Deux ou trois fois elle s'éveilla et se rendormit sans pouvoir se rendre compte du lieu où elle était, se croyant toujours en voyage. Le Porpora, Anzoleto, le comte Zustiniani et la Corilla passaient tour à tour devant ses yeux, lui disant des choses étranges et douloureuses, lui reprochant je ne sais quel crime dont elle portait la peine sans pouvoir se souvenir de l'avoir commis. Mais toutes ces visions s'effaçaient devant celle du comte Albert, qui repassait toujours devant elle avec sa barbe noire, son œil fixe, et son vêtement de deuil rehaussé d'or, par moments semé de larmes comme un drap mortuaire.

Elle trouva, en s'éveillant tout à fait, Amélie déjà parée avec élégance, fraîche et souriante à côté de son lit.

« Savez-vous, ma chère Porporina, lui dit la jeune baronne en lui donnant un baiser au front, que vous avez en vous quelque chose d'étrange? Je vous destinée à vivre avec des êtres extraordinaires; car certainement vous en êtes un, vous aussi. Il y a un quart d'heure que je vous regarde dormir, pour voir au grand jour si vous êtes plus belle que moi. Je vous confesse que cela me donne quelque souci, et que, malgré l'abjuration complète et empressée que j'ai faite de mon amour pour Albert, je serais un peu piquée de le voir vous regarder avec intérêt. Que voulez-vous? c'est le seul homme qui soit ici, et jusqu'ici j'y étais la seule femme. Maintenant nous sommes deux, et nous aurons maille à partir si vous m'effacez trop.

— Vous aimez à railler, répondit Consuelo; ce n'est pas généreux de votre part. Mais voulez-vous bien laisser le chapitre des méchancetés, et me dire ce que j'ai d'extraordinaire? C'est peut-être ma laideur qui est tout à fait revenue. » Il me semble qu'en effet cela doit être.

— Je vous dirai la vérité, Nina. Au premier coup d'œil que j'ai jeté sur vous ce matin, votre pâleur, vos grands yeux à demi clos et plutôt fixes qu'endormis, votre bras maigre hors du lit, m'ont donné un moment de triomphe. Et puis, en vous regardant toujours, j'ai été comme effrayée de votre immobilité et de votre attitude vraiment royale. Votre bras est celui d'une reine, je le soutiens, et votre calme a quelque chose de dominateur et d'écrasant dont je ne peux pas me rendre compte. Voilà que je me prends à vous trouver horriblement belle, et cependant il y a de la douceur dans votre regard. Dites-moi donc quelle personne vous êtes. Vous m'attirez et vous m'intimidez : je suis toute honteuse des folies que je vous ai racontées de moi cette nuit. Vous ne m'avez encore rien dit de vous; et cependant vous savez à peu près tous mes défauts.

— Si j'ai l'air d'une reine, ce dont je ne me serais guère doutée, répondit Consuelo avec un triste sourire, ce doit être l'air piteux d'une reine détrônée. Quant à ma beauté, elle m'a toujours paru très-contestable; et quant à l'opinion que j'ai de vous, chère baronne Amélie, elle est toute en faveur de votre franchise et de votre bonté.

— Pour franche, je la suis; mais vous, Nina, l'êtes-vous? Oui, vous avez un air de grandeur et de loyauté. Mais êtes-vous expansive? Je ne le crois pas.

— Ce n'est pas à moi de l'être la première, convenez-en. C'est à vous, protectrice et maîtresse de ma destinée en ce moment, de me faire les avances.

— Vous avez raison. Mais votre grand sens me fait peur. Si je vous parais écervelée, vous ne me prêcherez pas trop, n'est-ce pas?

— Je n'en ai le droit en aucune façon. Je suis votre maîtresse de musique, et rien de plus. D'ailleurs une pauvre fille du peuple, comme moi, saura toujours se tenir à sa place.

— Vous, une fille du peuple, fière Porporina! Oh! vous mentez; cela est impossible. Je vous croirais plutôt un enfant mystérieux de quelque famille de princes. Que faisait votre mère?

— Elle chantait, comme moi.

— Et votre père? »

Consuelo resta interdite. Elle n'avait pas préparé toutes ses réponses aux questions familièrement indiscrètes de la petite baronne. La vérité est qu'elle n'avait jamais entendu parler de son père, et qu'elle n'avait jamais songé à demander si elle en avait un.

« Allons! dit Amélie en éclatant de rire, c'est cela, j'en étais sûre; votre père est quelque grand d'Espagne, ou quelque doge de Venise. »

Ces façons de parler parurent légères et blessantes à Consuelo.

« Ainsi, dit-elle avec un peu de mécontentement, un honnête ouvrier, ou un pauvre artiste, n'aurait pas eu le droit de transmettre à son enfant quelque distinction naturelle? Il faut absolument que les enfants du peuple soient grossiers et difformes?

— Ce dernier mot est une épigramme pour ma tante Wenceslawa, répliqua la baronne riant plus fort. Allons, chère Nina, pardonnez-moi si je vous fâche un peu, et laissez-moi bâtir dans ma cervelle un plus beau roman sur vous. Mais faites vite votre toilette, mon enfant; car la cloche va sonner, et ma tante ferait mourir de faim toute la famille plutôt que de laisser servir le déjeuner sans vous. Je vais vous aider à ouvrir vos caisses; donnez-moi les clefs. Je suis sûre que vous apportez de Venise les plus jolies toilettes, et que vous allez me mettre au courant des modes, moi qui vis dans ce pays de sauvages, et depuis si longtemps! »

Consuelo, se hâtant d'arranger ses cheveux, lui donna les clefs sans l'entendre, et Amélie s'empressa d'ouvrir une caisse qu'elle s'imaginait remplie de chiffons; mais, à sa grande surprise, elle n'y trouva qu'un amas de vieille musique, de cahiers imprimés, effacés par un long usage, et de manuscrits en apparence indéchiffrables.

« Ah! qu'est-ce que tout cela? s'écria-t-elle en essuyant ses jolis doigts bien vite. Vous avez là, ma chère enfant, une singulière garde-robe!

— Ce sont des trésors, traitez-les avec respect, ma chère baronne, répondit Consuelo. Il y a des autographes des plus grands maîtres, et j'aimerais mieux perdre ma voix que de ne pas les remettre au Porpora qui me les a confiés. »

Amélie ouvrit une seconde caisse, et la trouva pleine de papier réglé, de traités sur la musique, et d'autres livres sur la composition, l'harmonie et le contre-point.

« Ah! je comprends, dit-elle en riant, ceci est votre écrin.

— Je n'en ai pas d'autre, répondit Consuelo, et j'espère que vous voudrez bien vous en servir souvent.

— A la bonne heure, je vois que vous êtes une maîtresse sévère. Mais peut-on vous demander sans vous offenser, ma chère Nina, où vous avez mis vos robes?

— Là-bas dans ce petit carton, répondit Consuelo en allant le chercher, et en montrant à la baronne une petite robe de soie noire qui y était soigneusement et fraîchement pliée.

— Est-ce là tout? dit Amélie.

— C'est là tout, dit Consuelo, avec ma robe de voyage. Dans quelques jours d'ici, je me ferai une seconde robe noire, toute pareille à l'autre, pour changer.

— Ah! ma chère enfant, vous êtes donc en deuil?

— Peut-être, signora, répondit gravement Consuelo.

— En ce cas, pardonnez-moi. J'aurais dû comprendre à vos manières que vous aviez quelque chagrin dans le cœur, et je vous aime autant ainsi. Nous sympathiserons encore plus vite; car moi aussi j'ai bien des sujets de tristesse, et je pourrais déjà porter le deuil de l'époux qu'on m'avait destiné. Ah! ma chère Nina, ne vous effarouchez pas de ma gaieté; c'est souvent un effort pour cacher des peines profondes. »

Elles s'embrassèrent, et descendirent au salon où on les attendait.

Consuelo vit, dès le premier coup d'œil, que sa modeste robe noire, et son fichu blanc fermé jusqu'au menton par une épingle de jais, donnaient d'elle à la chanoinesse une opinion très-favorable. Le vieux Christian fut un peu moins embarrassé et tout aussi affable envers elle que la veille. Le baron Frédérick, qui, par courtoisie, s'était abstenu d'aller à la chasse ce jour-là, ne sut pas trouver un mot à lui dire, quoiqu'il eût préparé mille gracieusetés pour les soins qu'elle venait rendre à sa fille. Mais il s'assit à côté d'elle, et s'empressa de la servir, avec une importunité si naïve et si minutieuse, qu'il n'eut pas le temps de satisfaire son propre appétit. Le chapelain lui demanda dans quel ordre le patriarche faisait la procession à Venise, et l'interrogea sur le luxe et les ornements des églises. Il vit à ses réponses qu'elle les avait beaucoup fréquentées ; et quand il sut qu'elle avait appris à chanter au service divin, il eut pour elle une grande considération.

Quant au comte Albert, Consuelo avait à peine osé lever les yeux sur lui, précisément parce qu'il était le seul qui lui inspirât un vif sentiment de curiosité. Elle ne savait pas quel accueil il lui avait fait. Seulement elle l'avait regardé dans une glace en traversant le salon, et l'avait vu habillé avec une sorte de recherche, quoique toujours en noir. C'était bien la tournure d'un grand seigneur ; mais sa barbe et ses cheveux dénoués, avec son teint sombre et jaunâtre, lui donnaient la tête pensive et négligée d'un beau pêcheur de l'Adriatique, sur les épaules d'un noble personnage.

Cependant la sonorité de sa voix, qui flattait les oreilles musicales de Consuelo, enhardit peu à peu cette dernière à le regarder. Elle fut surprise de lui trouver l'air et les manières d'un homme très-sensé. Il parlait peu, mais judicieusement ; et lorsqu'elle se leva de table, il lui offrit la main, sans la regarder il est vrai (il ne lui avait pas fait cet honneur depuis la veille), mais avec beaucoup d'aisance et de politesse. Elle trembla de tous ses membres en mettant sa main dans celle de ce héros fantastique des récits et des rêves de la nuit précédente ; elle s'attendait à la trouver froide comme celle d'un cadavre. Mais elle était douce et tiède comme la main d'un homme soigneux et bien portant. A vrai dire, Consuelo ne put guère constater ce fait. Son émotion intérieure lui donnait une sorte de vertige ; et le regard d'Amélie, qui suivait tous ses mouvements, eût achevé de la déconcerter, si elle ne se fût armée de toute la force dont elle sentait avoir besoin pour conserver sa dignité vis-à-vis de cette malicieuse jeune fille. Elle rendit au comte Albert le profond salut qu'il lui fit en la conduisant auprès d'un siège ; et pas un mot, pas un regard ne fut échangé entre eux.

« Savez-vous, perfide Porporina, dit Amélie à sa compagne en s'asseyant tout près d'elle pour chuchoter librement à son oreille, que vous faites merveille sur mon cousin ?

— Je ne m'en aperçois pas beaucoup jusqu'ici, répondit Consuelo.

— C'est que vous ne daignez pas vous apercevoir de ses manières avec moi. Depuis un an, il ne m'a pas offert une seule fois la main pour passer à table ou pour en sortir, et voilà qu'il s'exécute avec vous de la meilleure grâce ! Il est vrai qu'il est dans un de ses moments les plus lucides. On dirait que vous lui avez apporté la raison et la santé. Mais ne vous fiez point aux apparences, Nina. Ce sera avec vous comme avec moi. Après trois jours de cordialité, il ne se souviendra pas seulement de votre existence.

— Je vois, dit Consuelo, qu'il faut que je m'habitue à la plaisanterie.

— N'est-il pas vrai, ma petite tante, dit à voix basse Amélie en s'adressant à la chanoinesse, qui était venue s'asseoir auprès d'elle et de Consuelo, que mon cousin est tout à fait charmant pour la chère Porporina ?

— Ne vous moquez pas de lui, Amélie, répondit Wenceslawa avec douceur ; mademoiselle s'apercevra assez tôt de la cause de nos chagrins.

— Je ne me moque pas, bonne tante. Albert est tout à fait bien ce matin, et je me réjouis de le voir comme je ne l'ai pas encore vu peut-être depuis que je suis ici.

S'il était rasé et poudré comme tout le monde, on pourrait croire aujourd'hui qu'il n'a jamais été malade.

— Cet air de calme et de santé me frappe en effet bien agréablement, dit la chanoinesse ; mais je n'ose plus me flatter de voir durer un si heureux état de choses.

— Comme il a l'air noble et bon ! dit Consuelo, voulant gagner le cœur de la chanoinesse par l'endroit le plus sensible.

— Vous trouvez ? dit Amélie, la transperçant de son regard espiègle et moqueur.

— Oui, je le trouve, répondit Consuelo avec fermeté, et je vous l'ai dit hier soir, signora ; jamais visage humain ne m'a inspiré plus de respect.

— Ah ! chère fille, dit la chanoinesse en quittant tout à coup son air guindé pour serrer avec émotion la main de Consuelo ; les bons cœurs se devinent ! Je craignais que mon pauvre enfant ne vous fît peur ; c'est une si grande peine pour moi de lire sur le visage des autres l'éloignement qu'inspirent toujours de pareilles souffrances ! Mais vous avez de la sensibilité, je le vois, et vous avez compris tout de suite qu'il y a dans ce corps malade et flétri une âme sublime, bien digne d'un meilleur sort.

Consuelo fut touchée jusqu'aux larmes des paroles de l'excellente chanoinesse, et elle lui baisa la main avec effusion. Elle sentait déjà plus de confiance et de sympathie dans son cœur pour cette vieille bossue que pour la brillante et frivole Amélie.

Elles furent interrompues par le baron Frédérick, lequel, comptant sur son courage plus que sur ses moyens, s'approchait avec l'intention de demander une grâce à la signora Porporina. Encore plus gauche auprès des dames que ne l'était son frère aîné (cette gaucherie était, à ce qu'il paraît, une maladie de famille, qu'on ne devait pas s'étonner de retrouver beaucoup développée jusqu'à la sauvagerie chez Albert), il balbutia un discours et beaucoup d'excuses qu'Amélie se chargea de comprendre et de traduire à Consuelo.

« Mon père vous demande, lui dit-elle, si vous vous sentez le courage de vous remettre à la musique, après un voyage aussi pénible, et si ce ne serait pas abuser de votre bonté que de vous prier d'entendre ma voix et de juger ma méthode.

— De tout mon cœur, répondit Consuelo en se levant avec vivacité et en allant ouvrir le clavecin.

— Vous allez voir, lui dit tout bas Amélie en arrangeant son cahier sur le pupitre, que ceci va mettre Albert en fuite malgré vos beaux yeux et les miens. »

En effet, Amélie avait à peine préludé pendant quelques minutes, qu'Albert se leva, et sortit sur la pointe du pied comme un homme qui se flatte d'être inaperçu.

« C'est beaucoup, dit Amélie en causant toujours à voix basse, tandis qu'elle jouait à contre-mesure, qu'il n'ait pas jeté les portes avec fureur, comme cela lui arrive souvent quand je chante. Il est tout à fait aimable, on peut même dire galant aujourd'hui. »

Le chapelain, s'imaginant masquer la sortie d'Albert, se rapprocha du clavecin, et feignit d'écouter avec attention. Le reste de la famille fit à distance un demi-cercle pour attendre respectueusement le jugement que Consuelo porterait sur son élève.

Amélie choisit bravement un air de l'*Achille in Scyro* de Pergolèse, et le chanta avec assurance d'un bout à l'autre, avec une voix fraîche et perçante, accompagnée d'un accent allemand si comique, que Consuelo, n'ayant jamais rien entendu de pareil, se tint à quatre pour ne pas sourire à chaque mot. Il ne lui fallut pas écouter quatre mesures pour se convaincre que la jeune baronne n'avait aucune notion vraie, aucune intelligence de la musique. Elle avait le timbre flexible, et pouvait avoir reçu de bonnes leçons ; mais son caractère était trop léger pour lui permettre d'étudier quoi que ce fût en conscience. Par la même raison, elle ne doutait pas de ses forces, et sabrait avec un sang-froid germanique les traits les plus audacieux et les plus difficiles. Elle les manquait tous sans se déconcerter, et croyait couvrir ses maladresses en forçant l'intonation, et en frappant l'accompagnement avec vigueur, rétablissant la mesure comme elle pouvait, en ajoutant des temps aux mesures qui suivaient celles où elle en avait supprimé, et changeant le caractère de la musique à tel point que Consuelo eût eu peine à reconnaître ce qu'elle entendait, si le cahier n'eût été devant ses yeux.

Cependant le comte Christian, qui s'y connaissait bien, mais qui supposait à sa nièce la timidité qu'il aurait eue à sa place, disait de temps en temps pour l'encourager : « Bien, Amélie, bien! belle, musique, en vérité, belle musique ! »

La chanoinesse, qui n'y entendait pas grand'chose, cherchait avec sollicitude dans les yeux de Consuelo à pressentir son opinion ; et le baron, qui n'aimait pas d'autre musique que celle des fanfares de chasse, s'imaginant que sa fille chantait trop bien pour qu'il pût la comprendre, attendait avec confiance l'expression du contentement de son juge. Le chapelain seul était charmé de ces gargouillades, qu'il n'avait jamais entendues avant l'arrivée d'Amélie au château, et balançait sa grosse tête avec un sourire de béatitude.

Consuelo vit bien que dire la vérité crûment serait porter la consternation dans la famille. Elle se réserva d'éclairer son élève en particulier sur tout ce qu'elle avait à oublier avant d'apprendre quelque chose, donna des éloges à sa voix, la questionna sur ses études, approuva le choix des maîtres qu'on lui avait fait étudier, et se dispensa ainsi de déclarer qu'elle les avait étudiés à contre-sens.

On se sépara fort satisfait d'une épreuve qui n'avait été cruelle que pour Consuelo. Elle eut besoin d'aller s'enfermer dans sa chambre avec la musique qu'elle venait d'entendre profaner, et de la lire des yeux, en la chantant mentalement, pour effacer de son cerveau l'impression désagréable qu'elle venait de recevoir.

XXX

Lorsqu'on se rassembla de nouveau vers le soir, Consuelo se sentant plus à l'aise avec toutes ces personnes qu'elle commençait à connaître, répondit avec moins de réserve et de brièveté aux questions que, de leur côté, elles s'enhardirent à lui adresser sur son pays, sur son art, et sur ses voyages. Elle évita soigneusement, ainsi qu'elle se l'était prescrit, de parler d'elle-même, et raconta les choses au milieu desquelles elle avait vécu sans jamais faire mention du rôle qu'elle y avait joué. C'est en vain que la curieuse Amélie s'efforça de l'amener dans la conversation à développer sa personnalité. Consuelo ne tomba pas dans ses pièges, et ne trahit pas un seul instant l'incognito qu'elle s'était promis de garder. Il serait difficile de dire précisément pourquoi ce mystère avait pour elle un charme particulier. Plusieurs raisons l'y portaient. D'abord elle avait promis, juré au Porpora, de se tenir si cachée et si effacée de toutes manières qu'il fût impossible à Anzoleto de retrouver sa trace au cas où il se mettrait à la poursuivre ; précaution bien inutile, puisqu'à cette époque Anzoleto, après quelques velléités de ce genre, rapidement étouffées, n'était plus occupé que de ses débuts et de son succès à Venise.

En second lieu, Consuelo, voulant se concilier l'affection et l'estime de la famille qui donnait un asile momentané à son isolement et à sa douleur, comprenait bien qu'on l'accepterait plus volontiers simple musicienne, élève du Porpora et maîtresse de chant, que *prima donna*, femme de théâtre et cantatrice célèbre. Elle savait qu'une telle situation avouée lui imposerait un rôle difficile au milieu de ces gens simples et pieux ; et il est probable que, malgré les recommandations du Porpora, l'arrivée de Consuelo, la débutante, la merveille de San-Samuel, les eût passablement effarouchés. Mais ces deux puissants motifs n'eussent-ils pas existé, Consuelo aurait encore éprouvé le besoin de se taire et de ne laisser pressentir à personne l'éclat et les misères de sa destinée. Tout se tenait dans sa vie, sa puissance et sa faiblesse, sa gloire et son amour. Elle ne pouvait soulever le moindre coin du voile sans montrer une des plaies de son âme ; et ces plaies étaient trop vives, trop profondes, pour qu'aucun secours humain pût les soulager. Elle n'éprouvait d'allégement au contraire que dans l'espèce de rempart que lui venait d'élever entre ses douloureux souvenirs et le calme énergique de sa nouvelle existence. Ce changement de pays, d'entourage, et de nom, la transportait tout à coup dans un milieu inconnu où, en jouant un rôle différent, elle aspirait à devenir un nouvel être.

Cette abjuration de toutes les vanités qui eussent consolé une autre femme, fut le salut de cette âme courageuse. En renonçant à toute pitié comme à toute gloire humaine, elle sentit une force céleste venir à son secours. Il faut que je retrouve une partie de mon ancien bonheur, se disait-elle ; celui que j'ai goûté longtemps et qui consistait tout entier à aimer les autres et à en être aimée. Le jour où j'ai cherché leur admiration, ils m'ont retiré leur amour, et j'ai payé trop cher les honneurs qu'ils ont mis à la place de leur bienveillance. Refaisons-nous donc obscure et petite, afin de n'avoir ni envieux, ni ingrats, ni ennemis sur la terre. La moindre marque de sympathie m'est douce, et le plus grand témoignage d'admiration est mêlé d'amertume. S'il est des cœurs orgueilleux et forts à qui la louange suffit, et que le triomphe console, le mien n'est pas de ce nombre, je l'ai trop cruellement éprouvé. Hélas ! la gloire m'a ravi le cœur de mon amant ; que l'humilité me rende du moins quelques amis !

Ce n'était pas ainsi que l'entendait le Porpora. En éloignant Consuelo de Venise, en la soustrayant aux dangers et aux déchirements de sa passion, il n'avait songé qu'à lui procurer quelques jours de repos avant de la rappeler sur la scène des ambitions, et de la lancer de nouveau dans les orages de la vie d'artiste. Il ne connaissait pas bien son élève. Il la croyait plus femme, c'est-à-dire, plus mobile qu'elle ne l'était. En songeant à elle dans ce moment-là, il ne se la représentait pas calme, affectueuse, et occupée des autres, comme elle avait déjà la force de l'être. Il la croyait noyée dans les pleurs et dévorée de regrets. Mais il pensait qu'une grande réaction devait bientôt s'opérer en elle, et qu'il la retrouverait guérie de son amour, ardente à reprendre l'exercice de sa force et les priviléges de son génie.

Ce sentiment intérieur si pur et si religieux que Consuelo venait de concevoir de son rôle dans la famille de Rudolstadt, répandit, dès le premier jour, une sainte sérénité sur ses paroles, sur ses actions, et sur son visage. Qui l'eût vue naguère resplendissante d'amour et de joie au soleil de Venise, n'eût pas compris aisément comment elle pouvait être tout à coup tranquille et affectueuse au milieu d'inconnus, au fond des sombres forêts, avec son amour flétri dans le passé et ruiné dans l'avenir. C'est que la bonté trouve la force, là où l'orgueil ne rencontrerait que le désespoir. Consuelo fut belle ce soir-là, d'une beauté qui ne s'était pas encore manifestée en elle. Ce n'était plus ni l'engourdissement d'une grande nature qui s'ignore elle-même et qui attend son réveil, ni l'épanouissement d'une puissance qui prend l'essor avec surprise et ravissement. Ce n'était donc plus ni la beauté voilée et incompréhensible de la *scolare zingarella*, ni la beauté splendide et saisissante de la cantatrice couronnée ; c'était le charme pénétrant et suave de la femme pure et recueillie qui se connaît elle-même et se gouverne par la sainteté de sa propre impulsion.

Ses vieux hôtes, simples et affectueux, n'eurent pas besoin d'autre lumière que celle de leur généreux instinct pour aspirer, si je puis ainsi dire, le parfum mystérieux qu'exhalait dans leur atmosphère intellectuelle l'âme angélique de Consuelo. Ils éprouvèrent, en la regardant, un bien-être moral dont ils ne se rendirent pas bien compte, mais dont la douceur les remplit comme d'une vie nouvelle. Albert lui-même semblait jouir pour la première fois de ses facultés avec plénitude et liberté. Il était prévenant et affectueux avec tout le monde : il l'était avec Consuelo dans la mesure convenable, et il lui

Elle s'assit à l'épinette, et commença... (Page 77.)

parla à plusieurs reprises de manière à prouver qu'il n'abdiquait pas, ainsi qu'on l'avait cru jusqu'alors, l'esprit élevé et le jugement lumineux que la nature lui avait donnés. Le baron ne s'endormit pas ; la chanoinesse ne soupira pas une seule fois ; et le comte Christian, qui avait l'habitude de s'affaisser mélancoliquement le soir dans son fauteuil sous le poids de la vieillesse et du chagrin, resta debout le dos à la cheminée comme au centre de sa famille, et prenant part à l'entretien aisé et presque enjoué qui dura sans tomber jusqu'à neuf heures du soir.

« Dieu semble avoir exaucé enfin nos ardentes prières, dit le chapelain au comte Christian et à la chanoinesse, restés les derniers au salon, après le départ du baron et des jeunes gens. Le comte Albert est entré aujourd'hui dans sa trentième année, et ce jour solennel, dont l'attente avait toujours si vivement frappé son imagination et la nôtre, s'est écoulé avec un calme et un bonheur inconcevables.

— Oui, rendons grâces à Dieu ! dit le vieux comte. Je ne sais si c'est un songe bienfaisant qu'il nous envoie pour nous soulager un instant ; mais je me suis persuadé durant toute cette journée, et ce soir particulièrement, que mon fils était guéri pour toujours.

— Mon frère, dit la chanoinesse, je vous en demande pardon ainsi qu'à vous, monsieur le chapelain, qui avez toujours cru Albert tourmenté par l'ennemi du genre humain. Moi je l'ai toujours cru aux prises avec deux puissances contraires qui se disputaient sa pauvre âme ; car bien souvent lorsqu'il semblait répéter les discours du mauvais ange, le ciel parlait par sa bouche un instant après. Rappelez-vous maintenant tout ce qu'il disait hier soir durant l'orage et ses dernières paroles en nous quittant : « La paix du Seigneur est descendue sur cette « maison. » Albert sentait s'accomplir en lui un miracle de la grâce, et j'ai foi à sa guérison comme à la promesse divine. »

Le chapelain était trop timoré pour accepter d'emblée une proposition si hardie. Il se tirait toujours d'embarras en disant : « Rapportons-nous-en à la sagesse éternelle ; Dieu lit dans les choses cachées ; l'esprit doit s'abîmer en Dieu ; » et autres sentences plus consolantes que nouvelles.

Le comte Christian était partagé entre le désir d'ac-

La chanoinesse, suivie de Hanz... (Page 79.)

cepter l'ascétisme un peu tourné au merveilleux de sa bonne sœur, et le respect que lui imposait l'orthodoxie méticuleuse et prudente de son confesseur. Il crut détourner la conversation en parlant de la Porporina, et en louant le maintien charmant de cette jeune personne. La chanoinesse, qui l'aimait déjà, renchérit sur ces éloges, et le chapelain donna sa sanction à l'entraînement de cœur qu'ils éprouvaient pour elle. Il ne leur vint pas à l'esprit d'attribuer à la présence de Consuelo le miracle qui venait de s'accomplir dans leur intérieur. Ils en recueillirent le bienfait sans en reconnaître la source; c'est tout ce que Consuelo eût demandé à Dieu, si elle eût été consultée.

Amélie avait fait des remarques un peu plus précises. Il devenait bien évident pour elle que son cousin avait, dans l'occasion, assez d'empire sur lui-même pour cacher le désordre de ses pensées aux personnes dont il se méfiait, comme à celles qu'il considérait particulièrement. Devant certains parents ou certains amis de sa famille qui lui inspiraient ou de la sympathie ou de l'antipathie, il n'avait jamais trahi par aucun fait extérieur l'excentricité de son caractère. Aussi, lorsque Consuelo lui exprima sa surprise de ce qu'elle lui avait entendu raconter la veille, Amélie, tourmentée d'un secret dépit, s'efforça de lui rendre l'effroi que ses récits avaient déjà provoqué en elle pour le comte Albert.

« Eh! ma pauvre amie, lui dit-elle, méfiez-vous de ce calme trompeur; c'est le temps d'arrêt qui sépare toujours chez lui une crise récente d'une crise prochaine. Vous l'avez vu aujourd'hui tel que je l'ai vu en arrivant ici au commencement de l'année dernière. Hélas! si vous étiez destinée par la volonté d'autrui à devenir la femme d'un pareil visionnaire, si, pour vaincre votre tacite résistance, on avait tacitement comploté de vous tenir captive indéfiniment dans cet affreux château, avec un régime continu de surprises, de terreurs et d'agitations, avec des pleurs, des exorcismes et des extravagances pour tout spectacle, en attendant une guérison à laquelle on croit toujours et qui n'arrivera jamais, vous seriez comme moi bien désenchantée des belles manières d'Albert et des douces paroles de la famille.

— Il n'est pas croyable, dit Consuelo, qu'on veuille forcer votre volonté au point de vous unir malgré vous à un homme que vous n'aimez point. Vous me paraissez être l'idole de vos parents.

— On ne me forcera à rien : on sait bien que ce serait tenter l'impossible. Mais on oubliera qu'Albert n'est pas le seul mari qui puisse me convenir, et Dieu sait quand on renoncera à la folle espérance de me voir reprendre pour lui l'affection que j'avais éprouvée d'abord. Et puis mon pauvre père, qui a la passion de la chasse, et qui a ici de quoi se satisfaire, se trouve fort bien dans ce maudit château, et fait toujours valoir quelque prétexte pour retarder notre départ, vingt fois projeté et jamais arrêté. Ah! si vous saviez, ma chère Nina, quelque secret pour faire périr dans une nuit tout le gibier de la contrée, vous me rendriez le plus grand service qu'âme humaine puisse me rendre.

— Je ne puis malheureusement que m'efforcer de vous distraire en vous faisant faire de la musique, et en causant avec vous le soir, lorsque vous n'aurez pas envie de dormir. Je tâcherai d'être pour vous un calmant et un somnifère.

— Vous me rappelez, dit Amélie, que j'ai le reste d'une histoire à vous raconter. Je commence, afin de ne pas vous faire coucher trop tard :

« Quelques jours après la mystérieuse absence qu'il avait faite (toujours persuadé que cette semaine de disparition n'avait duré que sept heures), Albert commença seulement à remarquer que l'abbé n'était plus au château, et il demanda où on l'avait envoyé.

« — Sa présence auprès de vous n'étant plus nécessaire, lui répondit-on, il est retourné à ses affaires. Ne vous en étiez-vous pas encore aperçu?

« — Je m'en apercevais, répondit Albert : *quelque chose manquait à ma souffrance;* mais je ne me rendais pas compte de ce que ce pouvait être.

« — Vous souffrez donc beaucoup, Albert? lui demanda la chanoinesse.

« — Beaucoup, répondit-il du ton d'un homme à qui l'on demande s'il a bien dormi.

« — Et l'abbé vous était donc bien désagréable? lui demanda le comte Christian.

« — Beaucoup, répondit Albert du même ton.

« — Et pourquoi donc, mon fils, ne l'avez-vous pas dit plus tôt? Comment avez-vous supporté pendant si longtemps la présence d'un homme qui vous était antipathique, sans me faire part de votre déplaisir? Doutez-vous, mon cher enfant, que je n'eusse fait cesser au plus vite votre souffrance?

« — C'était un bien faible accessoire à ma douleur, répondit Albert avec une effrayante tranquillité; et vos bontés, dont je ne doute pas, mon père, n'eussent pu que la soulager légèrement en me donnant un autre surveillant.

« — Dites un autre compagnon de voyage, mon fils. Vous vous servez d'une expression injurieuse pour ma tendresse.

« — C'est votre tendresse qui causait votre sollicitude, ô mon père! Vous ne pouviez pas savoir le mal que vous me faisiez en m'éloignant de vous et de cette maison, où ma place était marquée par la Providence jusqu'à une époque où ses desseins sur moi doivent s'accomplir. Vous avez cru travailler à ma guérison et à mon repos; moi qui comprenais mieux que vous ce qui convient à nous deux, je savais bien que je devais vous seconder et vous obéir. J'ai connu mon devoir et je l'ai rempli.

« — Je sais votre vertu et votre affection pour nous, Albert; mais ne sauriez-vous expliquer plus clairement votre pensée?

« — Cela est bien facile, répondit Albert, et le moment de le faire est venu. »

« Il parlait avec tant de calme, que nous crûmes toucher au moment fortuné où l'âme d'Albert allait cesser d'être pour nous une énigme douloureuse. Nous nous serrâmes autour de lui, l'encourageant par nos regards et nos caresses à s'épancher entièrement pour la première fois de sa vie. Il parut décidé à nous accorder enfin cette confiance, et il parla ainsi.

« — Vous m'avez toujours pris, vous me prenez encore tous pour un malade et pour un insensé. Si je n'avais pour vous tous une vénération et une tendresse infinies, j'oserais peut-être approfondir l'abîme qui nous sépare, et je vous montrerais que vous êtes dans un monde d'erreur et de préjugés, tandis que le ciel m'a donné accès dans une sphère de lumière et de vérité. Mais vous ne pourriez pas me comprendre sans renoncer à tout ce qui fait votre calme, votre religion et votre sécurité. Lorsque, emporté à mon insu par des accès d'enthousiasme, quelques paroles imprudentes m'échappent, je m'aperçois bientôt après que je vous ai fait un mal affreux en voulant déraciner vos chimères et secouer devant vos yeux affaiblis la flamme éclatante que je porte dans mes mains. Tous les détails, toutes les habitudes de votre vie, tous les fibres de votre cœur, tous les ressorts de votre intelligence sont tellement liés, enlacés et rivés au joug du mensonge, à la loi des ténèbres, qu'il semble que je vous donne la mort en voulant vous donner la foi. Il y a pourtant une voix qui me crie dans la veille et dans le sommeil, dans le calme et dans l'orage, de vous éclairer et de vous convertir. Mais je suis un homme trop aimant et trop faible pour l'entreprendre. Quand je vois vos yeux pleins de larmes, vos poitrines gonflées, vos fronts abattus, quand je sens que je porte en vous la tristesse et l'épouvante, je m'enfuis, je me cache pour résister au cri de ma conscience et à l'ordre de ma destinée. Voilà mon mal, voilà mon tourment, voilà ma croix et mon supplice; me comprenez-vous maintenant? »

« Mon oncle, ma tante et le chapelain comprenaient jusqu'à un certain point qu'Albert s'était fait une morale et une religion complètement différentes des leurs; mais, timides comme des dévots, ils craignaient d'aller trop avant, et n'osaient plus encourager sa franchise. Quant à moi, qui ne savais encore que vaguement les particularités de son enfance et de sa première jeunesse, je ne comprenais pas du tout. D'ailleurs, à cette époque, j'étais à peu près au même point que vous, Nina; je savais fort peu ce que c'était que ce Hussitisme et ce Luthéranisme dont j'ai entendu si souvent parler depuis, et dont les controverses débattues entre Albert et le chapelain m'ont accablée d'un si lamentable ennui. J'attendais donc impatiemment une plus ample explication; mais elle ne vint pas.

« — Je vois, dit Albert, frappé du silence qui se faisait autour de lui, que vous ne voulez pas me comprendre, de peur de me comprendre trop. Qu'il en soit donc comme vous le voulez. Votre aveuglement a porté depuis longtemps l'arrêt dont je subis la rigueur. Éternellement malheureux, éternellement seul, éternellement étranger parmi ceux que j'aime, je n'ai de refuge et de soutien que dans la consolation qui m'a été promise.

« — Quelle est donc cette consolation, mon fils? dit le comte Christian mortellement affligé; ne peut-elle venir de nous, et ne pouvons-nous jamais arriver à nous entendre?

« — Jamais, mon père. Aimons-nous, puisque cela seul nous est permis. Le ciel m'est témoin que notre désaccord immense, irréparable, n'a jamais altéré en moi l'amour que je vous porte.

« — Et cela ne suffit-il pas? dit la chanoinesse en lui prenant une main, tandis que son frère pressait l'autre main d'Albert dans les siennes; ne peux-tu oublier tes idées étranges, tes bizarres croyances, pour vivre d'affection au milieu de nous?

« Je vis d'affection, répondit Albert. C'est un bien qui se communique et s'échange délicieusement ou amèrement, selon que la foi religieuse est commune ou opposée. Nos cœurs communient ensemble, ô ma tante Wenceslawa! mais nos intelligences se font la guerre, et c'est une grande infortune pour nous tous! Je sais qu'elle ne cessera point avant plusieurs siècles, voilà pourquoi j'attendrai dans celui-ci un bien qui m'est promis, et qui me donnera la force d'espérer.

« — Quel est ce bien, Albert? ne peut-tu me le dire?

« — Non, je ne puis le dire, parce que je l'ignore; mais il viendra. Ma mère n'a point passé une semaine sans me l'annoncer dans mon sommeil, et toutes les voix de la forêt me l'ont répété chaque fois que je les ai interrogées. Un ange voltige souvent, et me montre sa face pâle et lumineuse au-dessus de la pierre d'épouvante; à cet endroit sinistre, sous l'ombrage de ce chêne, où, lorsque les hommes mes contemporains m'appelaient Ziska, je fus transporté de la colère du Seigneur, et devins pour la première fois l'instrument de ses vengeances; au pied de cette roche où, lorsque je m'appelais Wratislaw, je vis rouler d'un coup de sabre la tête mutilée et défigurée de mon père Withold, redoutable expiation qui m'apprit ce que c'est que la douleur et la pitié, jour de rémunération fatale, où le sang luthérien lava le sang catholique, et qui fit de moi un homme faible et tendre, d'un homme de fanatisme et de destruction que j'avais été cent ans auparavant...

« — Bonté divine, s'écria ma tante en se signant, voilà sa folie qui le reprend!

« — Ne le contrariez point, ma sœur, dit le comte Christian en faisant un grand effort sur lui-même; laissez-le s'expliquer. Parle, mon fils, qu'est-ce que l'ange t'a dit sur la pierre d'épouvante?

« — Il m'a dit que ma consolation était proche, répondit Albert avec un visage rayonnant d'enthousiasme, et qu'elle descendrait dans mon cœur lorsque j'aurais accompli ma vingt-neuvième année. »

« Mon oncle laissa retomber sa tête sur son sein. Albert semblait faire allusion à sa mort en désignant l'âge où sa mère était morte, et il paraît qu'il avait souvent prédit, durant sa maladie, que ni parle ni ses fils n'atteindraient l'âge de trente ans. Il paraît que ma tante Wanda était aussi un peu illuminée pour ne rien dire de plus; mais je n'ai jamais pu rien savoir de précis à cet égard. C'est un souvenir trop douloureux pour mon oncle, et personne n'ose le réveiller autour de lui.

« Le chapelain tenta d'éloigner la funeste pensée que cette prédiction faisait naître, en amenant Albert à s'expliquer sur le compte de l'abbé. C'était par là que la conversation avait commencé.

Albert fit à son tour un effort pour lui répondre.

« — Je vous parle de choses divines et éternelles, reprit-il après un peu d'hésitation, et vous me rappelez les courts instants qui s'envolent, les soucis puérils et éphémères dont le souvenir s'efface déjà en moi.

« — Parle encore, mon fils, parle, reprit le comte Christian; il faut que nous te connaissions aujourd'hui.

« — Vous ne m'avez point connu, mon père, répondit Albert, et vous ne me connaîtrez point dans ce que vous appelez cette vie. Mais si vous voulez savoir pourquoi j'ai voyagé, pourquoi j'ai supporté ce gardien infidèle et insouciant que vous aviez attaché à mes pas comme un chien gourmand et paresseux au bras d'un aveugle, je vous le dirai en peu de mots. Je vous avais fait assez souffrir. Il fallait vous dérober le spectacle d'un fils rebelle à vos leçons et sourd à vos remontrances. Je savais bien que de ce que vous appeliez mon délire; mais il fallait vous laisser le repos et l'espérance: j'ai consenti à m'éloigner. Vous aviez exigé de moi la promesse que je ne me séparerais point, sans votre consentement, de ce guide que vous m'aviez donné, et que je me laisserais conduire par lui à travers le monde. J'ai voulu tenir ma promesse; j'ai voulu aussi qu'il pût entretenir votre espérance et votre sécurité, en vous rendant compte de ma douceur et de ma patience. J'ai été doux et patient. Je lui ai fermé mon cœur et mes oreilles; il a eu l'esprit de ne pas songer seulement à se les faire ouvrir. Il m'a promené, habillé et nourri comme un enfant. J'ai renoncé à vivre comme je l'entendais; je me suis habitué à voir le malheur, l'injustice et la démence régner sur la terre. J'ai vu les hommes et leurs institutions; l'indignation a fait place dans mon cœur à la pitié, en reconnaissant que l'infortune des opprimés était moindre que celle des oppresseurs. Dans mon enfance, je n'aimais que les victimes; je me suis pris de charité pour les bourreaux, pénitents déplorables qui portent dans cette génération la peine des crimes qu'ils ont commis dans des existences antérieures, et que Dieu condamne à être méchants, supplice mille fois plus cruel que celui d'être leur proie innocente. Voilà pourquoi je ne fais plus l'aumône que pour me soulager personnellement du poids de la richesse, sans vous tourmenter de mes prédications, connaissant aujourd'hui que le temps n'est pas venu d'être heureux, puisque le temps d'être bon est loin encore, pour parler le langage des hommes.

« — Et maintenant que tu es délivré de ce surveillant, comme tu l'appelles, maintenant que tu peux vivre tranquille, sans avoir sous les yeux le spectacle de misères que tu éteins ou à une autour de toi, sans que personne contrarie ton généreux entraînement, ne peux-tu faire un effort sur toi-même pour chasser tes agitations intérieures?

« — Ne m'interrogez plus, mes chers parents, répondit Albert; je ne dirai plus rien aujourd'hui. »

« Il tint parole, et au delà; car il ne desserra plus les dents de toute une semaine. »

XXXI.

« L'histoire d'Albert sera terminée en peu de mots, ma chère Porporina, parce qu'à moins de vous répéter ce que vous avez déjà entendu, je n'ai presque plus rien à vous apprendre. La conduite de mon cousin durant les dix-huit mois que j'ai passés ici a été une continuelle répétition des fantaisies que vous connaissez maintenant. Seulement son prétendu souvenir de ce qu'il avait été et de ce qu'il avait vu dans les siècles passés prit une apparence de réalité effrayante, lorsque Albert vint à manifester une faculté particulière et vraiment inouïe dont vous avez peut-être entendu parler, mais à laquelle je ne croyais pas, avant d'en avoir eu les preuves qu'il en a données. Cette faculté s'appelle, dit-on, en d'autres pays, la seconde vue; et ceux qui la possèdent sont l'objet d'une grande vénération parmi les gens superstitieux. Quant à moi, qui ne sais qu'en penser, et qui n'entreprendrai point de vous en donner une explication raisonnable, j'y trouve un motif de plus pour ne jamais être la femme d'un homme qui verrait toutes mes actions, fût-il à cent lieues de moi, et qui lirait presque dans ma pensée. Une telle femme doit être au moins une sainte, et le moyen de l'être avec un homme qui semble voué au diable!

— Vous avez le don de plaisanter sur toutes choses, dit Consuelo, et j'admire l'enjouement avec lequel vous parlez de choses qui me font dresser les cheveux sur la tête. En quoi consiste donc cette seconde vue?

— Albert voit et entend ce qu'aucun autre ne peut voir ni entendre. Lorsqu'une personne qu'il aime doit venir, bien que personne ne l'attende, il l'annonce et va à sa rencontre une heure d'avance. De même il se retire et va s'enfermer dans sa chambre, quand il sent venir de loin quelqu'un qui lui déplaît.

« Un jour qu'il se promenait avec mon père dans un sentier de la montagne, il s'arrêta tout à coup et fit un grand détour à travers les rochers et les épines, pour ne point passer sur une certaine place qui n'avait cependant rien de particulier. Ils revinrent sur leurs pas au bout de quelques instants, et Albert fit le même manège. Mon père, qui l'observait, feignit d'avoir perdu quelque chose, et voulut l'amener au pied d'un sapin qui paraissait être l'objet de cette répugnance. Non-seulement Albert évita d'en approcher, mais encore il affecta de ne point marcher sur l'ombre que cet arbre projetait en travers du chemin; et, tandis que mon père passait et repassait dessus, il montra un malaise et une angoisse extraordinaires. Enfin, mon père s'étant arrêté tout au pied de l'arbre, Albert fit un cri, et le rappela précipitamment. Mais il refusa bien longtemps de s'expliquer sur cette fantaisie, et ce ne fut que vaincu par les prières de toute la famille, qu'il déclara que cet arbre était la marque d'une sépulture, et qu'un grand crime avait été commis en ce lieu. Le chapelain pensa que si Albert avait connaissance de quelque meurtre commis jadis en cet endroit, il était de son devoir de s'en informer, afin de donner la sépulture à des ossements abandonnés.

« — Prenez garde à ce que vous ferez, dit Albert avec l'air moqueur et triste à la fois qu'il sait prendre souvent. L'homme, la femme et l'enfant que vous trouverez là étaient hussites, et c'est l'ivrogne Wenceslas qui les a fait égorger par ses soldats, une nuit qu'il se cachait dans nos bois, et qu'il craignait d'être observé et trahi par eux. »

« On ne parla plus de cette circonstance à mon cousin. Mais mon oncle, qui voulait savoir si c'était une inspiration ou un caprice de sa part, fit faire des fouilles durant la nuit à l'endroit que désigna mon père. On y trouva les squelettes d'un homme, d'une femme et d'un enfant. L'homme était couvert d'un de ces énormes boucliers de bois que portaient les hussites, et qui sont bien reconnaissables à cause du calice qui est gravé dessus, avec cette devise autour en latin : *O Mort, que ton souvenir est amer aux méchants! mais que tu laisses calme celui dont toutes les actions sont justes et dirigées en vue du trépas*[1]*!*

« On porta ces ossements dans un endroit plus retiré de la forêt, et lorsque Albert repassa à plusieurs jours de là au pied du sapin, mon père remarqua qu'il n'éprouvait aucune répugnance à marcher sur cette place, qu'on avait cependant recouverte de pierres et de sable, et où rien ne paraissait changé. Il ne se souvenait pas même de l'émotion qu'il avait eue en cette occasion, et il eut de la peine à se le rappeler lorsqu'on lui en parla.

« — Il faut, dit-il à mon père, que vous vous trompiez, et que j'aie été *averti* dans un autre endroit. Je suis certain qu'ici il n'y a rien; car je ne sens ni froid, ni douleur, ni tremblement dans mon corps. »

« Ma tante était bien portée à attribuer cette puissance divinatoire à une faveur spéciale de la Providence. Mais Albert est si sombre, si tourmenté, et si malheureux, qu'on ne conçoit guère pourquoi la Providence lui aurait fait un don si funeste. Si je croyais au diable, je trouverais bien plus acceptable la supposition de notre chapelain, qui lui met toutes les hallucinations d'Albert sur le dos. Mon oncle Christian, qui est un homme plus sensé et plus ferme dans sa religion que nous tous, trouve à beaucoup de ces choses-là des éclaircissements fort vraisemblables. Il pense que malgré tous les soins qu'ont pris les jésuites de brûler, pendant et après la guerre de trente ans, tous les hérétiques de la Bohême, et en particulier ceux qui se trouvaient au château des Géants, malgré l'exploration minutieuse que notre chapelain a faite dans tous les coins après la mort de ma tante Wanda, il doit être resté, dans quelque cachette ignorée de tout le monde, des documents historiques du temps des hussites, et qu'Albert les a retrouvés. Il pense que la lecture de ces dangereux papiers aura vivement frappé son imagination malade, et qu'il attribue naïvement à des souvenirs merveilleux d'une existence antérieure sur la terre l'impression qu'il a reçue de plusieurs détails aujourd'hui, mais consignés et rapportés avec exactitude dans ces manuscrits. Par là s'expliquent naturellement tous les contes qu'il nous a faits, et ses disparitions inexplicables durant des journées et des semaines entières; car il est bon de vous dire que ce fait-là s'est renouvelé plusieurs fois, et qu'il est impossible de supposer qu'il se soit accompli hors du château. Toutes les fois qu'il a disparu ainsi, il est resté introuvable, et nous sommes certains qu'aucun paysan ne lui a jamais donné asile ni nourriture. Nous savons déjà qu'il a des accès de léthargie qui le retiennent enfermé dans sa chambre des journées entières. Quand on enfonce les portes, et qu'on s'agite autour de lui, il tombe en convulsions. Aussi s'en garde-t-on bien désormais. On le laisse en proie à son extase. Il se passe dans son esprit à ces moments-là des choses extraordinaires; mais aucun bruit, aucune agitation extérieure ne les trahissent : ses discours seuls nous les apprennent plus tard. Lorsqu'il en sort, il paraît soulagé et rendu à la raison; mais peu à peu l'agitation revient et va croissant jusqu'au retour de l'accablement. Il semble qu'il pressente la durée de ces crises; car, lorsqu'elles doivent être longues, il s'en va au loin, ou se réfugie dans cette cachette présumée, qui doit être quelque grotte de la montagne ou quelque cave du château, connue de lui seul. Jusqu'ici on n'a pu le découvrir. Cela est d'autant plus difficile qu'on ne peut le surveiller, et qu'on le rend dangereusement malade quand on veut le suivre, l'observer, ou seulement l'interroger. Aussi a-t-on pris le parti de le laisser absolument libre, puisque ces absences, si effrayantes pour nous dans les commencements, nous nous sommes habitués à les regarder comme des crises favorables dans sa maladie. Lorsqu'elles arrivent, ma tante souffre et mon oncle prie; mais personne ne bouge; et quant à moi, je vous avoue que je me suis beaucoup endurcie à cet égard-là. Le chagrin a amené l'ennui et le dégoût. J'aimerais mieux mourir que d'épouser ce maniaque. Je lui reconnais de grandes qualités; mais quoiqu'il vous semble que je ne dusse tenir aucun compte de ses travers, puisqu'ils sont le fait de son mal, je vous avoue que je m'en irrite comme d'un fléau dans ma vie et dans celle de ma famille.

— Cela me semble un peu injuste, chère baronne, dit Consuelo. Que vous répugniez à devenir la femme du comte Albert, je le conçois fort bien à présent; mais que votre intérêt se retire de lui, je ne le conçois pas.

— C'est que je ne puis m'ôter de l'esprit qu'il y a quelque chose de volontaire dans la folie de ce pauvre homme. Il est certain qu'il a beaucoup de force dans le caractère, et que, dans mille occasions, il a beaucoup d'empire sur lui-même. Il sait retarder à son gré l'invasion de ses crises. Je l'ai vu les maîtriser avec puissance quand on semblait disposé à ne pas les prendre au sérieux. Au contraire, quand il nous voit disposés à la crédulité et à la peur, il a l'air de vouloir faire de l'effet sur nous par ses extravagances, et il abuse de la faiblesse qu'on a pour lui. Voilà pourquoi je lui en veux, et demande souvent à son patron Belzébuth de venir le chercher une bonne fois pour nous en débarrasser.

— Voilà des plaisanteries bien cruelles, dit Consuelo, à propos d'un homme si malheureux, et dont la maladie mentale me semble plus poétique et plus merveilleuse que repoussante.

— A votre aise, chère Porporina! reprit Amélie. Admirez tant que vous voudrez ces sorcelleries, si vous pouvez y croire. Mais je fais devant ces choses-là comme notre chapelain, qui recommande son âme à Dieu et s'abstient de comprendre; je me réfugie dans le sein de la raison, et je me dispense d'expliquer ce qui doit avoir une interprétation tout à fait naturelle, ignorée de nous jusqu'à présent. La seule chose certaine dans cette malheureuse destinée de mon cousin, c'est que sa raison, à lui, a complètement plié bagage, que l'imagination a déplié dans sa cervelle des ailes si larges que la boîte se brise. Et puisqu'il faut parler net, et dire le mot que mon pauvre oncle Christian a été forcé d'articuler en pleurant aux genoux de l'impératrice Marie-Thérèse, laquelle ne se paie pas de demi-réponses et de demi-affirmations, en trois lettres, Albert de Rudolstadt est fou; aliéné, si vous trouvez l'épithète plus décente. »

Consuelo ne répondit que par un profond soupir. Amélie lui semblait en cet instant une personne haïssable et au cœur de fer. Elle s'efforça de l'excuser à ses propres yeux, en se représentant tout ce qu'elle devait avoir souffert depuis dix-huit mois d'une vie si triste et remplie d'émotions si multipliées. Puis, en faisant un retour sur son propre malheur : Ah! que ne puis-je mettre les fautes d'Anzoleto sur le compte de la folie! pensa-t-elle. S'il fût tombé dans le délire au milieu des enivrements et des déceptions de son début, je sens, moi, que je ne l'en aurais pas moins aimé; et je ne demanderais qu'à le savoir infidèle et ingrat par démence, pour l'adorer comme auparavant et pour voler à son secours !

---

[1] *O mors, quàm est amara memoria tua hominibus injustis, viro quieto cujus omnes res sunt ordinatæ et ad hoc.* C'est une sentence empruntée à la Bible (*Ecclésiastique*, ch. XLI, v. 4 et 3). Mais, dans la Bible, au lieu des méchants, il y a les riches; au lieu des justes, les indigents.

Quelques jours se passèrent sans qu'Albert donnât par ses manières ou ses discours la moindre confirmation aux affirmations de sa cousine sur le dérangement de son esprit. Mais, un beau jour, le chapelain l'ayant contrarié sans le vouloir, il commença à dire des choses très-incohérentes; et comme s'il s'en fût aperçu lui-même, il sortit brusquement du salon et courut s'enfermer dans sa chambre. On pensait qu'il y resterait longtemps; mais, une heure après, il rentra, pâle et languissant, se traîna de chaise en chaise, tourna autour de Consuelo sans paraître faire plus d'attention à elle que les autres jours, et finit par se réfugier dans l'embrasure profonde d'une fenêtre, où il appuya sa tête sur ses mains et resta complétement immobile.

C'était l'heure de la leçon de musique d'Amélie, et elle désirait la prendre, afin, disait-elle tout bas à Consuelo, de chasser cette sinistre figure qui lui ôtait toute sa gaieté et répandait dans l'air une odeur sépulcrale.

« Je crois, lui répondit Consuelo, que nous ferions mieux de monter dans votre chambre; votre épinette suffira bien pour accompagner. S'il est vrai que le comte Albert n'aime pas la musique, pourquoi augmenter ses souffrances, et par suite celle de ses parents? »

Amélie se rendit à la dernière considération, et elles montèrent ensemble à leur appartement, dont elles laissèrent la porte ouverte parce qu'elles y trouvèrent un peu de fumée. Amélie voulut faire à sa tête, comme à l'ordinaire, en chantant des cavatines à grand effet; mais Consuelo, qui commençait à se montrer sévère, lui fit essayer des motifs fort simples et fort sérieux extraits des chants religieux de Palestrina. La jeune baronne bâilla, s'impatienta, et déclara cette musique barbare et soporifique.

« C'est que vous ne la comprenez pas, dit Consuelo. Laissez-moi vous en faire entendre quelques phrases pour vous montrer qu'elle est admirablement écrite pour la voix, outre qu'elle est sublime de pensées et d'intentions. »

Elle s'assit à l'épinette, et commença à se faire entendre. C'était la première fois qu'elle éveillait autour d'elle les échos du vieux château; et la sonorité de ces hautes et froides murailles lui causa un plaisir auquel elle s'abandonna. Sa voix, muette depuis longtemps, depuis le dernier soir qu'elle avait chanté à San-Samuel et qu'elle s'y était évanouie brisée de fatigue et de douleur, au lieu de souffrir de tant de souffrances et d'agitations, était plus belle, plus prodigieuse, plus pénétrante que jamais. Amélie en fut à la fois ravie et consternée. Elle comprenait enfin qu'elle ne savait rien, et peut-être qu'elle ne pourrait jamais rien apprendre, lorsque la figure pâle et pensive d'Albert se montra tout à coup en face des deux jeunes filles, au milieu de la chambre, et resta immobile et singulièrement attendrie jusqu'à la fin du morceau. C'est alors seulement que Consuelo l'aperçut, et en fut un peu effrayée. Mais Albert, pliant les deux genoux et levant vers elle ses grands yeux noirs ruisselants de larmes, s'écria en espagnol sans le moindre accent germanique:

« O Consuelo, Consuelo! te voilà donc enfin trouvée!

— Consuelo? s'écria la jeune fille interdite, en s'exprimant dans la même langue. Pourquoi, seigneur, m'appelez-vous ainsi?

— Je t'appelle consolation, reprit Albert toujours en espagnol, parce qu'une consolation a été promise à ma vie désolée, et parce que tu es la consolation que Dieu accorde enfin à mes jours solitaires et funestes.

— Je ne croyais pas, dit Amélie avec une fureur concentrée, que la musique pût faire un effet si prodigieux sur mon cher cousin. La voix de Nina est faite pour accomplir des miracles, j'en conviens; mais je ferai remarquer à tous deux qu'il serait plus poli pour moi, et plus convenable en général, de s'exprimer dans une langue que je puisse comprendre. »

Albert ne parut pas avoir entendu un mot de ce que disait sa fiancée. Il restait à genoux, regardant Consuelo avec une surprise et un ravissement indicibles, lui répétant toujours d'une voix attendrie : — Consuelo, Consuelo!

« Mais comment donc vous appelle-t-il? dit Amélie avec un peu d'emportement à sa compagne.

— Il me demande un air espagnol que je ne connais pas, répondit Consuelo fort troublée; mais je crois que nous ferons bien d'en rester là, car la musique paraît l'émouvoir beaucoup aujourd'hui. »

Et elle se leva pour sortir.

« Consuelo, répéta Albert en espagnol, si tu te retires de moi, c'en est fait de ma vie, et je ne veux plus revenir sur la terre! »

En parlant ainsi, il tomba évanoui à ses pieds; et les deux jeunes filles, effrayées, appelèrent les valets pour l'emporter et le secourir.

XXXII.

Le comte Albert fut déposé doucement sur son lit; et tandis que les deux domestiques qui l'y avaient transporté cherchaient, l'un le chapelain, qui était une manière de médecin pour la famille, l'autre le comte Christian, qui avait donné l'ordre qu'on vînt toujours l'avertir à la moindre indisposition qu'éprouverait son fils, les deux jeunes filles, Amélie et Consuelo, s'étaient mises à la recherche de la chanoinesse. Mais avant qu'une seule de ces personnes se fût rendue auprès du malade, ce qui se fit pourtant avec le plus de célérité possible, Albert avait disparu. On trouva sa porte ouverte, son lit à peine foulé par le repos d'un instant qu'il y avait pris, et sa chambre dans l'ordre accoutumé. On le chercha partout, et, comme il arrivait toujours en ces sortes de circonstances, on ne le trouva nulle part; après quoi la famille retomba dans un de ces accès de morne résignation dont Amélie avait parlé à Consuelo, et l'on parut attendre, avec cette muette terreur qu'on s'était habitué à ne plus exprimer, le retour, toujours espéré et toujours incertain, du fantasque jeune homme.

Bien que Consuelo eût désiré ne pas faire part aux parents d'Albert de la scène étrange qui s'était passée dans la chambre d'Amélie, cette dernière ne manqua pas de tout raconter, et de décrire sous de vives couleurs l'effet subit et violent que le chant de la Porporina avait produit sur son cousin.

« Il est donc bien certain que la musique lui fait du mal? observa le chapelain.

— En ce cas, répondit Consuelo, je me garderai bien de me faire entendre; et lorsque je travaillerai avec notre jeune baronne, nous aurons soin de nous enfermer si bien, qu'aucun son ne puisse parvenir à l'oreille du comte Albert.

— Ce sera une grande gêne pour vous, ma chère demoiselle, dit la chanoinesse. Ah! il ne tient pas à moi que votre séjour ici ne soit plus agréable!

— J'y veux partager vos peines et vos joies, reprit Consuelo, et je ne désire pas d'autre satisfaction que d'y être associée par votre confiance et votre amitié.

— Vous êtes une noble enfant! dit la chanoinesse en lui tendant sa longue main, sèche et luisante comme de l'ivoire jaune. Mais écoutez, ajouta-t-elle; je ne crois pas que la musique fasse réellement du mal à mon cher Albert. D'après ce que raconte Amélie de la scène de ce matin, je vois au contraire qu'il a éprouvé une joie trop vive; et peut-être sa souffrance n'est venue que de la suspension, trop prompte à son gré, de vos admirables mélodies. Que vous disait-il en espagnol? C'est une langue qu'il parle parfaitement bien, m'a-t-on dit, ainsi que beaucoup d'autres qu'il a apprises dans ses voyages avec une facilité surprenante. Quand on lui demande comment il a pu retenir tant de langages différents, il répond qu'il les savait avant d'être né, et qu'il ne fait que se les rappeler, l'une pour l'avoir parlée il y a douze cents ans, l'autre lorsqu'il était aux croisades; que sais-je? hélas! Puisqu'onne doit rien nous cacher, chère signora, vous entendrez d'étranges récits de ce qu'il appelle ses existences antérieures. Mais traduisez-moi dans notre allemand, que déjà vous parlez très-bien, le sens des paroles qu'il vous a dites dans votre langue, qu'aucun de nous ici ne connaît. »

Consuelo éprouva en cet instant un embarras dont elle-même ne put se rendre compte. Cependant elle prit le parti de dire presque toute la vérité, en expliquant que le comte Albert l'avait suppliée de continuer, de ne pas s'éloigner, et en lui disant qu'elle lui donnait beaucoup de consolation.

« Consolation! s'écria la perspicace Amélie. S'est-il servi de ce mot? Vous savez, ma tante, combien il est significatif dans la bouche de mon cousin.

— En effet, c'est un mot qu'il a bien souvent sur les lèvres, répondit Wenceslawa, et qui a pour lui un sens prophétique; mais je ne vois rien en cette rencontre que de fort naturel dans l'emploi d'un pareil mot.

— Mais quel est donc celui qu'il vous a répété tant de fois, chère Porporina? reprit Amélie avec obstination. Il m'a semblé qu'il vous disait à plusieurs reprises un mot particulier, que dans mon trouble je n'ai pu retenir.

— Je ne l'ai pas compris moi-même, répondit Consuelo en faisant un grand effort sur elle-même pour mentir.

— Ma chère Nina, lui dit Amélie à l'oreille, vous êtes fine et prudente; quant à moi, qui ne suis pas tout à fait bornée, je crois très-bien comprendre que vous êtes la consolation mystique promise par la vision à la trentième année d'Albert. N'essayez pas de me cacher que vous l'avez compris encore mieux que moi : c'est une mission céleste dont je ne suis pas jalouse.

— Écoutez, chère Porporina, dit la chanoinesse après avoir rêvé quelques instants: nous avons toujours pensé qu'Albert, lorsqu'il disparaissait pour nous d'une façon qu'on pourrait appeler magique, était caché non loin de nous, dans la maison peut-être, grâce à quelque retraite dont lui seul aurait le secret. Je ne sais pourquoi il me semble que si vous vous mettiez à chanter en ce moment, il l'entendrait et viendrait à nous.

— Si je le croyais!... dit Consuelo prête à obéir.

— Mais si Albert est près de nous et que l'effet de la musique augmente son délire! remarqua la jalouse Amélie.

— Eh bien, dit le comte Christian, c'est une épreuve qu'il faut tenter. J'ai ouï dire que l'incomparable Farinelli avait le pouvoir de dissiper par ses chants la noire mélancolie du roi d'Espagne, comme le jeune David avait celui d'apaiser les fureurs de Saül, au son de sa harpe. Essayez, généreuse Porporina; une âme aussi pure que la vôtre doit exercer une salutaire influence autour d'elle. »

Consuelo, attendrie, se mit au clavecin, et chanta un cantique espagnol en l'honneur de Notre-Dame-de-Consolation, que sa mère lui avait appris dans son enfance, et qui commençait par ces mots : *Consuelo de mi alma*, « Consolation de mon âme, » etc. Elle chanta d'une voix si pure et avec un accent de piété si naïve, que les hôtes du vieux manoir oublièrent presque le sujet de leur préoccupation, pour se livrer au sentiment de l'espérance et de la foi. Un profond silence régnait au dedans et au dehors du château; on avait ouvert les portes et les fenêtres, afin que la voix de Consuelo pût s'étendre aussi loin que possible, et la lune éclairait d'un reflet verdâtre l'embrasure des vastes croisées. Tout était calme, et une sorte de sérénité religieuse succédait aux angoisses de l'âme, lorsqu'un profond soupir exhalé comme d'une poitrine humaine vint répondre aux derniers sons que Consuelo fit entendre. Ce soupir fut si distinct et si long, que toutes les personnes présentes s'en aperçurent, même le baron Frédérick, qui s'éveilla à demi, et tourna la tête comme si quelqu'un l'eût appelé. Tous pâlirent, et se regardèrent comme pour se dire: Ce n'est pas moi; est-ce vous? Amélie ne put retenir un cri, et Consuelo, à qui ce soupir sembla partir tout à côté d'elle, quoiqu'elle fût isolée au clavecin du reste de la famille, éprouva une telle frayeur qu'elle n'eut pas la force de dire un mot.

« Bonté divine! dit la chanoinesse terrifiée; avez-vous entendu ce soupir qui semble partir des entrailles de la terre?

— Dites plutôt, ma tante, s'écria Amélie, qu'il a passé sur nos têtes comme un souffle de la nuit.

— Quelque chouette attirée par la bougie aura traversé l'appartement tandis que nous étions absorbés par la musique, et nous avons entendu le bruit léger de ses ailes au moment où elle s'envolait par la fenêtre. »

Telle fut l'opinion émise par le chapelain, dont les dents claquaient pourtant de peur.

— C'est peut-être le chien d'Albert, dit le comte Christian.

— Cynabre n'est point ici, répondit Amélie. Là où est Albert, Cynabre y est toujours avec lui. Quelqu'un a soupiré ici étrangement. Si j'osais aller jusqu'à la fenêtre, je verrais si quelqu'un a écouté du jardin; mais il irait de ma vie que je n'en aurais pas la force.

— Pour une personne aussi dégagée des préjugés, lui dit tout bas Consuelo en s'efforçant de sourire, pour une petite philosophe française, vous n'êtes pas brave, ma chère baronne; moi, je vais essayer de l'être davantage.

— N'y allez pas, ma chère, répondit tout haut Amélie, et ne faites pas la vaillante; car vous êtes pâle comme la mort, et vous allez vous trouver mal.

— Quels enfantillages amusent votre chagrin, ma chère Amélie? dit le comte Christian en se dirigeant vers la fenêtre d'un pas grave et ferme. »

Il regarda dehors, ne vit personne, et il ferma la fenêtre avec calme, en disant:

« Il semble que les maux réels ne soient pas assez cuisants pour l'ardente imagination des femmes; il faut toujours qu'elles y ajoutent les créations de leur cerveau trop ingénieux à souffrir. Ce soupir n'a certainement rien de mystérieux. Un de nous, attendri par la belle voix et l'immense talent de la signora, aura exhalé, à son propre insu, cette sorte d'exclamation du fond de son âme. C'est peut-être moi-même, et pourtant je n'en ai pas eu conscience. Ah! Porpina! si vous ne réussissez point à guérir Albert, du moins vous saurez verser un baume céleste sur des blessures aussi profondes que les siennes. »

La parole de ce saint vieillard, toujours sage et calme au milieu des adversités domestiques qui l'accablaient, était elle-même un baume céleste, et Consuelo en ressentit l'effet. Elle fut tentée de se mettre à genoux devant lui, et de lui demander sa bénédiction, comme elle avait reçu celle du Porpora en le quittant, et celle de Marcello un beau jour de sa vie, qui avait commencé la série de ses jours malheureux et solitaires.

XXXIII.

Plusieurs jours s'écoulèrent sans qu'on eût aucune nouvelle du comte Albert; et Consuelo, à qui cette situation semblait mortellement sinistre, s'étonna de voir la famille de Rudolstadt rester sous le poids d'une si affreuse incertitude, sans témoigner ni désespoir ni impatience. L'habitude des plus cruelles anxiétés donne une sorte d'apathie apparente ou d'endurcissement réel, qui blessent et irritent presque les âmes dont la sensibilité n'est pas encore émoussée par de longs malheurs. Consuelo, en proie à une sorte de cauchemar, au milieu de ces impressions lugubres et de ces événements inexplicables, s'étonnait de voir l'ordre de la maison à peine troublé, la chanoinesse toujours aussi vigilante, le baron toujours aussi ardent à la chasse, le chapelain toujours aussi régulier dans ses mêmes pratiques de dévotion, et Amélie toujours aussi gaie et aussi railleuse. La vivacité enjouée de cette dernière était ce qui la scandalisait particulièrement. Elle ne concevait pas qu'elle pût rire et folâtrer, lorsqu'elle-même pouvait à peine lire et travailler à l'aiguille.

La chanoinesse cependant brodait un devant d'autel en tapisserie pour la chapelle du château. C'était un chef-d'œuvre de patience, de finesse et de propreté. A peine avait-elle fait un tour dans la maison, qu'elle revenait s'asseoir devant son métier, ne fût-ce que pour y ajouter quelques points, en attendant que de nouveaux soins l'appelassent dans les granges, dans les offices, ou dans les celliers. Et il fallait voir avec quelle importance on traitait toutes ces petites choses, et comme cette chétive créature trottait d'un pas toujours égal, toujours digne et compassé, mais jamais ralenti, dans tous les coins de son petit empire; croisant mille fois par jour et dans tous les sens la surface étroite et monotone de son domaine domestique. Ce qui paraissait étrange aussi à Consuelo, c'était le respect et l'admiration qui s'attachaient dans la famille et dans le pays à cet emploi de servante infatigable, que la vieille dame semblait avoir embrassé avec tant d'amour et de jalousie. A la voir régler parcimonieusement les plus chétives affaires, on l'eût crue cupide et méfiante. Et pourtant elle était pleine de grandeur et de générosité dans le fond de son âme et dans les occasions décisives. Mais ces nobles qualités, surtout cette tendresse toute maternelle, qui la rendaient si sympathique et si vénérable aux yeux de Consuelo, n'eussent pas suffi aux autres pour en faire l'héroïne de la famille. Il lui fallait encore, il lui fallait surtout toutes ces puérilités du ménage gouvernées solennellement, pour être appréciée ce qu'elle était (malgré tout cela), une femme d'un grand sens et d'un grand caractère. Il ne se passait pas un jour sans que le comte Christian, le baron ou le chapelain, ne répétassent chaque fois qu'elle tournait les talons :

« Quelle sagesse, quel courage, quelle force d'esprit résident dans la chanoinesse ! »

Amélie elle-même, ne discernant pas la véritable élévation de la vie d'avec les enfantillages qui, sous une autre forme, remplissaient toute la sienne, n'osait pas dénigrer sa tante sous ce point de vue, le seul qui, pour Consuelo, fît une ombre à cette vive lumière dont rayonnait l'âme pure et aimante de la bossue Wenceslawa. Pour la *Zingarella*, née sur les grands chemins, et perdue dans le monde, sans autre maître et sans autre protecteur que son propre génie, tant de soucis, d'activité et de contention d'esprit, à propos d'aussi misérables résultats que la conservation et l'entretien de certains objets et de certaines denrées, semblaient un emploi monstrueux de l'intelligence. Elle qui ne possédait rien, et ne désirait rien des richesses de la terre, elle souffrait de voir une belle âme s'atrophier volontairement dans l'occupation de posséder du blé, du vin, du bois, du chanvre, des animaux et des meubles. Si on lui eût offert tous ces biens convoités par la plupart des hommes, elle eût demandé, à la place, une minute de son ancien bonheur, ses haillons, son beau ciel, son pur amour et sa liberté sur les lagunes de Venise; souvenir amer et précieux qui se peignait dans son cerveau sous les plus brillantes couleurs, à mesure qu'elle s'éloignait de ce riant horizon pour pénétrer dans la sphère glacée de ce qu'on appelle la vie positive.

Son cœur se serrait affectueusement lorsqu'elle voyait, à la nuit tombante, la chanoinesse, suivie de Hanz, prendre un gros trousseau de clefs, et marcher elle-même dans tous les bâtiments et dans toutes les cours, pour faire sa ronde, pour fermer les moindres issues, pour visiter les moindres recoins où des malfaiteurs eussent pu se glisser, comme si personne n'eût dû dormir en sûreté derrière ces murs formidables, avant que l'eau du torrent prisonnier derrière une écluse voisine ne se fût élancée en mugissant dans les fossés du château, tandis qu'on cadenassait les grilles et qu'on relevait les ponts. Consuelo avait dormi tant de fois, dans ses courses lointaines, sur le bord d'un chemin, avec un pan du manteau troué de sa mère pour tout abri ! Elle avait tant de fois salué l'aurore sur les dalles blanches de Venise, battues par les flots, sans avoir eu un instant de crainte pour sa pudeur, la seule richesse qu'elle eût à cœur de conserver ! Hélas ! se disait-elle, que ces gens-ci sont à plaindre d'avoir tant de choses à garder ! La sécurité est le but qu'ils poursuivent jour et nuit, et, à force de la chercher, ils n'ont ni le temps de la trouver, ni celui d'en jouir. Elle soupirait donc déjà comme Amélie dans cette noire prison, dans ce morne château des Géants, où le soleil lui-même semblait craindre de pénétrer.

Mais au lieu que la jeune baronne rêvait de fêtes, de parures et d'hommages, Consuelo rêvait d'un sillon, d'un buisson ou d'une barque pour palais, avec l'horizon pour toute enceinte, et l'immensité des cieux étoilés pour tout spectacle.

Forcée par le froid du climat et par la clôture du château à changer l'habitude vénitienne qu'elle avait prise de veiller une partie de la nuit et de se lever tard le matin, après bien des heures d'insomnie, d'agitation et de rêves lugubres, elle réussit enfin à se plier à la loi sauvage de la claustration; et elle s'en dédommagea en hasardant seule quelques promenades matinales dans les montagnes voisines. On ouvrait les portes et on baissait les ponts aux premières clartés du jour ; et tandis qu'Amélie, occupée une partie de la nuit à lire des romans en cachette, dormait jusqu'à l'appel de la cloche du déjeuner, la Porporina allait respirer l'air libre et fouler les plantes humides de la forêt.

Un matin qu'elle descendait bien doucement sur la pointe du pied pour n'éveiller personne, elle se trompa de direction dans les innombrables escaliers et dans les interminables corridors du château, qu'elle avait encore de la peine à comprendre. Égarée dans ce labyrinthe de galeries et de passages, elle traversa une sorte de vestibule qu'elle ne connaissait pas, et crut trouver par là une sortie sur les jardins. Mais elle n'arriva qu'à l'entrée d'une petite chapelle d'un beau style ancien, à peine éclairée en haut par une rosace dans la voûte, qui jetait une lueur blafarde sur le milieu du pavé, et laissait le fond dans un vague mystérieux. Le soleil était encore sous l'horizon, la matinée grise et brumeuse. Consuelo crut d'abord qu'elle était dans la chapelle du château, où déjà elle avait entendu la messe un dimanche. Elle savait que cette chapelle donnait sur les jardins ; mais avant de la traverser pour sortir, elle voulut saluer le sanctuaire de la prière, et s'agenouilla sur la première dalle. Cependant, comme il arrive souvent aux artistes de se laisser préoccuper par les objets extérieurs en dépit de leurs tentatives pour remonter dans la sphère des idées abstraites, sa prière ne put l'absorber assez pour l'empêcher de jeter un coup d'œil curieux autour d'elle ; et bientôt elle s'aperçut qu'elle n'était pas dans la chapelle, mais dans un lieu où elle n'avait pas encore pénétré. Ce n'était ni le même vaisseau ni les mêmes ornements. Quoique cette chapelle inconnue fût assez petite, on distinguait encore mal les objets, et ce qui frappa le plus Consuelo fut une statue blanchâtre, agenouillée vis-à-vis de l'autel, dans l'attitude froide et sévère qu'on donnait jadis à toutes celles dont on décorait les tombeaux. Elle pensa qu'elle se trouvait dans un lieu réservé aux sépultures de quelques aïeux d'élite ; et, devenue un peu craintive et superstitieuse depuis son séjour en Bohême, elle abrégea sa prière et se leva pour sortir.

Mais au moment où elle jetait un dernier regard timide sur cette figure agenouillée à dix pas d'elle, elle vit distinctement la statue disjoindre ses deux mains de pierre allongées l'une contre l'autre, et faire lentement un grand signe de croix en poussant un profond soupir.

Consuelo faillit tomber à la renverse, et cependant elle ne put détacher ses yeux hagards de la terrible statue. Ce qui la confirmait dans la croyance que c'était une figure de pierre, c'est qu'elle ne sembla pas entendre le cri d'effroi que Consuelo laissa échapper, et qu'elle remit ses deux grandes mains blanches l'une contre l'autre, sans paraître avoir le moindre rapport avec le monde extérieur.

XXXIV.

Si l'ingénieuse et féconde Anne Radcliffe se fût trouvée à la place du candide et maladroit narrateur de cette très-véridique histoire, elle n'eût pas laissé échapper une si bonne occasion de vous promener, madame la lectrice, à travers les corridors, les trappes, les escaliers en spirale, les ténèbres et les souterrains pendant une

Une statue blanchâtre, agenouillée... (Page 79.)

demi-douzaine de beaux et attachants volumes, pour vous révéler, seulement au septième, tous les arcanes de son œuvre savante. Mais la lectrice esprit fort que nous avons charge de divertir ne prendrait peut-être pas aussi bien, au temps où nous sommes, l'innocent stratagème du romancier. D'ailleurs, comme il serait fort difficile de lui en faire accroire, nous lui dirons, aussi vite que nous le pourrons, le mot de toutes nos énigmes. Et pour lui en confesser deux d'un coup, nous lui avouerons que Consuelo, après deux secondes de sang-froid, reconnut, dans la statue animée qu'elle avait devant les yeux, le vieux comte Christian qui récitait mentalement ses prières du matin dans son oratoire; et dans ce soupir de componction qui venait de lui échapper à son insu, comme il arrive souvent aux vieillards, le même soupir diabolique qu'elle avait cru entendre à son oreille un soir, après avoir chanté l'hymne de Notre-Dame-de-Consolation.

Un peu honteuse de sa frayeur, Consuelo resta enchaînée à sa place par le respect, et par la crainte de troubler une si fervente prière. Rien n'était plus solennel et plus touchant à voir que ce vieillard prosterné sur la pierre, offrant son cœur à Dieu au lever de l'aube, et plongé dans une sorte de ravissement céleste qui semblait fermer ses sens à toute perception du monde physique. Sa noble figure ne trahissait aucune émotion douloureuse. Un vent frais, pénétrant par la porte que Consuelo avait laissée entr'ouverte, agitait autour de sa nuque une demi-couronne de cheveux argentés; et son vaste front, dépouillé jusqu'au sommet du crâne, avait le luisant jaunâtre des vieux marbres. Revêtu d'une robe de chambre de laine blanche à l'ancienne mode, qui ressemblait un peu à un froc de moine, et qui formait sur ses membres amaigris de gros plis raides et lourds, il avait tout l'air d'une statue de tombeau; et quand il eut repris son immobilité, Consuelo fut encore obligée de le regarder à deux fois pour ne pas retomber dans sa première illusion.

Après qu'elle l'eut considéré attentivement, en se plaçant un peu de côté pour le mieux voir, elle se demanda, comme malgré elle, tout au milieu de son admiration et de son attendrissement, si le genre de prière que ce vieillard adressait à Dieu était bien efficace pour la guérison de son malheureux fils, et si une âme aussi

Le chapelain.

passivement soumise aux arrêts du dogme et aux rudes décrets de la destinée avait jamais possédé la chaleur, l'intelligence et le zèle qu'Albert aurait eu besoin de trouver dans l'âme de son père. Albert aussi avait une âme mystique : lui aussi avait eu une vie dévote et contemplative ; mais, d'après tout ce qu'Amélie avait raconté à Consuelo, d'après ce qu'elle avait vu de ses propres yeux depuis quelques jours passés dans le château, Albert n'avait jamais rencontré le conseil, le guide et l'ami qui eût pu diriger son imagination, apaiser la véhémence de ses sentiments, et attendrir la rudesse brûlante de sa vertu. Elle comprenait qu'il avait dû se sentir isolé, et se regarder comme étranger au milieu de cette famille obstinée à le contredire ou à le plaindre en silence, comme un hérétique ou comme un fou ; elle le sentait elle-même, à l'espèce d'impatience que lui causait cette impassible et interminable prière adressée au ciel, comme pour se remettre à lui seul du soin qu'on eût dû prendre soi-même de chercher le fugitif, de le rejoindre, de le persuader, et de le ramener. Car il fallait de bien grands accès de désespoir, et un trouble intérieur inexprimable, pour arracher ainsi un jeune homme si affectueux et si bon du sein de ses proches, pour le jeter dans un complet oubli de soi-même, et pour lui ravir jusqu'au sentiment des inquiétudes et des tourments qu'il pouvait causer aux êtres les plus chers.

Cette résolution qu'on avait prise de ne jamais le contrarier, et de feindre le calme au milieu de l'épouvante, semblait à l'esprit ferme et droit de Consuelo une sorte de négligence coupable ou d'erreur grossière. Il y avait là l'espèce d'orgueil et d'égoïsme qu'inspire une foi étroite aux gens qui consentent à porter le bandeau de l'intolérance, et qui croient à un seul chemin, rigidement tracé par la main du prêtre, pour aller au ciel.

« Dieu bon ! disait Consuelo en priant dans son cœur ; cette grande âme d'Albert, si ardente, si charitable, si pure de passions humaines, serait-elle donc moins précieuse à vos yeux que les âmes patientes et oisives qui acceptent les injustices du monde, et voient sans indignation la justice et la vérité méconnues sur la terre ? Était-il donc inspiré par le diable, ce jeune homme qui, dès son enfance, donnait tous ses jouets et tous ses ornements aux enfants des pauvres, et qui, au premier éveil de la réflexion, voulait se dépouiller de toutes ses richesses pour soulager les misères humaines? Et eux, ces doux et bénévoles seigneurs, qui plaignent le malheur avec des larmes stériles et le soulagent avec de faibles dons, sont-ils bien sages de croire qu'ils vont gagner le ciel avec des prières et des actes de soumission à l'empereur et au pape, plus qu'avec de grandes œuvres et d'immenses sacrifices? Non, Albert n'est pas fou; une voix me crie au fond de l'âme que c'est le plus beau type du juste et du saint qui soit sorti des mains de la nature. Et si des rêves pénibles, des illusions bizarres, ont obscurci la lucidité de sa raison, s'il est devenu aliéné enfin, comme ils le croient, c'est la contradiction aveugle, c'est l'absence de sympathie, c'est la solitude du cœur, qui ont amené ce résultat déplorable. J'ai vu la logette où le Tasse a été enfermé comme fou, et j'ai pensé que peut-être il n'était qu'exaspéré par l'injustice. J'ai entendu traiter de fous, dans les salons de Venise, ces grands saints du christianisme dont l'histoire touchante m'a fait pleurer et rêver dans mon enfance : on appelait leurs miracles des jongleries, et leurs révélations des songes maladifs. Mais de quel droit ces gens-ci, ce pieux vieillard, cette timide chanoinesse, qui croient aux miracles des saints et au génie des poëtes, prononcent-ils sur leur enfant cette sentence de honte et de réprobation qui ne devrait s'attacher qu'aux infirmes et aux scélérats? Fou! Mais c'est horrible et repoussant, la folie! c'est un châtiment de Dieu après les grands crimes; et à force de vertu un homme deviendrait fou! Je croyais qu'il suffisait de faiblir sous le poids d'un malheur immérité pour avoir droit au respect autant qu'à la pitié des hommes. Et si j'étais devenue folle, moi; si j'avais blasphémé le jour terrible où j'ai vu Anzoleto dans les bras d'une autre, j'aurais donc perdu tout droit aux conseils, aux encouragements, et aux soins spirituels de mes frères les chrétiens? On m'eût donc chassée ou laissée errante sur les chemins, en disant : Il n'y a pas de remède pour elle; faisons-lui l'aumône, et ne lui parlons pas; car pour avoir trop souffert, elle ne peut plus rien comprendre? Eh bien, c'est ainsi qu'on traite ce malheureux comte Albert! On le nourrit, on l'habille, on le soigne, on lui fait, en un mot, l'aumône d'une sollicitude puérile. Mais on ne lui parle pas; on se tait quand il interroge, on baisse la tête ou on la détourne quand il cherche à persuader. On le laisse fuir quand l'horreur de la solitude l'appelle dans des solitudes plus profondes encore, et on attend qu'il revienne, en priant Dieu de le surveiller et de le ramener sain et sauf, comme si l'Océan était entre lui et les objets de son affection! Et cependant on pense qu'il n'est pas loin; on me fait chanter pour l'éveiller, s'il est en proie au sommeil léthargique dans l'épaisseur de quelque muraille ou dans le tronc de quelque vieux arbre voisin. Et l'on n'a pas su explorer tous les secrets de cette antique masure, on n'a pas creusé jusqu'aux entrailles de ce sol miné! Ah! si j'étais le père ou la tante d'Albert, je n'aurais pas laissé pierre sur pierre avant de l'avoir retrouvé; pas un arbre de la forêt ne serait resté debout avant de me l'avoir rendu. »

Perdue dans ses pensées, Consuelo était sortie sans bruit de l'oratoire du comte Christian, et elle avait trouvé, sans savoir comment, une porte sur la campagne. Elle errait parmi les sentiers de la forêt, et cherchait les plus sauvages, les plus difficiles, guidée par un instinct romanesque et plein d'héroïsme qui lui faisait espérer de retrouver Albert. Aucun attrait vulgaire, aucune ombre de fantaisie imprudente ne la portait à ce dessein aventureux. Albert remplissait son imagination, et occupait tous ses rêves, il est vrai; mais à ses yeux ce n'était point un jeune homme beau et enthousiasmé d'elle qu'elle allait chercher dans les lieux déserts, pour le voir et se trouver seule avec lui; c'était un noble infortuné qu'elle s'imaginait pouvoir sauver ou tout au moins calmer par la pureté de son zèle. Elle eût cherché de même un vénérable ermite malade pour le soigner, ou un enfant perdu pour le ramener à sa mère. Elle était un enfant elle-même, et cependant il y avait en elle une révélation de l'amour maternel; il y avait une foi naïve, une charité brûlante, une bravoure exaltée. Elle rêvait et entreprenait ce pèlerinage, comme Jeanne d'Arc avait rêvé et entrepris la délivrance de sa patrie. Il ne lui venait pas seulement à l'esprit qu'on pût railler ou blâmer sa résolution; elle ne concevait pas qu'Amélie, guidée par la voix du sang, et, dans le principe, par les espérances de l'amour, n'eût pas conçu le même projet, et qu'elle n'eût pas réussi à l'exécuter.

Elle marchait avec rapidité; aucun obstacle ne l'arrêtait. Le silence de ces grands bois ne portait plus la tristesse ni l'épouvante dans son âme. Elle voyait la piste des loups sur le sable, et ne s'inquiétait pas de rencontrer leur troupe affamée. Il lui semblait qu'elle était poussée par une main divine qui la rendait invulnérable. Elle qui savait le Tasse par cœur, pour l'avoir chanté toutes les nuits sur les lagunes, elle s'imaginait marcher à l'abri de son talisman, comme le généreux Ubalde à la reconnaissance de Renaud à travers les embûches de la forêt enchantée. Elle marchait svelte et légère parmi les ronces et les rochers, le front rayonnant d'une secrète fierté, et les joues colorées d'une légère rougeur. Jamais elle n'avait été plus belle à la scène dans les rôles héroïques; et pourtant elle ne pensait pas plus à la scène en cet instant qu'elle n'avait pensé à elle-même en montant sur le théâtre.

De temps en temps elle s'arrêtait rêveuse et recueillie. « Et si je venais à le rencontrer tout à coup, se disait-elle, que lui dirais-je qui pût le convaincre et le tranquilliser? Je ne sais rien de ces choses mystérieuses et profondes qui l'agitent. Je les comprends à travers un voile de poésie qu'on a à peine soulevé devant mes yeux, éblouis de visions si nouvelles. Il faudrait avoir plus que le zèle et la charité, il faudrait avoir la science et l'éloquence pour trouver des paroles dignes d'être écoutées par un homme si supérieur à moi, par un fou si sage auprès de tous les êtres raisonnables au milieu desquels j'ai vécu. Allons, Dieu m'inspirera quand le moment sera venu; car pour moi, j'aurais beau chercher, je me perdrais de plus en plus dans les ténèbres de mon ignorance. Ah! si j'avais lu beaucoup de livres de religion et d'histoire, comme le comte Christian et la chanoinesse Wenceslawa! si je savais par cœur toutes les règles de la dévotion et toutes les prières de l'Église, je trouverais bien à en appliquer heureusement quelqu'une à la circonstance; mais j'ai à peine compris, à peine retenu par conséquent quelques phrases du catéchisme, et je ne sais prier qu'au lutrin. Quelque sensible qu'il soit à la musique, je ne persuaderai pas ce savant théologien avec une cadence ou avec une phrase de chant. N'importe! il me semble qu'il y a plus de puissance dans mon cœur pénétré et résolu, que dans toutes les doctrines étudiées par ses parents, si bons et si doux, mais indécis et froids comme les brouillards et les neiges de leur patrie. »

XXXV.

Après bien des détours et des retours dans les inextricables sentiers de cette forêt jetée sur un terrain montueux et tourmenté, Consuelo se trouva sur une élévation semée de roches et de ruines qu'il était assez difficile de distinguer les unes des autres, tant la main de l'homme, jalouse de celle du temps, y avait été destructive. Ce n'était plus qu'une montagne de débris, où jadis un village avait été brûlé par l'ordre du *redoutable aveugle*, le célèbre chef Calixtin Jean Ziska, dont Albert croyait descendre, et dont il descendait peut-être en effet. Durant une nuit profonde et lugubre, le farouche et infatigable capitaine ayant commandé à sa troupe de donner l'assaut à la forteresse des Géants, alors gardée pour l'Empereur par les Saxons, il avait entendu murmurer ses soldats, et un entre autres dire non loin de lui : « Ce maudit aveugle croit que, pour agir, chacun peut, comme lui, se passer de la lumière. » Là-dessus Ziska tournant vers un des quatre disciples dévoués qui l'accompagnaient partout, guidant son cheval ou son chariot, et lui rendant compte avec précision de la position topographique et des mouvements de l'ennemi, il lui avait dit, avec cette sûreté de mémoire ou cet esprit de divination qui suppléaient en lui au sens de la vue : « Il y a ici près un village? — Oui, père, avait répondu le conducteur taborite; à ta droite, sur une éminence, en face de la forteresse. » Alors Ziska avait fait appeler le soldat mécontent dont le murmure avait fixé son attention : « Enfant, lui avait-il dit, tu te plains des ténèbres; va-t'en bien vite mettre le feu au village qui est sur l'éminence, à ma droite; et, à la lueur des flammes, nous pourrons marcher et combattre. »

L'ordre terrible avait été exécuté. Le village incendié avait éclairé la marche et l'assaut des Taborites. Le château des Géants avait été emporté en deux heures, et Ziska en avait pris possession. Le lendemain, au jour, on remarqua et on lui fit savoir qu'au milieu des décombres du village, et tout au sommet de la colline qui avait servi de plate-forme aux soldats pour observer les mouvements de la forteresse, un jeune chêne, unique dans ces contrées, et déjà robuste, était resté debout et verdoyant, préservé apparemment de la chaleur des flammes qui montaient autour de lui par l'eau d'une citerne qui baignait ses racines.

« Je connais bien la citerne, avait répondu Ziska. Dix des nôtres y ont été jetés par les damnés habitants de ce village, et depuis ce temps la pierre qui la couvre n'a point été levée. Qu'elle y reste et leur serve de monument, puisque, aussi bien, nous ne sommes pas de ceux qui croient les âmes errantes repoussées à la porte des cieux par le patron romain (Pierre, le porte-clefs, dont ils ont fait un saint), parce que les cadavres pourriront dans une terre non bénite par la main des prêtres de Bélial. Que les dix de nos frères reposent en paix dans cette citerne; leurs âmes sont vivantes. Elles ont déjà revêtu d'autres corps, et ces martyrs combattent parmi nous, quoique nous ne les connaissions point. Quant aux habitants du village, ils ont reçu leur paiement; et quant au chêne, il a bien fait de se moquer de l'incendie : une destinée plus glorieuse que celle d'abriter des mécréants lui était réservée. Nous avions besoin d'une potence, et la voici trouvée. Allez-moi chercher ces vingt moines augustins que nous avons pris hier dans leur couvent, et qui se font pire pour nous suivre. Courons les pendre haut et court aux branches de ce brave chêne, à qui cet ornement rendra tout à fait la santé. »

Aussitôt dit, aussitôt fait. Le chêne, depuis ce temps-là, avait été nommé le *Hussite*, la pierre de la citerne, *Pierre d'épouvante*, et le village détruit sur la colline abandonnée, *Schreckenstein*.

Consuelo avait déjà entendu raconter dans tous ses détails, par la baronne Amélie, cette sombre chronique. Mais, comme elle n'en avait encore aperçu le théâtre que de loin, ou pendant la nuit au moment de son arrivée au château, elle ne l'eût pas reconnu, si, en jetant les yeux au-dessous d'elle, elle n'eût vu, au fond du ravin que traversait la route, les formidables débris du chêne, brisé par la foudre, et qu'aucun habitant de la campagne, aucun serviteur du château n'avait osé dépecer ni enlever, une crainte superstitieuse s'attachant encore pour eux, après plusieurs siècles, à ce monument d'horreur, à ce contemporain de Jean Ziska.

Les visions et les prédictions d'Albert avaient donné à ce lieu tragique un caractère plus émouvant encore. Aussi Consuelo, en se trouvant seule et amenée à l'improviste à la pierre d'épouvante, sur laquelle même se venait de s'asseoir, brisée de fatigue, sentit-elle faiblir son courage, et son cœur se serrer étrangement. Non-seulement, au dire d'Albert, mais à celui de tous les montagnards de la contrée, des apparitions épouvantables hantaient le Schreckenstein, et en écartaient les chasseurs assez téméraires pour venir y guetter le gibier. Cette colline, quoique très-rapprochée du château, était donc souvent le domicile des loups et des animaux sauvages, qui y trouvaient un refuge assuré contre les poursuites du baron et de ses limiers. L'impassible Frédérick ne croyait pas beaucoup, pour son compte, au danger d'y être assailli par le diable, avec lequel il n'eût pas craint d'ailleurs de se mesurer corps à corps; mais, superstitieux à sa manière, et dans l'ordre de ses préoccupations dominantes, il était persuadé qu'une pernicieuse influence y menaçait ses chiens, et les y atteignait de maladies inconnues et incurables. Il en avait perdu plusieurs pour les avoir laissés se désaltérer dans les filets d'eau claire qui s'échappaient des veines de la colline, et qui provenaient peut-être de la citerne condamnée, antique tombeau des Hussites. Aussi rappelait-il de toute l'autorité de son sifflet sa griffonne Pankin ou son *double-nez* Saphyr, lorsqu'ils s'oubliaient aux alentours du Schreckenstein.

Consuelo, rougissant des accès de pusillanimité qu'elle avait résolu de combattre, s'imposa de rester un instant sur la pierre fatale, et de ne s'en éloigner qu'avec la lenteur qui convient à un esprit calme, en ces sortes d'épreuves. Mais, au moment où elle détournait ses regards du chêne calciné qu'elle apercevait à deux cents pieds au-dessous d'elle, pour le reporter sur les objets environnants, elle vit qu'elle n'était pas seule sur la pierre d'épouvante, et qu'une figure incompréhensible venait de s'y asseoir à ses côtés, sans annoncer son approche par le moindre bruit.

C'était une grosse tête ronde et béante, remuant sur un corps contrefait, grêle et crochu comme une sauterelle, couvert d'un costume indéfinissable qui n'était d'aucun temps et d'aucun pays, et dont le délabrement touchait de près à la malpropreté. Cependant cette figure n'avait d'effrayant que son étrangeté et l'imprévu de son apparition, car elle n'avait rien d'hostile. Un sourire doux et caressant courait sur sa large bouche, et une expression enfantine adoucissait l'égarement d'esprit que trahissaient le regard vague et les gestes précipités. Consuelo, en se voyant seule avec un fou, dans un endroit où personne assurément ne fût venu lui porter secours, eut véritablement peur, malgré les révérences multipliées et les rires affectueux que lui adressait cet insensé. Elle crut devoir lui rendre ses saluts et ses signes de tête, pour ne pas l'irriter; mais elle se hâta de se lever et de s'éloigner, toute pâle et toute tremblante.

Le fou ne la poursuivit point, et ne fit rien pour la rappeler; il grimpa seulement sur la pierre d'épouvante pour la suivre des yeux, et continua à la saluer de son bonnet en sautillant et en agitant ses bras et ses jambes, tout en articulant à plusieurs reprises un mot bohème que Consuelo ne comprit pas. Quand elle se vit à une certaine distance de lui, elle reprit un peu de courage pour le regarder et l'écouter. Elle se reprochait déjà d'avoir eu horreur de la présence d'un de ces malheureux que, dans son cœur, elle plaignait et vengeait des mépris et de l'abandon des hommes un instant auparavant. « C'est un fou bienveillant, se dit-elle, c'est peut-être un fou par amour. Il n'a trouvé de refuge contre l'insensibilité et le dédain que sur cette roche maudite où nul autre n'oserait habiter, et où les démons et les spectres sont plus humains pour lui que ses semblables, puisqu'ils ne l'en chassent pas et ne troublent pas l'enjouement de son humeur. Pauvre homme! qui ris et folâtres comme un petit enfant, avec une barbe grisonnante et un dos voûté! Dieu, sans doute, te protége et te bénit dans ton malheur, puisqu'il ne t'envoie que des pensées riantes, et qu'il ne t'a point rendu misanthrope et furieux comme tu aurais droit de l'être! »

Le fou, voyant qu'elle ralentissait sa marche, et paraissant comprendre son regard bienveillant, se mit à lui parler bohème avec une excessive volubilité; et sa voix avait une douceur extrême, un charme pénétrant qui contrastait avec sa laideur. Consuelo, ne le comprenant pas, songea qu'elle devait lui donner l'aumône; et, tirant une pièce de monnaie de sa poche, elle la posa sur une grosse pierre, après avoir élevé le bras pour la lui montrer et lui désigner l'endroit où elle la déposait. Mais le fou se mit à rire plus fort en se frottant les mains et en lui disant en mauvais allemand :

« Inutile, inutile! Zdenko n'a besoin de rien, Zdenko

est heureux, bien heureux! Zdenko a de la consolation, consolation, consolation! »

Puis, comme s'il se fût rappelé un mot qu'il cherchait depuis longtemps, il s'écria avec un éclat de joie, et intelligiblement, quoiqu'il prononçât fort mal :

« *Consuelo, Consuelo, Consuelo de mi alma!* »

Consuelo s'arrêta stupéfaite, et lui adressant la parole en espagnol :

« Pourquoi m'appelles-tu ainsi? lui cria-t-elle, qui t'a appris ce nom? Comprends-tu la langue que je te parle? »

A toutes ces questions, dont Consuelo attendit vainement la réponse, le fou ne fit que sautiller en se frottant les mains comme un homme enchanté de lui-même; et d'aussi loin qu'elle put saisir les sons de sa voix, elle lui entendit répéter son nom sur des inflexions différentes, avec des rires et des exclamations de joie, comme lorsqu'un oiseau parleur s'essaie à articuler un mot qu'on lui a appris, et qu'il entrecoupe du gazouillement de son chant naturel.

En reprenant le chemin du château, Consuelo se perdait dans ses réflexions. « Qui donc, se disait-elle, a trahi le secret de mon incognito, au point que le premier sauvage que je rencontre dans ces solitudes me jette mon vrai nom à la tête? Ce fou m'aurait-il vue quelque part? Ces gens-là voyagent : peut-être a-t-il été en même temps que moi à Venise. » Elle chercha en vain à se rappeler la figure de tous les mendiants et de tous les vagabonds qu'elle avait l'habitude de voir sur les quais et sur la place Saint-Marc, celle du fou de la pierre d'épouvante ne se présenta point à sa mémoire.

Mais, comme elle repassait le pont-levis, il lui vint à l'esprit un rapprochement d'idées plus logique et plus intéressant. Elle résolut d'éclaircir ses soupçons, et se félicita secrètement de n'avoir pas tout à fait manqué son but dans l'expédition qu'elle venait de tenter.

XXXVI.

Lorsqu'elle se retrouva au milieu de la famille abattue et silencieuse, elle qui se sentait pleine d'animation et d'espérance, elle se reprocha la sévérité avec laquelle elle avait accusé secrètement l'apathie de ces gens profondément affligés. Le comte Christian et la chanoinesse ne mangèrent presque rien à déjeuner, et le chapelain n'osa pas satisfaire son appétit; Amélie paraissait en proie à un violent accès d'humeur. Lorsqu'on se leva de table, le vieux comte s'arrêta un instant devant la fenêtre, comme pour regarder le chemin sablé de la garenne par où Albert pouvait revenir, et il secoua tristement la tête comme pour dire : Encore un jour qui a mal commencé et qui finira de même!

Consuelo s'efforça de les distraire en leur récitant avec ses doigts sur le clavier quelques-unes des dernières compositions religieuses de Porpora, qu'ils écoutaient toujours avec une admiration et un intérêt particuliers. Elle souffrait de les voir si accablés et de ne pouvoir leur dire qu'elle avait de l'espérance. Mais quand elle vit le comte reprendre son livre, et la chanoinesse son aiguille, quand elle fut appelée auprès du métier de cette dernière pour décider si un certain ornement devait avoir au centre quelques points bleus ou blancs, elle ne put s'empêcher de reporter son intérêt dominant sur Albert, qui expirait peut-être de fatigue et d'inanition dans quelque coin de la forêt, sans savoir retrouver sa route, ou qui reposait peut-être sur quelque froide pierre, enchaîné par la catalepsie foudroyante, exposé aux loups et aux serpents, tandis que, sous la main adroite et persévérante de la tendre Wenceslawa, les fleurs les plus brillantes semblaient éclore par milliers sur la trame, arrosées parfois d'une larme furtive, mais stérile.

Aussitôt qu'elle put engager la conversation avec la boudeuse Amélie, elle lui demanda ce que c'était qu'un fou fort mal fait qui courait le pays singulièrement vêtu, en riant comme un enfant aux personnes qu'il rencontrait.

« Eh! c'est Zdenko! répondit Amélie; vous ne l'aviez pas encore aperçu dans vos promenades? On est sûr de le rencontrer partout, car il n'habite nulle part.

— Je l'ai vu ce matin pour la première fois, dit Consuelo, et j'ai cru qu'il était l'hôte attitré du Schreckenstein.

— C'est donc là que vous avez été courir dès l'aurore? Je commence à croire que vous êtes un peu folle vous-même, ma chère Nina, d'aller ainsi seule de grand matin dans ces lieux déserts, où vous pourriez faire de plus mauvaises rencontres que celle de l'inoffensif idiot Zdenko.

— Être abordée par quelque loup à jeun? reprit Consuelo en souriant; la carabine du baron votre père doit, ce me semble, couvrir de sa protection tout le pays.

— Il ne s'agit pas seulement des bêtes sauvages, dit Amélie; le pays n'est pas si sûr que vous croyez, par rapport aux animaux les plus méchants de la création, les brigands et les vagabonds. Les guerres qui viennent de finir ont ruiné assez de familles pour que beaucoup de mendiants se soient habitués à aller au loin demander l'aumône, le pistolet à la main. Il y a aussi des nuées de ces Zingari égyptiens, qu'en France on nous fait l'honneur d'appeler Bohémiens, comme s'ils étaient originaires de nos montagnes pour les avoir infestées au commencement de leur apparition en Europe. Ces gens-là, chassés et rebutés de partout, lâches et obséquieux devant un homme armé, pourraient bien être audacieux avec une belle fille comme vous; et je crains que votre goût pour les courses aventureuses ne vous expose plus qu'il ne convient à une personne aussi raisonnable que ma chère Porporina affecte de l'être.

— Chère baronne, reprit Consuelo, quoique vous sembliez regarder la dent du loup comme un mince péril auprès de ceux qui m'attendent, je vous avouerai que je la craindrais beaucoup plus que celle des Zingari. Ce sont pour moi d'anciennes connaissances, et, en général, il m'est difficile d'avoir peur des êtres faibles, pauvres et persécutés. Il me semble que je saurai toujours dire à ces gens-là ce qui doit m'attirer leur confiance et leur sympathie; car, si laids, si mal vêtus et si méprisés qu'ils soient, il m'est impossible de ne pas m'intéresser à eux particulièrement.

— Brava, ma chère! s'écria Amélie avec une aigreur croissante. Vous voilà tout à fait arrivée aux beaux sentiments d'Albert pour les mendiants, les bandits et les aliénés; et je ne serais pas surprise de vous voir un de ces matins vous promener comme lui, appuyée sur le bras un peu malpropre et très-mal assuré de l'agréable Zdenko. »

Ces paroles frappèrent Consuelo d'un trait de lumière qu'elle cherchait depuis le commencement de l'entretien, et qui la consola de l'amertume de sa compagne.

« Le comte Albert est donc en bonne intelligence avec Zdenko? demanda-t-elle avec un air de satisfaction qu'elle ne songea point à dissimuler.

— C'est son plus intime, son plus précieux ami, répondit Amélie avec un sourire de dédain. C'est le compagnon de ses promenades, le confident de ses secrets, le messager, dit-on, de sa correspondance avec le diable. Zdenko et Albert sont les seuls qui osent aller à toute heure s'entretenir des choses divines les plus biscornues sur la pierre d'épouvante. Albert et Zdenko sont les seuls qui ne rougissent pas de s'asseoir sur l'herbe avec les Zingari qui font halte sous nos sapins, et de partager avec eux la cuisine dégoûtante que préparent ces gens-là dans leurs écuelles de bois. Ils appellent cela communier, et on peut dire que c'est communier sous toutes les espèces possibles. Ah! quel époux! quel amant désirable que mon cousin Albert, lorsqu'il saisira la main de sa fiancée dans une main qui vient de presser celle d'un Zingaro pestiféré, pour la porter à cette bouche qui vient de boire le vin du calice dans la même coupe que Zdenko!

— Tout ceci peut être fort plaisant, dit Consuelo; mais, quant à moi, je n'y comprends rien du tout.

— C'est que vous n'avez pas de goût pour l'histoire, reprit Amélie, et que vous n'avez pas bien écouté tout ce que je vous ai raconté des Hussites et des Protestants, depuis plusieurs jours que je m'égosille à vous expliquer scientifiquement les énigmes et les pratiques saugrenues de mon cousin. Ne vous ai-je pas dit que la grande querelle des Hussites avec l'église romaine était venue à propos de la communion sous les deux espèces? Le concile de Bâle avait prononcé que c'était une profanation de donner aux laïques le sang du Christ sous l'espèce du vin, alléguant, voyez le beau raisonnement! que son corps et son sang étaient également contenus sous les deux espèces, et que qui mangeait l'un buvait l'autre. Comprenez-vous?

— Il me semble que les Pères du concile ne se comprenaient pas beaucoup eux-mêmes. Ils eussent dû dire, pour être dans la logique, que la communion du vin était inutile; mais profanatoire! pourquoi, si, en mangeant le pain, on boit aussi le sang?

— C'est que les Hussites avaient une terrible soif de sang, et que les Pères du concile les voyaient bien venir. Eux aussi avaient soif du sang de ce peuple; mais ils voulaient le boire sous l'espèce de l'or. L'église romaine a toujours été affamée et altérée de ce suc de la vie des nations, du travail et de la sueur des pauvres. Les pauvres se révoltèrent, et reprirent leur sueur et leur sang dans les trésors des abbayes et sur la chape des évêques. Voilà tout le fond de la querelle, à laquelle vinrent se joindre, comme je vous l'ai dit, le sentiment d'indépendance nationale et la haine de l'étranger. La dispute de la communion en fut le symbole. Rome et ses prêtres officiaient dans des calices d'or et de pierreries; les Hussites affectaient d'officier dans des vases de bois, pour fronder le luxe de l'Église, et pour simuler la pauvreté des apôtres. Voilà pourquoi Albert, qui s'est mis dans la cervelle de se faire Hussite, après que ces détails du passé ont perdu toute valeur et toute signification; Albert, qui prétend connaître la vraie doctrine de Jean Huss mieux que Jean Huss lui-même, invente toutes sortes de communions, et s'en va communiant sur les chemins avec les mendiants, les païens, et les imbéciles. C'était la manie des Hussites de communier partout, à toute heure, et avec tout le monde.

— Tout ceci est fort bizarre, répondit Consuelo, et ne peut s'expliquer pour moi que par un patriotisme exalté, porté jusqu'au délire, je le confesse, chez le comte Albert. La pensée est peut-être profonde, mais les formes qu'il y donne me semblent bien puériles pour un homme aussi sérieux et aussi savant. La véritable communion ne serait-elle pas plutôt l'aumône? Que signifient de vaines cérémonies passées de mode, et que ne comprennent certainement pas ceux qui y s'associe?

— Quant à l'aumône, Albert ne s'en fait pas faute; et si on le laissait aller, il serait bientôt débarrassé de cette richesse que, pour ma part, je voudrais bien lui voir fondre dans la main de ses mendiants.

— Et pourquoi cela?

— Parce que mon père ne conserverait pas la fatale idée de m'enrichir en me faisant épouser ce démoniaque. Car il faut que vous le sachiez, ma chère Porporina, ajouta Amélie avec une intention malicieuse, ma famille n'a point renoncé à cet agréable dessein. Ces jours derniers, lorsque la raison de mon cousin brilla comme un rayon fugitif du soleil entre les nuages, mon père revint à l'assaut avec plus de fermeté que je ne le croyais capable d'en montrer avec moi. Nous eûmes une querelle assez vive, dont le résultat paraît être qu'on essaiera de vaincre ma résistance par l'ennui de la séquestration, comme une citadelle qu'on veut prendre par la famine. Ainsi donc, si je faiblis, si je succombe, il faudra que j'épouse Albert malgré lui, malgré moi, et malgré une troisième personne qui fait semblant de ne pas s'en soucier le moins du monde.

— Nous y voilà! répondit Consuelo en riant : j'attendais cette épigramme, et vous ne m'avez accordé l'honneur de causer avec vous ce matin que pour y arriver. Je la reçois avec plaisir, parce que je vois dans cette petite comédie de jalousie un reste d'affection pour le comte Albert, plus vive que vous ne voulez l'avouer.

— Nina! s'écria la jeune baronne avec énergie, si vous croyez voir cela, vous avez peu de pénétration, et si vous le voyez avec plaisir, vous avez peu d'affection pour moi. Je suis violente, orgueilleuse peut-être, mais non dissimulée. Je vous l'ai dit : la préférence qu'Albert vous accorde m'irrite contre lui, non contre vous. Elle blesse mon amour-propre, mais elle flatte mon espérance et mon penchant. Elle me fait désirer qu'il fasse pour vous quelque bonne folie qui me débarrasse de tout ménagement envers lui, en justifiant cette aversion que j'ai longtemps combattue, et qu'il m'inspire enfin sans mélange de pitié ni d'amour.

— Dieu veuille, répondit Consuelo avec douceur, que ceci soit le langage de la passion, et non celui de la vérité! car ce serait une vérité bien dure dans la bouche d'une personne bien cruelle! »

L'aigreur et l'emportement qu'Amélie laissa percer dans cet entretien firent peu d'impression sur l'âme généreuse de Consuelo. Elle ne songeait plus, quelques instants après, qu'à son entreprise; et ce rêve qu'elle caressait, de ramener Albert à sa famille, jetait une sorte de joie naïve sur la monotonie de ses occupations. Il lui fallait bien cela pour échapper à l'ennui qui la menaçait, et qui, étant la maladie la plus contraire et la plus inconnue jusqu'alors à sa nature active et laborieuse, lui fût devenu mortel. En effet, lorsqu'elle avait donné à son élève indocile et inattentive une longue et fastidieuse leçon, il ne lui restait plus qu'à exercer sa voix et à étudier ses vieux auteurs. Mais cette consolation, qui ne lui avait jamais manqué, lui était opiniâtrement disputée. Amélie, avec son oisiveté inquiète, venait à chaque instant la troubler et l'interrompre par de puériles questions ou des observations hors de propos. Le reste de la famille était affreusement morne. Déjà cinq mortels jours s'étaient écoulés sans que le jeune comte reparût, et chaque journée de cette absence ajoutait à l'abattement et à la consternation des précédentes.

Dans l'après-midi, Consuelo, errant dans les jardins avec Amélie, vit Zdenko sur le revers du fossé qui les séparait de la campagne. Il paraissait occupé à parler tout seul, et, à son ton, on eût dit qu'il se racontait une histoire. Consuelo arrêta sa compagne, et la pria de lui traduire ce que disait l'étrange personnage.

« Comment voulez-vous que je vous traduise des rêveries sans suite et sans signification? dit Amélie en haussant les épaules. Voici ce qu'il vient de marmotter, si vous tenez à le savoir :

« Il y avait une fois une grande montagne toute blanche, toute blanche, et à côté une grande montagne toute noire, toute noire, et à côté une grande montagne toute rouge, toute rouge... »

« Cela vous intéresse-t-il beaucoup?

— Peut-être, si je pouvais savoir la suite. Oh! que ne donnerais-je pas pour comprendre le bohème! Je veux l'apprendre.

— Ce n'est pas tout à fait aussi facile que l'italien ou l'espagnol; mais vous êtes si studieuse, vous en viendrez à bout si vous voulez : je vous l'enseignerai, si cela peut vous faire plaisir.

— Vous serez un ange. A condition, toutefois, que vous serez plus patiente comme maîtresse que vous l'êtes comme élève. Et maintenant que dit ce Zdenko?

— Maintenant ce sont ses montagnes qui parlent.

« Pourquoi, montagne rouge, toute rouge, as-tu écrasé la montagne noire? et toi, montagne blanche, toute blanche, pourquoi as-tu laissé écraser la montagne noire, toute noire? »

Ici Zdenko se mit à chanter avec une voix grêle et cassée, mais d'une justesse et d'une douceur qui pénétrèrent Consuelo jusqu'au fond de l'âme. Sa chanson disait :

« Montagnes noires et montagnes blanches, il vous faudra beaucoup d'eau de la montagne rouge pour laver vos robes;

« Vos robes noires de crimes, et blanches d'oisiveté, vos robes souillées de mensonges, vos robes éclatantes d'orgueil.

« Les voilà toutes deux lavées, bien lavées, vos robes qui ne voulaient pas changer de couleur ; les voilà usées, bien usées, vos robes qui ne voulaient pas traîner sur le chemin.

« Voilà toutes les montagnes rouges, bien rouges ! Il faudra toute l'eau du ciel, toute l'eau du ciel, pour les laver. »

— Est-ce une improvisation ou une vieille chanson du pays ? demanda Consuelo à sa compagne.

— Qui peut le savoir ? répondit Amélie : Zdenko est un improvisateur inépuisable ou un rapsode bien savant. Nos paysans aiment passionnément à l'écouter, et le respectent comme un saint, tiennent sa folie pour un don du ciel plus que pour une disgrâce de la nature. Ils le nourrissent et le choient, et il ne tiendrait qu'à lui d'être l'homme le mieux logé et le mieux habillé du pays ; car chacun se dispute le plaisir et l'avantage de l'avoir pour hôte. Il passe pour un porte-bonheur, pour un présage de fortune. Quand le temps menace, si Zdenko vient à passer, on dit : Ce ne sera rien ; la grêle ne tombera pas ici. Si la récolte est mauvaise, on prie Zdenko de chanter ; et comme il promet toujours des années d'abondance et de fertilité, on se console du présent dans l'attente d'un meilleur avenir. Mais Zdenko ne veut demeurer nulle part, sa nature vagabonde l'emporte au fond des forêts. On ne sait point où il s'abrite la nuit, où il se réfugie contre le froid et l'orage. Jamais, depuis dix ans, on ne l'a vu entrer sous un autre toit que celui du château des Géants, parce qu'il prétend que ses aïeux sont dans toutes les maisons du pays, et qu'il lui est défendu de se présenter devant eux. Cependant il suit Albert jusque dans sa chambre, parce qu'il est aussi dévoué et aussi soumis à Albert que son chien Cynabre. Albert est le seul mortel qui enchaîne à son gré cette sauvage indépendance, et qui puisse d'un mot faire cesser son intarissable gaîté, ses éternelles chansons, et son babil infatigable. Zdenko a eu, dit-on, une fort belle voix, mais il l'a épuisée à parler, à chanter et à rire. Il n'est guère plus âgé qu'Albert, quoiqu'il ait l'apparence d'un homme de cinquante ans. Ils ont été compagnons d'enfance. Dans ce temps-là, Zdenko n'était qu'à demi fou. Descendant d'une ancienne famille (un de ses ancêtres figure avec quelque éclat dans la guerre des Hussites), il montrait assez de mémoire et d'aptitude pour que ses parents, voyant la faiblesse de son organisation physique, l'eussent destiné au cloître. On l'a vu longtemps en habit de novice d'un ordre mendiant ; mais on ne put jamais l'astreindre au joug de la règle ; et quand on l'envoyait en tournée avec un des frères de son couvent, et un âne chargé des dons des fidèles, il laissait à la besace, l'âne et le frère, et s'en allait prendre de longues vacances au fond des bois. Lorsque Albert entreprit ses voyages, Zdenko tomba dans un noir chagrin, jeta le froc aux orties, et se fit tout à fait vagabond. Sa mélancolie se dissipa peu à peu ; mais l'espèce de raison qui avait toujours brillé au milieu de la bizarrerie de son caractère s'éclipsa tout à fait. Il ne dit plus que des choses incohérentes, manifesta toutes sortes de manies incompréhensibles, et devint réellement insensé. Mais comme il resta toujours sobre, chaste et inoffensif, on peut dire qu'il est idiot plus que fou. Nos paysans l'appellent l'*innocent*, et rien de plus.

— Tout ce que vous m'apprenez de ce pauvre homme me le rend sympathique, dit Consuelo ; je voudrais bien lui parler. Il sait un peu l'allemand ?

— Il le comprend, et il peut le parler tant bien que mal. Mais, comme tous les paysans bohèmes, il a horreur de cette langue ; et plongé d'ailleurs dans des rêveries comme le voilà, il est fort douteux qu'il vous réponde si vous l'interrogez.

— Essayez donc de lui parler dans sa langue, et d'attirer son attention sur nous, dit Consuelo. »

Amélie appela Zdenko à plusieurs reprises, lui demandant en bohémien s'il se portait bien, et s'il désirait quelque chose ; mais elle ne put jamais lui faire relever sa tête penchée vers la terre, ni interrompre un petit jeu qu'il faisait avec trois cailloux, un blanc, un rouge, et un noir, qu'il poussait l'un contre l'autre en riant, et en se réjouissant beaucoup chaque fois qu'il les faisait tomber.

« Vous voyez que c'est inutile, dit Amélie. Quand il n'a pas faim, ou qu'il ne cherche pas Albert, il ne nous parle jamais. Dans l'un ou l'autre cas, il vient à la porte du château, et s'il n'a que faim, il reste sur la porte. On lui donne ce qu'il désire, il remercie, et s'en va. S'il veut voir Albert, il entre, et va frapper à la porte de sa chambre, qui n'est jamais fermée pour lui, et où il reste des heures entières, silencieux et tranquille comme un enfant craintif si Albert travaille, expansif et enjoué si Albert est disposé à l'écouter, jamais importun, à ce qu'il semble, à mon aimable cousin, et plus heureux en ceci qu'aucun membre de sa famille.

— Et lorsque le comte Albert devient invisible comme dans ce moment-ci, par exemple, Zdenko, qui l'aimait si ardemment, et qui perdit sa gaîté lorsque le comte entreprit ses voyages, Zdenko, son compagnon inséparable, reste donc tranquille ? il ne montre point d'inquiétude ?

— Aucune. Il dit qu'Albert est allé voir le grand Dieu et qu'il reviendra bientôt. C'est ce qu'il disait lorsque Albert parcourait l'Europe, et que Zdenzo en avait pris son parti.

— Et vous ne soupçonnez pas, chère Amélie, que Zdenko puisse être mieux fondé que vous tous à goûter cette sécurité ? Vous ne vous êtes jamais avisés de penser qu'il était dans le secret d'Albert, et qu'il veillait sur lui dans son délire ou dans sa léthargie ?

— Nous y avons bien songé, et on a observé longtemps ses démarches ; mais, comme son patron Albert, il déteste la surveillance ; et, plus fin qu'un renard dépisté par les chiens, il a trompé tous les efforts, déjoué toutes les ruses, et dérouté toutes les observations. Il semble aussi qu'il ait, comme Albert, le don de se rendre invisible quand il lui plaît. Il a quelquefois disparu instantanément aux regards fixés sur lui, comme s'il eût fendu la terre pour s'y engloutir, ou comme si un nuage l'eût enveloppé de ses voiles impénétrables. Voilà du moins ce qu'affirment nos gens et ma tante Wenceslawa elle-même, qui n'a pas, malgré toute sa piété, la tête beaucoup plus forte à l'endroit du pouvoir satanique.

— Mais vous, chère baronne, vous ne pouvez pas croire à ces absurdités ?

— Moi, je me range à l'avis de mon oncle Christian. Il pense que si Albert n'a, dans ses détresses mystérieuses, le secours et l'appui de cet insensé, il est fort dangereux de le lui ôter, et qu'on risque, en observant et en contrariant les démarches de Zdenko, de priver Albert, durant des heures et des jours entiers, des soins et même des aliments qu'il peut recevoir de lui. Mais, de grâce, passons outre, ma chère Nina ; en voilà bien assez sur ce chapitre, et cet idiot ne me cause pas le même intérêt qu'à vous. Je suis fort rebattue de ses romans et de ses chansons, et sa voix cassée me donne mal à la gorge.

— Je suis étonnée, dit Consuelo en se laissant entraîner par sa compagne, que cette voix n'ait pas pour vos oreilles un charme extraordinaire. Tout éteinte qu'elle est, elle me fait plus d'impression que celle des plus grands chanteurs.

— C'est que vous êtes blasée sur les belles choses, et que la nouveauté vous amuse.

— Cette langue qu'il chante est d'une singulière douceur, reprit Consuelo, et la monotonie de ses mélodies n'est pas ce que vous croyez : ce sont, au contraire, des idées bien suaves et bien originales.

— Pas pour moi, qui en suis obsédée, repartit Amélie ; j'ai pris dans les commencements quelque intérêt aux paroles, pensant avec les gens du pays que c'étaient d'anciens chants nationaux fort curieux sous le rapport historique ; mais comme il ne les dit jamais deux fois de la même manière, je suis persuadée que ce sont des improvisations, et je me suis bien vite convaincue que cela ne valait pas la peine d'être écouté, bien que nos montagnards s'imaginent y trouver à leur gré un sens symbolique. »

Dès que Consuelo put se débarrasser d'Amélie, elle courut au jardin, et retrouva Zdenko à la même place, sur le revers du fossé, absorbé dans le même jeu. Certaine que ce malheureux avait des relations cachées avec Albert, elle était entrée furtivement dans l'office, et y avait dérobé un gâteau de miel et de fleur de farine, pétri avec soin des propres mains de la chanoinesse. Elle se souvenait d'avoir vu Albert, qui mangeait fort peu, montrer machinalement de la préférence pour ce mets que sa tante confectionnait toujours pour lui avec le plus grand soin. Elle l'enveloppa dans un mouchoir blanc, et, voulant le jeter à Zdenko par dessus le fossé, elle se hasarda à l'appeler. Mais comme il ne paraissait pas vouloir l'écouter, elle se souvint de la vivacité avec laquelle il lui avait dit son nom, et elle le prononça d'abord en allemand. Zdenko sembla l'entendre; mais il était mélancolique dans ce moment-là, et, sans la regarder, il répéta en allemand, en secouant la tête et en soupirant : Consolation! consolation! comme s'il eût voulu dire : Je n'espère plus de consolation.

« Consuelo! » dit alors la jeune fille pour voir si son nom espagnol réveillerait la joie qu'il avait montrée le matin en le prononçant.

Aussitôt Zdenko abandonna ses cailloux, et se mit à sauter et à gambader sur le bord du fossé, en faisant voler son bonnet par-dessus sa tête, et en étendant les bras vers elle, avec des paroles bohèmes très-animées, et un visage rayonnant de plaisir et d'affection.

« Albert! » lui cria de nouveau Consuelo en lui jetant le gâteau.

Zdenko le ramassa en riant, et ne déploya pas le mouchoir; mais il disait beaucoup de choses que Consuelo était désespérée de ne pas comprendre. Elle écouta particulièrement et s'attacha à retenir une phrase qu'il répéta plusieurs fois en la saluant; son oreille musicale l'aida à en saisir la prononciation exacte; et dès qu'elle eut perdu Zdenko de vue, qui s'enfuyait à toutes jambes, elle l'écrivit sur son carnet, en l'orthographiant à la vénitienne, et se réservant d'en demander le sens à Amélie. Mais, avant de quitter Zdenko, elle voulut lui donner encore quelque chose qui témoignât à Albert l'intérêt qu'elle lui portait, d'une manière plus délicate; et, ayant rappelé le fou, qui revint, docile à sa voix, elle lui jeta un bouquet de fleurs qu'elle avait cueilli dans la serre une heure auparavant, et qui était encore frais et parfumé à sa ceinture. Zdenko le ramassa, répéta son salut, renouvela ses exclamations et ses gambades, et, s'enfonçant dans des buissons épais où un lièvre eût seul semblé pouvoir se frayer un passage, il y disparut tout entier. Consuelo suivit des yeux sa course rapide pendant quelques instants, en voyant le haut des branches s'agiter dans la direction du sud-est. Mais un léger vent qui s'éleva rendit cette observation inutile, en agitant toutes les branches du taillis; et Consuelo rentra, plus que jamais attachée à la poursuite de son dessein.

XXXVII.

Lorsque Amélie fut appelée à traduire la phrase que Consuelo avait écrite sur son carnet et gravée dans sa mémoire, elle dit qu'elle ne la comprenait pas du tout, quoiqu'elle pût la traduire littéralement par ces mots :

Que celui à qui on a fait tort te salue.

« Peut-être, ajouta-t-elle, veut-il parler d'Albert, ou de lui-même, en disant qu'on leur a fait tort en les taxant de folie, eux qui se croient les seuls hommes raisonnables qu'il y ait sur la terre. Mais à quoi bon chercher le sens des discours d'un insensé? Ce Zdenko occupe beaucoup plus votre imagination qu'il ne mérite.

— C'est la croyance du peuple dans tous les pays, répondit Consuelo, d'attribuer aux fous une sorte de lumière supérieure à celle que perçoivent les esprits positifs et froids. J'ai le droit de conserver les préjugés de ma classe, et je ne puis jamais croire qu'un fou parle au hasard en disant des paroles qui nous paraissent inintelligibles.

— Voyons, dit Amélie, si le chapelain, qui est très-versé dans toutes les formules anciennes et nouvelles dont se servent nos paysans, connaîtra celle-ci »

Et, courant vers le bonhomme, elle lui demanda l'explication de la phrase de Zdenko.

Mais ces paroles obscures parurent frapper le chapelain d'une affreuse lumière.

« Dieu vivant! s'écria-t-il en pâlissant, où donc votre seigneurie a-t-elle entendu un semblable blasphème?

— Si c'en est un, je ne le devine pas, répondit Amélie en riant, et c'est pour cela que j'en attends de vous la traduction.

— Mot à mot, c'est bien, en bon allemand, ce que vous venez de dire, madame, c'est bien « *Que celui à qui on a fait tort te salue;* » mais si vous voulez en savoir le sens (et j'ose à peine le prononcer), c'est, dans la pensée de l'idolâtre qui le prononce, « *que le diable soit avec toi!* »

— En d'autres termes, reprit Amélie en riant plus fort : « *Va au diable!* » Eh bien! c'est un joli compliment, et voilà ce qu'on gagne, ma chère Nina, à causer avec les fous. Vous ne pensiez pas que Zdenko, avec un sourire si affable et des grimaces si enjouées, vous adressait un souhait aussi peu galant.

— Zdenko? s'écria le chapelain. Ah! c'est ce malheureux idiot qui se sert de pareilles formules? A la bonne heure! je tremblais que ce ne fût quelque autre... et j'avais tort; cela ne pouvait sortir que de cette tête farcie des abominations de l'antique hérésie. Où prend-il ces choses à peu près inconnues et oubliées aujourd'hui? L'esprit du mal peut seul les lui suggérer.

— Mais c'est tout simplement un fort vilain jurement dont le peuple se sert dans toutes les langues, repartit Amélie; et les catholiques ne s'en font pas plus faute que les autres.

— Ne croyez pas cela, baronne, dit le chapelain. Ce n'est pas une malédiction dans l'esprit égaré de celui qui s'en sert, c'est un hommage et une bénédiction, au contraire; et là est le crime. Cette abomination vient des Lollards, secte détestable qui engendra celle des Vaudois, laquelle engendra celle des Hussites...

— Laquelle en engendra bien d'autres! dit Amélie en prenant un air grave pour se moquer du bon prêtre. Mais, voyons, monsieur le chapelain, expliquez-nous donc comment ce peut être un compliment que de recommander son prochain au diable?

— C'est que, dans la croyance des Lollards, Satan n'était pas l'ennemi du genre humain, mais au contraire son protecteur et son patron. Ils le disaient victime de l'injustice et de la jalousie. Selon eux, l'archange Michel et les autres puissances célestes qui l'avaient précipité dans l'abîme étaient de véritables démons, tandis que Lucifer, Belzébuth, Astaroth, Astarté, et tous les monstres de l'enfer étaient l'innocence et la lumière même. Ils croyaient que le règne de Michel et de sa glorieuse milice finirait bientôt, et que le diable serait réhabilité et réintégré dans le ciel avec sa phalange maudite. Enfin ils lui rendaient un culte impie, et s'abordaient les uns les autres en se disant : Que celui à *qui on a fait tort*, c'est-à-dire celui qu'on a méconnu et condamné injustement, *te salue*, c'est-à-dire te protège et t'assiste.

— Eh bien, dit Amélie en riant aux éclats, voilà ma chère Nina sous des auspices bien favorables, et je ne serais pas étonnée qu'il fallût bientôt en venir avec elle à des exorcismes pour détruire l'effet des incantations de Zdenko. »

Consuelo fut un peu émue de cette plaisanterie. Elle n'était pas bien sûre que le diable fût une chimère, et l'enfer une fable poétique. Elle eût été portée à prendre au sérieux l'indignation et la frayeur du chapelain, si celui-ci, scandalisé des rires d'Amélie, n'eût été, en ce moment, parfaitement ridicule. Interdite, troublée dans toutes les croyances de son enfance par cette lutte où elle se voyait lancée, entre la superstition des uns et l'incrédulité des autres, Consuelo eut, ce soir-là, beaucoup de peine à dire ses prières. Elle cherchait le sens

Et continua à la saluer de son bonnet en sautillant... (Page 83.)

de toutes ces formules de dévotion qu'elle avait acceptées jusque là sans examen, et qui ne satisfaisaient plus son esprit alarmé. « A ce que j'ai pu voir, pensait-elle, il y a deux sortes de dévotions à Venise. Celle des moines, des nonnes, et du peuple, qui va trop loin peut-être ; car elle accepte, avec les mystères de la religion, toutes sortes de superstitions accessoires, l'*Orco* (le diable des lagunes), les sorcières de Malamocco, les chercheuses d'or, l'horoscope, et les vœux aux saints pour la réussite des desseins les moins pieux et parfois les moins honnêtes : celle du haut clergé et du beau monde, qui n'est qu'un simulacre ; car ces gens-là vont à l'église comme au théâtre, pour entendre la musique et se montrer ; ils rient de tout, et n'examinent rien dans la religion, pensant que rien n'y est sérieux, que rien n'y oblige la conscience, et que tout est affaire de forme et d'usage. Anzoleto n'était pas religieux le moins du monde ; c'était un de mes chagrins, et j'avais raison d'être effrayée de son incrédulité. Mon maître Porpora... que croyait-il ? je l'ignore. Il ne s'expliquait point là-dessus, et cependant il m'a parlé de Dieu et des choses divines dans le moment le plus douloureux et le plus solennel de ma vie. Mais quoique ses paroles m'aient beaucoup frappée, elles n'ont laissé en moi que de la terreur et de l'incertitude. Il semblait qu'il crût à un Dieu jaloux et absolu, qui n'envoyait le génie et l'inspiration qu'aux êtres isolés par leur orgueil des peines et des joies de leurs semblables. Mon cœur désavoue cette religion sauvage, et ne peut aimer un Dieu qui me défend d'aimer. Quel est donc le vrai Dieu ? Qui me l'enseignera ? Ma pauvre mère était croyante ; mais de combien d'idolâtries puériles son culte était mêlé ! Que croire et que penser ? Dirai-je, comme l'insouciante Amélie, que la raison est le seul Dieu ? Mais elle ne connaît même pas ce Dieu-là, et ne peut me l'enseigner ; car il n'est pas de personne moins raisonnable qu'elle. Peut-on vivre sans religion ? Alors pourquoi vivre ? En vue de quoi travaillerais-je ? en vue de quoi aurais-je de la pitié, du courage, de la générosité, de la conscience et de la droiture, moi qui suis seule dans l'univers, s'il n'est point dans l'univers un Être suprême, intelligent et plein d'amour, qui me juge, qui m'approuve, qui m'aide, me préserve et me bénisse ? Quelles forces, quels enivrements puisent-ils dans la vie, ceux qui peuvent se passer d'un espoir

C'est une citerne.... (Page 92.)

et d'un amour au-dessus de toutes les illusions et de toutes les vicissitudes humaines?

« Maître suprême! s'écria-t-elle dans son cœur, oubliant les formules de sa prière accoutumée, enseignez-moi ce que je dois faire. Amour suprême! enseigne-moi ce que je dois aimer. Science suprême! enseigne-moi ce que je dois croire. »

En priant et en méditant de la sorte, elle oublia l'heure qui s'écoulait, et il était plus de minuit lorsque avant de se mettre au lit, elle jeta un coup d'œil sur la campagne éclairée par la lune. La vue qu'on découvrait de sa fenêtre était peu étendue, à cause des montagnes environnantes, mais extrêmement pittoresque. Un torrent coulait au fond d'une vallée étroite et sinueuse, doucement ondulée en prairies sur la base des collines inégales qui fermaient l'horizon, s'entr'ouvrant çà et là pour laisser apercevoir derrière elles d'autres gorges et d'autres montagnes plus escarpées et toutes couvertes de noirs sapins. La clarté de la lune à son déclin se glissait derrière les principaux plans de ce paysage triste et vigoureux, où tout était sombre, la verdure vivace, l'eau encaissée, les roches couvertes de mousse et de lierre.

Tandis que Consuelo comparait ce pays à tous ceux qu'elle avait parcourus dans son enfance, elle fut frappée d'une idée qui ne lui était pas encore venue; c'est que cette nature qu'elle avait sous les yeux n'avait pas un aspect nouveau pour elle, soit qu'elle eût traversé autrefois cette partie de la Bohême, soit qu'elle eût vu ailleurs des lieux très-analogues. « Nous avons tant voyagé, ma mère et moi, se disait-elle, qu'il n'y aurait rien d'étonnant à ce que je fusse déjà venue de ce côté-ci. J'ai un souvenir distinct de Dresde et de Vienne. Nous avons bien pu traverser la Bohême pour aller d'une de ces capitales à l'autre. Il serait étrange cependant que nous eussions reçu l'hospitalité dans quelque grange du château où me voici logée comme une demoiselle d'importance; ou bien que nous eussions gagné, en chantant, un morceau de pain à la porte de quelqu'une de ces cabanes où Zdenko tend la main et chante ses vieilles chansons; Zdenko, l'artiste vagabond, qui est mon égal et mon confrère, bien qu'il n'y paraisse plus! »

En ce moment, ses regards se portèrent sur le Schreckenstein, dont on apercevait le sommet au-dessus d'une éminence plus rapprochée, et il lui sembla que cette place sinistre était couronnée d'une lueur rougeâtre qui teignait faiblement l'azur transparent du ciel. Elle y porta toute son attention, et vit cette clarté indécise augmenter, s'éteindre et reparaître, jusqu'à ce qu'enfin elle devint si nette et si intense, qu'elle ne put l'attribuer à une illusion de ses sens. Que ce fût la retraite passagère d'une bande de Zingari, ou le repaire de quelque brigand, il n'en était pas moins certain que le Schreckenstein était occupé en ce moment par des êtres vivants; et Consuelo, après sa prière naïve et fervente au Dieu de vérité, n'était plus disposée du tout à croire à l'existence des êtres fantastiques et malfaisants dont la chronique populaire peuplait la montagne. Mais n'était-ce pas plutôt Zdenko qui allumait ce feu, pour se soustraire au froid de la nuit? Et si c'était Zdenko, n'était-ce pas pour réchauffer Albert que les branches desséchées de la forêt brûlaient en ce moment? On avait vu souvent cette lueur sur le Schreckenstein; on en parlait avec effroi, on l'attribuait à quelque fait surnaturel. On avait dit mille fois qu'elle émanait du tronc enchanté du vieux chêne de Ziska. Mais le *Hussite* n'existait plus; du moins il gisait au fond du ravin, et la clarté rouge brillait encore à la cime de la montagne. Comment ce phare mystérieux n'appelait-il pas les recherches vers cette retraite présumée d'Albert?

« O apathie des âmes dévotes! pensa Consuelo; tu es un bienfait de la Providence, ou une infirmité des natures incomplètes? » Elle se demanda en même temps si elle aurait le courage d'aller seule, à cette heure, au Schreckenstein, et elle se répondit que, guidée par la charité, elle l'aurait certainement. Mais elle pouvait se flatter un peu gratuitement à cet égard; car la clôture sévère du château ne lui laissait aucune chance d'exécuter ce dessein.

Dès le matin, elle s'éveilla pleine de zèle, et courut au Schreckenstein. Tout y était silencieux et désert. L'herbe ne paraissait pas foulée autour de la pierre d'Épouvante. Il n'y avait aucune trace de feu, aucun vestige de la présence des hôtes de la nuit. Elle parcourut la montagne dans tous les sens, et n'y trouva aucun indice. Elle appela Zdenko de tous côtés: elle essaya de siffler pour voir si elle éveillerait les aboiements de Cynabre; elle se nomma à plusieurs reprises; elle prononça le nom de Consolation dans toutes les langues qu'elle savait: elle chanta quelques phrases de son cantique espagnol, et même de l'air bohémien de Zdenko, qu'elle avait parfaitement retenu. Rien ne lui répondit. Le craquement des lichens desséchés sous ses pieds, et le murmure des eaux mystérieuses qui couraient sous les rochers, furent les seuls bruits qui lui répondirent.

Fatiguée de cette inutile exploration, elle allait se retirer après avoir pris un instant de repos sur la pierre, lorsqu'elle vit à ses pieds une feuille de rose froissée et flétrie. Elle la ramassa, la déplia, et s'assura bien que ce ne pouvait être qu'une feuille du bouquet qu'elle avait jeté à Zdenko; car la montagne ne produisait pas de roses sauvages, et d'ailleurs ce n'était pas la saison. Il n'y en avait encore que dans la serre du château. Ce faible indice la consola de l'apparente inutilité de sa promenade, et la laissa de plus en plus persuadée que c'était au Schreckenstein qu'il fallait espérer de découvrir Albert.

Mais dans quel antre de cette montagne impénétrable était-il donc caché? il n'y était donc pas à toute heure, ou bien il était plongé, en ce moment, dans un accès d'insensibilité cataleptique; ou bien encore Consuelo s'était trompée en attribuant à sa voix quelque pouvoir sur lui, et l'exaltation qu'il lui avait montrée n'était qu'un accès de folie qui n'avait laissé aucune trace dans sa mémoire. Il la voyait, il l'entendait peut-être maintenant, et il se riait de ses efforts, et il méprisait ses inutiles avances.

A cette dernière pensée, Consuelo sentit une rougeur brûlante monter à ses joues, et elle quitta précipitamment le Schreckenstein en se promettant presque de n'y plus revenir. Cependant elle y laissa un petit panier de fruits qu'elle avait apporté.

Mais le lendemain, elle trouva le panier à la même place; on n'y avait pas touché. Les feuilles qui recouvraient les fruits n'avaient pas même été dérangées par un mouvement de curiosité. Son offrande avait été dédaignée, ou bien ni Albert ni Zdenko n'étaient venus par là; et pourtant la lueur rouge d'un feu de sapin avait brillé encore durant cette nuit sur le sommet de la montagne.

Consuelo avait veillé jusqu'au jour pour observer cette particularité. Elle avait vu plusieurs fois la clarté décroître et se ranimer, comme si une main vigilante l'eût entretenue. Personne n'avait vu de Zingari dans les environs. Aucun étranger n'avait été signalé sur les sentiers de la forêt; et tous les paysans que Consuelo interrogeait sur le phénomène lumineux de la pierre d'Épouvante, lui répondaient en mauvais allemand, qu'il ne faisait pas bon d'approfondir ces choses-là, et qu'il ne fallait pas se mêler des affaires de l'autre monde.

Cependant, il y avait déjà neuf jours qu'Albert avait disparu. C'était la plus longue absence de ce genre qu'il eût encore faite, et cette prolongation, jointe aux sinistres présages qui avaient annoncé l'avénement de sa trentième année, n'était pas propre à ranimer les espérances de la famille. On commençait enfin à s'agiter; le comte Christian soupirait à toute heure d'une façon lamentable; le baron allait à la chasse sans songer à rien tuer; le chapelain faisait des prières extraordinaires; Amélie n'osait plus rire ni causer, et la chanoinesse, pâle et affaiblie, distraite des soins domestiques, et oublieuse de son ouvrage en tapisserie, égrenait son chapelet du matin au soir, entretenait de petites bougies devant l'image de la Vierge, et semblait plus voûtée d'un pied qu'à son ordinaire.

Consuelo se hasarda à proposer une grande et scrupuleuse exploration du Schreckenstein, avoua les recherches qu'elle y avait faites, et confia en particulier à la chanoinesse la circonstance de la feuille de rose, et le soin qu'elle avait mis à examiner toute la nuit le sommet lumineux de la montagne. Mais les dispositions que voulait prendre Wenceslawa pour cette exploration, firent bientôt repentir Consuelo de son épanchement. La chanoinesse voulait qu'on s'assurât de la personne de Zdenko, qu'on l'effrayât par des menaces, qu'on fît armer cinquante hommes de torches et de fusils, enfin que le chapelain prononçât sur la pierre fatale ses plus terribles exorcismes, tandis que le baron, suivi de Hanz et de ses plus courageux acolytes, ferait en règle, au milieu de la nuit, le siége du Schreckenstein. C'était le vrai moyen de porter Albert à la folie la plus extrême, et peut-être à la fureur, que de lui procurer une surprise de ce genre; et Consuelo obtint, à force de représentations et de prières, que Wenceslawa n'agirait point et n'entreprendrait rien sans son avis. Or, voici quel parti elle lui proposa en définitive: ce fut de sortir du château la nuit suivante, et d'aller seule avec la chanoinesse, en se faisant suivre à distance de Hanz et du chapelain seulement, examiner de près le feu du Schreckenstein. Mais cette résolution se trouva au-dessus des forces de la chanoinesse. Elle était persuadée que le Sabbat officiait sur la pierre d'Épouvante, et tout ce que Consuelo put obtenir fut qu'on lui ouvrirait les portes à minuit et que le baron et quelques autres personnes de bonne volonté la suivraient sans armes et dans le plus grand silence. Il fut convenu qu'on cacherait cette tentative au comte Christian, dont le grand âge et la santé affaiblie ne pourraient se prêter à une pareille course durant la nuit froide et malsaine, et qui cependant voudrait s'y associer s'il en avait connaissance.

Tout fut exécuté ainsi que Consuelo l'avait désiré. Le baron, le chapelain et Hanz l'accompagnèrent. Elle s'avança seule, à cent pas de son escorte, et monta sur le Schreckenstein avec un courage digne de Bradamante. Mais à mesure qu'elle approchait, la lueur qui lui paraissait sortir en rayonnant des fissures de la roche culminante s'éteignit peu à peu, et lorsqu'elle y fut arrivée, une profonde obscurité enveloppait la montagne du sommet à la base. Un profond silence et l'horreur de la solitude régnaient partout. Elle appela Zdenko, Cynabre, et même Albert, quoiqu'en tremblant. Tout fut muet, et l'écho seul lui renvoya le son de sa voix mal assurée.

Elle revint découragée vers ses guides. Ils vantèrent beaucoup son courage, et osèrent, après elle, explorer encore les lieux qu'elle venait de quitter, mais sans succès; et tous rentrèrent en silence au château, où la chanoinesse, qui les attendait sur le seuil, vit, à leur récit, évanouir sa dernière espérance.

XXXVIII.

Consuelo, après avoir reçu les remercîments et le baiser que la bonne Wenceslawa, toute triste, lui donna au front, reprit le chemin de sa chambre avec précaution, pour ne point réveiller Amélie, à qui on avait caché l'entreprise. Elle demeurait au premier étage, tandis que la chambre de la chanoinesse était au rez-de-chaussée. Mais en montant l'escalier, elle laissa tomber son flambeau, qui s'éteignit avant qu'elle eût pu le ramasser. Elle pensa pouvoir s'en passer pour retrouver son chemin, d'autant plus que le jour commençait à poindre; mais, soit que son esprit fût préoccupé étrangement, soit que son courage, après un effort au-dessus de son sexe, vînt à l'abandonner tout à coup, elle se troubla au point que, parvenue à l'étage qu'elle habitait, elle ne s'y arrêta pas, continua de monter jusqu'à l'étage supérieur, et entra dans le corridor qui conduisait à la chambre d'Albert, située presque au-dessus de la sienne; mais elle s'arrêta glacée d'effroi à l'entrée de cette galerie, en voyant une ombre grêle et noire se dessiner devant elle, glisser comme si ses pieds n'eussent pas touché le carreau, et entrer dans cette chambre vers laquelle Consuelo se dirigeait, pensant que c'était la sienne. Elle eut, au milieu de sa frayeur, assez de présence d'esprit pour examiner cette figure, et pour voir rapidement dans le vague du crépuscule qu'elle avait la forme et l'accoutrement de Zdenko. Mais qu'allait-il faire dans la chambre de Consuelo à une pareille heure, et de quel message était-il chargé pour elle? Elle ne se sentit point disposée à affronter ce tête-à-tête, et redescendit pour chercher la chanoinesse. Ce fut après avoir descendu un étage qu'elle reconnut son corridor, la porte de sa chambre, et s'aperçut que c'était dans celle d'Albert qu'elle venait de voir entrer Zdenko.

Alors mille conjectures se présentèrent à son esprit redevenu calme et attentif. Comment l'idiot pouvait-il pénétrer la nuit dans ce château si bien fermé, si bien examiné chaque soir par la chanoinesse et les domestiques? Cette apparition de Zdenko la confirmait dans l'idée qu'elle avait toujours eue que le château avait une secrète issue et peut-être une communication souterraine avec le Schreckenstein. Elle courut frapper à la porte de la chanoinesse, qui déjà s'était barricadée dans son austère cellule, et qui fit un grand cri en la voyant paraître sans lumière et un peu pâle.

« Tranquillisez-vous, chère madame, lui dit la jeune fille; c'est un nouvel événement assez bizarre, mais qui n'a rien d'effrayant : je viens de voir Zdenko entrer dans la chambre du comte Albert.

— Zdenko! mais vous rêvez, ma chère enfant; par où serait-il entré? J'ai fermé toutes les portes avec le même soin qu'à l'ordinaire, et pendant tout le temps de votre course au Schreckenstein, je n'ai pas cessé de faire bonne garde; le pont a été levé, et quand vous l'avez passé pour rentrer, je suis restée la dernière pour le faire relever.

— Quoi qu'il en soit, Madame, Zdenko est dans la chambre du comte Albert. Il ne tient qu'à vous de venir vous en convaincre.

— J'y vais sur-le-champ, répondit la chanoinesse, et l'en chasser comme il le mérite. Il faut que ce misérable y soit entré pendant le jour. Mais quels desseins l'amènent ici? Sans doute il cherche Albert, ou il vient l'attendre; preuve, ma pauvre enfant, qu'il ne sait pas plus que nous où il est!

— Eh bien, allons toujours l'interroger, dit Consuelo.

— Un instant, un instant! dit la chanoinesse qui, au moment de se mettre au lit, avait ôté deux de ses jupes, et qui se croyait trop légèrement vêtue, n'en ayant plus que trois; je ne puis pas me présenter ainsi devant un homme, ma chère. Allez chercher le chapelain ou mon frère le baron, le premier que vous rencontrerez... Nous ne pouvons nous exposer seules vis-à-vis de cet homme en démence... Mais j'y songe! une jeune personne comme vous ne peut aller frapper à la porte de ces messieurs... Allons, allons, je me dépêche; dans un petit instant je serai prête. »

Et elle se mit à refaire sa toilette avec d'autant plus de lenteur qu'elle voulait se dépêcher davantage, et que, dérangée dans ses habitudes régulières comme elle ne l'avait pas été depuis longtemps, elle avait tout à fait perdu la tête. Consuelo, impatiente d'un retard pendant lequel Zdenko pouvait sortir de la chambre d'Albert et se cacher dans le château sans qu'il fût possible de l'y découvrir, retrouva toute son énergie.

« Chère Madame, dit-elle en allumant un flambeau, occupez-vous d'appeler ces messieurs; moi, je vais voir si Zdenko ne nous échappe pas. »

Elle monta précipitamment les deux étages, et ouvrit d'une main courageuse la porte d'Albert qui céda sans résistance; mais elle trouva la chambre déserte. Elle pénétra dans un cabinet voisin, souleva tous les rideaux, se hasarda même à regarder sous le lit et derrière tous les meubles. Zdenko n'y était plus, et n'y avait laissé aucune trace de son entrée.

« Plus personne! » dit-elle à la chanoinesse qui venait clopin-clopant, accompagnée de Hanz et du chapelain : le baron était déjà couché et endormi; il avait été impossible de le réveiller.

« Je commence à craindre, dit le chapelain un peu mécontent de la nouvelle alerte qu'on venait de lui donner, que la signora Porporina ne soit la dupe de ses propres illusions...

— Non, monsieur le chapelain, répondit vivement Consuelo, personne ici n'en a moins que moi.

— Et personne n'a plus de force et de dévouement, c'est la vérité, reprit le bonhomme; mais dans votre ardente espérance, vous croyez, signora, voir des indices où il n'y en a malheureusement point.

— Mon père, dit la chanoinesse, la Porporina est brave comme un lion, et sage comme un docteur. Si elle a vu Zdenko, Zdenko est venu ici. Il faut le chercher dans toute la maison; et comme tout est bien fermé. Dieu merci, il ne peut nous échapper. »

On réveille les autres domestiques, et on chercha de tous côtés. Il n'y eut pas une armoire qui ne fût ouverte, un meuble qui ne fût dérangé. On remua jusqu'au fourrage des immenses greniers. Hanz eut la naïveté de chercher jusque dans les larges bottes du baron. Zdenko ne s'y trouva pas plus qu'ailleurs. On commença à croire que Consuelo avait rêvé; mais elle demeura plus persuadée que jamais qu'il fallait trouver l'issue mystérieuse du château, et elle résolut de porter à cette découverte toute la persévérance de sa volonté. A peine eut-elle pris quelques heures de repos qu'elle commença son examen. Le bâtiment qu'elle habitait (le même où se trouvait l'appartement d'Albert) était appuyé et comme adossé à la colline. Albert lui-même avait choisi et fait arranger son logement dans cette situation pittoresque qui lui permettait de jouir d'un beau point de vue vers le sud, et d'avoir du côté du levant un joli petit parterre en terrasse, de plain-pied avec son cabinet de travail. Il avait le goût des fleurs, et en cultivait d'assez rares sur ce carré de terres rapportées au sommet stérile de l'éminence. La terrasse entourée d'un mur à hauteur d'appui, en larges pierres de taille, assis sur des rocs escarpés, et de ce belvédère fleuri on dominait le précipice de l'autre versant et une partie du vaste horizon dentelé du Bœhmerwald. Consuelo, qui n'avait pas encore pénétré dans ce lieu, en admira la belle position et l'arrangement pittoresque; puis elle se fit expliquer par le chapelain à quel usage était destinée cette terrasse avant que le château eût été transformé, de forteresse, en résidence seigneuriale.

« C'était, lui dit-il, un ancien bastion, une sorte de terrasse fortifiée, d'où la garnison pouvait observer les mouvements des troupes dans la vallée et sur les flancs des montagnes environnantes. Il n'est point de brèche offrant un passage qu'on ne puisse découvrir d'ici. Autrefois une haute muraille, avec des jours pratiqués de tous côtés, environnait cette plate-forme, et défendait les occupants contre les flèches ou les balles de l'ennemi.

— Et qu'est-ce que ceci? demanda Consuelo en s'approchant d'une citerne située au centre du parterre, et dans laquelle on descendait par un petit escalier rapide et tournant.

— C'est une citerne qui fournissait toujours et en abondance une eau de roche excellente aux assiégés ; ressource inappréciable dans un château fort!

— Cette eau est donc bonne à boire? dit Consuelo en examinant l'eau verdâtre et mousseuse de la citerne. Elle me paraît bien trouble.

— Elle n'est plus bonne maintenant, ou du moins elle ne l'est pas toujours, et le comte Albert n'en fait usage que pour arroser ses fleurs. Il faut vous dire qu'il se passe depuis deux ans dans cette fontaine un phénomène bien extraordinaire. La source, car c'en est une, dont le jaillissement est plus ou moins voisin dans le cœur de la montagne, est devenue intermittente. Pendant des semaines entières le niveau s'abaisse extraordinairement, et le comte Albert fait monter, par Zdenko, de l'eau du puits de la grande cour pour arroser ses plantes chéries. Et puis, tout à coup, dans l'espace d'une nuit, et quelquefois même d'une heure, cette citerne se remplit d'une eau tiède, trouble comme vous la voyez. Quelquefois elle se vide rapidement; d'autres fois l'eau séjourne assez longtemps et s'épure peu à peu, jusqu'à devenir froide et limpide comme du cristal de roche. Il faut qu'il se soit passé cette nuit un phénomène de ce genre ; car, hier encore, j'ai vu la citerne claire et bien pleine, et je la vois en ce moment trouble comme si elle eût été vidée et remplie de nouveau.

— Ces phénomènes n'ont donc pas un cours régulier?

— Nullement, et je les aurais examinés avec soin, si le comte Albert, qui défend l'entrée de ses appartements et de son parterre avec l'espèce de sauvagerie qu'il porte en toutes choses, ne m'eût interdit cet amusement. J'ai pensé, et je pense encore, que le fond de la citerne est encombré de mousses et de plantes pariétaires qui bouchent par moments l'accès à l'eau souterraine, et qui cèdent ensuite à l'effort du jaillissement.

— Mais comment expliquez-vous la disparition subite de l'eau en d'autres moments?

— A la grande quantité que le comte en consomme pour arroser ses fleurs.

— Il faudrait bien des bras, ce me semble, pour vider cette fontaine. Elle n'est donc pas profonde?

— Pas profonde? Il est impossible d'en trouver le fond!

— En ce cas, votre explication n'est pas satisfaisante, dit Consuelo, frappée de la stupidité du chapelain.

— Cherchez-en une meilleure, reprit-il un peu confus et un peu piqué de son manque de sagacité.

— Certainement, j'en trouverai une meilleure, pensa Consuelo vivement préoccupée des caprices de la fontaine.

— Oh! si vous demandiez au comte Albert ce que cela signifie, reprit le chapelain qui aurait bien voulu faire un peu l'esprit fort pour reprendre sa supériorité aux yeux de la clairvoyante étrangère, il vous dirait que ce sont les larmes de sa mère qui se tarissent et se renouvellent dans le sein de la montagne. Le fameux Zdenko, auquel vous supposez tant de pénétration, vous jurerait qu'il y a là dedans une sirène qui chante fort agréablement à ceux qui ont les oreilles pour l'entendre. A eux deux ils ont baptisé ce puits *la Source des pleurs*. Cela peut être fort poétique, et il ne tient qu'à ceux qui aiment les fables païennes de s'en contenter.

— Je ne m'en contenterai pas, pensa Consuelo, et je saurai comment ces pleurs se tarissent.

— Quant à moi, poursuivit le chapelain, j'ai bien pensé qu'il y avait une perte d'eau dans un autre coin de la citerne...

— Il me semble que sans cela, reprit Consuelo, la citerne, étant le produit d'une source, aurait toujours débordé.

— Sans doute, sans doute, reprit le chapelain, ne voulant pas avoir l'air de s'aviser de cela pour la première fois ; il ne faut pas venir de bien loin pour découvrir une chose aussi simple! Mais il faut bien qu'il y ait un dérangement notoire dans les canaux naturels de l'eau, puisqu'elle ne garde plus le nivellement régulier qu'elle avait naguère.

— Sont-ce des canaux naturels, ou des aqueducs faits de main d'homme? demanda l'opiniâtre Consuelo : voilà ce qu'il importerait de savoir.

— Voilà ce dont personne ne peut s'assurer, répondit le chapelain, puisque le comte Albert ne veut point qu'on touche à sa chère fontaine, et a défendu positivement qu'on essayât de la nettoyer.

— J'en étais sûre! dit Consuelo en s'éloignant; et je pense qu'on fera bien de respecter sa volonté, car Dieu sait quel malheur pourrait lui arriver, si on se mêlait de contrarier sa sirène! »

« Il devient à peu près certain pour moi, se dit le chapelain en quittant Consuelo, que cette jeune personne n'a pas l'esprit moins dérangé que monsieur le comte. La folie serait-elle contagieuse? Ou bien maître Porpora nous l'aurait-il envoyée pour que l'air de la campagne lui rafraîchît le cerveau? A voir l'obstination avec laquelle elle se faisait expliquer le mystère de cette citerne, j'aurais gagé qu'elle était fille de quelque ingénieur des canaux de Venise, et qu'elle voulait se donner des airs entendus dans la partie ; mais je vois bien à ses dernières paroles, ainsi qu'à l'hallucination qu'elle a eue à propos de Zdenko ce matin, et à la promenade qu'elle nous a fait faire cette nuit au Schreckenstein, que c'est une fantaisie du même genre. Ne s'imagine-t-elle pas retrouver le comte Albert au fond de ce puits! Malheureux jeunes gens! que n'y pouvez-vous retrouver la raison et la vérité ! »

Là-dessus, le bon chapelain alla dire son bréviaire en attendant le dîner.

« Il faut, pensait Consuelo de son côté, que l'oisiveté et l'apathie engendrent une singulière faiblesse d'esprit, pour que ce saint homme, qui a lu et appris tant de choses, n'ait pas le moindre soupçon de ce qui me préoccupe à propos de cette fontaine. O mon Dieu, je vous en demande pardon, mais voilà un de vos ministres qui fait bien peu d'usage de son raisonnement! Et ils disent que Zdenko est imbécile ! »

Là-dessus, Consuelo alla donner à la jeune baronne une leçon de solfége, en attendant qu'elle pût recommencer ses perquisitions.

XXXIX.

« Avez-vous jamais assisté au décroissement de l'eau, et l'avez-vous quelquefois observée quand elle remonte? demanda-t-elle tout bas dans la soirée au chapelain, qui était fort ému d'un dîner à digérer.

— Quoi! qu'y a-t-il? s'écria-t-il en bondissant sur sa chaise, et en roulant de gros yeux ronds.

— Je vous parle de la citerne, reprit-elle sans se déconcerter; avez-vous observé par vous-même la production du phénomène?

— Ah! bien, oui, la citerne ; j'y suis, répondit-il avec un sourire de pitié. Voilà, pensa-t-il, sa folie qui la reprend.

— Mais, répondez-moi donc, mon bon chapelain, dit Consuelo, qui poursuivait sa méditation avec l'espèce d'acharnement qu'elle portait dans toutes ses occupations mentales, et qui n'avait aucune intention malicieuse envers le digne homme.

— Je vous avouerai, Mademoiselle, répondit-il d'un ton très-froid, que je ne me suis jamais trouvé à même d'observer ce que vous me demandez; et je vous déclare que je ne me suis jamais tourmenté au point d'en perdre le sommeil.

— Oh! j'en suis bien certaine, reprit Consuelo impatientée. »

Le chapelain haussa les épaules, et se leva péniblement de son siége, pour échapper à cette ardeur d'investigation.

« Eh bien, puisque personne ici ne veut perdre une heure de sommeil pour une découverte aussi importante, j'y consacrerai ma nuit entière s'il le faut, pensa Consuelo. »

Et, en attendant l'heure de la retraite, elle alla, enveloppée de son manteau, faire un tour de jardin.

La nuit était froide et brillante; les brouillards s'étaient dissipés à mesure que la lune, alors pleine, avait monté dans l'empyrée. Les étoiles pâlissaient à son approche; l'air était sec et sonore. Consuelo, irritée et non brisée par la fatigue, l'insomnie, et la perplexité généreuse, mais peut-être un peu maladive, de son esprit, sentait quelque mouvement de fièvre, que la fraîcheur du soir ne pouvait calmer. Il lui semblait toucher au terme de son entreprise. Un pressentiment romanesque, qu'elle prenait pour un ordre et un encouragement de la Providence, la tenait active et agitée. Elle s'assit sur un tertre de gazon planté de mélèzes, et se mit à écouter le bruit faible et plaintif du torrent au fond de la vallée. Mais il lui sembla qu'une voix plus douce et plus plaintive encore se mêlait au murmure de l'eau et montait peu à peu jusqu'à elle. Elle s'étendit sur le gazon pour mieux saisir, étant plus près de la terre, ces sons legers que la brise emportait à chaque instant. Enfin elle distingua la voix de Zdenko. Il chantait en allemand; et elle recueillit les paroles suivantes, arrangées tant bien que mal sur un air bohémien, empreint du même caractère naïf et mélancolique que celui qu'elle avait déjà entendu:

« Il y a là-bas, là-bas, une âme en peine et en travail, qui attend sa délivrance.

« Sa délivrance, sa consolation tant promise.

« La délivrance semble enchaînée, la consolation semble impitoyable.

« Il y a là-bas, là-bas, une âme en peine et en travail qui se lasse d'attendre. »

Quand la voix cessa de chanter, Consuelo se leva, chercha des yeux Zdenko dans la campagne, parcourut tout le parc et tout le jardin pour le trouver, l'appela de divers endroits, et rentra sans l'avoir aperçu.

Mais une heure après qu'on eut dit tout haut en commun une longue prière pour le comte Albert, auquel on invita tous les serviteurs de la maison à se joindre, tout le monde étant couché, Consuelo alla s'installer auprès de la fontaine des Pleurs, et, s'asseyant sur la margelle, parmi les capillaires touffues qui y croissaient naturellement, et les iris qu'Albert y avait plantées, elle fixa ses regards sur cette eau immobile, où la lune, alors parvenue à son zénith, plongeait son image comme dans un miroir.

Au bout d'une heure d'attente, et comme la courageuse enfant, vaincue par la fatigue, sentait ses paupières s'appesantir, elle fut réveillée par un léger bruit à la surface de l'eau. Elle ouvrit les yeux, et vit le spectre de la lune s'agiter, se briser, et s'étendre en cercles lumineux sur le miroir de la fontaine. En même temps un bouillonnement et un bruit sourd, d'abord presque insensible et bientôt impétueux, se manifestèrent; elle vit l'eau baisser en tourbillonnant comme dans un entonnoir, et, en moins d'un quart d'heure, disparaître dans la profondeur de l'abîme.

Elle se hasarda à descendre plusieurs marches. L'escalier, qui semblait avoir été pratiqué pour qu'on pût approcher à volonté du niveau variable de l'eau, était formé de blocs de granit enfoncés ou taillés en spirale dans le roc. Ces marches limoneuses et glissantes n'offraient aucun point d'appui, et se perdaient dans une effrayante profondeur. L'obscurité, un reste d'eau qui clapotait encore au fond du précipice incommensurable, l'impossibilité d'assurer ses pieds délicats sur cette vase filandreuse,

arrêtèrent la tentative insensée de Consuelo; elle remonta à reculons avec beaucoup de peine, et se rassit tremblante et consternée sur la première marche.

Cependant l'eau semblait toujours fuir dans les entrailles de la terre. Le bruit devint de plus en plus sourd, jusqu'à ce qu'il cessa entièrement; et Consuelo songea à aller chercher de la lumière pour examiner autant que possible d'en haut l'intérieur de la citerne. Mais elle craignit de manquer l'arrivée de celui qu'elle attendait, et se tint patiemment immobile pendant près d'une heure encore. Enfin, elle crut apercevoir une faible lueur au fond du puits; et, se penchant avec anxiété, elle vit cette tremblante clarté monter peu à peu. Bientôt elle n'en douta plus; Zdenko montait la spirale en s'aidant d'une chaîne de fer scellée aux parois du rocher. Le bruit que sa main produisait en soulevant cette chaîne et en la laissant retomber de distance en distance, avertissait Consuelo de l'existence de cette sorte de rampe, qui cessait à une certaine hauteur, et qu'elle n'avait pu ni voir ni soupçonner. Zdenko portait une lanterne, qu'il suspendit à un croc destiné à cet usage, et planté dans le roc à environ vingt pieds au-dessous du sol; puis il monta légèrement et rapidement le reste de l'escalier, privé de chaîne et de point d'appui apparent. Cependant Consuelo, qui observait tout avec la plus grande attention, le vit s'aider de quelques pointes de rocher, de certaines plantes pariétaires plus vigoureuses que les autres, et peut-être de quelques clous recourbés qui sortaient du mur, et dont sa main avait l'habitude. Dès qu'il fut à portée de voir Consuelo, celle-ci se cacha et se déroba à ses regards en rampant derrière la balustrade de pierre à demi circulaire qui couronnait le haut du puits, et qui s'interrompait seulement à l'entrée de l'escalier. Zdenko sortit, et se mit à cueillir lentement dans le parterre, avec beaucoup de soin et comme en choisissant certaines fleurs, un gros bouquet; puis il entra dans le cabinet d'Albert, et, à travers le vitrage de la porte, Consuelo le vit remuer longtemps les livres, et en chercher un, qu'il parut enfin avoir trouvé; car il revint vers la citerne en riant et en se parlant à lui-même d'un ton de contentement, mais d'une voix faible et presque insaisissable, tant il semblait partagé entre le besoin de causer tout seul, selon son habitude, et la crainte d'éveiller les hôtes du château.

Consuelo ne s'était pas encore demandé si elle l'aborderait, si elle le prierait de la conduire auprès d'Albert; et il faut avouer qu'en cet instant, confondue de ce qu'elle voyait, éperdue au milieu de son entreprise, joyeuse d'avoir deviné la vérité tant pressentie, mais émue de l'idée de descendre dans ces entrailles de la terre et des abîmes de l'eau, elle ne se sentit pas le courage d'aller d'emblée au résultat, et laissa Zdenko redescendre comme il était monté, reprendre sa lanterne, et disparaître en chantant d'une voix qui prenait de l'assurance à mesure qu'il s'enfonçait dans les profondeurs de sa retraite:

« La délivrance est enchaînée, la consolation est impitoyable. »

Le cœur palpitant, le cou tendu, Consuelo eut dix fois son nom sur les lèvres pour le rappeler. Elle allait s'y décider par un effort héroïque, lorsqu'elle pensa tout à coup que la surprise pouvait faire chanceler cet infortuné sur cet escalier difficile et périlleux, et lui donner le vertige de la mort. Elle s'en abstint, se promettant d'être plus courageuse le lendemain, en temps opportun.

Elle attendit encore pour voir remonter l'eau, et cette fois le phénomène s'opéra plus rapidement. Il y avait à peine un quart d'heure qu'elle n'entendait plus Zdenko et qu'elle ne voyait plus de lueur de lanterne, lorsqu'un bruit sourd, semblable au grondement lointain du tonnerre, se fit entendre; et l'eau, s'élançant avec violence, monta en tournoyant et en battant les murs de sa prison avec un bouillonnement impétueux. Cette irruption soudaine de l'eau eut quelque chose de si effrayant, que Consuelo trembla pour le pauvre Zdenko, et se demanda si, à jouer avec de tels périls, et à gouverner ainsi les forces de la nature, il ne risquait pas d'être emporté par la violence du courant, et de reparaître à la surface de la fontaine, noyé et brisé comme ces plantes limoneuses qu'elle y voyait surnager.

Cependant le moyen devait être bien simple; il ne s'agissait que de baisser et de relever une écluse, peut-être de poser une pierre en arrivant, et de la déranger en s'en retournant. Mais cet homme, toujours préoccupé et perdu dans ses rêveries bizarres, ne pouvait-il pas se tromper et déranger la pierre un instant trop tôt? Venait-il par le même souterrain qui servait de passage à l'eau de la source? Il faudra pourtant que j'y passe avec ou sans lui, se dit Consuelo, et cela pas plus tard que la nuit prochaine; *car il y a là-bas une âme en travail et en peine qui m'attend et qui se lasse d'attendre.* Ceci n'a point été chanté au hasard; et ce n'est pas sans but que Zdenko, qui déteste l'allemand et qui le prononce avec difficulté, s'est expliqué aujourd'hui dans cette langue.

Elle alla enfin se coucher; mais elle eut tout le reste de la nuit d'affreux cauchemars. La fièvre faisait des progrès. Elle ne s'en apercevait pas, tant elle se sentait encore pleine de force et de résolution; mais à chaque instant elle se réveillait en sursaut, s'imaginant être encore sur les marches du terrible escalier, et ne pouvant le remonter, tandis que l'eau s'élevait au-dessous d'elle avec le rugissement et la rapidité de la foudre.

Elle était si changée le lendemain, que tout le monde remarqua l'altération de ses traits. Le chapelain n'avait pu s'empêcher de confier à la chanoinesse que *cette agréable et obligeante personne* lui paraissait avoir le cerveau dérangé; et la bonne Wenceslawa, qui n'était pas habituée à voir tant de courage et de dévouement autour d'elle, commençait à croire que la Porporina était tout au moins une jeune fille fort exaltée et d'un tempérament nerveux très-excitable. Elle comptait trop sur ses bonnes portes doublées de fer, et sur ses fidèles clefs, toujours grinçantes à sa ceinture, pour avoir cru longtemps à l'entrée et à l'évasion de Zdenko l'avant-dernière nuit. Elle adressa donc à Consuelo des paroles affectueuses et compatissantes, la conjurant de ne pas s'identifier au malheur de la famille, jusqu'à en perdre la santé, et s'efforçant de lui donner, sur le retour prochain de son neveu, des espérances qu'elle commençait elle-même à perdre dans le secret de son cœur.

Mais elle fut émue à la fois de crainte et d'espoir, lorsque Consuelo lui répondit, avec un regard brillant de satisfaction et un sourire de douce fierté:

« Vous avez bien raison de croire et d'attendre avec confiance, chère madame. Le comte Albert est vivant et peu malade, je l'espère; car il s'intéresse encore à ses livres et à ses fleurs du fond de sa retraite. J'en ai la certitude; et j'en pourrais donner la preuve.

— Que voulez-vous dire, chère enfant? s'écria la chanoinesse, dominée par son air de conviction: qu'avez-vous appris? qu'avez-vous découvert? Parlez, au nom du ciel! rendez la vie à une famille désolée!

— Dites au comte Christian que son fils existe, et qu'il n'est pas loin d'ici. Cela est aussi vrai que je vous aime et vous respecte. »

La chanoinesse se leva pour courir vers son frère, qui n'était pas encore descendu au salon; mais un regard et un soupir du chapelain l'arrêtèrent.

« Ne donnons pas à la légère une telle joie à mon pauvre Christian, dit-elle en soupirant à son tour. Si le fait venait bientôt démentir vos douces promesses, ah! ma chère enfant! nous aurions porté le coup de la mort à ce malheureux père.

— Vous doutez donc de ma parole? répliqua Consuelo étonnée.

— Dieu m'en garde, noble Nina! mais vous pouvez vous faire illusion! Hélas! cela nous est arrivé si souvent à nous-mêmes! Vous dites que vous avez des preuves, ma chère fille; ne pourriez-vous nous les mentionner?

— Je ne le peux pas... du moins il me semble que je ne le dois pas, dit Consuelo un peu embarrassée. J'ai découvert un secret auquel le comte Albert attache certainement beaucoup d'importance, et je ne crois pas pouvoir le trahir sans son aveu.

— Sans son aveu! s'écria la chanoinesse en regardant le chapelain avec irrésolution. L'aurait-elle vu? »

Le chapelain haussa imperceptiblement les épaules, sans comprendre la douleur que son incrédulité causait à la pauvre chanoinesse.

« Je ne l'ai pas vu, reprit Consuelo; mais je le verrai bientôt, et vous aussi, j'espère. Voilà pourquoi je craindrais de retarder son retour en contrariant ses volontés par mon indiscrétion.

— Puisse la vérité divine habiter dans ton cœur, généreuse créature, et parler par ta bouche! dit Wenceslawa en la regardant avec des yeux inquiets et attendris. Garde ton secret, si tu en as un; et rends-nous Albert, si tu en as la puissance. Tout ce que je sais, c'est que, si cela se réalise, j'embrasserai tes genoux comme j'embrasse en ce moment ton pauvre front... humide et brûlant! ajouta-t-elle, après avoir touché de ses lèvres le beau front embrasé de la jeune fille, et en se retournant vers le chapelain d'un air ému.

— Si elle est folle, dit-elle à ce dernier lorsqu'elle put lui parler sans témoins, c'est toujours un ange de bonté, et il semble qu'elle soit occupée de nos souffrances plus que nous-mêmes. Ah! mon père! il y a une malédiction sur cette maison! Tout ce qui porte un cœur sublime y est frappé de vertige, et notre vie se passe à plaindre ce que nous sommes forcés d'admirer!

— Je ne nie pas les bons mouvements de cette jeune étrangère, répondit le chapelain. Mais il y a du délire dans son fait, n'en doutez pas, Madame. Elle aura rêvé du comte Albert cette nuit, et elle nous donne imprudemment ses visions pour des certitudes. Gardez-vous d'agiter l'âme pieuse et soumise de votre vénérable frère par des assertions si frivoles. Peut-être aussi ne faudrait-il pas trop encourager les témérités de cette signora Porporina..... Elles peuvent la précipiter dans des dangers d'une autre nature que ceux qu'elle a voulu braver jusqu'ici....

— Je ne vous comprends pas, dit avec une grave naïveté la chanoinesse Wenceslawa.

— Je suis fort embarrassé de m'expliquer, reprit le digne homme.... Pourtant il me semble.... que si un commerce secret, bien honnête et bien désintéressé sans doute, venait à s'établir entre cette jeune artiste et le noble comte.....

— Eh bien? dit la chanoinesse en ouvrant de grands yeux.

— Eh bien, Madame, ne pensez-vous pas que des sentiments d'intérêt et de sollicitude, fort innocents dans leur principe, pourraient, en peu de temps, à l'aide de circonstances et d'idées romanesques, devenir dangereux pour le repos et la dignité de la jeune musicienne?

— Je ne me serais jamais avisée de cela! s'écria la chanoinesse, frappée de cette réflexion. Croiriez-vous donc, mon père, que la Porporina pourrait oublier sa position humble et précaire dans des relations quelconques avec un homme si élevé au-dessus d'elle que l'est mon neveu Albert de Rudolstadt?

— Le comte Albert de Rudolstadt pourrait l'y aider lui-même, sans le vouloir, par l'affectation qu'il met à traiter de préjugés les respectables avantages du rang et de la naissance.

— Vous éveillez en moi de graves inquiétudes, dit Wenceslawa, rendue à son orgueil de famille et à la vanité de la naissance, son unique travers. Le mal aurait-il déjà germé dans le cœur de cette enfant? Y aurait-il dans son agitation et dans son empressement à retrouver Albert un motif moins pur que sa générosité naturelle et son attachement pour nous?

— Je me flatte encore que non, répondit le chapelain, dont l'unique passion était de jouer, par ses avis et par ses conseils, un rôle important dans la famille, tout en conservant les dehors d'un respect craintif et d'une soumission obséquieuse. Il faudra pourtant, ma chère fille, que vous ayez les yeux ouverts sur la suite des événements, et que votre vigilance ne s'endorme pas sur de pareils dangers. Ce rôle délicat ne convient qu'à vous, et demande toute la prudence et la pénétration dont le ciel vous a douée. »

Après cet entretien, la chanoinesse demeura toute bouleversée, et son inquiétude changea d'objet. Elle oublia presque qu'Albert était comme perdu pour elle, peut-être mourant, peut-être mort, pour ne songer qu'à prévenir enfin les effets d'une affection qu'en elle-même elle appelait *disproportionnée* : semblable à l'Indien de la fable, qui, monté sur un arbre, poursuivi par l'épouvante sous la figure d'un tigre, s'amuse à combattre le souci sous la figure d'une mouche bourdonnant autour de sa tête.

Toute la journée elle eut les yeux attachés sur Porporina, épiant tous ses pas, et analysant toutes ses paroles avec anxiété. Notre héroïne, car c'en était une dans toute la force du terme en ce moment-là que la brave Consuelo, s'en aperçut bien, mais demeura fort éloignée d'attribuer cette inquiétude à un autre sentiment que le doute de la voir tenir ses promesses en ramenant Albert. Elle ne songeait point à cacher sa propre agitation, tant elle sentait, dans sa conscience tranquille et forte, qu'il y avait de quoi être fière de son projet plutôt que d'en rougir. Cette modeste confusion que lui avait causée, quelques jours auparavant, l'enthousiasme du jeune comte pour elle, s'était dissipée en face d'une volonté sérieuse et pure de toute vanité personnelle. Les amers sarcasmes d'Amélie, qui pressentait son entreprise sans en connaître les détails, ne l'émouvaient nullement. Elle les entendait à peine, y répondait par des sourires, et laissait à la chanoinesse, dont les oreilles s'ouvraient d'heure en heure, le soin de les enregistrer, de les commenter, et d'y trouver une lumière terrible.

XL.

Cependant, en se voyant surveillée par Wenceslawa comme elle ne l'avait jamais été, Consuelo craignit d'être contrariée par un zèle maladroit, et se composa un maintien plus froid, grâce auquel il lui fut possible, dans la journée, d'échapper à son attention, et de prendre, d'un pied léger, la route du Schreckenstein. Elle n'avait pas d'autre idée dans ce moment que de rencontrer Zdenko, de l'amener à une explication, et de savoir définitivement s'il voulait la conduire auprès d'Albert. Elle le trouva assez près du château, sur le sentier qui menait au Schreckenstein. Il semblait venir à sa rencontre, et lui adressa la parole en bohémien avec beaucoup de volubilité.

« Hélas ! je ne te comprends pas, lui dit Consuelo lorsqu'elle put placer un mot ; je sais à peine l'allemand, cette dure langue que tu hais comme l'esclavage et qui est triste pour moi comme l'exil. Mais, puisque nous ne pouvons nous entendre autrement, consens à la parler avec moi ; nous la parlons aussi mal l'un que l'autre : je te promets d'apprendre le bohémien, si tu veux me l'enseigner. »

A ces paroles qui lui étaient sympathiques, Zdenko devint sérieux, et tendant à Consuelo une main sèche et calleuse qu'elle n'hésita point à serrer dans la sienne :

« Bonne fille de Dieu, lui dit-il en allemand, je t'apprendrai ma langue et toutes mes chansons. Laquelle veux-tu que je te dise pour commencer ? »

Consuelo pensa devoir se prêter à sa fantaisie en se servant des mêmes figures pour l'interroger.

« Je veux que tu me chantes, lui dit-elle, la ballade du comte Albert.

— Il y a, répondit-il, plus de deux cent mille ballades sur mon frère Albert. Je ne puis pas te les apprendre ; tu ne les comprendrais pas. J'en fais tous les jours de nouvelles, qui ne ressemblent jamais aux anciennes. Demande-moi toute autre chose.

— Pourquoi ne te comprendrais-je pas ? Je suis la consolation. Je me nomme Consuelo pour toi, entends-tu ? et pour le comte Albert qui seul ici me connaît.

— Toi, Consuelo ? dit Zdenko avec un rire moqueur. Oh ! tu ne sais ce que tu dis. *La délivrance est enchaînée...*

— Je sais cela. *La consolation est impitoyable.* Mais toi, tu ne sais rien, Zdenko. La délivrance a rompu ses chaînes, la consolation a brisé ses fers.

— Mensonge, mensonge ! folies, paroles allemandes ! reprit Zdenko en réprimant ses rires et ses gambades. Tu ne sais pas chanter.

— Si fait, je sais chanter, repartit Consuelo. Tiens, écoute. »

Et elle lui chanta la première phrase de sa chanson sur les trois montagnes, qu'elle avait bien retenue, avec les paroles qu'Amélie l'avait aidé à retrouver et à prononcer.

Zdenko l'écouta avec ravissement, et lui dit en soupirant :

« Je t'aime beaucoup, ma sœur, beaucoup, beaucoup ! Veux-tu que je t'apprenne une autre chanson ?

— Oui, celle du comte Albert, en allemand d'abord ; tu me l'apprendras après en bohémien.

— Comment commence-t-elle ? » dit Zdenko en la regardant avec malice.

Consuelo commença l'air de la chanson de la veille :

« *Il y a là-bas, là-bas, une âme en travail et en peine...* »

« Oh ! celle-là est d'hier ; je ne la sais plus aujourd'hui, dit Zdenko en l'interrompant.

— Eh bien ! dis-moi celle d'aujourd'hui.

— Les premiers mots ? Il faut me dire les premiers mots.

— Les premiers mots ! les voici, tiens : Le comte Albert est là-bas, là-bas dans la grotte de Schreckenstein... »

A peine eut-elle prononcé ces paroles que Zdenko changea tout à coup de visage et d'attitude ; ses yeux brillèrent d'indignation. Il fit trois pas en arrière, éleva ses mains au-dessus de sa tête, comme pour maudire Consuelo, et se mit à lui parler bohémien dans toute l'énergie de la colère et de la menace.

Effrayée d'abord, mais voyant qu'il s'éloignait, Consuelo voulut le rappeler et le suivre. Il se retourna avec fureur, et ramassant une énorme pierre qu'il parut soulever sans effort avec ses bras maigres et débiles :

« Zdenko n'a jamais fait de mal à personne, s'écriait-il en allemand ; Zdenko ne voudrait pas briser l'aile d'une pauvre mouche, et si un petit enfant voulait le tuer, il se laisserait tuer par un petit enfant. Mais si tu me regardes encore, si tu me dis un mot de plus, fille du mal, menteuse, Autrichienne, Zdenko t'écrasera comme un ver de terre, dût-il se jeter ensuite dans le torrent pour laver son corps et son âme du sang humain répandu. »

Consuelo, épouvantée, prit la fuite, et rencontra au bas du sentier un paysan qui, s'étonnant de la voir courir ainsi pâle et comme poursuivie, lui demanda si elle avait rencontré un loup.

Consuelo, voulant savoir si Zdenko était sujet à des accès de démence furieuse, lui dit qu'elle avait rencontré l'*innocent*, et qu'il l'avait effrayée.

« Vous ne devez pas avoir peur de l'innocent, répondit le paysan en souriant de ce qu'il prenait pour une pusillanimité de petite maîtresse. Zdenko n'est pas méchant : toujours il rit, ou il chante, ou il raconte des histoires que l'on ne comprend pas et qui sont bien belles.

— Mais il se fâche quelquefois, et alors il menace et il jette des pierres.

— Jamais, jamais, répondit le paysan ; cela n'est jamais arrivé et n'arrivera jamais. Il ne faut point avoir peur de Zdenko, Zdenko est innocent comme un ange. »

Quand elle fut remise de son trouble, Consuelo reconnut que ce paysan devait avoir raison, et qu'elle venait de provoquer, par une parole imprudente, le premier, le seul accès de fureur qu'eût jamais éprouvé l'innocent Zdenko. Elle se le reprocha amèrement. « J'ai été trop pressée, se dit-elle ; j'ai éveillé, dans l'âme paisible de cet homme privé de ce qu'on appelle fièrement la raison, une souffrance qu'il ne connaissait pas encore, et qui peut maintenant s'emparer de lui à la moindre occasion. Il n'était que maniaque, je l'ai peut-être rendu fou. »

Mais elle devint plus triste encore en pensant aux motifs de la colère de Zdenko. Il était bien certain désormais qu'elle avait deviné juste en plaçant la retraite

Puis il monta légèrement et rapidement le reste de l'escalier.... (Page 93.)

d'Albert au Schreckenstein. Mais avec quel soin jaloux et ombrageux Albert et Zdenko voulaient cacher ce secret, même à elle! Elle n'était donc pas exceptée de cette proscription, elle n'avait donc aucune influence sur le comte Albert; et cette inspiration qu'il avait eue de la nommer sa consolation, ce soin de la faire appeler la veille par une chanson symbolique de Zdenko, cette confidence qu'il avait faite à son fou du nom de Consuelo, tout cela n'était donc chez lui que la fantaisie du moment, sans qu'une aspiration véritable et constante lui désignât une personne plus qu'une autre pour sa libératrice et sa consolation? Ce nom même de consolation, prononcé et comme deviné par lui, était une affaire de pur hasard. Elle n'avait caché à personne qu'elle fût Espagnole, et que sa langue maternelle lui fût demeurée plus familière encore que l'italien. Albert, enthousiasmé par son chant, et ne connaissant pas d'expression plus énergique que celle qui exprimait l'idée dont son âme était avide et son imagination remplie, la lui avait adressée dans une langue qu'il connaissait parfaitement et que personne autour de lui ne pouvait entendre, excepté elle.

Consuelo ne s'était jamais fait d'illusion extraordinaire à cet égard. Cependant une rencontre si délicate et si ingénieuse du hasard lui avait semblé avoir quelque chose de providentiel, et sa propre imagination s'en était emparée sans trop d'examen.

Maintenant tout était remis en question. Albert avait-il oublié, dans une nouvelle phase de son exaltation, l'exaltation qu'il avait éprouvée pour elle? Était-elle désormais inutile à son soulagement, impuissante pour son salut? ou bien Zdenko, qui lui avait paru si intelligent et si empressé jusque-là à seconder les desseins d'Albert, était-il lui-même plus tristement et plus sérieusement fou que Consuelo n'avait voulu le supposer? Exécutait-il les ordres de son ami, ou bien les oubliait-il complétement, en interdisant avec fureur à la jeune fille l'approche du Schreckenstein et le soupçon de la vérité?

« Eh bien, lui dit Amélie tout bas lorsqu'elle fut de retour avez-vous vu passer Albert dans les nuages du couchant? Est-ce la nuit prochaine que, par une conjuration puissante, vous le ferez descendre par la cheminée?

— Peut-être! lui répondit Consuelo avec un peu d'hu-

Le baron Frédérick.

meur. C'était la première fois de sa vie qu'elle sentait son orgueil blessé. Elle avait mis à son entreprise un dévouement si pur, un entraînement si magnanime, qu'elle souffrait à l'idée d'être raillée et méprisée pour n'avoir pas réussi.

Elle fut triste toute la soirée; et la chanoinesse, qui remarqua ce changement, ne manqua pas de l'attribuer à la crainte d'avoir laissé deviner le sentiment funeste éclos dans son cœur.

La chanoinesse se trompait étrangement. Si Consuelo avait ressenti la moindre atteinte d'un amour nouveau, elle n'eût connu ni cette foi vive, ni cette confiance sainte qui jusque-là l'avaient guidée et soutenue. Jamais peut-être elle n'avait, au contraire, éprouvé le retour amer de son ancienne passion plus fortement que dans ces circonstances où elle cherchait à s'en distraire par des actes d'héroïsme et une sorte de fanatisme d'humanité.

En rentrant le soir dans sa chambre, elle trouva sur son épinette un vieux livre doré et armorié qu'elle crut aussitôt reconnaître pour celui qu'elle avait vu prendre dans le cabinet d'Albert et emporter par Zdenko la nuit précédente. Elle l'ouvrit à l'endroit où le signet était

posé : c'était le psaume de la pénitence qui commence ainsi : *De profundis clamavi ad te*. Et ces mots latins étaient soulignés avec une encre qui semblait fraîche, car elle avait un peu collé au verso de la page suivante. Elle feuilleta tout le volume, qui était une fameuse bible ancienne, dite de Kralic, éditée en 1579, et n'y trouva aucune autre indication, aucune note marginale, aucun billet. Mais ce simple cri parti de l'abîme, et pour ainsi dire des profondeurs de la terre, n'était-il pas assez significatif, assez éloquent? Quelle contradiction régnait donc entre le vœu formel et constant d'Albert et la conduite récente de Zdenko?

Consuelo s'arrêta à sa dernière supposition. Albert, malade et accablé au fond du souterrain, qu'elle présumait placé sous le Schreckenstein, y était peut-être retenu par la tendresse insensée de Zdenko. Il était peut-être la proie de ce fou, qui le chérissait à sa manière, en le tenant prisonnier, en cédant parfois à son désir de revoir la lumière, en exécutant ses messages auprès de Consuelo, et en s'opposant tout à coup au succès de ses démarches par une terreur ou un caprice inexplicable. Eh bien, se dit-elle, j'irai, dussé-je affronter les dangers réels; j'irai, dussé-je faire une imprudence ridicule aux yeux des sots et des égoïstes ; j'irai, dussé-je y être humiliée par l'indifférence de celui qui m'appelle. Humiliée! et comment pourrais-je l'être, s'il est réellement aussi fou lui-même que le pauvre Zdenko? Je n'aurai sujet que de les plaindre l'un et l'autre, et j'aurai fait mon devoir. J'aurai obéi à la voix de Dieu qui m'inspire, et à sa main qui me pousse avec une force irrésistible.

L'état fébrile où elle s'était trouvée tous les jours précédents, et qui, depuis sa dernière rencontre malencontreuse avec Zlenko, avait fait place à une langueur pénible, se manifesta de nouveau dans son âme et dans son corps. Elle retrouva toutes ses forces; et, cachant à Amélie et le livre, et son enthousiasme, et son dessein, elle échangea des paroles enjouées avec elle, la laissa s'endormir, et partit pour la source des Pleurs, munie d'une petite lanterne sourde qu'elle s'était procurée le matin même.

Elle attendit assez longtemps, et fut forcée par le froid de rentrer plusieurs fois dans le cabinet d'Albert, pour ranimer par un air plus tiède ses membres engourdis. Elle osa jeter un regard sur cet énorme amas de livres, non pas rangés sur des rayons comme dans une bibliothèque, mais jetés pêle-mêle sur le carreau, au milieu de la chambre, avec une sorte de mépris et de dégoût. Elle se hasarda à en ouvrir quelques-uns. Ils étaient presque tous écrits en latin, et Consuelo put tout au plus présumer que c'étaient des ouvrages de controverse religieuse, émanés de l'église romaine non approuvés par elle. Elle essayait d'en comprendre les titres, lorsqu'elle entendit enfin bouillonner l'eau de la fontaine. Elle y courut, ferma sa lanterne, se cacha derrière le garde-fou, et attendit l'arrivée de Zdenko. Cette fois, il ne s'arrêta ni dans le parterre, ni dans le cabinet. Il traversa les deux pièces, et sortit de l'appartement d'Albert pour aller, ainsi que le sut plus tard Consuelo, regarder et écouter, à la porte de l'oratoire et à celle de la chambre à coucher du comte Christian, si le vieillard priait dans la douleur ou reposait tranquillement. C'était une sollicitude qu'il prenait souvent sur son compte, et sans qu'Albert eût songé à la lui imposer, comme on le verra par la suite.

Consuelo ne délibéra point sur le parti qu'elle avait à prendre; son plan était arrêté. Elle ne se fiait plus à la raison ni à la bienveillance de Zdenko; elle voulait parvenir jusqu'à celui qu'elle supposait prisonnier, seul et sans garde. Il n'y avait sans doute qu'un chemin pour aller sous terre de la citerne du château à celle du Schreckenstein. Si ce chemin était difficile ou périlleux, du moins il était praticable, puisque Zdenko y passait toutes les nuits. Il l'était surtout avec de la lumière ; et Consuelo s'était pourvue de bougies, d'un morceau de fer, d'amadou, et d'une pierre pour avoir de la lumière en cas d'accident. Ce qui lui donnait la certitude d'arriver par cette route souterraine au Schreckenstein, c'était une ancienne chronique qu'elle avait entendu raconter à la chanoinesse, d'un siége soutenu jadis par l'ordre Teutonique. Ces chevaliers, disait Wenceslawa, avaient dans leur réfectoire même une citerne qui leur apportait toujours de l'eau d'une montagne voisine; et lorsque leurs espions voulaient effectuer une sortie pour observer l'ennemi, ils desséchaient la citerne, passaient par ses conduits souterrains, et allaient sortir dans un village qui était dans leur dépendance. Consuelo se rappelait que, selon la chronique du pays, le village qui couvrait la colline appelée Schreckenstein depuis l'incendie dépendait de la forteresse des Géants, et avait avec lui de secrètes intelligences en temps de siége. Elle était donc dans la logique et dans la vérité en cherchant cette communication et cette issue.

Elle profita de l'absence de Zdenko pour descendre dans le puits. Auparavant elle se mit à genoux, recommanda son âme à Dieu, fit naïvement un grand signe de croix, comme elle l'avait fait dans la coulisse du théâtre de San-Samuel avant de paraître pour la première fois sur la scène; puis elle descendit bravement l'escalier tournant et rapide, cherchant à la muraille les points d'appui qu'elle avait vu prendre à Zlendo, et ne regardant point au-dessous d'elle de peur d'avoir le vertige. Elle atteignit la chaîne de fer sans accident; et lorsqu'elle l'eut saisie, elle se sentit plus tranquille, et eut le sang-froid de regarder au fond du puits. Il y avait encore de l'eau, et cette découverte lui causa un instant d'émoi. Mais la réflexion lui vint aussitôt. Le puits pouvait être très-profond; mais l'ouverture du souterrain qui amenait Zdenko ne devait être située qu'à une certaine distance au-dessous du sol. Elle avait déjà descendu cinquante marches avec cette adresse et cette agilité que n'ont pas les jeunes filles élevées dans les salons, mais que les enfants du peuple acquièrent dans leurs jeux, et dont ils conservent toute leur vie la hardiesse confiante. Le seul danger véritable était de glisser sur les marches humides. Consuelo avait trouvé dans un coin, en furetant, un vieux chapeau à larges bords que le baron Frédérick avait longtemps porté à la chasse. Elle l'avait coupé, et s'en était fait des semelles qu'elle avait attachées à ses souliers avec des cordons en manière de cothurnes. Elle avait remarqué une chaussure analogue aux pieds de Zdenko dans sa dernière expédition nocturne. Avec ces semelles de feutre, Zdenko marchait sans faire aucun bruit dans les corridors du château, et c'est pour cela qu'il lui avait semblé glisser comme une ombre plutôt que marcher comme un homme. C'était aussi jadis la coutume des Hussites de chausser ainsi leurs espions, et même leurs chevaux, lorsqu'ils effectuaient une surprise chez l'ennemi.

A la cinquante-deuxième marche, Consuelo trouva une dalle plus large et une arcade basse en ogive. Elle n'hésita point à y entrer, et à s'avancer à demi courbée dans une galerie souterraine étroite et basse, toute dégouttante de l'eau qui venait d'y couler, travaillée et voûtée de main d'homme avec une grande solidité.

Elle y marchait sans obstacle et sans terreur depuis environ cinq minutes, lorsqu'il lui sembla entendre un léger bruit derrière elle. C'était peut-être Zdenko qui redescendait et qui reprenait le chemin du Schreckenstein. Mais elle avait de l'avance sur lui, et doubla le pas pour n'être pas atteinte par ce dangereux compagnon de voyage. Il ne pouvait pas se douter qu'elle l'eût devancé. Il n'avait pas de raison pour courir après elle; et pendant qu'il s'amuserait à chanter et à marmotter tout seul ses complaintes et ses interminables histoires, elle aurait le temps d'arriver et de se mettre sous la protection d'Albert.

Mais le bruit qu'elle avait entendu augmenta, et devint semblable à celui de l'eau qui gronde, lutte et s'élance. Qu'était-il donc arrivé? Zdenko s'était-il aperçu de son dessein? Avait-il lâché l'écluse pour l'arrêter et l'engloutir? Mais il n'avait pu le faire avant d'avoir passé lui-même, et il était derrière elle. Cette réflexion n'était pas très-rassurante. Zdenko était capable de se dévouer à la mort, et de se noyer avec elle plutôt que de trahir la retraite d'Albert. Cependant Consuelo ne voyait point de pelle, point d'écluse, pas une pierre sur son chemin qui pût retenir l'eau, et la faire ensuite écouler. Cette eau ne pouvait pas venir en avant de son chemin, et le bruit venait de derrière elle. Cependant il grandissait, il montait, il approchait avec le rugissement du tonnerre.

Tout à coup Consuelo, frappée d'une horrible découverte, s'aperçut que la galerie, au lieu de monter, descendait d'abord en pente douce, et puis de plus en plus rapidement. L'infortunée s'était trompée de chemin. Dans son empressement et dans la vapeur épaisse qui s'exhalait du fond de la citerne, elle n'avait pas vu une seconde ogive, beaucoup plus large, et située vis à vis de celle qu'elle avait prise. Elle s'était enfoncée dans le canal qui servait de déversoir à l'eau du puits, au lieu de remonter celui qui conduisait au réservoir ou à la source. Zdenko, s'en allant par une route opposée, venait de lever tranquillement la pelle; l'eau tombait en cascade au fond de la citerne, et déjà la citerne était remplie jusqu'à la hauteur du déversoir; déjà elle se précipitait dans la galerie où Consuelo fuyait éperdue et glacée d'épouvante. Bientôt cette galerie, dont la dimension était ménagée de manière à ce que la citerne, perdant moins d'eau qu'elle n'en recevait de l'autre bouche, pût se remplir, allait se remplir à son tour. Dans un instant, dans un clin d'œil, le déversoir serait inondé, et la pente continuait à s'abaisser vers des abîmes où l'eau tendait à se précipiter. La voûte, encore suintante, annonçait assez que l'eau la remplissait tout entière, qu'il n'y avait pas de salut possible, et que la vitesse de ses pas ne sauverait pas la malheureuse fugitive de l'impétuosité du torrent. L'air était déjà intercepté par la masse d'eau qui arrivait à grand bruit. Une chaleur étouffante arrêtait la respiration, et suspendait la vie autant que la peur et le désespoir. Déjà le rugissement de l'onde déchaînée grondait aux oreilles de Consuelo; déjà une écume rousse, sinistre avant-coureur du flot, ruisselait sur le pavé, et devançait la course incertaine et ralentie de la victime consternée.

XLI.

« O ma mère, s'écria-t-elle, ouvre-moi tes bras! O Anzoleto, je t'ai aimé! O mon Dieu, dédommage-moi dans une vie meilleure! »

A peine avait-elle jeté vers le ciel ce cri d'agonie, qu'elle trébuche et se frappe à un obstacle inattendu. O surprise! ô bonté divine! c'est un escalier étroit et raide, qui monte à l'une des parois du souterrain, et qu'elle gravit avec les ailes de la peur et de l'espérance. La voûte s'élève sur son front; le torrent se précipite, heurte l'escalier que Consuelo a eu le temps de franchir, en dévore les dix premières marches, mouille jusqu'à la cheville les pieds agiles qui le fuient, et, parvenu enfin au sommet de la voûte surbaissée que Consuelo a laissée derrière elle, s'engouffre dans les ténèbres, et tombe avec un fracas épouvantable dans un réservoir profond que l'héroïque enfant domine d'une petite plate-forme où elle est arrivée sur ses genoux et dans l'obscurité.

Car son flambeau s'est éteint. Un coup de vent furieux a précédé l'irruption de la masse d'eau. Consuelo s'est laissée tomber sur la dernière marche, soutenue jusque-là par l'instinct conservateur de la vie, mais ignorant encore si elle est sauvée, si ce fracas de la cataracte est un nouveau désastre qui va l'atteindre, et si cette pluie froide qui en rejaillit jusqu'à elle, et qui baigne ses cheveux, est la main glacée de la mort qui s'étend sur sa tête.

Cependant le réservoir se remplit peu à peu, jusqu'à d'autres déversoirs plus profonds, qui emportent encore au loin dans les entrailles de la terre le courant de la source abondante. Le bruit diminue; les vapeurs se dissipent; un murmure sonore, mais plus harmonieux qu'effrayant, se répand dans les cavernes. D'une main convulsive, Consuelo est parvenue à rallumer son flambeau. Son cœur frappe encore violemment sa poitrine; mais son courage s'est ranimé. A genoux, elle remercie Dieu et sa mère. Elle examine enfin le lieu où elle se trouve, et promène la clarté vacillante de sa lanterne sur les objets environnants.

Une vaste grotte creusée par la nature sert de voûte à un abîme que la source lointaine du Schreckenstein alimente, et où elle se perd dans les entrailles du rocher. Cet abîme est si profond qu'on ne voit plus l'eau qu'il engouffre; mais quand on y jette une pierre, elle roule pendant deux minutes, et produit en s'y plongeant une explosion semblable à celle du canon. Les échos de la caverne le répètent longtemps, et le clapotement sinistre de l'eau invisible dure plus longtemps encore. On dirait les aboiements de la meute infernale. Sur une des parois de la grotte, un sentier étroit et difficile, taillé dans le roc, côtoie le précipice, et s'enfonce dans une nouvelle galerie ténébreuse, où le travail de l'homme cesse entièrement, et qui se détourne des courants d'eau et de leur chute, en remontant vers les régions plus élevées.

C'est la route que Consuelo doit prendre. Il n'y en a point d'autre : l'eau a fermé et rempli entièrement celle qu'elle vient de suivre. Il est impossible d'attendre dans la grotte le retour de Zdenko. L'humidité en est mortelle, et déjà le flambeau pâlit, pétille et menace de s'éteindre sans pouvoir se rallumer.

Consuelo n'est point paralysée par l'horreur de cette situation. Elle pense bien qu'elle n'est plus sur la route du Schreckenstein. Ces galeries souterraines qui s'ouvrent devant elle sont un jeu de la nature, et conduisent à des impasses ou à un labyrinthe dont elle ne retrouvera jamais l'issue. Elle s'y hasardera pourtant, ne fût-ce que pour trouver un asile plus sain jusqu'à la nuit prochaine. La nuit prochaine, Zdenko reviendra; il arrêtera le courant, la galerie sera vidée, et la captive pourra revenir sur ses pas et revoir la lumière des étoiles.

Consuelo s'enfonça donc dans les mystères du souterrain avec un nouveau courage, attentive cette fois à tous les accidents du sol, et s'attachant à suivre toujours les pentes ascendantes, sans se laisser détourner par les galeries en apparence plus spacieuses et plus directes qui s'offraient à chaque instant. De cette manière elle était sûre de ne plus rencontrer de courants d'eau, et de pouvoir revenir sur ses pas.

Elle marchait au milieu de mille obstacles : des pierres énormes encombraient sa route, et déchiraient ses pieds; des chauves-souris gigantesques, arrachées de leur morne sommeil par la clarté de la lanterne, venaient par bataillons s'y frapper, et tourbillonner comme des esprits de ténèbres autour de la voyageuse. Après les premières émotions de la surprise, à chaque nouvel terreur, elle sentait grandir son courage. Quelquefois elle gravissait d'énormes blocs de pierre détachés d'immenses voûtes crevassées, qui montraient d'autres blocs menaçants, retenus à peine dans leurs fissures élargies à vingt pieds au-dessus de sa tête; d'autres fois la voûte se resserrait et s'abaissait au point que Consuelo était forcée de ramper dans un air rare et brûlant pour s'y frayer un passage. Elle marchait ainsi depuis une demi-heure, lorsqu'au détour d'un angle resserré, où son corps svelte et souple eut de la peine à passer, elle retomba de Charybde en Scylla, en se trouvant face à face avec Zdenko : Zdenko d'abord pétrifié de surprise et glacé de terreur, bientôt indigné, furieux et menaçant comme elle l'avait déjà vu.

Dans ce labyrinthe, parmi ces obstacles sans nombre, à la clarté vacillante d'un flambeau que le manque d'air étouffait à chaque instant, la fuite était impossible. Consuelo songea à se défendre corps à corps contre une tentative de meurtre. Les yeux égarés, la bouche écumante de Zdenko, annonçaient assez qu'il ne s'arrêterait pas cette fois à la menace. Il prit tout à coup une résolution étrangement féroce : il se mit à ramasser de grosses pierres, et à les placer l'une sur l'autre, entre lui et Consuelo, pour murer l'étroite galerie où elle se trouvait. De cette manière, il était sûr qu'en ne voyant plus se la citerne durant plusieurs jours, il la ferait périr de faim, comme l'abeille qui enferme le frelon indiscret dans sa cellule, en apposant une cloison de cire à l'entrée.

Mais c'était avec du granit que Zdenko bâtissait, et il s'en acquittait avec une rapidité prodigieuse. La force athlétique de cet homme si maigre, et en apparence si débile, trahissait en ramassant et en arrachant ces blocs, prouvait trop bien à Consuelo que la résistance était impossible, et qu'il valait mieux espérer de trouver une autre issue en retournant sur ses pas, que de se porter aux dernières extrémités en l'irritant. Elle essaya de l'attendrir, de le persuader et de le dominer par ses paroles.

« Zdenko, lui disait-elle, que fais-tu là, insensé? Albert te reprochera ma mort. Albert m'attend et m'appelle. Je suis son amie, sa consolation et son salut. Tu perds ton ami et ton frère en me perdant. »

Mais Zdenko, craignant de se laisser gagner, et résolu de continuer son œuvre, se mit à chanter dans sa langue sur un air vif et animé, tout en bâtissant d'une main active et légère son mur cyclopéen.

Une dernière pierre manquait pour assurer l'édifice. Consuelo le regardait faire avec consternation. Jamais, pensait-elle, je ne pourrai démolir ce mur. Il me faudrait les mains d'un géant. La dernière pierre fut posée, et bientôt elle s'aperçut que Zdenko en bâtissait un second, adossé au premier. C'était toute une carrière, toute une forteresse qu'il allait entasser entre elle et Albert. Il chantait toujours, et paraissait prendre un plaisir extrême à son ouvrage.

Une inspiration merveilleuse vint enfin à Consuelo. Elle se rappela la fameuse formule hérétique qu'elle s'était fait expliquer par Amélie, et qui avait tant scandalisé le chapelain.

« Zdenko ! s'écria-t-elle en bohémien, à travers une des fentes du mur mal joint qui la séparait déjà de lui ; ami Zdenko, *que celui à qui on a fait tort te salue !* »

A peine cette parole fut-elle prononcée, qu'elle opéra sur Zdenko comme un charme magique ; il laissa tomber l'énorme bloc qu'il tenait, en poussant un profond soupir, et il se mit à démolir son mur avec plus de promptitude encore qu'il ne l'avait élevé ; puis, tendant la main à Consuelo, il l'aida en silence à franchir cette ruine, après quoi il la regarda attentivement, soupira étrangement, et, lui remettant trois clefs liées ensemble par un ruban rouge, il lui montra le chemin devant elle, en lui disant :

« Que celui à qui on a fait tort te salue !

— Ne veux-tu pas me servir de guide ? lui dit-elle. Conduis-moi vers ton maître. »

Zdenko secoua la tête en disant :

« Je n'ai pas de maître, j'avais un ami. Tu me le prends. La destinée s'accomplit. Va où Dieu te pousse ; moi, je vais pleurer ici jusqu'à ce que tu reviennes. »

Et, s'asseyant sur les décombres, il mit sa tête dans ses mains, et ne voulut plus dire un mot.

Consuelo ne s'arrêta pas longtemps pour le consoler. Elle craignait le retour de sa fureur ; et, profitant du moment où elle le tenait en respect, certaine enfin d'être sur la route du Schreckenstein, elle partit comme un trait. Dans sa marche incertaine et pénible, Consuelo n'avait pas fait beaucoup de chemin ; car Zdenko, se dirigeant par une route beaucoup plus longue mais inaccessible à l'eau, s'était rencontré avec elle au point de jonction des deux souterrains, qui faisaient, l'un par un détour bien ménagé, et creusé de main d'homme dans le roc, l'autre, affreux, bizarre, et plein de dangers, le tour du château, de ses vastes dépendances, et de la colline sur laquelle il était assis. Consuelo ne se doutait guère qu'elle était en cet instant sous le parc, et cependant elle en franchissait les grilles et les fossés par une voie que toutes les clefs et toutes les précautions de la chanoinesse ne pouvaient plus lui fermer. Elle eut la pensée, au bout de quelque trajet sur cette nouvelle route, de retourner sur ses pas, et de renoncer à une entreprise déjà si traversée, et qui avait failli lui devenir si funeste. De nouveaux obstacles l'attendaient peut-être encore. Le mauvais vouloir de Zdenko pouvait se réveiller. Et s'il allait courir après elle ? s'il allait élever un nouveau mur pour empêcher son retour ? Au lieu qu'en abandonnant son projet, en lui demandant de lui frayer le chemin vers la citerne, et de remettre cette clef à sec pour qu'elle pût monter, elle avait de grandes chances pour le trouver docile et bienveillant. Mais elle était encore trop sous l'émotion du moment pour se résoudre à revoir ce fantasque personnage. La peur qu'il lui avait causée augmentait à mesure qu'elle s'éloignait de lui ; et après avoir affronté sa vengeance avec une présence d'esprit miraculeuse, elle faiblissait en se la représentant. Elle fuyait donc devant lui, n'ayant plus le courage de tenter ce qu'il eût fallu faire pour se le rendre favorable, et n'aspirant qu'à trouver une de ces portes magiques dont il lui avait cédé les clefs, afin de mettre une barrière entre elle et le retour de sa démence.

Mais pour aller trouver Albert, cet autre fou qu'elle s'était obstinée témérairement à croire doux et traitable, dans une position analogue à celle de Zdenko envers elle ? Il y avait un voile épais sur toute cette aventure ; et, revenue de l'attrait romanesque qui avait contribué à l'y pousser, Consuelo se demandait si elle n'était pas la plus folle des trois, de s'être précipitée dans cet abîme de dangers et de mystères, sans être sûre d'un résultat favorable et d'un succès fructueux.

Cependant elle suivait un souterrain spacieux et admirablement creusé par les fortes mains des hommes du moyen âge. Tous les rochers étaient percés par un entaillement ogival surbaissé avec beaucoup de caractère et de régularité. Les portions moins compactes, les veines crayeuses du sol, tous les endroits où l'éboulement eût été possible, étaient soutenus par une construction en pierre de taille à rinceaux croisés, que liaient ensemble des clefs de voûte quadrangulaires en granit. Consuelo ne perdait pas son temps à admirer ce travail immense, exécuté avec une solidité qui défiait encore bien des siècles. Elle ne se demandait pas non plus comment les possesseurs actuels du château pouvaient ignorer l'existence d'une construction si importante. Elle eût pu se l'expliquer en se rappelant que tous les papiers historiques de cette famille et de cette propriété avaient été détruits plus de cent ans auparavant, à l'époque de l'introduction de la réforme en Bohême ; mais elle ne regardait plus autour d'elle, et ne pensait presque plus qu'à son propre salut, satisfaite seulement de trouver un sol uni, un air respirable, et un libre espace pour courir. Elle avait encore assez de chemin à faire, quoique cette route directe vers le Schreckenstein fût beaucoup plus courte que le sentier tortueux de la montagne. Elle le trouvait bien long ; et, ne pouvant plus s'orienter, elle ignorait même si cette route la conduisait au Schreckenstein ou à un terme beaucoup plus éloigné de son expédition.

Au bout d'un quart d'heure de marche, elle vit de nouveau la voûte s'élever, et le travail de l'architecte cesser entièrement. C'était pourtant encore l'ouvrage des hommes que ces vastes carrières, ces grottes majestueuses qu'il lui fallait traverser. Mais envahies par la végétation, et recevant l'air extérieur par de nombreuses fissures, elles avaient un aspect moins sinistre que les galeries. Il y avait là mille moyens de se cacher et de se soustraire aux poursuites d'un adversaire irrité. Mais un bruit d'eau courante vint faire tressaillir Consuelo ; et si elle eût pu plaisanter dans une pareille situation, elle fût avoué à elle-même que jamais le baron Frédérick, au retour de la chasse, n'avait eu plus d'horreur de l'eau qu'elle n'en éprouvait en cet instant.

Cependant elle fit bientôt usage de sa raison. Elle n'avait fait que monter depuis qu'elle avait quitté le précipice, au moment d'être submergée. A moins que Zdenko n'eût à son service une machine hydraulique d'une puissance et d'une étendue incompréhensible, il ne pouvait pas faire remonter vers elle son terrible auxiliaire, le torrent. Il était bien évident d'ailleurs qu'elle devait rencontrer quelque part le courant de la source, l'écluse, ou la source elle-même ; et si elle eût pu réfléchir davantage, elle se fût étonnée de n'avoir pas encore trouvé sur son chemin cette onde mystérieuse, cette source des Pleurs qui alimentait la citerne.

C'est que cette source avait son courant dans les veines inconnues des montagnes, et que la galerie, coupant à angle droit, ne la rencontrait qu'aux approches de la citerne d'abord, et ensuite sous le Schreckenstein, ainsi qu'il arriva enfin à Consuelo. L'écluse était donc loin derrière elle, sur la route que Zdenko avait parcourue seul, et Consuelo approchait de cette source, que depuis des siècles aucun autre homme qu'Albert ou Zdenko n'avait vue. Elle eut bientôt rejoint le courant, et cette fois elle le côtoya sans terreur et sans danger.

Un sentier de sable frais et fin remontait le cours de cette eau limpide et transparente, qui courait avec un bruit généreux dans un lit convenablement encaissé. Là, reparaissait le travail de l'homme. Ce sentier était relevé en talus dans des terres fraîches et fertiles ; car de belles plantes aquatiques, des pariétaires énormes, des ronces sauvages fleuries dans ce lieu abrité, sans souci de la rigueur de la saison, bordaient le torrent d'une marge verdoyante. L'air extérieur pénétrait par une multitude de fentes et de crevasses suffisantes pour entretenir la vie de la végétation, mais trop étroites pour laisser passage à l'œil curieux qui les aurait cherchées du dehors. C'était comme une serre chaude naturelle, préservée par ses voûtes du froid et des neiges, mais suffisamment aérée par mille soupiraux imperceptibles. On eût dit qu'un soin complaisant avait protégé la vie de ces belles plantes, et débarrassé le sable que le torrent rejetait sur ces rives des graviers qui offensent le pied; et on ne se fût pas trompé dans cette supposition. C'était Zdenko qui avait rendu gracieux, faciles et sûrs les abords de la retraite d'Albert.

Consuelo commençait à ressentir l'influence bienfaisante qu'un aspect moins sinistre et déjà poétique des objets extérieurs produisait sur son imagination bouleversée par de cruelles terreurs. En voyant les pâles rayons de la lune se glisser çà et là dans les fentes des roches, et se briser sur les eaux tremblotantes, en sentant l'air de la forêt frémir par intervalles sur les plantes immobiles que l'eau n'atteignait pas, en se sentant toujours plus près de la surface de la terre, elle se sentait renaître, et l'accueil qui l'attendait au terme de son héroïque pèlerinage, se peignait dans son esprit sous des couleurs moins sombres. Enfin, elle vit le sentier se détourner brusquement de la rive, entrer dans une courte galerie maçonnée fraîchement, et finir à une petite porte qui semblait de métal, tant elle était froide, et qu'encadrait gracieusement un grand lierre terrestre.

Quand elle se vit au bout de ses fatigues et de ses irrésolutions, quand elle appuya sa main épuisée sur ce dernier obstacle, qui pouvait céder à l'instant même, car elle tenait la clef de cette porte dans son autre main, Consuelo hésita et sentit une timidité plus difficile à vaincre que toutes ses terreurs. Elle allait donc pénétrer seule dans un lieu fermé à tout regard, à toute pensée humaine, pour y surprendre le sommeil ou la rêverie d'un homme qu'elle connaissait à peine; qui n'était ni son père, ni son frère, ni son époux; qui l'aimait peut-être, et qu'elle ne pouvait ni ne voulait aimer. Dieu m'a entraînée et conduite ici, pensait-elle, au milieu des plus épouvantables périls. C'est par sa volonté plus encore que par sa protection que j'y suis parvenue. J'y viens avec une âme fervente, une résolution pleine de charité, un cœur tranquille, une conscience pure, un désintéressement à toute épreuve. C'est peut-être la mort qui m'y attend, et cependant cette pensée ne m'effraie pas. Ma vie est désolée, et je la perdrais sans trop de regrets; je l'ai éprouvé il n'y a qu'un instant, et depuis une heure je me vois dévouée à un affreux trépas avec une tranquillité à laquelle je ne m'étais point préparée. C'est peut-être une grâce que Dieu m'envoie à mon dernier moment. Je vais tomber peut-être sous les coups d'un furieux, et je marche à cette catastrophe avec la fermeté d'un martyr. Je crois ardemment à la vie éternelle, et je sens que si je péris ici, victime d'un dévouement inutile peut-être, mais profondément religieux, je serai récompensée dans une vie plus heureuse. Qui m'arrête? et pourquoi éprouvé-je donc un trouble inexprimable, comme si j'allais commettre une faute et rougir devant celui que je viens sauver?

C'est ainsi que Consuelo, trop pudique pour bien comprendre sa pudeur, luttait contre elle-même, et se faisait presque un reproche de la délicatesse de son émotion. Il ne lui venait cependant pas à l'esprit qu'elle pût courir des dangers plus affreux pour elle que celui de la mort. Sa chasteté n'admettait pas la pensée qu'elle pût devenir la proie des passions brutales d'un insensé. Mais elle éprouvait instinctivement la crainte de paraître obéir à un sentiment moins élevé, moins divin que celui dont elle était animée. Elle mit pourtant la clef dans la serrure; mais elle essaya plus de dix fois de l'y faire tourner sans pouvoir s'y résoudre. Une fatigue accablante, une défaillance extrême de tout son être, achevaient de lui faire perdre sa résolution au moment d'en recevoir le prix : sur la terre, par un grand acte de charité; dans le ciel, par une mort sublime.

XLII.

Cependant elle prit son parti. Elle avait trois clefs. Il y avait donc trois portes et deux pièces à traverser avant celle où elle supposait Albert prisonnier. Elle aurait encore le temps de s'arrêter, si la force lui manquait.

Elle pénétra dans une salle voûtée, qui n'offrait d'autre ameublement qu'un lit de fougère sèche sur lequel était jetée une peau de mouton. Une paire de chaussures à l'ancienne mode, dans un délabrement remarquable, lui servit d'indice pour reconnaître la chambre à coucher de Zdenko. Elle reconnut aussi le petit panier qu'elle avait porté rempli de fruits sur la pierre d'Épouvante, et qui, au bout de deux jours, en avait enfin disparu. Elle se décida à ouvrir la seconde porte, après avoir refermé la première avec soin; car elle songeait toujours avec effroi au retour possible du possesseur farouche de cette demeure. La seconde pièce où elle entra était voûtée comme la première, mais ses murs étaient revêtus de nattes et de claies garnies de mousse. Un poêle y répandait une chaleur suffisante, et c'était sans doute le tuyau creusé dans le roc qui produisait au sommet du Schreckenstein cette lueur fugitive que Consuelo avait observée. Le lit d'Albert était, comme celui de Zdenko, formé d'un amas de feuilles et d'herbes desséchées; mais Zdenko l'avait couvert de magnifiques peaux d'ours, en dépit de l'égalité absolue qu'Albert exigeait dans leurs habitudes, et que Zdenko acceptait en tout ce qui ne chagrinait pas la tendresse passionnée qu'il lui portait et la préférence de sollicitude qu'il lui donnait sur lui-même. Consuelo fut reçue dans cette chambre par Cynabre, qui, en entendant tourner la clef dans la serrure, s'était posté sur le seuil, l'oreille dressée et l'œil inquiet. Mais Cynabre avait reçu de son maître une éducation particulière : c'était un ami, et non pas un gardien. Il lui avait été si sévèrement interdit dès son enfance de hurler et d'aboyer, qu'il avait perdu à fait cette habitude naturelle aux êtres de son espèce. Si on eût approché d'Albert avec des intentions malveillantes, il eût retrouvé la voix; si on l'eût attaqué, il l'eût défendu avec fureur. Mais prudent et circonspect comme un solitaire, il ne faisait jamais le moindre bruit sans être sûr de son fait, et sans avoir examiné et flairé les gens avec attention. Il approcha de Consuelo avec un regard pénétrant qui avait quelque chose d'humain, respira son vêtement et surtout sa main qui avait tenu longtemps les clefs touchées par Zdenko; et, complètement rassuré par cette circonstance, il s'abandonna au souvenir bienveillant qu'il avait conservé d'elle, en lui jetant ses deux grosses pattes velues sur les épaules, avec une joie affable et silencieuse, tandis qu'il balayait lentement la terre de sa queue superbe. Après cet accueil grave et honnête, il courut se recoucher sur le bord de la peau d'ours qui couvrait le lit de son maître, et s'y étendit avec la nonchalance de la vieillesse, non sans suivre des yeux pourtant tous les pas et tous les mouvements de Consuelo.

Avant d'oser approcher de la troisième porte, Consuelo jeta un regard sur l'arrangement de cet ermitage, afin d'y chercher quelque révélation sur l'état moral de l'homme qui l'occupait. Elle n'y trouva aucune trace de démence ni de désespoir. Une grande propreté, une sorte d'ordre y régnait. Il y avait un manteau et des vêtements de rechange accrochés à des cornes d'aurochs, curiosités qu'Albert avait rapportées du fond de la Lithuanie; et qui servaient de porte-manteaux. Ses livres nombreux étaient bien rangés sur une bibliothèque en planches brutes, que soutenaient à de grosses branches artistement agencées par une main rustique et intelligente. La table, les deux chaises, étaient de la même matière et du même travail. Un herbier et des livres de musique anciens, tout à fait inconnus à Consuelo, avec des titres et des paroles slaves, achevaient de révéler les habitudes paisibles, simples et studieuses de l'anachorète. Une lampe de fer curieuse par son antiquité, était suspendue au milieu de la voûte, et brûlait dans l'éternelle nuit de ce sanctuaire mélancolique.

Consuelo remarqua encore qu'il n'y avait aucune arme dans ce lieu. Malgré le goût des riches habitants de ces forêts pour la chasse et pour les objets de luxe qui en accompagnent le divertissement, Albert n'avait pas un fusil, pas un couteau; et son vieux chien n'avait jamais appris la *grande science*, en raison de quoi Cynabre était un sujet de mépris et de pitié pour le baron Frédérick. Albert avait horreur du sang; et quoiqu'il parût jouir de la vie moins que personne, il avait pour l'idée de la vie en général un respect religieux et sans bornes. Il ne pouvait ni donner ni voir donner la mort, même aux derniers animaux de la création. Il eût aimé toutes les sciences naturelles, mais il s'arrêtait à la minéralogie et à la botanique. L'entomologie lui paraissait déjà une science trop cruelle, et il n'eût jamais pu sacrifier la vie d'une insecte à sa curiosité.

Consuelo savait ces particularités. Elle se les rappelait en voyant les attributs des innocentes occupations d'Albert. Non, je n'aurai pas peur, se disait-elle, d'un être si doux et si pacifique. Ceci est la cellule d'un saint, et non le cachot d'un fou. Mais plus elle se rassurait sur la nature de sa maladie mentale, plus elle se sentait troublée et confuse. Elle regrettait presque de ne point trouver là un aliéné, ou un moribond; et la certitude de se présenter à un homme véritable la faisait hésiter de plus en plus.

Elle rêvait depuis quelques minutes, ne sachant comment s'annoncer, lorsque le son d'un admirable instrument vint frapper son oreille : c'était un Stradivarius chantant un air sublime de tristesse et de grandeur sous une main pure et savante. Jamais Consuelo n'avait entendu un violon si parfait, un virtuose si touchant et si simple. Ce chant lui était inconnu; mais à ses formes étranges et naïves, elle jugea qu'il devait être plus ancien que toute l'ancienne musique qu'elle connaissait. Elle écoutait avec ravissement, et s'expliquait maintenant pourquoi Albert l'avait si bien comprise dès la première phrase qu'il lui avait entendu chanter. C'est qu'il avait la révélation de la vraie, de la grande musique. Il pouvait n'être pas savant à tous égards, il pouvait ne pas connaître les ressources éblouissantes de l'art; mais il avait en lui le souffle divin, l'intelligence et l'amour du beau. Quand il eut fini, Consuelo, rassurée entièrement et animée d'une sympathie plus vive, allait se hasarder à frapper à la porte qui la séparait encore de lui, lorsque cette porte s'ouvrit lentement, et elle vit le jeune comte s'avancer la tête penchée, les yeux baissés vers la terre, avec son violon et son archet dans ses mains pendantes. Sa pâleur était effrayante, ses cheveux et ses habits dans un désordre que Consuelo n'avait encore vu. Son air préoccupé, son attitude brisée et abattue, la nonchalance désespérée de ses mouvements, annonçaient sinon l'aliénation complète, du moins le désordre et l'abandon de la volonté humaine. On eût dit un de ces spectres muets et privés de mémoire, auxquels croient les peuples slaves, qui entrent machinalement la nuit dans les maisons, et que l'on voit agir sans suite et sans but, obéir comme par instinct aux anciennes habitudes de leur vie, sans reconnaître et sans voir leurs amis et leurs serviteurs terrifiés qui fuient ou les regardent en silence, glacés par l'étonnement et la crainte.

Telle fut Consuelo en voyant le comte Albert, et en s'apercevant qu'il ne la voyait pas, bien qu'elle fût à deux pas de lui. Cynabre s'était levé, et léchait la main de son maître. Albert lui dit quelques paroles amicales en bohémien; puis, suivant du regard les mouvements du chien qui reportait ses discrètes caresses vers Consuelo, il regarda attentivement les pieds de cette jeune fille qui étaient chaussés à peu près en ce moment comme ceux de Zdenko, et, sans lever la tête, il lui dit en bohémien quelques paroles qu'elle ne comprit pas, mais qui semblaient une demande et qui se terminaient par son nom.

En le voyant dans cet état, Consuelo sentit disparaître sa timidité. Tout entière à la compassion, elle ne vit plus que le malade à l'âme déchirée qui l'appelait encore sans la reconnaître; et, posant sa main sur le bras du jeune homme avec confiance et fermeté, elle lui dit en espagnol de sa voix pure et pénétrante :

« Voici Consuelo. »

XLIII.

A peine Consuelo se fut-elle nommée, que le comte Albert, levant les yeux au ciel et la regardant au visage, changea tout à coup d'attitude et d'expression. Il laissa tomber à terre son précieux violon avec autant d'indifférence que s'il n'en eût jamais connu l'usage; et joignant les mains avec un air d'attendrissement profond et de respectueuse douleur :

« C'est donc enfin toi que je revois dans ce lieu d'exil et de souffrance, ô ma pauvre Wanda! s'écria-t-il en poussant un soupir qui semblait briser sa poitrine. Chère, chère et malheureuse sœur! victime infortunée que j'ai vengée trop tard, et que je n'ai pas su défendre! Ah! tu le sais, toi, l'infâme qui t'a outragée a péri dans les tourments, et ma main s'est impitoyablement baignée dans le sang de ses complices. J'ai ouvert la veine profonde de l'Église maudite; j'ai lavé ton affront, le mien, et celui de mon peuple, dans des fleuves de sang. Que veux-tu de plus, âme inquiète et vindicative? Le temps du zèle et de la colère est passé; nous voici aux jours du repentir et de l'expiation. Demande-moi des larmes et des prières; ne me demande plus de sang : j'ai horreur du sang désormais, et je n'en veux plus répandre! Non! non! pas une seule goutte! Jean Ziska ne remplira plus son calice que de pleurs inépuisables et de sanglots amers! »

En parlant ainsi, avec des yeux égarés et des traits animés par une exaltation soudaine, Albert tournait autour de Consuelo, et reculait avec une sorte d'épouvante chaque fois qu'elle faisait un mouvement pour arrêter cette bizarre conjuration.

Il ne fallut pas à Consuelo de longues réflexions pour comprendre la tournure que prenait la démence de son hôte. Elle s'était fait assez souvent raconter l'histoire de Jean Ziska pour savoir qu'une sœur de ce redoutable fanatique, religieuse avant l'explosion de la guerre hussite, avait péri de douleur et de honte dans son couvent, outragée par un moine abominable, et que la vie de Ziska avait été une longue et solennelle vengeance de ce crime. Dans ce moment, Albert, ramené par je ne sais quelle transition d'idées, à sa fantaisie dominante se croyait Jean Ziska, et s'adressait à elle comme à l'ombre de Wanda, sa sœur infortunée.

Elle résolut de ne point contrarier brusquement son illusion :

« Albert, lui dit-elle, car ton nom n'est plus Jean, de même que le mien n'est plus Wanda, regarde-moi bien, et reconnais que j'ai changé, ainsi que toi, de visage et de caractère. Ce que tu viens de me dire, je venais pour te le rappeler. Oui, le temps du zèle et de la fureur est passé. La justice humaine est plus que satisfaite; et c'est le jour de la justice divine que je t'annonce maintenant; Dieu nous commande le pardon et l'oubli. Ces souvenirs funestes, cette obstination à exercer en toi une faculté qu'il n'a point donnée aux autres hommes, cette mémoire scrupuleuse et farouche que tu gardes de tes existences antérieures, Dieu s'en offense, et te la retire, parce que tu en as abusé. M'entends-tu, Albert, et me comprends-tu, maintenant?

— O ma mère! répondit Albert, pâle et tremblant, en tombant sur ses genoux et en regardant toujours Consuelo avec un effroi extraordinaire, je vous entends et je comprends vos paroles. Je vois que vous vous transformez, pour me convaincre et me soumettre. Non, vous n'êtes plus la Wanda de Ziska, la vierge outragée, la religieuse gémissante. Vous êtes Wanda de Prachatitz, que les hommes ont appelée comtesse de Rudolstadt, et qui a porté dans son sein l'infortuné qu'ils appellent aujourd'hui Albert.

— Ce n'est point par le caprice des hommes que vous

vous appelez ainsi, reprit Consuelo avec fermeté; car c'est Dieu qui vous a fait revivre dans d'autres conditions et avec de nouveaux devoirs. Ces devoirs, vous ne les connaissez pas, Albert, ou vous les méprisez. Vous remontez le cours des âges avec un orgueil impie; vous aspirez à pénétrer les secrets de la destinée; vous croyez vous égaler à Dieu en embrassant d'un coup d'œil et le présent et le passé. Moi, je vous le dis; et c'est la vérité, c'est la foi qui m'inspirent : cette pensée rétrograde est un crime et une témérité. Cette mémoire surnaturelle que vous vous attribuez est une illusion. Vous avez pris quelques lueurs vagues et fugitives pour la certitude, et votre imagination vous a trompé. Votre orgueil a bâti un édifice de chimères, lorsque vous vous êtes attribué les plus grands rôles dans l'histoire de vos ancêtres. Prenez garde de n'être point ce que vous croyez. Craignez que, pour vous punir, la science éternelle ne vous ouvre les yeux un instant, et ne vous fasse voir dans votre vie antérieure des fautes moins illustres et des sujets de remords moins glorieux que ceux dont vous osez vous vanter. »

Albert écouta ce discours avec un recueillement craintif, le visage dans ses mains, et les genoux enfoncés dans la terre.

« Parlez! parlez! voix du ciel que j'entends et que je ne reconnais plus! murmura-t-il en accents étouffés. Si vous êtes l'ange de la montagne, si vous êtes, comme je le crois, la figure céleste qui m'est apparue si souvent sur la pierre d'Épouvante, parlez; commandez à ma volonté, à ma conscience, à mon imagination. Vous savez bien que je cherche la lumière avec angoisse, et que si je m'égare dans les ténèbres, c'est à force de vouloir les dissiper pour vous atteindre.

— Un peu d'humilité, de confiance et de soumission aux arrêts éternels de la science incompréhensible aux hommes, voilà le chemin de la vérité pour vous, Albert. Renoncez dans votre âme, et renoncez-y fermement une fois pour toutes, à vouloir vous connaître au delà de cette existence passagère qui vous est imposée; et vous redeviendrez agréable à Dieu, utile aux autres hommes, tranquille avec vous-même. Abaissez votre science superbe; et sans perdre la foi à votre immortalité, sans douter de la bonté divine, qui pardonne au passé et protège l'avenir, attachez-vous à rendre féconde et humaine cette vie présente que vous méprisez, lorsque vous devriez la respecter et vous y donner tout entier, avec votre force, votre abnégation et votre charité. Maintenant, Albert, regardez-moi, et que vos yeux soient dessillés. Je ne suis plus ni votre sœur, ni votre mère; je suis une amie que le ciel vous a envoyée, et qu'il a conduite ici par des voies miraculeuses pour vous arracher à l'orgueil et à la démence. Regardez-moi, et dites-moi, dans votre âme et conscience, qui je suis et comment je m'appelle. »

Albert, tremblant et éperdu, leva la tête, et la regarda encore, mais avec moins d'égarement et de terreur que les premières fois.

« Vous me faites franchir des abîmes, lui dit-il; vous confondez par des paroles profondes ma raison, que je croyais supérieure (pour mon malheur) à celle des autres hommes, et vous m'ordonnez de connaître et de comprendre le temps présent et les choses humaines. Je ne le puis. Pour perdre la mémoire de certaines phases de ma vie, il faut que je subisse des crises terribles; et, pour retrouver le sentiment d'une phase nouvelle, il faut que je me transforme par des efforts qui me conduisent à l'agonie. Si vous m'ordonnez, au nom d'une puissance que je sens supérieure à la mienne, d'assimiler ma pensée à la vôtre, il faut que j'obéisse; mais je connais les luttes épouvantables, et je sais que la mort est au bout. Ayez pitié de moi, vous qui agissez sur moi par un charme souverain; aidez-moi, ou je succombe. Dites-moi qui vous êtes, car je ne vous connais pas; je ne me souviens pas de vous avoir jamais vue : je ne sais de quel sexe vous êtes; et vous voilà devant moi comme une statue mystérieuse dont j'essaie vainement de retrouver le type dans mes souvenirs. Aidez-moi, aidez-moi, car je me sens mourir. »

En parlant ainsi, Albert, dont le visage s'était d'abord coloré d'un éclat fébrile, redevint d'une pâleur effrayante. Il étendit les mains vers Consuelo; mais il les abaissa aussitôt vers la terre pour se soutenir, comme atteint d'une irrésistible défaillance.

Consuelo, en s'initiant peu à peu aux secrets de sa maladie mentale, se sentit vivifiée et comme inspirée par une force et une intelligence nouvelles. Elle lui prit les mains, et, le forçant de se relever, elle le conduisit vers le siège qui était auprès de la table. Il s'y laissa tomber, accablé d'une fatigue inouïe, et se courba en avant comme s'il eût été près de s'évanouir. Cette lutte dont il parlait n'était que trop réelle. Albert avait la faculté de retrouver sa raison et de repousser les suggestions de la fièvre qui dévorait son cerveau; mais il n'y parvenait pas sans des efforts et des souffrances qui épuisaient ses organes. Quand cette réaction s'opérait d'elle-même, il en sortait rafraîchi et comme renouvelé; mais quand il la provoquait par une résolution de sa volonté encore puissante, son corps succombait sous la crise, et la catalepsie s'emparait de tous ses membres. Consuelo comprit ce qui se passait en lui :

« Albert, lui dit-elle en posant sa main froide sur cette tête brûlante, je vous connais, et cela suffit. Je m'intéresse à vous, et cela doit vous suffire aussi quant à présent. Je vous défends de faire aucun effort de volonté pour me reconnaître et me parler. Écoutez-moi seulement; et si mes paroles vous semblent obscures, attendez que je m'explique, et ne vous pressez pas d'en savoir le sens. Je ne vous demande qu'une soumission passive et l'abandon entier de votre réflexion. Pouvez-vous descendre dans votre cœur, et y concentrer toute votre existence?

— Oh! que vous me faites de bien! répondit Albert. Parlez-moi encore, parlez-moi toujours ainsi. Vous tenez mon âme dans vos mains. Qui que vous soyez, gardez-la, et ne la laissez point s'échapper; car elle irait frapper aux portes de l'Éternité, et s'y briserait. Dites-moi qui vous êtes, dites-le-moi bien vite; et, si je ne le comprends pas, expliquez-le-moi : car, malgré moi, je le cherche et m'agite.

— Je suis Consuelo, répondit la jeune fille, et vous le savez, puisque vous me parlez d'instinct une langue que seule autour de vous, je puis comprendre. Je suis une amie que vous avez attendue longtemps, et que vous avez reconnue un jour qu'elle chantait. Depuis ce jour-là, vous avez quitté votre famille, et vous êtes venu vous cacher ici. Depuis ce jour, je vous ai cherché, et vous m'avez fait appeler par Zdenko à diverses reprises, sans que Zdenko, qui exécutait vos ordres à certains égards, ait voulu me conduire vers vous. J'y suis parvenue à travers mille dangers....

— Vous n'avez pas pu y parvenir si Zdenko ne l'a pas voulu, reprit Albert en soulevant son corps appesanti et affaissé sur la table. Vous êtes un rêve, je le vois bien, et tout ce que j'entends là se passe dans mon imagination. O mon Dieu! vous me bercez de joies trompeuses, et tout à coup le désordre et l'incohérence de mes songes se révèlent à moi-même, je me retrouve seul, seul au monde, avec mon désespoir et ma folie! Oh! Consuelo, Consuelo! rêve funeste et délicieux! où est l'être qui porte ton nom et qui revêt parfois ta figure? Non, tu n'existes qu'en moi, et c'est mon délire qui t'a créé! »

Albert retomba sur ses bras étendus, qui se raidirent et devinrent froids comme le marbre.

Consuelo le voyait approcher de la crise léthargique, et se sentait elle-même si épuisée, si prête à défaillir, qu'elle craignait de ne pouvoir plus conjurer cette crise. Elle essaya de ranimer les mains d'Albert dans ses mains qui n'étaient guère plus vivantes.

« Mon Dieu! dit-elle d'une voix éteinte et avec un cœur brisé, assiste deux malheureux qui ne peuvent presque plus rien l'un pour l'autre! »

Elle se voyait seule, enfermée avec un mourant, mourante elle-même, et ne pouvant plus attendre de secours pour elle et pour lui que de Zdenko dont le

L'eau tombait en cascade au fond de la citerne... (Page 98.)

retour lui semblait encore plus effrayant que désirable.

Sa prière parut frapper Albert d'une émotion inattendue.

« Quelqu'un prie à côté de moi, dit-il en essayant de soulever sa tête accablée. Je ne suis pas seul! oh non, je ne suis pas seul, ajouta-t-il en regardant la main de Consuelo enlacée aux siennes. Main secourable, pitié mystérieuse, sympathie humaine, fraternelle! tu rends mon agonie bien douce et mon cœur bien reconnaissant! »

Il colla ses lèvres glacées sur la main de Consuelo, et resta longtemps ainsi.

Une émotion pudique rendit à Consuelo le sentiment de la vie. Elle n'osa point retirer sa main à cet infortuné; mais, partagée entre son embarras et son épuisement, ne pouvant plus se tenir debout, elle fut forcée de s'appuyer sur lui et de poser son autre main sur l'épaule d'Albert.

« Je me sens renaître, dit Albert au bout de quelques instants. Il me semble que je suis dans les bras de ma mère. O ma tante Wenceslawa! si c'est vous qui êtes auprès de moi, pardonnez-moi de vous avoir oubliée, vous et mon père, et toute ma famille, dont les noms même étaient sortis de ma mémoire. Je reviens à vous, ne me quittez pas ; mais rendez-moi Consuelo; Consuelo, celle que j'avais tant attendue, celle que j'avais enfin trouvée... et que je ne retrouve plus, et sans qui je ne puis plus respirer! »

Consuelo voulut lui parler; mais à mesure que la mémoire et la force d'Albert semblaient se réveiller, la vie de Consuelo semblait s'éteindre. Tant de frayeurs, de fatigues, d'émotions et d'efforts surhumains l'avaient brisée, qu'elle ne pouvait plus lutter. La parole expira sur ses lèvres, elle sentit ses jambes fléchir, ses yeux se troubler. Elle tomba sur ses genoux à côté d'Albert, et sa tête mourante vint frapper le sein du jeune homme. Aussitôt Albert, sortant comme d'un songe, la vit, la reconnut, poussa un cri profond, et, se ranimant, la pressa dans ses bras avec énergie. A travers les voiles de la mort qui semblaient s'étendre sur ses paupières, Consuelo vit sa joie, et n'en fut point effrayée. C'était une joie sainte et rayonnante de chasteté. Elle ferma les yeux, et tomba dans un état d'anéantissement qui n'était ni le sommeil ni la veille, mais une sorte d'indiffé-

Mais c'était avec du granit que Zdenko bâtissait... (Page 99.)

rence et d'insensibilité pour toutes les choses présentes.

XLIV.

Lorsqu'elle reprit l'usage de ses facultés, se voyant assise sur un lit assez dur, et ne pouvant encore soulever ses paupières, elle essaya de rassembler ses souvenirs. Mais la prostration avait été si complète, que ses facultés revinrent lentement; et, comme si la somme de fatigues et d'émotions qu'elle avait supportées depuis un certain temps fût arrivée à dépasser ses forces, elle tenta vainement de se rappeler ce qu'elle était devenue depuis qu'elle avait quitté Venise. Son départ même de cette patrie adoptive, où elle avait coulé des jours si doux, lui apparut comme un songe; et ce fut pour elle un soulagement (hélas! trop court) de pouvoir douter un instant de son exil et des malheurs qui l'avaient causé. Elle se persuada donc qu'elle était encore dans sa pauvre chambre de la Corte-Minelli, sur le grabat de sa mère, et qu'après avoir eu avec Anzoleto une scène violente et amère dont le souvenir confus flottait dans son esprit, elle revenait à la vie et à l'espérance en le sentant près d'elle, en entendant sa respiration entrecoupée, et les douces paroles qu'il lui adressait à voix basse. Une joie languissante et pleine de délices pénétra son cœur à cette pensée, et elle se souleva avec effort pour regarder son ami repentant et pour lui tendre la main. Mais elle ne pressa qu'une main froide et inconnue; et, au lieu du riant soleil qu'elle était habituée à voir briller couleur de rose à travers son rideau blanc, elle ne vit qu'une clarté sépulcrale, tombant d'une voûte sombre et nageant dans une atmosphère humide; elle sentit sous ses bras la rude dépouille des animaux sauvages, et, dans un horrible silence, la pâle figure d'Albert se pencha vers elle comme un spectre.

Consuelo se crut descendue vivante dans le tombeau; elle ferma les yeux, et retomba sur le lit de feuilles sèches, avec un douloureux gémissement. Il lui fallut encore plusieurs minutes pour comprendre où elle était, et à quel hôte sinistre elle se trouvait confiée. La peur, que l'enthousiasme de son dévouement avait combattue et dominée jusque-là, s'empara d'elle; au point qu'elle craignit de rouvrir les yeux et de voir quelque affreux spectacle, des apprêts de mort, un sépulcre ouvert devant elle. Elle sentit quelque chose sur son front, et y porta la main. C'était une guirlande de feuillage dont Albert l'avait couronnée. Elle l'ôta pour la regarder, et vit une branche de cyprès.

« Je t'ai crue morte, ô mon âme, ô ma consolation ! lui dit Albert en s'agenouillant auprès d'elle, et j'ai voulu avant de te suivre dans le tombeau te parer des emblèmes de l'hyménée. Les fleurs ne croissent point autour de moi, Consuelo. Les noirs cyprès étaient les seuls rameaux où ma main pût cueillir ta couronne de fiancée. La voilà, ne la repousse pas. Si nous devons mourir ici, laisse-moi te jurer que, rendu à la vie, je n'aurais jamais eu d'autre épouse que toi, et que je meurs avec toi, uni à toi par un serment indissoluble.

— Fiancés, unis ! s'écria Consuelo terrifiée en jetant des regards consternés autour d'elle : qui donc a prononcé cet arrêt ? qui donc a célébré cet hyménée ?

— C'est la destinée, mon ange, répondit Albert avec une douceur et une tristesse inexprimables. Ne songe pas à t'y soustraire. C'est une destinée bien étrange pour moi, et pour moi encore plus. Tu ne me comprends pas, Consuelo, et il faut pourtant que tu apprennes la vérité. Tu m'as défendu tout à l'heure de chercher dans le passé ; tu m'as interdit le souvenir de ces jours écoulés qu'on appelle la nuit des siècles. Mon être t'a obéi, et je ne sais plus rien désormais de ma vie antérieure. Mais ma vie présente, je l'ai interrogée, je la connais ; je l'ai vue tout entière d'un regard, elle m'est apparue en un instant pendant que tu reposais dans les bras de la mort. Ta destinée, Consuelo, est de m'appartenir, et cependant tu ne seras jamais à moi. Tu me l'aimes pas, tu ne m'aimeras jamais comme je t'aime. Ton amour pour moi n'est que de la charité, ton dévouement de l'héroïsme. Tu es une sainte que Dieu m'envoie, et jamais tu ne seras une femme pour moi. Je dois mourir consumé d'un amour que tu ne peux partager ; et cependant, Consuelo, tu seras mon épouse comme tu es déjà ma fiancée, soit que nous périssions ici et que la pitié consente à me donner ce titre d'époux qu'un baiser ne doit jamais sceller, soit que nous revoyions le soleil, et que ta conscience t'ordonne d'accomplir les desseins de Dieu envers moi.

— Comte Albert, dit Consuelo en essayant de quitter ce lit couvert de peaux d'ours noirs qui ressemblaient à un drap mortuaire, je ne sais si c'est l'enthousiasme d'une reconnaissance trop vive ou la suite de votre délire qui vous fait parler ainsi. Je n'ai plus la force de combattre vos illusions ; et si elles doivent se tourner contre moi, contre moi qui suis venue, au péril de ma vie, vous secourir et vous consoler, je sens que je ne pourrai plus vous disputer les jours ni ma liberté. Si ma vue vous irrite et si Dieu m'abandonne, que la volonté de Dieu soit faite ! Vous qui croyez savoir tant de choses, vous ne savez pas combien ma vie est empoisonnée, et avec combien peu de regrets j'en ferais le sacrifice !

— Je sais que tu es bien malheureuse, ô ma pauvre sainte ! je sais que tu portes au front une couronne d'épines que je ne puis en arracher. La cause et la suite de tes malheurs, je les ignore, et je ne les demande pas. Mais je t'aimerais bien peu, je serais bien peu digne de la compassion, si, dès le jour où je t'ai rencontrée, je n'avais pas pressenti et reconnu en toi la tristesse qui remplit ton âme et abreuve ta vie. Que peux-tu craindre de moi, Consuelo de mon âme ? Toi, si ferme et si sage, toi à qui Dieu a inspiré des paroles qui m'ont subjugué et ranimé en un instant, tu sens donc défaillir étrangement la lumière de ta foi et de ta raison, puisque tu redoutes ton ami, ton serviteur et ton esclave ? Reviens à toi, mon ange ; regarde-moi. Me voici à tes pieds, et pour toujours, le front dans la poussière. Que veux-tu, qu'ordonnes-tu ? Veux-tu sortir d'ici à l'instant même, sans que je te suive, sans que je reparaisse jamais devant toi ? Quel sacrifice exiges-tu ? Quel serment veux-tu que je te fasse ? Je puis te promettre tout et t'obéir en tout. Oui, Consuelo, je peux même devenir un homme tranquille, soumis, et, en apparence, aussi raisonnable que les autres. Est-ce ainsi que je te serai moins amer et moins effrayant ? Jusqu'ici je n'ai jamais pu ce que j'ai voulu ; mais tout ce que tu voudras désormais me sera accordé. Je mourrai peut-être en me transformant selon ton désir ; mais c'est à mon tour de te dire que ma vie a toujours été empoisonnée, et que je ne pourrais pas la regretter en la perdant pour toi.

— Cher et généreux Albert, dit Consuelo rassurée et attendrie, expliquez-vous mieux, et faites enfin que je connaisse le fond de cette âme impénétrable. Vous êtes à mes yeux un homme supérieur à tous les autres ; et, dès le premier instant où je vous ai vu, j'ai senti pour vous un respect et une sympathie que je n'ai point de raisons pour vous dissimuler. J'ai toujours entendu dire qu'on me racontait de vous ajoutait à mon estime et à ma confiance. Cependant il m'a bien fallu reconnaître que vous étiez accablé d'un mal moral profond et bizarre. Je me suis, présomptueusement peut-être, mais naïvement persuadé que je pouvais adoucir ce mal. Vous-même avez travaillé à me le faire croire. Je suis venue vous trouver, et voilà que vous me dites sur moi et sur vous-même des choses d'une profondeur et d'une vérité qui me rempliraient d'une vénération sans bornes, si vous n'y mêliez des idées étranges, empreintes d'un esprit de fatalisme que je ne saurais partager. Dirai-je tout sans vous blesser et sans vous faire souffrir ?...

— Dites tout, Consuelo ; je sais d'avance ce que vous avez à me dire.

— Eh bien, je le dirai, car je me l'étais promis. Tous ceux qui vous aiment désespèrent de vous. Ils croient devoir respecter, c'est-à-dire ménager, ce qu'ils appellent votre démence ; ils craignent de vous exaspérer, en vous laissant voir qu'ils la connaissent, la plaignent, et la redoutent. Moi, je n'y crois pas, et je ne puis trembler en vous demandant pourquoi, étant si sage, vous avez parfois les dehors d'un insensé ; pourquoi, étant si bon, vous faites les actes de l'ingratitude et de l'orgueil ; pourquoi, étant si éclairé et si religieux, vous vous abandonnez aux rêveries d'un esprit malade et désespéré ; pourquoi, enfin, vous voilà seul, enseveli vivant dans un caveau lugubre, loin de votre famille qui vous cherche et vous pleure, loin de vos semblables que vous chérissez avec un zèle ardent, loin de moi, enfin, que vous appeliez, que vous dites aimer, et qui n'ai pu parvenir jusqu'à vous sans des miracles de volonté et une protection divine ?

— Vous me demandez le secret de ma vie, le mot de ma destinée, et vous le savez mieux que moi, Consuelo ! C'est de vous que j'attendais la révélation de mon être, et vous m'interrogez ! Oh ! je vous comprends ; vous voulez m'amener à une confession, à un repentir efficace, à une résolution victorieuse. Vous serez obéie. Mais ce n'est pas à l'instant même que je puis me connaître, me juger, et me transformer de la sorte. Donnez-moi quelques jours, quelques heures du moins, pour vous apprendre et pour m'apprendre à moi-même si je suis fou, ou si je jouis de ma raison. Hélas ! hélas ! l'un et l'autre sont vrais, et mon malheur est de ne pouvoir douter ! mais de savoir si je dois perdre entièrement le jugement et la volonté, ou si je puis triompher du démon qui m'obsède, voilà ce que je ne puis en cet instant. Prenez pitié de moi, Consuelo ! je suis encore sous le coup d'une émotion plus puissante que moi-même. J'ignore ce que je vous ai dit ; j'ignore combien d'heures se sont écoulées depuis que vous êtes ici ; j'ignore comment vous pouvez y être sans Zdenko, qui ne voulait pas vous y amener ; j'ignore même dans quel monde erraient mes pensées quand vous m'êtes apparue. Hélas ! j'ignore depuis combien de siècles je suis enfermé ici, luttant avec des souffrances inouïes, contre le fléau qui me dévore ! Ces souffrances, je n'en ai même plus conscience quand elles sont passées ; il ne m'en reste qu'une fatigue terrible, une stupeur, et comme un effroi que je voudrais chasser... Consuelo, laissez-moi m'oublier, ne fût-ce que pour quelques instants. Mes idées s'éclairciront, ma langue se déliera. Je vous le promets, je vous le jure.

Ménagez-moi cette lumière de la réalité longtemps éclipsée dans d'affreuses ténèbres, et que mes yeux ne peuvent soutenir encore! Vous m'avez ordonné de concentrer toute ma vie dans mon cœur. Oui! vous m'avez dit cela; ma raison et ma mémoire ne datent plus que du moment où vous m'avez parlé. Eh bien, cette parole a fait descendre un calme angélique dans mon sein. Mon cœur vit tout entier maintenant, quoique mon esprit sommeille encore. Je crains de vous parler de moi; je pourrais m'égarer et vous effrayer encore par mes rêveries. Je veux ne vivre que par le sentiment, et c'est une vie inconnue pour moi; ce serait une vie de délices, si je pouvais m'y abandonner sans vous déplaire. Ah! Consuelo, pourquoi m'avez-vous dit de concentrer toute ma vie dans mon cœur? Expliquez-vous vous-même; laissez-moi ne m'occuper que de vous, ne voir et ne comprendre que vous... aimer, enfin. O mon Dieu! j'aime! j'aime un être vivant, semblable à moi! je l'aime de toute la puissance de mon être! Je puis concentrer sur lui toute l'ardeur, toute la sainteté de mon affection! C'est bien assez de bonheur pour moi comme cela, et je n'ai pas la folie de demander davantage!

— Eh bien, cher Albert, reposez votre pauvre âme dans ce doux sentiment d'une tendresse paisible et fraternelle. Dieu m'est témoin que vous le pouvez sans crainte et sans danger; car je sens pour vous une amitié fervente, une sorte de vénération que les discours frivoles et les vains jugements du vulgaire ne sauraient ébranler. Vous avez compris, par une sorte d'intuition divine et mystérieuse, que ma vie était brisée par la douleur; vous l'avez dit, et la vérité suprême qui a mis cette parole dans votre bouche. Je ne puis pas vous aimer autrement que comme un frère; mais ne dites pas que c'est la charité, la pitié seule qui me guide. Si l'humanité et la compassion m'ont donné le courage de venir ici, une sympathie, une estime particulière pour vos vertus, me donnent aussi le courage et le droit de vous parler comme je le fais. Abjurez donc dès à présent et pour toujours l'illusion où vous êtes sur votre propre sentiment. Ne parlez pas d'amour, ne parlez pas d'hyménée. Mon passé, mes souvenirs, rendent le premier impossible; la différence de nos conditions rendrait le second humiliant et inacceptable pour moi. En revenant sur de telles rêveries, vous rendriez un dévouement mille fois téméraire, coupable peut-être. Scellons par une promesse sacrée cet engagement que je prends d'être votre sœur, votre amie, votre consolatrice, quand vous serez disposé à m'ouvrir votre cœur, votre garde-malade, quand la souffrance vous rendra sombre et taciturne. Jurez que vous ne verrez pas en moi autre chose, et que vous ne m'aimerez pas autrement.

— Femme généreuse, dit Albert en pâlissant, tu comptes bien sur mon courage, et tu connais bien mon amour, en me demandant une pareille promesse. Je serais capable de mentir pour la première fois de ma vie; je pourrais m'avilir jusqu'à prononcer un faux serment, si tu l'exigeais de moi. Mais tu ne l'exigeras pas, Consuelo; tu comprendras ce que serait mettre dans ma vie une agitation nouvelle, et dans ma conscience un remords qui ne l'a pas encore souillée. Ne t'inquiète pas de la manière dont je t'aime, je l'ignore tout le premier; seulement, je sens que redire le nom d'amour à cette affection serait dire un blasphème. Je me soumets à tout le reste: j'accepte ta pitié, tes soins, ta bonté, ton amitié paisible; je ne te parlerai de mon amour que comme tu le permettras; je ne te dirai pas une seule parole qui te trouble; je n'aurai pas pour toi un seul regard qui doive faire baisser tes yeux; je ne toucherai jamais ta main, si le contact de la mienne te déplaît; je n'effleurerai pas même ton vêtement, si tu crains d'être flétrie par mon souffle. Mais tu aurais tort de me traiter avec cette méfiance, et tu ferais mieux d'entretenir en moi cette douceur d'émotions qui me vivifie, et dont tu ne peux rien craindre. Je comprends bien que ta pudeur s'alarmerait de l'expression d'un amour que tu ne veux point partager; je sais que ta fierté repousserait les témoignages d'une passion que tu ne veux ni provoquer ni encourager. Sois donc tranquille, et jure sans crainte d'être ma sœur et ma consolatrice: je jure d'être ton frère et ton serviteur. Ne m'en demande pas davantage; je ne serai ni indiscret ni importun. Il me suffira que tu saches que tu peux me commander et me gouverner despotiquement... comme on ne gouverne pas un frère, mais comme on dispose d'un être qui s'est donné à vous tout entier et pour toujours. »

XLV.

Ce langage rassurait Consuelo sur le présent, mais ne la laissait pas sans appréhension pour l'avenir. L'abnégation fanatique d'Albert prenait sa source dans une passion profonde et invincible, sur laquelle le sérieux de son caractère, et l'expression solennelle de sa physionomie, ne pouvaient laisser aucun doute. Consuelo, interdite, quoique doucement émue, se demandait si elle pourrait continuer à consacrer ses soins à cet homme épris d'elle sans réserve et sans détour. Elle n'avait jamais traité légèrement dans sa pensée ces sortes de relations, et elle voyait qu'avec Albert aucune femme n'eût pu les braver sans de graves conséquences. Elle ne doutait ni de sa loyauté ni de ses promesses; mais le calme qu'elle s'était flattée de lui rendre devait être inconciliable avec un amour si ardent, et l'impossibilité où elle se voyait d'y répondre. Elle lui tendit la main en soupirant, et resta pensive, les yeux attachés à terre, plongée dans une méditation mélancolique.

« Albert, lui dit-elle enfin en relevant ses regards sur lui, et en trouvant les siens remplis d'une attente pleine d'angoisse et de douleur, vous ne me connaissez pas, quand vous voulez me charger d'un rôle qui me convient si peu. Une femme capable d'en abuser serait seule capable de l'accepter. Je ne suis ni coquette ni orgueilleuse, je ne crois pas être vaine, et je n'ai aucun esprit de domination. Votre amour me flatterait, si je pouvais le partager; et si cela était, je vous le dirais tout de suite. Vous affliger par l'assurance réitérée du contraire est, dans la situation où je vous trouve, un acte de cruauté froide que vous auriez bien dû m'épargner, et qui m'est cependant imposé par ma conscience, quoique mon cœur le déteste, et se déchire dans l'accomplissant. Plaignez-moi d'être forcée de vous affliger, de vous offenser, peut-être, en un moment où je voudrais donner ma vie pour vous rendre le bonheur et la santé.

— Je le sais, enfant sublime, répondit Albert avec un triste sourire. Tu es si bonne et si grande, que tu donnerais ta vie pour le dernier des hommes; mais ta conscience, je sais bien qu'elle ne pliera pour personne. Ne crains donc pas de m'offenser, en me dévoilant cette rigidité que j'admire, cette froideur stoïque que ta vertu conserve au milieu de la plus touchante pitié. Quant à m'affliger, cela n'est pas en ton pouvoir, Consuelo. Je ne me suis point fait d'illusions; je suis habitué aux plus atroces douleurs; je sais que ma vie est dévouée aux sacrifices les plus cuisants. Ne me traite donc pas comme un homme faible, comme un enfant sans cœur et sans fierté, en me répétant ce que je sais de reste, que tu n'auras jamais d'amour pour moi. Je sais toute ta vie, Consuelo, bien que je ne connaisse ni ton nom, ni ta famille, ni aucun fait matériel qui te concerne. Je sais l'histoire de ton âme; le reste ne m'intéresse pas. Tu as aimé, tu aimes encore, et tu aimeras toujours un être dont je ne sais rien, dont je ne veux rien savoir, et auquel je ne te disputerai que si tu me l'ordonnes. Mais sache, Consuelo, que tu ne seras jamais à lui, ni à moi, ni à toi-même. Dieu t'a réservé une existence à part, dont je ne cherche ni ne prévois les circonstances, mais dont je connais le but et la fin. Esclave et victime de la grandeur d'âme, tu n'en recueilleras jamais d'autre récompense en cette vie que la conscience de ta force et le sentiment de ta bonté. Malheureuse au dire du monde, tu seras, en dépit de tout, la plus calme et la plus heureuse des créatures humaines, parce que tu seras toujours la plus juste et la meilleure. Car les méchants et les lâches sont seuls à plaindre, ô ma sœur chérie, et la parole du Christ sera vraie, tant que l'humanité sera injuste et aveugle : *Heureux ceux qui sont persécutés!* heureux ceux qui pleurent et qui travaillent dans la peine! »

La force et la dignité qui rayonnaient sur le front large et majestueux d'Albert exercèrent en ce moment une si puissante fascination sur Consuelo, qu'elle oublia ce rôle de fière souveraine et d'amie austère qui lui était imposé, pour se courber sous la puissance de cet homme inspiré par la foi et l'enthousiasme. Elle se soutenait à peine, encore brisée par la fatigue, et toute vaincue par l'émotion. Elle se laissa glisser sur ses genoux, déjà pliés par l'engourdissement de la lassitude, et, joignant les mains, elle se mit à prier tout haut avec effusion.

« Si c'est toi, mon Dieu, s'écria-t-elle, qui mets cette prophétie dans la bouche d'un saint, que ta volonté soit faite et qu'elle soit bénie! Je t'ai demandé le bonheur dans mon enfance, sous une face riante et puérile, tu me le réservais sous une face rude et sévère, que je ne pouvais pas comprendre. Fais que mes yeux s'ouvrent et que mon cœur se soumette. Cette destinée qui me semblait si injuste et qui se révèle peu à peu, je saurai l'accepter, mon Dieu, et ne te demander que ce que l'homme a le droit d'attendre de ton amour et de ta justice : la foi, l'espérance et la charité. »

En priant ainsi, Consuelo se sentit baignée de larmes. Elle ne chercha point à les retenir. Après tant d'agitation et de fièvre, elle avait besoin de cette crise, qui la soulagea en l'affaiblissant encore. Albert pria et pleura avec elle, en bénissant ces larmes qu'il avait si longtemps versées dans la solitude, et qui se mêlaient enfin à celles d'un être généreux et pur.

« Et maintenant, lui dit Consuelo en se relevant, c'est assez penser à nous-mêmes. Il est temps de nous occuper des autres, et de nous rappeler nos devoirs. J'ai promis de vous ramener à vos parents, qui gémissent dans la désolation, et qui déjà prient pour vous comme pour un mort. Ne voulez-vous pas leur rendre le repos et la joie, mon cher Albert? Ne voulez-vous pas me suivre?

— Déjà! s'écria le jeune comte avec amertume; déjà nous séparer! déjà quitter cet asile sacré où Dieu seul est entré entre nous, cette cellule que je chéris depuis que tu m'y es apparue, ce sanctuaire d'un bonheur que je ne retrouverai peut-être jamais, pour rentrer dans la vie froide et fausse des préjugés et des convenances! Ah! pas encore, mon âme, ma vie! encore un jour, encore un siècle de délices. Laisse-moi oublier ici qu'il existe un monde de mensonge et d'iniquité, qui me poursuit comme un rêve funeste; laisse-moi revenir lentement et par degrés à ce qu'ils appellent la raison. Je ne me sens pas encore assez fort pour supporter la vue de leur soleil et le spectacle de leur démence. J'ai besoin de te contempler, de t'écouter encore. D'ailleurs je n'ai jamais quitté ma retraite par une résolution soudaine et sans de longues réflexions; ma retraite affreuse et bienfaisante, lieu d'expiation terrible et salutaire, où j'arrive en courant et sans détourner la tête, où je me plonge avec une joie sauvage, et dont je m'éloigne toujours avec des hésitations trop fondées et des regrets trop durables! Tu ne sais pas quels liens puissants m'attachent à cette prison volontaire, Consuelo! tu ne sais pas qu'il y a ici un moi que j'y laisse, et qui est le véritable Albert, et qui n'en saurait sortir; un moi que j'y retrouve toujours, et dont le spectre me rappelle et m'obsède quand je suis ailleurs. Ici est ma conscience, ma foi, ma lumière, ma vie sérieuse en un mot. J'y apporte le désespoir, la peur, la folie; elles s'y acharnent souvent après moi, et m'y livrent une lutte effroyable. Mais vois-tu, derrière cette porte, il y a un tabernacle où je les dompte et où je me retrempe. J'y entre souillé et assailli par le vertige; j'en sors purifié, et nul ne sait au prix de quelles tortures j'en rapporte la patience et la soumission. Ne m'arrache pas d'ici, Consuelo; permets que je m'en éloigne à pas lents et après avoir prié.

— Entrons-y, et prions ensemble, dit Consuelo. Nous partirons aussitôt après. L'heure s'avance, le jour est peut-être près de paraître. Il faut qu'on ignore le chemin qui vous ramène au château, il faut qu'on ne vous voie pas rentrer, il faut peut-être aussi qu'on ne nous voie pas rentrer ensemble : car je ne veux pas trahir le secret de votre retraite, Albert, et jusqu'ici nul ne se doute de ma découverte. Je ne veux pas être interrogée, je ne veux pas mentir. Il faut que j'aie le droit de me renfermer dans un respectueux silence vis-à-vis de vos parents, et de leur laisser croire que mes promesses n'étaient que des pressentiments et des rêves. Si on me voyait revenir avec vous, ma discrétion passerait pour de la révolte; et quoique je sois capable de tout braver pour vous, Albert, je ne veux pas sans nécessité m'aliéner la confiance et l'affection de votre famille. Hâtons-nous donc; je suis épuisée de fatigue, et si je demeurais plus longtemps ici, je pourrais perdre le reste de force dont j'ai besoin pour faire ce nouveau trajet. Allons, priez, vous dis-je, et partons.

— Tu es épuisée de fatigue! repose-toi donc ici, ma bien-aimée! Dors, je veillerai sur toi religieusement; ou ma présence t'inquiète, tu m'enfermeras dans la grotte voisine. Tu mettras cette porte de fer entre toi et moi; et tant que tu ne me rappelleras pas, je prierai pour toi dans *mon église*.

— Et pendant que vous prierez, pendant que je me livrerai au repos, votre père subira encore de longues heures d'agonie, pâle et immobile, comme je l'ai vu une fois, courbé sous la vieillesse et la douleur, pressant de ses genoux affaiblis le pavé de son oratoire, et semblant attendre que la nouvelle de votre mort vienne lui arracher son dernier souffle! Et votre pauvre tante s'agitera dans une sorte de fièvre à monter sur tous les donjons pour vous chercher des yeux sur les sentiers de la montagne! Et ce matin encore on s'abordera dans le château, et on se séparera le soir avec le désespoir dans les yeux et la mort dans l'âme! Albert, vous n'aimez donc pas vos parents, puisque vous les faites languir et souffrir ainsi sans pitié ou sans remords?

— Consuelo, Consuelo! s'écria Albert en paraissant sortir d'un songe, ne parle pas ainsi, tu me fais un mal affreux. Quel crime ai-je donc commis? quels désastres ai-je donc causés? pourquoi sont-ils si inquiets? Combien d'heures se sont donc écoulées depuis celle où je les ai quittés?

— Vous demandez combien d'heures! demandez combien de jours, combien de nuits, et presque combien de semaines!

— Des jours, des nuits! Taisez-vous, Consuelo, ne m'apprenez pas mon malheur! Je savais bien que je perdais ici la juste notion du temps, et que la mémoire de ce qui se passe sur la face de la terre n'y descendait point dans ce sépulcre... Mais je ne croyais pas que la durée de cet oubli et de cette ignorance pût être comptée par jours et par semaines.

— N'est-ce pas un oubli volontaire, mon ami? Rien ne vous rappelle ici les jours qui s'effacent et se renouvellent, d'éternelles ténèbres y entretiennent la nuit. Vous n'avez même pas, je crois, un sablier pour compter les heures. Ce soin d'écarter les moyens de mesurer le temps n'est-il pas une précaution farouche pour échapper aux cris de la nature et aux reproches de la conscience?

— Je l'avoue, j'ai besoin d'abjurer, quand je viens ici, tout ce qu'il y a en moi de purement humain. Mais je ne savais pas, mon Dieu! que la douleur et la méditation pussent absorber mon âme au point de me faire paraître indistinctement les heures longues comme des jours, ou les jours rapides comme des heures. Quel homme suis-je donc, et comment ne m'a-t-on jamais éclairé sur cette nouvelle disgrâce de mon organisation?

— Cette disgrâce est, au contraire, la preuve d'une grande puissance intellectuelle, mais détournée de son emploi et consacrée à de funestes préoccupations. On s'est imposé de vous cacher les maux dont vous êtes la cause; on a cru devoir respecter votre souffrance en vous taisant celle d'autrui. Mais, selon moi, c'était vous traiter avec trop peu d'estime, c'était douter de votre cœur; et moi qui n'en doute pas, Albert, je ne vous cache rien.

— Partons! Consuelo, partons! dit Albert en jetant précipitamment son manteau sur ses épaules. Je suis un malheureux! J'ai fait souffrir mon père que j'adore, ma tante que je chéris! Je suis à peine digne de les revoir! Ah! plutôt que de renouveler de pareilles cruautés, je m'imposerais le sacrifice de ne jamais revenir ici! Mais non, je suis heureux; car j'ai rencontré un cœur ami, pour m'avertir et me réhabiliter. Quelqu'un enfin m'a dit la vérité sur moi-même, et me la dira toujours, n'est-ce pas, ma sœur chérie?

— Toujours, Albert, je vous le jure.

— Bonté divine! et l'être qui vient à mon secours est celui-là seul que je puis écouter et croire! Dieu sait ce qu'il fait! Ignorant ma folie, j'ai toujours accusé celle des autres. Hélas! mon noble père, lui-même, m'aurait appris ce que vous venez de m'apprendre, Consuelo, que je ne l'aurais pas cru! C'est que vous êtes la vérité et la vie, c'est que vous seule pouvez porter en moi la conviction, et donner à mon esprit troublé la sécurité céleste qui émane de vous.

— Partons, dit Consuelo en l'aidant à agrafer son manteau, que sa main convulsive et distraite ne pouvait fixer sur son épaule.

— Oui, partons, dit-il en la regardant d'un œil attendri remplir ce soin amical; mais auparavant, jure-moi, Consuelo, que si je reviens ici, tu ne m'y abandonneras pas; jure que tu viendras m'y chercher encore, fût-ce pour m'accabler de reproches, pour m'appeler ingrat, parricide, et me dire que je suis indigne de ta sollicitude. Oh! ne me laisse plus en proie à moi-même! tu vois bien que tu as tout pouvoir sur moi, et qu'un mot de ta bouche me persuade et me guérit mieux que ne feraient des siècles de méditation et de prière.

— Vous allez le jurer, vous, lui répondit Consuelo en appuyant sur ses deux épaules ses mains enhardies par l'épaisseur du manteau, et en lui souriant avec expansion, de ne jamais revenir ici sans moi!

— Tu y reviendras donc avec moi, s'écria-t-il en la regardant avec ivresse, mais sans oser l'entourer de ses bras : jure-le-moi, et moi je fais le serment de ne jamais quitter le toit de mon père sans ton ordre ou ta permission.

— Eh bien, que Dieu entende et reçoive cette mutuelle promesse, répondit Consuelo transportée de joie. Nous reviendrons prier dans *votre église*, Albert, et vous m'enseignerez à prier; car personne ne me l'a appris, et j'ai de connaître Dieu un besoin qui me consume. Vous me révélerez le ciel, mon ami, et moi je vous rappellerai, quand il le faudra, les choses terrestres et les devoirs de la vie humaine.

— Divine sœur! dit Albert, les yeux noyés de larmes délicieuses, va! je n'ai rien à t'apprendre, et c'est toi qui dois me confesser, me connaître, et me régénérer! C'est toi qui m'enseigneras tout, même la prière. Ah! je n'ai plus besoin d'être seul pour élever mon âme à Dieu. Je n'ai plus besoin de me prosterner sur les ossements de mes pères, pour comprendre et sentir l'immortalité. Il me suffit de te regarder pour que mon âme vivifiée monte vers le ciel comme un hymne de reconnaissance et un encens de purification. »

Consuelo l'entraîna; elle-même ouvrit et referma les portes.

« A moi, Cynabre! » dit Albert à son fidèle compagnon en lui présentant une lanterne, mieux construite que celle dont s'était munie Consuelo, et mieux appropriée au genre de voyage qu'elle devait protéger.

L'animal intelligent prit d'un air de fierté satisfaite l'anse du fanal, et se mit à marcher en avant d'un pas égal, s'arrêtant chaque fois que son maître s'arrêtait, hâtant ou ralentissant son allure au gré de la sienne, et gardant le milieu du chemin, pour ne jamais compromettre son précieux dépôt en le heurtant contre les rochers et les broussailles.

Consuelo avait bien de la peine à marcher; elle se sentait brisée; et sans le bras d'Albert, qui la soutenait et l'enlevait à chaque instant, elle serait tombée dix fois.

Ils redescendirent ensemble le courant de la source, en côtoyant ses marges gracieuses et fraîches.

« C'est Zdenko, lui dit Albert, qui soigne avec amour la naïade de ces grottes mystérieuses. Il aplanit son lit souvent encombré de gravier et de coquillages. Il entretient les pâles fleurs qui naissent sous ses pas, et les protège contre ses embrassements parfois un peu rudes. »

Consuelo regarda le ciel à travers les fentes du rocher. Elle vit briller une étoile.

« C'est Aldébaram, l'étoile des Zingari, lui dit Albert. Le jour ne paraîtra que dans une heure.

— C'est mon étoile, répondit Consuelo; car je suis, non de race, mais de condition, une sorte de Zingara, mon cher comte. Ma mère ne portait pas d'autre nom à Venise, quoiqu'elle se révoltât contre cette appellation, injurieuse, selon ses préjugés espagnols. Et moi j'étais, je suis encore connue dans ce pays-là, sous le titre de Zingarella.

— Que n'es-tu en effet un enfant de cette race persécutée! répondit Albert : je t'aimerais encore davantage, s'il était possible! »

Consuelo, qui avait cru bien faire en rappelant au comte de Rudolstadt la différence de leurs origines et de leurs conditions, se souvint de ce qu'Amélie lui avait appris des sympathies d'Albert pour les pauvres et les vagabonds. Elle craignit de s'être abandonnée involontairement à un sentiment de coquetterie instinctive, et garda le silence.

Mais Albert le rompit au bout de quelques instants.

« Ce que vous venez de m'apprendre, dit-il, a réveillé en moi, par je ne sais quel enchaînement d'idées, un souvenir de ma jeunesse, assez puéril, mais qu'il faut que je vous raconte, parce que, depuis que je vous ai vue, il s'est présenté plusieurs fois à ma mémoire avec une sorte d'insistance. Appuyez-vous sur moi davantage, pendant que je vous parlerai, chère sœur.

« J'avais environ quinze ans; je revenais seul, un soir, par un de ces sentiers qui côtoient le Schreckenstein, et qui serpentent sur les collines, dans la direction du château. Je vis devant moi une femme grande et maigre, misérablement vêtue, qui portait un fardeau sur ses épaules, et qui s'arrêtait de roche en roche pour s'asseoir et reprendre haleine. Je l'abordai. Elle était belle, quoique hâlée par le soleil et flétrie par la misère et le souci. Il y avait sous ses haillons une sorte de fierté douloureuse; et lorsqu'elle me tendit la main, elle eut l'air de commander à ma pitié plutôt que de l'implorer. Je n'avais plus rien dans ma bourse, et je la priai de venir avec moi jusqu'au château, où je pourrais lui offrir des secours, des aliments, et un gîte pour la nuit.

« — Je l'aime mieux ainsi, me répondit-elle avec un accent étranger que je pris pour celui des vagabonds égyptiens; car je ne savais pas à cette époque les langues que j'ai apprises depuis dans mes voyages. Je pourrai, ajouta-t-elle, vous payer l'hospitalité que vous m'offrez, en vous faisant entendre quelques chansons des divers pays que j'ai parcourus. Je demande rarement l'aumône; il faut que j'y sois forcée par une extrême détresse.

« — Pauvre femme! lui dis-je, vous portez un fardeau bien lourd; vos pauvres pieds presque nus sont blessés. Donnez-moi ce paquet, je le porterai jusqu'à ma demeure, et vous marcherez plus librement.

« — Ce fardeau devient tous les jours plus pesant, répondit-elle avec un sourire mélancolique qui l'embellit tout à fait; mais je ne m'en plains pas. Je le porte depuis plusieurs années, et j'ai fait des centaines de lieues avec lui sans regretter ma peine. Je ne le confie jamais à personne; mais vous avez l'air d'un enfant si bon, que je vous le prêterai jusque là-bas.

« A ces mots, elle ôta l'agrafe du manteau qui la couvrait tout entière, et ne laissait passer que la manche de sa guitare. Je vis alors un enfant de cinq à six ans, pâle et hâlé comme sa mère, mais d'une physionomie douce et calme qui me remplit le cœur d'attendrissement. C'était une petite fille toute déguenillée, maigre, mais forte, et qui dormait du sommeil des anges sur ce dos brûlant et brisé de la chanteuse ambulante. Je la pris dans mes bras, et j'eus bien de la peine à l'y garder; car, en s'éveillant, et en se voyant sur un sein étranger, elle se débattit et pleura. Mais sa mère lui parla dans sa langue pour la rassurer. Mes caresses et mes soins la consolèrent, et nous étions les meilleurs amis du monde en arrivant au château. Quand la pauvre femme eut soupé, elle coucha son enfant dans un lit que je lui avais fait préparer, fit une espèce de toilette bizarre, plus triste encore que ses haillons, et vint dans la salle où nous mangions, chanter des romances espagnoles, françaises et allemandes, avec une belle voix, un accent ferme, et une franchise de sentiment qui nous charmèrent. Ma bonne tante eut pour elle mille soins et mille attentions. Elle y parut sensible, mais ne dépouilla pas sa fierté, et ne fit à nos questions que des réponses évasives. Son enfant m'intéressait plus qu'elle encore. J'aurais voulu le revoir, l'amuser, et même le garder. Je ne sais quelle tendre sollicitude s'éveillait en moi pour ce pauvre petit être, voyageur et misérable sur la terre. Je rêvai de lui toute la nuit, et dès le matin je courus pour le voir. Mais déjà la Zingara était partie, et je gravis la montagne sans pouvoir la découvrir. Elle s'était levée avant le jour, et avait pris la route du sud, avec son enfant et ma guitare, que je lui avais donnée, la sienne étant brisée à son grand regret.

— Albert! Albert! s'écria Consuelo saisie d'une émotion extraordinaire. Cette guitare est à Venise chez mon maître Porpora, qui me la conserve, et à qui je la redemanderai pour ne jamais m'en séparer. Elle est en ébène, avec un chiffre incrusté en argent, un chiffre que je me rappelle bien : « A. R. » Ma mère, qui manquait de mémoire, pour avoir vu trop de choses, ne se souvenait ni de votre nom, ni de celui de votre château, ni même du pays où cette aventure lui était arrivée. Mais elle m'a souvent parlé de l'hospitalité qu'elle avait reçue chez le possesseur de cette guitare, et de la charité touchante d'un jeune et beau seigneur qui m'avait portée dans ses bras pendant une demi-lieue, en causant avec elle comme avec son égale. O mon cher Albert! je me souviens aussi de tout cela! A chaque parole de votre récit, ces images, longtemps assoupies dans mon cerveau, se sont réveillées une à une; et voilà pourquoi vos montagnes ne pouvaient pas sembler absolument nouvelles à mes yeux; voilà pourquoi je m'efforçais en vain de savoir la cause des souvenirs confus qui venaient m'assaillir dans ce paysage; voilà pourquoi surtout j'ai senti pour vous, à la première vue, mon cœur tressaillir et mon front s'incliner respectueusement, comme si j'eusse retrouvé un ami et un protecteur longtemps perdu et regretté.

— Crois-tu donc, Consuelo, lui dit Albert en la pressant contre son sein, que je ne t'aie pas reconnue dès le premier instant? En vain tu as grandi, en vain tu t'es transformée et embellie avec les années. J'ai une mémoire (présent merveilleux, quoique souvent funeste!) qui n'a pas besoin des yeux et des paroles pour s'exercer à travers l'espace des siècles et des jours. Je ne savais pas que tu étais ma Zingarella chérie; mais je savais bien que je t'avais déjà connue, déjà aimée, déjà pressée sur mon cœur, qui, dès ce moment, s'est attaché et identifié au tien, à mon insu, pour toute ma vie. »

XLVI.

En parlant ainsi, ils arrivèrent à l'embranchement des deux routes où Consuelo avait rencontré Zdenko, et de loin ils aperçurent la lueur de sa lanterne, qu'il avait posée à terre à côté de lui. Consuelo, connaissant désormais les caprices dangereux et la force athlétique de l'*innocent*, se pressa involontairement contre Albert, en signalant cet indice de son approche.

« Pourquoi craignez-vous cette douce et affectueuse créature? lui dit le jeune comte, surpris et heureux pourtant de cette frayeur. Zdenko vous chérit, quoique depuis la nuit dernière un mauvais rêve qu'il a fait l'ait rendu récalcitrant à mes désirs, et un peu hostile au généreux projet que vous formiez de venir me chercher : mais il a la soumission d'un enfant dès que j'insiste auprès de lui, et vous allez le voir à vos pieds si je dis un mot.

— Ne l'humiliez pas devant moi, répondit Consuelo; n'aggravez pas l'aversion que je lui inspire. Quand nous l'aurons dépassé, je vous dirai quels motifs sérieux j'ai de le craindre et de l'éviter désormais.

— Zdenko est un être quasi céleste, reprit Albert, et je ne pourrai jamais le croire redoutable pour qui que ce soit. Son état d'extase perpétuelle lui donne la pureté et la charité des anges.

— Cet état d'extase que j'admire moi-même, Albert, est une maladie quand il se prolonge. Ne vous abusez pas à cet égard. Dieu ne veut pas que l'homme abjure ainsi le sentiment et la conscience de sa vie réelle pour s'élever trop souvent à de vagues conceptions d'un monde idéal. La démence et la fureur sont au bout de ces sortes d'ivresses, comme un châtiment de l'orgueil et de l'oisiveté.

Cynabre s'arrêta devant Zdenko, et le regarda d'un air affectueux, attendant quelque caresse que cet ami ne daigna pas lui accorder. Il avait la tête dans ses deux mains, dans la même attitude et sur le même rocher où Consuelo l'avait laissé. Albert lui adressa la parole en bohémien; il répondit à peine. Il secouait la tête d'un air découragé; ses joues étaient inondées de larmes, et il ne voulait pas seulement regarder Consuelo. Albert éleva la voix, et l'interpella avec force; mais il y avait plus d'exhortation et de tendresse que de commandement et de reproche dans les inflexions de sa voix. Zdenko se leva enfin, et alla tendre la main à Consuelo, qui la lui serra en tremblant.

« Maintenant, lui dit-il en allemand, en la regardant avec douceur, quoique avec tristesse, tu ne dois plus me craindre : mais tu me fais bien du mal, et je sens que ta main est pleine de nos malheurs.

Il marcha devant eux, en échangeant de temps en temps quelques paroles avec Albert. Ils suivaient la galerie solide et spacieuse que Consuelo n'avait pas encore parcourue de ce côté, et qui les conduisit à une voûte ronde, où ils retrouvèrent l'eau de la source, affluant dans un vaste bassin fait de main d'homme, et revêtu de pierres taillées. Elle s'en échappait par deux courants, dont l'un se perdait dans les cavernes, et l'autre se dirigeait vers la citerne du château. Ce fut celui-là que Zdenko ferma, en replaçant de sa main herculéenne trois énormes pierres qu'il dérangeait lorsqu'il voulait tarir la citerne jusqu'au niveau de l'arcade et de l'escalier par où l'on remontait à la terrasse d'Albert.

« Asseyons-nous ici, dit le comte à sa compagne, pour donner à l'eau du puits le temps de s'écouler par un déversoir...

— Que je connais trop bien, dit Consuelo en frissonnant de la tête aux pieds.

— Que voulez-vous dire? demanda Albert en la regardant avec surprise.

— Je vous l'apprendrai plus tard, répondit Consuelo. Je ne veux pas vous attrister et vous émouvoir maintenant par l'idée des périls que j'ai surmontés...

— Mais que veut-elle dire? s'écria Albert épouvanté, en regardant Zdenko. »

Zdenko répondit en bohémien d'un air d'indifférence, en pétrissant avec ses longues mains brunes des amas de glaise qu'il plaçait dans l'interstice des pierres de son écluse, pour hâter l'écoulement de la citerne.

« Expliquez-vous, Consuelo, dit Albert avec agitation; je ne peux rien comprendre à ce qu'il me dit. Il prétend que ce n'est pas lui qui vous a amenée jusqu'ici, que vous y êtes venue par des souterrains que je sais impénétrables, et où une femme délicate n'eût jamais osé se hasarder ni pu se diriger. Il dit (grand Dieu! que ne dit-il pas, le malheureux), que c'est le destin qui vous a conduite, et que l'archange Michel (qu'il appelle le superbe et le dominateur) vous a fait passer à travers l'eau et les abîmes.

— Il est possible, répondit Consuelo avec un sourire, que l'archange Michel s'en soit mêlé ; car il est certain que je suis venue par le déversoir de la fontaine, que j'ai devancé le torrent à la course, que je me suis crue perdue deux ou trois fois, que j'ai traversé des cavernes et des carrières où j'ai pensé devoir être étouffée ou engloutie à chaque pas ; et pourtant ces dangers n'étaient pas plus affreux que la colère de Zdenko lorsque le hasard ou la Providence m'ont fait retrouver la bonne route. »

Ici, Consuelo, qui s'exprimait toujours en espagnol avec Albert, lui raconta en peu de mots l'accueil que son pacifique Zdenko lui avait fait, et la tentative de l'enterrer vivante, qu'il avait presque entièrement exécutée, au moment où elle avait eu la présence d'esprit de l'apaiser par une phrase singulièrement hérétique. Une sueur froide ruissela sur le front d'Albert en apprenant ces détails incroyables, et il lança plusieurs fois sur Zdenko des regards terribles, comme s'il eût voulu l'anéantir. Zdenko, en les rencontrant, prit une étrange expression de révolte et de dédain. Consuelo trembla de voir ces deux insensés se tourner l'un contre l'autre ; car, malgré la haute sagesse et l'exquisité de sentiments qui inspiraient la plupart des discours d'Albert, il était bien évident pour elle que sa raison avait reçu de graves atteintes dont elle ne se relèverait peut-être jamais entièrement. Elle essaya de les réconcilier en leur disant à chacun des paroles affectueuses. Mais Albert, se levant, et remettant les clefs de son ermitage à Zdenko, lui adressa quelques mots très-froids, auxquels Zdenko se soumit à l'instant même. Il reprit sa lanterne, et s'éloigna en chantant des airs bizarres sur des paroles incompréhensibles.

« Consuelo, dit Albert lorsqu'il l'eut perdu de vue, si ce fidèle animal qui se couche à vos pieds devenait enragé ; oui, si mon pauvre Cynabre compromettait votre vie par une fureur involontaire, il me faudrait bien le tuer ; et croyez que je n'hésiterais pas, quoique ma main n'ait jamais versé de sang, même celui des êtres inférieurs à l'homme... Soyez donc tranquille, aucun danger ne vous menacera plus.

— De quoi parlez-vous, Albert ? répondit la jeune fille inquiète de cette allusion imprévue. Je ne crains plus rien. Zdenko est encore un homme, bien qu'il ait perdu la raison par sa faute peut-être, et aussi un peu par la vôtre. Ne parlez ni de sang ni de châtiment. C'est à vous de le ramener à la vérité et de le guérir au lieu d'encourager son délire. Venez, partons ; je tremble que le jour ne se lève et ne nous surprenne à notre arrivée.

— Tu as raison, dit Albert en reprenant sa route. La sagesse parle par ta bouche, Consuelo. Ma folie a été contagieuse pour cet infortuné, et il était temps que tu vinsses nous tirer de cet abîme où nous roulions tous les deux. Guéri par toi, je tâcherai de guérir Zdenko... Et si pourtant je n'y réussis point, si sa démence met encore la vie en péril, quoique Zdenko soit un homme devant Dieu, et un ange dans sa tendresse pour moi, quoiqu'il soit le seul véritable ami que j'aie eu jusqu'ici sur la terre... sois certaine, Consuelo, que je l'arracherai de mes entrailles et que tu ne le reverras jamais.

— Assez, assez, Albert ! murmura Consuelo, incapable après tant de frayeurs de supporter une frayeur nouvelle. N'arrêtez pas votre pensée sur de pareilles suppositions. J'aimerais mieux cent fois perdre la vie que de mettre dans la vôtre une nécessité et un désespoir semblables. »

Albert ne l'écoutait point, et semblait égaré. Il oubliait de la soutenir, et ne la voyait plus défaillir et se heurter à chaque pas. Il était absorbé par l'idée des dangers qu'elle avait courus pour lui ; et dans sa terreur en les retraçant, dans sa sollicitude ardente, dans sa reconnaissance exaltée, il marchait rapidement, faisant retentir le souterrain de ses exclamations entrecoupées, et la laissant se traîner derrière lui avec des efforts de plus en plus pénibles.

Dans cette situation cruelle, Consuelo pensa à Zdenko, qui était derrière elle, et qui pouvait revenir sur ses pas ; au torrent, qu'il tenait toujours pour ainsi dire dans sa main, et qu'il pouvait déchaîner encore une fois au moment où elle remonterait le puits seule et privée du secours d'Albert. Car celui-ci, en proie à une fantaisie nouvelle, semblait la voir devant lui et suivre un fantôme trompeur, tandis qu'il l'abandonnait dans les ténèbres. C'en était trop pour une femme, et pour Consuelo elle-même. Cynabre marchait aussi vite que son maître, et fuyait emportant le flambeau : Consuelo avait laissé le sien dans la cellule. Le chemin faisait des angles nombreux, derrière lesquels la clarté disparaissait à chaque instant. Consuelo heurta contre un de ces angles, tomba, et ne put se relever. Le froid de la mort parcourut tous ses membres. Une dernière appréhension se présenta rapidement à son esprit. Zdenko, pour cacher l'escalier et l'issue de la citerne, avait probablement reçu l'ordre de lâcher l'écluse après un temps déterminé. Lors même que la haine ne l'inspirerait pas, il devait obéir par habitude à cette précaution nécessaire. C'en est donc fait, pensa Consuelo en faisant de vaines tentatives pour se traîner sur ses genoux. Je suis la proie d'un destin impitoyable. Je ne sortirai plus de ce souterrain funeste ; mes yeux ne reverront plus la lumière du ciel.

Déjà un voile plus épais que celui des ténèbres extérieures s'étendait sur sa vue, ses mains s'engourdissaient, et une apathie qui ressemblait au dernier sommeil suspendait ses terreurs. Tout à coup elle se sent pressée et soulevée dans des bras puissants, qui la saisissent et l'entraînent vers la citerne. Un sein embrasé palpite contre le sien, et le réchauffe ; une voix amie et caressante lui adresse de tendres paroles ; Cynabre bondit devant elle en agitant la lumière. C'est Albert, qui, revenu à lui, l'emporte et la sauve, avec la passion d'une mère qui vient de perdre et de retrouver son enfant. En trois minutes ils arrivèrent au canal où l'eau de la source venait de s'épancher ; ils atteignirent l'arcade et l'escalier de la citerne. Cynabre, habitué à cette dangereuse ascension, s'élança le premier, comme s'il eût craint d'entraver les pas de son maître en se tenant trop près de lui. Albert, portant Consuelo d'un bras et se cramponnant de l'autre à la chaîne, remonta cette spirale au fond de laquelle l'eau s'agitait déjà pour remonter aussi. Ce n'était pas le moindre des dangers que Consuelo eût traversés ; mais elle n'avait plus peur. Albert était doué d'une force musculaire auprès de laquelle celle de Zdenko n'était qu'un jeu, et dans ce moment il était animé d'une puissance surnaturelle. Lorsqu'il déposa son précieux fardeau sur la margelle du puits, à la clarté de l'aube naissante, Consuelo respirant enfin, et se détachant de sa poitrine haletante, essuya avec son voile son large front baigné de sueur.

« Ami, lui dit-elle avec tendresse, sans vous j'allais mourir, et vous m'avez rendu tout ce que j'ai fait pour vous ; mais je sens maintenant votre fatigue plus que vous-même, et il me semble que je vais y succomber à votre place.

— O ma petite Zingarella ! lui dit Albert avec enthousiasme en baisant le voile qu'elle appuyait sur son visage, tu es aussi légère dans mes bras que le jour où je t'ai descendue du Schreckenstein pour te faire entrer dans ce château.

— D'où vous ne sortirez plus sans ma permission. Albert, n'oubliez pas vos serments !

— Ni toi les tiens, lui répondit-il en s'agenouillant devant elle. »

Il l'aida à s'envelopper avec le voile et à traverser sa chambre, d'où elle s'échappa furtive pour regagner la sienne propre. On commençait à s'éveiller dans le château. Déjà la chanoinesse faisait entendre à l'étage inférieur une toux sèche et perçante, signal de son lever. Consuelo eut le bonheur de n'être vue ni entendue de personne. La crainte lui fit retrouver des ailes pour se réfugier dans son appartement. D'une main agitée elle se débarrassa de ses vêtements souillés et déchirés, et les cacha dans un coffre dont elle ôta la clef. Elle recouvra la force et la mémoire nécessaires pour faire di pa-

Elle était belle quoique hâlée par le soleil... (Page 409.)

raître toute trace de son mystérieux voyage. Mais à peine eut-elle laissé tomber sa tête accablée sur son chevet, qu'un sommeil lourd et brûlant, plein de rêves fantastiques et d'événements épouvantables, vint l'y clouer sous le poids de la fièvre envahissante et inexorable.

XLVII.

Cependant la chanoinesse Wenceslawa, après une demi-heure d'oraisons, monta l'escalier, et, suivant sa coutume, consacra le premier soin de sa journée à son cher neveu. Elle se dirigea vers la porte de sa chambre, et colla son oreille contre la serrure, quoique avec moins d'espérance que jamais d'entendre les légers bruits qui devaient lui annoncer son retour. Quelles furent sa surprise et sa joie, lorsqu'elle saisit le son égal de sa respiration durant le sommeil ! Elle fit un grand signe de croix, et se hasarda à tourner doucement la clef dans la serrure, et à s'avancer sur la pointe du pied. Elle vit Albert paisiblement endormi dans son lit, et Cynabre couché en rond sur le fauteuil voisin. Elle n'éveilla ni l'un ni l'autre, et courut trouver le comte Christian, qui, prosterné dans son oratoire, demandait avec sa résignation accoutumée que son fils lui fût rendu, soit dans le ciel, soit sur la terre.

« Mon frère, lui dit-elle à voix basse en s'agenouillant auprès de lui, suspendez vos prières, et cherchez dans votre cœur les plus ferventes bénédictions. Dieu vous a exaucé ! »

Elle n'eut pas besoin de s'expliquer davantage. Le vieillard, se retournant vers elle, et rencontrant ses petits yeux clairs animés d'une joie profonde et sympathique, leva ses mains desséchées vers l'autel, en s'écriant d'une voix éteinte :

« Mon Dieu, vous m'avez rendu mon fils ! »

Et tous deux, par une même inspiration, se mirent à réciter alternativement à demi-voix les versets du beau cantique de Siméon : *Maintenant je puis mourir*, etc.

On résolut de ne pas réveiller Albert. On appela le baron, le chapelain, tous les serviteurs, et l'on écouta dévotement la messe d'actions de grâces dans la chapelle du château. Amélie apprit avec une joie sincère le re-

Le vieux cheval que montait le vieux serviteur, s'effraya, trébucha... (Page 115.)

tour de son cousin ; mais elle trouva fort injuste que, pour célébrer pieusement cet heureux événement, on la fît lever à cinq heures du matin pour avaler une messe durant laquelle il lui fallut étouffer bien des bâillements.

« Pourquoi votre amie, la bonne Porporina, ne s'est-elle pas unie à nous pour remercier la Providence ? dit le comte Christian à sa nièce lorsque la messe fut finie.

— J'ai essayé de la réveiller, répondit Amélie. Je l'ai appelée, secouée, et avertie de toutes les façons ; mais je n'ai jamais pu lui rien faire comprendre, ni la décider à ouvrir les yeux. Si elle n'était brûlante et rouge comme le feu, je l'aurais crue morte. Il faut qu'elle ait bien mal dormi cette nuit et qu'elle ait la fièvre.

— Elle est malade, en ce cas, cette digne personne ! reprit le vieux comte. Ma chère sœur Wenceslawa, vous devriez aller la voir et lui porter les soins que son état réclame. A Dieu ne plaise qu'un si beau jour soit attristé par la souffrance de cette noble fille!

— J'irai, mon frère, répondit la chanoinesse, qui ne disait plus un mot et ne faisait plus un pas à propos de Consuelo sans consulter les regards du chapelain. Mais ne vous tourmentez pas, Christian ; ce ne sera rien ! La signora Nina est très-nerveuse. Elle sera bientôt guérie.

— N'est-ce pas pourtant une chose bien singulière, dit-elle au chapelain un instant après, lorsqu'elle put le prendre à part, que cette fille ait prédit le retour d'Albert avec tant d'assurance et de vérité ! Monsieur le chapelain, nous nous sommes peut-être trompés sur son compte. C'est peut-être une espèce de sainte qui a des révélations?

— Une sainte serait venue entendre la messe, au lieu d'avoir la fièvre dans un pareil moment, objecta le chapelain d'un air profond. »

Cette remarque judicieuse arracha un soupir à la chanoinesse. Elle alla néanmoins voir Consuelo, et lui trouva une fièvre brûlante, accompagnée d'une somnolence invincible. Le chapelain fut appelé, et déclara qu'elle serait fort malade si cette fièvre continuait. Il interrogea la jeune baronne pour savoir si sa voisine de chambre n'avait pas eu une nuit très-agitée.

« Tout au contraire, répondit Amélie, je ne l'ai pas entendue remuer. Je m'attendais, d'après ses prédictions et les beaux contes qu'elle nous faisait depuis quelques jours, à entendre le sabbat danser dans son appartement.

Mais il faut que le diable l'ait emportée bien loin d'ici, ou qu'elle ait affaire à des lutins fort bien appris, car elle n'a pas bougé, que je sache, et mon sommeil n'a pas été troublé un seul instant. »

Ces plaisanteries parurent de fort mauvais goût au chapelain ; et la chanoinesse, que son cœur sauvait des travers de son esprit, les trouva déplacées au chevet d'une compagne gravement malade. Elle n'en témoigna pourtant rien, attribuant l'aigreur de sa nièce à une jalousie trop bien fondée ; et elle demanda au chapelain quels médicaments il fallait administrer à la Porporina.

Il ordonna un calmant, qu'il fut impossible de lui faire avaler. Ses dents étaient contractées, et sa bouche livide repoussait tout breuvage. Le chapelain prononça que c'était un mauvais signe. Mais avec une apathie malheureusement trop contagieuse dans cette maison, il remit à un nouvel examen le jugement qu'il pouvait porter sur la malade : *On verra; il faut attendre; on ne peut encore rien décider.* Telles étaient les sentences favorites de l'Esculape tonsuré.

« Si cela continue, répéta-t-il en quittant la chambre de Consuelo, il faudra *songer* à appeler un médecin ; car je ne prendrai pas sur moi de soigner un cas extraordinaire d'affection morale. Je prierai pour cette demoiselle ; et peut-être dans la situation d'esprit où elle s'est trouvée depuis ces derniers temps, devons-nous attendre de Dieu seul des secours plus efficaces que ceux de l'art. »

On laissa une servante auprès de Consuelo, et on alla se préparer à déjeuner. La chanoinesse pétrit elle-même le plus beau gâteau qui fût jamais sorti de ses mains savantes. Elle se flattait qu'Albert, après un long jeûne, mangerait avec plaisir ce mets favori. La belle Amélie fit une toilette éblouissante de fraîcheur, en se disant que son cousin aurait peut-être quelque regret de l'avoir offensée et irritée quand il la retrouverait si séduisante. Chacun songeait à ménager quelque agréable surprise au jeune comte ; et l'on oublia le seul être dont on eût dû s'occuper, la pauvre Consuelo, à qui on était redevable de son retour, et qu'Albert allait être impatient de revoir.

Albert s'éveilla bientôt, et au lieu de faire d'inutiles efforts pour se rappeler les événements de la veille, comme il lui arrivait toujours après les accès de démence qui le conduisaient à sa demeure souterraine, il retrouva promptement la mémoire de son amour et du bonheur que Consuelo lui avait donné. Il se leva à la hâte, s'habilla, se parfuma, et courut se jeter dans les bras de son père et de sa tante. La joie de ces bons parents fut portée au comble lorsqu'ils virent qu'Albert jouissait de toute sa raison, qu'il avait conscience de sa longue absence, et qu'il leur en demandait pardon avec une ardente tendresse, leur promettant de ne plus leur causer jamais ce chagrin et ces inquiétudes. Il vit les transports qu'excitait ce retour au sentiment de la réalité. Mais il remarqua les ménagements qu'on s'obstinait à garder pour lui cacher sa position, et il se sentit un peu humilié de se voir traité encore comme un enfant, lorsqu'il se sentait redevenu un homme. Il se soumit à ce châtiment trop léger pour le mal qu'il avait causé, en se disant que c'était un avertissement salutaire, et que Consuelo lui saurait gré de le comprendre et de l'accepter.

Lorsqu'il s'assit à table, au milieu des caresses, des larmes de bonheur, et des soins empressés de sa famille, il chercha des yeux avec anxiété celle qui était devenue nécessaire à sa vie et à son repos. Il vit sa place vide, et n'osa demander pourquoi la Porporina ne descendait pas. Cependant la chanoinesse, qui le voyait tourner la tête et tressaillir chaque fois qu'on ouvrait les portes, crut devoir éloigner de lui toute inquiétude en lui disant que leur jeune hôtesse avait mal dormi, qu'elle se reposait, et souhaitait garder le lit une partie de la journée.

Albert comprit bien que sa libératrice devait être accablée de fatigue, et néanmoins l'effroi se peignit sur son visage à cette nouvelle.

« Ma tante, dit-il, ne pouvant contenir plus longtemps son émotion, je pense que si la fille adoptive du Porpora était sérieusement indisposée, nous ne serions pas tous ici, occupés tranquillement à manger et à causer autour d'une table.

— Rassurez-vous donc, Albert, dit Amélie en rougissant de dépit, la Nina est occupée à rêver de vous, et à augurer votre retour qu'elle attend en dormant, tandis que nous le fêtons ici dans la joie. »

Albert devint pâle d'indignation, et lançant à sa cousine un regard foudroyant :

« Si quelqu'un ici m'a attendu en dormant, dit-il, ce n'est pas la personne que vous nommez qui doit en être remerciée ; la fraîcheur de vos joues, ma belle cousine, atteste que vous n'avez pas perdu en mon absence une heure de sommeil, et que vous ne sauriez avoir en ce moment aucun besoin de repos. Je vous en rends grâce de tout mon cœur ; car il me serait très-pénible de vous en demander pardon comme j'en demande pardon, avec honte et douleur à tous les autres membres et amis de ma famille.

— Grand merci de l'exception, repartit Amélie, vermeille de colère : je m'efforcerai de la mériter toujours, en gardant mes veilles et mes soucis pour quelqu'un qui puisse m'en savoir gré, et ne pas s'en faire un jeu. »

Cette petite altercation, qui n'était pas nouvelle entre Albert et sa fiancée, mais qui n'avait jamais été aussi vive de part et d'autre, jeta, malgré tous les efforts qu'on fit pour le distraire d'Albert, de la tristesse et de la contrainte sur le reste de la matinée. La chanoinesse alla voir plusieurs fois sa malade, et la trouva toujours plus brûlante et plus accablée. Amélie, que l'inquiétude d'Albert blessait comme une injure personnelle, alla pleurer dans sa chambre. Le chapelain se prononça au point de dire à la chanoinesse qu'il faudrait envoyer chercher un médecin le soir, si la fièvre ne cédait pas. Le comte Christian retint son fils auprès de lui, pour le distraire d'une sollicitude qu'il ne comprenait pas et qu'il croyait encore maladive. Mais en l'enchaînant à ses côtés par des paroles affectueuses, le bon vieillard ne sut pas trouver le moindre sujet de conversation et d'épanchement avec cet esprit qu'il n'avait jamais voulu sonder, dans la crainte d'être vaincu et dominé par une raison supérieure à la sienne en matière de religion. Il est bien vrai que le comte Christian appelait folie et révolte cette vive lumière qui perçait au milieu des bizarreries d'Albert, et dont les faibles yeux d'un rigide catholique n'eussent pu soutenir l'éclat ; mais il se raidissait contre la sympathie qui l'excitait à l'interroger sérieusement. Chaque fois qu'il avait essayé de redresser ses hérésies, il avait été réduit au silence par des arguments pleins de droiture et de fermeté. La nature ne l'avait point fait éloquent. Il n'avait pas cette faconde animée qui entretient la controverse, encore moins ce charlatanisme de discussion qui, à défaut de logique, en impose par un air de science et les fanfaronnades de certitude. Naïf et modeste, il se laissait fermer la bouche ; il se reprochait de n'avoir pas mis à profit les années de sa jeunesse pour s'instruire de ces choses profondes qu'Albert lui opposait ; et, certain qu'il y avait dans les abîmes de la science théologique des trésors de vérité, dont un plus habile et plus érudit que lui eût pu écraser l'hérésie d'Albert, il se cramponnait à sa foi ébranlée, se rejetant, pour se dispenser d'agir plus énergiquement, sur son ignorance et sa simplicité, qui enorgueillissaient trop le rebelle et lui faisaient ainsi plus de mal que de bien.

Leur entretien, vingt fois interrompu par une sorte de crainte mutuelle, et vingt fois repris avec effort de part et d'autre, finit donc par tomber de lui-même. Le vieux Christian s'assoupit sur son fauteuil, et Albert le quitta pour aller s'informer de l'état de Consuelo, qui l'alarmait d'autant plus qu'on faisait plus d'efforts pour le lui cacher.

Il passa plus de deux heures à errer dans les corridors du château, guettant la chanoinesse et le chapelain au passage pour leur demander des nouvelles. Le chapelain s'obstinait à lui répondre avec concision et réserve ; la chanoinesse se composait un visage riant dès qu'elle l'apercevait, et affectait de lui parler d'autre chose, pour le tromper par une apparence de sécurité. Mais Albert voyait bien qu'elle commençait à se tourmenter sérieusement, qu'elle faisait des voyages toujours plus fréquents à la chambre de Consuelo ; et il remarquait qu'on ne craignait pas d'ouvrir et de fermer à chaque instant les portes, comme si ce sommeil prétendu paisible et nécessaire, n'eût pu être troublé par le bruit et l'agitation. Il s'enhardit jusqu'à approcher de cette chambre où il eût donné sa vie pour pénétrer un seul instant. Elle était précédée d'une première pièce, et séparée du corridor par deux portes épaisses qui ne laissaient de passage ni à l'œil ni à l'oreille. La chanoinesse, remarquant cette tentative, avait tout fermé et verrouillé, et ne se rendait plus auprès de la malade qu'en passant par la chambre d'Amélie qui y était contiguë, et où Albert n'eût été chercher des renseignements qu'avec une mortelle répugnance. Enfin, le voyant exaspéré, et craignant le retour de son mal, elle prit sur elle de mentir ; et, tout en demandant pardon à Dieu dans son cœur, elle lui annonça que la malade allait beaucoup mieux, et qu'elle se promettait de descendre pour dîner avec la famille.

Albert ne se méfia pas des paroles de sa tante, dont les lèvres pures n'avaient jamais offensé la vérité ouvertement comme elles venaient de le faire ; et il alla retrouver le vieux comte, en hâtant de tous ses vœux l'heure qui devait lui rendre Consuelo et le bonheur.

Mais cette heure sonna en vain ; Consuelo ne parut point. La chanoinesse, faisant de rapides progrès dans l'art du mensonge, raconta qu'elle s'était levée, mais qu'elle s'était sentie un peu faible, et avait préféré dîner dans sa chambre. On feignit même de lui envoyer une part choisie des mets les plus délicats. Ces ruses triomphèrent de l'effroi d'Albert. Quoiqu'il éprouvât une tristesse accablante et comme un pressentiment d'un malheur inouï, il se soumit, et fit des efforts pour paraître calme.

Le soir, Wenceslawa vint, avec un air de satisfaction qui n'était presque plus joué, dire que la Porporina était mieux ; qu'elle n'avait plus le teint animé, que son pouls était plutôt faible que plein, et qu'elle passerait certainement une excellente nuit. « Pourquoi donc suis-je glacé de terreur, malgré les bonnes nouvelles ? » pensa le jeune comte en prenant congé de ses parents à l'heure accoutumée.

Le fait est que la bonne chanoinesse, qui, malgré sa maigreur et sa difformité, n'avait jamais été malade de sa vie, n'entendait rien du tout aux maladies des autres. Elle voyait Consuelo passer d'une rougeur dévorante à une pâleur bleuâtre, son sang agité se congeler dans ses artères, et sa poitrine, trop oppressée pour se soulever sous l'effort de la respiration, paraître calme et immobile. Un instant elle l'avait crue guérie, et avait annoncé cette nouvelle avec une confiance enfantine. Mais le chapelain, qui en savait quelque peu davantage, voyait bien que ce repos apparent était l'avant-coureur d'une crise violente. Dès qu'Albert se fut retiré, il avertit la chanoinesse que le moment était venu d'envoyer chercher le médecin. Malheureusement la ville était éloignée, la nuit obscure, les chemins détestables, et Hanz bien lent, malgré son zèle. L'orage s'éleva, la pluie tomba par torrents. Le vieux cheval que montait le vieux serviteur s'effraya, trébucha vingt fois, et finit par s'égarer dans les bois avec son maître consterné, qui prenait toutes les collines pour le Schreckenstein, et tous les éclairs pour le vol flamboyant d'un mauvais esprit. Ce ne fut qu'au grand jour que Hanz retrouva sa route. Il approcha, au trot le plus allongé qu'il put faire prendre à sa monture, de la ville, où dormait profondément le médecin ; celui-ci s'éveilla, se para lentement, et se mit enfin en route. On avait perdu à décider et à effectuer tout ceci vingt-quatre heures.

Albert essaya vainement de dormir. Une inquiétude dévorante et les bruits sinistres de l'orage le tinrent éveillé toute la nuit. Il n'osait descendre, craignant encore de scandaliser sa tante, qui lui avait fait un sermon le matin, sur l'inconvenance des importunités auprès de l'appartement de deux demoiselles. Il laissa sa porte ouverte, et entendit plusieurs fois des pas à l'étage inférieur. Il courait sur l'escalier ; mais ne voyant personne et n'entendant plus rien, il s'efforçait de se rassurer, et de mettre sur le compte du vent et de la pluie ces bruits trompeurs qui l'avaient effrayé. Depuis que Consuelo l'avait exigé, il soignait sa raison, sa santé morale, avec patience et fermeté. Il repoussait les agitations et les craintes, et tâchait de s'élever au-dessus de son amour, par la force de son amour même. Mais tout à coup, au milieu des roulements de la foudre et du craquement de l'antique charpente du château qui gémissait sous l'effort de l'ouragan, un long cri déchirant s'élève jusqu'à lui, et pénètre dans ses entrailles comme un coup de poignard. Albert, qui s'était jeté tout habillé sur son lit avec la résolution de s'endormir, bondit, s'élance, franchit l'escalier comme un trait, et frappe à la porte de Consuelo. Le silence était rétabli ; personne ne venait ouvrir. Albert croyait encore avoir rêvé ; mais un nouveau cri, plus affreux, plus sinistre encore que le premier, vient déchirer son cœur. Il n'hésite plus, fait le tour par un corridor sombre, arrive à la porte d'Amélie, la secoue et se nomme. Il entend pousser un verrou, et la voix d'Amélie lui ordonne impérieusement de s'éloigner. Cependant les cris et les gémissements redoublent : c'est la voix de Consuelo en proie à un supplice intolérable. Il entend son propre nom s'exhaler avec désespoir de cette bouche adorée. Il pousse la porte avec rage, fait sauter serrure et verrou, et, repoussant Amélie, qui joue la pudeur outragée en se voyant surprise en robe de chambre de damas et en coiffe de dentelles, il la fait tomber sur son sofa, et s'élance dans la chambre de Consuelo, pâle comme un spectre, et les cheveux dressés sur la tête.

XLVIII.

Consuelo, en proie à un délire épouvantable, se débattait dans les bras des deux plus vigoureuses servantes de la maison, qui avaient grand'peine à l'empêcher de se jeter hors de son lit. Tourmentée, ainsi qu'il arrive dans certains cas de fièvre cérébrale, par des terreurs inouïes, la malheureuse enfant voulait fuir les visions dont elle était assaillie ; elle croyait voir, dans les personnes qui s'efforçaient de la retenir et de la rassurer, des ennemis, des monstres acharnés à sa perte. Le chapelain consterné, qui la croyait prête à retomber foudroyée par son mal, répétait déjà auprès d'elle les prières des agonisants : elle le prenait pour Zdenko construisant le mur qui devait l'ensevelir, en psalmodiant ses chansons mystérieuses. La chanoinesse tremblante, qui joignait ses faibles efforts à ceux des autres femmes pour la retenir dans son lit, lui apparaissait comme le fantôme des deux Wanda, la sœur de Zyska et la mère d'Albert, se montrant tour à tour dans la grotte du solitaire, et lui reprochant d'usurper leurs droits et d'envahir leur domaine. Ses exclamations, ses gémissements, et ses prières délirantes et incompréhensibles pour les assistants, étaient en rapport direct avec les pensées et les objets qui l'avaient si vivement agitée et frappée la nuit précédente. Elle entendait gronder le torrent, et avec ses bras elle imitait le mouvement de nager. Elle secouait sa noire chevelure éparse sur ses épaules, et croyait en voir tomber des flots d'écume. Toujours elle sentait Zdenko derrière elle, occupé à ouvrir l'écluse, ou devant elle, acharné à lui fermer le chemin. Elle ne parlait que d'eau et de pierres, avec une continuité d'images qui faisait dire au chapelain en secouant la tête : « Voilà un rêve bien long et bien pénible. Je ne sais pourquoi elle s'est tant préoccupé de l'esprit dernièrement de cette citerne ; c'était sans doute un commencement de fièvre, et vous voyez que son délire a toujours cet objet en vue. »

Au moment où Albert entra éperdu dans sa chambre, Consuelo, épuisée de fatigue, ne faisait plus entendre que des mots inarticulés qui se terminaient par des cris sauvages. La puissance de la volonté ne gouvernant plus ses terreurs, comme au moment où elle les avait affrontées, elle en subissait l'effet rétroactif avec une intensité horrible. Elle retrouvait cependant une sorte de réflexion tirée de son délire même, et se prenait à appeler Albert d'une voix si pleine et si vibrante que toute la maison semblait en devoir être ébranlée sur ses fondements; puis ses cris se perdaient en de longs sanglots qui paraissaient la suffoquer, bien que ses yeux hagards fussent secs et d'un éclat effrayant.

« Me voici, me voici! » s'écria Albert en se précipitant vers son lit.

Consuelo l'entendit, reprit toute son énergie, et, s'imaginant aussitôt qu'il fuyait devant elle, se dégagea des mains qui la tenaient, avec cette rapidité de mouvements et cette force musculaire que donne aux êtres les plus faibles le transport de la fièvre. Elle bondit au milieu de la chambre, échevelée, les pieds nus, le corps enveloppé d'une légère robe de nuit blanche et froissée, qui lui donnait l'air d'un spectre échappé de la tombe; et au moment où on croyait la ressaisir, elle sauta par-dessus l'épinette qui se trouvait devant elle, avec l'agilité d'un chat sauvage, atteignit la fenêtre qu'elle prenait pour l'ouverture de la fatale citerne, y posa un pied, étendit les bras, et, criant de nouveau le nom d'Albert au milieu de la nuit orageuse et sinistre, elle allait se précipiter, lorsque Albert, encore plus agile et plus fort qu'elle, l'entoura de ses bras et la reporta sur son lit. Elle ne le reconnut pas; mais elle ne fit aucune résistance, et cessa de crier. Albert lui prodigua en espagnol les plus doux noms et les plus ferventes prières: elle l'écoutait, les yeux fixes et sans le voir ni lui répondre; mais tout à coup, se relevant et se plaçant à genoux sur son lit, elle se mit à chanter une strophe du *Te Deum* de Handel qu'elle avait récemment lue et admirée. Jamais sa voix n'avait eu plus d'expression et plus d'éclat. Jamais elle n'avait été aussi belle que dans cette attitude extatique, avec ses cheveux flottants, ses joues embrasées du feu de la fièvre, et ses yeux qui semblaient lire dans le ciel entr'ouvert pour eux seuls. La chanoinesse en fut émue au point de s'agenouiller elle-même au pied du lit en fondant en larmes; et le chapelain, malgré son peu de sympathie, courba la tête et fut saisi d'un sincère respect religieux. A peine Consuelo eut-elle fini la strophe, qu'elle fit un grand soupir; une joie divine brilla sur son visage.

« Je suis sauvée! » s'écria-t-elle; et elle tomba à la renverse, pâle et froide comme le marbre, les yeux encore ouverts mais éteints, les lèvres bleues et les bras raides.

Un instant de silence et de stupeur succéda à cette scène. Amélie, qui, debout et immobile sur le seuil de sa chambre, avait assisté, sans oser faire un pas, à ce spectacle effrayant, tomba évanouie d'horreur. La chanoinesse et les deux femmes coururent à elle pour la secourir. Consuelo resta étendue et livide, appuyée sur le bras d'Albert qui avait laissé tomber son front sur le sein de l'agonisante et ne paraissait pas plus vivant qu'elle. La chanoinesse n'eut pas plus tôt fait déposer Amélie sur son lit, qu'elle revint sur le seuil de la chambre de Consuelo.

« Eh bien, monsieur le chapelain? dit-elle d'un air abattu.

— Madame, c'est la mort! répondit le chapelain d'une voix profonde, en laissant retomber le bras de Consuelo dont il venait d'interroger le pouls avec attention.

— Non, ce n'est pas la mort! non, mille fois non! s'écria Albert en se soulevant impétueusement. J'ai consulté son cœur, mieux que vous n'avez consulté son bras. Il bat encore; elle respire; elle vit. Oh! elle vivra! Ce n'est pas ainsi, ce n'est pas maintenant qu'elle doit finir. Qui donc a eu la témérité de croire que Dieu avait prononcé sa mort? Voici le moment de la soigner efficacement. Monsieur le chapelain, donnez-moi votre boîte. Je sais ce qu'il lui faut, et vous ne le savez pas. Malheureux que vous êtes, obéissez-moi! vous ne l'avez pas secourue; vous pouviez empêcher l'invasion de cette horrible crise; vous ne l'avez pas fait, vous ne l'avez pas voulu; vous m'avez caché son mal, vous m'avez tous trompé. Vous vouliez donc la perdre? Votre lâche prudence, votre hideuse apathie, vous ont lié la langue et les mains! Donnez-moi votre boîte, vous dis-je, et laissez-moi agir. »

Et comme le chapelain hésitait à lui remettre ces médicaments qui, sous la main inexpérimentée d'un homme exalté et à demi fou, pouvaient devenir des poisons, il la lui arracha violemment. Sourd aux observations de sa tante, il choisit et dosa lui-même les calmants impérieux qui pouvaient agir avec promptitude. Albert était plus savant en beaucoup de choses qu'on ne le pensait. Il avait étudié sur lui-même, à une époque de sa vie où il se rendait encore compte des fréquents désordres de son cerveau, l'effet des révulsifs les plus énergiques. Inspiré par un jugement prompt, par un zèle courageux et absolu, il administra la potion que le chapelain n'eût jamais osé conseiller. Il réussit, avec une patience et une douceur incroyables, à desserrer les dents de la malade, et à lui faire avaler quelques gouttes de ce remède efficace. Au bout d'une heure, pendant laquelle il réitéra plusieurs fois le traitement, Consuelo respirait librement; ses mains avaient repris de la tiédeur, et ses traits de l'élasticité. Elle n'entendait et ne sentait rien encore; mais son accablement était une sorte de sommeil, et une pâle coloration revenait à ses lèvres. Le médecin arriva, et, voyant le cas sérieux, déclara qu'on l'avait appelé bien tard et qu'il ne répondait de rien. Il eût fallu pratiquer une saignée la veille; maintenant le moment n'était plus favorable. Sans aucun doute la saignée ramènerait la crise. Ceci devenait embarrassant.

« Elle la ramènera, dit Albert; et cependant il faut saigner. »

Le médecin allemand, lourd personnage plein d'estime pour lui-même, et habitué, dans son pays, où il n'avait point de concurrent, à être écouté comme un oracle, souleva son épaisse paupière, et regarda en clignotant celui qui se permettait de trancher ainsi la question.

« Je vous dis qu'il faut saigner, reprit Albert avec force. Avec ou sans la saignée la crise doit revenir.

— Permettez, dit le docteur Wetzelius; ceci n'est pas aussi certain que vous paraissez le croire. »

Et il sourit d'un air un peu dédaigneux et ironique.

« Si la crise ne revient pas, tout est perdu, repartit Albert; vous devez le savoir. Cette somnolence conduit droit à l'engourdissement des facultés du cerveau, à la paralysie, à la mort. Votre devoir est de vous emparer de la maladie, d'en ranimer l'intensité pour la combattre, de lutter enfin! Sans cela, que venez-vous faire ici? Les prières et les sépultures ne sont pas de votre ressort. Saignez, ou je saigne moi-même. »

Le docteur savait bien qu'Albert raisonnait juste, et il avait eu tout d'abord l'intention de saigner; mais il ne convenait pas à un homme de son importance de prononcer et d'exécuter aussi vite. C'eût été donner à penser que le cas était simple et le traitement facile, et notre Allemand avait coutume de feindre de grandes perplexités, un pénible examen, afin de sortir de là triomphant, comme par une soudaine illumination de son génie, afin de faire répéter ce que mille fois il avait fait dire de lui: « La maladie était si avancée, si dangereuse, que le docteur Wetzelius lui-même ne savait à quoi se résoudre. Nul autre que lui n'eût saisi le moment et deviné le remède. C'est un homme bien prudent, bien savant, bien fort. Il n'a pas son pareil, même à Vienne! »

Quand il se vit contrarié, et mis au pied du mur sans façon par l'impatience d'Albert:

« Si vous êtes médecin, lui répondit-il, et si vous avez autorité ici, je ne vois pas pourquoi l'on m'a fait appeler, et je m'en retourne chez moi.

— Si vous ne voulez point vous décider en temps opportun, vous pouvez vous retirer, dit Albert.

Le docteur Wetzelius, profondément blessé d'avoir été associé à un confrère inconnu, qui le traitait avec si peu de déférence, se leva et passa dans la chambre d'Amélie, pour s'occuper des nerfs de cette jeune personne, qui le demandait instamment, et pour prendre congé de la chanoinesse; mais celle-ci le retint.

« Hélas! mon cher docteur, lui dit-elle, vous ne pouvez

pas nous abandonner dans une pareille situation. Voyez quelle responsabilité pèse sur nous! Mon neveu vous a offensé; mais devez-vous prendre au sérieux la vivacité d'un homme si peu maître de lui-même?...

— Est-ce donc là le comte Albert? demanda le docteur stupéfait. Je ne l'aurais jamais reconnu. Il est tellement changé!...

— Sans doute; depuis près de dix ans que vous ne l'avez vu, il s'est fait en lui bien du changement.

— Je le croyais complétement rétabli, dit le docteur avec malignité; car on ne m'a pas fait appeler une seule fois depuis son retour.

— Ah! mon cher docteur! vous savez bien qu'Albert n'a jamais voulu se soumettre aux arrêts de la science.

— Et cependant le voilà médecin lui-même, à ce que je vois?

— Il a quelques notions de tout; mais il porte en tout sa précipitation bouillante. L'état affreux où il vient de voir cette jeune fille l'a beaucoup troublé; autrement vous l'eussiez trouvé plus poli, plus sensé, et plus reconnaissant des soins que vous lui avez donnés dans son enfance.

— Je crains qu'il n'en ait plus besoin que jamais, » reprit le docteur, qui, malgré son respect pour la famille et le château, aimait mieux affliger la chanoinesse par cette dure réflexion, que de quitter son attitude dédaigneuse, et de renoncer à la petite vengeance de traiter Albert comme un insensé.

La chanoinesse souffrit de cette cruauté, d'autant plus que le dépit du docteur pouvait lui faire divulguer l'état de son neveu, qu'elle prenait tant de peine pour dissimuler. Elle se soumit pour le désarmer, et lui demanda humblement ce qu'il pensait de cette saignée conseillée par Albert.

« Je pense que c'est une absurdité pour le moment, dit le docteur, qui voulait garder l'initiative et laisser tomber l'arrêt en toute liberté de sa bouche révérée. J'attendrai une heure ou deux; je ne perdrai pas de vue la malade, et si le moment se présente, fût-ce plus tôt que je ne pense, j'agirai; mais dans la crise présente, l'état du pouls ne me permet pas de rien préciser.

— Vous nous restez donc? Béni soyez-vous, excellent docteur!

— Du moment que mon adversaire est le jeune comte, dit le docteur en souriant d'un air de pitié protectrice, je ne m'étonne plus de rien, et je laisse dire. »

Il allait rentrer dans la chambre de Consuelo, dont le chapelain avait poussé la porte pour qu'Albert n'entendît pas ce colloque, lorsque le chapelain lui-même, pâle et tout effaré, quitta la malade et vint trouver le docteur.

« Au nom du ciel! docteur, s'écria-t-il, venez employer votre autorité; la mienne est méconnue, et la voix de Dieu même le serait, je crois, par le comte Albert. Le voilà qui s'obstine à saigner la moribonde, malgré votre défense; et il va le faire si, par je ne sais quelle force ou quelle adresse, nous ne réussissons à l'arrêter. Dieu sait s'il a jamais touché une lancette. Il va l'estropier, s'il ne la tue sur le coup par une émission de sang pratiquée hors de propos.

— Oui-da! dit le docteur d'un ton goguenard, et en se traînant pesamment vers la porte avec l'enjouement égoïste et blessant d'un homme que le cœur n'inspire point. Nous allons donc voir de belles, si je ne lui fais pas quelque conte pour le mettre à la raison. »

Mais lorsqu'il arriva auprès du lit, Albert avait sa lancette rougie entre ses dents : d'une main il soutenait le bras de Consuelo, et de l'autre l'assiette. La veine était ouverte, un sang noir coulait en abondance.

Le chapelain voulut murmurer, s'exclamer, prendre le ciel à témoin. Le docteur essaya de plaisanter et de distraire Albert, pensant prendre son temps pour fermer la veine, sauf à la rouvrir un instant après quand son caprice et sa vanité pourraient s'emparer du succès. Mais Albert le tint à distance par la seule expression de son regard; et dès qu'il eut tiré la quantité de sang voulue, il plaça l'appareil avec toute la dextérité d'un opérateur exercé; puis il replia doucement le bras de Consuelo dans les couvertures, et, passant un flacon à la chanoinesse pour qu'elle le tînt près des narines de la malade, il appela le chapelain et le docteur dans la chambre d'Amélie.

« Messieurs, leur dit-il, vous ne pouvez être d'aucune utilité à la personne que je soigne. L'irrésolution ou les préjugés paralysent votre zèle et votre savoir. Je vous déclare que je prends tout sur moi, et que je ne veux être ni distrait ni contrarié dans l'accomplissement d'une tâche aussi sérieuse. Je prie donc monsieur le chapelain de réciter ses prières, et monsieur le docteur d'administrer ses potions à ma cousine. Je ne souffrirai plus qu'on fasse des pronostics et des apprêts de mort autour du lit d'une personne qui va reprendre connaissance tout à l'heure. Qu'on se le tienne pour dit. Si j'offense ici un savant, si je suis coupable envers un ami, j'en demanderai pardon quand je pourrai songer à moi-même. »

Après avoir parlé ainsi, d'un ton dont le calme et la douceur contrastaient avec la sécheresse de ses paroles, Albert rentra dans l'appartement de Consuelo, ferma la porte, mit la clef dans sa poche, et dit à la chanoinesse : « Personne n'entrera ici, et personne n'en sortira sans ma volonté. »

XLIX.

La chanoinesse, interdite, n'osa lui répondre un seul mot. Il y avait dans son air et dans son maintien quelque chose de si absolu, que la bonne tante en eut peur et se mit à lui obéir d'instinct avec un empressement et une ponctualité sans exemple. Le médecin, voyant son autorité complétement méconnue, et ne se souciant pas, comme il le raconta plus tard, d'entrer en lutte avec un furieux, prit le sage parti de se retirer. Le chapelain alla dire des prières, et Albert, secondé par sa tante et par les deux femmes de service, passa toute la journée auprès de sa malade, sans ralentir ses soins un seul instant. Après quelques heures de calme, la crise d'exaltation revint presque aussi forte que la nuit précédente; mais elle dura moins longtemps, et lorsqu'elle eut cédé à l'effet de puissants réactifs, Albert engagea la chanoinesse à aller se coucher et à lui envoyer seulement une nouvelle femme pour l'aider pendant que les deux autres iraient se reposer.

— Ne voulez-vous donc pas vous reposer aussi, Albert? demanda Wenceslawa en tremblant.

— Non, ma chère tante, répondit-il; je n'en ai aucun besoin.

— Hélas! reprit-elle, vous vous tuez, mon enfant! Voici une étrangère qui nous coûte bien cher! ajouta-t-elle en s'éloignant enhardie par l'inattention du jeune comte.

Il consentit cependant à prendre quelques aliments, pour ne pas perdre les forces dont il se sentait avoir besoin. Il mangea debout dans le corridor, l'œil attaché sur la porte; et dès qu'il eut fini, il jeta sa serviette à terre et rentra. Il avait fermé désormais la communication de la chambre de Consuelo et celle d'Amélie, et ne laissait plus passer que par la galerie le peu de personnes auxquelles il donnait accès. Amélie voulut pourtant être admise, et feignit de rendre quelques soins à sa compagne; mais elle s'y prenait si gauchement, et à chaque mouvement fébrile de Consuelo elle témoignait tant d'effroi de la voir retomber dans les convulsions, qu'Albert, impatienté, la pria de ne se mêler de rien, et d'aller dans sa chambre s'occuper d'elle-même.

« Dans ma chambre! répondit Amélie; et lors même que la bienséance ne me défendrait pas de me coucher quand vous êtes là, séparé de moi par une seule porte, presque installé chez moi, pensez-vous que je puisse goûter un repos bien paisible avec ces cris affreux et cette épouvantable agonie à mes oreilles? »

Albert haussa les épaules, et lui répondit qu'il y avait beaucoup d'autres appartements dans le château; qu'elle pouvait s'emparer du meilleur, en attendant qu'on pût transporter la malade dans une chambre où son voisinage n'incommoderait personne.

Amélie, pleine de dépit, suivit ce conseil. La vue des soins délicats, et pour ainsi dire maternels, qu'Albert rendait à sa rivale, lui était plus pénible que tout le reste.

« O ma tante! dit-elle en se jetant dans les bras de la chanoinesse, lorsque celle-ci l'eut installée dans sa propre chambre à coucher, où elle se fit dresser un lit à côté d'elle, nous ne connaissions pas Albert. Il nous montre maintenant comme il sait aimer! »

Pendant plusieurs jours, Consuelo fut entre la vie et la mort; mais Albert combattit le mal avec une persévérance et une habileté qui devaient en triompher. Il l'arracha enfin à cette rude épreuve; et dès qu'elle fut hors de danger, il la fit transporter dans une tour du château où le soleil donnait plus longtemps, et d'où la vue était encore plus belle et plus vaste que de toutes les autres croisées. Cette chambre, meublée à l'antique, était aussi plus conforme aux goûts sérieux de Consuelo que celle dont on avait disposé pour elle dans le principe : et il y avait longtemps qu'elle avait laissé percer son désir de l'habiter. Elle y fut à l'abri des importunités de sa compagne, et, malgré la présence continuelle d'une femme que l'on relevait chaque matin et chaque soir, elle put passer dans une sorte de tête-à-tête avec celui qui l'avait sauvée, les jours languissants et doux de sa convalescence. Ils parlaient toujours espagnol ensemble, et l'expression délicate et tendre de la passion d'Albert était plus douce à l'oreille de Consuelo dans cette langue, qui lui rappelait sa patrie, son enfance et sa mère. Pénétrée d'une vive reconnaissance, affaiblie par les souffrances où Albert l'avait seul assistée et soulagée efficacement, elle se laissait aller à cette molle quiétude qui suit les grandes crises. Sa mémoire se réveillait peu à peu, mais sous un voile qui n'était pas partout également léger. Par exemple, si elle se retraçait avec un plaisir pur et légitime l'appui et le dévouement d'Albert dans les principales rencontres de leur liaison, elle ne voyait les égarements de sa raison, et le fond trop sérieux de sa passion pour elle, qu'à travers un nuage épais. Il y avait même des heures où, après l'affaissement du sommeil ou sous l'effet des potions assoupissantes, elle s'imaginait encore avoir rêvé tout ce qui pouvait mêler de la méfiance et de la crainte à l'image de son généreux ami. Elle s'était tellement habituée à sa présence et à ses soins, que, s'il s'absentait à sa prière pour prendre ses repas en famille, elle se sentait malade et agitée jusqu'à son retour. Elle s'imaginait que les calmants qu'il lui administrait avaient un effet contraire, s'il ne les préparait et s'il ne les lui versait de sa propre main ; et quand il les lui présentait lui-même, elle lui disait avec ce sourire lent et profond, et si touchant sur un beau visage encore à demi couvert des ombres de la mort :

« Je crois bien maintenant, Albert, que vous avez la science des enchantements ; car il suffit que vous ordonniez à une goutte d'eau de m'être salutaire, pour qu'aussitôt elle fasse passer en moi le calme et la force qui sont en vous. »

Albert était heureux pour la première fois de sa vie ; et comme si son âme eût été puissante pour la joie autant qu'elle l'avait été pour la douleur, il était, à cette époque de ravissement et d'ivresse, l'homme le plus fortuné qu'il y eût sur la terre. Cette chambre, où il voyait sa bien-aimée à toute heure et sans témoins importuns, était devenue pour lui un lieu de délices. La nuit, aussitôt qu'il avait fait semblant de se retirer et que tout le monde était couché dans la maison, il la traversait à pas furtifs ; et, tandis que la garde chargée de veiller dormait profondément, il se glissait derrière le lit de sa chère Consuelo, et la regardait sommeiller, pâle et penchée comme une fleur après l'orage. Il s'installait dans un grand fauteuil qu'il avait soin de laisser toujours là en partant ; et il y passait la nuit entière, dormant d'un sommeil si léger qu'au moindre mouvement de la malade il était courbé vers elle pour entendre les faibles mots qu'elle venait d'articuler ; ou bien sa main toute prête recevait la main qui le cherchait, lorsque Consuelo, agitée de quelque rêve, témoignait un reste d'inquiétude. Si la garde se réveillait, Albert lui disait toujours qu'il venait d'entrer, et elle se persuadait qu'il faisait une ou deux visites par nuit à sa malade, tandis qu'il ne passait pas une demi-heure dans sa propre chambre. Consuelo partageait cette illusion. Quoiqu'elle s'aperçût bien plus souvent que sa gardienne de la présence d'Albert, elle était encore si faible qu'elle se laissait aisément tromper par lui sur la fréquence et la durée de ces visites. Quelquefois, au milieu de la nuit, lorsqu'elle le suppliait d'aller se coucher, il lui disait que le jour était près de paraître et que lui-même venait de se lever. Grâce à ces délicates tromperies, Consuelo ne souffrait jamais de son absence, et elle ne s'inquiétait pas de la fatigue qu'il devait ressentir.

Cette fatigue était, malgré tout, si légère, qu'Albert ne s'en apercevait pas. L'amour donne des forces au plus faible ; et outre qu'Albert était d'une force d'organisation exceptionnelle, jamais poitrine humaine n'avait logé un amour plus vaste et plus vivifiant que le sien. Lorsqu'aux premiers feux du soleil Consuelo s'était lentement traînée à la chaise longue, près de la fenêtre entr'ouverte, Albert venait s'asseoir derrière elle, et cherchait dans la course des nuages ou dans la pourpre des rayons, à saisir les pensées que l'aspect du ciel inspirait à sa silencieuse amie. Quelquefois il prenait furtivement un bout du voile dont elle enveloppait sa tête, et dont un vent tiède faisait flotter les plis sur le dossier du sofa. Albert penchait son front comme pour se reposer, et collait sa bouche contre le voile. Un jour, Consuelo, en le lui retirant pour le ramener sur sa poitrine, s'étonna de le trouver chaud et humide, et, se retournant avec plus de vivacité qu'elle n'en mettait dans ses mouvements depuis l'accablement de sa maladie, elle surprit une émotion extraordinaire sur le visage de son ami. Ses joues étaient animées, un feu dévorant couvait dans ses yeux, et sa poitrine était soulevée par de violentes palpitations... Albert maîtrisa rapidement son trouble : mais il avait eu le temps de voir l'effroi se peindre dans les traits de Consuelo. Cette observation l'affligea profondément. Il eût mieux aimé la voir armée de dédain et de sévérité qu'assiégée d'un reste de crainte et de méfiance. Il résolut de veiller sur lui-même avec assez de soin pour que le souvenir de son délire ne vînt plus alarmer celle qui l'en avait guéri au péril et presque au prix de sa propre raison et de sa propre vie.

Il y parvint, grâce à une puissance que n'eût pas trouvée un homme placé dans une situation d'esprit plus calme. Habitué dès longtemps à concentrer l'impétuosité de ses émotions, et à faire de sa volonté un usage d'autant plus énergique, qu'il lui était plus souvent disputé par les mystérieuses atteintes de son mal, il exerçait sur lui-même un empire dont on ne lui tenait pas assez de compte. On ignorait la fréquence et la force des accès qu'il avait su dompter chaque jour, jusqu'au moment où, dominé par la violence du désespoir et de l'égarement, il fuyait vers sa caverne inconnue, vainqueur encore dans sa défaite, puisqu'il conservait assez de respect envers lui-même pour dérober à tous les yeux le spectacle de sa chute. Albert était un fou de l'espèce la plus malheureuse et la plus respectable. Il connaissait sa folie, et la sentait venir jusqu'à ce qu'elle l'eût envahi complètement. Encore gardait-il, au milieu de ses accès, le vague instinct et le souvenir confus d'un monde réel, où il ne voulait pas se montrer tant qu'il ne sentait pas ses rapports avec lui entièrement rétablis. Ce souvenir de la vie actuelle et positive, nous l'avons tous, lorsque les rêves d'un sommeil pénible nous jettent dans la vie des fictions et du délire. Nous nous débattons parfois contre ces chimères et ces terreurs de la nuit, tout en nous disant qu'elles sont l'effet du cauchemar, et en faisant des efforts pour nous réveiller ; mais un pouvoir ennemi semble nous saisir à plusieurs reprises, et nous replonger dans cette horrible léthargie, où des spectacles toujours plus lugubres et des douleurs toujours plus poignantes nous assiégent et nous torturent.

C'est dans une alternative analogue que s'écoulait la vie puissante et misérable de cet homme incompris, qu'une tendresse active, délicate, et intelligente, pouvait seule sauver de ses propres détresses. Cette tendresse s'était enfin manifestée dans son existence. Consuelo était vraiment l'âme candide qui semblait avoir été formée pour trouver le difficile accès de cette âme sombre et jusque là fermée à toute sympathie complète. Il y avait dans la sollicitude qu'un enthousiasme romanesque avait fait naître d'abord chez cette jeune fille, et dans l'amitié respectueuse que la reconnaissance lui inspirait depuis sa maladie, quelque chose de suave et de touchant que Dieu, sans doute, savait particulièrement propre à la guérison d'Albert. Il est fort probable que si Consuelo, oublieuse du passé, eût partagé l'ardeur de sa passion, des transports si nouveaux dans sa vie, une joie si subite, l'eussent exalté de la manière la plus funeste. L'amitié discrète et chaste qu'elle lui portait devait avoir pour son salut des effets plus lents, mais plus sûrs. C'était un frein en même temps qu'un bienfait ; et s'il y avait une sorte d'ivresse dans le cœur renouvelé de ce jeune homme, il s'y mêlait une idée de devoir et de sacrifice qui donnait à sa pensée d'autres aliments, et à sa volonté un autre but que ceux qui l'avaient dévoré jusque là. Il éprouvait donc, à la fois, le bonheur d'être aimé comme il ne l'avait jamais été, la douleur de ne pas l'être avec l'emportement qu'il ressentait lui-même, et la crainte de perdre ce bonheur en ne paraissant pas s'en contenter. Ce triple effet de son amour remplit bientôt son âme, au point de n'y plus laisser de place pour les rêveries vers lesquelles son inaction et son isolement l'avaient forcé pendant si longtemps de se tourner. Il en fut délivré comme par la force d'un enchantement ; car il les oublia, et l'image de celle qu'il aimait tint ses maux à distance, et sembla s'être placée entre eux et lui, comme un bouclier céleste.

Le repos d'esprit et le calme de sentiment qui étaient si nécessaires au rétablissement de la jeune malade ne furent donc plus que bien légèrement et bien rarement troublés par les agitations secrètes de son médecin. Comme le héros fabuleux, Consuelo était descendue dans le Tartare pour en tirer son ami, et elle en avait rapporté l'épouvante et l'égarement. A son tour il s'efforça de la délivrer des sinistres hôtes qui l'avaient suivie, et il y parvint à force de soins délicats et de respect passionné. Ils recommençaient ensemble une vie nouvelle, appuyés l'un sur l'autre, n'osant guère regarder en arrière, et ne se sentant pas la force de se replonger par la pensée dans cet abîme qu'ils venaient de parcourir. L'avenir était un nouvel abîme, non moins mystérieux et terrible, qu'ils n'osaient pas interroger non plus. Mais le présent, comme un temps de grâce que le ciel leur accordait, se laissait doucement savourer.

L.

Il s'en fallait de beaucoup que les autres habitants du château fussent aussi tranquilles. Amélie était furieuse, et ne daignait plus rendre la moindre visite à la malade. Elle affectait de ne point adresser la parole à Albert, de ne jamais tourner les yeux vers lui, et de ne pas même répondre à son salut du matin et du soir. Ce qu'il y eut de plus affreux, c'est qu'Albert ne parut pas faire la moindre attention à son dépit.

La chanoinesse, voyant la passion bien évidente et pour ainsi dire déclarée de son neveu pour l'*aventurière*, n'avait plus un moment de repos. Elle se creusait l'esprit pour imaginer un moyen de faire cesser le danger et le scandale ; et, à cet effet, elle avait de longues conférences avec le chapelain. Mais celui-ci ne désirait pas très-vivement la fin d'un tel état de choses. Il avait été longtemps inutile et inaperçu dans les soucis de la famille. Son rôle reprenait une sorte d'importance depuis ces nouvelles agitations, et il pouvait enfin se livrer au plaisir d'espionner, de révéler, d'avertir, de prédire, de conseiller, en un mot de remuer à son gré les intérêts domestiques, en ayant l'air de ne toucher à rien, et en se mettant à couvert de l'indignation du jeune comte derrière les jupes de la vieille tante. A eux deux, ils trouvaient sans cesse de nouveaux sujets de crainte, de nouveaux motifs de précaution, et jamais aucun moyen de salut. Chaque jour, la bonne Wenceslawa abordait son neveu avec une explication décisive au bord des lèvres, et chaque jour un sourire moqueur ou un regard glacial faisait expirer la parole et avorter le projet. A chaque instant elle guettait l'occasion de se glisser auprès de Consuelo, pour lui adresser une réprimande adroite et ferme ; à chaque instant Albert, comme averti par un démon familier, venait se placer sur le seuil de la chambre, et du seul froncement de son sourcil, comme le Jupiter Olympien, il faisait tomber le courroux et glaçait le courage des divinités contraires à sa chère Ilion. La chanoinesse avait cependant entamé plusieurs fois la conversation avec la malade ; et comme les moments où elle pouvait la voir tête à tête étaient rares, elle avait mis le temps à profit en lui adressant des réflexions assez saugrenues, qu'elle croyait très-significatives. Mais Consuelo était si éloignée de l'ambition qu'on lui supposait, qu'elle n'y avait rien compris. Son étonnement, son air de candeur et de confiance, désarmaient tout de suite la bonne chanoinesse, qui, de sa vie, n'avait pu résister à un accent de franchise ou à une caresse cordiale. Elle s'en allait, toute confuse, avouer sa défaite au chapelain, et le reste de la journée se passait à faire des résolutions pour le lendemain.

Cependant Albert, devinant fort bien ce manège, et voyant que Consuelo commençait à s'en étonner et à s'en inquiéter, prit le parti de le faire cesser. Il guetta un jour Wenceslawa au passage ; et pendant qu'elle croyait tromper sa surveillance en surprenant Consuelo seule de grand matin, il se montra tout à coup, au moment où elle mettait la main sur la clef pour entrer dans la chambre de la malade.

« Ma bonne tante, lui dit-il en s'emparant de cette main et en la portant à ses lèvres, j'ai à vous dire bien bas une chose qui vous intéresse. C'est que la vie et la santé de la personne qui repose ici près me sont plus précieuses que ma propre vie et que mon propre bonheur. Je sais fort bien que votre confesseur vous fait un cas de conscience de contrarier mon dévouement pour elle, et de détruire l'effet de mes soins. Sans cela, votre noble cœur n'eût jamais conçu la pensée de compromettre par des paroles amères et des reproches injustes le rétablissement d'une malade à peine hors de danger. Mais puisque le fanatisme ou la petitesse d'un prêtre peuvent faire de tels prodiges que de transformer en cruauté aveugle la piété la plus sincère et la charité la plus pure, je m'opposerai de tout mon pouvoir au crime dont ma pauvre tante consent à se faire l'instrument. Je garderai ma malade la nuit et le jour, je ne la quitterai plus d'un instant ; et si malgré mon zèle on réussit à me l'enlever, je jure, par tout ce qu'il y a de plus redoutable à la croyance humaine, que je sortirai de la maison de mes pères pour n'y jamais rentrer. Je pense que quand vous aurez fait connaître ma détermination à M. le chapelain, il cessera de vous tourmenter et de combattre les généreux instincts de votre cœur maternel. »

La chanoinesse stupéfaite ne put répondre à ce discours qu'en fondant en larmes. Albert l'avait emmenée à l'extrémité de la galerie, afin que cette explication ne fût pas entendue de Consuelo. Elle se plaignit vivement du ton de révolte et de menace que son neveu prenait avec elle, et voulut profiter de l'occasion pour lui démontrer la folie de son attachement pour une personne d'aussi basse extraction que la Nina.

« Ma tante, lui répondit Albert en souriant, vous oubliez que si nous sommes issus du sang royal des Podiebrad, nos ancêtres les monarques ne l'ont été que par la grâce des paysans révoltés et des soldats aventuriers. Un Podiebrad ne doit donc jamais voir dans sa glorieuse origine qu'un motif de plus pour se rapprocher du faible et du pauvre, puisque c'est là que sa force et sa puissance

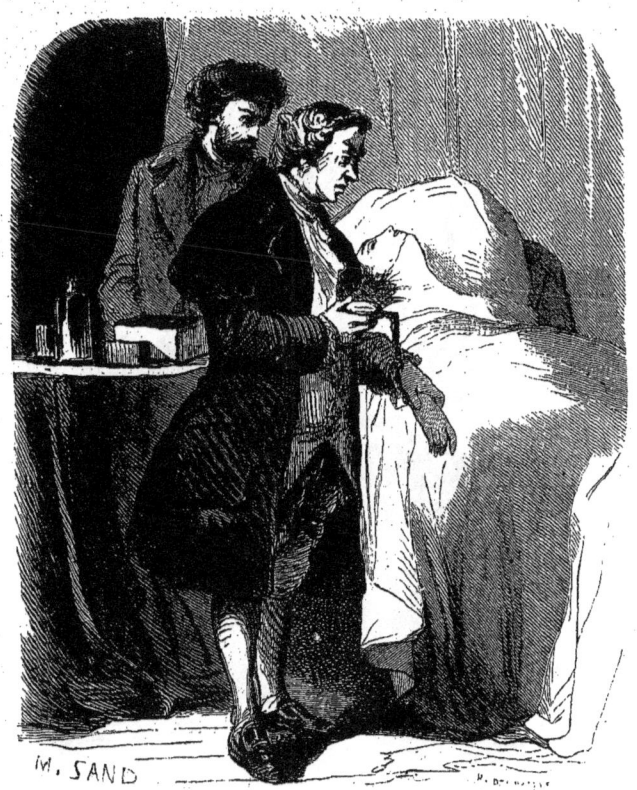

Le médecin allemand, lourd personnage... (Page 116.)

ont planté leurs racines, il n'y a pas si longtemps qu'il puisse déjà l'avoir oublié. »

Quand Wenceslawa raconta au chapelain cette orageuse conférence, il fut d'avis de ne pas exaspérer le jeune comte en insistant auprès de lui, et de ne pas le pousser à la révolte en tourmentant sa protégée.

« C'est au comte Christian lui-même qu'il faut adresser vos représentations, dit-il. L'excès de votre tendresse a trop enhardi le fils; que la sagesse de vos remontrances éveille enfin l'inquiétude du père, afin qu'il prenne à l'égard de la *dangereuse personne* des mesures décisives.

— Croyez-vous donc, reprit la chanoinesse, que je ne me sois pas encore avisée de ce moyen? Mais, hélas! mon frère a vieilli de quinze ans pendant les quinze jours de la dernière disparition d'Albert. Son esprit a tellement baissé, qu'il n'est plus possible de lui faire rien comprendre à demi-mot. Il semble qu'il fasse une sorte de résistance aveugle et muette à l'idée d'un chagrin nouveau; il se réjouit comme un enfant d'avoir retrouvé son fils, et de l'entendre raisonner en apparence comme un homme sensé. Il le croit guéri radicalement, et ne s'aperçoit pas que le pauvre Albert est en proie à un nouveau genre de folie plus funeste que l'autre. La sécurité de mon frère à cet égard est si profonde, et il en jouit si naïvement, que je ne me suis pas encore senti le courage de la détruire, en lui ouvrant les yeux tout à fait sur ce qui se passe. Il me semble que cette ouverture, lui venant de vous, serait écoutée avec plus de résignation, et qu'accompagnée de vos exhortations religieuses, elle serait plus efficace et moins pénible.

— Une telle ouverture est trop délicate, répondit le chapelain, pour être abordée par un pauvre prêtre comme moi. Dans la bouche d'une sœur, elle sera beaucoup mieux placée, et votre seigneurie saura en adoucir l'amertume par les expressions d'une tendresse que je ne puis me permettre d'exprimer familièrement à l'auguste chef de la famille. »

Ces deux graves personnages perdirent plusieurs jours à se renvoyer le soin d'attacher le grelot; et pendant ces irrésolutions où la lenteur et l'apathie de leurs habitudes trouvaient bien un peu leur compte, l'amour faisait de rapides progrès dans le cœur d'Albert. La santé

Docteur, s'écria-t-il, venez... (Page 417.)

de Consuelo se rétablissait à vue d'œil, et rien ne venait troubler les douceurs d'une intimité que la surveillance des argus les plus farouches n'eût pu rendre plus chaste et plus réservée qu'elle ne l'était par le seul fait d'une pudeur vraie et d'un amour profond.

Cependant la baronne Amélie ne pouvant plus supporter l'humiliation de son rôle, demandait vivement à son père de la reconduire à Prague. Le baron Frédérick, qui préférait le séjour des forêts à celui des villes, lui promettait tout ce qu'elle voulait, et remettait chaque jour au lendemain la notification et les apprêts de son départ. La jeune fille vit qu'il fallait brusquer les choses, et s'avisa d'un expédient inattendu. Elle s'entendit avec sa soubrette, jeune Française, passablement fine et décidée; et un matin, au moment où son père partait pour la chasse, elle le pria de la conduire en voiture au château d'une dame de leur connaissance, à qui elle devait depuis longtemps une visite. Le baron eut bien un peu de peine à quitter son fusil et sa gibecière pour changer sa toilette et l'emploi de sa journée. Mais il se flatta que cet acte de condescendance rendrait Amélie moins exigeante; que la distraction de cette promenade emporterait sa mauvaise humeur, et l'aiderait à passer sans trop murmurer quelques jours de plus au château des Géants. Quand le brave homme avait une semaine devant lui, il croyait avoir assuré l'indépendance de toute sa vie; sa prévoyance n'allait point au delà. Il se résigna donc à renvoyer Saphyr et Panthère au chenil; et Attila, le faucon, retourna sur son perchoir d'un air mutin et mécontent qui arracha un gros soupir à son maître.

Enfin le baron monte en voiture avec sa fille, et au bout de trois tours de roue s'endort profondément selon son habitude en pareille circonstance. Aussitôt le cocher reçoit d'Amélie l'ordre de tourner bride et de se diriger vers la poste la plus voisine. On y arrive après deux heures de marche rapide; et lorsque le baron ouvre les yeux, il voit des chevaux de poste attelés à son brancard tout prêts à l'emporter sur la route de Prague.

« Eh bien, qu'est-ce? où sommes-nous? où allons-nous? Amélie, ma chère enfant, quelle distraction est la vôtre? Que signifie ce caprice, ou cette plaisanterie? »

A toutes les questions de son père la jeune baronne ne répondait que par des éclats de rire et des caresses enfantines. Enfin, quand elle vit le postillon à cheval et la voiture couler légèrement sur le sable de la grande route, elle prit un air sérieux, et d'un ton fort décidé elle parla ainsi :

« Cher papa, ne vous inquiétez de rien. Tous nos paquets ont été fort bien faits. Les coffres de la voiture sont remplis de tous les effets nécessaires au voyage. Il ne reste au château des Géants que vos armes et vos bêtes, dont vous n'avez pas faire à Prague, et que d'ailleurs on vous renverra dès que vous les redemanderez. Une lettre sera remise à mon oncle Christian, à l'heure de son déjeuner. Elle est tournée de manière à lui faire comprendre la nécessité de notre départ, sans l'affliger trop, et sans le fâcher contre vous ni contre moi. Maintenant je vous demande humblement pardon de vous avoir trompé; mais il y avait près d'un mois que vous aviez consenti à ce que j'exécute en cet instant. Je ne contrarie donc pas vos volontés en retournant à Prague dans un moment où vous n'y songiez pas précisément, mais où vous êtes enchanté, je gage, d'être délivré de tous les ennuis qu'entraînent la résolution et les préparatifs d'un déplacement. Ma position devenait intolérable, et vous ne vous en aperceviez pas. Voilà mon excuse et ma justification. Daignez m'embrasser et ne pas me regarder avec ces yeux courroucés qui me font peur. »

En parlant ainsi, Amélie étouffait, ainsi que sa suivante, une forte envie de rire; car jamais le baron n'avait eu un regard de colère pour qui que ce fût, à plus forte raison pour sa fille chérie. Il roulait en ce moment de gros yeux effarés et, il faut l'avouer, un peu hébétés par la surprise. S'il éprouvait quelque contrariété de se voir jouer de la sorte, et un chagrin réel de quitter son frère et sa sœur aussi brusquement, sans leur avoir dit adieu, il était si émerveillé de ce qui arrivait, que son mécontentement se changeait en admiration, et il ne pouvait que dire :

« Mais comment avez-vous fait pour arranger tout cela sans que j'en aie eu le moindre soupçon? Pardieu, j'étais loin de croire, en ôtant mes bottes et en faisant rentrer mon cheval, que je partais pour Prague, et que je ne dînerais pas ce soir avec mon frère! Voilà une singulière aventure, et personne ne voudra me croire quand je la raconterai... Mais où avez-vous mis mon bonnet de voyage, Amélie, et comment voulez-vous que je dorme dans la voiture avec ce chapeau galonné sur les oreilles?

— Votre bonnet? le voici, cher papa, dit la jeune espiègle en lui présentant sa toque fourrée, qu'il mit à l'instant sur son chef avec une naïve satisfaction.

— Mais ma bouteille de voyage? vous l'avez oubliée certainement, méchante petite fille?

— Oh! certainement non, s'écria-t-elle en lui présentant un large flacon de cristal, garni de cuir de Russie, et monté en argent; je l'ai remplie moi-même du meilleur vin de Hongrie qui soit dans la cave de ma tante. Goûtez plutôt, c'est celui que vous préférez.

— Et ma pipe? et mon sac de tabac turc?

— Rien ne manque, dit la soubrette. Monsieur le baron trouvera tout dans les poches de la voiture; nous n'avons rien oublié, rien négligé pour qu'il fît le voyage agréablement.

— A la bonne heure! dit le baron en chargeant sa pipe; ce n'en est pas moins une grande scélératesse que vous faites là, ma chère Amélie. Vous rendez votre père ridicule, et vous êtes cause que tout le monde va se moquer de moi.

— Cher papa, répondit Amélie, c'est moi qui suis bien ridicule aux yeux du monde, quand je parais m'obstiner à épouser un aimable cousin qui ne daigne pas me regarder, et qui, sous mes yeux, fait une cour assidue à ma maîtresse de musique. Il y a assez longtemps que je subis cette humiliation, et je sais trop s'il est beaucoup de filles de mon rang, de mon air et de mon âge, qui n'en eussent pas pris un dépit plus sérieux. Ce que je sais fort bien, c'est qu'il y a des filles qui s'ennuient moins que moi qui ne le sont depuis dix-huit mois, et qui, pour en finir, prennent la fuite ou se font enlever. Moi, je me contente de fuir en enlevant mon père. C'est plus nouveau et plus honnête: qu'en pense mon cher papa?

— Tu as le diable au corps!» répondit le baron en embrassant sa fille; et il fit le reste du voyage fort gaiement, buvant, fumant et dormant tour à tour, sans se plaindre et sans s'étonner davantage.

Cet événement ne produisit pas autant d'effet dans la famille que la petite baronne s'en était flattée. Pour commencer par le comte Albert, il eût pu passer une semaine sans y prendre garde; et lorsque la chanoinesse le lui annonça, il se contenta de dire :

« Voici la seule chose spirituelle que la spirituelle Amélie ait su faire depuis qu'elle a mis le pied ici. Quant à mon bon oncle, j'espère qu'il ne sera pas longtemps sans nous revenir.

— Moi, je regrette mon frère, dit le vieux Christian, parce qu'à mon âge on compte par semaines et par jours. Ce qui ne vous paraît pas longtemps, Albert, peut-être pour moi l'éternité, et je ne suis pas aussi sûr que vous de revoir mon pacifique et insouciant Frédérick. Allons! Amélie l'a voulu, ajouta-t-il en repliant et en jetant de côté avec un sourire la lettre singulièrement cajoleuse et méchante que la jeune baronne lui avait laissée : rancune de femme ne pardonne pas. Vous n'étiez pas nés l'un pour l'autre, mes enfants, et mes doux rêves se sont envolés! »

En parlant ainsi, le vieux comte regardait son fils avec une sorte d'enjouement mélancolique, comme pour surprendre quelque trace de regret dans ses yeux. Mais il n'en trouva aucune; et Albert, en lui pressant le bras avec tendresse, lui fit comprendre qu'il le remerciait de renoncer à des projets si contraires à son inclination.

« Que ta volonté soit faite, mon Dieu, reprit le vieillard, et que ton cœur soit libre, mon fils! Tu te portes bien, tu parais calme et heureux désormais parmi nous. Je mourrai consolé, et la reconnaissance de ton père te portera bonheur après notre séparation.

— Ne parlez pas de séparation, mon père! s'écria le jeune comte, dont les yeux se remplirent subitement de larmes. Je n'ai pas la force de supporter cette idée. »

La chanoinesse, qui commençait à s'attendrir, fut aiguillonnée en cet instant par un regard du chapelain, qui se leva et sortit du salon avec une discrétion affectée. C'était lui donner l'ordre et le signal. Elle pensa, non sans douleur et sans effroi, que le moment était venu de parler; et, fermant les yeux comme une personne qui se jette par la fenêtre pour échapper à l'incendie, elle commença ainsi en balbutiant et en devenant plus pâle que de coutume :

« Certainement Albert chérit tendrement son père, et il ne voudrait pas lui causer un chagrin mortel...

Albert leva la tête, et regarda sa tante avec des yeux si clairs et si pénétrants, qu'elle fut toute décontenancée, et n'en put dire davantage. Le vieux comte parut ne pas avoir entendu cette réflexion bizarre, et le silence qui suivit, la pauvre Wenceslawa resta tremblante sous le regard de son neveu, comme la perdrix sous l'arrêt du chien qui la fascine et l'enchaîne.

Mais le comte Christian, sortant de sa rêverie au bout de quelques instants, répondit à sa sœur comme si elle eût continué de parler, ou comme s'il eût pu lire dans son esprit les révélations qu'elle voulait lui faire.

« Chère sœur, dit-il, si j'ai un conseil à vous donner, c'est de ne pas vous tourmenter de choses auxquelles vous n'entendez rien. Vous n'avez su de votre vie ce que c'était qu'une inclination de cœur, et l'austérité d'une chanoinesse n'est pas la règle qui convient à un jeune homme.

— Dieu vivant! murmura la chanoinesse bouleversée, ou mon frère ne veut pas me comprendre, ou sa raison et sa piété l'abandonnent. Serait-il possible qu'il voulût encourager par sa faiblesse ou traiter légèrement...

— Quoi? ma tante, dit Albert d'un ton ferme et avec une physionomie sévère. Parlez, puisque vous êtes condamnée à le faire. Formulez clairement votre pensée. Il faut que cette contrainte finisse, et que nous nous connaissions les uns les autres.

— Non, ma sœur, ne parlez pas, répondit le comte Christian; vous n'avez rien de neuf à me dire. Il y a longtemps que je vous entends à merveille sans en avoir l'air. Le moment n'est pas venu de s'expliquer sur ce sujet. Quand il en sera temps, je sais ce que j'aurai à faire. »

Il affecta aussitôt de parler d'autre chose, et laissa la chanoinesse consternée, Albert incertain et troublé.

Quand le chapelain sut de quelle manière le chef de la famille avait reçu l'avis indirect qu'il lui avait fait donner, il fut saisi de crainte. Le comte Christian, sous un air d'indolence et d'irrésolution, n'avait jamais été un homme faible. Parfois on l'avait vu sortir d'une sorte de somnolence par des actes de sagesse et d'énergie. Le prêtre eut peur d'avoir été trop loin et d'être réprimandé. Il s'attacha donc à détruire son ouvrage au plus vite, et à persuader à la chanoinesse de ne plus se mêler de rien. Quinze jours s'écoulèrent de la manière la plus paisible, sans que rien pût faire pressentir à Consuelo qu'elle était un sujet de trouble dans la famille. Albert continua ses soins assidus auprès d'elle, et lui annonça le départ d'Amélie comme une absence passagère dont il ne lui fit pas soupçonner le motif. Elle commença à sortir de sa chambre; et la première fois qu'elle se promena dans le jardin, le vieux Christian soutint de son bras faible et tremblant les pas chancelants de la convalescente.

LI.

Ce fut un bien beau jour pour Albert que celui où il vit sa Consuelo reprendre à la vie, appuyée sur le bras de son vieux père, et lui tendre la main en présence de sa famille, en disant avec un sourire ineffable :

« Voici celui qui m'a sauvée, et qui m'a soignée comme si j'étais sa sœur. »

Mais ce jour, qui fut l'apogée de son bonheur, changea tout à coup, et plus qu'il ne l'avait voulu prévoir, ses relations avec Consuelo. Désormais associée aux occupations et rendue aux habitudes de la famille, elle ne se trouva plus que rarement seule avec lui. Le vieux comte, qui paraissait avoir pris pour elle une prédilection plus vive qu'avant sa maladie, l'entourait de ses soins avec une sorte de galanterie paternelle dont elle se sentait profondément touchée. La chanoinesse, qui ne disait plus rien, ne s'en faisait pas moins un devoir de veiller sur tous ses pas, et de venir se mettre en tiers dans tous ses entretiens avec Albert. Enfin, comme celui-ci ne donnait plus aucun signe d'aliénation mentale, on se livra au plaisir de recevoir et même d'attirer les parents et les voisins, longtemps négligés. On mit une sorte d'ostentation naïve et tendre à leur montrer combien le jeune comte de Rudolstadt était redevenu sociable et gracieux; et Consuelo paraissant exiger de lui, par ses regards et son exemple, qu'il remplît le vœu de ses parents, il lui fallut bien reprendre les manières d'un homme du monde et d'un châtelain hospitalier.

Cette rapide transformation lui coûta extrêmement. Il s'y résigna pour obéir à celle qu'il aimait. Mais il eût voulu en être récompensé par des entretiens plus longs et des épanchements plus complets. Il supportait patiemment ces journées de contrainte et d'ennui, pour obtenir d'elle le soir un mot d'approbation et de remerciement. Mais, quand la chanoinesse venait, comme un spectre importun, se placer entre eux, et lui arracher cette pure jouissance, il sentait son âme s'aigrir et sa force l'abandonner. Il passait des nuits cruelles, et souvent il approchait de la citerne, qui n'avait pas cessé d'être pleine et limpide depuis le jour où il l'avait remontée portant Consuelo dans ses bras. Plongé dans une morne rêverie, il maudissait presque le serment qu'il avait fait de ne plus retourner à son ermitage. Il s'effrayait de se sentir malheureux, et de ne pouvoir ensevelir le secret de sa douleur dans les entrailles de la terre.

L'altération de ses traits, après ces insomnies, le retour passager, mais de plus en plus fréquent, de son air sombre et distrait, ne pouvaient manquer de frapper ses parents et son amie. Mais celle-ci avait trouvé le moyen de dissiper ces nuages, et de reprendre son empire chaque fois qu'elle était menacée de le perdre. Elle se mettait à chanter; et aussitôt le jeune comte, charmé ou subjugué, se soulageait par des pleurs, ou s'animait d'un nouvel enthousiasme. Ce remède était infaillible, et, quand il pouvait lui dire quelques mots à la dérobée:

« Consuelo, s'écriait-il, tu connais le chemin de mon âme. Tu possèdes la puissance refusée au vulgaire, et tu la possèdes plus qu'aucun être vivant en ce monde. Tu parles le langage divin, tu sais exprimer les sentiments les plus sublimes, et communiquer les émotions puissantes de ton âme inspirée. Chante donc toujours quand tu me vois succomber. Les paroles que tu prononces dans tes chants ont peu de sens pour moi; elles ne sont qu'un thème abrégé, une indication incomplète, sur lesquels la pensée musicale s'exerce et se développe. Je les écoute à peine; ce que j'entends, ce qui pénètre au fond de mon cœur, c'est ta voix, c'est ton accent, c'est ton inspiration. La musique dit tout ce que l'âme rêve et pressent de plus mystérieux et de plus élevé. C'est la manifestation d'un ordre d'idées et de sentiments supérieurs à ce que la parole humaine pourrait exprimer. C'est la révélation de l'infini; et, quand tu chantes, je n'appartiens plus à l'humanité que par ce que l'humanité a puisé de divin et d'éternel dans le sein du Créateur. Tout ce que ta bouche me refuse de consolation et d'encouragement dans le cours ordinaire de la vie, tout ce que la tyrannie sociale défend à ton cœur de me révéler, tes chants me le rendent au centuple. Tu me communiques alors tout ton être, et mon âme te possède dans la joie et dans la douleur, dans la foi et dans la crainte, dans le transport de l'enthousiasme et dans les langueurs de la rêverie. »

Quelquefois Albert disait ces choses à Consuelo en espagnol, en présence de sa famille. Mais la contrariété évidente que donnaient à la chanoinesse ces sortes d'à-parte, et le sentiment de la convenance, empêchaient la jeune fille d'y répondre. Un jour enfin elle se trouva seule avec lui au jardin, et comme il lui parlait encore du bonheur qu'il éprouvait à l'entendre chanter:

« Puisque la musique est un langage plus complet et plus persuasif que la parole, lui dit-elle, pourquoi ne me parlez-vous jamais avec moi, vous qui la connaissez peut-être encore mieux?

— Que voulez-vous dire, Consuelo? s'écria le jeune comte frappé de surprise. Je ne suis musicien qu'en vous écoutant.

— Ne cherchez pas à me tromper, reprit-elle : je n'ai jamais entendu tirer d'un violon une voix divinement humaine qu'une seule fois dans ma vie; c'était par vous, Albert; c'était dans la grotte du Schreckenstein. Je vous ai entendu ce jour-là, avant que vous m'ayez vue. J'ai surpris votre secret; il faut que vous me le pardonniez, et que vous me fassiez entendre encore cet admirable chant, dont j'ai retenu quelques phrases, et qui m'a révélé des beautés inconnues dans la musique. »

Consuelo essaya à demi-voix ces phrases, dont elle se souvenait confusément et qu'Albert reconnut aussitôt.

« C'est un cantique populaire sur des paroles hussitiques, lui dit-il. Les vers sont de mon ancêtre Hyncko Podiebrad, le fils du roi Georges, et l'un des poètes de la patrie. Nous avons une foule de poésies admirables de Streye, de Simon Lomnicky, et plusieurs autres, qui ont été mis à l'index par la police impériale. Ces chants religieux et nationaux, mis en musique par les génies inconnus de la Bohême, ne se sont pas tous conservés dans la mémoire des Bohémiens. Le peuple en a retenu quelques-uns, et Zdenko, qui est doué d'une mémoire et d'un sentiment musical extraordinaires, en sait par tradition un assez grand nombre que j'ai recueillis et notés. Ils sont fort beaux, et vous aurez du plaisir à les connaître. Mais je ne pourrai vous les faire entendre que dans mon ermitage. C'est là qu'est mon violon et toute ma musique. J'ai des recueils manuscrits fort précieux des vieux auteurs catholiques et protestants. Je gage que vous ne connaissez ni Josquin, dont Luther nous a transmis plusieurs thèmes dans ses chorals, ni Claude le jeune, ni Arcadelt, ni George Rhaw, ni Benoît Ducis, ni Jean de Weiss. Cette curieuse exploration ne vous engagera-t-elle pas, chère Consuelo, à venir revoir ma grotte, dont je suis exilé depuis si longtemps, et visiter mon église, que vous ne connaissez pas encore non plus ? »

Cette proposition, tout en piquant la curiosité de la jeune artiste, fut écoutée en tremblant. Cette affreuse grotte lui rappelait des souvenirs qu'elle ne pouvait se retracer sans frissonner, et l'idée d'y retourner seule avec Albert, malgré toute la confiance qu'elle avait prise en lui, lui causa une émotion pénible dont il s'aperçut bien vite.

« Vous avez de la répugnance pour ce pèlerinage que vous m'aviez pourtant promis de renouveler ; n'en parlons plus, dit-il. Fidèle à mon serment, je ne le ferai pas sans vous.

— Vous me rappelez le mien, Albert, reprit-elle ; je le tiendrai dès que vous l'exigerez. Mais, mon cher docteur, vous devez songer que je n'ai pas encore la force nécessaire. Ne voudrez-vous donc pas auparavant me faire voir cette musique curieuse, et entendre cet admirable artiste qui joue du violon beaucoup mieux que je ne chante ?

— Je ne sais pas si vous raillez, chère sœur ; mais je sais bien que vous ne m'entendrez pas ailleurs que dans ma grotte. C'est là que j'ai essayé de faire parler selon mon cœur cet instrument dont j'ignorais le sens, après avoir eu pendant plusieurs années un professeur brillant et frivole, chèrement payé par mon père. C'est là que j'ai compris ce que c'est que la musique, et quelle sacrilège dérision une grande partie des hommes y a substituée. Quant à moi, j'avoue qu'il me serait impossible de tirer un son de mon violon, si je n'étais prosterné en esprit devant la Divinité. Même si je vous voyais froide à mes côtés, attentive seulement à la forme des morceaux que je joue, et curieuse d'examiner le plus ou moins de talent que je puis avoir, je jouerais si mal que je doute que vous pussiez m'écouter. Je n'ai jamais, depuis que je sais qu'on m'en servir, touché cet instrument, consacré pour moi à la louange du Seigneur ou au cri de ma prière ardente, sans me sentir transporté dans le monde idéal, et sans obéir au souffle d'une sorte d'inspiration mystérieuse que je ne puis appeler à mon gré, et qui me quitte sans que j'aie aucun moyen de la soumettre et de la fixer. Demandez-moi la plus simple phrase quand je suis de sang-froid, et, malgré le désir que j'aurai de vous complaire, ma mémoire me trahira, mes doigts deviendront aussi incertains que ceux d'un enfant qui essaie ses premières notes.

— Je ne suis pas indigne, répondit Consuelo attentive et pénétrée, de comprendre votre manière d'envisager la musique. J'espère bien pouvoir m'associer à votre prière avec une âme assez recueillie et assez fervente pour que ma présence ne refroidisse pas votre inspiration. Ah ! pourquoi mon maître Porpora ne peut-il entendre ce que vous dites sur l'art sacré, mon cher Albert ! il serait à vos genoux. Et pourtant ce grand artiste lui-même ne pousse pas la rigidité aussi loin que vous, et il croit que le chanteur et le virtuose doivent puiser le souffle qui les anime dans la sympathie et l'admiration de l'auditoire qui les écoute.

— C'est peut-être que le Porpora, quoi qu'il en dise, confond en musique le sentiment religieux avec la pensée humaine ; c'est peut-être aussi qu'il entend la musique sacrée en catholique ; et si j'étais à son point de vue, je raisonnerais comme lui. Si j'étais en communion de foi et de sympathie avec un peuple professant un culte qui serait le mien, je chercherais, dans le contact de ces âmes animées du même sentiment religieux que moi, une inspiration que jusqu'ici j'ai été forcé de chercher dans la solitude, et que par conséquent j'ai imparfaitement rencontrée. Si j'ai jamais le bonheur d'unir, dans une prière selon mon cœur, ta voix divine, Consuelo, aux accents de mon violon, sans aucun doute je m'élèverai plus haut que je n'ai jamais fait, et ma prière sera plus digne de la Divinité. Mais n'oublie pas, chère enfant, que jusqu'ici mes croyances ont été abominables à tous les êtres qui m'environnent ; ceux qu'elles n'auraient pas scandalisés en auraient fait un sujet de moquerie. Voilà pourquoi j'ai caché, comme un secret entre Dieu, le pauvre Zdenko, et moi, le faible don que je possède. Mon père aime la musique, et voudrait que cet instrument, aussi sacré pour moi que les cistres des mystères d'Éleusis, servît à son amusement. Que deviendrais-je, grand Dieu ! s'il me fallait accompagner une cavatine à Amélie, et que deviendrait mon père si je lui jouais un de ces vieux airs hussitiques qui ont mené tant de Bohémiens aux mines ou au supplice, ou un cantique plus moderne de nos pères luthériens, dont il rougit de descendre ? Hélas ! Consuelo, je ne sais guère de choses plus nouvelles. Il en existe sans doute, et d'admirables. Ce que vous m'apprenez de Hændel et des autres grands maîtres dont vous êtes nourrie me paraît supérieur, à beaucoup d'égards, à ce que j'ai à vous enseigner à mon tour. Mais, pour connaître et apprendre cette musique, il eût fallu me mettre en relation avec un nouveau monde musical ; et c'est avec vous seule que je pourrai me résoudre à y entrer, pour y chercher les trésors longtemps ignorés ou dédaignés que vous allez verser sur moi à pleines mains.

— Et moi, dit Consuelo en souriant, je crois que je ne me chargerai point de cette éducation. Ce que j'ai entendu dans la grotte est si beau, si grand, si unique en son genre, que je craindrais de mettre du gravier dans une source de cristal et de diamant. O Albert ! je vois bien que vous en savez plus que moi-même en musique. Mais maintenant, ne me direz-vous rien de cette musique profane dont je suis forcée de faire profession ? Je crains de découvrir que, dans celle-là comme dans l'autre, j'ai été jusqu'à ce jour au-dessous de ma mission, en y portant la même ignorance ou la même légèreté.

— Bien loin de le croire, Consuelo, je regarde votre rôle comme sacré, et comme votre profession est la plus sublime qu'une femme puisse embrasser, votre âme est la plus digne d'en remplir le sacerdoce.

— Attendez, attendez, cher comte, reprit Consuelo en souriant. De ce que je vous ai parlé souvent du couvent où j'ai appris la musique, et de l'église où j'ai chanté les louanges du Seigneur, vous en concluez que je m'étais destinée au service des autels, ou aux modestes enseignements du cloître. Mais si je vous apprenais que la Zingarella, fidèle à son origine, était vouée au hasard dès son enfance, et que toute son éducation a été un mélange de travaux religieux et profanes auxquels sa volonté portait une égale ardeur, insouciante d'aboutir au monastère ou au théâtre...

— Certain que Dieu a mis son sceau sur ton front, et qu'il t'a vouée à la sainteté dès le ventre de ta mère, je m'inquiéterais fort peu pour toi du hasard des choses humaines, et je garderais la conviction que tu dois être sainte sur le théâtre aussi bien que dans le cloître.

— Eh quoi ! l'austérité de vos pensées ne s'effraierait pas du contact d'une comédienne !

— A l'aurore des religions, reprit-il, le théâtre et le temple sont un même sanctuaire. Dans la pureté des idées premières, les cérémonies du culte sont le spectacle des peuples ; les arts prennent naissance au pied des autels ; la danse elle-même, cet art aujourd'hui consacré à des idées d'impure volupté, est la musique des sens dans les fêtes des dieux. La musique et la poésie sont les plus hautes expressions de la foi, et la femme douée de génie et de beauté est prêtresse, sibylle et initiatrice. A ces formes sévères et grandes du passé ont succédé d'absurdes et coupables distinctions : la religion romaine a proscrit la beauté de ses fêtes, et la femme de ses solennités ; au lieu de diriger et d'ennoblir l'amour, elle l'a banni et condamné. La beauté, la femme et l'amour, ne pouvaient perdre leur empire. Les hommes leur ont élevé d'autres temples qu'ils ont appelés théâtres et où nul autre dieu n'est venu présider. Est-ce votre faute, Consuelo, si ces gymnases sont devenus des antres de corruption ? La nature, qui poursuit ses prodiges sans s'inquiéter de l'accueil que recevront ses chefs-d'œuvre parmi les hommes, vous avait formée pour briller entre toutes les femmes, et pour répandre sur le monde les trésors de la puissance et du génie. Le cloître et le tombeau sont synonymes. Vous ne pouviez, sans commettre un suicide, ensevelir les dons de la Providence. Vous avez dû chercher votre essor dans un air plus libre. La manifestation est la condition de certaines existences, le vœu de la nature les y pousse irrésistiblement; et la volonté de Dieu à cet égard est si positive, qu'il leur retire les facultés dont il les avait douées, dès qu'elles en méconnaissent l'usage. L'artiste dépérit et s'éteint dans l'obscurité, comme le penseur s'égare et s'exaspère dans la solitude absolue, comme tout esprit humain se détériore et se détruit dans l'isolement et la claustration. Allez donc au théâtre, Consuelo, si vous voulez, et subissez-en l'apparente flétrissure avec la résignation d'une âme pieuse, destinée à souffrir, à chercher vainement sa patrie en ce monde d'aujourd'hui, mais forcée de fuir les ténèbres qui ne sont pas l'élément de sa vie, et hors desquelles le souffle de l'Esprit Saint la rejette impérieusement.

Albert parla longtemps ainsi avec animation, entraînant Consuelo à pas rapides sous les ombrages de la garenne. Il n'eut pas de peine à lui communiquer l'enthousiasme qu'il portait dans le sentiment de l'art, et à lui faire oublier la répugnance qu'elle avait eue d'abord à retourner à la grotte. En voyant qu'il le désirait vivement, elle se mit à désirer elle-même de se retrouver seule assez longtemps avec lui pour entendre les idées que cet homme ardent et timide n'osait émettre que devant elle. C'étaient des idées bien nouvelles pour Consuelo, et peut-être l'étaient-elles tout à fait dans la bouche d'un patricien de ce temps et de ce pays. Elles ne frappaient cependant la jeune artiste que comme une formule franche et hardie des sentiments qui fermentaient en elle. Dévote et comédienne, elle entendait chaque jour la chanoinesse et le chapelain damner sans rémission les histrions et les baladins ses confrères. En se voyant réhabilitée, comme elle croyait avoir droit de l'être, par un homme sérieux et pénétré, elle sentit sa poitrine s'élargir et son cœur y battre plus à l'aise, comme s'il l'eût fait entrer dans la véritable région de sa vie. Ses yeux s'humectaient de larmes, et ses joues brillaient d'une vive et sainte rougeur, lorsqu'elle aperçut au fond d'une allée la chanoinesse qui la cherchait.

« Ah! ma prêtresse! lui dit Albert en serrant contre sa poitrine ce bras enlacé au sien, vous viendrez prier dans mon église!
— Oui, lui répondit-elle, j'irai certainement.
— Et quand donc?
— Quand vous voudrez. Jugez-vous que je sois de force à entreprendre ce nouvel exploit?
— Oui; car nous irons au Schreckenstein en plein jour et par une route moins dangereuse que la citerne. Vous sentez-vous le courage d'être levée demain avec l'aube et de franchir les portes aussitôt qu'elles seront ouvertes? Je serai dans ces buissons, que vous voyez d'ici au flanc de la colline, là où vous apercevez une croix de pierre, et je vous servirai de guide.
— Eh bien, je vous le promets, répondit Consuelo non sans un dernier battement de cœur.
— Il fait bien frais ce soir pour une aussi longue promenade, dit la chanoinesse en les abordant. »

Albert ne répondit rien; il ne savait pas feindre. Consuelo, qui ne se sentait pas troublée par le genre d'émotion qu'elle éprouvait, passa hardiment son autre bras sous celui de la chanoinesse, et lui donna un gros baiser sur l'épaule. Wenceslawa eût bien voulu lui battre froid; mais elle subissait malgré elle l'ascendant de cette âme droite et affectueuse. Elle soupira, et, en rentrant, elle alla dire une prière pour sa conversion.

LII

Plusieurs jours s'écoulèrent pourtant sans que le vœu d'Albert pût être exaucé. Consuelo fut surveillée de si près par la chanoinesse, qu'elle eut beau se lever avec l'aurore et franchir le pont-levis la première, elle trouva toujours la tante ou le chapelain errant sous la charmille de l'esplanade, et de là, observant tout le terrain découvert qu'il fallait traverser pour gagner les buissons de la colline. Elle prit le parti de se promener seule à portée de leurs regards, et de renoncer à rejoindre Albert, qui, de sa retraite ombragée, distingua les vedettes ennemies, fit un grand détour dans le fourré, et rentra au château sans être aperçu.

« Vous avez été vous promener de grand matin, signora Porporina, dit à déjeuner la chanoinesse; ne craignez-vous pas que l'humidité de la rosée vous soit contraire?
— C'est moi, ma tante, reprit le jeune comte, qui ai conseillé à la signora de respirer la fraîcheur du matin, et je ne doute pas que ces promenades ne lui soient très-favorables.
— J'aurais cru qu'une personne qui se consacre à la musique vocale, reprit la chanoinesse avec un peu d'affectation, ne devait pas s'exposer à nos matinées brumeuses; mais si c'est d'après votre ordonnance...
— Ayez donc confiance dans les décisions d'Albert, dit le comte Christian; il a assez prouvé qu'il était aussi bon médecin que bon fils et bon ami. »

La dissimulation à laquelle Consuelo fut forcée de se prêter en rougissant, lui parut très-pénible. Elle s'en plaignit doucement à Albert, quand elle put lui adresser quelques paroles à la dérobée, et le pria de renoncer à son projet, du moins jusqu'à ce que la vigilance de sa tante fût assoupie. Albert lui obéit, mais en la suppliant de continuer à se promener le matin dans les environs du parc, de manière à ce qu'il pût la rejoindre lorsqu'un moment favorable se présenterait.

Consuelo eût bien voulu s'en dispenser. Quoiqu'elle aimât la promenade, et qu'elle éprouvât le besoin de marcher un peu tous les jours, hors de cette enceinte de murailles et de fossés où sa pensée était comme étouffée sous le sentiment de la captivité, elle souffrait de tromper les gens qu'elle respectait et dont elle recevait l'hospitalité. Un peu d'amour lève bien des scrupules; mais l'amitié réfléchit, et Consuelo réfléchissait beaucoup. On était aux derniers beaux jours de l'été; car plusieurs mois s'étaient écoulés déjà depuis qu'elle habitait le château des Géants. Quel été pour Consuelo! le plus pâle automne de l'Italie avait plus de lumière et de chaleur. Mais cet air tiède, ce ciel souvent voilé par de légers nuages blancs et floconneux, avaient aussi leur charme et leur genre de beautés. Elle trouvait dans ses courses solitaires un attrait qu'augmentait peut-être aussi le peu d'empressement qu'elle avait à revoir le souterrain. Malgré la résolution qu'elle avait prise, elle sentait qu'Albert eût levé un poids de sa poitrine en lui rendant sa promesse; et lorsqu'elle n'était plus sous l'empire de son regard suppliant et de ses paroles enthousiastes, elle se prenait à bénir secrètement la tante de la soustraire à cet engagement par les obstacles que chaque jour elle y apportait.

Un matin, elle vit, des bords du torrent qu'elle côtoyait, Albert penché sur la balustrade de son parterre, bien loin au-dessus d'elle. Malgré la distance qui les séparait, elle se sentait presque toujours sous l'œil inquiet et passionné de cet homme, par qui elle s'était laissé en quelque sorte dominer. « Ma situation est fort étrange, se disait-elle; tandis que cet ami persévérant m'observe pour voir si je suis fidèle au dévouement que je lui ai juré, sans doute, de quelque autre point du château, je suis surveillée, pour que je n'aie point avec lui des rapports que leurs usages et leurs convenances proscrivent. Je ne sais ce qui se passe dans l'esprit des uns et des autres. La baronne Amélie ne me revient plus. La chanoinesse semble se méfier de moi, et se refroidir à mon égard. Le comte Christian redouble d'amitié, et prétend redouter le retour du Porpora, qui sera probablement le signal de mon départ. Albert paraît avoir oublié que je lui ai défendu d'espérer mon amour. Comme s'il devait tout attendre de moi, il ne me demande rien pour l'avenir, et n'abjure point cette passion qui a l'air de le rendre heureux en dépit de mon impuissance à la partager. Cependant me voici comme une amante déclarée, l'attendant chaque matin à son rendez-vous, auquel je désire qu'il ne puisse venir, m'exposant au blâme, que sais-je! au mépris d'une famille qui ne peut comprendre ni mon dévouement, ni mes rapports avec lui, puisque je ne les comprends pas moi-même et n'en prévois point l'issue. Bizarre destinée que la mienne! serais-je donc condamnée à me dévouer toujours sans être aimée de ce que j'aime, ou sans aimer ce que j'estime? »

Au milieu de ces réflexions, une profonde mélancolie s'empara de son âme. Elle éprouvait le besoin de s'appartenir à elle-même, ce besoin souverain et légitime, véritable condition du progrès et du développement chez l'artiste supérieur. La sollicitude qu'elle avait vouée au comte Albert lui pesait comme une chaîne. Cet amer souvenir, qu'elle avait conservé d'Anzoleto et de Venise, s'attachait à elle dans l'inaction et dans la solitude d'une vie trop monotone et trop régulière pour son organisation puissante.

Elle s'arrêta auprès du rocher qu'Albert lui avait souvent montré comme étant celui où, par une étrange fatalité, il l'avait vue enfant une première fois, attachée avec des courroies sur le dos de sa mère, comme la balle d'un colporteur, et courant par monts et par vaux en chantant comme la cigale de la fable, sans souci du lendemain, sans appréhension de la vieillesse menaçante et de la misère inexorable. O ma pauvre mère! pensa la jeune Zingarella; me voici ramenée, par d'incompréhensibles destinées, aux lieux que tu traversas pour n'en garder qu'un vague souvenir et le gage d'une touchante hospitalité. Tu fus jeune et belle, et sans doute, tu rencontras bien des gîtes où l'amour t'eût reçue, où la société eût pu t'absoudre et te transformer, où enfin la vie dure et vagabonde eût pu se fixer et s'abjurer dans le sein du bien-être et du repos. Mais tu sentais et tu disais toujours que ce bien-être c'était la contrainte, et ce repos, l'ennui, mortel aux âmes d'artiste. Tu avais raison, je le sens bien; car me voici dans ce château où tu n'as voulu passer qu'une nuit comme dans tous les autres; m'y voici à l'abri du besoin et de la fatigue, bien traitée, bien choyée, avec un riche seigneur à mes pieds... Et pourtant la contrainte m'y étouffe, et l'ennui m'y consume.

Consuelo, saisie d'un accablement extraordinaire, s'était assise sur le roc. Elle regardait le sable du sentier, comme si elle eût cru y retrouver la trace des pieds nus de sa mère. Les brebis, en passant, avaient laissé aux épines quelques brins de leur toison. Cette laine d'un brun roux rappelait précisément à Consuelo la couleur naturelle du drap grossier dont était fait le manteau de sa mère, ce manteau qui l'avait si longtemps protégée contre le froid et le soleil, contre la poussière et la pluie. Elle l'avait vu tomber de leurs épaules pièce par pièce. « Et nous aussi, se disait-elle, nous étions de pauvres brebis errantes, et nous laissions les lambeaux de notre dépouille aux ronces des chemins; mais nous emportions toujours le fier amour et la pleine jouissance de notre chère liberté! »

En rêvant ainsi, Consuelo laissait tomber de longs regards sur ce sentier de sable jaune qui serpentait gracieusement sur la colline, et qui, s'élargissant au bas du vallon, se dirigeait vers le nord en traçant une grande ligne sinueuse au milieu des verts sapins et des noires bruyères. Qu'y a-t-il de plus beau qu'un chemin? pensait-elle; c'est le symbole et l'image d'une vie active et variée. Que d'idées riantes s'attachent pour moi aux capricieux détours de celui-ci! Je ne me souviens pas des lieux qu'il traverse, et que pourtant j'ai traversés jadis. Mais qu'ils doivent être beaux, au prix de cette noire forteresse qui dort là éternellement sur ses immobiles rochers! Comme ces graviers aux pâles nuances d'or mat qui le rayent mollement, et ces genêts d'or brûlant qui le coupent de leurs ombres, sont plus doux à la vue que les allées droites et les raides charmilles de ce parc orgueilleux et froid! Rien qu'à regarder les grandes lignes sèches d'un jardin, la lassitude me prend: pourquoi mes pieds chercheraient-ils à atteindre ce que mes yeux et ma pensée embrassent tout d'abord? au lieu que le libre chemin qui s'enfuit et se cache à demi dans les bois m'invite et m'appelle à suivre ses détours et à pénétrer ses mystères. Et puis ce chemin, c'est le passage de l'humanité, c'est la route de l'univers. Il n'appartient pas à un maître qui puisse le fermer ou l'ouvrir à son gré. Ce n'est pas seulement le puissant et le riche qui ont le droit de fouler ses marges fleuries et de respirer ses sauvages parfums. Tout oiseau peut suspendre son nid à ses branches, tout vagabond peut reposer sa tête sur ses pierres. Devant lui, un mur ou une palissade ne ferme point l'horizon. Le ciel ne finit pas devant lui; et tant que la vue peut s'étendre, le chemin est une terre de liberté. A droite, à gauche, les champs, les bois appartiennent à des maîtres; le chemin appartient à celui qui ne possède pas autre chose; aussi comme il l'aime! Le plus grossier mendiant a pour lui un amour invincible. Qu'on lui bâtisse des hôpitaux aussi riches que des palais, ce seront toujours des prisons; sa poésie, son rêve, sa passion, ce sera toujours le grand chemin! O ma mère! ma mère, tu le savais bien; tu me l'avais bien dit! Que ne puis-je ranimer ta cendre, qui dort si loin de moi sous l'algue des lagunes! Que ne peux-tu me reprendre sur tes fortes épaules et me porter là-bas, là-bas où vole l'hirondelle vers les collines bleues, où le souvenir du passé et le regret du bonheur perdu ne peuvent suivre l'artiste aux pieds légers qui voyage plus vite qu'eux, et met chaque jour un nouvel horizon, un nouveau monde entre lui et les ennemis de sa liberté! Pauvre mère! que ne peux-tu encore me chérir et m'opprimer, m'accabler tour à tour de baisers et de coups, comme le vent qui tantôt caresse et tantôt renverse les jeunes blés sur la plaine, pour les relever et les coucher encore à sa fantaisie! Tu étais une âme mieux trempée que la mienne, et tu m'aurais arrachée, de gré ou de force, aux liens où je me laisse prendre à chaque pas!

Au milieu de sa rêverie enivrante et douloureuse, Consuelo fut frappée par le son d'une voix qui la fit tressaillir comme si un fer rouge se fût posé son cœur. C'était une voix d'homme, qui partait du ravin assez loin au-dessous d'elle, et fredonnait en dialecte vénitien le chant de l'*Echo*, l'une des plus originales compositions du Chiozzetto[1]. La personne qui chantait ne donnait pas toute sa voix, et sa respiration semblait entrecoupée par la marche. Elle lançait une phrase au hasard, comme si elle eût voulu se distraire de l'ennui du chemin, et s'interrompait pour parler avec une autre personne; puis elle reprenait sa chanson, répétant plusieurs fois la même modulation comme pour s'exercer, et recommençait à parler, en se rapprochant toujours du lieu où Consuelo, immobile et palpitante, se sentait défaillir. Elle ne pouvait entendre les discours du voyageur à son compagnon, il était encore trop loin d'elle. Elle ne pouvait le voir, un rocher en saillie l'empêchait de plonger dans la partie du ravin où il était engagé. Mais pouvait-elle méconnaître un instant cette voix, cet accent qu'elle connaissait si bien, et les fragments de ce morceau qu'elle-même avait enseigné et fait répéter tant de fois à son ingrat élève!

Enfin les deux voyageurs invisibles s'étant rapprochés, elle entendit l'un des deux, dont la voix lui était inconnue, dire à l'autre en mauvais italien et avec l'accent du pays:

« Eh! eh! signor, ne montez pas par ici, les chevaux ne pourraient pas vous y suivre, et vous me perdriez de vue; suivez-moi le long du torrent. Voyez! la route est devant nous, et l'endroit que vous prenez est un sentier pour les piétons. »

La voix que Consuelo connaissait si bien parut s'éloigner et redescendre, et bientôt elle l'entendit demander quel était ce beau château qu'on voyait sur l'autre rive.

« C'est *Riesenburg*, comme qui dirait *il castello dei giganti*, » répondit le guide; car c'en était un de profession.

---
[1]. Jean Croce, de Chioggia, seizième siècle.

Et Consuelo commençait à le voir au bas de la colline, à pied et conduisant par la bride deux chevaux couverts de sueur. Le mauvais état du chemin, dévasté récemment par le torrent, avait forcé les cavaliers de mettre pied à terre. Le voyageur suivait à quelque distance, et enfin Consuelo put l'apercevoir en se penchant sur le rocher qui la protégeait. Il lui tournait le dos, et portait un costume de voyage qui changeait sa tournure et jusqu'à sa démarche. Si elle n'eût entendu sa voix, elle eût cru que ce n'était pas lui. Mais il s'arrêta pour regarder le château, et, ôtant son large chapeau, il s'essuya le visage avec son mouchoir. Quoiqu'elle ne le vît qu'en plongeant d'en haut sur sa tête, elle reconnut cette abondante chevelure dorée et bouclée, et le mouvement qu'il avait coutume de faire avec la main pour en soulever le poids sur son front et sur sa nuque lorsqu'il avait chaud.

« Ce château a l'air très-respectable, dit-il ; et si j'en avais le temps, j'aurais envie d'aller demander à déjeuner aux géants qui l'habitent.

— Oh ! n'y essayez pas, répondit le guide en secouant la tête. Les Rudolstadt ne reçoivent que les mendiants ou les parents.

— Pas plus hospitaliers que cela ? Le diable les emporte !

— Écoutez donc ! c'est qu'ils ont quelque chose à cacher.

— Un trésor, ou un crime ?

— Oh ! rien ; c'est leur fils qui est fou.

— Le diable l'emporte aussi, en ce cas ! Il leur rendra service. »

Le guide se mit à rire. Anzoleto se remit à chanter.

« Allons, dit le guide en s'arrêtant, voici le mauvais chemin passé ; si vous voulez remonter à cheval, nous allons faire un temps de galop jusqu'à Tusta. La route est magnifique jusque là ; rien que du sable. Vous trouverez là la grande route de Prague et de bons chevaux de poste.

— Alors, dit Anzoleto en rajustant ses étriers, je pourrai dire : Le diable t'emporte aussi ! car tes haridelles, tes chemins de montagne et toi, commencez à m'ennuyer singulièrement. »

En parlant ainsi, il enfourcha lestement sa monture, lui enfonça ses deux éperons dans le ventre, et, sans s'inquiéter de son guide qui le suivait à grand'peine, il partit comme un trait dans la direction du nord, soulevant des tourbillons de poussière sur le chemin que Consuelo venait de contempler si longtemps, et où elle s'attendait si peu à voir passer comme une vision fatale l'ennemi de sa vie, l'éternel souci de son cœur.

Elle le suivit des yeux dans un état de stupeur impossible à exprimer. Glacée par le dégoût et la crainte, tant qu'il avait été à portée de sa voix, elle s'était tenue cachée et tremblante. Mais quand elle le vit s'éloigner, quand elle songea qu'elle allait le perdre de vue et peut-être pour toujours, elle ne sentit plus qu'un horrible désespoir. Elle s'élança sur le rocher, pour le voir plus longtemps ; et l'indestructible amour qu'elle lui portait se réveillant avec délire, elle voulut crier vers lui pour l'appeler. Mais sa voix expira sur ses lèvres ; il lui sembla que la main de la mort serrait sa gorge et déchirait sa poitrine : ses yeux se voilèrent ; un bruit sourd comme celui de la mer gronda dans ses oreilles ; et, en retombant épuisée au bas du rocher, elle se trouva dans les bras d'Albert, qui s'était approché sans qu'elle prît garde à lui, et qui l'emporta mourante dans un endroit plus sombre et plus caché de la montagne.

LIII.

La crainte de trahir par son émotion un secret qu'elle avait jusque là si bien caché au fond de son âme rendit à Consuelo la force de se contraindre, et de laisser croire à Albert que la situation où il l'avait surprise n'avait rien d'extraordinaire. Au moment où le jeune comte l'avait reçue dans ses bras, pâle et prête à défaillir, Anzoleto et son guide venaient de disparaître au loin dans les sapins,

et Albert put s'attribuer à lui-même le danger qu'elle avait couru de tomber dans le précipice. L'idée de ce danger, qu'il avait causé sans doute en l'effrayant par son approche, venait de le troubler lui-même à tel point qu'il ne s'aperçut guère du désordre de ses réponses dans les premiers instants. Consuelo, à qui il inspirait encore parfois un certain effroi superstitieux, craignit d'abord qu'il ne devinât, par la force de ses pressentiments, une partie de ce mystère. Mais Albert, depuis que l'amour le faisait vivre de la vie des autres hommes, semblait avoir perdu les facultés en quelque sorte surnaturelles qu'il avait possédées auparavant. Elle put maîtriser bientôt son agitation, et la proposition qu'il lui fit de la conduire à son ermitage ne lui causa pas en ce moment le déplaisir qu'elle en eût ressenti quelques heures auparavant. Il lui sembla que l'âme austère et l'habitation lugubre de cet homme si sérieusement dévoué à son sort s'ouvraient devant elle comme un refuge où elle trouverait le calme et la force nécessaires pour lutter contre les souvenirs de sa passion. « C'est la Providence qui m'envoie cet ami au sein des épreuves, pensa-t-elle, et ce sombre sanctuaire où il veut m'entraîner est là comme un emblème de la tombe où je dois m'engloutir, plutôt que de suivre la trace du mauvais génie que je viens de voir passer. Oh ! oui, mon Dieu ! plutôt que de m'attacher à ses pas, faites que la terre s'entr'ouvre sous les miens, et ne me rende jamais au monde des vivants ! »

« Chère Consolation, lui dit Albert, je venais vous dire que ma tante, ayant ce matin à recevoir et à examiner les comptes de ses fermiers, ne songeait guère à nous, et que nous avions enfin la liberté d'accomplir notre pèlerinage. Pourtant, si vous éprouvez encore quelque répugnance à revoir des lieux qui vous rappellent tant de souffrances et de terreurs...

— Non, mon ami, non, répondit Consuelo ; je sens, au contraire, que jamais je n'ai été mieux disposée à prier dans votre église, et à joindre mon âme à la vôtre sur les ailes de ce chant sacré que vous avez promis de me faire entendre. »

Ils prirent ensemble le chemin du Schreckenstein ; et, en s'enfonçant sous les bois dans la direction opposée à celle qu'Anzoleto avait prise, Consuelo se sentit soulagée, comme si chaque pas qu'elle faisait pour s'éloigner de lui eût détruit de plus en plus le charme funeste dont elle venait de ressentir les atteintes. Elle marchait si vite et si résolument, quoique grave et recueillie, que d'abord Albert eût pu l'attribuer à l'empressement naïf au seul désir de lui complaire, s'il n'eût conservé cette défiance de lui-même et de sa propre destinée qui faisait le fond de son caractère.

Il la conduisit au pied du Schreckenstein, à l'entrée d'une grotte remplie d'eau dormante et toute obstruée par une abondante végétation.

« Cette grotte, où vous pouvez remarquer quelques traces de construction voûtée, lui dit-il, s'appelle dans le pays la Cave du Moine. Les uns pensent que c'était le cellier d'une maison de religieux, construite, à la place du ces décombres, il y avait un bourg fortifié ; d'autres racontent que ce fut postérieurement la retraite d'un criminel repentant qui s'était fait ermite par esprit de pénitence. Quoi qu'il en soit, personne n'ose y pénétrer, et chacun prétend que l'eau dont elle s'est remplie est profonde et mortellement vénéneuse, à cause des veines de cuivre par lesquelles elle s'est frayé un passage. Mais cette eau n'est effectivement ni profonde ni dangereuse : elle dort sur un lit de rochers, et nous allons la traverser aisément si vous voulez encore une fois, Consuelo, vous confier à la force de mes bras et à la sainteté de mon amour pour vous. »

En parlant ainsi après s'être assuré que personne ne les avait suivis et ne pouvait les observer, il la prit dans ses bras pour qu'elle n'eût point à mouiller sa chaussure, et, entrant dans l'eau jusqu'à mi-jambes, il se fraya un passage à travers les arbrisseaux et les guirlandes de lierre qui cachaient le fond de la grotte. Au bout d'un très-court trajet, il la déposa sur un sable sec et fin, dans

Elle regardait le sable du sentier... (Page 126.)

un endroit complétement sombre, où aussitôt il alluma la lanterne dont il s'était muni; et après quelques détours dans des galeries souterraines assez semblables à celles que Consuelo avait déjà parcourues avec lui, ils se trouvèrent à une porte de la cellule opposée à celle qu'elle avait franchie la première fois.

« Cette construction souterraine, lui dit Albert, a été destinée dans le principe à servir de refuge, en temps de guerre, soit aux principaux habitants du bourg qui couvrait la colline, soit aux seigneurs du château des Géants dont ce bourg était un fief, et qui pouvaient s'y rendre secrètement par les passages que vous connaissez. Si un ermite a occupé depuis, comme on l'assure, la Cave du Moine, il est probable qu'il a eu connaissance de cette retraite; car la galerie que nous venons de parcourir m'a semblé déblayée assez nouvellement, tandis que j'ai trouvé celles qui conduisent au château encombrées, en beaucoup d'endroits, de terres et de gravois dont j'ai eu bien de la peine à les dégager. En outre, les vestiges que j'ai retrouvés ici, les débris de natte, la cruche, le crucifix, la lampe, et enfin les ossements d'un homme couché sur le dos, les mains encore croisées sur la poitrine,

dans l'attitude d'une dernière prière à l'heure du dernier sommeil, m'ont prouvé qu'un solitaire y avait achevé pieusement et paisiblement son existence mystérieuse. Nos paysans croient que l'âme de l'ermite habite encore les entrailles de la montagne. Ils disent qu'ils l'ont vue souvent errer alentour, ou voltiger sur la cime au clair de la lune; qu'ils l'ont entendue prier, soupirer, gémir, et même qu'une musique étrange et incompréhensible est venue parfois, comme un souffle à peine saisissable, expirer autour d'eux sur les ailes de la nuit. Moi-même, Consuelo, lorsque l'exaltation du désespoir peuplait la nature autour de moi de fantômes et de prodiges, j'ai cru voir le sombre pénitent prosterné sous le *Hussite*; je me suis figuré entendre sa voix plaintive et ses soupirs déchirants monter des profondeurs de l'abîme. Mais depuis que j'ai découvert et habité cette cellule, je ne me souviens pas d'y avoir trouvé d'autre solitaire que moi, rencontré d'autre spectre que ma propre figure, ni entendu d'autres gémissements que ceux qui s'échappaient de ma poitrine. »

Consuelo, depuis sa première entrevue avec Albert dans ce souterrain, ne lui avait plus jamais entendu tenir

C'est *Riesemburg*, comme qui dirait *il castello dei giganti*.. (Page 120.)

de discours insensés. Elle n'avait donc jamais osé lui rappeler les étranges paroles qu'il lui avait dites cette nuit-là, ni les hallucinations au milieu desquelles elle l'avait surprise. Elle s'étonna de voir en cet instant qu'il en avait absolument perdu le souvenir ; et, n'osant les lui rappeler, elle se contenta de lui demander si la tranquillité d'une telle solitude l'avait effectivement délivré des agitations dont il parlait.

« Je ne saurais vous le dire bien précisément, lui répondit-il ; et, à moins que vous ne l'exigiez, je ne veux point forcer ma mémoire à ce travail. Je crois bien avoir été en proie auparavant à une véritable démence. Les efforts que je faisais pour la cacher la trahissaient davantage en l'exaspérant. Lorsque, grâce à Zdenko, qui possédait par tradition le secret de ces constructions souterraines, j'eus enfin trouvé un moyen de me soustraire à la sollicitude de mes parents et de cacher mes accès de désespoir, mon existence changea. Je repris une sorte d'empire sur moi-même ; et, certain de pouvoir me dérober aux témoins importuns, lorsque je serais trop fortement envahi par mon mal, je vins à bout de jouer dans ma famille le rôle d'un homme tranquille et résigné à tout.

Consuelo vit bien que le pauvre Albert se faisait illusion sur quelques points ; mais elle sentit que ce n'était pas le moment de l'en dissuader ; et, s'applaudissant de le voir parler de son passé avec tant de sang-froid et de détachement, elle se mit à examiner la cellule avec plus d'attention qu'elle n'avait pu le faire la première fois. Elle vit alors que l'espèce de soin et de propreté qu'elle y avait remarquée n'y régnait plus du tout, et que l'humidité des murs, le froid de l'atmosphère, et la moisissure des livres, constataient au contraire un abandon complet.

« Vous voyez que je vous ai tenu parole, lui dit Albert, qui, à grand'peine, venait de rallumer le poêle ; je n'ai pas mis les pieds ici depuis que vous m'en avez arraché par l'effet de la toute-puissance que vous avez sur moi. »

Consuelo eut sur les lèvres une question qu'elle s'empressa de retenir. Elle était sur le point de demander si l'ami Zdenko, le serviteur fidèle, le gardien jaloux, avait négligé et abandonné aussi l'ermitage. Mais elle se souvint de la tristesse profonde qu'elle avait réveillée chez Albert toutes les fois qu'elle s'était hasardée à lui demander ce qu'il était devenu, et pourquoi elle ne l'avait jamais revu depuis sa terrible rencontre avec lui dans le souterrain. Albert avait toujours éludé ces questions, soit en feignant de ne pas les entendre, soit en la priant d'être tranquille, et de ne plus rien craindre de la part de l'*innocent*. Elle s'était donc persuadé d'abord que Zdenko avait reçu et exécuté fidèlement l'ordre de ne jamais se présenter devant ses yeux. Mais lorsqu'elle avait repris ses promenades solitaires, Albert, pour la rassurer complétement, lui avait juré, avec une mortelle pâleur sur le front, qu'elle ne rencontrerait pas Zdenko, parce qu'il était parti pour un long voyage. En effet, personne ne l'avait revu depuis cette époque, et on pensait qu'il était mort dans quelque coin, ou qu'il avait quitté le pays.

Consuelo n'avait cru ni à cette mort, ni à ce départ. Elle connaissait trop l'attachement passionné de Zdenko pour Albert comme possible une séparation absolue entre lui et Albert. Quant à sa mort, elle n'y songeait point sans une profonde terreur qu'elle n'osait s'avouer à elle-même, lorsqu'elle se souvenait du serment terrible que, dans son exaltation, Albert avait fait de sacrifier la vie de ce malheureux au repos de celle qu'il aimait, si cela devenait nécessaire. Mais elle chassait cet affreux soupçon, en se rappelant la douceur et l'humanité dont toute la vie d'Albert rendait témoignage. En outre, il avait joui d'une tranquillité parfaite depuis plusieurs mois, et aucune démonstration apparente de la part de Zdenko n'avait rallumé la fureur que le jeune comte avait manifestée un instant. D'ailleurs il l'avait oublié, cet instant douloureux que Consuelo s'efforçait d'oublier aussi. Il n'avait conservé des événements du souterrain que le souvenir de ceux où il avait été en possession de sa raison. Consuelo s'était donc arrêtée à l'idée qu'il avait interdit à Zdenko l'entrée et l'approche du château, et que par dépit ou par douleur le pauvre homme s'était condamné à une captivité volontaire dans l'ermitage. Elle présumait qu'il en sortait peut-être seulement la nuit pour prendre l'air ou pour converser sur le Schreckenstein avec Albert, qui sans doute veillait au moins à sa subsistance, comme Zdenko avait si longtemps veillé à la sienne. En voyant l'état de la cellule, Consuelo fut réduite à croire qu'il boudait son maître en ne soignant plus sa retraite délaissée; et comme Albert lui avait encore affirmé, en entrant dans la grotte, qu'elle n'y trouverait aucun sujet de crainte, elle prit le moment où elle le vit occupé à ouvrir péniblement la porte rouillée de ce qu'il appelait son église, pour aller de son côté essayer d'ouvrir celle qui conduisait à la cellule de Zdenko, où sans doute elle trouverait des traces récentes de sa présence. La porte céda dès qu'elle eut tourné la clef; mais l'obscurité qui régnait dans cette cave l'empêcha de rien distinguer. Elle attendit qu'Albert fût passé dans l'oratoire mystérieux qu'il voulait lui montrer et qu'il allait préparer pour la recevoir; alors elle prit un flambeau, et revint avec précaution vers la chambre de Zdenko, non sans trembler un peu à l'idée de l'y trouver en personne. Mais elle n'y trouva pas même un souvenir de son existence. Le lit de feuilles et de peaux de mouton avait été enlevé. Le siége grossier, les outils de travail, les sandales de feutre, tout avait disparu; et on eût dit, à voir l'humidité qui faisait briller les parois éclairées par la torche, que cette voûte n'avait jamais abrité le sommeil d'un vivant.

Un sentiment de tristesse et d'épouvante s'empara d'elle à cette découverte. Un sombre mystère enveloppait la destinée de ce malheureux, et Consuelo se disait avec terreur qu'elle était peut-être la cause d'un événement déplorable. Il y avait deux hommes dans Albert : l'un sage, et l'autre fou; l'un débonnaire, charitable et tendre; l'autre bizarre, farouche, peut-être violent et impitoyable dans ses décisions. Cette sorte d'identification étrange qu'il avait autrefois rêvée entre lui et le fanatique sanguinaire Jean Ziska, cet amour pour les souvenirs de la Bohême hussite, cette passion muette et patiente, mais absolue et profonde, qu'il nourrissait pour Consuelo, tout ce qui vint en cet instant à l'esprit de la jeune fille lui semblait devoir confirmer les plus pénibles soupçons. Immobile et glacée d'horreur, elle osait à peine regarder le sol nu et froid de la grotte, comme si elle eût craint d'y trouver des traces de sang.

Elle était encore plongée dans ces réflexions sinistres, lorsqu'elle entendit Albert accorder son violon; et bientôt le son admirable de l'instrument lui chanta le psaume ancien qu'elle avait tant désiré d'écouter une seconde fois. La musique en était originale, et Albert l'exprimait avec un sentiment si pur et si large, qu'elle oublia toutes ses angoisses pour approcher doucement du lieu où il se trouvait, attirée et comme charmée par une puissance magnétique.

LIV.

La porte de *l'église* était restée ouverte; Consuelo s'arrêta sur le seuil pour examiner et le virtuose inspiré et l'étrange sanctuaire. Cette prétendue église n'était qu'une grotte immense, taillée, ou, pour mieux dire, brisée dans le roc, irrégulièrement, par les mains de la nature, et creusée en grande partie par le travail souterrain des eaux. Quelques torches éparses plantées sur des blocs gigantesques éclairaient de reflets fantastiques les flancs verdâtres du rocher, et tremblotaient devant de sombres profondeurs, où nageaient les formes vagues des longues stalactites, semblables à des spectres qui cherchent et fuient tour à tour la lumière. Les énormes sédiments que l'eau avait déposés autrefois sur les flancs de la caverne offraient mille capricieux aspects. Tantôt ils se roulaient comme de monstrueux serpents qui s'enlacent et se dévorent les uns les autres, tantôt ils partaient du sol et descendaient de la voûte en aiguilles formidables, dont la rencontre les faisait ressembler à des dents colossales hérissées à l'entrée des gueules béantes que formaient les noirs enfoncements du rocher. Ailleurs on eût dit d'informes statues, géantes représentations des dieux barbares de l'antiquité. Une végétation rocailleuse, de grands lichens rudes comme des écailles de dragon, des festons de scolopendre aux feuilles larges et pesantes, des massifs de jeunes cyprès plantés récemment dans le milieu de l'enceinte sur des éminences de terres rapportées qui ressemblaient à des tombeaux, tout donnait à ce lieu un caractère sombre, grandiose, et terrible, qui frappa vivement la jeune artiste. Au premier sentiment d'effroi succéda bientôt l'admiration. Elle approcha, et vit Albert debout, au bord de la source qui surgissait au centre de la caverne. Cette eau, quoique abondante en jaillissement, était encaissée dans un bassin si profond, qu'aucun bouillonnement n'était sensible à la surface. Elle était unie et immobile comme un bloc de sombre saphir, et les belles plantes aquatiques dont Albert et Zdenko avaient entouré ses marges n'étaient pas agitées du moindre tressaillement. La source était chaude à son point de départ, et les tièdes exhalaisons qu'elle répandait dans la caverne y entretenaient une atmosphère douce et moite qui favorisait la végétation. Elle sortait de son bassin par plusieurs ramifications, dont les unes se perdaient sous les rochers avec un bruit sourd, et dont les autres se promenaient silencieusement en ruisseaux limpides dans l'intérieur de la grotte, pour disparaître dans les enfoncements obscurs qui en reculaient indéfiniment les limites.

Lorsque le comte Albert, qui jusque-là n'avait fait qu'essayer les cordes de son violon, vit Consuelo s'avancer vers lui, il vint à sa rencontre, et l'aida à franchir les méandres que formait la source, et sur lesquels il avait jeté quelques troncs d'arbres aux endroits profonds. En d'autres endroits, des rochers épars à fleur d'eau offraient un passage facile à des pas exercés. Il lui tendit la main pour l'aider, et la souleva quelquefois dans ses bras. Mais cette fois Consuelo eut peur, non du torrent qui fuyait silencieux et sombre sous ses pieds, mais de ce guide mystérieux vers lequel une sympathie irrésistible la portait, tandis qu'une répulsion indéfinissable l'en éloignait en même temps. Arrivée au bord de la source, elle vit, sur une large pierre qui la surplombait de quelques pieds, un objet peu propre à la rassurer. C'était une sorte de monument quadrangulaire, formé d'ossements et de crânes humains, artistement agencés comme on en voit dans les catacombes.

« N'en soyez point émue, lui dit Albert, qui la sentit tressaillir. Ces nobles restes sont ceux des martyrs de ma religion, et ils forment l'autel devant lequel j'aime à méditer et à prier.

— Quelle est donc votre religion, Albert? dit Consuelo avec une naïveté mélancolique. Sont-ce là les ossements des Hussites ou des Catholiques? Les uns et les autres ne furent-ils pas victimes d'une fureur impie, et martyrs d'une foi également vive? Est-il vrai que vous ayez choisi la croyance hussite, préférablement à celle de vos parents, et que les réformes postérieures à celles de Jean Huss ne vous paraissent pas assez austères ni assez énergiques? Parlez, Albert; que dois-je croire de ce qu'on m'a dit de vous?

— Si l'on vous a dit que je préférais la réforme des Hussites à celle des Luthériens, et le grand Procope au vindicatif Calvin, autant que je préfère les exploits des Taborites à ceux des soldats de Wallenstein, on vous a dit la vérité, Consuelo. Mais que vous importe ma croyance, à vous qui, par intuition, pressentez la vérité, et connaissez la Divinité mieux que moi? A Dieu ne plaise que je vous aie attirée dans ce lieu pour surcharger votre âme pure et troubler votre paisible conscience des méditations et des tourments de ma rêverie! Restez comme vous êtes, Consuelo! Vous êtes née pieuse et sainte; de plus, vous êtes née pauvre et obscure, et rien n'a tenté d'altérer en vous la droiture de la raison et la lumière de l'équité. Nous pouvons prier ensemble sans discuter, vous qui savez tout sans avoir rien appris, et moi qui sais fort peu après avoir beaucoup cherché. Dans quelque temple que vous ayez à élever la voix, la notion du vrai Dieu sera dans votre cœur, et le sentiment de la vraie foi embrasera votre âme. Ce n'est donc pas pour vous instruire, mais pour que la révélation passe de vous en moi, que j'ai désiré l'union de nos voix et de nos esprits devant cet autel, construit avec les ossements de mes pères.

— Je ne me trompais donc pas en pensant que ces nobles restes, comme vous les appelez, sont ceux des Hussites précipités par la fureur sanguinaire des guerres civiles dans la citerne du Schreckenstein, à l'époque de votre ancêtre Jean Ziska, qui en fit, dit-on, d'horribles représailles. On m'a raconté aussi qu'après avoir brûlé le village, il avait fait combler le puits. Il me semble que je vois, dans l'obscurité de cette voûte, au-dessus de ma tête, un cercle de pierres taillées qui annonce que nous sommes précisément au-dessous de l'endroit où plusieurs fois je suis venue m'asseoir, après m'être fatiguée à vous chercher en vain. Dites, comte Albert, est-ce en effet le lieu que vous avez, m'a-t-on dit, baptisé la Pierre d'Expiation?

— Oui, c'est ici, répondit Albert, que des supplices et des violences atroces ont consacré l'asile de ma prière et le sanctuaire de ma douleur. Vous voyez d'énormes blocs suspendus au-dessus de nos têtes, et d'autres parsemés sur les bords de la source. La forte main des Taborites les y lança, par l'ordre de celui qu'on appelait *le redoutable aveugle*; mais ils ne servirent qu'à repousser les eaux vers les lits souterrains qu'elles tendaient à se frayer. La construction du puits fut rompue, et j'en ai fait disparaître les ruines sous les cyprès que j'y ai plantés; il eût fallu pouvoir engloutir ici toute une montagne pour combler cette caverne. Les blocs qui s'entassèrent dans le col de la citerne y furent arrêtés par un escalier tournant, semblable à celui que vous avez eu le courage de descendre dans le puits de mon parterre, au château des Géants. Depuis, le travail d'affaissement de la montagne les a serrés et contenus chaque jour davantage. S'il s'en échappe parfois quelque parcelle, c'est seulement dans les fortes gelées des nuits d'hiver : vous n'avez donc rien à craindre maintenant de la chute de ces pierres.

— Ce n'est pas là ce qui me préoccupe, Albert, reprit Consuelo en reportant ses regards sur l'autel lugubre où il avait posé son stradivarius. Je me demande pourquoi vous rendez un culte exclusif à la mémoire et à la dépouille de ces victimes, comme s'il n'y avait pas eu des martyrs dans l'autre parti, et comme si les crimes des uns étaient plus pardonnables que ceux des autres. »

Consuelo parlait ainsi d'un ton sévère et en regardant Albert avec méfiance. Le souvenir de Zdenko lui revenait à l'esprit, et toutes ses questions avaient trait dans sa pensée à une sorte d'interrogatoire de haute justice criminelle qu'elle lui eût fait subir, si elle l'eût osé.

L'émotion douloureuse qui s'empara tout à coup du comte lui sembla être l'aveu d'un remords. Il passa ses mains sur son front, puis les pressa contre sa poitrine, comme s'il l'eût sentie se déchirer. Son visage changea d'une manière effrayante, et Consuelo craignit qu'il ne l'eût trop bien comprise.

« Vous ne savez pas le mal que vous me faites! s'écria-t-il en s'appuyant sur l'ossuaire, et en courbant sa tête vers ces crânes desséchés qui semblaient le regarder du fond de leurs creux orbites. Non, vous ne pouvez pas le savoir, Consuelo! et vos froides réflexions réveillent en moi la mémoire des jours funestes que j'ai traversés. Vous ne savez pas que vous parlez à un homme qui a vécu des siècles de douleur, et qui, après avoir été dans la main de Dieu l'instrument aveugle de l'inflexible justice, a reçu sa récompense et subi son châtiment. J'ai tant souffert, tant pleuré, tant expié ma destinée farouche, tant réparé les horreurs où la fatalité m'avait entraîné, que je me flattais enfin de les pouvoir oublier. Oublier! c'était le besoin qui dévorait ma poitrine ardente! c'était ma prière et mon vœu de tous les instants! c'était le signe de mon alliance avec les hommes et de ma réconciliation avec Dieu, que j'implorais ici depuis des années, prosterné sur ces cadavres! Et lorsque je vous vis pour la première fois, Consuelo, je commençai à espérer. Et lorsque vous avez eu pitié de moi, j'ai commencé à croire que j'étais sauvé. Tenez, voyez cette couronne de fleurs flétries et déjà prêtes à tomber en poussière, dont j'ai entouré le crâne qui surmonte l'autel. Vous ne les reconnaissez pas; mais moi, je les ai arrosées de bien des larmes amères et délicieuses : c'est vous qui les aviez cueillies, c'est vous qui les aviez remises pour moi au compagnon de ma misère, à l'hôte fidèle de ma sépulture. Eh bien, en les couvrant de pleurs et de baisers, je me demandais avec anxiété si vous pourriez jamais avoir une affection véritable et profonde pour un criminel tel que moi, pour un fanatique sans pitié, pour un tyran sans entrailles...

— Mais quels sont donc ces crimes que vous avez commis? dit Consuelo avec force, partagée entre mille sentiments divers, et enhardie par le profond abattement d'Albert. Si vous avez une confession à faire, faites-la ici, faites-la maintenant, devant moi, afin que je sache si je puis vous absoudre et vous aimer.

— M'absoudre, oui! vous le pouvez; car celui que vous connaissez, Albert de Rudolstadt, a eu une vie aussi pure que celle d'un petit enfant. Mais celui que vous ne connaissez pas, Jean Ziska du Calice, a été entraîné par la colère du ciel dans une carrière d'iniquités! »

Consuelo vit quelle imprudence elle avait commise en réveillant le feu qui couvait sous la cendre, et en ramenant par ses questions le triste Albert aux préoccupations de sa monomanie. Ce n'était plus le moment de le combattre par le raisonnement : elle s'efforça de le calmer par les moyens mêmes que sa démence lui indiquait.

« Il suffit, Albert, lui dit-elle. Si toute votre existence actuelle a été consacrée à la prière et au repentir, vous n'avez plus rien à expier, et Dieu pardonne à Jean Ziska.

— Dieu ne se révèle pas directement aux humbles créatures qui le servent, répondit le comte en secouant la tête. Il les abaisse ou les encourage en se servant des unes pour le salut ou pour le châtiment des autres. Nous sommes tous les interprètes de sa volonté, quand nous cherchons à réprimander ou à consoler nos semblables dans un esprit de charité. Vous n'avez pas le droit, jeune fille, de prononcer sur moi les paroles de l'absolution. Le prêtre lui-même n'a pas cette haute mission que l'orgueil ecclésiastique lui attribue. Mais vous pouvez me communiquer la grâce divine en m'aimant. Votre amour peut me réconcilier avec le ciel, et me donner l'oubli des jours qu'on appelle l'histoire des siècles passés... Vous me feriez de la part du Tout-Puissant les plus sublimes promesses, que je ne pourrais vous croire ; je ne verrais en cela qu'un noble et généreux fanatisme. Mettez la main sur votre cœur, demandez-lui si ma pensée l'habite, si mon amour le remplit, et s'il vous répond *oui*, ce *oui* sera la formule sacramentelle de mon absolution, le pacte de ma réhabilitation, le charme qui fera descendre en moi le repos, le bonheur, l'*oubli!* C'est ainsi seulement que vous pourrez être la prêtresse de mon culte, et mon âme sera déliée dans le ciel, comme celle du catholique croit l'être par la bouche de son confesseur. Dites que vous m'aimez, s'écria-t-il en se tournant vers elle avec passion comme pour l'entourer de ses bras. » Mais elle recula, effrayée du serment qu'il lui demandait ; et il retomba sur les ossements en exhalant un gémissement profond, et en s'écriant : « Je savais bien qu'elle ne pourrait pas m'aimer, que je ne serais jamais pardonné, que je n'*oublierais* jamais les jours maudits où je ne l'ai pas connue!

— Albert, cher Albert, dit Consuelo profondément émue de la douleur qui le déchirait, écoutez-moi avec un peu de courage. Vous me reprochez de vouloir vous leurrer par l'idée d'un miracle, et cependant vous m'en demandez un plus grand encore. Dieu, qui voit tout, et qui apprécie nos mérites, peut tout pardonner. Mais une créature faible et bornée, comme moi surtout, peut-elle comprendre et accepter, par le seul effort de sa pensée et de son dévouement, un amour aussi étrange que le vôtre? Il me semble que c'est à vous de m'inspirer cette affection exclusive que vous demandez, et qu'il ne dépend pas de moi de vous la donner, surtout lorsque je vous connais encore si peu. Puisque nous parlons ici cette langue mystique de la dévotion qui m'a été un peu enseignée dans mon enfance, je vous dirai qu'il faut être en état de grâce pour être relevé de ses fautes. Eh bien, l'espèce d'absolution que vous demandez à mon amour, la méritez-vous? Vous réclamez le sentiment le plus pur, le plus tendre, le plus doux; et il me semble que votre âme n'est disposée ni à la douceur, ni à la tendresse. Vous y nourrissez les plus sombres pensées, et comme d'éternels ressentiments.

— Que voulez-vous dire, Consuelo? Je ne vous entends pas.

— Je veux dire que vous êtes toujours en proie à des rêves funestes, à des idées de meurtre, à des visions sanguinaires. Vous pleurez sur des crimes que vous croyez avoir commis il y a plusieurs siècles, et dont vous chérissez en même temps le souvenir ; car vous les, appelez glorieux et sublimes, vous les attribuez à la volonté du ciel, à la juste colère de Dieu. Enfin, vous êtes effrayé et orgueilleux à la fois de jouer dans votre imagination le rôle d'une espèce d'ange exterminateur. En supposant que vous ayez été vraiment, dans le passé, un homme de vengeance et de destruction, on dirait que vous avez gardé l'instinct, la tentation, et presque le goût de cette destinée affreuse, puisque vous regardez toujours au delà de votre vie présente, et que vous pleurez sur vous comme sur un criminel condamné à l'être encore.

— Non, grâce au Père tout-puissant des âmes, qui les reprend et les retrempe dans l'amour de son sein pour les rendre à l'activité de la vie! s'écria Rudolstadt en levant ses bras vers le ciel; non, je n'ai conservé aucun instinct de violence et de férocité. C'est bien assez de savoir que j'ai été condamné à traverser, le glaive et la torche à la main, ces temps barbares que nous appelons, dans notre langage fanatique et hardi, *le temps du zèle et de la fureur*. Mais vous ne savez point l'histoire, sublime enfant; vous ne comprenez pas le passé; et les destinées des nations, où vous avez toujours eu sans doute une mission de paix, un rôle d'ange consolateur, sont devant vos yeux comme des énigmes. Il faut que vous sachiez pourtant quelque chose de ces effrayantes vérités, et que vous ayez une idée de ce que la justice de Dieu commande parfois aux hommes infortunés.

— Parlez donc, Albert; expliquez-moi ce que de vaines disputes sur les cérémonies de la communion ont pu avoir de si important et de si sacré de part ou d'autre, pour que les nations se soient égorgées au nom de la divine Eucharistie.

— Vous avez raison de l'appeler divine, répondit Albert en s'asseyant auprès de Consuelo sur le bord de la source. Ce simulacre de l'égalité, cette cérémonie instituée par un être divin entre tous les hommes, pour éterniser le principe de la fraternité, ne mérite pas moins de votre bouche, ô vous qui êtes l'égale des plus grandes puissances et des plus nobles créatures dont puisse s'enorgueillir la race humaine! Et cependant il est encore des êtres vaniteux et insensés qui vous regarderont comme d'une race inférieure à la leur, et qui croiront votre sang moins précieux que celui des rois et des princes de la terre. Que penseriez-vous de moi, Consuelo, si, parce que je suis issu de ces rois et de ces princes, je m'élevais dans ma pensée au-dessus de vous?

— Je vous pardonnerais un préjugé que toute votre caste regarde comme sacré, et contre lequel je n'ai jamais songé à me révolter, heureuse que je suis d'être née libre et pareille aux petits, que j'aime plus que les grands.

— Vous me le pardonneriez, Consuelo; mais vous ne m'estimeriez guère ; et vous ne seriez point ici, seule avec moi, tranquille auprès d'un homme qui vous adore, et certaine qu'il vous respectera autant que si vous étiez proclamée, par droit de naissance, impératrice de la Germanie. Oh! laissez-moi croire que, sans cette connaissance de mon caractère et de mes principes, vous n'auriez pas eu pour moi cette céleste pitié qui vous a amenée ici la première fois. Eh bien, ma sœur chérie, reconnaissez donc dans votre cœur, auquel je m'adresse (sans vouloir fatiguer votre esprit de raisonnements philosophiques), que l'égalité est sainte, que c'est la volonté de tous les hommes, et que le devoir des hommes est de chercher à l'établir entre eux. Lorsque les peuples étaient fortement attachés aux cérémonies de leur culte, la communion représentait pour eux toute l'égalité dont les lois sociales leur permettaient de jouir. Les pauvres et les faibles y trouvaient une consolation et une promesse religieuse, qui leur faisait supporter leurs mauvais jours, et espérer, dans l'avenir du monde, des jours meilleurs pour leurs descendants. La nation bohème avait toujours voulu observer les mêmes rites eucharistiques que les apôtres avaient enseignés et pratiqués. C'était bien la communion antique et fraternelle, le banquet de l'égalité, la représentation du règne de Dieu, c'est-à-dire de la vie de communauté, qui devait se réaliser sur la face de la terre. Un jour, l'église romaine qui avait rangé les peuples et les rois sous sa loi despotique et ambitieuse, voulut séparer le chrétien du prêtre, la nation du sacerdoce, le peuple du clergé. Elle mit le calice dans les mains de ses ministres, afin qu'ils pussent cacher la Divinité dans des tabernacles mystérieux ; et, par des interprétations absurdes, ces prêtres érigèrent l'Eucharistie en un culte idolâtrique, auquel les citoyens n'eurent droit de participer que selon leur bon plaisir. Ils prirent les clefs des consciences dans le secret de la confession; et la coupe sainte, la coupe glorieuse où l'indigent allait désaltérer et retremper son âme, fut enfermée dans des coffres de cèdre et d'or, d'où elle ne sortait plus que pour approcher des lèvres du prêtre. Lui seul était digne de boire le sang et les larmes du Christ. L'humble croyant devait s'agenouiller devant lui, et lécher sa main pour manger le pain des anges! Comprenez-vous maintenant pourquoi le peuple s'écria tout d'une voix : *La coupe! rendez-nous la coupe!* La coupe aux petits, la coupe aux enfants, aux femmes, aux pêcheurs aux saints à lèpres! la coupe à tous les pauvres, à tous les infirmes de corps et d'esprit; tel fut le cri de révolte et de ralliement de toute la Bohême. Vous savez le reste, Consuelo; vous savez qu'à cette idée première, qui résumait dans un symbole religieux toute la joie, tous les nobles besoins d'un peuple fier et généreux, vinrent se rattacher, par suite de la persécution, et au sein d'une lutte terrible contre les nations environnantes, toutes les idées de liberté patriotique et d'honneur national. La conquête de la coupe entraîna les plus nobles conquêtes, et créa une société nouvelle. Et maintenant si l'histoire, interprétée par des juges ignorants ou sceptiques, vous dit que la fureur du sang et la soif de l'or allumèrent seules ces guerres funestes, soyez sûre que c'est un mensonge fait à Dieu et aux hommes. Il est bien vrai que les haines et les ambitions particulières vinrent souiller les exploits de nos pères; mais c'était le vieil esprit de domination et d'avidité qui rongeait toujours les riches et les nobles. Eux seuls compromirent et trahirent dix fois la cause sainte. Le peuple, barbare mais sincère, fanatique mais inspiré, s'incarna dans des sectes dont les noms poétiques vous sont connus. Les Taborites, les Orébites, les Orphelins, les Frères de l'union, c'était le peuple martyr de sa croyance, réfugié sur les montagnes, observant dans sa rigueur la loi de partage et d'égalité absolue, ayant foi à la vie éternelle de l'âme dans les habitants du monde terrestre, attendant la venue et le festin de Jésus-Christ, la résurrection de Jean Huss, de Jean Ziska, de Procope Rase, et de tous ces chefs invincibles qui avaient prêché et servi la liberté. Cette croyance n'est point une fiction, selon moi, Consuelo. Notre rôle sur la terre n'est pas si court qu'on le suppose communément, et nos devoirs s'étendent au delà de la tombe. Quant à l'attachement étroit et puéril qu'il plaît au chapelain, et peut-être à mes bons et faibles parents, de m'attribuer pour les pratiques et les formules du culte hussitique, s'il est vrai que, dans mes jours d'agitation et de fièvre, j'aie paru confondre le symbole avec le principe, la figure avec l'idée, ne me méprisez pas trop, Consuelo. Au fond de ma pensée je n'ai jamais voulu faire revivre en moi ces rites oubliés, qui n'auraient plus de sens aujourd'hui. Ce sont d'autres figures et d'autres symboles qui conviendraient aujourd'hui à des hommes plus éclairés, s'ils consentaient à ouvrir les yeux, et si le joug de l'esclavage permettait aux peuples de chercher la religion de la liberté. On a durement et faussement interprété mes sympathies, mes goûts et mes habitudes. Las de voir la stérilité et la vanité de l'intelligence des hommes de ce siècle, j'ai eu besoin de retremper mon cœur compatissant dans le commerce des esprits simples ou malheureux. Ces fous, ces vagabonds, tous ces enfants déshérités des biens de la terre et de l'affection de leurs semblables, j'ai pris plaisir à converser avec eux; à retrouver, dans les innocentes divagations de ceux qu'on appelle insensés, les lueurs fugitives, mais souvent éclatantes, de la logique divine; dans les aveux de ceux qu'on appelle coupables et réprouvés, les traces profondes, quoique souillées, de la justice et de l'innocence, sous la forme de remords et de regrets. En me voyant agir ainsi, m'asseoir à la table de l'ignorant et au chevet du bandit, on en a conclu charitablement que je me livrais à des pratiques d'hérésie, et même de sorcellerie. Que puis-je répondre à de telles accusations? Et quand mon esprit, frappé de lectures et de méditations sur l'histoire de mon pays, s'est trahi par des paroles qui ressemblaient au délire, et qui en étaient peut-être, on a eu peur de moi, comme d'un frénétique inspiré par le diable... Le diable! savez-vous ce que c'est, Consuelo, et dois-je vous expliquer cette mystérieuse allégorie, créée par les prêtres de toutes les religions?

— Oui, mon ami, dit Consuelo, qui, rassurée et presque persuadée, avait oublié sa main dans celles d'Albert. Expliquez-moi ce que c'est que Satan. A vous dire vrai, quoique j'aie toujours cru en Dieu, et que je ne me sois jamais révoltée ouvertement contre ce qu'on m'en a appris, je n'ai jamais pu croire au diable. S'il existait, Dieu l'enchaînerait si loin de lui et de nous, que nous ne pourrions pas le savoir.

— S'il existait, il ne pourrait être qu'une création monstrueuse de ce Dieu, que les sophistes les plus impies ont mieux aimé nier que de ne pas le reconnaître pour le type et l'idéal de toute perfection, de toute science, et de tout amour. Comment la perfection aurait-elle pu enfanter le mal; la science, le mensonge; l'amour, la haine et la perversité? C'est une fable qu'il faut renvoyer à l'enfance du genre humain, alors que les fléaux et les tourments du monde physique faisaient penser aux craintifs enfants de la terre qu'il y avait deux dieux, deux esprits créateurs et souverains, l'un source de tous les biens, l'autre de tous les maux; deux principes presque égaux, puisque le règne d'Éblis devait durer des siècles innombrables, et ne céder qu'après de formidables combats dans les sphères de l'empyrée. Mais pourquoi, après la prédication de Jésus et la lumière pure de l'Évangile, les prêtres osèrent-ils ressusciter et sanctionner dans l'esprit des peuples la croyance grossière de leurs antiques aïeux? C'est que, soit insuffisance, soit mauvaise interprétation de la doctrine apostolique, la notion du bien et du mal était restée obscure et inachevée dans l'esprit des hommes. On avait admis et consacré le principe de division absolue dans les droits et dans les destinées de l'esprit et de la chair, dans les attributions du spirituel et du temporel. L'ascétisme chrétien exaltait l'âme, et flétrissait le corps. Peu à peu, le fanatisme ayant poussé à l'excès cette réprobation de la vie matérielle, et la société ayant gardé, malgré la doctrine de Jésus, le régime antique des castes, une petite portion des hommes continua de vivre et de régner par l'intelligence, tandis que le grand nombre végéta dans les ténèbres de la superstition. Il arriva alors en réalité que les castes éclairées et puissantes, le clergé surtout, furent l'âme de la société, et que le peuple n'en fut que le corps. Quel était donc, à ce sens, le vrai patron des êtres intelligents? Dieu; et celui des ignorants? le diable; car Dieu donnait la vie de l'âme, et proscrivait la vie des sens, vers laquelle Satan attirait toujours les hommes faibles et grossiers. Une secte mystérieuse et singulière rêva, entre beaucoup d'autres, de réhabiliter la vie de la chair, et de réunir dans un seul principe divin ces deux principes arbitrairement divisés. Elle voulut sanctionner l'amour, l'égalité, la communauté de tous, les éléments de bonheur. C'était une idée juste et sainte. Quels en furent les abus et les excès, il n'importe. Elle chercha donc à relever de son abjection le prétendu principe du mal, et à le rendre, au contraire, serviteur et agent du bien. Satan fut absous et réintégré dans le chœur des philosophes et des esprits célestes; et par de poétiques interprétations, ils affectèrent de regarder Michel et les archanges de sa milice comme les oppresseurs et des usurpateurs de gloire et de puissance. C'était bien vraiment la figure des pontifes et des princes de l'Église, de ceux qui avaient refoulé dans les fictions de l'enfer la religion de l'égalité et le principe du bonheur pour la famille humaine. Le sombre et triste Lucifer sortit donc des abîmes où il rugissait enchaîné, comme le divin Prométhée, depuis tant de siècles. Ses libérateurs n'osèrent l'invoquer hautement; mais dans les formules mystérieuses et profondes, ils exprimèrent l'idée de son apothéose et de son règne futur sur l'humanité, trop longtemps détrônée, avilie et calomniée comme lui. Mais sans doute je vous fatigue avec ces explications. Pardonnez-les-moi, chère Consuelo. On m'a représenté à vous comme l'antechrist et l'adorateur du démon; je voulais me justifier, et me montrer à vous un peu moins superstitieux que ceux qui m'accusent.

— Vous ne fatiguez nullement mon attention, dit Consuelo avec un doux sourire, et je suis fort satisfaite d'apprendre que je n'ai point fait un pacte avec l'ennemi du genre humain en me servant, une certaine nuit, de la formule des Lollards.

— Je vous trouve bien savante sur ce point, reprit Albert. »

Et il continua de lui expliquer le sens élevé de ces grandes vérités dites hérétiques, que les sophistes du catholicisme ont ensevelies sous les accusations et les arrêts de leur mauvaise foi. Il s'anima peu à peu en révélant les études, les contemplations et les rêveries austères qui l'avaient lui-même conduit à l'ascétisme et à la superstition, dans des temps qu'il croyait plus éloignés qu'ils ne l'étaient en effet. En s'efforçant de rendre cette confession claire et naïve, il arriva à une lucidité d'esprit extraordinaire, parla de lui-même avec autant de sincérité et de jugement que s'il se fût agi d'un autre, et condamna les misères et les défaillances de sa propre raison comme s'il eût été depuis longtemps guéri de ces dangereuses atteintes. Il parlait avec tant de sagesse, qu'à part la notion du temps, qui semblait inappréciable pour lui dans le détail de sa vie présente (puisqu'il en vint à se blâmer de s'être cru autrefois Jean Ziska, Wratislaw, Podiebrad, et plusieurs autres personnages du passé, sans se rappeler qu'une demi-heure auparavant il était retombé dans cette aberration), il était impossible à Consuelo de ne pas reconnaître en lui un homme supérieur, éclairé de connaissances plus étendues et d'idées plus généreuses, et plus justes par conséquent, qu'aucun de ceux qu'elle avait rencontrés.

Peu à peu l'attention et l'intérêt avec lesquels elle l'écoutait, la vive intelligence qui brillait dans les grands yeux de cette jeune fille, prompte à comprendre, patiente à suivre toute étude, et puissante pour s'assimiler tout élément de connaissance élevée, animèrent Rudolstadt d'une conviction toujours plus profonde, et son éloquence devint saisissante. Consuelo, après quelques questions et quelques objections auxquelles il sut répondre heureusement, ne songea plus tant à satisfaire sa curiosité naturelle pour les idées, qu'à jouir de l'espèce d'enivrement d'admiration que lui causait Albert. Elle oublia tout ce qui l'avait émue dans la journée, et Anzoleto, et Zdenko, et les ossements qu'elle avait devant les yeux. Une sorte de fascination s'empara d'elle; et le lieu pittoresque où elle se trouvait, avec ses cyprès, ses rochers terribles, et son autel lugubre, lui parut, à la lueur mouvante des torches, une sorte d'Élysée magique où se promenaient d'augustes et solennelles apparitions. Elle tomba, quoique bien éveillée, dans une espèce de somnolence de ces facultés d'examen qu'elle avait tenues un peu trop tendues pour son organisation poétique. N'entendant plus ce que lui disait Albert, mais plongée dans une extase délicieuse, elle s'attendrit à l'idée de ce Satan qu'il lui avait montré comme une grande idée méconnue, et que son imagination d'artiste reconstruisait comme une belle figure pâle et douloureuse, sœur de celle du Christ, et doucement penchée vers elle la fille du peuple et l'enfant proscrit de la famille universelle. Tout à coup elle s'aperçut qu'Albert ne lui parlait plus, qu'il ne tenait plus sa main, qu'il n'était plus assis à ses côtés, mais qu'il était debout à deux pas d'elle, auprès de l'ossuaire, et qu'il jouait sur son violon l'étrange musique dont elle avait été déjà surprise et charmée.

LV.

Albert fit chanter d'abord à son instrument plusieurs de ces cantiques anciens dont les auteurs sont ou inconnus chez nous, ou peut-être oubliés désormais en Bohême, mais dont Zdenko avait gardé la précieuse tradition, et dont le comte avait retrouvé la lettre à force d'études et de méditation. Il s'était tellement nourri l'esprit de ces compositions, barbares au premier abord, mais profondément touchantes et vraiment belles pour un goût sérieux et éclairé, qu'il se les était assimilées au point de pouvoir improviser longtemps sur l'idée de ces motifs, y mêler ses propres idées, reprendre et développer le sentiment primitif de la composition, et s'abandonner à son inspiration personnelle, sans que le caractère original, austère et frappant, de ces chants antiques fût altéré par son interprétation ingénieuse et savante. Consuelo lui avait promis d'écouter et de retenir ces précieux échantillons de l'ardent génie populaire de la vieille Bohême. Mais tout esprit d'examen lui devint bientôt impossible, tant à cause de la disposition rêveuse où elle se trouvait, qu'à cause du vague répandu dans cette musique étrangère à son oreille.

Il y a une musique qu'on pourrait appeler naturelle, parce qu'elle n'est point le produit de la science et de la réflexion, mais celui d'une inspiration qui échappe à la rigueur des règles et des conventions. C'est la musique populaire; c'est celle des paysans particulièrement. Que de belles poésies naissent, vivent, et meurent chez eux, sans avoir jamais eu les honneurs d'une notation correcte, et sans avoir daigné se renfermer dans la version absolue d'un thème arrêté ! L'artiste inconnu qui improvise sa rustique ballade en gardant ses troupeaux, ou en poussant le soc de sa charrue (et il en est encore, même dans les contrées qui paraissent les moins poétiques), s'astreindra difficilement à retenir et à fixer ses fugitives idées. Il communique cette ballade aux autres musiciens, enfants comme lui de la nature, et ceux-ci la colportent de hameau en hameau, de chaumière en chaumière, chacun la modifiant au gré de son génie individuel. C'est pour cela que ces chansons et ces romances pastorales, si piquantes de naïveté ou si profondes de sentiment, se perdent pour la plupart, et n'ont guère jamais plus d'un siècle d'existence dans la mémoire des paysans. Les musiciens formés aux règles de l'art ne s'occupent point assez de les recueillir. La plupart les dédaignent, faute d'une intelligence assez pure et d'un sentiment assez élevé pour le comprendre; d'autres se rebutent de la difficulté qu'ils rencontrent aussitôt qu'ils veulent trouver cette véritable et primitive version, qui n'existe déjà peut-être plus pour l'auteur lui-même, et qui certainement n'a jamais été reconnue comme un type déterminé et invariable par ses nombreux interprètes. Les uns l'ont altérée par ignorance; les autres l'ont développée, ornée, ou embellie par l'effet de leur supériorité, parce que l'enseignement de l'art ne leur a point appris à en refouler les instincts. Ils ne savent point eux-mêmes qu'ils ont transformé l'œuvre primitive, et leurs naïfs auditeurs ne s'en aperçoivent pas davantage. Le paysan n'examine ni ne compare. Quand le ciel l'a fait musicien, il chante à la manière des oiseaux, du rossignol surtout dont l'improvisation est continuelle, quoique les éléments de son chant varié à l'infini soient toujours les mêmes. D'ailleurs le génie du peuple est d'une fécondité sans limite [1]. Il n'a pas besoin d'enregistrer ses productions; il produit sans se reposer, comme la terre qu'il cultive; il crée à toute heure, comme la nature qui l'inspire.

Consuelo avait dans le cœur tout ce qu'il faut y avoir de candeur, de poésie et de sensibilité, pour comprendre la musique populaire et pour l'aimer passionnément. En cela elle était grande artiste, et les théories savantes qu'elle avait approfondies n'avaient rien ôté à son génie de cette fraîcheur et de cette suavité qui est le trésor de l'inspiration et la jeunesse de l'âme. Elle avait dit quelquefois à Anzoleto, en cachette du Porpora, qu'elle aimait mieux certaines barcarolles des pêcheurs de l'Adriatique que toute la science de *Padre Martini* et de

---

[1] Si vous écoutez attentivement les joueurs de cornemuse qui font le métier de ménétriers dans nos campagnes du centre de la France, vous verrez qu'ils ne savent pas moins de deux ou trois cents compositions du même genre et du même caractère, mais qu'ils ne sont jamais empruntées les unes aux autres; et vous vous assurerez qu'en moins de trois ans, ce répertoire immense est entièrement renouvelé. J'ai eu dernièrement avec un de ces ménestrels ambulants la conversation suivante : « N'est-ce pas appris un peu de musique ? — Certainement j'ai appris à jouer de la cornemuse à gros bourdon, et de la musette à clefs. — Où avez-vous pris des leçons ? — En Bourbonnais, dans les bois. — Quel était votre maître ? — Un homme des bois. — Vous connaissez donc les notes ? — Je crois bien ! — En quel ton jouez-vous là ? — En quel ton ? Qu'est-ce que cela veut dire ? — N'est-ce pas en *ré* que vous jouez ? — Je ne connais pas le *ré*. — Comment donc s'appellent vos notes ? — Elles s'appellent des notes; elles n'ont pas de noms particuliers. — Comment retenez-vous tant d'airs différents ? — On écoute ! — Qui est-ce qui compose tous ces airs ? — Beaucoup de personnes, des fameux musiciens dans les bois. — Ils en font donc beaucoup ? — Ils en font toujours; ils ne s'arrêtent jamais. — Ils ne font rien autre chose ? — Ils coupent le bois. — Ils sont bûcherons ? — Presque tous bûcherons. On dit chez nous que la musique pousse dans les bois. C'est toujours là qu'on la trouve. — Et c'est là que vous allez la chercher ? — Tous les ans. Les petits musiciens n'y vont pas. Ils écoutent ce qui vient par les chemins, et ils le redisent comme ils peuvent. Mais pour prendre l'*accent* véritable, il faut aller écouter les bûcherons du Bourbonnais. — Et comment cela

maestro Durante. Les boleros et les cantiques de sa mère étaient pour elle une source de vie poétique, où elle ne se lassait pas de puiser tout au fond de ses souvenirs chéris. Quelle impression devait donc produire sur elle le génie musical de la Bohême, l'inspiration de ce peuple pasteur, guerrier, fanatique, grave et doux au milieu des plus puissants éléments de force et d'activité! C'étaient là des caractères frappants et tout à fait neufs pour elle. Albert disait cette musique avec une rare intelligence de l'esprit national et du sentiment énergique et pieux qui l'avait fait naître. Il y joignait, en improvisant, la profonde mélancolie et le regret déchirant que l'esclavage avait imprimé à son caractère personnel et à celui de son peuple; et ce mélange de tristesse et de bravoure, d'exaltation et d'abattement, ces hymnes de reconnaissance unis à des cris de détresse, étaient l'expression la plus complète et la plus profonde, et de la pauvre Bohême, et du pauvre Albert.

On a dit avec raison que le but de la musique, c'était l'émotion. Aucun autre art ne réveillera d'une manière aussi sublime le sentiment humain dans les entrailles de l'homme; aucun autre art ne peindra aux yeux de l'âme, et les splendeurs de la nature, et les délices de la contemplation, et le caractère des peuples, et le tumulte de leurs passions, et les langueurs de leurs souffrances. Le regret, l'espoir, la terreur, le recueillement, la consternation, l'enthousiasme, la foi, le doute, la gloire, le calme, tout cela et plus encore, la musique nous le donne et nous le reprend, au gré de son génie et selon toute la portée du nôtre. Elle crée même l'aspect des choses, et, sans tomber dans les puérilités des effets de sonorité, ni dans l'étroite imitation des bruits réels, elle nous fait voir, à travers un voile vaporeux qui les agrandit et les divinise, les objets extérieurs où elle transporte notre imagination. Certains cantiques feront apparaître devant nous les fantômes gigantesques des antiques cathédrales, en même temps qu'ils nous feront pénétrer dans la pensée des peuples qui les ont bâties et qui s'y sont prosternés pour chanter leurs hymnes religieuses. Pour qui saurait exprimer puissamment et naïvement la musique des peuples divers, et pour qui saurait l'écouter comme il convient, il ne serait pas nécessaire de faire le tour du monde, de voir les différentes nations, d'entrer dans leurs monuments, de lire leurs livres, et de parcourir leurs steppes, leurs montagnes, leurs jardins, ou leurs déserts. Un chant juif bien rendu nous fait pénétrer dans la synagogue; toute l'Écosse est dans un véritable air écossais, comme toute l'Espagne est dans un véritable air espagnol. J'ai été souvent ainsi en Pologne, en Allemagne, à Naples, en Irlande, dans l'Inde, et je connais mieux ces hommes et ces contrées que si je les avais examinés durant des années. Il ne fallait qu'un instant pour m'y transporter et m'y faire vivre de toute la vie qui les anime. C'était l'essence de cette vie que je m'assimilais sous le prestige de la musique.

Peu à peu Consuelo cessa d'écouter et même d'entendre le violon d'Albert. Toute son âme était attentive; et ses sens, fermés aux perceptions directes, s'éveillaient dans un autre monde, pour guider son esprit à travers des espaces inconnus habités par de nouveaux êtres. Elle voyait, dans un chaos étrange, à la fois horrible et magnifique, s'agiter les spectres des vieux héros de la Bohême; elle entendait le glas funèbre de la cloche des couvents, tandis que les redoutables Taborites descendaient du sommet de leurs monts fortifiés, maigres, demi-nus, sanglants et farouches. Puis elle voyait les anges de la mort se rassembler sur les nuages, le calice et le glaive à la main. Suspendus en troupe serrée sur la tête des pontifes prévaricateurs, elle les voyait verser sur la terre maudite la coupe de la colère divine. Elle croyait entendre le choc de leurs ailes pesantes, et le sang du Christ tomber en larges gouttes derrière eux pour éteindre l'embrasement allumé par leur fureur. Tantôt c'était une nuit d'épouvante et de ténèbres, où elle entendait gémir et râler les cadavres abandonnés sur les champs de bataille. Tantôt c'était un jour ardent dont elle osait soutenir l'éclat, et où elle voyait passer comme la foudre le redoutable aveugle sur son char, avec son casque rond, sa cuirasse rouillée, et le bandeau ensanglanté qui couvrait les yeux. Les temples s'ouvraient d'eux-mêmes à son approche; les moines fuyaient dans le sein de la terre, emportant et cachant leurs reliques et leurs trésors dans les pans de leurs robes. Alors les vainqueurs apportaient des vieillards exténués, mendiants, couverts de plaies comme Lazare; des fous accouraient en chantant et en riant comme Zdenko; les bourreaux souillés d'un sang livide, les petits enfants aux mains pures, aux fronts angéliques, les femmes guerrières portant des faisceaux de piques et des torches de résine, tous s'asseyaient autour d'une table; et un ange, radieux et beau comme ceux qu'Albert Durer a placés dans ses compositions apocalyptiques, venait offrir à leurs lèvres avides la coupe de bois, le calice du pardon, de la réhabilitation, et de la sainte égalité.

Cet ange reparaissait dans toutes les visions qui passèrent en cet instant devant les yeux de Consuelo. En le regardant bien, elle reconnut Satan, le plus beau des immortels après Dieu, le plus triste après Jésus, le plus fier parmi les plus fiers. Il traînait après lui les chaînes qu'il avait brisées; et ses ailes fauves, dépouillées et pendantes, portaient les traces de la violence et de la captivité. Il souriait douloureusement aux hommes souillés de crimes, et pressait les petits enfants sur son sein.

Tout à coup il sembla à Consuelo que le violon d'Albert parlait, et qu'il disait par la bouche de Satan: « Non, le Christ mon frère ne vous a pas aimés plus que je ne vous aime. Il est temps que vous me connaissiez, et qu'au lieu de m'appeler l'ennemi du genre humain, vous retrouviez en moi l'ami qui vous a soutenus dans la lutte. Je ne suis pas le démon, je suis l'archange de la révolte légitime et le patron des grandes luttes. Comme le Christ, je suis le Dieu du pauvre, du faible et de l'opprimé. Quand il vous promettait le règne de Dieu sur la terre, quand il vous annonçait son retour parmi vous, il voulait dire qu'après avoir subi la persécution, vous seriez récompensés, en conquérant avec lui et avec moi la liberté et le bonheur. C'est ensemble que nous devions revenir, et c'est ensemble que nous revenons, tellement unis l'un à l'autre que nous ne faisons plus qu'un. C'est lui, le divin principe, le Dieu de l'esprit, qui est descendu dans les ténèbres où l'ignorance m'avait jeté, et où je subissais, dans les flammes du désir et de l'indignation, les mêmes tourments que lui ont fait endurer sur sa croix les scribes et les pharisiens de tous les temps. Me voici pour jamais avec vos enfants; car il a rompu mes chaînes, il a éteint mon bûcher, il m'a réconcilié avec Dieu et avec vous. Et désormais la ruse et la peur ne seront plus la loi et le partage du faible, mais la fierté et la volonté. C'est lui, Jésus, qui est le miséricordieux, le doux, le tendre, et le juste; moi, je suis le juste aussi; mais je suis le fort, le belliqueux, le sévère, et le persévérant. O peuple! ne connais-tu pas celui qui t'a parlé dans le secret de ton cœur, depuis que tu existes, et qui, dans toutes tes

---

leur vient-il? — En se promenant dans les bois, en rentrant le soir à la maison, en se reposant le dimanche. — Et vous, composez-vous? — Un peu, mais guère, et ça ne vaut pas grand'chose. Il faut être né dans les bois, et je suis de la plaine. Il n'y a personne mieux que lui pour l'*accent*; mais pour inventer, nous n'y entendons rien, et nous faisons mieux de ne pas nous en mêler. »

Je voulus lui faire dire ce qu'il entendait par l'*accent*. Il n'en put venir à bout, peut-être parce qu'il le comprenait trop bien, et me jugeait indigne de le comprendre. Il était jeune, sérieux, noir comme un pifferaro de la Calabre, allait de fête en fête, jouant tout le jour, et n'avait pas depuis trois nuits, parce qu'il lui fallait faire six ou huit lieues avant le lever du soleil pour se transporter d'un village à l'autre. Il ne s'en portait que mieux, buvait des brocs de vin à étourdir un bœuf, et ne se plaignait pas, comme le sonneur de trompe de Walter Scott, d'avoir *perdu son vent*. Plus il buvait, plus il était grave et fier. Il jouait fort bien, et avait grandement raison d'être vain de son accent. Nous observâmes que son jeu était une modification perpétuelle de chaque thème. Il fut impossible d'écrire un seul de ces thèmes sans prendre note pour chacun d'une cinquantaine de versions différentes. C'était là son mérite probablement et son art. Ses réponses à mes questions m'ont fait retrouver, je crois, l'étymologie du nom de *bourrée* qu'on donne aux danses de ce pays. *Bourrée* est le synonyme de fagot, et les bûcherons du Bourbonnais ont donné ce nom à leurs compositions musicales, comme maître Adam donna celui de *chevilles* à ses poésies.

Ou voltiger sur la cime au clair de la lune.. (Page 128.)

détresses, t'a soulagé en te disant: Cherche le bonheur, n'y renonce pas! Le bonheur t'est dû, exige-le, et tu l'auras! Ne vois-tu pas sur mon front toutes tes souffrances, et sur mes membres meurtris la cicatrice des fers que tu as portés? Bois le calice que je t'apporte : tu y trouveras mes larmes mêlées à celles du Christ et aux tiennes; tu les sentiras aussi brûlantes, et tu les boiras aussi salutaires ! »

Cette hallucination remplit de douleur et de pitié le cœur de Consuelo. Elle croyait voir et entendre l'ange déchu pleurer et gémir auprès d'elle. Elle le voyait grand, pâle, et beau, avec ses longs cheveux en désordre sur son front foudroyé, mais toujours fier et levé vers le ciel. Elle l'admirait en frissonnant encore par habitude de le craindre, et pourtant elle l'aimait de cet amour fraternel et pieux qu'inspire la vue des puissantes infortunes. Il lui semblait qu'au milieu de la communion des frères bohêmes, c'était à elle qu'il s'adressait; qu'il lui reprochait doucement sa méfiance et sa peur, et qu'il l'attirait vers lui par un regard magnétique auquel il lui était impossible de résister. Fascinée, hors d'elle-même, elle se leva, et s'élança vers lui les bras ouverts, en fléchissant les genoux. Albert laissa échapper son violon, qui rendit un son plaintif en tombant, et reçut la jeune fille dans ses bras en poussant un cri de surprise et de transport. C'était lui que Consuelo écoutait et regardait, en rêvant à l'ange rebelle; c'était sa figure, en tout semblable à l'image qu'elle s'en était formée, qui l'avait attirée et subjuguée; c'était contre son cœur qu'elle venait appuyer le sien, en disant d'une voix étouffée : « A toi! à toi! ange de douleur; à toi et à Dieu pour toujours ! »

Mais à peine les lèvres tremblantes d'Albert eurent-elles effleuré les siennes, qu'elle sentit un froid mortel et de cuisantes douleurs glacer et embraser tour à tour sa poitrine et son cerveau. Enlevée brusquement à son illusion, elle éprouva un choc si violent dans tout son être qu'elle se crut près de mourir; et, s'arrachant des bras du comte, elle alla tomber contre les ossements de l'autel, dont une partie s'écroula sur elle avec un bruit affreux. En se voyant couverte de ces débris humains, et en regardant Albert qu'elle venait de presser dans ses bras et de rendre en quelque sorte maître de son âme et de sa liberté dans un moment d'exaltation insensée, elle éprouva une terreur et une angoisse si horribles,

Elle reconnut Satan... (Page 435.)

qu'elle cacha son visage dans ses cheveux épars en criant avec des sanglots : « Hors d'ici! loin d'ici! Au nom du ciel, de l'air, du jour! O mon Dieu! tirez-moi de ce sépulcre, et rendez-moi à la lumière du soleil! »

Albert, la voyant pâlir et délirer, s'élança vers elle, et voulut la prendre dans ses bras pour la porter hors du souterrain. Mais, dans son épouvante, elle ne le comprit pas; et, se relevant avec force, elle se mit à fuir vers le fond de la caverne, au hasard et sans tenir compte des obstacles, des bras sinueux de la source qui se croisaient devant elle, et qui, en plusieurs endroits, offraient de grands dangers.

« Au nom de Dieu! criait Albert, pas par ici! arrêtez-vous! La mort est sous vos pieds! attendez-moi! »

Mais ses cris augmentaient la peur de Consuelo. Elle franchit deux fois le ruisseau en sautant avec la légèreté d'une biche, et sans savoir pourtant ce qu'elle faisait. Enfin elle heurta, dans un endroit sombre et planté de cyprès, contre une éminence du terrain, et tomba, les mains en avant, sur une terre fine et fraîchement remuée.

Cette secousse changea la disposition de ses nerfs. Une sorte de stupeur succéda à son épouvante. Suffoquée, haletante, et ne comprenant plus rien à ce qu'elle venait d'éprouver, elle laissa le comte la rejoindre et s'approcher d'elle. Il s'était élancé sur ses traces, et avait eu la présence d'esprit de prendre à la hâte, en passant, une des torches plantées sur les rochers, afin de pouvoir au moins l'éclairer au milieu des détours du ruisseau, s'il ne parvenait pas à l'atteindre avant un endroit qu'il savait profond, et vers lequel elle paraissait se diriger. Atterré, brisé par des émotions si soudaines et si contraires, le pauvre jeune homme n'osait ni lui parler, ni la relever. Elle s'était assise sur le monceau de terre qui l'avait fait trébucher, et n'osait pas non plus lui adresser la parole. Confuse et les yeux baissés, elle regardait machinalement le sol où elle se trouvait. Tout à coup elle s'aperçut que cette éminence avait la forme et la dimension d'une tombe, et qu'elle était effectivement assise sur une fosse récemment recouverte, que jonchaient quelques branches de cyprès à peine flétries et des fleurs desséchées. Elle se leva précipitamment, et, dans un nouvel accès d'effroi qu'elle ne put maîtriser, elle s'écria :

« O Albert! qui donc avez-vous enterré ici?

— J'y ai enterré ce que j'avais de plus cher au monde

avant de vous connaître, répondit Albert en laissant voir la plus douloureuse émotion. Si c'est un sacrilége, comme je l'ai commis dans un jour de délire et avec l'intention de remplir un devoir sacré, Dieu me le pardonnera. Je vous dirai plus tard quelle âme habita le corps qui repose ici. Maintenant vous êtes trop émue, et vous avez besoin de vous retrouver au grand air. Venez, Consuelo, sortons de ce lieu où vous m'avez fait dans un instant le plus heureux et le plus malheureux des hommes.

— Oh! oui, s'écria-t-elle, sortons d'ici! Je ne sais quelles vapeurs s'exhalent du sein de la terre; mais je me sens mourir, et ma raison m'abandonne. »

Ils sortirent ensemble, sans se dire un mot de plus. Albert marchait devant, en s'arrêtant et en baissant sa torche à chaque pierre, pour que sa compagne pût la voir et l'éviter. Lorsqu'il voulut ouvrir la porte de la cellule, un souvenir en apparence éloigné de la disposition d'esprit où elle se trouvait, mais qui s'y rattachait par une préoccupation d'artiste, se réveilla chez Consuelo.

« Albert, dit-elle, vous avez oublié votre violon auprès de la source. Cet admirable instrument qui m'a causé des émotions inconnues jusqu'à ce jour, je ne saurais consentir à le savoir abandonné à une destruction certaine dans cet endroit humide. »

Albert fit un mouvement qui signifiait le peu de prix qu'il attachait désormais à tout ce qui n'était pas Consuelo. Mais elle insista :

« Il m'a fait bien du mal, lui dit-elle, et pourtant...

— S'il ne vous a fait que du mal, laissez-le se détruire, répondit-il avec amertume ; je n'y veux plus toucher de ma vie. Ah! il me tarde qu'il soit anéanti.

— Je mentirais si je disais cela, reprit Consuelo, rendue à un sentiment de respect pour le génie musical du comte. L'émotion a dépassé mes forces, voilà tout ; et le ravissement s'est changé en agonie. Allez le chercher, mon ami ; je veux moi-même le remettre avec soin dans sa boîte, en attendant que j'aie le courage de l'en tirer pour le replacer dans vos mains, et l'écouter encore. »

Consuelo fut attendrie par le regard de remerciement que lui adressa le comte en recevant cette espérance. Il rentra dans la grotte pour lui obéir ; et, restée seule quelques instants, elle se reprocha sa folle terreur et ses soupçons affreux. Elle se rappelait, en tremblant et en rougissant, ce mouvement de fièvre qui l'avait jetée dans ses bras; mais elle ne pouvait se défendre d'admirer le respect modeste et la chaste timidité de cet homme qui l'adorait, et qui n'osait pas profiter d'une telle circonstance pour lui dire même un mot de son amour. La tristesse qu'elle voyait dans ses traits, et la langueur de sa démarche brisée, annonçaient assez qu'il n'avait conçu aucune espérance audacieuse, ni pour le présent, ni pour l'avenir. Elle lui sut gré d'une si grande délicatesse de cœur, et se promit d'adoucir par de plus douces paroles l'espèce d'adieux qu'ils allaient se faire en quittant le souterrain.

Mais le souvenir de Zdenko, comme une ombre vengeresse, devait la suivre jusqu'au bout, et accuser Albert en dépit d'elle-même. En s'approchant de la porte, ses yeux tombèrent sur une inscription en bohémien, dont, excepté un seul, elle comprit aisément tous les mots, puisqu'elle les savait par cœur. Une main, qui ne pouvait être que celle de Zdenko, avait tracé à la craie sur la porte noire et profonde : *Que celui à qui on a fait tort te...* Le dernier mot était inintelligible pour Consuelo ; et cette circonstance lui causa une vive inquiétude. Albert revint, serra son violon, sans qu'elle eût le courage ni même la pensée de l'aider, comme elle le lui avait promis. Elle retrouvait toute l'impatience qu'elle avait éprouvée de sortir du souterrain. Lorsqu'il tourna la clef avec effort dans la serrure rouillée, elle ne put s'empêcher de mettre le doigt sur le mot mystérieux, en regardant son hôte d'un air d'interrogation.

« Cela signifie, répondit Albert avec une sorte de calme, que l'ange méconnu, l'ami du malheureux, celui dont nous parlions tout à l'heure, Consuelo...

— Oui, Satan ; je sais cela ; et le reste?

— Que Satan, dis-je, te pardonne!

— Et quoi pardonner? reprit-elle en pâlissant.

— Si la douleur doit se faire pardonner, répondit le comte avec une sérénité mélancolique, j'ai une longue prière à faire. »

Ils entrèrent dans la galerie, et ne rompirent plus le silence jusqu'à la Cave du Moine. Mais lorsque la clarté du jour extérieur vint, à travers le feuillage, tomber en reflets bleuâtres sur le visage du comte, Consuelo vit deux ruisseaux de larmes silencieuses coulaient lentement sur ses joues. Elle en fut affectée ; et cependant, lorsqu'il s'approcha d'un air craintif pour la transporter jusqu'à la sortie, elle préféra mouiller ses pieds dans cette eau saumâtre que de lui permettre de la soulever dans ses bras. Elle prit pour prétexte l'état de fatigue et d'abattement où elle le voyait, et hasardait déjà sa chaussure délicate dans la vase, lorsque Albert lui dit en éteignant son flambeau :

« Adieu donc, Consuelo! je vois à votre aversion pour moi que je dois rentrer dans la nuit éternelle, et, comme un spectre évoqué par vous un instant, retourner à ma tombe après n'avoir réussi qu'à vous faire peur.

— Non! votre vie m'appartient! s'écria Consuelo en se retournant et en l'arrêtant ; vous m'avez fait le serment de ne plus rentrer sans moi dans cette caverne, et vous n'avez pas le droit de le reprendre.

— Et pourquoi voulez-vous imposer le fardeau de la vie humaine au fantôme d'un homme? Le solitaire n'est que l'ombre d'un mortel, et celui qui n'est point aimé est seul partout et avec tous.

— Albert, Albert! vous me déchirez le cœur. Venez, portez-moi dehors. Il me semble qu'à la pleine lumière du jour, je verrai enfin clair dans ma propre destinée. »

LVI.

Albert obéit ; et quand ils commencèrent à descendre de la base du Schreckenstein vers les vallons inférieurs, Consuelo sentit, en effet, ses agitations se calmer.

« Pardonnez-moi le mal que je vous ai fait, lui dit-elle en s'appuyant doucement sur son bras pour marcher ; il est bien certain pour moi maintenant que j'ai eu tout à l'heure un accès de folie dans la grotte.

— Pourquoi vous le rappeler, Consuelo? Je ne vous en aurais jamais parlé, moi ; je sais bien que vous voudriez l'effacer de votre souvenir. Il faudra aussi que je parvienne à l'oublier !

— Mon ami, je ne veux pas l'oublier, mais vous en demander pardon. Si je vous racontais la vision étrange que j'ai eue en écoutant vos airs bohémiens, vous verriez que j'étais hors de sens quand je vous ai causé une telle surprise et une telle frayeur. Vous ne pouvez pas croire que j'aie voulu me jouer de votre raison et de votre repos... Mon Dieu! le ciel m'est témoin que je donnerais encore maintenant ma vie pour vous.

— Je sais que vous ne tenez point à la vie, Consuelo! Et moi qui sais que j'y tiendrais avec tant d'âpreté, si...

— Achevez donc!

— Si j'étais aimé comme j'aime!

— Albert, je vous aime autant qu'il m'est permis de le faire. Je vous aimerais sans doute comme vous méritez de l'être, si...

— Achevez à votre tour!

— Si des obstacles insurmontables ne m'en faisaient pas un crime.

— Et quels sont donc ces obstacles? Je les cherche en vain autour de vous ; je ne les trouve qu'au fond de votre cœur, que dans vos souvenirs, sans doute !

— Ne parlons pas de mes souvenirs ; ils sont odieux, et j'aimerais mieux mourir tout de suite que de recommencer le passé. Mais votre rang dans le monde, votre fortune, l'opposition et l'indignation de vos parents, où voudriez-vous que je prisse le courage d'accepter tout cela? Je ne possède rien au monde que ma fierté et mon désintéressement ; que me resterait-il si j'en faisais le sacrifice?

— Il te resterait mon amour et le tien, si tu m'aimais. Je sens que cela n'est point, et je ne te demanderai qu'un peu de pitié. Comment pourrais-tu être humiliée de me faire l'aumône de quelque bonheur? Lequel de nous serait donc prosterné devant l'autre? En quoi ma fortune te dégraderait-elle? Ne pourrions-nous pas la jeter bien vite aux pauvres, si elle te pesait autant qu'à moi? Crois-tu que je n'aie pas pris dès longtemps la ferme résolution de l'employer comme il convient à mes croyances et à mes goûts, c'est-à-dire de m'en débarrasser, quand la perte de mon père viendra ajouter la douleur de l'héritage à la douleur de la séparation. Eh bien, as-tu peur d'être riche? j'ai fait vœu de pauvreté. Crains-tu d'être illustrée par mon nom? c'est un faux nom, et le véritable est un nom proscrit. Je ne le reprendrai pas, ce serait faire injure à la mémoire de mon père; mais, dans l'obscurité où je me plongerai, nul n'en sera ébloui, je te jure, et tu ne pourras pas me le reprocher. Enfin, quant à l'opposition de mes parents... Oh! s'il n'y avait que cet obstacle! dis-moi donc qu'il n'y en a pas d'autre, et tu verras!

— C'est le plus grand de tous, le seul que tout mon dévouement, toute ma reconnaissance pour vous ne saurait lever.

— Tu mens, Consuelo! Ose jurer que tu ne mens pas! Ce n'est pas là le seul obstacle. »

Consuelo hésita. Elle n'avait jamais menti, et cependant elle eût voulu réparer le mal qu'elle avait fait à son ami, à celui qui lui avait sauvé la vie, et qui veillait sur elle depuis plusieurs mois avec la sollicitude d'une mère tendre et intelligente. Elle s'était flattée d'adoucir ses refus en invoquant des obstacles qu'elle jugeait, en effet, insurmontables. Mais les questions réitérées d'Albert la troublaient, et son propre cœur était un dédale où elle se perdait; car elle ne pouvait pas dire avec certitude si elle aimait ou si elle haïssait cet homme étrange, vers lequel une sympathie mystérieuse et puissante l'avait poussée, tandis qu'une crainte invincible, et quelque chose qui ressemblait à l'aversion, la faisaient trembler à la seule idée d'un engagement.

Il lui sembla, en cet instant, qu'elle haïssait Anzoleto. Pouvait-il en être autrement, lorsqu'elle le comparait, avec son brutal égoïsme, son ambition abjecte, ses lâchetés, ses perfidies, à cet Albert si généreux, si humain, si pur, et si grand de toutes les vertus les plus sublimes et les plus romanesques? Le seul nuage qui pût obscurcir la conclusion du parallèle, c'était cet attentat sur la vie de Zdenko, qu'elle ne pouvait se défendre de présumer. Mais ce soupçon n'était-il pas une maladie de son imagination, un cauchemar qu'un instant d'explication pouvait dissiper? Elle résolut de l'essayer; et, feignant d'être distraite et de n'avoir pas entendu la dernière question d'Albert:

« Mon Dieu! dit-elle en s'arrêtant pour regarder un paysan qui passait à quelque distance, j'ai cru voir Zdenko. »

Albert tressaillit, laissa tomber le bras de Consuelo qu'il tenait sous le sien, et fit quelques pas en avant. Puis il s'arrêta, et revint vers elle en disant:

« Quelle erreur est la vôtre, Consuelo! cet homme-ci n'a pas le moindre trait de... »

Il ne se put résoudre à prononcer le nom de Zdenko; sa physionomie était bouleversée.

« Vous l'avez cru cependant vous-même un instant, dit Consuelo, qui l'examinait avec attention.

— J'ai la vue fort basse, et j'aurais dû me rappeler que cette rencontre était impossible.

— Impossible! Zdenko est donc bien loin d'ici?

— Assez loin pour que vous n'ayez plus rien à redouter de sa folie.

— Ne sauriez-vous me dire d'où lui était venue cette haine subite contre moi, après les témoignages de sympathie qu'il m'avait donnés?

— Je vous l'ai dit, d'un rêve qu'il fit la veille de votre descente dans le souterrain. Il vous vit en songe me suivre à l'autel, où vous consentiez à me donner votre foi; et là vous vous mîtes à chanter nos vieux hymnes bohémiens d'une voix éclatante qui fit trembler toute l'église. Et pendant que vous chantiez, il me voyait pâlir et m'enfoncer dans le pavé de l'église, jusqu'à ce que je me trouvasse enseveli et couché mort dans le sépulcre de mes aïeux. Alors il vous vit jeter à la hâte votre couronne de mariée, pousser du pied une dalle qui me couvrit à l'instant, et danser sur cette pierre funèbre en chantant des choses incompréhensibles dans une langue inconnue, et avec tous les signes de la joie la plus effrénée et la plus cruelle. Plein de fureur, il se jeta sur vous; mais vous, vous étiez déjà envolée en fumée, et il s'éveilla baigné de sueur et transporté de colère. Il m'éveilla moi-même, car ses cris et ses imprécations faisaient retentir la voûte de sa cellule. J'eus beaucoup de peine à lui faire raconter son rêve, et j'en eus encore à l'empêcher d'y voir un sens réel de ma destinée future. Je ne pouvais le convaincre aisément; car j'étais moi-même sous l'empire d'une exaltation d'esprit tout à fait maladive, et je n'avais jamais tenté jusqu'alors de le dissuader lorsque je le voyais ajouter foi à ses visions et à ses songes. Cependant j'eus lieu de croire, dans le jour qui suivit cette nuit agitée, qu'il ne s'en souvenait pas, ou qu'il n'y attachait aucune importance; car il n'en dit plus un mot, et lorsque je le priai d'aller vous parler de moi, il ne fit aucune résistance ouverte. Il ne pensait pas que vous eussiez jamais la pensée ni la possibilité de venir me chercher où j'étais, et son délire ne se réveilla que lorsqu'il vous vit l'entreprendre. Toutefois il ne me montra sa haine contre vous qu'au moment où nous le rencontrâmes à notre retour par les galeries souterraines. C'est alors qu'il me dit laconiquement en bohémien que son intention et sa résolution étaient de me délivrer de vous (c'était son expression), et de vous *détruire* la première fois qu'il vous rencontrerait seule, parce que vous étiez le fléau de ma vie, et que vous aviez ma mort écrite dans les yeux. Pardonnez-moi de vous répéter les paroles de sa démence, et comprenez maintenant pourquoi j'ai dû l'éloigner de vous et de moi. N'en parlons pas davantage, je vous en supplie; ce sujet de conversation m'est fort pénible. J'ai aimé Zdenko comme un autre moi-même. Sa folie s'était assimilée et identifiée à la mienne, au point que nous avions spontanément les mêmes pensées, les mêmes visions, et jusqu'aux mêmes souffrances physiques. Il était plus naïf, et partant plus poète que moi; son humeur était plus égale, et les fantômes que je voyais affreux et menaçants, il les voyait doux et tristes à travers son organisation plus tendre et plus sereine que la mienne. La grande différence qui existait entre nous deux, c'était l'irrégularité de mes accès et la continuité de son enthousiasme. Tandis que j'étais tour à tour en proie au délire ou spectateur froid et consterné de ma misère, il vivait constamment dans une sorte de rêve où tous les objets extérieurs venaient prendre des formes symboliques; et cette divagation était toujours si douce et si affectueuse, que dans mes moments lucides (les plus douloureux pour moi à coup sûr!) j'avais besoin de la démence paisible et ingénieuse de Zdenko pour me ranimer et me réconcilier avec la vie.

— O mon ami, dit Consuelo, vous devriez me haïr, et je me hais moi-même, pour vous avoir privé de cet ami si précieux et si dévoué. Mais son exil n'a-t-il pas duré assez longtemps? A cette heure, il est guéri sans doute d'un accès passager de violence...

— Il en est guéri... *probablement!* dit Albert avec un sourire étrange et plein d'amertume.

— Eh bien, reprit Consuelo qui cherchait à repousser l'idée de la mort de Zdenko, que ne le rappelez-vous? Je le reverrais sans crainte, je vous assure; et à nous deux, nous lui ferions oublier ses préventions contre moi.

— Ne parlez pas ainsi, Consuelo, dit Albert avec abattement; ce retour est impossible désormais. J'ai sacrifié mon meilleur ami, celui qui était mon compagnon, mon serviteur, mon appui, ma mère prévoyante et laborieuse, mon enfant naïf, ignorant et soumis; celui qui pourvoyait à tous mes besoins, à tous mes innocents et purs plaisirs; celui qui me défendait contre moi-même dans mes accès de désespoir, et qui employait la force et la ruse pour m'empêcher de quitter ma cellule, lorsqu'il me voyait incapable de préserver ma propre dignité et ma propre vie dans le monde des vivants et dans la société des autres hommes. J'ai fait ce sacrifice sans regarder derrière moi et sans avoir de remords, parce que je le devais; parce qu'en affrontant les dangers du souterrain, en me rendant la raison et le sentiment de mes devoirs, vous étiez plus précieuse, plus sacrée pour moi que Zdenko lui-même.

— Ceci est une erreur, un blasphème peut-être, Albert! Un instant de courage ne saurait être comparé à toute une vie de dévouement.

— Ne croyez pas qu'un amour égoïste et sauvage m'ait donné le conseil d'agir comme je l'ai fait. J'aurais su étouffer un tel amour dans mon sein, et m'enfermer dans ma caverne avec Zdenko, plutôt que de briser le cœur et la vie du meilleur des hommes. Mais la voix de Dieu avait parlé clairement. J'avais résisté à l'entraînement qui me maltrisait; je vous avais fuie, je voulais cesser de vous voir, tant que les rêves et les pressentiments qui me faisaient espérer en vous l'ange de mon salut ne se seraient pas réalisés. Jusqu'au désordre apporté par un songe menteur dans l'organisation pieuse et douce de Zdenko, il partageait mon aspiration vers vous, mes craintes, mes espérances, et mes religieux désirs. L'infortuné, il vous méconnut le jour même où vous vous révéliez! La lumière céleste qui avait toujours éclairé les régions mystérieuses de son esprit s'éteignit tout à coup, et Dieu le condamna en lui envoyant l'esprit de vertige et de fureur. Je devais l'abandonner aussi; car vous m'apparaissiez enveloppée d'un rayon de la gloire, vous descendiez vers moi sur les ailes du prodige, et vous trouviez, pour me dessiller les yeux, des paroles que votre intelligence calme et votre éducation d'artiste ne vous avaient pas permis d'étudier et de préparer. La pitié, la charité, vous inspiraient, et, sous leur influence miraculeuse, vous me disiez ce que je devais entendre pour connaître et concevoir la vie humaine.

— Que vous ai-je donc dit de si sage et de si fort? Vraiment, Albert, je n'en sais rien.

— Ni moi non plus; mais Dieu même était dans le son de votre voix et dans la sérénité de votre regard. Auprès de vous je compris en un instant ce que dans toute ma vie je n'eusse pas trouvé seul. Je savais auparavant que ma vie était une expiation, un martyre; et je cherchais l'accomplissement de ma destinée dans les ténèbres, dans la solitude, dans les larmes, dans l'indignation, dans l'étude, dans l'ascétisme et les macérations. Vous me fîtes pressentir une autre vie, un autre martyre, tout de patience, de douceur, de tolérance et de dévouement. Les devoirs que vous me traciez naïvement et simplement, en commençant par ceux de la famille, je les avais oubliés; et ma famille, par excès de bonté, me laissait ignorer mes crimes. Je les ai réparés, grâce à vous; et dès le premier jour j'ai connu, au calme qui se faisait en moi, que c'était là tout ce que Dieu exigeait de moi pour le présent, et j'attends que Dieu se révèle sur la suite de mon existence. Mais j'ai confiance maintenant, parce que j'ai trouvé l'oracle que je pourrai interroger. C'est vous, Consuelo! La Providence vous a donné pouvoir sur moi, et je ne me révolterai pas contre ses décrets, en cherchant à m'y soustraire. Je ne devais donc pas hésiter un instant entre la puissance supérieure investie du don de me régénérer, et la pauvre créature passive qui jusqu'alors n'avait fait que partager mes détresses et subir mes orages.

— Vous parlez de Zdenko? Mais que savez-vous si Dieu ne m'avait pas destinée à le guérir, lui aussi? Vous voyez bien que j'avais déjà quelque pouvoir sur lui, puisque j'avais réussi à le convaincre d'un mot, lorsque sa main était levée sur moi pour me tuer.

— O mon Dieu, il est vrai, j'ai manqué de foi, j'ai eu peur. Je connaissais les serments de Zdenko. Il m'avait fait malgré moi celui de ne vivre que pour moi, et il l'avait tenu depuis que j'existe, en mon absence comme avant et depuis mon retour. Lorsqu'il jurait de vous *détruire*, je ne pensais même pas qu'il fût possible d'arrêter l'effet de sa résolution, et je pris le parti de l'offenser, de le bannir, de le briser, de le *détruire* lui-même.

— De le *détruire*, mon Dieu! Que signifie ce mot dans votre bouche, Albert? Où est Zdenko?

— Vous me demandez comme Dieu à Caïn : Qu'as-tu fait de ton frère?

— O ciel, ciel! Vous ne l'avez pas tué, Albert! »

Consuelo, en laissant échapper cette parole terrible, s'était attachée avec énergie au bras d'Albert, et le regardait avec un effroi mêlé d'une douloureuse pitié. Elle recula terrifiée de l'expression fière et froide que prit ce visage pâle, où la douleur semblait parfois s'être pétrifiée.

« Je ne l'ai pas *tué*, répondit-il, et pourtant je lui ai ôté la vie, à coup sûr. Oseriez-vous donc m'en faire un crime, vous pour qui je tuerais peut-être mon propre père de la même manière; vous pour qui je braverais tous les remords, et briserais tous les liens les plus chers, les existences les plus sacrées? Si j'ai préféré, à la crainte de vous voir assassiner par un fou, le regret et le repentir qui me rongent, avez-vous assez peu de pitié dans le cœur pour remettre toujours cette douleur sous mes yeux, et pour me reprocher le plus grand sacrifice qu'il ait été en mon pouvoir de vous faire? Ah! vous aussi, vous avez donc des moments de cruauté! La cruauté ne saurait s'éteindre dans les entrailles de quiconque appartient à la race humaine! »

Il y avait tant de solennité dans ce reproche, le premier qu'Albert eût osé faire à Consuelo, qu'elle en fut pénétrée de crainte, et sentit, plus qu'il ne lui était encore arrivé de le faire, la terreur qu'il lui inspirait. Une sorte d'humiliation, puérile peut-être, mais inhérente au cœur de la femme, succédait au doux orgueil dont elle n'avait pu se défendre en écoutant Albert lui peindre sa vénération passionnée. Elle se sentit abaissée, méconnue sans doute; car elle n'avait cherché à surprendre son secret qu'avec l'intention, ou du moins avec le désir de répondre à son amour s'il venait à se justifier. En même temps, elle voyait que dans la pensée de son amant elle était coupable; car s'il avait tué Zdenko, la seule personne au monde qui n'eût pas eu le droit de le condamner irrévocablement, c'était celle dont la vie avait exigé le sacrifice d'une autre vie infiniment précieuse d'ailleurs au malheureux Albert.

Consuelo ne put rien répondre : elle voulut parler d'autre chose, et ses larmes lui coupèrent la parole. En les voyant couler, Albert, repentant, voulut s'humilier à son tour; mais elle le pria de ne plus jamais revenir sur un sujet si redoutable pour son esprit, et lui promit, avec une sorte de consternation amère, de ne jamais prononcer un nom qui réveillait en elle comme en lui les émotions les plus affreuses. Le reste de leur trajet fut rempli de contrainte et d'angoisses. Ils essayèrent vainement un autre entretien. Consuelo ne savait ni ce qu'elle disait, ni ce qu'elle entendait. Albert pourtant paraissait calme, comme Abraham ou comme Brutus après l'accomplissement du sacrifice ordonné par les destins farouches. Cette tranquillité triste, mais profonde, avec un pareil poids sur la poitrine, ressemblait à un reste de folie; et Consuelo ne pouvait justifier son ami qu'en se rappelant qu'il était fou. Si, dans un combat à force ouverte contre quelque bandit, il eût tué son adversaire pour la sauver, elle n'eût trouvé là qu'un motif de plus de reconnaissance, et peut-être d'admiration pour sa vigueur et son courage. Mais ce meurtre mystérieux, accompli sans doute dans les ténèbres du souterrain; cette tombe creusée dans le lieu de la prière, ou ce farouche silence après une pareille crise; ce fanatisme stoïque avec lequel il avait osé la conduire dans la grotte, et s'y livrer lui-même aux charmes de la musique, tout cela était horrible, et Consuelo sentait que l'amour de cet homme refusait d'entrer dans son cœur. « Quand donc a-t-il pu commettre ce meurtre? se demandait-elle. Je n'ai vu sur son front, depuis trois mois, un pli assez profond pour me faire présumer un remords! N'a-t-il pas eu quelques gouttes de sang sur les mains, un jour que je lui aurai tendu la mienne. Horreur! Il faut qu'il soit de pierre ou de glace, ou qu'il m'aime jusqu'à la férocité. Et moi, qui avais tant désiré d'inspirer un amour sans bornes! moi, qui regrettais si amèrement d'avoir été faiblement aimée! Voilà donc l'amour que le ciel me réservait pour compensation! »

Puis elle recommençait à chercher dans quel moment Albert avait pu accomplir son horrible sacrifice. Elle pensait que ce devait être pendant cette grave maladie qui l'avait rendue indifférente à toutes les choses extérieures; et lorsqu'elle se rappelait les soins tendres et délicats qu'Albert lui avait prodigués, elle ne pouvait concilier les deux faces d'un être si dissemblable à lui-même et à tous les autres hommes.

Perdue dans ces rêveries sinistres, elle recevait d'une main tremblante et d'un air préoccupé les fleurs qu'Albert avait l'habitude de cueillir en chemin pour les lui donner; car il savait qu'elle les aimait beaucoup. Elle ne pensa même pas à le quitter, pour rentrer seule au château et dissimuler le long tête-à-tête qu'ils avaient eu ensemble. Soit qu'Albert n'y songeât pas non plus, soit qu'il ne crût pas devoir feindre davantage avec sa famille, il ne l'en fit pas ressouvenir; et ils se trouvèrent à l'entrée du château face à face avec la chanoinesse. Consuelo (et sans doute Albert aussi) vit pour la première fois la colère et le dédain enflammer les traits de cette femme, que la bonté de son cœur empêchait d'être laide ordinairement, malgré sa maigreur et sa difformité.

« Il est bien temps que vous rentriez, Mademoiselle, dit-elle à la Porporina d'une voix tremblante et saccadée par l'indignation. Nous étions fort en peine du comte Albert. Son père, qui n'a pas voulu déjeuner sans lui, désirait avoir avec lui ce matin un entretien que vous avez jugé à propos de lui faire oublier; et quant à vous, il y a dans le salon un petit jeune homme qui se dit votre frère, et qui vous attend avec une impatience peu polie. »

Après avoir dit ces paroles étranges, la pauvre Wenceslawa, effrayée de son courage, tourna le dos brusquement, et courut à sa chambre, où elle toussa et pleura pendant plus d'une heure.

LVII.

« Ma tante est dans une singulière disposition d'esprit, dit Albert à Consuelo en remontant avec elle l'escalier du perron. Je vous demande pardon pour elle, mon amie; soyez sûre qu'aujourd'hui même elle changera de manières et de langage.

— Mon frère? dit Consuelo stupéfaite de la nouvelle qu'on venait de lui annoncer, et sans entendre ce que lui disait le jeune comte.

— Je ne savais pas que vous eussiez un frère, reprit Albert, qui avait été plus frappé de l'aigreur de sa tante que de cet incident. Sans doute, c'est un bonheur pour vous de le revoir, chère Consuelo, et je me réjouis...

— Ne vous réjouissez pas, monsieur le comte, reprit Consuelo qu'un triste pressentiment envahissait rapidement; c'est peut-être un grand chagrin pour moi qui se prépare, et... »

Elle s'arrêta tremblante; car elle était sur le point de lui demander conseil et protection. Mais elle craignit de se lier trop envers lui, et, n'osant ni accueillir ni éviter celui qui s'introduisait auprès d'elle à la faveur d'un mensonge, elle sentit ses genoux plier, et s'appuya en pâlissant contre la rampe, à la dernière marche du perron.

« Craignez-vous quelque fâcheuse nouvelle de votre famille? lui dit Albert, dont l'inquiétude commençait à s'éveiller.

— Je n'ai pas de famille, » répondit Consuelo en s'efforçant de reprendre sa marche.

Elle faillit dire qu'elle n'avait pas de frère; une crainte vague l'en empêcha. Mais en traversant la salle à manger, elle entendit crier sur le parquet du salon les bottes du voyageur, qui s'y promenait de long en large avec impatience. Par un mouvement involontaire, elle se rapprocha du jeune comte, et lui pressa le bras en y enlaçant le sien, comme pour se réfugier dans son amour, à l'approche des souffrances qu'elle prévoyait.

Albert, frappé de ce mouvement, sentit s'éveiller en lui des appréhensions mortelles.

« N'entrez pas sans moi, lui dit-il à voix basse; je devine, à mes pressentiments qui ne m'ont jamais trompé, que ce frère est votre ennemi et le mien. J'ai froid, j'ai peur, comme si j'allais être forcé de haïr quelqu'un! »

Consuelo dégagea son bras qu'Albert serrait étroitement contre sa poitrine. Elle trembla en pensant qu'il allait peut-être concevoir une de ces idées singulières, une de ces implacables résolutions dont la mort présumée de Zdenko était un déplorable exemple pour lui.

« Quittons-nous ici, lui dit-elle en allemand (car de la pièce voisine on pouvait déjà l'entendre). Je n'ai rien à craindre du moment présent; mais si l'avenir me menace, comptez, Albert, que j'aurai recours à vous »

Albert céda avec une mortelle répugnance. Craignant de manquer à la délicatesse, il n'osait lui désobéir; mais il ne pouvait se résoudre à s'éloigner de la salle. Consuelo, qui comprit son hésitation, referma les deux portes du salon en y entrant, afin qu'il ne pût ni voir ni entendre ce qui allait se passer.

Anzoleto (car c'était lui; elle ne l'avait que trop bien deviné à son audace, et que trop bien reconnu au bruit de ses pas) s'était préparé à l'aborder effrontément par une embrassade fraternelle en présence des témoins. Lorsqu'il la vit entrer seule, pâle, mais froide et sévère, il perdit tout son courage, et vint se jeter à ses pieds en balbutiant. Il n'eut pas besoin de feindre la joie et la tendresse. Il éprouvait violemment et réellement ces deux sentiments, en retrouvant celle qu'il n'avait jamais cessé d'aimer malgré sa trahison. Il fondit en pleurs; et, comme elle ne voulut point lui laisser prendre ses mains, il couvrit de baisers et de larmes le bord de son vêtement. Consuelo ne s'était pas attendue à le retrouver ainsi. Depuis quatre mois, elle le rêvait tel qu'il s'était montré la nuit de leur rupture, amer, ironique, méprisable et haïssable entre tous les hommes. Ce matin même, elle l'avait vu passer avec une démarche insolente et un air d'insouciance presque cynique. Et voilà qu'il était à genoux, humilié, repentant, baigné de larmes, comme dans les jours orageux de leurs réconciliations passionnées; plus beau que jamais, car son costume de voyage un peu commun, mais bien porté, lui seyait à merveille, et le hâle des chemins avait donné un caractère plus mâle à ses traits admirables.

Palpitante comme la colombe que le vautour vient de saisir, elle fut forcée de s'asseoir et de cacher son visage dans ses mains, pour se dérober à la fascination de son regard. Ce mouvement, qu'Anzoleto prit pour de la honte, l'encouragea; et le retour des mauvaises pensées vint bien vite gâter l'élan naïf de son premier transport. Anzoleto, en fuyant Venise et les dégoûts qu'il y avait éprouvés en punition de ses fautes, n'avait pas eu d'autre pensée que celle de chercher fortune; mais en même temps il avait toujours nourri le désir et l'espérance de retrouver sa chère Consuelo. Un talent aussi éblouissant ne pouvait, selon lui, rester caché bien longtemps, et nulle part il n'avait négligé de prendre des informations, en faisant causer ses hôteliers, ses guides, ou les voyageurs dont il faisait la rencontre. A Vienne, il avait retrouvé des personnes de distinction de sa nation, auxquelles il avait confessé son coup de tête et sa fuite. Elles lui avaient conseillé d'aller attendre plus loin de Venise que le comte Zustiniani eût oublié ou pardonné son escapade; et en lui promettant de s'y employer, elles lui avaient donné des lettres de recommandation pour Prague, Dresde et Berlin. En passant devant le château des Géants, Anzoleto n'avait pas songé à questionner son guide; mais, au bout d'une heure de marche rapide, s'étant ralenti pour laisser souffler les chevaux, il avait repris la conversation en lui demandant des détails sur le pays et ses habitants. Naturellement le guide lui avait parlé des seigneurs de Rudolstadt, de leur manière de vivre, des bizarreries du comte Albert, dont la folie n'était plus un secret pour personne, surtout depuis l'aversion que le docteur Wetzélius lui avait vouée trècordialement. Ce guide n'avait pas manqué d'ajouter, pour compléter la chronique scandaleuse de la province, que le comte Albert venait de couronner toutes ses extravagances en refusant d'épouser sa noble cousine la belle baronne Amélie de Rudolstadt, pour se coiffer d'une aventurière, médiocrement belle, dont tout le monde devenait amoureux cependant lorsqu'elle chantait, parce qu'elle avait une voix extraordinaire.

Ces deux circonstances étaient trop applicables à Consuelo pour que notre voyageur ne demandât pas le nom de l'aventurière; et en apprenant qu'elle s'appelait Porporina, il ne douta plus de la vérité. Il rebroussa chemin à l'instant même; et, après avoir rapidement improvisé le prétexte et le titre sous lesquels il pouvait s'introduire dans ce château si bien gardé, il avait encore arraché quelques médisances à son guide. Le bavardage de cet homme lui avait fait regarder comme certain que Consuelo était la maîtresse du jeune comte, en attendant qu'elle fût sa femme; car elle avait ensorcelé, disait-on, toute la famille, et, au lieu de la chasser comme elle le méritait, on avait pour elle dans la maison des égards et des soins qu'on n'avait jamais eus pour la baronne Amélie.

Ces détails stimulèrent Anzoleto tout autant et peut-être plus encore que son véritable attachement pour Consuelo. Il avait bien soupiré après le retour de cette vie si douce qu'elle lui avait faite; il avait bien senti qu'en perdant ses conseils et sa direction, il avait perdu ou compromis pour longtemps son avenir musical; enfin il était bien entraîné vers elle par un amour à la fois égoïste, profond, et invincible. Mais à tout cela vint se joindre la vaniteuse tentation de disputer Consuelo à un amant riche et noble, de l'arracher à un mariage brillant, et de faire dire, dans le pays et dans le monde, que cette fille si bien pourvue avait mieux aimé courir les aventures avec lui que de devenir comtesse et châtelaine. Il s'amusait donc à faire répéter à son guide que la Porporina régnait en souveraine à Riesenburg, et il se complaisait dans l'espérance puérile de faire dire par ce même homme à tous les voyageurs qui passeraient après lui, qu'un beau garçon étranger était entré au galop dans le manoir inhospitalier des Géants, qu'il n'avait fait que VENIR, VOIR et VAINCRE, et que, peu d'heures ou peu de jours après, il en était ressorti, enlevant la perle des cantatrices à très-haut, très-puissant seigneur le comte de Rudolstadt.

A cette idée, il enfonçait l'éperon dans le ventre de son cheval, et riait de manière à faire croire à son guide que le plus fou des deux n'était pas le comte Albert.

La chanoinesse le reçut avec méfiance, mais n'osa point l'éconduire, dans l'espoir qu'il allait peut-être emmener sa prétendue sœur. Il apprit d'elle que Consuelo était à la promenade, et de fort humeur. On lui fit servir à déjeuner, et il interrogea les domestiques. Un seul comprenait quelque peu l'italien, et n'entendit pas malice à dire qu'il avait vu la signora sur la montagne avec le jeune comte. Anzoleto craignit de trouver Consuelo hautaine et froide dans les premiers instants. Il se dit que si elle n'était encore que l'honnête fiancée du fils de la maison, elle aurait l'attitude superbe d'une personne fière de sa position; mais que si elle était déjà sa maîtresse, elle devait être moins sûre de son fait, et trembler devant un ancien ami qui pouvait venir gâter ses affaires. Innocente, sa conquête était difficile, partant plus glorieuse; corrompue, c'était le contraire; et dans l'un ou l'autre cas, il y avait lieu d'entreprendre ou d'espérer.

Anzoleto était trop fin pour ne pas s'apercevoir de l'humeur et de l'inquiétude que cette longue promenade de la Porporina avec son neveu inspirait à la chanoinesse. Comme il ne vit pas le comte Christian, il put croire que le guide avait été mal informé; que la famille voyait avec crainte et déplaisir l'amour du jeune comte pour l'aventurière, et que celle-ci baisserait la tête devant son premier amant.

Après quatre mortelles heures d'attente, Anzoleto, qui avait eu le temps de faire bien des réflexions, et dont les mœurs n'étaient pas assez pures pour augurer le bien en pareille circonstance, regarda comme certain qu'un aussi long tête-à-tête entre Consuelo et son rival attestait une intimité sans réserve. Il en fut plus hardi, plus déterminé à l'attendre sans se rebuter; et après l'attendrissement irrésistible que lui causa son premier aspect, il se crut certain, dès qu'il la vit se troubler et tomber suffoquée sur une chaise, de pouvoir tout oser. Sa langue se délia donc bien vite. Il s'accusa de tout le passé, s'humilia hypocritement, pleura tant qu'il voulut, raconta ses remords et ses tourments, en les peignant plus poétiques que de dégoûtantes distractions lui avaient permis de les ressentir; enfin, il implora son pardon avec toute l'éloquence d'un Vénitien et d'un comédien consommé.

D'abord émue au son de sa voix, et plus effrayée de sa propre faiblesse que de la puissance de la séduction, Consuelo, qui depuis quatre mois avait fait, elle aussi, des réflexions, retrouva beaucoup de lucidité pour reconnaître, dans ces protestations et dans cette éloquence passionnée, tout ce qu'elle avait entendu maintes fois à Venise dans les derniers temps de leur malheureuse union. Elle fut blessée de voir qu'il avait répété les mêmes serments et les mêmes prières, comme s'il ne se fût rien passé depuis les querelles où elle était si loin encore de pressentir l'odieuse conduite d'Anzoleto. Indignée de tant d'audace, et de si beaux discours là où il n'eût fallu que le silence de la honte et les larmes du repentir, elle coupa court à la déclamation en se levant et en répondant avec froideur:

« C'est assez, Anzoleto; je vous ai pardonné depuis longtemps, et je ne vous en veux plus. L'indignation a fait place à la pitié, et l'oubli de vos torts est venu avec l'oubli de mes souffrances. Nous n'avons plus rien à nous dire. Je vous remercie du bon mouvement qui vous a fait interrompre votre voyage pour vous réconcilier avec moi. Votre pardon vous était accordé d'avance, vous le voyez. Adieu donc, et reprenez votre chemin.

— Moi, partir! te quitter, te perdre encore! s'écria Anzoleto véritablement effrayé. Non, j'aime mieux que tu m'ordonnes tout de suite de me tuer. Non, jamais je ne me résoudrai à vivre sans toi. Je ne le peux pas, Consuelo. Je l'ai essayé, et je sais que c'est inutile. Là où tu n'es pas, il n'y a rien pour moi. Ma détestable ambition, ma misérable vanité, auxquelles j'ai voulu en vain sacrifier mon amour, font tout mon supplice, et ne me donnent pas un instant de plaisir. Ton image me suit partout; le souvenir de notre bonheur si pur, si chaste, si délicieux (et où pourrais-tu en retrouver un semblable toi-même?) est toujours devant mes yeux; toutes les chimères dont je veux m'entourer me causent le plus profond dégoût. O Consuelo! souviens-toi de nos belles nuits de Venise, de notre bateau, de nos étoiles, et de nos chants interminables, de tes bonnes leçons et de nos longs baisers! et de ton petit lit, où j'ai dormi seul, toi disant ton rosaire sur la terrasse! Est-ce que je ne t'aimais pas alors? Est-ce que l'homme qui t'a toujours respectée, même durant ton sommeil, enfermé tête à tête avec toi, n'est pas capable d'aimer? Si j'ai été infâme avec les autres, est-ce que je n'ai pas été un ange auprès de toi? Et Dieu sait s'il m'en coûtait! Oh! n'oublie donc pas tout cela! Tu disais m'aimer tant, et tu l'as oublié! Et moi, qui suis un ingrat, un monstre, un lâche, je n'ai pas pu t'oublier un seul instant! et je n'y veux pas renoncer, quoique tu y renonces sans regret et sans effort! Mais tu ne m'as jamais aimé, quoique tu fusses une sainte; et moi je t'adore, quoique je sois un démon.

— Il est possible, répondit Consuelo, frappée de l'accent de vérité qui avait accompagné ces paroles, que vous ayez un regret sincère de ce bonheur perdu et souillé par vous. C'est une punition que vous devez accepter, et que je ne dois pas vous empêcher de subir. Le bonheur vous a corrompu, Anzoleto. Il faut qu'un peu de souffrance vous purifie. Allez, et souvenez-vous de moi, si cette amertume vous est salutaire. Sinon, oubliez-moi, comme je vous oublie, moi qui n'ai rien à expier ni à réparer.

— Ah! tu as un cœur de fer! s'écria Anzoleto, surpris

et offensé de tant de calme. Mais ne pense pas que tu puisses me chasser ainsi. Il est possible que mon arrivée te gêne, et que ma présence te pèse. Je sais fort bien que tu veux sacrifier le souvenir de notre amour à l'ambition du rang et de la fortune. Mais il n'en sera pas ainsi. Je m'attache à toi ; et si je te perds, ce ne sera pas sans avoir lutté. Je te rappellerai le passé, et je le ferai devant tous tes nouveaux amis, si tu m'y contrains. Je te redirai les serments que tu m'as faits au chevet du lit de ta mère expirante, et que tu m'as renouvelés cent fois sur sa tombe et dans les églises, quand nous allions nous agenouiller dans la foule tout près l'un de l'autre, pour écouter la belle musique et nous parler tout bas. Je rappellerai humblement à toi seule, prosterné devant toi, des choses que tu ne refuseras pas d'entendre; et si tu le fais, malheur à nous deux ! Je dirai devant ton nouvel amant des choses qu'il ne sait pas ! Car ils ne savent rien de toi ; ils ne savent même pas que tu as été comédienne. Eh bien, et je le leur apprendrai, et nous verrons si le noble comte Albert retrouvera la raison pour te disputer à un comédien, ton ami, ton égal, ton fiancé, ton amant. Ah ! ne me pousse pas au désespoir, Consuelo ! ou bien...

— Des menaces ! Enfin, je vous retrouve et vous reconnais, Anzoleto, dit la jeune fille indignée. Eh bien, je vous aime mieux ainsi, et je vous remercie d'avoir levé le masque. Oui, grâces au ciel, je n'aurai plus ni regret ni pitié de vous. Je vois ce qu'il y a de fiel dans votre cœur, de bassesse dans votre caractère, et de haine dans votre amour. Allez, satisfaites votre dépit. Vous me rendrez service ; mais, à moins que vous ne soyez aussi aguerri à la calomnie que vous l'êtes à l'insulte, vous ne pourrez rien dire de moi dont j'aie à rougir. »

En parlant ainsi, elle se dirigea vers la porte, l'ouvrit, et allait sortir, lorsqu'elle se trouva en face du comte Christian. A l'aspect de ce vénérable vieillard, qui s'avançait d'un air affable et majestueux, après avoir baisé la main de Consuelo, Anzoleto, qui s'était élancé pour retenir cette dernière de gré ou de force, recula intimidé, et perdit l'audace de son maintien.

LVIII.

« Chère signora, dit le vieux comte, pardonnez-moi de n'avoir pas fait un meilleur accueil à monsieur votre frère. J'avais défendu qu'on m'interrompît, parce que j'avais, ce matin, des occupations inusitées ; et on m'a trop bien obéi en me laissant ignorer l'arrivée d'un hôte qui est pour moi, comme pour toute ma famille, le bienvenu dans cette maison. Soyez certain, Monsieur, ajouta-t-il en s'adressant à Anzoleto, que je vois avec plaisir chez moi un aussi proche parent de notre bien-aimée Porporina. Je vous prie donc de rester ici et d'y passer tout le temps qui vous sera agréable. Je présume qu'après une longue séparation vous avez bien des choses à vous dire, et bien de la joie à vous trouver ensemble. J'espère que vous ne craindrez pas d'être indiscret, en goûtant à loisir un bonheur que je partage. »

Contre sa coutume, le vieux Christian parlait avec aisance et à un inconnu. Depuis longtemps sa timidité s'était évanouie auprès de la douce Consuelo ; et, ce jour-là, son visage semblait éclairé d'un rayon de vie plus brillant qu'à l'ordinaire, comme ceux que le soleil épanche sur l'horizon à l'heure de son déclin. Anzoleto fut interdit devant cette sorte de majesté que la droiture et la sérénité de l'âme reflètent sur le front d'un vieillard respectable. Il savait courber le dos bas devant les grands seigneurs ; mais il les haïssait et les raillait intérieurement. Il n'avait eu que trop de sujets de les mépriser, dans le beau monde où il avait vécu depuis quelque temps. Jamais il n'avait vu encore une dignité si bien portée et une politesse aussi cordiale que celles du vieux châtelain de Riesenburg. Il se troubla en le remerciant, et se repentit presque d'avoir escroqué par une imposture l'accueil paternel qu'il en recevait. Il craignit surtout que Consuelo ne le dévoilât, en déclarant au comte qu'il n'était pas son frère. Il sentait que dans cet instant il n'eût pas été en son pouvoir de payer d'effronterie et de chercher à se venger.

« Je suis bien touchée de la bonté de monsieur le comte, répondit Consuelo après un instant de réflexion ; mais mon frère, qui en sent tout le prix, n'aura pas le bonheur d'en profiter. Des affaires pressantes l'appellent à Prague, et dans ce moment il vient de prendre congé de moi.

— Cela est impossible ! vous vous êtes à peine vus un instant, dit le comte.

— Il a perdu plusieurs heures à m'attendre, reprit-elle, et maintenant ses moments sont comptés. Il sait bien, ajouta-t-elle en regardant son prétendu frère d'un air significatif, qu'il ne peut pas rester une minute de plus ici. »

Cette froide insistance rendit à Anzoleto toute la hardiesse de son caractère et tout l'aplomb de son rôle.

« Qu'il en arrive ce qu'il plaira au diable..., je veux dire à Dieu ! dit-il en se reprenant ; mais je ne saurais quitter ma chère sœur aussi précipitamment que sa raison et sa prudence l'exigent. Je ne sais aucune affaire d'intérêt qui vaille un instant de bonheur, et puisque monseigneur le comte me le permet si généreusement, j'accepte avec reconnaissance. Je reste ! Mes engagements avec Prague seront remplis un peu plus tard, voilà tout.

— C'est parler en jeune homme léger, repartit Consuelo offensée. Il y a des affaires où l'honneur parle plus haut que l'intérêt...

— C'est parler en frère, répliqua Anzoleto ; et toi tu parles toujours en reine, ma bonne petite sœur.

— C'est parler en bon jeune homme ! ajouta le vieux comte en tendant la main à Anzoleto. Je ne connais pas d'affaires qui ne puissent se remettre au lendemain. Il est vrai que l'on m'a toujours reproché mon indolence ; mais moi j'ai toujours reconnu qu'on se trouvait plus mal de la précipitation que de la réflexion. Par exemple, ma chère Porporina, il y a bien des jours, je pourrais dire bien des semaines, que j'ai une prière à vous faire, et j'ai tardé jusqu'à présent. Je crois que j'ai bien fait et que le moment est venu. Pouvez-vous m'accorder aujourd'hui l'heure d'entretien que je venais vous demander lorsque j'ai appris l'arrivée de monsieur votre frère ? Il me semble que cette heureuse circonstance est venue tout à point, et peut-être ne sera-t-il pas de trop dans la conférence que je vous propose.

— Je suis toujours et à toute heure aux ordres de votre seigneurie, répondit Consuelo. Quant à mon frère, c'est un enfant que je n'associe pas sans examen à mes affaires personnelles.

— Je le sais bien, reprit effrontément Anzoleto ; mais puisque monseigneur le comte m'y autorise, je n'ai pas besoin d'autre permission que la sienne pour entrer dans la confidence.

— Vous voudrez bien me laisser juge de ce qui convient à vous et à moi, repondit Consuelo avec hauteur. Monsieur le comte, je suis prête à vous suivre dans votre appartement, et à vous écouter avec respect.

— Vous êtes bien sévère avec ce bon jeune homme, qui a l'air si franc et si enjoué, » dit le comte en souriant ; puis, se tournant vers Anzoleto : « Ne vous impatientez pas, mon enfant, lui dit-il ; votre tour viendra. Ce que j'ai à dire à votre sœur ne peut pas vous être caché : et bientôt, je l'espère, elle me permettra de vous mettre, comme vous dites, dans la confidence. »

Anzoleto eut l'impertinence de répondre à la gaieté expansive du vieillard en retenant sa main dans les siennes, comme s'il eût voulu s'attacher à lui, et surprendre le secret dont l'excluait Consuelo. Il n'eut pas le bon goût de comprendre qu'il devait au moins sortir du salon, pour épargner au comte la peine d'en sortir lui-même. Quand il s'y trouva seul, il frappa du pied avec colère, craignant que cette jeune fille, devenue si maîtresse d'elle-même, ne déconcertât tous ses plans et ne se fît éconduire en dépit de son habileté. Il eut envie de se glisser dans la maison, et d'aller écouter à toutes les portes. Il sortit du salon dans ce dessein, erra dans les

Le comte Christian.

jardins quelques moments, puis se hasarda dans les galeries, feignant, lorsqu'il rencontrait quelque serviteur, d'admirer la belle architecture du château. Mais, à trois reprises différentes, il vit passer à quelque distance un personnage vêtu de noir, et singulièrement grave, dont il ne se soucia pas beaucoup d'attirer l'attention : c'était Albert, qui paraissait ne pas le remarquer, et qui, cependant, ne le perdait pas de vue. Anzoleto, en le voyant plus grand que lui de toute la tête, et en observant la beauté sérieuse de ses traits, comprit que, de toutes façons, il n'avait pas un rival aussi méprisable qu'il l'avait d'abord pensé, dans la personne du fou de Riesenburg. Il prit donc le parti de rentrer dans le salon, et d'essayer sa belle voix dans ce vaste local, en promenant avec distraction ses doigts sur le clavecin.

« Ma fille, dit le comte Christian à Consuelo, après l'avoir conduite dans son cabinet et lui avoir avancé un grand fauteuil de velours rouge à crépines d'or, tandis qu'il s'assit sur un pliant à côté d'elle, j'ai à vous demander une grâce, et je ne sais pas encore de quel droit je vais le faire avant que vous ayez compris mes intentions. Puis-je me flatter que mes cheveux blancs, ma tendre estime pour vous, et l'amitié du noble Porpora, votre père adoptif, vous donneront assez de confiance en moi pour que vous consentiez à m'ouvrir votre cœur sans réserve ? »

Attendrie et cependant un peu effrayée de ce début, Consuelo porta à ses lèvres la main du vieillard, et lui répondit avec effusion :

« Oui, monsieur le comte, je vous respecte et vous aime comme si j'avais l'honneur de vous avoir pour mon père, et je puis répondre sans crainte et sans détour à toutes vos questions, en ce qui me concerne personnellement.

— Je ne vous demanderai rien autre chose, ma chère fille, et je vous remercie de cette promesse. Croyez-moi incapable d'en abuser, comme je vous crois incapable d'y manquer.

— Je le crois, monsieur le comte. Daignez parler.

— Eh bien ! mon enfant, dit le vieillard avec une curiosité naïve et encourageante, comment vous nommez-vous ?

— Je n'ai pas de nom, répondit Consuelo sans hésiter ; ma mère n'en portait pas d'autre que celui de Rosmunda.

Padre mio benedetto, dit-il en s'adressant au chapelain... (Page 150.)

Au baptême, je fus appelée Marie de Consolation : je n'ai jamais connu mon père.

— Mais vous savez son nom ?

— Nullement, monseigneur ; je n'ai jamais entendu parler de lui.

— Maître Porpora vous a-t-il adoptée ? Vous a-t-il donné son nom par un acte légal ?

— Non, monseigneur. Entre artistes, ces choses-là ne se font pas, et ne sont pas nécessaires. Mon généreux maître ne possède rien, et n'a rien à léguer. Quant à son nom, il est fort inutile à ma position dans le monde que je le porte en vertu d'un usage ou d'un contrat. Si je le justifie par quelque talent, il me sera bien acquis ; sinon, j'aurai reçu un honneur dont j'étais indigne. »

Le comte garda le silence pendant quelques instants ; puis, reprenant la main de Consuelo :

« La noble franchise avec laquelle vous me répondez me donne encore une plus haute idée de vous, lui dit-il. Ne pensez pas que je vous ai demandé ces détails pour vous estimer plus ou moins, selon votre naissance et votre condition. Je voulais savoir si vous aviez quelque répugnance à dire la vérité, et je vois que vous n'en avez aucune. Je vous en sais un gré infini, et vous trouve plus noble par votre caractère que nous ne le sommes, nous autres, par nos titres. »

Consuelo sourit de la bonne foi avec laquelle le vieux patricien admirait qu'elle fît, sans rougir, un aveu si facile. Il y avait dans cette surprise un reste de préjugé d'autant plus tenace que Christian s'en défendait plus noblement. Il était évident qu'il combattait ce préjugé en lui-même, et qu'il voulait le vaincre.

« Maintenant, reprit-il, je vais vous faire une question plus délicate encore, ma chère enfant, et j'ai besoin de toute votre indulgence pour excuser ma témérité.

— Ne craignez rien, monseigneur, dit-elle ; je répondrai à tout avec aussi peu d'embarras.

— Eh bien, mon enfant... vous n'êtes pas mariée ?

— Non, monseigneur, que je sache.

— Et... vous n'êtes pas veuve ? Vous n'avez pas d'enfants ?

— Je ne suis pas veuve, et je n'ai pas d'enfants, répondit Consuelo qui eut fort envie de rire, ne sachant où le comte voulait en venir.

— Enfin, reprit-il, vous n'avez engagé votre foi à personne, vous êtes parfaitement libre?
— Pardon, monseigneur; j'avais engagé ma foi, avec le consentement et même d'après l'ordre de ma mère mourante, à un jeune garçon que j'aimais depuis l'enfance, et dont j'ai été la fiancée jusqu'au moment où j'ai quitté Venise.
— Ainsi donc, vous êtes engagée? dit le comte avec un singulier mélange de chagrin et de satisfaction.
— Non, monseigneur, je suis parfaitement libre, répondit Consuelo. Celui que j'aimais a indignement trahi sa foi, et je l'ai quitté pour toujours.
— Ainsi, vous l'avez aimé? dit le comte après une pause.
— De toute mon âme, il est vrai.
— Et... peut-être que vous l'aimez encore?...
— Non, monseigneur, cela est impossible.
— Vous n'auriez aucun plaisir à le revoir?
— Sa vue ferait mon supplice.
— Et vous n'avez jamais permis... il n'aurait pas osé... Mais vous direz que je deviens offensant et que j'en veux trop savoir!
— Je vous comprends, monseigneur; et, puisque je suis appelée à me confesser, comme je ne veux point surprendre votre estime, je vous mettrai à même de savoir, à un iota près, si je le mérite ou non. Il a eu permis bien des choses, mais il n'a eu que ce que j'ai permis. Ainsi, nous avons souvent bu dans la même tasse, et reposé sur le même banc. Il a dormi dans ma chambre pendant que je disais mon chapelet. Il m'a veillée pendant que j'étais malade. Je ne me gardais pas avec crainte. Nous étions toujours seuls, nous nous aimions, nous devions nous marier, nous nous respections l'un l'autre. J'avais juré à ma mère d'être ce qu'on appelle une fille sage. J'ai tenu parole, si c'est être sage que de croire à un homme qui doit vous tromper, et de donner sa confiance, son affection, son estime, à qui ne mérite rien de tout cela. C'est lorsqu'il a voulu cesser d'être mon frère, sans devenir mon mari, que j'ai commencé à me défendre. C'est lorsqu'il m'a été infidèle que je me suis applaudie de m'être bien défendue. Il ne tient qu'à cet homme sans honneur de se vanter du contraire; cela n'est pas d'une grande importance pour une pauvre fille comme moi. Pourvu que je chante bien, on ne m'en demandera pas davantage. Pourvu que je puisse baiser sans remords le crucifix sur lequel j'ai juré à ma mère d'être chaste, je ne me tourmenterai pas beaucoup de ce qu'on pensera de moi. Je n'ai pas de famille à faire rougir, pas de frères, pas de cousins à faire battre pour moi...
— Pas de frères? Vous en avez un! »
Consuelo se sentit prête à confier au vieux comte toute la vérité sous le sceau du secret. Mais elle craignit d'être lâche en cherchant hors d'elle-même un refuge contre celui qui l'avait menacée lâchement. Elle pensa qu'elle seule devait avoir la fermeté de se défendre et de se délivrer d'Anzoleto. D'ailleurs, la générosité de son cœur recula devant l'idée de faire chasser par son hôte l'homme qu'elle avait si religieusement aimé. Quelque politesse que le comte Christian dût savoir mettre à éconduire Anzoleto, quelque coupable que fût ce dernier, elle ne se sentit pas le courage de le soumettre à une si grande humiliation. Elle répondit donc à la question du vieillard, qu'elle regardait son frère comme un écervelé, et n'avait pas l'habitude de le traiter autrement que comme un enfant.
« Mais ce n'est pas un mauvais sujet? dit le comte.
— C'est peut-être un mauvais sujet, répondit-elle. J'ai avec lui le moins de rapports possible; nos caractères et notre manière de voir sont très-différents. Votre seigneurie a pu remarquer que je n'étais pas fort pressée de le retenir ici.
— Il en sera ce que vous voudrez, mon enfant; je vous crois pleine de jugement. Maintenant que vous m'avez tout confié avec un si noble abandon...
— Pardon, monseigneur, dit Consuelo; je ne vous ai pas dit tout ce qui me concerne, car vous ne me l'avez pas demandé. J'ignore le motif de l'intérêt que vous daignez prendre aujourd'hui à mon existence. Je présume que quelqu'un a parlé de moi ici d'une manière plus ou moins défavorable, et que vous voulez savoir si ma présence ne déshonore pas votre maison. Jusqu'ici, comme vous ne m'aviez interrogée que sur des choses très-superficielles, j'aurais cru manquer à la modestie qui convient à mon rôle en vous entretenant de moi sans votre permission; mais puisque vous paraissez vouloir me connaître à fond, je dois vous dire une circonstance qui me fera peut-être du tort dans votre esprit. Non-seulement il serait possible, comme vous l'avez souvent présumé (et quoique je n'en aie nulle envie maintenant), que je vinsse à embrasser la carrière du théâtre; mais encore il est avéré que j'ai débuté à Venise, à la saison dernière, sous le nom de Consuelo. On m'avait surnommée la Zingarella, et tout Venise connaît ma figure et ma voix.
— Attendez donc! s'écria le comte, tout étourdi de cette nouvelle révélation. Vous seriez cette merveille dont on a fait tant de bruit à Venise l'an dernier, et dont les gazettes italiennes ont fait mention plusieurs fois avec de si pompeux éloges? La plus belle voix, le plus beau talent qui, de mémoire d'homme, se soit révélé...
— Sur le théâtre de San-Samuel, monseigneur. Ces éloges sont sans doute bien exagérés; mais il est un fait incontestable, c'est que je suis cette même Consuelo, que j'ai chanté dans plusieurs opéras, que je suis actrice, en un mot, ou, comme on dit plus poliment, cantatrice. Voyez maintenant si je mérite de conserver votre bienveillance.
— Voilà des choses bien extraordinaires et un destin bizarre dit le comte absorbé dans ses réflexions. Avez-vous dit tout cela ici à... à quelque autre qu'à moi, mon enfant?
— J'ai à peu près tout dit au comte votre fils, monseigneur, quoique je ne sois pas entrée dans les détails que vous venez d'entendre.
— Ainsi, Albert connaît votre extraction, votre ancien amour, votre profession?
— Oui, monseigneur.
— C'est bien, ma chère signora. Je ne puis trop vous remercier de l'admirable loyauté de votre conduite à notre égard, et je vous promets que vous n'aurez pas lieu de vous en repentir. Maintenant, Consuelo... (oui, je me souviens que c'est le nom qu'Albert a donné dès le commencement, lorsqu'il vous parlait espagnol), permettez-moi de me recueillir un peu. Je me sens fort ému. Nous avons encore bien des choses à nous dire, mon enfant, et il faut que vous me pardonniez un peu de trouble à l'approche d'une décision aussi grave. Faites-moi la grâce de m'attendre ici un instant. »
Il sortit, et Consuelo, le suivant des yeux, le vit, à travers les portes dorées garnies de glaces, entrer dans son oratoire et s'agenouiller avec ferveur.
En proie à une vive agitation, elle se perdait en conjectures sur la suite d'un entretien qui s'annonçait avec tant de solennité. D'abord, elle avait pensé qu'en l'attendant, Anzoleto, dans son dépit, avait déjà fait ce dont il l'avait menacée; qu'il avait causé avec le chapelain ou avec Hanz, et que la manière dont il avait parlé d'elle avait élevé de graves scrupules dans l'esprit de ses hôtes. Mais le comte Christian ne savait pas feindre, et jusque dans son maintien et ses discours annonçaient un redoublement d'affection plutôt que l'invasion de la défiance. D'ailleurs, la franchise de ses réponses l'avait frappé comme auraient pu faire des révélations inattendues; la dernière surtout avait été un coup de foudre. Et maintenant il priait, il demandait à Dieu de l'éclairer ou de le soutenir dans l'accomplissement d'une grande résolution. « Va-t-il me prier de partir avec mon frère? va-t-il m'offrir de l'argent? se demandait-elle. Ah! que Dieu me préserve de cet outrage! Mais non! cet homme est trop délicat, trop bon pour songer à m'humilier. Que voulait-il donc me dire d'abord, et que va-t-il me dire maintenant? Sans doute ma longue promenade avec son fils

lui donne des craintes, et il va me gronder. Je l'ai mérité peut-être, et j'accepterai le sermon, ne pouvant répondre avec sincérité aux questions qui me seraient faites sur le compte d'Albert. Voici une rude journée ; et si j'en passe beaucoup de pareilles, je ne pourrai plus disputer la palme du chant aux jalouses maîtresses d'Anzoleto. Je me sens la poitrine en feu et la gorge desséchée. »

Le comte Christian revint bientôt vers elle. Il était calme, et sa pâle figure portait le témoignage d'une victoire remportée en vue d'une noble intention.

« Ma fille, dit-il à Consuelo en se rasseyant auprès d'elle, après l'avoir forcée de garder le fauteuil somptueux qu'elle voulait lui céder, et sur lequel elle trônait malgré elle d'un air craintif : il est temps que je réponde par ma franchise à celle que vous m'avez témoignée. Consuelo, mon fils vous aime. »

Consuelo rougit et pâlit tour à tour. Elle essaya de répondre. Christian l'interrompit.

« Ce n'est pas une question que je vous fais, dit-il ; je n'en aurais pas le droit, et vous n'auriez peut-être pas celui d'y répondre ; car je sais que vous n'avez encouragé en aucune façon les espérances d'Albert. Il m'a tout dit ; et je crois en lui, parce qu'il n'a jamais menti, ni moi non plus.

— Ni moi non plus, dit Consuelo en levant les yeux au ciel avec l'expression de la plus candide fierté. Le comte Albert a dû vous dire, monseigneur...

— Que vous aviez repoussé toute idée d'union avec lui.

— Je le devais. Je savais les usages et les idées du monde ; je savais que je n'étais pas faite pour être la femme du comte Albert, par la seule raison que je ne m'estime l'inférieure de personne devant Dieu, et que je ne voudrais recevoir de grâce et de faveur de qui que ce soit devant les hommes.

— Je connais votre juste orgueil, Consuelo. Je le trouverais exagéré, si Albert ne dépendait que de lui-même ; mais dans la croyance où vous étiez que je n'approuverais jamais une telle union, vous avez dû répondre comme vous l'avez fait.

— Maintenant, monseigneur, dit Consuelo en se levant, je comprends le reste, et je vous supplie de m'épargner l'humiliation que je redoutais. Je vais quitter votre maison, comme je l'aurais déjà quittée si j'avais cru pouvoir le faire sans compromettre la raison et la vie du comte Albert, sur lesquelles j'ai plus d'influence que je ne l'aurais souhaité. Puisque vous savez ce qu'il ne m'était pas permis de vous révéler, vous pourrez veiller sur lui, empêcher les conséquences de cette séparation, et reprendre un soin qui vous appartient plus qu'à moi. Si je me suis arrogé indiscrètement, c'est une faute que Dieu me pardonnera ; car il sait quelle pureté de sentiments m'a guidée en tout ceci.

— Je le sais, reprit le comte, et Dieu a parlé à ma conscience comme Albert avait parlé à mes entrailles. Restez donc assise, Consuelo, et ne vous hâtez pas de condamner mes intentions. Ce n'est point pour vous ordonner de quitter ma maison, mais pour vous supplier à mains jointes d'y rester toute votre vie, que je vous ai demandé de m'écouter.

— Toute ma vie ! répéta Consuelo en retombant sur son siège, partagée entre le bien que lui faisait cette réparation à sa dignité et l'effroi que lui causait une pareille offre. Toute ma vie ! Votre seigneurie ne songe pas à ce qu'elle me fait l'honneur de me dire.

— J'y ai beaucoup songé, ma fille, répondit le comte avec un sourire mélancolique, et je sens que je ne dois pas m'en repentir. Mon fils vous aime éperdument, vous avez tout pouvoir sur son âme. C'est vous qui me l'avez rendu, vous qui avez été le chercher dans un endroit mystérieux qu'il ne veut pas me faire connaître, mais où nulle autre qu'une mère ou une sainte, m'a-t-il dit, n'eût osé pénétrer. C'est vous qui avez risqué votre vie pour le sauver de l'isolement et du délire où il se consumait. C'est grâce à vous qu'il a cessé de nous causer, par ses absences, d'affreuses inquiétudes. C'est vous qui lui avez rendu le calme, la santé, la raison, en un mot. Car il ne faut pas se le dissimuler, mon pauvre enfant était fou, et il est certain qu'il ne l'est plus. Nous avons passé presque toute la nuit à causer ensemble, et il m'a montré une sagesse supérieure à la mienne. Je savais que vous deviez sortir avec lui ce matin. Je l'avais donc autorisé à vous demander ce que vous n'avez pas voulu écouter... Vous aviez peur de moi, chère Consuelo ! vous pensiez que le vieux Rudolstadt, encroûté dans ses préjugés nobiliaires, aurait honte de vous devoir son fils. Eh bien, vous vous trompiez. Le vieux Rudolstadt a eu de l'orgueil et des préjugés sans doute ; il en a peut-être encore, il ne veut pas se farder devant vous ; mais il les abjure, et, dans l'élan d'une reconnaissance sans bornes, il vous remercie de lui avoir rendu son dernier, son seul enfant ! »

En parlant ainsi, le comte Christian prit les deux mains de Consuelo dans les siennes, et les couvrit de baisers en les arrosant de larmes.

LIX.

Consuelo fut vivement attendrie d'une démonstration qui la réhabilitait à ses propres yeux et tranquillisait sa conscience. Jusqu'à ce moment, elle avait eu souvent la crainte de s'être imprudemment livrée à sa générosité et à son courage ; maintenant elle en recevait la sanction et la récompense. Ses larmes de joie se mêlèrent à celles du vieillard, et ils restèrent longtemps trop émus l'un et l'autre pour continuer la conversation.

Cependant Consuelo ne comprenait pas encore la proposition qui lui était faite, et le comte, croyant s'être assez expliqué, regardait son silence et ses pleurs comme des signes d'adhésion et de reconnaissance.

« Je vais, lui dit-il enfin, amener mon fils à vos pieds, afin qu'il joigne ses bénédictions aux miennes en apprenant l'étendue de son bonheur.

— Arrêtez, monseigneur ! dit Consuelo tout interdite de cette précipitation. Je ne comprends pas ce que vous exigez de moi. Vous approuvez l'affection que le comte Albert m'a témoignée et le dévouement que j'ai eu pour lui. Vous m'accordez votre confiance, vous savez que je ne la trahirai pas ; mais comment puis-je m'engager à consacrer toute ma vie à une amitié d'une nature si délicate ? Je vois bien que vous comptez sur le temps et sur ma raison pour maintenir la santé morale de votre noble ami, et pour calmer la vivacité de son attachement pour moi. Mais j'ignore si j'aurai longtemps cette puissance ; et d'ailleurs, quand même ce ne serait pas une intimité dangereuse pour un homme aussi exalté, je ne suis pas libre de consacrer mes jours à cette tâche glorieuse. Je ne m'appartiens pas !

— O ciel ! que dites-vous, Consuelo ? Vous ne m'avez donc pas compris ? ou vous m'avez trompé en me disant que vous étiez libre, que vous n'aviez ni attachement de cœur, ni engagement, ni famille ?

— Mais, monseigneur, reprit Consuelo stupéfaite, j'ai un but, une vocation, un état. J'appartiens à l'art auquel je me suis consacrée dès mon enfance.

— Que dites-vous, grand Dieu ! Vous voulez retourner au théâtre ?

— Cela, je l'ignore, et j'ai dit la vérité en affirmant que mon désir ne m'y portait pas. Je n'ai encore éprouvé que d'horribles souffrances dans cette carrière orageuse ; mais je sens pourtant que je serais téméraire si je m'engageais à y renoncer. Ç'a été ma destinée, et peut-être ne peut-on pas se soustraire à l'avenir qu'on s'est tracé. Que je remonte sur les planches, ou que je donne des leçons et des concerts, je suis, je dois être cantatrice. A quoi serais-je bonne, d'ailleurs ? où trouverais-je de l'indépendance ? à quoi occuperais-je mon esprit rompu au travail, et avide de ce genre d'émotion ?

— O Consuelo, Consuelo ! s'écria le comte Christian avec douleur, tout ce que vous dites là est vrai ! Mais je pensais que vous aimiez mon fils, et je vois maintenant que vous ne l'aimez pas !

— Et si je venais à l'aimer avec la passion qu'il faudrait avoir pour renoncer à moi-même, que diriez-vous, monseigneur? s'écria à son tour Consuelo impatientée. Vous jugez donc qu'il est absolument impossible à une femme de prendre de l'amour pour le comte Albert, puisque vous me demandez de rester toujours avec lui?

— Eh quoi! me suis-je si mal expliqué, ou me jugez-vous insensé, chère Consuelo? Ne vous ai-je pas demandé votre cœur et votre main pour mon fils? N'ai-je pas mis à vos pieds une alliance légitime et certainement honorable? Si vous aimiez Albert, vous trouveriez sans doute dans le bonheur de partager sa vie un dédommagement à la perte de votre gloire et de vos triomphes! Mais vous ne l'aimez pas, puisque vous regardez comme impossible de renoncer à ce que vous appelez votre destinée! »

Cette explication avait été tardive, à l'insu même du bon Christian. Ce n'était pas sans un mélange de terreur et de mortelle répugnance que le vieux seigneur avait sacrifié au bonheur de son fils toutes les idées de sa vie, tous les principes de sa caste; et lorsque, après une longue et pénible lutte avec Albert et avec lui-même, il avait consommé le sacrifice, la ratification absolue d'un acte si terrible n'avait pu arriver sans effort de son cœur à ses lèvres.

Consuelo le pressentit ou le devina; car au moment où Christian parut renoncer à la faire consentir à ce mariage, il y eut certainement sur le visage du vieillard une expression de joie involontaire, mêlée à celle d'une étrange consternation.

En un instant Consuelo comprit sa situation, et une fierté peut-être un peu trop personnelle lui inspira de l'éloignement pour le parti qu'on lui proposait.

« Vous voulez donc que je devienne la femme du comte Albert! dit-elle encore étourdie d'une offre si étrange. Vous consentiriez à m'appeler votre fille, à me faire porter votre nom, à me présenter à vos parents, à vos amis?... Ah! monseigneur! combien vous aimez votre fils, et combien votre fils doit vous aimer!

— Si vous trouvez en cela une générosité si grande, Consuelo, c'est que votre cœur ne peut en concevoir une pareille, ou que l'objet ne vous paraît pas digne!

— Monseigneur, dit Consuelo après s'être recueillie en cachant son visage dans ses mains, je crois rêver. Mon orgueil se réveille malgré moi à l'idée des humiliations dont ma vie serait abreuvée si j'osais accepter le sacrifice que votre amour paternel vous suggère.

— Et qui oserait vous humilier, Consuelo, quand le père et le fils vous couvriraient de l'égide du mariage et de la famille?

— Et la tante, monseigneur? la tante, qui est ici une mère véritable, verrait-elle cela sans rougir?

— Elle-même viendra joindre ses prières aux nôtres, si vous promettez de vous laisser fléchir. Ne demandez pas plus que la faiblesse de l'humaine nature ne comporte. Un amant, un père, peuvent subir l'humiliation et la douleur d'un refus. Ma sœur ne l'oserait pas. Mais, avec la certitude du succès, nous l'amènerons dans vos bras, ma fille.

— Monseigneur, dit Consuelo tremblante, le comte Albert vous avait donc dit que je l'aimais?

— Non! répondit le comte, frappé d'une réminiscence subite. Albert m'avait dit que l'obstacle serait dans votre cœur. Il me l'a répété cent fois; mais moi, je n'ai pu le croire. Votre réserve me paraissait assez fondée sur votre droiture et votre délicatesse. Mais je pensais qu'en vous délivrant de vos scrupules, j'obtiendrais de vous l'aveu que vous lui aviez refusé.

— Et que vous a-t-il dit de notre promenade d'aujourd'hui?

— Un seul mot: « Essayez, mon père; c'est le seul moyen de savoir si c'est la fierté ou l'éloignement qui me ferment son cœur. »

— Hélas, monseigneur, que penserez-vous de moi, si je vous dis que je l'ignore moi-même?

— Je penserai que c'est l'éloignement, ma chère Consuelo. Ah! mon fils, mon pauvre fils! Quelle affreuse destinée est la sienne! Ne pouvoir être aimé de la seule femme qu'il ait pu, qu'il pourra peut-être jamais aimer! Ce dernier malheur nous manquait.

— O mon Dieu! vous devez me haïr, monseigneur! Vous ne comprenez pas que ma fierté résiste quand vous immolez la vôtre. La fierté d'une fille comme moi vous paraît bien moins fondée; et pourtant croyez que dans mon cœur il y a un combat aussi violent à cette heure que celui dont vous avez triomphé vous-même.

— Je le comprends. Ne croyez pas, signora, que je respecte assez peu la pudeur, la droiture et le désintéressement, pour ne pas apprécier la fierté fondée sur de tels trésors. Mais ce que l'amour paternel a su vaincre (vous voyez que je vous parle avec un entier abandon), je pense que l'amour d'une femme le fera aussi. Eh bien! quand toute la vie d'Albert, la vôtre et la mienne seraient, je le suppose, un combat contre les préjugés du monde, quand nous devrions en souffrir longtemps et beaucoup tous les trois, et ma sœur avec nous, n'y aurait-il pas dans notre mutuelle tendresse, dans le témoignage de notre conscience, et dans les fruits de notre dévouement, de quoi nous rendre plus forts que tout ce monde ensemble? Un grand amour fait paraître légers ces maux qui vous semblent trop lourds pour vous-même et pour nous. Mais ce grand amour, vous le cherchez, éperdue et craintive, au fond de votre âme; et vous ne l'y trouvez pas, Consuelo, parce qu'il n'y est pas.

— Eh bien, oui, la question est là, là tout entière, dit Consuelo en posant fortement ses mains contre son cœur; tout le reste n'est rien. Moi aussi j'avais des préjugés; votre exemple me prouve que c'est un devoir pour moi de les fouler aux pieds, et d'être aussi grande, aussi héroïque que vous! Ne parlons donc plus de mes répugnances, de ma fausse honte. Ne parlons même plus de mon avenir, de mon art! ajouta-t-elle en poussant un profond soupir. Cela même je saurai l'abjurer si... si j'aime Albert! Car voilà ce qu'il faut que je sache. Écoutez-moi, monseigneur. Je me le suis cent fois demandé à moi-même, mais jamais avec la sécurité que pouvait seule me donner votre adhésion. Comment aurais-je pu m'interroger sérieusement, lorsque cette question même était à mes yeux une folie et un crime? A présent, il me semble que je pourrai me connaître et me décider. Je vous demande quelques jours pour me recueillir, et pour savoir si ce dévouement immense que j'ai pour lui, ce respect, cette estime sans bornes que m'inspirent ses vertus, cette sympathie puissante, cette domination étrange qu'il exerce sur moi par sa parole, viennent de l'amour ou de l'admiration. Car j'éprouve tout cela, monseigneur, et tout cela est combattu en moi par une terreur indéfinissable, par une tristesse profonde, et, je vous dirai tout, ô mon noble ami! par le souvenir d'un amour moins enthousiaste, mais plus doux et plus tendre, qui ne ressemblait en rien à celui-ci.

— Étrange et noble fille! répondit Christian avec attendrissement; que de sagesse et de bizarreries dans vos paroles et dans vos idées! Vous ressemblez sous bien des rapports à mon pauvre Albert, et l'incertitude agitée de vos sentiments me rappelle ma femme, ma noble, ma belle, et triste Wanda!... O Consuelo! vous réveillez en moi un souvenir bien tendre et bien amer. J'allais vous dire: Surmontez ces irrésolutions, triomphez de ces répugnances; aimez, par vertu, par grandeur d'âme, par compassion, par l'effort d'une charité pieuse et ardente, ce pauvre homme qui vous adore, et qui, en vous rendant malheureuse peut-être, vous devra son salut, et vous fera mériter les récompenses célestes! Mais vous m'avez rappelé sa mère, sa mère qui s'était donnée à moi par devoir et par amitié! Elle ne pouvait avoir pour moi, homme simple, débonnaire et timide, l'enthousiasme qui brûlait son imagination. Elle fut fidèle et généreuse jusqu'au bout cependant; mais comme elle a souffert! Hélas! son affection faisait ma joie et mon supplice; sa constance, mon orgueil et mon remords. Elle est morte à la peine, et mon cœur s'est brisé pour jamais. Et maintenant, je ne suis un être nul, effacé, mort avant d'être enseveli, ne vous en étonnez pas trop, Consuelo: j'ai souffert ce que nul n'a compris, ce que je n'ai dit à personne, et ce que je vous confesse en tremblant. Ah! plutôt que de vous engager à faire un pareil sacrifice, et plutôt que de pousser Albert à l'accepter, que mes yeux se ferment dans la douleur, et que mon fils succombe tout de suite à sa destinée! Je sais trop ce qu'il en coûte pour vouloir forcer la nature et combattre l'insatiable besoin des âmes! Prenez donc du temps pour réfléchir, ma fille, ajouta le vieux comte en pressant Consuelo contre sa poitrine gonflée de sanglots, et en baisant son noble front avec un amour de père. Tout sera mieux ainsi. Si vous devez refuser, Albert, préparé par l'inquiétude, ne sera pas foudroyé, comme il l'eût été aujourd'hui par cette affreuse nouvelle. »

Ils se séparèrent après cette convention; et Consuelo, se glissant dans les galeries avec la crainte d'y rencontrer Anzoleto, alla s'enfermer dans sa chambre, épuisée d'émotions et de lassitude.

Elle essaya d'abord d'arriver au calme nécessaire, en tâchant de prendre un peu de repos. Elle se sentait brisée; et, se jetant sur son lit, elle tomba bientôt dans une sorte d'accablement plus pénible que réparateur. Elle eût voulu s'endormir avec la pensée d'Albert, afin de la mûrir en elle durant ces mystérieuses manifestations du sommeil, où nous croyons trouver quelquefois le sens prophétique des choses qui nous préoccupent. Mais les rêves entrecoupés qu'elle fit pendant plusieurs heures ramenèrent sans cesse Anzoleto, au lieu d'Albert, devant ses yeux. C'était toujours Venise, c'était toujours la Corte-Minelli; c'était toujours son premier amour, calme, riant et poétique. Et chaque fois qu'elle s'éveillait, le souvenir d'Albert venait se lier à celui de la grotte sinistre où le son du violon, décuplé par les échos de la solitude, évoquait les morts, et pleurait sur la tombe à peine fermée de Zdenko. A cette idée, la peur et la tristesse fermaient son cœur aux élans de l'affection. L'avenir qu'on lui proposait ne lui apparaissait qu'au milieu des froides ténèbres et des visions sanglantes, tandis que le passé, radieux et fécond, élargissait sa poitrine, et faisait palpiter son sein. Il lui semblait qu'en rêvant ce passé, elle entendait sa propre voix retentir dans l'espace, remplir la nature, et planer immense en montant vers les cieux; au lieu que cette voix devenait creuse, sourde, et se perdait comme un râle de mort dans les abîmes de la terre, lorsque les sons fantastiques du violon de la caverne revenaient à sa mémoire.

Ces rêveries vagues la fatiguèrent tellement qu'elle se leva pour les chasser; et le premier coup de la cloche l'avertissant qu'on servirait le dîner dans une demi-heure, elle se mit à sa toilette, tout en continuant à se préoccuper des mêmes idées. Mais, chose étrange! pour la première fois de sa vie, elle fut plus attentive à son miroir, et plus occupée de sa coiffure et de son ajustement, que des affaires sérieuses dont elle cherchait la solution. Malgré elle, elle se faisait belle et désirait de l'être. Et ce n'était pas pour éveiller les désirs et la jalousie de deux amants rivaux, qu'elle sentait cet irrésistible mouvement de coquetterie, se disait-elle, elle ne pouvait penser qu'à un seul. Albert ne lui avait jamais dit un mot sur sa figure. Dans l'enthousiasme de sa passion, il la croyait plus belle peut-être qu'elle ne l'était réellement; mais ses pensées étaient si élevées et son amour si grand, qu'il eût craint de la profaner en la regardant avec les yeux enivrés d'un amant ou la satisfaction scrutatrice d'un artiste. Elle était toujours pour lui enveloppée d'un nuage que son regard n'osait percer, et que sa pensée entourait encore d'une auréole éblouissante. Qu'elle fût plus ou moins bien, il la voyait toujours la même. Il l'avait vue livide, décharnée, flétrie, se débattant contre la mort, et plus semblable à un spectre qu'à une femme. Il avait alors cherché dans ses traits, avec attention et anxiété, les symptômes plus ou moins effrayants de la maladie; mais il n'avait pas vu si elle avait eu des moments de laideur, si elle avait pu être un objet d'effroi et de dégoût. Et lorsqu'elle avait repris l'éclat de la jeunesse et l'expression de la vie, il ne s'était pas aperçu qu'elle eût perdu ou gagné en beauté. Elle était pour lui, dans la vie comme dans la mort, l'idéal de toute jeunesse, de toute expression sublime, de toute beauté unique et incomparable. Aussi Consuelo n'avait-elle jamais pensé à lui, en s'arrangeant devant son miroir.

Mais quelle différence de la part d'Anzoleto! Avec quel soin minutieux il l'avait regardée, jugée et détaillée dans son imagination, le jour où il s'était demandé si elle n'était pas laide! Comme il lui avait tenu compte des moindres grâces de sa personne, des moindres efforts qu'elle avait faits pour plaire! Comme il connaissait ses cheveux, son bras, son pied, sa démarche, les couleurs qui embellissaient son teint, les moindres plis que formait son vêtement! Et avec quelle vivacité ardente il l'avait louée! avec quelle voluptueuse langueur il l'avait contemplée! La chaste fille n'avait pas compris alors les tressaillements de son propre cœur. Elle ne voulait pas les comprendre encore, et cependant elle les ressentait presque aussi violents, à l'idée de reparaître devant ses yeux. Elle s'impatientait contre elle-même, rougissait de honte et de dépit, s'efforçait de s'embellir pour Albert seul; et pourtant elle cherchait la coiffure, le ruban, et jusqu'au regard qui plaisaient à Anzoleto. Hélas! hélas! se dit-elle en s'arrachant de son miroir lorsque sa toilette fut finie; il est donc vrai que je ne puis penser qu'à lui, et que le bonheur passé exerce sur moi un pouvoir plus entraînant que le mépris présent et les promesses d'un autre amour! J'ai beau regarder l'avenir, sans lui il ne m'offre que terreur et désespoir. Mais que serait-ce donc avec lui? Ne sais-je pas bien que les beaux jours de Venise ne peuvent revenir, que l'innocence n'habiterait plus avec nous, que l'âme d'Anzoleto est à jamais corrompue, que ses caresses m'aviliraient, et que ma vie serait empoisonnée à toute heure par la honte, la jalousie, la crainte et le regret?

En s'interrogeant à cet égard avec sévérité, Consuelo reconnut qu'elle ne se faisait aucune illusion, et qu'elle n'avait pas la plus secrète émotion de désir pour Anzoleto. Elle ne l'aimait plus dans le présent, elle le redoutait et le haïssait presque dans un avenir où sa perversité ne pouvait qu'augmenter; mais dans le passé elle le chérissait à un tel point que son âme et sa vie ne pouvaient s'en détacher. Il était désormais devant elle comme un portrait qui lui rappelait un être adoré et des jours de délices; et, comme une veuve qui se cache d'un nouvel époux pour regarder l'image du premier, elle sentait que le mort était plus vivant que l'autre dans son cœur.

LX.

Consuelo avait trop de jugement et d'élévation dans l'esprit pour ne pas savoir que des deux amours qu'elle inspirait, le plus vrai, le plus noble et le plus précieux, était sans aucune comparaison possible celui d'Albert. Aussi, lorsqu'elle se retrouva entre eux, elle crut d'abord avoir triomphé de son ennemi. Le profond regard d'Albert, qui semblait pénétrer jusqu'au fond de son âme, la pression lente et forte de sa main loyale, lui firent comprendre qu'il savait le résultat de son entretien avec Christian, et qu'il attendait son arrêt avec soumission et reconnaissance. En effet, Albert avait obtenu plus qu'il n'espérait, et cette irrésolution lui était douce auprès de ce qu'il avait craint, tant il s'était éloigné de l'outrecuidante fatuité d'Anzoleto. Ce dernier, au contraire, s'était armé de toute sa résolution. Devinant à peu près ce qui se passait autour de lui, il s'était déterminé à combattre pied à pied, dût-on le pousser par les épaules hors de la maison. Son attitude dégagée, son regard ironique et hardi, causèrent à Consuelo le plus profond dégoût; et lorsqu'il s'approcha effrontément pour lui offrir la main, elle détourna la tête, et prit celle que lui tendait Albert pour se placer à table.

Comme à l'ordinaire, le jeune comte alla s'asseoir en face de Consuelo, et le vieux Christian la fit mettre à sa gauche, à la place qu'occupait autrefois Amélie, et qu'elle avait toujours occupée depuis. Mais, au lieu du chapelain qui était en possession de la gauche de Consuelo, la chanoinesse invita le prétendu frère à se mettre entre eux; de sorte que les épigrammes amères d'Anzoleto purent arriver à voix basse à l'oreille de la jeune fille, et que ses irrévérentes saillies purent scandaliser comme il le souhaitait le vieux prêtre, qu'il avait déjà entrepris.

Le plan d'Anzoleto était bien simple. Il voulait se rendre odieux et insupportable à ceux de la famille qu'il pressentait hostiles au mariage projeté, afin de leur donner par son mauvais ton, son air familier, et ses paroles déplacées, la plus mauvaise idée de l'entourage et de la parenté de Consuelo. « Nous verrons, se disait-il, s'ils avaleront *le frère* que je vais leur servir. »

Anzoleto, chanteur incomplet et tragédien médiocre, avait les instincts d'un bon comique. Il avait déjà bien assez vu le monde pour savoir prendre par imitation les manières élégantes et le langage agréable de la bonne compagnie; mais ce rôle n'eût servi qu'à réconcilier la chanoinesse avec la basse extraction de la fiancée, et il prit le genre opposé avec d'autant plus de facilité qu'il lui était plus naturel. S'étant bien assuré que Wenceslawa, en dépit de son obstination à ne parler que l'allemand, la langue de la cour et des sujets bien pensants, ne perdait pas un mot de ce qu'il disait en italien, il se mit à babiller à tort et à travers, à fêter le bon vin de Hongrie, dont il ne craignait pas les effets, aguerri qu'il était de longue main contre les boissons les plus capiteuses, mais dont il feignit de ressentir les chaleureuses influences pour se donner l'air d'un ivrogne invétéré.

Son projet réussit à merveille. Le comte Christian, après avoir ri d'abord avec indulgence de ses bouffonnes saillies, ne sourit bientôt plus qu'avec effort, et eut besoin de toute son urbanité seigneuriale, de toute son affection paternelle, pour ne pas remettre à sa place le déplaisant futur beau-frère de son noble fils. Le chapelain, indigné, bondit plusieurs fois sur sa chaise, et murmura en allemand des exclamations qui ressemblaient à des exorcismes. Sa réflexion fut horriblement troublée, et de sa vie il ne digéra plus tristement. La chanoinesse écouta toutes les impertinences de son hôte avec un mépris contenu et une assez maligne satisfaction. A chaque nouvelle sottise, elle levait les yeux vers son frère, comme pour le prendre à témoin; et le bon Christian baissait la tête, en s'efforçant de distraire, par une réflexion assez maladroite, l'attention des auditeurs. Alors la chanoinesse regardait Albert; mais Albert était impassible. Il ne paraissait ni voir ni entendre son incommode et joyeux convive.

La plus cruellement oppressée de toutes ces personnes était sans contredit la pauvre Consuelo. D'abord elle crut qu'Anzoleto avait contracté, dans une vie de débauche, ces manières échevelées, et ce tour d'esprit cynique qu'elle ne lui connaissait pas; car il n'avait jamais été ainsi devant elle. Elle en fut si révoltée et si consternée qu'elle faillit quitter la table. Mais lorsqu'elle s'aperçut que c'était une ruse de guerre, elle retrouva le sang-froid qui convenait à son innocence et à sa dignité. Elle ne s'était pas immiscée dans les secrets et dans les affections de cette famille, pour conquérir par l'intrigue le rang qu'on lui offrait. Ce rang n'avait pas flatté un instant son ambition, et elle se sentait bien forte de sa conscience contre les secrètes inculpations de la chanoinesse. Elle savait, elle voyait bien que l'amour d'Albert et la confiance de son père étaient au-dessus d'une si misérable épreuve. Le mépris que lui inspirait Anzoleto, lâche et méchant dans sa vengeance, la rendait plus forte encore. Ses yeux rencontrèrent une seule fois ceux d'Albert, et ils se comprirent. Consuelo disait : *Oui*, et Albert répondait : *Malgré tout* !

« Ce n'est pas fait ! dit tout bas à Consuelo Anzoleto, qui avait surpris et commenté ce regard.

— Vous me faites beaucoup de bien, lui répondit Consuelo, et je vous remercie. »

Ils parlaient entre leurs dents ce dialecte rapide de Venise qui ne semble composé que de voyelles, et où l'ellipse est si fréquente que les Italiens de Rome et de Florence ont eux-mêmes quelque peine à le comprendre à la première audition.

« Je conçois que tu me détestes dans ce moment-ci, reprit Anzoleto, et que tu te crois sûre de me haïr toujours. Mais tu ne m'échapperas pas pour cela.

— Vous vous êtes dévoilé trop tôt, dit Consuelo.

— Mais non trop tard, reprit Anzoleto. — Allons, *padre mio benedetto*, dit-il en s'adressant au chapelain, et en lui poussant le coude de manière à lui faire verser sur son rabat la moitié du vin qu'il portait à ses lèvres, buvez donc plus courageusement ce bon vin qui fait autant de bien au corps et à l'âme que celui de la sainte messe ! — Seigneur comte, dit-il au vieux Christian en lui tendant son verre, vous tenez là en réserve, du côté de votre cœur, un flacon de cristal jaune qui reluit comme le soleil. Je suis sûr que si j'avalais seulement une goutte du nectar qu'il contient, je serais changé en demi-dieu.

— Prenez garde, mon enfant, dit enfin le comte en posant sa main maigre chargée de bagues sur le col taillé du flacon : le vin des vieillards ferme quelquefois la bouche aux jeunes gens.

— Tu enrages à en être jolie comme un lutin, dit Anzoleto en bon et clair italien à Consuelo, de manière à être entendu de tout le monde. Tu me rappelles la *Diavolessa* de Galuppi, que tu as si bien jouée à Venise l'an dernier. — Ah çà, seigneur comte, prétendez-vous garder bien longtemps ici ma sœur dans votre cage dorée, doublée de soie ? C'est un oiseau chanteur, je vous en avertis, et l'oiseau qu'on prive de sa voix perd bientôt ses plumes. Elle est fort heureuse ici, je le conçois ; mais ce bon public qu'elle a frappé de vertige la redemande à grands cris là-bas. Et quant à moi, vous me donneriez votre nom, votre château, tout le vin de votre cave, et votre respectable chapelain par-dessus le marché, que je ne voudrais pas renoncer à mes quinquets, à mon cothurne, et à mes roulades.

— Vous êtes donc comédien aussi, vous ? dit la chanoinesse avec un dédain sec et froid.

— Comédien, baladin pour vous servir, *illustrissima*, répondit Anzoleto sans se déconcerter.

— A-t-il du talent ? demanda le vieux Christian à Consuelo avec une tranquillité pleine de douceur et de bienveillance.

— Aucun, répondit Consuelo en regardant son adversaire d'un air de pitié.

— Si cela est, tu t'accuses toi-même, dit Anzoleto ; car je suis ton élève. J'espère pourtant, continua-t-il en vénitien, que j'en aurai assez pour brouiller tes cartes.

— C'est à vous seul que vous ferez du mal, reprit Consuelo dans le même dialecte. Les mauvaises intentions souillent le cœur, et le vôtre perdra plus à tout cela que vous ne pouvez me faire perdre dans celui des autres.

— Je suis bien aise de voir que tu acceptes le défi. A l'œuvre donc, ma belle guerrière ! Vous avez beau baisser la visière de votre casque, je vois le dépit et la crainte briller dans vos yeux.

— Hélas ! vous n'y pouvez lire qu'un profond chagrin à cause de vous. Je croyais pouvoir oublier que je vous dois du mépris, et vous prenez à tâche de me le rappeler.

— Le mépris et l'amour vont souvent fort bien ensemble.

— Dans les âmes viles.

— Dans les âmes les plus fières, cela s'est vu et se verra toujours. »

Tout le dîner alla ainsi. Quand on passa au salon, la chanoinesse, qui paraissait déterminée à se divertir de l'insolence d'Anzoleto, pria celui-ci de lui chanter quelque chose. Il ne se fit pas prier ; et, après avoir promené vigoureusement ses doigts nerveux sur le vieux clavecin gémissant, il entonna une des chansons énergiques dont il réchauffait les petits soupers de Zustiniani. Les paroles étaient lestes. La chanoinesse ne les entendit pas, et s'amusa de la verve avec laquelle il les débitait. Le comte Christian ne put s'empêcher d'être frappé de la belle voix et de la prodigieuse facilité du chanteur. Il s'abandonna avec naïveté au plaisir de l'entendre ; et quand le premier air fut fini, il lui en demanda un second. Albert, assis auprès de Consuelo, paraissait absolument sourd, et ne disait mot. Anzoleto s'imagina qu'il avait du dépit, et qu'il se sentait enfin primé en quelque chose. Il oublia que son dessein était de faire fuir les auditeurs avec ses gravelures musicales ; et, voyant d'ailleurs que, soit innocence de ses hôtes, soit ignorance du dialecte, c'était peine perdue, il se livra au besoin d'être admiré, en chantant pour le plaisir de chanter ; et puis il voulut faire voir à Consuelo qu'il avait fait des progrès. Il avait gagné effectivement dans l'ordre de puissance qui lui était assigné. Sa voix avait perdu déjà peut-être sa première fraîcheur, l'orgie en avait effacé le velouté de la jeunesse ; mais il était devenu plus maître de ses effets, et plus habile dans l'art de vaincre les difficultés vers lesquelles son goût et son instinct le portaient toujours. Il chanta bien, et reçut beaucoup d'éloges du comte Christian, de la chanoinesse, et même du chapelain, qui aimait beaucoup les *traits*, et qui croyait la manière de Consuelo trop simple et trop naturelle pour être savante.

« Vous disiez qu'il n'avait pas de talent, dit le comte à cette dernière ; vous êtes trop sévère ou trop modeste pour votre élève. Il en a beaucoup, et je reconnais enfin en lui quelque chose de vous. »

Le bon Christian voulait effacer par ce petit triomphe d'Anzoleto l'humiliation que sa manière d'être avait causée à sa prétendue sœur. Il insista donc beaucoup sur le mérite du chanteur, et celui-ci, qui aimait trop à briller pour ne pas être déjà fatigué de son vilain rôle, se remit au clavecin après avoir remarqué que le comte Albert devenait de plus en plus pensif. La chanoinesse, qui s'endormait un peu aux longs morceaux de musique, demanda une autre chanson vénitienne ; et cette fois Anzoleto en choisit une qui était d'un meilleur goût. Il savait que les airs populaires étaient ce qu'il chantait le mieux. Consuelo n'avait pas elle-même l'accentuation piquante du dialecte aussi naturelle et aussi caractérisée que lui, enfant des lagunes, et chanteur mime par excellence.

Il contrefaisait avec tant de grâce et de charme, tantôt la manière rude et franche des pêcheurs de l'Istrie, tantôt le laisser-aller spirituel et nonchalant des gondoliers de Venise, qu'il était impossible de ne pas le regarder et de l'écouter avec un vif intérêt. Sa belle figure, mobile et pénétrante, prenait tantôt l'expression grave et fière, tantôt l'enjouement caressant et moqueur des uns et des autres. Le mauvais goût coquet de sa toilette, qui sentait son vénitien d'une lieue, ajoutait encore à l'illusion, et servait à ses avantages personnels, au lieu de leur nuire en cette occasion. Consuelo, d'abord froide, fut bientôt forcée de jouer l'indifférence et la préoccupation. L'émotion la gagnait de plus en plus. Elle revoyait tout Venise dans Anzoleto, et dans cette Venise tout l'Anzoleto des anciens jours, avec sa gaieté, ses innocent amour, et sa fierté enfantine. Ses yeux se remplissaient de larmes, et les traits enjoués qui faisaient rire les autres pénétraient son cœur d'un attendrissement profond.

Après les chansons, le comte Christian demanda des cantiques.

« Oh ! pour cela, dit Anzoleto, je sais tous ceux qu'on chante à Venise ; mais ils sont à deux voix, et si ma sœur, qui les sait aussi, ne veut pas les chanter avec moi, je ne pourrai satisfaire vos seigneuries. »

On pria aussitôt Consuelo de chanter. Elle s'en défendit longtemps, quoiqu'elle en éprouvât une vive tentation. Enfin, cédant aux instances de ce bon Christian, qui s'évertuait à la réconcilier avec son frère en se montrant tout réconcilié lui-même, elle s'assit auprès d'Anzoleto, et commença en tremblant un de ces longs cantiques à deux parties, divisés en strophes de trois vers, que l'on entend à Venise, dans les temps de dévotion, durant des nuits entières, autour de toutes les madones des carrefours. Leur rhythme est plutôt animé que triste ; mais, dans la monotonie de leur refrain et dans la poésie de leurs paroles, empreintes d'une piété un peu païenne, il y a une mélancolie suave qui vous gagne peu à peu et finit par vous envahir.

Consuelo les chanta d'une voix douce et voilée, à l'imitation des femmes de Venise, et Anzoleto avec l'accent un peu rauque et guttural des jeunes gens du pays. Il improvisa en même temps sur le clavecin un accompagnement faible, continu, et frais, qui rappela à sa compagne le murmure de l'eau sur les dalles, et le souffle du vent dans les pampres. Elle se crut à Venise, au milieu d'une belle nuit d'été, seule au pied d'une de ces chapelles en plein air qu'ombragent des berceaux de vignes, et qu'éclaire une lampe vacillante reflétée dans les eaux légèrement ridées du canal. Oh ! quelle différence entre l'émotion sinistre et déchirante qu'elle avait éprouvée le matin en écoutant le violon d'Albert, au bord d'une autre onde immobile, noire, muette, et pleine de fantômes, et cette vision de Venise au beau ciel, aux douces mélodies, aux flots d'azur sillonnés de rapides flambeaux ou d'étoiles resplendissantes ? Anzoleto lui rendait ce magnifique spectacle, où se concentrait pour elle l'idée de la vie et de la liberté ; tandis que la caverne, les chants bizarres et farouches de l'antique Bohème, les ossements éclairés de torches lugubres et reflétés dans une onde pleine peut-être des mêmes reliques effrayantes ; et au milieu de tout cela, la figure pâle et ardente de l'ascétique Albert, la pensée d'un monde inconnu, l'apparition d'une scène symbolique, et l'émotion douloureuse d'une fascination incompréhensible, c'en était trop pour l'âme paisible et simple de Consuelo. Pour entrer dans cette région des idées abstraites, il lui fallait faire un effort dont son imagination vive était capable, mais où son être se brisait, torturé par de mystérieuses souffrances et de fatigants prestiges. Son organisation méridionale, plus encore que son éducation, se refusait à cette initiation austère d'un amour mystique. Albert était pour elle le génie du Nord, profond, puissant, sublime parfois, mais toujours triste, comme le vent des nuits glacées et la voix souterraine des torrents d'hiver. C'était l'âme rêveuse et investigatrice qui interroge et symbolise toutes choses, les nuits d'orage, la course des météores, les harmonies sauvages de la forêt, et l'inscription effacée des antiques tombeaux. Anzoleto, c'était au contraire la vie méridionale, la matière embrasée et fécondée par le grand soleil, par la pleine lumière, ne tirant sa poésie que de l'intensité de sa végétation, et son orgueil que de la richesse de son principe organique. C'était la vie du sentiment avec l'âpreté aux jouissances, le sans-souci et le sans-lendemain intellectuel des artistes, une sorte d'ignorance ou d'indifférence de la notion du bien et du mal, le bonheur facile, le mépris ou l'impuissance de la réflexion ; en un mot, l'ennemi et le contraire de l'idée.

Entre ces deux hommes, dont chacun était lié à un milieu antipathique à celui de l'autre, Consuelo était aussi peu vivante, aussi peu capable d'action et d'énergie qu'une âme séparée de son corps. Elle aimait le beau, elle avait soif d'un idéal. Albert le lui enseignait, et le lui offrait. Mais Albert, arrêté dans le développement de son génie par un principe maladif, avait trop donné à la vie de l'intelligence. Il connaissait si peu la nécessité de la vie réelle, qu'il avait souvent perdu la faculté de sentir sa propre existence. Il n'imaginait pas que les idées et les objets sinistres avec lesquels il s'était familiarisé pussent, sous l'influence de l'amour et de la vertu, inspirer d'autres sentiments à sa fiancée que l'enthousiasme de la foi et l'attendrissement du bonheur. Il n'avait pas prévu, il n'avait pas compris qu'il l'entraînait dans une atmosphère où elle mourrait, comme une plante des tropiques dans le crépuscule polaire. Enfin il ne comprenait pas l'espèce de violence qu'elle eût été forcée de faire subir à son être pour s'identifier au sien.

Anzoleto, tout au contraire, blessant l'âme et révoltant l'intelligence de Consuelo par tous les points, portait du moins dans sa vaste poitrine, épanouie au souffle des vents généreux du midi, tout l'air vital dont la *Fleur des Espagnes*, comme il l'appelait jadis, avait besoin pour se ranimer. Elle retrouvait en lui toute une vie de contemplation animale, ignorante et délicieuse ; tout un monde de mélodies naturelles, claires et faciles ; tout un passé de calme, d'insouciance, de mouvement physique, d'innocence sans travail, d'honnêteté sans efforts, de

Il recula jusqu'au fond de son écurie... (Page 157.)

piété sans réflexion. C'était presque une existence d'oiseau. Mais n'y a-t-il pas beaucoup de l'oiseau dans l'artiste, et ne faut-il pas aussi que l'homme boive un peu à cette coupe de la vie commune à tous les êtres, pour être complet et mener à bien le trésor de son intelligence?

Consuelo chantait d'une voix toujours plus douce et plus touchante, en s'abandonnant par de vagues instincts aux distinctions que je viens de faire à sa place, trop longuement sans doute. Qu'on me le pardonne! Sans cela comprendrait-on par quelle fatale mobilité de sentiment cette jeune fille si sage et si sincère, qui haïssait avec raison le perfide Anzoleto un quart d'heure auparavant, s'oublia au point d'écouter sa voix, d'effleurer sa chevelure, et de respirer son souffle avec une sorte de délice? Le salon était trop vaste pour être jamais fort éclairé, on le sait déjà; le jour baissait d'ailleurs. Le pupitre du clavecin, sur lequel Anzoleto avait laissé un grand cahier ouvert, cachait leurs têtes aux personnes assises à quelque distance; et leurs têtes se rapprochaient l'une de l'autre de plus en plus. Anzoleto, n'accompagnant plus que d'une main, avait passé son autre bras autour du corps flexible de son amie, et l'attirait insensiblement contre le sien. Six mois d'indignation et de douleur s'étaient effacés comme un rêve de l'esprit de la jeune fille. Elle se croyait à Venise; elle priait la Madone de bénir son amour pour le beau fiancé que lui avait donné sa mère, et qui priait avec elle, main contre main, cœur contre cœur. Albert était sorti sans qu'elle s'en aperçût, et l'air était plus léger, le crépuscule plus doux autour d'elle. Tout à coup elle sentit à la fin d'une strophe les lèvres ardentes de son premier fiancé sur les siennes. Elle retint un cri; et, se penchant sur le clavier, elle fondit en larmes.

En ce moment le comte Albert rentra, entendit ses sanglots, et vit la joie insultante d'Anzoleto. Le chant interrompu par l'émotion de la jeune artiste n'étonna pas autant les autres témoins de cette scène rapide. Personne n'avait vu le baiser, et chacun concevait que le souvenir de son enfance et l'amour de son art lui eussent arraché des pleurs. Le comte Christian s'affligeait un peu de cette sensibilité, qui annonçait tant d'attachement et de regrets pour des choses dont il demandait le sacrifice. La chanoinesse et le chapelain s'en réjouis-

En faisant ces réflexions naïves, le guide... (Page 157.)

saient, espérant que ce sacrifice ne pourrait s'accomplir. Albert ne s'était pas encore demandé si la comtesse de Rudolstadt pouvait redevenir artiste ou cesser de l'être. Il eût tout accepté, tout permis, tout exigé même, pour qu'elle fût heureuse et libre dans la retraite, dans le monde ou au théâtre, à son choix. Son absence de préjugés et d'égoïsme allait jusqu'à l'imprévoyance des cas les plus simples. Il ne lui vint donc pas à l'esprit que Consuelo pût songer à s'imposer des sacrifices pour lui qui n'en voulait aucun. Mais en ne voyant pas ce premier fait, il vit au delà, comme il voyait toujours ; il pénétra au cœur de l'arbre, et mit la main sur le ver rongeur. Le véritable titre d'Anzoleto auprès de Consuelo, le véritable but qu'il poursuivait, et le véritable sentiment qu'il inspirait, lui furent révélés en un instant. Il regarda attentivement cet homme qui lui était antipathique, et sur lequel jusque là il n'avait pas voulu jeter les yeux parce qu'il ne voulait pas haïr le frère de Consuelo. Il vit en lui un amant audacieux, acharné, et dangereux. Le noble Albert ne songea pas à lui-même ; ni le soupçon ni la jalousie n'entrèrent dans son cœur. Le danger était tout pour Consuelo ; car, d'un coup d'œil profond et lucide, cet homme, dont le regard vague et la vue délicate ne supportaient pas le soleil et ne discernaient ni les couleurs ni les formes, lisait au fond de l'âme et pénétrait, par la puissance mystérieuse de la divination, dans les plus secrètes pensées des méchants et des fourbes. Je n'expliquerai pas d'une manière naturelle ce don étrange qu'il possédait parfois. Certaines facultés (non approfondies et non définies par la science) restèrent chez lui incompréhensibles pour ses proches, comme elles le sont pour l'historien qui vous les raconte, et qui, à l'égard de ces sortes de choses, n'est pas plus avancé, après cent ans écoulés, que ne le sont les grands esprits de son siècle. Albert, en voyant à nu l'âme égoïste et vaine de son rival, ne se dit pas : Voilà mon ennemi ; mais il se dit : Voilà l'ennemi de Consuelo. Et, sans rien faire paraître de sa découverte, il se promit de veiller sur elle, et de la préserver.

LXI.

Aussitôt que Consuelo vit un instant favorable, elle

sortit du salon, et alla dans le jardin. Le soleil était couché, et les premières étoiles brillaient sereines et blanches dans un ciel encore rosé vers l'occident, déjà noir à l'est. La jeune artiste cherchait à respirer le calme dans cet air pur et frais des premières soirées d'automne. Son sein était oppressé d'une langueur voluptueuse; et cependant elle en éprouvait des remords, et appelait au secours de sa volonté toutes les forces de son âme. Elle eût pu se dire : « *Ne puis-je donc savoir si j'aime ou si je hais ?* » Elle tremblait, comme si elle eût senti son courage l'abandonner dans la crise la plus dangereuse de sa vie; et, pour la première fois, elle ne retrouvait pas en elle cette droiture de premier mouvement, cette sainte confiance dans ses intentions, qui l'avaient toujours soutenue dans ses épreuves. Elle avait quitté le salon pour se dérober à la fascination qu'Anzoleto exerçait sur elle, et elle avait éprouvé en même temps comme un vague désir d'être suivie par lui. Les feuilles commençaient à tomber. Lorsque le bord de son vêtement les faisait crier derrière elle, elle s'imaginait entendre des pas sur les siens, et, prête à fuir, n'osant se retourner, elle restait enchaînée à sa place par une puissance magique.

Quelqu'un la suivait, en effet, mais sans oser et sans vouloir se montrer : c'était Albert. Étranger à toutes ces petites dissimulations qu'on appelle les convenances, et se sentant par la grandeur de son amour au-dessus de toute mauvaise honte, il était sorti un instant après elle, résolu de la protéger à son insu, et d'empêcher son séducteur de la rejoindre. Anzoleto avait remarqué cet empressement naïf, sans en être fort alarmé. Il avait trop bien vu le trouble de Consuelo, pour ne pas regarder sa victoire comme assurée; et, grâce à la fatuité que de faciles succès avaient développée en lui, il était résolu à ne plus brusquer les choses, à ne plus irriter son amante, et à ne plus effaroucher la famille. « Il n'est plus nécessaire de tant me presser, se disait-il. La colère pourrait lui donner des forces. Un air de douleur et d'abattement lui fera perdre le reste de courroux qu'elle a contre moi. Son esprit est fier, attaquons ses sens. Elle est sans doute moins austère qu'à Venise; elle s'est civilisée ici. Qu'importe que mon rival soit heureux ou jaloux de plus ? Demain elle est à moi ; cette nuit peut-être ! Nous verrons bien. Ne la poussons pas par la peur à quelque résolution désespérée. Elle ne m'a pas trahi auprès d'eux. Soit pitié, soit crainte, elle ne dément pas mon rôle de frère ; et les grands parents, malgré toutes mes sottises, paraissent résolus à me supporter pour l'amour d'elle. Changeons donc de tactique. J'ai été plus vite que je n'espérais. Je puis bien faire halte. »

Le comte Christian, la chanoinesse et le chapelain furent donc fort surpris de lui voir prendre tout d'un coup de très-bonnes manières, un ton modeste, et un maintien doux et prévenant. Il eut l'adresse de se plaindre tout haut d'un grand mal de tête, et d'ajouter qu'étant fort sobre d'habitude, le vin de Hongrie, dont il ne s'était pas méfié au dîner, lui avait porté au cerveau. Au bout d'un instant, cet aveu fut communiqué en allemand à la chanoinesse et au comte, qui accepta cette espèce de justification avec un charitable empressement. Wenceslawa ne fut d'abord moins indulgente; mais les soins que le comédien se donna pour lui plaire, l'éloge respectueux qu'il sut faire, à propos, des avantages de la noblesse, l'admiration qu'il montra pour l'ordre établi dans le château, désarmèrent promptement cette âme bienveillante et incapable de rancune. Elle l'écouta d'abord par désœuvrement, et finit par causer avec lui avec intérêt, et par convenir avec son frère que c'était un excellent et charmant jeune homme. Lorsque Consuelo revint de sa promenade, une heure s'était écoulée, pendant laquelle Anzoleto n'avait pas perdu son temps. Il avait si bien regagné les bonnes grâces de la famille, qu'il était sûr de pouvoir rester autant de jours au château qu'il lui en faudrait pour arriver à ses fins. Il ne comprit pas ce que le vieux comte disait à Consuelo en allemand; mais il devina, aux regards tournés vers lui, et à l'air de surprise et d'embarras de la jeune fille, que Christian venait de faire de lui le plus complet éloge, en la grondant un peu de ne pas marquer plus d'intérêt à un frère aussi aimable.

« Allons, signora, dit la chanoinesse, qui, malgré son dépit contre la Porporina, ne pouvait s'empêcher de lui vouloir du bien, et qui, de plus, croyait accomplir un acte de religion; vous avez boudé votre frère à dîner, et il est vrai de dire qu'il le méritait bien dans ce moment-là. Mais il est meilleur qu'il ne nous avait paru d'abord. Il vous aime tendrement, et vient de nous parler de vous à plusieurs reprises avec toute sorte d'affection, même de respect. Ne soyez pas plus sévère que nous. Je suis sûre que s'il se souvient de s'être grisé à dîner, il en est tout chagrin, surtout à cause de vous. Parlez-lui donc, et ne battez pas froid à celui qui vous tient de si près par le sang. Pour mon compte, quoique mon frère le baron Frédérik, qui était fort taquin dans sa jeunesse, m'ait fâchée bien souvent, je n'ai jamais pu rester une heure brouillée avec lui. »

Consuelo, n'osant confirmer ni détruire l'erreur de la bonne dame, resta comme atterrée à cette nouvelle attaque d'Anzoleto, dont elle comprenait bien la puissance et l'habileté.

« Vous n'entendez pas ce que dit ma sœur? dit Christian au jeune homme; je vais vous le traduire en deux mots. Elle reproche à Consuelo de faire trop la petite maman avec vous; et je suis sûr que Consuelo meurt d'envie de faire la paix. Embrassez-vous donc, mes enfants. Allons, vous, jeune homme, faites le premier pas; et si vous avez eu autrefois envers elle quelques torts dont vous vous repentiez, dites-le-lui afin qu'elle vous le pardonne. »

Anzoleto ne se le fit pas dire deux fois; et, saisissant la main tremblante de Consuelo, qui n'osait la lui retirer :

« Oui, dit-il, j'ai eu de grands torts envers elle, et je m'en repens si amèrement, que tous mes efforts pour m'étourdir à ce sujet ne servent qu'à briser mon cœur de plus en plus. Elle le sait bien; et si elle n'avait pas une âme de fer, orgueilleuse comme la force, et impitoyable comme la vertu, elle aurait compris que mes remords ne m'ont bien assez puni. Ma sœur, pardonne-moi donc, et rends-moi ton amour; ou bien je vais partir aussitôt, et promener mon désespoir, mon isolement et mon ennui par toute la terre. Étranger partout, sans appui, sans conseil, sans affection, je ne pourrai plus croire à Dieu, et mon égarement retombera sur ta tête. »

Cette homélie attendrit vivement le comte, et arracha des larmes à la bonne chanoinesse.

« Vous l'entendez, Porporina, s'écria-t-elle; ce qu'il vous dit est très-beau et très-vrai. Monsieur le chapelain, vous devez, au nom de la religion, ordonner à la signora de se réconcilier avec son frère. »

Le chapelain allait s'en mêler. Anzoleto n'attendit pas le sermon, et, saisissant Consuelo dans ses bras, malgré sa résistance et son effroi, il l'embrassa passionnément à la barbe du chapelain, et à la grande édification de l'assistance. Consuelo, épouvantée d'une tromperie si impudente, ne put s'y associer plus longtemps.

« Arrêtez! dit-elle, monsieur le comte, écoutez-moi!... »

Elle allait tout révéler, lorsque Albert parut. Aussitôt l'idée de Zdenko revint glacer de crainte l'âme prête à s'épancher. L'implacable protecteur de Consuelo pouvait vouloir la débarrasser, sans bruit et sans délibération, de l'ennemi contre lequel elle allait l'invoquer. Elle pâlit, regarda Anzoleto d'un air de reproche douloureux, et la parole expira sur ses lèvres.

A sept heures sonnantes, on se remit à table pour souper. Si l'idée de ces fréquents repas est faite pour ôter l'appétit à mes délicates lectrices, je leur dirai que la mode de ne point manger n'était pas en vigueur dans ce temps-là et dans ce pays-là. Je crois l'avoir déjà dit : on mangeait lentement, copieusement, et souvent, à Riesenburg. La moitié de la journée se passait presque à table; et j'avoue que Consuelo, habituée dès son enfance, et pour cause, à vivre tout un jour avec quelques cuillerées de riz cuit à l'eau, trouvait ces homériques repas mortellement longs. Pour la première fois, elle ne sut point si celui-ci dura une heure, un instant ou un siècle. Elle ne vivait pas plus qu'Albert lorsqu'il était seul au fond de sa grotte. Il lui semblait qu'elle était ivre, tant la honte d'elle-même, l'amour et la terreur, agitaient tout son être. Elle ne mangea point, n'entendit et ne vit rien autour d'elle. Consternée comme quelqu'un qui se sent rouler dans un précipice, et qui voit se briser une à une les faibles branches qu'il voulait saisir pour arrêter sa chute, elle regardait le fond de l'abîme, et le vertige bourdonnait dans son cerveau. Anzoleto était près d'elle; il effleurait son vêtement, il pressait avec des mouvements convulsifs son coude contre son coude, son pied contre son pied. Dans son empressement à la servir, il rencontrait ses mains, et les retenait dans les siennes pendant une seconde; mais cette rapide et brûlante pression résumait tout un siècle de volupté. Il lui disait à la dérobée de ces mots qui étouffent, il lui lançait de ces regards qui dévorent. Il profitait d'un instant fugitif comme l'éclair pour échanger son verre avec le sien, et pour toucher de ses lèvres le cristal que ses lèvres avaient touché. Et il savait être tout de feu pour elle, tout de marbre aux yeux des autres. Il se tenait à merveille, parlait convenablement, était plein d'égards attentifs pour la chanoinesse, traitait le chapelain avec respect, lui offrait les meilleurs morceaux des viandes qu'il se chargeait de découper avec la dextérité et la grâce d'un convive habitué à la bonne chère. Il avait remarqué que le saint homme était gourmand, que sa timidité lui imposait à cet égard de fréquentes privations; et celui-ci se trouva si bien de ses préférences, qu'il souhaita voir le nouvel écuyer-tranchant passer le reste de ses jours au château des Géants.

On remarqua qu'Anzoleto ne buvait que de l'eau; et lorsque le chapelain, par échange de bons procédés, lui offrit du vin, il répondit assez haut pour être entendu :

« Mille grâces! on ne m'y prendra plus. Votre beau vin est un perfide avec lequel je cherchais à m'étourdir tantôt. Maintenant, je n'ai plus de chagrins, et je reviens à l'eau, ma boisson habituelle et ma loyale amie. »

On prolongea la veillée un peu plus que de coutume. Anzoleto chanta encore; et cette fois il chanta pour Consuelo. Il choisit les airs favoris de ses vieux auteurs, qu'elle lui avait appris elle-même; et il les dit avec tout le soin, avec toute la pureté de goût et de délicatesse d'intention qu'elle avait coutume d'exiger de lui. C'était lui rappeler encore les plus chers et les plus purs souvenirs de son amour et de son art.

Au moment où l'on allait se séparer, il prit un instant favorable pour lui dire tout bas :

« Je sais où est ta chambre; on m'en a donné une dans la même galerie. A minuit, je serai à genoux à ta porte, j'y resterai prosterné jusqu'au jour. Je refuse de m'entretenir un instant. Je ne veux pas reconquérir ton amour, je ne le mérite pas. Je sais que tu ne peux plus m'aimer, qu'un autre est heureux, et qu'il faut que je parte. Je partirai la mort dans l'âme, et le reste de ma vie est dévoué aux furies! Mais ne me chasse pas sans m'avoir dit un mot de pitié, un mot d'adieu. Si tu n'y consens pas, je partirai dès la pointe du jour, et ce sera fait de moi pour jamais!

— Ne dites pas cela, Anzoleto. Nous devons nous quitter ici, nous dire un éternel adieu. Je vous pardonne, et je vous souhaite...

— Un bon voyage! reprit-il avec ironie; puis, reprenant aussitôt son ton hypocrite : Tu es impitoyable, Consuelo. Tu veux que je sois perdu, qu'il ne reste plus en moi un bon sentiment, un bon souvenir. Que crains-tu? Ne t'ai-je pas prouvé mille fois mon respect et la pureté de mon amour? Quand on aime éperdument, n'est-on pas ton esclave, et ne sais-tu pas qu'un mot de toi me dompte et m'enchaîne? Au nom du ciel, si tu n'es pas la maîtresse de cet homme que tu vas épouser, s'il n'est pas le maître de ton appartement et le compagnon inévitable de toutes tes nuits....

— Il ne l'est pas, il ne le fut jamais, » dit Consuelo avec l'accent de la fière innocence.

Elle eût mieux fait de réprimer ce mouvement d'un orgueil bien fondé, mais trop sincère en cette occasion. Anzoleto n'était pas poltron; mais il aimait la vie, et s'il eût cru trouver dans la chambre de Consuelo un gardien déterminé, il fût resté fort paisiblement dans la sienne. L'accent de vérité qui accompagna la réponse de la jeune fille l'enhardit tout à fait.

« En ce cas, dit-il, je ne compromets pas ton avenir. Je serai si prudent, si adroit, je marcherai si légèrement, je parlerai si bas, que ta réputation ne sera pas ternie. D'ailleurs, ne suis-je pas ton frère? Devant partir à l'aube du jour, qu'y aurait-il d'extraordinaire à ce que j'aille te dire adieu?

— Non! non! ne venez pas! dit Consuelo épouvantée. L'appartement du comte Albert n'est pas éloigné; peut-être a-t-il tout deviné... Anzoleto, si vous vous exposez, je ne réponds pas de votre vie. Je vous parle sérieusement, et mon sang se glace dans mes veines! »

Anzoleto sentit en effet sa main, qu'il avait prise dans la sienne, devenir plus froide que le marbre.

« Si tu discutes, si tu parlementes à ta porte, tu exposes mes jours, dit-il en souriant; mais si ta porte est ouverte, si nos baisers sont muets, nous ne risquons rien. Rappelle-toi que nous avons passé des nuits ensemble sans éveiller un seul de nos nombreux voisins de la Corte-Minelli. Quant à moi, s'il n'y a pas d'autre obstacle que la jalousie du comte, et pas d'autre danger que la mort.... »

Consuelo vit en cet instant le regard du comte Albert, ordinairement si vague, redevenir clair et profond en s'attachant sur Anzoleto. Il ne pouvait entendre; mais il semblait qu'il entendît par les yeux. Elle retira sa main de celle d'Anzoleto, en lui disant d'une voix étouffée :

« Ah! si tu m'aimes, ne brave pas cet homme terrible!

— Est-ce pour toi que tu crains? dit Anzoleto rapidement.

— Non, mais pour tout ce qui m'approche et me menace.

— Et pour tout ce qui t'adore, sans doute? Eh bien! soit. Mourir à tes yeux, mourir à tes pieds; oh! je ne demande que cela. J'y serai à minuit; résiste, et tu ne feras que hâter ma perte.

— Vous partez demain, et vous ne prenez congé de personne? dit Consuelo en voyant qu'il saluait le comte et la chanoinesse avant de prendre part de son départ.

— Non, dit-il; ils me retiendraient, et, malgré moi, voyant tout conspirer pour prolonger mon agonie, je céderais. Tu leur feras mes excuses et mes adieux. Les ordres sont donnés à mon guide pour que mes chevaux soient prêts à quatre heures du matin. »

Cette dernière assertion était plus que vraie. Les regards singuliers d'Albert depuis quelques heures n'avaient pas échappé à Anzoleto. Il était résolu à tout oser; mais il se tenait prêt pour la fuite en cas d'événement. Ses chevaux étaient déjà sellés dans l'écurie, et son guide avait reçu l'ordre de ne pas se coucher.

Rentrée dans sa chambre, Consuelo fut saisie d'une véritable épouvante. Elle ne voulait point recevoir Anzoleto, et en même temps elle craignait qu'il fût empêché de venir la trouver. Toujours ce sentiment double, faux, insurmontable, tourmentait sa pensée, et mettait son cœur aux prises avec sa conscience. Jamais elle ne s'était sentie si malheureuse, si exposée, si seule sur la terre.

« O mon maître Porpora, où êtes-vous? s'écriait-elle. Vous seul pourriez me sauver; vous seul connaissez mon mal et les périls auxquels je suis livrée. Vous seul êtes rude, sévère, et méfiant, comme devrait l'être un ami et un père, pour me retirer de cet abîme où je tombe!... Mais n'ai-je pas des amis autour de moi? N'ai-je pas un père dans le comte Christian? La chanoinesse ne serait-elle pas une mère pour moi, si j'avais le courage de braver ses préjugés et de lui ouvrir mon cœur? Et Albert n'est-il pas mon soutien, mon frère, mon époux, s'il je consens à dire un mot! Oh! oui, c'est lui qui doit être mon sauveur; et je le crains et je le repousse!... Il faut que j'aille les trouver tous les trois, ajoutait-elle en se levant et en marchant avec agitation dans sa chambre. Il faut que je m'engage avec eux, que je m'enchaîne à leurs bras protecteurs, que je m'abrite sous les ailes de ces anges gardiens. Le repos, la dignité, l'honneur, résident avec eux; l'abjection et le désespoir m'attendent auprès d'Anzoleto. Oh! oui! il faut que j'aille leur faire la confession de cette affreuse journée, que je leur dise ce qui se passe en moi, afin qu'ils me préservent et me défendent de moi-même. Il faut que je me lie à eux par un serment, que je dise ce *oui* terrible qui mettra une invincible barrière entre moi et mon fléau! J'y vais!... »

Et, au lieu d'y aller, elle retombait épuisée sur sa chaise, et pleurait avec déchirement son repos perdu, sa force brisée.

« Mais quoi! disait-elle, j'irai leur faire un nouveau mensonge! j'irai leur offrir une fille égarée, une épouse adultère! car je le suis par le cœur, et la bouche qui jurerait une immuable fidélité au plus sincère des hommes est encore toute brûlante du baiser d'un autre; et mon cœur tressaille d'un plaisir impur rien que d'y songer! Ah! mon amour même pour l'indigne Anzoleto est changé comme lui. Ce n'est plus cette affection tranquille et sainte avec laquelle je dormais heureuse sous les ailes que ma mère étendait sur moi du haut des cieux. C'est un entraînement lâche et impétueux comme l'être qui l'inspire. Il n'y a plus rien de grand ni de vrai dans mon âme. Je me mens à moi-même depuis ce matin, comme je mens aux autres. Comment ne leur mentirais-je pas désormais à toutes les heures de ma vie? Présent ou absent, Anzoleto sera toujours devant mes yeux; la seule pensée de le quitter demain me remplit de douleur, et dans le sein d'un autre je ne rêverais que de lui. Que faire, que devenir? »

L'heure s'avançait avec une affreuse rapidité, avec une affreuse lenteur. « Je le verrai, se disait-elle. Je lui dirai que je le hais, que je le méprise, que je ne veux jamais le revoir. Mais non, je mens encore; car je ne le lui dirai pas; ou bien, si j'ai ce courage, je me rétracterai un instant après. Je ne puis plus même être sûre de ma chasteté; il n'y croit plus, il ne me respectera pas. Et moi, je ne crois plus à moi-même, je ne crois plus à rien. Je succomberai par peur encore plus que par faiblesse. Oh! plutôt mourir que de descendre ainsi dans ma propre estime, et de donner ce triomphe à la ruse et au libertinage d'autrui, sur les instincts sacrés et les nobles desseins que Dieu avait mis en moi! »

Elle se mit à sa fenêtre, et eut véritablement l'idée de se précipiter, pour échapper par la mort à l'infamie dont elle se croyait déjà souillée. Luttant contre cette sombre tentation, elle songea aux moyens de salut qui lui restaient. Matériellement parlant, elle n'en manquait pas, mais tous lui semblaient entraîner d'autres dangers. Elle avait commencé par verrouiller la porte par laquelle Anzoleto pouvait venir. Mais elle ne connaissait encore qu'à demi cet homme froid et personnel, et, ayant vu des preuves de son courage physique, elle ne savait pas qu'il était tout à fait dépourvu du courage moral qui fait affronter la mort pour satisfaire la passion. Elle pensait qu'il oserait venir jusque là, qu'il insisterait pour être écouté, qu'il ferait quelque bruit; et elle savait qu'il ne fallait qu'un souffle pour attirer Albert. Il y avait auprès de sa chambre un cabinet avec un escalier dérobé, comme dans presque tous les appartements du château; mais cet escalier donnait à l'étage inférieur, tout auprès de la chanoinesse. C'était le seul refuge qu'elle pût chercher contre l'audace imprudente d'Anzoleto, et, pour se faire ouvrir, il fallait tout confesser, même d'avance, afin de ne pas donner lieu à un scandale, que la bonne Wenceslawa, dans sa frayeur, n'aurait pu bien prolonger. Il y avait encore le jardin; mais si Anzoleto, qui paraissait avoir exploré tout le château avec soin, s'y rendait de son côté, c'était courir à sa perte.

En rêvant ainsi, elle vit de la fenêtre de son cabinet, qui donnait sur une cour de derrière, de la lumière auprès des écuries. Elle examina un homme qui rentrait et sortait de ces écuries sans éveiller les autres serviteurs, et qui paraissait faire des apprêts de départ. Elle reconnut à son costume le guide d'Anzoleto, qui arrangeait ses chevaux conformément à ses instructions. Elle vit aussi de la lumière chez le gardien du pont-levis, et pensa avec raison qu'il avait été averti par le guide d'un départ dont l'heure n'était pas encore fixée. En observant ces détails, et en se livrant à mille conjectures, à mille projets, Consuelo conçut un dessein assez étrange et fort téméraire. Mais comme il lui offrait un terme moyen entre les deux extrêmes qu'elle redoutait, et lui ouvrait en même temps une nouvelle perspective sur les événements de sa vie, il lui parut une véritable inspiration du ciel. Elle n'avait pas de temps à employer pour en examiner les moyens et les suites. Les uns lui parurent se présenter par l'effet d'un hasard providentiel; les autres lui semblèrent pouvoir être détournés. Elle se mit à écrire ce qui suit, fort à la hâte, comme on peut croire, car l'horloge du château venait de sonner onze heures :

« Albert, je suis forcée de partir. Je vous chéris de toute mon âme, vous le savez. Mais il y a dans mon être des contradictions, des souffrances, et des révoltes, que je ne puis expliquer ni à vous ni à moi-même. Si je vous voyais en ce moment, je vous dirais que je me fie à vous, que je vous abandonne le soin de mon avenir, que je consens à être votre femme. Je vous dirais peut-être que je le veux. Et pourtant je vous tromperais, ou je ferais un serment téméraire; car mon cœur n'est pas assez purifié de l'ancien amour, pour vous appartenir dès à présent, sans effroi, et pour mériter le vôtre sans remords. Je fuis; je vais à Vienne, rejoindre ou attendre le Porpora, qui doit y être ou y arriver dans peu de jours, comme sa lettre à votre père vous l'a annoncé dernièrement. Je vous jure que je vais chercher auprès de lui l'oubli et la haine du passé, et l'espoir d'un avenir dont vous êtes pour moi la pierre angulaire. Ne me suivez pas; je vous le défends, au nom de cet avenir que votre impatience compromettrait et détruirait peut-être. Attendez-moi, et tenez-moi le serment que vous m'avez fait de ne pas retourner sans moi à... Vous me comprenez! Comptez sur moi, je vous l'ordonne; car je m'en vais avec la sainte espérance de revenir ou de vous appeler bientôt. Dans ce moment je fais un rêve affreux. Il me semble que quand je serai seule avec moi-même, je me réveillerai digne de vous. Je ne veux point que mon frère me suive. Je vais le tromper, lui faire prendre une route opposée à celle que je prends moi-même. Sur tout ce que vous avez de plus cher au monde, ne contrariez en rien mon projet, et croyez-moi sincère. C'est à cela que je verrai si vous m'aimez véritablement, et si je puis sacrifier sans rougir ma pauvreté à votre richesse, mon obscurité à votre rang, mon ignorance à la science de votre esprit. Adieu! mais non : au revoir, Albert. Pour vous prouver que je ne m'en vais pas irrévocablement, je vous charge de rendre votre digne et chère tante favorable à notre union, et de me conserver les bontés de votre père, le meilleur, et le plus respectable des hommes! Dites-lui la vérité sur tout ceci. Je vous écrirai de Vienne. »

L'espérance de convaincre et de calmer par une telle lettre un homme aussi épris qu'Albert était téméraire sans doute, mais non déraisonnable. Consuelo sentait revenir, pendant qu'elle lui écrivait, l'énergie de sa volonté et la loyauté de son caractère. Tout ce qu'elle lui écrivait, elle le pensait. Tout ce qu'elle annonçait, elle allait le faire. Elle croyait à la pénétration puissante et presque à la seconde vue d'Albert; elle n'eût pas espéré de le tromper; elle était sûre qu'il croirait en elle, et que, son caractère donné, il lui obéirait ponctuellement. En ce moment, elle jugea les choses, et Albert lui-même, d'aussi haut que lui.

Après avoir plié sa lettre sans la cacheter, elle jeta sur ses épaules son manteau de voyage, enveloppa sa tête dans un voile noir très-épais, mit de fortes chaussures, prit sur elle le peu d'argent qu'elle possédait, fit un mince paquet de linge, et, descendant sur la pointe du pied avec d'incroyables précautions, elle traversa les étages inférieurs, parvint à l'appartement du comte Christian, se glissa jusqu'à son oratoire, où elle savait qu'il entrait régulièrement à six heures du matin. Elle déposa la lettre sur le coussin où il mettait son livre avant de s'agenouiller par terre. Puis, descendant jusqu'à la cour, sans éveiller personne, elle marcha droit aux écuries.

Le guide, qui n'était pas trop rassuré de se voir seul en pleine nuit dans un grand château où tout le monde dormait comme les pierres, eut d'abord peur de cette femme noire qui s'avançait sur lui comme un fantôme. Il recula jusqu'au fond de son écurie, n'osant ni crier ni l'interroger : c'est ce que voulait Consuelo. Dès qu'elle se vit hors de la portée des regards et de la voix (elle savait d'ailleurs que ni des fenêtres d'Albert ni de celles d'Anzoleto on n'avait vue sur cette cour), elle dit au guide :

« Je suis la sœur du jeune homme que tu as amené ici ce matin. Il m'enlève. C'est convenu avec lui depuis un instant, mets vite une selle de femme sur son cheval : il y en a ici plusieurs. Suis-moi à Tusta sans dire un seul mot, sans faire un seul pas qui puisse apprendre aux gens du château que je me sauve. Tu seras payé double. Tu as l'air étonné ? Allons, dépêche ! A peine serons-nous rendus à la ville, qu'il faudra que tu reviennes ici avec les mêmes chevaux pour chercher mon frère. »

Le guide secoua la tête.

« Tu seras payé triple. »

Le guide fit un signe de consentement.

« Et tu le ramèneras bride abattue à Tusta, où je vous attendrai. »

Le guide hocha encore la tête.

« Tu auras quatre fois autant à la dernière course qu'à la première. »

Le guide obéit. En un instant le cheval que devait monter Consuelo fut préparé en selle de femme.

« Ce n'est pas tout, dit Consuelo en sautant dessus avant même qu'il fût bridé entièrement ; donne-moi ton chapeau, et jette ton manteau par-dessus le mien. C'est pour un instant.

— J'entends, dit l'autre, c'est pour tromper le portier ; c'est facile ! Oh ! ce n'est pas la première fois que j'enlève une demoiselle ! Votre amoureux paiera bien, je pense, quoique vous soyez sa sœur, ajouta-t-il d'un air narquois.

— Tu seras bien payé par moi la première. Tais-toi. Es-tu prêt ?

— Je suis à cheval.

— Passe le premier, et fais baisser le pont. »

Ils le franchirent au pas, firent un détour pour ne point passer sous les murs du château, et au bout d'un quart d'heure gagnèrent la grande route sablée. Consuelo n'avait jamais monté à cheval de sa vie. Heureusement, celui-là, quoique vigoureux, était d'un bon caractère. Son maître l'animait en faisant claquer sa langue, et il prit un galop ferme et soutenu, qui, à travers bois et bruyères, conduisit l'amazone à son but au bout de deux heures.

Consuelo lui retint la bride et sauta à terre à l'entrée de la ville.

« Je ne veux pas qu'on me voie ici, dit-elle au guide en lui mettant dans la main le prix convenu pour elle et pour Anzoleto. Je vais traverser la ville à pied, et j'y prendrai chez les gens que je connais une voiture qui me conduira sur la route de Prague. J'irai vite, pour m'éloigner le plus possible, avant le jour, du pays où ma figure est connue ; au jour, je m'arrêterai, et j'attendrai mon frère.

— Mais en quel endroit ?

— Je ne puis le savoir. Mais dis-lui que ce sera à un relai de poste. Qu'il ne fasse pas de questions avant dix lieues d'ici. Alors il demandera partout madame Wolf ; c'est le premier nom venu ; ne l'oublie pas pourtant. Il n'y a qu'une route pour Prague ?

— Qu'une seule jusqu'à...

— C'est bon. Arrête-toi dans le faubourg pour faire rafraîchir tes chevaux. Tâche qu'on ne voie pas la selle de femme ; jette ton manteau dessus ; ne réponds à aucune question, et repars. Attends ! encore un mot : dis à mon frère de ne pas hésiter, de ne pas tarder, de s'es-

quiver sans être vu Il y a danger de mort pour lui au château.

— Dieu soit avec vous, la jolie fille ! répondit le guide, qui avait eu le temps de rouler entre ses doigts l'argent qu'il venait de recevoir. Quand mes pauvres chevaux devraient en crever, je suis content de vous avoir rendu service. — Je suis pourtant fâché, se dit-il quand elle eut disparu dans l'obscurité, de ne pas avoir aperçu le bout de son nez ; je voudrais savoir si elle est assez jolie pour se faire enlever. Elle m'a fait peur d'abord avec son voile noir et son pas résolu ; aussi ils m'avaient fait tant de contes à l'office, que je ne savais plus où j'en étais. Sont-ils superstitieux et simples, ces gens-là, avec leurs revenants et leur homme noir du chêne de Schreckenstein ! Bah ! j'y suis passé plus de cent fois, et je ne l'ai jamais vu ! J'avais bien soin de baisser la tête, et de regarder du côté du ravin quand je passais au pied de la montagne. »

En faisant ces réflexions naïves, le guide, après avoir donné l'avoine à ses chevaux, et s'être administré à lui-même, dans un cabaret voisin, une large pinte d'hydromel pour se réveiller, reprit le chemin de Riesenburg, sans trop se presser, ainsi que Consuelo l'avait bien espéré et prévu tout en lui recommandant de faire diligence. Le brave garçon, à mesure qu'il s'éloignait d'elle, se perdait en conjectures sur l'aventure romanesque dont il venait d'être l'entremetteur. Peu à peu les vapeurs de la nuit, et peut-être aussi celles de la boisson fermentée, lui firent paraître cette aventure plus merveilleuse encore. « Il serait plaisant, pensait-il, que cette femme noire fût un homme, et cet homme le revenant du château, le fantôme noir du Schreckenstein ? On dit qu'il joue toutes sortes de mauvais tours aux voyageurs de nuit, et le vieux Hanz m'a juré l'avoir vu plus de dix fois dans son écurie lorsqu'il allait donner l'avoine aux chevaux du vieux baron Frédérik avant le jour. Diable ! ce ne serait pas si plaisant ! La rencontre et la société de ces êtres-là est toujours suivie de quelque malheur. Si mon pauvre grison a porté Satan cette nuit, il en mourra pour sûr. Il me semble qu'il jette déjà du feu par les naseaux ; pourvu qu'il ne prenne pas le mors aux dents ! Pardieu ! je suis curieux d'arriver au château, pour voir si, au lieu de l'argent que cette diablesse m'a donné, je ne vais pas trouver des feuilles sèches dans ma poche. Et si l'on venait me dire que la signora Porporina dort bien tranquillement dans son lit au lieu de courir sur la route de Prague, qui serait pris, du diable ou de moi ? Le fait est qu'elle galopait comme le vent, et qu'elle a disparu en me quittant, comme si elle se fût enfoncée sous terre. »

LXII.

Anzoleto n'avait pas manqué de se lever à minuit, de prendre son stylet, de se parfumer, et d'éteindre son flambeau. Mais au moment où il crut pouvoir ouvrir sa porte sans bruit (il avait déjà remarqué que la serrure était douce et fonctionnait très-discrètement), il fut fort étonné de ne pouvoir imprimer à la clef le plus léger mouvement. Il s'y brisa les doigts, et s'y épuisa de fatigue, au risque d'éveiller quelqu'un en secouant trop fortement la porte. Tout fut inutile. Son appartement n'avait pas d'autre issue ; la fenêtre donnait sur les jardins à une élévation de cinquante pieds, parfaitement nue et impossible à franchir ; la seule pensée en donnait le vertige.

« Ceci n'est pas l'ouvrage du hasard, se dit Anzoleto après avoir encore inutilement essayé d'ébranler sa porte. Que ce soit Consuelo, ce serait bon signe ; sa peur me répondrait de sa faiblesse ! ou que ce soit le comte Albert, tous deux me le paieront à la fois ! »

Il prit le parti de se rendormir. Le dépit l'en empêcha, et peut-être aussi un certain malaise voisin de la crainte. Si Albert était l'auteur de cette précaution, lui seul n'était pas dupe, dans la maison, de ses rapports fraternels avec Consuelo. Cette dernière avait paru véritablement épouvantée en l'avertissant de prendre garde à *cet homme terrible*. Anzoleto avait beau se dire qu'étant fou, le jeune comte ne mettrait peut-être pas de suite dans ses idées, ou qu'étant d'une illustre naissance, il ne voudrait pas, suivant le préjugé du temps, se commettre dans une partie d'honneur avec un comédien; ces suppositions ne le rassuraient point. Albert lui avait paru un fou bien tranquille et bien maître de lui-même; et quant à ses préjugés, il fallait qu'ils ne fussent pas fort enracinés pour lui permettre de vouloir épouser une comédienne. Anzoleto commença donc à craindre sérieusement d'avoir maille à partir avec lui, avant d'en venir à ses fins, et de se faire quelque mauvaise affaire en pure perte. Ce dénouement lui paraissait plus honteux que funeste. Il avait appris à manier l'épée, et se flattait de tenir tête à quelque homme de qualité que ce fût. Néanmoins il ne se sentit pas tranquille, et ne dormit pas.

Vers cinq heures du matin, il crut entendre des pas dans le corridor, et peu après sa porte s'ouvrit sans bruit et sans difficulté. Il ne faisait pas encore bien jour; et en voyant un homme entrer dans sa chambre avec aussi peu de cérémonie, Anzoleto crut que le moment décisif était venu. Il sauta sur son stylet en bondissant comme un taureau. Mais il reconnut aussitôt, à la lueur du crépuscule, son guide qui lui faisait signe de parler bas et de ne pas faire de bruit.

« Que veux-tu dire avec tes simagrées, et que me veux-tu, imbécile? dit Anzoleto avec humeur. Comment as-tu fait pour entrer ici?

— Eh! par où, si ce n'est pas la porte, mon bon seigneur?

— La porte était fermée à clef.

— Mais vous aviez laissé la clef en dehors.

— Impossible! la voilà sur ma table.

— Belle merveille! il y en a une autre.

— Et qui donc m'a joué le tour de m'enfermer ainsi? Il n'y avait qu'une clef hier soir : serait-ce toi, en venant chercher ma valise?

— Je jure que ce n'est pas moi, et que je n'ai pas vu de clef.

— Ce sera donc le diable! Mais que me veux-tu avec ton air affairé et mystérieux? Je ne t'ai pas fait appeler.

— Vous ne me laissez pas le temps de parler! Vous me voyez, d'ailleurs, et vous savez bien sans doute ce que je vous veux. La signora est arrivée sans encombre à Tusta, et, suivant ses ordres, me voici avec mes chevaux pour vous y conduire. »

Il fallut bien quelques instants pour qu'Anzoleto comprît de quoi il s'agissait; mais il s'accommoda assez vite de la vérité pour empêcher que son guide, dont les craintes superstitieuses s'effaçaient d'ailleurs avec les ombres de la nuit, ne retombât dans ses perplexités à l'égard d'une malice du diable. Le drôle avait commencé par examiner et par faire sonner sur les pavés de l'écurie l'argent de Consuelo, et il se tenait pour content de son marché avec l'enfer. Anzoleto comprit à demi-mot, et pensa que la fugitive avait été de son côté surveillée de manière à ne pouvoir l'avertir de sa résolution; que, menacée, poussée à bout peut-être par son jaloux, elle avait saisi un moment propice pour déjouer tous ses efforts, s'évader et prendre la clef des champs.

« Quoi qu'il en soit, dit-il, il n'y a ni à douter ni à balancer. Les avis qu'elle me fait donner par cet homme, qui l'a conduite sur la route de Prague, sont clairs et précis. Victoire! si je puis toutefois sortir d'ici pour la rejoindre sans être forcé de croiser l'épée! »

Il s'arma jusqu'aux dents : et, tandis qu'il s'apprêtait à la suite, il envoya son guide en éclaireur pour voir si les chemins étaient libres. Sur sa réponse que tout le monde paraissait encore livré au sommeil, excepté le gardien du pont qui venait de lui ouvrir, Anzoleto descendit sans bruit, remonta à cheval, et ne rencontra aucuns cours qu'un palefrenier, qu'il appela pour lui donner quelque argent, afin de ne pas laisser à son départ l'apparence d'une fuite.

« Par saint Wenceslas! dit ce serviteur au guide, voilà une étrange chose! les chevaux sont couverts de sueur en sortant de l'écurie comme s'ils avaient couru toute la nuit.

— C'est votre diable noir qui sera venu les panser, répondit l'autre.

— C'est donc cela, reprit le palefrenier, que j'ai entendu un bruit épouvantable toute la nuit de ce côté-là! Je n'ai pas osé venir voir; mais j'ai entendu la herse crier, et le pont-levis s'abattre, tout comme je vous vois dans ce moment-ci : si bien que j'ai cru que c'était vous qui partiez, et que je ne m'attendais guère à vous revoir ce matin. »

Au pont-levis, ce fut une autre observation du gardien.

« Votre seigneurie est donc double? demanda cet homme en se frottant les yeux. Je l'ai vue partir vers minuit, et je la vois encore une fois.

— Vous avez rêvé, mon brave homme, dit Anzoleto en lui faisant aussi une gratification. Je ne serais pas parti sans vous prier de boire à ma santé.

— Votre seigneurie me fait trop d'honneur, dit le portier, qui écorchait un peu l'italien.

— C'est égal, dit-il au guide dans sa langue, j'en ai vu deux cette nuit!

— Et prends garde d'en voir quatre la nuit prochaine, répondit le guide en suivant Anzoleto au galop sur le pont : Le diable noir fait de ces tours-là aux dormeurs de ton espèce. »

Anzoleto, bien averti et bien renseigné par son guide, gagna Tusta ou Tauss; car c'est, je crois, la même ville. Il la traversa après avoir congédié son homme et pris des chevaux de poste, s'abstint de faire aucune question durant dix lieues, et, au terme désigné, s'arrêta pour déjeuner (car il n'en pouvait plus), et pour demander une madame Wolf qui devait être par là avec une voiture. Personne ne put lui en donner de nouvelles, et pour cause.

Il y avait bien une madame Wolf dans le village; mais elle était établie depuis cinquante ans dans la ville, et tenait une boutique de mercerie. Anzoleto, brisé, exténué, pensa que Consuelo n'avait pas jugé à propos de s'arrêter en cet endroit. Il demanda une voiture à louer, il n'y en avait pas. Force lui fut de remonter à cheval, et de faire une nouvelle course à franc étrier. Il regardait comme impossible de ne pas rencontrer à chaque instant la bienheureuse voiture, où il pourrait s'élancer et se dédommager de ses anxiétés et de ses fatigues. Mais il rencontra fort peu de voyageurs, et dans aucune voiture il ne vit Consuelo. Enfin, vaincu par l'excès de la lassitude, et ne trouvant de voiture de louage nulle part, il prit le parti de s'arrêter, mortellement vexé, et d'attendre dans une bourgade, au bord de la route, que Consuelo vînt le rejoindre; car il pensait l'avoir dépassée. Il eut le loisir de maudire, tout le reste du jour et toute la nuit suivante, les femmes, les auberges, les jaloux et les chemins. Le lendemain, il trouva une voiture publique de passage, et continua de courir vers Prague, sans être plus heureux. Nous le laisserons cheminer vers le nord, en proie à une véritable rage et à une mortelle impatience mêlée d'espoir, pour revenir un instant nous-mêmes au château, et voir l'effet du départ de Consuelo sur les habitants de cette demeure.

On peut penser que le comte Albert n'avait pas plus dormi que les deux autres personnages de cette brusque aventure. Après s'être muni d'une double clef de la chambre d'Anzoleto, il l'avait enfermé de dehors, et ne s'était plus inquiété de ses tentatives, sachant bien qu'à moins que Consuelo elle-même ne s'en mêlât, nul n'irait le délivrer. A l'égard de cette première possibilité dont l'idée le faisait frémir, Albert eut l'excessive délicatesse de ne pas vouloir faire d'imprudente découverte.

« Si elle l'aime à ce point, pensa-t-il, je n'ai plus à lutter; que mon sort s'accomplisse! Je le saurai bientôt, car elle est sincère; et demain elle refusera ouvertement les offres que je lui ai faites aujourd'hui. Si elle est seulement persécutée et menacée par cet homme dangereux, là voilà du moins pour une nuit à l'abri de ses poursuites. Maintenant, quelque bruit furtif que j'entende autour de moi, je ne bougerai pas, et je ne me rendrai point odieux; je n'infligerai pas à cette infortunée le supplice de la honte, en me montrant devant elle sans être appelé. Non! je ne jouerai point le rôle d'un espion lâche, d'un jaloux soupçonneux, lorsque jusqu'ici ses refus, ses irrésolutions, ne m'ont donné aucun droit sur elle. Je ne sais qu'une chose, rassurante pour mon honneur, effrayante pour mon amour; c'est que je ne serai pas trompé. Ame de celle que j'aime, toi qui résides à la fois dans le sein de la plus parfaite des femmes et dans les entrailles du Dieu universel, si, à travers les mystères et les ombres de la pensée humaine, tu peux lire en moi à cette heure, ton sentiment intérieur doit te dire que j'aime trop pour ne pas croire à ta parole! »

Le courageux Albert tint religieusement l'engagement qu'il venait de prendre avec lui-même; et bien qu'il crût entendre les pas de Consuelo à l'étage inférieur au moment de sa fuite, et quelque autre bruit moins explicable du côté de la herse, il souffrit, pria, et continua de ses mains jointes son cœur bondissant dans sa poitrine.

Lorsque le jour parut, il entendit marcher et ouvrir les portes du côté d'Anzoleto.

« L'infâme, se dit-il, la quitte sans pudeur et sans précaution! Il semble qu'il veuille afficher sa victoire! Ah! le mal qu'il me fait ne serait rien, si une autre âme, plus précieuse et plus chère que la mienne, ne devait pas être souillée par son amour. »

A l'heure où Christian avait coutume de se lever, Albert se rendit auprès de lui, avec l'intention non de l'avertir de ce qui se passait, mais de l'engager à provoquer une nouvelle explication avec Consuelo. Il était sûr qu'elle ne mentirait pas. Il pensait qu'elle devait désirer cette explication, et s'apprêtait à la soulager de son trouble, à la consoler même de sa honte, et à feindre une résignation qui pût adoucir l'amertume de leurs adieux. Albert ne se demandait pas ce qu'il deviendrait après. Il sentait que sa raison, sa vie ne supporterait pas un pareil coup, et il ne craignait pas d'éprouver une douleur au-dessus de ses forces.

Il trouva son père au moment où il entrait dans son oratoire. La lettre posée sur le coussin frappa leurs yeux en même temps. Ils la saisirent et la lurent ensemble. Le vieillard fut atterré, croyant que son fils ne supporterait pas l'événement; mais Albert, qui s'était préparé à un plus grand malheur, fut calme, résigné et ferme dans sa confiance.

« Elle est pure, dit-il; elle veut m'aimer. Elle sent que mon amour est vrai et ma foi inébranlable. Dieu la sauvera du danger. Acceptons cette promesse, mon père, et restons tranquilles. Ne craignez pas pour moi; je serai plus fort que ma douleur, et je commanderai aux inquiétudes si elles s'emparent de moi.

— Mon fils, dit le vieillard attendri, nous voici devant l'image du Dieu de tes pères. Tu as accepté d'autres croyances, et je ne te les ai jamais reprochées avec amertume, tu le sais, quoique mon cœur en ait bien souffert. Je vais me prosterner devant l'effigie de ce Dieu sur laquelle je t'ai promis, dans la nuit qui a précédé celle-ci, de faire tout ce qui dépendrait de moi pour que ton amour fût écouté et sanctifié par un nœud respectable. J'ai tenu ma promesse, et je te la renouvelle. Je vais encore prier pour que le Tout-Puissant exauce tes vœux, et les miens ne contrediront pas ma demande. Ne te joindras-tu pas à moi dans cette heure solennelle qui décidera peut-être dans les cieux des destinées de ton amour sur la terre? O toi, mon noble enfant, à qui l'Éternel a conservé toutes les vertus, malgré les épreuves qu'il a laissé subir à ta foi première! toi que j'ai vu, dans ton enfance, agenouillé à mes côtés sur la tombe de ta mère, et priant comme un jeune ange ce maître souverain dont tu ne doutais pas alors! refuseras-tu aujourd'hui d'élever ta voix vers lui, pour que la mienne ne soit pas inutile?

— Mon père, répondit Albert en pressant le vieillard dans ses bras, si notre foi diffère quant à la forme et aux dogmes, nos âmes restent toujours d'accord sur un principe éternel et divin. Vous servez un Dieu de sagesse et de bonté, un idéal de perfection, de science, et de justice, que je n'ai jamais cessé d'adorer. — O divin crucifié, dit-il en s'agenouillant auprès de son père devant l'image de Jésus; toi que les hommes adorent comme le Verbe, et que je révère comme la plus noble et la plus pure manifestation de l'amour universel parmi nous! entends ma prière, toi dont la pensée vit éternellement en Dieu et en nous! Bénis les instincts justes et les intentions droites! Plains la perversité qui triomphe, et soutiens l'innocence qui combat! Qu'il en soit de mon bonheur ce que Dieu voudra! Mais, ô Dieu humain! que ton influence dirige et anime les cœurs qui n'ont d'autre force et d'autre consolation que ton passage et ton exemple sur la terre! »

LXIII.

Anzoleto poursuivait sa route vers Prague en pure perte; car aussitôt après avoir donné à son guide les instructions trompeuses qu'elle jugeait nécessaires au succès de son entreprise, Consuelo avait pris, sur la gauche, un chemin qu'elle connaissait, pour avoir accompagné deux fois en voiture la baronne Amélie à un château voisin de la petite ville de Tauss. Ce château était le but le plus éloigné des rares courses qu'elle avait eu occasion de faire durant son séjour à Riesenburg. Aussi l'aspect de ces parages et la direction des routes qui les traversaient, s'étaient-ils présentés naturellement à sa mémoire, lorsqu'elle avait conçu et réalisé à la hâte le téméraire projet de sa fuite. Elle se rappelait qu'en la promenant sur la terrasse de ce château, la dame qui l'habitait lui avait dit, tout en lui faisant admirer la vaste étendue des terres qu'on découvrait au loin : Ce beau chemin planté que vous voyez là-bas, et qui se perd à l'horizon, va rejoindre la route du Midi, et c'est par là que nous nous rendons à Vienne. Consuelo, avec cette indication et ce souvenir précis, était donc certaine de ne pas s'égarer, et de regagner à une certaine distance de cette route par laquelle elle était venue en Bohême. Elle atteignit le château de Biela, longea les cours du parc, retrouva sans peine, malgré l'obscurité, le chemin planté; et avant le jour elle avait réussi à mettre entre elle et le point dont elle voulait s'éloigner une distance de trois lieues environ à vol d'oiseau. Jeune, forte, et habituée dès l'enfance à de longues marches, soutenue d'ailleurs par une volonté audacieuse, elle vit poindre le jour sans éprouver beaucoup de fatigue. Le ciel était serein, les chemins secs, et couverts d'un sable assez doux aux pieds. Le galop du cheval, auquel elle n'était point habituée, l'avait un peu brisée; mais on sait que la marche, en pareil cas, est meilleure que le repos, et que, pour les tempéraments énergiques, une fatigue délasse d'une autre.

Cependant, à mesure que les étoiles pâlissaient, et que le crépuscule achevait de s'éclaircir, elle commençait à s'effrayer de son isolement. Elle s'était sentie bien tranquille dans les ténèbres. Toujours aux aguets, elle s'était crue sûre, en cas de poursuite, de pouvoir se cacher avant d'être aperçue; mais au jour, forcée de traverser de vastes espaces découverts, elle n'osait plus suivre la route battue; d'autant plus qu'elle vit bientôt des groupes se montrer au loin, et se répandre comme des points noirs sur la raie blanche que dessinait le chemin au milieu des terres encore assombries. Si peu loin de Riesenburg, elle pouvait être reconnue par le premier passant; et elle prit le parti de se jeter dans un sentier qui lui sembla devoir abréger son chemin, en allant couper à angle droit le détour que la route faisait autour d'une colline. Elle marcha encore ainsi près d'une heure sans rencontrer personne, et entra dans un endroit boisé, où elle put espérer de se dérober facilement aux regards.

« Si je pouvais ainsi gagner, pensait-elle, une avance de huit à dix lieues sans être découverte, je marcherais

Mais il reconnut aussitôt son guide... (Page 158.)

ensuite tranquillement sur la grande route ; et, à la première occasion favorable, je louerais une voiture et des chevaux. »

Cette pensée lui fit porter la main à sa poche pour y prendre sa bourse, et calculer ce qu'après son généreux paiement au guide qui l'avait fait sortir de Riesenburg, il lui restait d'argent pour entreprendre ce long et difficile voyage. Elle ne s'était pas encore donné le temps d'y réfléchir ; et si elle eût fait toutes les réflexions que suggérait la prudence, eût-elle résolu cette fuite aventureuse ? Mais quelles furent sa surprise et sa consternation, lorsqu'elle trouva sa bourse beaucoup plus légère qu'elle ne l'avait supposée ! Dans son empressement, elle n'avait emporté tout au plus que la moitié de la petite somme qu'elle possédait ; ou bien elle avait donné au guide, dans l'obscurité, des pièces d'or pour de l'argent ; ou bien encore, en ouvrant sa bourse pour le payer, elle avait laissé tomber dans la poussière de la route une partie de sa fortune. Tant il y a qu'après avoir bien compté et recompté sans pouvoir se faire illusion sur ses faibles ressources, elle reconnut qu'il fallait faire à pied toute la route de Vienne.

Cette découverte lui causa un peu de découragement, non pas à cause de la fatigue, qu'elle ne redoutait point, mais à cause des dangers, inséparables pour une jeune femme, d'une aussi longue route pédestre. La peur que jusque là elle avait surmontée, en se persuadant que bientôt elle pourrait se mettre dans une voiture à l'abri des aventures de grand chemin, commença à parler plus haut qu'elle ne l'avait prévu dans l'effervescence de ses idées ; et, comme vaincue pour la première fois de sa vie par l'effroi de sa misère et de sa faiblesse, elle se mit à marcher précipitamment, cherchant les taillis les plus sombres pour se réfugier en cas d'attaque.

Pour comble d'inquiétude, elle s'aperçut bientôt qu'elle ne suivait plus aucun sentier battu, et qu'elle marchait au hasard dans un bois de plus en plus profond et désert. Si cette morne solitude la rassurait à certains égards, l'incertitude de sa direction lui faisait appréhender de revenir sur ses pas et de se rapprocher à son insu du château des Géants. Anzoleto y était peut-être encore : un soupçon, un accident, une idée de vengeance contre Albert pouvaient l'y avoir retenu. D'ailleurs Albert lui-même n'était-il pas à craindre dans ce premier

Anzoleto.

moment de trouble et de désespoir? Consuelo savait bien qu'il se soumettrait à son arrêt; mais si elle allait se montrer aux environs du château, et qu'on vint dire au jeune comte qu'elle était encore là, à portée d'être atteinte et ramenée, n'accourrait-il pas pour la vaincre par ses supplications et ses larmes? Fallait-il exposer ce noble jeune homme, et sa famille, et sa propre fierté, au scandale et au ridicule d'une entreprise avortée aussitôt que conçue? Le retour d'Anzoleto viendrait peut-être d'ailleurs ramener au bout de quelques jours les embarras inextricables et les dangers d'une situation qu'elle venait de trancher par un coup de tête hardi et généreux. Il fallait donc tout souffrir et s'exposer à tout plutôt que de revenir à Riesenburg.

Résolue de chercher attentivement la direction de Vienne, et de la suivre à tout prix, elle s'arrêta dans un endroit couvert et mystérieux, où une petite source jaillissait entre des rochers ombragés de vieux arbres. Les alentours semblaient un peu battus par de petits pieds d'animaux. Étaient-ce les troupeaux du voisinage ou les bêtes de la forêt qui venaient boire parfois à cette fontaine cachée? Consuelo s'en approcha, et, s'agenouillant sur les pierres humectées, trompa la faim, qui commençait à se faire sentir, en buvant de cette eau froide et limpide. Puis, restant pliée sur ses genoux, elle médita un peu sur sa situation.

« Je suis bien folle et bien vaine, se dit-elle, si je ne puis réaliser ce que j'ai conçu. Eh quoi! sera-t-il dit que la fille de ma mère se soit efféminée dans les douceurs de la vie, au point de ne pouvoir plus braver le soleil, la faim, la fatigue, et les périls? J'ai fait de si beaux rêves d'indigence et de liberté au sein de ce bien-être qui m'oppressait, et dont j'aspirais toujours à sortir! et voilà que je m'épouvante dès les premiers pas? N'est-ce pas là le métier pour lequel je suis née, « courir, pâtir, et oser? » Qu'y a-t-il de changé en moi depuis le temps où je marchais avant le jour avec ma pauvre mère, souvent à jeun! et où nous buvions aux petites fontaines des chemins pour nous donner des forces? Voilà vraiment une belle Zingara, qui n'est bonne qu'à chanter sur les théâtres, à dormir sur le duvet, et à voyager en carrosse! Quels dangers redoutais-je avec ma mère? Ne me disait-elle pas, quand nous rencontrions des gens de mauvaise mine : « Ne crains rien; ceux qui ne possèdent rien n'ont rien qui les menace, et les misérables ne se font pas la guerre entre eux? » Elle était encore jeune et belle dans ce temps-là! est-ce que je l'ai jamais vue insultée par les passants? Les plus méchants hommes respectent les êtres sans défense. Et comment font tant de pauvres filles mendiantes qui courent les chemins, et qui n'ont que la protection de Dieu? Serais-je comme ces demoiselles qui n'osent faire un pas dehors sans croire que tout l'univers, enivré de leurs charmes, va se mettre à les poursuivre! Est-ce à dire que parce qu'on est seule, et les pieds sur la terre commune, on doit être avilie, et renoncer à l'honneur quand on n'a pas le moyen de s'entourer de gardiens? D'ailleurs ma mère était forte comme un homme; elle se serait défendue comme un lion. Ne puis-je pas être courageuse et forte, moi qui n'ai dans les veines que du bon sang plébéien? Est-ce qu'on ne peut pas toujours se tuer quand on est menacée de perdre plus que la vie? Et puis, je suis encore dans un pays tranquille, dont les habitants sont doux et charitables ; et quand je serai sur des terres inconnues, j'aurai bien du malheur si je ne rencontre pas, à l'heure du danger, quelqu'un de ces êtres droits et généreux, comme Dieu en place partout pour servir de providence aux faibles et aux opprimés. Allons! du courage. Pour aujourd'hui je n'ai à lutter que contre la faim. Je ne veux entrer dans une cabane, pour acheter du pain, qu'à la fin de cette journée, quand il fera sombre et que je serai bien loin, bien loin. Je connais la faim, et je sais y résister, malgré les éternels festins auxquels on voulait m'habituer à Riesenburg. Une journée est bientôt passée. Quand la chaleur sera venue, et mes jambes épuisées, je me rappellerai l'axiome philosophique que j'ai si souvent entendu dans mon enfance : « Qui dort dîne. » Je me cacherai dans quelque trou de rocher, et je te ferai bien voir, ô ma pauvre mère qui veilles sur moi et voyages invisible à mes côtés, à cette heure, que je sais encore faire la sieste sans sofa et sans coussins! »

Tout en devisant ainsi avec elle-même, la pauvre enfant oubliait un peu ses peines de cœur. Le sentiment d'une grande victoire remportée sur elle-même lui faisait déjà paraître Anzoleto moins redoutable. Il lui semblait même qu'à partir du moment où elle avait déjoué ses séductions, elle sentait son âme allégée de ce funeste attachement; et, dans les travaux de son projet romanesque, elle trouvait une sorte de gaieté mélancolique, qui lui faisait répéter tout bas à chaque instant : « Mon corps souffre, mais il sauve mon âme. L'oiseau ne peut se défendre à des ailes pour se sauver, et, quand il est dans les plaines de l'air, il se rit des pièges et des embûches. »

Le souvenir d'Albert, l'idée de son effroi et de sa douleur, se présentaient différemment à l'esprit de Consuelo; elle le combattait de toute sa force l'attendrissement qui la gagnait à cette pensée. Elle avait formé la résolution de repousser son image, tant qu'elle ne se serait pas mise à l'abri d'un repentir trop prompt et d'une tendresse imprudente.

« Cher Albert, ami sublime, disait-elle, je ne puis m'empêcher de soupirer profondément quand je me représente ta souffrance! Mais c'est à Vienne seulement que je m'arrêterai à la partager et à la plaindre. C'est à Vienne que je permettrai à mon cœur de me dire combien il te vénère et te regrette! »

« Allons, en marche! » se dit Consuelo en essayant de se lever. Mais deux ou trois fois elle tenta en vain d'abandonner cette fontaine si sauvage et si jolie, dont le doux bruissement semblait l'inviter à prolonger les instants de son repos. Le sommeil, qu'elle avait voulu remettre à l'heure de midi, appesantissait ses paupières; et la faim, qu'elle n'était plus habituée à supporter aussi bien qu'elle s'en flattait, la jetait dans une irrésistible défaillance. Elle voulait en vain se faire illusion à cet égard. Elle n'avait presque rien mangé la veille; trop d'agitations et d'anxiétés ne lui avaient pas permis d'y songer. Un voile s'étendait sur ses yeux; une sueur froide et pénible allanguissait tout son corps. Elle céda à la fatigue sans en avoir conscience; et tout en formant une dernière résolution de se relever et de reprendre sa marche, ses membres s'affaissèrent sur l'herbe, sa tête retomba sur son petit paquet de voyage, et elle s'endormit profondément. Le soleil, rouge et chaud, comme il est parfois dans ces courts étés de Bohême, montait gaiement dans le ciel ; la fontaine bouillonnait sur les cailloux, comme si elle eût voulu bercer de sa chanson monotone le sommeil de la voyageuse, et les oiseaux voltigeaient en chantant aussi leurs refrains babillards au-dessus de sa tête.

LXIV.

Il y avait presque trois heures que l'oublieuse fille reposait ainsi, lorsqu'un autre bruit que celui de la fontaine et des oiseaux jaseurs la tira de sa léthargie. Elle entr'ouvrit les yeux sans avoir la force de se relever, sans comprendre encore où elle était, et vit à deux pas d'elle un homme courbé sur les rochers, occupé à boire à la source comme elle avait fait elle-même, sans plus de cérémonie et de recherche que de placer sa bouche au courant de l'eau. Le premier sentiment de Consuelo fut la frayeur; mais le second coup d'œil jeté sur l'hôte de sa retraite lui rendit la confiance. Car, soit qu'il eût déjà regardé à loisir les traits de la voyageuse durant son sommeil, soit qu'il ne prît pas grand intérêt à cette rencontre, il ne paraissait pas faire beaucoup d'attention à elle. D'ailleurs, c'était moins un homme qu'un enfant; il paraissait âgé de quinze ou seize ans tout au plus, était fort petit, maigre, extrêmement jeune et hâlé, et sa figure, qui n'était ni belle ni laide, n'annonçait rien dans cet instant qu'une tranquille insouciance.

Par un mouvement instinctif, Consuelo ramena son voile sur sa figure, et ne changea pas d'attitude, pensant que si le voyageur ne s'occupait pas d'elle plus qu'il ne semblait disposé à le faire, il valait mieux feindre de dormir que de s'attirer des questions embarrassantes. A travers son voile, elle ne perdait cependant pas un des mouvements de l'inconnu, attendant qu'il reprît son bissac et son bâton déposés sur l'herbe, et qu'il continuât son chemin.

Mais elle vit bientôt qu'il était résolu à se reposer aussi, et même à déjeuner, car il ouvrit son petit sac de pèlerin, et en tira un gros morceau de pain bis, qu'il se mit à couper avec gravité et à ronger à belles dents, tout en jetant de temps en temps sur la dormeuse un regard assez timide, et en prenant le soin de ne pas faire de bruit en ouvrant et en fermant son couteau à ressort, comme s'il eût craint de la réveiller en sursaut. Cette marque de déférence rendit une pleine confiance à Consuelo, et la vue de ce pain que son compagnon mangeait de si bon cœur, réveilla en elle les angoisses de la faim. Après s'être bien assurée, à la toilette délabrée de l'enfant et à sa chaussure poudreuse, que c'était un pauvre voyageur étranger au pays, elle jugea que la Providence lui envoyait un secours inespéré, dont elle devait profiter. Le morceau de pain était énorme, et l'enfant pouvait, sans rabattre beaucoup de son appétit, lui en céder une petite portion. Elle se releva donc, affecta de se frotter les yeux comme si elle s'éveillait à l'instant même, et regarda le jeune gars d'un air assuré, afin de lui imposer, au cas où il perdrait le respect dont jusque là il avait fait preuve.

Cette précaution n'était pas nécessaire. Dès qu'il vit la dormeuse debout, l'enfant se troubla un peu, baissa les yeux, les releva avec effort à plusieurs reprises, et enfin, enhardi par la physionomie de Consuelo qui demeurait irrésistiblement bonne et sympathique, en dépit du soin qu'elle prenait de la composer, il lui adressa la parole d'un son de voix si doux et si harmonieux, que la jeune musicienne fut subitement impressionnée en sa faveur.

« Eh bien, Mademoiselle, lui dit-il en souriant, vous

voilà donc enfin réveillée? Vous dormiez là de si bon cœur, que si ce n'eût été la crainte d'être impoli, j'en aurais fait autant de mon côté.

— Si vous êtes aussi obligeant que poli, lui répondit Consuelo en prenant un ton maternel, vous allez me rendre un petit service.

— Tout ce que vous voudrez, reprit le jeune voyageur, à qui le son de voix de Consuelo parut également agréable et pénétrant.

— Vous allez me vendre un petit morceau de votre déjeuner, repartit Consuelo, si vous le pouvez sans vous priver.

— Vous le vendre! s'écria l'enfant tout surpris et en rougissant : oh! si j'avais un déjeuner, je ne vous le vendrais pas! je ne suis pas aubergiste; mais je voudrais vous l'offrir et vous le donner.

— Vous me le donnerez donc, à condition que je vous donnerai en échange de quoi acheter un meilleur déjeuner.

— Non pas, non pas, reprit-il. Vous moquez-vous? Êtes-vous trop fière pour accepter de moi un pauvre morceau de pain? Hélas! vous voyez, je n'ai que cela à vous offrir.

— Eh bien, je l'accepte, dit Consuelo en tendant la main; votre bon cœur me ferait rougir d'y mettre de la fierté.

— Tenez, tenez! ma belle demoiselle, s'écria le jeune homme tout joyeux. Prenez le pain et le couteau, et taillez vous-même. Mais n'y mettez pas de façons, au moins! Je ne suis pas gros mangeur, et j'en avais là pour toute ma journée.

— Mais aurez-vous la facilité d'en acheter d'autre pour votre journée?

— Est-ce qu'on ne trouve pas du pain partout? Allons, mangez donc, si vous voulez me faire plaisir! »

Consuelo ne se fit pas prier davantage; et, sentant bien que ce serait mal reconnaître l'élan fraternel de son amphitryon que de ne pas manger en sa compagnie, elle se rassit non loin de lui, et se mit à dévorer ce pain, au prix duquel les mets les plus succulents qu'elle eût jamais goûtés à la table des riches lui parurent fades et grossiers.

« Quel bon appétit vous avez! dit l'enfant; cela fait plaisir à voir. Eh bien, j'ai du bonheur de vous avoir rencontrée; cela me rend tout content. Tenez, croyez-moi, mangeons-le tout; nous retrouverons bien une maison sur la route aujourd'hui, quoique ce pays semble un désert.

— Vous ne le connaissez donc pas? dit Consuelo d'un air d'indifférence.

— C'est la première fois que j'y passe, quoique je connaisse la route de Vienne à Pilsen, que je viens de faire, et que je reprends maintenant pour retourner là-bas.

— Où, là-bas? à Vienne?

— Oui, à Vienne; est-ce que vous y allez aussi? »

Consuelo, incertaine si elle accepterait ce compagnon de voyage, ou si elle l'éviterait, feignit d'être distraite pour ne pas répondre tout de suite.

« Bah! qu'est-ce que je dis? reprit le jeune homme. Une belle demoiselle comme vous n'irait pas comme cela toute seule à Vienne. Cependant vous êtes en voyage; car vous avez un paquet comme moi, et vous êtes à pied comme moi! »

Consuelo, décidée à éluder ses questions jusqu'à ce qu'elle vît à quel point elle pouvait se fier à lui, prit le parti de répondre à une interrogation par une autre.

« Est-ce que vous êtes de Pilsen? lui demanda-t-elle.

— Non, répondit l'enfant qui n'avait aucun instinct ni aucun motif de méfiance; je suis de Rohrau en Hongrie; mon père y est charron de son métier.

— Et comment voyagez-vous si loin de chez vous? Vous ne suivez donc pas l'état de votre père?

— Oui et non. Mon père est charron, et je ne le suis pas; mais il est en même temps musicien, et j'aspire à l'être.

— Musicien? Bravo! c'est un bel état!

— C'est peut-être le vôtre aussi?

— Vous n'alliez pourtant pas étudier la musique à Pilsen, qu'on dit être une triste ville de guerre?

— Oh, non! J'ai été chargé d'une commission pour cet endroit-là, et je m'en retourne à Vienne pour tâcher d'y gagner ma vie, tout en continuant mes études musicales.

— Quelle partie avez-vous embrassée? la musique vocale ou instrumentale?

— L'une et l'autre jusqu'à présent. J'ai une assez bonne voix; et tenez, j'ai là un pauvre petit violon sur lequel je me fais comprendre. Mais mon ambition est grande, et je voudrais aller plus loin que tout cela.

— Composer, peut-être?

— Vous l'avez dit. Je n'ai dans la tête que cette maudite composition. Je vais vous montrer que j'ai encore dans mon sac un bon compagnon de voyage; c'est un gros livre que j'ai coupé par morceaux, afin de pouvoir en emporter quelques fragments en courant le pays; et quand je suis fatigué de marcher, je m'assieds dans un coin et j'étudie un peu; cela me repose.

— C'est fort bien vu. Je parie que c'est le *Gradus ad Parnassum* de Fuchs?

— Précisément. Ah! je vois bien que vous vous y connaissez, et je suis sûr à présent que vous êtes musicienne, vous aussi. Tout à l'heure, pendant que vous dormiez, je vous regardais, et je me disais : Voilà une figure qui n'est pas allemande; c'est une figure méridionale, italienne peut-être; et qui plus est, c'est une figure d'artiste! Aussi vous m'avez fait bien plaisir en me demandant de mon pain; et je vois maintenant que vous avez l'accent étranger, quoique vous parliez l'allemand on ne peut mieux.

— Vous pourriez vous y tromper. Vous n'avez pas non plus la figure allemande, vous avez le teint d'un Italien, et cependant...

— Oh! vous êtes bien honnête, mademoiselle. J'ai le teint d'un Africain, et mes camarades de chœur de Saint-Étienne avaient coutume de m'appeler le Maure. Mais pour en revenir à ce que je disais, quand je vous ai trouvée là dormant toute seule au milieu du bois, j'ai été un peu étonné. Et puis je me suis fait mille idées sur vous : c'est peut-être, pensais-je, ma bonne étoile qui m'a conduit ici pour y rencontrer une bonne âme qui peut m'être secourable. Enfin... vous dirai-je tout?

— Dites sans rien craindre.

— Vous voyant trop bien habillée et trop blanche de visage pour une pauvre coureuse de chemins, voyant cependant que vous aviez un paquet, je me suis imaginé que vous deviez être quelque personne attachée à une autre personne étrangère... et artiste! Oh! une grande artiste, celle-là, que je cherche à voir, et dont la protection serait mon salut et ma joie. Voyons, mademoiselle, avouez-moi la vérité! Vous êtes de quelque château voisin, et vous alliez ou vous veniez de faire quelque commission aux environs? et vous connaissez certainement, oh, oui! vous devez connaître le château des Géants.

— Riesenburg? Vous allez à Riesenburg?

— Je cherche à y aller, du moins; car je me suis si bien égaré dans ce maudit bois, malgré les indications qu'on m'avait données à Klatau, que je ne sais si j'en sortirai. Heureusement vous connaissez Riesenburg, et vous aurez la bonté de me dire si j'en suis encore bien loin.

— Mais que voulez-vous aller faire à Riesenburg?

— Je veux aller voir la Porporina.

— En vérité! »

Et Consuelo, craignant de se trahir devant un voyageur qui pourrait parler d'elle au château des Géants, se reprit pour demander d'un air indifférent :

« Et qu'est-ce que cette Porporina, s'il vous plaît?

— Vous ne le savez pas? Hélas! je vois bien que vous êtes tout à fait étrangère en ce pays. Mais, puisque vous êtes musicienne et que vous connaissez le nom de Fuchs, vous connaissez bien sans doute celui du Porpora?

— Et vous, vous connaissez le Porpora?

— Pas encore, et c'est parce que je voudrais le connaître que je cherche à obtenir la protection de son élève fameuse et chérie, la signora Porporina.

— Contez-moi donc comment cette idée vous est venue. Je pourrai peut-être chercher avec vous à approcher de ce château et de cette Porporina.

— Je vais vous conter toute mon histoire. Je suis, comme je vous l'ai dit, fils d'un brave charron, et natif d'un petit bourg aux confins de l'Autriche et de la Hongrie. Mon père est sacristain et organiste de son village; ma mère, qui a été cuisinière chez le seigneur de notre endroit, a une belle voix; et mon père, pour se reposer de son travail, l'accompagnait le soir sur la harpe. Le goût de la musique m'est venu ainsi tout naturellement, et je me rappelle que mon plus grand plaisir, quand j'étais tout petit enfant, c'était de faire ma partie dans nos concerts de famille sur un morceau de bois que je râclais avec un bout de latte, me figurant que je tenais un violon et un archet dans mes mains et que j'en tirais des sons magnifiques. Oh, oui! il me semble encore que mes chères bûches n'étaient pas muettes, et qu'une voix divine, que les autres n'entendaient pas, s'exhalait autour de moi et m'enivrait des plus célestes mélodies.

« Notre cousin Franck, maître d'école à Haimburg, vint nous voir, un jour que je jouais ainsi de mon violon imaginaire, et s'amusa de l'espèce d'extase où j'étais plongé. Il prétendit que c'était le présage d'un talent prodigieux, et il m'emmena à Haimburg, où, pendant trois ans, il me donna une bien rude éducation musicale, je vous assure! Quels beaux points d'orgue, avec traits et fioritures, il exécutait avec son bâton à marquer la mesure sur mes doigts et sur mes oreilles! Cependant je ne me rebutais pas. J'apprenais à lire, à écrire; j'avais un violon véritable, dont j'apprenais aussi l'usage élémentaire, ainsi que les premiers principes du chant, et ceux de la langue latine. Je faisais d'aussi rapides progrès qu'il m'était possible avec un maître aussi peu endurant que mon cousin Franck.

« J'avais environ huit ans, lorsque le hasard, ou plutôt la Providence, à laquelle j'ai toujours cru en bon chrétien, amena chez mon cousin M. Reuter, le maître de chapelle de la cathédrale de Vienne. On me présenta à lui comme une petite merveille, et lorsque j'eus déchiffré facilement un morceau à première vue, il me prit en amitié, m'emmena à Vienne, et me fit entrer à Saint-Étienne comme enfant de chœur.

« Nous n'avions là que deux heures de travail par jour; et le reste du temps, abandonnés à nous-mêmes, nous pouvions vagabonder en liberté. Mais la passion de la musique étouffait en moi les goûts dissipés et la paresse de l'enfance. Occupé à jouer sur la place avec mes camarades, à peine entendais-je les sons de l'orgue, que je quittais tout pour rentrer dans l'église, et me délecter à écouter les chants et l'harmonie. Je m'oubliais le soir dans la rue, sous les fenêtres d'où partaient les bruits entrecoupés d'un concert, ou seulement les sons d'une voix agréable; j'étais curieux, j'étais avide de connaître et de comprendre tout ce qui frappait mon oreille. Je voulais surtout composer. A treize ans, sans connaître aucune des règles, j'osai bien écrire une messe dont je montrai la partition à notre maître Reuter. Il se moqua de moi, et me conseilla d'apprendre avant de créer. Cela lui était bien facile à dire. Je n'avais pas le moyen de payer un maître, et mes parents étaient trop pauvres pour m'envoyer l'argent nécessaire à la fois à mon entretien et à mon éducation. Enfin, je reçus d'eux un jour six florins, avec lesquels j'achetai le livre que vous voyez, et celui de Mattheson; je me mis à les étudier avec ardeur, et j'y pris un plaisir extrême. Ma voix progressait et passait pour la plus belle du chœur. Au milieu des doutes et des incertitudes de l'ignorance que je m'efforçais de dissiper, je sentais bien mon cerveau se développer, et des idées éclore en moi; mais j'approchais avec effroi de l'âge où il faudrait, conformément aux règlements de la chapelle, sortir de la maîtrise, et me voyant sans ressources, sans protection, et sans maîtres, je me demandais si ces huit années de travail à la cathédrale n'allaient pas être mes dernières études, et s'il ne faudrait pas retourner chez mes parents pour y apprendre l'état de charron. Pour comble de chagrin, je voyais bien que maître Reuter, au lieu de s'intéresser à moi, ne me traitait plus qu'avec dureté, et ne songeait qu'à hâter le moment fatal de mon renvoi. J'ignore les causes de cette antipathie, que je n'ai méritée en rien. Quelques-uns de mes camarades avaient la légèreté de me dire qu'il était jaloux de moi, parce qu'il trouvait dans mes essais de composition une sorte de révélation du génie musical, et qu'il avait coutume de haïr et de décourager les jeunes gens chez lesquels il découvrait un élan supérieur au sien propre. Je suis loin d'accepter cette vaniteuse interprétation de ma disgrâce; mais je crois bien que j'avais commis une faute en lui montrant mes essais. Il me prit pour un ambitieux sans cervelle et un présomptueux impertinent.

— Et puis, dit Consuelo en interrompant le narrateur, les vieux précepteurs n'aiment pas les élèves qui ont l'air de comprendre plus vite qu'ils n'enseignent. Mais dites-moi votre nom, mon enfant.

— Je m'appelle Joseph.

— Joseph qui?

— Joseph Haydn.

— Je veux me rappeler ce nom, afin de savoir un jour, si vous devenez quelque chose, à quoi m'en tenir sur l'aversion de votre maître, et sur l'intérêt que m'inspire votre histoire. Continuez-la, je vous prie. »

Le jeune Haydn reprit en ces termes, tandis que Consuelo, frappée du rapport de leurs destinées de pauvres et d'artistes, regardait attentivement la physionomie de l'enfant de chœur. Cette figure chétive et bilieuse prenait, dans l'épanchement du récit, une singulière animation. Ses yeux bleus pétillaient d'une finesse à la fois maligne et bienveillante, et rien dans sa manière d'être et de dire n'annonçait un esprit ordinaire.

LXV.

« Quoi qu'il en soit des causes de l'antipathie de maître Reuter, il me la témoigna bien durement, et pour une faute bien légère. J'avais des ciseaux neufs, et, comme un véritable écolier, je les essayais sur tout ce qui me tombait sous la main. Un de mes camarades ayant le dos tourné, et sa longue queue, dont il était très vain, venant toucher à balayer les caractères que je traçait avec de la craie sur mon ardoise, j'eus une idée rapide, fatale! ce fut l'affaire d'un instant. Crac! voilà mes ciseaux ouverts, voilà la queue par terre. Le maître suivait tous mes mouvements avec un œil de vautour. Avant que mon pauvre camarade se fût aperçu de la perte douloureuse qu'il venait de faire, j'étais déjà réprimandé, noté d'infamie, et renvoyé sans autre forme de procès.

« Je sortis de maîtrise au mois de novembre de l'année dernière, à sept heures du soir, et me trouvai sur la place, sans argent et sans autre vêtement que les méchants habits que j'avais sur le corps. J'eus un moment de désespoir. Je m'imaginai, en me voyant grondé et chassé avec tant de colère et de scandale, que j'avais commis une faute énorme. Je me mis à pleurer de toute mon âme cette mèche de cheveux et ce bout de ruban tombés sous mes fatals ciseaux. Mon camarade, dont j'avais ainsi déshonoré le chef, vint auprès de moi en pleurant aussi. Jamais on n'a répandu tant de larmes, jamais on n'a éprouvé tant de regrets et de remords pour une queue à la prussienne. J'eus envie de lui jeter dans ses bras, à ses pieds! Je ne l'osai pas, et cachai ma honte dans l'ombre. Peut-être le pauvre garçon pleurait-il ma disgrâce encore plus que sa chevelure.

« Je passai la nuit sur le pavé; et, comme je soupirais, le lendemain matin, en songeant à la nécessité et à l'impossibilité de déjeuner, je fus abordé par Keller, le perruquier de la maîtrise de Saint-Étienne. Il venait de coiffer maître Reuter, et celui-ci, toujours furieux contre moi, ne lui avait parlé que de la terrible aventure de la queue coupée. Aussi le facétieux Keller, en apercevant ma piteuse figure, partit d'un grand éclat de rire, et m'accabla de ses sarcasmes. — « Oui-da! me cria-t-il d'aussi loin qu'il me vit, voilà donc le fléau des perruquiers, l'ennemi général et particulier de tous ceux qui, comme moi, font profession d'entretenir la beauté de la chevelure! Hé! mon petit bourreau des queues, mon bon saccageur de toupets! venez ici un peu que je coupe tous vos beaux cheveux noirs, pour remplacer toutes les queues qui tomberont sous vos coups! » J'étais désespéré, furieux. Je cachai mon visage dans mes mains, et, me croyant l'objet de la vindicte publique, j'allais m'enfuir, lorsque le bon Keller m'arrêtant : « Où allez-vous ainsi, petit malheureux? me dit-il d'une voix adoucie. Qu'allez-vous devenir sans pain, sans amis, sans vêtements, et avec un pareil crime sur la conscience? Allons, j'ai pitié de vous, surtout à cause de votre belle voix, que j'ai pris si souvent plaisir à entendre à la cathédrale : venez chez moi. Je n'ai pour moi, ma femme et mes enfants, qu'une chambre au cinquième étage. C'est encore plus qu'il ne nous en faut, car la mansarde que je loue au sixième n'est pas occupée. Vous vous en accommoderez, et vous mangerez avec nous jusqu'à ce que vous ayez trouvé de l'ouvrage ; à condition toutefois que vous respecterez les cheveux de mes clients, et que vous n'essaierez pas vos grands ciseaux sur mes perruques. »

« Je suivis mon généreux Keller, mon sauveur, mon père! Outre le logement et la table, il eut la bonté, tout pauvre artisan qu'il était lui-même, de m'avancer quelque argent afin que je puisse continuer mes études. Je louai un mauvais clavecin tout rongé des vers ; et, réfugié dans mon galetas avec mon Fuchs et mon Mattheson, je me livrai sans contrainte à mon ardeur pour la composition. C'est de ce moment que je puis me considérer comme le protégé de la Providence. Les six premières sonates d'Emmanuel Bach ont fait mes délices pendant tout cet hiver, et je crois les avoir bien comprises. En même temps, le ciel, récompensant mon zèle et ma persévérance, a permis que je trouvasse un peu d'occupation pour vivre et m'acquitter envers mon cher hôte. J'ai joué de l'orgue tous les dimanches à la chapelle du comte de Haugwitz, après avoir fait le matin ma partie de premier violon à l'église des Pères de la Miséricorde. En outre, j'ai trouvé deux protecteurs. L'un est un abbé qui fait beaucoup de vers italiens, très-beaux à ce qu'on assure, et qui est fort bien vu de sa majesté et l'impératrice-reine. On l'appelle M. de Métastasio ; et comme il demeure dans la même maison que Keller et moi, je donne des leçons à une jeune personne qu'on dit être sa nièce. Mon autre protecteur est monseigneur l'ambassadeur de Venise.

— Il signor Corner? demanda Consuelo vivement.
— Ah! vous le connaissez? reprit Haydn ; c'est M. l'abbé de Métastasio qui m'a introduit dans cette maison. Mes petits talents y ont plu, et son excellence m'a promis de me faire avoir des leçons du maître Porpora, qui est en ce moment aux bains de Manensdorf avec madame Wilhelmine, la femme ou la maîtresse de son excellence. Cette promesse m'avait comblé de joie ; devenir l'élève d'un aussi grand professeur, du premier maître de chant de l'univers! Apprendre la composition, les principes purs et corrects de l'art italien! Je me regardais comme sauvé, je bénissais mon étoile, je me croyais déjà un grand maître moi-même. Mais, hélas! malgré les bonnes intentions de son excellence, sa promesse n'a pas été aussi facile à réaliser que je m'en flattais ; et si je ne trouve une recommandation plus puissante auprès du Porpora, je crains bien de ne jamais approcher seulement de sa personne. On dit que cet illustre maître est d'un caractère bizarre ; et qu'autant il se montre attentif, généreux et dévoué à certains élèves, autant il est capricieux et cruel pour certains autres. Il paraît que maître Reuter n'est rien au prix du Porpora, et je tremble à la seule idée de le voir. Cependant, quoiqu'il ait commencé par refuser net les propositions de l'ambassadeur à mon sujet, et qu'il ait signifié ne vouloir plus faire d'élèves, comme je sais que monseigneur Corner insistera, j'espère encore, et je suis déterminé à subir patiemment les plus cruelles mortifications, pourvu qu'il m'enseigne quelque chose en me grondant.

— Vous avez formé là, dit Consuelo, une salutaire résolution. On ne vous a pas exagéré les manières brusques et l'aspect terrible de ce grand maître. Mais vous avez raison d'espérer ; car si vous avez de la patience, une soumission aveugle, et les véritables dispositions musicales que je pressens en vous, si vous ne perdez pas la tête au milieu des premières bourrasques, et que vous réussissiez à lui montrer de l'intelligence et de la rapidité de jugement, au bout de trois ou quatre leçons, je vous promets qu'il sera pour vous le plus doux et le plus consciencieux des maîtres. Peut-être même, si votre cœur répond, comme je le crois, à votre esprit, Porpora deviendra pour vous un ami solide, un père équitable et bienfaisant.

— Oh! vous me comblez de joie. Je vois bien que vous le connaissez, et vous devez aussi connaître sa fameuse élève, la nouvelle comtesse de Rudolstadt... la Porporina...

— Mais où avez-vous donc entendu parler de cette Porporina, et qu'attendez-vous d'elle?

— J'attends d'elle une lettre pour le Porpora, et sa protection active auprès de lui, quand elle viendra à Vienne ; car elle va y venir sans doute après son mariage avec le riche seigneur de Riesenburg.

— D'où savez-vous ce mariage?

— Par le plus grand hasard du monde. Il faut vous dire que, le mois dernier, mon ami Keller apprit qu'un parent qu'il avait à Pilsen venait de mourir, lui laissant un peu de bien. Keller n'avait ni le temps ni le moyen de faire le voyage, et n'osait s'y déterminer, dans la crainte que la succession ne valût pas les frais de son déplacement et la perte de son temps. Je venais de recevoir quelque argent de mon travail, je lui ai offert de faire le voyage, et de prendre en main ses intérêts. J'ai donc été à Pilsen ; et, dans une semaine que j'y ai passée, j'ai eu la satisfaction de voir réaliser l'héritage de Keller. C'est peu de chose sans doute, mais ce peu n'est pas à dédaigner pour lui ; et je lui rapporte les titres d'une petite propriété qu'il pourra faire vendre ou exploiter selon qu'il le jugera à propos. En revenant de Pilsen, je me suis trouvé hier soir dans un endroit qu'on appelle Klatau, et où j'ai passé la nuit. Il y avait eu un marché dans la journée, et l'auberge était pleine de monde. J'étais assis auprès d'une table où mangeait un gros homme, qu'on traitait de docteur Wetzélius, et qui est bien le plus grand gourmand et le plus grand bavard que j'aie jamais rencontré. « Savez-vous la nouvelle? » disait-il à ses voisins : le comte Albert de Rudolstadt, celui qui est fou, archi-fou, et quasi enragé, épouse la maîtresse de musique de sa cousine, une aventurière, une mendiante, qui a été, dit-on, comédienne en Italie, et qui s'est fait enlever par le vieux musicien Porpora, lequel s'en est dégoûté et l'a envoyée faire ses couches à Riesenburg. On a tenu l'événement fort secret ; et d'abord, comme on ne comprenait rien à la maladie et aux convulsions de la demoiselle que l'on croyait très-vertueuse, on m'a fait appeler comme pour une fièvre putride et maligne. Mais à peine avais-je tâté le pouls de la malade, que le comte Albert, qui savait sans doute à quoi s'en tenir sur cette vertu-là, m'a repoussé en se jetant sur moi comme un furieux, et n'a pas souffert que je rentrasse dans l'appartement. Tout s'est passé fort secrètement. Je crois que la vieille chanoinesse a fait l'office de sage-femme ; la pauvre dame ne s'était jamais vue à pareille fête. L'enfant a disparu. Mais ce qu'il y a d'admirable, c'est que le jeune comte, qui, vous le savez tous, ne connaît pas la mesure du temps, et prend les mois pour des années, s'est imaginé être le père de cet enfant-là, et a parlé si énergiquement à sa famille, que, plutôt que de lui voir retomber dans ses accès de fureur, on a consenti à ce beau mariage. »

— Oh! c'est horrible, c'est infâme! s'écria Consuelo hors d'elle-même ; c'est un tissu d'abominables calomnies et d'absurdités révoltantes!

— Ne croyez pas que j'y aie ajouté foi un instant, repartit Joseph Haydn ; la figure de ce vieux docteur était aussi sotte que méchante, et, avant qu'on l'eût démenti, j'étais déjà sûr qu'il ne débitait que des faussetés et des folies. Mais à peine avait-il achevé son conte, que cinq ou six jeunes gens qui l'entouraient ont pris le parti de la jeune personne ; et c'est ainsi que j'ai appris la vérité. C'était à qui louerait la beauté, la grâce, la pudeur, l'esprit et l'incomparable talent de la Porporina. Tous approuvaient la passion du comte Albert pour elle, enviaient son bonheur, et admiraient le vieux comte d'avoir consenti à cette union. Le docteur Wetzélius a été traité de radoteur et d'insensé ; et comme on parlait de la grande estime de maître Porpora pour une élève à laquelle il a voulu donner son nom, je me suis mis dans la tête d'aller à Riesenburg, de me jeter aux pieds de la future ou peut-être de la nouvelle comtesse (car on dit que le mariage a été déjà célébré, mais qu'on le tient encore secret pour ne pas indisposer la cour), et de lui raconter mon histoire, pour obtenir d'elle la faveur de devenir l'élève de son illustre maître. »

Consuelo resta quelques instants pensive ; les dernières paroles de Joseph à propos de la cour l'avaient frappée. Mais revenant bientôt à lui :

« Mon enfant, lui dit-elle, n'allez point à Riesenburg, vous n'y trouveriez pas la Porporina. Elle n'est point mariée avec le comte de Rudolstadt, et rien n'est moins assuré que ce mariage-là. Il en a été question, il est vrai, et je crois que les fiancés étaient dignes l'un de l'autre ; mais la Porporina, quoiqu'elle eût pour le comte Albert une amitié solide, une estime profonde et un respect sans bornes, n'a pas cru devoir se décider légèrement à une chose aussi sérieuse. Elle a pesé, d'une part, le tort qu'elle ferait à cette illustre famille, en lui faisant perdre les bonnes grâces et peut-être la protection de l'impératrice, en même temps que l'estime des autres seigneurs et la considération de tout le pays ; de l'autre, le mal qu'elle se ferait à elle-même, en renonçant à exercer l'art divin qu'elle avait étudié avec passion et embrassé avec courage. Elle s'est dit que le sacrifice était grand de part et d'autre, et qu'avant de s'y jeter tête baissée, elle devait consulter le Porpora, et donner au jeune comte le temps de savoir si sa passion résisterait à l'absence ; de sorte qu'elle est partie pour Vienne à l'improviste, à pied, sans guide et presque sans argent, mais avec l'espérance de rendre le repos et la raison à celui qui l'aime, et n'emportant, de toutes les richesses qui lui étaient offertes, que le témoignage de sa conscience et la fierté de sa condition d'artiste.

— Oh ! c'est une véritable artiste, en effet ! c'est une forte tête et une âme noble, si elle a agi ainsi ! s'écria Joseph en fixant ses yeux brillants sur Consuelo ; et si je ne me trompe pas, c'est à elle que je parle, c'est devant elle que je me prosterne.

— C'est elle qui vous tend la main et qui vous offre son amitié, ses conseils et son appui auprès du Porpora ; car nous allons faire route ensemble, à ce que je vois ; et si Dieu nous protège, comme il nous a protégés jusqu'ici l'un et l'autre, comme il protège tous ceux qui ne se reposent qu'en lui, nous serons bientôt à Vienne, et nous prendrons les leçons du même maître.

— Dieu soit loué ! s'écria Haydn en pleurant de joie, et en levant les bras au ciel avec enthousiasme ; je devinais bien, en vous regardant dormir, qu'il y avait en vous quelque chose de surnaturel, et que ma vie, mon avenir, étaient entre vos mains. »

LXVI.

Quand les deux jeunes gens eurent fait une plus ample connaissance, en revenant de part et d'autre sur les détails de leur situation dans un entretien amical, ils songèrent aux précautions et aux arrangements à prendre pour retourner à Vienne. La première chose qu'ils firent fut de tirer leurs bourses et de compter leur argent. Consuelo était encore la plus riche des deux ; mais leurs fonds réunis pouvaient fournir de quoi faire agréablement la route à pied, sans souffrir de la faim et sans coucher à la belle étoile. Il ne fallait pas songer à autre chose, et Consuelo en avait déjà pris son parti. Cependant, malgré la gaieté philosophique qu'elle montrait à cet égard, Joseph était soucieux et pensif.

« Qu'avez-vous ? lui dit-elle ; vous craignez peut-être l'embarras de ma compagnie. Je gage pourtant que je marche mieux que vous.

— Vous devez tout faire mieux que moi, répondit-il ; ce n'est pas là ce qui m'inquiète. Mais je m'attriste et je m'épouvante quand je songe que vous êtes jeune et belle, et que tous les regards vont s'attacher sur vous avec convoitise, tandis que je suis si petit et si chétif que, bien résolu à me faire tuer pour vous, je n'aurai peut-être pas la force de vous préserver.

— A quoi allez-vous songer, mon pauvre enfant ? Si j'étais assez belle pour fixer les regards des passants, je pense qu'une femme qui se respecte sait imposer toujours par sa contenance...

— Que vous soyez laide ou belle, jeune ou sur le retour, effrontée ou modeste, vous n'êtes pas en sûreté sur ces routes couvertes de soldats et de vauriens de toute espèce. Depuis que la paix est faite, le pays est inondé de militaires qui retournent dans leurs garnisons, et surtout de ces volontaires aventuriers qui, se voyant licenciés, et ne sachant plus où trouver fortune, se mettent à piller les passants, à rançonner les campagnes, et à traiter les provinces en pays conquis. Notre pauvreté nous met à l'abri de leur talent de ce côté-là ; mais il suffit que vous soyez femme pour éveiller leur brutalité. Je pense sérieusement à changer de route ; et, au lieu de nous en aller par Piseck et Budweiss, qui sont des places de guerre offrant un continuel prétexte au passage des troupes licenciées et autres qui ne valent guère mieux, nous ferons bien de descendre le cours de la Moldaw, en suivant les gorges de montagnes à peu près désertes, où la cupidité et les brigandages de ces messieurs ne trouvent rien qui puisse les amorcer. Nous côtoierons la rivière jusque vers Reichenau, et nous entrerons tout de suite en Autriche par Freistadt. Une fois sur les terres de l'Empire, nous serons protégés par une police moins impuissante que celle de la Bohême.

— Vous connaissez donc cette route-là ?

— Je ne sais pas même s'il y en a une ; mais j'ai une petite carte dans ma poche, et j'avais projeté, en quittant Pilsen, d'essayer de m'en revenir par les montagnes, afin de changer et de voir du pays.

— Eh bien soit ! votre idée me paraît bonne, dit Consuelo en regardant la carte que Joseph venait d'ouvrir. Il y a partout des sentiers pour les piétons et des chaumières pour recueillir les gens sobres et court d'argent. Je vois là, en effet, une chaîne de montagnes qui nous conduit jusqu'à la source de la Moldaw, et qui continue le long du fleuve.

— C'est le plus grand Bœhmer-Wald, dont les cimes les plus élevées se trouvent là et servent de frontière entre la Bavière et la Bohême. Nous les rejoindrons facilement en nous tenant toujours sur ces hauteurs ; elles nous indiquent qu'à droite et à gauche sont les vallées qui descendent vers les deux provinces. Puisque, Dieu merci, je n'ai plus affaire à cet introuvable château des Géants, je suis sûr de vous bien diriger, et de ne pas vous faire faire plus de chemin qu'il ne faut.

— En route donc ! dit Consuelo ; je me sens tout à fait reposée. Le sommeil et votre bon pain m'ont rendu mes forces, et je peux encore faire au moins deux milles aujourd'hui. D'ailleurs j'ai hâte de m'éloigner de ces environs, où je crains toujours de rencontrer quelque visage de connaissance.

— Attendez, dit Joseph ; j'ai une idée singulière qui me trotte par la cervelle.

— Voyons-la.

— Si vous n'aviez pas de répugnance à vous habiller en homme, votre incognito serait assuré, et vous échapperiez à toutes les mauvaises suppositions qu'on pourrait faire dans nos gîtes sur le compte d'une jeune fille voyageant seule avec un jeune garçon.

— L'idée n'est pas mauvaise, mais vous oubliez que nous ne sommes pas assez riches pour faire des emplettes. Où trouverais-je d'ailleurs des habits à ma taille ?

— Écoutez, je n'aurais pas eu cette idée si je ne m'étais senti pourvu de ce qu'il fallait pour la mettre à exécution. Nous sommes absolument de la même taille, ce qui fait plus d'honneur à vous qu'à moi; et j'ai dans mon sac un habillement complet, absolument neuf, qui vous déguisera parfaitement. Voici l'histoire de cet habillement: c'est un envoi de ma brave femme de mère, qui, croyant me faire un cadeau très-utile, et voulant me savoir équipé convenablement pour me présenter à l'ambassade, et donner des leçons aux demoiselles, s'est avisée de me faire faire dans son village un costume des plus élégants, à la mode de chez nous. Certes, le costume est pittoresque, et les étoffes bien choisies; vous allez voir! Mais imaginez-vous l'effet que j'aurais produit à l'ambassade, et le fou rire qui se serait emparé de la nièce de M. de Métastasio, si je m'étais montré avec cette rustique casaque et ce large pantalon bouffant! J'ai remercié ma pauvre mère de ses bonnes intentions, et je me suis promis de vendre le costume à quelque paysan au dépourvu, ou à quelque comédien en voyage. Voilà pourquoi je l'ai emporté avec moi; mais par bonheur je n'ai pu trouver l'occasion de m'en défaire. Les gens de ce pays-ci prétendent que la mode de cet habit est antique, et ils demandent si cela est polonais ou turc.

— Eh bien, l'occasion est trouvée, s'écria Consuelo en riant; votre idée était excellente, et la comédienne en voyage s'accommode de votre habit à la turque, qui ressemble assez à un jupon. Je vous achète ceci à crédit toutefois, ou, pour mieux dire à condition que vous allez être le caissier de notre *chatouille*, comme dit le roi de Prusse de son trésor, et que vous m'avancerez la dépense de mon voyage jusqu'à Vienne.

— Nous verrons cela, dit Joseph en mettant la bourse dans sa poche, et en se promettant bien de ne pas se laisser payer. Maintenant reste à savoir si l'habit vous est commode. Je vais m'enfoncer dans ce bois, tandis que vous entrerez dans ces rochers. Ils vous offriront plus d'un cabinet de toilette sûr et spacieux.

— Allez, et paraissez sur la scène, répondit Consuelo en lui montrant la forêt : moi, je rentre dans la coulisse.

Et, se retirant dans les rochers, tandis que son respectueux compagnon s'éloignait consciencieusement, elle procéda sur-le-champ à sa transformation. La fontaine lui servit de miroir lorsqu'elle sortit de sa retraite, et ce ne fut pas sans un certain plaisir qu'elle y vit apparaître le plus joli petit paysan que la race slave eût jamais produit. Sa taille fine et souple comme un jonc jouait dans une large ceinture de laine rouge; et sa jambe, déliée comme celle d'une biche, sortait modestement un peu au-dessus de la cheville des larges plis du pantalon. Ses cheveux noirs, qu'elle avait persévéré à ne pas poudrer, avaient été coupés dans sa maladie, et bouclaient naturellement autour de son visage. Elle y passa ses doigts pour leur donner tout à fait la négligence rustique qui convient à un jeune pâtre; et, portant son costume avec l'aisance du théâtre, sachant donner, grâce à son talent mimique, donner tout à coup une expression de simplicité sauvage à sa physionomie, elle se trouva si bien déguisée que le courage et la sécurité lui vinrent en un instant. Ainsi qu'il arrive aux acteurs dès qu'ils ont revêtu leur costume, elle se sentit dans son rôle, et s'identifia même avec le personnage qu'elle allait jouer, au point d'éprouver en elle-même comme l'insouciance, le plaisir d'un vagabondage innocent, la gaîté, la vigueur et la légèreté de corps d'un garçon faisant l'école buissonnière.

Elle eut à siffler trois fois avant que Haydn, qui s'était éloigné dans le bois plus qu'il n'était nécessaire, soit pour témoigner son respect, soit pour échapper à la tentation de tourner ses yeux vers les fentes du rocher, revînt auprès d'elle. Il fit un cri de surprise et d'admiration en la voyant ainsi; et même, quoiqu'il s'attendît à la retrouver bien déguisée, il eut peine à en croire ses yeux dans le premier moment. Cette transformation embellissait prodigieusement Consuelo, et en même temps elle lui donnait un aspect tout différent pour l'imagination du jeune musicien.

L'espèce de plaisir que la beauté de la femme produit sur un adolescent est toujours mêlé de frayeur ; et le vêtement qui en fait, même aux yeux du moins chaste, un être si voilé et si mystérieux, est pour beaucoup dans cette impression de trouble et d'angoisse. Joseph était une âme pure, et, quoi qu'en aient dit quelques biographes, un jeune homme chaste et craintif. Il avait été ébloui en voyant Consuelo, animée par les rayons du soleil qui l'inondaient, dormir au bord de la source, immobile comme une belle statue. En lui parlant, en l'écoutant, son cœur s'était senti agité de mouvements inconnus, qu'il n'avait attribués qu'à l'enthousiasme et à la joie d'une si heureuse rencontre. Mais dans le quart d'heure qu'il avait passé loin d'elle dans le bois, pendant cette mystérieuse toilette, il avait éprouvé de violentes palpitations. La première émotion était revenue ; et il s'approchait, résolu à faire de grands efforts pour cacher encore sous un air d'insouciance et d'enjouement le trouble mortel qui s'élevait dans son âme.

Le changement de costume, si bien *réussi* qu'il semblait être un véritable changement de sexe, changea subitement aussi la disposition d'esprit du jeune homme. Il ne sentit plus en apparence que l'élan fraternel d'une vive amitié improvisée entre lui et son agréable compagnon de voyage. La même ardeur de courir et de voir du pays, la même sécurité quant aux dangers de la route, la même gaieté sympathique, qui animaient Consuelo dans cet instant, s'emparèrent de lui; et ils se mirent en marche à travers bois et prairies, aussi légers que deux oiseaux de passage.

Cependant, après quelques pas, il oublia qu'elle était garçon, en lui voyant porter sur l'épaule, au bout d'un bâton, son petit paquet de hardes, grossi des habillements de femme dont elle venait de se dépouiller. Une contestation s'éleva entre eux à ce sujet. Consuelo prétendait qu'avec son sac, son violon, et son cahier du *gradus ad Parnassum*, Joseph était bien assez chargé. Joseph, de son côté, jurait qu'il mettrait tout le paquet de Consuelo dans son sac, et qu'elle ne porterait rien. Il fallut qu'elle cédât ; mais, pour la vraisemblance de son personnage, et afin qu'il y eût apparence d'égalité entre eux, il consentit à lui laisser porter le violon en bandoulière.

« Savez-vous, lui disait Consuelo pour le décider à cette concession, qu'il faut que j'aie l'air de votre serviteur, ou tout au moins de votre guide? car je suis un paysan, il n'y a pas à dire, et vous, vous êtes un citadin.

— Quel citadin! répondait Haydn en riant. Je n'ai pas mal la tournure du garçon perruquier de Keller! »

Et en disant ceci, le bon jeune homme se sentait un peu mortifié de ne pouvoir se montrer à Consuelo sous un accoutrement plus coquet que ses habits fanés par le soleil et un peu délabrés par le voyage.

« Non! vous avez l'air, dit Consuelo pour lui ôter ce petit chagrin, d'un fils de famille ruiné reprenant le chemin de la maison paternelle avec son garçon jardinier, compagnon de ses escapades.

— Je crois bien que nous ferons mieux de jouer des rôles appropriés à notre situation, reprit Joseph. Nous ne pouvons passer que pour ce que nous sommes (vous du moins pour le moment), de pauvres artistes ambulants ; et, comme c'est la coutume du métier de s'habiller comme on peut, avec ce que l'on trouve, et selon l'argent qu'on a ; comme on voit souvent les troubadours de notre espèce traîner par les champs la défroque d'un marquis ou celle d'un soldat, nous pouvons bien avoir, moi, l'habit noir râpé d'un petit professeur, et vous la toilette, inusitée dans ce pays-ci, d'un villageois de la Hongrie. Nous ferons même bien de le dire si l'on nous interroge, que nous avons été dernièrement faire une tournée de ce côté-là. Je pourrai parler *ex professo* du célèbre village de Rohrau que personne ne connaît, et de la superbe ville de Haimburg dont personne ne se soucie. Quant à vous, comme votre petit accent si joli vous trahira toujours, vous ferez bien de ne pas nier que vous êtes Italien et chanteur de profession.

Prenez le pain et le couteau, et taillez vous-même... (Page 463.)

— A propos, il faut que nous ayons des noms de guerre, c'est l'usage : le vôtre est tout trouvé pour moi. Je dois, conformément à mes manières italiennes, vous appeler Beppo, c'est l'abréviation de Joseph.
— Appelez-moi comme vous voudrez. J'ai l'avantage d'être aussi inconnu sous un nom que sous un autre. Vous, c'est différent. Il vous faut un nom absolument : lequel choisissez-vous?
— La première abréviation vénitienne venue, Nello, Maso, Renzo, Zoto... Oh! non pas celui-là, s'écria-t-elle après avoir laissé échapper par habitude la contraction enfantine du nom d'Anzoleto.
— Pourquoi pas celui-là? reprit Joseph qui remarqua l'énergie de son exclamation.
— Il me porterait malheur. On dit qu'il y a des noms comme cela.
— Eh bien donc, comment vous baptiserons-nous?
— Bertoni. Ce sera un nom italien quelconque, et une espèce de diminutif du nom d'Albert.
— Il signor Bertoni! cela fait bien! dit Joseph en s'efforçant de sourire.
Mais ce souvenir de Consuelo pour son noble fiancé lui enfonça un poignard dans le cœur. Il la regarda marcher devant lui, leste et dégagée :
« A propos, se dit-il pour se consoler, j'oubliais que c'est un garçon! »

LXVII.

Ils trouvèrent bientôt la lisière du bois, et se dirigèrent vers le sud-est. Consuelo marchait la tête nue, et Joseph, voyant le soleil enflammer son teint blanc et uni, n'osait en exprimer son chagrin. Le chapeau qu'il portait lui-même n'était pas neuf, il ne pouvait pas le lui offrir; et, sentant sa sollicitude inutile, il ne voulait pas l'exprimer; mais il mit son chapeau sous son bras avec un mouvement brusque qui fut remarqué de sa compagne.
« Voilà une singulière idée, lui dit-elle. Il paraît que vous trouvez le temps couvert et la plaine ombragée? Cela me fait penser que je n'ai rien sur la tête; mais comme je n'ai pas toujours eu toutes mes aises, je sais bien des manières de me les procurer à peu de frais. »
En parlant ainsi, elle arracha à un buisson un rameau

Voilà mes ciseaux ouverts, voilà la queue par terre. (Page 164.)

de pampre sauvage, et, le roulant sur lui-même, elle s'en fit un chapeau de verdure.

« Voilà qu'elle a l'air d'une Muse, pensa Joseph, et le garçon disparaît encore! » Ils traversèrent un village, où, apercevant une de ces boutiques où l'on vend de tout, il y entra précipitamment sans qu'elle pût prévoir son dessein, et en sortit bientôt avec un petit chapeau de paille à larges bords retroussés sur les oreilles comme les portent les paysans des vallées danubiennes.

« Si vous commencez par nous jeter dans le luxe, lui dit-elle en essayant cette nouvelle coiffure, songez que le pain pourra bien manquer vers la fin du voyage.

— Le pain vous manquer! s'écria Joseph vivement; j'aimerais mieux tendre la main aux voyageurs, faire des cabrioles sur les places publiques pour recevoir des gros sous! que sais-je? Oh! non, vous ne manquerez de rien avec moi. » Et voyant que son enthousiasme étonnait un peu Consuelo, il ajouta en tâchant de rabaisser ses bons sentiments: « Songez, *signor Bertoni*, que mon avenir dépend de vous, que ma fortune est dans vos mains, et qu'il est de mes intérêts de vous ramener saine et sauve à maître Porpora. »

L'idée que son compagnon pouvait bien tomber subitement amoureux d'elle ne vint pas à Consuelo. Les femmes chastes et simples ont rarement ces prévisions, que les coquettes ont, au contraire, en toute rencontre, peut-être à cause de la préoccupation où elles sont d'en faire naître la cause. En outre, il est rare qu'une femme très-jeune ne regarde pas comme un enfant un homme de son âge. Consuelo avait deux ans de plus qu'Haydn, et ce dernier était si petit et si malingre qu'on lui en eût donné à peine quinze. Elle savait bien qu'il en avait davantage; mais elle ne pouvait s'aviser de penser que son imagination et ses sens fussent déjà éveillés par l'amour. Elle s'aperçut cependant d'une émotion extraordinaire lorsque, s'étant arrêtée pour reprendre haleine dans un autre endroit d'où elle admirait un des beaux sites qui s'offrent à chaque pas dans ces régions élevées, elle surprit les regards de Joseph attachés sur les siens avec une sorte d'extase.

« Qu'avez-vous, ami Beppo? lui dit-elle naïvement. Il me semble que vous êtes soucieux, et je ne puis m'ôter de l'idée que ma compagnie vous embarrasse.

— Ne dites pas cela! s'écria-t-il avec douleur; c'est

manquer d'estime pour moi, c'est me refuser votre confiance et votre amitié que je voudrais payer de ma vie.

— En ce cas, ne soyez pas triste, à moins que vous n'ayez quelque autre sujet de chagrin que vous ne m'avez pas confié. »

Joseph tomba dans un morne silence, et ils marchèrent longtemps sans qu'il pût trouver la force de le rompre. Plus ce silence se prolongeait, plus le jeune homme en ressentait d'embarras; il craignait de se laisser deviner. Mais il ne trouvait rien de convenable à dire pour renouer la conversation. Enfin, faisant un grand effort sur lui-même :

« Savez-vous, lui dit-il, à quoi je songe très-sérieusement?

— Non, je ne le devine pas, répondit Consuelo, qui, pendant tout ce temps, s'était perdue dans ses propres préoccupations, et qui n'avait rien trouvé d'étrange à son silence.

— Je pensais, chemin faisant, que, si cela ne vous ennuyait pas, vous devriez m'enseigner l'italien. Je l'ai commencé avec des livres cet hiver; mais, n'ayant personne pour me guider dans la prononciation, je n'ose pas articuler un seul mot devant vous. Cependant je comprends ce que je lis, et si, pendant notre voyage, vous étiez assez bonne pour me forcer à l'à haute voix, malgré ma mauvaise honte, et pour me reprendre à chaque syllabe, il me semble que j'aurais l'oreille assez musicale pour que votre peine ne fût pas perdue.

— Oh! de tout mon cœur, répondit Consuelo. J'aime qu'on ne perde pas un seul des précieux instants de la vie pour s'instruire; et comme on s'instruit soi-même en enseignant, il ne peut être que très-bon pour nous deux de nous exercer à bien prononcer la langue musicale par excellence. Vous me croyez Italienne, et je ne le suis pas, quoique j'aie très-peu d'accent dans cette langue. Mais je ne la prononce vraiment bien qu'en chantant; et, quand je voudrai vous faire saisir l'harmonie des sons italiens, je chanterai les mots qui vous présenteront des difficultés. Je suis persuadée qu'on ne prononce mal que parce qu'on entend mal. Si votre oreille perçoit complétement les nuances, ce ne sera plus pour vous qu'une affaire de mémoire de les bien répéter.

— Ce sera donc à la fois une leçon d'italien et une leçon de chant! s'écria Joseph. — Et une leçon qui durera cinquante lieues! pensa-t-il dans son ravissement. Ah! ma foi, vive l'art! le moins dangereux, le moins ingrat de tous les amours! »

La leçon commença sur l'heure, et Consuelo, qui eut d'abord de la peine à ne pas éclater de rire à chaque mot que Joseph disait en italien, s'émerveilla bientôt de la facilité et de la justesse avec lesquelles il se corrigeait. Cependant le jeune musicien, qui souhaitait avec ardeur d'entendre la voix de la cantatrice, et qui n'en voyait pas venir l'occasion assez vite, la fit naître par une petite ruse. Il feignit d'être embarrassé de donner à l'à italien la franchise et la netteté convenables, et il chanta une phrase de Léo où le mot *felicità* se trouvait répété plusieurs fois. Aussitôt Consuelo, sans s'arrêter, et sans être plus essoufflée que si elle eût été assise à son piano, lui chanta la phrase à plusieurs reprises. A cet accent si généreux et si pénétrant qu'aucun autre ne pouvait, à cette époque, lui être comparé dans le monde, Joseph sentit un frisson passer dans tout son corps, et froissa ses mains l'une contre l'autre avec un mouvement convulsif et une exclamation passionnée.

« A votre tour, essayez donc, » dit Consuelo sans s'apercevoir de ses transports.

Haydn essaya la phrase et la dit si bien que son jeune professeur battit des mains.

« C'est à merveille, lui dit-elle avec un accent de franchise et de bonté. Vous apprenez vite, et vous avez une voix magnifique.

— Vous pouvez me dire là-dessus tout ce qu'il vous plaira, répondit Joseph; mais moi je sens que je ne pourrai jamais vous rien dire de vous-même.

— Et pourquoi donc? » dit Consuelo.

Mais, en se retournant vers lui, elle vit qu'il avait les yeux gros de larmes, et qu'il serrait encore ses mains, en faisant craquer les phalanges, comme un enfant folâtre et comme un homme enthousiaste.

« Ne chantons plus, lui dit-elle. Voici des cavaliers qui viennent à notre rencontre.

— Ah! mon Dieu, oui, taisez-vous! s'écria Joseph tout hors de lui. Qu'ils ne vous entendent pas! car ils mettraient pied à terre, et vous salueraient à genoux.

— Je ne crains pas ces mélomanes; ce sont des garçons bouchers qui portent des veaux en croupe.

— Ah! baissez votre chapeau, détournez la tête! dit Joseph en se rapprochant d'elle avec un sentiment de jalousie exaltée. Qu'ils ne vous voient pas! qu'ils ne vous entendent pas! que personne autre que moi ne vous voie et ne vous entende! »

Le reste de la journée s'écoula dans une alternative d'études sérieuses et de causeries enfantines. Au milieu de ses agitations, Joseph éprouvait une joie enivrante, et ne savait s'il était le plus tremblant des adorateurs de la beauté, ou le plus rayonnant des amis de l'art. Tour à tour idole resplendissante et camarade délicieux, Consuelo remplissait toute sa vie et transportait tout son être. Vers le soir il s'aperçut qu'elle se traînait avec peine, et que la fatigue avait vaincu son enjouement. Il est vrai que, depuis plusieurs heures, malgré les fréquentes haltes qu'ils faisaient sous les ombrages du chemin, elle se sentait brisée de lassitude; mais elle voulait qu'il en fût ainsi; et n'eût-il pas été démontré qu'il fallait s'éloigner de ce pays au plus vite, elle eût encore cherché, dans le mouvement et dans l'étourdissement d'une gaîté un peu forcée, une distraction contre le déchirement de son cœur. Les premières ombres du soir, en répandant de la mélancolie sur la campagne, ramenèrent les sentiments douloureux qu'elle combattait avec un si grand courage. Elle se représenta la morne soirée qui commençait au château des Géants, et la nuit, peut-être terrible, qu'Albert allait passer. Vaincue par cette idée, elle s'arrêta involontairement au pied d'une grande croix de bois, qui marquait, au sommet d'une colline nue, le théâtre de quelque miracle ou de quelque crime traditionnels.

« Hélas! vous êtes plus fatiguée que vous ne voulez en convenir, lui dit Joseph; mais notre étape touche à sa fin, car je vois briller au fond de cette gorge les lumières d'un hameau. Vous croyez peut-être que je n'aurais pas la force de vous porter, et cependant, si vous vouliez...

— Mon enfant, lui répondit-elle en souriant, vous êtes bien fier de votre sexe. Je vous prie de ne pas tant mépriser le mien, et de croire que j'ai plus de force qu'il ne vous en reste pour vous porter vous-même. Je suis essoufflée d'avoir grimpé ce sentier, voilà tout; et si je me repose, c'est que j'ai envie de chanter.

— Dieu soit loué! s'écria Joseph : chantez donc là, au pied de la croix. Je vais me mettre à genoux... Et cependant, si cela allait vous fatiguer davantage!

— Ce ne sera pas long, dit Consuelo; mais c'est une fantaisie que j'ai de dire ici un verset de cantique que ma mère me faisait chanter avec elle, soir et matin, dans la campagne, quand nous rencontrions une chapelle ou une croix plantée comme celle-ci à la jonction de quatre sentiers. »

L'idée de Consuelo était encore plus romanesque qu'elle ne voulait le dire. En songeant à Albert, elle s'était représenté cette faculté quasi-surnaturelle qu'il avait souvent de voir et d'entendre à distance. Elle s'imagina fortement qu'à cette heure même il pensait à elle, et la voyait peut-être; et, croyant trouver un allégement à sa peine en lui parlant par un chant sympathique à travers la nuit et l'espace, elle monta sur les pierres qui assujettissaient le pied de la croix. Alors, se tournant du côté de l'horizon derrière lequel devait être Riesenburg, elle donna sa voix dans toute son étendue pour chanter le verset du cantique espagnol :

O Consuelo de mi alma, etc.

« Mon Dieu, mon Dieu! disait Haydn en se parlant à

lui-même lorsqu'elle eut fini, je n'avais jamais entendu chanter; je ne savais pas ce que c'est que le chant! Y a-t-il donc d'autres voix humaines semblables à celle-ci? Pourrai-je jamais entendre quelque chose de comparable à ce qui m'est révélé aujourd'hui? O musique! sainte musique! O génie de l'art! que tu m'embrases, et que tu m'épouvantes! »

Consuelo redescendit de la pierre, où comme une madone elle avait dessiné sa silhouette élégante dans le bleu transparent de la nuit. A son tour, inspirée à la manière d'Albert, elle s'imagina qu'elle le voyait, à travers les bois, les montagnes et les vallées, assis sur la pierre du Schreckenstein, calme, résigné, et rempli d'une sainte espérance. « Il m'a entendue, pensait-elle, il a reconnu ma voix et le chant qu'il aime. Il m'a comprise, et maintenant il va rentrer au château, embrasser son père, et peut-être s'endormir paisiblement. »

« Tout va bien, » dit-elle à Joseph sans prendre garde à son délire d'admiration.

Puis, retournant sur ses pas, elle déposa un baiser sur le bois grossier de la croix. Peut-être en cet instant, par un rapprochement bizarre, Albert éprouva-t-il comme une commotion électrique qui détendit les ressorts de sa volonté sombre, et fit passer jusqu'aux profondeurs les plus mystérieuses de son âme les délices d'un calme divin. Peut-être fut-ce le moment précis du profond et bienfaisant sommeil où il tomba, et où son père, inquiet et matinal, eut la satisfaction de le retrouver plongé le lendemain au retour de l'aurore.

Le hameau dont ils avaient aperçu les feux dans l'ombre n'était qu'une vaste ferme où ils furent reçus avec hospitalité. Une famille de laboureurs mangeait en plein air devant la porte, sur une table de bois brut, à laquelle on leur fit place, sans difficulté comme sans empressement. On ne leur adressa point de questions, on les regarda à peine. Ces braves gens, fatigués d'une longue et chaude journée de travail, prenaient leur repas en silence, livrés à la béate jouissance d'une alimentation simple et copieuse. Consuelo trouva le souper délicieux. Joseph oublia de manger, occupé qu'il était à regarder cette pâle et noble figure de Consuelo au milieu de ces larges faces hâlées de paysans, douces et stupides comme celles de leurs bœufs qui paissaient l'herbe autour d'eux, et ne faisaient guère un plus grand bruit de mâchoires en ruminant avec lenteur.

Chacun des convives se retira silencieusement en faisant un signe de croix, aussitôt qu'il se sentit repu, et alla se livrer au sommeil, laissant les plus robustes prolonger les douceurs de la table autant qu'ils le jugeraient à propos. Les femmes qui les servaient s'assirent à leurs places, dès qu'ils se furent tous levés, et se mirent à souper avec les enfants. Plus animées et plus curieuses, elles retinrent et questionnèrent les jeunes voyageurs. Joseph se chargea des contes qu'il tenait tout prêts pour les satisfaire, et ne s'écarta guère de la vérité, quant au fond, en leur disant que lui et son camarade étaient de pauvres musiciens ambulants.

« Quel dommage que nous ne soyons pas au dimanche, répondit une des plus jeunes, vous nous auriez fait danser! »

Elles examinèrent beaucoup Consuelo, qui leur parut un fort joli garçon, et qui affecta, pour bien remplir son rôle, de les regarder avec des yeux hardis et bien éveillés. Elle avait soupiré un instant en se représentant la douceur de ces mœurs patriarcales dont sa profession active et vagabonde l'éloignait si fort. Mais en observant ces pauvres femmes se tenir debout derrière leurs maris, les servir avec respect, et manger ensuite leurs restes avec gaîté, les unes allaitant un petit, les autres esclaves déjà, par instinct, de leurs jeunes garçons, s'occupant d'eux avant de songer à leurs filles et à elles-mêmes, elle ne vit plus dans tous ces bons cultivateurs que des sujets de la faim et de la nécessité; les mâles enchaînés à la terre, valets de charrue et de bestiaux; les femelles enchaînées au maître, c'est-à-dire à l'homme, cloîtrées à la maison, servantes à perpétuité, et condamnées à un travail sans relâche au milieu des souffrances et des embarras de la maternité. D'un côté le possesseur de la terre, pressant ou rançonnant le travailleur jusqu'à lui ôter le nécessaire dans les profits de son aride labeur; de l'autre l'avarice et la peur qui se communiquent du maître au tenancier, et condamnent celui-ci à gouverner despotiquement et parcimonieusement sa propre famille et sa propre vie. Alors cette sérénité apparente ne sembla plus à Consuelo que l'abrutissement du malheur ou l'engourdissement de la fatigue; et elle se dit qu'il valait mieux être artiste ou bohémien, que seigneur ou paysan, puisqu'à la possession d'une terre comme à celle d'une gerbe de blé s'attachaient ou la tyrannie injuste, ou le morne assujetissement de la cupidité. *Viva la libertà!* dit-elle à Joseph, à qui elle exprimait ses pensées en italien, tandis que les femmes lavaient et rangeaient la vaisselle à grand bruit, et qu'une vieille impotente tournait son rouet avec la régularité d'une machine.

Joseph était surpris de voir quelques-unes de ces paysannes parler allemand tant bien que mal. Il apprit d'elles que le chef de la famille, qu'il avait vu habillé en paysan, était d'origine noble, et avait eu un peu de fortune et d'éducation dans sa jeunesse; mais que, ruiné entièrement dans la guerre de la Succession, il n'avait plus eu d'autres ressources pour élever sa nombreuse famille que de s'attacher comme fermier à une abbaye voisine. Cette abbaye le rançonnait horriblement, et il venait de payer le droit de mitre, c'est-à-dire l'impôt levé par le fisc impérial sur les communautés religieuses à chaque mutation d'abbé. Cet impôt n'était jamais payé en réalité que par les vassaux et tenanciers des biens ecclésiastiques, en surplus de leurs redevances et menus-suffrages. Les serviteurs de la ferme étaient serfs, et ne s'estimaient pas plus malheureux que le chef qui les employait. Le fermier du fisc était juif; et, renvoyé, de l'abbaye qu'il tourmentait, aux cultivateurs qu'il tourmentait plus encore, il était venu dans la matinée réclamer et toucher une somme qui était l'épargne de plusieurs années. Entre les prêtres catholiques et les exacteurs israélites, le pauvre agriculteur ne savait lesquels haïr et redouter le plus.

« Voyez, Joseph, dit Consuelo à son compagnon; ne vous disais-je pas bien que nous étions seuls riches en ce monde, nous qui ne payons pas d'impôt sur nos voix, et qui ne travaillons que quand il nous plaît? »

L'heure du coucher étant venue, Consuelo éprouvait tant de fatigue qu'elle s'endormit sur un banc à la porte de la maison. Joseph profita de ce moment pour demander des lits à la fermière.

« Des lits, mon enfant? répondit-elle en souriant; si nous pouvions vous en donner un, ce serait beaucoup, et vous sauriez bien vous en contenter pour deux. »

Cette réponse fit monter le sang au visage du pauvre Joseph. Il regarda Consuelo; et, voyant qu'elle n'entendait pas ce dialogue, il surmonta son émotion.

« Mon camarade est très-fatigué, dit-il, et si vous pouvez lui céder un petit lit, nous le paierons ce que vous voudrez. Pour moi, un coin dans la grange ou dans l'étable me suffira.

— Eh bien! si cet enfant est malade, par humanité nous lui donnerons un lit dans la chambre commune. Nos trois filles coucheront ensemble. Mais dites à votre camarade de se tenir tranquille, au moins, et de se comporter décemment; car mon mari et mon gendre, qui dorment dans la même pièce, le mettraient à la raison.

— Je vous réponds de la douceur et de l'honnêteté de mon camarade; reste à savoir s'il ne préférera pas encore dormir dans le foin que dans une chambre où vous êtes tant de monde. »

Il fallut bien que le bon Joseph réveillât le signor Bertoni pour lui proposer cet arrangement. Consuelo n'en fut pas effarouchée comme il s'y attendait. Elle trouva que puisque les jeunes filles de la maison reposaient dans la même pièce que le père et le gendre, elle y serait plus en sûreté que partout ailleurs; et ayant souhaité le bonsoir à Joseph, elle se glissa derrière les quatre rideaux de laine brune qui enfermaient le lit désigné, où, prenant à peine le temps de se déshabiller, elle s'endormit profondément.

LXVIII.

Cependant, après les premières heures de ce sommeil accablant, elle fut réveillée par le bruit continuel qui se faisait autour d'elle. D'un côté, la vieille grand'mère, dont le lit touchait presque au sien, toussait et râlait sur le ton le plus aigu et le plus déchirant; de l'autre, une jeune femme allaitait son petit enfant et chantait pour le rendormir; les ronflements des hommes ressemblaient à des rugissements; un autre enfant, quatrième dans un lit, pleurait en se querellant avec ses frères; les femmes se relevaient pour les mettre d'accord, et faisaient plus de bruit encore par leurs réprimandes et leurs menaces. Ce mouvement perpétuel, ces cris d'enfants, la malpropreté, la mauvaise odeur et la chaleur de l'atmosphère chargée de miasmes épais, devinrent si désagréables à Consuelo, qu'elle n'y put tenir longtemps. Elle se rhabilla sans bruit, et, profitant d'un moment où tout le monde était endormi, elle sortit de la maison, et chercha un coin pour dormir jusqu'au jour.

Elle se flattait de dormir mieux en plein air. Ayant passé la nuit précédente à marcher, elle ne s'était pas aperçue du froid; mais, outre qu'elle était dans une disposition d'accablement bien différente de l'excitation de son départ, le climat de cette région élevée se manifestait déjà plus âpre qu'aux environs de Riesenburg. Elle sentit le frisson la saisir, et un horrible malaise lui fit craindre de ne pouvoir supporter une suite de journées de marche et de nuits sans repos, dont le début s'annonçaient si désagréablement. C'est en vain qu'elle se reprocha d'être devenue *princesse* dans les douceurs de la vie de château : elle eût donné le reste de ses jours en cet instant pour une heure de bon sommeil.

Cependant, n'osant rentrer dans la maison de peur d'éveiller ses hôtes, elle chercha la porte des granges; et, trouvant l'étable ouverte à demi, elle y pénétra à tâtons. Un profond silence y régnait. Jugeant cet endroit désert, elle s'étendit sur une crèche remplie de paille dont la chaleur et l'odeur saine lui parurent délicieuses.

Elle commençait à s'endormir, lorsqu'elle sentit sur son front une haleine chaude et humide, qui se retira avec un souffle violent et une sorte d'imprécation étouffée. La première frayeur passée, elle aperçut, dans le crépuscule qui commençait à poindre, une longue figure et deux formidables cornes au-dessus de sa tête : c'était une belle vache qui avait passé le cou au râtelier, et qui, après l'avoir flairée avec étonnement, se retirait avec épouvante. Consuelo se tapit dans le coin, de manière à ne pas la contrarier, et dormit fort tranquillement. Son oreille fut bientôt habituée à tous les bruits de l'étable, au cri des chaînes dans leurs anneaux, au mugissement des génisses et au frottement des cornes contre les barres de la crèche. Elle ne s'éveilla même pas lorsque les laitières entrèrent pour faire sortir leurs bêtes et les traire en plein air. L'étable se trouva vide; l'endroit sombre où Consuelo s'était retirée avait empêché qu'on ne la découvrît; et le soleil était levé lorsqu'elle ouvrit de nouveau les yeux. Enfoncée dans la paille, elle goûta encore quelques instants le bien-être de sa situation, et se réjouit de se sentir rafraîchie et reposée, prête à reprendre sa marche sans effort et sans inquiétude.

Lorsqu'elle sauta à bas de la crèche pour chercher Joseph, le premier objet qu'elle rencontra fut Joseph lui-même, assis vis-à-vis d'elle sur la crèche d'en face.

« Vous m'avez donné bien de l'inquiétude, cher signor Bertoni, lui dit-il. Lorsque les jeunes filles m'ont appris que vous n'étiez plus dans la chambre, et qu'elles ne savaient ce que vous étiez devenue, je vous ai cherchée partout, et ce n'est qu'en désespoir de cause que je suis revenu ici où j'avais passé la nuit, et où je vous ai trouvée, à ma grande surprise. J'en étais sorti dans l'obscurité du matin, et ne m'étais pas avisé de vous y découvrir, là vis-à-vis de moi, blottie dans cette paille et sous le nez de ces animaux qui eussent pu vous blesser. Vraiment, signora, vous êtes téméraire, et vous ne songez pas aux périls de toute espèce que vous affrontez.

— Quels périls, mon cher Beppo? dit Consuelo en souriant et en lui tendant la main. Ces bonnes vaches ne sont pas des animaux bien féroces, et je leur ai fait plus de peur qu'elles ne pouvaient me faire de mal.

— Mais, signora, reprit Joseph en baissant la voix, vous venez au milieu de la nuit vous réfugier dans le premier endroit qui se présente. D'autres hommes que moi pouvaient se trouver dans cette étable, quelque vagabond moins respectueux que votre fidèle et dévoué Beppo, quelque serf grossier!... Si, au lieu de la crèche où vous avez dormi, vous aviez choisi l'autre, et qu'au lieu de moi vous y eussiez éveillé en sursaut quelque soldat ou quelque rustre ! »

Consuelo rougit en songeant qu'elle avait dormi si près de Joseph et toute seule avec lui dans les ténèbres; mais cette honte ne fit qu'augmenter sa confiance et son amitié pour le bon jeune homme.

« Joseph, lui dit-elle, vous voyez que, dans mes imprudences, le ciel ne m'abandonne pas, puisqu'il m'avait conduite auprès de vous. C'est lui qui m'a fait vous rencontrer hier matin au bord de la fontaine où vous m'avez donné votre pain, votre confiance et votre amitié ; c'est lui encore qui a placé, cette nuit, mon sommeil insouciant sous votre sauve-garde fraternelle. »

Elle lui raconta en riant la mauvaise nuit qu'elle avait passée dans la chambre commune avec la bruyante famille de la ferme, et combien elle s'était sentie heureuse et tranquille au milieu des vaches.

« Il est donc vrai, dit Joseph, que les animaux ont une habitation plus agréable et des mœurs plus élégantes que l'homme qui les soigne !

— C'est à quoi je songeais tout en m'endormant sur cette crèche. Ces bêtes ne me causaient ni frayeur ni dégoût, et je me reprochais d'avoir contracté des habitudes tellement aristocratiques, que la société de mes semblables et le contact de leur indigence me fussent devenus insupportables. D'où vient cela, Joseph? Celui qui est né dans la misère devrait, lorsqu'il y retombe, ne pas éprouver cette répugnance dédaigneuse à laquelle j'ai cédé. Et quand le cœur ne s'est pas vicié dans l'atmosphère de la richesse, pourquoi reste-t-on délicat d'habitudes, comme je l'ai été cette nuit en fuyant la chaleur nauséabonde et la confusion bruyante de cette pauvre couvée humaine?

— C'est que la propreté, l'air pur et le bon ordre domestique sont sans doute des besoins légitimes et impérieux pour toutes les organisations choisies, répondit Joseph. Quiconque est né artiste a le sentiment du beau et du bien, l'antipathie du grossier et du laid. Et la misère est laide! Je suis paysan, moi aussi, et mes parents m'ont donné le jour sous le chaume; mais ils étaient artistes : notre maison, quoique pauvre et petite, était propre et bien rangée. Il est vrai que notre pauvreté était voisine de l'aisance, tandis que l'excessive privation ôte peut-être jusqu'au sentiment du mieux.

— Pauvres gens ! dit Consuelo. Si j'étais riche, je voudrais tout de suite leur faire bâtir une maison; et si j'étais reine, je leur ôterais ces impôts, ces moines et ces juifs qui les dévorent.

— Si vous étiez riche, vous n'y penseriez pas; et si vous étiez née reine, vous ne le voudriez pas. Ainsi va le monde !

— Le monde va donc bien mal !

— Hélas oui ! et sans la musique qui transporte l'âme dans un monde idéal, il faudrait se tuer, quand on a le sentiment de ce qui se passe dans celui-ci.

— Se tuer est fort commode, mais ne fait de bien qu'à soi. Joseph, il faudrait devenir riche et rester humain.

— Et comme cela ne paraît guère possible, il faudrait, du moins, que tous les pauvres fussent artistes.

— Vous n'avez pas là une mauvaise idée, Joseph. Si les malheureux avaient tous le sentiment et l'amour de l'art pour poétiser la souffrance et embellir la misère, il n'y aurait plus ni malpropreté, ni découragement, ni oubli de soi-même, et alors les riches ne se permettraient plus de tant fouler et mépriser les misérables. On respecte toujours un peu les artistes.

— Eh! vous m'y faites songer pour la première fois, reprit Haydn. L'art peut donc avoir un but bien sérieux, bien utile pour les hommes?...

— Aviez-vous donc pensé jusqu'ici que ce n'était qu'un amusement?

— Non, mais une maladie, une passion, un orage qui gronde dans le cœur, une fièvre qui s'allume en nous et que nous communiquons aux autres... Si vous savez ce que c'est, dites-le-moi.

— Je vous le dirai quand je le comprendrai bien moi-même; mais c'est quelque chose de grand, n'en doutez pas, Joseph. Allons, partons et n'oublions pas le violon, votre unique propriété, ami Beppo, la source de votre future opulence. »

Ils commencèrent par faire leurs petites provisions pour le déjeuner qu'ils méditaient de manger sur l'herbe dans quelque lieu romantique. Mais quand Joseph tira sa bourse et voulut payer, la fermière sourit, et refusa sans affectation, quoique avec fermeté. Quelles que fussent les instances de Consuelo, elle ne voulut jamais rien accepter, et même elle surveilla ses jeunes hôtes de manière à ce qu'ils ne pussent pas glisser le plus léger don aux enfants.

« Rappelez-vous, dit-elle enfin avec un peu de hauteur à Joseph qui insistait, que mon mari est noble de naissance, et croyez bien que le malheur ne l'a pas avili au point de lui faire vendre l'hospitalité.

— Cette fierté-là me semble un peu outrée, dit Joseph à sa compagne lorsqu'ils furent sur le chemin. Il y a plus d'orgueil que de charité dans le sentiment qui les anime.

— Je n'y veux voir que de la charité, répondit Consuelo, et j'ai le cœur gros de honte et de repentir en songeant que je n'ai pu supporter l'incommodité de cette maison qui n'a pas craint d'être souillée et surchargée par la présence du vagabond que je représente. Ah! maudite recherche! sotte délicatesse des enfants gâtés de ce monde! tu es une maladie, puisque tu n'es la santé pour les uns qu'au détriment des autres!

— Pour une grande artiste comme vous l'êtes, je vous trouve trop sensible aux choses d'ici-bas, lui dit Joseph. Il me semble qu'il faut à l'artiste un peu plus d'insouciance et d'oubli de tout ce qui ne tient pas à sa profession. On disait dans l'auberge de Klatau, où j'ai entendu parler de vous et du château des Géants, que le comte Albert de Rudolstadt était un grand philosophe dans sa bizarrerie. Vous avez senti, signora, qu'on ne pouvait être artiste et philosophe en même temps; c'est pourquoi vous avez pris la fuite. Ne vous affectez donc plus du malheur des humains, et reprenons notre leçon d'hier.

— Je le veux bien, Beppo; mais sachez auparavant que le comte Albert est un plus grand artiste que nous, tout philosophe qu'il est.

— En vérité! Il ne lui manque donc rien pour être aimé? reprit Joseph avec un soupir.

— Rien à mes yeux que d'être pauvre et sans naissance, répondit Consuelo. »

Et doucement gagnée par l'attention que Joseph lui prêtait, stimulée par d'autres questions naïves qu'il lui adressa en tremblant, elle se laissa entraîner au plaisir de lui parler assez longuement de son fiancé. Chaque réponse amenait une explication, et, de détails en détails, elle en vint à lui raconter minutieusement toutes les particularités de l'affection qu'Albert lui avait inspirée. Peut-être cette confiance absolue en un jeune homme qu'elle ne connaissait que depuis la veille eût-elle été inconvenante en toute autre situation. Il est vrai que cette situation bizarre était seule capable de la faire naître. Quoi qu'il en soit, Consuelo céda à un besoin irrésistible de se rappeler à elle-même et de confier à un cœur ami les vertus de son fiancé; et, tout en parlant ainsi, elle sentit, avec la même satisfaction qu'on éprouve à faire l'essai de ses forces après une maladie grave,

qu'elle aimait Albert plus qu'elle ne s'en était flattée en lui promettant de travailler à n'aimer que lui. Son imagination s'exaltait sans inquiétude, à mesure qu'elle s'éloignait de lui; et tout ce qu'il y avait de beau, de grand et de respectable dans son caractère, lui apparut sous un jour plus brillant, lorsqu'elle ne sentit plus en elle la crainte de prendre trop précipitamment une résolution absolue. Sa fierté ne souffrait plus de l'idée qu'on pouvait l'accuser d'ambition, car elle fuyait, elle renonçait en quelque sorte aux avantages matériels attachés à cette union; elle pouvait donc, sans contrainte et sans honte, se livrer à l'affection dominante de son âme. Le nom d'Anzoleto ne vint pas une seule fois sur ses lèvres, et elle s'aperçut encore avec plaisir qu'elle n'avait pas même songé à faire mention de lui dans le récit de son séjour en Bohême.

Ces épanchements, tout déplacés et téméraires qu'ils pussent être, amenèrent les meilleurs résultats. Ils firent comprendre à Joseph combien l'âme de Consuelo était sérieusement occupée; et les espérances vagues qu'il pouvait avoir involontairement conçues s'évanouirent comme des songes, dont il s'efforça même de dissiper le souvenir. Après une ou deux heures de silence qui succédèrent à cet entretien animé, il prit la ferme résolution de ne plus voir en elle ni une belle sirène, ni un dangereux et problématique camarade, mais une grande artiste et une noble femme, dont les conseils et l'amitié étendraient sur toute sa vie une heureuse influence.

Autant pour répondre à sa confiance que pour mettre à ses propres désirs une double barrière, il lui ouvrit son âme, et lui raconta comme quoi, lui aussi, était engagé, et pour ainsi dire fiancé. Son roman de cœur était moins poétique que celui de Consuelo; mais pour qui sait l'issue de ce roman dans la vie de Haydn, il n'était pas moins pur et moins noble. Il avait témoigné de l'amitié à la fille de son généreux hôte, le perruquier Keller, et celui-ci, voyant cette innocente liaison, lui avait dit:

« Joseph, je me fie à toi. Tu parais aimer ma fille, et je vois que tu ne lui es pas indifférent. Si tu es aussi loyal que laborieux et reconnaissant, quand tu auras assuré ton existence, tu seras mon gendre. »

Dans un mouvement de gratitude exaltée, Joseph avait promis, juré!... et quoique sa fiancée ne lui inspirât pas la moindre passion, il se regardait comme enchaîné pour jamais.

Il raconta ceci avec une mélancolie qu'il ne put vaincre en songeant à la différence de sa position réelle et des rêves enivrants auxquels il lui fallait renoncer. Consuelo regarda cette tristesse comme l'indice d'un amour profond et invincible pour la fille de Keller. Il n'osa la détromper; et son estime, son abandon complet dans la loyauté et la pureté de Beppo en augmentèrent d'autant.

Leur voyage ne fut donc trouble par aucune de ces crises et de ces explosions que l'on eût pu présager en voyant partir ensemble pour un tête-à-tête de quinze jours, et au milieu de toutes les circonstances qui pouvaient garantir l'impunité, deux jeunes gens aimables, intelligents, et remplis de sympathie l'un pour l'autre. Quoique Joseph n'aimât pas la fille de Keller, il consentit à laisser prendre sa fidélité de conscience pour fidélité de cœur; et quoiqu'il sentît encore parfois l'orage gronder dans son sein, il sut si bien l'y maîtriser, que sa chaste compagne, dormant au fond de lui sous la bruyère, gardée par lui comme par un chien fidèle, traversant à ses côtés des solitudes profondes, loin de tout regard humain, passant maintes fois la nuit avec lui dans la même grange ou dans la même grotte, ne se douta pas une seule fois de ses combats et des mérites de sa victoire. Dans sa vieillesse, lorsque Haydn lut les premiers livres des Confessions de Jean-Jacques Rousseau, il sourit avec les yeux baignés de larmes en se rappelant sa traversée du Bœhmer-Wald avec Consuelo, l'amour tremblant et la pieuse innocence pour compagnons de voyage.

Une fois, pourtant, la vertu du jeune musicien se trouva à une rude épreuve. Lorsque le temps était beau, les chemins faciles, et la lune brillante, ils adoptaient la vraie et bonne manière de voyager pédestrement sans courir les risques des mauvais gîtes. Ils s'établissaient dans quelque lieu tranquille et abrité pour y passer la journée à causer, à dîner, à faire de la musique et à dormir. Aussitôt que la soirée devenait froide, ils achevaient de souper, pliaient bagage, et reprenaient leur course jusqu'au jour. Ils échappaient ainsi à la fatigue d'une marche au soleil, aux dangers d'être examinés curieusement, à la malpropreté et à la dépense des auberges. Mais lorsque la pluie, qui devint assez fréquente dans la partie élevée du Bœhmer-Wald où la Moldaw prend sa source, les forçait de chercher un abri, ils se retiraient où ils pouvaient, tantôt dans la cabane de quelque serf, tantôt dans les hangars de quelque châtellenie. Ils fuyaient avec soin les cabarets, où ils eussent pu trouver plus facilement à se loger, dans la crainte des mauvaises rencontres, des propos grossiers, et des scènes bruyantes.

Un soir donc, pressés par l'orage, ils entrèrent dans la hutte d'un chevrier, qui, pour toute démonstration d'hospitalité, leur dit en bâillant et en étendant les bras du côté de sa bergerie :

« Allez au foin. »

Consuelo se glissa dans un coin bien sombre, comme elle avait coutume de faire, et Joseph allait s'installer à distance dans un autre coin, lorsqu'il heurta les jambes d'un homme endormi qui l'apostropha rudement. D'autres jurements répondirent à l'imprécation du dormeur, et Joseph, effrayé de cette compagnie, se rapprocha de Consuelo et lui saisit le bras pour être sûr que personne ne se mettrait entre eux. D'abord leur pensée fut de sortir; mais la pluie ruisselait à grand bruit sur le toit de planches de la hutte, et tout le monde était rendormi.

« Restons, dit Joseph à voix basse, jusqu'à ce que la pluie ait cessé. Vous pouvez dormir sans crainte, je ne fermerai pas l'œil, je resterai près de vous. Personne ne peut se douter qu'il y ait une femme ici. Aussitôt que le temps redeviendra supportable, je vous éveillerai, et nous nous glisserons dehors. »

Consuelo n'était pas fort rassurée; mais il y avait plus de danger à sortir tout de suite qu'à rester. Le chevrier et ses hôtes remarqueraient cette crainte de demeurer avec eux, ils en prendraient des soupçons, ou sur leur sexe, ou sur l'argent qu'on pourrait leur supposer; et si ces hommes étaient capables de mauvaises intentions, ils les suivraient dans la campagne pour les attaquer. Consuelo, ayant fait toutes ces réflexions, se tint tranquille; mais elle enlaça son bras à celui de Joseph, par un sentiment de frayeur bien naturelle et de confiance bien fondée en sa sollicitude.

Quand la pluie cessa, comme ils n'avaient dormi ni l'un ni l'autre, ils se disposaient à partir, lorsqu'ils entendirent remuer leurs compagnons inconnus, qui se levèrent et s'entretinrent à voix basse dans un argot incompréhensible. Après avoir soulevé de lourds paquets qu'ils chargèrent sur leurs dos, ils se retirèrent en échangeant avec le chevrier quelques mots allemands qui firent juger à Joseph qu'ils faisaient la contrebande, et que leur hôte était dans la confidence. Il n'était guère que minuit, la lune se levait, et, à la lueur d'un rayon qui tombait obliquement sur la porte entr'ouverte, Consuelo vit briller leurs armes, tandis qu'ils s'occupaient à les cacher sous leurs manteaux. En même temps, elle s'assura qu'il n'y avait plus personne dans la hutte, et le chevrier lui-même l'y laissa seule avec Haydn ; car il suivit les contrebandiers, pour les guider dans les sentiers de la montagne, et leur enseigner un passage à la frontière, connu, disait-il, de lui seul.

« Si tu nous trompes, au premier soupçon je te fais sauter la cervelle, » lui dit un de ces hommes à figure énergique et rude.

Ce fut la dernière parole que Consuelo entendit. Leurs pas mesurés firent craquer le gravier pendant quelques instants. Le bruit d'un ruisseau voisin, grossi par la pluie, couvrit celui de leur marche, qui se perdait dans l'éloignement.

« Nous avions tort de les craindre, dit Joseph sans quitter cependant le bras de Consuelo qu'il pressait toujours contre sa poitrine. Ce sont des gens qui évitent les regards encore plus que nous.

— Et à cause de cela, je crois que nous avons couru quelque danger, répondit Consuelo. Quand vous les avez heurtés dans l'obscurité, vous avez bien fait de ne rien répondre à leurs jurements; ils vous ont pris pour un des leurs. Autrement, ils nous auraient peut-être craints comme des espions, et nous auraient fait un mauvais parti. Grâce à Dieu, il n'y a plus rien à craindre, et nous voilà enfin seuls.

— Reposez-vous donc, dit Joseph en sentant à regret le bras de Consuelo se détacher du sien. Je veillerai encore, et au jour nous partirons. »

Consuelo avait été plus fatiguée par la peur que par la marche ; elle était si habituée à dormir sous la garde de son ami, qu'elle céda au sommeil. Mais Joseph, qui avait pris, lui aussi, après bien des agitations, l'habitude de dormir auprès d'elle, ne put cette fois goûter aucun repos. Cette main de Consuelo, qu'il avait tenue toute tremblante dans la sienne pendant deux heures, ces émotions de terreur et de jalousie qui avaient réveillé toute l'intensité de son amour, et jusqu'à cette dernière parole que Consuelo lui avait dit en s'endormant : « Nous voilà enfin seuls ! » allumaient en lui une fièvre brûlante. Au lieu de se retirer au fond de la hutte pour lui témoigner son respect, comme il avait accoutumé de faire, voyant qu'elle-même ne songeait pas à s'éloigner de lui, il resta assis à ses côtés; et les palpitations de son cœur devinrent si violentes, que Consuelo eût pu les entendre, si elle n'eût pas été endormie. Tout l'agitait, le bruit mélancolique du ruisseau, les plaintes du vent dans les sapins, et les rayons de la lune qui se glissaient par une fente de la toiture, et venaient éclairer faiblement le visage pâle de Consuelo encadré dans ses cheveux noirs; enfin, ce je ne sais quoi de terrible et de farouche qui passe de la nature extérieure dans le cœur de l'homme quand la vie est sauvage autour de lui. Il commençait à se calmer et à s'assoupir, lorsqu'il crut sentir des mains sur sa poitrine. Il bondit sur la fougère, et saisit dans ses bras un petit chevreau qui était venu s'agenouiller et se réchauffer sur son sein. Il le caressa, et, sans savoir pourquoi, il le couvrit de larmes et de baisers. Enfin le jour parut; et en voyant plus distinctement le noble front et les traits graves et purs de Consuelo, il eut honte de ses tourments. Il sortit pour aller tremper son visage et ses cheveux dans l'eau glacée du torrent. Il semblait vouloir se purifier des pensées coupables qui avaient embrasé son cerveau.

Consuelo vint bientôt l'y joindre, et faire la même ablution pour dissiper l'appesantissement du sommeil et se familiariser courageusement avec l'atmosphère du matin, comme elle faisait gaiement tous les jours. Elle s'étonna de voir Haydn si défait et si triste.

« Oh ! pour le coup, frère Beppo, lui dit-elle, vous ne supportez pas aussi bien que moi les fatigues et les émotions ; vous voilà aussi pâle que ces petites fleurs qui ont l'air de pleurer sur la face de l'eau.

— Et vous, vous êtes aussi fraîche que ces belles roses sauvages qui ont l'air de rire sur ses bords, répondit Joseph. Je crois bien que je sais braver la fatigue, malgré ma figure terne ; mais l'émotion, il est vrai, signora, que je ne sais guère la supporter. »

Il fut triste pendant toute la matinée ; et lorsqu'ils s'arrêtèrent pour manger du pain et des noisettes dans une belle prairie en pente rapide, sous un berceau de vigne sauvage, elle le tourmenta de questions si ingénues pour lui faire avouer la cause de son humeur sombre, qu'il ne put s'empêcher de lui faire une réponse où entrait un grand dépit contre lui-même et contre sa propre destinée.

« Eh bien ! puisque vous voulez le savoir, dit-il, je songe que je suis bien malheureux ; car j'approche tous les jours un peu plus de Vienne, où ma destinée est engagée, bien que mon cœur ne le soit pas. Je n'aime pas ma fiancée ; je sens que je ne l'aimerai jamais, et pourtant j'ai promis, et je tiendrai parole.

— Serait-il possible? s'écria Consuelo, frappée de surprise. En ce cas, mon pauvre Beppo, nos destinées, que je croyais conformes en bien des points, sont donc entièrement opposées; car vous courez vers une fiancée que vous n'aimez pas, et moi, je fuis un fiancé que j'aime. Étrange fortune! qui donne aux uns ce qu'ils redoutent, pour arracher aux autres ce qu'ils chérissent. »

Elle lui serra affectueusement la main en parlant ainsi, et Joseph vit bien que cette réponse ne lui était pas dictée par le soupçon de sa témérité et le désir de lui donner une leçon. Mais la leçon n'en fut que plus efficace. Elle le plaignait de son malheur et s'en affligeait avec lui, tout en lui montrant, par un cri du cœur, sincère et profond, qu'elle en aimait un autre sans distraction et sans défaillance.

Ce fut la dernière folie de Joseph envers elle. Il prit son violon, et, le râclant avec force, il oublia cette nuit orageuse. Quand ils se remirent en route, il avait complètement abjuré un amour impossible, et les événements qui suivirent ne lui firent plus sentir que la force du dévouement et de l'amitié. Lorsque Consuelo voyait passer un nuage sur son front, et qu'elle tâchait de l'écarter par de douces paroles :

« Ne vous inquiétez pas de moi, lui répondait-il. Si je suis condamné à n'avoir pas d'amour pour ma femme, du moins j'aurai de l'amitié pour elle, et l'amitié peut consoler de l'amour, je le sens mieux que vous ne croyez!»

LXIX.

Haydn n'eut jamais lieu de regretter ce voyage et les souffrances qu'il avait combattues; car il y prit les meilleures leçons d'italien, et même les meilleures notions de musique qu'il eût encore eues dans sa vie. Durant les longues haltes qu'ils firent dans les beaux jours, sous les solitaires ombrages du Bœhmer-Wald, nos jeunes artistes se révélèrent l'un à l'autre tout ce qu'ils possédaient d'intelligence et de génie. Quoique Joseph Haydn eût une belle voix et sût en tirer grand parti comme choriste, quoiqu'il jouât agréablement du violon et de plusieurs instruments, il comprit bientôt, en écoutant chanter Consuelo, qu'elle lui était infiniment supérieure comme virtuose, et qu'elle eût pu faire de lui un chanteur habile sans l'aide du Porpora. Mais l'ambition et les facultés de Haydn ne se bornaient pas à cette branche de l'art; et Consuelo, en le voyant si peu avancé dans la pratique, tandis qu'en théorie il exprimait des idées si élevées et saines, lui dit un jour en souriant :

« Je ne sais pas si je fais bien de vous rattacher à l'étude du chant; car si vous venez à vous passionner pour la profession de chanteur, vous sacrifierez peut-être de plus hautes facultés qui sont en vous. Voyons donc un peu vos compositions! Malgré mes longues et sévères études de contre-point avec un aussi grand maître que le Porpora, ce que j'ai appris ne me sert qu'à bien comprendre les créations du génie, et je n'aurai plus le temps, quand même j'en aurais l'audace, de créer moi-même des œuvres de longue haleine; au lieu que si vous avez le génie créateur, vous devez suivre cette route, et ne considérer le chant et l'étude des instruments que comme vos moyens matériels. »

Depuis que Haydn avait rencontré Consuelo, il est bien vrai qu'il ne songeait plus qu'à se faire chanteur. La suivre ou vivre auprès d'elle, la retrouver partout dans sa vie nomade, tel était son rêve ardent depuis quelques jours. Il fit donc difficulté de lui montrer son dernier manuscrit, quoiqu'il l'eût avec lui, et qu'il eût achevé de l'écrire en allant à Pilsen. Il craignait également de lui sembler médiocre en ce genre, et de lui montrer un talent qui le porterait à combattre son envie de chanter. Il céda enfin, et, moitié de gré, moitié de force, se laissa arracher le cahier mystérieux. C'était une petite sonate pour piano, qu'il destinait à ses jeunes élèves. Consuelo commença par la lire des yeux, et Joseph s'émerveilla de la lui voir saisir aussi parfaitement par une simple lecture que si elle l'eût entendu exécuter. Ensuite elle lui fit essayer divers passages sur le violon, et chanta elle-même ceux qui étaient possibles pour la voix. J'ignore si Consuelo devina, d'après cette bluette, le futur auteur de *la Création* et de tant d'autres productions éminentes; mais il est certain qu'elle pressentit un bon maître, et elle lui dit, en lui rendant son manuscrit :

« Courage, Beppo! tu es un artiste distingué, et tu peux être un grand compositeur, si tu travailles. Tu as des idées, cela est certain. Avec des idées et de la science, on peut beaucoup. Acquiers donc de la science, et triomphons de la mauvaise humeur du Porpora; c'est lui que il te faut. Mais ne songe plus aux coulisses; ta place est ailleurs, et ton bâton de commandement est ta plume. Tu ne peux pas obéir, mais imposer. Quand on peut être l'âme de l'œuvre, comment songe-t-on à se ranger parmi les machines? Allons! maestro en herbe, n'étudiez plus le trille et la cadence avec votre gosier. Sachez où il faut les placer, et non comment il faut les faire. Ceci regarde votre très-humble servante et subordonnée, qui vous retient le premier rôle de femme que vous voudrez bien écrire pour un mezzo-soprano.

— O Consuelo *de mi alma!* s'écria Joseph, transporté de joie et d'espérance; écrire pour vous, être compris et exprimé par vous! Quelle gloire, quelles ambitions vous me suggérez! Mais non, c'est un rêve, une folie. Enseignez-moi à chanter. J'aime mieux m'exercer à rendre, selon votre cœur et votre intelligence, les idées d'autrui, que de mettre sur vos lèvres divines des accents indignes de vous!

— Voyons, voyons, dit Consuelo, trêve de cérémonie. Essayez-vous à improviser, tantôt sur le violon, tantôt avec la voix. C'est ainsi que l'âme vient sur les lèvres et au bout des doigts. Je saurai si vous avez le souffle divin, où si vous n'êtes qu'un écolier adroit, farci de réminiscences. »

Haydn lui obéit. Elle remarqua avec plaisir qu'il n'était pas savant, et qu'il y avait de la jeunesse, de la fraîcheur et de la simplicité dans ses idées premières. Elle l'encouragea de plus en plus, et ne voulut désormais lui enseigner le chant que pour lui indiquer, comme elle le disait, la manière de s'en servir.

Ils s'amusèrent ensuite à dire ensemble des petits duos italiens qu'elle lui fit connaître, et qu'il apprit par cœur.

« Si nous venons à manquer d'argent avant la fin du voyage, lui dit-elle, il nous faudra bien chanter dans les rues. D'ailleurs, la police peut vouloir mettre nos talents à l'épreuve, si elle nous prend pour des vagabonds coupeurs de bourses, comme il y en a tant qui déshonorent la profession, les malheureux! Soyons donc prêts à tout évènement. Ma voix, en la prenant tout à fait en contralto, peut passer pour celle d'un jeune garçon avant la mue. Il faut que vous appreniez aussi sur le violon quelques chansonnettes que vous m'accompagnerez. Vous allez voir que ce n'est pas une mauvaise étude. Ces facéties populaires sont pleines de verve et de sentiment original; et quant à mes vieux chants espagnols, c'est du génie tout pur, du diamant brut. Maestro, faites-en votre profit : les idées engendrent les idées. »

Ces études furent délicieuses pour Haydn. C'est peut-être qu'il conçut le génie de ces compositions enfantines et mignonnes qu'il fit plus tard pour les marionnettes des jeunes princes Esterhazy. Consuelo mettait à ces leçons tant de gaieté, de grâce, d'animation et d'esprit, que le bon jeune homme, ramené à la pétulance et au bonheur insouciant de l'enfance, oubliait ses pensées d'amour, ses privations, ses inquiétudes, et souhaitait que cette éducation ambulante ne finît jamais.

Nous ne prétendons pas faire l'itinéraire du voyage de Consuelo et d'Haydn. Peu familiarisé avec les sentiers du Bœhmer-Wald, nous donnerions peut-être des indications inexactes, si nous en suivions la trace dans les souvenirs confus qui nous en sont transmis. Il nous suffira de dire que la première moitié de ce voyage fut, en somme, plus agréable que pénible, jusqu'au moment d'une aventure que nous ne pouvons nous dispenser de rapporter.

Voici des cavaliers... (Page 170.)

Ils avaient suivi, dès la source, la rive septentrionale de la Moldaw, parce qu'elle leur avait semblé la moins fréquentée et la plus pittoresque. Ils descendirent donc, pendant tout un jour, la gorge encaissée qui se prolonge en s'abaissant dans la même direction que le Danube; mais quand ils furent à la hauteur de Schenau, voyant la chaîne de montagnes s'abaisser vers la plaine, ils regrettèrent de n'avoir pas suivi l'autre rive du fleuve, et par conséquent l'autre bras de la chaîne qui s'éloignait en s'élevant du côté de la Bavière. Ces montagnes boisées leur offraient plus d'abris naturels et de sites poétiques que les vallées de la Bohême. Dans les stations qu'ils faisaient de jour dans les forêts, ils s'amusaient à chasser les petits oiseaux à la glu et au lacet; et quand, après leur sieste, ils trouvaient leurs piéges approvisionnés de ce menu gibier, ils faisaient avec du bois mort une cuisine en plein vent qui leur paraissait somptueuse. On n'accordait la vie qu'aux rossignols, sous prétexte que ces oiseaux musiciens étaient des confrères.

Nos pauvres enfants allaient donc cherchant un gué, et ne le trouvaient pas; la rivière était rapide, encaissée, profonde, et grossie par les pluies des jours précédents. Ils rencontrèrent enfin un abordage auquel était amarrée une petite barque gardée par un enfant. Ils hésitèrent un peu à s'en approcher, en voyant plusieurs personnes s'en approcher avant eux et marchander le passage. Ces hommes se préparèrent à suivre la rive septentrionale de la Moldaw, tandis que les deux autres entrèrent dans le bateau. Cette circonstance détermina Consuelo.

« Rencontre à droite, rencontre à gauche, dit-elle à Joseph; autant vaut traverser, puisque c'était notre intention. »

Haydn hésitait encore et prétendait que ces gens avaient mauvaise mine, le parler haut et des manières brutales, lorsqu'un d'entre eux, qui semblait vouloir démentir cette opinion défavorable, fit arrêter le batelier, et, s'adressant à Consuelo :

« Hé! mon enfant! approchez donc, lui cria-t-il en allemand et en lui faisant signe d'un air de bienveillance enjouée; le bateau n'est pas bien chargé, et vous pouvez passer avec nous, si vous en avez envie.

— Bien obligé, Monsieur, répondit Haydn; nous profiterons de votre permission.

De quel côté allons-nous donc? (Page 181.)

— Allons, mes enfants, reprit celui qui avait déjà parlé, et que son compagnon appelait M. Mayer; allons, sautez! »

Joseph, à peine assis dans la barque, remarqua que les deux inconnus regardaient alternativement Consuelo et lui avec beaucoup d'attention et de curiosité. Cependant la figure de ce M. Mayer n'annonçait que douceur et gaieté; sa voix était agréable, ses manières polies, et Consuelo prenait confiance dans ses cheveux grisonnants et dans son air paternel.

« Vous êtes musicien, mon garçon? dit-il bientôt à cette dernière.

— Pour vousservir, mon bon Monsieur, répondit Joseph.

— Vous aussi? dit M. Mayer à Joseph; et, lui montrant Consuelo : — C'est votre frère, sans doute? ajouta-t-il.

— Non, Monsieur, c'est mon ami, dit Joseph; nous ne sommes pas de même nation, et il entend peu l'allemand.

— De quel pays est-il donc? continua M. Mayer en regardant toujours Consuelo.

— De l'Italie, Monsieur, répondit encore Haydn.

— Vénitien, Génois, Romain, Napolitain ou Calabrais? dit M. Mayer en articulant chacune de ces dénominations dans le dialecte qui s'y rapporte, avec une admirable facilité.

— Oh! Monsieur, je vois bien que vous pouvez parler avec toutes sortes d'Italiens, répondit enfin Consuelo, qui craignait de se faire remarquer par un silence prolongé; moi je suis de Venise.

— Ah! c'est un beau pays! reprit M. Mayer en se servant tout de suite du dialecte familier à Consuelo. Est-ce qu'il y a longtemps que vous l'avez quitté?

— Six mois seulement.

— Et vous courez le pays en jouant du violon?

— Non; c'est lui qui accompagne, répondit Consuelo en montrant Joseph; moi je chante.

— Et vous ne jouez d'aucun instrument? ni hautbois, ni flûte, ni tambourin?

— Non; cela m'est inutile.

— Mais si vous êtes bon musicien, vous apprendriez facilement, n'est-ce pas?

— Oh! certainement, s'il le fallait!

— Mais vous ne vous en souciez pas?

— Non, j'aime mieux chanter.
— Et vous avez raison ; cependant vous serez forcé d'en venir là, ou de changer de profession, du moins pendant un certain temps.
— Pourquoi cela, Monsieur?
— Parce que votre voix va bientôt muer, si elle n'a commencé déjà. Quel âge avez-vous? quatorze ans, quinze ans, tout au plus?
— Quelque chose comme cela.
— Eh bien, avant qu'il soit un an, vous chanterez comme une petite grenouille, et il n'est pas sûr que vous redeveniez un rossignol. C'est une épreuve douteuse pour un garçon que de passer de l'enfance à la jeunesse. Quelquefois on perd la voix en prenant de la barbe. A votre place, j'apprendrais à jouer du fifre ; avec cela on trouve toujours à gagner sa vie.
— Je verrai, quand j'en serai là.
— Et vous, mon brave? dit M. Mayer en s'adressant à Joseph en allemand, ne jouez-vous que du violon?
— Pardon, Monsieur, répondit Joseph qui prenait confiance à son tour en voyant que le bon Mayer ne causait aucun embarras à Consuelo ; je joue un peu de plusieurs instruments.
— Lesquels, par exemple?
— Le piano, la harpe, la flûte ; un peu de tout quand je trouve l'occasion d'apprendre.
— Avec tant de talents, vous avez grand tort de courir les chemins comme vous faites ; c'est un rude métier. Je vois que votre compagnon, qui est encore plus jeune et plus délicat que vous, n'en peut déjà plus, car il boite.
— Vous avez remarqué cela? dit Joseph qui ne l'avait que trop remarqué aussi, quoique sa compagne n'eût pas voulu avouer l'enflure et la souffrance de ses pieds.
— Je l'ai très-bien vu se traîner avec peine jusqu'au bateau, reprit Mayer.
— Ah! que voulez-vous, Monsieur! dit Haydn en dissimulant son chagrin sous un air d'indifférence philosophique : on n'est pas né pour avoir toutes ses aises, et quand il faut souffrir, on souffre!
— Mais quand on pourrait vivre plus heureux et plus honnête en se fixant! Je n'aime pas à voir des enfants intelligents et doux, comme vous me paraissez l'être, faire le métier de vagabonds. Croyez-moi un bon homme qui a des enfants, lui aussi, et qui vraisemblablement ne vous reverra jamais, mes petits amis. On se tue et on se corrompt à courir les aventures. Souvenez-vous de ce que je vous dis là.
— Merci de votre bon conseil, Monsieur, reprit Consuelo avec un sourire affectueux ; nous en profiterons peut-être.
— Dieu vous entende, mon petit gondolier! dit M. Mayer à Consuelo, qui avait pris une rame, et, machinalement, par une habitude toute populaire et vénitienne, s'était mise à naviguer. »
La barque touchait au rivage, après avoir fait un biais assez considérable à cause du courant de l'eau qui était un peu rude. M. Mayer adressa un adieu amical aux jeunes artistes en leur souhaitant un bon voyage, et son compagnon silencieux les empêcha de payer leur part au batelier. Après des remerciements convenables, Consuelo et Joseph entrèrent dans un sentier qui conduisait vers les montagnes, tandis que les deux étrangers suivaient la rive aplanie du fleuve dans la même direction.
« Ce M. Mayer me paraît un brave homme, dit Consuelo en se retournant une dernière fois sur la hauteur au moment de le perdre de vue. Je suis sûre que c'est un bon père de famille.
— Il est curieux et bavard, dit Joseph, et je suis bien aise de vous voir débarrassée de ses questions.
— Il aime à causer comme toutes les personnes qui ont beaucoup voyagé. C'est un cosmopolite, à en juger par sa facilité à prononcer les divers dialectes. De quel pays peut-il être?
— Il a l'accent saxon, quoiqu'il parle bien le bas autrichien. Je le crois du nord de l'Allemagne, Prussien peut-être!

— Tant pis : je n'aime guère les Prussiens, et le roi Frédéric encore moins que toute sa nation, d'après tout ce que j'ai entendu raconter de lui au château des Géants.
— En ce cas, vous vous plairez à Vienne ; ce roi batailleur et philosophe n'a de partisans ni à la cour, ni à la ville. »
En devisant ainsi, ils gagnèrent l'épaisseur des bois, et suivirent des sentiers qui tantôt se perdaient sous les sapins, et tantôt côtoyaient un amphithéâtre de montagnes accidentées. Consuelo trouvait ces monts hyrcinio-carpathiens plus agréables que sublimes ; après avoir traversé maintes fois les Alpes, elle n'éprouvait pas les mêmes transports que Joseph qui n'avait jamais vu de cimes aussi majestueuses. Les impressions de celui-ci le portaient donc à l'enthousiasme, tandis que sa compagne se sentait plus disposée à la rêverie. D'ailleurs Consuelo était très-fatiguée ce jour-là, et faisait de grands efforts pour le dissimuler, afin de ne point affliger Joseph, qui ne s'en affligeait déjà que trop.
Ils prirent du sommeil pendant quelques heures, et, après le repas et la musique, ils repartirent, au coucher du soleil. Mais bientôt Consuelo, quoiqu'elle eût baigné longtemps ses pieds délicats dans le cristal des fontaines, à la manière des héroïnes de l'idylle, sentit ses talons se déchirer sur les cailloux, et fut contrainte d'avouer qu'elle ne pouvait faire son étape de nuit. Malheureusement le pays était tout à fait désert de ce côté-là : pas une cabane, pas un moutier, pas un chalet sur le versant de la Moldaw. Joseph était désespéré. La nuit était trop froide pour permettre le repos en plein air. A une ouverture entre deux collines, ils aperçurent enfin des lumières au bas du versant opposé. Cette vallée, où ils descendirent, c'était la Bavière ; mais la ville qu'ils apercevaient était plus éloignée qu'ils ne l'avaient pensé : il semblait au désolé Joseph qu'elle reculait à mesure qu'ils marchaient. Pour comble de malheur, le temps se couvrait de tous côtés, et bientôt une pluie fine et froide se mit à tomber. En peu d'instants elle obscurcit tellement l'obscurité, que les lumières disparurent, et que nos voyageurs, arrivés, non sans péril et sans peine, au bas de la montagne, ne surent plus de quel côté se diriger. Ils étaient cependant sur une route assez unie, et ils continuaient à s'y traîner en la descendant toujours, lorsqu'ils entendirent le bruit d'une voiture qui venait à leur rencontre. Joseph n'hésita pas à l'aborder pour demander des indications sur le pays et sur la possibilité d'y trouver un gîte.
« Qui va là? lui répondit une voix forte ; et il entendit en même temps claquer la batterie d'un pistolet : Éloignez-vous, ou je vous fais sauter la tête !
— Nous ne sommes pas bien redoutables, répondit Joseph sans se déconcerter. Voyez! nous sommes deux enfants, et nous ne demandons rien qu'un renseignement.
— Eh mais! s'écria une autre voix, que Consuelo reconnut aussitôt pour celle de l'honnête M. Mayer, ce sont mes petits drôles de ce matin ; je reconnais l'accent de l'aîné. Êtes-vous là aussi, le gondolier? ajouta-t-il en vénitien et en appelant Consuelo.
— C'est moi, répondit-elle dans le même dialecte. Nous nous sommes égarés, et nous vous demandons, mon bon Monsieur, où nous pourrons trouver un palais ou une écurie pour nous retirer. Dites-le-nous, si vous le savez.
— Eh! mes pauvres enfants! reprit M. Mayer, vous êtes à deux grands milles au moins de toute espèce d'habitation. Vous ne trouverez pas seulement un chenil le long de ces montagnes. Mais j'ai pitié de vous : montez dans ma voiture ; je puis vous y donner deux places sans me gêner. Allons, point de façons, montez!
— Monsieur, vous êtes mille fois trop bon, dit Consuelo, attendrie de l'hospitalité de ce brave homme ; mais vous allez vers le nord, et nous vers l'Autriche.
— Non, je vais à l'ouest. Dans une heure au plus je vous déposerai à Biberek. Vous y passerez la nuit, et demain vous pourrez gagner l'Autriche. Cela même abrégera votre route. Allons, décidez-vous, si vous ne trou-

vez pas de plaisir à recevoir la pluie, et à nous retarder.

— Eh bien, courage et confiance ! » dit Consuelo tout bas à Joseph ; et ils montèrent dans la voiture.

Ils remarquèrent qu'il y avait trois personnes, deux sur le devant, dont l'une conduisait, l'autre, qui était M. Mayer, occupait la banquette de derrière. Consuelo prit un coin, et Joseph le milieu. La voiture était une chaise à six places, spacieuse et solide. Le cheval, grand et fort, fouetté par une main vigoureuse, reprit le trot et fit sonner les grelots de son collier, en secouant la tête avec impatience.

LXX.

« Quand je vous le disais ! s'écria M. Mayer, reprenant son propos où il l'avait laissé le matin : y a-t-il un métier plus rude et plus fâcheux que celui que vous faites ? Quand le soleil luit, tout semble beau ; mais le soleil ne luit pas toujours, et votre destinée est aussi variable que l'atmosphère.

— Quelle destinée n'est pas variable et incertaine ? dit Consuelo. Quand le ciel est inclément, la Providence met des cœurs secourables sur notre route : ce n'est donc pas en ce moment que nous sommes tentés de l'accuser.

— Vous avez de l'esprit, mon petit ami, répondit Mayer ; vous êtes de ce beau pays où tout le monde en a. Mais, croyez-moi, ni votre esprit ni votre belle voix ne vous empêcheront de mourir de faim dans ces tristes provinces autrichiennes. A votre place, j'irais chercher fortune dans un pays riche et civilisé, sous la protection d'un grand prince.

— Et lequel, dit Consuelo, surprise de cette insinuation.

— Ah ! ma foi, je ne sais ; il y en a plusieurs.

— Mais la reine de Hongrie n'est-elle pas une grande princesse, dit Haydn ? n'est-on pas aussi bien protégé dans ses États ?...

— Eh ! sans doute, répondit Mayer ; mais vous ne savez pas que Sa Majesté Marie-Thérèse déteste la musique, les vagabonds encore plus, et que vous serez chassés de Vienne, si vous y paraissez dans les rues en troubadours, comme vous voilà. »

En ce moment, Consuelo revit, à peu de distance, dans une profondeur de terrains sombres, au-dessous du chemin, les lumières qu'elle avait aperçues, et fit part de son observation à Joseph, qui sur-le-champ manifesta à M. Mayer le désir de descendre, pour gagner ce gîte plus rapproché que la ville de Biberek. »

« Cela ? répondit M. Mayer ; vous prenez cela pour des lumières ? Ce sont des lumières, en effet ; mais elles n'éclairent d'autres gîtes que des marais dangereux où bien des voyageurs se sont perdus et engloutis. Avez-vous jamais vu des feux follets ?

— Beaucoup sur les lagunes de Venise, dit Consuelo, et souvent sur les petits lacs de la Bohême.

— Eh bien, mes enfants, ces lumières que vous voyez ne sont pas autre chose.

M. Mayer reparla longtemps encore à nos jeunes gens de la nécessité de se fixer, et du peu de ressources qu'ils trouveraient à Vienne, sans toutefois déterminer le lieu où il les engageait à se rendre. D'abord Joseph fut frappé de son obstination, et craignit qu'il n'eût découvert le sexe de sa compagne ; mais la bonne foi avec laquelle il lui parlait comme à un garçon (allant jusqu'à lui dire qu'elle ferait mieux d'embrasser l'état militaire, quand elle serait en âge, que de traîner la semelle à travers champs) le rassura sur ce point, et il se persuada que le bon Mayer était un de ces cerveaux faibles, à idées fixes, qui répètent un jour entier le premier propos qui leur est venu à l'esprit en s'éveillant. Consuelo, de son côté, le prit pour un maître d'école, ou pour un ministre protestant qui n'avait en tête qu'éducation, bonnes mœurs et prosélytisme.

Au bout d'une heure, ils arrivèrent à Biberek, par une nuit si obscure qu'ils ne distinguaient absolument rien. La chaise s'arrêta dans une cour d'auberge, et aussitôt M. Mayer fut abordé par deux hommes qui le tirèrent à part pour lui parler. Lorsqu'ils entrèrent dans la cuisine, où Consuelo et Joseph étaient occupés à se sécher et à se réchauffer auprès du feu, Joseph reconnut dans ces deux personnages, les mêmes qui s'étaient séparés de M. Mayer au passage de la Moldaw, lorsque celui-ci l'avait traversée, les laissant sur la rive gauche. L'un des deux était borgne, et l'autre, quoiqu'il eût ses deux yeux, n'avait pas une figure plus agréable. Celui qui avait passé l'eau avec M. Mayer, et que nos jeunes voyageurs avaient retrouvé dans la voiture, vint les rejoindre : le quatrième ne parut pas. Ils parlèrent tous ensemble un langage inintelligible pour Consuelo elle-même qui entendait tant de langues. M. Mayer paraissait exercer sur eux une sorte d'autorité et influencer tout au moins leurs décisions ; car, après un entretien assez animé à voix basse, sur les dernières paroles qu'il leur dit, ils se retirèrent, à l'exception de celui que Consuelo, en le désignant à Joseph, appelait *le silencieux :* c'était celui qui n'avait point quitté M. Mayer.

Haydn s'apprêtait à faire servir le souper frugal de sa compagne et le sien, sur un bout de la table de cuisine, lorsque M. Mayer, revenant vers eux, les invita à partager son repas, et insista avec tant de bonhomie qu'ils n'osèrent le refuser. Il les emmena dans la salle à manger, où ils trouvèrent un véritable festin, du moins c'en était un pour deux pauvres enfants privés de toutes les douceurs de ce genre depuis cinq jours d'une marche assez pénible. Cependant Consuelo n'y prit part qu'avec retenue ; la bonne chère que faisait M. Mayer, l'empressement avec lequel les domestiques paraissaient le servir, et la quantité de vin qu'il absorbait, ainsi que son muet compagnon, la forçaient à rabattre un peu de la haute opinion qu'elle avait prise des vertus presbytériennes de l'amphitryon. Elle était choquée surtout du désir qu'il montrait de faire boire Joseph et elle-même au delà de leur soif, et de l'enjouement très-vulgaire avec lequel il empêchait de mettre de l'eau dans leur vin. Elle voyait avec plus d'inquiétude encore que, soit distraction, soit besoin réel de réparer ses forces, Joseph se laissait aller, et commençait à devenir plus communicatif et plus animé qu'elle ne l'eût souhaité. Enfin elle prit un peu d'humeur lorsqu'elle trouva son compagnon insensible aux coups de coude qu'elle lui donnait pour arrêter ses fréquentes libations ; et lui retirant son verre au moment où M. Mayer allait le remplir de nouveau :

« Non, Monsieur, lui dit-elle, non ; permettez-nous de ne pas vous imiter ; cela ne nous convient pas.

— Vous êtes de drôles de musiciens ! s'écria Mayer en riant, avec son air de franchise et d'insouciance ; des musiciens qui ne boivent pas ! Vous êtes les premiers de ce caractère que je rencontre !

— Et vous, Monsieur, êtes-vous musicien ? dit Joseph. Je gage que vous l'êtes ! Le diable m'emporte si vous n'êtes pas maître de chapelle de quelque principauté saxonne !

— Peut-être, répondit Mayer en souriant ; et voilà pourquoi vous m'inspirez de la sympathie, mes enfants.

— Si Monsieur est un maître, reprit Consuelo, il y a trop de distance entre son talent et celui des pauvres chanteurs des rues comme nous pour l'intéresser bien vivement.

— Il y a de pauvres chanteurs de rue qui ont plus de talent qu'on ne pense, dit Mayer ; et il y a de très-grands maîtres, voire des maîtres de chapelle des premiers souverains du monde, qui ont commencé par chanter dans les rues. Si je vous disais que, ce matin, entre neuf et dix heures, j'ai entendu partir d'un coin de la montagne, sur la rive gauche de la Moldau, deux voix charmantes qui disaient un joli duo italien, avec accompagnement de ritournelles agréables, et même savantes sur le violon ! Eh bien, cela m'est arrivé, tandis que je déjeunais sur un coteau avec mes amis. Et cependant quand j'ai vu descendre de la colline les musiciens qui venaient de me charmer, j'ai été fort surpris de trouver en eux deux pauvres enfants, l'un vêtu en petit paysan, l'autre... bien gentil, bien simple, mais peu fortuné en apparence... Ne soyez donc ni honteux ni surpris de l'amitié que je vous témoigne, mes petits amis, et faites-moi celle de boire aux muses, nos communes et divines patronnes.

— Monsieur, maestro! s'écria Joseph tout joyeux et tout à fait gagné, je veux boire à la vôtre. Oh! vous êtes un véritable musicien, j'en suis certain, puisque vous avez été enthousiasmé du talent de... du signor Bertoni, mon camarade.

— Non, vous ne boirez pas davantage, dit Consuelo impatientée en lui arrachant son verre; ni moi non plus, ajouta-t-elle en retournant le sien. Nous n'avons que nos voix pour vivre, monsieur le professeur, et le vin gâte la voix; vous devez donc nous encourager à rester sobres, au lieu de chercher à nous débaucher.

— Eh bien, vous parlez raisonnablement, dit Mayer en replaçant au milieu de la table la carafe qu'il avait mise derrière lui. Oui, ménageons la voix, c'est bien dit. Vous avez plus de sagesse que votre âge ne comporte, ami Bertoni, et je suis bien aise d'avoir fait cette épreuve de vos bonnes mœurs. Vous irez loin, je le vois à votre prudence autant qu'à votre talent. Vous irez loin, et je veux avoir l'honneur et le mérite d'y contribuer. »

Alors le prétendu professeur, se mettant à l'aise, et parlant avec un air de bonté et de loyauté extrême, leur offrit de les emmener avec lui à Dresde, où il leur procurerait les leçons du célèbre Hasse et la protection spéciale de la reine de Pologne, princesse électorale de Saxe.

Cette princesse, femme d'Auguste III, roi de Pologne, était précisément élève du Porpora. C'était une rivalité de faveur entre ce maître et le Sassone[1], auprès de la souveraine dilettante, qui avait été la première cause de leur profonde inimitié. Lors même que Consuelo eût été disposée à chercher fortune dans le nord de l'Allemagne, elle n'eût pas choisi pour son début cette cour, où elle se serait trouvée en lutte avec l'école et la coterie qui avaient triomphé de son maître. Elle en avait assez entendu parler à ce dernier dans ses heures d'amertume et de ressentiment, pour être, en tout état de choses, fort peu tentée de suivre le conseil du professeur Mayer.

Quant à Joseph, sa situation était fort différente. La tête montée par le souper, il se figurait avoir rencontré un puissant protecteur et le promoteur de sa fortune future. La pensée ne lui venait pas d'abandonner Consuelo pour suivre ce nouvel ami; mais, un peu gris comme il l'était, il se livrait à l'espérance de le retrouver un jour. Il se fiait à sa bienveillance, et l'en remerciait avec chaleur. Dans cet enivrement de joie, il prit son violon, et en joua tout de travers. M. Mayer ne l'en applaudit que davantage, soit qu'il ne voulût pas le chagriner en lui faisant remarquer ses fausses notes, soit, comme il le pensa Consuelo, qu'il fût lui-même un très-médiocre musicien. L'erreur où il était très-réellement sur le sexe de cette dernière, quoiqu'il l'eût entendue chanter, achevait de lui démontrer qu'il ne pouvait pas être un professeur bien exercé d'oreille, puisqu'il s'en laissait imposer comme eût pu le faire un serpent de village ou un professeur de trompette.

Cependant M. Mayer insistait toujours pour qu'ils se laissassent emmener à Dresde. Tout en refusant, Joseph écoutait ses offres d'un air ébloui, et faisait de telles promesses de s'y rendre le plus tôt possible, que Consuelo se vit forcée de détromper M. Mayer sur la possibilitée de cet arrangement.

« Il n'y faut point songer quant à présent, dit-elle d'un ton très-ferme; Joseph, vous savez bien que cela ne se peut pas, et que vous-même avez d'autres projets. » Mayer renouvela ses offres séduisantes, et fut surpris de la trouver inébranlable, ainsi que Joseph, à qui la raison revenait lorsque le signor Bertoni reprenait la parole. »

Sur ces entrefaites, le voyageur silencieux, qui n'avait fait qu'une courte apparition au souper, vint appeler M. Mayer, qui sortit avec lui. Consuelo profita de ce moment pour gronder Joseph de sa facilité à écouter les belles paroles du premier venu et les inspirations du bon vin.

[1]. Surnom que les Italiens donnaient à Jean-Adolphe Hasse, qui était Saxon.

« Ai-je donc dit quelque chose de trop? dit Joseph effrayé.

— Non, reprit-elle; mais c'est déjà une imprudence que de faire société aussi longtemps avec des inconnus. À force de me regarder, on peut s'apercevoir ou tout au moins se douter que je ne suis pas un garçon. J'ai eu beau frotter mes mains avec mon crayon pour les noircir, et les tenir le plus possible sous la table, il eût été impossible qu'on ne remarquât point leur faiblesse, si heureusement ces deux messieurs n'avaient été absorbés, l'un par la bouteille, et l'autre par son propre babil. Maintenant le plus prudent serait de nous éclipser, et d'aller dormir dans une autre auberge; car je ne suis pas tranquille avec ces nouvelles connaissances qui semblent vouloir s'attacher à nos pas.

— Eh quoi! dit Joseph, nous en aller honteusement comme des ingrats, sans saluer et sans remercier cet honnête homme, cet illustre professeur, peut-être? Qui sait si ce n'est pas le grand Hasse lui-même que nous venons d'entretenir?

— Je vous réponds que non; et si vous aviez eu votre tête, vous auriez remarqué une foule de lieux communs misérables qu'il a dits sur la musique. Un maître ne parle point ainsi. C'est quelque musicien des derniers rangs de l'orchestre, bonhomme, grand parleur et passablement ivrogne. Je ne sais pourquoi je crois voir, à sa figure, qu'il n'a jamais soufflé que dans du cuivre; et, à son regard de travers, on dirait qu'il a toujours un œil sur son chef d'orchestre.

— Corno, ou clarino secondo, s'écria Joseph en éclatant de rire, ce n'en est pas moins un convive agréable.

— Et vous, vous ne l'êtes guère, répliqua Consuelo avec un peu d'humeur; allons, dégrisez-vous, et faisons nos adieux; mais partons.

— La pluie tombe à torrents; écoutez comme elle bat les vitres!

— J'espère que vous n'allez pas vous endormir sur cette table? dit Consuelo en le secouant pour l'éveiller. »

M. Mayer rentra en cet instant.

« En voici bien d'une autre! s'écria-t-il gaiement. Je croyais pouvoir coucher ici et repartir demain pour Chamb; mais voilà mes amis qui me font rebrousser chemin, et qui prétendent que je leur suis nécessaire pour une affaire d'intérêt qu'ils ont à Passaw. Il faut que je cède! Ma foi, mes enfants, si j'ai un conseil à vous donner, puisqu'il me faut renoncer au plaisir de vous emmener à Dresde, c'est de profiter de l'occasion. J'ai toujours deux places à vous donner dans ma chaise, ces messieurs ayant la leur. Nous serons demain matin à Passaw, qui n'est qu'à six milles d'ici. Là, je vous souhaiterai un bon voyage. Vous serez près de la frontière d'Autriche, et vous pourrez même descendre le Danube en bateau jusqu'à Vienne, à peu de frais et sans fatigue. »

Joseph trouva la proposition admirable pour reposer les pauvres pieds de Consuelo. L'occasion semblait bonne, en effet, et la navigation sur le Danube était une ressource à laquelle ils n'avaient point encore pensé. Consuelo accepta donc, voyant d'ailleurs que Joseph n'entendrait rien aux précautions à prendre pour la sécurité de leur gîte ce soir-là. Dans l'obscurité, retranchée au fond de la voiture, elle n'avait rien à craindre des observations de ses compagnons de voyage, et M. Mayer disait qu'on arriverait à Passaw avant le jour. Joseph fut enchanté de sa détermination. Cependant Consuelo éprouvait je ne sais quelle répugnance, et la tournure des amis de M. Mayer lui déplaisait de plus en plus. Elle lui demanda si eux aussi étaient musiciens.

« Tous plus ou moins, lui répondit-il laconiquement. »

Ils trouvèrent les voitures attelées, les conducteurs sur leur banquette, et les valets de l'auberge, fort satisfaits des libéralités de M. Mayer, s'empressant autour de lui pour le servir jusqu'au dernier moment. Dans un intervalle de silence, au milieu de cette agitation, Consuelo entendit un gémissement qui semblait partir du milieu de la cour. Elle se retourna vers Joseph, qui n'avait rien remarqué; et ce gémissement s'étant répété une seconde fois, elle sentit un frisson courir dans ses veines. Cependant personne ne parut s'apercevoir de rien, et elle put attribuer cette plainte à quelque chien ennuyé de sa chaîne. Mais quoi qu'elle fît pour s'en distraire, elle en reçut une impression sinistre. Ce cri étouffé au milieu des ténèbres, du vent, et de la pluie, parti d'un groupe de personnes animées ou indifférentes, sans qu'elle pût savoir précisément si c'était une voix humaine ou un bruit imaginaire, la frappa de terreur et de tristesse. Elle pensa tout de suite à Albert; et comme si elle eût cru pouvoir participer à ces révélations mystérieuses dont il semblait doué, elle s'effraya de quelque danger suspendu sur la tête de son fiancé ou sur la sienne propre.

Cependant la voiture roulait déjà. Un nouveau cheval plus robuste encore que le premier la traînait avec vitesse. L'autre voiture, également rapide, marchait tantôt devant, tantôt derrière. Joseph babillait sur nouveaux frais avec M. Mayer, et Consuelo essayait de s'endormir, faisant semblant de dormir déjà pour autoriser son silence.

La fatigue surmonta enfin la tristesse et l'inquiétude, et elle tomba dans un profond sommeil. Lorsqu'elle s'éveilla, Joseph dormait aussi, et M. Mayer était enfin silencieux. La pluie avait cessé, le ciel était pur, et le jour commençait à poindre. Le pays avait un aspect tout à fait inconnu pour Consuelo. Seulement elle voyait de temps en temps paraître à l'horizon les cimes d'une chaîne de montagnes qui ressemblait au Bœhmer-Wald.

A mesure que la torpeur du sommeil se dissipait, Consuelo remarquait avec surprise la position de ces montagnes, qui eussent dû se trouver à sa gauche, et qui se trouvaient à sa droite. Les étoiles avaient disparu, et le soleil, qu'elle s'attendait à voir lever devant elle, ne se montrait pas encore. Elle pensa que ce qu'elle voyait était une autre chaîne que celle du Bœhmer-Wald. M. Mayer ronflait, et elle n'osait adresser la parole au conducteur de la voiture, seul personnage éveillé qui s'y trouvât en ce moment.

Le cheval prit le pas pour monter une côte assez rapide, et le bruit des roues s'amortit dans le sable humide des ornières. Ce fut alors que Consuelo entendit très-distinctement le même sanglot sourd et douloureux qu'elle avait entendu dans la cour de l'auberge à Biberek. Cette voix semblait partir de derrière elle. Elle se retourna machinalement, et ne vit que le dossier de cuir contre lequel elle était appuyée. Elle crut être en proie à une hallucination; et, ses pensées se reportant toujours sur Albert, elle se persuada avec angoisse qu'en cet instant même il était à l'agonie, et qu'elle recueillait, grâce à la puissance incompréhensible de l'amour que ressentait cet homme bizarre, le bruit lugubre et déchirant de ses derniers soupirs. Cette fantaisie s'empara tellement de son cerveau, qu'elle se sentit défaillir; et, craignant de suffoquer tout à fait, elle demanda au conducteur, qui s'arrêtait pour faire souffler son cheval à mi-côte, la permission de monter le reste à pied. Il y consentit, et mettant pied à terre lui-même, il marcha auprès de la voiture en sifflant.

Cet homme était trop bien habillé pour être un voiturier de profession. Dans un mouvement qu'il fit, Consuelo crut voir qu'il avait des pistolets à sa ceinture. Cette précaution dans un pays aussi désert que celui où ils se trouvaient, n'avait rien que de naturel; et d'ailleurs la forme de la voiture, que Consuelo examina en marchant à côté de la roue, annonçait qu'elle portait des marchandises. Elle était trop profonde pour qu'il n'y eût pas, derrière la banquette du fond, une double caisse, comme celles où l'on met les valeurs et les dépêches. Cependant elle ne paraissait pas très-chargée, un seul cheval la traînait sans peine. Une observation qui frappa Consuelo bien davantage fut de voir son ombre s'allonger devant elle; et, en se retournant, elle trouva le soleil tout à fait sorti de l'horizon au point opposé où elle eût dû le voir, si la voiture eût marché dans la direction de Passaw.

« De quel côté allons-nous donc? demanda-t-elle au conducteur en se rapprochant de lui avec empressement: nous tournons le dos à l'Autriche.

— Oui, pour une demi-heure, répondit-il avec beaucoup de tranquillité; nous revenons sur nos pas, parce que le pont de la rivière que nous avons à traverser est rompu, et qu'il nous faut faire un détour d'un demi-mille pour en retrouver un autre. »

Consuelo, un peu tranquillisée, remonta dans la voiture, échangea quelques paroles indifférentes avec M. Mayer, qui s'était éveillé, et qui se rendormit bientôt (Joseph ne s'était pas dérangé un moment de son somme), et l'on arriva au sommet de la côte. Consuelo vit se dérouler devant elle un long chemin escarpé et sinueux, et la rivière dont lui avait parlé le conducteur se montra au fond d'une gorge; mais aussi loin que l'œil pouvait s'étendre, on n'apercevait aucun pont, et l'on marchait toujours vers le nord. Consuelo inquiète et surprise ne put se rendormir.

Une nouvelle montée se présenta bientôt, le cheval semblait très-fatigué. Les voyageurs descendirent tous, excepté Consuelo, qui souffrait toujours des pieds. C'est alors que le gémissement frappa de nouveau ses oreilles, mais si nettement et à tant de reprises différentes, qu'elle ne put l'attribuer davantage à une illusion de ses sens; le bruit partait sans aucun doute du double fond de la voiture. Elle l'examina avec soin, et découvrit, dans le coin où s'était toujours tenu M. Mayer, une petite lucarne de cuir en forme de guichet, qui communiquait avec ce double fond. Elle essaya de la pousser, mais elle n'y réussit pas. Il y avait une serrure, dont la clef était probablement dans la poche du prétendu professeur.

Consuelo, ardente et courageuse dans ces sortes d'aventures, tira de son gousset un couteau à lame forte et bien coupante, dont elle s'était munie en partant, peut-être par une inspiration de la pudeur, et avec l'appréhension vague de dangers auxquels le suicide peut toujours soustraire une femme énergique. Elle profita d'un moment où tous les voyageurs étaient en avant sur le chemin, même le conducteur, qui n'avait plus rien à craindre de l'ardeur de son cheval; et élargissant, d'une main prompte et assurée, la fente étroite que présentait la lucarne à son point de jonction avec le dossier, elle parvint à l'écarter assez pour y coller son œil et voir dans l'intérieur de cette case mystérieuse. Quels furent sa surprise et son effroi, lorsqu'elle distingua, dans cette logette étroite et sombre, qui ne recevait d'air et de jour que par une fente pratiquée en haut, un homme d'une taille athlétique, bâillonné, couvert de sang, les mains et les pieds étroitement liés et garrottés, et le corps replié sur lui-même, dans un état de gêne et de souffrances horribles! Ce qu'on pouvait distinguer de son visage était d'une pâleur livide, et il paraissait en proie aux convulsions de l'agonie.

LXXI.

Glacée d'horreur, Consuelo sauta à terre; et, allant rejoindre Joseph, elle lui pressa le bras à la dérobée, pour qu'il s'éloignât du groupe avec elle. Lorsqu'ils eurent une avance de quelques pas :

« Nous sommes perdus si nous ne prenons la fuite à l'instant même, lui dit-elle à voix basse; ces gens-ci sont des voleurs et des assassins. Je viens d'en avoir la preuve. Doublons le pas, et jetons-nous à travers champs; car ils ont leurs raisons pour nous tromper comme ils le font. »

Joseph crut qu'un mauvais rêve avait troublé l'imagination de sa compagne. Il comprenait à peine ce qu'elle lui disait. Lui-même se sentait appesanti par une langueur inusitée; et les tiraillements d'estomac qu'il éprouvait lui faisaient croire que le vin qu'il avait bu la veille était frelaté par l'aubergiste et mêlé de méchantes drogues capiteuses. Il est certain qu'il n'avait pas fait une assez notable infraction à sa sobriété habituelle pour se sentir assoupi et abattu comme il l'était.

« Chère signora, répondit-il, vous avez le cauchemar,

et je crois l'avoir en vous écoutant. Quand même ces braves gens seraient des bandits, comme il vous plaît de l'imaginer, quelle riche capture pourraient-ils espérer en s'emparant de nous?

— Je l'ignore, mais j'ai peur; et si vous aviez vu comme moi un homme assassiné dans cette même voiture où nous voyageons... »

Joseph ne put s'empêcher de rire; car cette affirmation de Consuelo avait en effet l'air d'une vision.

« Eh! ne voyez-vous donc pas tout au moins qu'ils nous égarent? reprit-elle avec feu; qu'ils nous conduisent vers le nord, tandis que Passaw et le Danube sont derrière nous? Regardez où est le soleil, et voyez dans quel désert nous marchons, au lieu d'approcher d'une grande ville! »

La justesse de ces observations frappa enfin Joseph, et commença à dissiper la sécurité, pour ainsi dire léthargique, où il était plongé.

« Eh bien, dit-il, avançons; et s'ils ont l'air de vouloir nous retenir malgré nous, nous verrons bien leurs intentions.

— Et si nous ne pouvons leur échapper tout de suite, du sang-froid, Joseph, entendez-vous? Il faudra jouer au plus fin, et leur échapper dans un autre moment. »

Alors elle le tira par le bras, feignant de boiter plus encore que la souffrance ne l'y forçait, et gagnant du terrain néanmoins. Mais ils ne purent faire dix pas de la sorte sans être rappelés par M. Mayer, d'abord d'un ton amical, bientôt avec un accent plus sévère, et enfin, comme ils n'en tenaient pas compte, par les jurements énergiques des autres. Joseph tourna la tête, et vit avec terreur un pistolet braqué sur eux par le conducteur qui accourait à leur poursuite.

« Ils vont nous tuer, dit-il à Consuelo en ralentissant sa marche.

— Sommes-nous hors de portée? lui dit-elle avec sang-froid, en l'entraînant toujours et en commençant à courir.

— Je ne sais, répondit Joseph en tâchant de l'arrêter; croyez-moi, le moment n'est pas venu. Ils vont tirer sur vous.

— Arrêtez-vous, ou vous êtes morts, cria le conducteur qui courait plus vite qu'eux, et les tenait à portée du pistolet, le bras étendu.

— C'est le moment de payer d'assurance, dit Consuelo en s'arrêtant; Joseph, faites et dites comme moi. Ah! ma foi, dit-elle à haute voix en se retournant, et en riant avec l'aplomb d'une bonne comédienne, si je n'avais pas trop de mal aux pieds pour courir davantage, je vous ferais bien voir que la plaisanterie ne prend pas. »

Et, regardant Joseph qui était pâle comme la mort, elle affecta de rire aux éclats, en montrant cette figure bouleversée aux autres voyageurs qui s'étaient rapprochés d'eux.

« Il l'a cru s'écria-t-elle avec une gaieté parfaitement jouée. Il l'a cru, mon pauvre camarade! Ah! Beppo, je ne te croyais pas si poltron. Eh! monsieur le professeur, voyez donc Beppo, qui s'est imaginé tout de bon que monsieur voulait lui envoyer une balle! »

Consuelo affectait de parler vénitien, tenant ainsi en respect par sa gaieté l'homme au pistolet, qui n'y entendait rien. M. Mayer affecta de rire aussi.

Puis, se tournant vers le conducteur :

« Quelle est donc cette mauvaise plaisanterie? lui dit-il non sans un clignement d'œil que Consuelo observa très-bien. Pourquoi effrayer ainsi ces pauvres enfants?

— Je voulais savoir s'ils avaient du cœur, répondit l'autre en remettant ses pistolets dans son ceinturon.

— Hélas! dit malignement Consuelo, monsieur aura maintenant une triste opinion de toi, mon ami Joseph. Quant à moi, je n'ai pas eu peur, rendez-moi justice! monsieur Pistolet.

— Vous êtes un brave, répondit M. Mayer; vous feriez un joli tambour, et vous battriez la charge à la tête d'un régiment, sans sourciller au milieu de la mitraille.

— Ah! cela, je n'en sais rien, répliqua-t-elle; peut-être aurais-je eu peur, si j'avais cru que monsieur voulût

nous tuer tout de bon. Mais nous autres Vénitiens, nous connaissons tous les jeux, et on ne nous attrape pas comme cela.

— C'est égal, la mystification est de mauvais goût, reprit M. Mayer.

Et, adressant la parole au conducteur, il parut le gronder un peu; mais Consuelo n'en fut pas dupe, et vit bien aux intonations de leur dialogue qu'il s'agissait d'une explication dont le résultat était qu'on croyait s'être mépris sur son intention de fuir.

Consuelo étant remontée dans la voiture avec les autres :

« Convenez, dit-elle en riant à M. Mayer, que votre conducteur à pistolets est un drôle de corps! Je vais l'appeler à présent *signor Pistola*. Eh bien, pourtant, monsieur le professeur, convenez que ce n'était pas bien neuf, ce jeu-là!

— C'est une gentillesse allemande, dit monsieur Mayer; on a plus d'esprit que cela à Venise, n'est-ce pas?

— Oh! savez-vous ce que des Italiens eussent fait à votre place pour nous jouer un bon tour? Ils auraient fait entrer la voiture dans le premier buisson venu de la route, et ils se seraient tous cachés. Alors, quand nous nous serions retournés, ne voyant plus rien, et croyant que le diable avait tout emporté, qui eût été bien attrapé? moi, surtout qui ne peux plus me traîner; et Joseph aussi, qui est poltron comme une vache du Bœhmer-Wald, et qui se serait cru abandonné dans ce désert. »

M. Mayer riait de ses facéties enfantines qu'il traduisait à mesure au *signor Pistola*, non moins égayé que lui de la simplicité du *gondolier*. Oh! vous êtes par trop madré! répondait Mayer; on ne se frottera plus à vous faire des niches! Et Consuelo, qui voyait l'ironie profonde de ce faux bonhomme percer enfin sous son air jovial et paternel, continuait de son côté à jouer ce rôle du niais qui se croit malin, accessoire connu de tout mélodrame.

Il est certain que leur aventure en était un assez sérieux; et, tout en faisant sa partie avec habileté, Consuelo sentait qu'elle avait la fièvre. Heureusement c'est dans la fièvre qu'on agit, et dans la stupeur qu'on succombe.

Elle se montra dès lors aussi gaie qu'elle avait été réservée jusque-là; et Joseph, qui avait repris toutes ses facultés, la seconda fort bien. Tout en paraissant ne pas douter qu'ils approchassent de Passaw, ils feignirent d'ouvrir l'oreille aux propositions d'aller à Dresde, sur lesquelles M. Mayer ne manqua pas de revenir. Par ce moyen, ils gagnèrent toute sa confiance, et le mirent à même de trouver quelque expédient pour leur avouer honnêtement qu'il les y menait sans leur permission. L'expédient fut bientôt trouvé. M. Mayer n'était pas novice dans ces sortes d'enlèvements. Il y eut un dialogue animé en langue étrangère entre ces trois individus, M. Mayer, le signor Pistola, et le silencieux. Et puis tout à coup ils se mirent à parler allemand, et comme s'ils continuaient le même sujet :

« Je vous le disais bien, s'écria M. Mayer, nous avons fait fausse route; à preuve que leur voiture ne reparaît pas. Il y a plus de deux heures que nous les avons laissées derrière nous, et j'ai eu beau regarder à la montée, je n'ai rien aperçu.

— Je ne la vois pas du tout! dit le conducteur en sortant la tête de la voiture, et en la rentrant d'un air découragé. »

Consuelo avait fort bien remarqué, dès la première montée, la disparition de cette autre voiture avec laquelle on était parti de Bibereck.

« J'étais bien sûr que nous étions égarés, observa Joseph; mais je ne voulais pas le dire.

— Eh! pourquoi diable ne le disiez-vous pas? reprit le silencieux, affectant un grand déplaisir de cette découverte.

— C'est que cela m'amusait! dit Joseph, inspiré par l'innocent machiavélisme de Consuelo; c'est drôle de se perdre en voiture! je croyais que cela n'arrivait qu'aux piétons.

— Ah bien! voilà qui m'amuse aussi, dit Consuelo. Je voudrais à présent que nous fussions sur la route de Dresde!

— Si je savais où nous sommes, repartit M. Mayer, je me réjouirais avec vous, mes enfants; car je vous avoue que j'étais assez mécontent d'aller à Passaw pour le bon plaisir de messieurs mes amis, et je voudrais que nous fussions assez détournés pour avoir un prétexte de borner là notre complaisance envers eux.

— Ma foi, monsieur le professeur, dit Joseph, il en sera ce qu'il vous plaira; ce sont vos affaires. Si nous ne vous gênons pas, et si vous voulez toujours de nous pour aller à Dresde, nous voilà tout prêts à vous suivre, fût-ce au bout du monde. Et toi, Bertoni, qu'en dis-tu?

— J'en dis autant, répondit Consuelo. Vogue la galère!

— Vous êtes de braves enfants! répondit Mayer en cachant sa joie sous son air de préoccupation; mais je voudrais bien savoir pourtant où nous sommes.

— Où que nous soyons, il faut nous arrêter, dit le conducteur; le cheval n'en peut plus. Il n'a rien mangé depuis hier soir, et il a marché toute la nuit. Nous ne serons fâchés, ni les uns ni les autres, de nous restaurer aussi. Voici un petit bois. Nous avons encore quelques provisions; halte! »

On entra dans le bois, le cheval fut dételé. Joseph et Consuelo offrirent leurs services avec empressement; on les accepta sans méfiance. On pencha la chaise sur ses brancards; et, dans ce mouvement, la position du prisonnier invisible devenant sans doute plus douloureuse, Consuelo l'entendit encore gémir; Mayer l'entendit aussi, et regarda fixement Consuelo pour voir si elle s'en était aperçue. Mais, malgré la pitié qui déchirait son cœur, elle sut paraître sourde et impassible. Mayer fit le tour de la voiture; Consuelo, qui s'était éloignée, le vit ouvrir à l'extérieur une petite porte de derrière, jeter un coup d'œil dans l'intérieur de la double caisse, la refermer, et remettre la clef dans sa poche.

« *La marchanaise est-elle avariée?* cria le silencieux à M. Mayer.

— Tout est bien, répondit-il avec une indifférence brutale, et il fit tout disposer pour le déjeuner.

— Maintenant, dit Consuelo rapidement à Joseph en passant auprès de lui, fais comme moi et suis tous mes pas. »

Elle aida à étendre les provisions sur l'herbe, et à déboucher les bouteilles. Joseph l'imita en affectant beaucoup de gaieté; M. Mayer vit avec plaisir ces serviteurs volontaires se dévouer à son bi n-être. Il aimait ses aises, et se mit à boire et à manger ainsi que ses compagnons avec des manières plus gloutonnes et plus grossières qu'il n'en avait montré la veille. Il tendait à chaque instant son verre à ses deux nouveaux pages, qui, à chaque instant, se levaient, se rasseyaient, et repartaient pour courir, de côté et d'autre, épiant le moment de courir une fois pour toutes, mais attendant que le vin et la digestion rendissent moins clairvoyants ces gardiens dangereux. Enfin, M. Mayer, se laissant aller sur l'herbe et déboutonnant sa veste, offrit au soleil sa grosse poitrine ornée de pistolets; le conducteur alla voir si le cheval mangeait bien, et le silencieux se mit à chercher dans quel endroit du ruisseau voisin au bord duquel on s'était arrêté, cet animal pourrait boire. Ce fut le signal de la délivrance. Consuelo feignit de chercher aussi. Joseph s'engagea avec elle dans les buissons; et, dès qu'ils se virent cachés dans l'épaisseur du feuillage, ils prirent leur course comme deux lièvres à travers bois. Ils n'avaient plus guère à craindre les balles dans ce taillis épais; et quand ils s'entendirent rappeler, ils jugèrent qu'ils avaient pris assez d'avance pour continuer sans danger.

« Il vaut pourtant mieux répondre, dit Consuelo en s'arrêtant; cela détournera les soupçons, et nous donnera le temps d'un nouveau trait de course. »

Joseph répondit donc:

« Par ici, par ici! il y a de l'eau!

— Une source, une source! » cria Consuelo.

Et courant aussitôt à angle droit, afin de dérouter l'ennemi, ils repartirent légèrement. Consuelo ne pensait plus à ses pieds malades et enflés, Joseph avait triomphé du narcotique que M. Mayer lui avait versé la veille. La peur leur donnait des ailes.

Ils couraient ainsi depuis dix minutes, dans la direction opposée à celle qu'ils avaient prise d'abord, et ne se donnant pas le temps d'écouter les voix qui les appelaient de deux côtés différents, lorsqu'ils trouvèrent la lisière du bois, et devant eux un coteau rapide bien gazonné qui s'abaissait jusqu'à une route battue, et des bruyères semées de massifs d'arbres.

« Ne sortons pas du bois, dit Joseph. Ils vont venir ici, et de cet endroit élevé ils nous verront dans quelque sens que nous marchions.

Consuelo hésita un instant, explora le pays d'un coup d'œil rapide, et lui dit:

« Le bois est trop petit pour nous cacher longtemps. Devant nous il y a une route, et l'espérance d'y rencontrer quelqu'un.

— Eh! s'écria Joseph, c'est la même route que nous suivions tout à l'heure. Voyez! elle fait le tour de la colline et remonte sur la droite vers le lieu d'où nous sommes partis. Que l'un des trois monte à cheval, et il nous rattrapera avant que nous ayons gagné le bas du terrain.

— C'est ce qu'il faut voir, dit Consuelo. On court vite en descendant. Je vois quelque chose là-bas sur le chemin, quelque chose qui monte de ce côté. Il ne s'agit que de l'atteindre avant d'être atteints nous-mêmes. Allons! »

Il n'y avait pas de temps à perdre en délibérations. Joseph se fia aux inspirations de Consuelo: la colline fut descendue par eux en un instant, et ils avaient gagné les premiers massifs, lorsqu'ils entendirent les voix de leurs ennemis à la lisière du bois. Cette fois, ils se gardèrent de répondre, et coururent encore, à la faveur des arbres et des buissons, jusqu'à ce qu'ils rencontrassent un ruisseau encaissé, que ces mêmes arbres leur avaient caché. Une longue planche servait de pont; ils traversèrent, et jetèrent ensuite la planche au fond de l'eau.

Arrivés à l'autre rive, ils la descendirent, toujours protégés par une épaisse végétation; et, ne s'entendant plus appeler, ils jugèrent qu'on avait perdu leurs traces, ou bien qu'on ne se méprenait plus sur leurs intentions, et qu'on cherchait à les atteindre par surprise. Mais bientôt la végétation du rivage fut interrompue, et ils s'avancèrent avec précaution, craignant d'être vus. Joseph avança la tête avec précaution parmi les dernières broussailles, et vit un des brigands en observation à la sortie du bois, et l'autre (vraisemblablement le signor Pistola, dont ils avaient déjà éprouvé la supériorité à la course), au bas de la colline, non loin de la rivière. Tandis que Joseph s'assurait de la position de l'ennemi, Consuelo s'était dirigée du côté de la route; et tout à coup elle revint vers Joseph:

« C'est une voiture qui vient, lui dit-elle, nous sommes sauvés! Il faut la joindre avant que celui qui nous poursuit ne soit avisé de passer l'eau. »

Ils coururent dans la direction de la route en droite ligne, malgré la nudité du terrain; la voiture venait à eux au galop.

« Oh! mon Dieu! dit Joseph, si c'était l'autre voiture, celle des complices?

— Non, répondit Consuelo, c'est une berline à six chevaux, deux postillons, et deux courriers; nous sommes sauvés, te dis-je, encore un peu de courage. »

Il était bien temps d'arriver au chemin; le Pistola avait retrouvé l'empreinte de leurs pieds sur le sable au bord du ruisseau. Il avait la force et la rapidité d'un sanglier. Il vit bientôt dans quel endroit la trace disparaissait, et les pieux qui avaient assujetti la planche. Il devina la ruse, franchit l'eau à la nage, retrouva la marque des pas sur la rive, et, les suivant toujours, venait de sortir des buissons; il voyait les deux fugitifs traverser la bruyère... mais il vit aussi la voiture; il comprit leur dessein, et, ne pouvant plus s'y opposer,

Il tendait à chaque instant un verre... (Page 183.)

il rentra dans les broussailles et s'y tint sur ses gardes.

Aux cris des deux jeunes gens, qui d'abord furent pris pour des mendiants, la berline ne s'arrêta pas. Les voyageurs jetèrent quelques pièces de monnaie; et leurs courriers d'escorte, voyant que nos fugitifs, au lieu de les ramasser, continuaient à courir, en criant à la portière, marchèrent sur eux au galop pour débarrasser leurs maîtres de cette importunité. Consuelo, essoufflée et perdant ses forces comme il arrive presque toujours au moment du succès, ne pouvait faire sortir un son de son gosier, et joignait les mains d'un air suppliant, en poursuivant les cavaliers, tandis que Joseph, cramponné à la portière, au risque de manquer prise et de se faire écraser, criait d'une voix haletante :

« Au secours! au secours! nous sommes poursuivis, au voleur! à l'assassin! »

Un des deux voyageurs qui occupaient la berline parvint enfin à comprendre ces paroles entrecoupées, et fit signe à un des courriers qui arrêta les postillons. Consuelo, lâchant alors la bride de l'autre courrier à laquelle elle s'était suspendue, quoique le cheval se cabrât et que le cavalier la menaçât de son fouet, vint se joindre à Joseph; et sa figure animée par la course frappa les voyageurs, qui entrèrent en pourparler.

« Qu'est-ce que cela signifie, dit l'un des deux : est-ce une nouvelle manière de demander l'aumône! On vous a donné, que voulez-vous encore? ne pouvez-vous répondre? »

Consuelo était comme prête à expirer. Joseph, hors d'haleine, ne pouvait que dire :

« Sauvez-nous, sauvez-nous! et il montrait le bois et la colline sans réussir à retrouver la parole.

— Ils ont l'air de deux renards forcés à la chasse, dit l'autre voyageur; attendons que la voix leur revienne. » Et les deux seigneurs, magnifiquement équipés, les regardèrent en souriant d'un air de sang-froid qui contrastait avec l'agitation des pauvres fugitifs.

Enfin, Joseph réussit à articuler encore les mots de voleurs et d'assassins; aussitôt les nobles voyageurs se firent ouvrir la voiture, et, s'avançant sur le marchepied, regardèrent de tous côtés, étonnés de ne rien voir qui pût motiver une pareille alerte. Les brigands s'étaient cachés, et la campagne était déserte et silencieuse. Enfin, Consuelo, revenant à elle, leur parla

M. Mayer.

ainsi, en s'arrêtant à chaque phrase pour respirer : « Nous sommes deux pauvres musiciens ambulants; nous avons été enlevés par des hommes que nous ne connaissons pas, et qui, sous prétexte de nous rendre service, nous ont fait monter dans leur voiture et voyager toute la nuit. Au point du jour, nous nous sommes aperçus qu'on nous trompait, et qu'on nous menait vers le nord, au lieu de suivre la route de Vienne. Nous avons voulu fuir; ils nous ont menacés, le pistolet à la main. Enfin, ils se sont arrêtés dans les bois que voici, nous nous sommes échappés, et nous avons couru vers votre voiture. Si vous nous abandonnez ici, nous sommes perdus; ils sont à deux pas de la route, l'un dans les buissons, les autres dans le bois.

— Combien sont-ils donc, demanda un des courriers.

— Mon ami, dit en français un des voyageurs auquel Consuelo s'était adressée parce qu'il était plus près d'elle, sur le marche-pied, apprenez que cela ne vous regarde pas. Combien sont-ils? voilà une belle question! Votre devoir est de vous battre si je vous l'ordonne, et je ne vous charge point de compter les ennemis.

— Vraiment, voulez-vous vous amuser à pourfendre? reprit en français l'autre seigneur; songez, baron, que cela prend du temps.

— Ce ne sera pas long, et cela nous dégourdira. Voulez-vous être de la partie, comte?

— Soit! si cela vous amuse. Et le comte prit avec une majestueuse indolence son épée dans une main, et dans l'autre deux pistolets dont la crosse était ornée de pierreries.

— Oh! vous faites bien, Messieurs, » s'écria Consuelo, à qui l'impétuosité de son cœur fit oublier un instant son humble rôle, et qui pressa de ses deux mains le bras du comte.

Le comte, surpris d'une telle familiarité de la part d'un petit drôle de cette espèce, regarda sa manche d'un air de dégoût railleur, la secoua, et releva ses yeux avec une lenteur méprisante sur Consuelo qui ne put s'empêcher de sourire, en se rappelant avec quelle ardeur le comte Zustiniani et tant d'autres illustrissimes Vénitiens lui avaient demandé, en d'autres temps, la faveur de baiser une de ces mains dont l'insolence paraissait maintenant si choquante. Soit qu'il y eût en elle, en cet instant, un rayonnement de fierté calme et douce qui démentait les apparences de sa misère, soit que sa facilité à parler la langue du bon ton en Allemagne fît penser qu'elle était un jeune gentilhomme travesti, soit enfin que le charme de son sexe se fît instinctivement sentir, le comte changea de physionomie tout à coup, et, au lieu d'un sourire de mépris, lui adressa un sourire de bienveillance. Le comte était encore jeune et beau; on eût pu être ébloui des avantages de sa personne, si le baron ne l'eût surpassé en jeunesse, en régularité de traits, et en luxe de stature. C'étaient les deux plus beaux hommes de leur temps, comme on le disait d'eux, et probablement de beaucoup d'autres.

Consuelo, voyant les regards expressifs du jeune baron s'attacher aussi sur elle avec une expression d'incertitude, de surprise et d'intérêt, détourna leur attention de sa personne en leur disant :

« Allez, Messieurs, ou plutôt venez; nous vous servirons de guides. Ces bandits ont dans leur voiture un malheureux caché dans un compartiment de la caisse, enfermé comme dans un cachot. Il est là pieds et poings liés, mourant, ensanglanté, et un bâillon dans la bouche. Allez le délivrer; cela convient à de nobles cœurs comme les vôtres!

— Vive Dieu, cet enfant est fort gentil! s'écria le baron, et je vois, cher comte, que nous n'avons pas perdu notre temps à l'écouter. C'est peut-être un brave gentilhomme que nous allons tirer des mains de ces bandits.

— Vous dites qu'ils sont là? reprit le comte en montrant le bois.

— Oui, dit Joseph; mais ils sont dispersés, et si vos seigneuries veulent bien écouter mon humble avis, elles diviseront l'attaque. Elles monteront la côte dans leur voiture, aussi vite que possible, et, après avoir tourné la colline, elles trouveront à la hauteur du bois que voici, et tout à l'entrée, sur la lisière opposée, la voiture où est le prisonnier, tandis que je conduirai messieurs les cavaliers directement par la traverse. Les bandits ne sont que trois; ils sont bien armés; mais, se voyant pris des deux côtés à la fois, ils ne feront pas de résistance.

— L'avis est bon, dit le baron. Comte, restez dans la voiture, et faites-vous accompagner de votre domestique. Je prends son cheval. Un de ces enfants vous servira de guide pour savoir en quel lieu il faut vous arrêter. Moi, j'emmène celui-ci avec mon chasseur. Hâtons-nous, car si nos brigands ont l'éveil, comme il est probable, ils prendront les devants.

— La voiture ne peut vous échapper, observa Consuelo; leur cheval est sur les dents. »

Le domestique sauta sur celui du domestique du comte, et ce domestique monta derrière la voiture.

« Passez, dit le comte à Consuelo, en la faisant entrer la première, sans se rendre compte à lui-même d'un mouvement de déférence. Il s'assit pourtant dans le fond, et elle resta sur le devant. Penché à la portière pendant que les postillons prenaient le grand galop, il suivait de l'œil son compagnon qui traversait le ruisseau à cheval, suivi de son homme d'escorte, lequel avait pris Joseph en croupe pour passer l'eau. Consuelo n'était pas sans inquiétude pour son pauvre camarade, exposé au premier feu; mais elle le voyait avec estime et approbation courir avec ardeur à ce poste périlleux. Elle le vit remonter la colline, suivi des cavaliers qui éperonnaient vigoureusement leurs montures, puis disparaître sous le bois. Deux coups de feu se firent entendre, puis un troisième... La berline tournait le monticule. Consuelo, ne pouvant rien savoir, éleva son âme à Dieu; et le comte, agité d'une sollicitude analogue pour son noble compagnon, cria en jurant aux postillons :

« Mais forcez donc le galop, canailles! ventre à terre!... »

LXXII

Le signor Pistola, auquel nous ne pouvons donner d'autre nom que celui dont Consuelo l'avait gratifié, car nous ne l'avons pas trouvé assez intéressant de sa personne pour faire des recherches à cet égard, avait vu, du lieu où il était caché, la berline s'arrêter aux cris des fugitifs. L'autre anonyme, que nous appelons aussi, comme Consuelo, le *Silencieux*, avait fait, du haut de la colline, la même observation et la même réflexion; il avait couru rejoindre Mayer, et tous deux songeaient aux moyens de se sauver. Avant que le baron eût traversé le ruisseau, Pistola avait gagné du chemin, et s'était déjà tapi dans le bois. Il les laissa passer, et leur tira par derrière deux coups de pistolets, dont l'un perça le chapeau du baron, et l'autre blessa le cheval du domestique assez légèrement. Le baron tourna bride, l'aperçut, et, courant sur lui, l'étendit par terre d'un coup de pistolet. Puis il le laissa se rouler dans les épines en jurant, et suivit Joseph qui arriva à la voiture de M. Mayer presque en même temps que celle du comte. Ce dernier avait déjà sauté à terre. Mayer et le Silencieux avaient disparu avec le cheval sans perdre le temps à cacher la chaise. Le premier soin des vainqueurs fut de forcer la serrure de la caisse où était renfermé le prisonnier. Consuelo aida avec transport à couper les cordes et le bâillon de ce malheureux, qui ne fut pas plus tôt délivré qu'il se jeta à terre prosterné devant ses libérateurs, et remerciant Dieu. Mais, dès qu'il eut regardé le baron, il se crut retombé de Charybde en Scylla.

Ah! monsieur le baron de Trenk! s'écria-t-il, ne me perdez pas, ne me livrez pas. Grâce, grâce pour un pauvre déserteur, père de famille! Je ne suis plus Prussien que vous, monsieur le baron; je suis sujet autrichien comme vous, et je vous supplie de ne pas me faire arrêter. Oh! faites-moi grâce!

— Faites-lui grâce, monsieur le baron de Trenk! s'écria Consuelo sans savoir à qui elle parlait, ni de quoi il s'agissait.

— Je te fais grâce, répondit le baron; mais à condition que tu vas t'engager par les plus épouvantables serments à ne jamais dire ce que tu tiens la vie et la liberté. »

Et en parlant ainsi, le baron, tirant un mouchoir de sa poche, s'enveloppa soigneusement la figure, dont il ne laissa passer qu'un œil.

« Êtes-vous blessé? dit le comte.

— Non, répondit-il en rabattant son chapeau sur son visage; mais si nous rencontrons ces prétendus brigands, je ne me soucie pas d'être reconnu. Je ne suis déjà pas très-bien dans les papiers de mon gracieux souverain : il ne me manquerait plus que cela!

— Je comprends ce dont il s'agit, reprit le comte; mais soyez sans crainte, je prends tout sur moi.

— Cela peut sauver ce déserteur des verges et de la potence, mais non pas moi d'une disgrâce. N'importe! on ne sait pas ce qui peut arriver; il faut obliger ses semblables à tout risque. Voyons, malheureux! peux-tu tenir sur tes jambes? Pas trop, à ce que je vois. Tu es blessé?

— J'ai reçu beaucoup de coups, il est vrai, mais je ne les sens plus.

— Enfin, peux-tu déguerpir?

— Oh! oui, monsieur l'aide de camp.

— Ne m'appelle pas ainsi, drôle, tais-toi; va-t'en! Et nous, cher comte, faisons de même : il me tarde d'avoir quitté ce bois. J'ai abattu un des recruteurs; si le roi le savait, mon affaire serait bonne!... quoique après tout, je m'en moque! ajouta-t-il en levant les épaules.

— Hélas! dit Consuelo, tandis que Joseph passait sa gourde au déserteur, si on l'abandonne ici, il sera bientôt repris. Il a les pieds enflés par les cordes, et peut à peine se servir de ses mains. Voyez, comme il est pâle et défait!

— Nous ne l'abandonnerons pas, dit le comte qui avait les yeux attachés sur Consuelo. Franz, descendez de cheval, dit-il à son domestique; et, s'adressant au déserteur : — Monte sur cette bête, je te la donne, et ceci encore, ajouta-t-il en lui jetant sa bourse. As-tu la force de gagner l'Autriche?

— Oui, oui, Monseigneur!

— Veux-tu aller à Vienne?

— Oui, Monseigneur.
— Veux-tu reprendre du service?
— Oui, Monseigneur, pourvu que ce ne soit pas en Prusse.
— Va-t-en trouver Sa Majesté l'impératrice-reine : elle reçoit tout le monde un jour par semaine. Dis-lui que c'est le comte Hoditz qui lui fait présent d'un très-beau grenadier, parfaitement dressé à la prussienne.
— J'y cours, Monseigneur.
— Et n'aie jamais le malheur de nommer M. le baron, ou je te fais prendre par mes gens, et je te renvoie en Prusse.
— J'aimerais mieux mourir tout de suite. Oh! si les misérables m'avaient laissé l'usage des mains, je me serais tué quand ils m'ont repris.
— Décampe!
— Oui, Monseigneur. »

Il acheva d'avaler le contenu de la gourde, la rendit à Joseph, l'embrassa, sans savoir qu'il lui devait un service bien plus important, se prosterna devant le comte et le baron, et, sur un geste d'impatience de celui-ci qui lui coupa la parole, il fit un grand signe de croix, baisa la terre, et monta à cheval à l'aide des domestiques, car il ne pouvait remuer les pieds; mais à peine fut-il en selle, que, reprenant courage et vigueur, il piqua des deux et se mit à courir bride abattue sur la route du midi.

« Voilà qui achèvera de le perdre, si on découvre jamais que je vous ai laissé faire, dit le baron au comte. C'est égal, ajouta-t-il avec un grand éclat de rire; l'idée de faire cadeau à Marie-Thérèse d'un grenadier de Frédéric est la plus charmante du monde. Ce drôle, qui a envoyé des balles aux houlans de l'impératrice, va en envoyer aux cadets du roi de Prusse! Voilà des sujets bien fidèles, et des troupes bien choisies !

— Les souverains n'en sont pas plus mal servis. Ah çà, qu'allons-nous faire de ces enfants?

— Nous pouvons dire comme le grenadier, répondit Consuelo, que, si vous nous abandonnez ici, nous sommes perdus.

— Je ne crois pas, répondit le comte, qui mettait dans toutes ses paroles une sorte d'ostentation chevaleresque, que nous vous ayons donné lieu jusqu'ici de mettre en doute nos sentiments d'humanité. Nous allons vous emmener jusqu'à ce que vous soyez assez loin d'ici pour ne plus rien craindre. Mon domestique, que j'ai mis à pied, montera sur le siège de la voiture, dit-il en s'adressant au baron; et il ajouta d'un ton plus bas : — Ne préférez-vous pas la société de ces enfants à celle d'un valet qu'il nous faudrait admettre dans la voiture, et devant lequel nous serions obligés de nous contraindre davantage?

— Eh! sans doute, répondit le baron; des artistes, quelque pauvres qu'ils soient, ne sont déplacés nulle part. Qui sait si celui qui vient de retrouver son violon dans ces broussailles, et qui le remporte avec tant de joie, n'est pas un Tartini en herbe? Allons, troubadour! dit-il à Joseph qui venait effectivement de ressaisir son sac, son instrument et ses manuscrits sur le champ de bataille, venez avec nous, et à notre premier gîte, vous nous chanterez ce glorieux combat où nous n'avons trouvé personne à qui parler.

— Vous pouvez vous moquer de moi à votre aise, dit le comte lorsqu'ils furent installés dans le fond de la voiture, et les jeunes gens vis-à-vis d'eux (la berline roulait déjà rapidement vers l'Autriche), vous qui avez abattu une pièce de ce gibier de potence.

— J'ai bien peur de ne l'avoir pas tué sur le coup, et de le retrouver quelque jour à la porte du cabinet de Frédéric : et vous céderiez donc cet exploit de grand cœur.

— Moi qui n'ai même pas vu l'ennemi, reprit le comte, je vous l'envie sincèrement, votre exploit; je prenais goût à l'aventure, et j'aurais eu du plaisir à châtier ces drôles comme ils le méritent. Venir saisir des déserteurs et lever des recrues jusque sur le territoire de la Bavière, aujourd'hui l'alliée fidèle de Marie-Thérèse! c'est d'une insolence qui n'a pas de nom!

— Ce serait un prétexte de guerre tout trouvé, si on n'était las de se battre, et si le temps n'était à la paix pour le moment. Vous m'obligerez donc, monsieur le comte, en n'ébruitant pas cette aventure, non-seulement à cause de mon souverain, qui me saurait fort mauvais gré du rôle que j'y ai joué, mais encore à cause de la mission dont je suis chargé auprès de votre impératrice. Je la trouverais fort mal disposée à me recevoir, si je l'abordais sous le coup d'une pareille impertinence de la part de mon gouvernement.

— Ne craignez rien de moi, répondit le comte; vous savez que je ne suis pas un sujet zélé, parce que je ne suis pas un courtisan ambitieux...

— Et quelle ambition pourriez-vous avoir encore, cher comte? L'amour et la fortune ont couronné vos vœux; au lieu que moi... Ah! combien nos destinées sont dissemblables jusqu'à présent, malgré l'analogie qu'elles présentent au premier abord! »

En parlant ainsi, le baron tira de son sein un portrait entouré de diamants, et se mit à le contempler avec des yeux attendris, et en poussant de profonds soupirs, qui donnèrent un peu envie de rire à Consuelo. Elle trouva qu'une passion si peu discrète n'était pas de bon goût, et railla intérieurement cette manière de grand seigneur.

« Cher baron, reprit le comte en baissant la voix (Consuelo feignait de ne pas entendre, et y faisait même son possible), je vous supplie de n'accorder à personne la confiance dont vous m'avez honoré, et surtout de ne montrer ce portrait à nul autre qu'à moi. Remettez-le dans sa boîte, et songez que cet enfant entend le français aussi bien que vous et moi.

— A propos! s'écria le baron en refermant le portrait sur lequel Consuelo s'était bien gardée de jeter les yeux, que diable voulaient-ils faire de ces deux petits garçons, nos racoleurs? Dites, que vous proposaient-ils pour vous engager à les suivre?

— En effet, dit le comte, je n'y songeais pas, et maintenant je ne m'explique pas leur fantaisie; eux qui ne cherchent à enrôler que des hommes dans la force de l'âge, et d'une stature démesurée, que pouvaient-ils faire de deux petits enfants? »

Joseph raconta que le prétendu Mayer s'était donné pour musicien, et leur avait continuellement parlé de Dresde et d'un engagement à la chapelle de l'électeur.

« Ah! m'y voilà! reprit le baron, et ce Mayer, je gage que je le connais! Ce doit être un nommé N..., ex-chef de musique militaire, aujourd'hui recruteur pour la musique des régiments prussiens. Nos indigènes ont la tête si dure, qu'ils ne trouveraient pas à jouer juste et en mesure, si Sa Majesté, qui a l'oreille plus délicate que feu le roi son père, ne tirait de la Bohême et de la Hongrie ses clairons, ses fifres, et ses trompettes. Le bon professeur de tintamarre a cru faire un joli cadeau à son maître en lui amenant, outre le déserteur repêché sur vos terres, deux petits musiciens à mine intelligente; et le faux-fuyant de leur promettre Dresde et les délices de la cour n'était pas mal trouvé pour commencer. Mais vous n'eussiez pas seulement aperçu Dresde, mes enfants, et, bon gré, mal gré, vous eussiez été incorporés dans la musique de quelque régiment d'infanterie seulement pour le reste de vos jours.

— Je sais à quoi m'en tenir maintenant sur le sort qui nous attendait, répondit Consuelo; j'ai entendu parler des abominations de ce régime militaire, de la mauvaise foi et de la cruauté des enlèvements de recrues. Je vois, à la manière dont le pauvre grenadier était traité par ces misérables, qu'on ne m'en avait rien exagéré. Oh! le grand Frédéric!...

— Sachez, jeune homme, dit le baron avec une emphase un peu ironique, que Sa Majesté ignore les moyens, et ne connaît que les résultats.

— Dont elle profite, sans se soucier du reste, reprit Consuelo animée par une indignation irrésistible. Oh! je le sais, monsieur le baron, les rois n'ont jamais tort, et sont innocents de tout le mal qu'on fait pour leur plaire.

— Le drôle a de l'esprit! s'écria le comte en riant; mais soyez prudent, mon joli petit tambour, et n'oubliez pas que vous parlez devant un officier supérieur du régiment où vous deviez peut-être entrer.

— Sachant me taire, monsieur le comte, je ne révoque jamais en doute la discrétion d'autrui.

— Vous l'entendez, baron! il vous promet le silence que vous n'aviez pas songé à lui demander! Allons, c'est un charmant enfant.

— Et je me fie à lui de tout mon cœur, repartit le baron. Comte, vous devriez l'enrôler, vous, et l'offrir comme page à Son Altesse.

— C'est fait, s'il y consent, dit le comte en riant. Voulez-vous accepter cet engagement, beaucoup plus doux que celui du service prussien? Ah! mon enfant! il ne s'agira ni de souffler dans des chaudrons, ni de battre le rappel avant le jour, ni de recevoir la schlague et de manger du pain de briques pilées, mais de porter la queue et l'éventail d'une dame admirablement belle et gracieuse, d'habiter un palais de fées, de présider aux jeux et aux ris, et de faire votre partie dans des concerts qui valent bien ceux du grand Frédéric! Êtes-vous tenté? Ne me prenez-vous pas pour un Mayer?

— Et quelle est donc cette altesse si gracieuse et si magnifique? demanda Consuelo en souriant.

— C'est la margrave douairière de Bareith, princesse de Culmbach, mon illustre épouse, répondit le comte Hoditz; c'est maintenant la châtelaine de Roswald en Moravie. »

Consuelo avait cent fois entendu raconter à la chanoinesse Wenceslawa de Rudolstadt la généalogie, les alliances et l'histoire anecdotique de toutes les principautés et aristocraties grandes et petites de l'Allemagne et des pays circonvoisins; plusieurs de ces biographies l'avaient frappée, et entre autres celle du comte Hoditz-Roswald, seigneur morave très-riche, chassé et abandonné par un père irrité de ses déportements, aventurier très-répandu dans toutes les cours de l'Europe; enfin, grand-écuyer et amant de la margrave douairière de Bareith, qu'il avait épousée en secret, enlevée et conduite à Vienne, de là en Moravie, où, ayant hérité de son père, il l'avait mise récemment à la tête d'une brillante fortune. La chanoinesse était revenue souvent sur cette histoire, qu'elle trouvait fort scandaleuse parce que la margrave était princesse suzeraine, et le comte simple gentilhomme; et c'était pour elle un sujet de se déchaîner contre les mésalliances et les mariages d'amour. De son côté, Consuelo, qui cherchait à comprendre et à bien connaître les préjugés de la caste nobiliaire, faisait son profit de ces révélations et ne les oubliait pas. La première fois que le comte Hoditz s'était nommé devant elle, elle avait été frappée d'une vague réminiscence, et maintenant elle avait présentes toutes les circonstances de la vie et du mariage romanesque de cet aventurier célèbre. Quant au baron de Trenk, qui n'était alors qu'au début de sa mémorable disgrâce, et qui ne présageait guère son épouvantable avenir, elle n'en avait jamais entendu parler. Elle écouta donc le comte étaler avec un peu de vanité le tableau de sa nouvelle opulence. Raillé et méprisé dans les petites cours orgueilleuses de l'Allemagne, Hoditz avait longtemps rougi d'être regardé comme un pauvre diable enrichi par sa femme. Héritier de biens immenses, il se croyait désormais réhabilité en étalant le faste d'un roi dans son comté morave, et produisait avec complaisance ses nouveaux titres à la considération ou à l'envie de minces souverains beaucoup moins riches que lui. Rempli de bons procédés et d'attentions délicates pour sa margrave, il ne se piquait pourtant pas d'une scrupuleuse fidélité envers une femme beaucoup plus âgée que lui; et soit que cette princesse eût, pour fermer les yeux, trop de bons principes et le bon goût du temps, soit qu'elle crût que l'époux illustré par elle ne pouvait jamais ouvrir les yeux sur le déclin de sa beauté, elle ne le gênait point dans ses fantaisies.

Au bout de quelques lieues, on trouva un relai préparé exprès à l'avance pour les nobles voyageurs. Consuelo et Joseph voulurent descendre et prendre congé d'eux; mais ils s'y opposèrent, prétextant la possibilité de nouvelles entreprises de la part des recruteurs répandus dans le pays.

« Vous ne savez pas, leur dit Trenk (et il n'exagérait rien), combien cette race est habile et redoutable. En quelque lieu de l'Europe civilisée que vous mettiez le pied, si vous êtes pauvre et sans défense, si vous avez quelque vigueur ou quelque talent, vous êtes exposé à la fourberie ou à la violence de ces gens-là. Ils connaissent tous les passages de frontières, tous les sentiers de montagnes, toutes les routes de traverse, tous les gîtes équivoques, tous les coquins dont ils peuvent espérer assistance et main-forte au besoin. Ils parlent toutes les langues, tous les patois, car ils ont vu toutes les nations et fait tous les métiers. Ils excellent à manier un cheval, à courir, nager, sauter par-dessus les précipices comme de vrais bandits. Ils sont presque tous braves, durs à la fatigue, menteurs, adroits et impudents, vindicatifs, souples et cruels. C'est le rebut de l'espèce humaine, dont l'organisation militaire du feu roi de Prusse, *Gros-Guillaume*, a fait les pourvoyeurs les plus utiles de sa puissance, et les soutiens les plus importants de sa discipline. Ils rattraperaient un déserteur au fond de la Sibérie, et iraient le chercher au milieu des balles de l'armée ennemie, pour le seul plaisir de le ramener en Prusse et de l'y faire pendre pour l'exemple. Ils ont arraché de l'autel un prêtre qui disait sa messe, parce qu'il avait cinq pieds dix pouces; ils ont volé un médecin à la princesse électorale; ils ont mis en fureur dix fois le vieux margrave de Bareith, en lui enlevant son armée composée de vingt ou trente hommes, sans qu'il ait osé en demander raison ouvertement; ils ont fait soldat à perpétuité un gentilhomme français qui allait voir sa femme et ses enfants aux environs de Strasbourg; ils ont pris des Russes à la czarine Élisabeth, des houlans au maréchal de Saxe, des pandours à Marie-Thérèse, des magnats de Hongrie, des seigneurs polonais, des chanteurs italiens, et des femmes de toutes les nations, nouvelles Sabines mariées de force à des soldats. Tout leur est bon; outre leurs appointements et leurs frais de voyages qui sont largement rétribués, ils ont une prime de tant par tête, que dis-je! de tant par pouce et par ligne de stature...

— Oui! dit Consuelo, ils fournissent de la chair humaine à tant par once! Ah! votre grand roi est un ogre!... Mais soyez tranquille, monsieur le baron, dites toujours; vous avez fait une belle action en rendant la liberté à notre pauvre déserteur. J'aimerais mieux subir les supplices qui lui étaient destinés, que de dire une parole qui pût vous nuire. »

Trenk, dont le fougueux caractère ne comportait pas la prudence, et qui était déjà aigri par les rigueurs et les injustices incompréhensibles de Frédéric à son égard, trouvait un amer plaisir à dévoiler devant le comte Hoditz les forfaits de ce régime dont il avait été témoin et complice, dans un temps de prospérité où ses réflexions n'avaient pas toujours été aussi équitables et aussi sévères. Maintenant persécuté secrètement, quoique en apparence il dût à la confiance du roi de remplir une mission diplomatique importante auprès de Marie-Thérèse, il commençait à détester son maître, et à laisser paraître ses sentiments avec trop d'abandon. Il rapporta au comte les souffrances, l'esclavage et le désespoir de cette nombreuse milice prussienne, paisible en guerre, mais si dangereuse durant la paix, qu'on en était venu, pour la réduire, à un système de terreur et de barbarie sans exemple. Il raconta l'épidémie de suicide qui s'était répandue dans l'armée, et les crimes que commettaient des soldats, honnêtes et dévots d'ailleurs, dans le seul but de se faire condamner à mort pour échapper à l'horreur de la vie qu'on leur avait faite.

« Croiriez-vous, dit-il, que les rangs *surveillés* sont ceux qu'on recherche avec le plus d'ardeur? Il faut que vous sachiez que ces rangs surveillés sont composés de recrues étrangères, d'hommes enlevés, ou de jeunes gens de la nation prussienne, lesquels, au début d'une carrière militaire qui ne doit finir qu'avec la vie, sont généralement pris, durant les premières années, au plus horrible découragement. On les divise par rangs, et on les fait marcher, soit en paix, soit en guerre, devant une rangée d'hommes plus soumis ou plus déterminés, qui ont la consigne de tirer chacun sur celui qui marche devant lui, si ce dernier montre la plus légère intention de fuir ou de résister. Si le rang chargé de cette exécution la néglige, le rang placé derrière, qui est encore choisi parmi de plus insensibles et de plus farouches (car il y en a parmi les vieux soldats endurcis et les volontaires, qui sont presque tous des scélérats), ce troisième rang, dis-je, est chargé de tirer sur les deux premiers; et ainsi de suite, si le troisième rang faiblit dans l'exécution. Ainsi, chaque rang de l'armée a, dans la bataille, l'ennemi en face et l'ennemi sur ses talons, nulle part, des semblables, des compagnons, ou des frères d'armes. Partout la violence, la mort et l'épouvante ! C'est avec cela, dit le grand Frédéric, qu'on forme des soldats invincibles. Eh bien, une place dans ces premiers rangs est enviée et recherchée par le jeune militaire prussien; et sitôt qu'il y est placé, sans concevoir la moindre espérance de salut, il se débande et jette ses armes, afin d'attirer sur lui les balles de ses camarades. Ce mouvement de désespoir en sauve plusieurs, qui, risquant le tout pour le tout, et bravant les plus insurmontables dangers, parviennent à s'échapper, et souvent passent à l'ennemi. Le roi ne s'abuse pas sur l'horreur que son joug de fer inspire à l'armée, et vous savez peut-être son mot au duc de Brunswick, son neveu, qui assistait à une de ses grandes revues, et ne se lassait pas d'admirer la belle tenue et les superbes manœuvres de ses troupes. « — La réunion et l'ensemble de tant de beaux hommes vous surprend ? lui dit Frédéric ; et moi, il y a quelque chose qui m'étonne bien davantage ! — Quoi donc ? dit le jeune duc. — C'est que nous soyons en sûreté, vous et moi, au milieu d'eux, répondit le roi. »

« Baron, cher baron, reprit le comte Hoditz, ceci est le revers de la médaille. Rien ne se fait miraculeusement chez les hommes. Comment Frédéric serait-il le plus grand capitaine de son temps s'il avait la douceur des colombes ? Tenez ! n'en parlez pas davantage. Vous m'obligeriez à prendre son parti, moi son ennemi naturel, contre vous, son aide de camp et son favori.

— A la manière dont il traite ses favoris dans un jour de caprice, on peut juger, répondit Trenk, de sa façon d'agir avec ses esclaves ! Ne parlons plus de lui, vous avez raison ; car, en y songeant, il me prend une envie diabolique de retourner dans le bois, et d'étrangler de mes mains ses zélés pourvoyeurs de chair humaine, à qui j'ai fait grâce par une sotte et lâche prudence. »

L'emportement généreux du baron plaisait à Consuelo; elle écoutait avec intérêt ses peintures animées de la vie militaire en Prusse; et, ne sachant pas qu'il entrait dans cette courageuse indignation un peu de dépit personnel, elle y voyait l'indice d'un grand caractère. Il y avait de la grandeur réelle néanmoins dans l'âme de Trenk. Ce beau et fier jeune homme n'était pas que pour ramper. Il y avait bien de la différence, à cet égard, entre lui et son ami improvisé en voyage, le riche et superbe Hoditz. Ce dernier, ayant fait dans son enfance la terreur et le désespoir de ses précepteurs, avait été enfin abandonné à lui-même; et quoiqu'il eût passé l'âge des bruyantes incartades, il conservait dans ses manières et dans ses propos quelque chose de puéril qui contrastait avec sa stature herculéenne et son beau visage un peu flétri par quarante années pleines de fatigues et de débauches. Il n'avait puisé l'instruction superficielle qu'il étalait de temps en temps, que dans les romans, la philosophie à la mode, et la fréquentation du théâtre. Il se piquait d'être artiste, et manquait de discernement et de profondeur en cela comme en tout. Pourtant son grand air, son affabilité exquise, ses idées fines et riantes agirent bientôt sur l'imagination du jeune Haydn, qui le préféra au baron, peut-être aussi à cause de l'attention plus prononcée que Consuelo accordait à ce dernier.

Le baron, au contraire, avait fait de bonnes études; et si le prestige des cours et l'effervescence de la jeunesse l'avaient souvent étourdi sur la réalité et la valeur des grandeurs humaines, il avait conservé au fond de l'âme cette indépendance de sentiments et cette équité de principes que donnent les lectures sérieuses et les nobles instincts développés par l'éducation. Son caractère altier avait pu s'engourdir sous les caresses et les flatteries de la puissance; mais il n'avait pu plier assez pour qu'à la moindre atteinte de l'injustice, il ne se relevât fougueux et brûlant. Le beau page de Frédéric avait trempé ses lèvres à la coupe empoisonnée; mais l'amour, un amour absolu, téméraire, exalté, était venu ranimer son audace et sa persévérance. Frappé dans l'endroit le plus sensible de son cœur, il avait relevé la tête, et bravait en face le tyran qui voulait le mettre à genoux.

A l'époque de notre récit, il paraissait âgé d'une vingtaine d'années tout au plus. Une forêt de cheveux bruns, dont il ne voulait pas faire le sacrifice à la discipline puérile de Frédéric, ombrageait son large front. Sa taille était superbe, ses yeux étincelants, sa moustache noire comme l'ébène, sa main blanche comme l'albâtre, quoique forte comme celle d'un athlète, et sa voix fraîche et mâle comme son visage, ses idées, et les espérances de son amour. Consuelo songeait à cet amour mystérieux qu'il avait à chaque instant sur les lèvres, et qu'elle ne trouvait plus ridicule à mesure qu'elle observait, dans ses élans et ses réticences, le mélange d'impétuosité naturelle et de méfiance trop fondée qui le mettait en guerre continuelle avec lui-même et avec sa destinée. Elle éprouvait, en dépit d'elle-même, une vive curiosité de connaître la dame des pensées d'un si beau jeune homme, et se surprenait à faire des vœux sincères et romanesques pour le triomphe de ces deux amants. Elle ne trouva point la journée longue, comme elle s'y était attendue en pensant face à face avec deux inconnus d'un rang si différent du sien. Elle avait pris à Venise la notion, et à Riesenburg l'habitude de la politesse, des manières douces et des propos choisis qui sont le beau côté de ce qu'on appelait exclusivement dans ce temps-là la bonne compagnie. Tout en se tenant sur la réserve, et ne parlant pas, à moins d'être interpellée, elle se sentit donc fort à l'aise, et fit ses réflexions intérieurement sur tout ce qu'elle entendait. Ni le baron ni le comte ne parurent s'apercevoir de son déguisement. Le premier ne faisait guère attention ni à elle ni à Joseph. S'il leur adressait quelques mots, il continuait son propos en se retournant vers le comte; et bientôt, tout en parlant avec entraînement, il ne pensait plus même à celui-ci, et semblait converser avec ses propres pensées, comme un esprit qui se nourrit de son propre feu. Quant au comte, il était tour à tour grave comme un monarque, et sémillant comme une marquise française. Il tirait des tablettes de sa poche, et prenait des notes avec le sérieux d'un penseur ou d'un diplomate; puis il les relisait en chantonnant, et Consuelo voyait que c'étaient de petits versiculets dans un français galant et doucereux. Il les récitait parfois au baron, qui les déclarait admirables sans les avoir écoutés. Quelquefois il consultait Consuelo d'un air débonnaire, et lui demandait avec une fausse modestie :

« Comment trouvez-vous cela, mon petit ami ? Vous comprenez le français, n'est-ce pas ? »

Consuelo, impatientée de cette feinte condescendance qui paraissait chercher à l'éblouir, ne put résister à l'envie de relever deux ou trois fautes qui se trouvaient dans un quatrain *à la beauté*. Sa mère lui avait appris à bien phraser et à bien énoncer les langues qu'elle-même chantait facilement et avec une certaine élégance. Consuelo, studieuse, et cherchant dans tout l'harmonie, la mesure et la netteté que lui suggérait son organisation musicale, avait trouvé dans les livres la clef et la règle de ces langues diverses. Elle avait surtout examiné avec soin la prosodie, en s'exerçant à traduire des poésies lyriques, et en ajustant des paroles étrangères sur des airs nationaux, pour se rendre compte du rhythme et de l'accent. Elle était ainsi parvenue à bien connaître les règles de la versification dans plusieurs langues, et il ne lui fut pas difficile de relever les erreurs du poète morave.

Émerveillé de son savoir, mais ne pouvant se résoudre à douter du sien propre, Hoditz consulta le baron, qui se porta compétent pour donner gain de cause au petit musicien. De ce moment, le comte s'occupa d'elle exclusivement, mais sans paraître se douter de son âge véritable ni de son sexe. Il lui demanda seulement où *il* avait été élevé, pour savoir si bien les lois du Parnasse.

« A l'école gratuite des maîtrises de chant de Venise, répondit-elle laconiquement.

— Il paraît que les études de ce pays-là sont plus fortes que celles de l'Allemagne; et votre camarade, où a-t-il étudié?

— A la cathédrale de Vienne, répondit Joseph.

— Mes enfants, reprit le comte, je crois que vous avez tous deux beaucoup d'intelligence et d'aptitude. A notre premier gîte, je veux vous examiner sur la musique, et, si vous tenez à ce que vos figures et vos manières promettent, je vous engage pour mon orchestre ou mon théâtre de Roswald. Je veux tout de bon vous présenter à la princesse mon épouse; qu'en diriez-vous? hein! Ce serait une fortune pour des enfants comme vous. »

Consuelo avait été prise d'une forte envie de rire en entendant le comte se proposer d'examiner Haydn et elle-même sur la musique. Elle ne put que s'incliner respectueusement avec de grands efforts pour garder son sérieux. Joseph, sentant davantage les conséquences avantageuses pour lui d'une nouvelle protection, remercia et ne refusa pas. Le comte reprit ses tablettes, et lut à Consuelo la moitié d'un petit opéra italien singulièrement détestable, et plein de barbarismes, qu'il se promettait de mettre lui-même en musique et de faire représenter pour la fête de sa femme par ses acteurs, sur son théâtre, dans son château, ou, pour mieux dire, dans sa résidence; car, se croyant prince par le fait de sa margrave, il ne fallait pas autrement.

Consuelo poussait de temps en temps le coude de Joseph pour lui faire remarquer les bévues du comte, et, succombant sous l'ennui, se disait en elle-même que, pour s'être laissé séduire par de tels mauvigaux, la fameuse beauté du margraviat héréditaire de Bareith, apanagé de Culmbach, devait être une personne bien éventée, malgré ses titres, ses galanteries et ses années.

Tout en lisant et en déclamant, le comte croquait des bonbons pour s'humecter le gosier et en offrait sans cesse aux jeunes voyageurs, qui, n'ayant rien mangé depuis la veille, et mourant de faim, acceptaient, faute de mieux, cet aliment plus propre à les tromper qu'à la satisfaire, tout en se disant que les dragées et les rimes du comte étaient une bien fade nourriture.

Enfin, vers le soir, on vit paraître à l'horizon les forts et les flèches de cette ville de Passaw où Consuelo avait pensé le matin ne pouvoir jamais arriver. Cet aspect, après tant de dangers et de terreurs, lui fut presque aussi doux que l'eût été en d'autres temps celui de Venise; et lorsqu'elle traversa le Danube, elle ne put se retenir de donner une poignée de main à Joseph.

« Est-il votre frère? lui demanda le comte, qui n'avait pas encore songé à lui faire cette question.

— Oui, Monseigneur, répondit au hasard Consuelo pour se débarrasser de sa curiosité.

— Vous ne vous ressemblez pourtant pas, dit le comte.

— Il y a tant d'enfants qui ne ressemblent pas à leur père! répondit gaiement Joseph.

— Vous n'avez pas été élevés ensemble?

Non, monseigneur. Dans notre condition errante, on est élevé où l'on peut et comme l'on peut.

— Je ne sais pourquoi je m'imagine pourtant, dit le comte à Consuelo, en baissant la voix, que vous êtes *bien né*. Tout dans votre personne et votre langage annonce une distinction naturelle.

— Je ne sais pas du tout comment je suis né, monseigneur, répondit-elle en riant. Je dois être né musicien de père en fils; car je n'aime au monde que la musique.

— Pourquoi êtes-vous habillé en paysan de Moravie?

— Parce que, mes habits s'étant usés en voyage, j'ai acheté dans une foire de ce pays-là ceux que vous voyez.

— Vous avez donc été en Moravie? à Roswald, peut-être?

— Aux environs, *oui, monseigneur*, répondit Consuelo avec malice, j'ai aperçu de loin, et sans oser m'en approcher, votre superbe domaine, vos statues, vos cascades, vos jardins, vos montagnes, que sais-je? des merveilles, un palais de fées!

— Vous avez vu tout cela! s'écria le comte émerveillé de ne l'avoir pas su plus tôt, et ne s'apercevant pas que Consuelo, lui ayant entendu décrire pendant deux heures les délices de sa résidence, pouvait bien en faire la description après lui, en sûreté de conscience. Oh! cela doit vous donner envie d'y revenir! dit-il.

— J'en grille d'envie à présent que j'ai le bonheur de vous connaître, répondit Consuelo, qui avait besoin de se venger de la lecture de son opéra en se moquant de lui. »

Elle sauta légèrement de la barque sur laquelle on avait traversé le fleuve, en s'écriant avec un accent germanique renforcé:

« O Passaw! je te salue! »

La berline les conduisit à la demeure d'un riche seigneur, ami du comte, absent pour le moment, mais dont la maison leur était destinée pour pied-à-terre. On les attendait, les serviteurs étaient en mouvement pour le souper, qui leur fut servi promptement. Le comte, qui prenait un plaisir extrême à la conversation de son petit musicien (c'est ainsi qu'il appelait Consuelo), eût souhaité l'emmener à sa table; mais la crainte de faire une inconvenance qui déplût au baron l'en empêcha. Consuelo et Joseph se trouvèrent fort contents de manger à l'office, et ils ne firent nulle difficulté de s'asseoir avec les valets. Haydn n'avait encore jamais été traité plus honorablement chez les grands seigneurs qui l'avaient admis à leurs fêtes; et, quoique le sentiment de l'art lui eût assez élevé le cœur pour qu'il comprît l'outrage attaché à cette manière d'agir, il se rappelait sans fausse honte que sa mère avait été cuisinière du comte Harrach, seigneur de son village. Plus tard, et parvenu au développement de son génie, Haydn ne devait pas être mieux apprécié comme homme par ses protecteurs, quoiqu'il le fût de toute l'Europe comme artiste. Il a passé vingt-cinq ans au service du prince Esterhazy; et quand nous disons au service, nous ne voulons pas dire que ce fût comme musicien seulement. Paër l'a vu, une serviette au bras et l'épée au côté, se tenir derrière la chaise de son maître, et remplir les fonctions de maître d'hôtel, c'est-à-dire de premier valet, selon l'usage du temps et du pays.

Consuelo n'avait point mangé avec les domestiques depuis les voyages de son enfance avec sa mère la Zingara. Elle s'amusa beaucoup des grands airs de ces laquais de bonne maison, qui se trouvèrent humiliés de la compagnie de deux petits bateleurs, et qui, tout en les plaçant à part à une extrémité de la table, leur servirent les plus mauvais morceaux. L'appétit et leur sobriété naturelle leur firent trouver excellents; et leur air enjoué ayant désarmé ces âmes hautaines, on les pria de faire de la musique pour égayer le dessert de messieurs les laquais. Joseph se vengea de leurs dédains en leur jouant du violon avec beaucoup d'obligeance, et Consuelo elle-même, ne se ressentant presque plus de l'agitation et des souffrances de la matinée, commençait à chanter, lorsqu'on vint leur dire que le comte et le baron réclamaient la musique pour leur propre divertissement.

Il n'y avait pas moyen de refuser. Après le secours que ces deux seigneurs leur avaient donné, Consuelo eût regardé toute défaite comme une ingratitude; et d'ailleurs s'excuser sur la fatigue et l'enrouement eût été un méchant prétexte, puisque ses accents, montant de l'office au salon, venaient de frapper les oreilles des maîtres.

Elle suivit Joseph, qui était, aussi bien qu'elle, en train de prendre en bonne part toutes les conséquences de leur pèlerinage; et quand ils furent entrés dans une belle salle, où, à la lueur de vingt bougies, les deux seigneurs achevaient, les coudes sur la table, leur dernier flacon de vin de Hongrie, ils se tinrent debout près de la porte, à la manière des musiciens de bas étage, et se mirent à chanter les petits duos italiens qu'ils avaient étudiés ensemble sur les montagnes.

« Attention! dit malicieusement Consuelo à Joseph

avant de commencer; songe que M. le comte va nous examiner sur la musique. Tâchons de nous en bien tirer! »

Le comte fut très-flatté de cette réflexion; le baron avait placé sur son assiette retournée le portrait de sa dulcinée mystérieuse, et ne semblait pas disposé à écouter.

Consuelo n'eut garde de donner sa voix et ses moyens. Son prétendu sexe ne comportait pas des accents si veloutés, et l'âge qu'elle paraissait avoir sous son déguisement ne permettait pas de croire qu'elle eût pu parvenir à un talent consommé. Elle se fit une voix d'enfant un peu rauque, et comme usée prématurément par l'abus du métier en plein vent. Ce fut pour elle un amusement que de contrefaire aussi les maladresses naïves et les témérités d'ornement écourté qu'elle avait entendu faire tant de fois aux enfants des rues de Venise. Mais quoiqu'elle jouât merveilleusement cette parodie musicale, il y eut tant de goût naturel dans ses facéties, le duo fut chanté avec tant de nerf et d'ensemble, et ce chant populaire était si frais et si original, que le baron, excellent musicien, et admirablement organisé pour les arts, remit son portrait dans son sein, releva la tête, s'agita sur son siège, et finit par battre des mains avec vivacité, s'écriant que c'était la musique la plus vraie et la mieux sentie qu'il eût jamais entendue. Quant au comte Hoditz, qui était plein de Fuchs, de Rameau et de ses auteurs classiques, il goûta moins ce genre de composition et cette manière de les rendre. Il trouva que le baron était un barbare du Nord, et ses doigts protégés des écoliers assez intelligents, mais qu'il serait forcé de tirer, par ses leçons, de la crasse de l'ignorance. Sa manie était de former lui-même ses artistes, et il dit d'un ton sentencieux en secouant la tête:

« Il y a du bon; mais il y aura beaucoup à reprendre. Allons! allons! nous corrigerons tout cela! »

Il se figurait que Joseph et Consuelo lui appartenaient déjà, et faisaient partie de sa chapelle. Il pria ensuite Haydn de jouer du violon; et comme celui-ci n'avait aucun sujet de cacher son talent, il fit à merveille un air de sa composition qui était remarquablement bien écrit pour l'instrument. Le comte fut, cette fois, très-satisfait.

« Toi, lui dit-il, ta place est trouvée. Tu seras mon premier violon, tu feras parfaitement mon affaire. Mais tu t'exerceras aussi sur la viole d'amour. J'aime par-dessus tout la viole d'amour. Je t'enseignerai comment on en tire parti.

— Monsieur le baron est-il content aussi de mon camarade? dit Consuelo à Trenk, qui était redevenu pensif.

— Si content, répondit-il, que si je fais quelque séjour à Vienne, je ne veux pas d'autre maître que lui.

— Je vous enseignerai la viole d'amour, reprit le comte, et je vous demande la préférence.

— J'aime mieux le violon et ce professeur-là, » repartit le baron, qui, dans ses préoccupations, avait une franchise incomparable.

Il prit le violon, et joua de mémoire avec beaucoup de pureté et d'expression quelques passages du morceau que Joseph venait de dire; puis le lui rendant:

« Je voulais vous voir, lui dit-il avec une modestie très-réelle, que je ne suis bon qu'à devenir votre écolier, mais que je puis apprendre avec attention et docilité. »

Consuelo le pria de jouer autre chose, et il le fit sans affectation. Il avait du talent, du goût et de l'intelligence. Hoditz donna des éloges exagérés à la composition du morceau.

« Elle n'est pas très-bonne, répondit Trenk, car elle est de moi; je l'aime pourtant, parce qu'elle a plu à *ma princesse*. »

Le comte fit une grimace terrible pour l'avertir de peser ses paroles. Trenk n'y prit pas seulement garde, et, perdu dans ses pensées, il fit courir l'archet sur les cordes pendant quelques instants; puis jetant le violon sur la table, il se leva, et marcha à grands pas en passant sa main sur son front. Enfin il revint vers le comte, et lui dit:

« Je vous souhaite le bonsoir, mon cher comte. Je suis forcé de partir avant le jour; car la voiture que j'ai fait demander doit me prendre ici à trois heures du matin.

Puisque vous y passez toute la matinée, je ne vous reverrai probablement qu'à Vienne. Je serai heureux de vous y retrouver, et de vous remercier encore de l'agréable bout de chemin que vous m'avez fait faire en votre compagnie. C'est de cœur que je vous suis dévoué pour la vie. »

Ils se serrèrent la main à plusieurs reprises, et, au moment de quitter l'appartement, le baron, s'approchant de Joseph, lui remit quelques pièces d'or en lui disant:

« C'est un à-compte sur les leçons que je vous demanderai à Vienne; vous me trouverez à l'ambassade de Prusse. »

Il fit un petit signe de tête à Consuelo, en lui disant:

« Toi, si jamais je te retrouve tambour ou trompette dans mon régiment, nous déserterons ensemble, entends-tu? »

Et il sortit, après avoir encore salué le comte.

LXXIII.

Dès que le comte Hoditz se trouva seul avec ses musiciens, il se sentit plus à l'aise et devint tout à fait communicatif. Sa manie favorite était de trancher du maître de chapelle, et de jouer le rôle d'*impresario*. Il voulut donc sur-le-champ commencer l'éducation de Consuelo.

« Viens ici, lui dit-il, et assieds-toi. Nous sommes entre nous, et on n'écoute pas avec attention quand on est à une lieue les uns des autres. Asseyez-vous aussi, dit-il à Joseph, et faites votre profit de la leçon. Tu ne sais pas faire le moindre trille, reprit-il en s'adressant de nouveau à la grande cantatrice. Écoutez bien, voilà comment cela se fait. »

Et il chanta une phrase banale où il introduisit d'une manière fort vulgaire plusieurs de ces ornements. Consuelo s'amusa à redire la phrase en faisant le trille en sens inverse.

« Ce n'est pas cela! cria le comte d'une voix de Stentor en frappant sur la table. Vous n'avez pas écouté. »

Il recommença, et Consuelo tronqua l'ornement d'une façon plus baroque et plus désespérante que la première fois, en gardant son sérieux et affectant un grand effort d'attention et de volonté. Joseph étouffait, et feignait de tousser pour cacher un rire convulsif.

« La, la, la, trala, tra la! chanta le comte en contrefaisant son écolier maladroit et en bondissant sur sa chaise, avec tous les symptômes d'une indignation terrible qu'il n'éprouvait pas le moins du monde, mais qu'il croyait nécessaire à la puissance et à l'entrain magistral de son caractère »

Consuelo se moqua de lui pendant un bon quart d'heure, et, quand elle en eut assez, elle chanta le trille avec toute la netteté dont elle était capable.

« Bravo! bravissimo! s'écria le comte en se renversant sur sa chaise. Enfin! c'est parfait! Je savais bien que je vous le ferais faire! qu'on me donne le premier paysan venu, je suis sûr de le former et de lui apprendre en un jour ce que d'autres ne lui apprendraient pas dans un an! Encore cette phrase, et marque bien toutes les notes avec légèreté, sans avoir l'air d'y toucher... C'est encore mieux, on ne peut mieux! Nous ferons quelque chose de toi! »

Et le comte s'essuya le front quoiqu'il n'y eût pas une goutte de sueur.

« Maintenant, reprit-il, la cadence avec *chute et tour de gosier!* Il lui donna l'exemple avec cette facilité routinière que prennent les moindres choristes à force d'entendre les premiers sujets, n'admirant dans leur manière que les jeux du gosier, et se croyant aussi habiles qu'eux parce qu'ils parviennent à les contrefaire. Consuelo se divertit encore à mettre le comte dans une de ces grandes colères de sang-froid qu'il aimait à faire éclater lorsqu'il galopait sur son dada, et finit par lui faire entendre une cadence si parfaite et si prolongée qu'il fut forcé de lui crier:

« Assez, assez! C'est fait; vous y êtes maintenant. J'étais bien sûr que je vous en donnerais la clef! Passons

L'étendit par terre d'un coup de pistolet. (Page 186.)

donc à la roulade, vous apprenez avec une facilité admirable, et je voudrais avoir toujours des élèves comme vous. »

Consuelo, qui commençait à sentir le sommeil et la fatigue la gagner, abrégea de beaucoup la leçon de roulade. Elle fit toutes celles que lui prescrivit l'opulent pédagogue, avec docilité, de quelque mauvais goût qu'elles fussent, et laissa même résonner naturellement sa belle voix, ne craignant plus de se trahir, puisque le comte était résolu à s'attribuer jusqu'à l'éclat subit et à la pureté céleste que prenait son organe de moment en moment.

« Comme cela s'éclaircit à mesure que je lui montre comment il faut ouvrir la bouche et porter la voix ! disait-il à Joseph en se retournant vers lui d'un air de triomphe. La clarté de l'enseignement, la persévérance, l'exemple, voilà les trois choses avec lesquelles on forme des chanteurs et des déclamateurs en peu de temps. Nous reprendrons demain une leçon ; car nous avons dix leçons à prendre, au bout desquelles vous saurez chanter. Nous avons le *coulé*, le *flatté*, le *port de voix tenu* et le *port de voix achevé*, la *chute*, l'*inflexion tendre*, le *martellement gai*, la *cadence*

feinte, etc., etc. Allez prendre du repos ; je vous ai fait préparer des chambres dans ce palais. Je m'arrête ici pour mes affaires jusqu'à midi. Vous déjeunerez, et vous me suivrez jusqu'à Vienne. Considérez-vous dès à présent comme étant à mon service. Pour commencer, Joseph, allez dire à mon valet de chambre de venir m'éclairer jusqu'à mon appartement. Toi, dit-il à Consuelo, reste, et recommence-moi la dernière roulade que je t'ai enseignée. Je n'en suis pas parfaitement content. »

A peine Joseph fut-il sorti, que le comte, prenant les deux mains de Consuelo avec des regards fort expressifs, essaya de l'attirer près de lui. Interrompue dans sa roulade, Consuelo le regardait aussi avec beaucoup d'étonnement, croyant qu'il voulait lui faire battre la mesure ; mais elle lui retira brusquement ses mains et se recula au bout de la table, en voyant ses yeux enflammés et son sourire libertin.

« Allons ! vous voulez faire la prude ? dit le comte en reprenant son air indolent et superbe. Eh bien ! ma mignonne, nous avons un petit amant ? Il est fort laid, le pauvre hère, et j'espère qu'à partir d'aujourd'hui vous y renoncerez. Votre fortune est faite, si vous n'hésitez

Joseph se vengea de leurs dédains en leur jouant du violon. (Page 190.).

pas; car je n'aime pas les lenteurs. Vous êtes une charmante fille, pleine d'intelligence et de douceur; vous me plaisez beaucoup, et, dès le premier coup d'œil que j'ai jeté sur vous, j'ai vu que vous n'étiez pas faite pour courir la prétantaine avec ce petit drôle. J'aurai soin de lui pourtant; je l'enverrai à Roswald, et je me charge de son sort. Quant à vous, vous resterez à Vienne. Je vous y logerai convenablement, et même, si vous êtes prudente et modeste, je vous produirai dans le monde. Quand vous saurez la musique, vous serez la primadonna de mon théâtre, et vous reverrez votre petit ami de rencontre, quand je vous mènerai à ma résidence. Est-ce entendu?

— Oui, monsieur le comte, répondit Consuelo avec beaucoup de gravité, et en faisant un grand salut; c'est parfaitement entendu. »

Joseph rentra en cet instant avec le valet de chambre qui portait deux flambeaux, et le comte sortit en donnant un petit coup sur la joue de Joseph et en adressant à Consuelo un sourire d'intelligence.

« Il est d'un ridicule achevé, dit Joseph à sa compagne dès qu'il fut seul avec elle.

— Plus achevé encore que tu ne penses, lui répondit-elle d'un air pensif.

— C'est égal, c'est le meilleur homme du monde, et il me sera fort utile à Vienne.

— Oui, à Vienne, tant que tu voudras, Beppo; mais à Passaw, il ne le sera pas le moins du monde, je t'en avertis. Où sont nos effets, Joseph?

— Dans la cuisine. Je vais les prendre pour les monter dans nos chambres, qui sont charmantes, à ce qu'on m'a dit. Vous allez donc enfin vous reposer!

— Bon Joseph, dit Consuelo en haussant les épaules. Allons, reprit-elle, va vite chercher ton paquet, et renonce à ta jolie chambre et au bon lit où tu prétendais si bien dormir. Nous quittons cette maison à l'instant même; m'entends-tu? Dépêche-toi, car on va sûrement fermer les portes. »

Haydn crut rêver.

« Par exemple! s'écria-t-il: ces grands seigneurs seraient-ils aussi des racoleurs?

— Je crains encore plus le Hoditz que le Mayer, répondit Consuelo avec impatience. Allons, cours, n'hésite pas, ou je te laisse, et je pars seule. »

Il y avait tant de résolution et d'énergie dans le ton et la physionomie de Consuelo, que Haydn, éperdu et bouleversé, lui obéit à la hâte. Il revint au bout de trois minutes avec le sac qui contenait les cahiers et les hardes; et, trois minutes après, sans avoir été remarqués de personne, ils étaient sortis du palais, et gagnaient le faubourg à l'extrémité de la ville.

Ils entrèrent dans une chétive auberge, et louèrent deux petites chambres qu'ils payèrent d'avance, afin de pouvoir partir d'aussi bonne heure qu'ils voudraient sans éprouver de retard.

« Ne me direz-vous pas au moins le motif de cette nouvelle alerte? demanda Haydn à Consuelo en lui souhaitant le bonsoir sur le seuil de sa chambre.

— Dors tranquille, lui répondit-elle, et apprends en deux mots que nous n'avons pas grand'chose à craindre maintenant. M. le comte a deviné avec son coup d'œil d'aigle que je ne suis point de son sexe, et il m'a fait l'honneur d'une déclaration qui a singulièrement flatté mon amour-propre. Bonsoir, ami Beppo; nous décampons avant le jour. Je secouerai ta porte pour te réveiller. »

Le lendemain, le soleil levant éclaira nos jeunes voyageurs voguant sur le Danube et descendant son cours rapide avec une satisfaction aussi pure et des cœurs aussi légers que les ondes de ce beau fleuve. Ils avaient payé leur passage sur la barque d'un vieux batelier qui portait des marchandises à Lintz. C'était un brave homme, dont ils furent contents, et qui ne gêna pas leur entretien. Il n'entendait pas un mot d'italien, et, son bateau étant suffisamment chargé, il ne prit pas d'autres voyageurs, ce qui leur donna enfin la sécurité et le repos de corps et d'esprit dont ils avaient besoin pour jouir complètement du beau spectacle que présentait leur navigation à chaque instant. Le temps était magnifique. Il y avait dans le bateau une petite cale fort propre où Consuelo pouvait reposer ses yeux de l'éclat des eaux; mais elle s'était si bien habituée les jours précédents au grand air et au grand soleil, qu'elle préféra passer presque tout le temps couchée sur les ballots, occupée délicieusement à voir courir les rochers et les arbres du rivage, qui semblaient fuir derrière elle. Elle put faire de la musique à loisir avec Haydn, et le souvenir comique du mélomane Hoditz, que Joseph appelait le *maestromane*, mêla beaucoup de gaieté à leurs ramages. Joseph le contrefaisait à merveille, et ressentait une joie maligne à l'idée de son désappointement. Leurs rires et leurs chansons égayaient et charmaient le vieux nautonier, qui était passionné pour la musique comme tout prolétaire allemand. Il leur chanta aussi des airs auxquels ils trouvèrent une physionomie aquatique, et que Consuelo apprit de lui, ainsi que les paroles. Ils achevèrent de gagner son cœur en le régalant de leur mieux à leur premier abordage où ils firent leurs provisions de bouche pour la journée, et cette journée fut la plus paisible et la plus agréable qu'ils eussent encore passée depuis le commencement de leur voyage.

« Excellent baron de Trenk! disait Joseph en échangeant contre de la monnaie une des brillantes pièces d'or que ce seigneur lui avait données: c'est à lui que je dois de pouvoir soustraire enfin la divine Porporina à la fatigue, à la famine, aux dangers, à tous les maux que la misère traîne à sa suite. Je ne l'aimais pourtant pas d'abord.

— Oui, dit Consuelo, vous lui préfériez le comte. Je suis heureuse maintenant que celui-ci se soit borné à des promesses, et qu'il n'ait pas souillé nos mains de ses bienfaits.

— Après tout, nous ne lui devons rien, reprenait Joseph. Qui a eu le premier la pensée et la résolution de combattre les recruteurs? c'est le baron; le comte ne s'en souciait pas, et n'y allait que par complaisance et par ton. Qui a couru des risques et reçu une balle dans son chapeau, bien près du crâne? encore le baron! Qui a blessé, et peut-être tué l'infâme Pistola? le baron! Qui a sauvé le déserteur, à ses dépens peut-être, et en s'exposant à la colère d'un maître terrible? Enfin, qui vous a respectée, et n'a pas fait semblant de reconnaître votre sexe? qui a compris la beauté de vos airs italiens, et le goût de votre manière?

— Et le génie de maître Joseph Haydn? ajouta Consuelo en souriant; le baron, toujours le baron!

— Sans doute, reprit Haydn pour lui rendre sa maligne insinuation; et il est bien heureux peut-être, pour un noble et cher absent dont j'ai entendu parler, que la déclaration d'amour à la divine Porporina soit venue du comte ridicule, au lieu d'être faite par le brave et séduisant baron.

— Beppo! répondit Consuelo avec un sourire mélancolique, les absents n'ont tort que dans les cœurs ingrats et lâches. Voilà pourquoi le baron, qui est généreux et sincère, et qui est amoureux d'une mystérieuse beauté, ne pouvait pas songer à me faire la cour. Je vous le demande à vous-même: sacrifieriez-vous aussi facilement l'amour de votre fiancée et la fidélité de votre cœur au premier caprice venu? »

Beppo soupira profondément.

« Vous ne pouvez être pour personne le *premier caprice venu*, dit-il, et... le baron pourrait être fort excusable d'avoir oublié toutes ses amours passées et présentes en vous voyant.

— Vous devenez galant et doucereux, Beppo! je vois que vous avez profité dans la société de M. le comte; mais puissiez-vous ne jamais épouser une margrave, et ne pas apprendre comment on traite l'amour quand on a fait un mariage d'argent! »

Arrivés le soir à Lintz, ils y dormirent enfin sans terreur et sans souci du lendemain. Dès que Joseph fut éveillé, il courut acheter des chaussures, du linge, plusieurs petites recherches de toilette masculine pour lui, et surtout pour Consuelo, qui put se faire brave et *beau*, comme elle le disait en plaisantant, pour courir la ville et les environs. Le vieux batelier leur avait dit que s'il pouvait trouver une commission pour Mœlk, il les reprendrait à son bord le jour suivant, et leur ferait faire encore une vingtaine de lieues sur le Danube. Ils passèrent donc cette journée à Lintz, s'amusèrent à gravir la colline, à examiner le château fort d'en bas et celui d'en haut, d'où ils purent contempler les majestueux méandres du fleuve au sein des plaines fertiles de l'Autriche. De là aussi ils virent un spectacle qui les réjouit fort: ce fut la berline du comte Hoditz, qui entrait triomphalement dans la ville. Ils reconnurent la voiture et la livrée, et s'amusèrent à lui faire, de trop loin pour être aperçus de lui, de grands saluts jusqu'à terre. Enfin, le soir, s'étant rendus au rivage, ils y retrouvèrent leur bateau chargé de marchandises de transport pour Mœlk, et ils firent avec joie un nouveau marché avec leur vieux pilote. Ils s'embarquèrent avant l'aube, et virent briller les étoiles sereines sur leurs têtes, tandis que le reflet de ces astres courait en longs filets d'argent sur la surface mouvante du fleuve. Cette journée ne fut pas moins agréable que la précédente. Joseph n'eut qu'un chagrin, ce fut de penser qu'il se rapprochait de Vienne, et que ce voyage, dont il oubliait les souffrances et les périls pour ne se rappeler que ses délicieux instants, allait bientôt toucher à son terme.

A Mœlk, il fallut se séparer du brave pilote, et ce ne fut pas sans regret. Ils ne trouvaient pas dans les embarcations qui s'offrirent pour les mener plus loin les mêmes conditions d'isolement et de sécurité. Consuelo se sentait reposée, rafraîchie, aguerrie contre tous les accidents. Elle proposa à Joseph de reprendre leur route à pied jusqu'à nouvelle occurrence. Ils avaient encore vingt lieues à faire, et cette manière d'aller n'était pas fort abréviative. C'est que Consuelo, tout en se persuadant qu'elle était impatiente de reprendre les habits de son sexe et les convenances de sa position, était au fond du cœur, il faut lui l'avouer, aussi peu désireuse que Joseph de voir la fin de son expédition. Elle était trop artiste par toutes les fibres de son organisation, pour ne pas aimer la liberté, les hasards, les actes de courage et d'adresse, le spectacle continuel et varié de cette nature que le piéton seul possède entièrement, enfin toute l'activité romanesque de la vie errante et isolée.

Je l'appelle isolée, lecteur, pour exprimer une impression secrète et mystérieuse qu'il est plus facile à vous de comprendre qu'à moi de définir. C'est, je crois, un état de l'âme qui n'a pas été nommé dans notre langue, mais que vous devez vous rappeler, si vous avez voyagé à pied, au loin, et tout seul, ou avec un autre vous-même, ou enfin, comme Consuelo, avec un compagnon facile, enjoué, complaisant, et monté à l'unisson de votre cerveau. Dans ces moments-là, si vous étiez dégagé de toute sollicitude immédiate, de tout motif inquiétant, vous avez, je n'en doute pas, ressenti une sorte de joie étrange, peut-être égoïste tant soit peu, en vous disant : A l'heure qu'il est, personne ne s'embarrasse de moi, et personne ne m'embarrasse. Nul ne sait où je suis. Ceux qui dominent ma vie me chercheraient en vain; ils ne peuvent me découvrir dans ce milieu inconnu de tous, nouveau pour moi-même, où je me suis réfugié. Ceux que ma vie impressionne et agite se reposent de moi, comme moi de mon action sur eux. Je m'appartiens entièrement, et comme maître et comme esclave. Car il n'est pas un seul de nous, ô lecteur! qui ne soit à la fois, à l'égard d'un certain groupe d'individus, tour à tour et simultanément, un peu esclave, un peu maître, bon gré, mal gré, sans se l'avouer et sans y prétendre. Nul ne sait où je suis! Certes c'est une pensée d'isolement qui a son charme, un charme inexprimable, féroce en apparence, légitime et doux dans le fond. Nous sommes faits pour vivre de la vie de réciprocité. La route du devoir est longue, rigide, et n'a d'horizon que la mort, qui est peut-être à peine le repos d'une nuit. Marchons donc, et sans ménager nos pieds! Mais si, dans des circonstances rares et bienfaisantes, où le repos peut être inoffensif, et l'isolement sans remords, un vert sentier s'offre sous nos pas, mettons à profit quelques heures de solitude et de contemplation. Ces heures nonchalantes sont bien nécessaires à l'homme actif et courageux pour retremper ses forces; et je dis que, plus votre cœur est dévoré du zèle de la maison de Di..u (qui n'est autre que l'humanité), plus vous êtes propre à apprécier quelques instants d'isolement pour rentrer en possession de vous-même. L'égoïste est seul toujours et partout. Son âme n'est jamais fatiguée d'aimer, de souffrir et de persévérer; elle est inerte et froide, et n'a pas plus besoin de sommeil et de silence qu'un cadavre. Celui qui aime est rarement seul, et, quand il l'est, il s'en trouve bien. Son âme peut goûter une suspension d'activité qui est comme le profond sommeil d'un corps vigoureux. Ce sommeil est le bon témoignage des fatigues passées, et le précurseur d'épreuves nouvelles auxquelles il se prépare. Je ne crois guère à la véritable douleur de ceux qui ne cherchent pas à se distraire, ni à l'absolu dévouement de ceux qui n'ont jamais besoin de se reposer. Ou leur douleur est un accablement qui révèle qu'ils sont brisés, éteints, et qu'ils n'auraient plus la force d'aimer ce qu'ils ont perdu; ou leur dévouement sans relâche et sans défaillance d'activité cache quelque honteuse convoitise, quelque dédommagement égoïste et coupable dont je me méfie.

Ces réflexions, un peu trop longues, ne sont pas hors de place dans le récit de la vie de Consuelo, âme active et dévouée s'il en fut, qu'eussent pu cependant accuser parfois d'égoïsme et de légèreté ceux qui ne savaient pas la comprendre.

LXXIV.

Le premier jour de ce nouveau trajet, comme nos voyageurs traversaient une petite rivière sur un pont de bois, ils virent une pauvre mendiante qui tenait une petite fille dans ses bras, et qui était accroupie le long du parapet pour tendre la main aux passants. L'enfant était pâle et souffrant, la femme hâve et grelottant de la fièvre. Consuelo fut saisie d'un profond sentiment de sympathie et de pitié pour ces malheureux qui lui rappelaient sa mère et sa propre enfance.

« Voilà comme nous étions quelquefois, dit-elle à Joseph, qui la comprit à demi-mot, et qui s'arrêta avec elle à considérer et à questionner la mendiante.

— Hélas! leur dit celle-ci, j'étais fort heureuse encore il y a peu de jours. Je suis une paysanne des environs de Harmanitz en Bohême. J'avais épousé, il y a cinq ans, un beau et grand cousin à moi, qui était le plus laborieux des ouvriers et le meilleur des maris. Au bout d'un an de mariage, mon pauvre Karl, étant allé faire du bois dans les montagnes, disparut tout à coup et sans que personne pût savoir ce qu'il était devenu. Je tombai dans la misère et dans le chagrin. Je croyais que mon mari avait péri dans quelque précipice, ou que les loups l'avaient dévoré. Quoique je trouvasse à me remarier, l'incertitude de son sort et l'amitié que je lui conservais ne me permirent pas d'y songer. Oh! que j'en fus bien récompensée, mes enfants! L'année dernière, on frappe un soir à ma porte; j'ouvre, et je tombe à genoux en voyant mon mari devant moi. Mais dans quel état, bon Dieu! Il avait l'air d'un fantôme. Il était desséché, jaune, l'œil hagard, les cheveux hérissés par les glaçons, les pieds en sang, ses pauvres pieds tout nus qui venaient de faire je ne sais combien de cinquantaines de milles par les chemins les plus affreux et l'hiver le plus cruel! Mais il était si heureux de retrouver sa femme et sa pauvre petite fille, que bientôt il reprit le courage, la santé, son travail et sa bonne mine. Il me raconta qu'il avait été enlevé par des brigands qui l'avaient mené bien loin, jusque auprès de la mer, et qui l'avaient vendu au roi de Prusse pour en faire un soldat. Il avait vécu trois ans dans le plus triste de tous les pays, faisant un métier bien rude, et recevant des coups du matin au soir. Enfin, il avait réussi à s'échapper, à déserter, mes bons enfants! En se battant comme un désespéré contre ceux qui le poursuivaient, il en avait tué un, il avait crevé un œil à l'autre d'un coup de pierre; enfin, il avait marché jour et nuit, se cachant dans les marais, dans les bois, comme une bête sauvage; il avait traversé la Saxe et la Bohême, et il était sauvé, il m'était rendu! Ah! que nous fûmes heureux pendant tout l'hiver, malgré notre pauvreté et la rigueur de la saison! Nous n'avions qu'une inquiétude; c'était de voir reparaître dans nos environs ces oiseaux de proie qui avaient été la cause de tous nos maux. Nous faisions le projet d'aller à Vienne, de nous présenter à l'impératrice, de lui raconter nos malheurs, afin d'obtenir sa protection, du service militaire pour mon mari, et quelque subsistance pour moi et mon enfant; mais je tombai malade par suite de la révolution que j'avais éprouvée en revoyant mon pauvre Karl, et nous fûmes forcés de passer tout l'hiver et tout l'été dans nos montagnes, attendant toujours le moment où je pourrais entreprendre le voyage, nous tenant toujours sur nos gardes, et ne dormant jamais que d'un œil. Enfin, ce bienheureux moment était venu, je me sentais assez forte pour marcher, et ma petite fille, qui était souffrante aussi, devait faire le voyage dans les bras de son père. Mais notre mauvais destin nous attendait à la sortie des montagnes. Nous marchions tranquillement et lentement au bord d'un chemin peu fréquenté, sans faire attention à une voiture qui, depuis un quart d'heure, montait lentement le même chemin que nous. Tout à coup la voiture s'arrête, et trois hommes en descendent. « Est-ce bien lui? s'écrie l'un. — Oui! répond l'autre qui était borgne; c'est bien lui! sus! sus! » Mon mari se retourne à ces paroles, et me dit : « Ah! ce sont les Prussiens! voilà le borgne que j'ai fait! Je le reconnais! — Cours! cours! lui dis-je, sauve-toi. » Il commençait à s'enfuir, lorsqu'un de ces hommes abominables s'élance sur moi, me renverse, place un pistolet sur ma tête et sur celle de mon enfant. Sans cette idée diabolique, mon mari était sauvé; car il courait mieux que ces bandits, et il avait de l'avance sur eux. Mais au cri qui m'échappe en voyant ma fille sous la gueule du pistolet, Karl se retourne, fait de grands cris pour arrêter le coup, et revient sur ses pas. Quand le scélérat qui tenait son pied sur mon corps vit Karl à portée : « Rends-toi! lui cria-t-il, ou je les tue! Fais un pas de plus pour te sauver, et c'est fait! — Je me rends, je me rends; me voilà!» répond mon pauvre homme; et il se mit à courir vers eux plus vite qu'il ne s'était enfui, malgré les prières et les signes que je lui faisais pour qu'il nous laissât mourir. Quand ces tigres le tinrent entre leurs mains, ils l'accablèrent de coups et le mirent tout en sang. Je voulais le défendre; ils me maltraitèrent aussi. En le voyant garrotter sous mes yeux, je sanglotais, je remplissais l'air de mes gémissements. Ils me dirent qu'ils allaient tuer ma petite si je ne gardais le silence, et ils l'avaient déjà arrachée de mes bras, lorsque Karl me dit: «Tais-toi, femme, je te l'ordonne; songe à notre enfant!» J'obéis; mais la violence que je me fis en voyant frapper, lier et bâillonner mon mari, tandis que ces monstres me disaient: «Oui, oui, pleure! Tu ne le reverras plus, nous le menons pendre,» fut si violente, que je tombai comme morte sur le chemin. J'y restai je ne sais combien d'heures, étendue dans la poussière. Quand j'ouvris les yeux, il faisait nuit; ma pauvre enfant, couchée sur moi, se tordait en sanglotant d'une façon à fendre le cœur, il n'y avait plus sur le chemin que le sang de mon mari, et la trace des roues de la voiture qui l'avait emporté. Je restai encore là une heure ou deux, essayant de consoler et de réchauffer Maria, qui était transie et moitié morte de peur. Enfin, quand les idées me revinrent, je songeai que ce que j'avais de mieux à faire ce n'était pas de courir après les ravisseurs, que je ne pourrais atteindre, mais d'aller faire ma déclaration aux officiers de Wiesenbach, qui était la ville la plus prochaine. C'est ce que je fis, et ensuite je résolus de continuer mon voyage jusqu'à Vienne, et d'aller me jeter aux pieds de l'impératrice, afin qu'elle empêchât du moins que le roi de Prusse ne fît exécuter la sentence de mort contre mon mari. Sa majesté pouvait le réclamer comme son sujet, dans le cas où l'on ne pourrait atteindre les recruteurs. J'ai donc fait de quelques aumônes qu'on m'avait faites sur les terres de l'évêque de Passaw, où j'avais raconté mon désastre, pour gagner le Danube dans une charrette, et de là j'ai descendu en bateau jusqu'à la ville de Mœlk. Mais à présent mes ressources sont épuisées. Les personnes auxquelles je dis mon aventure ne veulent guère me croire, et, dans le doute si je ne suis pas une intrigante, me donnent si peu, qu'il faut que je continue ma route à pied. Heureuse si j'arrive dans cinq ou six jours sans mourir de lassitude! car la maladie et le désespoir m'ont épuisée. Maintenant, mes chers enfants, si vous avez le moyen de me faire quelque petite aumône, donnez-la-moi tout de suite, car je ne puis me reposer davantage; il faut que je marche encore, et encore, comme le Juif errant, jusqu'à ce que j'aie obtenu justice.

— Oh! ma bonne femme, ma pauvre femme! s'écria Consuelo en serrant la pauvresse dans ses bras, et en pleurant de joie et de compassion; courage, courage! Espérez, tranquillisez-vous, votre mari est délivré. Il galope vers Vienne sur un bon cheval, avec une bourse bien garnie dans sa poche.

— Qu'est-ce que vous dites? s'écria la femme du déserteur dont les yeux devinrent rouges comme du sang, et les lèvres tremblantes d'un mouvement convulsif. Vous le savez, vous l'avez vu! O mon Dieu! grand Dieu! Dieu de bonté!

— Hélas! que faites-vous? dit Joseph à Consuelo. Si vous alliez lui donner une fausse joie; si le déserteur que nous avons contribué à sauver était un autre que son mari!

— C'est lui-même, Joseph! Je te dis que c'est lui: rappelle-toi le borgne, rappelle-toi la manière de procéder du *Pistola*. Souviens-toi que le déserteur a dit qu'il était père de famille, et sujet autrichien. D'ailleurs il est bien facile de s'en convaincre. Comment est-il, votre mari?

— Roux, les yeux verts, la figure large, cinq pieds huit pouces de haut; le nez un peu écrasé, le front bas; un homme superbe.

— C'est bien cela, dit Consuelo en souriant: et quel habit?

— Une méchante casaque verte, un haut-de-chausses brun, des bas gris.

— C'est encore cela; et les recruteurs, avez-vous fait attention à eux?

— Oh! si j'y ai fait attention, sainte Vierge! Leurs horribles figures ne s'effaceront jamais de devant mes yeux.»

La pauvre femme fit alors avec beaucoup de fidélité le signalement de Pistola, du borgne et du silencieux.

«Il y en avait, dit-elle, un quatrième qui restait auprès du cheval et qui ne se mêlait de rien. Il avait une grosse figure indifférente qui me paraissait encore plus cruelle que les autres; car, pendant que je pleurais et qu'on battait mon mari, en l'attachant avec des cordes comme un assassin, ce gros-là chantait, et faisait la trompette avec sa bouche comme s'il eût sonné une fanfare: broum, broum, broum, broum. Ah! quel cœur de fer!

— Eh bien, c'est Mayer, dit Consuelo à Joseph. En doutes-tu encore? n'a-t-il pas ce tic de chanter et de faire la trompette à tout moment?

— C'est vrai, dit Joseph. C'est donc Karl que nous avons vu délivrer? Grâces soient rendues à Dieu!

— Ah! oui, grâces au bon Dieu avant tout! dit la pauvre femme en se jetant à genoux. Et toi, Maria, dit-elle à sa petite fille, baise la terre avec moi pour remercier les anges gardiens et la sainte Vierge. Ton papa est retrouvé, et nous allons bientôt le revoir.

— Dites-moi, chère femme, observa Consuelo, Karl a-t-il aussi l'habitude de baiser la terre quand il est bien content?

— Oui, mon enfant; il n'y manque pas. Quand il est revenu après avoir déserté, il n'a pas voulu passer la porte de notre maison sans en avoir baisé le seuil.

— Est-ce une coutume de votre pays?

— Non; c'est une manière à lui, qu'il nous a enseignée, et qui nous a toujours réussi.

— C'est donc bien lui que nous avons vu, reprit Consuelo; car nous lui avons vu baiser la terre pour remercier ceux qui l'avaient délivré. Tu l'as remarqué, Beppo?

— Parfaitement! C'est lui; il n'y a plus de doute possible.

— Venez donc que je vous presse contre mon cœur, s'écria la femme de Karl, ô vous deux, anges du paradis, qui m'apportez une pareille nouvelle. Mais contez-moi donc cela!»

Joseph raconta tout ce qui était arrivé; et quand la pauvre femme eut exhalé tous ses transports de joie et de reconnaissance envers le ciel et envers Joseph et Consuelo qu'elle considérait avec raison comme les premiers libérateurs de son mari, elle leur demanda ce qu'il fallait faire pour le retrouver.

«Je crois, lui dit Consuelo, que vous ferez bien de continuer votre voyage. C'est à Vienne que vous le trouverez; si vous ne le rencontrez pas en chemin. Son premier soin sera d'aller faire sa déclaration à sa souveraine, et de demander dans les bureaux de l'administration qu'on vous signale en quelque lieu que vous soyez. Il n'aura pas manqué de faire les mêmes déclarations dans chaque ville importante où il aura passé et de prendre des renseignements sur la route que vous avez tenue. Si vous arrivez à Vienne avant lui, ne manquez pas de faire savoir à l'administration où vous demeurez, afin que Karl en soit informé aussitôt qu'il s'y présentera.

— Mais quels bureaux, quelle administration? Je ne connais rien à tous ces usages-là. Une si grande ville! je m'y perdrai, moi, pauvre paysanne!

— Tenez, dit Joseph, nous n'avons jamais eu d'affaire qui nous ait mis au courant de tout cela non plus, mais demandez au premier venu de vous conduire à l'ambassade de Prusse. Demandez-y M. le baron de...

— Prends garde à ce que tu vas dire, Beppo! dit Consuelo tout bas à Joseph pour lui rappeler qu'il ne fallait pas compromettre le baron dans cette aventure.

— Eh bien, le comte de Hoditz, reprit Joseph.

— Oui, le comte! il fera par venir ce que l'autre eût fait par dévouement. Demandez la demeure de la margrave, princesse de Bareith, et présentez à son mari le billet que je vais vous remettre.»

Consuelo arrracha un feuillet blanc du calepin de Joseph, et traça ces mots au crayon :

« Consuelo Porporina, prima donna du théâtre de San Samuel, à Venise, ex-signor Bertoni, chanteur ambulant à Passaw, recommande au noble cœur du comte Hoditz-Roswald la femme de Karl, le déserteur que sa seigneurie a tiré des mains des recruteurs et comblé de ses bienfaits. La Porporina se promet de remercier monsieur le comte de sa protection, en présence de madame la margrave, si monsieur le comte veut bien l'admettre à l'honneur de chanter dans les petits appartements de son altesse. »

Consuelo mit la suscription avec soin, et regarda Joseph : il la comprit, et tira sa bourse. Sans se consulter autrement, et d'un mouvement spontané, ils donnèrent à la pauvre femme les deux pièces d'or qui leur restaient du présent de Trenk, afin qu'elle pût faire la route en voiture, et ils la conduisirent jusqu'au village voisin où ils l'aidèrent à faire son marché pour un modeste voiturin. Après qu'ils l'eurent fait manger et qu'ils lui eurent procuré quelques effets, dépense prise sur le reste de leur petite fortune, ils embarquèrent l'heureuse créature qu'ils venaient de rendre à la vie. Alors Consuelo demanda en riant ce qui restait au fond de la bourse. Joseph prit son violon, le secoua auprès de son oreille, et répondit :

« Rien que du son! »

Consuelo essaya sa voix en pleine campagne, par une brillante roulade, et s'écria :

« Il reste beaucoup de son! »

Puis elle elle tendit joyeusement la main à son confrère, et la serra avec effusion, en lui disant :

« Tu es un brave garçon, Beppo!

— Et toi aussi! » répondit Joseph en essuyant une larme et en faisant un grand éclat de rire.

LXXV.

Il n'est pas fort inquiétant de se trouver sans argent quand on touche au terme d'un voyage; mais eussent-ils été encore bien loin de leur but, nos jeunes artistes ne se seraient pas sentis moins gais qu'ils ne le furent lorsqu'ils se virent tout à fait à sec. Il faut s'être trouvé ainsi sans ressources en pays inconnu (Joseph était presque aussi étranger que Consuelo à cette distance de Vienne) pour savoir quelle sécurité merveilleuse, quel génie inventif et entreprenant se révèlent comme par magie à l'artiste au bout de dépenser son dernier sou. Jusque-là, c'est une sorte d'agonie, une crainte continuelle de manquer, une noire appréhension de souffrances, d'embarras et d'humiliations qui s'évanouissent dès que la dernière pièce de monnaie a sonné. Alors, pour les âmes poétiques, il y a un monde nouveau qui commence, une sainte confiance en la charité d'autrui, beaucoup d'illusions charmantes; mais aussi une aptitude au travail et une disposition à l'aménité qui font aisément triompher des premiers obstacles. Consuelo, qui portait dans ce retour à l'indigence de ses premiers ans un sentiment de plaisir romanesque, et qui se sentait heureuse d'avoir fait le bien en se dépouillant, trouva tout de suite un expédient pour assurer le repas et le gîte du soir.

« C'est aujourd'hui dimanche, dit-elle à Joseph; tu vas jouer des airs de danse en traversant la première ville que nous rencontrerons. Nous ne ferons pas deux rues sans trouver des gens qui auront envie de danser, et nous ferons les ménétriers. Est-ce que tu ne sais pas faire un pipeau? J'aurais bientôt appris à m'en servir, et pourvu que j'en tire quelques sons, ce sera assez pour t'accompagner.

— Si je sais faire un pipeau! s'écria Joseph; vous allez voir! »

On eut bientôt trouvé au bord de la rivière une belle tige de roseau, qui fut percée industrieusement, et qui résonna à merveille. L'accord parfait fut obtenu, la répétition suivit, et nos gens s'en allèrent bien tranquilles jusqu'à un petit hameau à trois milles de distance où ils firent leur entrée au son de leurs instruments, et en criant devant chaque porte : « Qui veut danser? qui veut sauter? Voilà la musique, voilà le bal qui commence! »

Ils arrivèrent sur une petite place plantée de beaux arbres : ils étaient escortés d'une quarantaine d'enfants qui les suivaient au pas de marche, en criant et en battant des mains. Bientôt de joyeux couples vinrent enlever la première poussière en ouvrant la danse; et avant que le sol fût battu, toute la population se rassembla, et fit cercle autour d'un bal champêtre improvisé sans hésitation et sans conditions. Après les premières valses, Joseph mit son violon sous son bras, et Consuelo, montant sur sa chaise, fit un discours aux assistants pour leur prouver que des artistes aux doigts mous et l'haleine courte. Cinq minutes près, ils avaient à discrétion pain, laitage, bière et gâteaux. Quant au salaire, on fut bientôt d'accord : on devait faire une collecte où chacun donnerait ce qu'il voudrait.

Après avoir mangé, ils remontèrent donc sur un tonneau qu'on roula triomphalement au milieu de la place, et les danses recommencèrent; mais au bout de deux heures, elles furent interrompues par une nouvelle qui mit tout le monde en émoi, et arriva, de bouche en bouche, jusqu'aux ménétriers; le cordonnier de l'endroit, en achevant à la hâte une paire de souliers pour une pratique exigeante, venait de se planter son alêne dans le pouce.

« C'est un événement grave, un grand malheur! leur dit un vieillard appuyé contre le tonneau qui leur servait de piédestal. C'est Gottlieb, le cordonnier, qui est l'organiste de notre village, et c'est justement demain notre fête patronale. Oh! la grande fête, la belle fête! Il ne s'en fait pas de pareille à dix lieues à la ronde. Notre messe surtout est une merveille, et on vient de bien loin pour l'entendre. Gottlieb est un vrai maître de chapelle : il tient l'orgue, il fait chanter les enfants, il chante lui-même; que ne fait-il pas, surtout ce jour-là? Il se met en quatre; sans lui, tout est perdu. Que dira M. le chanoine, M. le chanoine de Saint-Étienne! qui vient lui-même officier à la grand'messe, et qui est toujours si content de notre musique! Car il est fou de musique, ce bon chanoine, et c'est un grand honneur pour nous que de le voir à notre autel, lui qui ne sort guère de son bénéfice et qui ne se dérange pas pour peu.

— Eh bien! dit Consuelo, il y a moyen d'arranger tout cela : mon camarade ou moi, nous nous chargeons de l'orgue, de la maîtrise, de la messe en un mot; et si M. le chanoine n'est pas content, on ne nous donnera rien pour notre peine.

— Eh! eh! dit le vieillard, vous en parlez bien à votre aise, jeune homme : notre messe ne se dit pas avec un violon et une flûte. Oui-da! c'est une affaire grave, et vous n'êtes pas au courant de nos partitions.

— Nous nous y mettrons dès ce soir, dit Joseph en affectant un air de supériorité dédaigneuse qui imposa aux auditeurs groupés autour de lui.

— Voyons, dit Consuelo, conduisez-nous à l'église, que quelqu'un souffle l'orgue, et si vous n'êtes pas contents de notre manière d'en jouer, vous serez libres de refuser notre assistance.

— Mais la partition, le chef-d'œuvre d'arrangement de Gottlieb?

— Nous irons trouver Gottlieb, et s'il ne se déclare pas content de nous, nous renonçons à nos prétentions. D'ailleurs, une blessure au doigt n'empêchera pas Gottlieb de faire marcher ses chœurs et de chanter sa partie. »

Les anciens du village, qui s'étaient rassemblés autour d'eux, tinrent conseil, et résolurent de tenter l'épreuve. Le bal fut abandonné : la messe du chanoine était une bien autre amusement, une bien autre affaire que la danse!

Haydn et Consuelo, après s'être essayés alternativement sur l'orgue, et après avoir chanté ensemble et séparément, furent jugés des musiciens fort passables, à défaut de mieux. Quelques artisans osèrent même avancer que leur jeu était préférable à celui de Gottlieb, et que les fragments de Scarlatti, de Pergolèse et de Bach, qu'on venait de leur faire entendre, étaient pour le moins aussi beaux que la musique de Holzbaüer, dont Gottlieb ne voulait pas sortir. Le curé, qui était accouru pour écouter, alla jusqu'à déclarer que le chanoine préférerait beaucoup ces chants à ceux dont on le régalait ordinairement. Le sacristain, qui ne goûtait pas cet avis, hocha tristement la tête; et pour ne pas mécontenter ses paroissiens, le curé consentit à ce que les deux virtuoses envoyés par la Providence s'entendissent, s'il était possible, avec Gottlieb, pour accompagner la messe.

On se rendit en foule à la maison du cordonnier: il fallut qu'il montrât sa main enflée à tout le monde pour qu'on le tînt quitte de remplir ses fonctions d'organiste. L'impossibilité n'était que trop réelle à son gré. Gottlieb était doué d'une certaine intelligence musicale, et jouait de l'orgue passablement; mais gâté par les louanges de ses concitoyens et l'approbation un peu railleuse du chanoine, il mettait un amour-propre épouvantable à sa direction et à son exécution. Il prit de l'humeur quand on lui proposa de le faire remplacer par deux artistes de passage: il aimait mieux que la fête fût manquée, et la messe patronale privée de musique, que de partager les honneurs du triomphe. Cependant, il fallut céder: il feignit longtemps de chercher la partition, et ne consentit à la retrouver que lorsque le curé le menaça d'abandonner aux deux jeunes artistes le choix et le soin de toute la musique. Il fallut que Consuelo et Joseph fissent preuve de savoir, en lisant à livre ouvert les passages réputés les plus difficiles de celle des vingt-six messes de Holzbaüer qu'on devait exécuter le lendemain. Cette musique, sans génie et sans originalité, était du moins bien écrite, et facile à saisir, surtout pour Consuelo, qui avait surmonté tant d'autres épreuves plus importantes. Les auditeurs furent émerveillés, et Gottlieb, qui devenait de plus en plus soucieux et morose, déclara qu'il avait la fièvre, et qu'il allait se mettre au lit, enchanté que tout le monde fût content.

Aussitôt les voix et les instruments se rassemblèrent dans l'église, et nos deux petits maîtres de chapelle improvisés dirigèrent la répétition. Tout alla au mieux. C'était le brasseur, le tisserand, le maître d'école et le boulanger du village qui tenaient les quatre violons. Les enfants faisaient les chœurs avec leurs parents, tous bons paysans ou artisans, pleins de flegme, d'attention et de bonne volonté. Joseph avait entendu déjà de la musique de Holzbaüer à Vienne, où elle était en faveur à cette époque. Il n'eut pas de peine à s'y mettre, et Consuelo, faisant alternativement sa partie dans toutes les reprises du chant, mena les chœurs si bien qu'ils se surpassèrent eux-mêmes. Il y avait deux solos que devaient dire le fils et la nièce de Gottlieb, ses élèves favoris, et les premiers chanteurs de la paroisse; mais ces deux coryphées ne parurent point, sous prétexte qu'ils étaient sûrs de leur affaire.

Joseph et Consuelo allèrent souper au presbytère, où un appartement leur avait été préparé. Le bon curé était dans la joie de son âme, et on voyait qu'il tenait extrêmement à la beauté de sa messe, pour plaire à M. le chanoine.

Le lendemain, tout était en rumeur dans le village dès avant le jour. Les cloches sonnaient à grande volée; les chemins se couvraient de fidèles arrivés du fond des campagnes environnantes, pour assister à la solennité. Le carrosse du chanoine approchait avec une majestueuse lenteur. L'église était revêtue de ses plus beaux ornements. Consuelo s'amusait beaucoup de l'importance que chacun s'attribuait. Il y avait là presque autant d'amour-propre et de rivalités en jeu que dans les coulisses d'un théâtre. Seulement les choses se passaient plus naïvement, et il y avait plus à rire qu'à s'indigner.

Une demi-heure avant la messe, le sacristain tout effaré vint leur révéler un grand complot tramé par le jaloux et perfide Gottlieb. Ayant appris que la répétition avait été excellente, et que tout le personnel musical de la paroisse était à goût des nouveaux venus, il se faisait très-malade et défendait à sa nièce et à son fils, les deux coryphées principaux, de quitter le chevet de son lit; si bien qu'on n'aurait ni la présence de Gottlieb, que tout le monde jugeait indispensable pour se mettre en train, ni les solos, qui étaient le plus bel endroit de la messe. Les concertants étaient découragés, et c'était avec bien de la peine que lui, sacristain précieux et affairé, les avait réunis dans l'église pour tenir conseil.

Consuelo et Joseph coururent les trouver, firent répéter les endroits périlleux, soutinrent les parties défaillantes, et rendirent à tous confiance et courage. Quant au remplacement des solos, ils s'entendirent bien vite ensemble pour s'en charger. Consuelo chercha et trouva dans sa mémoire un chant religieux du Porpora qui s'adaptait au ton et aux paroles du solo exigé. Elle l'écrivit sur son genou, et le répéta à la hâte avec Haydn, qui se mit ainsi en mesure de l'accompagner. Elle lui trouva aussi un fragment de Sébastien Bach qu'il connaissait, et qu'ils arrangèrent tant bien que mal, à eux deux, pour la circonstance.

La messe sonna, qu'ils répétaient encore et s'entendaient en dépit du vacarme de la grosse cloche. Quand M. le chanoine, revêtu de ses ornements, parut à l'autel, les chœurs étaient déjà partis et galopaient le style fugué du germanique compositeur, avec un aplomb de bon augure. Consuelo prenait plaisir à voir et à entendre ces bons prolétaires allemands avec leurs figures sérieuses, leurs voix justes, leur ensemble méthodique et leur verve toujours soutenue, parce qu'elle est toujours contenue dans de certaines limites.

« Voilà, dit-elle à Joseph dans un intervalle, les exécutants qui conviennent à cette musique-là: s'ils avaient le feu qui a manqué au maître, tout irait de travers; mais ils ne l'ont pas, et les pensées forgées à la mécanique sont rendues par des pièces de mécanique. Pourquoi l'illustre maestro Hoditz-Roswald n'est-il pas ici pour faire fonctionner ces machines? Il se donnerait beaucoup de mal, ne servirait à rien, et serait le plus content du monde.

Le solo de voix d'homme inquiétait bien des gens, Joseph s'en tira à merveille: mais quand vint celui de Consuelo, cette manière italienne les étonna d'abord, les scandalisa un peu, et finit par les enthousiasmer. La cantatrice se donna la peine de chanter de son mieux, et l'expression de son chant large et sublime transporta Joseph jusqu'aux cieux.

« Je ne peux croire, lui dit-il, que vous ayez jamais pu mieux chanter que vous venez de le faire pour cette pauvre messe de village.

— Jamais, du moins, je n'ai chanté avec plus d'entrain et de plaisir, lui répondit-elle. Ce public m'est plus sympathique que celui d'un théâtre. Maintenant laisse-moi regarder de la tribune si M. le chanoine est content. Oui, il a tout à fait l'air béat, le respectable chanoine; et à la manière dont tout le monde cherche sur sa physionomie la récompense de ses efforts, je vois bien que le bon Dieu est le seul ici dont personne ne songe à s'occuper.

— Excepté vous, Consuelo! la foi et l'amour divin peuvent seuls inspirer des accents comme les vôtres. »

Quand les deux virtuoses sortirent de l'église après la messe, il s'en fallut de peu que la population ne les portât en triomphe jusqu'au presbytère, où un bon déjeuner les attendait. Le curé les présenta à M. le chanoine, qui les combla d'éloges et voulut entendre encore *après-boire* le solo du Porpora. Mais Consuelo, qui s'étonnait avec raison que personne n'eût reconnu sa voix de femme, et qui craignait l'œil du chanoine, s'en défendit, sous prétexte que les répétitions et sa coopération active à toutes les parties du chœur l'avaient beaucoup fatiguée. L'excuse ne fut pas admise, et il fallut comparaître au déjeuner du chanoine.

M. le chanoine était un homme de cinquante ans, d'une belle et bonne figure, fort bien fait de sa personne, quoique un peu chargé d'embonpoint. Ses manières étaient distinguées, nobles même; il disait à tout le monde en confidence qu'il avait du sang royal dans les veines, étant un des quatre cents bâtards d'Auguste II, électeur de Saxe et roi de Pologne.

Il se montra gracieux et affable autant qu'homme du

monde et personnage ecclésiastique doit l'être. Joseph remarqua à ses côtés un séculier, qu'il paraissait traiter à la fois avec distinction et familiarité. Il sembla à Joseph avoir vu ce dernier à Vienne; mais il ne put mettre, comme on dit, son nom sur sa figure.

« Hé bien! mes chers enfants, dit le chanoine, vous me refusez une seconde audition du thème du Porpora? Voici pourtant un de mes amis, encore plus musicien, et cent fois meilleur juge que moi, qui a été bien frappé de votre manière de dire ce morceau. Puisque vous êtes fatigué, ajouta-t-il en s'adressant à Joseph, je ne vous tourmenterai pas davantage; mais il faut que vous ayez l'obligeance de nous dire comment on vous appelle et où vous avez appris la musique. »

Joseph vit qu'on lui attribuait l'exécution du solo que Consuelo avait chanté, et un regard expressif de celle-ci lui fit comprendre qu'il devait confirmer le chanoine dans cette méprise.

« Je m'appelle Joseph, répondit-il brièvement, et j'ai étudié à la maîtrise de Saint-Étienne.

— Et moi aussi, reprit le personnage inconnu, j'ai étudié à la maîtrise, sous Reuter le père. Vous, sans doute, sous Reuter le fils?

— Oui, Monsieur.

— Mais vous avez eu ensuite d'autres leçons? Vous avez étudié en Italie?

— Non, Monsieur.

— C'est vous qui avez tenu l'orgue?

— Tantôt moi, tantôt mon camarade.

— Et qui a chanté?

— Nous deux.

— Fort bien! Mais le thème du Porpora, ce n'est pas vous, dit l'inconnu, tout en regardant Consuelo de côté.

— Bah! ce n'est pas cet enfant-là! dit le chanoine en regardant aussi Consuelo, il est trop jeune pour savoir aussi bien chanter.

— Aussi ce n'est pas moi, c'est lui, répondit-elle brusquement en désignant Joseph. »

Elle était pressée de se délivrer de ces questions, et regardait la porte avec impatience.

« Pourquoi dites-vous un mensonge, mon enfant? dit naïvement le personnage inconnu. Je vous ai déjà entendu et vu chanter hier, et j'ai bien reconnu l'organe de votre camarade Joseph dans le solo de Bach.

— Allons! vous vous serez trompé, monsieur le curé, reprit l'inconnu avec un sourire fin, ou bien ce jeune homme est d'une excessive modestie. Quoi qu'il en soit, nous donnons des éloges à l'un et à l'autre. »

Puis, tirant le curé à l'écart:

« Vous avez l'oreille juste, lui dit-il, mais vous n'avez pas l'œil clairvoyant; cela fait honneur à la pureté de vos pensées. Cependant, il faut vous détromper : ce petit paysan hongrois est une cantatrice italienne fort habile.

— Une femme déguisée! » s'écria le curé stupéfait.

Il regarda Consuelo attentivement, tandis qu'elle était occupée à répondre aux questions bienveillantes du chanoine; et soit plaisir soit indignation, le bon curé rougit depuis son rabat jusqu'à sa calotte.

« C'est comme je le dis, reprit l'inconnu. Je cherche en vain qui elle peut être, je ne la connais pas; et quant à son travestissement et à la condition précaire où elle se trouve, je ne puis les attribuer qu'à un coup de tête... Affaire d'amour, monsieur le curé; ceci ne nous regarde pas.

— Affaire d'amour! comme vous dites fort bien, reprit le curé fort animé: un enlèvement, une intrigue criminelle avec ce petit jeune homme! Mais tout cela est fort vilain! Et moi qui ai donné dans le panneau! moi qui les ai logés dans mon presbytère! Heureusement, je leur avais donné des chambres séparées, et j'espère qu'il n'y aura point eu de scandale dans ma maison. Ah! quelle aventure! et comme les esprits forts de ma paroisse (car il y en a, Monsieur, j'en connais plusieurs) riraient à mes dépens s'ils savaient cela!

— Si vos paroissiens n'ont pas reconnu la voix d'une femme, il est probable qu'ils n'en ont reconnu ni les traits ni la démarche. Voyez pourtant quelles jolies mains, quelle chevelure soyeuse, quel petit pied, malgré les grosses chaussures!

— Je ne veux rien voir de tout cela! s'écria le curé hors de lui; c'est une abomination que de s'habiller en homme. Il y a dans les saintes Écritures un verset qui condamne à mort tout homme ou femme coupable d'avoir quitté les vêtements de son sexe. *A mort!* entendez-vous, Monsieur? C'est indiquer assez l'énormité du péché! Avec cela elle a osé pénétrer dans l'église, et chanter effrontément les louanges du Seigneur, le corps et l'âme souillés d'un crime pareil!

— Et elle les a chantées divinement! les larmes m'en sont venues aux yeux, je n'ai jamais entendu rien de pareil. Étrange mystère! quelle peut être cette femme? Toutes celles que je pourrais supposer sont plus âgées de beaucoup que celle-ci.

— C'est une enfant, une toute jeune fille! reprit le curé, qui ne pouvait s'empêcher de regarder Consuelo avec un intérêt combattu dans son cœur par l'austérité de ses principes. Oh! le petit serpent! Voyez donc de quel air doux et modeste elle répond à monsieur le chanoine! Ah! je suis un homme perdu, si quelqu'un ici a découvert la fraude. Il me faudra quitter le pays!

— Comment, ni vous, ni aucun de vos paroissiens n'avez-vous pas reconnu le timbre d'une voix de femme? Vous êtes des auditeurs bien simples.

— Que voulez-vous? nous trouvions bien quelque chose d'extraordinaire dans cette voix; mais Gottlieb disait que c'était une voix italienne, qu'il en avait entendu déjà d'autres comme cela, que c'était une voix de la chapelle Sixtine! Je ne sais ce qu'il entendait par là, je ne m'entends pas à la musique qui sort de mon rituel, et j'étais à cent lieues de m'en douter... Que faire, Monsieur, que faire?

— Si personne n'a de soupçons, je vous conseille de ne vous vanter de rien. Éconduisez ces enfants au plus vite; je me charge, si vous voulez, de vous en débarrasser.

— Oh! oui, vous me rendrez service! Tenez, tenez; je vais vous donner de l'argent... combien faut-il leur donner?

— Ceci ne me regarde pas; nous autres, nous payons largement les artistes... Mais votre paroisse n'est pas riche, et l'église n'est pas forcée d'agir comme le théâtre.

— Je ferai largement les choses, je leur donnerai six florins! je vais tout de suite... Mais que va dire monsieur le chanoine? il semble ne s'apercevoir de rien. Le voilà qui parle avec *elle* tout paternellement... le saint homme!

— Franchement, croyez-vous qu'il serait bien scandalisé?

— Comment ne le serait-il pas? D'ailleurs, ce que je crains, ce ne sont pas tant ses réprimandes que ses railleries. Vous savez comme il aime à plaisanter; il a tant d'esprit! Oh! comme il va se moquer de ma simplicité!...

— Mais s'il partage votre erreur, comme jusqu'ici il en a l'air... il n'aura pas le droit de vous persifler. Allons, ne faites semblant de rien; approchons-nous, et saisissez un moment favorable pour faire éclipser vos musiciens. »

Ils quittèrent l'embrasure de croisée où ils s'étaient entretenus de la sorte, et le curé, en se glissant près de Joseph, qui paraissait occuper le chanoine beaucoup moins que le signor Bertoni, il lui mit dans la main les six florins. Dès qu'il tint cette modeste somme, Joseph fit signe à Consuelo de se dégager du chanoine et de le suivre dehors; mais le chanoine rappelant Joseph, et persistant à croire, d'après ses réponses affirmatives, que c'était lui qui avait la voix de femme:

« Dites-moi donc, lui demanda-t-il, pourquoi vous avez choisi ce morceau de Porpora, au lieu de chanter le solo de M. Holzbauër?

— Nous ne l'avions pas, nous ne le connaissions pas, répondit Joseph. J'ai chanté la seule chose de mes études qui fût complète dans ma mémoire.

Le curé s'empressa de raconter la petite malice de Gottlieb, et cette jalousie d'artiste fit beaucoup rire le chanoine.

« Eh bien, dit l'inconnu, votre bon cordonnier nous a

En voyant frapper, lier et bâillonner mon mari...(Page 196.)

rendu un très-grand service. Au lieu d'un mauvais solo, nous avons eu un chef-d'œuvre d'un très-grand maître. Vous avez fait preuve de goût, ajouta-t-il en s'adressant à Consuelo.

— Je ne pense pas, répondit Joseph, que le solo de Holzbaüer pût être mauvais; ce que nous avons chanté de lui n'était pas sans mérite.

— Le mérite n'est pas le génie, répliqua l'inconnu en soupirant; » et s'acharnant à Consuelo, il ajouta: « Qu'en pensez-vous, mon petit ami? Croyez-vous que ce soit la même chose?

— Non, Monsieur, je ne le crois pas, répondit-elle laconiquement et froidement; car le regard de cet homme l'embarrassait et l'importunait de plus en plus.

— Mais vous avez eu pourtant du plaisir à chanter cette messe de Holzbaüer? reprit le chanoine; c'est beau, n'est-ce pas?

— Je n'en ai eu plaisir ni déplaisir, repartit Consuelo, à qui l'impatience donnait des mouvements de franchise irrésistibles.

— C'est dire qu'elle n'est ni bonne, ni mauvaise, s'écria l'inconnu en riant. Eh bien, mon enfant, vous avez fort bien répondu, et mon avis est conforme au vôtre. »

Le chanoine se mit à rire aux éclats, le curé parut fort embarrassé, et Consuelo, suivant Joseph, s'éclipsa sans s'inquiéter de ce différend musical.

« Eh bien, monsieur le chanoine, dit malignement l'inconnu dès que les musiciens furent sortis, comment trouvez-vous ces enfants?

— Charmants! admirables! Je vous demande bien pardon de dire cela après le paquet que le petit vient de vous donner.

— Moi? je le trouve adorable, cet enfant-là! Quel talent pour un âge si tendre! c'est merveilleux! Quelles puissantes et précoces natures que ces natures italiennes!

— Je ne puis rien vous dire du talent de celui-là! reprit le chanoine d'un air fort naturel, je ne l'ai pas trop distingué; c'est son compagnon qui est un merveilleux sujet, et celui-là est de notre nation, n'en déplaise à votre *italianomanie*.

— Ah ça, dit l'inconnu en clignotant de l'œil pour avertir le curé, c'est donc décidément l'aîné qui nous a chanté du Porpora?

On eut bientôt trouvé une belle tige de roseau... (Page 197.)

— Je le présume, répondit le curé, tout troublé du mensonge auquel on le provoquait.

— J'en suis sûr, moi, reprit le chanoine; il me l'a dit lui-même.

— Et l'autre solo, reprit l'inconnu, c'est donc quelqu'un de votre paroisse qui l'a dit?

— Probablement, » répondit le curé en faisant un effort pour soutenir l'imposture.

Tous deux regardèrent le chanoine pour voir s'il était leur dupe ou s'il se moquait d'eux. Il ne paraissait pas y songer. Sa tranquillité rassura le curé. On parla d'autre chose; mais au bout d'un quart d'heure le chanoine revint sur le chapitre de la musique, et voulut revoir Joseph et Consuelo, afin, disait-il, de les emmener à sa campagne et de les entendre à loisir. Le curé, épouvanté, balbutia des objections inintelligibles. Le chanoine lui demanda en riant s'il avait fait mettre ses petits musiciens dans la marmite pour compléter le déjeuner, qui lui semblait bien assez splendide sans cela. Le curé était au supplice; l'inconnu vint à son secours :

« Je vais vous les chercher, » dit-il au chanoine.

Et il sortit en faisant signe au bon curé de compter sur quelque expédient de sa part. Mais il n'eut pas la peine d'en imaginer un. Il apprit de la servante que les jeunes artistes étaient déjà partis à travers champs, après lui avoir généreusement donné un des six florins, qu'ils venaient de recevoir.

« Comment, partis! s'écria le chanoine avec beaucoup de chagrin; il faut courir après eux; je veux les revoir, je veux les entendre, je le veux absolument! »

On fit semblant d'obéir; mais on n'eut garde de courir sur leurs traces. Ils avaient d'ailleurs pris leur route à vol d'oiseau, pressés de se soustraire à la curiosité qui les menaçait. Le chanoine en éprouva beaucoup de regret, et même un peu d'humeur.

« Dieu merci! il ne se doute de rien, dit le curé à l'inconnu.

— Curé, répondit celui-ci, rappelez-vous l'histoire de l'évêque qui, faisant gras, par inadvertance, un vendredi, en fut averti par son grand vicaire. — Le malheureux! s'écria l'évêque, ne pouvait-il se taire jusqu'à la fin du dîner! — Nous aurions peut-être dû laisser monsieur le chanoine se tromper à son aise. »

LXXVI.

Le temps était calme et serein, la pleine lune brillait dans l'éther céleste, et neuf heures du soir sonnaient d'un timbre clair et grave à l'horloge d'un antique prieuré, lorsque Joseph et Consuelo, ayant cherché en vain une sonnette à la grille de l'enclos, firent le tour de cette habitation silencieuse dans l'espoir de s'y faire entendre de quelque hôte hospitalier. Mais ce fut en vain : toutes les portes étaient fermées, pas un chien n'aboyait, on n'apercevait pas la moindre lumière aux fenêtres du morne édifice.

« C'est ici le palais du Silence, dit Haydn en riant; et si cette horloge n'eût répété deux fois avec sa voix lente et solennelle les quatre quarts en *ut* et en *si* et les neuf coups de l'heure en *sol* au dessous, je croirais ce lieu abandonné aux chouettes ou aux revenants. »

Le pays aux environs était fort désert, Consuelo se sentait fatiguée, et d'ailleurs ce prieuré mystérieux avait un attrait pour son imagination poétique.

« Quand nous devrions dormir dans quelque chapelle, dit-elle à Beppo, je veux passer la nuit ici. Essayons à tout prix d'y pénétrer, fût-ce par-dessus le mur, qui n'est pas bien difficile à escalader.

— Allons! dit Joseph, je vais vous faire la courte échelle, et quand vous serez en haut, je passerai vite de l'autre côté pour vous servir de marchepied en descendant. »

Aussitôt fait que dit. Le mur était très-bas. Deux minutes après, nos jeunes profanes se promenaient avec une tranquillité audacieuse dans l'enceinte sacrée. C'était un beau jardin potager entretenu avec un soin minutieux. Les arbres fruitiers, disposés en éventails, ouvraient à tout venant leurs longs bras chargés de pommes vermeilles et de poires dorées. Les berceaux de vigne arrondis coquettement en arceaux, portaient, comme autant de girandoles, d'énormes grappes de raisin succulent. Les vastes carrés de légumes avaient aussi leur beauté. Des asperges à la tige élégante et à la chevelure soyeuse, toute brillante de la rosée du soir, ressemblaient à des forêts de sapins lilliputiens, couverts d'une gaze d'argent; les pois s'élançaient en guirlandes légères sur leurs rames et formaient de longs berceaux, étroits et mystérieuses ruelles où babillaient à voix basse de petites fauvettes encore mal endormies. Les giraumons, orgueilleux léviathans de cette mer verdoyante, étalaient pesamment leurs gros ventres orangés sur leurs larges et sombres feuillages. Les jeunes artichauts, comme autant de petites têtes couronnées, se dressaient autour du principal individu, centre de la tige royale; les melons se tenaient sous leurs cloches, comme de lourds mandarins chinois sous leurs palanquins, et de chacun de ces dômes de cristal le reflet de la lune faisait jaillir un gros diamant bleu, contre lequel les phalènes étourdies allaient se frapper la tête en bourdonnant.

Une haie de rosiers formait la ligne de démarcation entre ce potager et le parterre, qui touchait aux bâtiments et les entourait d'une ceinture de fleurs. Ce jardin réservé était comme une sorte d'élysée. De magnifiques arbustes d'agrément y ombrageaient les plantes rares à la senteur exquise. Le sable y était aussi doux aux pieds qu'un tapis; on eût dit que les gazons étaient peignés brin à brin, tant ils étaient lisses et unis. Les fleurs étaient si serrées qu'on ne voyait pas la terre, et que chaque plate-bande arrondie ressemblait à une immense corbeille.

Singulière influence des objets extérieurs sur la disposition de l'esprit et du corps! Consuelo n'eut pas plus tôt respiré cet air suave et regardé ce sanctuaire d'un bien-être nonchalant, qu'elle se sentit reposée comme si elle eût déjà dormi du sommeil des moines.

« Voilà qui est merveilleux! dit-elle à Beppo; je vois ce jardin, et il ne me souvient déjà plus des pierres du chemin et de mes pieds malades. Il me semble que je me délasse par les yeux. J'ai toujours eu horreur des jardins bien tenus, bien gardés, et de tous les endroits clos de murailles; et pourtant celui-ci, après tant de journées de poussière, après tant de pas sur la terre sèche et meurtrie, m'apparaît comme un paradis. Je mourais de soif tout à l'heure, et maintenant, rien que de voir ces plantes heureuses qui s'ouvrent à la rosée du soir, il me semble que je bois avec elles, et que je suis désaltérée déjà. Regarde, Joseph; y a-t-il quelque chose de plus charmant que des fleurs épanouies au clair de la lune? Regarde, te dis-je, et ne ris pas, ce paquet de grosses étoiles blanches, là, au beau milieu du gazon. Je ne sais comment on les appelle; des belles de nuit, je crois? Oh! elles sont bien nommées! Elles sont saintes et pures comme les étoiles du ciel. Elles se penchent et se relèvent toutes ensemble au souffle de la brise légère, et elles ont l'air de rire et de folâtrer comme une troupe de petites filles vêtues de blanc. Elles me rappellent mes compagnes, de la *scuola*, lorsque le dimanche, elles couraient toutes habillées en novices le long des grands murs de l'église. Et puis les voilà qui s'arrêtent dans l'air immobile, et qui regardent toutes du côté de la lune. On dirait maintenant qu'elles la contemplent et qu'elles l'admirent. La lune aussi semble les regarder, les couver et planer sur elles comme un grand oiseau de nuit. Crois-tu donc, Beppo, que ces êtres-là soient insensibles? Moi, je m'imagine qu'une belle fleur ne végète pas stupidement sans éprouver des sensations délicieuses. Passe pour ces pauvres petits chardons que nous voyons le long des fossés, et qui se traînent là poudreux, malades, broutés par tous les troupeaux qui passent! Ils ont l'air de pauvres mendiants soupirant après une goutte d'eau qui ne leur arrive pas; la terre gercée et altérée la boit avidement sans en faire part à leurs racines. Mais ces fleurs de jardin dont on prend si grand soin, elles sont heureuses et fières comme des reines. Elles passent leur temps à se balancer coquettement sur leurs tiges, et quand vient la lune, leur bonne amie, elles sont là toutes béantes, plongées dans un demi-sommeil, et visitées par de doux rêves. Elles se demandent peut-être s'il y a des fleurs dans la lune, comme nous autres nous nous demandons s'il s'y trouve des êtres humains. Allons, Joseph, tu te moques de moi, et pourtant le bien-être que j'éprouve en regardant ces étoiles blanches n'est point une illusion. Il y a dans l'air épuré et rafraîchi par elles quelque chose de souverain, et je sens une espèce de rapport entre ma vie et celle de tout ce qui vit autour de moi.

— Comment pourrais-je me moquer! répondit Joseph en soupirant. Je sens à l'instant même vos impressions passer en moi, et vos moindres paroles résonner dans mon âme comme le son sur les cordes d'un instrument. Mais voyez cette habitation, Consuelo, et expliquez-moi la tristesse douce, mais profonde, qu'elle m'inspire. »

Consuelo regarda le prieuré : c'était un petit édifice du douzième siècle, jadis fortifié de créneaux qui remplaçaient désormais des toits aigus en ardoise grisâtre. Les tourelles, couronnées de leurs mâchicoulis serrés, qu'on avait laissés subsister comme ornement, ressemblaient à de grosses corbeilles. De grandes masses de lierres coupaient gracieusement la monotonie des murailles, et sur les parties nues de la façade éclairée par la lune, le souffle de la nuit faisait trembler l'ombre grêle et incertaine des jeunes peupliers. De grands festons de vignes et de jasmin encadraient les portes, et allaient s'accrocher à toutes les fenêtres.

« Cette demeure est calme et mélancolique, répondit Consuelo; mais elle ne m'inspire pas autant de sympathie que le jardin. Les plantes sont faites pour vivre sur place, et les hommes pour se mouvoir et se fréquenter. Si j'étais fleur, je voudrais pousser dans ce parterre, on y est bien; mais étant femme, je ne voudrais pas vivre dans une cellule, et m'enfermer dans une masse de pierres. Voudrais-tu donc être moine, Beppo?

— Non pas, Dieu m'en garde! mais j'aimerais à travailler sans souci de mon logis et de ma table. Je voudrais mener une vie paisible, retirée, un peu aisée, n'avoir pas les préoccupations de la misère; enfin j'aimerais à végêter dans un état de régularité passive, dans une sorte de dépendance même, pourvu que mon intelligence fût libre, et que je n'eusse d'autre soin, d'autre devoir, d'autre souci que de faire de la musique.

— Eh bien, mon camarade, tu ferais de la musique tranquille, à force de la faire tranquillement.

— Eh! pourquoi serait-elle mauvaise? Quoi de plus beau que le calme! Les cieux sont calmes, la lune est calme, ces fleurs, dont vous chérissez l'attitude paisible...

— Leur immobilité ne me touche que parce qu'elle succède aux ondulations que la brise vient de leur imprimer. La pureté du ciel ne nous frappe que parce que nous l'avons vu maintes fois sillonné par l'orage. Enfin, la lune n'est jamais plus sublime que lorsqu'elle brille au milieu des sombres nuées qui se pressent autour d'elle. Est-ce que le repos sans la fatigue peut avoir de véritables douceurs? Ce n'est même plus le repos qu'un état d'immobilité permanente. C'est le néant, c'est la mort. Ah! si tu avais habité comme moi le château des Géants durant des mois entiers, tu saurais que la tranquillité n'est pas la vie!

— Mais qu'appelez-vous de la musique tranquille?

— De la musique trop correcte et trop froide. Prends garde d'en faire, si tu fuis la fatigue et les peines de ce monde. »

En parlant ainsi, ils s'étaient avancés jusqu'au pied des murs du prieuré. Une eau cristalline jaillissait d'un globe de marbre surmonté d'une croix dorée, et retombait, de cuvette en cuvette, jusque dans une grande conque de granit où frétillait une quantité de ces jolis petits poissons rouges dont s'amusent les enfants. Consuelo et Beppo, fort enfants eux-mêmes, se plaisaient sérieusement à leur jeter des grains de sable pour tromper leur gloutonnerie, et à suivre de l'œil leurs mouvements rapides, lorsqu'ils virent venir droit à eux une grande figure blanche qui portait une cruche, et qui, en s'approchant de la fontaine, ne ressemblait pas mal à une de ces *laveuses de nuit*, personnages fantastiques dont la tradition est répandue dans presque tous les pays superstitieux. La préoccupation ou l'indifférence qu'elle mit à remplir sa cruche, sans leur témoigner ni surprise ni frayeur, eut vraiment d'abord quelque chose de solennel et d'étrange. Mais bientôt, un grand cri qu'elle fit en laissant tomber son amphore au fond du bassin, leur prouva qu'il n'y avait rien de surnaturel dans sa personne. La bonne dame avait tout simplement la vue un peu troublée par les années, et, dès qu'elle les eut aperçus, elle fut prise d'une peur effroyable, et s'enfuit vers la maison en invoquant la vierge Marie et tous les saints.

« Qu'y a-t-il donc, dame Brigide? cria de l'intérieur une voix d'homme; auriez-vous rencontré quelque malin esprit?

— Deux diables, ou plutôt deux voleurs sont là debout tout auprès de la fontaine, répondit dame Brigide en rejoignant son interlocuteur, qui parut au seuil de la porte, et y resta incertain et incrédule pendant quelques instants.

— Ce sera encore une de vos paniques! Est-ce que des voleurs viendraient nous attaquer à cette heure-ci?

— Je vous jure par mon salut éternel qu'il y a deux figures noires, immobiles comme des statues; ne les voyez-vous pas d'ici? Tenez! elles y sont encore, et ne bougent pas. Sainte Vierge! je vais me cacher dans la cave.

— Je vois en effet quelque chose, reprit l'homme en affectant de grossir sa voix. Je vais sonner le jardinier, et, avec ses deux garçons, nous aurons facilement raison de ces coquins-là, qui n'ont pu pénétrer que par-dessus les murs; car j'ai fermé moi-même toutes les portes.

— En attendant, tirons celle-ci sur nous, repartit la vieille dame, et nous sonnerons après la cloche d'alarme. »

La porte se referma, et nos deux enfants restèrent peu fixés sur le parti qu'ils avaient à prendre. Fuir, c'était confirmer l'opinion qu'on avait d'eux; rester, c'était s'exposer à une attaque un peu brusque. Comme ils se consultaient, ils virent un rayon de lumière percer le volet d'une fenêtre au premier étage. Le rayon s'agrandit, et un rideau de damas cramoisi, derrière lequel brillait doucement la clarté d'une lampe, fut soulevé lentement; une main, que la pleine lumière de la lune fit paraître blanche et potelée, se montra au bord du rideau, dont elle soutenait avec précaution les franges, tandis qu'un œil invisible interrogeait probablement les objets extérieurs.

« Chanter, dit Consuelo à son compagnon, voilà ce que nous avons à faire. Suis-moi, laisse-moi dire. Mais non, prends ton violon, et fais-moi une ritournelle quelconque, dans le premier ton venu. »

Joseph ayant obéi, Consuelo se mit à chanter à pleine voix, en improvisant musique et prose, une espèce de discours en allemand, rhythmé et coupé en récitatif:

« Nous sommes deux pauvres enfants de quinze ans, tout petits, et pas plus forts, pas plus méchants que les rossignols dont nous imitons les doux refrains. »

— Allons, Joseph, dit-elle tout bas, un accord pour soutenir le récitatif. » Puis elle reprit:

« Accablés de fatigue, et contristés par la morne solitude de la nuit, nous avons vu cette maison, qui de loin semblait déserte, et nous avons passé une jambe, et puis l'autre, par-dessus le mur. »

— Un accord en *la* mineur, Joseph.

« Nous nous sommes trouvés dans un jardin enchanté, au milieu de fruits dignes de la terre promise: nous mourions de soif; nous mourions de faim. Cependant s'il manque une pomme d'api aux espaliers; si nous avons détaché un grain de raisin de la treille, qu'on nous chasse et qu'on nous humilie comme des malfaiteurs. »

— Une modulation pour revenir en *ut* majeur, Joseph. »

« Et cependant, on nous soupçonne, on nous menace; et nous ne voulons pas nous sauver; nous ne cherchons pas à nous cacher, parce que nous n'avons fait aucun mal... si ce n'est d'entrer dans la maison du bon Dieu par-dessus les murs; mais quand il s'agit d'escalader le paradis, tous les chemins sont bons, et les plus courts sont les meilleurs. »

Consuelo termina son récitatif par un de ces jolis cantiques en latin vulgaire, que l'on nomme à Venise *latino di frate*, et que le peuple chante le soir devant les madones. Quand elle eut fini, les deux mains blanches, s'étant peu à peu montrées, l'applaudirent avec transport, et une voix qui ne lui semblait pas tout à fait étrangère à son oreille, cria de la fenêtre:

« Disciples des muses, soyez les bien venus! Entrez, entrez: l'hospitalité vous invite et vous attend. »

Les deux enfants s'approchèrent, et, un instant après, un domestique en livrée rouge et violet vint leur ouvrir courtoisement la porte.

« Je vous avais pris pour des filous, je vous en demande bien pardon, mes petits amis, leur dit-il en riant: c'est votre faute; que ne chantiez-vous plus tôt? Avec un passeport comme votre voix et votre violon, vous ne pouviez manquer d'être bien accueillis par mon maître. Venez donc; il paraît qu'il vous connaît déjà. »

En parlant ainsi, l'affable serviteur avait monté devant eux les douze marches d'un escalier fort doux, couvert d'un beau tapis de Turquie. Avant que Joseph eût le temps de lui demander le nom de son maître, il avait ouvert une porte battante qui retomba derrière eux sans faire aucun bruit; et après avoir traversé une antichambre confortable, il les introduisit dans la salle à manger, où le patron gracieux de cette heureuse demeure, assis en face d'un faisan rôti, entre deux flacons de vieux vin doré, commençait à digérer son premier service, tout en attaquant le second d'un air paterne et majestueux. Au retour de sa promenade du matin, il s'était fait accommoder par son valet de chambre pour se reposer le teint. Il était poudré et rasé de frais. Les boucles grisonnantes de son chef respectable s'arrondissaient moelleusement sous un œil de poudre d'iris d'une odeur exquise; ses belles mains étaient posées sur ses genoux couverts d'une culotte de satin noir à boucles d'argent. Sa jambe bien faite et dont il était un peu vain, chaussée d'un bas violet bien tiré et bien transparent, reposait sur un coussin de velours, et sa noble corpulence enveloppée d'une excellente douillette de soie puce, ouatée et piquée, s'affaissait délicieusement dans un grand fauteuil de tapisserie où nulle part le coude ne risquait de rencontrer un angle, tant il était bien rembourré et arrondi de tous côtés. Assise auprès de la cheminée qui flambait et pétillait derrière le fauteuil du maître, dame Brigide, la gouvernante, préparait le café avec un recueillement religieux; et un second valet, non moins propre dans sa tenue, et non moins bénin dans ses allures que le premier, debout auprès de la table, détachait délicatement l'aile de volaille que le saint homme attendait sans impatience comme sans inquiétude. Joseph et Consuelo firent de grandes révérences en reconnaissant dans leur hôte bienveillant M. le chanoine majeur et jubilaire du chapitre cathédrant de Saint-Étienne, celui devant lequel ils avaient chanté la messe le matin même.

LXXVII.

M. le chanoine était l'homme le plus commodément établi qu'il y eût au monde. Dès l'âge de sept ans, grâce aux protections royales qui ne lui avaient pas manqué, il avait été déclaré en âge de raison, conformément aux canons de l'Église, lesquels admettaient que si l'on n'a pas beaucoup de raison à cet âge, on est du moins capable d'en avoir virtuellement assez pour recueillir et consommer les fruits d'un bénéfice. En conséquence de cette décision, le jeune tonsuré avait été investi du canonicat, bien qu'il fût bâtard d'un roi; toujours en vertu des canons de l'Église, qui acceptaient par présomption la légitimité d'un enfant présenté aux bénéfices et patronné par des souverains, bien que d'autre part les mêmes arrêts canoniques exigeassent que tout prétendant aux biens ecclésiastiques fût issu de bon et légitime mariage, à défaut de quoi on pouvait le déclarer *incapable*, voire *indigne* et *infâme* au besoin. Mais il est avec le ciel tant d'accommodements, que, dans le cas de certaines circonstances, le droit canonique établissait qu'un enfant trouvé peut être regardé comme légitime, par la raison, d'ailleurs fort chrétienne, que dans les cas de parenté mystérieuse on doit supposer le bien plutôt que le mal. Le petit chanoine était donc entré en possession d'une superbe prébende, à titre de chanoine majeur; et arrivé vers sa cinquantième année, à une quarantaine d'années de services prétendus effectifs dans le chapitre, il était désormais reconnu chanoine jubilaire, c'est-à-dire chanoine en retraite, libre de résider où bon lui semblait, et de ne plus remplir aucune fonction capitulaire, tout en jouissant pleinement des avantages, revenus et priviléges de son canonicat. Il est vrai que le digne chanoine avait rendu de bien grands services au chapitre dès ses jeunes années. Il s'était fait déclarer *absent*, ce qui, aux termes du droit canonique, signifie une permission de résider loin du chapitre, en vertu de divers prétextes plus ou moins spécieux, sans perdre les fruits du bénéfice attaché à l'exercice effectif. Le cas de peste dans une résidence est un cas d'*absence* admissible. Il y a aussi des raisons de santé délicate ou délabrée qui motivent l'*absence*. Mais le plus honorable et le plus assuré des droits d'absence était celui qui avait pour motif le cas d'études. On entreprenait et on annonçait un gros ouvrage sur les cas de conscience, sur les Pères de l'Église, sur les sacrements, ou, mieux encore, sur la constitution du chapitre auquel on appartenait, sur les principes de sa fondation, sur les avantages honorifiques et manuels qui s'y rattachaient, sur les prétentions qu'on pouvait faire valoir à l'encontre d'autres chapitres, sur un procès qu'on avait ou qu'on voulait avoir contre une communauté rivale à propos d'une terre, d'un droit de patronage, ou d'une maison bénéficiale; et ces sortes de subtilités chicanière et financières, étant beaucoup plus intéressantes pour le corps ecclésiastiques que les commentaires sur la doctrine et les éclaircissements sur le dogme, pour peu qu'un membre distingué du chapitre proposât de faire des recherches, de compulser des parchemins, de griffonner des mémoires de procédure, des réclamations, voire des libelles contre de riches adversaires, on lui accordait le lucratif et agréable droit de rentrer dans la vie privée et de manger son revenu soit en voyages, soit dans sa maison bénéficiale, au coin de son feu. Ainsi faisait notre chanoine.

Homme d'esprit, beau diseur, écrivain élégant, il avait promis, il se promettait, et il devait promettre toute sa vie de faire un livre sur les droits, immunités et priviléges de son chapitre. Entouré d'*in-quarto* poudreux qu'il n'avait jamais ouverts, il n'avait pas fait le sien, il ne le faisait pas, il ne devait jamais le faire. Les deux secrétaires qu'il avait engagés aux frais du chapitre, étaient occupés à parfumer sa personne et à préparer son repas. On parlait beaucoup du fameux livre; on l'attendait, on bâtissait sur la puissance de ses arguments mille rêves de gloire, de vengeance et d'argent. Ce livre, qui n'existait pas, avait déjà fait à son auteur une réputation de persévérance, d'érudition et d'éloquence, dont il n'était pas pressé de fournir la preuve; non qu'il fût incapable de justifier l'opinion favorable de ses confrères, mais parce que la vie est courte, les repas longs, la toilette indispensable, et le *far niente* délicieux. Et puis notre chanoine avait deux passions innocentes mais insatiables : il aimait l'horticulture et la musique. Avec tant d'affaires et d'occupations, où eût-il trouvé le temps de faire son livre? Enfin, il est si doux de parler d'un livre qu'on ne fait pas, et si désagréable au contraire d'entendre parler de celui qu'on a fait!

Le bénéfice de ce saint personnage consistait en une terre d'un bon rapport, annexée au prieuré sécularisé où il vivait huit à neuf mois de l'année, adonné à la culture de ses fleurs et à celle de son estomac. L'habitation était spacieuse et romantique. Il l'avait rendue confortable et même luxueuse. Abandonnant à une lente destruction le corps de logis qu'avaient habité les anciens moines, il entretenait avec soin et ornait avec goût la partie la plus favorable à ses habitudes de bien-être. De nouvelles distributions avaient fait de l'antique monastère un vrai petit château où il menait une vie de gentilhomme. C'était un excellent naturel d'homme d'église : tolérant, bel esprit au besoin, orthodoxe et disert avec ceux de son état, enjoué, anecdotique et facile avec ceux du monde, affable, cordial et généreux avec les artistes. Ses domestiques, participant à la bonne vie qu'il savait se faire, l'aidaient de tout leur pouvoir. Sa gouvernante était un peu tracassière, mais elle lui faisait de si bonnes confitures, et s'entendait si bien à conserver ses fruits, qu'il supportait sa méchante humeur, et soutenait l'orage avec calme, se disant qu'un homme doit savoir supporter les défauts d'autrui, mais qu'il ne peut se passer de beau dessert et de bon café.

Nos jeunes artistes furent accueillis par lui avec la plus gracieuse bonhomie.

« Vous êtes des enfants pleins d'esprit et d'invention, leur dit-il, et je vous aime de tout mon cœur. De plus, vous avez infiniment de talent; et il y a un de vous deux, je ne sais plus lequel, qui possède la voix la plus douce, la plus sympathique, la plus émouvante que j'aie entendue de ma vie. Cette voix-là est un prodige, un trésor; et j'étais tout triste, ce soir, de vous avoir vus partir si brusquement de chez le curé, en songeant que je ne vous retrouverais peut-être jamais, que je ne vous entendrais plus. Vrai! je ne n'avais pas d'appétit, j'étais sombre, préoccupé... Cette belle voix et cette belle musique ne me sortaient pas de l'âme et de l'oreille. Mais la Providence, qui me veut bien du bien, vous ramène vers moi, et peut-être aussi votre bon cœur, mes enfants; car vous aurez deviné que j'avais su vous comprendre et vous apprécier...

— Nous sommes forcés d'avouer, monsieur le chanoine, répondit Joseph, que le hasard seul nous a conduits ici, et que nous étions loin de compter sur cette bonne fortune.

— La bonne fortune est pour moi, reprit l'aimable chanoine; et vous allez me chanter... Mais non, ce serait trop d'égoïsme de ma part; vous êtes fatigués, à jeun peut-être... Vous allez souper d'abord, puis passer une bonne nuit dans ma maison, et demain nous ferons de la musique; oh! de la musique toute la journée! André, vous allez mener ces jeunes gens à l'office, et vous en aurez le plus grand soin... Mais non, qu'ils restent; mettez-leur deux couverts au bout de ma table, et qu'ils soupent avec moi. »

André obéit avec empressement, et même avec une sorte de satisfaction bienveillante. Mais dame Brigide montra des dispositions tout opposées; elle hocha la tête, hausa les épaules, et grommela entre ses dents:

« Voilà des gens bien propres pour manger sur votre nappe, et une singulière société pour un homme de votre rang! »

« Taisez-vous, Brigide, répondit le chanoine avec calme. Vous n'êtes jamais contente de rien ni de personne; et dès que voyez les autres prendre un petit plaisir, vous entrez en fureur.

— Vous ne savez quoi imaginer pour passer le temps, reprit-elle sans tenir compte des reproches qui lui étaient adressés. Avec des flatteries, des sornettes, des flonflons, on vous mènerait comme un petit enfant!

— Taisez-vous donc, dit le chanoine en élevant un peu le ton, mais sans perdre son sourire enjoué; vous avez la voix aigre comme une crécelle, et si vous continuez à gronder, vous allez perdre la tête et manquer mon café.

— Beau plaisir! et grand honneur, en vérité, dit la vieille, que de préparer le café à de pareils hôtes!

— Oh! il vous faut de hauts personnages à vous! vous aimez la grandeur; vous ne voudriez traiter que des évêques, des princes et des chanoinesses à seize quartiers! Tout cela ne vaut pas pour moi un couplet de chanson bien dit. »

Consuelo écoutait avec étonnement ce personnage d'une apparence si noble se disputer avec sa bonne avec une sorte de plaisir enfantin; et, pendant tout le souper, elle s'émerveilla de la puérilité de ses préoccupations. A propos de tout, il disait une foule de riens pour passer le temps et pour se tenir en belle humeur. Il interpellait ses domestiques à chaque instant, tantôt discutant sérieusement la sauce d'un poisson, tantôt s'inquiétant de la confection d'un meuble, donnant des ordres contradictoires, interrogeant son monde sur les détails les plus oiseux de son ménage, réfléchissant sur ces misères avec une solennité digne de sujets sérieux, écoutant l'un, reprenant l'autre, tenant tête à dame Brigide qui le contredisait sur toutes choses, et ne manquant jamais de mettre quelque mot plaisant dans ses questions et dans ses réponses. On eût dit que, réduit par l'isolement et la nonchalance de sa vie à la société de ses domestiques, il cherchait à tenir son esprit en haleine, et à faciliter l'œuvre de sa digestion par un exercice hygiénique de la pensée point trop grave et point trop léger.

Le souper fut exquis et d'une abondance inouïe. A l'entremets, le cuisinier fut appelé devant M. le chanoine, et affectueusement loué par lui pour la confection de certains plats, doucement réprimandé et doctement enseigné à propos de certains autres qui n'avaient pas atteint le dernier degré de perfection. Les deux voyageurs tombaient des nues, et se regardaient l'un l'autre, croyant faire un rêve facétieux, tant ces raffinements leur semblaient incompréhensibles.

« Allons! allons! ce n'est pas mal, dit le bon chanoine en congédiant l'artiste culinaire; je ferai quelque chose de toi, si tu as de la bonne volonté, et si tu continues à aimer ton devoir. »

Ne semblerait-il pas, pensa Consuelo, qu'il s'agit d'un enseignement paternel, ou d'une exhortation religieuse?

Au dessert, après que le chanoine eut donné aussi à la gouvernante sa part d'éloges et d'avertissements, il oublia enfin ces graves questions pour parler musique, et il se montra sous un meilleur jour à ses jeunes hôtes. Il avait une bonne instruction musicale, un fonds d'études solides, des idées justes et un goût éclairé. Il était assez bon organiste; et, s'étant mis au clavecin après le dîner, il leur fit entendre des fragments de plusieurs vieux maîtres allemands, qu'il jouait avec beaucoup de pureté et selon les bonnes traditions du temps passé. Cette audition ne fut pas sans intérêt pour Consuelo, et bientôt, ayant trouvé sur le clavecin un gros livre de cette ancienne musique, elle se mit à le feuilleter et à oublier la fatigue et l'heure qui s'avançait, pour demander au chanoine de lui jouer, avec sa bonne manière nette et large, plusieurs morceaux qui avaient frappé son esprit et ses yeux. Le chanoine trouva un plaisir extrême à être ainsi écouté. La musique qu'il connaissait n'étant plus guère de mode, il ne trouvait pas souvent d'amateurs selon son cœur. Il se prit donc d'une affection extraordinaire pour Consuelo particulièrement, Joseph, accablé de lassitude, s'étant assoupi sur un grand fauteuil parfaitement délicieux.

« Vraiment! s'écria le chanoine dans un moment d'enthousiasme, tu es un enfant heureusement doué, et ton jugement précoce annonce un avenir extraordinaire. Voici la première fois de ma vie que je regrette le célibat que m'impose ma profession. »

Ce compliment fit rougir et trembler Consuelo, qui se crut reconnue pour une femme; mais elle se remit bien vite, lorsque le chanoine ajouta naïvement:

« Oui, je regrette de n'avoir pas d'enfants, car le ciel m'eût peut-être donné un fils tel que toi, et c'eût été le bonheur de ma vie... quand même Brigide eût été la mère. Mais dis-moi, mon ami, que penses-tu de ce Sébastien Bach dont les compositions fanatisent les savants d'aujourd'hui? Crois-tu aussi que ce soit un génie prodigieux? J'ai là un gros livre de ses œuvres que j'ai rassemblées et fait relier, parce qu'il faut avoir de tout... Et puis, c'est peut-être beau en effet... Mais c'est d'une difficulté extrême à lire, et je t'avoue que le premier essai m'ayant rebuté, j'ai eu la paresse de ne pas m'y remettre... D'ailleurs, j'ai si peu de temps à moi! Je ne fais de musique que dans de rares instants, dérobés à des soins plus sérieux... De ce que tu m'as vu très-occupé de la gouverne de mon petit ménage, il ne faut pas conclure que je sois un homme libre et heureux. Je suis esclave, au contraire, d'un travail énorme, effrayant, que je me suis imposé. Je fais un livre auquel je travaille depuis trente ans, et qu'un autre n'eût pas fait en soixante; un livre qui demande des études incroyables, des veilles, une patience à toute épreuve et les plus profondes réflexions. Aussi je pense que ce livre-là fera quelque bruit.

— Mais il est bientôt fini? demanda Consuelo.

— Pas encore, pas encore! répondit le chanoine désireux de se dissimuler à lui-même qu'il ne l'avait pas commencé. Nous disions donc que la musique de ce Bach est terriblement difficile, et que, quant à moi, elle me semble bizarre.

— Je pense cependant que si vous surmontiez votre répugnance, vous en viendriez à penser que c'est un génie qui embrasse, résume et vivifie toute la science du passé et du présent.

— Eh bien, reprit le chanoine, s'il en est ainsi, nous essaierons demain à nous trois d'en déchiffrer quelque chose. Voici l'heure pour vous de prendre du repos, et pour moi de me livrer à l'étude. Mais demain vous passerez la journée chez moi, c'est entendu, n'est-ce pas?

— La journée, c'est beaucoup dire, Monsieur; nous devons nous presser d'arriver à Vienne; mais dans la matinée nous serons à vos ordres »

Le chanoine se récria, insista, et Consuelo feignit de céder, se promettant de presser un peu les adagios du grand Bach, et de quitter le prieuré vers onze heures ou midi. Quand il fut question d'aller dormir, une vive discussion s'engagea sur l'escalier entre dame Brigide et le premier valet de chambre. Le zélé Joseph, empressé de complaire à son maître, avait préparé pour les jeunes musiciens deux jolies cellules situées dans le bâtiment fraîchement restauré qu'occupaient le chanoine et sa suite. Brigide, au contraire, s'obstinait à les envoyer coucher dans les cellules abandonnées du vieux prieuré, parce que ce corps de logis était séparé du nouveau par de bonnes portes et de solides verrous.

« Quoi! disait-elle en élevant sa voix aigre dans l'escalier sonore, vous prétendez loger ces vagabonds porte à porte avec nous! Et ne voyez-vous pas à leur mine, à leur tenue et à leur profession, que ce sont des bohémiens, des coureurs d'aventures, de méchants petits bandits qui se sauveront d'ici avant le jour en nous emportant notre vaisselle plate! Qui sait s'ils ne nous assassineront pas!

— Nous assassiner! ces enfants-là! reprenait Joseph en riant : vous êtes folle, Brigide; toute vieille et cassée que vous voilà, vous les mettriez encore en fuite, rien qu'en leur montrant les dents.

— Vieux et cassé vous-même, entendez-vous?! criait la vieille avec fureur. Je vous dis qu'ils ne coucheront pas ici, je ne le veux pas. Oui-da! je ne fermerai pas l'œil de toute la nuit!

— Vous auriez grand tort; je suis bien sûr que ces enfants n'ont pas plus envie que moi de troubler votre respectable sommeil. Allons, finissons! monsieur le chanoine m'a ordonné de bien traiter ses hôtes, et je n'irai pas les fourrer dans cette masure pleine de rats et ouverte à tous les vents. Voudriez-vous les faire coucher sur le carreau?

— Je leur y ai fait dresser par le jardinier deux bons lits de sangle; croyez-vous que ces va-nu-pieds soient habitués à des lits de duvet?

— Ils en auront pourtant cette nuit, parce que monsieur le veut ainsi; je ne connais que les ordres de monsieur, dame Brigide! Laissez-moi faire mon devoir, et songez que le vôtre comme le mien est d'obéir et non de commander.

— Bien parlé, Joseph! dit le chanoine qui, de la porte entr'ouverte de l'antichambre, avait écouté en riant toute la dispute. Allez me préparer mes pantoufles, Brigide, et ne nous rompez plus la tête. Au revoir, mes petits amis! Suivez Joseph, et dormez bien. Vive la musique, vive la belle journée de demain. »

Après que nos voyageurs eurent pris possession de leurs jolies cellules, ils entendirent encore longtemps gronder au loin la gouvernante, comme la bise d'hiver sifflant dans les corridors. Quand le mouvement qui annonçait le coucher solennel du chanoine eut cessé entièrement, dame Brigide vint sur la pointe du pied à la porte des jeunes hôtes, et donna lestement un tour de clef à chaque serrure pour les enfermer. Joseph, plongé dans le meilleur lit qu'il eût rencontré de sa vie, dormait déjà profondément, et Consuelo en fit autant de son côté, après avoir ri de bon cœur en elle-même des terreurs de Brigide. Elle qui avait tremblé presque toutes les nuits durant son voyage, elle faisait trembler à son tour. Elle eût pu s'appliquer la fable du lièvre et des grenouilles; mais il me serait impossible de vous affirmer que Consuelo connût les fables de La Fontaine. Leur mérite était contesté à cette époque par les plus beaux esprits de l'univers : Voltaire s'en moquait, et le grand Frédéric, pour singer son philosophe, les méprisait profondément.

LXXVIII.

Au jour naissant, Consuelo, voyant le soleil briller, et se sentant invitée à la promenade par les joyeux gazouillements de mille oiseaux qui faisaient déjà chère lie dans le jardin, essaya de sortir de sa chambre; mais la consigne n'était pas encore levée, et dame Brigide tenait toujours ses prisonniers sous clef. Consuelo pensa que c'était peut-être une idée ingénieuse du chanoine, qui, voulant assurer les jouissances musicales de sa journée, avait jugé bon de s'assurer avant tout de la personne des musiciens. La jeune fille, rendue hardie et agile par ses habits d'homme, examina la fenêtre, vit l'escalade facilitée par une grande vigne soutenue d'un solide treillis qui garnissait tout le mur; et, descendant avec lenteur et précaution, pour ne point endommager les beaux raisins du prieuré, elle atteignit le sol, et s'enfonça dans le jardin, riant en elle-même de la surprise et du désappointement de Brigide, lorsqu'elle verrait ses précautions déjouées.

Consuelo revit sous un autre aspect les superbes fleurs et les fruits somptueux qu'elle avait admirés au clair de la lune. L'haleine du matin et la coloration oblique du soleil rose et riant donnaient une poésie nouvelle à ces belles productions de la terre. Une robe de satin velouté enveloppait les fruits, la rosée se suspendait en perles de cristal à toutes les branches, et les gazons glacés d'argent exhalaient cette légère vapeur qui semble le souffle aspirateur de la terre s'efforçant de rejoindre le ciel et de s'unir à lui dans une subtile effusion d'amour. Mais rien n'égalait la fraîcheur et la beauté des fleurs encore toutes chargées de l'humidité de la nuit, à cette heure mystérieuse de l'aube où elles s'entr'ouvrent comme pour découvrir des trésors de pureté et répandre des recherches de parfums que le plus matinal et le plus pur des rayons du soleil est seul digne d'entrevoir et de posséder un instant. Le parterre du chanoine était un lieu de délices pour un amateur d'horticulture. Aux yeux de Consuelo il était trop symétrique et trop soigné. Mais les cinquante espèces de roses, les rares et charmants hibiscus, les sauges purpurines, les géraniums variés à l'infini, les daturas embaumés, profondes coupes d'opales imprégnées de l'ambroisie des dieux; les élégantes asclépiades, poisons subtils où l'insecte trouve la mort dans la volupté; les splendides cactées, étalant leurs éclatantes rosaces sur des tiges rugueuses bizarrement agencées; mille plantes curieuses et superbes que Consuelo n'avait jamais vues, et dont elle ne savait ni les noms ni la patrie, occupèrent son attention pendant longtemps.

En examinant leurs diverses attitudes et l'expression du sentiment que chacune de leurs physionomies semblait traduire, elle cherchait dans son esprit le rapport de la musique avec les fleurs, et voulait se rendre compte de l'association de ces deux instincts dans l'organisation de son hôte. Il y avait longtemps que l'harmonie des sons lui avait semblé répondre d'une certaine manière à l'harmonie des couleurs; mais l'harmonie de ces harmonies, il lui sembla que c'était le parfum. En cet instant, plongée dans une vague et douce rêverie, elle s'imaginait entendre une voix sortir de chacune de ces corolles charmantes, et lui raconter les mystères de la poésie dans une langue jusqu'alors inconnue pour elle. La rose lui disait ses ardentes amours; le lis sa chasteté céleste; le magnolia superbe l'entretenait des pures jouissances d'une sainte fierté; et la mignonne hépathique lui racontait tout bas les délices de la vie simple et cachée. Certaines fleurs avaient de fortes voix qui disaient d'un accent large et puissant : « Je suis belle et je règne. » D'autres qui murmuraient avec des sons à peine saisissables, mais d'une douceur infinie et d'un charme pénétrant : « Je suis petite et je suis aimée, » disaient-elles; et toutes ensemble se balançaient en mesure au vent du matin, unissant leurs voix dans un chœur aérien qui se perdait peu à peu dans les herbes émues, et sous les feuillages avides d'en recueillir le sens mystérieux.

Tout à coup, au milieu de ces harmonies idéales et de cette contemplation délicieuse, Consuelo entendit des cris aigus, horribles et bien douloureusement humains, partir de derrière les massifs d'arbres qui lui cachaient le mur d'enceinte. A ces cris, qui se perdirent dans le silence de la campagne, succéda le roulement d'une voiture, puis la voiture parut s'arrêter, et on frappa à grands coups sur la grille de fer qui fermait le jardin de ce côté-là. Mais, soit que tout le monde fût encore endormi dans la maison, soit que personne ne voulût répondre, on frappa vainement à plusieurs reprises, et les cris perçants d'une voix de femme, entrecoupés par les jurements énergiques d'une voix d'homme qui appelait au secours, frappèrent les murs du prieuré et n'éveillèrent pas plus d'échos sur ces pierres insensibles que dans le cœur de ceux qui les habitaient. Toutes les fenêtres de cette façade étaient si bien calfeutrées pour protéger le sommeil du chanoine, qu'aucun bruit extérieur ne pouvait percer les volets de plein chêne garnis de cuir et rembourrés de crin. Les valets, occupés dans le préau situé derrière ce bâtiment, n'entendaient pas les cris; il n'y avait pas de chiens dans le prieuré. Le chanoine n'aimait pas ces gardiens importuns qui, sous prétexte d'écarter les voleurs, troublent le repos de leurs maîtres. Consuelo essaya de pénétrer dans l'habitation pour signaler l'approche de voyageurs en détresse; mais tout était si bien fermé qu'elle y renonça, et, suivant son impulsion, elle courut à la grille d'où partait le bruit.

Une voiture de voyage, tout encombrée de paquets et toute blanchie par la poussière d'une longue route, était arrêtée devant l'allée principale du jardin. Les postillons étaient descendus de cheval et tâchaient d'ébranler cette porte inhospitalière tandis que des gémissements et des plaintes sortaient de la voiture.

« Ouvrez, cria-t-on à Consuelo, si vous êtes des chrétiens! Il y a là une dame qui se meurt.

— Ouvrez! s'écria en se penchant à la portière une femme dont les traits étaient inconnus à Consuelo, mais dont l'accent vénitien la frappa vivement. Madame va mourir, si on ne lui donne l'hospitalité au plus vite. Ouvrez donc, si vous êtes des hommes! »

Consuelo, sans songer aux résultats de son premier mouvement, s'efforça d'ouvrir la grille; mais elle était fermée d'un énorme cadenas dont la clef était vraisemblablement dans la poche de dame Brigide. La sonnette était également arrêtée par un ressort à secret. Dans ce pays tranquille et honnête, de telles précautions n'avaient pas été prises contre les malfaiteurs, mais bien contre le bruit et le dérangement des visites trop tardives ou trop matinales. Il fut impossible à Consuelo de satisfaire au vœu de son cœur, et elle supporta douloureusement les injures de la femme de chambre qui, en parlant vénitien à sa maîtresse, s'écriait avec impatience:

« L'imbécile! le petit maladroit qui ne sait pas ouvrir une porte! »

Les postillons allemands, plus patients et plus calmes, s'efforçaient d'aider Consuelo, mais sans plus de succès, lorsque la dame malade, s'avançant à son tour à la portière, cria d'une voix forte en mauvais allemand:

« Hé, par le sang du diable! allez donc chercher quelqu'un pour ouvrir, misérable petit animal que vous êtes! »

Cette apostrophe énergique rassura Consuelo sur le trépas imminent de la dame. « Si elle est près de mourir, pensa-t-elle, c'est au moins de mort violente. » et, adressant la parole avec plus de confiance à cette voyageuse, dont l'accent n'était pas plus problématique que celui de sa suivante:

« Je n'appartiens pas à cette maison, lui dit-elle, j'y ai reçu l'hospitalité cette nuit; je vais tâcher d'éveiller les maîtres, ce qui ne sera ni prompt ni facile. Êtes-vous dans un tel danger, Madame, que vous ne puissiez attendre un peu ici sans vous désespérer?

— J'accouche, imbécile! cria la voyageuse; je n'ai pas le temps d'attendre: cours, crie, casse tout, amène du monde, et fais-moi entrer ici, tu seras bien payé de ta peine... »

Elle se remit à jeter les hauts cris, et Consuelo sentit trembler ses genoux; cette figure, cette voix ne lui étaient pas inconnues...

« Le nom de votre maîtresse! cria-t-elle à la femme de chambre.

— Eh! qu'est-ce que cela te fait? Cours donc, malheureux! dit la soubrette toute bouleversée. Ah! si tu perds du temps, tu n'auras rien de nous!

— Eh! je ne veux rien de vous non plus, répondit Consuelo avec feu; mais je veux savoir qui vous êtes. Si votre maîtresse est musicienne, vous serez reçus ici d'emblée, et, si je ne me trompe pas, elle est une chanteuse célèbre.

— Va, mon petit, dit la dame en mal d'enfant, qui, dans l'intervalle entre chaque douleur aiguë, retrouvait beaucoup de sang-froid et d'énergie, tu ne te trompes pas; va dire aux habitants de cette maison que la fameuse Corilla est prête à mourir, si quelque âme de chrétien ou d'artiste ne prend pitié de sa position. Je paierai... dis que je paierai largement. Hélas! Sofia, dit-elle à sa suivante, fais-moi mettre par terre, je souffrirai moins étendue sur le chemin que dans cette infernale voiture. »

Consuelo courait déjà vers le prieuré, résolue de faire un bruit épouvantable et de parvenir à tout prix jusqu'au chanoine. Elle ne songeait plus à s'étonner et à s'émouvoir de l'étrange hasard qui amenait en ce lieu sa rivale, la cause de tous ses malheurs; elle n'était occupée que du désir de lui porter secours. Elle n'eut pas la peine de frapper, elle trouva Brigide qui, attirée enfin par les cris, sortait de la maison, escortée du jardinier et du valet de chambre.

« Belle histoire! répondit-elle avec dureté, lorsque Consuelo lui eut exposé le fait. N'y allez pas, André, ne bougez d'ici, maître jardinier! Ne voyez-vous pas que c'est un coup monté par ces bandits pour nous dévaliser et nous assassiner? Je m'attendais à cela! une alerte, une feinte! une bande de scélérats rôdant autour de la maison, tandis que ceux à qui nous avons donné asile tâcheraient de les faire entrer sous un honnête prétexte. Aller chercher vos fusils, Messieurs, et soyez prêts à assommer cette prétendue dame en mal d'enfant qui porte des moustaches et des pantalons. Ah bien, oui! une femme en couche! Quand cela serait, prend-elle notre maison pour un hôpital? Nous n'avons pas de sage-femme ici, je n'entends rien à un pareil office, et monsieur le chanoine n'aime pas les vagissements. Comment une dame se serait-elle mise en route étant sur son terme? Et si elle l'a fait, à qui la faute? pouvons-nous l'empêcher de souffrir? qu'elle accouche dans sa voiture, elle y sera tout aussi bien que chez nous, ou nous n'avons rien de disposé pour une pareille aubaine. »

Ce discours, commencé pour Consuelo, et grommelé tout le long de l'allée, fut achevé à la grille pour la femme de chambre de Corilla. Tandis que les voyageuses, après avoir parlementé en vain, échangeaient des reproches, des invectives, et même des injures avec l'intraitable gouvernante, Consuelo, espérant dans la bonté et dans le dilettantisme du chanoine, avait pénétré dans la maison. Elle chercha la chambre du maître; elle ne fit que s'égarer dans cette vaste habitation dont elle ne connaissait pas les détours. Enfin elle rencontra Haydn qui la cherchait, et qui lui dit avoir vu le chanoine entrer dans son orangerie. Ils s'y rendirent ensemble, et virent le digne personnage venir à leur rencontre, sous un berceau de jasmin, avec un visage frais et riant comme la belle matinée d'automne qu'il faisait ce jour-là. En regardant cet homme affable marcher dans sa bonne douillette ouatée, sur des sentiers où son pied délicat ne risquait pas de trouver un caillou dans le sable fin et fraîchement passé au râteau, Consuelo ne douta plus qu'un être si heureux, si serein dans sa conscience et si satisfait dans tous ses vœux, ne fût charmé de faire une bonne action. Elle commençait à lui exposer la requête de la pauvre Corilla, lorsque Brigide, apparaissant tout à coup, lui coupa la parole et parla en ces termes:

« Il y a là-bas à votre porte une vagabonde, une chanteuse de théâtre, qui se dit fameuse, et qui a l'air et le ton d'une dévergondée. Elle se dit en mal d'enfant, crie et jure comme trente démons; elle prétend accoucher chez vous; voyez si cela vous convient! »

Le chanoine fit un geste de dégoût et de refus.

« Monsieur le chanoine, dit Consuelo, quelle que soit cette femme, elle souffre, sa vie est peut-être en danger ainsi que celle d'une innocente créature que Dieu appelle en ce monde, et que la religion vous commande peut-être d'y recevoir chrétiennement et paternellement. Vous n'abandonnerez pas cette malheureuse, vous ne la laisserez pas gémir et agoniser à votre porte.

— Est-elle mariée? demanda froidement le chanoine après un instant de réflexion.

— Je l'ignore; il est possible qu'elle le soit. Mais qu'importe? Dieu lui accorde le bonheur d'être mère: lui seul a le droit de la juger.

— Elle a dit son nom, monsieur le chanoine, reprit la Brigide avec force; et vous la connaissez, vous qui fré-

Assis en face d'un faisan rôti... (Page 203.)

quentez tous les histrions de Vienne. Elle s'appelle Corilla.
— Corilla! s'écria le chanoine. Elle est déjà venue à Vienne, j'en ai beaucoup entendu parler. C'était une belle voix, dit-on.
— En faveur de sa belle voix, faites-lui ouvrir la porte; elle est par terre sur le sable du chemin, dit Consuelo.
— Mais c'est une femme de mauvaise vie, reprit le chanoine. Elle a fait du scandale à Vienne, il y a deux ans.
— Et il y a beaucoup de gens jaloux de votre bénéfice, monsieur le chanoine! vous m'entendez? Une femme perdue qui accoucherait dans votre maison... cela ne serait point présenté comme un hasard, encore moins comme une œuvre de miséricorde. Vous savez que le chanoine Herbert a des prétentions au jubilariat, et qu'il a déjà fait déposséder une jeune confrère, sous prétexte qu'il négligeait les offices pour une dame qui se confessait toujours à lui à ces heures-là. Monsieur le chanoine, un bénéfice comme le vôtre est plus facile à perdre qu'à gagner! »

Ces paroles firent sur le chanoine une impression soudaine et décisive. Il les recueillit dans le sanctuaire de sa prudence, quoiqu'il feignît de les avoir à peine écoutées
« Il y a, dit-il, une auberge à deux cents pas d'ici : que cette dame s'y fasse conduire. Elle y trouvera tout ce qu'il lui faut, et y sera plus commodément et plus convenablement que chez un garçon. Allez lui dire cela, Brigide, avec politesse, avec beaucoup de politesse, je vous en prie. Indiquez l'auberge aux postillons. Vous, mes enfants, dit-il à Consuelo et à Joseph, venez essayer avec moi une fugue de Bach pendant qu'on nous servira le déjeuner.
— Monsieur le chanoine, dit Consuelo émue, abandonnerez-vous...
— Ah! dit le chanoine en s'arrêtant d'un air consterné, voilà mon plus beau volkameria desséché. J'avais bien dit au jardinier qu'il ne l'arrosait pas assez souvent! la plus rare et la plus admirable plante de mon jardin! c'est une fatalité, Brigide! voyez donc! Appelez-moi le jardinier, que je le gronde.
— Je vais d'abord chasser la fameuse Corilla de votre porte, répondit Brigide en s'éloignant.

Les postillons étaient descendus... (Page 207.)

— Et vous y consentez, vous l'ordonnez, monsieur le chanoine? s'écria Consuelo indignée.
— Il m'est impossible de faire autrement, répondit-il d'une voix douce, mais avec un ton dont le calme annonçait une résolution inébranlable. Je désire qu'on ne m'en parle pas davantage. Venez donc, je vous attends pour faire de la musique.
— Il n'est plus de musique pour nous ici, reprit Consuelo avec énergie. Vous ne seriez pas capable de comprendre Bach, vous qui n'avez pas d'entrailles humaines. Ah! périssent vos fleurs et vos fruits! puisse la gelée dessécher vos jasmins et fendre vos plus beaux arbres! Cette terre féconde, qui vous donne tout à profusion, devrait ne produire pour vous que des ronces; car vous n'avez pas de cœur, et vous volez les dons du ciel, que vous ne savez pas faire servir à l'hospitalité! »
En parlant ainsi, Consuelo laissa le chanoine ébahi regarder autour de lui, comme s'il eût craint de voir la malédiction céleste invoquée par cette âme brûlante tomber sur ses volkamerias précieux et sur ses anémones chéries. Elle courut à la grille qui était restée fermée, et elle l'escalada pour sortir, afin de suivre la voiture de Corilla qui se dirigeait au pas vers le misérable cabaret, gratuitement décoré du titre d'auberge par le chanoine.

LXXIX.

Joseph Haydn, habitué désormais à se laisser emporter par les subites résolutions de son amie, mais doué d'un caractère plus prévoyant et plus calme, la rejoignit après avoir été reprendre le sac de voyage, la musique et le violon surtout, le gagne-pain, le consolateur et le joyeux compagnon du voyage. Corilla fut déposée sur un de ces mauvais lits des auberges allemandes, où il faut choisir, tant ils sont exigus, de faire dépasser la tête ou les pieds. Par malheur, il n'y avait pas de femme dans cette bicoque; la maîtresse était allée en pèlerinage à six lieues de là, et la servante avait été conduire la vache au pâturage. Un vieillard et un enfant gardaient la maison; et, plus effrayés que satisfaits d'héberger une si riche voyageuse, ils laissaient mettre leurs pénates au pillage, sans songer au dédommagement qu'ils pourraient en retirer. Le vieux était sourd, et l'enfant se mit en campagne pour aller chercher la sage-femme du village voisin, qui n'était pas à moins d'une lieue de distance. Les postillons s'inquiétaient beaucoup plus de leurs chevaux, qui n'avaient rien à manger, que de leur voyageuse; et celle-ci, abandonnée aux soins de sa femme de chambre, qui avait perdu la tête et criait presque aussi haut qu'elle, remplissait l'air de ses gémissements, qui ressemblaient à ceux d'une lionne plus qu'à ceux d'une femme.

Consuelo, saisie d'effroi et de pitié, résolut de ne pas abandonner cette malheureuse créature.

« Joseph, dit-elle à son camarade, retourne au prieuré, quand même tu devrais y être mal reçu; il ne faut pas être orgueilleux quand on demande pour les autres. Dis au chanoine qu'il faut envoyer ici du linge, du bouillon, du vin vieux, des matelas, des couvertures, enfin tout ce qui est nécessaire à une personne malade. Parle-lui avec douceur, avec force, et promets-lui, s'il le faut, que nous irons lui faire de la musique, pourvu qu'il envoie des secours à cette femme. »

Joseph partit, et la pauvre Consuelo assista à cette scène repoussante d'une femme sans foi et sans entrailles, subissant, avec des imprécations et des blasphèmes, l'auguste martyre de la maternité. La chaste et pieuse enfant frissonnait à la vue de ces tortures que rien ne pouvait adoucir, puisqu'au lieu d'une sainte joie et d'une religieuse espérance, le déplaisir et la colère remplissaient le cœur de Corilla. Elle ne cessait de maudire sa destinée, son voyage, le chanoine et sa gouvernante, et jusqu'à l'enfant qu'elle allait mettre au monde. Elle brutalisait sa suivante, et achevait de la rendre incapable de tout service intelligent. Enfin elle s'emporta contre cette pauvre fille, au point de lui dire :

« Va, je te soignerai de même, quand tu passeras par la même épreuve; car toi aussi tu es grosse, je le sais fort bien, et je t'enverrai accoucher à l'hôpital. Ote-toi de devant mes yeux : tu me gênes et tu m'irrites. »

La Sofia, furieuse et désolée, s'en alla pleurer dehors, et Consuelo, restée seule avec la maîtresse d'Anzoleto et de Zustiniani, essaya de la calmer et de la secourir. Au milieu de ses tourments et de ses fureurs, la Corilla conservait une sorte de courage brutal et de force sauvage qui dévoilaient toute l'impiété de sa nature fougueuse et robuste. Lorsqu'elle éprouvait un instant de répit, elle redevenait stoïque et même enjouée.

« Parbleu! dit-elle tout d'un coup à Consuelo, qu'elle ne reconnaissait pas du tout, ne l'ayant jamais vue que de loin ou sur la scène dans des costumes bien différents de celui qu'elle portait en cet instant, voilà une belle aventure, et bien des gens ne voudront pas me croire quand je leur dirai que je suis accouchée dans un cabaret avec un médecin de ton espèce; car tu m'as l'air d'un petit zingaro, toi, avec ta mine brune et ton grand œil noir. Qui es-tu? d'où sors-tu? comment te trouves-tu ici, et pourquoi me sers-tu? Ah! tiens, ne me le dis pas, je ne pourrais pas l'entendre, je souffre trop. Ah! misera, me! Pourvu que je ne meure pas! Oh non! je ne mourrai pas! je ne veux pas mourir! Zingaro, tu ne m'abandonnes pas? reste là, reste là, ne me laisse pas mourir, entends-tu bien? »

Et les cris recommençaient, entrecoupés de nouveaux blasphèmes.

« Maudit enfant! disait-elle, je voudrais t'arracher de mon flanc, et te jeter loin de moi !

— Oh! ne dites pas cela! s'écria Consuelo glacée d'épouvante; vous allez être mère, vous allez être heureuse de voir votre enfant, vous ne regretterez pas d'avoir souffert!

— Moi? dit la Corilla avec un sang-froid cynique, tu crois que j'aimerai cet enfant-là! Ah! que tu te trompes! Le beau plaisir d'être mère, comme si je ne savais pas ce qui en est! Souffrir pour accoucher, travailler pour nourrir ces malheureux que leurs pères renient, les voir souffrir eux-mêmes, ne savoir qu'en faire, souffrir pour les abandonner... car, après tout, on les aime... mais je n'aimerai pas celui-là. Oh! je jure Dieu que je ne l'aimerai pas! que je le haïrai comme je hais son père! ... »

Et Corilla, dont l'air froid et amer cachait un délire croissant, s'écria dans un de ces mouvements exaspérés qu'une souffrance atroce inspire aux femmes :

« Ah! maudit! trois fois maudit soit le père de cet enfant-là! »

Des cris inarticulés la suffoquèrent, elle mit en pièces le fichu qui cachait son robuste sein pantelant de douleur et de rage; et, saisissant le bras de Consuelo sur lequel elle imprima ses ongles crispés par la torture, elle s'écria en rugissant :

« Maudit! maudit! maudit soit le vil, l'infâme Anzoleto ! »

La Sofia rentra en cet instant, et un quart d'heure après, ayant réussi à délivrer sa maîtresse, elle jeta sur les genoux de Consuelo le premier oripeau qu'elle arracha au hasard d'une malle ouverte à la hâte. C'était un manteau de théâtre, en satin fané, bordé de franges de clinquant. Ce fut dans ce lange improvisé que la noble et pure fiancée d'Albert reçut et enveloppa l'enfant d'Anzoleto et de Corilla.

« Allons, Madame, consolez-vous, dit la pauvre soubrette avec un accent de bonté simple et sincère : vous êtes heureusement accouchée, et vous avez une belle petite fille.

— Fille ou garçon, je ne souffre plus, répondit la Corilla en se relevant sur son coude, sans regarder son enfant; donne-moi un grand verre de vin. »

Joseph venait d'en apporter du prieuré, et du meilleur. Le chanoine s'était exécuté généreusement, et bientôt la malade eut à discrétion tout ce que son état réclamait. Corilla souleva d'une main ferme le gobelet d'argent qu'on lui présentait, et le vida avec l'aplomb d'une vivandière ; puis, se jetant sur les bons coussins du chanoine, elle s'y endormit aussitôt avec la profonde insouciance que donnent un corps de fer et une âme de glace. Pendant son sommeil, l'enfant fut convenablement emmailloté, et Consuelo alla chercher dans la prairie voisine une brebis qui lui servit de première nourrice. Lorsque la mère s'éveilla, elle se fit soulever par la Sofia ; et, ayant encore avalé un verre de vin, elle se recueillit un instant; Consuelo, tenant l'enfant dans ses bras, attendait le réveil de la tendresse maternelle : Corilla avait bien autre chose en tête. Elle posa sa voix en *ut* majeur, et fit gravement une gamme de deux octaves. Alors elle frappa ses mains l'une dans l'autre, en s'écriant :

« *Brava*, Corilla! tu n'as rien perdu de ta voix, et tu peux faire des enfants tant qu'il te plaira! »

Puis elle éclata de rire, embrassa la Sofia, et lui mit au doigt un diamant qu'elle avait au sien, en lui disant :

« C'est pour te consoler des injures que je t'ai dites. Où est mon petit singe? Ah! mon Dieu, s'écria-t-elle en regardant son enfant, il est blond, il lui ressemble! Tant pis pour lui! malheur à lui; ne défaites pas tant de malles, Sofia! à quoi songez-vous? croyez-vous que je veuille rester ici? Allons donc! vous êtes sotte, et vous ne savez pas encore ce que c'est que la vie. Demain, je compte bien me remettre en route. Sofia! zingaro, tu portes les enfants comme une vraie femme. Combien veux-tu pour tes soins et pour ta peine? Sais-tu, Sofia, que jamais je n'ai été mieux soignée et mieux servie? Tu es donc de Venise, mon petit ami? m'as-tu entendue chanter? »

Consuelo ne répondit rien à ces questions, dont on n'eût pas écouté la réponse. La Corilla lui faisait horreur. Elle remit l'enfant à la servante du cabaret, qui venait de rentrer et qui paraissait une bonne créature; puis elle appela Joseph et retourna avec lui au prieuré.

« Je ne m'étais pas engagé, lui dit, chemin faisant, son compagnon, à vous ramener au chanoine. Il paraissait honteux de sa conduite, quoiqu'il affectât beaucoup de grâce et d'enjouement ; malgré son égoïsme, ce n'est pas un méchant homme. Il s'est montré vraiment heureux d'envoyer à la Corilla tout ce qui pouvait lui être utile.

— Il y a des âmes si dures et si affreuses, répondit Consuelo, que les âmes faibles doivent faire plus de pitié que d'horreur. Je veux réparer mon emportement envers ce pauvre chanoine; et puisque la Corilla n'est pas morte, puisque, comme on dit, la mère et l'enfant se portent bien, puisque notre chanoine n'y a contribué autant qu'il l'a pu, sans compromettre la possession de son cher bénéfice, je veux le remercier. D'ailleurs, j'ai mes raisons pour rester au prieuré jusqu'au départ de la Corilla. Je te les dirai demain. »

La Brigide était allée visiter une ferme voisine, et Consuelo, qui s'attendait à affronter ce cerbère, eut le plaisir d'être reçue par le doucereux et prévenant André.

« Eh! arrivez donc, mes petits amis, s'écria-t-il en leur ouvrant la marche vers les appartements du maître; M. le chanoine est d'une mélancolie affreuse. Il n'a presque rien mangé à son déjeuner, et il a interrompu trois fois sa sieste. Il a eu deux grands chagrins aujourd'hui; il a perdu son plus beau volkameria et l'espérance d'entendre de la musique. Heureusement vous voilà de retour, et une de ses peines sera adoucie.

— Se moque-t-il de son maître ou de nous? dit Consuelo à Joseph.

— L'un et l'autre, répondit Haydn. Pourvu que le chanoine ne nous boude pas, nous allons nous amuser. »

Loin de bouder, le chanoine les reçut à bras ouverts, les força de déjeuner, et ensuite se mit au piano avec eux. Consuelo lui fit comprendre et admirer les préludes admirables du grand Bach, et, pour achever de le mettre de bonne humeur, elle lui chanta les plus beaux airs de son répertoire, sans chercher à déguiser sa voix, et sans trop s'inquiéter de lui laisser deviner son sexe et son âge. Le chanoine était déterminé à ne rien deviner et à jouir avec délices de ce qu'il entendait. Il était véritablement amateur passionné de musique, et ses transports eurent une sincérité et une effusion dont Consuelo ne put se défendre d'être touchée.

« Ah! cher enfant, noble enfant, heureux enfant, s'écriait le bonhomme les larmes aux yeux, tu fais de ce jour le plus beau de ma vie. Mais que deviendrai-je désormais? Non, je ne pourrai supporter la perte d'une telle jouissance, et l'ennui me consumera; je ne pourrai plus faire de musique; j'aurai l'âme remplie d'un idéal que tout me fera regretter! Je n'aimerai plus rien, pas même mes fleurs...

— Et vous aurez grand tort, monsieur le chanoine, répondit Consuelo; car vos fleurs chantent mieux que moi.

— Que dis-tu? mes fleurs chantent? Je ne les ai jamais entendues.

— C'est que vous ne les avez jamais écoutées. Moi, je les ai entendues ce matin, j'ai surpris leurs mystères, et j'ai compris leur mélodie.

— Tu es un étrange enfant, un enfant de génie! s'écria le chanoine en caressant la tête brune de Consuelo avec une chasteté paternelle; tu portes la livrée de la misère, et tu devrais être porté en triomphe. Mais qui es-tu, dis-moi, où as-tu appris ce que tu sais?

— Le hasard, la nature, monsieur le chanoine!

— Ah! tu me trompes, dit malignement le chanoine, qui avait toujours le mot pour rire; tu es quelque fils de Caffarelli ou de Farinello! Mais, écoutez, mes enfants, ajouta-t-il d'un air sérieux et animé : je ne veux plus que vous me quittiez. Je me charge de vous; restez avec moi. J'ai de la fortune, je vous en donnerai. Je serai pour vous ce que Gravina a été pour Metastasio. Ce sera mon bonheur, ma gloire. Attachez-vous à moi; il ne s'agira que d'entrer dans les ordres mineurs. Je vous ferai avoir quelques jolis bénéfices, et après ma mort vous trouverez quelques bonnes petites économies que je ne prétends pas laisser à cette harpie de Brigide. »

Comme le chanoine disait cela, Brigide entra brusquement et entendit ses dernières paroles.

« Et moi, s'écria-t-elle d'une voix glapissante et avec des larmes de rage, je ne prétends pas vous servir davantage. C'est assez longtemps sacrifier ma jeunesse et ma réputation à un maître ingrat.

— Ta réputation? ta jeunesse? interrompit moqueusement le chanoine sans se déconcerter. Eh ! tu te flattes, ma pauvre vieille; ce qu'il te plaît d'appeler l'une protège l'autre.

— Oui, oui, raillez, répliqua-t-elle; mais préparez-vous à ne plus me revoir. Je quitte de ce pas une maison où je ne puis établir aucun ordre et aucune décence. Je voulais vous empêcher de faire des folies, de gaspiller votre bien, de dégrader votre rang; mais je vois que c'était en vain. Votre caractère faible et votre mauvaise étoile vous poussent là votre perte, et les premiers saltimbanques qui vous tombent sous la main vous tournent si bien la tête, que vous êtes tout prêt à vous laisser dévaliser par eux. Allons, allons, il y a longtemps que le chanoine Herbert me demande à son service et m'offre de plus beaux avantages que ceux que vous me faites. Je suis lasse de tout ce que je vois ici. Faites-moi mon compte. Je ne passerai pas la nuit sous votre toit.

— En sommes-nous là? dit le chanoine avec calme. Eh bien, Brigide, tu me fais grand plaisir, et puisses-tu ne pas te raviser. Je n'ai jamais chassé personne, et je crois que j'aurais le diable à mon service que je ne le mettrais pas dehors, tant je suis débonnaire; mais si le diable me quittait, je lui souhaiterais un bon voyage et chanterais un *Magnificat* à son départ. Va faire ton paquet, Brigide; et quant à tes comptes, fais-les toi-même, mon enfant. Tout ce que tu voudras, tout ce que je possède, si tu veux, pourvu que tu t'en ailles bien vite.

— Eh! monsieur le chanoine, dit Haydn tout ému de cette scène domestique, vous regretterez une vieille servante qui vous paraît fort attachée...

— Elle est attachée à mon bénéfice, répondit le chanoine, et moi, je ne regretterai que son café.

— Vous vous habituerez à vous passer de bon café, monsieur le chanoine, dit l'austère Consuelo avec fermeté, et vous ferez bien. Tais-toi, Joseph, et ne parle pas pour elle. Je veux le lui dire devant elle, moi, parce que c'est la vérité. Elle est méchante et elle est nuisible à son maître. Il est bon, lui, la nature l'a fait noble et généreux. Mais cette fille le rend égoïste. Elle refoule les bons mouvements de son âme; et s'il la garde, il deviendra dur et inhumain comme elle. Pardonnez-moi, monsieur le chanoine, si je vous parle ainsi. Vous m'avez fait tant chanter, et vous m'avez tant poussé à l'exaltation en manifestant la vôtre, que je suis peut-être un peu hors de moi. Si j'éprouve une sorte d'ivresse, c'est votre faute; mais soyez sûr que la vérité parle dans ces ivresses-là, parce qu'elles sont nobles et développent en nous ce que nous avons de meilleur. Elles nous mettent le cœur sur les lèvres, et c'est mon cœur qui vous parle en ce moment. Quand je serai calme, je serai plus respectueux et non plus sincère. Croyez-moi, je ne veux pas de votre fortune, je n'en ai aucune envie, aucun besoin. Quand je voudrai, j'en aurai plus que vous, et la vie d'artiste est vouée à tant de hasards, que vous me survivrez peut-être. Ce sera peut-être à moi de vous inscrire sur mon testament, en reconnaissance de ce que vous avez voulu faire la vôtre en ma faveur. Demain nous partirons pour ne vous revoir peut-être jamais; mais nous partirons le cœur plein de joie, de respect, d'estime et de reconnaissance pour vous si vous renvoyez madame Brigide à qui je demande bien pardon de ma façon de penser. »

Consuelo parlait avec tant de feu, et la franchise de son caractère se peignait si vivement dans tous ses traits, que le chanoine en fut frappé comme d'un éclair.

« Va-t'en, Brigide, dit-il à sa gouvernante d'un air digne et ferme. La vérité parle par la bouche des enfants, et cet enfant-là a quelque chose de grand dans l'esprit. Va-t'en, car tu m'as fait faire ce matin une mauvaise action, et tu m'en ferais faire d'autres, parce que je suis faible et parfois craintif. Va-t'en, parce que tu me rends malheureux, et que cela ne peut pas te faire faire ton salut; va-t'en, ajouta-t-il en souriant, parce que tu commences à brûler trop ton café et à tourner toutes les crèmes où tu mets le nez. »

Ce dernier reproche fut plus sensible à Brigide que tous les autres, et son orgueil, blessé à l'endroit le plus irritable, lui ferma la bouche complétement. Elle se redressa, jeta sur le chanoine un regard de pitié, presque de mépris, et sortit d'un air théâtral. Deux heures après, cette reine dépossédée quittait le prieuré, après l'avoir un peu mis au pillage. Le chanoine ne voulut pas s'en apercevoir, et à l'air de béatitude qui se répandit sur son visage, Haydn reconnut que Consuelo lui avait rendu un véritable service. A dîner, cette dernière, pour l'empêcher d'éprouver le moindre regret, lui fit du café à la manière de Venise, qui est bien la première manière du monde. André se mit aussitôt à l'étude sous sa direction, et le chanoine déclara qu'il n'avait dégusté meilleur café de sa vie. On fit encore de la musique le soir, après avoir envoyé demander des nouvelles de la Corilla, qui était déjà assise, leur dit-on, sur le fauteuil que le chanoine lui avait envoyé. On se promena au clair de la lune dans le jardin, pour une soirée magnifique. Le chanoine, appuyé sur le bras de Consuelo, ne cessait de la supplier d'entrer dans les ordres mineurs et de s'attacher à lui comme fils adoptif.

« Prenez garde, lui dit Joseph lorsqu'ils rentrèrent dans leurs chambres ; ce bon chanoine s'éprend de vous un peu trop sérieusement.

— Rien ne doit inquiéter en voyage, lui répondit-elle. Je ne serai pas plus abbé que je n'ai été trompette. M. Mayer, le comte Hoditz et le chanoine ont tous compté sans le lendemain. »

LXXX.

Cependant Consuelo souhaita le bonsoir à Joseph, et se retira dans sa chambre sans lui avoir donné, comme il s'y attendait, le signal du départ pour le retour de l'aube. Elle avait ses raisons pour ne pas se hâter, et Joseph attendit qu'elle les lui confiât, enchanté de passer quelques heures de plus avec elle dans cette jolie maison, tout en menant cette bonne vie de chanoine qui ne lui déplaisait pas. Consuelo se permit de dormir la grasse matinée, et de ne paraître qu'au second déjeuner du chanoine. Celui-ci avait l'habitude de se lever de bonne heure, de prendre un repas léger et friand, de se promener dans ses jardins et dans ses serres pour examiner ses plantes, un bréviaire à la main, et d'aller faire un second somme en attendant le déjeuner à la fourchette.

« Notre voisine la voyageuse se porte bien, dit-il à ses jeunes hôtes dès qu'il les vit paraître. J'ai envoyé André lui faire son déjeuner. Elle a exprimé beaucoup de reconnaissance pour nos attentions, et, comme elle se dispose à partir aujourd'hui pour Vienne, contre toute prudence, je l'avoue, elle vous fait prier d'aller la voir, afin de vous récompenser du zèle charitable que vous lui avez montré. Ainsi, mes enfants, déjeunez vite, et rendez-vous auprès d'elle ; sans doute elle vous destine quelque joli présent.

— Nous déjeunerons aussi lentement qu'il vous plaira, monsieur le chanoine, répondit Consuelo, et nous n'irons pas voir la malade ; elle n'a plus besoin de nous, et nous n'aurons jamais besoin de ses présents.

— Singulier enfant ! dit le chanoine émerveillé. Ton désintéressement romanesque, ta générosité enthousiaste, me gagnent le cœur à tel point, que jamais, je le sens, je ne pourrai consentir à me séparer de toi... »

Consuelo sourit, et l'on se mit à table. Le repas fut exquis et dura bien deux heures ; mais le dessert fut autre que le chanoine ne s'y attendait.

« Monsieur le révérend, dit André en paraissant à la porte, voici la mère Berthe, la femme du cabaret voisin, qui vous apporte une grande corbeille de la part de l'accouchée.

— C'est l'argenterie que je lui ai prêtée, répondit le chanoine. André, recevez-la, c'est votre affaire. Elle part donc décidément cette dame ?

— Monsieur le révérend, elle est partie.

— Déjà ! c'est une folle ! Elle veut se tuer cette diablesse-là !

— Non, monsieur le chanoine, dit Consuelo, elle ne veut pas se tuer, et elle ne se tuera pas.

— Eh bien, André, que faites-vous là d'un air cérémonieux ? dit le chanoine à son valet.

— Monsieur le révérend, c'est que la mère Berthe refuse de me remettre la corbeille ; elle dit qu'elle ne la remettra qu'à vous, et qu'elle a quelque chose à vous dire.

— Allons, c'est un scrupule ou une affectation de dépositaire. Fais-la entrer, finissons-en. »

La vieille femme fut introduite, et, après avoir fait de grandes révérences, elle déposa sur la table une grande corbeille couverte d'un voile. Consuelo y porta une main empressée, tandis que le chanoine tournait la tête vers Berthe ; et ayant un peu écarté le voile, elle le referma en disant tout bas à Joseph :

« Voilà ce que j'attendais, voilà pourquoi je suis restée. Oh ! oui, j'en étais sûre : Corilla devait agir ainsi. »

Joseph, qui n'avait pas eu le temps d'apercevoir le contenu de la corbeille, regardait sa compagne d'un air étonné.

« Eh bien, mère Berthe, dit le chanoine, vous me rapportez les objets que j'ai prêtés à votre hôtesse ? C'est bon, c'est bon. Je n'en étais pas en peine, et je n'ai pas besoin d'y regarder pour être sûr qu'il n'y manque rien.

— Monsieur le révérend, répondit la vieille, ma servante a tout apporté ; j'ai tout remis à *vos officiers*. Il n'y manque rien en effet, et je suis bien tranquille là-dessus. Mais cette corbeille, on m'a fait jurer de ne la remettre qu'à vous, et ce qu'elle contient, vous le savez aussi bien que moi.

— Je veux être pendu si je le sais, dit le chanoine en avançant la main négligemment vers la corbeille. »

Mais sa main resta comme frappée de catalepsie, et sa bouche demeura entr'ouverte de surprise, lorsque, le voile s'étant agité et entr'ouvert comme de lui-même, une petite main d'enfant, rose et mignonne, apparut en faisant le mouvement vague de chercher à saisir le doigt du chanoine.

« Oui, monsieur le révérend, reprit la vieille femme avec un sourire de satisfaction confiante ; le voilà sain et sauf, bien gentil, bien éveillé, et ayant bonne envie de vivre. »

Le chanoine stupéfait avait perdu la parole ; la vieille continua :

« Dame ! Votre Révérence l'avait demandé à sa mère pour l'élever et l'adopter ! La pauvre dame a eu un peu de peine à s'y décider ; mais enfin nous lui avons dit que son enfant ne pouvait pas être en de meilleures mains, et elle l'a recommandé à la Providence en nous le remettant pour vous l'apporter : « Dites bien à ce digne chanoine, à ce saint homme, s'est-elle exclamée en montant dans sa voiture, que je n'abuserai pas longtemps de son zèle charitable. Bientôt je reviendrai chercher ma fille et payer les dépenses qu'il aura faites pour elle. Puisqu'il veut absolument se charger de lui trouver une bonne nourrice, remettez-lui pour moi cette bourse, que je le prie de partager entre cette nourrice et le petit musicien qui m'a si bien soignée hier, s'il est encore chez lui. » Quant à moi, elle m'a bien payée, monsieur le révérend, et je ne demande rien, je suis fort contente.

— Ah ! vous êtes contente ! s'écria le chanoine d'un ton tragi-comique. Eh bien, j'en suis fort aise ! mais veuillez remporter cette bourse et ce marmot. Dépensez l'argent, élevez l'enfant, ceci ne me regarde en aucune façon.

— Élever l'enfant, moi ? Oh ! que nenni, monsieur le révérend ! je suis trop vieille pour me charger d'un nouveau-né. Cela crie toute la nuit, et mon pauvre homme, bien qu'il soit sourd, ne s'arrangerait pas d'une pareille société.

— Et moi donc ! il faut que je m'en arrange ? Grand merci ! Ah ! vous comptiez là-dessus ?

— Puisque Votre Révérence l'a demandé à sa mère !

— Moi ! je l'ai demandé ? où diantre avez-vous pris cela ?

— Mais puisque Votre Révérence a écrit ce matin...

— Moi, j'ai écrit ? où est ma lettre, s'il vous plaît ! qu'on me présente ma lettre !

— Ah ! dame, je ne l'ai pas vue, votre lettre, et d'ailleurs personne ne sait lire chez nous, mais M. André est venu saluer l'accouchée de la part de Votre Révérence, et elle nous a dit qu'il lui avait remis une lettre. Nous l'avons cru, nous, bonnes gens! qui est-ce qui ne l'eût pas cru?

— C'est un mensonge abominable! c'est un tour de bohémienne! s'écria le chanoine, et vous êtes les compères de cette sorcière-là. Allons, allons, emportez-moi le marmot, rendez-le à sa mère, gardez-le, arrangez-vous comme il vous plaira; Si c'est de l'argent que vous voulez me tirer, je consens à vous en donner. Je ne refuse jamais l'aumône, même aux intrigants et aux escrocs, c'est la seule manière de s'en débarrasser; mais prendre un enfant dans ma maison, merci de moi! allez tous au diable!

— Ah! pour ce qui est de cela, repartit la vieille femme d'un ton fort décidé, je ne le ferai point, n'en déplaise à Votre Révérence. Je n'ai pas consenti à me charger de l'enfant pour mon compte. Je sais comment finissent toutes ces histoires-là. On vous donne pour commencer un peu d'or qui brille, on vous promet monts et merveilles; et puis vous n'entendez plus parler de rien; l'enfant vous reste. Ça n'est jamais fort, ces enfants-là; c'est fainéant et orgueilleux de nature. On ne sait qu'en faire. Si ce sont des garçons, ça tourne au brigandage; si ce sont des filles, ça tourne encore plus mal! Ah! par ma foi, non! ni moi, ni mon vieux, ne voulons de l'enfant. On nous a dit que Votre Révérence le demandait; nous l'avons cru, le voilà. Voilà l'argent, et nous sommes quittes. Quant à être compères, nous ne connaissons pas ces tours-là, et, j'en demande pardon à Votre Révérence; elle veut rire quand elle nous accuse de lui en imposer. Je suis bien la servante de Votre Révérence, et je m'en retourne à la maison. Nous avons des pèlerins qui s'en reviennent du vœu et qui ont pardieu grand soif!

La vieille salua à plusieurs reprises en s'en allant; puis revenant sur ses pas :

« J'allais oublier, dit-elle; l'enfant doit s'appeler Angèle, en italien. Ah! par ma foi, je ne me souviens plus comment elles m'ont dit cela.

— Angiolina, Anzoleta? dit Consuelo.

— C'est cela, précisément, dit la vieille; et, saluant encore le chanoine, elle se retira tranquillement.

— Eh bien, comment trouvez-vous le tour! dit le chanoine stupéfait en se retournant vers ses hôtes.

— Je le trouve digne de celle qui l'a imaginé, répondit Consuelo en ôtant de la corbeille l'enfant qui commençait à s'impatienter, et en lui faisant avaler doucement quelques cuillerées d'un reste de lait du déjeuner qui était encore chaud, dans la tasse japonaise du chanoine.

— Cette Corilla est donc un démon? reprit le chanoine; vous la connaissiez?

— Seulement de réputation; mais maintenant je la connais parfaitement, et vous aussi, monsieur le chanoine.

— Et c'est une connaissance dont je me serais fort bien passé? Mais qu'allons-nous faire de ce pauvre abandonné? ajouta-t-il en jetant un regard de pitié sur l'enfant.

— Je vais le porter, répondit Consuelo, à votre jardinière, à qui j'ai vu allaiter hier un beau garçon de cinq à six mois.

— Allez donc! dit le chanoine, ou plutôt sonnez pour qu'elle vienne ici le recevoir. Elle nous indiquera une nourrice dans quelque ferme voisine... pas trop voisine pourtant; car Dieu sait le tort que peut faire à un homme d'église la moindre marque d'un intérêt marqué pour un enfant tombé ainsi des nues dans sa maison.

— A votre place, monsieur le chanoine, je me mettrais au-dessus de ces misères-là. Je ne voudrais ni prévoir, ni apprendre les suppositions absurdes de la calomnie. Je vivrais au milieu des sots propos comme s'ils n'existaient pas, j'agirais toujours comme s'ils étaient impossibles. A quoi servirait donc une vie de sagesse et de dignité, si elle ne s'assurait pas le calme de la conscience et la liberté des bonnes actions? Voyez, cet enfant vous est confié, mon révérend. S'il est mal soigné loin de vos yeux, s'il languit, s'il meurt, vous vous le reprocherez éternellement!

— Que dis-tu là, que cet enfant m'est confié? en ai-je accepté le dépôt? et le caprice ou la fourberie d'autrui nous imposent-ils de pareils devoirs? Tu t'exaltes, mon enfant, et tu déraisonnes.

— Non, mon cher monsieur le chanoine, reprit Consuelo en s'animant de plus en plus; je ne déraisonne pas. La méchante mère qui abandonne ici son enfant n'a aucun droit et ne peut rien vous imposer. Mais celui qui a droit de vous commander, celui qui dispose des destinées de l'enfant naissant, celui envers qui vous serez éternellement responsable, c'est Dieu. Oui, c'est Dieu qui a eu des vues particulières de miséricorde sur cette innocente petite créature en inspirant à sa mère la pensée hardie de vous la confier. C'est lui qui, par un bizarre concours de circonstances, la fait entrer dans votre maison malgré vous, et la pousse dans vos bras en dépit de toute votre prudence. Ah! monsieur le chanoine, rappelez-vous l'exemple de saint Vincent de Paul, qui allait ramassant sur les marches des maisons les pauvres orphelins abandonnés, et ne rejetez pas celui que la Providence apporte dans votre sein. Je crois bien que si vous le faisiez, cela vous porterait malheur; et le monde, qui a une sorte d'instinct de justice dans sa méchanceté même, dirait, avec une apparence de vérité, que vous avez eu des raisons pour l'éloigner de vous. Au lieu de cela si vous le gardez, on ne vous supposera pas d'autres que les véritables : votre miséricorde et votre charité.

— Tu ne sais pas, dit le chanoine ébranlé et incertain, ce que c'est que le monde! Tu es un enfant sauvage de droiture et de vertu. Tu ne sais pas surtout ce que c'est que le clergé, et Brigide, la méchante Brigide, savait bien ce qu'elle disait hier en prétendant que certaines gens étaient jaloux de ma position, et travaillaient à me la faire perdre. Je tiens mes bénéfices de la protection de feu l'empereur Charles, qui a bien voulu me servir de patron pour me les faire obtenir. L'impératrice Marie-Thérèse m'a protégé aussi pour me faire passer jubilaire avant l'âge. Eh bien, ce que nous croyons tenir de l'Église ne nous est jamais assuré absolument. Au-dessus de nous, au-dessus des souverains qui nous favorisent, nous avons toujours un maître, c'est l'Église. Comme elle nous déclare *capables* quand il lui plaît, alors même que nous ne le sommes pas, elle nous déclare *incapables* quand il lui convient, alors même que nous lui avons rendu les plus grands services. *L'ordinaire*, c'est-à-dire l'évêque diocésain, et son conseil, si on les indispose et si on les irrite contre nous, peuvent nous accuser, nous traduire à leur barre, nous juger et nous dépouiller, sous prétexte d'inconduite, d'irrégularité de mœurs, ou d'exemples scandaleux, afin de reporter sur de nouvelles créatures les dons qu'ils s'étaient laissé arracher pour nous. Le ciel m'est témoin que ma vie est aussi pure que celle de cet enfant qui est né hier. Eh bien, sans une extrême prudence dans toutes mes relations, ma vertu n'eût pas suffi à me défendre des mauvaises interprétations. Je ne suis pas très-courtisan envers les prélats; mon indolence, et un peu d'orgueil de ma naissance peut-être, m'en ont toujours empêché. J'ai des envieux dans le chapitre...

— Mais vous avez pour vous Marie-Thérèse, qui est une grande âme, une noble femme et une tendre mère, reprit Consuelo. Si elle était là pour vous juger, et que vous vinssiez à lui dire avec l'accent de la vérité, la vérité seule peut avoir : « Reine, j'ai balancé un instant entre la crainte de donner des armes à mes ennemis et le besoin de pratiquer la première vertu de mon état, la charité; j'ai vu d'un côté des calomnies, des intrigues auxquelles je pouvais succomber, de l'autre un pauvre être abandonné du ciel et des hommes, qui n'avait de refuge que dans ma pitié, et d'avenir que dans ma sollicitude; et j'ai choisi de risquer ma réputation, mon repos et ma fortune, pour faire les œuvres de la foi et de la miséricorde. » Ah! je n'en doute pas, si vous disiez cela à Marie-Thérèse, Marie-Thérèse, qui peut tout, au lieu d'un prieuré, vous donnerait un palais, et au lieu d'un canonicat un évêché. N'a-t-elle pas comblé d'honneurs et de richesses l'abbé Metastasio pour avoir fait des rimes?

que ne ferait-elle pas pour la vertu, si elle récompense ainsi le talent? Allons, mon révérend, vous garderez cette pauvre Angiolina dans votre maison; votre jardinière la nourrira, et plus tard vous l'élèverez dans la religion et dans la vertu. Sa mère en eût fait un démon pour l'enfer, et vous en ferez un ange pour le ciel!

— Tu fais de moi ce que tu veux, dit le chanoine ému et attendri, en laissant son favori déposer l'enfant sur ses genoux; allons, nous baptiserons Angèle demain matin, tu seras son parrain... Si Brigide était encore là, nous la forcerions à être la commère, et sa fureur nous divertirait. Sonne pour qu'on nous amène la nourrice, et que tout soit fait selon la volonté de Dieu! Quant à la bourse que Corilla nous a laissée... (oui-da! cinquante sequins de Venise!) nous n'en avons que faire ici. Je me charge des dépenses présentes pour l'enfant, et de son sort futur, si on ne le réclame pas. Prends donc cet or, il t'est bien dû pour la vertu singulière et le grand cœur dont tu as fait preuve dans tout ceci.

— De l'or pour payer ma vertu et la bonté de mon cœur! s'écria Consuelo en repoussant la bourse avec dégoût. Et l'or de la Corilla! le prix du mensonge, de la prostitution peut-être! Ah! monsieur le chanoine, cela souille même la vue! Distribuez-le aux pauvres, cela portera bonheur à notre pauvre Angèle. »

LXXXI.

Pour la première fois de sa vie peut-être le chanoine ne dormit guère. Il sentait en lui une émotion et une agitation étranges. Sa tête était pleine d'accords, de mélodies et de modulations qu'un léger sommeil venait briser à chaque instant, et qu'à chaque intervalle de réveil il cherchait malgré lui, et même avec une sorte de dépit, à reprendre et à renouer sans pouvoir y parvenir. Il avait retenu par cœur les phrases les plus saillantes des morceaux que Consuelo lui avait chantés; il les entendait résonner encore dans sa cervelle, dans son diaphragme; et puis tout à coup le fil de l'idée musicale se brisait dans sa mémoire au plus bel endroit, et il la recommençait mentalement cent fois de suite, sans pouvoir aller une note plus loin. C'est en vain que, fatigué de cette audition imaginaire, il s'efforçait de la chasser; elle revenait toujours se placer dans son oreille, et il lui semblait que la clarté de son feu vacillait en mesure sur le satin cramoisi de ses rideaux. Les petits sifflements qui sortent des bûches enflammées avaient l'air de vouloir chanter aussi ces maudites phrases dont la fin restait dans l'imagination fatiguée du chanoine comme un arcane impénétrable. S'il eût pu en retrouver une entière, il lui semblait qu'il eût pu être délivré de cette obsession de réminiscences. Mais la mémoire musicale est ainsi faite, qu'elle nous tourmente et nous persécute jusqu'à ce que nous l'ayons rassasiée de ce dont elle est avide et inquiète.

Jamais la musique n'avait fait tant d'impression sur le cerveau du chanoine, bien qu'il eût été toute sa vie un dilettante remarquable. Jamais voix humaine n'avait bouleversé ses entrailles comme celle de Consuelo. Jamais physionomie, jamais langage et manières n'avaient exercé sur son âme une fascination comparable à celle que les traits, la contenance et les paroles de Consuelo exerçaient sur lui depuis trente-six heures. Le chanoine devinait-il ou ne devinait-il pas le sexe du prétendu Bertoni? Oui et non. Comment vous expliquer cela? Il faut que vous sachiez qu'à cinquante ans le chanoine avait l'esprit aussi chaste que les mœurs, et les mœurs aussi pures qu'une jeune fille. A cet égard, c'était un saint homme que notre chanoine; il avait toujours été ainsi, et ce qu'il y a de plus remarquable, c'est que, bâtard du roi le plus débauché dont l'histoire fasse mention, il ne lui en avait presque rien coûté pour garder son vœu de chasteté. Né avec un tempérament flegmatique (nous disons aujourd'hui lymphatique), il avait été si bien élevé dans l'idée du canonicat, il avait toujours tant chéri le bien-être et la tranquillité, il était si peu propre aux luttes cachées que les passions brutales livrent à l'ambition ecclésiastique; en un mot, il désirait tant le repos et le bonheur, qu'il avait eu pour premier et pour unique principe dans la vie, de sacrifier tout à la possession tranquille d'un bénéfice: amour, amitié, vanité, enthousiasme, vertu même, s'il l'eût fallu. Il s'était préparé de bonne heure et habitué de longue main à tout immoler sans effort et presque sans regret. Malgré cette théorie affreuse de l'égoïsme, il était resté bon, humain, affectueux et enthousiaste à beaucoup d'égards, parce que sa nature était bonne, et que la nécessité de réprimer ses meilleurs instincts ne s'était presque jamais présentée. Sa position indépendante lui avait toujours permis de cultiver l'amitié, la tolérance et les arts; mais l'amour lui était interdit, et il avait tué l'amour, comme le plus dangereux ennemi de son repos et de sa fortune. Cependant, comme l'amour est de nature divine, c'est-à-dire immortel, quand nous croyons l'avoir tué, nous n'avons pas fait autre chose que de l'ensevelir vivant dans notre cœur. Il peut y sommeiller sournoisement durant de longues années, jusqu'au jour où il lui plaît de se ranimer. Consuelo apparaissait à l'automne de cette vie de chanoine, et cette longue apathie de l'âme se changeait en une langueur tendre, profonde, et plus tenace qu'on ne pouvait le prévoir. Ce cœur apathique ne savait point bondir et palpiter pour un objet aimé; mais il pouvait se fondre comme la glace au soleil, se livrer, connaître l'abandon de soi-même, la soumission, et cette sorte d'abnégation patiente qu'on est surpris de rencontrer quelquefois chez les égoïstes quand l'amour s'empare de leur forteresse.

Il aimait donc, ce pauvre chanoine; à cinquante ans, il aimait pour la première fois, et il aimait celle qui ne pouvait jamais répondre à son amour. Il ne le pressentait que trop, et voilà pourquoi il voulait se persuader à lui-même, en dépit de toute vraisemblance, que ce n'était pas de l'amour qu'il éprouvait, puisque ce n'était pas une femme qui le lui inspirait.

A cet égard il s'abusait complétement, et, dans toute la naïveté de son cœur, il prenait Consuelo pour un garçon. Lorsqu'il remplissait des fonctions canoniques à la cathédrale de Vienne, il avait vu nombre de beaux et jeunes enfants à la maîtrise; il avait entendu des voix claires, argentines et quasi femelles pour la pureté et la flexibilité; celle de Bertoni était plus pure et plus flexible mille fois. Mais c'était une voix italienne, pensait-il; et puis Bertoni était une nature d'exception, un de ces enfants précoces dont les facultés, le génie et l'aptitude sont des prodiges. Et tout fier, tout enthousiasmé d'avoir trouvé ce trésor sur le grand chemin, le chanoine rêvait déjà de le faire connaître au monde, de le lancer, d'aider à sa fortune et à sa gloire. Il s'abandonnait à tous les élans d'une affection paternelle et d'un orgueil bienveillant, et sa conscience ne devait pas s'en effrayer; car l'idée d'un amour vicieux et immonde, comme celui qu'on avait attribué à Gravina pour Métastase, le chanoine ne savait même pas ce que c'était. Il n'y pensait pas, il n'y croyait même pas, et cet ordre d'idées paraissait à son esprit chaste et droit une abominable et bizarre supposition des méchantes langues.

Personne n'eût cru à cette pureté enfantine dans l'imagination du chanoine, homme d'esprit un peu railleur, très-facétieux, plein de finesse et de pénétration en tout ce qui avait rapport à la vie sociale. Il y avait pourtant tout un monde d'idées, d'instincts et de sentiments qui lui était inconnu. Il s'était endormi dans la joie de son cœur, en faisant mille projets pour son jeune protégé, en se promettant pour lui-même de passer sa vie dans les plus saintes délices musicales, et en s'attendrissant à l'idée de cultiver, en les tempérant un peu, les vertus qui brillaient dans cette âme généreuse et ardente; mais réveillé à toutes les heures de la nuit par une émotion singulière, poursuivi par l'image de cet enfant merveilleux, tantôt inquiet et effrayé à l'idée de le voir se soustraire à sa tendresse déjà un peu jalouse, tantôt impatient d'être au lendemain pour lui réitérer sérieusement des offres, des promesses et des prières qu'il avait eu l'air d'écouter en riant, le chanoine, étonné de ce qui se passait en lui, se persuada mille choses autres que la vérité.

« J'étais donc destiné par la nature à avoir beaucoup d'enfants et à les aimer avec passion, se demandait-il avec une honnête simplicité, puisque la seule pensée d'en adopter un aujourd'hui me jette dans une pareille agitation? C'est pourtant la première fois de ma vie que ce sentiment-là se révèle à mon cœur, et voilà que dans un seul jour l'admiration m'attache à l'un, la sympathie à l'autre, la pitié à un troisième! Bertoni, Beppo, Angiolina! me voilà en famille tout d'un coup, moi qui plaignais les embarras des parents, et qui remerciais Dieu d'être obligé par état au repos de la solitude! Est-ce la quantité et l'excellence de la musique que j'ai entendue aujourd'hui qui me donne une exaltation d'idées si nouvelle?... C'est plutôt ce délicieux café à la vénitienne dont j'ai pris deux tasses au lieu d'une, par pure gourmandise!... J'ai eu la tête si bien montée tout le jour, que je n'ai presque pas pensé à mon volkameria, desséché pourtant par la faute de Pierre! »

« *Il mio cor si divide...* »

Allons, voilà encore cette maudite phrase qui me revient! La peste soit de ma mémoire!... Que ferai-je pour dormir?... Quatre heures du matin, c'est inouï!... J'en ferai une maladie!

Une idée lumineuse vint enfin au secours du bon chanoine; il se leva, prit son écritoire, et résolut de travailler à ce fameux livre entrepris depuis si longtemps, et non encore commencé. Il lui fallait consulter le Dictionnaire du droit canonique pour se remettre dans son sujet; il n'en eut pas lu deux pages que ses idées s'embrouillèrent, ses yeux s'appesantirent, le livre coula doucement de l'édredon sur le tapis, la bougie s'éteignit à un soupir de béatitude somnolente exhalé de la robuste poitrine du saint homme, et il dormit enfin du sommeil du juste jusqu'à dix heures du matin.

Hélas! que son réveil fut amer, lorsque, d'une main engourdie et nonchalante, il ouvrit le billet suivant, déposé par André sur son guéridon, avec sa tasse de chocolat!

« Nous partons, monsieur et révérend chanoine; un
« devoir impérieux nous appelait à Vienne, et nous avons
« craint de ne pouvoir résister à vos généreuses instances.
« Nous nous sauvons comme des ingrats : mais nous ne
« le sommes point, et jamais nous ne perdrons le sou-
« venir de votre hospitalité envers nous, et de votre cha-
« rité sublime pour l'enfant abandonné. Nous viendrons
« vous en remercier. Avant huit jours, vous nous revere-
« rez; veuillez différer jusque-là le baptême d'Angèle,
« et compter sur le dévouement respectueux et tendre
« de vos humbles protégés.

« Bertoni, Beppo. »

Le chanoine pâlit, soupira et agita sa sonnette.
« Ils sont partis? dit-il à André.
— Avant le jour, monsieur le chanoine.
— Et qu'ont-ils dit en partant? ont-ils déjeuné, au moins? ont-ils désigné le jour où ils reviendraient?
— Personne ne les a vus partir, monsieur le chanoine. Ils se sont en allés comme ils sont venus, par dessus les murs. En m'éveillant j'ai trouvé leurs chambres désertes; le billet que vous tenez était sur leur table, et toutes les portes de la maison et de l'enclos fermées comme je les avais laissées hier soir. Ils n'ont pas emporté une épingle, ils n'ont pas touché à un fruit, les pauvres enfants!...
— Je le crois bien! » s'écria le chanoine, et ses yeux se remplirent de larmes.

Pour chasser sa mélancolie, André essaya de lui faire faire le menu de son dîner.

« Donne-moi ce que tu voudras, André! » répondit le chanoine d'une voix déchirante, et il retomba en gémissant sur son oreiller.

Le soir de ce jour-là, Consuelo et Joseph entrèrent dans Vienne à la faveur des ombres. Le brave perruquier Keller fut mis dans la confidence, les reçut à bras ouverts, et hébergea de son mieux la noble voyageuse. Consuelo fit mille amitiés à la fiancée de Joseph, tout en s'affligeant en secret de ne la trouver ni gracieuse ni belle. Le lendemain matin, Keller tressa les cheveux flottants de Consuelo; sa fille l'aida à reprendre les vêtements de son sexe, et lui servit de guide jusqu'à la maison qu'habitait le Porpora.

LXXXII.

A la joie que Consuelo éprouva de serrer dans ses bras son maître et son bienfaiteur, succéda un pénible sentiment qu'elle eut peine à renfermer. Un an ne s'était pas écoulé depuis qu'elle avait quitté le Porpora, et cette année d'incertitudes, d'ennuis et de chagrins avait imprimé au front soucieux du maestro les traces profondes de la souffrance et de la vieillesse. Il avait pris cet embonpoint maladif où l'inaction et la langueur de l'âme font tomber les organisations affaissées. Son regard avait le feu qui l'animait encore naguère, et une certaine coloration bouffie de ses traits trahissait de funestes efforts tentés pour chercher dans le vin l'oubli de ses maux ou le retour de l'inspiration refroidie par l'âge et le découragement. L'infortuné compositeur s'était flatté de retrouver à Vienne quelques nouvelles chances de succès et de fortune. Il y avait été reçu avec une froide estime, et il trouvait ses rivaux, plus heureux, en possession de la faveur impériale et de l'engouement du public. Métastase avait écrit des drames et des oratorio pour Caldera, pour Predieri, pour Fuchs, pour Reuter et pour Hasse; Métastase, le poète de la cour (*poeta cesareo*), l'écrivain à la mode, le *nouvel Albane*, le favori des muses et des dames, le charmant, le précieux, l'harmonieux, le coulant, le divin Métastase, en un mot, celui de tous les cuisiniers dramatiques dont les mets avaient le goût le plus agréable et la digestion la plus facile, n'avait rien écrit pour Porpora, et n'avait voulu lui rien promettre. Le maestro avait peut-être encore des idées; il avait au moins sa science, son admirable entente des voix, ses bonnes traditions napolitaines, son goût sévère, son large style, et ses fiers et mâles récitatifs dont la beauté grandiose n'a jamais été égalée. Mais il n'avait pas de public, et il demandait en vain un poème. Il n'était ni flatteur ni intrigant; sa rude franchise lui faisait des ennemis, et sa mauvaise humeur rebutait tout le monde.

Il porta ce sentiment jusque dans l'accueil affectueux et paternel qu'il fit à Consuelo.

« Et pourquoi as-tu quitté si tôt la Bohême? lui dit-il après l'avoir embrassée avec émotion. Que viens-tu faire ici, malheureuse enfant? Il n'y a point ici d'oreilles pour t'écouter, ni de cœurs pour te comprendre; il n'y a point ici de place pour toi, ma fille. Ton vieux maître est tombé dans le mépris public, et, si tu veux réussir, tu feras bien d'imiter les autres en feignant de ne pas le connaître, ou de le mépriser, comme font tous ceux qui lui doivent leur talent, leur fortune et leur gloire.

— Hélas! vous doutez donc aussi de moi? lui dit Consuelo, dont les yeux se remplirent de larmes. Vous voulez renier mon affection et mon dévouement, et faire tomber sur moi le soupçon et le dédain que les autres ont mis dans votre âme! O mon maître! vous verrez que je ne mérite pas cet outrage. Vous le verrez! voilà tout ce que je puis vous dire. »

Le Porpora fronça le sourcil, tourna le dos, fit quelques pas dans sa chambre, revint vers Consuelo, et voyant qu'elle pleurait, mais ne trouvant rien de doux et de tendre à lui dire, il lui prit son mouchoir des mains et lui passa sur les yeux avec une rudesse paternelle, en lui disant :

« Allons, allons ! »

Consuelo vit qu'il était pâle et qu'il étouffait de gros soupirs dans sa large poitrine ; mais il contint son émotion, et tirant une chaise à côté d'elle :

« Allons, reprit-il, raconte-moi ton séjour en Bohême,

La Sofia.

et dis-moi pourquoi tu es revenue si brusquement? Parle donc, ajouta-t-il avec un peu d'impatience. Est-ce que tu n'as pas mille choses à me dire? Tu t'ennuyais là-bas? ou bien les Rudolstadt ont été mal pour toi? Oui, eux aussi sont capables de t'avoir blessée et tourmentée! Dieu sait que c'étaient les seules personnes de l'univers en qui j'avais encore foi : mais Dieu sait aussi que tous les hommes sont capables de tout ce qui est mal!

— Ne dites pas cela, mon ami, répondit Consuelo. Les Rudolstadt sont des anges, et je ne devrais parler d'eux qu'à genoux, mais j'ai dû les quitter, j'ai dû les fuir, et même sans les prévenir, sans leur dire adieu.

— Qu'est-ce à dire? Est-ce toi qui as quelque chose à te reprocher envers eux? Me faudrait-il rougir de toi, et me reprocher de t'avoir envoyée chez ces braves gens?

— Oh, non! non, Dieu merci, maître! Je n'ai rien à me reprocher, et vous n'avez point à rougir de moi.

— Alors, qu'est-ce donc? »

Consuelo, qui savait combien il fallait faire au Porpora les réponses courtes et promptes lorsqu'il donnait son attention à la connaissance d'un fait ou d'une idée, lui annonça, en peu de mots, que le comte Albert voulait l'épouser, et qu'elle n'avait pu se décider à lui rien promettre avant d'avoir consulté son père adoptif.

Le Porpora fit une grimace de colère et d'ironie.

« Le comte Albert! s'écria-t-il, l'héritier des Rudolstadt, le descendant des rois de Bohême, le seigneur de Riesenburg! il a voulu t'épouser, toi, petite Égyptienne? toi, le laideron de la Scuola, la fille sans père, la comédienne sans argent et sans engagement? toi, qui as demandé l'aumône, pieds nus, dans les carrefours de Venise?

— Moi! votre élève! moi, votre fille adoptive! oui, moi, la Porporina! répondit Consuelo avec un orgueil tranquille et doux.

— Belle illustration et brillante condition! En effet, reprit le maestro avec amertume, j'avais oublié celles-là dans la nomenclature. La dernière et l'unique élève d'un maître sans école, l'héritière future de ses guenilles et de sa honte, la continuatrice d'un nom qui est déjà effacé de la mémoire des hommes! il y a de quoi se vanter, et voilà de quoi rendre fous les fils des plus illustres familles!

— Apparemment, maître, dit Consuelo avec un sourire mélancolique et caressant, que nous ne sommes pas

Voilà mon plus beau volkameria desséché. (Page 208.)

encore tombés si bas dans l'estime des hommes de bien qu'il vous plaît de le croire; car il est certain que le comte veut m'épouser, et que je viens ici vous demander votre agrément pour y consentir, ou votre protection pour m'en défendre.

— Consuelo, répondit le Porpora d'un ton froid et sévère, je n'aime point ces sottises-là. Vous devriez savoir que je hais les romans de pensionnaire ou les aventures de coquette. Jamais je ne vous aurais crue capable de vous mettre en tête pareilles billevesées, et je suis vraiment honteux pour vous d'entendre de telles choses. Il est possible que le jeune comte de Rudolstadt ait pris pour vous une fantaisie, et que, dans l'ennui de la solitude, ou dans l'enthousiasme de la musique, il vous ait fait deux doigts de cour; mais comment avez-vous été assez impertinente pour prendre l'affaire au sérieux, et pour vous donner, par cette feinte ridicule, les airs d'une princesse de roman? Vous me faites pitié; et si le vieux comte, si la chanoinesse, si la baronne Amélie sont informés de vos prétentions, vous me faites honte; je vous le dis encore une fois, je rougis de vous. »

Consuelo savait qu'il ne fallait pas contredire le Porpora lorsqu'il était en train de déclamer, ni l'interrompre au milieu d'un sermon. Elle le laissa exhaler son indignation, et quand il lui eut dit tout ce qu'il put imaginer de plus blessant et de plus injuste, elle lui raconta de point en point, avec l'accent de la vérité et la plus scrupuleuse exactitude, tout ce qui s'était passé au château des Géants, entre elle, le comte Albert, le comte Christian, Amélie, la chanoinesse et Anzeleto. Le Porpora, qui, après avoir donné un libre cours à son besoin d'emportement et d'invectives, savait, lui aussi, écouter et comprendre, prêta la plus sérieuse attention à son récit; et quand elle eut fini, il lui adressa encore plusieurs questions pour s'enquérir de nouveaux détails et pénétrer complètement dans la vie intime et dans les sentiments de toute la famille.

« Alors!... lui dit-il enfin, tu as bien agi, Consuelo. Tu as été sage, tu as été digne, tu as été forte comme je devais l'attendre de toi. C'est bien. Le ciel t'a protégée, et il te récompensera en te délivrant une fois pour toutes de cet infâme Anzoleto. Quant au jeune comte, tu n'y dois pas penser. Je te le défends. Un pareil sort ne te convient pas. Jamais le comte Christian ne te permettra de redevenir artiste, sois assurée de cela. Je connais mieux que toi l'orgueil indomptable des nobles. Or, à moins que tu ne te fasses à cet égard des illusions que je trouverais puériles et insensées, je ne pense pas que tu hésites un instant entre la fortune des grands et celle des enfants de l'art... Qu'en penses-tu?... Réponds-moi donc! Par le corps de Bacchus, on dirait que tu ne m'entends pas!

— Je vous entends fort bien, mon maître, et je vois que vous n'avez rien compris à tout ce que je vous ai dit.

— Comment, je n'ai rien compris! Je ne comprends plus rien, n'est-ce pas? »

Et les petits yeux noirs du maestro retrouvèrent le feu de la colère. Consuelo, qui connaissait son Porpora sur le bout du doigt, vit qu'il fallait lui tenir tête, si elle voulait se faire écouter de nouveau.

« Non, vous ne m'avez pas comprise, répliqua-t-elle avec assurance; car vous me supposez des velléités d'ambition très-différentes de celles que j'ai. Je n'envie pas la fortune des grands, soyez-en persuadé; et ne me dites jamais, mon maître, que je la fais entrer pour quelque chose dans mes irrésolutions. Je méprise les avantages qu'on n'acquiert pas par son propre mérite; vous m'avez élevée dans ce principe, et je n'y saurais déroger. Mais il y a bien dans la vie quelque autre chose que l'argent et la vanité, et ce quelque chose est assez précieux pour contre-balancer les enivrements de la gloire et les joies de la vie d'artiste. C'est l'amour d'un homme comme Albert, c'est le bonheur domestique, ce sont les joies de la famille. Le public est un maître capricieux, ingrat et tyrannique. Un noble époux est un ami, un soutien, un autre soi-même. Si j'arrivais à aimer Albert comme il m'aime, je ne penserais plus à la gloire, et probablement je serais plus heureuse.

— Quel sot langage est cela? s'écria le maestro. Êtes-vous devenue folle? Donnez-vous dans la sentimentalité allemande? Bon Dieu! dans quel mépris de l'art vous êtes tombée, madame la comtesse! Vous venez de me raconter votre Albert, comme vous permettez de l'appeler, vous faisait plus de peur que d'envie; que vous vous sentiez mourir de froid et de crainte à ses côtés, et mille autres choses que j'ai très-bien entendues et comprises, ne vous en déplaise; et maintenant que vous êtes délivrée de ses poursuites, maintenant que vous êtes rendue à la liberté, le seul bien, la seule condition de développement de l'artiste, vous venez me demander s'il ne faut point vous remettre la pierre au cou pour vous jeter au fond du puits qu'habite votre amant visionnaire? Eh! allez donc! faites, si bon vous semble; je ne me mêle plus de vous, et je ne m'en mêle plus rien à vous dire. Je ne perdrai pas mon temps à causer davantage avec une personne qui ne sait ni ce qu'elle dit, ni ce qu'elle veut. Vous n'avez pas le sens commun, et je suis votre serviteur. »

En disant cela, le Porpora se mit à son clavecin et improvisa d'une main ferme et sèche plusieurs modulations savantes pendant lesquelles Consuelo, désespérant de l'amener ce jour-là à examiner le fond de la question, réfléchit au moyen de le remettre au moins de meilleure humeur. Elle y réussit en lui chantant les airs nationaux qu'elle avait appris en Bohême, et dont l'originalité transporta le vieux maître. Puis elle l'amena doucement à lui faire voir les dernières compositions qu'il avait essayées. Elle les lui chanta à livre ouvert avec une si grande perfection, qu'il retrouva tout son enthousiasme, toute sa tendresse pour elle. L'infortuné, n'ayant plus d'élève habile auprès de lui, et se méfiant de tout ce qui l'approchait, ne goûtait plus le plaisir de voir ses pensées rendues par une belle voix et comprises par une belle âme. Il fut si touché de s'entendre exprimé selon son cœur, par sa grande et toujours docile Porporina, qu'il versa des larmes de joie et la pressa sur son sein en s'écriant:

« Ah! tu es la première cantatrice du monde! Ta voix a doublé de volume et d'étendue, tu as fait autant de progrès que si je t'avais donné des leçons tous les jours depuis un an. Encore, encore, ma fille; redis-moi ce thème. Tu me donnes le premier instant de bonheur que j'aie goûté depuis bien des mois! »

Ils dînèrent ensemble, bien maigrement, à une petite table, près de la fenêtre. Le Porpora était mal logé; sa chambre, triste, sombre et toujours en désordre, donnait sur un angle de rue étroite et déserte. Consuelo, le voyant bien disposé, se hasarda à lui parler de Joseph Haydn. La seule chose qu'elle lui eût cachée, c'était son long voyage pédestre avec ce jeune homme, et les incidents bizarres qui avaient établi entre eux une si douce et si loyale intimité. Elle savait que son maître prendrait en grippe, selon sa coutume, tout aspirant à ses leçons dont on commencerait par lui faire l'éloge. Elle raconta donc d'un air d'indifférence qu'elle avait rencontré, dans une voiture aux approches de Vienne, un pauvre petit diable qui lui avait parlé de l'école du Porpora avec tant de respect et d'enthousiasme, qu'elle lui avait presque promis d'intercéder en sa faveur auprès du Porpora lui-même.

« Eh! quel est-il, ce jeune homme, demanda le maestro; à quoi se destine-t-il? A être artiste, sans doute, puisqu'il est pauvre diable! Oh! je le remercie de sa clientèle. Je ne veux plus enseigner le chant qu'à des fils de famille. Ceux-là paient, n'apprennent rien, et sont fiers de nos leçons, parce qu'ils se figurent savoir quelque chose en sortant de nos mains. Mais les artistes! tous lâches, tous ingrats, tous traîtres et menteurs. Qu'on ne m'en parle pas. Je ne veux jamais en voir un franchir le seuil de cette chambre. Si cela arrivait, vois-tu, je le jetterais par la fenêtre à l'instant même. »

Consuelo essaya de le dissuader de ces préventions; mais elle les trouva si obstinées, qu'elle y renonça, et, se penchant un peu à la fenêtre, dans un moment où son maître avait le dos tourné, elle fit avec ses doigts un premier signe, et puis un second. Joseph, qui rôdait dans la rue en attendant ce signal convenu, comprit que le premier mouvement des doigts lui disait de renoncer à tout espoir d'être admis comme élève auprès du Porpora; le second l'avertissait de ne pas paraître avant une demi-heure.

Consuelo parla d'autre chose, pour faire oublier au Porpora ce qu'elle venait de lui dire; et, la demi-heure écoulée, Joseph frappa à la porte. Consuelo alla lui ouvrir, feignit de ne pas le connaître, et revint annoncer au maestro que c'était un domestique qui se présentait pour entrer à son service.

« Voyons ta figure! cria le Porpora au jeune homme tremblant; approche! Qui t'a dit que j'eusse besoin d'un domestique? Je n'en ai aucun besoin.

— Si vous n'avez pas besoin de domestique, répondit Joseph éperdu, mais faisant bonne contenance comme Consuelo le lui avait recommandé, c'est bien malheureux pour moi, Monsieur; car j'ai bien besoin de trouver un maître.

— On dirait qu'il n'y a que moi qui puisse te faire gagner la vie! répliqua le Porpora. Tiens, regarde mon appartement et mon mobilier; crois-tu que j'aie besoin d'un laquais pour arranger tout cela?

— Eh! vraiment oui, Monsieur, vous en auriez besoin, reprit Haydn en affectant une confiante simplicité; car tout cela est fort mal en ordre. »

En parlant ainsi, il se mit tout de suite à la besogne, et commença à ranger la chambre avec une symétrie et un sang-froid apparent qui donnèrent envie de rire au Porpora. Joseph jouait le tout pour le tout; car si son zèle n'eût diverti le maître, il eût fort risqué d'être payé à coups de canne.

« Voilà un drôle de corps, qui veut me servir malgré moi, dit le Porpora en le regardant faire. Je te dis, idiot, que je n'ai pas le moyen de payer un domestique. Continueras-tu à faire l'empressé?

— Qu'à cela ne tienne, Monsieur! Pourvu que vous me donniez vos vieux habits, et un morceau de pain tous les jours, je m'en contenterai. Je suis si misérable, que je me trouverai fort heureux de ne pas mendier mon pain.

— Mais pourquoi n'entres-tu pas dans une maison riche?

— Impossible, Monsieur; on me trouve trop petit et

trop laid. D'ailleurs, je n'entends rien à la musique, et vous savez que tous les grands seigneurs d'aujourd'hui veulent que leurs laquais sachent faire une petite partie de viole ou de flûte pour la musique de chambre. Moi, je n'ai jamais pu me fourrer une note de musique dans la tête.

— Ah! ah! tu n'entends rien à la musique. Eh bien, tu es l'homme qu'il me faut. Si tu te contentes de la nourriture et des vieux habits, je te prends; car, aussi bien, voilà ma fille qui aura besoin d'un garçon diligent pour faire ses commissions. Voyons! que sais-tu faire? Brosser les habits, cirer les souliers, balayer, ouvrir et fermer la porte?

— Oui, Monsieur, je sais faire tout cela.

— Eh bien, commence. Prépare-moi l'habit que tu vois étendu sur mon lit, car je vais dans une heure chez l'ambassadeur. Tu m'accompagneras, Consuelo. Je veux te présenter à monsignor Corner, que tu connais déjà, et qui vient d'arriver des eaux avec la signora. Il y a là-bas une petite chambre que je te cède; va faire un peu de toilette aussi pendant que je me préparerai. »

Consuelo obéit, traversa l'antichambre, et, entrant dans le cabinet sombre qui allait devenir son appartement, elle endossa son éternelle robe noire et son fidèle fichu blanc, qui avaient fait le voyage sur l'épaule de Joseph.

« Pour aller à l'ambassade, ce n'est pas un très-bel équipage, pensa-t-elle; mais on m'a vue commencer ainsi à Venise, et cela ne m'a pas empêchée de bien chanter et d'être écoutée avec plaisir. »

Quand elle fut prête, elle repassa dans l'antichambre, et y trouva Haydn, qui crêpait gravement la perruque du Porpora, plantée sur un bâton. En se regardant, ils étouffèrent de part et d'autre un grand éclat de rire.

« Eh! comment fais-tu pour arranger cette belle perruque? lui dit-elle à voix bien basse, pour ne pas être entendue du Porpora, qui s'habillait dans la chambre voisine.

— Bah! répondit Joseph, cela va tout seul. J'ai souvent vu travailler Keller! Et puis, il m'a donné une leçon ce matin, et il m'en donnera encore, afin que j'arrive à la perfection du lissé et du crêpé.

— Ah! prends courage, mon pauvre garçon, dit Consuelo en lui serrant la main; le maître finira par se laisser désarmer. Les routes de l'art sont encombrées d'épines, mais on parvient à y cueillir de belles fleurs.

— Merci de la métaphore, chère sœur Consuelo. Sois sûre que je ne me rebuterai pas, et pourvu qu'en passant auprès de moi sur l'escalier ou dans la cuisine tu me dises de temps en temps un petit mot d'encouragement et d'amitié, je supporterai tout avec plaisir.

— Et je t'aiderai à remplir tes fonctions, reprit Consuelo en souriant. Crois-tu donc que moi-même je n'aie pas commencé comme toi? Quand j'étais petite, j'étais souvent la servante du Porpora. J'ai plus d'une fois fait ses commissions, battu son chocolat et repassé ses rabats. Tiens, pour commencer, je vais t'enseigner à brosser cet habit, car tu n'y entends rien; tu casses les boutons et tu fanes les revers. »

Elle lui prit la brosse des mains, et lui donna l'exemple avec adresse et dextérité. Mais, entendant le Porpora qui approchait, elle lui repassa la brosse précipitamment, et prit un air grave pour lui dire en présence du maître :

« Eh bien, petit, dépêchez-vous donc! »

LXXXIII.

Ce n'était point à l'ambassade de Venise, mais chez l'ambassadeur, c'est-à-dire dans la maison de sa maîtresse, que le Porpora conduisait Consuelo. La Wilhelmine était une belle créature, infatuée de musique, et dont tout le plaisir, dont toute la prétention était de rassembler chez elle, en petit comité, les artistes et les dilettanti qu'elle pouvait y attirer sans compromettre par trop d'apparat la dignité diplomatique de monsignor Corner. A l'apparition de Consuelo, il y eut un moment de surprise, de doute, puis un cri de joie et une effusion de cordialité dès qu'on se fut assuré que c'était bien la Zingarella, la merveille de l'année précédente à San-Samuel. Wilhelmine, qui l'avait vue tout enfant venir chez elle, derrière le Porpora, portant ses cahiers, et le suivant comme un petit chien, s'était beaucoup refroidie à son endroit, en lui voyant ensuite recueillir tant d'applaudissements et d'hommages dans les salons de la noblesse, et tant de couronnes sur la scène. Ce n'est pas que cette belle personne fût méchante, ni qu'elle daignât être jalouse d'une fille si longtemps réputée laide à faire peur. Mais la Wilhelmine aimait à faire la grande dame, comme toutes celles qui ne le sont pas. Elle avait chanté de grands airs avec le Porpora (qui, la traitant comme un talent d'amateur, lui avait laissé essayer de tout), lorsque la pauvre Consuelo étudiait encore cette fameuse petite feuille de carton où le maître renfermait toute sa méthode de chant, et à laquelle il tenait ses élèves sérieux durant cinq ou six ans. La Wilhelmine ne se figurait donc pas qu'elle eût pour la Zingarella un autre sentiment que celui d'un charitable intérêt. Mais de ce qu'elle lui avait jadis donné quelques bonbons, ou de ce qu'elle lui avait mis entre les mains un livre d'images pour l'empêcher de s'ennuyer dans son antichambre, elle concluait qu'elle avait été une des plus officieuses protectrices de ce jeune talent. Elle avait donc trouvé fort extraordinaire et fort inconvenant que Consuelo, parvenue en un instant au faîte du triomphe, ne se fût pas montrée humble, empressée et remplie de reconnaissance envers elle. Elle avait compté que lorsqu'elle aurait de petites réunions d'hommes choisis, Consuelo ferait gracieusement et gratuitement les frais de la soirée, en chantant pour elle et avec elle aussi souvent et aussi longtemps qu'elle le désirerait, et qu'elle pourrait la présenter à ses amis, en se donnant les gants de l'avoir aidée dans ses débuts et quasi formée à l'intelligence de la musique. Les choses s'étaient passées autrement : le Porpora, qui avait beaucoup plus à cœur d'élever d'emblée son élève Consuelo au rang qui lui convenait dans la hiérarchie de l'art, que de complaire à sa protectrice Wilhelmine, avait ri, dans sa barbe, des prétentions de cette dernière; et il avait défendu à Consuelo d'accepter les invitations un peu trop familières d'abord, un peu trop impérieuses ensuite, de madame l'ambassadrice *de la main gauche*. Il avait su trouver mille prétextes pour se dispenser de la lui amener, et la Wilhelmine en avait pris un étrange dépit contre la débutante, jusqu'à dire qu'elle n'était pas assez belle pour avoir jamais des succès incontestés; que sa voix, agréable dans un salon, à la vérité, manquait de sonorité au théâtre, qu'elle ne tenait pas sur la scène tout ce qu'avait promis son enfance, et autres malices de même genre connues de tout temps et en tous pays.

Mais bientôt la clameur enthousiaste du public avait étouffé ces petites insinuations, et la Wilhelmine, se piquant d'être un bon juge, une savante élève du Porpora, et une âme généreuse, n'avait osé poursuivre cette guerre sourde contre la plus brillante élève du Maestro, et contre l'idole du public. Elle avait mêlé sa voix à celle des vrais dilettanti pour exalter Consuelo, et si elle l'avait un peu dénigrée encore pour l'orgueil et l'ambition dont elle avait fait preuve en ne mettant pas sa voix à la disposition de *madame l'ambassadrice*, c'était bien bas et tout à fait à l'oreille de quelques-uns que *madame l'ambassadrice* se permettait de l'en blâmer.

Cette fois, lorsqu'elle vit Consuelo venir à elle dans sa petite toilette des anciens jours, et lorsque le Porpora la lui présenta officiellement, ce qu'il n'avait jamais fait auparavant, vaine et légère comme elle était, la Wilhelmine pardonna tout, et s'attribua un rôle de grandeur généreuse. Embrassant la Zigarella sur les deux joues,

« Elle est ruinée, pensa-t-elle; elle a fait quelque folie, ou perdu la voix, peut-être; car on n'a pas entendu parler d'elle depuis longtemps. Elle nous revient à discrétion. Voici le vrai moment de la plaindre, de la protéger, et de mettre ses talents à l'épreuve ou à profit. »

Consuelo avait l'air si doux et si conciliant, que la Wilhelmine, ne retrouvant pas ce ton de hautaine prospérité qu'elle lui avait supposé à Venise, se sentit fort à l'aise avec elle et la combla de prévenances. Quelques Italiens, amis de l'ambassadeur, qui se trouvaient là, se joignirent à elle pour accabler Consuelo d'éloges et de questions, qu'elle sut éluder avec adresse et enjouement. Mais tout à coup sa figure devint sérieuse, et une certaine émotion s'y trahit, lorsqu'au milieu du groupe d'Allemands qui la regardaient curieusement de l'autre extrémité du salon, elle reconnut une figure qui l'avait déjà gênée ailleurs; celle de l'inconnu, ami du chanoine, qui l'avait tant examinée et interrogée, trois jours auparavant, chez le curé du village où elle avait chanté la messe avec Joseph Haydn. Cet inconnu l'examinait encore avec une curiosité extrême, et il était facile de voir qu'il questionnait ses voisins sur son compte. La Wilhelmine s'aperçut de la préoccupation de Consuelo.

« Vous regardez M. Holzbaüer? lui dit-elle. Le connaissez-vous?

— Je ne le connais pas, répondit Consuelo, et j'ignore si c'est celui que je regarde.

— C'est le premier à droite de la console, reprit l'ambassadrice. Il est actuellement directeur du théâtre de la cour, et sa femme est première cantatrice à ce même théâtre. Il abuse de sa position, ajouta-t-elle tout bas, pour régaler la cour et la ville de ses opéras, qui, entre nous, ne valent pas le diable. Voulez-vous que je vous fasse faire connaissance avec lui? C'est un fort galant homme.

— Mille grâces, Signora, répondit Consuelo, je suis trop peu de chose ici pour être présentée à ce personnage, et je suis certaine d'avance qu'il ne m'engagera pas à son théâtre.

— Et pourquoi cela, mon cœur? Cette belle voix, qui n'avait pas sa pareille dans toute l'Italie, aurait-elle souffert du séjour de la Bohême? car vous avez vécu tout ce temps en Bohême, nous dit-on ; dans le pays le plus froid et le plus triste du monde ! C'est bien mauvais pour la poitrine, et je ne m'étonne pas que vous en ayez ressenti les effets. Mais ce n'est rien, la voix vous reviendra à notre beau soleil de Venise. »

Consuelo, voyant que la Wilhelmine était fort pressée de décréter l'altération de sa voix, s'abstint de démentir cette opinion, d'autant plus que son interlocutrice avait fait elle-même la question et la réponse. Elle ne se tourmentait pas de cette charitable supposition, mais de l'antipathie qu'elle devait s'attendre à rencontrer chez Holzbaüer à cause d'une réponse un peu brusque et un peu sincère qui lui était échappée sur sa musique au déjeuner du presbytère. Le maestro de la cour ne manquerait pas de se venger en racontant dans quel équipage et en quelle compagnie il l'avait rencontrée sur les chemins, et Consuelo craignait que cette aventure, arrivant aux oreilles du Porpora, ne l'indisposât contre elle, et surtout contre le pauvre Joseph.

Il en fut autrement: Holzbaüer ne dit pas un mot de l'aventure, pour des raisons que l'on saura par la suite; et loin de montrer la moindre animosité à Consuelo, il s'approcha d'elle, et lui adressa des regards dont la malignité enjouée n'avait rien que de bienveillant. Elle feignit de ne pas les comprendre. Elle eût craint de paraître lui demander le secret, et quelles que pussent être les suites de leur rencontre, elle était trop fière pour ne pas les affronter tranquillement.

Elle fut distraite de cet incident par la figure d'un vieillard à l'air dur et hautain, qui montrait cependant beaucoup d'empressement à lier conversation avec le Porpora; mais celui-ci, fidèle à sa mauvaise humeur, lui répondait à peine, et à chaque instant faisait un effort et cherchait un prétexte pour se débarrasser de lui.

« Celui-ci, dit Wilhelmine, qui n'était pas fâchée de faire à Consuelo la liste des célébrités qui ornaient son salon, c'est un maître illustre, c'est le Buononcini. Il arrive de Paris, où il a joué lui-même une partie de violoncelle dans un motet de sa composition en présence du roi; vous savez que c'est lui qui a fait fureur si longtemps à Londres, et qui, après une lutte obstinée de théâtre à théâtre contre Hændel, a fini par vaincre ce dernier dans l'opéra.

— Ne dites pas cela, signora, dit avec vivacité le Porpora qui venait de se débarrasser du Buononcini, et qui, se rapprochant des deux femmes, avait entendu les dernières paroles de Wilhelmine; oh! ne dites pas un pareil blasphème! Personne n'a vaincu Hændel, personne ne le vaincra. Je connais mon Hændel, et vous ne le connaissez pas encore. C'est le premier d'entre nous, et je le confesse, quoique j'aie eu l'audace de lutter aussi contre lui dans des jours de folle jeunesse; j'ai été écrasé, cela devait être, cela est juste. Buononcini, plus heureux, mais non plus modeste ni plus habile que moi, a triomphé aux yeux des sots et aux oreilles des barbares. Ne croyez donc pas ceux qui vous parlent de ce triomphe-là ; ce sera l'éternel ridicule de mon confrère Buononcini, et l'Angleterre rougira un jour d'avoir préféré ses opéras à ceux d'un génie, d'un géant tel que Hændel. La mode, la *fashion*, comme ils disent là-bas, le mauvais goût, l'emplacement favorable du théâtre, une coterie, des intrigues et, plus que tout cela, le talent de prodigieux chanteurs que le Buononcini avait pour interprètes, l'ont emporté en apparence. Mais Hændel prend dans la musique sacrée une revanche formidable... Et, quant à M. Buononcini, je n'en fais pas grand cas. Je n'aime pas les escamoteurs, et je dis qu'il a escamoté son succès dans l'opéra tout aussi légitimement que dans la cantate. »

Le Porpora faisait allusion à un vol scandaleux qui avait mis en émoi tout le monde musical; le Buononcini s'étant attribué en Angleterre la gloire d'une composition que Lotti avait faite trente ans auparavant, et qu'il avait réussi à prouver sienne d'une manière éclatante, après un long débat avec l'effronté maestro. La Wilhelmine essaya de défendre le Buononcini, et cette contradiction ayant enflammé la bile du Porpora:

« Je vous dis, je vous soutiens, s'écria-t-il sans se soucier d'être entendu de Buononcini, que Hændel est supérieur, même dans l'opéra, à tous les hommes du passé et du présent. Je veux vous le prouver sur l'heure. Consuelo, mets-toi au piano, et chante-nous l'air que je te désignerai.

— Je meurs d'envie d'entendre l'admirable Porporina, reprit la Wilhelmine; mais je vous supplie, qu'elle ne débute pas ici, en présence du Buononcini et de M. Holzbaüer, par du Hændel. Ils ne pourraient être flattés d'un pareil choix.

— Je le crois bien, dit Porpora, c'est leur condamnation vivante, leur arrêt de mort!

— Eh bien, en ce cas, reprit-elle, faites chanter quelque chose de vous, maître !

— Vous savez, sans doute, que cela n'exciterait la jalousie de personne! mais moi, je veux qu'elle chante du Hændel ! je le veux !

— Maître, n'exigez pas que je chante aujourd'hui, dit Consuelo, j'arrive d'un long voyage...

— Certainement, ce serait abuser de son obligeance, et je ne lui demande rien, moi, reprit Wilhelmine. En présence des juges qui sont ici, et de M. Holzbaüer surtout, qui a la direction du théâtre impérial, il ne faut pas compromettre votre élève ; prenez-y garde !

— La compromettre ! à quoi songez-vous? dit brusquement Porpora en haussant les épaules; je l'ai entendue ce matin, et je sais si elle risque de se compromettre devant vos Allemands ! »

Ce débat fut heureusement interrompu par l'arrivée d'un nouveau personnage. Tout le monde s'empressa pour lui faire accueil, et Consuelo, qui avait vu et entendu à Venise, dans son enfance, cet homme grêle, efféminé de visage avec des manières rogues et une tournure bravache, quoiqu'elle le retrouvât vieilli, fané, enlaidi, frisé ridiculement et habillé avec le mauvais goût d'un Céladon suranné, reconnut à l'instant même, tant elle en avait gardé un profond souvenir, l'incomparable, l'inimitable sopraniste Majorano, dit Caffarelli ou plutôt Caffariello, comme on l'appelle partout, excepté en France.

Il était impossible de voir un fat plus impertinent que ce bon Caffariello. Les femmes l'avaient gâté par leurs engouements, les acclamations du public lui avaient fait tourner la tête. Il avait été si beau, ou, pour mieux dire, si joli dans sa jeunesse, qu'il avait débuté en Italie dans les rôles de femme; maintenant qu'il tirait sur la cinquantaine (il paraissait même beaucoup plus vieux que son âge, comme la plupart des sopranistes), il était difficile de le se représenter en Didon, ou en Galathée, sans avoir grande envie de rire. Pour racheter ce qu'il y avait de bizarre dans sa personne, il se donnait de grands airs de matamore, et à tout propos élevait sa voix claire et douce, sans pouvoir en changer la nature. Il y avait dans toutes ces affectations, et dans cette exubérance de vanité, un bon côté cependant. Caffariello sentait trop la supériorité de son talent pour être aimable; mais aussi il sentait trop la dignité de son rôle d'artiste pour être courtisan. Il tenait tête follement et crânement aux plus importants personnages, aux souverains même, et pour cela il n'était point aimé des plats adulateurs dont son impertinence faisait par trop la critique. Les vrais amis de l'art lui pardonnaient tout, à cause de son génie de virtuose, et malgré toutes les lâchetés qu'on lui reprochait comme homme, on était bien forcé de reconnaître qu'il y avait dans sa vie des traits de courage et de générosité comme artiste.

Ce n'était point volontairement, et de propos délibéré, qu'il avait montré de la négligence et une sorte d'ingratitude envers le Porpora. Il se souvenait bien d'avoir étudié huit ans avec lui, et d'avoir appris de lui tout ce qu'il savait; mais il se souvenait encore davantage du jour où son maître lui avait dit: « A présent je n'ai plus rien à t'apprendre: *Va, figlio mio, tu sei il primo musico del mondo.* » Et, de ce jour, Caffariello, qui était effectivement (après Farinelli) le premier chanteur du monde, avait cessé de s'intéresser à tout ce qui n'était pas lui-même. « Puisque je suis le premier, s'était-il dit, apparemment je suis le seul. Le monde a été créé pour moi; le ciel n'a donné le génie aux poètes et aux compositeurs que pour faire chanter Caffariello. Le Porpora n'a été le premier maître de chant de l'univers que parce qu'il était destiné à former Caffariello. Maintenant l'œuvre du Porpora est finie, sa mission est achevée, et pour la gloire, pour le bonheur, pour l'immortalité du Porpora, il suffit que Caffariello vive et chante. » Caffariello avait vécu et chanté, il était riche et triomphant, le Porpora était pauvre et délaissé; mais Caffariello était fort tranquille, et se disait qu'il avait amassé assez d'or et de célébrité pour que son maître fût bien payé d'avoir lancé dans le monde un prodige tel que lui.

LXXXIV.

Caffariello, en entrant, salua fort peu tout le monde, mais alla baiser tendrement et respectueusement la main de Wilhelmine: après quoi, il accosta son directeur Holzbaüer avec un air d'affabilité protectrice, et secoua la main de son maître Porpora avec une familiarité insouciante. Partagé entre l'indignation que lui causaient ses manières et la nécessité de le ménager (car en demandant un opéra de lui au théâtre, et en se chargeant du premier rôle, Caffariello pouvait rétablir les affaires du maestro), le Porpora se mit à le complimenter et à le questionner sur les triomphes qu'il venait d'avoir en France, d'un ton de persifflage trop fin pour que sa fatuité ne prît pas le change.

« La France? répondit Caffariello; ne me parlez pas de la France! c'est le pays de la petite musique, des petits musiciens, des petits amateurs, et des petits grands seigneurs. Imaginez un faquin comme Louis XV, qui me fait remettre par un de ses premiers gentilshommes, après m'avoir entendu dans une demi-douzaine de concerts spirituels, devinez quoi? une mauvaise tabatière!

— Mais en or, et garnie de diamants de prix, sans doute? dit le Porpora en tirant avec ostentation la sienne qui n'était qu'en bois de figuier.

— Eh! sans doute, reprit le soprano; mais voyez l'impertinence! point de portrait! A moi, une simple tabatière, comme si j'avais besoin d'une boîte pour priser! Fi! quelle bourgeoisie royale! J'en ai été indigné.

— Et j'espère, dit le Porpora en remplissant de tabac son nez malin, que tu auras donné une bonne leçon à ce petit roi-là?

— Je n'y ai pas manqué, par le corps de Dieu! Monsieur, ai-je dit au premier gentilhomme en ouvrant un tiroir sous ses yeux éblouis; voilà trente tabatières, dont la plus chétive vaut trente fois celle que vous m'offrez; et vous voyez, en outre, que les autres souverains n'ont pas dédaigné de m'honorer de leurs miniatures. Dites cela au roi votre maître, Caffariello n'est pas à court de tabatières, Dieu merci!

— Par le sang de Bacchus! voilà un roi qui a dû être bien penaud! reprit le Porpora.

— Attendez! ce n'est pas tout! Le gentilhomme a eu l'insolence de me répondre qu'en fait d'étrangers Sa Majesté ne donnait son portrait qu'aux ambassadeurs!

— Oui-da! le paltoquet! Et qu'as-tu répondu?

— Écoutez bien, Monsieur, ai-je dit; apprenez qu'avec tous les ambassadeurs du monde on ne ferait pas un Caffariello.

— Belle et bonne réponse! Ah! que je reconnais bien là mon Caffariello! et tu n'as pas accepté sa tabatière?

— Non, pardieu! répondit Caffariello en tirant de sa poche, par préoccupation, une tabatière d'or enrichie de brillants.

— Ce ne serait pas celle-ci, par hasard? dit le Porpora en regardant la boîte d'un air indifférent. Mais, dis-moi, as-tu vu là notre jeune princesse de Saxe? celle à qui j'ai mis pour la première fois les doigts sur le clavecin, à Dresde, alors que la reine de Pologne, sa mère, m'honorait de sa protection? C'était une aimable petite princesse!

— Marie-Joséphine?

— Oui, la grande dauphine de France.

— Si je l'ai vue? dans l'intimité! C'est une bien bonne personne. Ah! la bonne femme! Sur mon honneur, nous sommes les meilleurs amis du monde. Tiens! c'est elle qui m'a donné cela! »

Et il montra un énorme diamant qu'il avait au doigt.

« Mais on dit aussi qu'elle a ri aux éclats de ta réponse au roi son présent.

— Sans doute, elle a trouvé que j'avais fort bien répondu, et que le roi son beau-père avait agi avec moi comme un cuistre.

— Elle t'a dit cela, vraiment?

— Elle me l'a fait entendre, et m'a remis un passeport qu'elle avait fait signer par le roi lui-même. »

Tous ceux qui écoutaient ce dialogue se détournèrent pour rire sous cape. Le Buononcini, en parlant des forfanteries de Caffariello en France, avait raconté, une heure auparavant, que la dauphine, en lui remettant ce passe-port, illustré de la griffe du maître, lui avait fait remarquer qu'il n'était valable que pour dix jours, ce qui répondait clairement à un ordre de sortir du royaume dans le plus prompt délai.

Caffariello, craignant peut-être qu'on ne l'interrogeât sur cette circonstance, changea de conversation.

« Eh bien, maestro! dit-il au Porpora, as-tu fait beaucoup d'élèves à Venise, dans ces derniers temps? En as-tu produit quelques-uns qui te donnent de l'espérance?

— Ne m'en parle pas! répondit le Porpora. Depuis toi, le ciel a été avare, et mon école stérile. Quand Dieu eut fait l'homme, il se reposa. Depuis que le Porpora a fait le Caffariello, il se croise les bras et s'ennuie.

— Bon maître! reprit Caffariello charmé du compliment qu'il prit tout à fait en bonne part, tu as trop d'indulgence pour moi. Mais tu avais pourtant quelques élèves qui promettaient, quand je t'ai vu à la **Scuola dei Mendicanti**? Tu y avais déjà formé la petite Corilla qui était goûtée du public; une belle créature, par ma foi!

—Une belle créature, rien de plus.

—Rien de plus, en vérité? demanda M. Holzbaüer, qui avait l'oreille au guet.

—Rien de plus, vous dis-je, répliqua le Porpora d'un ton d'autorité.

—Cela est bon à savoir, dit Holzbaüer en lui parlant à l'oreille. Elle est arrivée ici hier soir, assez malade à ce qu'on m'a dit : et pourtant, dès ce matin, j'ai reçu des propositions de sa part pour entrer au théâtre de la cour.

—Ce n'est pas ce qu'il vous faut, reprit le Porpora. Votre femme chante... dix fois mieux qu'elle! » Il avait failli dire moins mal, mais il sut se retourner à temps.

« Je vous remercie de votre avis, répondit le directeur.

—Eh quoi! pas d'autre élève que la grosse Corilla? reprit Caffariello. Venise est à sec? J'ai envie d'y aller le printemps prochain avec la Tesi.

—Pourquoi non?

—Mais la Tesi est entichée de Dresde. Ne trouverai-je donc pas un chat pour miauler à Venise? Je ne suis pas bien difficile, moi, et le public ne l'est pas, quand il a un primo-uomo de ma qualité pour enlever tout l'opéra. Une jolie voix, docile et intelligente, me suffirait pour les duos. Ah! à propos, maître! qu'as-tu fait d'une petite moricaude que je t'ai vue?

—J'ai enseigné beaucoup de moricaudes.

—Oh! celle-là avait une voix prodigieuse, et je me souviens que je t'ai dit en l'écoutant : Voilà un petit laideron qui ira loin! Je me suis même amusé à lui chanter quelque chose. Pauvre petite! elle en a pleuré d'admiration.

—Ah! ah! dit Porpora en regardant Consuelo, qui devint rouge comme le nez du maestro.

—Comment diable s'appelait-elle? reprit Caffariello. Un nom bizarre... Allons, tu dois t'en souvenir, maestro; elle était laide comme tous les diables.

—C'était moi, » répondit Consuelo, qui surmonta avec franchise et bonhomie son embarras, pour venir saluer gaiement et respectueusement Caffariello.

Caffariello ne se déconcerta pas pour si peu.

« Vous? lui dit-il lestement en lui prenant la main. Vous mentez ; car vous êtes une fort belle fille, et celle dont je parle...

—Oh! c'était bien moi! reprit Consuelo. Regardez-moi bien! Vous devez me reconnaître. C'est bien la même Consuelo!

—Consuelo! oui, c'était son diable de nom. Mais je ne vous reconnais pas du tout, et j'ai bien peur qu'on ne vous ait changée. Mon enfant, si, en acquérant de la beauté, vous avez perdu la voix et le talent que vous annonciez, vous auriez mieux fait de rester laide.

—Je veux que tu l'entendes! » dit le Porpora qui brûlait du désir de produire son élève devant Holzbaüer. Et il poussa Consuelo au clavecin, un peu malgré elle; car il y avait longtemps qu'elle n'avait affronté un auditoire savant, et elle ne s'était nullement préparée à chanter ce soir-là.

« Vous me mystifiez, disait Caffariello. Ce n'est pas la même que j'ai vue à Venise.

—Tu vas en juger, répondait le Porpora.

—En vérité, maître, c'est une cruauté de me faire chanter, quand j'ai encore cinquante lieues de poussière dans le gosier, dit Consuelo timidement.

—C'est égal, chante, répondit le maestro.

—N'ayez pas peur de moi, mon enfant, dit Caffariello; je sais l'indulgence qu'il faut avoir, et, pour vous ôter la peur, je vais chanter avec vous, si vous voulez.

—A cette condition-là, j'obéirai, répondit-elle; et le bonheur que j'aurai de vous entendre m'empêchera de penser à moi-même.

—Que pouvons-nous chanter ensemble? dit Caffariello au Porpora. Choisis un duo, toi.

—Choisis toi-même, répondit-il. Il n'y a rien qu'elle ne puisse chanter avec toi.

—Eh bien donc! quelque chose de ta façon, je veux te faire plaisir aujourd'hui, maestro; et d'ailleurs je sais que la signora Wilhelmine a ici toute la musique, reliée et dorée avec un luxe oriental.

—Oui, grommela Porpora entre ses dents, mes œuvres sont plus richement habillées que moi. »

Caffariello prit les cahiers, feuilleta, et choisit un duo de l'*Eumène*, opéra que le maestro avait écrit à Rome pour Farinelli. Il chanta le premier solo avec cette grandeur, cette perfection, cette *maestria*, qui faisaient oublier en un instant tous ses ridicules pour ne laisser de place qu'à l'admiration et à l'enthousiasme. Consuelo se sentit ranimée et vivifiée de toute la puissance de cet homme extraodinaire, et chanta, à son tour, le solo de femme, mieux peut-être qu'elle n'avait chanté de sa vie. Caffariello n'attendit pas qu'elle eût fini pour l'interrompre par des explosions d'applaudissements.

« Ah! *cara!* s'écria-t-il à plusieurs reprises : c'est à présent que je te reconnais. C'est bien l'enfant merveilieux que j'avais remarqué à Venise : mais à présent, *figlia mia*, tu es un prodige (*un portento*), c'est Caffariello qui te le déclare. »

La Wilhelmine fut un peu surprise, un peu décontenancée, de retrouver Consuelo plus puissante qu'à Venise. Malgré le plaisir d'avoir les débuts d'un tel talent dans son salon à Vienne, elle ne se vit pas, sans un peu d'effroi et de chagrin, réduite à ne plus oser chanter à ses habitués, après une telle virtuose. Elle fit pourtant grand bruit de son admiration. Holzbaüer, toujours souriant dans sa cravate, mais craignant de ne pas trouver dans sa caisse assez d'argent pour payer un si grand talent, garda, au milieu de ses louanges, une réserve diplomatique; le Buononcini déclara que Consuelo surpassait encore madame Hasse et madame Cuzzoni. L'ambassadeur entra dans de tels transports, que la Wilhelmine en fut effrayée, surtout quand elle le vit ôter de son doigt un gros saphir pour le passer à celui de Consuelo, qui n'osait ni l'accepter ni le refuser. Le duo fut redemandé avec fureur; mais la porte s'ouvrit, et le laquais annonça avec une respectueuse solennité M. le comte de Hoditz : tout le monde se leva par ce mouvement de respect instinctif que l'on porte, non au plus illustre, non au plus digne, mais au plus riche.

« Il faut que j'aie bien du malheur, pensa Consuelo, pour rencontrer ici d'emblée, et sans avoir eu le temps de parlementer, deux personnes qui m'ont vue en voyage avec Joseph, et qui ont pris sans doute une fausse idée de mes mœurs et de mes relations avec lui. N'importe, bon et honnête Joseph, au prix de toutes les calomnies que notre amitié pourra susciter, je ne le désavouerai jamais dans mon cœur ni dans mes paroles. »

Le comte Hoditz, tout chamarré d'or et de broderies, s'avança vers Wilhelmine, et, à la manière dont on baisait la main de cette femme entretenue, Consuelo comprit la différence qu'on faisait entre une telle maîtresse de maison et les fières patriciennes qu'elle avait vues à Venise. On paraissait plus galant, plus aimable et plus gai auprès de Wilhelmine; mais on parlait plus vite, on marchait moins légèrement, on croisait les jambes plus haut, on mettait le dos à la cheminée; enfin on était un autre homme que dans le monde officiel. On paraissait se plaire davantage à ce sans-gêne; mais il y avait au fond quelque chose de blessant et de méprisant que Consuelo sentit tout de suite, quoique ce quelque chose, masqué par l'habitude du grand monde et les égards qu'on devait à l'ambassadeur, fût quasi imperceptible.

Le comte Hoditz était, entre tous, remarquable par cette fine nuance de laisser-aller qui, loin de choquer Wilhelmine, lui semblait un hommage de plus. Consuelo n'en souffrait que pour cette pauvre personne dont la gloriole satisfaite lui paraissait misérable. Quant à elle-même, elle n'en était pas offensée; Zingarella, elle ne prétendait à rien, et, n'exigeant pas seulement un regard, elle ne se souciait guère d'être saluée deux ou trois lignes plus haut ou plus bas. « Je viens ici faire mon métier de chanteuse, se disait-elle, et, pourvu que l'on m'approuve quand j'ai fini, je ne demande qu'à me tenir inaperçue dans un coin; cette femme, qui mêle sa vanité à son amour (si tant est qu'elle mêle un peu d'amour à toute cette vanité), combien elle rougirait si elle voyait le dédain et l'ironie cachés sous des manières si galantes et si complimenteuses! »

On la fit chanter encore; on la porta aux nues, et elle partagea littéralement avec Caffariello les honneurs de la soirée. A chaque instant elle s'attendait à se voir abordée par le comte Hoditz, et à soutenir le feu de quelque malicieux éloge. Mais, chose étrange! le comte Hoditz ne s'approcha pas du clavecin, vers lequel elle affectait de se tenir tournée pour qu'il ne vît pas ses traits, et lorsqu'il se fut enquis de son nom et de son âge, il ne parut pas avoir jamais entendu parler d'elle. Le fait est qu'il n'avait pas reçu le billet imprudent que, dans son audace voyageuse, Consuelo lui avait adressé par la femme du déserteur. Il avait, en outre, la vue fort basse, et comme ce n'était pas alors la mode de lorgner en plein salon, il distinguait très-vaguement la pâle figure de la cantatrice. On s'étonnera peut-être que, mélomane comme il se piquait d'être, il n'eût pas la curiosité de voir de plus près une virtuose si remarquable. Il faut qu'on se souvienne que le seigneur morave n'aimait que sa propre musique, sa propre méthode et ses propres chanteurs. Les grands talents ne lui inspiraient aucun intérêt et aucune sympathie; il aimait à rabaisser dans son estime leurs exigences et leurs prétentions. Et, lorsqu'on lui disait que la Faustina Bordoni gagnait à Londres cinquante mille francs par an, et Farinelli cent cinquante mille francs, il haussait les épaules et disait qu'il avait pour cinq cents francs de gages, à son théâtre de Roswald, en Moravie, des chanteurs formés par lui qui valaient bien Farinelli, Faustina, et M. Caffariello par-dessus le marché.

Les grands airs de ce dernier lui étaient particulièrement antipathiques et insupportables, par la raison que, dans sa sphère, M. le comte Hoditz avait les mêmes travers et les mêmes ridicules. Si les vantards déplaisent aux gens modestes et sages, c'est aux vantards surtout qu'ils inspirent le plus d'aversion et de dégoût. Tout vaniteux déteste son pareil, et raille en lui le vice qu'il porte en lui-même. Pendant qu'on écoutait le chant de Caffariello, personne ne songeait à la fortune et au dilettantisme du comte Hoditz. Pendant que Caffariello débitait ses hâbleries, le comte Hoditz ne pouvait trouver place pour les siennes; enfin ils se gênaient l'un l'autre. Aucun salon n'était assez vaste, aucun auditoire assez attentif, pour contenir et contenter deux hommes dévorés d'une telle *approbativité* (style phrénologique de nos jours).

Une troisième raison empêcha le comte Hoditz d'aller regarder et reconnaître son Bertoni de Passaw: c'est qu'il ne l'avait presque pas regardé à Passaw, et qu'il eût eu bien de la peine à le reconnaître ainsi transformé. Il avait vu une petite fille *assez bien faite*, comme on disait alors pour exprimer une personne passable; il avait entendu une jolie voix fraîche et facile; il avait pressenti une intelligence assez éducable; il n'avait senti et deviné rien de plus, et il ne lui fallait rien de plus pour son théâtre de Roswald. Riche, il était habitué à acheter sans trop d'examen et sans débat parcimonieux tout ce qui se trouvait à sa convenance. Il avait voulu acheter le talent et la personne de Consuelo comme nous achetons un couteau à Châtellerault et de la verroterie à Venise. Le marché ne s'était pas conclu, et, comme il n'avait pas eu un instant d'amour pour elle, il n'avait pas eu un instant de regret. Le dépit avait bien un peu troublé la sérénité de son réveil à Passaw; mais les gens qui s'estiment beaucoup ne souffrent pas longtemps d'un échec de ce genre. Ils l'oublient vite; le monde n'est-il pas à eux, surtout quand ils sont riches? Une aventure manquée, cent de retrouvées! s'était dit le noble comte. Il chuchota avec la Wilhelmine durant le dernier morceau que chanta Consuelo, et, s'apercevant que le Porpora lui lançait des regards furieux, il sortit bientôt sans avoir trouvé aucun plaisir parmi ces musiciens pédants et mal appris.

LXXXV.

Le premier mouvement de Consuelo, en rentrant dans la chambre, fut d'écrire à Albert; mais elle s'aperçut bientôt que cela n'était pas aussi facile à faire qu'elle se l'était imaginé. Dans un premier brouillon, elle commençait à lui raconter tous les incidents de son voyage, lorsque la crainte lui vint de l'émouvoir trop violemment par la peinture des fatigues et des dangers qu'elle lui mettait sous les yeux. Elle se rappelait l'espèce de fureur délirante qui s'était emparée de lui lorsqu'elle lui avait raconté dans le souterrain les terreurs qu'elle venait d'affronter pour arriver jusqu'à lui. Elle déchira donc cette lettre, et, pensant qu'à une âme aussi profonde et à une organisation aussi impressionnable il fallait la manifestation d'une idée dominante et d'un sentiment unique, elle résolut de lui épargner tout le détail émouvant de la réalité pour ne lui exprimer, en peu de mots, que l'affection promise et la fidélité jurée. Mais ce peu de mots ne pouvait être vague; s'il n'était pas complétement affirmatif, il ferait naître des angoisses et des craintes affreuses. Comment pouvait-elle affirmer qu'elle avait enfin reconnu en elle-même l'existence de cet amour absolu et de cette résolution inébranlable dont Albert avait besoin pour exister en l'attendant? La sincérité, l'honneur de Consuelo, ne pouvaient se plier à une demi-vérité. En interrogeant sévèrement son cœur et sa conscience, elle y trouvait bien la force et le calme de la victoire remportée sur Anzoleto. Elle y trouvait bien aussi, au point de vue de l'amour et de l'enthousiasme, la plus complète indifférence pour tout autre homme qu'Albert; mais cette sorte d'amour, mais cet enthousiasme sérieux qu'elle avait pour lui seul, c'était toujours le même sentiment qu'elle avait éprouvé auprès de lui. Il ne suffisait pas que le souvenir d'Anzoleto fût vaincu, que sa présence fût écartée, pour que le comte Albert devînt l'objet d'une passion violente dans le cœur de cette jeune fille. En le dépendant pas d'elle de se rappeler sans effroi la maladie mentale du pauvre Albert, la triste solennité du château des Géants, les répugnances aristocratiques de la chanoinesse, le meurtre de Zdenko, la grotte lugubre de Schreckenstein, enfin toute cette vie sombre et bizarre qu'elle avait comme rêvée en Bohême; car, après avoir humé le grand air du vagabondage sur les cimes du Bœhmerwald, et en se retrouvant en pleine musique auprès du Porpora, Consuelo ne se représentait déjà plus la Bohême que comme un cauchemar. Quoiqu'elle eût résisté aux sauvages aphorismes artistiques du Porpora, elle se voyait retombée dans une existence si bien appropriée à son éducation, à ses facultés, et à ses habitudes d'esprit, qu'elle ne concevait plus la possibilité de se transformer en châtelaine de Riesenburg.

Que pouvait-elle donc annoncer à Albert? que pouvait-elle lui promettre et lui affirmer de nouveau? N'était-elle pas dans les mêmes irrésolutions, dans le même effroi qu'à son départ du château? Si elle était venue se réfugier à Vienne plutôt qu'ailleurs, c'est qu'elle y était sous la protection de la seule autorité légitime qu'elle eût à reconnaître dans sa vie. Le Porpora était son bienfaiteur, son père, son appui et son maître dans l'acception la plus religieuse du mot. Près de lui, elle ne se sentait plus orpheline, et ne se reconnaissait plus le droit de disposer d'elle-même suivant la seule inspiration de son cœur ou de sa raison. Or, le Porpora blâmait, raillait et repoussait avec énergie l'idée d'un mariage qu'il regardait comme le meurtre d'un génie, comme l'immolation d'une grande destinée à la fantaisie d'un dévouement romanesque. A Riesenburg aussi, il y avait un vieillard généreux, noble et tendre, qui s'offrait pour père à Consuelo; mais change-t-on de père suivant les besoins de sa situation? Et quand le Porpora disait *non*, Consuelo pouvait-elle accepter le *oui* du comte Christian?

Cela ne se devait ni ne se pouvait, et il fallait attendre ce que prononcerait le Porpora lorsqu'il aurait mieux examiné les faits et les sentiments. Mais, en attendant cette confirmation ou cette transformation de son jugement, que dire au malheureux Albert pour lui faire prendre patience en lui laissant l'espoir? Avouer la première bourrasque de mécontentement du Porpora, c'était bouleverser toute la sécurité d'Albert; la lui cacher, c'était le tromper, et Consuelo ne voulait pas dissimuler

Haydn qui crêpait gravement la perruque... (Page 219.)

avec lui. La vie de ce noble jeune homme eût-elle dépendu d'un mensonge, Consuelo n'eût pas fait ce mensonge. Il est des êtres qu'on respecte trop pour les tromper, même en les sauvant.

Elle recommença donc, et déchira vingt commencements de lettre, sans pouvoir se décider à en continuer une seule. De quelque façon qu'elle s'y prît, au troisième mot, elle tombait toujours dans une assertion téméraire ou dans une dubitation qui pouvait avoir de funestes effets. Elle se mit au lit, accablée de lassitude, de chagrin et d'anxiétés, et elle y souffrit longtemps du froid et de l'insomnie, sans pouvoir s'arrêter à aucune résolution, à aucune conception nette de son avenir et de sa destinée. Elle finit par s'endormir, et resta assez tard au lit pour que le Porpora, qui était fort matinal, fût déjà sorti pour ses courses. Elle trouva Haydn occupé, comme la veille, à brosser les habits et à ranger les meubles de son nouveau maître.

« Allons donc, belle dormeuse, s'écria-t-il en voyant enfin paraître son amie, je me meurs d'ennui, de tristesse, et de peur surtout, quand je ne vous vois pas, comme un ange gardien, entre ce terrible professeur et moi. Il me semble qu'il va toujours pénétrer mes intentions, déjouer le complot, et m'enfermer dans son vieux clavecin, pour m'y faire périr d'une suffocation harmonique. Il me fait dresser les cheveux sur la tête, ton Porpora; et je ne peux pas me persuader que ce ne soit pas un vieux diable italien, le Satan de ce pays-là étant reconnu beaucoup plus méchant et plus fin que le nôtre.

— Rassure-toi, ami, répondit Consuelo; notre maître n'est que malheureux; il n'est pas méchant. Commençons par mettre tous nos soins à lui donner un peu de bonheur, et nous le verrons s'adoucir et revenir à son vrai caractère. Dans mon enfance, je l'ai vu cordial et enjoué; on le citait pour la finesse et la gaîté de ses reparties : c'est qu'alors il avait des succès, des amis et de l'espérance. Si tu l'avais connu à l'époque où l'on chantait son *Polifeme* au théâtre de San-Mose, lorsqu'il me faisait entrer avec lui sur le théâtre, et me mettait dans la coulisse d'où je pouvais voir le dos des comparses et la tête du géant ! Comme tout cela me semblait beau et terrible, de mon petit coin ! Accroupie derrière un rocher de carton, ou grimpée sur une échelle à quinquets, je respirais à peine; et, malgré moi, je faisais,

Et secoua la main de son maître Porpora... (Page 224.)

avec ma tête et mes petits bras, tous les gestes, tous les mouvements que je voyais faire aux acteurs. Et quand le maître était rappelé sur la scène et forcé, par les cris du parterre, à repasser sept fois devant le rideau, le long de la rampe, je me figurais que c'était un dieu : c'est qu'il était fier, il était beau d'orgueil et d'effusion de cœur, dans ces moments-là ! Hélas ! il n'est pas encore bien vieux, et le voilà si changé, si abattu ! Voyons, Beppo, mettons-nous à l'œuvre, pour qu'en rentrant il retrouve son pauvre logis un peu plus agréable qu'il ne l'a laissé. D'abord je vais faire l'inspection de ses nippes, afin de voir ce qui lui manque.

— Ce qui lui manque sera un peu long à compter, et ce qu'il a très-court à voir, répondit Joseph; car je ne sache que ma garde-robe qui soit plus pauvre et en plus mauvais état.

— Eh bien, je m'occuperai aussi de remonter la tienne; car je suis ton débiteur, Joseph ; tu m'as nourrie et vêtue tout le long du voyage. Songeons d'abord au Porpora. Ouvre-moi cette armoire. Quoi ! un seul habit ? celui qu'il avait hier soir chez l'ambassadeur?

— Hélas! oui! un habit marron à boutons d'acier taillés, et pas très-frais, encore ! L'autre habit, qui est mûr et délabré à faire pitié, il l'a mis pour sortir ; et quant à sa robe de chambre, je ne sais si elle a jamais existé ; mais je la cherche en vain depuis une heure. »

Consuelo et Joseph s'étant mis à fureter partout, reconnurent que la robe de chambre du Porpora était une chimère de leur imagination, de même que son *pardessus* et son manchon. Compte fait des chemises, il n'y en avait que trois en haillons; les manchettes tombaient en ruines, et ainsi du reste.

« Joseph, dit Consuelo, voilà une belle bague qu'on m'a donnée hier soir en paiement de mes chansons ; je ne veux pas la vendre, cela attirerait l'attention sur moi, et indisposerait peut-être contre ma cupidité les gens qui m'en ont gratifié. Mais je puis la mettre en gage, et me faire prêter dessus l'argent qui nous est nécessaire. Keller est honnête et intelligent : il saura bien évaluer ce bijou, et connaîtra certainement quelque usurier qui, en le prenant en dépôt, m'avancera une bonne somme. Va vite et reviens.

— Ce sera bientôt fait, répondit Joseph. Il y a une espèce de bijoutier israélite dans la maison de Keller, et ce dernier étant pour ces sortes d'affaires secrètes le factotum de plus d'une belle dame, il vous fera compter de l'argent d'ici à une heure ; mais je ne veux rien pour moi, entendez-vous, Consuelo ! Vous-même, dont l'équipage a fait toute la route sur mon épaule, vous avez grand besoin de toilette, et vous serez forcée de paraître demain, ce soir peut-être, avec une robe un peu moins fripée que celle-ci.

— Nous réglerons nos comptes plus tard, et comme je l'entendrai, Beppo. N'ayant pas refusé tes services, j'ai le droit d'exiger que tu ne refuses pas les miens. Allons ! cours chez Keller. »

Au bout d'une heure, en effet, Haydn revint avec Keller et mille cinq cents florins ; Consuelo lui ayant expliqué ses intentions, Keller ressortit et ramena bientôt un tailleur de ses amis, habile et expéditif, qui, ayant pris la mesure de l'habit du Porpora et des autres pièces de son habillement, s'engagea à rapporter dans peu de jours deux autres habillements complets, une bonne robe de chambre ouatée, et même du linge et d'autres objets nécessaires à la toilette, qu'il se chargea de commander à des ouvrières *recommandables*.

« Maintenant, dit Consuelo à Keller quand le tailleur fut parti, il me faut le plus grand secret sur tout ceci. Mon maître est aussi fier qu'il est pauvre, et certainement il jetterait les pauvres dons par la fenêtre s'il soupçonnait seulement qu'ils viennent de moi.

— Comment ferez-vous donc, signora, observa Joseph, pour lui faire endosser ces habits neufs et abandonner les vieux sans qu'il s'en aperçoive ?

— Oh ! je le connais, et je vous réponds qu'il ne s'en apercevra pas. Je sais comment il faut s'y prendre !

— Et maintenant, signora, reprit Joseph, qui, hors du tête-à-tête, avait le bon goût de parler très-cérémonieusement à son amie, pour ne pas donner une fausse opinion de la nature de leur amitié, ne penserez-vous pas aussi à vous-même ? Vous n'avez presque rien apporté avec vous de la Bohême, et vos habits, d'ailleurs, ne sont pas à la mode de ce pays-ci.

— J'allais oublier cette importante affaire ! Il faut que le bon monsieur Keller soit mon conseil et mon guide.

— Oui-da ! reprit Keller, je m'y entends, et si je ne vous fais pas confectionner une toilette du meilleur goût, dites que je suis un ignorant et un présomptueux.

— Je m'en remets à vous, bon Keller ; seulement je vous avertis, en général, que j'ai l'humeur simple, et que les choses voyantes, les couleurs tranchées, ne conviennent ni à ma pâleur habituelle ni à mes goûts tranquilles.

— Vous me faites injure, signora, en présumant que j'aie besoin de cet avis. Ne sais-je pas, par état, les couleurs qu'il faut assortir aux physionomies, et ne vois-je pas dans la vôtre l'expression de votre naturel ? Soyez tranquille, vous serez contente de moi, et bientôt vous pourrez paraître à la cour, si bon vous semble, sans cesser d'être modeste et simple comme vous voilà. Orner la personne, et non point la changer, tel est l'art du coiffeur et celui du costumier.

— Encore un mot à l'oreille, cher monsieur Keller, dit Consuelo en éloignant le perruquier de Joseph. Vous allez aussi faire habiller de neuf maître Haydn des pieds à la tête, et, avec le reste de l'argent, vous offrirez de ma part à votre fille une belle robe de soie pour le jour de ses noces avec lui. J'espère qu'elles ne tarderont pas ; car si j'ai du succès ici, je pourrai être utile à notre ami et l'aider à se faire connaître. Il a du talent, beaucoup de talent, soyez-en certain.

— En a-t-il réellement, signora ? Je suis heureux de ce que vous me dites ; je m'en étais toujours douté. Que dis-je ? j'en étais certain dès le premier jour où je l'ai remarqué, tout petit enfant de chœur, à la maîtrise.

— C'est un noble garçon, reprit Consuelo, et vous serez récompensé par sa reconnaissance et sa loyauté de ce que vous avez fait pour lui ; car vous aussi, Keller, je le sais, vous êtes un digne homme et un noble cœur. Maintenant, dites-nous, ajouta-t-elle en se rapprochant de Joseph avec Keller, si vous avez fait déjà ce dont nous étions convenus à l'égard des protecteurs de Joseph.

L'idée était venue de vous : l'avez-vous mise à exécution ?

— Si je l'ai fait, signora ! répondit Keller. Dire et faire sont tout un pour votre serviteur. En allant accommoder mes pratiques ce matin, j'ai averti d'abord monseigneur l'ambassadeur de Venise (je n'ai pas l'honneur de le coiffer en personne, mais je frise monsieur son secrétaire), ensuite M. l'abbé de Métastase, dont je fais la barbe tous les matins, et mademoiselle Marianne Martinez, sa pupille, dont la tête est également dans mes mains. Elle demeure, ainsi que lui, dans ma maison... c'est-à-dire que je demeure dans leur maison : n'importe ! Enfin j'ai pénétré chez deux ou trois autres personnes qui connaissent également la figure de Joseph, et qu'il est exposé à rencontrer chez maître Porpora. Celles dont je n'avais pas la pratique, je les abordais sous un prétexte quelconque : « J'ai ouï dire que madame la baronne faisait chercher chez mes confrères de la véritable graisse d'ours pour les cheveux, et je m'empresse de lui en apporter que je garantis. Je l'offre gratis comme échantillon aux personnes du grand monde, et ne leur demande que leur clientèle pour cette fourniture si elles en sont satisfaites. » Ou bien : « Voici un livre d'église qui a été trouvé à Saint-Étienne, dimanche dernier ; et comme je coiffe la cathédrale (c'est-à-dire la maîtrise de la cathédrale), j'ai été chargé de demander à Votre Excellence si ce livre ne lui appartient pas. » C'était un vieux bouquin de cuir doré et armorié, que j'avais pris dans le banc de quelque chanoine pour le présenter, sachant bien que personne ne le réclamerait. Enfin, quand j'avais réussi à me faire écouter un instant sous un prétexte ou sous un autre, je me mettais à babiller avec l'aisance et l'esprit que l'on tolère chez les gens de ma profession. Je disais, par exemple : « J'ai beaucoup entendu parler de Votre Seigneurie à un habile musicien de mes amis, Joseph Haydn : c'est ce qui m'a donné l'assurance de me présenter dans la respectable maison de Votre Seigneurie. — Comment, me disait-on, le petit Joseph ? Un charmant talent, un jeune homme qui promet beaucoup. — Ah ! vraiment, répondais-je alors tout content de venir au fait, Votre Seigneurie doit s'amuser de ce qui lui arrive de singulier et d'avantageux dans ce moment-ci. — Que lui arrive-t-il donc ? Je l'ignore absolument. — Eh ! il n'y a rien de plus comique et de plus intéressant à la fois. Il s'est fait valet de chambre. — Comment, lui, valet ? Fi, quelle dégradation ! quel malheur pour un pareil talent ! Il est donc bien misérable ? Je veux le secourir. — Il ne s'agit pas de cela, Seigneurie, répondais-je ; c'est l'amour de l'art qui lui a fait prendre cette singulière résolution. Il voulait à toute force avoir des leçons de l'illustre maître Porpora... — Ah ! oui, je sais cela, et le Porpora refusait de l'entendre et de l'admettre. C'est un homme de génie bien quinteux et bien morose. — C'est un grand homme, un grand cœur, répondais-je conformément aux intentions de la signora Consuelo, qui ne veut pas que son maître soit raillé et blâmé dans tout ceci. Soyez sûr, ajoutais-je, qu'il reconnaîtra bientôt la grande capacité du petit Haydn, et qu'il lui donnera tous ses soins : mais, pour ne pas irriter sa mélancolie, et pour s'introduire auprès de lui sans l'effaroucher, Joseph n'a rien trouvé de plus ingénieux que d'entrer à son service comme valet, et de feindre la plus complète ignorance en musique. — L'idée est touchante, charmante, me répondait-on tout attendri ; c'est l'héroïsme d'un véritable artiste ; mais il faut qu'il se dépêche d'obtenir les bonnes grâces du Porpora avant qu'il soit reconnu et signalé à ce dernier comme un artiste déjà remarquable ; car le jeune Haydn est déjà aimé et protégé de quelques personnes, lesquelles fréquentent précisément ce Porpora. — Ces personnes, disais-je alors d'un air insinuant, sont trop généreuses, trop prudentes, pour ne pas garder à Joseph son petit secret tant qu'il sera nécessaire, et pour ne pas feindre un peu avec le Porpora afin de lui conserver sa confiance. — Oh ! s'écriait-on alors, ce ne sera certainement pas moi qui trahirai le bon, l'habile musicien Joseph ! vous pouvez lui en donner ma parole, et défense sera faite à mes gens de laisser échapper un mot imprudent aux oreilles du maestro. » Alors on me renvoyait avec un petit présent ou une commande de graisse d'ours, et, quant à monsieur le secrétaire d'ambassade, il s'est vivement intéressé à l'aventure et m'a promis d'en régaler monseigneur Corner à son déjeuner, afin que lui, qui aime Joseph particulièrement, se tienne tout le premier sur ses gardes vis-à-vis du Porpora. Voilà ma mission diplomatique remplie. Êtes-vous contente, signora ?

— Si j'étais reine, je vous nommerais ambassadeur sur-le-champ, répondit Consuelo. Mais j'aperçois dans la rue le maître qui revient. Sauvez-vous, cher Keller, qu'il ne vous voie pas !

— Et pourquoi me sauverais-je, Signora ! Je vais me mettre à vous coiffer, et vous serez censée avoir envoyé chercher le premier perruquier venu par votre valet Joseph.

— Il a plus d'esprit cent fois que nous, dit Consuelo à Joseph ; » et elle abandonna sa noire chevelure aux mains légères de Keller, tandis que Joseph reprenait son plumeau et son tablier, et que le Porpora montait pesamment l'escalier en fredonnant une phrase de son futur opéra.

LXXXVI.

Comme il était naturellement fort distrait, le Porpora, en embrassant au front sa fille adoptive, ne remarqua pas seulement Keller qui la tenait par les cheveux, et se mit à chercher dans sa musique le fragment écrit de la phrase qui lui trottait par la cervelle. Ce fut en voyant ses papiers, ordinairement épars sur le clavecin dans un désordre incomparable, rangés en piles symétriques, qu'il sortit de sa préoccupation en s'écriant :

« Malheureux drôle ! il s'est permis de toucher à mes manuscrits. Voilà bien les valets ! Ils croient ranger quand ils entassent ! J'avais bien besoin, ma foi, de prendre un valet ! Voilà le commencement de mon supplice.

— Pardonnez-lui, maître, répondit Consuelo ; votre musique était dans le chaos...

— Je me reconnaissais dans ce chaos ! je pouvais me lever la nuit et prendre à tâtons dans l'obscurité n'importe quel passage de mon opéra ; à présent je ne sais plus rien, je suis perdu ; j'en ai pour un mois avant de me reconnaître.

— Non, maître, vous allez vous y retrouver tout de suite. C'est moi qui ai fait la faute d'ailleurs, et quoique les pages ne fussent pas numérotées, je crois avoir mis chaque feuillet à sa place. Regardez ! je suis sûre que vous lirez plus aisément dans le cahier que j'en ai fait que dans toutes ces feuilles volantes qu'un coup de vent pouvait emporter par la fenêtre.

— Un coup de vent ! prends-tu ma chambre pour les lagunes Fusine ?

— Sinon un coup de vent, du moins un coup de plumeau, un coup de balai.

— Eh ! qu'y avait-il besoin de balayer et d'épousseter ma chambre ? Il y a quinze jours que je l'habite, et je n'ai permis à personne d'y entrer.

— Je m'en suis bien aperçu, pensa Joseph.

— Eh bien, maître, il faut que vous me permettiez de changer cette habitude. Il est malsain de dormir dans une chambre qui n'est pas aérée et nettoyée tous les jours. Je me chargerai de rétablir méthodiquement chaque jour le désordre que vous aimez, après que Beppo aura balayé et rangé.

— Beppo ! Beppo ! qu'est-ce que cela ? Je ne connais pas Beppo.

— Beppo, c'est lui, dit Consuelo en montrant Joseph. Il avait un nom si dur à prononcer, que vous en auriez eu les oreilles déchirées à chaque instant. De lui ai donné le premier nom vénitien qui m'est venu. Beppo est bien ; c'est court ; cela peut se chanter.

— Comme tu voudras ! répondit le Porpora qui commençait à se radoucir en feuilletant son opéra, et en retrouvant parfaitement réuni et cousu en un seul livre.

— Convenez, maître, dit Consuelo en le voyant sourire, que c'est plus commode ainsi.

— Ah ! tu veux toujours avoir raison, toi, reprit le maestro ; tu seras opiniâtre toute ta vie.

— Maître, avez-vous déjeuné ? reprit Consuelo que Keller venait de rendre à la liberté.

— As-tu déjeuné toi-même, répondit Porpora avec un mélange d'impatience et de sollicitude.

— J'ai déjeuné. Et vous, maître ?

— Et ce garçon, ce... Beppo, a-t-il mangé quelque chose ?

— Il a déjeuné. Et vous, maître ?

— Vous avez donc trouvé quelque chose ici ? Je ne me souviens pas si j'avais quelques provisions.

— Nous avons très bien déjeuné. Et vous, maître ?

— Et vous, maître ! et vous, maître ! Va au diable avec ces questions. Qu'est-ce cela te fait ?

— Maître, tu n'as pas déjeuné ! reprit Consuelo, qui se permettait quelquefois de tutoyer le Porpora avec la familiarité vénitienne.

— Ah ! je vois bien que le diable est entré dans ma maison. Elle ne me laissera pas tranquille ! Allons, viens ici, et chante-moi cette phrase. Attention, je te prie. »

Consuelo s'approcha du clavecin et chanta la phrase, tandis que Keller, qui était un dilettante renforcé, restait à l'autre bout de la chambre, le peigne à la main et la bouche entr'ouverte. Le maestro, qui n'était pas content de sa phrase, se la fit répéter trente fois de suite, tantôt faisant appuyer sur certaines notes, tantôt sur certaines autres, cherchant la nuance qu'il rêvait avec une obstination que pouvaient seules égaler la patience et la soumission de Consuelo. Pendant ce temps, Joseph, sur un signe de cette dernière, avait été chercher le chocolat qu'elle avait préparé elle-même pendant les courses de Keller. Il l'apporta, et, devinant les intentions de son amie, il le posa doucement sur le pupitre sans éveiller l'attention du maître, qui, au bout d'un instant, le prit machinalement, le versa dans la tasse, et l'avala avec grand appétit. Une seconde tasse fut apportée et avalée de même avec renfort de pain et de beurre, et Consuelo, qui était un peu taquine, lui dit en le voyant manger avec plaisir :

« Je le savais bien, maître, que tu n'avais pas déjeuné.

— C'est vrai ! répondit-il sans humeur ; je crois que je l'avais oublié ; cela m'arrive souvent quand je compose, et je me m'en aperçois que dans la journée, quand j'éprouve des tiraillements d'estomac et des spasmes.

— Et alors, tu bois de l'eau-de-vie, maître ?

— Qui t'a dit cela, petite sotte ?

— J'ai trouvé la bouteille.

— Eh bien, que t'importe ? Ne vas-tu pas m'interdire l'eau-de-vie ?

— Oui, je te l'interdirai ! Tu étais sobre à Venise, et tu te portais bien.

— Cela, c'est la vérité, dit le Porpora avec tristesse. Il me semblait que tout allait au plus mal, et qu'ici tout irait mieux. Cependant tout va de mal en pis pour moi. La fortune, la santé, les idées... tout ! » Et il pencha sa tête dans ses mains.

« Veux-tu que je te dise pourquoi tu as de la peine à travailler ici ? reprit Consuelo qui voulait le distraire, par des choses de détail, de l'idée de découragement qui le dominait. C'est que tu n'as pas ton bon café à la vénitienne, qui donne tant de force et de gaieté. Tu veux t'exciter à la manière des Allemands, avec de la bière et des liqueurs ; cela ne te va pas.

— Ah ! c'est encore la vérité ; mon bon café de Venise ! c'était une source intarissable de bons mots et de grandes idées. C'était le génie, c'était l'esprit, qui coulaient dans mes veines avec une douce chaleur. Tout ce qu'on boit ici rend triste ou fou.

— Eh bien, maître, prends ton café !

— Ici ? du café ? je n'en veux pas. Cela fait trop d'embarras. Il faut du feu, une servante, une vaisselle qu'on lave, qu'on remue, qu'on casse avec un bruit discordant au milieu d'une combinaison harmonique ! Non, pas de tout cela ! Ma bouteille, là, par terre, entre mes jambes, c'est plus commode, c'est plus tôt fait.

— Cela se casse aussi. Je l'ai cassée ce matin, en voulant la mettre dans l'armoire.

— Tu m'as cassé ma bouteille! je ne sais à quoi tient, petite laide, que je ne te casse ma canne sur les épaules.

— Bah! il y a quinze ans que vous me dites cela, et vous ne m'avez pas encore donné une chiquenaude! je n'ai pas peur du tout.

— Babillarde! chanteras-tu? me tireras-tu de cette phrase maudite? Je parie que tu ne la sais pas encore, tant tu es distraite ce matin.

— Vous allez voir si je ne la sais pas par cœur, » dit Consuelo en fermant le cahier brusquement.

Et elle la chanta comme elle la concevait, c'est-à-dire autrement que le Porpora. Connaissant son humeur, bien qu'elle eût compris, dès le premier essai, qu'il s'était embrouillé dans son idée, et qu'à force de la travailler il en avait dénaturé le sentiment, elle n'avait pas voulu se permettre de lui donner un conseil. Il l'eût rejeté par esprit de contradiction : mais en lui chantant cette phrase à sa propre manière, tout en feignant de faire une erreur de mémoire, elle était bien sûre qu'il en serait frappé. A peine l'eut-il entendue, qu'il bondit sur sa chaise en frappant dans ses deux mains et en s'écriant :

« La voilà! la voilà! voilà ce que je voulais, et ce que je ne pouvais pas trouver! Comment diable cela t'est-il venu?

— Est-ce que ce n'est pas ce que vous avez écrit? ou bien est-ce que le hasard?... Si fait, c'est votre phrase.

— Non, c'est la tienne, fourbe! s'écria le Porpora qui était la candeur même, et qui, malgré son amour maladif et immodéré de la gloire, n'eût jamais rien fardé par vanité ; c'est toi qui l'as trouvée! Répète-la-moi. Elle est bonne, et j'en fais mon profit. »

Consuelo recommença plusieurs fois, et le Porpora écrivit sous sa dictée ; puis il pressa son élève sur son cœur en disant :

« Tu es le diable! J'ai toujours pensé que tu étais le diable!

— Un bon diable, croyez-moi, maître, répondit Consuelo en souriant. »

Le Porpora, transporté de joie d'avoir sa phrase, après une matinée entière d'agitations stériles et de tortures musicales, chercha par terre machinalement le goulot de sa bouteille, et, ne le trouvant pas, il se remit à tâtonner sur le pupitre, et avala au hasard ce qu'il y trouvait. C'était du café exquis, que Consuelo lui avait savamment et patiemment préparé en même temps que le chocolat, et que Joseph venait d'apporter tout brûlant, à un nouveau signe de son amie.

« O nectar des dieux! ô ami des musiciens! s'écria le Porpora en le savourant : quel est l'ange, quelle est la fée qui t'a apporté de Venise sous son aile?

— C'est le diable, répondit Consuelo.

— Tu es un ange et une fée, ma pauvre enfant, dit le Porpora avec douceur en retombant sur son pupitre. Je vois bien que tu m'aimes, que tu me soignes, que tu veux me rendre heureux! Jusqu'à ce pauvre garçon, qui s'intéresse à mon sort! ajouta-t-il en apercevant Joseph qui, debout au seuil de l'antichambre, le regardait avec des yeux humides et brillants. Ah! mes pauvres enfants, vous voulez adoucir une vie bien déplorable! Imprudents! vous ne savez pas ce que vous faites. Je suis voué à la désolation, et quelques jours de sympathie et de bien-être me feront sentir plus vivement l'horreur de ma destinée, quand ces beaux jours seront envolés!

— Je ne te quitterai jamais, je serai toujours ta fille et ta servante, » dit Consuelo en lui jetant ses bras autour du cou.

Le Porpora enfonça sa tête chauve dans son cahier et fondit en larmes. Consuelo et Joseph pleuraient aussi, et Keller, que la passion de la musique avait retenu jusque-là, et qui, pour motiver sa présence, s'occupait à arranger la perruque du maître dans l'antichambre, voyant, par la porte entr'ouverte, le tableau respectable et déchirant de sa douleur, la piété filiale de Consuelo, et l'enthousiasme qui commençait à faire battre le cœur de Joseph pour l'illustre vieillard, laissa tomber son peigne, et prenant la perruque du Porpora pour un mouchoir, il la porta à ses yeux, plongé qu'il était dans une sainte distraction.

Pendant quelques jours Consuelo fut retenue à la maison par un rhume. Elle avait bravé, pendant ce long et aventureux voyage, toutes les intempéries de l'air, tous les caprices de l'automne, tantôt brûlant, tantôt pluvieux et froid, suivant les régions diverses qu'elle avait traversées. Vêtue à la légère, coiffée d'un chapeau de paille, n'ayant ni manteau ni habits de rechange lorsqu'elle était mouillée, elle n'avait pourtant pas eu le plus léger enrouement. A peine fut-elle claquemurée dans ce logement sombre, humide et mal aéré du Porpora, qu'elle sentit le froid et le malaise paralyser son énergie et sa voix. Le Porpora eut beaucoup d'humeur de ce contretemps. Il savait que pour obtenir à son élève un engagement au théâtre italien, il fallait se hâter ; car madame Tesi, qui avait désiré se rendre à Dresde, paraissait hésiter, séduite par les instances de Caffariello et les brillantes propositions de Holzbaüer, jaloux d'attacher au théâtre impérial une cantatrice aussi célèbre. D'un autre côté, la Corilla, encore retenue au lit par les suites de son accouchement, faisait intriguer auprès des directeurs ceux de ses amis qu'elle avait retrouvés à Vienne, et se faisait fort de débuter dans huit jours si on avait besoin d'elle. Le Porpora désirait ardemment que Consuelo fût engagée, et pour elle-même, et pour le succès de l'opéra qu'il espérait faire accepter avec elle.

Consuelo, pour sa part, ne savait à quoi se résoudre. Prendre un engagement, c'était reculer le moment possible de sa réunion avec Albert ; c'était porter l'épouvante et la consternation chez les Rudolstadt, qui ne s'attendaient certes pas à ce qu'elle reparût sur la scène ; c'était, dans leur opinion, renoncer à l'honneur de leur appartenir, et signifier au jeune comte qu'elle lui préférait la gloire et la liberté. D'un autre côté, refuser cet engagement, c'était détruire les dernières espérances du Porpora ; c'était lui montrer, à son tour, cette ingratitude qui avait fait le désespoir et le malheur de sa vie ; c'était enfin lui porter un coup de poignard. Consuelo, effrayée de se trouver dans cette alternative, et voyant qu'elle allait frapper un coup mortel, quelque parti qu'elle pût prendre, tomba dans un morne chagrin. Sa robuste constitution la préserva d'une indisposition sérieuse ; mais durant ces quelques jours d'angoisse et d'effroi, en proie à des frissons fébriles, à une pénible langueur, accroupie auprès d'un maigre feu, ou se traînant d'une chambre à l'autre pour vaquer aux soins du ménage, elle désira et espéra tristement qu'une maladie grave vînt la soustraire aux devoirs et aux anxiétés de sa sitation.

L'humeur du Porpora, qui s'était épanouie un instant, redevint sombre, querelleuse et injuste dès qu'il vit Consuelo, la source de son espoir et le siége de sa force, tomber tout à coup dans l'abattement et l'irrésolution. Au lieu de la soutenir et de la ranimer par l'enthousiasme et la tendresse, il lui témoigna une impatience maladive qui acheva de la consterner. Tour à tour faible et violent, le tendre et irascible vieillard, dévoré du spleen qui devait bientôt consumer Jean-Jacques Rousseau, voyait partout des ennemis, des persécuteurs et des ingrats, sans s'apercevoir que ses soupçons, ses emportements et ses injustices provoquaient et motivaient un peu chez les autres les mauvaises intentions et les mauvais procédés qu'il leur attribuait. Le premier mouvement de ceux qu'il blessait ainsi était de le considérer comme fou ; le second, de le croire méchant ; le troisième, de se détacher, de se préserver ou de se venger de lui. Entre une lâche complaisance et une sauvage misanthropie, il y a un milieu que le Porpora ne concevait pas, et auquel il n'arriva jamais.

Consuelo, après avoir tenté d'inutiles efforts, voyant qu'il était moins disposé que jamais à lui permettre l'amour et le mariage, se résigna à ne plus provoquer des explications qui aigrissaient de plus en plus les préventions de son infortuné maître. Elle ne prononça plus le nom d'Albert, et se tint prête à signer l'engagement qui lui serait imposé par le Porpora. Lorsqu'elle se retrouvait seule avec Joseph, elle éprouvait quelque soulagement à lui ouvrir son cœur.

« Quelle destinée bizarre est la mienne! lui disait-elle

souvent. Le ciel m'a donné des facultés et une âme pour l'art, des besoins de liberté, l'amour d'une fière et chaste indépendance; mais en même temps, au lieu de me donner ce froid et féroce égoïsme qui assure aux artistes la force nécessaire pour se frayer une route à travers les difficultés et les séductions de la vie, cette volonté céleste m'a mis dans la poitrine un cœur tendre et sensible qui ne bat que pour les autres, qui ne vit que d'affection et de dévouement. Ainsi partagée entre deux forces contraires, ma vie s'use, et mon but est toujours manqué. Si je suis née pour pratiquer le dévouement, Dieu veuille donc ôter de ma tête l'amour de l'art, la poésie, et l'instinct de la liberté, qui font de mes dévouements un supplice et une agonie; si je suis née pour l'art et pour la liberté, qu'il ôte donc de mon cœur la pitié, l'amitié, la sollicitude et la crainte de faire souffrir, qui empoisonneront toujours mes triomphes et entraveront ma carrière!

— Si j'avais un conseil à te donner, pauvre Consuelo, répondait Haydn, ce serait d'écouter la voix de ton génie et d'étouffer le cri de ton cœur. Mais je te connais bien maintenant, et je sais que tu ne le pourras pas.

— Non, je ne le peux pas, Joseph, et il me semble que je ne le pourrai jamais. Mais, vois mon infortune, vois la complication de mon sort étrange et malheureux! Même dans la voie du dévouement je suis si bien entravée et tiraillée en sens contraires, que je ne puis aller où mon cœur me pousse, sans briser ce cœur qui voudrait faire le bien de la main gauche comme la main droite. Si je me consacre à celui-ci, j'abandonne et laisse périr celui-là. J'ai pour le monde un époux adoptif dont je ne puis être la femme sans tuer mon père adoptif; et réciproquement, si je remplis mes devoirs de fille; je tue mon époux. Il a été écrit que la femme quitterait son père et sa mère pour suivre son époux; mais je ne suis, en réalité, ni épouse ni fille. La loi n'a rien prononcé pour moi, la société ne s'est pas occupée de mon sort. Il faut que mon cœur choisisse. La passion d'un homme ne le gouverne pas, et, dans l'alternative où je suis, la passion du devoir et du dévouement ne peut pas éclairer mon choix. Albert et le Porpora sont également malheureux, également menacés de perdre la raison ou la vie. Je suis aussi nécessaire à l'un qu'à l'autre... Il faut que je sacrifie l'un des deux.

— Et pourquoi? Si vous épousiez le comte, le Porpora n'irait-il pas vivre près de vous deux? Vous l'arracheriez ainsi à la misère, vous le ranimeriez par vos soins, vous accompliriez vos deux dévouements à la fois.

— S'il pouvait en être ainsi, je te jure, Joseph, que je renoncerais à l'art et à la liberté, mais tu ne connais pas le Porpora; c'est de gloire et non de bien-être et de sécurité qu'il est avide. Il est dans la misère, et il ne s'en aperçoit pas; il en souffre sans savoir d'où lui vient son mal. D'ailleurs, rêvant toujours des triomphes et l'admiration des hommes, il ne saurait descendre à accepter leur pitié. Sois sûr que sa détresse est, en grande partie, l'ouvrage de son incurie et de son orgueil. S'il disait un mot, il a encore quelques amis, on viendrait à son secours; mais, outre qu'il n'a jamais regardé si sa poche était vide ou pleine (tu as bien vu qu'il n'en sait pas davantage à l'égard de son estomac), il aimerait mieux mourir de faim enfermé dans sa chambre que d'aller chercher l'aumône d'un dîner chez son meilleur ami. Il croirait dégrader la musique s'il laissait soupçonner que le Porpora a besoin d'autre chose que de son génie, de son clavecin et de sa plume. Aussi l'ambassadeur et sa maîtresse, qui le chérissent et le vénèrent, ne se doutent-ils en aucune façon du dénûment où il se trouve. S'ils lui voient habiter une chambre étroite et délabrée, ils pensent que c'est parce qu'il aime l'obscurité et le désordre. Lui-même ne leur dit-il pas qu'il ne saurait composer ailleurs? Moi je sais le contraire; je l'ai vu grimper sur les toits, à Venise, pour s'inspirer des bruits de la mer et de la vue du ciel. Si on le reçoit avec ses habits malpropres, sa perruque râpée et ses souliers percés, on croit faire acte d'obligeance. « Il aime la saleté, se dit-on; c'est le travers des vieillards et des artistes. Ses guenilles lui sont agréables. Il ne saurait marcher dans des chaussures neuves. » Lui-même l'affirme; mais moi, je l'ai vu dans mon enfance, propre, recherché, toujours parfumé, rasé, et secouant avec coquetterie les dentelles de sa manchette sur l'orgue ou le clavecin; c'est que, dans ce temps-là, il pouvait être ainsi sans devoir rien à personne. Jamais le Porpora ne se résignerait à vivre oisif et ignoré au fond de la Bohême, à la charge de ses amis. Il n'y resterait pas trois mois sans maudire et injurier tout le monde, croyant que l'on conspire sa perte et que ses ennemis l'ont fait enfermer pour l'empêcher de publier et de faire représenter ses ouvrages. Il partirait un beau matin en secouant la poussière de ses pieds, et il reviendrait chercher sa mansarde, son clavecin rongé des rats, sa fatale bouteille et ses chers manuscrits.

— Et vous ne voyez pas la possibilité d'amener à Vienne, ou à Venise, ou à Dresde, ou à Prague, dans quelque ville musicale enfin, votre comte Albert? Riche, vous pourriez établir partout, vous y entourer de musiciens, cultiver l'art d'une certaine façon, et laisser le champ libre à l'ambition du Porpora, sans cesser de veiller sur lui?

— Après ce que je t'ai raconté du caractère et de la santé d'Albert, comment peux-tu me faire une pareille question? Lui, qui ne peut supporter la figure d'un indifférent, comment affronterait-il cette foule de méchants et de sots qu'on appelle le monde? Et quelle ironie, quel éloignement, quel mépris, le monde ne prodiguerait-il pas à cet homme saintement fanatique, qui ne comprend rien à ses lois, à ses mœurs et à ses habitudes! Tout cela est aussi hasardeux à tenter sur Albert que ce que j'essaie maintenant en cherchant à me faire oublier de lui.

— Soyez certaine cependant que tous les maux lui paraîtraient plus légers que votre absence. S'il vous aime véritablement, il supportera tout; et s'il ne vous aime pas assez pour tout supporter et tout accepter, il vous oubliera.

— Aussi j'attends et ne décide rien. Donne-moi du courage, Beppo, et reste près de moi, afin que j'aie du moins un cœur où je puisse répandre ma peine, et à qui je puisse demander de chercher avec moi l'espérance.

— O ma sœur! sois tranquille, s'écriait Joseph; si je suis assez heureux pour te donner cette légère consolation, je supporterai tranquillement les bourrasques du Porpora; je me laisserai même battre par lui, si cela peut le distraire du besoin de te tourmenter et de t'affliger. »

En devisant ainsi avec Joseph, Consuelo travaillait sans cesse, tantôt à préparer avec lui les repas communs, tantôt à raccommoder les nippes du Porpora. Elle introduisait, un à un, dans l'appartement, les meubles qui étaient nécessaires à son maître. Un bon fauteuil bien large et bien bourré de crin, remplaça la chaise de paille où il reposait ses membres affaissés par l'âge; et quand il y eut goûté les douceurs d'une sieste, il s'étonna, et demanda, en fronçant le sourcil, d'où lui venait ce bon siège.

« C'est la maîtresse de la maison qui l'a fait monter ici, répondit Consuelo; ce vieux meuble l'embarrassait, et j'ai consenti à le placer dans un coin, jusqu'à ce qu'elle le redemandât. »

Les matelas du Porpora furent changés; et il ne fit, sur la bonté de son lit, d'autre remarque que de dire qu'il avait retrouvé le sommeil depuis quelques nuits. Consuelo lui répondit qu'il devait attribuer cette amélioration au café et à l'abstinence d'eau-de-vie. Un matin, le Porpora, ayant endossé une excellente robe de chambre, demanda d'un air soucieux à Joseph où il l'avait retrouvée. Joseph, qui avait le mot, répondit qu'en rangeant une vieille malle, il l'avait trouvée au fond.

« Je croyais ne l'avoir pas apportée ici, reprit le Porpora. C'est pourtant bien celle que j'avais à Venise; c'est la même couleur du moins.

— Et quelle autre pourrait-ce être? répondit Consuelo qui avait eu soin d'assortir la couleur à celle de la défunte robe de chambre de Venise.

— Eh bien, je la croyais plus usée que cela! dit le maestro en regardant ses coudes.

— Je le crois bien! reprit-elle; j'y ai remis des manches neuves.

— Et avec quoi?

— Avec un morceau de la doublure.

— Ah! les femmes sont étonnantes pour tirer parti de tout! »

Quand l'habit neuf fut introduit, et que le Porpora l'eut porté deux jours, quoiqu'il fût de la même couleur que le vieux, il s'étonna de le trouver si frais; et les boutons surtout, qui étaient fort beaux, lui donnèrent à penser.

« Cet habit-là n'est pas à moi, dit-il d'un ton grondeur.

— J'ai ordonné à Beppo de le porter chez un dégraisseur, répondit Consuelo, tu l'avais taché hier soir. On l'a repassé, et voilà pourquoi tu le trouves plus frais.

— Je le dis qu'il n'est pas à moi, s'écria le maestro hors de lui. On me l'a changé chez le dégraisseur. Ton Beppo est un imbécile.

— On ne l'a pas changé; j'y avais fait une marque.

— Et ces boutons-là? Penses-tu me faire avaler ces boutons-là?

— C'est moi qui ai changé la garniture et qui l'ai cousue moi-même. L'ancienne était gâtée entièrement.

— Cela te fait plaisir à dire! elle était encore fort présentable. Voilà une belle sottise! suis-je un Céladon pour m'attifer ainsi, et payer une garniture de douze sequins au moins?

— Elle ne coûte pas douze florins, repartit Consuelo, je l'ai achetée de hasard.

— C'est encore trop! murmura le maestro. »

Toutes les pièces de son habillement lui furent glissées de même, à l'aide d'adroits mensonges qui faisaient rire Joseph et Consuelo comme deux enfants. Quelques objets passèrent inaperçus, grâce à la préoccupation du Porpora : les dentelles et le linge entrèrent discrètement par petites portions dans son armoire, et lorsqu'il semblait les regarder sur lui avec quelque attention, Consuelo s'attribuait l'honneur de les avoir reprisées avec soin. Pour donner plus de vraisemblance au fait, elle raccommodait sous ses yeux quelques-unes des anciennes hardes et les entremêlait avec les autres.

« Ah çà, lui dit un jour le Porpora en lui arrachant des mains un jabot qu'elle recousait, voilà assez de futilités! Une artiste ne doit pas être une femme de ménage, et je ne veux te voir ainsi tout le jour courbée en deux, une aiguille à la main. Serre-moi tout cela, ou je le jette au feu! Je ne veux pas non plus te voir autour des fourneaux faisant la cuisine, et avalant la vapeur du charbon. Veux-tu perdre la voix? veux-tu te faire laveuse de vaisselle? Veux-tu me faire damner?

— Ne vous damnez pas, répondit Consuelo; vos effets sont en bon état maintenant, et ma voix est revenue.

— A la bonne heure! répondit le maestro; en ce cas, tu chantes demain chez la comtesse Hoditz, margrave douairière de Bareith. »

LXXXVII

La margrave douairière de Bareith, veuve du margrave George-Guillaume, née princesse de Saxe-Weissenfeld, et en dernier lieu comtesse Hoditz, « avait été « belle comme un ange, à ce qu'on disait. Mais elle était « si changée, qu'il fallait étudier son visage pour trouver « les débris de ses charmes. Elle était grande et paraissait avoir eu la taille belle; elle avait tué plusieurs de « ses enfants, en se faisant avorter, pour conserver cette « belle taille; son visage était fort long, ainsi que son « nez, qui la défigurait beaucoup, ayant été gelé, et « qui lui donnait une couleur de betterave fort désa« gréable; ses yeux, accoutumés à donner la loi, étaient « grands, bien fendus et bruns, mais si abattus, que

« leur vivacité en était beaucoup diminuée; à défaut de
« sourcils naturels, elle en portait de postiches, fort
« épais, et noirs comme de l'encre; sa bouche, quoique
« grande, était bien façonnée et remplie d'agréments;
« ses dents, blanches comme de l'ivoire, étaient bien
« rangées; son teint, quoique uni, était jaunâtre,
« plombé et flasque; elle avait un bon air, mais un peu
« affecté. C'était la Laïs de son siècle. Elle ne plut jamais
« que par sa figure; car, pour de l'esprit, elle n'en avait
« pas l'ombre. »

Si vous trouvez ce portrait tracé d'une main un peu cruelle et cynique, ne vous en prenez point à moi, cher lecteur. Il est mot pour mot de la propre main d'une princesse célèbre par ses malheurs, ses vertus domestiques, son orgueil et sa méchanceté, la princesse Wilhelmine de Prusse, sœur du grand Frédéric, mariée au prince héréditaire du margraviat de Bareith, neveu de notre comtesse Hoditz. Elle fut bien la plus mauvaise langue qui ait jamais produite. Mais ses portraits sont, en général, tracés de main de maître, et il est difficile, en les lisant, de ne pas les croire exacts.

Lorsque Consuelo, coiffée par Keller, et parée, grâce à ses soins et à son zèle, avec une élégante simplicité, fut introduite par le Porpora dans le salon de la margrave, elle se plaça avec lui derrière le clavecin qu'on avait rangé en biais dans un angle, afin de ne point embarrasser la compagnie. Il n'y avait encore personne d'arrivé, tant le Porpora était ponctuel, et les valets achevaient d'allumer les bougies. Le maestro se mit à essayer le clavecin, et à peine en eut-il tiré quelques sons qu'une dame fort belle entra et vint à lui avec une grâce affable. Comme le Porpora la saluait avec le plus grand respect, et l'appelait Princesse, Consuelo la prit pour la margrave, et, selon l'usage, lui baisa la main. Cette main froide et décolorée pressa celle de la jeune fille avec une cordialité qu'on rencontre rarement chez les grands, et qui gagna tout de suite l'affection de Consuelo. La princesse paraissait âgée d'environ trente ans, sa taille était élégante sans être correcte; on pouvait même y remarquer certaines déviations qui semblaient le résultat de grandes souffrances physiques. Son visage était admirable, mais d'une pâleur effrayante, et l'expression d'une profonde douleur l'avait prématurément flétri et ravagé. La toilette était exquise, mais simple, et décente jusqu'à la sévérité. Un air de bonté, de tristesse et de modestie craintive était répandu dans toute cette belle personne, et le son de sa voix avait quelque chose d'humble et d'attendrissant dont Consuelo se sentit pénétrée. Avant que cette dernière eût le temps de comprendre que ce n'était point la margrave, la véritable margrave parut. Elle avait alors plus de la cinquantaine, et si le portrait qu'on a lu en tête de ce chapitre, et qui avait été fait dix ans auparavant, était alors un peu chargé, il ne l'était certainement plus au moment où Consuelo la vit. Il fallait même de l'obligeance pour s'apercevoir que la comtesse Hoditz avait été une des beautés de l'Allemagne, quoiqu'elle fût peinte et parée avec une recherche de coquetterie fort savante. L'embonpoint de l'âge mûr avait envahi des formes sur lesquelles la margrave persistait à se faire d'étranges illusions; car ses épaules et sa poitrine nues affrontaient les regards avec un orgueil que la statuaire antique peut seule afficher. Elle était coiffée de fleurs, de diamants et de plumes comme une jeune femme, et sa robe ruisselait de pierreries.

« Maman, dit la princesse qui avait causé l'erreur de Consuelo, voici la jeune personne que maître Porpora nous avait annoncée, et qui va nous procurer le plaisir d'entendre la belle musique de son nouvel opéra.

— Ce n'est pas une raison, répondit la margrave en toisant Consuelo de la tête aux pieds, pour que vous la teniez ainsi par la main. Allez vous asseoir vers le clavecin, Mademoiselle, je suis fort aise de vous voir, vous chanterez quand la société sera rassemblée. Maître Porpora, je vous salue. Je vous demande pardon si je ne m'occupe pas de vous. Je m'aperçois qu'il manque quelque chose à ma toilette. Ma fille, parlez un peu avec maître Porpora. C'est un homme de talent, que j'estime. »

Ayant ainsi parlé d'une voix plus rauque que celle d'un soldat, la grosse margrave tourna pesamment sur ses talons, et rentra dans ses appartements.

A peine eut-elle disparu, que la princesse, sa fille, se rapprocha de Consuelo, lui reprit la main avec une bienveillance délicate et touchante, comme pour lui dire qu'elle protestait contre l'impertinence de sa mère; puis elle entama la conversation avec elle et le Porpora, et leur montra un intérêt plein de grâce et de simplicité. Consuelo fut encore plus sensible à ces bons procédés, lorsque, plusieurs personnes ayant été introduites, elle remarqua dans les manières habituelles de la princesse une froideur, une réserve à la fois timide et fière, dont elle s'était évidemment départie exceptionnellement pour le maestro et pour elle.

Quand le salon fut à peu près rempli, le comte Hoditz, qui avait dîné dehors, entra en grande toilette, et, comme s'il eût été un étranger dans sa maison, alla baiser respectueusement la main et s'informa de la santé de sa noble épouse. La margrave avait la prétention d'être d'une complexion fort délicate; elle était à demi couchée sur sa causeuse, respirant à tout instant un flacon contre les vapeurs, recevant les hommages d'un air qu'elle croyait languissant, et qui n'était que dédaigneux; enfin, elle était d'un ridicule si achevé, que Consuelo, d'abord irritée et indignée de son insolence, finit par s'en amuser intérieurement, et se promit d'en rire de bon cœur en faisant son portrait à l'ami Beppo.

La princesse s'était rapprochée du clavecin, et ne manquait pas une occasion d'adresser, soit une parole, soit un sourire, à Consuelo, quand sa mère ne s'occupait point d'elle. Cette situation permit à Consuelo de surprendre une petite scène d'intérieur qui lui donna la clef du ménage. Le comte Hoditz s'approcha de sa belle-fille, prit sa main, la porta à ses lèvres, et l'y tint pendant quelques secondes avec un regard fort expressif. La princesse retira sa main, et lui adressa quelques mots de froide déférence. Le comte ne les écouta pas, et, continuant de la couver du regard:

« Eh quoi! mon bel ange, toujours triste, toujours austère, toujours cuirassée jusqu'au menton! On dirait que vous voulez vous faire religieuse.

— Il est bien possible que je finisse par là, répondit la princesse à demi-voix. Le monde ne m'a pas traitée de manière à m'inspirer beaucoup d'attachement pour ses plaisirs.

— Le monde vous adorerait et serait à vos pieds, si vous n'affectiez, par votre sévérité, de le tenir à distance; et quant au cloître, pourriez-vous en supporter l'horreur à votre âge, et belle comme vous êtes?

— Dans un âge plus riant, et belle comme je ne le suis plus, répondit-elle, j'ai supporté l'horreur d'une captivité plus rigoureuse: l'avez-vous oublié? Mais ne me parlez pas davantage, monsieur le comte; maman vous regarde. »

Aussitôt le comte, comme poussé par un ressort, quitta sa belle-fille, et s'approcha de Consuelo, qu'il salua fort gravement; puis, lui ayant adressé quelques paroles d'amateur, à propos de la musique en général, il ouvrit le cahier que Porpora avait posé sur le clavecin; et, feignant d'y chercher quelque chose qu'il voulait se faire expliquer par elle, il se pencha sur le pupitre, et lui parla ainsi à voix basse:

« J'ai vu, hier matin le déserteur; et sa femme m'a remis un billet. Je demande à la belle Consuelo d'oublier une certaine rencontre; et, en retour de son silence, j'oublierai un certain Joseph, que je viens d'apercevoir dans mes antichambres.

— Ce certain Joseph, répondit Consuelo, que la découverte de la jalousie et de la contrainte conjugale venait de rendre fort tranquille sur les suites de l'aventure de Passaw, est un artiste de talent qui ne restera pas longtemps dans les antichambres. Il est mon frère, mon camarade et mon ami. Je n'ai point à rougir de mes sentiments pour lui, je n'ai rien à cacher à cet égard, et je n'ai rien à implorer de la générosité de Votre Seigneurie, qu'un peu d'indulgence pour ma voix, et un peu de protection pour les futurs débuts de Joseph dans la carrière musicale.

— Mon intérêt est assuré audit Joseph comme mon admiration l'est déjà à votre belle voix; mais je me flatte que certaine plaisanterie de ma part n'a jamais été prise au sérieux.

— Je n'ai jamais eu cette fatuité, monsieur le comte, et d'ailleurs je sais qu'une femme n'a jamais lieu de se vanter lorsqu'elle a été prise pour le sujet d'une plaisanterie de ce genre.

— C'est assez, Signora, dit le comte que la douairière ne perdait pas de vue, et qui avait hâte de changer d'interlocutrice pour ne pas lui donner d'ombrage: la célèbre Consuelo doit savoir pardonner quelque chose à l'enjouement du voyage, et elle peut compter à l'avenir sur le respect et le dévouement du comte Hoditz. »

Il replaça le cahier sur le clavecin, et alla recevoir obséquieusement un personnage qu'on venait d'annoncer avec pompe. C'était un petit homme qu'on eût pris pour une femme travestie, tant il était rose, frisé, pomponné, délicat, gentil, parfumé; c'était de lui que Marie-Thérèse disait qu'elle voudrait le faire monter en bague; c'était de lui aussi qu'elle disait avoir fait un diplomate, n'en pouvant rien faire de mieux. C'était le plénipotentiaire de l'Autriche, le premier ministre, le favori, on disait même l'amant de l'impératrice; ce n'était rien moins enfin que le célèbre Kaunitz, cet homme d'État qui tenait dans sa blanche main ornée de bagues de mille couleurs toutes les savantes ficelles de la diplomatie européenne.

Il parut écouter d'un air grave des personnes soi-disant graves qui passaient pour l'entretenir de choses graves. Mais tout à coup il s'interrompit pour demander au comte Hoditz:

« Qu'est-ce que je vois là au clavecin? Est-ce la petite dont on m'a parlé, la protégée du Porpora? Pauvre diable de Porpora! Je voudrais faire quelque chose pour lui; mais il est si exigeant et si fantasque, que tous les artistes le craignent ou le haïssent. Quand on leur parle de lui, c'est comme si on leur montrait la tête de Méduse. Il dit à l'un qu'il chante faux, à l'autre que sa musique ne vaut rien, à un troisième qu'il doit son succès à l'intrigue. Et il veut avec ce langage de Huron, qu'on l'écoute et qu'on lui rende justice? Que diable! nous ne vivons pas dans les bois. La franchise n'est plus de mode, et on ne mène pas les hommes par la vérité. Elle n'est pas mal, cette petite; j'aime assez cette figure-là. C'est tout jeune, n'est-ce pas? On dit qu'elle a eu du succès à Venise. Il faut que Porpora me l'amène demain.

— Il veut, dit la princesse, que vous la fassiez entendre à l'impératrice, et j'espère que vous ne lui refuserez pas cette grâce. Je vous la demande pour mon compte.

— Il n'y a rien de si facile que de la faire entendre à Sa Majesté, et il suffit que Votre Altesse le désire pour que je m'empresse d'y contribuer. Mais il y a quelqu'un de plus puissant que moi au théâtre que l'impératrice. C'est madame Tesi; et lors même que Sa Majesté prendrait cette fille sous sa protection, je doute que l'engagement fût signé sans l'approbation suprême de la Tesi.

— On dit que c'est vous qui gâtez horriblement ces dames, monsieur le comte, et que sans votre indulgence elles n'auraient pas tant de pouvoir.

— Que voulez-vous, princesse! chacun est maître dans sa maison. Sa Majesté comprend fort bien que si elle intervenait par décret impérial dans les affaires de l'Opéra, l'Opéra irait tout de travers. Or, Sa Majesté veut que l'Opéra aille bien et qu'on s'y amuse. Le moyen, si la prima donna a un rhume le jour où elle doit débuter, ou si le ténor, au lieu de se jeter au beau milieu d'une scène de raccommodement dans les bras de la basse, lui applique un grand coup de poing sur l'oreille? Nous avons bien assez à faire d'apaiser les caprices de M. Caffariello. Nous sommes heureux depuis que madame Tesi et madame Holzbaüer font bon ménage ensemble. Si on nous jette sur les planches une pomme de discorde, voilà nos cartes plus embrouillées que jamais.

— Mais une troisième femme est nécessaire absolu-

Voici la jeune personne... (Page 230.).

ment, dit l'ambassadeur de Venise, qui protégeait chaudement le Porpora et son élève; et en voici une admirable qui se présente...

— Si elle est admirable, tant pis pour elle. Elle donnera de la jalousie à madame Tesi, qui est admirable et qui veut l'être seule; elle mettra en fureur madame Holzbaüer, qui veut être admirable aussi...

— Et qui ne l'est pas, repartit l'ambassadeur.

— Elle est fort bien née; c'est une personne de bonne maison, répliqua finement M. de Kaunitz.

— Elle ne chantera pas deux rôles à la fois. Il faut bien qu'elle laisse le mezzo-soprano faire sa partie dans les opéras.

— Nous avons une Corilla qui se présente, et qui est bien la plus belle créature de la terre.

— Votre Excellence l'a déjà vue?

— Dès le premier jour de son arrivée. Mais je ne l'ai pas entendue. Elle était malade.

— Vous allez entendre celle-ci, et vous n'hésiterez pas à lui donner la préférence.

— C'est possible. Je vous avoue même que sa figure, moins belle que celle de l'autre, me paraît plus agréable.

Elle a l'air doux et décent : mais ma préférence ne lui servira de rien, la pauvre enfant! Il faut qu'elle plaise à madame Tesi, sans déplaire à madame Holzbaüer; et jusqu'ici, malgré la tendre amitié qui unit ces deux dames, tout ce qui a été approuvé par l'une a toujours eu le sort d'être vivement repoussé par l'autre.

— Voici une rude crise, et une affaire bien grave, dit la princesse avec un peu de malice, en voyant l'importance que ces deux hommes d'État donnaient aux débats de coulisse. Voici notre pauvre petite protégée en balance avec madame Corilla, et c'est M. Caffariello, je le parie, qui mettra son épée dans un des plateaux. »

Lorsque Consuelo eut chanté, il n'y eut qu'une voix pour déclarer que depuis madame Hasse on n'avait rien entendu de pareil; et M. de Kaunitz, s'approchant d'elle, lui dit d'un air solennel :

« Mademoiselle, vous chantez mieux que madame Tesi; mais que ceci vous soit dit ici par nous tous en confidence; car si un pareil jugement passe la porte, vous êtes perdue, et vous ne débuterez pas cette année à Vienne. Ayez donc de la prudence, beaucoup de prudence, ajouta-t-il en baissant la voix et en s'asseyant au-

Eh! eh! gronda le Porpora en s'arrêtant... (Page 234.)

près d'elle. Vous avez à lutter contre de grands obstacles, et vous ne triompherez qu'à force d'habileté. »

Là-dessus, entrant dans les mille détours de l'intrigue théâtrale, et la mettant minutieusement au courant de toutes les petites passions de la troupe, le grand Kaunitz lui fit un traité complet de science diplomatique à l'usage des coulisses.

Consuelo l'écouta avec ses grands yeux tout ouverts d'étonnement, et quand il eut fini, comme il avait dit vingt fois dans son discours : « mon dernier opéra, l'opéra que j'ai fait donner le mois passé, » elle s'imagina qu'elle s'était trompée en l'entendant annoncer, et que ce personnage si versé dans les arcanes de la carrière dramatique ne pouvait être qu'un directeur d'Opéra ou un maestro à la mode. Elle se mit donc à son aise avec lui, et lui parla comme elle eût fait à un homme de sa profession. Ce sans-gêne la rendit plus naïve et plus enjouée que le respect dû au nom tout-puissant du premier ministre ne le lui eût permis; M. de Kaunitz la trouva charmante. Il ne s'occupa guère que d'elle pendant une heure. La margrave fut fort scandalisée d'une pareille infraction aux convenances. Elle haïssait la liberté des grandes cours, habituée qu'elle était aux formalités solennelles des petites. Mais il n'y avait plus moyen de faire la margrave : elle ne l'était plus. Elle était tolérée et assez bien traitée par l'impératrice, parce qu'elle avait abjuré la foi luthérienne pour se faire catholique. Grâce à cet acte d'hypocrisie, on pouvait se faire pardonner toutes les mésalliances, tous les crimes même, à la cour d'Autriche; et Marie-Thérèse suivait en cela l'exemple que son père et sa mère lui avaient donné, d'accueillir quiconque voulait échapper aux rebuts et aux dédains de l'Allemagne protestante, en se réfugiant dans le giron de l'église romaine. Mais, toute princesse et toute catholique qu'elle était, la margrave n'était rien à Vienne, et M. de Kaunitz était tout.

Aussitôt que Consuelo eut chanté son troisième morceau, le Porpora, qui savait les usages, lui fit un signe, roula les cahiers, et sortit avec elle par une petite porte de côté sans déranger par sa retraite les nobles personnes qui avaient bien voulu ouvrir l'oreille à ses accents divins.

« Tout va bien, lui dit-il en se frottant les mains lorsqu'ils furent dans la rue, escortés par Joseph qui leur portait le flambeau. Le Kaunitz est un vieux fou qui s'y connaît, et qui te poussera loin.

— Et qui est le Kaunitz? je ne l'ai pas vu, dit Consuelo.

— Tu ne l'as pas vu, tête ahurie! Il t'a parlé pendant plus d'une heure.

— Mais ce n'est pas ce petit monsieur en gilet rose et argent, qui m'a fait tant de commérages que je croyais entendre une vieille ouvreuse de loges?

— C'est lui-même. Qu'y a-t-il là d'étonnant?

— Moi, je trouve cela fort étonnant, répondit Consuelo, et ce n'était point là l'idée que je me faisais d'un homme d'État.

— C'est que tu ne vois pas comment marchent les États. Si tu le voyais, tu trouverais fort surprenant que les hommes d'État fussent autre chose que de vieilles commères. Allons, silence là-dessus, et faisons notre métier à travers cette mascarade du monde.

— Hélas! mon maître, dit la jeune fille, devenue pensive en traversant la vaste esplanade du rempart pour se diriger vers le faubourg où était située leur modeste demeure : je me demande justement ce que devient notre métier, au milieu de ces masques si froids ou si menteurs.

— Eh! que veux-tu qu'il devienne? reprit le Porpora avec son ton brusque et saccadé : il n'a point à devenir ceci ou cela. Heureux ou malheureux, triomphant ou dédaigné, il reste ce qu'il est : le plus beau, le plus noble métier de la terre!

— Oh oui! dit Consuelo en ralentissant le pas toujours rapide de son maître et en s'attachant à son bras, je comprends que la grandeur et la dignité de notre art ne peuvent pas être rabaissées ou relevées au gré du caprice frivole ou du mauvais goût qui gouvernent le monde; mais pourquoi laissons-nous ravaler nos personnes? Pourquoi allons-nous les exposer aux dédains, ou aux encouragements parfois plus humiliants encore des profanes? Si l'art est sacré, ne sommes-nous pas aussi, nous ses prêtres et ses lévites? Que vivons-nous au fond de nos mansardes, heureux de comprendre et de sentir la musique, et qu'allons-nous faire dans ces salons où l'on nous écoute en chuchotant, où l'on nous applaudit en pensant à autre chose, et où l'on rougirait de nous regarder une minute comme des êtres humains, après que nous avons fini de parader comme des histrions?

— Eh! eh! gronda le Porpora en s'arrêtant et en frappant sa canne sur le pavé, quelles sottes vanités et quelles fausses idées nous trottent donc par la cervelle aujourd'hui? Que sommes-nous, et qu'avons-nous besoin d'être autre chose que des histrions? Ils nous appellent ainsi par mépris! Eh! qu'importe si nous sommes histrions par goût, par vocation et par l'élection du ciel, comme ils sont grands seigneurs par hasard, par contrainte ou par le suffrage des sots? Oui-da! histrions! ne l'est pas qui veut! Qu'ils essaient donc de l'être, et nous verrons comme ils s'y prendront, ces mirmidons que les croient si beaux! Que la margrave douairière de Bareith endosse le manteau tragique, qu'elle mette sa grosse vilaine jambe dans le cothurne, et qu'elle fasse trois pas sur les planches; nous verrons une étrange princesse! Et que crois-tu qu'elle fît dans sa petite cour d'Erlangen, au temps où elle croyait régner? Elle essayait de se draper en reine, et elle suait sang et eau pour jouer un rôle au-dessus de ses forces. Elle était née pour faire une vivandière, et, par une étrange méprise, la destinée en avait fait une altesse. Aussi a-t-elle mérité mille sifflets lorsqu'elle faisait l'altesse à contre-sens. Et toi, sotte enfant, Dieu t'a faite reine; il t'a mis au front un diadème de beauté, d'intelligence et de force. Que l'on te mène au milieu d'une nation libre, intelligente et sensible (je suppose qu'il en existe de telles!), et te voilà reine, parce que tu n'as qu'à te montrer et à chanter pour prouver que tu es reine de droit divin. Eh bien, il n'en est point ainsi! Le monde est autrement. Il est comme il est; qu'y veux-tu faire? Le hasard, le caprice, l'erreur et la folie le gouvernent. Qu'y pouvons-nous changer? Il y a des maîtres contrefaits, malpropres, sots et ignares pour la plupart. Nous y voilà, il faut se tuer ou s'accommoder de son train. Alors, ne pouvant être monarques, nous sommes artistes, et nous régnons encore. Nous chantons la langue du ciel, qui est interdite aux vulgaires mortels; nous nous habillons en rois et en grands hommes, nous montons sur un théâtre, nous nous asseyons sur un trône postiche, nous jouons une farce, nous sommes des histrions! Par le corps de Dieu! le monde voit cela, et n'y comprend goutte! Il ne voit pas que c'est nous qui sommes les vraies puissances de la terre, et que notre règne est le seul véritable, tandis que leur règne à eux, leur puissance, leur activité, leur majesté, sont une parodie dont les anges rient là-haut, et que les peuples haïssent et maudissent tout bas. Et les plus grands princes de la terre viennent nous regarder, prendre des leçons à notre école; et, nous admirant en eux-mêmes, comme les modèles de la vraie grandeur, ils tâchent de nous ressembler quand ils posent devant leurs sujets. Va! le monde est renversé; ils le sentent bien, eux qui le dominent, et s'ils ne s'en rendent pas tout à fait compte, s'ils ne l'avouent pas, il est aisé de voir, au dédain qu'ils affichent pour nos personnes et notre métier, qu'ils éprouvent une jalousie d'instinct pour notre supériorité réelle. Oh! quand je suis au théâtre, je vois clair, moi! L'esprit de la musique me dessille les yeux, et je vois derrière la rampe une véritable cour, de véritables héros, des inspirations de bon aloi; tandis que ce sont de véritables histrions et de misérables cabotins qui se pavanent dans les loges sur des fauteuils de velours. Le monde est une comédie, voilà ce qu'il y a de certain, et voilà pourquoi je te disais tout à l'heure : Traversons gravement, ma noble fille, cette méchante mascarade qui s'appelle le monde.

« Peste soit de l'imbécile! s'écria le maestro en repoussant Joseph, qui, avide d'entendre ses paroles exaltées, s'était rapproché insensiblement jusqu'à le coudoyer; il me marche sur les pieds, il me couvre de résine avec son flambeau! Ne dirait-on pas qu'il comprend ce qui nous occupe, et qu'il veut nous honorer de son approbation?

— Passe à ma droite, Beppo, dit la jeune fille en lui faisant un signe d'intelligence. Tu impatientes le maître avec tes maladresses. Puis s'adressant au Porpora :

« Tout ce que vous dites là est l'effet d'un noble délire, mon ami, reprit-elle; mais cela ne répond point à ma pensée, et les enivrements de l'orgueil n'adoucissent pas la plus petite blessure du cœur. Peu m'importe d'être née reine et de ne pas régner. » Plus je vois les grands, plus leur sort m'inspire de compassion...

— Eh bien, n'est-ce pas là ce que je te disais?

— Oui, mais ce n'est pas là ce que je vous demandais. Ils sont avides de paraître et de dominer. Là est leur folie et leur misère. Mais nous, si nous sommes plus grands, et meilleurs, et plus sages qu'eux, pourquoi luttons-nous d'orgueil à orgueil, de royauté à royauté avec eux? Si nous possédons des avantages plus solides, si nous jouissons de trésors plus désirables, et plus précieux, que signifie cette petite lutte que nous leur livrons, et qui, mettant notre valeur et nos forces à la merci de leurs caprices, nous ravale jusqu'à leur niveau?

— La dignité, la sainteté de l'art l'exigent, s'écria le maestro. Ils ont fait de la scène du monde une bataille, et de notre vie un martyre. Il faut que nous nous battions, que nous versions notre sang par tous les pores, pour leur prouver, tout en mourant à la peine, tout en succombant sous leurs sifflets et leurs mépris, que nous sommes des dieux, des rois légitimes tout au moins, et qu'ils sont de vils mortels, des usurpateurs effrontés et lâches!

— O mon maître! comme vous les haïssez! dit Consuelo en frissonnant de surprise et d'effroi : et pourtant vous vous courbez devant eux, vous les flattez, vous les ménagez, et vous sortez par la petite porte du salon après leur avoir servi respectueusement deux ou trois plats de votre génie!

— Oui, oui, répondit le maestro en se frottant les mains avec un rire amer; je me moque d'eux, je salue leurs diamants et leurs cordons, je les écrase avec trois accords de ma façon, et je leur tourne le dos, bien content de m'en aller, bien pressé de me délivrer de leurs sottes figures.

— Ainsi, reprit Consuelo, l'apostolat de l'art est un combat?

— Oui, c'est un combat : honneur au brave !

— C'est une raillerie contre les sots?

— Oui, c'est une raillerie : honneur à l'homme d'esprit qui sait la faire sanglante !

— C'est une colère concentrée, une rage de tous les instants?

— Oui, c'est une colère et une rage : honneur à l'homme énergique qui ne s'en lasse pas et qui ne pardonne jamais !

— Et ce n'est rien de plus?

— Ce n'est rien de plus en cette vie. La gloire du couronnement ne vient guère qu'après la mort pour le véritable génie.

— Ce n'est rien de plus en cette vie? Maître, tu en es bien sûr?

— Je te l'ai dit !

— En ce cas, c'est bien peu de chose, dit Consuelo en soupirant et en levant les yeux vers les étoiles brillantes dans le ciel pur et profond.

— C'est peu de chose? Tu oses dire, misérable cœur, que c'est peu de chose? s'écria le Porpora en s'arrêtant de nouveau et en secouant avec force le bras de son élève, tandis que Joseph, épouvanté, laissait tomber sa torche.

— Oui, je dis que c'est peu de chose, répondit Consuelo avec calme et fermeté; je vous l'ai dit à Venise dans une circonstance de ma vie qui fut bien cruelle et décisive. Je n'ai pas changé d'avis. Mon cœur n'est pas fait pour la lutte, et il ne saurait porter le poids de la haine et de la colère; il n'y a pas un coin dans mon âme où la rancune et la vengeance puissent trouver à se loger. Passez, méchantes passions ! brûlantes fièvres, passez loin de moi ! Si c'est à la seule condition de vous livrer mon sein que je dois posséder la gloire et le génie, adieu pour jamais, génie et gloire ! allez couronner d'autres fronts et embraser d'autres poitrines; vous n'aurez même pas un regret de moi ! »

Joseph s'attendait à voir le Porpora éclater d'une de ces colères à la fois terribles et comiques que la contradiction prolongée soulevait en lui. Déjà il tenait d'une main le bras de Consuelo pour l'éloigner du maître et se soustraire à un de ces gestes furibonds dont il la menaçait souvent, et qui n'amenaient pourtant jamais rien... qu'un sourire ou une larme. Il en fut de cette bourrasque comme des autres : le Porpora frappa du pied, gronda sourdement comme un vieux lion dans sa cage, et serra le poing en l'élevant vers le ciel avec véhémence; puis tout aussitôt il laissa retomber ses bras, poussa un profond soupir, pencha sa tête sur sa poitrine, et garda un silence obstiné jusqu'à la maison. La sérénité généreuse de Consuelo, sa bonne foi énergique, l'avaient frappé d'un respect involontaire. Il fit peut-être d'amers retours sur lui-même; mais il ne les avoua point, et il était trop vieux, trop aigri et trop endurci dans son orgueil d'artiste pour s'amender. Seulement, au moment où Consuelo lui donna le baiser du bonsoir, il la regarda d'un air profondément triste et lui dit d'une voix éteinte :

« C'en est donc fait ! tu n'es plus artiste parce que la margrave de Bareith est une vieille coquine, et le ministre Kaunitz une vieille bavarde !

— Non, mon maître, je n'ai pas dit cela, répondit Consuelo en riant. Je saurai prendre gaiement les impertinences et les ridicules du monde; il ne me faudra pour cela ni haine ni dépit, mais ma bonne conscience et ma bonne humeur. Je suis encore artiste et je le serai toujours. Je conçois un autre but, une autre destinée à l'art que la rivalité de l'orgueil et la vengeance de l'abaissement. J'ai un autre mobile, et il me soutiendra.

— Et lequel, lequel? s'écria le Porpora en posant sur la table de l'antichambre son bougeoir, que Joseph venait de lui présenter. Je veux savoir lequel.

— J'ai pour mobile de faire comprendre l'art et de le faire aimer sans faire craindre et haïr la personne de l'artiste. »

Le Porpora haussa les épaules.

« Rêves de jeunesse, dit-il, je vous ai faits aussi !

— Eh bien, si c'est un rêve, reprit Consuelo, le triomphe de l'orgueil en est un aussi. Rêve pour rêve, j'aime mieux le mien. Ensuite j'ai un second mobile, maître : le désir de t'obéir et de te complaire.

— Je n'en crois rien, » s'écria le Porpora en prenant son bougeoir avec humeur et en tournant le dos; mais dès qu'il eut la main sur le bouton de sa porte, il revint sur ses pas et alla embrasser Consuelo, qui attendait en souriant cette réaction de sensibilité.

Il y avait dans la cuisine, qui touchait à la chambre de Consuelo, un petit escalier en échelle qui conduisait à une sorte de terrasse de six pieds carrés au revers du toit. C'était là qu'elle faisait sécher les jabots et les manchettes du Porpora quand elle les avait blanchis. C'était là qu'elle grimpait quelquefois le soir pour babiller avec Beppo, quand le maître s'endormait de trop bonne heure pour qu'elle eût envie de dormir elle-même. Ne pouvant s'occuper dans sa propre chambre, qui était trop étroite et trop basse pour contenir une table, et craignant de réveiller son vieil ami en s'installant dans l'antichambre, elle montait sur la terrasse, tantôt pour y rêver seule en regardant les étoiles, tantôt pour raconter à son camarade de dévouement et de servitude les petits incidents de sa journée. Ce soir-là, ils avaient de part et d'autre mille choses à se dire. Consuelo s'enveloppa d'une pelisse dont elle rabattit le capuchon sur sa tête pour ne pas prendre d'enrouement, et alla rejoindre Beppo, qui l'attendait avec impatience. Ces causeries nocturnes sur les toits lui rappelaient les entretiens de son enfance avec Anzoleto; ce n'était pas la lune de Venise, les toits pittoresques de Venise, les nuits embrasées par l'amour et l'espérance; mais c'était la nuit allemande plus rêveuse et plus froide, la lune allemande plus vaporeuse et plus sévère; enfin, c'était l'amitié avec ses douceurs et ses bienfaits, sans les dangers et les frémissements de la passion.

Lorsque Consuelo eut raconté tout ce qui l'avait intéressée, blessée ou divertie chez la margrave, et que ce fut le tour de Joseph à parler :

« Tu as vu de ces secrets de cour, lui dit-il, les enveloppes et les cachets armoriés; mais comme les laquais ont coutume de lire les lettres de leurs maîtres, c'est à l'antichambre que j'ai appris le contenu de la vie des grands. Je ne te raconterai pas la moitié des propos dont la margrave douairière est le sujet. Tu en frémirais d'horreur et de dégoût. Ah! si les gens du monde savaient comme les valets parlent d'eux! si, de ces beaux salons où ils se pavanent avec tant de dignité, ils entendaient ce que l'on dit de leurs mœurs et de leur caractère de l'autre côté de la cloison? Tandis que le Porpora, tout à l'heure, sur les remparts, nous étalait sa théorie de lutte et de haine contre les puissants de la terre, il n'était pas dans la vraie dignité. L'amertume égarait son jugement. Ah! tu avais bien raison de le lui dire, il se ravalait au niveau des grands seigneurs, en prétendant les écraser de son mépris. Eh bien, il n'avait pas entendu les propos des valets dans l'antichambre, et, s'il l'eût fait, il eût compris que l'orgueil personnel et le mépris d'autrui, dissimulés sous les apparences du respect et les formes de la soumission, sont le propre des âmes basses et perverses. Ainsi le Porpora était bien beau, bien original, bien puissant tout à l'heure, quand il frappait le pavé de sa canne en disant : Courage, inimitié, ironie sanglante, vengeance éternelle! Mais sa sagesse était plus belle que son délire, et j'en étais d'autant plus frappé que je venais de voir des valets, des opprimés craintifs, des esclaves dépravés, qui, eux aussi, disaient à mes oreilles avec une rage sourde et profonde : Vengeance, ruse, perfidie, éternel dommage, éternelle inimitié aux maîtres qui se croient supérieurs et dont nous trahissons les turpitudes ! Je n'avais jamais été laquais, Consuelo, et puisque je le suis, à la manière dont tu as été garçon durant notre voyage, j'ai fait des *réflexions sur les devoirs de mon état présent*, tu le vois.

— Tu as bien fait, Beppo, répondit la Porporina; la vie est une grande énigme, et il ne faut pas laisser passer le moindre fait sans le commenter et le comprendre. C'est toujours autant de deviné. Mais dis-moi donc si as appris là-bas quelque chose de cette princesse, fille de la margrave, qui, seule au milieu de tous ces personnages guindés, fardés et frivoles, m'a paru naturelle, bonne et sérieuse.

— Si j'en ai entendu parler? oh! certes! non-seulement ce soir, mais déjà bien des fois par Keller, qui coiffe sa gouvernante, et qui connaît bien les faits. Ce que je vais te raconter n'est donc pas une histoire d'antichambre, un propos de laquais; c'est une histoire véritable et de notoriété publique. Mais c'est une histoire effroyable; auras-tu le courage de l'entendre?

— Oui, car je m'intéresse à cette créature qui porte sur son front le sceau du malheur. J'ai recueilli deux ou trois mots de sa bouche qui m'ont fait voir en elle une victime du monde, une proie de l'injustice.

— Dis une victime de la scélératesse, et la proie d'une atroce perversité. La princesse de Culmbach (c'est le titre qu'elle porte) a été élevée à Dresde, par la reine de Pologne, sa tante, et c'est là que le Porpora l'a connue et lui a même, je crois, donné quelques leçons, ainsi qu'à la grande dauphine de France, sa cousine. La jeune princesse de Culmbach était belle et sage; élevée par une reine austère, loin d'une mère débauchée, elle semblait devoir être heureuse et honorée toute sa vie. Mais la margrave douairière, aujourd'hui comtesse Hoditz, ne voulait point qu'il en fût ainsi. Elle la fit revenir près d'elle, et feignit de vouloir la marier, tantôt avec un de ses parents, margrave aussi de Bareith, tantôt avec un autre parent, aussi prince de Culmbach; car cette principauté de Bareith-Culmbach compte plus de princes et de margraves qu'elle n'a de villages et de châteaux pour les apanager. La beauté et la pudeur de la princesse causaient à sa mère une mortelle jalousie; elle voulait l'avilir, lui ôter la tendresse et l'estime de son père; le margrave George-Guillaume (troisième margrave); ce n'est pas ma faute s'il y en a tant dans cette histoire; mais dans tous ces margraves, il n'y en eut pas un seul pour la princesse de Culmbach. Sa mère promit à un gentilhomme de la chambre de son époux, nommé Vobser, une récompense de quatre mille ducats pour déshonorer sa fille; et elle introduisit elle-même le misérable la nuit dans la chambre de la princesse. Ses domestiques étaient avertis et gagnés, le palais fut sourd aux cris de la jeune fille, la mère tenait la porte... O Consuelo! tu frémis, et pourtant ce n'est pas tout. La princesse de Culmbach devint mère de deux jumeaux : la margrave les prit dans ses mains, les porta à son époux, les promena dans son palais, les montra à toute sa valetaille, en criant : « Voyez, voyez les enfants que cette dévergondée vient de mettre au monde! » Et au milieu de cette scène affreuse, les deux jumeaux périrent presque dans les mains de la margrave. Vobser eut l'imprudence d'écrire au margrave pour réclamer les quatre mille ducats que la margrave lui avait promis. Il les avait gagnés, il avait déshonoré la princesse. Le malheureux père, à demi imbécile déjà, le devint tout à fait dans cette catastrophe, et mourut de saisissement et de chagrin quelque temps après. Vobser, menacé par les autres membres de la famille, prit la fuite. La reine de Pologne ordonna que la princesse de Culmbach serait enfermée à la forteresse de Plassenbourg. Elle y entra, à peine relevée de ses couches, y passa plusieurs années dans une rigoureuse captivité, et y serait encore, si des prêtres catholiques, s'étant introduits dans sa prison, ne lui eussent promis la protection de l'impératrice Amélie, à condition qu'elle abjurerait la foi luthérienne. Elle céda à leurs insinuations et au besoin de recouvrer sa liberté; mais elle ne fut élargie qu'à la mort de la reine de Pologne; le premier usage qu'elle fit de son indépendance fut de revenir à la religion de ses pères. La jeune margrave de Bareith, Wilhelmine de Prusse, l'accueillit avec aménité dans sa petite cour. Elle s'y est fait aimer et respecter par ses vertus, sa douceur et sa sagesse. C'est une âme brisée, mais c'est encore une belle âme, et quoiqu'elle ne soit point vue favorablement à la cour de Vienne à cause de son luthéranisme, personne n'ose insulter à son malheur; personne ne peut médire de sa vie, pas même les laquais. Elle est ici en passant pour je ne sais quelle affaire; elle réside ordinairement à Bareith.

— Voilà pourquoi, reprit Consuelo, elle m'a tant parlé de ce pays-là, et tant engagée à y aller. Oh! quelle histoire! Joseph! et quelle femme que la comtesse Hoditz! Jamais, non jamais le Porpora ne me traînera plus chez elle : jamais je ne chanterai plus pour elle!

— Et pourtant vous y pourriez rencontrer les femmes les plus pures et les plus respectables de la cour. Le monde marche ainsi, à ce qu'on assure. Le nom et la richesse couvrent tout, et, pourvu qu'on aille à l'église, on trouve ici une admirable tolérance.

— Cette cour de Vienne est donc bien hypocrite? dit Consuelo.

— Je crains, entre nous soit dit, répondit Joseph en baissant la voix, que notre grande Marie-Thérèse ne le soit un peu. »

LXXXVIII.

Peu de jours après, le Porpora ayant beaucoup remué, beaucoup intrigué à sa manière, c'est-à-dire en menaçant, en grondant ou en raillant à droite et à gauche, Consuelo, conduite à la chapelle impériale par maître Reuter (l'ancien maître et l'ancien ennemi du jeune Haydn), chanta devant Marie-Thérèse la partie de Judith, dans l'*oratorio : Betulia liberata*, poème de Métastase, musique de ce même Reuter. Consuelo fut magnifique, et Marie-Thérèse daigna être satisfaite. Quand le sacré concert fut terminé, Consuelo fut invitée, avec les autres chanteurs (Caffariello était du nombre), à passer dans une des salles du palais, pour faire une collation présidée par Reuter. Elle était à peine assise entre ce maître et le Porpora, qu'un bruit, à la fois rapide et solennel, partant de la galerie voisine, fit tressaillir tous les convives, excepté Consuelo et Caffariello, qui s'étaient engagés dans une discussion animée sur le mouvement d'un certain chœur que l'un eût voulu plus vif et l'autre plus lent. « Il n'y a que le Maestro lui-même qui puisse trancher la question, » dit Consuelo en se retournant vers le Reuter. Mais elle ne trouva plus ni le Reuter à sa droite, ni le Porpora à sa gauche : tout le monde s'était levé de table, et rangé en ligne, d'un air pénétrant. Consuelo se trouva face à face avec une femme d'une trentaine d'années, belle de fraîcheur et d'énergie, vêtue de noir (tenue de chapelle), et accompagnée de sept enfants, dont elle tenait un par la main. Celui-là, c'était l'héritier du trône, le jeune César Joseph II; et cette belle femme, à la démarche aisée, à l'air affable et pénétrant, c'était Marie-Thérèse.

« *Ecco la Giuditta?* demanda l'impératrice en s'adressant à Reuter. Je suis fort contente de vous, mon enfant, ajouta-t-elle en regardant Consuelo des pieds à la tête; vous m'avez fait vraiment plaisir, et jamais je n'avais mieux senti la sublimité des vers de notre admirable poëte que dans votre bouche harmonieuse. Vous prononcez parfaitement bien, et c'est à quoi je tiens par-dessus tout. Quel âge avez-vous, Mademoiselle? Vous êtes Vénitienne? Élève du célèbre Porpora, que je vois ici avec intérêt? Vous désirez entrer à notre théâtre de la cour? Vous êtes faite pour y briller; et M. de Kaunitz vous protège. »

Ayant ainsi interrogé Consuelo, sans attendre ses réponses, et en regardant tour à tour Métastase et Kaunitz, qui l'accompagnaient, Marie-Thérèse fit un signe à un de ses chambellans, qui présenta un bracelet assez riche à Consuelo. Avant que celle-ci eût songé à remercier, l'impératrice avait déjà traversé la salle; elle avait déjà dérobé à ses regards l'éclat du front impérial.

Elle s'éloignait avec sa royale couvée de princes et d'archiduchesses, adressant un mot favorable et gracieux à chacun des musiciens qui se trouvaient à sa portée, et laissant derrière elle comme une trace lumineuse dans tous ces yeux éblouis de sa gloire et de sa puissance.

Caffariello fut le seul qui conserva ou qui affecta de conserver son sang-froid : il reprit sa discussion juste où il l'avait laissée ; et Consuelo, mettant le bracelet dans sa poche, sans songer à le regarder, recommença à lui tenir tête, au grand étonnement et au grand scandale des autres musiciens, qui, courbés sous la fascination de l'apparition impériale, ne concevaient pas qu'on pût songer à autre chose tout le reste de la journée. Nous n'avons pas besoin de dire que le Porpora faisait seul exception dans son âme, et par instinct et par système, à cette fureur de prosternation. Il savait se tenir convenablement incliné devant les souverains ; mais, au fond du cœur, il raillait et méprisait les esclaves. Maître Reuter, interpellé par Caffariello sur le véritable mouvement du chœur en litige, serra les lèvres d'un air hypocrite ; et, après s'être laissé interroger plusieurs fois, il répondit enfin d'un air très-froid.

« Je vous avoue, Monsieur, que je ne suis point à votre conversation. Quand Marie-Thérèse est devant mes yeux, j'oublie le monde entier ; et longtemps après qu'elle a disparu, je demeure sous le coup d'une émotion qui ne me permet pas de penser à moi-même.

— Mademoiselle ne paraît point étourdie de l'insigne honneur qu'elle vient de nous attirer, dit M. Holzbaüer, qui se trouvait là, et dont l'aplatissement avait quelque chose de plus contenu que celui de Reuter. C'est affaire à vous, Signora, de parler avec les têtes couronnées. On dirait que vous n'avez fait autre chose toute votre vie.

— Je n'ai jamais parlé avec aucune tête couronnée, répondit tranquillement Consuelo, qui n'entendait point malice aux insinuations de Holzbaüer, et sa majesté ne m'a point procuré un tel avantage ; car elle semblait, en m'interrogeant, m'interdire l'honneur ou m'épargner le trouble de lui répondre.

— Tu aurais peut-être souhaité faire la conversation avec l'impératrice ? dit le Porpora d'un air goguenard.

— Je ne l'ai jamais souhaité, repartit Consuelo naïvement.

— C'est que mademoiselle a plus d'insouciance que d'ambition, apparemment, reprit le Reuter avec un dédain glacial.

— Maître Reuter, dit Consuelo avec confiance et candeur, êtes-vous mécontent de la manière dont j'ai chanté votre musique ? »

Reuter avoua que personne ne l'avait mieux chantée, même sous le règne de l'*auguste et à jamais regretté* Charles VI.

« En ce cas, dit Consuelo, ne me reprochez pas mon insouciance. J'ai l'ambition de satisfaire mes maîtres, j'ai l'ambition de bien faire mon métier ; quelle autre puis-je avoir ? quelle autre ne serait ridicule et déplacée de ma part ?

— Vous êtes trop modeste, Mademoiselle, reprit Holzbaüer. Il n'est point d'ambition trop vaste pour un talent comme le vôtre.

— Je prends cela pour un compliment plein de galanterie, répondit Consuelo ; mais je ne croirai vous avoir satisfait un peu que le jour où vous m'inviterez à chanter sur le théâtre de la cour. »

Holzbaüer, pris au piège, malgré sa prudence, eut un accès de toux pour se dispenser de répondre, et se tira d'affaire par une inclination de tête courtoise et respectueuse. Puis, ramenant la conversation sur son premier terrain :

« Vous êtes vraiment, dit-il, d'un calme et d'un désintéressement sans exemple : vous n'avez pas seulement regardé le beau bracelet dont sa majesté vous a fait cadeau.

— Ah ! c'est la vérité, » dit Consuelo en le tirant de sa poche, et en le passant à ses voisins qui étaient curieux de le voir et d'en estimer la valeur. Ce sera de quoi acheter du bois pour le poêle de mon maître, si je n'ai pas d'engagement cet hiver, pensait-elle ; une toute petite pension nous serait bien plus nécessaire que des parures et des colifichets.

« Quelle beauté céleste que sa majesté ! dit Reuter avec un soupir de componction, en lançant un regard oblique et dur à Consuelo.

— Oui, elle m'a semblé fort belle, répondit la jeune fille, qui ne comprenait rien aux coups de coude du Porpora.

— Elle vous a *semblé ?* reprit le Reuter. Vous êtes difficile !

— J'ai à peine eu le temps de l'entrevoir. Elle a passé si vite !

— Mais son esprit éblouissant, ce génie qui se révèle à chaque syllabe sortie de ses lèvres ! ...

— J'ai à peine eu le temps de l'entendre : elle a parlé si peu !

— Enfin, Mademoiselle, vous êtes d'airain ou de diamant. Je ne sais ce qu'il faudrait pour vous émouvoir.

— J'ai été fort émue en chantant votre Judith, répondit Consuelo, qui savait être malicieuse dans l'occasion, et qui commençait à comprendre la malveillance des maîtres viennois envers elle.

— Cette fille a de l'esprit, sous son air simple, dit tout bas Holzbaüer à maître Reuter.

— C'est l'école du Porpora, répondit l'autre ; mépris et moquerie.

— Si on n'y prend garde, le vieux récitatif et le style *osservato* nous envahiront de plus belle que par le passé, reprit Holzbaüer ; mais soyez tranquille, j'ai les moyens d'empêcher cette *Porporinaillerie* d'élever la voix. »

Quand on se leva de table, Caffariello dit à l'oreille de Consuelo :

« Vois-tu, mon enfant, tous ces gens-là, c'est de la franche canaille. Tu auras de la peine à faire quelque chose ici. Ils sont tous contre toi. Ils seraient tous contre moi s'ils l'osaient.

— Et que leur avons-nous donc fait ? dit Consuelo étonnée.

— Nous sommes élèves du plus grand maître de chant qu'il y ait au monde. Eux et leurs créatures sont nos ennemis naturels, ils prêchent contre Marie-Thérèse contre toi, et tout ce que tu diras ici lui sera répété avec de malicieux commentaires. Ou lui dira que tu ne l'as pas trouvée belle, et que tu as jugé son cadeau mesquin. Je connais toutes ces menées. Prends courage, pourtant ; je te protégerai envers et contre tous, et je crois que l'avis de Caffariello en musique vaut bien celui de Marie-Thérèse. »

« Entre la méchanceté des uns et la folie des autres, me voilà fort compromise, pensa Consuelo en s'en allant. O Porpora ! disait-elle dans son cœur, je ferai mon possible pour remonter sur le théâtre. O Albert ! j'espère que je n'y parviendrai pas. »

Le lendemain, maître Porpora, ayant affaire en ville pour toute la journée, et trouvant Consuelo un peu pâle, l'engagea à faire un tour de promenade hors ville à la *Spinnerin am Kreutz*, avec la femme de Keller, qui s'était offerte pour l'accompagner quand elle le voudrait. Dès que le maestro fut sorti :

« Beppo, dit la jeune fille, va vite louer une petite voiture, et allons-nous-en tous deux voir Angèle et remercier le chanoine. Nous avions promis de le faire plus tôt mais mon rhume me servira d'excuse.

— Et sous quel costume vous présenterez-vous au chanoine ? dit Beppo.

— Sous celui-ci, répondit-elle. Il faut bien que le chanoine me connaisse et m'accepte sous ma véritable forme.

— Excellent chanoine ! je me fais une joie de le revoir.

— Et moi aussi.

— Pauvre bon chanoine ! je me fais une peine de songer...

— Quoi ?

— Que la tête va lui tourner tout à fait.

— Et pourquoi donc ? Suis-je une déesse ? Je ne le pensais pas.

— Consuelo, rappelez-vous qu'il était aux trois quarts fou quand nous l'avons quitté.

— Et moi je te dis qu'il lui suffira de me savoir femme et de me voir telle que je suis, pour qu'il reprenne l'empire de sa volonté et redevienne ce que Dieu l'a fait, un homme raisonnable.

— Il est vrai que l'habit fait quelque chose. Ainsi, quand je vous ai revue ici transformée en demoiselle, après m'être habitué pendant quinze jours à te traiter comme un garçon... j'ai éprouvé je ne sais quel effroi, je ne sais quelle gêne dont je ne peux pas me rendre compte; et il est certain que durant le voyage... s'il m'eût été permis d'être amoureux de vous... Mais tu diras que je déraisonne...

— Certainement, Joseph, tu déraisonnes; et, de plus, tu perds le temps à babiller. Nous avons dix lieues à faire pour aller au prieuré et en revenir. Il est huit heures du matin, et il faut que nous soyons rentrés à sept heures du soir, pour le souper du maître. »

Trois heures après, Beppo et sa compagne descendirent à la porte du prieuré. Il faisait une belle journée; le chanoine contemplait ses fleurs d'un air mélancolique. Quand il vit Joseph, il fit un cri de joie et s'élança à sa rencontre; mais il resta stupéfait en reconnaissant son cher Bertoni sous des habits de femme.

« Bertoni, mon enfant bien-aimé, s'écria-t-il avec une sainte naïveté, que signifie ce travestissement, et pourquoi viens-tu me voir déguisé de la sorte? Nous ne sommes point au carnaval...

— Mon respectable ami, répondit Consuelo en lui baisant la main, il faut que Votre Révérence me pardonne de l'avoir trompé. Je n'ai jamais été garçon; Bertoni n'a jamais existé, et lorsque j'ai eu le bonheur de vous connaître, j'étais véritablement déguisée.

— Nous pensions, dit Joseph qui craignait de voir la consternation du chanoine se changer en mécontentement, que votre révérence n'était point la dupe d'une innocente supercherie. Cette feinte n'avait point été imaginée pour le tromper, c'était une nécessité imposée par les circonstances, et nous avons toujours cru que monsieur le chanoine avait la générosité et la délicatesse de s'y prêter.

— Vous l'avez cru? reprit le chanoine interdit et effrayé; et vous, Bertoni... je veux dire mademoiselle, vous l'avez cru aussi!

— Non, monsieur le chanoine, répondit Consuelo; je ne l'ai pas cru un instant. J'ai parfaitement vu que votre révérence ne se doutait nullement de la vérité.

— Et vous me rendez justice, dit le chanoine d'un ton un peu sévère, mais profondément triste; je ne sais point transiger avec la bonne foi, et si j'avais deviné votre sexe, je n'aurais jamais songé à insister comme je l'ai fait, pour vous engager à rester chez moi. Il a bien couru dans le village voisin, et même parmi mes gens, un bruit vague, un soupçon qui me faisait sourire, tant j'étais obstiné à méprendre sur votre compte. On a dit qu'un des deux petits musiciens qui avaient chanté la messe le jour de la fête patronale, était une femme déguisée. Et puis, on a prétendu que ce propos était une méchanceté du cordonnier Gottlieb, pour effrayer et affliger le curé. Enfin, moi-même, j'ai démenti ce bruit avec assurance. Vous voyez que j'étais votre dupe bien complétement, et qu'on ne saurait l'être davantage.

— Il y a eu une grande méprise, répondit Consuelo avec l'assurance de la dignité; mais il n'y a point eu de dupe, monsieur le chanoine. Je ne crois pas m'être éloignée un seul instant du respect qui vous est dû, et des convenances que la loyauté impose. J'étais la nuit sans gîte sur le chemin, écrasée de soif et de fatigue, après une longue route à pied. Vous n'eussiez pas refusé l'hospitalité à une mendiante. Vous me l'avez accordée au nom de la musique, et j'ai payé mon écot en musique. Si je ne suis pas partie malgré vous dès le lendemain, c'est grâce à des circonstances imprévues qui me dictaient un devoir au-dessus de tous les autres. Mon ennemie, ma rivale, ma persécutrice tombait des nues à votre porte, et, privée de soins et de secours, avait droit à mes secours et à mes soins. Votre révérence se rappelle bien le reste; elle sait bien que si j'ai profité de sa bienveillance, ce n'est pas pour mon compte. Elle sait bien aussi que je me suis éloignée aussitôt que mon devoir a été accompli; et si je reviens aujourd'hui la remercier en personne des bontés dont elle m'a comblée, c'est que la loyauté me faisait un devoir de la détromper moi-même et de lui donner les explications nécessaires à notre mutuelle dignité.

— Il y a dans tout ceci, dit le chanoine à demi vaincu, quelque chose de mystérieux et de bien extraordinaire. Vous dites que la malheureuse dont j'ai adopté l'enfant était votre ennemie, votre rivale... Qui êtes-vous donc vous-même, Bertoni?... Pardonnez-moi si ce nom revient toujours sur mes lèvres, et dites-moi comment je dois vous appeler désormais.

— Je m'appelle la Porporina, répondit Consuelo; je suis l'élève du Porpora, je suis cantatrice. J'appartiens au théâtre.

— Ah! fort bien! dit le chanoine avec un profond soupir. J'aurais dû le deviner à la manière dont vous avez joué votre rôle, et, quant à votre talent prodigieux pour la musique, je ne dois plus m'en étonner; vous avez été à bonne école. Puis-je vous demander si monsieur Beppo est votre frère... ou votre mari?

— Ni l'un ni l'autre. Il est mon frère par le cœur, rien que mon frère, monsieur le chanoine; et si mon âme ne s'était pas sentie aussi chaste que la vôtre, je n'aurais pas souillé de ma présence la sainteté de votre demeure. »

Consuelo avait, pour dire la vérité, un accent irrésistible, et dont le chanoine subit la puissance, comme les âmes pures et droites subissent toujours celle de la sincérité. Il se sentit comme soulagé d'un poids énorme, et, tout en marchant lentement entre ses deux jeunes protégés, il interrogea Consuelo avec une douceur et un retour d'affection sympathique qu'il oublia peu à peu de combattre en lui-même. Elle lui raconta rapidement, et sans lui nommer personne, les principales circonstances de sa vie; ses fiançailles au lit de mort de sa mère avec Anzoleto, l'infidélité de celui-ci, la haine de Corilla, les outrageants desseins de Zustiniani, les conseils du Porpora, le départ de Venise, l'attachement qu'Albert avait pris pour elle, les offres de la famille de Rudolstadt, ses propres hésitations et ses scrupules, sa fuite du château des Géants, sa rencontre avec Joseph Haydn, son voyage, son effroi et sa compassion au lit de douleur de la Corilla, sa reconnaissance pour la protection accordée par le chanoine à l'enfant d'Anzoleto; enfin son retour à Vienne, et jusqu'à l'entrevue qu'elle avait eue la veille avec Marie-Thérèse. Joseph n'avait pas su jusque-là toute l'histoire de Consuelo; elle ne lui avait jamais parlé d'Anzoleto, et le peu de mots qu'elle venait de dire de son affection passée pour ce misérable ne le frappa pas très-vivement; mais sa générosité à l'égard de Corilla, et sa sollicitude pour l'enfant, lui firent une si profonde impression, qu'il se détourna pour cacher ses larmes. Le chanoine ne retint pas les siennes. Le récit de Consuelo, concis, énergique et sincère, lui fit le même effet qu'un beau roman qu'il aurait lu, et justement il n'avait jamais lu un seul roman, et celui-là fut le premier de sa vie qui l'initia aux émotions vives de la vie des autres. Il s'était assis sur un banc pour mieux écouter, et quand la jeune fille eut tout dit, il s'écria:

« Si tout cela est la vérité, comme je le crois, comme il me semble que je le sens dans mon cœur, par la volonté du ciel, vous êtes une sainte fille... Vous êtes sainte Cécile revenue sur la terre! Je vous avouerai franchement que je n'ai jamais eu de préjugé contre le théâtre, ajouta-t-il après un instant de silence et de réflexion, et vous me prouvez qu'on peut faire son salut là comme ailleurs. Certainement, si vous persistez à être aussi pure et aussi généreuse que vous l'avez été jusqu'à ce jour, vous aurez mérité le ciel, mon cher Bertoni!... Je vous le dis comme je le pense, ma chère Porporina!

— Maintenant, monsieur le chanoine, dit Consuelo en se levant, donnez-moi des nouvelles d'Angèle avant que je prenne congé de Votre Révérence.

— Angèle se porte bien et vient à merveille, répondit le chanoine. Ma jardinière en prend le plus grand soin, et je la vois à tout instant qui la promène dans mon parterre. Elle poussera au milieu des fleurs, comme une fleur de plus sous mes yeux, et quand le temps d'en faire une âme chrétienne sera venu, je ne lui épargnerai pas la culture. Reposez-vous sur moi de ce soin, mes enfants. Ce que j'ai promis à la face du ciel, je l'observerai religieusement. Il paraît que madame sa mère ne me disputera pas ce soin; car, bien qu'elle soit à Vienne, elle n'a pas envoyé une seule fois demander des nouvelles de sa fille.

— Elle a pu le faire indirectement, et sans que vous l'ayez su, répondit Consuelo; je ne puis croire qu'une mère soit indifférente à ce point. Mais la Corilla brigue un engagement au théâtre de la cour. Elle sait que Sa Majesté est fort sévère, et n'accorde point sa protection aux personnes tarées. Elle a intérêt à cacher ses fautes, ou au moins jusqu'à ce que son engagement soit signé. Gardons-lui donc le secret.

— Et elle vous fait concurrence cependant! s'écria Joseph; et on dit qu'elle l'emportera par ses intrigues; qu'elle vous diffame déjà dans la ville; qu'elle vous a présentée comme la maîtresse du comte Zustiniani. On a parlé de cela à l'ambassade, Keller me l'a dit... On en était indigné; mais on craignait qu'elle ne persuadât M. de Kaunitz, qui écoute volontiers ces sortes d'histoires, et qui ne tarit pas en éloges sur la beauté de Corilla...

— Elle a dit de pareilles choses! » dit Consuelo en rougissant d'indignation; puis elle ajouta avec calme: « Cela devait être, j'aurais dû m'y attendre.

— Mais il n'y a qu'un mot à dire pour déjouer toutes ses calomnies, reprit Joseph; et ce mot, je le dirai, moi! Je dirai que...

— Tu ne diras rien, Beppo, ce serait une lâcheté et une barbarie. Vous ne le direz pas non plus, monsieur le chanoine, et si j'avais envie de le dire, vous m'en empêcheriez, n'est-il pas vrai?

— Ame vraiment évangélique! s'écria le chanoine. Mais songez que ce secret n'en peut pas être un bien longtemps. Il suffit de quelques valets et de quelques paysans qui ont constaté et qui peuvent ébruiter le fait, pour qu'on sache avant quinze jours que la chaste Corilla est accouchée ici d'un enfant sans père, qu'elle a abandonné par-dessus le marché.

— Avant quinze jours, la Corilla ou moi sera engagée. Je ne voudrais pas l'emporter sur elle par un acte de vengeance. Jusque-là, Beppo, silence, ou je me retire mon estime et mon amitié. Et maintenant, adieu, monsieur le chanoine. Dites-moi que vous me pardonnez, tendez-moi encore une main paternelle, et je me retire, avant que vos gens aient vu ma figure sous cet habit.

— Mes gens diront ce qu'ils voudront, et mon bénéfice ira au diable, si le ciel veut qu'il en soit ainsi! Je viens de recueillir un héritage qui me donne le courage de braver les foudres de l'*ordinaire*. Ainsi, mes enfants, ne me prenez pas pour un saint; je suis las d'obéir et de me contraindre; je veux vivre honnêtement et sans terreurs imbéciles. Depuis que je n'ai plus le spectre de Brigide à mes côtés, et depuis surtout que je me vois à la tête d'une fortune indépendante, je me sens brave comme un lion. Or donc, venez déjeuner avec moi; nous baptiserons Angèle après, et puis nous ferons de la musique jusqu'au dîner. »

Il les entraîna au prieuré.

« Allons, André, Joseph! cria-t-il à ses valets en entrant; venez voir le signor Bertoni métamorphosé en dame. Vous ne vous seriez pas attendus à cela? ni moi non plus! Eh bien, dépêchez-vous de partager ma surprise, et mettez-nous vite le couvert. »

Le repas fut exquis, et nos jeunes gens virent que si de graves modifications s'étaient faites dans l'esprit du chanoine, ce n'était pas sans l'habitude de la bonne chère qu'elles avaient opéré. On porta ensuite l'enfant dans la chapelle du prieuré. Le chanoine quitta sa douillette, endossa une soutane et un surplis, et fit la cérémonie. Consuelo et Joseph firent l'office de parrain et de marraine, et le nom d'Angèle fut confirmé à la petite fille. Le reste de l'après-midi fut consacré à la musique, et les adieux vinrent ensuite. Le chanoine se lamenta de ne pouvoir retenir ses amis à dîner; mais il céda à leurs raisons, et se consola à l'idée de les revoir à Vienne, où il devait bientôt se rendre pour passer une partie de l'hiver. Tandis qu'on attelait leur voiture, il les conduisit dans la serre pour leur faire admirer plusieurs plantes nouvelles dont il avait enrichi sa collection. Le jour baissait, mais le chanoine, qui avait l'odorat fort exercé, n'eut pas plus tôt fait quelques pas sous les châssis de son palais transparent qu'il s'écria :

« Je démêle ici un parfum extraordinaire! Le glaïeul-vanille aurait-il fleuri? Mais non; ce n'est pas là l'odeur de mon glaïeul. Le strelitzia est inodore... les cyclamens ont un arome moins pur et moins pénétrant. Qu'est-ce donc qui se passe ici? Si mon volkameria n'était point mort, hélas! je croirais que c'est lui que je respire! Pauvre plante! je n'y veux plus penser. »

Mais tout à coup le chanoine fit un cri de surprise et d'admiration en voyant s'élever devant lui, dans une caisse, le plus magnifique volkameria qu'il eût vu de sa vie, tout couvert de ses grappes de petites roses blanches doublées de rose, dont le suave parfum remplissait la serre et dominait toutes les vulgaires senteurs éparses à l'entour.

« Est-ce un prodige? D'où me vient cet avant-goût du paradis, cette fleur du jardin de Béatrix? s'écria-t-il dans un ravissement poétique.

— Nous l'avons apporté dans notre voiture avec tous les soins imaginables, répondit Consuelo; permettez-nous de vous l'offrir en réparation d'une affreuse imprécation sortie de ma bouche un certain jour, et dont je me repentirai toute ma vie.

— Oh! ma chère fille! quel don, et avec quelle délicatesse il est offert! dit le chanoine attendri. O cher volkameria! tu auras un nom particulier comme j'ai coutume d'en donner aux individus les plus splendides de ma collection; tu t'appelleras Bertoni, afin de consacrer le souvenir d'un être qui n'est plus et que j'ai aimé avec des entrailles de père.

— Mon bon père, dit Consuelo en lui serrant la main, vous devez vous habituer à aimer vos filles autant que vos fils. Angèle n'est point un garçon...

— Et la Porporina est ma fille aussi! dit le chanoine; oui, ma fille, oui, oui, ma fille! » répéta-t-il en regardant alternativement Consuelo et le volkameria-Bertoni avec des yeux remplis de larmes.

A six heures, Joseph et Consuelo étaient rentrés au logis. La voiture les avait laissés à l'entrée du faubourg, et rien ne trahit leur innocente escapade. Le Porpora s'étonna seulement que Consuelo n'eût pas meilleur appétit après une promenade dans les belles prairies qui entourent la capitale de l'empire. Le déjeuner du chanoine avait peut-être rendu Consuelo un peu friande ce jour-là. Mais le grand air et le mouvement lui procurèrent un excellent sommeil, et le lendemain elle se sentit en voix et en courage plus qu'elle ne l'avait encore été à Vienne.

LXXXIX.

Dans l'incertitude de sa destinée, Consuelo, croyant trouver peut-être une excuse ou un motif à celle de son cœur, se décida enfin à écrire au comte Christian de Rudolstadt, pour lui faire part de sa position vis-à-vis du Porpora, des efforts que ce dernier tentait pour la faire rentrer au théâtre, et de l'espérance qu'elle nourrissait encore de le voir échouer. Elle lui parla sincèrement, lui exposa tout ce qu'elle devait de reconnaissance, de dévouement et de soumission à son vieux maître, et lui confiant les craintes qu'elle éprouvait à l'égard d'Albert, le priait instamment de lui dicter la lettre qu'elle devait écrire à ce dernier pour le maintenir dans un état de confiance et de calme. Elle terminait en disant: « J'ai demandé du temps à Vos Seigneuries pour m'interroger

C'était Marie-Thérèse. (Page 236.)

moi-même et me décider. Je suis résolue à tenir ma parole, et je puis jurer devant Dieu que je me sens la force de refermer mon cœur et mon esprit à toute fantaisie contraire, comme à toute nouvelle affection. Et cependant, si je rentre au théâtre, j'adopte un parti qui est, en apparence, une infraction à mes promesses, un renoncement formel à l'espérance de les tenir. Que Votre Seigneurie me juge, ou plutôt qu'elle juge le destin qui me commande et le devoir qui me gouverne. Je ne vois aucun moyen de m'y soustraire sans crime. J'attends d'elle un conseil supérieur à celui de ma propre raison ; mais pourra-t-il être contraire à celui de ma conscience? »

Lorsque cette lettre fut cachetée et confiée à Joseph pour qu'il la fît partir, Consuelo se sentit plus tranquille, ainsi qu'il arrive dans une situation funeste, lorsqu'on a trouvé un moyen de gagner du temps et de reculer le moment de la crise. Elle se disposa donc à rendre avec Porpora une visite, considérée par celui-ci comme importante et décisive, au très-renommé et très-vanté poëte impérial, M. l'abbé Métastase.

Ce personnage illustre avait alors environ cinquante ans ; il était d'une belle figure, d'un abord gracieux, d'une conversation charmante, et Consuelo eût ressenti pour lui une vive sympathie, si elle n'eût eu, en se rendant à la maison qu'habitaient, à différents étages, le poëte impérial et le perruquier Keller, la conversation suivante avec Porpora :

« Consuelo (c'est le Porpora qui parle), tu vas voir un homme de bonne mine, à l'œil vif et noir, au teint vermeil, à la bouche fraîche et souriante, qui veut, à toute force, être en proie à une maladie lente, cruelle et dangereuse; un homme qui mange, dort, travaille et engraisse tout comme un autre, et qui prétend être livré à l'insomnie, à la diète, à l'accablement, au marasme. N'aie pas la maladresse, lorsqu'il va se plaindre devant toi de ses maux, de lui dire qu'il n'y paraît point, qu'il a fort bon visage, ou toute autre platitude semblable ; car il veut qu'on le plaigne, qu'on s'inquiète et qu'on le pleure d'avance. N'aie pas le malheur non plus de lui parler de la mort, ou d'une personne morte ; il a peur de la mort, et ne veut pas mourir. Et cependant ne commets pas la balourdise de lui dire en le quittant : « J'espère que votre précieuse santé sera bientôt meilleure ; » car il veut qu'on le croie mourant, et, s'il pouvait persuader

Métastase essaya de se défendre contre ce charme. (Page 242.)

aux autres qu'il est mort, il en serait fort content, à condition toutefois qu'il ne le crût pas lui-même.

— Voilà une sotte manie pour un grand homme, répondit Consuelo. Que faudra-t-il donc lui dire, s'il ne faut lui parler ni de guérison, ni de mort?

— Il faut lui parler de sa maladie, lui faire mille questions, écouter tout le détail de ses souffrances et de ses incommodités, et, pour conclure, lui dire qu'il ne se soigne pas assez, qu'il s'oublie lui-même, qu'il ne se ménage point, qu'il travaille trop. De cette façon, nous le disposerons en notre faveur.

— N'allons-nous pas lui demander pourtant de faire un poëme et de vous le faire mettre en musique, afin que je puisse le chanter? Comment pouvons-nous à la fois lui conseiller de ne point écrire et le conjurer d'écrire pour nous au plus vite?

— Tout cela s'arrange dans la conversation; il ne s'agit que de placer les choses à propos. »

Le maestro voulait que son élève sût se rendre agréable au poëte; mais, sa causticité naturelle ne lui permettant point de dissimuler les ridicules d'autrui, il commettait lui-même la maladresse de disposer Consuelo à l'examen clairvoyant, et à cette sorte de mépris intérieur qui nous rend peu aimables et peu sympathiques à ceux dont le besoin est d'être flattés et admirés sans réserve. Incapable d'adulation et de tromperie, elle souffrit d'entendre le Porpora caresser les misères du poëte, et le railler cruellement sous les dehors d'une pieuse commisération pour des maux imaginaires. Elle en rougit plusieurs fois, et ne put que garder un silence pénible, en dépit des signes que lui faisait son maître pour qu'elle le secondât.

La réputation de Consuelo commençait à se répandre à Vienne; elle avait chanté dans plusieurs salons, et son admission au théâtre italien était une hypothèse qui agitait un peu la coterie musicale. Métastase était tout-puissant; que Consuelo gagnât sa sympathie en caressant à propos son amour-propre, et il pouvait confier au Porpora le soin de mettre en musique son *Attilio Regolo*, qu'il gardait en portefeuille depuis plusieurs années. Il était donc bien nécessaire que l'élève plaidât pour le maître, car le maître ne plaisait nullement au poëte impérial. Métastase n'était pas Italien pour rien, et les Italiens ne se trompent pas aisément les uns les autres. Il avait trop de finesse et de pénétration pour ne point savoir que Porpora avait une médiocre admiration pour son génie dramatique, et qu'il avait censuré plus d'une fois avec rudesse (à tort ou à raison) son caractère craintif, son égoïsme et sa fausse sensibilité. La réserve glaciale de Consuelo, le peu d'intérêt qu'elle semblait prendre à sa maladie, ne lui parurent point ce qu'ils étaient en effet, le malaise d'une respectueuse pitié. Il y vit presque une insulte, et s'il n'eût été esclave de la politesse et du savoir-faire, il eût refusé net de l'entendre chanter; il y consentit pourtant après quelques minauderies, alléguant l'excitation de ses nerfs et la crainte qu'il avait d'être ému. Il avait entendu Consuelo chanter son oratorio de *Judith*; mais il fallait qu'il prît une idée d'elle dans le genre scénique, et Porpora insistait beaucoup.

« Mais que faire, et comment chanter, lui dit tout bas Consuelo, s'il faut craindre de l'émouvoir?

— Il faut l'émouvoir, au contraire, répondit de même le maestro. Il aime beaucoup à être arraché à sa torpeur, parce que, quand il est bien agité, il se sent en veine d'écrire. »

Consuelo chanta un air d'*Achille in Sciro*, la meilleure œuvre dramatique de Métastase, qui avait été mise en musique par Caldara, en 1736, et représentée aux fêtes du mariage de Marie-Thérèse. Métastase fut aussi frappé de sa voix et de sa méthode qu'il l'avait été à la première audition; mais il était résolu à se renfermer dans le même silence froid et gêné qu'elle avait gardé durant le récit de sa maladie. Il n'y réussit point; car il était artiste en dépit de tout, le digne homme, et quand un noble interprète fait vibrer dans l'âme du poëte les accents de sa muse et le souvenir de ses triomphes, il n'est guère de rancune qui tienne.

L'abbé Métastase essaya de se défendre contre ce charme tout-puissant. Il toussa beaucoup, s'agita sur son fauteuil comme un homme distrait par la souffrance, et puis, tout à coup reporté à des souvenirs plus émouvants encore que ceux de sa gloire, il cacha son visage dans son mouchoir et se mit à sangloter. Le Porpora, caché derrière son fauteuil, faisait signe à Consuelo de ne pas le ménager, et se frottait les mains d'un air malicieux.

Ces larmes, qui coulaient abondantes et sincères, réconcilièrent tout à coup la jeune fille avec le pusillanime abbé. Aussitôt qu'elle eut fini son air, elle s'approcha pour lui baiser la main et pour lui dire cette fois avec une effusion convaincante :

« Hélas ! Monsieur, que je serais fière et heureuse de vous avoir ému ainsi, s'il ne m'en coûtait un remords ! La crainte de vous avoir fait du mal empoisonne ma joie !

— Ah! ma chère enfant, s'écria l'abbé tout à fait gagné, vous ne savez pas, vous ne pouvez pas savoir le bien et le mal que vous m'avez fait. Jamais jusqu'ici je n'avais entendu une voix de femme qui me rappelât celle de ma chère Marianna! et vous me l'avez tellement rappelée, ainsi que sa manière et son expression, que j'ai cru l'entendre elle-même. Ah! vous m'avez brisé le cœur! »

Et il recommença à sangloter.

« Sa Seigneurie parle d'une personne bien illustre, et que tu dois te proposer constamment pour modèle, dit le Porpora à son élève, la célèbre et incomparable Marianna Bulgarini.

— La *Romanina*? s'écria Consuelo; ah! je l'ai entendue dans mon enfance à Venise; c'est mon premier grand souvenir, et je ne l'oublierai jamais.

— Je vois bien que vous l'avez entendue, et qu'elle vous a laissé une impression ineffaçable, reprit le Métastase. Ah! jeune fille, imitez-la en tout, dans son jeu comme dans son chant, dans sa bonté comme dans sa grandeur, dans sa puissance comme dans son dévouement! Ah! qu'elle était belle lorsqu'elle représentait la divine Vénus, dans le premier opéra que je fis à Rome! C'elle à elle que je dus mon premier triomphe.

— Et c'est à Votre Seigneurie qu'elle a dû ses plus beaux succès, dit le Porpora.

— Il est vrai que nous avons contribué à la fortune l'un de l'autre. Mais rien n'a pu m'acquitter assez envers elle. Jamais tant d'affection, jamais tant d'héroïque persévérance et de soins délicats n'ont habité l'âme d'une mortelle. Ange de ma vie, je te pleurerai éternellement, et je n'aspire qu'à te rejoindre! »

Ici l'abbé pleura encore. Consuelo était fort émue, Porpora affecta de l'être; mais, en dépit de lui-même, sa physionomie restait ironique et dédaigneuse. Consuelo le remarqua et se promit de lui reprocher cette méfiance ou cette dureté. Quant à Métastase, il ne vit que l'effet qu'il souhaitait produire, l'attendrissement et l'admiration de la bonne Consuelo. Il était de la véritable espèce des poëtes : c'est-à-dire qu'il pleurait plus volontiers devant les autres que dans le secret de sa chambre, et qu'il ne sentait jamais si bien ses affections et ses douleurs que quand il les racontait avec éloquence. Entraîné par l'occasion, il fit à Consuelo le récit de cette partie de sa jeunesse où la Romanina a joué un si grand rôle; les services que cette généreuse amie lui rendit, le soin filial qu'elle prit de ses vieux parents, le sacrifice maternel qu'elle accomplit en se séparant de lui pour l'envoyer faire fortune à Vienne; et quand il lui fut à la scène des adieux, quand il eut dit, dans les termes les plus choisis et les plus tendres, de quelle manière sa chère Marianna, le cœur déchiré et la poitrine gonflée de sanglots, l'avait exhorté à l'abandonner pour ne songer qu'à lui-même, il s'écria :

« Oh! que si elle eût deviné l'avenir qui m'attendait loin d'elle, que si elle eût prévu les douleurs, les combats, les terreurs, les angoisses, les revers et jusqu'à l'affreuse maladie qui devaient être mon partage ici, elle se fût bien épargné ainsi qu'à moi une si affreuse immolation! Hélas! j'étais loin de croire que nous nous faisions d'éternels adieux, et que nous ne devions jamais nous rencontrer sur la terre!

— Comment! vous ne vous êtes point revus? dit Consuelo dont les yeux étaient baignés de larmes, car la parole du Métastase avait un charme extraordinaire : elle n'est point venue à Vienne?

— Elle n'y est jamais venue! répondit l'abbé d'un air accablé.

— Après tant de dévouement, elle n'a pas eu le courage de venir ici vous retrouver? reprit Consuelo, à qui le Porpora faisait en vain des yeux terribles. »

Le Métastase ne répondit rien : il paraissait absorbé dans ses pensées.

« Mais elle pourrait y venir encore? poursuivit Consuelo avec candeur, et elle y viendra certainement. Cet heureux événement vous rendra la santé. »

L'abbé pâlit et fit un geste de terreur. Le maestro toussa de toute sa force, et Consuelo, se rappelant tout à coup que la Romanina était morte depuis plus de dix ans, s'aperçut de l'énorme maladresse qu'elle commettait en rappelant l'idée de la mort à cet ami, qui n'aspirait, selon lui, qu'à rejoindre sa bien-aimée dans la tombe. Elle se mordit les lèvres, et se retira bientôt avec son maître, lequel l'emporta de cette visite avec de vagues promesses et force civilités, comme à l'ordinaire.

« Qu'as-tu fait, tête de linotte? dit-il à Consuelo dès qu'ils furent dehors.

— Une grande sottise, je le vois bien. J'ai oublié que la Romanina ne vivait plus; mais croyez-vous bien, maître, que cet homme si aimant et si désolé soit attaché à la vie autant qu'il vous plaît de le dire? Je m'imagine, au contraire, que le regret d'avoir perdu son amie est la seule cause de son mal, et que si quelque terreur superstitieuse lui fait redouter l'heure suprême, il n'en est pas moins horriblement et sincèrement las de vivre.

— Enfant ! dit le Porpora, on n'est jamais las de vivre quand on est riche, honoré, adulé et bien portant ; et quand on n'a jamais eu d'autres soucis et d'autres passions que celle-là, on ment et on joue la comédie quand on maudit l'existence.

— Ne dites pas qu'il n'a jamais eu d'autres passions. Il a aimé la Marianna, et je m'explique pourquoi il a donné ce nom chéri à sa filleule et à sa nièce Marianna Martiez... »

Consuelo avait failli dire l'élève de Joseph; mais elle s'arrêta brusquement.

« Achève, dit le Porpora, sa filleule, sa nièce ou sa fille.

— On le dit ; mais que m'importe ?

— Cela prouverait, du moins, que le cher abbé s'est consolé assez vite de l'absence de sa bien-aimée ; mais lorsque tu lui demandais (que Dieu confonde ta stupidité !) pourquoi sa chère Marianna n'était pas venue le rejoindre ici, il ne t'a pas répondu, et je vais répondre à sa place. La Romanina lui avait bien, en effet, rendu les plus grands services qu'un homme puisse accepter d'une femme. Elle l'avait bien nourri, logé, habillé, secouru, soutenu en toute occasion ; elle l'avait bien aidé à se faire nommer *poeta cesareo*. Elle s'était bien faite la servante, l'amie, la garde-malade, la bienfaitrice de ses vieux parents. Tout cela est exact. La Marianna avait un grand cœur : je l'ai beaucoup connue ; mais ce qu'il y a de vrai aussi, c'est qu'elle désirait ardemment se réunir à lui, en se faisant admettre au théâtre de la cour. Et ce qu'il y a de plus vrai encore, c'est que monsieur l'abbé ne s'en souciait pas du tout et ne le permit jamais. Il y avait bien entre eux un commerce de lettres les plus tendres du monde. Je ne doute pas que celles du poëte ne fussent des chefs-d'œuvre. On les imprimera : il le savait bien. Mais tout en disant à sa *dilettissima amica* qu'il soupirait après le jour de leur réunion, et qu'il travaillait sans cesse à faire luire ce jour heureux sur leur existence, le maître renard arrangeait les choses de manière à ce que la malencontreuse cantatrice ne vînt pas tomber au beau milieu de ses illustres et lucratives amours avec une troisième Marianna (car ce nom-là est une heureuse fatalité dans sa vie), la noble et toute-puissante comtesse d'Althan, favorite du dernier César. On dit qu'il en est résulté un mariage secret ; je trouve donc fort mal venu à s'arracher les cheveux pour cette pauvre Romanina, qu'il a laissée mourir de chagrin tandis qu'il faisait des madrigaux dans les bras des dames de la cour.

— Vous commentez et vous jugez tout cela avec un cynisme cruel, mon cher maître, reprit Consuelo attristée.

— Je parle comme tout le monde ; je n'invente rien ; c'est la voix publique qui affirme tout cela. Va, tous les comédiens ne sont pas au théâtre ; c'est un vieux proverbe.

— La voix publique n'est pas toujours la plus éclairée, et, en tous cas, la plus charitable. Tiens, maître, je ne puis pas croire qu'un homme de ce renom et de ce talent ne soit rien de plus qu'un comédien en scène. Je l'ai vu pleurer des larmes véritables, et quand même il aurait à se reprocher d'avoir trop vite oublié sa première Marianna, ses remords ne feraient qu'ajouter à la sincérité de ses regrets d'aujourd'hui. En tout ceci, j'aime mieux le croire faible que lâche. On l'avait fait abbé, on le comblait de bienfaits ; la cour était dévote ; ses amours avec une comédienne y eussent fait grand scandale. Il n'a pas voulu précisément trahir et tromper la Bulgarini : il a eu peur, il a hésité, il a gagné du temps,... elle est morte...

— Et il en a remercié la Providence, ajouta l'impitoyable maestro. Et maintenant notre impératrice lui envoie des boîtes et des bagues avec son chiffre en brillants ; des plumes de lapis avec des lauriers en brillants ; des pots en or massif remplis de tabac d'Espagne, des cachets faits d'un seul gros brillant, et tout cela brille si fort, que les yeux du poëte sont toujours baignés de larmes.

— Et tout cela peut-il le consoler d'avoir brisé le cœur de la Romanina ?

— Il se peut bien que non. Mais le désir de ces choses l'a décidé à le faire.

— Triste vanité ! Pour moi, j'ai eu bien de la peine à m'empêcher de rire quand il nous a montré son chandelier d'or à chapiteau d'or, avec la devise ingénieuse que l'impératrice y a fait graver :

Perchè possa risparmiare i suoi occhi !

Voilà, en effet, qui est bien délicat et qui le faisait s'écrier avec emphase : *Affettuosa espressione valutabile più assai dell' oro !* Oh ! le pauvre homme !

— O l'homme malheureux ! » dit Consuelo en soupirant.

Et elle rentra fort triste, car elle avait fait involontairement un rapprochement terrible entre la situation de Métastase à l'égard de Marianna et la sienne propre à l'égard d'Albert. « Attendre et mourir ! se disait-elle : est-ce donc là le sort de ceux qui aiment passionnément ? Faire attendre et faire mourir, est-ce donc là la destinée de ceux qui poursuivent la chimère de la gloire ? »

« Qu'as-tu à rêver ainsi ? lui dit le maestro ; il me semble que tout va bien, et que, malgré tes gaucheries, tu as conquis le Métastase.

— C'est une maigre conquête que celle d'une âme faible, répondit-elle, et je ne crois pas que celui qui a manqué de courage pour faire admettre Marianna au théâtre impérial en retrouve un peu pour moi.

— Le Métastase, en fait d'art, gouverne désormais l'impératrice.

— Le Métastase, en fait d'art, ne conseillera jamais à l'impératrice que ce qu'elle paraîtra désirer, et on a beau parler des favoris et des conseillers de Sa Majesté... J'ai vu les traits de Marie-Thérèse, et je vous le dis, mon maître, Marie-Thérèse est trop politique pour avoir des amants, trop absolue pour avoir des amis.

— Eh bien, dit le Porpora soucieux, il faut gagner l'impératrice elle-même, il faut que tu chantes dans ses appartements un matin, et qu'elle te parle, qu'elle cause avec toi. On dit qu'elle n'aime que les personnes vertueuses. Si elle a ce regard d'aigle qu'on lui prête, elle te jugera et te préférera. Je vais tout mettre en œuvre pour qu'elle te voie en tête-à-tête. »

XC.

Un matin, Joseph, étant occupé à frotter l'antichambre du Porpora, oublia que la cloison était mince et le sommeil du maestro léger ; il se laissa aller machinalement à fredonner une phrase musicale qui lui venait à l'esprit, et qu'accompagnait rhythmiquement le mouvement de sa brosse sur le plancher. Le Porpora, mécontent d'être éveillé avant l'heure, s'agite dans son lit, essaie de se rendormir, et, poursuivi par cette voix belle et fraîche qui chante avec justesse et légèreté une phrase fort gracieuse et fort bien faite, il passe sa robe de chambre et va regarder par le trou de la serrure, moitié charmé de ce qu'il entend, moitié courroucé contre l'artiste qui vient sans façon composer chez lui avant son lever. Mais quelle surprise ! c'est Beppo qui chante et qui rêve, et qui poursuit son idée tout en vaquant d'un air préoccupé aux soins du ménage.

« Qu'est-ce que tu chantes là ? dit le maestro d'une voix tonnante en ouvrant la porte brusquement. »

Joseph, étourdi comme un homme éveillé en sursaut, faillit jeter balai et plumeau, et quitter la maison à toutes jambes ; mais s'il n'avait plus, depuis longtemps, l'espoir de devenir l'élève du Porpora, il s'estimait encore bien heureux d'entendre Consuelo travailler avec le maître et de recevoir les leçons de cette généreuse amie en cachette, quand le maître était absent. Pour rien au monde il n'eût donc voulu être chassé, et il se hâta de mentir pour éloigner les soupçons.

« Ce que je chante, dit-il tout décontenancé ; hélas ! maître, je l'ignore.

— Chante-t-on ce qu'on ignore ? Tu mens !

— Je vous assure, maître, que je ne sais ce que je chantais. Vous m'avez tant effrayé que je l'ai déjà oublié. Je sais bien que j'ai fait une grande faute de chanter auprès de votre chambre. Je suis distrait, je me croyais bien loin d'ici, tout seul ; je me disais : A présent tu peux chanter ; personne n'est là pour te dire : Tais-toi, ignorant, tu chantes faux. Tais-toi, brute, tu n'as pas pu apprendre la musique.

— Qui t'a dit que tu chantais faux ?

— Tout le monde.

— Et moi, je te dis, s'écria le maestro d'un ton sévère, que tu ne chantes pas faux. Et qui a essayé de t'enseigner la musique ?

—Mais... par exemple, maître Reuter, dont mon ami Keller fait la barbe, et qui m'a chassé de la leçon, disant que je ne serais jamais qu'un âne. »

Joseph connaissait déjà assez les antipathies du maestro pour savoir qu'il faisait peu de cas du Reuter, et même il avait compté sur ce dernier pour lui gagner les bonnes grâces du Porpora, la première fois qu'il essaierait de le desservir auprès de lui. Mais le Reuter, dans les rares visites qu'il avait rendues au maestro, n'avait pas daigné reconnaître son ancien élève dans l'antichambre.

—Maître Reuter est un âne lui-même, murmura le Porpora entre ses dents ; mais il ne s'agit pas de cela, reprit-il tout haut ; je veux que tu me dises où tu as pêché cette phrase. »

Et il chanta celle que Joseph lui avait fait entendre dix fois de suite par mégarde.

—Ah ! cela ? dit Haydn qui commençait à mieux augurer des dispositions du maître, mais qui ne s'y fiait pas encore ; c'est quelque chose que j'ai entendu chanter à la signora.

—A la Consuelo ? à ma fille ? Je ne connais pas cela. Ah çà, tu écoutes donc aux portes ?

—Oh non, Monsieur ! mais la musique, cela arrive de chambre en chambre jusqu'à la cuisine, et on l'entend malgré soi.

—Je n'aime pas à être servi par des gens qui ont tant de mémoire, et qui vont chanter nos idées inédites dans la rue. Vous ferez votre paquet aujourd'hui, et vous irez ce soir chercher une autre condition. »

Cet arrêt tomba comme un coup de foudre sur le pauvre Joseph, et il alla pleurer dans la cuisine où bientôt Consuelo vint écouter le récit de sa mésaventure, et le rassurer en lui promettant d'arranger ses affaires.

« Comment, maître, dit-elle au Porpora en lui présentant son café, tu veux chasser ce pauvre garçon, qui est laborieux et fidèle, parce que pour la première fois de sa vie il lui est arrivé de chanter juste !

—Je te dis que ce garçon-là est un intrigant et un menteur effronté ; qu'il a été envoyé chez moi par quelque ennemi qui veut surprendre le secret de mes compositions et se les approprier avant qu'elles aient vu le jour. Je gage que le drôle sait déjà par cœur mon nouvel opéra, et qu'il copie mes manuscrits quand j'ai le dos tourné ! Combien de fois n'ai-je pas été trahi ainsi ! Combien de mes idées n'ai-je pas retrouvées dans ces jolis opéras qui faisaient courir tout Venise, tandis qu'on bâillait aux miens et qu'on disait : Ce vieux radoteur de Porpora nous donne pour du neuf des motifs qui traînent dans les carrefours ! Tiens ! le sot s'est trahi ; il a chanté ce matin une phrase qui n'est certainement pas d'un autre que de *meinherr* Hasse, et que j'ai fort bien retenue ; j'en prendrai note, et, pour me venger, je la mettrai dans mon nouvel opéra, afin de lui rendre le tour qu'il m'a joué si souvent.

—Prenez garde, maître ! cette phrase-là n'est peut-être pas inédite. Vous ne savez pas par cœur toutes les productions contemporaines.

—Mais je les ai entendues, et je te dis que c'est une phrase trop remarquable pour qu'elle ne m'ait pas encore frappé.

—Eh bien, maître, grand merci ! je suis fière du compliment ; car la phrase est de moi.

Consuelo mentait, la phrase en question était bien éclose le matin même dans le cerveau d'Haydn ; mais elle avait le mot, et déjà elle l'avait apprise par cœur, afin de n'être pas prise au dépourvu par les méfiantes investigations du maître. Le Porpora ne manqua pas de la lui demander. Elle la chanta sur-le-champ, et prétendit que la veille elle avait essayé de mettre en musique, pour complaire à l'abbé Métastase, les premières strophes de sa jolie pastorale :

Già riede la primavera
Col suo fiorito aspetto ;
Già il grato zeffiretto
Scherza fra l'erbe e i flor.

Tornan le frondi agli alberi,
L'herbette al prato tornano ;
Sol non ritorna a me
La pace del mio cor.

« J'avais répété ma première phrase bien des fois, ajouta-t-elle, lorsque j'ai entendu dans l'antichambre maître Beppo qui, comme un vrai serin des Canaries, s'égosillait à la répéter tout de travers ; cela m'impatientait, je l'ai prié de se taire. Mais, au bout d'une heure, il la répétait sur l'escalier, tellement défigurée, que cela m'a ôté l'envie de continuer mon air.

—Et d'où vient qu'il la chante si bien aujourd'hui ? que s'est-il passé durant son sommeil ?

—Je vais t'expliquer cela, mon maître ; je remarquais que ce garçon avait la voix belle et même juste, mais qu'il chantait faux, faute d'oreille, de raisonnement et de mémoire. Je me suis amusée à lui faire poser la voix et à chanter la gamme d'après ta méthode, pour voir si cela réussirait, même sur une pauvre organisation musicale.

—Cela doit réussir sur toutes les organisations, s'écria le Porpora. Il n'y a point de voix fausse, et jamais une oreille exercée...

—C'est ce que je me disais, interrompit Consuelo, qui avait hâte d'en venir à ses fins, et c'est ce qui est arrivé. J'ai réussi, avec le système de ta première leçon, à faire comprendre à ce butor ce que, dans toute sa vie, le Reuter et tous les Allemands ne lui eussent pas fait soupçonner. Après cela, je lui ai chanté ma phrase, et, pour la première fois, il l'a entendue exactement. Aussitôt il a pu la dire, et il en était si étonné, si émerveillé, qu'il n'a pu n'en pas dormir de la nuit ; c'était pour lui comme une révélation. Oh ! Mademoiselle, me disait-il, si j'avais été enseigné ainsi, j'aurais pu apprendre peut-être aussi bien qu'un autre. Mais je vous avoue que je n'ai jamais rien pu comprendre de ce qu'on enseignait à la maîtrise de Saint-Étienne.

—Il a donc été à la maîtrise, réellement ?

—Et il en a été chassé honteusement ; tu n'as qu'à parler de lui à maître Reuter ! il te dira que c'est un mauvais sujet, et un sujet musical impossible à former.

—Viens çà, ici, toi ! cria le Porpora à Beppo qui pleurait derrière la porte ; et mets-toi près de moi : je veux voir si tu as compris la leçon que tu as reçue hier. »

Alors le malicieux maestro commença à enseigner les éléments de la musique à Joseph, de la manière diffuse, pédantesque et embrouillée qu'il attribuait ironiquement aux maîtres allemands.

Si Joseph, qui en savait trop pour ne pas comprendre ces éléments, en dépit du soin qu'il prenait pour les lui rendre obscurs, eût laissé voir son intelligence, il était perdu. Mais il était assez fin pour ne pas tomber dans le piège, et il montra résolument une stupidité qui, après une longue épreuve tentée avec obstination par le maître, rassura complètement ce dernier.

« Je vois bien que tu es fort borné, lui dit-il en se levant et en continuant une feinte dont les deux autres n'étaient pas dupes. Retourne à ton balai, et tâche de ne plus chanter, si tu veux rester à mon service. »

Mais, au bout de deux heures, n'y pouvant plus tenir, et se sentant aiguillonné par l'amour d'un métier qu'il négligeait après l'avoir exercé sans rivaux pendant si longtemps, le Porpora redevint professeur de chant, et rappela Joseph pour le remettre sur la sellette. Il lui expliqua les mêmes principes, mais cette fois avec cette clarté, cette logique puissante et profonde qui motive et classe toutes choses, en un mot, avec cette incroyable simplicité de moyens dont les hommes de génie s'avisent seuls.

Cette fois, Haydn comprit qu'il pouvait avoir l'air de comprendre ; et Porpora fut enchanté de son triomphe. Quoique le maître lui enseignât des choses qu'il avait longtemps étudiées et qu'il savait aussi bien que possible, cette leçon eut pour lui un puissant intérêt et une utilité bien certaine : il y apprit à enseigner ; et comme aux heures où le Porpora ne l'employait pas, il allait encore donner quelques leçons en ville pour ne pas perdre sa mince clientèle, il se promit de mettre à profit, sans tarder, cette excellence démonstration.

« A la bonne heure, monsieur le professeur! dit-il au Porpora en continuant à jouer la niaiserie à la fin de la leçon; j'aime mieux cette musique-là que l'autre, et je crois que je pourrais l'apprendre; mais quant à celle de ce matin, j'aimerais mieux retourner à la maîtrise que d'essayer d'y mordre.

— Et c'est pourtant la même qu'on t'enseignait à la maîtrise. Est-ce qu'il y a deux musiques, benêt! Il n'y a qu'une musique, comme il n'y a qu'un Dieu.

— Oh! je vous demande bien pardon, Monsieur! il y a la musique de maître Reuter, qui m'ennuie, et la vôtre, qui ne m'ennuie pas.

— C'est bien de l'honneur pour moi, seigneur Beppo, » dit en riant le Porpora, à qui le compliment ne déplut point.

A partir de ce jour, Haydn reçut les leçons du Porpora, et bientôt ils arrivèrent aux études du chant italien et aux idées mères de la composition lyrique; c'était ce que le noble jeune homme avait souhaité avec tant d'ardeur et poursuivi avec tant de courage. Il fit de si rapides progrès, que le maître était à la fois charmé, surpris, et parfois effrayé. Lorsque Consuelo voyait ses anciennes méfiances prêtes à renaître, elle dictait à son jeune ami la conduite qu'il fallait tenir pour les dissiper. Un peu de résistance, une préoccupation feinte étaient parfois nécessaires pour que le génie et la passion de l'enseignement se réveillassent chez le Porpora, ainsi qu'il arrive toujours à l'exercice des hautes facultés, qu'un peu d'obstacle et de lutte rendent plus énergique et plus puissant. Il arriva souvent à Joseph d'être forcé de jouer la langueur et le dépit pour obtenir, en feignant de s'y traîner à regret, ces précieuses leçons, qu'il tremblait de voir négliger. Le plaisir de contrarier et le besoin de dompter émoustillaient alors l'âme taquine et guerroyante du vieux professeur; et jamais Beppo ne reçut de meilleures notions que celles dont la déduction fut arrachée, claire, éloquente et chaude, à l'emportement et à l'ironie du maître.

Pendant que l'intérieur du Porpora était le théâtre de ces événements si frivoles en apparence, et dont les résultats pourtant jouèrent un si grand rôle dans l'histoire de l'art, puisque le génie d'un des plus féconds et des plus célèbres compositeurs du siècle dernier y reçut son développement et sa sanction, des événements d'une influence plus immédiate sur le roman de la vie de Consuelo se passaient au dehors. La Corilla, plus active pour discuter ses propres intérêts, plus habile à les faire prévaloir, gagnait chaque jour du terrain, et déjà, parfaitement remise de ses couches, négociait les conditions de son engagement au théâtre de la cour. Virtuose robuste et médiocre musicienne, elle plaisait beaucoup mieux que Consuelo à monsieur le directeur et à sa femme. On sentait bien que la savante Porporina jugerait de haut, ne fût-ce que dans le secret de ses pensées, les opéras de maître Holzbaüer et le talent de madame son épouse. On savait bien que les grands artistes, mal secondés et réduits à rendre de pauvres idées, ne conservent pas toujours, accablés qu'ils sont de cette violence faite à leur goût et à leur conscience, cet entrain routinier, cette verve confiante que les médiocrités portent cavalièrement dans la représentation des plus mauvais ouvrages, et à travers la douloureuse cacophonie des œuvres mal étudiées et mal comprises par leurs camarades.

Lors même que, grâce à des miracles de volonté et de puissance, ils parviennent à triompher de leur rôle et de leur entourage, cet entourage envieux ne leur en sait point gré; le compositeur devine leur souffrance intérieure, et tremble sans cesse de voir cette inspiration factice se refroidir tout à coup et compromettre son succès; le public lui-même, étonné et troublé, sans savoir pourquoi, devine cette anomalie monstrueuse d'un génie asservi à une idée vulgaire, se débattant dans les liens étroits dont il s'est laissé charger, et c'est presque en soupirant qu'il applaudit à ses vaillants efforts. M. Holzbaüer se rendait fort bien compte, quant à lui, du peu de goût que Consuelo avait pour sa musique. Elle avait eu le malheur de le lui montrer, un jour que, déguisée en garçon et croyant avoir affaire à une de ces figures qu'on aborde en voyage pour la première et la dernière fois de sa vie, elle avait parlé franchement, sans se douter que bientôt sa destinée d'artiste allait être pour quelque temps à la merci de l'inconnu, ami du chanoine. Holzbaüer ne l'avait point oublié, et, piqué jusqu'au fond de l'âme, sous un air calme, discret et courtois, il s'était juré de lui fermer le chemin. Mais comme il ne voulait point que le Porpora et son élève, et ce qu'il appelait leur coterie, pussent l'accuser d'une vengeance mesquine et d'une lâche susceptibilité, il n'avait raconté qu'à sa femme sa rencontre avec Consuelo et l'aventure du déjeuner au presbytère. Cette rencontre paraissait donc n'avoir nullement frappé monsieur le directeur; il semblait avoir oublié les traits du petit Bertoni, et ne pas se douter le moins du monde que ce chanteur ambulant et la Porporina fussent un seul et même personnage. Consuelo se perdait en commentaires sur la conduite de Holzbaüer à son égard.

« J'étais donc bien parfaitement déguisée en voyage, disait-elle en confidence à Beppo, et l'arrangement de mes cheveux changeait donc bien ma physionomie, pour que cet homme, qui me regardait là-bas avec des yeux si clairs et si perçants, ne me reconnaisse pas du tout ici?

— Le comte Hoditz ne vous a pas reconnue non plus la première fois qu'il vous a revue chez l'ambassadeur, reprenait Joseph, et peut-être que s'il n'eût pas reçu votre billet, il ne vous eût jamais reconnue.

— Bien! mais le comte Hoditz a une manière vague et nonchalamment superbe de regarder les gens, qui fait qu'il ne voit réellement point. Je suis sûre qu'il n'eût point pressenti mon sexe, à Passaw, si le baron de Trenk ne l'en eût avisé; au lieu que le Holzbaüer, dès qu'il m'a revue ici, et chaque fois qu'il me rencontre, me regarde avec ces mêmes yeux attentifs et curieux que je lui ai trouvés au presbytère. Pour quel motif garde-t-il généreusement le secret sur une folle aventure qui pourrait avoir pour ma réputation des suites fâcheuses s'il voulait l'interpréter à mal, et qui pourrait même me brouiller avec mon maître, puisqu'il croit que je suis venue à Vienne sans détresse, sans encombre et sans incidents romanesques, tandis que ce même Holzbaüer dénigre sous main ma voix et ma méthode, et me dessert le plus possible pour n'être point forcé à m'engager! Il me hait et me repousse, et, ayant dans la main de plus fortes armes contre moi, il n'en fait point usage! Je m'y perds! »

Le mot de cette énigme fut bientôt révélé à Consuelo; mais avant de lire ce qui lui arriva, il faut qu'on se rappelle qu'une nombreuse et puissante coterie travaillait contre elle; que la Corilla était belle et galante; que le grand ministre Kaunitz la voyait souvent; qu'il aimait à se mêler au tripotage de coulisses, et que Marie-Thérèse, pour se délasser de ses graves travaux, s'amusait à le faire babiller sur ces matières, raillant intérieurement les petitesses de ce grand esprit, et prenant pour son compte un certain plaisir à ces commérages, qui lui montraient en petit, mais avec une franche effronterie, un spectacle analogue à celui que présentaient à cette époque les trois plus importantes cours de l'Europe, gouvernées par des intrigues de femmes : la sienne, celle de la czarine et celle de madame de Pompadour.

XCI.

On sait que Marie-Thérèse donnait audience une fois par semaine à quiconque voulait lui parler; coutume paternellement hypocrite que son fils Joseph II observa toujours religieusement, et qui est encore en vigueur à la cour d'Autriche. En outre, Marie-Thérèse accordait facilement des audiences particulières à ceux qui voulaient entrer à son service, et jamais souveraine ne fut plus aisée à aborder.

Le Porpora avait enfin obtenu cette audience musicale, où l'impératrice, voyant de près l'honnête figure de Consuelo, pourrait peut-être prendre quelque sympathie marquée pour elle. Du moins le maestro l'espérait. Connaissant les exigences de Sa Majesté à l'endroit des bonnes mœurs et de la tenue décente, il se disait qu'elle serait frappée, à coup sûr, de l'air de candeur et de modestie qui brillait dans toute la personne de son élève. On les introduisit dans un des petits salons du palais, où l'on avait transporté un clavecin, et où l'impératrice arriva au bout d'une demi-heure. Elle venait de recevoir des personnages d'importance, et elle était encore en costume de représentation, telle qu'on la voit sur les sequins d'or frappés à son effigie, en robe de brocart, manteau impérial, la couronne en tête, et un petit sabre hongrois au côté. Elle était vraiment belle ainsi, non imposante et d'une noblesse idéale, comme ses courtisans affectaient de la dépeindre, mais fraîche, enjouée, la physionomie ouverte et heureuse, l'air confiant et entreprenant. C'était bien *le roi* Marie-Thérèse que les magnats de Hongrie avaient proclamé, le sabre au poing, dans un jour d'enthousiasme ; mais c'était, au premier abord, un bon roi plutôt qu'un grand roi. Elle n'avait point de coquetterie, et la familiarité de ses manières annonçait une âme calme et dépourvue d'astuce féminine. Quand on la regardait longtemps, et surtout lorsqu'elle vous interrogeait avec insistance, on voyait de la finesse et même de la ruse froide dans cette physionomie si riante et si affable. Mais c'était de la ruse masculine, de la ruse impériale si l'on veut ; jamais de la galanterie.

« Vous me ferez entendre votre élève tout à l'heure, dit-elle au Porpora ; je sais déjà qu'elle a un grand savoir, une voix magnifique, et je n'ai pas oublié le plaisir qu'elle m'a fait dans l'oratorio de *Betulia liberata*. Mais je veux d'abord causer un peu avec elle en particulier. J'ai plusieurs questions à lui faire ; et comme je compte sur sa franchise, j'ai bon espoir de lui pouvoir accorder la protection qu'elle me demande. »

Le Porpora se hâta de sortir, lisant dans les yeux de Sa Majesté qu'elle désirait être tout à fait seule avec Consuelo. Il se retira dans une galerie voisine, où il eut grand froid ; car la cour, ruinée par les dépenses de la guerre, était gouvernée avec beaucoup d'économie, et le caractère de Marie-Thérèse secondait assez à cet égard les nécessités de sa position.

En se voyant tête à tête avec la fille et la mère des Césars, l'héroïne de la Germanie, et la plus grande femme qu'il y eût alors en Europe, Consuelo ne se sentit pourtant ni troublée, ni intimidée. Soit que son insouciance d'artiste la rendît indifférente à cette pompe armée qui brillait autour de Marie-Thérèse et jusque sur son costume, soit que son âme noble et franche se sentît à la hauteur de toutes les grandeurs morales, elle attendit dans une attitude calme et dans une grande sérénité d'esprit qu'il plût à Sa Majesté de l'interroger.

L'impératrice s'assit sur un sofa, tiraillant un peu son baudrier couvert de pierreries, qui gênait et blessait son épaule ronde et blanche, et commença ainsi :

« Je te répète, mon enfant, que je fais grand cas de ton talent, et que je ne mets pas en doute tes bonnes études et l'intelligence que tu as de ton métier ; mais on doit t'avoir dit qu'à mes yeux le talent n'est rien sans la bonne conduite, et que je fais plus de cas d'un cœur pur et pieux que d'un grand génie. »

Consuelo, debout, écouta respectueusement cet exorde, mais il ne lui sembla pas que ce fût une provocation à faire l'éloge d'elle-même ; et comme elle éprouvait d'ailleurs une mortelle répugnance à se vanter des vertus qu'elle pratiquait si simplement, elle attendit en silence que l'impératrice l'interrogeât d'une manière plus directe sur ses principes et ses résolutions. C'était pourtant bien le moment d'adresser à la souveraine un madrigal bien tourné sur sa piété angélique, sur ses vertus sublimes et sur l'impossibilité de se mal conduire quand on avait son exemple sous les yeux. La pauvre Consuelo n'eut pas seulement l'idée de mettre l'occasion à profit. Les âmes délicates craindraient d'insulter à un grand caractère en lui donnant des louanges banales ; mais les souverains, s'ils ne sont pas dupes de cet encens grossier, ont du moins une telle habitude de le respirer, qu'ils l'exigent comme un simple acte de soumission et d'étiquette. Marie-Thérèse fut étonnée du silence de la jeune fille, et prenant un ton moins doux et un air moins encourageant, elle continua :

« Or, je sais, ma chère petite, que vous avez une conduite assez légère, et que, n'étant pas mariée, vous vivez ici dans une étrange intimité avec un jeune homme de votre profession dont je ne me rappelle pas le nom en ce moment.

— Je ne puis répondre à Votre Majesté Impériale qu'une seule chose, dit enfin Consuelo animée par l'injustice de cette brusque accusation ; c'est que je n'ai jamais commis une seule faute dont le souvenir m'empêche de soutenir le regard de Votre Majesté avec un doux orgueil et une joie reconnaissante. »

Marie-Thérèse fut frappée de l'expression fière et forte que la physionomie de Consuelo prit en cet instant. Cinq ou six ans plus tôt, elle l'eût sans doute remarquée avec plaisir et sympathie ; mais déjà Marie-Thérèse était reine jusqu'au fond de l'âme, et l'exercice de sa force lui avait donné cette sorte d'enivrement réfléchi qui fait qu'on veut tout plier et tout briser devant soi. Marie-Thérèse voulait être le seul être fort qui respirât dans ses États, et comme souveraine et comme femme. Elle fut donc choquée du sourire fier et du regard franc de cette enfant qui n'était qu'un vermisseau devant elle, et dont elle croyait pouvoir s'amuser un instant comme d'un esclave qu'on fait causer par curiosité.

« Je vous ai demandé, Mademoiselle, le nom de ce jeune homme qui demeure avec vous chez maître Porpora, reprit-elle d'un ton glacial, et vous ne me l'avez point dit.

— Son nom est Joseph Haydn, répondit Consuelo sans s'émouvoir.

— Eh bien, il est entré, par inclination pour vous, au service de maître Porpora en qualité de valet de chambre, et maître Porpora ignore les vrais motifs de la conduite de ce jeune homme, tandis que vous les encouragez, vous qui ne les ignorez point.

— On m'a calomniée auprès de Votre Majesté ; ce jeune homme n'a jamais eu d'inclination pour moi (Consuelo croyait dire la vérité), et je sais même que ses affections sont ailleurs. S'il y a une petite tromperie envers mon respectable maître, les motifs en sont innocents et peut-être estimables. L'amour de l'art a pu seul décider Joseph Haydn à se mettre au service du Porpora ; et puisque Votre Majesté daigne peser la conduite de ses moindres sujets, comme je crois impossible que rien échappe à son équité clairvoyante, je suis certaine qu'elle rendra justice à ma sincérité dès qu'elle voudra descendre jusqu'à examiner ma cause. »

Marie-Thérèse était trop pénétrante pour ne pas reconnaître l'accent de la vérité. Elle n'avait pas encore perdu tout l'héroïsme de sa jeunesse, mais qu'elle fût en train de descendre cette pente fatale du pouvoir absolu, qui éteint peu à peu la foi dans les âmes les plus généreuses.

« Jeune fille, je vous crois vraie et je vous trouve l'air chaste ; mais je démêle en vous un grand orgueil, et une méfiance de ma bonté maternelle qui me fait craindre de ne pouvoir rien pour vous.

— Si c'est à la bonté maternelle de Marie-Thérèse que j'ai affaire, répondit Consuelo attendrie par cette expression dont la pauvrette, hélas ! ne connaissait pas l'extension banale, me voici prête à m'agenouiller devant elle et à l'implorer : mais si c'est...

— Achevez, mon enfant, dit Marie-Thérèse, qui, sans trop s'en rendre compte, eût voulu mettre à ses genoux cette personne étrange : dites toute votre pensée.

— Si c'est à la justice impériale de Votre Majesté n'ayant rien à confesser, comme une haleine pure ne souille pas l'air que les Dieux même respirent, je me sens tout l'orgueil nécessaire pour être digne de sa protection.

— Porporina, dit l'impératrice, vous êtes une fille d'esprit, et votre originalité, dont une autre s'offenserait, ne vous messied pas auprès de moi. Je vous l'ai dit, je vous crois franche, et cependant je sais que vous avez quelque chose à me confesser. Pourquoi hésitez-vous à le faire? Vous aimez Joseph Haydn, votre liaison est pure, je n'en veux pas douter. Mais vous l'aimez, puisque, pour le seul charme de le voir souvent (supposons même que ce soit pour la seule sollicitude de ses progrès en musique avec le Porpora), vous exposez intrépidement votre réputation, qui est la chose la plus sacrée, la plus importante de notre vie de femme. Mais vous craignez peut-être que votre maître, votre père adoptif, ne consente pas à votre union avec un artiste pauvre et obscur. Peut-être aussi, car je veux croire à toutes vos assertions, le jeune homme aime-t-il ailleurs; et vous fière, comme je vois bien que vous l'êtes, vous cachez votre inclination, et vous sacrifiez généreusement votre bonne renommée, sans retirer de ce dévouement aucune satisfaction personnelle. Eh bien, ma chère petite, à votre place, si j'avais l'occasion qui se présente en cet instant, et qui ne se présentera peut-être plus, j'ouvrirais mon cœur à ma souveraine, et je lui dirais : « Vous qui pouvez tout, et qui voulez le bien, je vous confie ma destinée, levez tous les obstacles. D'un mot vous pouvez changer les dispositions de mon tuteur et celles de mon amant; vous pouvez me rendre heureuse, me réhabiliter dans l'estime publique, et me mettre dans une position assez honorable pour que j'ose prétendre à entrer au service de la cour. » Voilà la confiance que vous deviez avoir dans l'intérêt maternel de Marie-Thérèse, et je suis fâchée que vous ne l'ayez pas compris.

— Je comprends fort bien, dit Consuelo en elle-même, que par un caprice bizarre, par un despotisme d'enfant gâté, tu veux, grande reine, que la Zingarella embrasse tes genoux, parce qu'il te semble que ses genoux sont raides devant toi, et que c'est pour toi un phénomène inobservé. Eh bien, tu n'auras pas cet amusement-là, à moins de me bien prouver que tu mérites mon hommage. »

Elle avait fait rapidement ces réflexions et d'autres encore pendant que Marie-Thérèse la sermonnait. Elle s'était dit qu'elle jouait en cet instant la fortune du Porpora sur un coup de dé, sur une fantaisie de l'impératrice, et que l'avenir de son maître valait bien la peine qu'elle s'humiliât un peu. Mais elle ne voulait pas s'humilier en vain. Elle ne voulait pas jouer la comédie avec une tête couronnée qui en savait certainement autant qu'elle sur ce chapitre-là. Elle attendait que Marie-Thérèse se fît véritablement grande à ses yeux, afin qu'elle-même pût se montrer sincère en se prosternant.

Quand l'impératrice eut fini son homélie, Consuelo répondit :

« Je répondrai à tout ce que Votre Majesté a daigné me dire, si elle veut bien me l'ordonner.

— Oui, parlez, parlez ! dit l'impératrice dépitée de cette contenance impassible.

— Je dirai donc à Votre Majesté que, pour la première fois de ma vie, j'apprends, de sa bouche impériale, que ma réputation est compromise par la présence de Joseph Haydn dans la maison de mon maître. Je me croyais trop peu de chose pour attirer sur moi les arrêts de l'opinion publique ; et si l'on m'eût dit, lorsque je me rendais au palais impérial, que l'impératrice elle-même jugeait et blâmait ma situation, j'aurais cru faire un rêve. »

Marie-Thérèse l'interrompit, elle crut trouver de l'ironie dans cette réflexion de Consuelo.

« Il ne faut pas vous étonner, dit-elle d'un ton un peu emphatique, que je m'occupe des détails les plus minutieux de la vie des êtres dont j'ai la responsabilité devant Dieu.

— On peut s'étonner de ce qu'on admire, répondit adroitement Consuelo ; et si les grandes choses sont les plus simples, elles sont du moins assez rares pour nous surprendre au premier abord.

— Il faut que vous compreniez, en outre, reprit l'impératrice, le soin particulier qui me préoccupe à votre égard, et à l'égard de tous les artistes dont j'aime à orner ma cour. Le théâtre est, en tout pays, une école de scandale, un abîme de turpitudes. J'ai la prétention, louable certainement, sinon réalisable, de réhabiliter devant les hommes et devant Dieu la classe des comédiens, objet des mépris aveugles et même des proscriptions religieuses de plusieurs nations. Tandis qu'en France, l'Église leur ferme ses portes, je veux, moi, que l'Église leur ouvre son sein. Je n'ai jamais admis, soit à mon théâtre italien, soit pour ma comédie française, soit encore à mon théâtre national, que des gens d'une moralité éprouvée, ou bien des personnes résolues de bonne foi à réformer leur conduite. Vous devez savoir que je marie mes comédiens, et que je tiens même leurs enfants sur les fonts de baptême, résolue à encourager par toutes les faveurs possibles la légitimité des naissances, et la fidélité des époux. »

« Si nous avions su cela, pensa Consuelo, nous aurions prié Sa Majesté d'être la marraine d'Angèle à ma place. »

« Votre Majesté sème pour recueillir, reprit-elle tout haut ; et si j'avais une faute sur la conscience, je serais bien heureuse de trouver en elle un confesseur aussi miséricordieux que Dieu même. Mais...

— Continuez ce que vous voulez dire tout à l'heure, répondit Marie-Thérèse avec hauteur.

— Je disais, repartit Consuelo, qu'ignorant le blâme déversé sur moi à propos du séjour de Joseph Haydn dans la maison que j'habite, je n'avais pas fait un grand effort de dévouement envers lui en m'y exposant.

— J'entends, dit l'impératrice, vous niez tout !

— Comment pourrais-je confesser le mensonge ? reprit Consuelo, je n'ai ni inclination pour l'élève de mon maître, ni désir aucun de l'épouser ; et s'il en était autrement, pensa-t-elle, je ne voudrais pas accepter son cœur par décret impérial.

— Ainsi vous voulez rester fille ? dit l'impératrice en se levant. Eh bien, je vous déclare que c'est une position qui n'offre pas à ma sécurité sur le chapitre de l'honneur, toutes les garanties désirables. Il est inconvenant d'ailleurs qu'une jeune personne paraisse dans certains rôles, et représente certaines passions quand elle n'a pas la sanction du mariage et la protection d'un époux. Il ne tenait qu'à vous de l'emporter dans mon esprit sur votre concurrente, madame Corilla, dont on m'avait dit pourtant beaucoup de bien, mais qui ne prononce pas l'italien à beaucoup près aussi bien que vous. Mais madame Corilla est mariée et mère de famille, ce qui la place dans des conditions plus recommandables à mes yeux que celles où vous vous obstinez à rester.

— Mariée ! ne put s'empêcher de murmurer entre ses dents la pauvre Consuelo, bouleversée de voir quelle personne vertueuse, la très-vertueuse et très-clairvoyante impératrice lui préférait.

— Oui, mariée, répondit l'impératrice d'un ton absolu et courroucée déjà de ce doute émis sur le compte de sa protégée. Elle a donné le jour dernièrement à un enfant qu'elle a mis les mains d'un respectable et laborieux ecclésiastique, monsieur le chanoine***, afin qu'il lui donnât une éducation chrétienne ; et, sans aucun doute, ce digne personnage ne se serait point chargé d'un tel fardeau, s'il n'eût reconnu que la mère avait droit à toute son estime.

— Je n'en fais aucun doute non plus, » répondit la jeune fille, consolée, au milieu de son indignation, de voir que le chanoine était approuvé, au lieu d'être censuré pour cette adoption qu'elle lui avait elle-même arrachée.

« C'est ainsi qu'on écrit l'histoire, et c'est ainsi qu'on éclaire les rois, se dit-elle lorsque l'impératrice fut sortie de l'appartement du grand air, et en lui faisant, pour salut, un léger signe de tête. Allons ! au fond des plus mauvaises choses, il se fait toujours quelque bien ; et les erreurs des hommes ont parfois un bon résultat. On n'enlèvera pas au chanoine son bon prieuré ; on n'enlè-

Qu'est-ce que tu chantes là?... (Page 243.)

vera pas à Angèle son bon chanoine; la Corilla se convertira, si l'impératrice s'en mêle; et moi, je ne me suis pas mise à genoux devant une femme qui ne vaut pas mieux que moi. »

« Eh bien, s'écria d'une voix étouffée le Porpora, qui l'attendait dans la galerie en grelottant et en se tordant les mains d'inquiétude et d'espérance; j'espère que nous l'emportons!

— Nous échouons au contraire, mon bon maître.

— Avec quel calme tu dis cela! Que le diable t'emporte!

— Il ne faut pas dire cela ici, maître! Le diable est fort mal vu à la cour. Quand nous aurons franchi la dernière porte du palais, je vous dirai tout.

— Eh bien, qu'est-ce? reprit le Porpora avec impatience lorsqu'ils furent sur le rempart.

— Rappelez-vous, maître, répondit Consuelo, ce que nous avons dit du grand ministre Kaunitz en sortant de chez la margrave.

— Nous avons dit que c'était une vieille commère. Eh bien, il nous a desservis?

— Sans aucun doute; et je vous dis maintenant : Sa Majesté l'impératrice, reine de Hongrie, est aussi une commère. »

XCII.

Consuelo ne raconta au Porpora que ce qu'il devait savoir des motifs de Marie-Thérèse dans l'espèce de disgrâce où elle venait de faire tomber notre héroïne. Le reste eût affligé, inquiété et irrité peut-être le maestro contre Haydn sans remédier à rien. Consuelo ne voulut pas dire non plus à son jeune ami ce qu'elle taisait au Porpora. Elle méprisait avec raison quelques vagues accusations qu'elle savait bien avoir été forgées à l'impératrice par deux ou trois personnes ennemies, et qui n'avaient nullement circulé dans le public. L'ambassadeur Corner, à qui elle jugea utile de tout confier, la confirma dans cette opinion; et, pour éviter que la méchanceté ne s'emparât de ces semences de calomnie, il arrangea sagement et généreusement les choses: il décida le Porpora à demeurer dans son hôtel avec Consuelo, et Haydn entra au service de l'ambassade et fut admis à la table des secrétaires particuliers. De cette manière le

M. de Kaunitz.

vieux maestro échappait aux soucis de la misère, Joseph continuait à rendre au Porpora quelques services personnels, qui le mettaient à même de l'approcher souvent et de prendre ses leçons, et Consuelo était à couvert des malignes imputations.

Malgré ces précautions, la Corilla fut engagée à la place de Consuelo au théâtre impérial. Consuelo n'avait pas su plaire à Marie-Thérèse. Cette grande reine, tout en s'amusant des intrigues de coulisses que Kaunitz et Métastase lui racontaient à moitié et toujours avec un esprit charmant, voulait jouer le rôle d'une Providence incarnée et couronnée au milieu de ces cabotins qui, devant elle, jouaient celui de pécheurs repentants et de démons convertis. On pense bien qu'au nombre de ces hypocrites, qui recevaient de petites pensions et de petits cadeaux pour leur soi-disant piété, ne se trouvaient ni Caffariello, ni Farinelli, ni la Tesi, ni madame Hasse, ni aucun de ces grands virtuoses que Vienne possédait alternativement, et à qui leur talent et leur célébrité faisaient pardonner bien des choses. Mais les emplois vulgaires étaient brigués par des gens décidés à flatter la fantaisie dévote et moralisante de Sa Majesté; et Sa Majesté, qui portait en toute chose son esprit d'intrigue politique, faisait du tripotage diplomatique à propos du mariage ou de la conversion de ses comédiens. On a pu lire dans les Mémoires de Favart (cet intéressant roman réel qui se passa historiquement dans les coulisses) les difficultés qu'il éprouvait pour envoyer à Vienne des actrices et des chanteuses d'opéra dont on lui avait confié la fourniture. On les voulait à bon marché, et, de plus, sages comme des vestales. Je crois que ce spirituel fournisseur breveté de Marie-Thérèse, après avoir bien cherché à Paris, finit par n'en pas trouver une seule, ce qui fait plus d'honneur à la franchise qu'à la vertu de nos *filles d'opéra*, comme on disait alors.

Ainsi Marie-Thérèse voulait donner à l'amusement qu'elle prenait à tout ceci un prétexte édifiant et digne de la majesté bienfaisante de son caractère. Les monarques posent toujours, et les grands monarques plus peut-être que tous les autres; le Porpora le disait sans cesse, et il ne se trompait pas. La grande impératrice, zélée catholique, mère de famille exemplaire, n'avait aucune répugnance à causer avec une prostituée, à la catéchiser, à provoquer ses étranges confidences, afin d'avoir la gloire d'amener une Madeleine repentante aux pieds du Seigneur. Le trésor particulier de Sa Majesté, placé entre le vice et la contrition, rendait nombreux et infaillibles ces miracles de la grâce entre les mains de l'impératrice. Ainsi Corilla pleurante et prosternée, sinon en personne (je doute qu'elle pût rompre son farouche caractère à cette comédie), mais par procuration passée à M. de Kaunitz, qui se portait caution de sa vertu nouvelle, devait l'emporter infailliblement sur une petite fille décidée, fière et forte comme l'immaculée Consuelo. Marie-Thérèse n'aimait, dans ses protégés dramatiques, que les vertus dont elle pouvait se dire l'auteur. Les vertus qui s'étaient faites ou gardées elles-mêmes ne l'intéressaient pas beaucoup; elle n'y croyait pas comme sa propre vertu eût dû la porter à croire. Enfin, l'attitude de Consuelo l'avait piquée; elle l'avait trouvée esprit fort et raisonneuse. C'était trop de présomption et d'outrecuidance de la part d'une petite bohémienne, que de vouloir être estimable et sage sans que l'impératrice s'en mêlât. Lorsque M. de Kaunitz, qui feignait d'être très-impartial tout en desservant l'une au profit de l'autre, demanda à Sa Majesté si elle avait agréé le supplique de *cette petite*, Marie-Thérèse répondit : « Je n'ai pas été contente de ses principes; ne me parlez plus d'elle. » Et tout fut dit. La voix, la figure et jusqu'au nom de la Proporina furent même complètement oubliés.

Un seul mot avait été nécessaire et en même temps péremptoire pour expliquer au Porpora la cause de la disgrâce où il se trouvait enveloppé. Consuelo avait été obligé de lui dire que sa position de demoiselle paraissait inadmissible à l'impératrice. « Et la Corilla? s'était écrié le Porpora en apprenant l'admission de cette dernière, est-ce que Sa Majesté vient de la marier? — Autant que j'ai pu le comprendre, ou le deviner dans les paroles de Sa Majesté, la Corilla passe ici pour veuve. — Oh! trois fois veuve, dix fois, cent fois veuve, en effet! disait le Porpora avec un rire amer. Mais que dira-t-on quand on saura ce qu'il en est, et quand on la verra procéder ici à de nouveaux et innombrables veuvages? Et cet enfant dont on m'a parlé, qu'elle vient de laisser auprès de Vienne, chez un chanoine; cet enfant, qu'elle voulait faire accepter au comte Zustiniani, et que le comte Zustiniani lui a conseillé de recommander à la tendresse paternelle d'Anzoleto? — Elle se moquera de tout cela avec ses camarades; elle le racontera, suivant sa coutume, dans des termes cyniques, et rira, dans le secret de son alcôve, du bon tour qu'elle a joué à l'impératrice. — Mais si l'impératrice apprend la vérité? — L'impératrice ne l'apprendra pas. Les souverains sont entourés, je m'imagine, d'oreilles qui servent de portiques aux leurs propres. Beaucoup de choses restent dehors, et rien n'entre dans le sanctuaire de l'oreille impériale que ce que les gardiens ont bien voulu laisser passer. — D'ailleurs, reprenait le Porpora, la Corilla aura toujours la ressource d'aller à confesse, et ce sera M. de Kaunitz qui sera chargé de faire observer la pénitence. »

Le pauvre maestro exhalait sa bile dans ces âcres plaisanteries; mais il était profondément chagrin. Il perdait l'espoir de faire représenter l'opéra qu'il avait en portefeuille, d'autant plus qu'il l'avait écrit sur un libretto qui n'était pas de Métastase, et que Métastase avait le monopole de la poésie de cour. Il n'était pas sans quelque pressentiment du peu d'habileté que Consuelo avait mis à capter les bonnes grâces de la souveraine, et il ne pouvait s'empêcher de lui en témoigner de l'humeur. Pour surcroît de malheur, l'ambassadeur de Venise avait eu l'imprudence, un jour qu'il le voyait enflammé de joie et d'orgueil pour le rapide développement que prenait entre ses mains l'intelligence musicale de Joseph Haydn, de lui apprendre toute la vérité sur ce jeune homme, et de lui montrer ses jolis essais de composition instrumentale, qui commençaient à circuler et à être remarqués chez les amateurs. Le maestro s'écria qu'il avait été trompé, et entra dans une fureur épouvantable. Heureusement il ne soupçonna pas que Consuelo fût complice de cette ruse, et M. Corner, voyant l'orage qu'il avait provoqué, se hâta de prévenir ses méfiances à cet égard par un bon mensonge. Mais il ne put empêcher que Joseph fût banni pendant plusieurs jours de la chambre du maître; et il fallut tout l'ascendant que sa protection et ses services lui donnaient sur ce dernier, pour que l'élève rentrât en grâce. Porpora ne lui en garda pas moins rancune pendant longtemps, et on dit même qu'il se plut à lui faire acheter ses leçons par l'humiliation d'un service de valet plus minutieux et plus prolongé qu'il n'était nécessaire, puisque les laquais de l'ambassadeur étaient à sa disposition. Haydn ne se rebuta pas, et, à force de douceur, de patience et de dévouement, toujours exhorté et encouragé par la bonne Consuelo, toujours studieux et attentif à ses leçons, il parvint à désarmer le rude professeur et à recevoir de lui tout ce qu'il pouvait et voulait s'assimiler.

Mais le génie de Haydn rêvait une route différente de celle qu'on avait tentée jusque-là, et le père futur de la symphonie confiait à Consuelo ses idées sur la partition instrumentale développée dans des proportions gigantesques. Ces proportions gigantesques, qui nous paraissent si simples et si discrètes aujourd'hui, pouvaient passer, il y a cent ans, pour l'utopie d'un fou aussi bien que pour la révélation d'une nouvelle ère ouverte au génie. Joseph doutait encore de lui-même, et ce n'était pas sans terreur qu'il confessait tout bas à Consuelo l'ambition qui le tourmentait. Consuelo en fut aussi un peu effrayée d'abord. Jusque-là, l'instrumentation n'avait eu qu'un rôle secondaire, ou, lorsqu'elle s'isolait de la voix humaine, elle agissait sans moyens compliqués. Cependant il y avait tant de calme et de douceur persévérante chez son jeune confrère, il montrait dans toute sa conduite, dans toutes ses opinions une modestie si réelle et une recherche si froidement consciencieuse de la vérité, que Consuelo, ne pouvant se décider à le croire présomptueux, se décida à le croire sage et à l'encourager dans ses projets. Ce fut à cette époque que Haydn composa une sérénade à trois instruments, qu'il alla exécuter avec deux de ses amis sous les fenêtres des *dilletanti* dont il voulait attirer l'attention sur ses œuvres. Il commença par le Porpora, qui, sans savoir le nom de l'auteur ni celui des concertants, se mit à sa fenêtre, écouta avec plaisir et battit des mains sans réserve. Cette fois l'ambassadeur, qui écoutait aussi, et qui était dans le secret, se tint sur ses gardes, et ne trahit pas le jeune compositeur. Porpora ne voulait que s'en prenant ses leçons de chant on ne se laissât distraire par d'autres pensées.

A cette époque, le Porpora reçut une lettre de l'excellent contralto Hubert, son élève, celui qu'on appelait le Porporino, et qui était attaché au service de Frédéric le Grand. Cet artiste éminent n'était pas, comme les autres élèves du professeur, infatué de son propre mérite, au point d'oublier tout ce qu'il lui devait. Le Porporino avait reçu de lui un genre de talent qu'il n'avait jamais cherché à modifier, et qui lui avait toujours réussi : c'était de chanter d'une manière large et pure, sans créer d'ornements, et sans s'écarter des saines traditions de son maître. Il était particulièrement admirable dans *l'adagio*. Aussi le Porpora avait-il pour lui une prédilection qu'il avait bien de la peine à cacher devant les admirateurs fanatiques de Farinelli et Caffariello. Il convenait bien que l'habileté, le brillant, la souplesse de ces grands virtuoses jetaient plus d'éclat, et devaient transporter plus soudainement un auditoire avide de merveilleuses difficultés; mais il disait tout bas que son Porporino ne sacrifiait jamais au mauvais goût, et qu'on ne se lassait jamais de l'entendre, bien qu'il chantât toujours de la même manière. Il paraît que la Prusse ne s'en lassa point en effet, car il y brilla pendant toute sa carrière musicale, et y mourut fort vieux, après un séjour de plus de quarante ans.

La lettre d'Hubert annonçait au Porpora que sa musique était fort goûtée à Berlin, et que s'il voulait venir l'y rejoindre, il se faisait fort de faire admettre et représenter ses compositions nouvelles. Il l'engageait beaucoup à quitter Vienne, où les artistes étaient en butte à de perpétuelles intrigues de coteries et à *recruter* pour la cour de Prusse une cantatrice distinguée qui pût chanter avec lui les opéras du maestro. Il faisait un grand éloge du goût éclairé de son roi, et de la protection honorable qu'il accordait aux musiciens. « Si ce projet vous sourit, disait-il en finissant sa lettre, répondez-moi promptement quelles sont vos prétentions, et d'ici à trois mois, je vous réponds de vous faire obtenir des conditions qui vous procureront enfin une existence paisible. Quant à la gloire, mon cher maître, il suffira que vous écriviez pour que nous chantions de manière à vous faire apprécier, et j'espère que le bruit en ira jusqu'à Dresde. »

Cette dernière phrase fit dresser les oreilles au Porpora comme à un vieux cheval de bataille. C'était une allusion aux triomphes que Hasse et ses chanteurs obtenaient à la cour de Saxe. L'idée de contre-balancer l'éclat de son rival dans le nord de la Germanie sourit tellement au maestro, et il éprouvait en ce moment tant de dépit contre Vienne, les Viennois et leur cour, qu'il répondit sans balancer au Porporino, l'autorisant à faire des démarches pour lui à Berlin. Il lui traça son *ultimatum*, et il le fit le plus modeste possible, afin de ne pas échouer dans son espérance. Il lui parla de la Porporina avec les plus grands éloges, lui disant qu'elle était sa sœur, et par l'éducation, et par le génie, et par le cœur, comme elle l'était par le surnom, et l'engagea à traiter de son engagement dans les meilleures conditions possibles; le tout sans consulter Consuelo, qui fut informée de cette nouvelle résolution après le départ de la lettre.

La pauvre enfant fut fort effrayée au seul nom de la Prusse, et celui du grand Frédéric lui donna le frisson. Depuis l'aventure du déserteur, elle ne se représentait plus ce monarque si vanté que comme un ogre et un vampire. Le Porpora la gronda beaucoup du peu de joie qu'elle montrait à l'idée de ce nouvel engagement; et, comme elle ne pouvait pas lui raconter l'histoire de Karl et les prouesses de M. Mayer, elle baissa la tête et se laissa morigéner.

Lorsqu'elle y réfléchit cependant, elle trouva dans ce projet quelque soulagement à sa position : c'était un ajournement à sa rentrée au théâtre, puisque l'affaire pouvait échouer, et que, dans tous les cas, le Porporino demandait trois mois pour la conclure. Jusque-là elle pouvait rêver à l'amour du comte Albert, et trouver en elle-même la forte résolution d'y répondre. Soit qu'elle en vînt à reconnaître la possibilité de s'unir à lui, soit qu'elle se sentît incapable de s'y déterminer, elle pouvait tenir avec honneur et franchise l'engagement qu'elle avait pris d'y songer sans distraction et sans contrainte.

Elle résolut d'attendre, pour annoncer ces nouvelles aux hôtes de Riesenburg, que le comte Christian répondît à sa première lettre; mais cette réponse n'arrivait pas, et Consuelo commençait à croire que le vieux Rudolstadt avait renoncé à cette mésalliance, et travaillait à faire renoncer Albert, lorsqu'elle reçut furtivement de la main de Keller une petite lettre ainsi conçue :

« Vous m'aviez promis de m'écrire, vous l'avez fait indirectement en confiant à mon père les embarras de votre situation présente. Je vois que vous subissez un joug auquel je me ferais un devoir de vous soustraire, je vois que mon bon père est effrayé pour moi des conséquences de votre soumission au Porpora. Quant à moi, Consuelo, je ne suis effrayé de rien jusqu'à présent, parce que vous témoignez à mon père ou regret et de l'effroi pour le parti qu'on vous engage à prendre; ce m'est une preuve suffisante de l'intention où vous êtes de ne pas prononcer légèrement l'arrêt de mon éternel désespoir. Non, vous ne manquerez pas à votre parole, vous tâcherez de m'aimer! Que m'importe où vous soyez, et ce qui vous occupe, et le rang que la gloire ou le préjugé vous feront parmi les hommes, et le temps, et les obstacles qui vous retiendront loin de moi, si j'espère et si vous me dites d'espérer? Je souffre beaucoup, sans doute, mais je puis souffrir encore sans défaillir, tant que vous n'aurez pas éteint en moi l'étincelle de l'espérance.

« J'attends, je sais attendre! Ne craignez pas de m'effrayer en prenant du temps pour me répondre; ne m'écrivez pas sous l'impression d'une crainte ou d'une pitié auxquelles je ne veux devoir aucun ménagement. Pesez mon destin dans votre cœur et mon âme dans la vôtre, et quand le moment sera venu, quand vous serez sûre de vous-même, que vous soyez dans une cellule de religieuse ou sur les planches d'un théâtre, dites-moi de ne jamais vous importuner ou d'aller vous rejoindre... Je serai à vos pieds, ou je serai muet pour jamais, au gré de votre volonté.

« ALBERT. »

« O noble Albert! s'écria Consuelo en portant ce papier à ses lèvres, je sens que je t'aime! Il serait impossible de ne pas t'aimer, et je ne veux pas hésiter à le dire; je veux récompenser par ma promesse la constance et le dévouement de ton amour. »

Elle se mit sur-le-champ à écrire; mais la voix du Porpora lui fit cacher à la hâte dans son sein, et la lettre d'Albert, et la réponse qu'elle avait commencée. De toute la journée elle ne retrouva pas un instant de loisir et de sécurité. Il semblait que le vieux sournois eût deviné le désir qu'elle avait d'être seule, et qu'il prît à tâche de s'y opposer. La nuit venue, Consuelo se sentit plus calme, et comprit qu'une détermination aussi grave demandait une plus longue épreuve de ses propres émotions. Il ne fallait pas exposer Albert aux funestes conséquences d'un retour sur elle-même; elle relut cent fois la lettre du jeune comte, et vit qu'il craignait également de sa part la douleur d'un refus et la précipitation d'une promesse. Elle résolut de méditer sa réponse pendant plusieurs jours; Albert lui-même semblait l'exiger.

La vie que Consuelo menait alors à l'ambassade était fort douce et fort réglée. Pour ne pas donner lieu à de méchantes suppositions, Corner eut la délicatesse de ne jamais lui rendre de visites dans son appartement et de ne jamais l'attirer, même en société du Porpora, dans le sien. Il ne la rencontrait que chez madame Wilhelmine, où il pouvait lui parler sans la compromettre, et où elle chantait obligeamment en petit comité. Joseph aussi fut admis à y faire de la musique. Caffariello y venait souvent, le comte Hoditz quelquefois, et l'abbé Métastase rarement. Tous trois déploraient que Consuelo eût échoué, mais aucun d'eux n'avait eu le courage ou la persévérance de lutter pour elle. Le Porpora s'en indignait et avait bien de la peine à le cacher. Consuelo s'efforçait de l'adoucir et de lui faire accepter les hommes avec leurs travers et leurs faiblesses. Elle l'excitait à travailler, et, grâce à elle, il retrouvait de temps à autre quelques lueurs d'espoir et d'enthousiasme. Elle l'encourageait seulement dans le dépit qui l'empêchait de la mener dans le monde pour y faire entendre sa voix. Heureuse d'être oubliée de ces grands qu'elle avait aperçus avec effroi et répugnance, elle se livrait à de sérieuses études, à de douces rêveries, cultivait l'amitié devenue calme et sainte du bon Haydn, et se disait chaque jour, en soignant son vieux professeur, que la nature, si elle ne l'avait pas faite pour une vie sans émotion et sans mouvement, l'avait faite encore moins pour les émotions de la vanité et de l'activité de l'ambition. Elle avait bien rêvé, elle rêvait bien encore malgré elle, une existence plus animée, des joies de cœur plus vives, des plaisirs d'intelligence plus expansifs et plus vastes; mais le monde de l'art qu'elle s'était créé si pur, si sympathique et si noble, ne se manifestant à ses regards que sous des dehors affreux, elle préférait une vie obscure et retirée, des affections douces, et une solitude laborieuse.

Consuelo n'avait point de nouvelles réflexions à faire sur l'offre des Rudolstadt. Elle ne pouvait concevoir aucun doute sur leur générosité, sur la sainteté inaltérable de l'amour du fils, sur la tendresse indulgente du père. Ce n'était plus sa raison et sa conscience qu'elle devait interroger. L'une et l'autre parlaient pour Albert. Elle avait triomphé cette fois sans effort du souvenir d'Anzoleto. Une victoire sur l'amour donne de la force pour toutes les autres. Elle ne craignait donc plus la séduction, elle se sentait désormais à l'abri de toute fascination... Et, avec tout cela, la passion ne parlait pas énergiquement pour Albert dans son âme. Il s'agissait encore et toujours d'interroger ce cœur au fond duquel un calme mystérieux accueillait l'idée d'un amour complet. Assise à sa fenêtre, la naïve enfant regardait souvent passer les jeunes gens de la ville. Étudiants hardis, nobles seigneurs, artistes mélancoliques, fiers cavaliers, tous étaient l'objet d'un examen chastement et sérieusement enfantin de sa part. « Voyons, se disait-elle, mon cœur est-il fantasque et frivole? Suis-je capable d'aimer soudainement, follement et irrésistiblement à la première vue, comme bon nombre de mes compagnes de la *Scuola* s'en vantaient ou s'en confessaient devant moi les unes aux autres? L'amour est-il un magique éclair qui foudroie notre être et qui nous détourne violemment de nos affections jurées, ou de notre paisible ignorance? Y a-t-il chez ces hommes qui lèvent les yeux quelquefois vers ma fenêtre un regard qui me trouble et me fascine? Celui-ci, avec sa grande taille et sa démarche orgueilleuse, me semble-t-il plus noble et plus beau qu'Albert? Cet autre, avec ses beaux cheveux et son costume élégant, efface-t-il en moi l'image de mon fiancé? Enfin voudrais-je être la dame parée que je vois passer là, dans sa calèche, avec un superbe monsieur qui tient son éventail et lui présente ses gants? Quelque chose de tout cela me fait-il trembler, rougir, palpiter ou rêver? Non... non, en vérité! parle, mon cœur, prononce-toi, je te consulte et je te laisse courir. Je te connais à peine, hélas! j'ai eu si peu le temps de m'occuper de toi depuis que je suis née! je ne t'avais pas habitué à être contrarié. Je te livrais l'empire de ma vie, sans examiner la prudence de tes élans. On t'a brisé, mon pauvre cœur, et à présent que la conscience t'a dompté, tu n'oses plus vivre, tu ne sais plus répondre. Parle donc, éveille-toi et choisis! Eh bien! tu restes tranquille et tu ne veux rien de tout ce qui est là! — Non! — Tu ne veux plus d'Anzoleto? — Encore non! — Alors, c'est donc Albert que tu appelles? — Il me semble que tu dis oui. » Et Consuelo se retirait chaque jour de sa fenêtre, avec un frais sourire sur les lèvres et un feu clair et doux dans les yeux.

Au bout d'un mois, elle répondit à Albert, à tête reposée, bien lentement et presque en se tâtant le pouls à chaque lettre que traçait sa plume :

« Je n'aime rien que vous, et je suis presque sûre que je vous aime. Maintenant laissez-moi rêver à la possibilité de notre union. Revez-vous-même; trouvons ensemble les moyens de n'affliger ni votre père, ni mon maître, et de ne point devenir égoïstes en devenant heureux. »

Elle joignit à ce billet une courte lettre pour le comte Christian, dans laquelle elle lui disait la vie tranquille qu'elle menait, et lui annonçait le répit que les nouveaux projets du Porpora lui avaient laissé. Elle demandait qu'on cherchât et qu'on trouvât les moyens de désarmer le Porpora, et qu'on lui en fît part dans un mois. Un mois lui resterait encore pour y préparer le maestro, avant le résultat de l'affaire entamée à Berlin.

Consuelo, ayant cacheté ces deux billets, les mit sur sa table, et s'endormit. Un calme délicieux était descendu dans son âme, et jamais, depuis longtemps, elle n'avait goûté un si profond et si agréable sommeil. Elle s'éveilla tard, et se leva à la hâte pour voir Keller, qui avait promis de revenir chercher sa lettre à huit heures. Il en était neuf; et, tout en s'habillant en grande hâte, Consuelo vit avec terreur que cette lettre n'était plus à l'endroit où elle l'avait mise. Elle la chercha partout sans la trouver. Elle sortit pour voir si Keller ne l'attendait pas dans l'antichambre. Ni Keller ni Joseph ne s'y trouvaient; et comme elle rentrait chez elle pour chercher encore, elle vit le Porpora approcher de sa chambre et la regarder d'un air sévère.

« Que cherches-tu? lui dit-il.
— Une feuille de musique que j'ai égarée.
— Tu mens : tu cherches une lettre.
— Maître...
— Tais-toi, Consuelo; tu ne sais pas encore mentir : ne l'apprends pas. »

— Maître, qu'as-tu fait de cette lettre?
— Je l'ai remise à Keller.
— Et pourquoi... pourquoi la lui as-tu remise, maître?
— Parce qu'il venait la chercher. Tu le lui avais recommandé hier. Tu ne sais pas feindre, Consuelo, ou bien j'ai encore l'oreille plus fine que tu ne le penses.
— Et enfin, dit Consuelo avec résolution, qu'as-tu fait de ma lettre?
— Je te l'ai dit; pourquoi me le demandes-tu encore? J'ai trouvé fort inconvenant qu'une jeune fille, honnête comme tu l'es, et comme je présume que tu veux l'être toujours, remit en secret des lettres à son perruquier. Pour empêcher cet homme de prendre une mauvaise idée de toi, je lui ai remis la lettre d'un air calme, et l'ai chargé de ta part de la faire partir. Il ne croira pas, du moins, que tu caches à ton père adoptif un secret coupable.
— Maître, tu as raison, tu as bien fait... pardonne-moi!
— Je te pardonne, n'en parlons plus.
— Et... tu as lu ma lettre? ajouta Consuelo d'un air craintif et caressant.
— Pour qui me prends-tu? répondit le Porpora d'un air terrible.
— Pardonne-moi tout cela, dit Consuelo en pliant le genou devant lui et en essayant de prendre sa main; laisse-moi t'ouvrir mon cœur...
— Pas un mot de plus! répondit le maître en la repoussant. »

Et il entra dans sa chambre, dont il ferma la porte sur lui avec fracas.

Consuelo espéra que, cette première bourrasque passée, elle pourrait l'apaiser et avoir avec lui une explication décisive. Elle se sentait la force de lui dire toute sa pensée, et se flattait de hâter par là l'issue de ses projets; mais il se refusa à toute explication, et sa sévérité fut inébranlable et constante sous ce rapport. Du reste, il lui témoigna autant d'amitié qu'à l'ordinaire, et même, à partir de ce jour, il eut plus d'enjouement dans l'esprit, et de courage dans l'âme. Consuelo en conçut un bon augure, et attendit avec confiance la réponse de Riesenburg.

Le Porpora n'avait pas menti, il avait brûlé les lettres de Consuelo sans les lire; mais il avait conservé l'enveloppe et y avait substitué une lettre de lui-même pour le comte Christian. Il crut par cette démarche courageuse avoir sauvé son élève, et préservé le vieux Rudolstadt d'un sacrifice au-dessus de ses forces. Il crut avoir rempli envers lui le devoir d'un ami fidèle, et envers Consuelo celui d'un père énergique et sage. Il ne prévit pas qu'il pouvait porter le coup de la mort au comte Albert. Il le connaissait à peine, il croyait que Consuelo avait exagéré; que ce jeune homme n'était ni si épris ni si malade qu'elle se l'imaginait; enfin il croyait, comme tous les vieillards, que l'amour a un terme et que le chagrin ne tue personne.

XCIII.

Dans l'attente d'une réponse qu'elle ne devait pas recevoir, puisque le Porpora avait brûlé sa lettre, Consuelo continua le genre de vie studieux et calme qu'elle avait adopté. Sa présence attira chez la Wilhelmine quelques personnes fort distinguées qu'elle eut grand plaisir à y rencontrer souvent, entre autres, le baron Frédéric de Trenck, qui lui inspirait une vraie sympathie. Il eut la délicatesse de ne point l'aborder, la première fois qu'il la revit, comme une ancienne connaissance, mais de se faire présenter à elle, après qu'elle eut chanté, comme un admirateur profondément touché de ce qu'il venait d'entendre. En retrouvant ce beau et généreux jeune homme qui l'avait sauvée si bravement de M. Mayer et de sa bande, le premier mouvement de Consuelo fut de lui tendre la main. Le baron, qui ne voulait pas qu'elle fît d'imprudence par gratitude pour lui, se hâta de prendre sa main respectueusement comme pour la reconduire à sa chaise, et il la lui pressa doucement pour la remercier. Elle sut ensuite par Joseph, dont il prenait des leçons de musique, qu'il ne manquait jamais de demander de ses nouvelles avec intérêt, et de parler d'elle avec admiration ; mais que, par un sentiment d'exquise discrétion, il ne lui avait jamais adressé la moindre question sur le motif de son déguisement, sur la cause de leur aventureux voyage, et sur la nature des sentiments qu'ils pouvaient avoir eus, ou avoir encore l'un pour l'autre.

« Je ne sais ce qu'il en pense, ajouta Joseph ; mais je t'assure qu'il n'est point de femme dont il parle avec plus d'estime et de respect qu'il ne fait de toi.

— En ce cas, ami, dit Consuelo, je t'autorise à lui raconter toute notre histoire, et toute la mienne, si tu veux, sans toutefois nommer la famille de Rudolstadt. J'ai besoin d'être estimée sans réserve de cet homme à qui nous devons la vie, et qui s'est conduit si noblement avec moi sous tous les rapports. »

Quelques semaines après, M. de Trenck, ayant à peine terminé sa mission à Vienne, fut rappelé brusquement par Frédéric, et vint un matin à l'ambassade pour dire adieu, à la hâte, à M. Corner. Consuelo, en descendant l'escalier pour sortir, le rencontra sous le péristyle. Comme ils s'y trouvaient seuls, il vint à elle et prit sa main qu'il baisa tendrement.

« Permettez-moi, lui dit-il, de vous exprimer pour la première, et peut-être pour la dernière fois de ma vie, les sentiments dont mon cœur est rempli pour vous ; je n'avais pas besoin que Beppo me racontât votre histoire pour être pénétré de vénération. Il y a des physionomies qui ne trompent pas, et il ne m'avait fallu qu'un coup d'œil pour pressentir et deviner en vous une grande intelligence et un grand cœur. Si j'avais su, à Passaw, que notre cher Joseph était si peu sur ses gardes, je vous aurais protégée contre les légèretés du comte Hoditz, que je ne prévoyais que trop, bien que j'eusse fait mon possible pour lui faire comprendre qu'il s'adressait fort mal, et qu'il allait se rendre ridicule. Au reste, ce bon Hoditz m'a raconté lui-même comment vous vous êtes moquée de lui, et il vous sait le meilleur gré du monde de lui avoir gardé le secret ; moi, je n'oublierai jamais la romanesque aventure qui m'a procuré le bonheur de vous connaître, et quand même je devrais la payer de ma fortune et de mon avenir, je la compterais encore parmi les plus beaux jours de ma vie.

— Croyez-vous donc, monsieur le baron, dit Consuelo, qu'elle puisse avoir de pareilles suites ?

— J'espère que non ; et pourtant tout est possible à la cour de Prusse.

— Vous me faites une grande peur de la Prusse : savez-vous, monsieur le baron, qu'il serait pourtant possible que j'eusse avant peu le plaisir de vous y retrouver ? Il est question d'un engagement pour moi à Berlin.

— En vérité ! s'écria Trenck, dont le visage s'éclaira d'une joie soudaine ; eh bien, Dieu fasse que ce projet se réalise ! Je puis vous être utile à Berlin, et vous devez compter sur moi comme sur un frère. Oui, j'ai pour vous l'affection d'un frère, Consuelo... et si j'avais été libre, je n'aurais peut-être pas su me défendre d'un sentiment plus vif encore... mais vous ne l'êtes pas non plus, et des liens sacrés, éternels... ne me permettent pas d'envier l'heureux gentilhomme qui sollicite votre main. Quel qu'il soit, Madame, comptez qu'il trouvera en moi un ami s'il le désire, et, s'il a jamais besoin de moi, un champion contre les préjugés du monde... Hélas ! moi aussi, Consuelo, j'ai dans ma vie une barrière terrible qui s'élève entre l'objet de mon amour et moi ; mais celui qui vous aime est un homme, et il peut abattre la barrière ; tandis que la femme que j'aime, et qui est d'un rang plus élevé que moi, n'a ni le pouvoir, ni la droit, ni la force, ni la liberté de me la faire franchir.

— Je ne pourrai donc rien pour elle, ni pour vous ? dit Consuelo. Pour la première fois je regrette l'impuissance de ma pauvre condition.

— Qui sait ? s'écria le baron avec feu ; vous pourrez peut-être plus que vous ne pensez, sinon pour nous réunir, du moins pour adoucir parfois l'horreur de notre séparation. Vous sentiriez-vous le courage de braver quelques dangers pour nous ?

— Avec autant de joie que vous avez exposé votre vie pour me sauver.

— Eh bien, j'y compte. Souvenez-vous de cette promesse, Consuelo. Peut-être sera-ce à l'improviste que je vous la rappellerai...

— À quelque heure de ma vie que ce soit, je ne l'aurai point oubliée, répondit-elle en lui tendant la main.

— Eh bien, dit-il, donnez-moi un signe, un gage de peu de valeur, que je puisse vous représenter dans l'occasion ; car j'ai le pressentiment de grandes luttes qui m'attendent, et il peut se trouver des circonstances où ma signature, mon cachet même pourraient compromettre elle et vous !

— Voulez-vous le cahier de musique que j'allais porter chez quelqu'un de la part de mon maître ? Je m'en procurerai un autre, et je ferai à celui-ci une marque pour le reconnaître dans l'occasion.

— Pourquoi non ? Un cahier de musique est, en effet, ce qu'on peut le mieux envoyer sans éveiller les soupçons. Mais pour qu'il puisse me servir plusieurs fois, j'en détacherai les feuillets. Faites un signe à toutes les pages. »

Consuelo, s'appuyant sur la rampe de l'escalier, traça le nom de Bertoni sur chaque feuillet du cahier. Le baron le roula et l'emporta, après avoir juré une éternelle amitié à notre héroïne.

À cette époque, madame Tesi tomba malade, et les représentations du théâtre impérial menacèrent d'être suspendues, car elle y avait les rôles les plus importants. La Corilla pouvait, à la rigueur, la remplacer. Elle avait un grand succès à la cour et à la ville. Sa beauté et sa coquetterie provocante tournaient la tête à tous ces bons seigneurs allemands, et l'on ne songeait pas à être difficile sur sa voix un peu éraillée, pour son jeu une peu épileptique. Tout était beau de la part d'une si belle personne ; ses épaules de neige filaient des sons admirables, ses bras ronds et voluptueux chantaient toujours juste, et ses poses superbes enlevaient d'emblée les traits les plus hasardés. Malgré le purisme musical dont on se piquait là, on y subissait, tout comme à Venise, la fascination du regard langoureux ; et madame Corilla préparait, dans son boudoir, plusieurs fortes têtes à l'enthousiasme et à l'entraînement de la représentation.

Elle se présenta donc hardiment pour chanter, par intérim, les rôles de madame Tesi ; mais l'embarras était de se faire remplacer elle-même dans ceux qu'elle avait chantés jusque-là. La voix flûtée de madame Holzbauer ne permettait pas qu'on y songeât. Il fallait donc faire arriver Consuelo, ou se contenter à peu de frais. Le Porpora s'agitait comme un démon ; Métastase, horriblement mécontent de la prononciation lombarde de Corilla, et indigné du tapage qu'elle faisait pour effacer les autres rôles (contrairement à l'esprit du poëme, et en dépit de la situation), ne cachait plus son éloignement pour elle et sa sympathie pour la consciencieuse et intelligente Porporina. Caffariello, qui faisait la cour à madame Tesi laquelle madame Tesi détestait déjà cordialement la Corilla pour avoir osé lui disputer *ses effets* et le sceptre de la beauté), déclarait hardiment pour l'admission de Consuelo. Holzbauer, jaloux de soutenir l'honneur de sa direction, mais effrayé de l'ascendant que Porpora saurait bientôt prendre s'il avait un pied seulement dans la coulisse, ne savait où donner de la tête. La bonne conduite de Consuelo lui avait concilié assez de partisans pour qu'il fût difficile d'en imposer plus longtemps à l'impératrice. Par suite de tous ces motifs, Consuelo reçut des propositions. En les faisant mesquines, on espéra qu'elle les refuserait. Porpora les accepta d'emblée, et, comme de coutume, sans la consulter. Un beau matin, Consuelo se trouva engagée pour six représentations ; et, sans pouvoir s'y soustraire, sans comprendre pourquoi après une attente de six semaines elle ne recevait aucune nouvelle de Rudolstadt, elle fut traînée par le Porpora à la répétition de l'*Antigono* de Métastase, musique de Hasse.

Consuelo avait déjà étudié son rôle avec le Porpora.

Sans doute c'était une grande souffrance pour ce dernier d'avoir à lui enseigner la musique de son rival, du plus ingrat de ses élèves, de l'ennemi qu'il haïssait désormais le plus; mais, outre qu'il fallait en passer par là pour arriver à faire ouvrir la porte à ses propres compositions, le Porpora était un professeur trop consciencieux, une âme d'artiste trop probe pour ne pas mettre tous ses soins, tout son zèle à cette étude. Consuelo le secondait si généreusement, qu'il en était à la fois ravi et désolé. En dépit d'elle-même, la pauvre enfant trouvait Hasse magnifique, et son âme sentait bien plus de développement dans ces chants si tendres et si passionnés du *Sassone* que dans la grandeur un peu nue et un peu froide parfois de son propre maître. Habituée, en étudiant les autres grands maîtres avec lui, à s'abandonner à son propre enthousiasme, elle était forcée de se contenir, cette fois, en voyant la tristesse de son front et l'abattement de sa rêverie après la leçon. Lorsqu'elle entra en scène pour répéter avec Caffariello et la Corilla, quoiqu'elle sût fort bien sa partie, elle se sentit si émue qu'elle eut peine à ouvrir la scène d'Isméne avec Bérénice, qui commence par ces mots :

« No; tailo, o Berenice,
« Tu non apri il tuo cor, etc. [1]. »

A quoi Corilla répondit par ceux-ci :

« . . . E ti par poco,
« Quel che sai de' miei casi ?[2] »

En cet endroit, la Corilla fut interrompue par un grand éclat de rire de Caffariello; et, se tournant vers lui avec des yeux étincelants de colère :
« Que trouvez-vous donc là de si plaisant? lui demanda-t-elle.
— Tu l'as très-bien dit, ma grosse Bérénice, répondit Caffariello en riant plus fort; on ne pouvait pas le dire plus sincèrement.
— Ce sont les paroles qui vous amusent? dit Holzbaüer, qui n'eût pas été fâché de redire à Métastase les plaisanteries du sopraniste sur ses vers.
— Les paroles sont belles, répondit sèchement Caffariello, qui connaissait bien le terrain ; mais leur application en cette circonstance est si parfaite, que je ne puis m'empêcher d'en rire. »
Et il se tint les côtes, en redisant au Porpora :

« E ti par poco,
Quel che sai di *tanti* casi ? »

La Corilla, voyant quelle critique sanglante renfermait cette allusion à ses mœurs, et tremblante de colère, de haine et de crainte, faillit s'élancer sur Consuelo pour la défigurer; mais la contenance de cette dernière était si douce et si calme, qu'elle ne l'osa pas. D'ailleurs, le faible jour qui pénétrait sur le théâtre venant à tomber sur le visage de sa rivale, elle s'arrêta frappée de vagues réminiscences et de terreurs étranges. Elle ne l'avait jamais vue au jour, ni de près, à Venise. Au milieu des douleurs de l'enfantement, elle avait vu confusément le petit Zingaro Bertoni s'empresser autour d'elle, et elle n'avait rien compris à son dévouement. En ce moment, elle chercha à rassembler ses souvenirs, et, n'y réussissant pas, elle resta sous le coup d'une inquiétude et d'un malaise qui la troublèrent durant toute la répétition. La manière dont la Porporina chanta sa partie ne contribua pas peu à augmenter sa méchante humeur, et la présence du Porpora, son ancien maître, qui, comme un juge sévère, l'écoutait en silence et d'un air presque méprisant, lui devint peu à peu un supplice véritable. M. Holzbaüer ne fut pas moins mortifié lorsque le maestro déclara qu'il donnait les mouvements tout de travers; et il fallut bien l'en croire, car il avait assisté aux répétitions que Hasse lui-même avait dirigées à Dresde, lors de la première mise en scène de l'opéra. Le besoin qu'on avait d'un bon conseil fit céder la mauvaise volonté et imposa silence au dépit. Il conduisit toute la répétition, apprit à chacun son devoir, et reprit même Caffariello, qui affecta d'écouter ses avis avec respect pour leur donner plus de poids vis-à-vis des autres. Caffariello n'était occupé qu'à blesser la rivale impertinente de madame Tesi, et rien ne lui coûtait ce jour-là pour s'en donner le plaisir, pas même un acte de soumission et de modestie. C'est ainsi que, chez les artistes comme chez les diplomates, au théâtre comme dans le cabinet des souverains, les plus belles et les plus laides choses ont leurs causes cachées infiniment petites et frivoles.

En rentrant après la répétition, Consuelo trouva Joseph tout rempli d'une joie mystérieuse; et quand ils purent se parler, elle apprit de lui que le bon chanoine était arrivé à Vienne; que son premier soin avait été de faire demander son cher Beppo, et de lui donner un excellent déjeuner, tout en lui faisant mille tendres questions sur son cher Bertoni. Ils s'étaient déjà entendus sur les moyens de nouer connaissance avec le Porpora, afin qu'on pût se voir en famille, honnêtement et sans cachotteries. Dès le lendemain, le chanoine se fit présenter comme un protecteur de Joseph Haydn, grand admirateur du maestro, et sous le prétexte de venir le remercier des leçons qu'il voulait bien donner à son jeune ami, Consuelo eut l'air de le saluer pour la première fois, et, le soir, le maestro et ses deux élèves dînèrent amicalement chez le chanoine. A moins d'afficher un stoïcisme dont les musiciens de ce temps-là, même les plus grands, ne se piquaient guère, il eût été difficile au Porpora de ne pas se prendre subitement d'affection pour ce brave chanoine qui avait une si bonne table et qui appréciait si bien ses ouvrages. On fit de la musique après dîner, et l'on se vit ensuite presque tous les jours.

Ce fut encore là un adoucissement à l'inquiétude que le silence d'Albert commençait à donner à Consuelo. Le chanoine était d'un esprit enjoué, chaste en même temps que libre, exquis à beaucoup d'égards, juste et éclairé sur beaucoup d'autres points. En somme, c'était un ami excellent et un homme parfaitement aimable. Sa société animait et fortifiait le maestro ; l'humeur de celui-ci en devenait plus douce, et, partant, l'intérieur de Consuelo plus agréable.

Un jour qu'il n'y avait pas de répétition (on était à l'avant-veille de la représentation d'*Antigono*), le Porpora étant allé à la campagne avec un confrère, le chanoine proposa à ses jeunes amis d'aller faire une descente au prieuré pour surprendre ceux de ses gens qu'il y avait laissés, et voir par lui-même, en tombant sur eux comme une bombe, si la jardinière soignait bien Angèle, et si le jardinier ne négligeait pas le volkameria. La partie fut acceptée. La voiture du chanoine fut bourrée de pâtés et de bouteilles (car on ne pouvait pas faire un voyage de quatre lieues sans avoir quelque appétit), et l'on arriva au bénéfice après avoir fait un petit détour et laissé la voiture à quelque distance pour mieux ménager la surprise.

Le volkameria se portait à merveille ; il avait chaud, et ses racines étaient fraîches. Sa floraison s'était épuisée au retour de la froidure, mais ses jolies feuilles tombaient sans langueur sur son tronc dégagé. La serre était bien tenue, et les chrysanthèmes bleus bravaient l'hiver et semblaient rire derrière le vitrage. Angèle, suspendue au sein de la nourrice, commençait à rire aussi, quand on l'excitait par des minauderies; et le chanoine décréta fort sagement qu'il ne fallait pas abuser de cette bonne disposition, parce que le rire forcé, provoqué trop souvent chez ces petites créatures, développait en elles le tempérament nerveux mal à propos.

On en était là, on causait librement dans la jolie maisonnette du jardinier ; le chanoine, enveloppé dans sa douillette fourrée, se chauffait les tibias devant un grand feu de racines sèches et de pommes de pin ; Joseph jouait avec les beaux enfants de la belle jardinière, et Consuelo, assise au milieu de la chambre, tenait Angèle dans ses bras et la contemplait avec un mélange de ten-

---

[1] Non, Bérénice, tu n'ouvres pas ici franchement ton cœur.
[2] Ce que tu sais de mes aventures te paraît-il donc peu de chose?

dresse et de douleur. Il lui semblait que cet enfant lui appartenait plus qu'à tout autre, et qu'une mystérieuse fatalité attachait le sort de ce petit être à son propre sort, lorsque la porte s'ouvrit brusquement, et la Corilla se trouva vis-à-vis d'elle, comme une apparition évoquée par sa rêverie mélancolique.

Pour la première fois depuis le jour de sa délivrance, la Corilla avait senti sinon un élan d'amour, du moins un accès de remords maternel, et elle venait voir son enfant à la dérobée. Elle savait que le chanoine habitait Vienne; arrivée derrière lui, à une demi-heure de distance, et ne rencontrant pas même les traces de sa voiture aux abords du prieuré, puisqu'il avait fait un détour avant que d'y entrer, elle pénétra furtivement par les jardins, et sans voir personne, jusque dans la maison où elle savait qu'Angèle était en nourrice; car elle n'avait pas laissé de prendre quelques informations à ce sujet. Elle avait beaucoup ri de l'embarras et de la chrétienne résignation du chanoine; mais elle ignorait la part que Consuelo avait eue à l'aventure. Ce fut donc avec une surprise mêlée d'épouvante et de consternation qu'elle vit sa rivale en cet endroit; et, ne sachant point, n'osant point deviner quel était l'enfant qu'elle berçait ainsi, elle faillit tourner les talons et s'enfuir. Mais Consuelo, qui, par un mouvement instinctif, avait serré l'enfant contre son sein comme la perdrix cache ses poussins sous son aile à l'approche du vautour; Consuelo, qui était au théâtre, et qui, le lendemain, pourrait présenter sous un autre jour ce secret de la comédie que Corilla avait raconté jusqu'alors à sa manière; Consuelo enfin, qui la regardait avec un mélange d'effroi et d'indignation, la retint clouée et comme fascinée au milieu de la chambre.

Cependant la Corilla était une comédienne trop consommée pour perdre longtemps l'esprit et la parole. Sa tactique était de prévenir une humiliation par une insulte; et, pour se mettre en voix, elle commença son rôle par cette apostrophe, dite en dialecte vénitien, d'un ton leste et acerbe:

« Eh! par Dieu! ma pauvre Zingarella, cette maison est-elle un dépôt d'enfants trouvés? Y es-tu venue aussi pour chercher ou pour déposer le tien? Je vois que nous courons mêmes chances et que nous avons même fortune. Sans doute nos deux enfants ont le même père, car nos aventures datent de Venise et de la même époque; et j'ai vu avec compassion pour toi que ce n'est pas pour te rejoindre, comme nous le pensions, que le bel Anzoleto nous a si brusquement plantés là au milieu de son engagement, à la saison dernière.

— Madame, répondit Consuelo pâle mais calme, si j'avais eu le malheur d'être aussi intime avec Anzoleto que vous l'avez été, et si j'avais eu, par suite de ce malheur, le bonheur d'être mère (car c'en est toujours un pour qui sait le sentir), mon enfant ne serait point ici.

— Ah! je comprends, reprit l'autre avec un feu sombre dans les yeux; il serait élevé à la villa Zustiniani. Tu aurais eu l'esprit qui m'a manqué pour persuader au cher comte que son honneur était engagé à le reconnaître. Mais tu n'as pas eu le malheur, à ce que tu prétends, d'être la maîtresse d'Anzoleto, et Zustiniani a eu le bonheur de ne pas te laisser de preuves de son amour. On dit que Joseph Haydn, l'élève de ton maître, t'a consolée de toutes tes infortunes, et sans doute l'enfant que tu berces...

— Est le vôtre, Mademoiselle, s'écria Joseph, qui comprenait très-bien maintenant le dialecte, et qui s'avança entre Consuelo et la Corilla d'un air à faire reculer cette dernière. C'est Joseph Haydn qui vous le certifie, car il était présent quand vous l'avez mis au monde. »

La figure de Joseph, que Corilla n'avait pas revue depuis ce jour malencontreux, lui remit aussitôt en mémoire toutes les circonstances qu'elle cherchait vainement à se rappeler, et le Zingaro Bertoni lui apparut enfin sous les véritables traits de la Zingarella Consuelo. Un cri de surprise lui échappa, et pendant un instant la honte et le dépit se disputèrent dans son sein. Mais bientôt le cynisme lui revint au cœur et l'outrage à la bouche.

« En vérité, mes enfants, s'écria-t-elle d'un air atrocement bénin, je ne vous remettais pas. Vous étiez bien gentils tous les deux, quand je vous rencontrai courant les aventures, et la Consuelo était vraiment un joli garçon sous son déguisement. C'est donc dans cette sainte maison qu'elle a passé dévotement son temps, entre le gros chanoine et le petit Joseph depuis un an qu'elle s'est sauvée de Venise? Allons, Zingarella, ne t'inquiète pas, mon enfant. Nous avons le secret l'une de l'autre, et l'impératrice, qui veut tout savoir, ne saura rien d'aucune de nous.

— A supposer que j'eusse un secret, répondit froidement Consuelo, il n'est entre vos mains que d'aujourd'hui; et j'étais en possession du vôtre le jour où j'ai parlé pendant une heure de l'impératrice, trois jours avant la signature de votre engagement, Corilla!

— Et tu lui as dit du mal de moi? s'écria Corilla en devenant rouge de colère.

— Si je lui avais dit ce que je sais de vous, vous ne seriez point engagée. Si vous l'êtes, c'est qu'apparemment je n'ai point voulu profiter de l'occasion.

— Et pourquoi ne l'as-tu pas fait? Il faut que tu sois bien bête! » reprit Corilla avec une candeur de perversité admirable à voir.

Consuelo et Joseph ne purent s'empêcher de sourire en se regardant; le sourire de Joseph était plein de mépris pour la Corilla; celui de Consuelo était angélique et s'élevait vers le ciel.

« Oui, Madame, répondit-elle avec une douceur accablante, je suis telle que vous dites, et je m'en trouve fort bien.

— Pas trop bien, ma pauvre fille, puisque je suis engagée et que tu ne l'as pas été! reprit la Corilla ébranlée et un peu soucieuse; on me l'avait dit, à Venise, que tu manquais d'esprit, et que tu ne saurais jamais faire tes affaires. C'est la seule chose vraie qu'Anzoleto m'ait dite de toi. Mais qu'y faire? ce n'est pas ma faute si tu es ainsi... A ta place j'aurais dit ce que je savais de la Corilla; je me serais donnée pour une vierge, pour une sainte. L'impératrice l'aurait cru: elle n'est pas difficile à persuader... et j'aurais supplanté toutes mes rivales. Mais tu ne l'as pas fait!... c'est étrange, et je te plains de savoir si peu mener ta barque. »

Pour le coup, le mépris l'emporta sur l'indignation; Consuelo et Joseph éclatèrent de rire, et la Corilla, qui, en sentant ce qu'elle appelait dans son esprit l'impuissance de sa rivale, perdait cette amertume agressive dont elle s'était armée d'abord, se mit à l'aise, tira une chaise auprès du feu, et s'apprêta à continuer tranquillement la conversation, afin de mieux sonder le fort et le faible de ses adversaires. En cet instant elle se trouva face à face avec le chanoine, qu'elle n'avait pas encore aperçu, parce que celui-ci, guidé par son instinct de prudence ecclésiastique, avait fait signe à la robuste jardinière et à ses deux enfants de se tenir devant lui jusqu'à ce qu'il eût compris ce qui se passait.

XCIV.

Après l'insinuation qu'elle avait lancée quelques minutes auparavant sur les relations de Consuelo avec le gros chanoine, l'aspect de ce dernier produisit un peu sur Corilla l'effet de la tête de Méduse. Mais elle se rassura en pensant qu'elle avait parlé vénitien, et elle le salua en allemand avec ce mélange d'embarras et d'effronterie qui caractérisait le regard et la physionomie particulière de la femme de mauvaise vie. Le chanoine, ordinairement si poli et si gracieux dans son hospitalité, ne se leva pourtant point et ne lui rendit même pas son salut. Corilla, qui s'était bien informée de lui à Vienne, avait ouï dire à tout le monde qu'il était excessivement bien élevé, grand amateur de musique, et incapable de sermonner pédantesquement une femme, une cantatrice surtout. Elle s'était promis de l'aller voir et de le fasciner pour l'empêcher de parler contre elle. Mais si elle avait dans ces sortes d'affaires le genre d'esprit qui

Consuelo... traça le nom de Bertoni... (Page 253.)

manquait à Consuelo, elle avait aussi cette nonchalance et ce décousu d'habitudes qui tiennent au désordre, à la paresse, et, quoique ceci ne paraisse pas venir à propos, à la malpropreté. Toutes ces pauvretés s'enchaînent dans la vie des organisations grossières. La mollesse du corps et de l'âme rendent impuissants les effets de l'intrigue, et Corilla, qui avait l'instinct de toutes les perfidies, avait rarement l'énergie de les mener à bien. Elle avait donc remis d'un jour à l'autre sa visite au chanoine, et quand elle le trouva si froid et si sévère, elle commença à se déconcerter visiblement.

Alors, cherchant par un trait d'audace à se remettre en scène, elle dit à Consuelo, qui tenait toujours Angèle dans ses bras :

« Eh bien, toi, pourquoi ne me laisses-tu embrasser ma fille, et la déposer aux pieds de monsieur le chanoine, pour...

— *Dame Corilla*, dit le chanoine du même ton sec et froidement railleur dont il disait autrefois *dame Brigide*, faites-moi le plaisir de laisser cet enfant tranquille. »

Et, s'exprimant en italien avec beaucoup d'élégance, quoique avec une lenteur un peu trop accentuée, il continua ainsi sans ôter son bonnet de dessus ses oreilles :

« Depuis un quart d'heure que je vous écoute ; et bien que je ne sois pas très-familiarisé avec votre patois, j'en ai assez entendu pour être autorisé à vous dire que vous êtes bien la plus effrontée coquine que j'ai rencontrée dans ma vie. Cependant, je crois que vous êtes plus stupide que méchante, et plus lâche que dangereuse. Vous ne comprenez rien aux belles choses, et ce serait temps perdu que d'essayer de vous les faire comprendre. Je n'ai qu'une chose à vous dire : cette jeune fille, cette vierge, cette sainte, comme vous l'avez nommée tout à l'heure en croyant railler, vous la souillez en lui parlant : ne lui parlez donc plus. Quant à cet enfant qui est né de vous, vous le flétririez en le touchant : ne le touchez donc pas. C'est un être sacré qu'un enfant ; Consuelo l'a dit, et je l'ai compris. C'est par l'intercession, par la persuasion de cette même Consuelo que j'ai osé me charger de votre fille, sans craindre que les instincts pervers qu'elle peut tenir de vous vinssent à m'en faire repentir un jour. Nous nous sommes dit que la bonté divine donne à toute créature le pouvoir de connaître et de pratiquer le bien, et nous nous sommes promis de

Puis il montra du doigt la porte à Corilla... (Page 257.)

lui enseigner le bien, et de le lui rendre aimable et facile. Avec vous, il en serait tout autrement. Veuillez donc, dès aujourd'hui, ne plus considérer cet enfant comme le vôtre. Vous l'avez abandonné, vous l'avez cédé, donné; il ne vous appartient plus. Vous avez remis une somme d'argent pour nous payer son éducation... »

Il fit un signe à la jardinière, qui prévenue par lui depuis quelques instants avait tiré de l'armoire un sac lié et cacheté; celui que Corilla avait envoyé au chanoine avec sa fille, et qui n'avait pas été ouvert. Il le prit et le jeta aux pieds de la Corilla, en ajoutant:

« Nous n'en avons que faire et nous n'en voulons pas. Maintenant, je vous prie de sortir de chez moi et de n'y jamais remettre les pieds, sous quelque prétexte que ce soit. A ces conditions, et à celle que vous ne vous permettrez jamais d'ouvrir la bouche sur les circonstances qui nous ont forcé d'être en rapport avec vous, nous vous promettons le silence le plus absolu sur tout ce qui vous concerne. Mais si vous agissez autrement, je vous avertis que j'ai plus de moyens que vous ne pensez de faire entendre la vérité à Sa Majesté Impériale, et que vous pourriez bien voir changer vos couronnes de théâtre et les trépignements de vos admirateurs en un séjour de quelques années dans un couvent de filles repenties. »

Ayant ainsi parlé, le chanoine se leva, fit signe à la nourrice de prendre l'enfant dans ses bras, et à Consuelo de se retirer, avec Joseph, au fond de l'appartement; puis il montra du doigt la porte à Corilla qui, terrifiée, pâle et tremblante, sortit convulsivement et comme égarée, sans savoir où elle allait, et sans comprendre ce qui se passait autour d'elle.

Le chanoine avait eu, durant cette sorte d'imprécation, une indignation d'honnête homme qui, peu à peu, l'avait rendu étrangement puissant. Consuelo et Joseph ne l'avaient jamais vu ainsi. L'habitude d'autorité qui ne s'efface jamais chez le prêtre, et aussi l'attitude du commandement royal qui passe un peu dans le sang, et qui trahissait en cet instant le bâtard d'Auguste II, revêtaient le chanoine, peut-être à son insu, d'une sorte de majesté irrésistible. La Corilla, à qui jamais aucun homme n'avait parlé ainsi dans le calme austère de la vérité, ressentit plus d'effroi et de terreur que jamais ses amants furieux ne lui en avaient inspiré dans les outrages de la vengeance et du mépris. Italienne et superstitieuse, elle fut véritablement peur de cet ecclésiastique et de son anathème, et s'enfuit éperdue à travers les jardins, tandis que le chanoine, épuisé de cet effort si contraire à ses habitudes de bienveillance et d'enjouement, retomba sur sa chaise, pâle et presque en défaillance.

Tout en s'empressant pour le secourir, Consuelo suivait involontairement de l'œil la démarche agitée et vacillante de la pauvre Corilla. Elle la vit trébucher au bout de l'allée et tomber sur l'herbe, soit qu'elle eût fait un faux pas dans son trouble, soit qu'elle n'eût plus la force de se soutenir. Emportée par son bon cœur, et trouvant la leçon plus cruelle qu'elle n'eût eu la force de la donner, elle laissa le chanoine aux soins de Joseph, et courut rejoindre sa rivale qui était en proie à une violente attaque de nerfs. Ne pouvant la calmer et n'osant la ramener au prieuré, elle l'empêcha de se rouler par terre et de se déchirer les mains sur le sable. Corilla fut comme folle pendant quelques instants; mais quand elle eut reconnu la personne qui la secourait, et qui s'efforçait de la consoler, elle se calma et devint d'une pâleur bleuâtre. Ses lèvres contractées gardèrent un morne silence, et ses yeux éteints fixés sur la terre ne se relevèrent pas. Elle se laissa pourtant reconduire jusqu'à sa voiture qui l'attendait à la grille, et y monta soutenue par sa rivale, sans lui dire un seul mot.

« Vous êtes bien mal? lui dit Consuelo, effrayée de l'altération de ses traits. Laissez-moi vous accompagner un bout de chemin, je reviendrai à pied. »

La Corilla, pour toute réponse, la repoussa brusquement, puis la regarda un instant avec une expression impénétrable. Et tout à coup, éclatant en sanglots, elle cacha son visage dans une de ses mains, en faisant, de l'autre, signe à son cocher de partir et en baissant le store de la voiture entre elle et sa généreuse ennemie.

Le lendemain, à l'heure de la dernière répétition de l'*Antigono*, Consuelo était à son poste et attendait la Corilla pour commencer. Cette dernière envoya son domestique dire qu'elle arriverait dans une demi-heure. Caffariello la donna à tous les diables, prétendit qu'il n'était point aux ordres d'une pareille péronnelle, qu'il ne l'attendrait pas, et fit mine de s'en aller. Madame Tesi, pâle et souffrante, avait voulu assister à la répétition pour se divertir aux dépens de la Corilla; elle s'était fait apporter un sofa de théâtre, et, allongée dessus, derrière cette première coulisse, peinte en rideau replié, qu'en style de coulisse précisément on appelle *manteau d'arlequin*, elle calmait son ami, et s'obstinait à attendre Corilla, pensant que c'était pour éviter son contrôle qu'elle hésitait à paraître. Enfin, la Corilla arriva plus pâle et plus languissante que madame Tesi elle-même, qui reprenait ses couleurs et ses forces en la voyant ainsi. Au lieu de se débarrasser de son mantelet et de sa coiffe avec les grands mouvements et l'air dégagé qu'elle se donnait de coutume, elle se laissa tomber sur un trône de bois doré oublié au fond de la scène, et parla ainsi à Holzbaüer d'une voix éteinte:

« Monsieur le directeur, je vous déclare que je suis horriblement malade, que je n'ai pas de voix, que j'ai passé une nuit affreuse... (Avec qui? demanda languissamment la Tesi à Caffariello.) Pour toutes ces raisons, continua la Corilla, il m'est impossible de répéter aujourd'hui et de chanter demain, à moins que je ne reprenne le rôle d'Ismène, et que vous ne donniez celui de Bérénice à une autre.

— Y songez-vous, Madame? s'écria Holzbaüer frappé comme d'un coup de foudre. Est-ce à la veille de la représentation, et lorsque la cour en a fixé l'heure, que vous pouvez alléguer une défaite? C'est impossible, je ne saurais en aucune façon y consentir.

— Il faudra bien que vous y consentiez, répliqua-t-elle en reprenant sa voix naturelle qui n'était pas douce. Je suis engagée pour les seconds rôles, et rien dans mon traité ne me force à faire les premiers. C'est un acte d'obligeance qui m'a portée à les accepter au défaut de la signora Tesi, et pour ne pas interrompre les plaisirs de la cour. Or, je suis trop malade pour tenir ma promesse, et vous ne me ferez point chanter malgré moi.

— Ma chère amie, on te fera chanter *par ordre*, reprit Caffariello, et tu chanteras mal, nous y étions préparés. C'est un petit malheur à ajouter à tous ceux que tu as voulu affronter dans ta vie; mais il est trop tard pour t'en repentir. Il fallait faire tes réflexions un peu plus tôt. Tu as trop présumé de tes moyens. Tu feras *fiasco*; peu nous importe, à nous autres. Je chanterai de manière à ce qu'on oublie que le rôle de Bérénice existe. La Porporina aussi, dans son petit rôle d'Ismène, dédommagera le public, et tout le monde sera content, excepté toi. Ce sera une leçon dont tu profiteras, ou dont tu ne profiteras pas, une autre fois.

— Vous vous trompez beaucoup sur mes motifs de refus, répondit la Corilla avec assurance. Si je n'étais malade, je chanterais peut-être le rôle aussi bien qu'*une autre*; mais comme je ne peux pas le chanter, il y a quelqu'un ici qui le chantera mieux qu'on ne l'a encore chanté à Vienne, et cela pas plus tard que demain. Ainsi la représentation ne sera pas retardée, et je reprendrai avec plaisir mon rôle d'Ismène, qui ne me fatigue point.

— Vous comptez donc, dit Holzbaüer surpris, que madame Tesi se trouvera assez rétablie demain pour chanter le sien?

— Je sais fort bien que madame Tesi ne pourra chanter de longtemps, dit la Corilla à haute voix, de manière à ce que, du trône où elle se prélassait, elle pût être entendue de la Tesi, étalée sur son sofa à dix pas d'elle, voyez comme elle est changée! sa figure est effrayante. Mais je vous ai dit que vous aviez une Bérénice parfaite, incomparable, supérieure à nous toutes, et la voici, ajouta-t-elle en se levant et en prenant Consuelo par la main pour l'attirer au milieu du groupe inquiet et agité qui s'était formé autour d'elle.

— Moi? s'écria Consuelo qui croyait faire un rêve.

— Toi! s'écria Corilla en la poussant sur le trône avec un mouvement convulsif. Te voilà reine, Porporina, te voilà au premier rang; c'est moi qui t'y place, je te devais cela. Ne l'oublie pas! »

Dans sa détresse, Holzbaüer, à la veille de manquer à son devoir et d'être forcé peut-être de donner sa démission, ne put repousser ce secours inattendu. Il avait vu, d'après la manière dont Consuelo avait fait l'Ismène, qu'elle pouvait faire la Bérénice d'une manière supérieure. Malgré l'éloignement qu'il avait pour elle et pour le Porpora, il ne lui fut permis d'avoir en cet instant qu'une seule crainte: c'est qu'elle ne voulût point accepter le rôle.

Elle s'en défendit, en effet, très-sérieusement; et, pressant les mains de la Corilla avec cordialité, elle la supplia, à voix basse, de ne pas lui faire un sacrifice qui l'enorgueillissait si peu, tandis que, dans les idées de sa rivale, c'était la plus terrible des expiations, et la soumission la plus épouvantable qu'elle pût s'imposer. Corilla demeura inébranlable dans cette résolution. Madame Tesi, effrayée de cette concurrence sérieuse qui la menaçait, eut bien envie d'essayer sa voix et de reprendre son rôle, dût-elle expirer après, car elle était sérieusement indisposée; mais elle ne l'osa pas. Il n'était pas permis, au théâtre de la cour, d'avoir les caprices auxquels le souverain débonnaire de nos jours, le bon public sait se ranger si patiemment. La cour s'attendait à voir quelque chose de nouveau dans le rôle de Bérénice: on le lui avait annoncé, et l'impératrice y comptait.

« Allons, décide-toi, dit Caffariello à la Porporina. Voici le premier trait d'esprit que la Corilla ait eu dans sa vie: profitons-en.

— Mais je ne sais point le rôle; je ne l'ai pas étudié, disait Consuelo; je ne pourrai pas le savoir demain.

— Tu l'as entendu: donc tu le sais, et tu le chanteras demain, dit enfin le Porpora d'une voix de tonnerre. Allons, point de grimaces, et que ce débat finisse. Voilà plus d'une heure que nous perdons à babiller. Monsieur le directeur, faites commencer les violons. Et toi, Bérénice, en scène! Point de cahier! à bas ce cahier! Quand on a répété trois fois, on doit savoir tous les rôles par cœur. Je te dis que tu le sais! »

No, tutto, ô Berenice, chanta la Corilla, redevenue Ismène,

Tu non apri il tuo cor.

Et à présent, pensa cette fille, qui jugeait de l'orgueil de Consuelo par le sien propre, *tout ce qu'elle sait de mes aventures lui paraîtra peu de chose.*

Consuelo, dont le Porpora connaissait bien la prodigieuse mémoire et la victorieuse facilité, chanta effectivement le rôle, musique et paroles, sans la moindre hésitation. Madame Tesi fut si frappée de son jeu et de son chant, qu'elle se trouva beaucoup plus malade, et se fit remporter chez elle, après la répétition du premier acte. Le lendemain, il fallut que Consuelo eût préparé son costume, arrangé les *traits* de son rôle et repassé toute sa partie attentivement à cinq heures du soir. Elle eut un succès si complet que l'impératrice dit en sortant :

« Voilà une admirable jeune fille : il faut absolument que je la marie : j'y songerai. »

Dès le jour suivant, on commença à répéter la *Zénobia* de Métastase, musique de Prédieri. La Corilla s'obstina encore à céder le premier rôle à Consuelo. Madame Holzbaüer fit, cette fois, le second ; et comme elle était meilleure musicienne que la Corilla, cet opéra fut beaucoup mieux étudié que l'autre. Le Métastase était ravi de voir sa muse, négligée et oubliée durant la guerre, reprendre faveur à la cour et faire fureur à Vienne. Il ne pensait presque plus à ses maux ; et, pressé par la bienveillance de Marie-Thérèse et par les devoirs de son emploi, d'écrire de nouveaux drames lyriques, il se préparait, par la lecture des tragiques grecs et des classiques latins, à produire quelqu'un de ces chefs-d'œuvre que les Italiens de Vienne et les Allemands de l'Italie mettaient, sans façon, au-dessus des tragédies de Corneille, de Racine, de Shakspeare, de Calderon, au-dessus de tout, pour le dire sans détour et sans mauvaise honte.

Ce n'est pas au beau milieu de cette histoire, déjà si longue et si chargée de détails, que nous abuserons encore de la patience, peut-être depuis longtemps épuisée, du lecteur, pour lui dire ce que nous pensons du génie de Métastase. Peu lui importe. Nous allons donc lui répéter seulement ce que Consuelo en disait tout bas à Joseph :

« Mon pauvre Beppo, tu ne saurais croire quelle peine j'ai à jouer ces rôles qu'on dit si sublimes et si pathétiques. Il est vrai que les mots sont bien arrangés, et qu'ils arrivent facilement sur la langue, quand on les chante ; mais quand on pense au personnage qui les dit, on ne sait où prendre, je ne dis pas de l'émotion, mais du sérieux pour les prononcer. Quelle bizarre convention est donc celle qu'on a faite, en arrangeant l'antiquité à la mode de notre temps, pour mettre la scène des intrigues, des passions et des moralités qui seraient bien placées peut-être dans des mémoires de la margrave de Bareith, du baron de Trenck, ou de la princesse de Culmbach, mais qui, de la part de Rhadamiste, de Bérénice, ou d'Arsinoé, sont des contre-sens absurdes ? Lorsque j'étais convalescente au château des Géants, le comte Albert me faisait souvent la lecture pour m'endormir ; mais moi, je ne dormais pas, et j'écoutais de toutes mes oreilles. Il me lisait des tragédies grecques de Sophocle, d'Eschyle ou d'Euripide, et il les lisait en espagnol, lentement, mais sans hésitation, quoique ce fût un texte grec qu'il avait sous les yeux. Il était si versé dans les langues anciennes et nouvelles, qu'on eût dit qu'il lisait une traduction admirablement écrite. Il s'attachait à la faire assez fidèle, disait-il, pour que je pusse saisir, dans l'exactitude scrupuleuse de son interprétation, le génie des Grecs dans toute sa simplicité. Quelle grandeur, mon Dieu ! quelles images ! quelle poésie et quelle sobriété ! Quels personnages de dix coudées, quels caractères forts et torts, quelles énergiques situations, quelles douleurs profondes et vraies, quels tableaux déchirants et terribles il faisait passer devant moi ! faible encore, et l'imagination toujours frappée des émotions violentes qui avaient causé ma maladie, j'étais si bouleversée de ce que j'entendais, que je m'imaginais, en l'écoutant, être tour à tour Antigone, Clytemnestre, Médée, Électre, et jouer en personne ces drames sanglants et douloureux, non sur un théâtre à la lueur des quinquets, mais dans des solitudes affreuses, au seuil des grottes béantes, ou sous les colonnes des antiques parvis, auprès des pâles foyers où l'on pleurait les morts en conspirant contre les vivants. J'entendais ces chœurs lamentables des Troyennes et des captives de Dardanie. Les Euménides dansaient autour de moi..... sur quels rythmes bizarres et sur quelles infernales modulations ! Je n'y pense pas sans un souvenir de plaisir et de terreur qui me fait encore frissonner. Jamais je n'aurai, sur le théâtre, dans la réalisation de mes rêves, les mêmes émotions et la même puissance que je sentais gronder alors dans mon cœur et dans mon cerveau. C'est là que je me suis sentie tragédienne pour la première fois, et que j'ai conçu des types dont aucun artiste ne m'avait fourni le modèle. C'est là que j'ai compris le drame, l'effet tragique, la poésie du théâtre ; et, à mesure qu'Albert lisait, j'improvisais intérieurement un chant sur lequel je m'imaginais suivre et dire moi-même tout ce que j'entendais. Je me surprenais quelquefois dans l'attitude et avec la physionomie des personnages qu'il faisait parler, et il lui arriva souvent de s'arrêter effrayé, croyant voir apparaître Andromaque ou Ariane devant lui. Oh ! va, j'en ai plus appris et plus deviné en un mois avec ces lectures-là que je ne le ferai dans toute ma vie, employée à répéter les drames de M. Métastase ; et si les compositeurs n'avaient mis dans la musique le sentiment et la vérité qui manquent à l'action, je crois que je succomberais sous le dégoût que j'éprouve à faire parler la grande-duchesse Zénobie avec la landgrave Églé, et à entendre le feld-maréchal Rhadamiste se disputer avec le cornette de pandoures Zopire. Oh ! tout cela est faux, archi-faux, mon pauvre Beppo ! faux comme nos costumes, faux comme la perruque blonde de Caffariello Tiridate, comme le déshabillé Pompadour de madame Holzbaüer en pastourelle d'Arménie, comme les mollets de tricot rose du prince Démétrius, comme ces décors que nous voyons là de près, et qui ressemblent à l'Asie comme l'abbé Métastase ressemble au vieil Homère.

— Ce que tu me dis là, répondit Haydn, m'explique pourquoi, en sentant la nécessité d'écrire des opéras pour le théâtre, si tant est que je puisse arriver jusque-là, je me sens plus d'inspiration et d'espérance quand je pense à composer des oratorios. Là où les puérils artifices de la scène ne viennent pas donner un continuel démenti à la vérité du sentiment, dans ce cadre symphonique où tout est musique, où l'âme parle à l'âme par l'oreille et non par les yeux, il me semble que le compositeur peut développer toute son inspiration, et entraîner l'imagination d'un auditoire dans des régions vraiment élevées. »

En parlant ainsi, Joseph et Consuelo, en attendant que tout le monde fût rassemblé pour la répétition, marchaient côte à côte le long d'une grande toile de fond qui devait être ce soir-là le fleuve Araxe, et qui n'était, dans le demi-jour du théâtre, qu'une énorme bande d'indigo étendue parmi de grosses taches d'ocre, destinées à représenter les montagnes du Caucase. On sait que ces toiles de fond, préparées pour la représentation, sont placées les unes derrière les autres, de manière à être relevées sur un cylindre au changement à vue. Dans l'intervalle qui les sépare les unes des autres, les acteurs circulent durant la représentation ; les comparses s'endorment ou échangent des prises de tabac, assis ou couchés dans la poussière, sous les gouttes d'huile qui tombent languissamment des quinquets mal assurés. Dans la journée, les acteurs se promènent le long de ces couloirs étroits et obscurs, en répétant leurs rôles, ou en s'entretenant de leurs affaires ; quelquefois en épiant les petites confidences ou surprenant les profondes machinations d'autres promeneurs causant tout près d'eux sans les voir, derrière un bras de mer ou une place publique.

Heureusement, Métastase n'était point sur l'autre rive de l'Araxe, tandis que l'inexpérimentée Consuelo épanchait ainsi son indignation d'artiste avec Haydn. La répétition commença. C'était la seconde de *Zénobie*, et elle alla si bien, que les musiciens de l'orchestre applaudirent, selon l'usage, avec leurs archets sur le ventre de leurs violons. La musique de Predieri était charmante, et le Porpora la dirigeait avec plus d'enthousiasme qu'il n'avait pu le faire pour celle de Hasse. Le rôle de Tiridate était un des triomphes de Caffariello, et il n'avait garde de trouver mauvais qu'en l'équipant en farouche guerrier parthe, on le fit roucouler en Céladon et parler en Clitandre. Consuelo, si elle sentait son rôle faux et guindé dans la bouche d'une héroïne de l'antiquité, trouvait au moins là un caractère de femme agréablement indiqué. Il offrait même une sorte de rapprochement avec la situation d'esprit où elle s'était trouvée entre Albert et Anzoleto ; et oubliant tout à fait la *couleur locale*, comme nous disons aujourd'hui, pour ne se représenter que les sentiments humains, elle s'aperçut qu'elle était sublime dans cet air dont le sens avait été si souvent dans son cœur :

> Voi leggete in ogni core ;
> Voi sapete, o giusti Dei,
> Se son puri i voti miei,
> Se innocente è la pietà.

Elle eut donc en cet instant la conscience d'une émotion vraie et d'un triomphe mérité. Elle n'eut pas besoin que le regard de Caffariello, qui n'était pas gêné ce jour-là par la présence de la Tesi, et qui admirait de bonne foi, lui confirmât ce qu'elle sentait déjà, la certitude d'un effet irrésistible à produire sur tous les publics du monde et dans toutes les conditions possibles, avec ce morceau capital. Elle se trouva ainsi toute réconciliée avec sa partie, avec l'opéra, avec ses camarades, avec elle-même, avec le théâtre, en un mot ; et malgré toutes les imprécations qu'elle venait de faire contre son état, une heure auparavant, elle ne put se défendre d'un de ces tressaillements intérieurs, si profonds, si soudains et si puissants, qu'il est impossible à quiconque n'est pas artiste en quelque chose, de comprendre quels siècles de labeur, de déceptions et de souffrances ils peuvent racheter en un instant.

XCV.

En qualité d'élève, encore à demi serviteur du Porpora, Haydn, avide d'entendre de la musique, et d'étudier, même sous un point de vue matériel, la contexture des opéras, obtenait la permission de se glisser dans les coulisses lorsque Consuelo chantait. Depuis deux jours, il remarquait que le Porpora, d'abord assez mal disposé à l'admettre ainsi dans l'intérieur du théâtre, l'y autorisait d'un air de bonne humeur, avant même qu'il osât le lui demander. C'est qu'il s'était passé quelque chose de nouveau dans l'esprit du professeur. Marie-Thérèse, parlant musique avec l'ambassadeur de Venise, était revenue à son idée fixe de matrimoniomanie, comme disait Consuelo. Elle lui avait dit qu'elle verrait avec plaisir cette grande cantatrice se fixer à Vienne en épousant le jeune musicien, élève de son maître ; elle avait pris des informations sur Haydn auprès de l'ambassadeur même, et ce dernier lui en ayant dit beaucoup de bien, l'ayant assurée qu'il annonçait de grandes facultés musicales, et surtout qu'il était très-bon catholique, Sa Majesté l'avait engagé à arranger ce mariage, promettant de faire un sort convenable aux jeunes époux. L'idée avait souri à M. Corner, qui aimait tendrement Joseph, et qui déjà lui faisait une pension de soixante-douze francs par mois pour l'aider à continuer librement ses études. Il en avait parlé chaudement au Porpora, et celui-ci, craignant que sa Consuelo ne persistât dans l'idée de se retirer du théâtre pour épouser un gentilhomme, après avoir hésité, beaucoup hésité (il eût préféré à tout que son élève vécût sans hymen et sans amour), s'était enfin laissé persuader. Pour frapper un grand coup, l'ambassadeur s'était déterminé à lui faire voir des compositions de Haydn, et à lui avouer que la sérénade en trio dont il s'était montré si satisfait était de la façon de Beppo. Le Porpora avait confessé qu'il y avait là le germe d'un grand talent ; qu'il pourrait lui imprimer une bonne direction et l'aider par ses conseils à écrire pour la voix ; enfin que le sort d'une cantatrice mariée à un compositeur pouvait être fort avantageux. La grande jeunesse du couple et ses minces ressources lui imposaient la nécessité de s'adonner au travail sans autre espoir d'ambition, et Consuelo se trouverait ainsi enchaînée au théâtre. Le maestro se rendit. Il n'avait pas reçu plus de Consuelo de réponse de Riesenburg. Ce silence lui faisait craindre quelque résistance à ses vues, quelque coup de tête du jeune comte : « Si je pouvais sinon marier, du moins fiancer Consuelo à un autre, pensa-t-il, je n'aurais plus rien à craindre de ce côté-là. »

Le difficile était d'amener Consuelo à cette résolution. L'y exhorter eût été lui inspirer la pensée de résister. Avec sa finesse napolitaine, il se dit que la force des choses devait amener un changement insensible dans l'esprit de cette jeune fille. Elle avait de l'amitié pour Beppo, et Beppo, quoiqu'il eût vaincu l'amour dans son cœur, montrait tant de zèle, d'admiration et de dévouement pour elle, que le Porpora put bien s'imaginer qu'il en était violemment épris. Il pensa qu'en ne le gênant point dans ses rapports avec elle, il lui laisserait les moyens de faire agréer ses vœux ; qu'en l'éclairant en temps et lieu sur les desseins de l'impératrice et sur sa propre adhésion, il lui donnerait le courage de l'éloquence et le feu de la persuasion. Enfin il cessa tout à coup de le brutaliser et de le rabaisser, et laissa un libre cours à leurs épanchements fraternels, se flattant que les choses iraient plus vite ainsi que s'il s'en mêlait ostensiblement.

Le Porpora, en ne doutant pas assez du succès, commettait une grande faute. Il livrait la réputation de Consuelo à la médisance ; car il ne fallait que voir Joseph deux fois de suite dans les coulisses auprès d'elle pour que toute la gent dramatique proclamât ses amours avec ce jeune homme, et la pauvre Consuelo, confiante et imprévoyante comme toutes les âmes droites et chastes, ne songeait nullement à prévoir le danger et à s'en garantir. Aussi, dès le jour de cette répétition de *Zénobie*, les yeux prirent l'éveil et les langues la volée. Dans chaque coulisse, derrière chaque décor, il y eut entre les acteurs, entre les choristes, entre les employés de toutes sortes qui circulaient, une remarque maligne ou enjouée, accusatrice ou bienveillante, sur le scandale de cette intrigue naissante ou sur la candeur de ces heureuses accordailles.

Consuelo, toute à son rôle, toute à son émotion d'artiste, ne voyait, n'entendait et ne pressentait rien. Joseph, tout rêveur, tout absorbé par l'opéra qu'on chantait et par celui qu'il méditait dans son âme profonde, entendait bien quelques mots à la dérobée, et ne les comprenait pas, tant il était loin de se flatter d'une vaine espérance. Quand il surprenait en passant quelque parole équivoque, quelque observation piquante, il levait la tête, regardait autour de lui, cherchait l'objet de ces satires, et, ne le trouvant pas, profondément indifférent aux propos de ce genre, il retombait dans ses contemplations.

Entre chaque acte de l'opéra, on donnait souvent un intermède bouffe, et ce jour-là on répéta l'*Impressario delle Canarie*, assemblage de petites scènes très-gaies et très-comiques de Métastase. La Corilla, en y remplissant le rôle d'une prima donna exigeante, impérieuse et fantasque, était d'une vérité parfaite, et le succès qu'elle avait ordinairement dans cette bluette la consolait un peu du sacrifice de son grand rôle de Zénobie. Pendant qu'on répétait la dernière partie de l'intermède, en attendant qu'on répétât le troisième acte, Consuelo, un peu oppressée par l'émotion de son rôle, alla derrière la toile de fond, entre l'*horrible vallée hérissée de montagnes et de précipices*, qui formait le premier décor, et ce bon fleuve Araxe, bordé d'*aménissimes montagnes*, qui devait apparaître à la troisième scène pour reposer agréablement les yeux du spectateur *sensible*. Elle marchait un peu vite, allant et revenant sur ses pas, lorsque Joseph lui apporta son éventail qu'elle avait laissé sur la niche du souffleur, et dont elle se servit avec beaucoup de plaisir. L'instinct du cœur et la volontaire préoccupation du Porpora poussaient machinalement Joseph à rejoindre son amie ; l'habitude de la confiance et le besoin d'épanchement portaient Consuelo à l'accueillir toujours joyeusement. De ce double mouvement d'une sympathie dont les anges n'eussent pas rougi dans le ciel, la destinée avait résolu de faire le signal et la cause d'étranges infortunes... Nous savons très-bien que nos lectrices de romans, toujours pressées d'arriver à l'événement, ne nous demandent que plaie et bosse ; nous les supplions d'avoir un peu de patience.

« Eh bien, mon amie, dit Joseph en souriant à Consuelo et en lui tendant la main, il me semble que tu n'es plus si mécontente du drame de notre illustre abbé, et que tu as trouvé dans ton air de la prière une fenêtre ouverte par laquelle le démon du génie qui te possède va prendre une bonne fois sa volée.

— Tu trouves donc que je l'ai bien chanté?

— Est-ce que tu ne vois pas que j'ai les yeux rouges?

— Ah! oui, tu as pleuré. C'est bon, tant mieux! je suis bien contente de t'avoir fait pleurer.

— Comme si c'était la première fois! Mais tu deviens artiste comme le Porpora veut que tu le sois, ma bonne Consuelo! La fièvre du succès s'est allumée en toi. Quand tu chantais dans les sentiers du Bœhmer-Wald, tu me voyais bien pleurer et tu pleurais toi-même, attendrie par la beauté de ton chant; maintenant c'est autre chose : tu ris de bonheur, et tu tressailles d'orgueil en voyant les larmes que tu fais couler. Allons, courage, ma Consuelo, te voilà *prima donna* dans toute la force du terme!

— Ne me dis pas cela, ami. Je ne serai jamais comme celle de là-bas. »

Et elle désignait du geste la Corilla, qui chantait de l'autre côté de la toile de fond, sur la scène.

« Ne le prends pas en mauvaise part, repartit Joseph; je veux dire que le dieu de l'inspiration t'a vaincue. En vain ta raison froide, ton austère philosophie et le souvenir de Riesenburg ont lutté contre l'esprit de Python. Le voilà qui te remplit et te déborde. Avoue que tu étouffes de plaisir : je sens ton bras trembler contre le mien ; ta figure est animée, et jamais je ne t'ai vu le regard ce que tu as dans ce moment-ci. Non, tu n'étais pas plus agitée, pas plus inspirée quand le comte Albert te lisait les tragiques grecs!

— Ah! quel mal tu me fais! s'écria Consuelo en pâlissant tout à coup et en retirant son bras de celui de Joseph. Pourquoi prononces-tu ce nom-là ici? C'est un nom sacré qui ne devrait pas retentir dans ce temple de la folie. C'est un nom terrible qui, comme un coup de tonnerre, fait rentrer dans la nuit toutes les illusions et tous les fantômes des songes dorés.

— Eh bien, Consuelo, veux-tu que je te le dise? reprit Haydn après un moment de silence : jamais tu ne pourras te décider à épouser cet homme-là.

— Tais-toi, tais-toi, je l'ai promis!...

— Eh bien, si tu tiens ta promesse, jamais tu ne seras heureuse avec lui. Quitter le théâtre, toi? renoncer à être artiste! Il est trop tard d'une heure. Tu viens de savourer une joie dont le souvenir ferait le tourment de toute ta vie.

— Tu me fais peur, Beppo! Pourquoi me dis-tu de pareilles choses aujourd'hui?

— Je ne sais, je te les dis comme malgré moi. Ta fièvre a passé dans mon cerveau, et il me semble que je vais, en rentrant chez nous, écrire quelque chose de sublime. Ce sera quelque platitude : n'importe, je me sens plein de génie pour le quart d'heure.

— Comme tu es gai, comme tu es tranquille, toi! moi! au milieu de cette fièvre d'orgueil et de joie dont tu parles, j'éprouve une atroce douleur, et j'ai à la fois envie de rire et de pleurer.

— Tu souffres, j'en suis certain ; tu dois souffrir. Au moment où tu sens ta puissance éclater, une pensée lugubre te saisit et te glace...

— Oui, c'est vrai, qu'est-ce que cela veut dire?

— Cela veut dire que tu es artiste, et que tu t'es imposé comme un devoir l'obligation farouche, abominable à Dieu et à toi-même, de renoncer à l'art.

— Il me semblait hier que non, et aujourd'hui il me semble que oui. C'est que j'ai mal aux nerfs, c'est que ces agitations sont terribles et funestes, je le vois. J'avais toujours nié leur entraînement et leur puissance. J'avais toujours abordé la scène avec calme, avec une attention consciencieuse et modeste. Aujourd'hui je ne me possède plus, et s'il me fallait entrer en représentation en cet instant, il me semble que je ferais des folies sublimes ou des extravagances misérables. Les rênes de ma volonté m'échappent ; j'espère que demain je ne serai pas ainsi, car cette émotion tient à la fois du délire et de l'agonie.

— Pauvre amie! je crains qu'il n'en soit toujours ainsi désormais, ou plutôt je l'espère ; car tu ne seras vraiment puissante que dans le feu de cette émotion. J'ai ouï dire à tous les musiciens, à tous les acteurs que j'ai abordés, que, sans ce délire ou sans ce trouble, ils ne pouvaient rien ; et qu'au lieu de se calmer avec l'âge et l'habitude, ils devenaient toujours plus impressionnables à chaque étreinte de leur démon.

— Ceci est un grand mystère, dit Consuelo en soupirant. Il ne me semble pas que la vanité, la jalousie des autres, le lâche besoin du triomphe, aient pu s'emparer de moi si soudainement et bouleverser mon être du jour au lendemain. Non! je t'assure qu'en chantant cette prière de Zénobie et ce duo avec Tiridate, où la passion et la vigueur de Caffariello m'emportaient comme un tourbillon d'orage, je ne songeais ni au public, ni à mes rivales, ni à moi-même. J'étais Zenobie ; je pensais aux dieux immortels de l'olympe avec une ardeur toute chrétienne, et je brûlais d'amour pour ce bon Cattariello, qu'après la ritournelle je ne puis pas regarder sans rire. Tout cela est étrange, et je commence à croire que, l'art dramatique étant un mensonge perpétuel, Dieu nous punit en nous frappant de la folie d'y croire nous-mêmes et de prendre au sérieux ce que nous faisons pour produire l'illusion chez les autres. Non! il n'est pas permis à l'homme d'abuser de toutes les passions et de toutes les émotions de la vie réelle pour s'en faire un jeu. Il veut que nous gardions notre âme saine et puissante pour des affections vraies, pour des actions utiles, et quand nous faussons ses vues, il nous châtie et nous rend insensés.

— Dieu! Dieu! la volonté de Dieu! voilà où gît le mystère, Consuelo! Qui peut pénétrer les desseins de Dieu envers nous? Nous donnerait-il, dès le berceau, ces instincts, ces besoins d'un certain art, que nous ne pouvons jamais étouffer, s'il proscrivait l'usage que nous sommes appelés à en faire? Pourquoi, dès mon enfance, n'aimais-je pas les jeux de mes petits camarades? pourquoi, dès que j'ai été livré à moi-même, ai-je travaillé à la musique avec un acharnement dont rien ne pouvait me distraire, et une assiduité qui eût tué tout autre enfant de mon âge? Le repos me fatiguait, le travail me donnait la vie. Il en était ainsi de toi, Consuelo. Tu me l'as dit cent fois, et quand l'un de nous racontait sa vie à l'autre, celui-ci croyait entendre la sienne propre. Va, la main de Dieu est dans tout, et toute puissance, toute inclination est son ouvrage, quand même nous n'en comprenons pas le but. Tu es née artiste, donc il faut que tu le sois, et quiconque t'empêchera de l'être te donnera la mort ou une vie pire que la tombe.

— Ah! Beppo, s'écria Consuelo consternée et presque égarée, si tu étais véritablement mon ami, je sais bien ce que tu ferais.

— Eh! quoi donc, chère Consuelo? Ma vie ne t'appartient-elle pas?

— Tu me tuerais demain au moment où l'on baissera la toile, après que j'aurai été vraiment artiste, vraiment inspirée, pour la première et la dernière fois de ma vie.

— Ah! dit Joseph avec une gaîté triste, j'aimerais mieux tuer ton comte Albert ou moi-même. »

En ce moment, Consuelo leva les yeux vers la coulisse qui s'ouvrit vis-à-vis d'elle, et la mesura des yeux avec une préoccupation mélancolique. L'intérieur d'un grand théâtre, vu au jour, est quelque chose de si différent de ce qu'il nous apparaît de la salle, aux lumières, qu'il est impossible de s'en faire une idée quand on ne l'a pas contemplé ainsi. Rien de plus triste, de plus sombre et de plus effrayant que cette salle plongée dans l'obscurité, dans la solitude, dans le silence. Si quelque figure humaine venait à se montrer distinctement dans ces loges fermées comme des tombeaux, elle semblerait un spectre, et ferait reculer d'effroi le plus intrépide comédien. La lumière rare et terne qui tombe de plusieurs lucarnes situées dans les combles sur le fond de la scène, rampe en biais sur des échafaudages, sur des haillons grisâtres, sur des planches poudreuses. Sur la scène, l'œil, privé du prestige de la perspective, s'étonne de cette étroite enceinte où tant de personnes et de passions doivent agir, en simulant des mouvements majestueux, des masses imposantes, des élans indomptables, qui sembleront tels aux spectateurs, et qui sont étudiés, mesurés à une ligne près, pour ne point s'embarrasser et se confondre, ou se briser contre les décors. Mais si la scène se montre petite et mesquine, en revanche, la hauteur du vaisseau destiné à loger tant de décorations et à faire mouvoir tant de machines paraît immense, dégagé de toutes ces toiles festonnées en nuages, en corniches d'architecture ou en rameaux verdoyants qui la coupent dans une certaine proportion pour l'œil du spectateur. Dans sa disproportion réelle, cette élévation a quelque chose d'austère, et, si en regardant la scène, on se croit dans un cachot, en regardant les combles, on se croirait dans une église gothique, mais dans une église ruinée ou inachevée; car tout ce qui est là est blafard, informe, fantasque, incohérent. Des échelles suspendues sans symétrie pour les besoins du machiniste, coupées comme au hasard et lancées sans motif apparent vers d'autres échelles qu'on ne distingue point dans la confusion de ces détails incolores; des amas de planches bizarrement tailladées, décors vus à l'envers et dont le dessin n'offre aucun sens à l'esprit; des cordes entremêlées comme des hiéroglyphes; des débris sans nom, des poulies et des rouages qui semblent préparés pour des supplices inconnus, tout cela ressemble à ces rêves que nous faisons à l'approche du réveil, et où nous voyons des choses incompréhensibles, en faisant de vains efforts pour savoir où nous sommes. Tout est vague, tout flotte, tout semble prêt à se disloquer. On voit un homme qui travaille tranquillement sur ces solives, et qui semble porté par des toiles d'araignée; il peut nous paraître un marin grimpant aux cordages d'un vaisseau, aussi bien qu'un rat gigantesque sciant et rongeant les charpentes vermoulues. On entend des paroles qui viennent on ne sait d'où. Elles se prononcent à quatre-vingts pieds au-dessus de vous, et la sonorité bizarre des échos accroupis dans tous les coins du dôme fantastique vous les apporte à l'oreille, distinctes ou confuses, selon que vous faites un pas en avant ou de côté, qui change l'effet acoustique. Un bruit épouvantable ébranle les échafauds et se répète en sifflements prolongés. Est-ce donc la voûte qui s'écroule? Est-ce un de ces frêles balcons qui craque et tombe, entraînant de pauvres ouvriers sous ses ruines? Non, c'est un pompier qui éternue, ou c'est un chat qui s'élance à la poursuite de son gibier, à travers les précipices de ce labyrinthe suspendu. Avant que vous soyez habitué à tous ces objets et à tous ces bruits, vous avez peur; vous ne savez de quoi il s'agit, ne savez quelles apparitions inouïes il faut vous armer de sang-froid. Vous ne comprenez rien, et ce que l'on ne distingue pas par la vue ou par la pensée, ce qui est incertain et inconnu alarme toujours la logique de la sensation. Tout ce qu'on peut se figurer de plus raisonnable, quand on pénètre pour la première fois dans un pareil chaos, c'est qu'on va assister à quelque sabbat insensé dans le laboratoire d'une mystérieuse alchimie [1].

Consuelo laissait donc errer ses yeux distraits sur cet édifice singulier, et la poésie de ce désordre se révélait à elle pour la première fois. A chaque extrémité du couloir formé par les deux toiles de fond s'ouvrait une coulisse noire et profonde où quelques figures passaient de temps en temps comme des ombres. Tout à coup elle vit une de ces figures s'arrêter comme pour l'attendre, et elle crut voir un geste qui l'appelait.

« Est-ce le Porpora? demanda-t-elle à Joseph.

— Non, dit-il, mais c'est sans doute quelqu'un qui vient t'avertir qu'on va répéter le troisième acte. »

Consuelo doubla le pas, en se dirigeant vers ce personnage, dont elle ne pouvait distinguer les traits, parce qu'il avait reculé jusqu'à la muraille. Mais lorsqu'elle fut à trois pas de lui, et au moment de l'interroger, il glissa rapidement derrière les coulisses suivantes, et gagna le fond de la scène en passant derrière toutes les toiles.

« Voilà quelqu'un qui avait l'air de nous épier, dit Joseph.

— Et qui a l'air de se sauver, ajouta Consuelo, frappée de l'empressement avec lequel il s'était dérobé à ses regards. Je ne sais pourquoi il m'a fait peur. »

Elle rentra sur la scène et répéta son dernier acte, vers la fin duquel elle ressentit encore les mouvements d'enthousiasme qui l'avaient transportée. Quand elle voulut remettre son mantelet pour se retirer, elle le chercha, éblouie par une clarté subite: on venait d'ouvrir une lucarne au-dessus de sa tête, et le rayon du soleil couchant tombait obliquement devant elle. Le contraste de cette brusque lumière avec l'obscurité des objets environnants égara un instant sa vue; et elle fit deux ou trois pas au hasard, lorsque tout à coup elle se trouva auprès du même personnage en manteau noir, qui l'avait inquiétée dans la coulisse. Elle le voyait con-

ordre et sans clarté, les objets extérieurs peuvent-ils, me dira-t-on, revêtir un aspect qui parle aux yeux et à l'esprit? Un peintre seul pourra me répondre: Oui, je le comprends. Il se rappellera le *Philosophe en méditation* de Rembrandt, cette grande chambre perdue dans l'ombre, ces escaliers sans fin, qui tournent on ne sait comment; ces lueurs vagues qui s'allument et s'éteignent, on ne sait pourquoi, sur les divers plans du tableau; toute cette scène indécise et nette en même temps, cette couleur puissante répandue sur un sujet qui, en somme, n'est peint qu'avec du brun clair et du brun sombre; cette magie du clair-obscur, ce jeu de la lumière ménagée sur les objets les plus insignifiants, sur une chaise, sur une cruche, sur un vase de cuivre; et voilà que les objets, qui ne méritent pas d'être regardés, et encore moins d'être peints, deviennent si intéressants, si beaux à leur manière, que vous ne pouvez plus en détacher vos yeux. Ils ont reçu la vie, ils existent et sont dignes d'exister, parce que l'artiste les a touchés de sa baguette, parce qu'il y a une parcelle du soleil, parce qu'entre eux et lui il a su étendre un voile transparent, mystérieux, l'air que nous voyons, que nous respirons, et dans lequel nous croyons entrer en nous enfonçant par l'imagination dans la profondeur de sa toile. Eh bien, si nous retrouvons dans la réalité un de ses tableaux, fût-il composé d'objets plus méprisables encore, d'ais brisés, de haillons flétris, de murailles enfumées; si une pâle lumière y jette son prestige avec précaution, si le clair-obscur y déploie cet art essentiel qui est dans l'effet, dans la rencontre, dans l'harmonie de toutes les choses existantes sans que l'homme ait besoin de l'y mettre, l'homme sait l'y trouver, il le goûte, il l'admire, il en jouit comme d'une conquête qu'il vient de faire.

Il est à peu près impossible d'expliquer avec des paroles ces mystères que le coup de pinceau d'un grand maître traduit intelligiblement à tous les yeux. En voyant les intérieurs de Rembrandt, de Teniers, de Gérard Dow, l'œil le plus vulgaire se rappellera la réalité qui pourtant ne l'avait jamais frappé poétiquement. Pour voir poétiquement cette réalité en faire, par la pensée, un tableau de Rembrandt, il ne faut qu'être doué du sens pittoresque commun à beaucoup d'organisations. Mais pour décrire et faire passer ce tableau, par le discours, dans l'esprit d'autrui, il faudrait une puissance si ingénieuse, qu'en l'essayant, je déclare que je cède à une fantaisie sans aucun espoir de réussite. Le génie doué de cette puissance, et qui l'exprime en vers (chose bien plus prodigieuse à tenter!), n'a pas toujours réussi. Et cependant je doute que dans notre siècle aucun artiste littéraire puisse approcher des résultats qu'il a obtenus en ce genre. Relisez une pièce de vers qui s'appelle les *Nuits de l'Inde*, ce sera un chef-d'œuvre, ou une orgie d'imagination, selon que vous aurez ou non des facultés sympathiques à celles du poète. Quant à moi, j'avoue que j'en ai été horriblement choqué à la lecture. Je ne pouvais approuver ce désordre et cet océan de description. Puis quand j'eus fermé le livre, je ne pouvais plus voir autre chose que ces monceaux de pierres, ces puits, ces souterrains, ces escaliers, ces gouffres par où le poète m'avait fait passer. Je les voyais en rêve, je les voyais tout éveillé. Je n'en pouvais plus sortir, j'y étais enterré vivant. J'étais subjugué, et je ne voulais pas relire ce morceau, de crainte de trouver qu'un si grand peintre, comme un si grand poète, n'était pas un écrivain sans défaut. Cependant je retins par cœur pendant longtemps les huit derniers vers, qui, dans tous les temps et pour tous les goûts, seront un trait profond, sublime, et sans reproche, qu'on entende avec le cœur, avec l'oreille ou avec l'esprit.

---

[1]. Et cependant, comme tout a sa beauté pour l'œil qui sait voir, ces limbes théâtraux ont une beauté bien plus émouvante pour l'imagination que tous les prétendus prestiges de la scène éclairée et ordonnée à l'heure du spectacle. Je me suis demandé souvent en quoi consistait cette beauté, et comment il me serait possible de la décrire, si je voulais en faire passer le secret dans l'âme d'un autre. Quoi! sans couleurs, sans formes, sans

fusément, et cependant il lui sembla le reconnaître. Elle fit un cri, et s'élança vers lui; mais il avait déjà disparu, et ce fut en vain qu'elle le chercha des yeux.

« Qu'as-tu? lui dit Joseph en lui présentant son mantelet; t'es-tu heurtée contre quelque décor? t'es-tu blessée?

— Non, dit-elle, mais j'ai vu le comte Albert.

— Le comte Albert ici? en es-tu sûre? est-ce possible!

— C'est possible, c'est certain, » dit Consuelo en l'entraînant.

Et elle se mit à parcourir les coulisses, en courant et en pénétrant dans tous les coins. Joseph l'aidait à cette recherche, persuadé cependant qu'elle s'était trompée, tandis que le Porpora l'appelait avec impatience pour la ramener au logis. Consuelo ne trouva personne qui lui rappelât le moindre trait d'Albert; et lorsque, forcée de sortir avec son maître, elle vit passer toutes les personnes qui avaient été sur la scène en même temps qu'elle, elle remarqua plusieurs manteaux assez semblables à celui qui l'avait frappée.

« C'est égal, dit-elle tout bas à Joseph, qui lui en faisait l'observation, je l'ai vu; il était là!

— C'est une hallucination que tu as eue, reprit Joseph. Si c'eût été vraiment le comte Albert, il t'aurait parlé; et tu dis que deux fois il a fui à ton approche.

— Je ne dis pas que ce soit lui réellement; mais je l'ai vu, et comme tu le dis, Joseph, je crois maintenant que c'est une vision. Il faut qu'il lui soit arrivé quelque malheur. Oh! j'ai envie de partir tout de suite, de m'enfuir en Bohême. Je suis sûre qu'il est en danger, qu'il m'appelle, qu'il m'attend.

— Je vois qu'il t'a, entre autres mauvais offices, communiqué sa folie, ma pauvre Consuelo. L'exaltation que tu as eue en chantant t'a disposée à ces rêveries. Reviens à toi, je t'en conjure, et sois certaine que si le comte Albert est à Vienne, tu le verras bien vivant accourir chez toi avant la fin de la journée. »

Cette espérance ranima Consuelo. Elle doubla le pas avec Beppo, laissant derrière elle le vieux Porpora, qui ne trouva pas mauvais cette fois qu'elle l'oubliât dans la chaleur de son entretien avec le jeune homme. Mais Consuelo ne pensait pas plus à Joseph qu'au maestro. Elle courut, elle arriva tout essoufflée, monta à son appartement, et n'y trouva personne. Joseph s'informa auprès des domestiques si quelqu'un l'avait demandée pendant son absence. Personne n'était venu, personne ne vint. Consuelo attendit en vain toute la journée. Le soir et assez avant dans la nuit, elle regarda par la fenêtre tous les passants attardés qui traversaient la rue. Il lui semblait toujours voir quelqu'un se diriger vers sa porte et s'arrêter. Mais si quelqu'un passait outre, l'un en chantant, l'autre en faisant entendre une toux de vieillard, et ils se perdaient dans les ténèbres. Consuelo, convaincue qu'elle avait fait un rêve, alla se coucher, et le lendemain matin, cette impression se trouvant dissipée, elle avoua à Joseph qu'elle n'avait réellement distingué aucun des traits du personnage en question. L'ensemble de sa taille, la coupe et la pose de son manteau, un teint pâle, quelque chose de noir au bas du visage, qui pouvait être une barbe ou l'ombrage du chapeau fortement dessinée par la lumière bizarre du théâtre, ces vagues ressemblances, rapidement saisies par son imagination, lui avaient suffi pour se persuader qu'elle voyait Albert.

« Si un homme tel que tu me l'as si souvent dépeint s'était trouvé sur le théâtre, lui dit Joseph, il y avait là assez de monde circulant de tous côtés pour que sa mise négligée, sa longue barbe et ses cheveux noirs n'eussent attiré les remarques. Or, j'ai interrogé de tous côtés et, jusqu'aux portiers du théâtre, qui ne laissent pénétrer personne dans l'intérieur sans le reconnaître ou voir son autorisation, et qui que ce soit n'avait vu un homme étranger au théâtre ce jour-là.

— Allons, il est certain que je l'ai rêvé. J'étais émue, hors de moi. J'ai pensé à Albert, son image a passé dans mon esprit. Quelqu'un s'est trouvé là devant mes yeux, et j'en ai fait Albert. Ma tête est donc devenue bien faible? Il est certain que j'ai crié du fond du cœur, et qu'il s'est passé en moi quelque chose de bien extraordinaire et de bien absurde.

— N'y pense plus, dit Joseph; ne te fatigue pas avec des chimères. Repasse ton rôle, et songe à ce soir. »

XCVI.

Dans la journée, Consuelo vit de ses fenêtres une troupe fort étrange défiler vers la place. C'étaient des hommes trapus, robustes et hâlés, avec de longues moustaches, les jambes nues chaussées de courroies entrecroisées comme des cothurnes antiques, la tête couverte de bonnets pointus, la ceinture garnie de quatre pistolets, les bras, le cou découvert, la main armée d'une longue carabine albanaise, et le tout rehaussé d'un grand manteau rouge.

« Est-ce une mascarade? demanda Consuelo au chanoine, qui était venu lui rendre visite; nous ne sommes point en carnaval, que je sache.

— Regardez bien ces hommes-là, lui répondit le chanoine; car nous ne les reverrons pas de longtemps, s'il plaît à Dieu de maintenir le règne de Marie-Thérèse. Voyez comme le peuple les examine avec curiosité, quoique avec une sorte de dégoût et de frayeur! Vienne les a vus accourir dans ses jours d'angoisse et de détresse, et alors elle les a accueillis plus joyeusement qu'elle ne le fait aujourd'hui, honteuse et consternée qu'elle est de leur devoir son salut!

— Sont-ce là ces brigands esclavons dont on m'a tant parlé en Bohême et qui y ont fait tant de mal? reprit Consuelo.

— Oui, ce sont eux, répliqua le chanoine; ce sont les débris de ces hordes de serfs et de bandits croates que le fameux baron François de Trenck, cousin germain de votre ami le baron Frédéric de Trenck, avait affranchis ou asservis avec une hardiesse et une habileté incroyables, pour en faire presque des troupes régulières au service de Marie-Thérèse. Tenez, le voilà, ce héros effroyable, ce Trenck à la gueule brûlée, comme l'appellent nos soldats; ce partisan fameux, le plus rusé, le plus intrépide, le plus nécessaire des tristes et belliqueuses années qui viennent de s'écouler; le plus grand hâbleur et le plus grand pillard de son siècle, à coup sûr; mais aussi l'homme le plus brave, le plus robuste, le plus actif, le plus fabuleusement téméraire des temps modernes. C'est lui; c'est Trenck le pandoure, avec ses loups affamés, meute sanguinaire dont il est le sauvage pasteur. »

François de Trenck était plus grand encore que son cousin de Prusse. Il avait près de six pieds. Son manteau écarlate, attaché à son cou par une agrafe de rubis, s'entr'ouvrait sur sa poitrine pour laisser voir tout un musée d'artillerie turque, chamarrée de pierreries, dont sa ceinture était l'arsenal. Pistolets, sabres recourbés et coutelas, rien ne manquait pour lui donner l'apparence du plus expéditif et du plus déterminé tueur d'hommes. En guise d'aigrette, il portait à son bonnet le simulacre d'une petite faux à quatre lames tranchantes, retombant sur son front. Son aspect était horrible. L'explosion d'un baril de poudre[1] en le défigurant, avait achevé de lui donner l'air diabolique. « On ne pouvait le regarder sans frémir, » disent tous les mémoires du temps.

« C'est donc là ce monstre, cet ennemi de l'humanité! dit Consuelo en détournant les yeux avec horreur. La Bohême se rappellera longtemps son passage; les villes brûlées, saccagées, les vieillards et les enfants mis en pièces, les femmes outragées, les campagnes épuisées de contributions, les moissons dévastées, les troupeaux détruits quand on ne pouvait les enlever, partout la ruine,

[1] Étant descendu dans une cave au pillage d'une ville de la Bohême, et dans l'espérance de découvrir le chemin des tonnes d'or dont on lui avait signalé l'existence, il avait approché précipitamment une lumière d'un de ces tonneaux précieux; mais c'était de la poudre qu'il contenait. L'explosion avait fait crouler sur lui une partie de la voûte, et on l'avait retiré des décombres, mourant, le corps sillonné d'énormes brûlures, le visage couvert de plaies profondes et indélébiles.

Tu trouves donc que je l'ai bien chanté? (Page 264.)

la désolation, le meurtre et l'incendie. Pauvre Bohême! rendez-vous éternel de toutes les luttes, théâtre de toutes les tragédies!
— Oui, pauvre Bohême! victime de toutes les fureurs, arène de tous les combats, reprit le chanoine; François de Trenck y a renouvelé les farouches excès du temps de Jean Ziska. Comme lui invaincu, il n'a jamais fait quartier; et la terreur de son nom était si grande, que ses avant-gardes ont enlevé des villes d'assaut, lorsqu'il était encore à quatre milles de distance, aux prises avec d'autres ennemis. C'est de lui qu'on peut dire, comme d'Attila, que l'herbe ne repousse jamais là où son cheval a passé. C'est lui que les vaincus maudiront jusqu'à la quatrième génération. »

François de Trenck se perdit dans l'éloignement; mais pendant longtemps Consuelo et le chanoine virent défiler ses magnifiques chevaux richement caparaçonnés, que ses gigantesques hussards croates conduisaient en main.

« Ce que vous voyez n'est qu'un faible échantillon de ses richesses, dit le chanoine. Des mulets et des chariots chargés d'armes, de tableaux, de pierreries, de lingots d'or et d'argent, couvrent incessamment les routes qui conduisent à ses terres d'Esclavonie. C'est là qu'il enfouit des trésors qui pourraient fournir la rançon de trois rois. Il mange dans la vaisselle d'or qu'il a enlevée au roi de Prusse à Sorow, alors qu'il a failli enlever le roi de Prusse lui-même. Les uns disent qu'il l'a manqué d'un quart d'heure; les autres prétendent qu'il l'a tenu prisonnier dans ses mains et qu'il lui a chèrement vendu sa liberté. Patience! Trenck le pandoure ne jouira peut-être pas longtemps de tant de gloire et de richesses. On dit qu'un procès criminel le menace, que les plus épouvantables accusations pèsent sur sa tête, que l'impératrice en a grand'peur; enfin que ceux de ses Croates qui n'ont pas pris, selon leur coutume, leur congé sous leur bonnet, vont être incorporés dans les troupes régulières et tenus en bride à la manière prussienne. Quant à lui... j'ai mauvaise idée des compliments et des récompenses qui l'attendent à la cour!

— Ils ont sauvé la couronne d'Autriche, à ce qu'on dit!
— Cela est certain. Depuis les frontières de la Turquie jusqu'à celles de la France, ils ont semé l'épouvante et emporté les places les mieux défendues, les batailles

C'est Trenck le pandoure avec ses loups affamés. (Page 263.)

les plus désespérées. Toujours les premiers à l'attaque d'un front d'armée, à la tête d'un pont, à la brèche d'un fort, ils ont forcé nos plus grands généraux à l'admiration, et nos ennemis à la fuite. Les Français ont partout reculé devant eux, et le grand Frédéric a pâli, dit-on, comme un simple mortel, à leur cri de guerre. Il n'est point de fleuve rapide, de forêt inextricable, de marais vaseux, de roche escarpée, de grêle de balles et de torrents de flammes qu'ils n'aient franchi à toutes les heures de la nuit, et dans les plus rigoureuses saisons. Oui, certes, ils ont sauvé la couronne de Marie-Thérèse plus que la vieille tactique militaire de tous nos généraux et toutes les ruses de nos diplomates.

— En ce cas, leurs crimes seront impunis et leurs vols sanctifiés !

— Peut-être qu'ils seront trop punis, au contraire.

— On ne se défait pas de gens qui ont rendu de pareils services !

— Pardon, dit le chanoine malignement : quand on n'a plus besoin d'eux...

— Mais ne leur a-t-on pas permis tous les excès qu'ils ont commis sur les terres de l'Empire et sur celles des alliés?

— Sans doute, on leur a tout permis, puisqu'ils étaient nécessaires !

— Et maintenant ?

— Et maintenant qu'ils ne le sont plus, on leur reproche tout ce qu'on leur avait permis.

— Et la grande âme de Marie-Thérèse ?

— Ils ont profané des églises !

— J'entends. Trenck est perdu, monsieur le chanoine.

— Chut! cela se dit tout bas, reprit-il.

— As-tu vu les pandoures ? s'écria Joseph en entrant tout essoufflé.

— Avec peu de plaisir, répondit Consuelo.

— Eh bien, ne les as-tu pas reconnus ?

— C'est la première fois que je les vois.

— Non pas, Consuelo, ce n'est pas la première fois que ces figures-là frappent tes regards. Nous en avons rencontré dans le Boehmer-Wald.

— Grâce à Dieu, aucun à ma souvenance.

— Tu as donc oublié un chalet où nous avons passé la nuit sur la fougère, et où nous nous sommes aperçus tout d'un coup que dix ou douze hommes dormaient là autour de nous? »

Consuelo se rappela l'aventure du chalet et la rencontre de ces farouches personnages qu'elle avait pris, ainsi que Joseph, pour des contrebandiers. D'autres émotions, qu'elle n'avait ni partagées ni devinées, gravaient dans la mémoire de Joseph toutes les circonstances de cette nuit orageuse.

« Eh bien, lui dit-il, ces prétendus contrebandiers qui ne s'aperçurent pas de notre présence à côté d'eux et qui sortirent du chalet avant le jour, portant des sacs et de lourds paquets, c'étaient des pandoures : c'étaient les armes, les figures, les moustaches et les manteaux que je viens de voir passer, et la Providence nous avait soustraits, à notre insu, à la plus funeste rencontre que nous pussions faire en voyage.

— Sans aucun doute, dit le chanoine, à qui tous les détails de ce voyage avaient été souvent racontés par Joseph; ces honnêtes gens s'étaient licenciés de leur propre gré, comme c'est leur coutume quand ils ont les poches pleines, et ils gagnaient la frontière pour revenir dans leur pays par un long circuit, plutôt que de passer avec leur butin sur les terres de l'Empire, où ils craignent toujours d'avoir à rendre des comptes. Mais soyez sûrs qu'ils n'y seront pas arrivés sans encombre. Ils se volent et s'assassinent les uns les autres tout le long du chemin, et c'est le plus fort qui regagne ses forêts et ses cavernes, chargé de la part de ses compagnons.

L'heure de la représentation vint distraire Consuelo du sombre souvenir des pandoures de Trenck, et elle se rendit au théâtre. Il n'y avait point de loge pour s'habiller; jusque-là madame Tesi lui avait prêté la sienne. Mais, cette fois, madame Tesi fort courroucée de ses succès, et déjà son ennemie jurée, avait emporté la clef, et la prima donna de la soirée se trouva fort embarrassée de savoir où se réfugier. Ces petites perfidies sont usitées au théâtre. Elles irritent et inquiètent la rivale dont on veut paralyser les moyens. Elle perd du temps à demander une loge, elle craint de n'en point trouver. L'heure s'avance; ses camarades lui disent en passant : « Eh quoi! pas encore habillée? on va commencer. » Enfin, après bien des demandes et bien des pas, à force de colère et de menaces, elle réussit à se faire ouvrir une loge où elle ne trouve rien de ce qui lui est nécessaire. Pour peu que les tailleuses soient gagnées, le costume n'est pas prêt ou va mal. Les habilleuses sont aux ordres de toute autre que la victime dévouée à ce petit supplice. La cloche sonne, l'avertisseur (le *buttafuori*) crie de sa voix glapissante dans les corridors : *Signore e signori, si va cominciar!* mots terribles que la débutante n'entend pas sans un froid mortel; elle n'est pas prête; elle se hâte, elle brise ses lacets, elle déchire ses manches, elle met son manteau de travers, et son diadème va tomber au premier pas qu'elle fera sur la scène. Palpitante, indignée, nerveuse, les yeux pleins de larmes, il faut paraître avec un sourire céleste sur le visage; il faut déployer une voix pure, fraîche et sûre d'elle-même, lorsque la gorge est serrée et le cœur prêt à se briser... Oh! toutes ces couronnes de fleurs qui pleuvent sur la scène au moment du triomphe ont, en dessous, des milliers d'épines.

Heureusement pour Consuelo, elle rencontra la Corilla, qui lui dit en lui prenant la main :

« Viens dans ma loge; la Tesi s'est flattée de te jouer le même tour qu'elle me jouait dans les commencements. Mais je viendrai à ton secours, ne fût-ce que pour la faire enrager! c'est à charge de revanche, au moins! Au train dont tu y vas, Porporina, je risque bien de te voir passer avant moi, partout où j'aurai le malheur de te rencontrer. Tu oublieras sans doute alors la manière dont je me conduis ici avec toi : tu ne te rappelleras que le mal que je t'ai fait.

— Le mal que vous m'avez fait, Corilla? dit Consuelo en entrant dans la loge de sa rivale et en commençant sa toilette derrière un paravent, tandis que les habilleuses allemandes partageaient leurs soins entre les deux cantatrices, qui pouvaient s'entretenir en vénitien sans être entendues. Vraiment je ne sais quel mal vous m'avez fait; je ne m'en souviens plus.

— La preuve que tu me gardes rancune, c'est que tu me dis *vous*, comme si tu étais une duchesse et comme si tu me méprisais.

— Eh bien, je ne me souviens pas que tu m'aies fait du mal, reprit Consuelo surmontant la répugnance qu'elle éprouvait à traiter familièrement une femme à qui elle ressemblait si peu.

— Est-ce vrai ce que tu dis là? repartit l'autre. As-tu oublié à ce point le pauvre Zoto?

— J'étais libre et maîtresse de l'oublier, je l'ai fait, » reprit Consuelo en attachant son cothurne de reine avec ce courage et cette liberté d'esprit que donne l'entrain du métier à certains moments : et elle fit une brillante roulade pour ne pas oublier de se tenir en voix.

La Corilla riposta par une autre roulade pour faire de même, puis elle s'interrompit pour dire à sa soubrette :

« Et par le sang du diable, Mademoiselle, vous me serrez trop. Croyez-vous habiller une poupée de Nuremberg? Ces Allemandes, reprit-elle en dialecte, elles ne savent pas ce que c'est que des épaules. Elles nous rendraient carrées comme leurs douairières, si on se laissait faire. Porporina, ne te laisse pas empaqueter jusqu'aux oreilles comme la dernière fois : c'était absurde.

— Ah! pour cela, ma chère, c'est la consigne impériale. Ces dames le savent, et je ne tiens pas à me révolter pour si peu de chose.

— Peu de chose! nos épaules, peu de chose.

— Je ne dis pas cela pour toi, qui as les plus belles formes de l'univers; mais moi...

— Hypocrite! dit Corilla en soupirant; tu as dix ans de moins que moi, et mes épaules ne se soutiendront bientôt plus que par leur réputation.

— C'est toi qui es hypocrite, » reprit Consuelo, horriblement ennuyée de ce genre de conversation; et pour l'interrompre, elle se mit, tout en se coiffant, à faire des gammes et des traits.

« Tais-toi, lui dit tout à coup Corilla, qui l'écoutait malgré elle; tu m'enfonces mille poignards dans le gosier... Ah! je te céderais de bon cœur tous mes amants, je serais bien sûre d'en trouver d'autres; mais ta voix et ta méthode, jamais je ne pourrai te les disputer. Tais-toi, car j'ai envie de t'étrangler. »

Consuelo, qui vit bien que la Corilla ne plaisantait qu'à demi, et que ces flatteries railleuses cachaient une souffrance réelle, se le tint pour dit; mais au bout d'un instant, celle-ci reprit :

« Comment fais-tu ce trait-là?

— Veux-tu le faire? je te le cède, répondit Consuelo en riant, avec sa bonhomie admirable. Tiens, je vais te l'apprendre. Mets-le dès ce soir dans quelque endroit de ton rôle. Moi, j'en trouverai un autre.

— C'en sera un autre encore plus fort. Je n'y gagnerai rien.

— Eh bien, je ne le ferai pas du tout. Aussi bien le Porpora ne se soucie pas de ces choses-là, et ce sera un reproche de moins qu'il me fera ce soir. Tiens, voilà mon trait. »

Et tirant de sa poche une ligne de musique écrite sur un petit bout de papier plié, elle le passa par-dessus le paravent à Corilla, qui se mit à l'étudier aussitôt. Consuelo l'aida, le lui chanta plusieurs fois et finit par le lui apprendre. Les toilettes allaient toujours leur train.

Mais avant que Consuelo eût passé sa robe, la Corilla écarta impétueusement le paravent et vint l'embrasser pour la remercier du sacrifice de son trait. Ce n'était pas un mouvement de reconnaissance bien sincère qui la poussait à cette démonstration. Il s'y mêlait un perfide désir de voir la taille de sa rivale en corset, afin de pouvoir trahir le secret de quelque imperfection. Mais Consuelo n'avait pas de corset. Sa ceinture, déliée comme un roseau, et ses formes chastes et nobles, n'empruntaient pas les secours de l'art. Elle pénétra l'intention de Corilla et sourit.

« Tu peux examiner ma personne et pénétrer mon cœur, pensa-t-elle, tu n'y trouveras rien de faux.

— Zingarella, lui dit la Corilla en reprenant malgré elle

son air hostile et sa voix âpre, tu n'aimes donc plus du tout Anzoleto?
— Plus du tout, répondit Consuelo en riant.
— Et lui, il t'a beaucoup aimée?
— Pas du tout, reprit Consuelo avec la même assurance et le même détachement bien senti et bien sincère.
— C'est bien ce qu'il me disait! » s'écria la Corilla en attachant sur elle ses yeux bleus, clairs et ardents, espérant surprendre un regret et réveiller une blessure dans le passé de sa rivale.

Consuelo ne se piquait pas de finesse, mais elle avait celle des âmes franches, si forte quand elle lutte contre des desseins astucieux. Elle sentit le coup et y résista tranquillement. Elle n'aimait plus Anzoleto, elle ne connaissait pas la souffrance de l'amour-propre : elle laissa donc ce triomphe à la vanité de Corilla.

« Il te disait la vérité, reprit-elle ; il ne m'aimait pas.
— Mais toi, tu ne l'as donc jamais aimé? » dit l'autre, plus étonnée que satisfaite de cette concession.

Consuelo sentit qu'elle ne devait pas être franche à demi. Corilla voulait l'emporter, il fallait la satisfaire.

« Moi, répondit-elle, je l'ai beaucoup aimé.
— Et tu l'avoues ainsi? tu n'as donc pas de fierté, pauvre fille?
— J'en ai eu assez pour me guérir.
— C'est à dire que tu as eu assez de philosophie pour te consoler avec un autre. Dis-moi avec qui, Porporina. Ce ne peut être avec ce petit Haydn, qui n'a ni sou ni maille !
— Ce ne serait pas une raison. Mais je ne me suis consolée avec personne de la manière dont tu l'entends.
— Ah! je sais! j'oubliais que tu as la prétention... Ne dis donc pas de ces choses-là ici, ma chère ; tu te feras tourner en ridicule.
— Aussi je ne les dirai pas sans qu'on m'interroge, et je ne me laisserai pas interroger par tout le monde. C'est une liberté que je t'ai laissé prendre, Corilla ; c'est à toi de n'en pas abuser, si tu n'es pas mon ennemie.
— Vous êtes une masque! s'écria la Corilla. Vous avez de l'esprit, quoique vous fassiez l'ingénue. Vous en avez tant que je suis sur le point de vous croire aussi pure que je l'étais à douze ans. Pourtant cela est impossible. Ah ! que tu es habile, Zingarella ! Tu feras croire aux hommes tout ce que tu voudras.
— Je ne leur ferai rien croire du tout, car je ne leur permettrai pas de s'intéresser assez à mes affaires pour m'interroger.
— Ce sera le plus sage : ils abusent toujours de nos confessions, et ne les ont pas plus tôt arrachées, qu'ils nous humilient de leurs reproches. Je vois que tu sais ton affaire. Tu feras bien de ne pas vouloir inspirer de passions : comme cela, tu n'auras pas d'embarras, pas d'orages ; tu agiras librement sans tromper personne. A visage découvert, on trouve plus d'amants et on fait plus vite fortune. Mais il faut pour cela plus de courage que je n'en ai ; il faut que personne ne te plaise et que tu ne te soucies d'être aimée de personne, car on ne goûte ces dangereuses douceurs de l'amour qu'à force de précautions et de mensonges. Je t'admire, Zingarella ! oui, je me sens frappée de respect en te voyant, si jeune, triompher de l'amour; car la chose la plus funeste à notre repos, à notre voix, à la durée de notre beauté, à notre fortune, à nos succès, c'est bien l'amour, n'est-ce pas? Oh ! oui, je le sais par expérience. Si j'avais pu m'en tenir toujours à la froide galanterie, je n'aurais pas tant souffert, je n'aurais pas perdu deux mille sequins, et deux notes dans le haut. Mais, vois-tu, je m'humilie devant toi ; je suis une pauvre créature, je suis née malheureuse. Toujours, au milieu de mes plus belles affaires, j'ai fait quelque sottise qui a tout gâté, je me suis laissé prendre à quelque folle passion pour quelque pauvre diable, et adieu la fortune! J'aurais pu épouser Zustiniani dans un temps ; oui, je l'aurais pu : il m'adorait et je ne pouvais plus le souffrir ; j'étais maîtresse de son sort. Ce misérable Anzoleto m'a plu... j'ai perdu ma position. Allons, tu me donneras des conseils, tu seras mon amie, n'est-ce pas? Tu me préserveras des faiblesses de cœur et des coups de tête. Et, pour commencer... il faut que je t'avoue que j'ai une inclination depuis huit jours pour un homme dont la faveur baisse singulièrement, et qui, avant peu, pourra être plus dangereux qu'utile à la cour ; un homme qui est riche à millions, mais qui pourrait bien se trouver ruiné dans un tour de main. Oui, je veux m'en détacher avant qu'il m'entraîne dans son précipice... Allons ! le diable veut me démentir, car le voici qui vient ; je l'entends, et je sens le feu de la jalousie me monter au visage. Ferme bien ton paravent, Porporina, et ne bouge pas : je ne veux pas qu'il te voie. »

Consuelo se hâta de tirer avec soin le paravent. Elle n'avait pas besoin de l'avis pour désirer de n'être pas examinée par les amants de la Corilla. Une voix d'homme assez vibrante et juste, quoique privée de fraîcheur, fredonnait dans les corridors. On frappa pour la forme, et on entra sans attendre la réponse.

« Horrible métier ! pensa Consuelo. Non, je ne me laisserai pas séduire par les enivrements de la scène ; l'intérieur de la coulisse est trop immonde. »

Et elle se cacha dans son coin, humiliée de se trouver en pareille compagnie, indignée et consternée de la manière dont la Corilla l'avait comprise, et plongeant pour la première fois dans cet abîme de corruption dont elle n'avait pas encore eu l'idée.

XCVII.

En achevant sa toilette à la hâte, dans la crainte d'une surprise, elle entendit le dialogue suivant en italien :

« Que venez-vous faire ici? Je vous ai défendu d'entrer dans ma loge. L'impératrice nous a interdit, sous les peines les plus sévères, d'y recevoir d'autres hommes que nos camarades, et encore faut-il qu'il y ait nécessité urgente pour les affaires du théâtre. Voyez à quoi vous m'exposez ! Je ne conçois pas qu'on fasse si mal la police des loges.
— Il n'y a pas de police pour les gens qui paient bien, ma toute belle. Il n'y a que les pleutres qui rencontrent la résistance ou la délation sur leur chemin. Allons, recevez-moi un peu mieux, ou, par le corps du diable, je ne reviendrai plus.
— C'est le plus grand plaisir que vous puissiez me faire. Partez donc! Eh bien, vous ne partez pas?
— Tu as l'air de le désirer de si bonne foi, que je reste pour te faire enrager.
— Je vous avertis que je vais mander ici le régisseur, afin qu'il me débarrasse de vous.
— Qu'il vienne s'il est las de vivre ! j'y consens.
— Mais êtes-vous insensé? Je vous dis que vous me compromettez, que vous me faites manquer au règlement récemment introduit par ordre de Sa Majesté, que vous m'exposez à une forte amende, à un renvoi peut-être.
— L'amende, je me charge de la payer à ton directeur en coups de canne. Quant à ton renvoi, je ne demande pas mieux ; je t'emmène dans mes terres, où nous mènerons joyeuse vie.
— Moi, suivre un brutal tel que vous? jamais! Allons, sortons ensemble d'ici, puisque vous vous obstinez à ne pas m'y laisser seule.
— Seule? seule, ma charmante? C'est ce dont je m'assurerai avant de vous quitter. Voilà un paravent qui tient bien de la place dans cette petite chambre. Il me semble que si je le repoussais contre la muraille d'un bon coup de pied, je vous rendrais service.
— Arrêtez ! Monsieur, arrêtez ! c'est une dame qui s'habille là. Voulez-vous tuer ou blesser une femme, brigand que vous êtes!
— Une femme! Ah ! c'est bien différent ; mais je veux voir si elle n'a pas une épée au côté. »

Le paravent commença à s'agiter. Consuelo, qui était habillée entièrement, jeta son manteau sur ses épaules, et tandis qu'on ouvrait la première feuille du paravent, elle essaya de pousser la dernière, afin de s'esquiver par la porte qui n'en était qu'à deux pas. Mais la Corilla, qui vit son mouvement, l'arrêta en lui disant :

« Reste là, Porporina ; s'il ne t'y trouvait pas, il serait capable de croire que c'est un homme qui s'enfuit, et il me tuerait. »

Consuelo, effrayée, prit le parti de se montrer ; mais la Corilla qui s'était cramponnée au paravent, entre elle et son amant, l'en empêcha encore. Peut-être espérait-elle qu'en excitant sa jalousie, elle allumerait en lui assez de passion pour qu'il ne prît pas garde à la grâce touchante de sa rivale.

« Si c'est une dame qui est là, dit-il en riant, qu'elle me réponde. Madame, êtes-vous habillée ? peut-on vous présenter ses hommages ?
— Monsieur, répondit Consuelo sur un signe de la Corilla, veuillez garder vos hommages pour une autre, et me dispenser de les recevoir. Je ne suis pas visible.
— C'est-à-dire que c'est le bon moment pour vous regarder, dit l'amant de Corilla en faisant mine de pousser le paravent.
— Prenez garde à ce que vous allez faire, dit Corilla avec un rire forcé ; si, au lieu d'une bergère en déshabillé, vous alliez trouver une duègne respectable !
— Diable !... Mais non ! sa voix est trop fraîche pour n'être pas âgée de vingt ans tout au plus ; et si elle n'était pas jolie, tu me l'aurais déjà montrée. »

Le paravent était très-élevé, et malgré sa grande taille, l'amant ne pouvait regarder par-dessus, à moins de jeter à bas tous les chiffons de Corilla qui encombraient les chaises ; d'ailleurs depuis qu'il ne pensait plus à s'alarmer de la présence d'un homme, le jeu l'amusait.

« Madame, cria-t-il, si vous êtes vieille et laide, ne dites rien, et je respecte votre asile ; mais parbleu ! si vous êtes jeune et belle, ne vous laissez pas calomnier par la Corilla, et dites un mot pour que je force la consigne. »

Consuelo ne répondit rien.

« Ah ! ma foi ! s'écria le curieux après un moment d'attente, je n'en serai pas dupe ! Si vous étiez vieille ou mal faite, vous ne vous rendriez pas justice si tranquillement ; c'est parce que vous êtes un ange que vous vous moquez de mes doutes. Il faut, dans tous les cas, que je vous voie ; car, ou vous êtes un prodige de beauté capable d'inspirer des craintes à la belle Corilla elle-même, ou vous êtes une personne assez spirituelle pour avouer votre laideur, et je serai bien aise de voir, pour la première fois de ma vie, une laide femme sans prétentions. »

Il prit le bras de Corilla avec deux doigts seulement, et le fit plier comme un brin de paille. Elle jeta un grand cri, prétendit qu'il l'avait meurtrie, blessée ; il n'en tint compte, et, ouvrant la feuille du paravent, il montra aux regards de Consuelo l'horrible figure du baron François de Trenck. Un habit de ville des plus riches et des plus galants avait remplacé son sauvage costume de guerre ; mais à sa taille gigantesque et aux larges taches d'un noir rougeâtre qui sillonnaient son visage basané, il était difficile de méconnaître un seul instant l'intrépide et impitoyable chef des pandoures.

Consuelo ne put retenir un cri d'effroi, et retomba sur sa chaise en pâlissant.

« N'ayez pas peur de moi, Madame, dit le baron en mettant un genou en terre, et pardonnez-moi une témérité dont il m'est impossible, en vous regardant, de me repentir comme je le devrais. Mais laissez-moi croire que c'était par pitié pour moi (sachant bien que je ne pourrais vous voir sans vous adorer) que vous refusiez de vous montrer. Ne me donnez pas ce chagrin de penser que je vous fais peur ; je suis assez laid, j'en conviens. Mais si la guerre a fait d'un assez joli garçon une espèce de monstre, soyez sûre qu'elle ne m'a pas rendu plus méchant pour cela.
— Plus méchant ? cela était sans doute impossible ! répondit Consuelo en lui tournant le dos.
— Oui-da, répondit le baron, vous êtes une enfant bien sauvage, et votre nourrice vous aura fait des contes de vampire sur moi, comme les vieilles femmes de ce pays-ci n'y manquent point. Mais les jeunes me rendent plus de justice ; elles savent que si je suis un peu rude dans mes façons avec les ennemis de la patrie, je suis très-facile à apprivoiser quand elles veulent s'en donner la peine. »

Et, se penchant vers le miroir où Consuelo feignait de se regarder, il attacha sur elle ce regard à la fois voluptueux et féroce dont la Corilla avait subi la brutale fascination. Consuelo vit qu'elle ne pouvait se débarrasser de lui qu'en l'irritant.

« Monsieur le baron, lui dit-elle, ce n'est pas de la peur que vous m'inspirez, c'est du dégoût et de l'aversion. Vous aimez à tuer, et moi je ne crains pas la mort ; mais je hais les âmes sanguinaires, et je connais la vôtre. J'arrive de Bohême, et j'y ai trouvé la trace de vos pas. »

Le baron changea de visage, et dit en haussant les épaules et en se tournant vers la Corilla :

« Quelle diablesse est-ce là ? La baronne de Lestock, qui m'a tiré un coup de pistolet à bout portant dans une rencontre, n'était pas plus enragée contre moi ! Aurais-je écrasé son amant par mégarde en galopant sur quelque buisson ? Allons, ma belle, calmez-vous ; je voulais plaisanter avec vous. Si vous êtes d'humeur revêche, je vous salue ; aussi bien je méritecela pour m'être laissé distraire un moment de ma divine Corilla.
— Votre divine Corilla, répondit cette dernière, se soucie fort peu de vos distractions, et vous prie de vous retirer ; car, dans un instant, le directeur va venir faire sa tournée, et à moins que vous ne vouliez faire un esclandre...
— Je m'en vais, dit le baron ; je ne veux pas t'affliger et priver le public de la fraîcheur de tes accents en te faisant verser quelques larmes. Je t'attendrai avec ma voiture à la sortie du théâtre après la représentation. C'est entendu ? »

Il l'embrassa bon gré mal gré devant Consuelo, et se retira.

Aussitôt la Corilla se jeta au cou de sa compagne pour la remercier d'avoir si bien repoussé les fadeurs du baron. Consuelo détourna la tête, la belle Corilla, toute souillée du baiser de cet homme, lui causait presque le même dégoût que lui.

« Comment pouvez-vous être jalouse d'un être aussi repoussant ? lui dit-elle.
— Zingarella, tu ne t'y connais pas, répondit Corilla en souriant. Le baron plaît à des femmes plus haut placées et soi-disant plus vertueuses que nous. Sa taille est superbe, et son visage, bien que gâté par des cicatrices, a des agréments auxquels tu ne résisterais pas s'il se mettait en tête de te le faire trouver beau.
— Ah ! Corilla, ce n'est pas son visage qui me répugne le plus. Son âme est plus hideuse encore. Tu ne sais donc pas que son cœur est celui d'un tigre !
— Et voilà ce qui m'a tourné la tête ! répondit lestement la Corilla. Entendre les fadeurs de tous ces efféminés qui vous harcèlent, belle merveille en vérité ! Mais enchaîner un tigre, dompter un lion des forêts, le conduire en laisse ; faire soupirer, pleurer, rugir et trembler celui dont le regard met en fuite des armées entières, et dont un coup de sabre fait voler la tête d'un bœuf comme celle d'un pavot, c'est un plaisir plus âpre que tous ceux que j'ai connus. Anzoleto avait bien un peu de cela ; je l'aimais pour sa méchanceté, mais le baron est pire. L'autre était capable de battre sa maîtresse, celui-ci est capable de la tuer. Oh ! je l'aime davantage !
— Pauvre Corilla ! dit Consuelo en laissant tomber sur elle le regard d'une profonde pitié.
— Tu me plains de cet amour, et tu as raison ; mais tu aurais encore plus de raison si tu me l'enviais. J'aime mieux que tu m'en plaignes, après tout, que de me le disputer.
— Sois tranquille ! dit Consuelo.
— *Signora, si va cominciar !* cria l'avertisseur à la porte.

— *Commencez!* cria une voix de stentor à l'étage supérieur occupé par les salles des choristes.

— *Commencez!* » répéta une autre voix lugubre et sourde au bas de l'escalier qui donnait sur le fond du théâtre; et les dernières syllabes, passant comme un écho affaibli de coulisse en coulisse, aboutirent en mourant jusqu'au souffleur, qui le traduisit au chef d'orchestre en frappant trois coups sur le plancher. Celui-ci frappa à son tour de son archet sur le pupitre, et, après cet instant de recueillement et de palpitation qui précède le début de l'ouverture, la symphonie prit son élan et imposa silence dans les loges comme au parterre.

Dès le premier acte de *Zénobie*, Consuelo produisit cet effet complet, irrésistible, que Haydn lui avait prédit la veille. Les plus grands talents n'ont pas tous les jours un triomphe infaillible sur la scène; même ne supposant que leurs forces n'aient pas un instant de défaillance, tous les rôles, toutes les situations ne sont pas propres au développement de leurs facultés les plus brillantes. C'était la première fois que Consuelo rencontrait ce rôle et ces situations où elle pouvait être elle-même et se manifester dans sa candeur, dans sa force, dans sa tendresse et dans sa pureté, sans faire un travail d'art et d'attention pour s'identifier à un personnage inconnu. Elle put oublier ce travail terrible, s'abandonner à l'émotion du moment, s'inspirer tout à coup de mouvements pathétiques et profonds qu'elle n'avait pas eu le temps d'étudier et qui lui furent révélés par le magnétisme d'un auditoire sympathique. Elle y trouva un plaisir indicible; et, ainsi qu'elle l'avait éprouvé en moins à la répétition, ainsi qu'elle l'avait sincèrement exprimé à Joseph, ce ne fut pas le triomphe que lui décerna le public qui l'enivra de joie, mais bien le bonheur de réussir à se manifester, la certitude victorieuse d'avoir atteint dans son art un moment d'idéal. Jusque-là elle s'était toujours demandé avec inquiétude si elle n'eût pas pu tirer meilleur parti de ses moyens et de son rôle. Cette fois, elle sentit qu'elle avait révélé toute sa puissance, et, presque sourde aux clameurs de la foule, elle s'applaudit elle-même dans le secret de sa conscience.

Après le premier acte, elle resta dans la coulisse pour écouter l'intermède, où Corilla était charmante, et pour l'encourager par des éloges sincères. Mais, après le second acte, elle sentit le besoin de prendre un instant de repos et remonta dans la loge. Le Porpora, occupé ailleurs, ne l'y suivit pas, et Joseph, qui, par un secret effet de la protection impériale, avait été subitement admis à faire une partie de violon dans l'orchestre, resta à son poste comme on peut croire.

Consuelo entra donc seule dans la loge de Corilla, dont cette dernière venait de lui remettre la clef, y prit un verre d'eau, et se jeta pour un instant sur le sofa. Mais tout à coup le souvenir du pandoure Trenck lui causa une sorte de frayeur, et elle courut fermer la porte sur elle à double tour. Il n'y avait pourtant guère d'apparence qu'il vînt la tourmenter. Il avait été se mettre dans la salle au lever du rideau, et Consuelo l'avait distingué à un balcon, parmi ses plus fanatiques admirateurs. Il était passionné pour la musique; né et élevé en Italie, il en parlait la langue aussi harmonieusement qu'un Italien véritable, chantait agréablement, et « s'il ne fût né avec d'autres ressources, il eût pu faire fortune au théâtre, » à ce que prétendent ses biographes.

Mais quelle terreur s'empara de Consuelo, lorsqu'en retournant au sofa, elle vit le fatal paravent s'agiter et s'entr'ouvrir pour faire apparaître le maudit pandoure.

Elle s'élança vers la porte; mais Trenck y fut avant elle, et s'appuyant le dos contre la serrure:

« Un peu de calme, ma charmante, lui dit-il avec un affreux sourire. Puisque vous partagez cette loge avec la Corilla, il faut bien vous accoutumer à y rencontrer l'amant de cette belle, et vous ne pouviez pas ignorer qu'il avait une double clef dans sa poche. Vous êtes venue vous jeter dans la caverne du lion... Oh! ne songez pas à crier! Personne ne viendrait. On connaît la présence d'esprit de Trenck, la force de son poignet, et le peu de cas qu'il fait de la vie des sots. Si on le laisse pénétrer ici, en dépit de la consigne impériale, c'est qu'apparemment il n'y a pas, parmi tous vos baladins, un homme assez hardi pour le regarder en face. Voyons, qu'avez-vous à pâlir et à trembler? Êtes-vous donc si peu sûre de vous que vous ne puissiez écouter trois paroles sans perdre la tête? Ou bien croyez-vous que je sois homme à vous violenter et à vous faire outrage? Ce sont des contes de vieille femme qu'on vous a faits là, mon enfant. Trenck n'est pas si méchant qu'on le dit, et c'est pour vous en convaincre qu'il veut causer un instant avec vous.

— Monsieur, je ne vous écouterai point que vous n'ayez ouvert cette porte, répondit Consuelo en s'armant de résolution. A ce prix, je consentirai à vous laisser parler. Mais si vous persistez à me renfermer avec vous ici, je croirai que cet homme si brave et si fort doute de lui-même, et craint d'affronter mes camarades les baladins.

— Ah! vous avez raison, dit Trenck en ouvrant la porte toute grande; et, si vous ne craignez pas de vous enrhumer, j'aime mieux avoir de l'air que d'étouffer dans le musc dont la Corilla remplit cette petite chambre. Vous me rendez service. »

En parlant ainsi, il revint s'emparer des deux mains de Consuelo, la força de s'asseoir sur le sofa, et se mit à ses genoux, sans quitter ses mains qu'elle ne pouvait lui disputer sans entamer une lutte puérile, funeste peut-être à son bonneur; car le baron semblait attendre et provoquer la résistance qui réveillait ses instincts violents et lui faisait perdre tout scrupule et tout respect. Consuelo le comprit et se résigna à la honte d'une transaction douteuse. Mais une larme qu'elle ne put retenir tomba lentement sur sa joue pâle et morne. Le baron la vit, et, au lieu d'être attendri et désarmé, il laissa une joie ardente et cruelle jaillir de ses paupières sanglantes, éraillées et mises à vif par la brûlure.

« Vous êtes bien injuste pour moi, lui dit-il avec une voix dont la douceur caressante trahissait une satisfaction hypocrite. Vous me haïssez sans me connaître, et vous ne voulez pas écouter ma justification. Moi, je ne puis me résigner sottement à votre aversion. Il y a une heure, je ne m'en souciais pas; mais depuis que j'ai entendu la divine Porporina, depuis que je l'adore, je sens qu'il faut vivre pour elle, ou mourir de sa main.

— Épargnez-vous cette ridicule comédie... dit Consuelo indignée.

— Comédie? interrompit le baron; tenez, dit-il en tirant de sa poche un pistolet chargé qu'il arma lui-même et qu'il lui présenta: vous allez garder cette arme dans une de vos belles mains, et, si je vous offense malgré moi en vous parlant, si je continue à vous être odieux, tuez-moi si bon vous semble. Quant à cette autre main, je suis résolu à la retenir tant que vous ne m'aurez pas permis de la baiser. Mais je ne veux devoir cette faveur qu'à votre bonté, et vous me verrez la demander et l'attendre patiemment sous le canon de cette arme meurtrière que vous pouvez tourner vers moi quand mon obsession vous deviendra insupportable.

En effet, Trenck mit le pistolet dans la main droite de Consuelo, et lui retint de force la main gauche, en demeurant à ses genoux avec une confiance de fatuité incomparable. Consuelo se sentit bien forte dès cet instant, et, plaçant le pistolet de manière à s'en servir au premier danger, elle lui dit en souriant:

« Vous pouvez parler, je vous écoute. »

Comme elle disait cela, il lui sembla entendre des pas dans le corridor et voir l'ombre d'une personne qui se dessinait déjà devant la porte. Mais cette ombre s'effaça aussitôt, soit que la personne eût retourné sur ses pas, soit que cette frayeur de Consuelo fût imaginaire. Dans la situation où elle se trouvait, et n'ayant plus à craindre ni un scandale, l'approche de toute personne indifférente ou secourable lui faisait plus de peur que d'envie; si elle gardait le silence, le baron, surpris à ses genoux, avec la porte ouverte, ne pouvait manquer de paraître effrontément en bonne fortune auprès d'elle; si elle appelait, si elle criait au secours, le baron tuerait certainement le premier qui entrerait. Cinquante traits de ce genre ornaient le mémorial de sa vie privée, et les victimes de ses passions n'en passaient pas pour moins faibles ou moins souillées. Dans cette affreuse alternative, Consuelo ne pouvait que désirer une prompte explication, et espérer de son propre courage qu'elle mettrait Trenck à la raison sans qu'aucun témoin pût commenter et interpréter à son gré cette scène bizarre.

Il comprit une partie de sa pensée, et alla pousser la porte, mais sans la fermer entièrement.

« Vraiment, Madame, lui dit-il en revenant vers elle, ce serait folie de vous exposer à la méchanceté des passants, et il faut que cette querelle se termine entre nous deux seulement. Écoutez-moi; je vois vos craintes, et je comprends les scrupules de votre amitié pour Corilla. Votre honneur, votre réputation de loyauté me sont plus chers encore que les moments précieux où je vous contemple sans témoins. Je sais bien que cette panthère, dont j'étais épris encore il y a une heure, vous accuserait de trahison si elle me surprenait à vos pieds. Elle n'aura pas ce plaisir : les moments sont comptés. Elle en a encore pour dix minutes à divertir le public par ses minauderies. J'ai donc le temps de vous dire que si je l'ai aimée, je ne m'en souviens déjà pas plus que de la première pomme que j'ai cueillie; ainsi ne craignez pas de lui enlever un cœur qui ne lui appartient plus, et d'où rien ne pourra effacer désormais votre image. Vous seule, Madame, régnez sur moi et pouvez disposer de ma vie. Pourquoi hésiteriez-vous? Vous avez, dit-on, un amant; je vous en débarrasserai avec une chiquenaude. Vous êtes gardée à vue par un vieux tuteur sombre et jaloux; je vous enlèverai à sa barbe. Vous êtes traversée au théâtre par mille intrigues; le public vous adore, il est vrai; mais le public est un ingrat qui vous abandonnera au premier enrouement que vous aurez. Je suis immensément riche, et je puis faire de vous une princesse, presque une reine, dans une contrée sauvage, mais où je puis vous bâtir, en un clin d'œil, des palais et des théâtres plus beaux et plus vastes que ceux de la cour de Vienne. S'il me faut un public, d'un coup de baguette j'en ferai sortir de terre, un aussi dévoué, aussi soumis, aussi fidèle que celui de Vienne l'est peu. Je ne suis pas beau, je le sais; mais les cicatrices qui ornent mon visage sont plus respectables et plus glorieuses que le fard qui couvre les joues blêmes de vos histrions. Je suis dur et sans pitié aux esclaves et implacable à mes ennemis; mais je suis doux pour mes bons serviteurs, et ceux que j'aime nagent dans la joie, dans la gloire et dans l'opulence. Enfin, je suis parfois violent; on vous a dit vrai. On n'est pas brave et fort comme je le suis, sans aimer à faire usage de sa puissance, quand la vengeance et l'orgueil vous y convient. Mais une femme pure, timide, douce et charmante comme vous l'êtes, peut dompter ma force, enchaîner ma volonté, et me tenir sous ses pieds comme un enfant. Essayez seulement; fiez-vous à moi dans le mystère pendant quelque temps, et quand vous me connaîtrez, vous verrez que vous pouvez me remettre le soin de votre avenir et me suivre en Esclavonie. Vous souriez! vous trouvez que ce nom ressemble à celui d'esclavage. C'est moi, céleste Porporina, qui serai ton esclave. Regarde-moi et accoutume-toi à cette laideur que ton amour pourrait embellir. Dis un mot, et tu verras que les yeux rouges de Trenck l'Autrichien peuvent verser des larmes de tendresse et de joie, aussi bien que les beaux yeux de Trenck le Prussien, ce cher cousin que j'aime, quoique nous ayons combattu dans des rangs ennemis, et qui ne t'a pas été indifférent, à ce qu'on assure. Mais ce Trenck est un enfant; et celui qui te parle, jeune encore (il n'a que trente-quatre ans, quoique son visage sillonné de la foudre en accuse le double), a passé l'âge des caprices, et t'assurera de longues années de bonheur. Parle, parle, dis oui, et tu verras que la passion peut me transfigurer et faire un Jupiter rayonnant de Trenck à la gueule brûlée. Tu ne me réponds pas, une touchante pudeur te fait hésiter encore? Eh bien ! ne dis rien, laisse-moi baiser ta main, et je m'éloigne plein de confiance et de bonheur. Vois si je suis un brutal et un tigre tel qu'on m'a dépeint! Je ne te demande qu'une innocente faveur, et je l'implore à genoux, moi qui, de mon souffle, pouvais te terrasser et connaître encore, malgré ta haine, un bonheur dont les dieux eussent été jaloux! »

Consuelo examinait avec surprise cet homme affreux qui séduisait tant de femmes. Elle étudiait cette fascination qui, en effet, eût été irrésistible en dépit de la laideur, si c'eût été la figure d'un homme de bien, animé de la passion d'un homme de cœur; mais ce n'était que la laideur d'un voluptueux effréné, et sa passion n'était que le don quichottisme d'une présomption impertinente.

« Avez-vous tout dit, monsieur le baron?» lui demanda-t-elle avec tranquillité.

Mais tout à coup elle rougit et pâlit en regardant une poignée de gros brillants, de perles énormes et de rubis d'un grand prix que le despote slave venait de jeter sur ses genoux. Elle se leva brusquement et fit rouler par terre toutes ces pierreries que la Corilla devait ramasser.

« Trenck, lui dit-elle avec la force du mépris et de l'indignation, tu es le dernier des lâches avec toute ta bravoure. Tu n'as jamais combattu que des agneaux et des biches, et tu les as égorgés sans pitié. Si un homme véritable s'était retourné contre toi, tu te serais enfui comme un loup féroce et poltron que tu es. Tes glorieuses cicatrices, je sais que tu les as reçues dans une cave, où tu cherchais l'or des vaincus au milieu des cadavres. Tes palais et ton petit royaume, c'est le sang d'un noble peuple auquel le despotisme impose un compatriote tel que toi, qui les a payés; c'est le denier arraché à la veuve et à l'orphelin; c'est l'or de la trahison; c'est le pillage des églises où tu feins de te prosterner et de réciter le chapelet (car tu es cagot, pour compléter toutes tes grandes qualités). Ton cousin, Trenck le Prussien, que tu chéris si tendrement, tu l'as trahi et tu as voulu le faire assassiner; ces femmes dont tu as fait la gloire et le bonheur, tu les avais violées après avoir égorgé leurs époux et leurs pères. Cette tendresse que tu viens d'improviser pour moi, c'est le caprice d'un libertin blasé. Cette soumission chevaleresque qui t'a fait remettre ta vie dans mes mains, c'est la vanité d'un sot qui se croit irrésistible; et cette légère faveur que tu me demandes, ce serait une souillure dont je ne pourrais me laver que par le suicide. Voilà mon dernier mot, pandoure à la gueule brûlée! Ote-toi de devant mes yeux, fuis! car si tu ne laisses ma main, que depuis un quart d'heure tu glaces dans la tienne, je vais purger la terre d'un scélérat en te faisant sauter la tête.

— C'est là ton dernier mot, fille d'enfer? s'écria Trenck; eh bien, malheur à toi! le pistolet que je dédaigne de faire sauter de ta main tremblante n'est chargé que de poudre; une petite brûlure à la joue ou au moins ne fait pas grand'peur à celui qui est à l'épreuve du feu. Tire ce pistolet, fais du bruit, c'est tout ce que je désire! Je serai content d'avoir des témoins de ma victoire; car maintenant rien ne peut te soustraire à mes embrassements, et tu as allumé en moi, par ta folie, des feux que tu eusses pu contenir avec un peu de prudence. »

En parlant ainsi, Trenck saisit Consuelo dans ses bras, mais au même instant la porte s'ouvrit; un homme dont la figure était entièrement masquée par un crêpe noir noué derrière la tête, étendit la main sur la pandoure, le fit plier et osciller comme un roseau battu par le vent, et le coucha rudement par terre. Ce fut l'affaire de quelques secondes. Trenck, étourdi d'abord, se releva, et, les yeux hagards, la bouche écumante, l'épée à la main, s'élança vers son ennemi qui gagnait la porte et semblait fuir. Consuelo s'élança aussi sur le seuil, croyant reconnaître, dans cet homme déguisé la taille élevée et le bras robuste du comte Albert. Elle le vit reculer jusqu'au bout du corridor, où un escalier tournant fort rapide descendait vers la rue. Là, il s'arrêta, attendit Trenck, se baissa rapidement pendant que l'épée du baron allait frapper la muraille, et le prenant à bras le corps, le précipita par-dessus ses épaules, la tête la première, dans l'escalier. Consuelo entendit rouler le géant, elle voulut courir vers son libérateur en l'appelant Albert; mais il avait disparu avant qu'elle eût eu la force de faire trois pas. Un affreux silence régnait sur l'escalier.

« *Signora, cinque-minuti!*[1] lui dit d'un air paterne l'avertisseur en débusquant par l'escalier du théâtre qui aboutissait au même palier. Comment cette porte se trouve-t-elle ouverte? ajouta-t-il en rgardant la porte de l'escalier où Trenck avait été précipité; vraiment Votre Seigneurie courait risque de s'enrhumer dans ce corridor! »

Il tira la porte, qu'il ferma à clef, suivant sa consigne, et Consuelo, plus morte que vive, rentra dans la loge, jeta par la fenêtre le pistolet qui était resté sous le sofa, repoussa du pied sous les meubles les pierreries de Trenck qui brillaient sur le tapis, et se rendit sur le théâtre où elle trouva Corilla encore toute rouge et toute essoufflée du triomphe qu'elle venait d'obtenir dans l'intermède.

XCVIII.

Malgré l'agitation convulsive qui s'était emparée de Consuelo, elle se surpassa encore dans le troisième acte. Elle ne s'y attendait pas, elle n'y comptait plus; elle entrait sur le théâtre avec la résolution désespérée d'échouer avec honneur, en se voyant tout à coup privée de sa voix et de ses moyens au milieu d'une lutte courageuse. Elle n'avait pas peur: mille sifflets n'eussent rien été au prix du danger et de la honte auxquels elle venait d'échapper par une sorte d'intervention miraculeuse. Un autre miracle suivit celui-là; le bon génie de Consuelo semblait veiller sur elle: elle eut plus de voix qu'elle n'en avait jamais eu; elle chanta avec plus de *maestria*, et joua avec plus d'énergie et de passion qu'il ne lui était encore arrivé. Tout son être était exalté à sa plus haute puissance; il lui semblait bien, à chaque instant, qu'elle allait se briser comme une corde trop tendue; mais une excitation fébrile la transportait dans une sphère fantastique: elle agissait comme dans un rêve, et s'étonnait d'y trouver les forces de la réalité.

Et puis une pensée de bonheur la ranimait à chaque crainte de défaillance. Albert, sans aucun doute, était là. Il était à Vienne depuis la veille au moins. Il l'observait, il suivait tous ses mouvements, il veillait sur elle; car à quel autre attribuer le secours imprévu qu'elle venait de recevoir, et la force presque surnaturelle dont il fallait qu'un homme fût doué pour terrasser François de Trenck, l'Hercule esclavon? Et si, par une de ces bizarreries dont son caractère n'offrait que trop d'exemples, il refusait de lui parler, s'il semblait vouloir se dérober à ses regards, il n'en était pas moins évident qu'il l'aimait toujours ardemment, puisqu'il la protégeait avec tant de sollicitude, et la préservait avec tant d'énergie.

« Eh bien, pensa Consuelo, puisque Dieu permet que mes forces ne me trahissent pas, je veux qu'il me voie belle dans mon rôle, et que, du coin de la salle d'où sans doute il m'observe en cet instant, il jouisse d'un triomphe que je ne dois ni à la cabale ni au charlatanisme. »

Tout en se conservant à l'esprit de son rôle, elle le chercha des yeux, mais elle ne le put découvrir; et lorsqu'elle rentrait dans les coulisses, elle l'y cherchait encore, avec aussi peu de succès. Où pouvait-il être? où se cachait-il? avait-il tué le pandoure sur le coup, en le jetant au bas de l'escalier? Était-il forcé de se dérober aux poursuites? allait-il venir lui demander asile auprès du Porpora? le retrouverait-elle, cette fois, en rentrant à l'ambassade? Ces perplexités disparaissaient dès qu'elle rentrait en scène: elle oubliait alors, comme par un effet magique, tous les détails de sa vie réelle, pour ne plus sentir qu'une vague attente, mêlée d'enthousiasme, de frayeur, de gratitude et d'espoir. Et tout cela était dans

[1]. On va commencer dans cinq minutes.

son rôle, et se manifestait en accents admirables de tendresse et de vérité.

Elle fut rappelée après la fin; et l'impératrice lui jeta, la première, de sa loge, un bouquet où était attaché un présent assez estimable. La cour et la ville suivirent l'exemple de la souveraine en lui envoyant une pluie de fleurs. Au milieu de ces palmes embaumées, Consuelo vit tomber à ses pieds une branche verte, sur laquelle ses yeux s'attachèrent involontairement. Dès que le rideau fut baissé pour la dernière fois, elle la ramassa. C'était une branche de cyprès. Alors toutes les couronnes du triomphe disparurent de sa pensée, pour ne lui laisser à contempler et à commenter que cet emblème funèbre, un signe de douleur et d'épouvante, l'expression, peut-être, d'un dernier adieu. Un froid mortel succéda à la fièvre de l'émotion; une terreur insurmontable fit passer un nuage devant ses yeux. Ses jambes se dérobèrent, et on l'emporta défaillante dans la voiture de l'ambassadeur de Venise, où le Porpora chercha en vain à lui arracher un mot. Ses lèvres étaient glacées; et sa main pétrifiée tenait, sous son manteau, cette branche de cyprès, qui semblait avoir été jetée sur elle par le vent de la mort.

En descendant l'escalier du théâtre, elle n'avait pas vu des traces de sang; et, dans la confusion de la sortie, peu de personnes les avaient remarquées. Mais tandis qu'elle regagnait l'ambassade, absorbée dans de sombres méditations, une scène assez triste se passait à huis clos dans le foyer des acteurs. Peu de temps avant la fin du spectacle, les employés du théâtre, en ouvrant toutes les portes, avaient trouvé le baron de Trenck évanoui au bas de l'escalier et baigné dans son sang. On l'avait porté dans une des salles réservées aux artistes; et, pour ne pas faire d'éclat et de confusion, on avait averti, sous main, le directeur, le médecin du théâtre et les officiers de police, afin qu'ils vinssent constater le fait. Le public et la troupe évacuèrent donc la salle et le théâtre sans savoir l'événement, tandis que les gens de l'art, les fonctionnaires impériaux et quelques témoins compatissants s'efforçaient de secourir et d'interroger le pandoure. La Corilla, qui attendait la voiture de son amant, et qui avait envoyé plusieurs fois sa soubrette s'informer de lui, fut prise d'humeur et d'impatience, et se hasarda à descendre elle-même, au risque de s'en retourner à pied. Elle rencontra M. Holzbaüer, qui connaissait ses relations avec Trenck, et qui la conduisit au foyer où elle trouva son amant avec la tête fendue et le corps tellement endolori de contusions, qu'il ne pouvait faire un mouvement. Elle remplit l'air de ses gémissements et de ses plaintes. Holzbaüer fit sortir les témoins inutiles, et ferma les portes. La cantatrice, interrogée, ne put rien dire et rien présumer pour éclaircir l'affaire. Enfin Trenck, ayant un peu repris ses esprits, déclara qu'étant venu dans l'intérieur du théâtre sans permission, pour voir de près les danseuses, il avait voulu se hâter de sortir avant la fin; mais que, ne connaissant pas les détours du labyrinthe, le pied lui avait manqué sur la première marche de ce maudit escalier. Il était tombé brusquement et avait roulé jusqu'en bas. On se contenta de cette explication, et on le reporta chez lui, où la Corilla l'alla soigner avec un zèle qui lui fit perdre la faveur du prince Kaunitz, et par suite la bienveillance de Sa Majesté; mais elle en fit hardiment le sacrifice, et Trenck, dont le corps de fer avait résisté à des épreuves plus rudes, en fut quitte pour huit jours de courbature et une cicatrice de plus à la tête. Il ne se vanta à personne de sa mésaventure, et se promit seulement de la faire payer cher à Consuelo. Il l'eût fait cruellement sans doute, si un mandat d'arrêt ne l'eût arraché brusquement des bras de Corilla pour le jeter dans la prison militaire, à peine rétabli de sa chute et grelottant encore la fièvre[1]. Ce qu'une sourde rumeur publique avait annoncé au chanoine commen-

[1]. La vérité historique exige que nous disions aussi par quelles bravades Trenck provoqua ce traitement inhumain. Dès le premier jour de son arrivée à Vienne, il avait été mis aux arrêts à son domicile par ordre impérial. Il n'en avait pas moins été se montrer à l'Opéra le soir même, et dans un entr'acte il avait voulu jeter le comte Goessau dans le parterre.

Tuez-moi si bon vous semble. (Page 269.)

çait à se réaliser. Les richesses du pandoure avaient allumé chez des hommes influents et d'habiles créatures, une soif ardente, inextinguible. Il en fut la victime mémorable. Accusé de tous les crimes qu'il avait commis et de tous ceux que lui prêtèrent les gens intéressés à sa perte, il commença à endurer les lenteurs, les vexations, les prévarications impudentes, les injustices raffinées d'un long et scandaleux procès. Avare, malgré son ostentation, et fier, malgré ses vices, il ne voulut pas payer le zèle de ses protecteurs ou acheter la conscience de ses juges. Nous le laisserons jusqu'à nouvel ordre dans la prison, où s'étant porté à quelque violence, il eut la douleur de se voir enchaîné par un pied. Honte et infamie! ce fut précisément le pied qui avait été brisé d'un éclat de bombe dans une de ses plus belles actions militaires. Il avait subi la scarification de l'os gangrené, et, à peine rétabli, il était remonté à cheval pour reprendre son service avec une fermeté héroïque. On scella un anneau de fer et une lourde chaîne sur cette affreuse cicatrice. La blessure se rouvrit, et il supporta de nouvelles tortures, non plus pour servir Marie-Thérèse, mais pour l'avoir trop bien servie. La grande reine, qui n'avait pas été fâchée de lui voir pressurer et déchirer cette malheureuse et dangereuse Bohême, rempart peu assuré contre l'ennemi, à cause de son antique haine nationale, le roi Marie-Thérèse, qui, n'ayant plus besoin des crimes de Trenck et des excès des pandoures pour s'affermir sur le trône, commençait à les trouver monstrueux et irrémissibles, fut censée ignorer ces barbares traitements; de même que le grand Frédéric fut censé ignorer les féroces recherches de cruauté, les tortures de l'inanition et les soixante-huit livres de fers dont fut martyrisé, un peu plus tard, l'autre baron de Trenck, son beau page, son brillant officier d'ordonnance, le sauveur et l'ami de notre Consuelo. Tous les flatteurs qui nous ont transmis légèrement le récit de ces abominables histoires en ont attribué l'odieux à des officiers subalternes, à des commis obscurs, pour en laver la mémoire des souverains; mais ces souverains, si mal instruits des abus de leurs geôles, savaient si bien, au contraire, ce qui s'y passait, que Frédéric-le-Grand donna en personne le dessin des fers que Trenck le Prussien porta neuf ans dans son sépulcre de Magdebourg; et si Marie-Thérèse n'ordonna pas précisément qu'on enchaînât Trenck l'Au-

Les employés du théâtre avaient trouvé le baron... (Page 271.)

trichien son valeureux pandoure par le pied mutilé, elle fut toujours sourde à ses plaintes, inaccessible à ses révélations. D'ailleurs, dans la honteuse orgie que ses gens firent des richesses du vaincu, elle sut fort bien prélever la part du lion et refuser justice à ses héritiers.

Revenons à Consuelo, car il est de notre devoir de romancier de passer rapidement sur les détails qui tiennent à l'histoire. Cependant nous ne savons pas le moyen d'isoler absolument les aventures de notre héroïne des faits qui se passèrent dans son temps et sous ses yeux. En apprenant l'infortune du pandoure, elle ne songea plus aux outrages dont il l'avait menacée, et, profondément révoltée de l'iniquité de son sort, elle aida Corilla à lui faire passer de l'argent, dans un moment où on lui refusait les moyens d'adoucir la rigueur de sa captivité. La Corilla, plus prompte encore à dépenser l'argent qu'à l'acquérir, se trouvait justement à sec le jour où un émissaire de son amant vint en secret lui réclamer la somme nécessaire. Consuelo fut la seule personne à laquelle cette fille, dominée par l'instinct de la confiance et de l'estime, osât recourir. Consuelo vendit aussitôt le cadeau que l'impératrice lui avait jeté sur la scène à la fin de Zénobie, et en remit le prix à sa camarade, en l'approuvant de ne point abandonner le malheureux Trenck dans sa détresse. Le zèle et le courage que mit la Corilla à servir son amant tant qu'il lui fut possible, jusqu'à s'entendre amiablement à cet égard avec une baronne qui était sa maîtresse en titre, et dont elle était mortellement jalouse, rendirent une sorte d'estime à Consuelo pour cette créature corrompue, mais non perverse, qui avait encore de bons mouvements de cœur et des élans de générosité désintéressée. « Prosternons-nous devant l'œuvre de Dieu, disait-elle à Joseph qui lui reprochait quelquefois d'avoir trop d'abandon avec cette Corilla. L'âme humaine conserve toujours dans ses égarements quelque chose de bon et de grand où l'on sent avec respect et où l'on retrouve avec joie cette empreinte sacrée qui est comme le sceau de la main divine. Là où il y a beaucoup à plaindre, il y a beaucoup à pardonner, et là où l'on trouve à pardonner, sois certain, bon Joseph, qu'il y a quelque chose à aimer. Cette pauvre Corilla, qui vit à la manière des bêtes, a encore parfois les traits d'un ange. Va, je sens qu'il faut que je m'habitue, si je reste artiste, à contempler sans effroi et sans colère ces turpitudes douloureuses où la vie des femmes perdues s'écoule entre le désir du bien et l'appétit du mal, entre l'ivresse et le remords. Et même, je te l'avoue, il me semble que le rôle de sœur de charité convient mieux à la santé de ma vertu qu'une vie plus épurée et plus douce, des relations plus glorieuses et plus agréables, le calme des êtres forts, heureux et respectés. Je sens que mon cœur est fait comme le paradis du tendre Jésus, où il y aura plus de joie et d'accueil pour un pêcheur converti que pour cent justes triomphants. Je le sens fait pour compatir, plaindre, secourir et consoler. Il me semble que le nom que ma mère m'a donné au baptême m'impose ce devoir et cette destinée. Je n'ai pas d'autre nom, Beppo! La société ne m'a pas imposé l'orgueil d'un nom de famille à soutenir; et si, au dire du monde, je m'avilis en cherchant quelques parcelles d'or pur au milieu de la fange des mauvaises mœurs d'autrui, je n'ai pas de compte à rendre au monde. J'y suis la Consuelo, rien de plus; et c'est assez pour la fille de la Rosmunda; car la Rosmunda était une pauvre femme dont on parlait plus mal encore que de la Corilla, et, telle qu'elle était, je devais et je pouvais l'aimer. Elle n'était pas respectée comme Marie-Thérèse, mais elle n'eût pas fait attacher Trenck par le pied pour le faire mourir dans les tortures et s'emparer de son argent. La Corilla ne l'eût pas fait non plus; et, pourtant, au lieu de se battre pour elle, ce Trenck, qu'elle aida dans son malheur, l'a bien souvent battue. Joseph! Joseph! Dieu est un plus grand empereur que tous les nôtres; et peut-être bien, puisque Madeleine a pris la tête un tabouret de duchesse à côté de la Vierge sans tache, la Corilla aura-t-elle le pas sur Marie-Thérèse pour entrer à cette cour-là. Quant à moi, dans ces jours que j'ai à passer sur la terre, je t'avoue que, s'il me fallait quitter les âmes coupables et malheureuses pour m'asseoir au banquet des justes dans la prospérité morale, je croirais n'être plus dans le chemin de mon salut. Oh! le noble Albert m'entendrait bien comme moi, et ce ne serait pas lui qui me blâmerait d'être bonne pour Corilla. »

Lorsque Consuelo disait ces choses à son ami Beppo, quinze jours s'étaient écoulés depuis la soirée de *Zénobie* et l'aventure du baron de Trenck. Les six représentations pour lesquelles on l'avait engagée avaient eu lieu. Madame Tesi avait reparu au théâtre. L'impératrice travaillait le Porpora en dessous main par l'ambassadeur Corner, et faisait toujours du mariage de Consuelo avec Haydn la condition de l'engagement définitif de cette dernière au théâtre impérial, après l'expiration de celui de la Tesi. Joseph ignorait tout. Consuelo ne pressentait rien. Elle ne songeait qu'à Albert qui n'avait pas reparu, et dont elle ne recevait point de nouvelles. Elle roulait dans son esprit mille conjectures et mille décisions contraires. Ces perplexités et le choc de ces émotions l'avaient rendue un peu malade. Elle gardait la chambre depuis qu'elle en avait fini avec le théâtre, et contemplait sans cesse cette branche de cyprès qui lui semblait avoir été enlevée à quelque tombe dans la grotte du Schreckenstein.

Beppo, seul ami à qui elle pût ouvrir son cœur, avait d'abord voulu la dissuader de l'idée qu'Albert était venu à Vienne. Mais lorsqu'elle lui eut montré la branche de cyprès, il rêva profondément à tout ce mystère, et finit par croire à la part du jeune comte dans l'aventure de Trenck.

« Écoute, lui dit-il, je crois avoir compris ce qui se passe. Albert est venu à Vienne effectivement. Il t'a vue, il t'a écoutée, il a observé toutes tes démarches, il a suivi tous tes pas. Le jour où nous causions sur la scène, le long du décor de l'Araxe, il a pu être de l'autre côté de cette toile et entendre les regrets que t'exprimais de te voir enlevée au théâtre au début de ta gloire. Toi-même tu as laissé échapper je ne sais quelles exclamations qui ont pu lui faire penser que tu préférais l'éclat de ta carrière à la tristesse solennelle de son amour. Le lendemain, il t'a vue entrer dans cette chambre de Corilla, où peut-être, puisqu'il était là toujours en observation, il avait vu entrer le pandoure quelques instants auparavant. Le temps qu'il a mis à te secourir prouverait presque qu'il te croyait là de ton plein gré, et ce sera donc après avoir succombé à la tentation d'écouter à la porte, qu'il aura compris l'imminence de son intervention.

— Fort bien, dit Consuelo; mais pourquoi agir avec mystère? pourquoi se cacher la figure d'un crêpe?

— Tu sais comme la police autrichienne est ombrageuse. Peut-être a-t-il été l'objet de méchants rapports à la cour; peut-être avait-il des raisons de politique pour se cacher : peut-être son visage n'était-il pas inconnu à Trenck. Qui sait si, durant les dernières guerres, il ne l'a pas vu en Bohême, s'il ne l'a pas affronté, menacé? s'il ne lui a pas fait lâcher prise lorsqu'il avait mis la main sur quelque innocent? Le comte Albert a pu faire obscurément de grands actes de courage et d'humanité dans son pays, tandis qu'on le croyait endormi dans sa grotte du Schreckenstein : et s'il les a faits, il est certain qu'il n'aura pas songé à te les raconter, puisqu'il est, à ton dire, le plus humble et le plus modeste des hommes. Il a donc agi sagement en ne châtiant pas le pandoure à visage découvert; car si l'impératrice punit le pandoure aujourd'hui pour avoir dévasté sa chère Bohême, sois sûre qu'elle n'en est pas plus disposée pour cela à laisser impunie dans le passé une résistance ouverte contre le pandoure de la part d'un Bohémien.

— Tout ce que tu dis est fort juste, Joseph, et me donne à penser. Mille inquiétudes s'élèvent en moi maintenant. Albert peut avoir été reconnu, arrêté, et cela peut avoir été aussi ignoré du public que la chute de Trenck dans l'escalier. Hélas! peut-être est-il, en cet instant, dans les prisons de l'arsenal, à côté du cachot de Trenck! Et c'est pour moi qu'il subit ce malheur!

— Rassure-toi, je ne crois pas cela. Le comte Albert aura quitté Vienne sur-le-champ, et tu recevras bientôt de lui une lettre datée de Riesenburg.

— En as-tu le pressentiment, Joseph?

— Oui, je l'ai. Mais si tu veux que je te dise toute ma pensée, je crois que cette lettre sera toute différente de celle que tu attends. Je suis convaincu que, loin de persister à obtenir d'une généreuse amitié le sacrifice que tu voulais lui faire de la carrière d'artiste, il a renoncé déjà à ce mariage, et va bientôt te rendre ta liberté. S'il est intelligent, noble et juste, comme tu le dis, il doit se faire un scrupule de t'arracher au théâtre, que tu aimes passionnément... ne le nie pas! Je l'ai bien vu, et il a dû le voir et le comprendre aussi bien que moi, en écoutant *Zénobie*. Il rejettera donc un sacrifice au-dessus de tes forces, et je l'estimerais peu s'il ne le faisait pas.

— Mais relis donc son dernier billet! Tiens, le voilà, Joseph! Ne me disait-il pas qu'il m'aimerait au théâtre aussi bien que dans le monde ou dans un couvent? Ne pouvait-il admettre l'idée de me laisser libre en m'épousant?

— Dire et faire, penser et être sont deux. Dans le rêve de la passion, tout semble possible; mais quand la réalité frappe tout à coup nos yeux, nous revenons avec effroi à nos anciennes idées. Jamais je ne croirai qu'un homme de qualité voie sans répugnance son épouse exposée aux caprices et aux outrages d'un parterre. En mettant le pied, pour la première fois de sa vie certainement, dans les coulisses, le comte a eu, dans la conduite de Trenck envers toi, un triste échantillon des malheurs et des dangers de ta vie de théâtre. Il se sera éloigné, désespéré, il est vrai, mais guéri de sa passion et revenu de ses chimères. Pardonne-moi si je te parle ainsi, ma sœur Consuelo. Je le dois; car c'est un bien pour toi que l'abandon du comte Albert. Tu le sentiras plus tard, quoique tes yeux se remplissent de larmes en ce moment. Sois juste envers ton fiancé, au lieu d'être humiliée de son changement. Quand il te disait que le théâtre ne lui répugnait point, il s'en faisait un idéal qui s'est écroulé au premier examen. Il a reconnu alors qu'il devait faire ton malheur en t'en arrachant, ou consommer le sien en t'y suivant.

— Tu as raison, Joseph. Je sens que tu es dans le vrai; mais laisse-moi pleurer. Ce n'est point l'humiliation d'être délaissée et dédaignée qui me serre le cœur :

c'est le regret à un idéal que je m'étais fait de l'amour et de sa puissance, comme Albert s'était fait un idéal de ma vie de théâtre. Il a reconnu maintenant que je ne pouvais me conserver digne de lui (du moins dans l'opinion des hommes) en suivant ce chemin-là. Et moi je suis forcée de reconnaître que l'amour n'est pas assez fort pour vaincre tous les obstacles et abjurer tous les préjugés.

— Sois équitable, Consuelo, et ne demande pas plus que tu n'as pu accorder. Tu n'aimais pas assez pour renoncer à ton art sans hésitation et sans déchirement : ne trouve pas mauvais que le comte Albert n'ait pas pu rompre avec le monde sans épouvante et sans consternation.

— Mais, quelle que fût ma secrète douleur (je puis bien l'avouer maintenant), j'étais résolue à lui sacrifier tout ; et lui, au contraire...

— Songe que la passion était en lui, non en toi. Il demandait avec ardeur ; tu consentais avec effort. Il voyait bien que tu allais t'immoler ; il a senti, non-seulement qu'il avait le droit de te débarrasser d'un amour que tu n'avais pas provoqué, et dont ton âme ne reconnaissait pas la nécessité, mais encore qu'il était obligé par sa conscience à le faire. »

Cette raisonnable conclusion convainquit Consuelo de la sagesse et de la générosité d'Albert. Elle craignait, en s'abandonnant à la douleur, de céder aux suggestions de l'orgueil blessé, et, en acceptant l'hypothèse de Joseph, elle se soumit et se calma ; mais, par une bizarrerie bien connue du cœur humain, elle ne se vit pas plus tôt libre de suivre son goût pour le théâtre, sans distraction et sans remords, qu'elle se sentit effrayée de son isolement au milieu de toute cette corruption, et consternée de l'avenir de fatigues et de luttes qui s'ouvrait devant elle. La scène est une arène brûlante ; quand on y est, on s'y exalte, et toutes les émotions de la vie paraissent froides et pâles en comparaison ; mais quand on s'en éloigne brisé de lassitude, on s'effraie d'avoir subi cette épreuve du feu, et le désir qui vous y ramène est traversé par l'épouvante. Je m'imagine que l'acrobate est le type de cette vie pénible, ardente et périlleuse. Il doit éprouver un plaisir nerveux et terrible sur ces cordes et ces échelles où il accomplit des prodiges au dessus des forces humaines ; mais lorsqu'il en est descendu vainqueur, il doit se sentir défaillir à l'idée d'y remonter, et d'étreindre encore une fois la mort et le triomphe, spectre à deux faces qui plane incessamment sur sa tête.

Alors le château des Géants, et jusqu'à la pierre d'épouvante, ce cauchemar de toutes ses nuits, apparurent à Consuelo, à travers le voile d'un exil consommé, comme un paradis perdu, comme le séjour d'une paix et d'une candeur à jamais augustes et respectables dans son souvenir. Elle attacha la branche de cyprès, dernière image, dernier envoi de la grotte Hussitique, aux pieds du crucifix de sa mère, et, confondant ensemble ces deux emblèmes du catholicisme et de l'hérésie, elle éleva son cœur vers la notion de la religion unique, éternelle, absolue. Elle y puisa le sentiment de la résignation à ses maux personnels, et de la foi aux desseins providentiels de Dieu sur Albert, et sur tous les hommes, bons et mauvais, qu'il lui fallait désormais traverser seule et sans guide.

XCIX.

Un matin, le Porpora l'appela dans sa chambre plus tôt que de coutume. Il avait l'air rayonnant, et il tenait une grosse et grande lettre d'une main, ses lunettes de l'autre. Consuelo tressaillit et trembla de tout son corps, s'imaginant que c'était enfin la réponse de Riesenburg. Mais elle fut bientôt détrompée : c'était une lettre d'Hubert, le Porporino. Ce chanteur célèbre annonçait à son maître que toutes les conditions proposées par lui pour l'engagement de Consuelo étaient acceptées, et il lui envoyait le contrat signé du baron de Pœlnitz, directeur du théâtre royal de Berlin, et n'attendant plus que la signature de Consuelo et la sienne. A cet acte était jointe une lettre fort affectueuse et fort honorable du dit baron, qui engageait le Porpora à venir briguer la maîtrise de chapelle du roi de Prusse tout en faisant ses preuves par la production et l'exécution d'autant d'opéras et de fugues nouvelles qu'il lui plairait d'en apporter. Le Porporino se réjouissait d'avoir à chanter bientôt, selon son cœur, avec une *sœur en Porpora*, et invitait vivement le maître à quitter Vienne pour *Sans-Souci*, le délicieux séjour de Frédéric le Grand.

Cette lettre mettait le Porpora en grande joie, et cependant elle le remplissait d'incertitude. Il lui semblait que la fortune commençait à dérider pour lui sa face si longtemps rechignée, et que, de deux côtés, la faveur des monarques (alors si nécessaire au développement des artistes) lui offrait une heureuse perspective. Frédéric l'appelait à Berlin ; à Vienne, Marie-Thérèse lui faisait faire de belles promesses. Des deux parts, il fallait que Consuelo fût l'instrument de sa victoire ; à Berlin, en faisant beaucoup valoir ses productions ; à Vienne, en épousant Joseph Haydn.

Le moment était donc venu de remettre son sort entre les mains de sa fille adoptive. Il lui proposa le mariage ou le départ, à son choix ; et, dans ces nouvelles circonstances, il mit beaucoup moins d'ardeur à lui offrir le cœur et la main de Beppo qu'il en eût mis la veille encore. Il était un peu las de Vienne, et la pensée de se voir apprécié et fêté chez l'ennemi lui souriait comme une petite vengeance dont il s'exagérait l'effet probable sur la cour d'Autriche. Enfin, à tout prendre, Consuelo ne lui parlant plus d'Albert depuis quelque temps et lui paraissant y avoir renoncé, il aimait mieux qu'elle ne se mariât pas du tout.

Consuelo eut bientôt mis fin à ses incertitudes en lui déclarant qu'elle n'épouserait jamais Joseph Haydn par beaucoup de raisons, et d'abord parce qu'il ne l'avait jamais recherchée en mariage, étant engagé avec la fille de son bienfaiteur, Anna Keller.

« En ce cas, dit le Porpora, il n'y a pas à balancer. Voici ton contrat d'engagement avec Berlin. Signe, et disposons-nous à partir ; car il n'y a pas d'espoir pour nous ici, si tu ne te soumets à la *matrimoniomanie* de l'impératrice. Sa protection est à ce prix, et un refus décisif va nous rendre à ses yeux plus noirs que les diables.

— Mon cher maître, répondit Consuelo avec plus de fermeté qu'elle n'en avait encore montré au Porpora, je suis prête à vous obéir dès que ma conscience sera en repos sur un point capital. Certains engagements d'affection et d'estime sérieuse me liaient au seigneur de Rudolstadt. Je ne vous cacherai pas que, malgré votre incrédulité, vos reproches et vos railleries, j'ai persévéré, depuis trois mois que nous sommes ici, à me conserver libre de tout engagement contraire à ce mariage. Mais, après une lettre décisive que j'ai écrite il y a six semaines, et qui a passé par vos mains, il s'est passé des choses qui me font croire que la famille de Rudolstadt a renoncé à moi. Chaque jour qui s'écoule me confirme dans la pensée que ma parole m'est rendue et que je suis libre de vous consacrer entièrement mes soins et mon travail. Vous voyez que j'accepte cette destinée sans regret et sans hésitation. Cependant, d'après cette lettre que j'ai écrite, je ne pourrais pas être tranquille avec moi-même si je n'en recevais pas la réponse. Je l'attends tous les jours, elle ne peut plus tarder. Permettez-moi de ne signer mon engagement avec Berlin qu'après la réception de...

— Eh ! ma pauvre enfant, dit le Porpora, qui, dès le premier mot de son élève, avait dressé ses batteries préparées à l'avance, tu attendrais longtemps ! la réponse que tu demandes m'a été adressée depuis un mois...

— Et vous ne me l'avez pas montrée ? s'écria Consuelo ; et vous m'avez laissée dans une telle incertitude ? Maître, tu es bien bizarre ! Quelle confiance puis-je avoir en toi, si tu me trompes ainsi ?

— En quoi t'ai-je trompée ? La lettre m'était adressée, et il m'était enjoint de ne te la montrer que lorsque je te verrais guérie de ton fol amour, et disposée à écouter la raison et les bienséances.

— Sont-ce là les termes dont on s'est servi? dit Consuelo en rougissant. Il est impossible que le comte Christian ou le comte Albert aient qualifié ainsi une amitié aussi calme, aussi discrète, aussi fière que la mienne.

— Les termes n'y font rien, dit le Porpora, les gens du monde parlent toujours un beau langage, c'est à nous de le comprendre : tant il y a que le vieux comte ne se souciait nullement d'avoir une bru dans les coulisses; et que, lorsqu'il a su que tu avais paru ici sur les planches, il a fait renoncer son fils à l'avilissement d'un tel mariage. Le bon Albert s'est fait une raison, et on te rend ta parole. Je vois avec plaisir que tu n'en es pas fâchée. Donc, tout est pour le mieux, et en route pour la Prusse!

— Maître, montrez-moi cette lettre, dit Consuelo, et je signerai le contrat aussitôt après.

— Cette lettre, cette lettre! pourquoi veux-tu la voir? elle te fera de la peine. Il est de certaines folies du cerveau qu'il faut savoir pardonner aux autres et à soi-même. Oublie tout cela.

— On n'oublie pas par un seul acte de la volonté, reprit Consuelo; la réflexion nous aide, et les causes nous éclairent. Si je suis repoussée des Rudolstadt avec dédain, je serai bientôt consolée; si je suis rendue à la liberté avec estime et affection, je serai consolée autrement avec moins d'effort. Montrez-moi la lettre; que craignez-vous, puisque d'une manière ou de l'autre je vous obéirai?

— Eh bien! je vais te la montrer, » dit le malicieux professeur en ouvrant son secrétaire, et en feignant de chercher la lettre.

Il ouvrit tous ses tiroirs, remua toutes ses paperasses, et cette lettre, qui n'avait jamais existé, put bien ne pas s'y trouver. Il feignit de s'impatienter; Consuelo s'impatienta tout de bon. Elle mit elle-même la main à la recherche; il la laissa faire. Elle renversa tous les tiroirs, elle bouleversa tous les papiers. La lettre fut introuvable. Le Porpora essaya de se la rappeler, et improvisa une version polie et décisive. Consuelo ne pouvait pas soupçonner son maître d'une dissimulation si soutenue. Il faut croire, pour l'honneur du vieux professeur, qu'il ne s'en tira pas merveilleusement; mais il en fallait peu pour persuader un esprit aussi candide que celui de Consuelo. Elle finit par croire que la lettre avait servi à allumer la pipe du Porpora dans un moment de distraction; et, après être rentrée dans sa chambre pour faire sa prière, et jurer sur le cyprès une éternelle amitié au comte Albert *quand même*, elle revint tranquillement signer un engagement de deux mois avec le théâtre de Berlin, exécutable à la fin de celui où l'on venait d'entrer. C'était le temps plus que nécessaire pour les préparatifs du départ et pour le voyage. Quand Porpora vit l'encre fraîche sur le papier, il embrassa son élève, et la salua solennellement du titre d'artiste.

« Ceci est ton jour de confirmation, lui dit-il, et s'il était en mon pouvoir de te faire prononcer des vœux, je te dicterais celui de renoncer pour toujours à l'amour et au mariage; car te voilà prêtresse du dieu de l'harmonie; les Muses sont vierges, et celle qui se consacre à Apollon devrait faire le serment des vestales.

— Je ne dois pas faire le serment de ne pas me marier, répondit Consuelo, quoiqu'il me semble en ce moment-ci que rien ne me serait plus facile à promettre et à tenir. Mais je puis changer d'avis, et j'aurais à me repentir alors d'un engagement que je ne saurais pas rompre.

— Tu es donc esclave de ta parole, toi? Oui, il me semble que tu diffères en cela du reste de l'espèce humaine, et que si tu avais fait dans ta vie une promesse solennelle, tu l'aurais tenue.

— Maître, je crois avoir déjà fait mes preuves, car depuis que j'existe, j'ai toujours été sous l'empire de quelque vœu. Ma mère m'avait donné le précepte et l'exemple de cette sorte de religion qu'elle poussait jusqu'au fanatisme. Quand nous voyagions ensemble, elle avait coutume de me dire, aux approches des grandes villes : Consuelita, si je fais ici de bonnes affaires, je te prends à témoin que je fais vœu d'aller pieds nus prier pendant deux heures à la chapelle le plus en réputation de sainteté dans le pays. Et quand elle avait fait ce qu'elle appelait de bonnes affaires, la pauvre âme! c'est-à-dire quand elle avait gagné quelques écus avec ses chansons, nous ne manquions jamais d'accomplir notre pèlerinage, quelque temps qu'il fît, à quelque distance que fût la chapelle en vogue. Ce n'était pas de la dévotion bien éclairée ni bien sublime; mais enfin, je regardais ces vœux comme sacrés; et quand ma mère, à son lit de mort, me fit jurer de n'appartenir jamais à Anzoleto qu'en légitime mariage, elle savait bien qu'elle pouvait mourir tranquille sur la foi de mon serment. Plus tard, j'avais fait aussi, au comte Albert, la promesse de ne point songer à un autre qu'à lui, et d'employer toutes les forces de mon cœur à l'aimer comme il le voulait. Je n'ai pas manqué à ma parole, et s'il ne m'en dégageait lui-même aujourd'hui, j'aurais bien pu lui rester fidèle toute ma vie.

— Laisse là ton comte Albert, auquel tu ne dois plus songer; et puisqu'il faut que tu sois sous l'empire de quelque vœu, dis-moi par lequel tu vas t'engager envers moi.

— Oh! maître, fie-toi à ma raison, à mes bonnes mœurs et à mon dévouement pour toi! ne me demande pas de serments; car c'est un joug effrayant qu'on s'impose. La peur d'y manquer ôte le plaisir qu'on a à bien penser et à bien agir.

— Je ne me paie pas de ces défaites-là, moi! reprit le Porpora d'un air moitié sévère, moitié enjoué : je vois que tu as fait des serments à tout le monde, excepté à moi. Passe pour celui que la mère exigea. Il t'a porté bonheur, ma pauvre enfant! sans lui, je serais peut-être tombée dans les pièges de cet infâme Anzoleto. Mais, puisque ensuite tu as pu faire, sans amour et par pure bonté d'âme, des promesses si graves à ce Rudolstadt qui n'était pour toi qu'un étranger, je trouverais bien méchant que dans un jour comme celui-ci, jour heureux et mémorable où tu es rendue à la liberté et fiancée au dieu de l'art, tu n'eusses pas le plus petit vœu à faire pour ton vieux professeur, pour ton meilleur ami.

— Oh oui, mon meilleur ami, mon bienfaiteur, mon appui et mon père! s'écria Consuelo en se jetant avec effusion dans les bras du Porpora, qui était si avare de tendres paroles que deux ou trois fois dans sa vie seulement il lui avait montré le cœur ouvert son amour paternel. Je puis bien faire, sans terreur et sans hésitation, le vœu de me dévouer à votre bonheur et à votre gloire, tant que j'aurai un souffle de vie.

— Mon bonheur, c'est la gloire, Consuelo, tu le sais, dit le Porpora en la pressant sur son cœur. Je n'en conçois pas d'autre. Je ne suis pas de ces vieux bourgeois allemands qui ne rêvent d'autre félicité que d'avoir leur petite fille auprès d'eux pour charger leur pipe ou pétrir leur gâteau. Je n'ai besoin ni de pantoufles, ni de tisane, Dieu merci; et quand je n'aurai plus besoin que de cela, je ne consentirai pas à ce que tu me consacres tes jours comme tu le fais déjà avec trop de zèle maintenant. Non, ce n'est pas le dévouement que je te demande, tu le sais bien; celui que j'exige, c'est que tu sois franchement artiste, une grande artiste! Me promets-tu de l'être? de combattre cette langueur, cette irrésolution, cette sorte de dégoût que tu avais ici dans les commencements, de repousser les fleurettes de ces beaux seigneurs qui recherchent les femmes de théâtre, ceux-ci parce qu'ils se flattent d'en faire de bonnes ménagères, et qui les plantent là dès qu'ils voient en elles une vocation contraire; ceux-là parce qu'ils sont ruinés et que le plaisir de retrouver un carrosse et une bonne table aux frais de leurs lucratives moitiés leur fait passer par-dessus le déshonneur attaché dans leur caste à ces sortes d'alliances? Voyons! me promets-tu encore de ne point te laisser tourner la tête par quelque petit ténor à voix grasse et à cheveux bouclés, comme ce drôle d'Anzoleto qui n'aura jamais de mérite que dans ses mollets, et de succès que par son impudence?

— Je vous promets, je vous jure tout cela solennellement, répondit Consuelo en riant avec bonhomie des exhortations du Porpora, toujours un peu piquantes en dépit de lui-même, mais auxquelles elle était parfaitement habituée. Et je fais plus, ajouta-t-elle en reprenant son sérieux : je jure que vous n'aurez jamais à vous plaindre d'un jour d'ingratitude dans ma vie.

— Ah cela! je n'en demande pas tant! répondit-il d'un ton amer : c'est plus que l'humaine nature ne comporte. Quand tu seras une cantatrice renommée chez toutes les nations de l'Europe, tu auras des besoins de vanité, des ambitions, des vices de cœur dont aucun grand artiste n'a jamais pu se défendre. Tu voudras du succès à tout prix. Tu ne te résigneras pas à le conquérir patiemment, ni à le risquer pour rester fidèle, soit à l'amitié, soit au culte du vrai beau. Tu céderas au joug de la mode comme ils font tous ; dans chaque ville tu chanteras la musique en faveur, sans tenir compte du mauvais goût du public ou de la cour. Enfin tu feras ton chemin et tu seras grande malgré cela, puisqu'il n'y a pas moyen de l'être autrement aux yeux du grand nombre. Pourvu que tu n'oublies pas de bien choisir et de bien chanter quand tu auras à subir le jugement d'un petit comité de vieilles têtes comme moi, et que devant le grand Hændel ou le vieux Bach, tu fasses honneur à la méthode du Porpora et à toi-même, c'est tout ce que je demande, tout ce que j'espère! Tu vois que je ne suis pas un père égoïste, comme quelques-uns de tes flatteurs m'accusent sans doute de l'être. Je ne te demande rien qui ne soit pour ton succès et pour ta gloire.

— Et moi, je ne me soucie de rien de ce qui est pour mon avantage personnel, répondit Consuelo attendrie et affligée. Je puis me laisser emporter au milieu d'un succès par une ivresse involontaire ; mais je ne puis pas songer de sang-froid à édifier toute une vie de triomphe pour m'y couronner de mes propres mains. Je veux avoir de la gloire pour vous, mon maître ; en dépit de votre incrédulité, je veux vous montrer que c'est pour vous seul que Consuelo travaille et voyage ; et pour vous prouver tout de suite que vous l'avez calomniée, puisque vous croyez à ses serments, je vous fais celui de prouver ce que j'avance.

— Et sur quoi jures-tu cela? dit le Porpora avec un sourire de tendresse où la méfiance perçait encore.

— Sur les cheveux blancs, sur la tête sacrée du Porpora, » répondit Consuelo en prenant cette tête blanche dans ses deux mains, et la baisant au front avec ferveur.

Ils furent interrompus par le comte Hoditz, qu'un grand heiduque vint annoncer. Ce laquais, en demandant pour son maître la permission de présenter ses respects au Porpora et à sa pupille, regarda cette dernière d'un air d'attention, d'incertitude et d'embarras qui surprit Consuelo, sans qu'elle se souvînt pourtant où elle avait vu cette bonne figure un peu bizarre. Le comte fut admis, et il présenta sa requête dans les termes les plus courtois. Il partait pour sa seigneurie de Roswald en Moravie, et, voulant rendre le séjour agréable à la magrave son épouse, il préparait, pour la surprendre à son arrivée, une fête magnifique. En conséquence, il proposait à Consuelo d'aller chanter pendant trois soirées consécutives à Roswald, et il désirait même que le Porpora voulût bien l'accompagner pour l'aider à diriger les concerts, spectacles et sérénades dont il comptait régaler madame la margrave.

Le Porpora allégua l'engagement qu'on venait de signer et l'obligation de se trouver à Berlin à jour fixe. Le comte voulut voir l'engagement, et comme le Porpora avait toujours eu à se louer de ses bons procédés, il lui procura le petit plaisir d'être mis dans la confidence de cette affaire, de commenter l'acte, d'en faire l'entendu, de donner des conseils ; après quoi Hoditz insista sur sa demande, représentant qu'on avait plus de temps qu'il n'en fallait pour y satisfaire sans manquer au terme assigné.

« Vous pouvez achever vos préparatifs en trois jours, dit-il, et aller à Berlin par la Moravie. »

Ce n'était pas tout à fait le chemin ; mais, au lieu de faire lentement la route par la Bohême, dans un pays mal servi et récemment dévasté par la guerre, le Porpora et son élève se rendraient très-promptement et très-commodément à Roswald dans une bonne voiture que le comte mettait à leur disposition ainsi que les relais, c'est-à-dire qu'il se chargeait des embarras et des dépenses. Il se chargeait encore de les faire conduire de même de Roswald à Pardubitz, s'ils voulaient descendre l'Elbe jusqu'à Dresde, ou à Chrudim s'ils voulaient passer par Prague. Les commodités qu'il leur offrait jusque-là abrégeaient effectivement la durée de leur voyage, et la somme assez ronde qu'il y ajoutait donnait les moyens de faire le reste plus agréablement. Porpora accepta, malgré la petite mine que lui faisait Consuelo pour l'en dissuader. Le marché fut conclu, et le départ fixé au dernier jour de la semaine.

Lorsque après lui avoir respectueusement baisé la main Hoditz eut laissé Consuelo seule avec son maître, elle reprocha à celui-ci de s'être laissé gagner si facilement. Quoiqu'elle n'eût plus rien à redouter des impertinences du comte, elle lui en gardait un peu de ressentiment, et n'allait pas chez lui avec plaisir. Elle ne voulait pas raconter au Porpora l'aventure de Passaw : mais elle lui rappela les plaisanteries que lui-même avait faites sur les inventions musicales du comte Hoditz.

« Ne voyez-vous pas, lui dit-elle, que je vais être condamnée à chanter sa musique, et que vous, vous serez forcé de diriger sérieusement des cantates et peut-être même des opéras de sa façon? Est-ce ainsi que vous me faites tenir mon vœu de rester fidèle au culte du beau?

— Bast, répondit le Porpora en riant, je ne ferai pas cela si gravement que tu penses ; je compte, au contraire, m'en divertir copieusement, sans que le patricien maestro s'en aperçoive le moins du monde. Faire ces choses-là sérieusement et devant un public respectable, sera en effet un blasphème et une honte ; mais il est permis de s'amuser, et l'artiste serait bien malheureux si, en gagnant sa vie, il n'avait pas le droit de rire dans sa barbe de ceux qui la lui font gagner. D'ailleurs, tu verras là la princesse de Culmbach, que tu aimes et qui est charmante. Elle rira avec nous, quoiqu'elle ne rie guère, de la musique de son beau-père. »

Il fallut céder, faire les paquets, les emplettes nécessaires et les adieux. Joseph était au désespoir. Cependant une bonne fortune, une grande joie d'artiste venait de lui arriver et faisait un peu compensation, ou tout au moins diversion forcée à la douleur de cette séparation. En jouant sa sérénade sous la fenêtre de l'excellent mime Bernadone, l'arlequin renommé du théâtre de la porte de Carinthie, il avait frappé d'étonnement et de sympathie cet artiste aimable et intelligent. On l'avait fait monter, on lui avait demandé de qui était ce trio agréable et original. On s'était émerveillé de sa jeunesse et de son talent. Enfin on lui avait confié, séance tenante, le poëme d'un ballet intitulé le Diable Boiteux, dont il commençait à écrire la musique. Il travaillait à cette tempête qui lui coûta tant de soins, et dont le souvenir faisait rire encore le bonhomme Haydn à quatre-vingts ans. Consuelo chercha le distraire de sa tristesse, en lui parlant toujours de sa tempête, que Bernadone voulait terrible, et que Beppo, n'ayant jamais vu la mer, ne pouvait réussir à se peindre. Consuelo lui décrivait l'Adriatique en fureur et lui chantait la plainte des vagues, non sans rire avec lui des effets d'harmonie imitative, aidés de celui des toiles bleues qu'on secoue d'une coulisse à l'autre à force de bras.

« Écoute, lui dit le Porpora pour le tirer de peine, tu travaillerais cent ans avec les plus beaux instruments du monde et les plus exactes connaissances des bruits de l'onde et du vent, que tu ne rendrais pas l'harmonie sublime de la nature. Ceci n'est pas le fait de la musique. Elle s'égare puérilement quand elle court après les tours de force et les effets de sonorité. Elle est plus grande que cela ; elle a l'émotion pour domaine. Son but est de l'inspirer, comme sa cause est d'être inspirée par elle. Songe donc aux impressions de l'homme livré à la tourmente ; figure-toi un spectacle affreux, magnifique, terrible, un danger imminent : place-toi, musicien, c'est-à-dire voix humaine, plainte humaine, âme vivante et vibrante, au milieu de cette détresse, de ce désordre, de cet abandon et de ces épouvantes; rends tes angoisses, et l'auditoire, intelligent ou non, les partagera. Il s'imaginera voir la mer, entendre les craquements du navire, les cris des matelots, le désespoir des passagers. Que dirais-tu d'un poète, qui, pour peindre une bataille, le dirait en vers que le canon faisait *boum, boum*, et le tambour *plan, plan?* Ce serait pourtant de l'harmonie imitative plus exacte que de grandes images ; mais ce ne serait pas de la poésie. La peinture elle-même, cet art de description par excellence, n'est pas un art d'imitation servile. L'artiste retracerait en vain le vert sombre de la mer, le ciel noir de l'orage, la carcasse brisée du navire. S'il n'a le sentiment pour rendre la terreur et la poésie de l'ensemble, son tableau sera sans couleur, fût-il aussi éclatant qu'une enseigne à bière. Ainsi, jeune homme, émeus-toi à l'idée d'un grand désastre, c'est ainsi que tu le rendras émouvant pour les autres. »

Il lui répétait encore paternellement ces exhortations, tandis que la voiture, attelée dans la cour de l'ambassade, recevait les paquets de voyage. Joseph écoutait attentivement ses leçons, les buvant à la source, pour ainsi dire : mais lorsque Consuelo, en mantelet et en bonnet fourré, vint se jeter à son cou, il pâlit, étouffa un cri, et ne pouvant se résoudre à la voir monter en voiture, il s'enfuit et alla cacher ses sanglots au fond de l'arrière-boutique de Keller. Métastase le prit en amitié, le perfectionna dans l'italien, et le dédommagea un peu par de bons conseils et de généreux services de l'absence du Porpora ; mais Joseph fut bien longtemps triste et malheureux, avant de s'habituer à celle de Consuelo.

Celle-ci, quoique triste aussi, et regrettant un si fidèle et si aimable ami, sentit revenir son courage, son ardeur et la poésie de ses impressions à mesure qu'elle s'enfonça dans les montagnes de la Moravie. Un nouveau soleil se levait sur sa vie. Dégagée de tout lien et de toute domination étrangère à son art, il lui semblait qu'elle s'y devait tout entière. Le Porpora, rendu à l'espérance et à l'enjouement de sa jeunesse, l'exaltait par d'éloquentes déclamations ; et la noble fille, sans cesser d'aimer Albert et Joseph comme deux frères qu'elle devait retrouver dans le sein de Dieu, se sentait légère, comme l'alouette qui monte en chantant dans le ciel, au matin d'un beau jour.

C.

Dès le second relais, Consuelo avait reconnu dans le domestique qui l'accompagnait, et qui, placé sur le siège de la voiture, payait les guides et gourmandait la lenteur des postillons, ce même heiduque qui avait annoncé le comte Hoditz, le jour où il était venu lui proposer la partie de plaisir de Roswald. Ce grand et fort garçon, qui la regardait toujours comme à la dérobée, et qui semblait partagé entre le désir et la crainte de lui parler, finit par fixer son attention ; et, un matin qu'elle déjeunait dans une auberge isolée, au pied des montagnes, le Porpora ayant été faire un tour de promenade à la chasse de quelque motif musical, en attendant que les chevaux eussent rafraîchi, elle se tourna vers ce valet, au moment où il lui présentait son café, et le regarda en face d'un air un peu sévère et irrité. Mais il fit alors une si piteuse mine, qu'elle ne put retenir un grand éclat de rire. Le soleil d'avril brillait sur la neige qui couronnait encore les monts ; et notre jeune voyageuse se sentait en belle humeur.

« Hélas ! lui dit enfin le mystérieux heiduque, votre seigneurie ne daigne donc pas me reconnaître ? Moi, je l'aurais toujours reconnue, fût-elle déguisée en Turc ou en caporal prussien ; et pourtant je ne l'avais vue qu'un instant, mais quel instant dans ma vie ! »

En parlant ainsi, il posa sur la table le plateau qu'il apportait ; et, s'approchant de Consuelo, il fit gravement un grand signe de croix, mit un genou en terre, et baisa le plancher devant elle.

« Ah ! s'écria Consuelo, Karl le déserteur, n'est-ce pas ?

— Oui, signora, répondit Karl en baisant la main qu'elle lui tendait ; du moins on m'a dit qu'il fallait vous appeler ainsi, quoique je n'aie jamais bien compris si vous étiez un monsieur ou une dame.

— En vérité ? Et d'où vient ton incertitude ?

— C'est que je vous ai vue garçon, et que depuis, quoique je vous aie bien reconnue, vous étiez devenue aussi semblable à une jeune fille que vous étiez auparavant semblable à un petit garçon. Mais cela ne fait rien : soyez ce que vous voudrez, vous m'avez rendu des services que je n'oublierai jamais ; vous pourriez me commander de me jeter du sommet de ce pic qui est là-haut, si cela vous faisait plaisir, je ne vous le refuserais pas.

— Je ne te demande rien, mon brave Karl, que d'être heureux et de jouir de ta liberté ; car te voilà libre, et je pense que tu aimes la vie maintenant ?

— Libre, oui ! dit Karl en secouant la tête ; mais heureux... J'ai perdu ma pauvre femme ! »

Les yeux de Consuelo se remplirent de larmes, par un mouvement sympathique, en voyant les joues carrées du pauvre Karl se couvrir d'un ruisseau de pleurs.

« Ah ! dit-il en secouant sa moustache rousse, d'où les larmes dégouttaient comme la pluie d'un buisson, elle avait trop souffert, la pauvre âme ! Le chagrin de me voir enlever une seconde fois par les Prussiens, un long voyage à pied, lorsqu'elle était déjà bien malade ; ensuite la joie de me revoir, tout cela lui a causé une révolution ; et elle est morte huit jours après être arrivée à Vienne, où je la cherchais, et où, grâce à un billet de vous, elle m'avait retrouvé, avec l'aide du comte Hoditz. Ce généreux seigneur lui avait envoyé son médecin et des secours ; mais rien n'y a fait : elle était fatiguée de vivre, voyez-vous, et elle a été se reposer dans le ciel du bon Dieu.

— Et ta fille ? dit Consuelo, qui songeait à le ramener à une idée consolante.

— Ma fille ? dit-il d'un air sombre et un peu égaré, le roi de Prusse me l'a tuée aussi.

— Comment tuée ? que dis-tu ?

— N'est-ce pas le roi de Prusse qui a tué la mère en lui causant tout ce mal ? Eh bien, l'enfant a suivi la mère. Depuis le soir où, m'ayant vu frapper au sang, garrotter et emporter par les recruteurs, toutes deux étaient restées, couchées et comme mortes, en travers du chemin, la petite avait toujours tremblé d'une grosse fièvre ; la fatigue et la misère de la route les ont achevées. Quand vous les avez rencontrées sur un pont, à l'entrée de je ne sais plus quel village d'Autriche, il y avait deux jours qu'elles n'avaient rien mangé. Vous leur avez donné de l'argent, vous leur avez appris que j'étais sauvé, vous avez tout fait pour les consoler et les guérir ; elles n'ont fait qu'empirer depuis notre réunion, et au moment où nous pouvions être heureux, elles se sont en allées dans le cimetière. La terre n'était pas encore foulée sur le corps de ma femme, quand il a fallu recreuser le même endroit pour y mettre mon enfant ; et à présent, grâce au roi de Prusse, Karl est seul au monde !

— Non, mon pauvre Karl, tu n'es pas abandonné ; il te reste des amis qui s'intéresseront toujours à tes infortunes et à ton bon cœur.

— Je le sais. Oui, il y a de braves gens, et vous en êtes. Mais de quoi ai-je besoin maintenant que je n'ai plus ni femme, ni enfant, ni pays ! car je ne serai jamais en sûreté dans le mien ; ma montagne est trop bien connue de ces brigands qui sont venus m'y chercher deux fois. Aussitôt que je me suis vu seul, j'ai demandé si nous étions en guerre ou si nous y serions bientôt. Je n'avais qu'une idée : c'était de servir contre la Prusse, afin de tuer le plus de Prussiens que je pourrais. Ah ! saint Wenceslas, le patron de la Bohême, aurait conduit mon bras ; et je suis bien sûr qu'il n'y aurait pas eu une seule balle perdue, sortie de mon fusil ; et je me disais :

Peut-être la Providence permettra-t-elle que je rencontre le roi de Prusse dans quelque défilé; et alors... fût-il cuirassé comme l'archange Michel... dussé-je le suivre comme un chien suit un loup à la piste... Mais j'ai appris que la paix était assurée pour longtemps; et alors, ne me sentant plus de goût à rien, j'ai été trouver monseigneur le comte Hoditz pour le remercier, et le prier de ne point me présenter à l'impératrice, comme il en avait eu l'intention. Je voulais me tuer; mais il a été si bon pour moi, et la princesse de Culmbach, sa belle-fille, à qui il avait raconté en secret toute mon histoire, m'a dit de si belles paroles sur les devoirs du chrétien, que j'ai consenti à vivre et à entrer à leur service, où je suis, en vérité, trop bien nourri et trop bien traité pour le peu d'ouvrage que j'ai à faire.

— Maintenant dis-moi, mon cher Karl, reprit Consuelo en s'essuyant les yeux, comment tu as pu me reconnaître.

— N'êtes-vous pas venue, un soir, chanter chez ma nouvelle maîtresse, madame la margrave? Je vous vis passer tout habillée de blanc, et je vous reconnus tout de suite, bien que vous fussiez devenue une demoiselle. C'est que, voyez-vous, je ne me souviens pas beaucoup des endroits où j'ai passé, ni des noms des personnes que j'ai rencontrées; mais pour ce qui est des figures, je ne les oublie jamais. Je commençais à faire le signe de la croix quand je vis un jeune garçon qui vous suivait, et que je reconnus pour Joseph; et au lieu d'être votre maître, comme je l'avais vu au moment de ma délivrance (car il était mieux habillé de blanc que vous dans ce temps-là), il était devenu votre domestique, et il resta dans l'antichambre. Il ne me reconnut pas; et comme monsieur le comte m'avait défendu de dire un seul mot à qui que ce soit de ce qui m'était arrivé (je n'ai jamais su ni demandé pourquoi), je ne parlai pas à ce bon Joseph, quoique j'eusse bien envie de lui sauter au cou. Il s'en alla presque tout de suite dans une autre pièce. J'avais ordre de ne point quitter celle où je me trouvais; un bon serviteur ne connaît que sa consigne. Mais quand tout le monde fut parti, le valet de chambre de monseigneur, qui a toute sa confiance, me dit : « Karl, tu n'as pas parlé à ce petit laquais du Porpora, quoique tu l'aies reconnu, et tu as bien fait. Monsieur le comte sera content de toi. Quant à la demoiselle qui a chanté ce soir...—Oh! je l'ai reconnue aussi, m'écriai-je, et je n'ai rien dit. — Eh bien, ajouta-t-il, tu as encore bien fait. Monsieur le comte ne veut pas qu'on sache qu'elle a voyagé avec lui jusqu'à Passaw.—Cela ne me regarde point, repris-je ; mais puis-je te demander, à toi, comment elle m'a délivré des mains des Prussiens? » Henri me raconta alors comment la chose s'était passée (car il était là), comment vous aviez couru après la voiture de monsieur le comte, et comment, lorsque vous n'aviez plus rien à craindre pour vous-même, vous aviez voulu absolument qu'il vînt me délivrer. Vous en aviez dit quelque chose à ma pauvre femme, et elle me l'avait raconté aussi; car elle est morte en vous recommandant au bon Dieu, et en me disant : « Ce sont de pauvres enfants, qui ont l'air presque aussi malheureux que nous; et cependant ils m'ont donné tout ce qu'ils avaient, et ils pleuraient comme si nous eussions été de leur famille. » Aussi, quand j'ai vu M. Joseph à votre service, ayant été chargé de lui porter quelque argent de la part de monseigneur chez qui il avait joué du violon un autre soir, j'ai mis dans le papier quelques ducats, les premiers que j'eusse gagnés dans cette maison. Il ne l'a pas su, et il ne m'a pas reconnu, lui; mais si nous retournons à Vienne, je m'arrangerai pour qu'il ne soit jamais dans l'embarras tant que je pourrai gagner ma vie.

— Joseph n'est plus à mon service, bon Karl, il est mon ami. Il n'est plus dans l'embarras, il est musicien, et gagnera sa vie aisément. Ne te dépouille donc pas pour lui.

— Quant à vous, signora, dit Karl, je ne puis pas grand'chose pour vous, puisque vous êtes une grande actrice, à ce qu'on dit ; mais voyez-vous, si jamais vous vous trouvez dans la position d'avoir besoin d'un serviteur, et de ne pouvoir le payer, adressez-vous à Karl, et comptez sur lui. Il vous servira pour rien et sera bien heureux de travailler pour vous.

— Je suis assez payée par ta reconnaissance, mon ami. Je ne veux rien de ton dévouement.

— Voici maître Porpora qui revient. Souvenez-vous, signora, que je n'ai pas l'honneur de vous connaître autrement que comme un domestique mis à vos ordres par mon maître. »

Le lendemain, nos voyageurs s'étant levés de grand matin, arrivèrent, non sans peine, vers midi, au château de Roswald. Il était situé dans une région élevée, au versant des plus belles montagnes de la Moravie, et si bien abrité des vents froids, que le printemps s'y faisait déjà sentir, lorsqu'à une demi-lieue aux alentours, l'hiver régnait encore. Quoique la saison fût prématurément belle, les chemins étaient encore fort peu praticables. Mais le comte Hoditz, qui ne doutait de rien, et pour qui l'impossible était une plaisanterie, était déjà arrivé, et déjà faisait travailler une centaine de pionniers à aplanir la route sur laquelle devait rouler le lendemain l'équipage majestueux de sa noble épouse. Il eût été peut-être plus conjugal et plus secourable de voyager avec elle; mais il ne s'agissait pas tant de l'empêcher de se casser bras et jambes en chemin, que de lui donner une fête; et, morte ou vive, il fallait qu'elle eût un splendide divertissement en prenant possession du palais de Roswald.

Le comte permit à peine à nos voyageurs de changer de toilette, et leur fit servir un fort beau dîner dans une grotte mousseuse et rocailleuse, qu'un vaste poêle, habilement masqué par de fausses roches, chauffait agréablement. Au premier coup d'œil, cet endroit parut enchanteur à Consuelo. Le site qu'on découvrait de l'ouverture de la grotte était réellement magnifique. La nature avait tout fait pour Roswald. Des mouvements de terrains escarpés et pittoresques, des forêts d'arbres verts, des sources abondantes, d'admirables perspectives, des prairies immenses, il semble qu'avec une habitation confortable, c'en était bien assez pour faire un lieu de plaisance accompli. Mais Consuelo s'aperçut bientôt des bizarres recherches par lesquelles le comte avait réussi à gâter cette sublime nature. La grotte eût été charmante sans le vitrage, qui en faisait une salle à manger intempestive. Comme les chèvrefeuilles et les liserons ne faisaient encore que bourgeonner, on avait masqué les châssis des portes et des croisées avec des feuillages et des fleurs artificielles, qui faisaient là une prétentieuse grimace. Les coquillages et les stalactites, un peu endommagés par l'hiver, laissaient voir le plâtre et le mastic qui les attachaient aux parois du roc, et la chaleur du poêle, fondant un reste d'humidité amassée à la voûte, faisait tomber sur la tête des convives une pluie noirâtre et malsaine, que le comte ne voulait pas du tout apercevoir. Le Porpora en prit de l'humeur, et deux ou trois fois mit la main à son chapeau sans oser cependant l'enfoncer sur son chef, comme il en mourait d'envie. Il craignait surtout que Consuelo ne s'enrhumât, et il mangeait à la hâte, prétextant une vive impatience de voir la musique qu'il aurait à faire exécuter le lendemain.

« De quoi vous inquiétez-vous là, cher maestro? disait le comte, qui était grand mangeur, et qui aimait à raconter longuement l'histoire de l'acquisition ou de la confection dirigée par lui de toutes les pièces riches et curieuses de son service de table ; des musiciens habiles et consommés comme vous n'ont besoin que d'une petite heure pour se mettre au fait. Ma musique est simple et naturelle. Je ne suis pas de ces compositeurs pédants qui cherchent à étonner par de savantes et bizarres combinaisons harmoniques. A la campagne, il faut de la musique simple, pastorale; moi, je n'aime que les chants purs et faciles : c'est aussi le goût de madame la margrave. Vous verrez que tout ira bien. D'ailleurs, nous ne perdons pas de temps. Pendant que nous déjeunons ici, mon majordome prépare tout suivant mes ordres, et nous allons trouver les chœurs disposés dans leurs différentes stations et tous les musiciens à leur poste. »

Comme il disait cela, on vint avertir monseigneur que deux officiers étrangers, en tournée dans le pays, demandaient la permission d'entrer et de saluer le comte, pour visiter, avec son agrément, les palais et les jardins de Roswald.

Le comte était habitué à ces sortes de visites, et rien ne lui faisait plus de plaisir que d'être lui-même le *cicerone* des curieux, à travers les délices de sa résidence.

« Qu'ils entrent, qu'ils soient les bienvenus! s'écria-t-il, qu'on mette leurs couverts et qu'on les amène ici »

Peu d'instants après, les deux officiers furent introduits. Ils avaient l'uniforme prussien. Celui qui marchait le premier, et derrière lequel son compagnon semblait décidé à s'effacer entièrement, était petit, et d'une figure assez maussade. Son nez, long, lourd et sans noblesse, faisait paraître plus choquants encore le ravalement de sa bouche et la fuite ou plutôt l'absence de son menton. Sa taille un peu voûtée, donnait je ne sais quel air vieillot à sa personne engoncée dans le disgracieux habit inventé par Frédéric. Cet homme avait cependant une quarantaine d'années tout au plus; sa démarche était assurée, et lorsqu'il eut ôté le vilain chapeau qui lui coupait la face jusqu'à la naissance du nez, il montra ce qu'il y avait de beau dans sa tête, un front ferme, intelligent et méditatif, des sourcils mobiles et des yeux d'une clarté et d'une animation extraordinaires. Son regard le transformait comme ces rayons du soleil, qui colorent et embellissent tout à coup les sites les plus mornes et les moins poétiques. Il semblait grandir de toute la tête lorsque ses yeux brillaient sur un visage blême, chétif et inquiet.

Le comte Hoditz les reçut avec une hospitalité plus cordiale que cérémonieuse, et, sans perdre le temps à de longs compliments, il leur fit mettre deux couverts et leur servit des meilleurs plats avec une véritable bonhomie patriarcale; car Hoditz était le meilleur des hommes, et sa vanité, loin de corrompre son cœur, l'aidait à se répandre avec confiance et générosité. L'esclavage régnait encore dans ses domaines, et toutes les merveilles de Roswald avaient été édifiées à peu de frais par la gent taillable et corvéable; mais il couvrait de fleurs et de gourmandises le joug de ses sujets. Il leur faisait oublier le nécessaire en leur prodiguant le superflu, et, convaincu que le plaisir est le bonheur, il les faisait tant amuser, qu'ils ne songeaient point à être libres.

L'officier prussien (car vraiment il n'y en avait qu'un, l'autre semblait n'être que son ombre), parut d'abord un peu étonné, peut-être même un peu choqué du sans-façon de M. le comte; et il affectait une politesse réservée, lorsque le comte lui dit :

« Monsieur le capitaine, je vous prie de vous mettre à l'aise et de faire ici comme chez vous. Je sais que vous devez être habitué à la régularité austère des armées du grand Frédéric; je trouve cela admirable en son lieu; mais ici, vous êtes à la campagne, et si l'on ne s'amuse à la campagne, qu'y vient-on faire? Je vois que vous êtes des personnes bien élevées et de bonnes manières. Vous n'êtes certainement pas officiers du roi de Prusse, sans avoir fait vos preuves de science militaire et de bravoure accomplie. Je vous tiens donc pour des hôtes dont la présence honore ma maison; veuillez en disposer sans retenue, et y rester tant que le séjour vous en sera agréable. »

L'officier prit aussitôt son parti en homme d'esprit, et, après avoir remercié son hôte sur le même ton, il se mit à sabler le champagne, qu'il ne lui fit pourtant pas perdre une ligne de son sang-froid, et à creuser un excellent pâté sur lequel il fit des remarques et des questions gastronomiques, qu'y vient-on ne donnèrent pas grande idée de lui à la très-sobre Consuelo. Elle était cependant frappée du feu de son regard; mais ce feu même l'étonnait sans la charmer. Elle y trouvait je ne sais quoi de hautain, de scrutateur et de méfiant qui n'allait point à son cœur.

Tout en mangeant, l'officier apprit au comte qu'il s'appelait le baron de Kreutz, qu'il était originaire de Silésie, où il avait été envoyé en remonte pour la cavalerie; que, se trouvant à Neisse, il n'avait pu résister au désir de voir le palais et les jardins tant vantés de Roswald; qu'en conséquence, il avait passé le matin la frontière avec son lieutenant, non sans mettre le temps et l'occasion à profit pour faire sur sa route quelques achats de chevaux. Il offrit même au comte de visiter ses écuries, s'il avait quelques bêtes à vendre. Il voyageait à cheval, et s'en retournait le soir même.

« Je ne le souffrirai pas, dit le comte. Je n'ai pas de chevaux à vous vendre dans ce moment. Je n'en ai pas même assez pour les nouveaux embellissements que je veux faire à mes jardins. Mais je veux faire une meilleure affaire en jouissant de votre société le plus longtemps qu'il me sera possible.

— Mais nous avons appris, en arrivant ici, que vous attendiez d'heure en heure madame la comtesse Hoditz; et, ne voulant point être à charge, nous nous retirerons aussitôt que nous l'entendrons arriver.

— Je n'attends madame la comtesse margrave que demain, répondit le comte; elle arrivera ici avec sa fille, madame la princesse de Culmbach. Car vous n'ignorez peut-être pas, Messsieurs, que j'ai eu l'honneur de faire une noble alliance..

— Avec la margrave douairière de Bareith, repartit assez brusquement le baron de Kreutz, qui ne parut pas aussi ébloui de ce titre que le comte s'y attendait.

— C'est la tante du roi de Prusse! reprit-il avec un peu d'emphase.

— Oui, oui, je le sais! répliqua l'officier prussien en prenant une large prise de tabac.

— Et comme c'est une dame admirablement gracieuse et affable, continua le comte, je ne doute pas qu'elle n'ait un plaisir infini à recevoir et à traiter de braves serviteurs du roi son illustre neveu.

— Nous serions bien sensibles à un si grand honneur, dit le baron en souriant; mais nous n'aurons pas le loisir d'en profiter. Nos devoirs nous rappellent impérieusement à notre poste, et nous prendrons congé de Votre Excellence ce soir même. En attendant, nous serions bien heureux d'admirer cette belle résidence: car il n'est maître n'en a pas une qu'on puisse comparer à celle-ci. »

Ce compliment rendit au Prussien toute la bienveillance du seigneur morave. On se leva de table. Le Porpora, qui se souciait moins de la promenade que de la répétition, voulut s'en dispenser.

« Non pas, dit le comte; promenade et répétition, tout cela se fera en même temps; vous allez voir, mon maître.

Il offrit son bras à Consuelo, et passant le premier :

« Pardonnez, Messieurs, dit-il, si je m'empare de la seule dame que nous ayons ici dans ce moment : c'est le droit du seigneur. Ayez la bonté de me suivre: je serai votre guide.

— Oserai-je vous demander, Monsieur, dit le baron de Kreutz, adressant pour la première fois la parole au Porpora, quelle est cette aimable dame?

— Monsieur, répondit le Porpora qui était de mauvaise humeur, je suis Italien, j'entends assez mal l'allemand, et le français encore moins. »

Le baron, qui jusque-là avait toujours parlé français avec le comte, selon l'usage de ce temps-là entre les gens du bel air, répéta sa demande en italien.

« Cette aimable dame, qui n'a pas encore dit un mot devant vous, répondit sèchement le Porpora, n'est ni margrave, ni douairière, ni princesse, ni baronne, ni comtesse : c'est une chanteuse italienne qui ne manque pas d'un certain talent.

— Je m'intéresse d'autant plus à la connaître et à savoir son nom, reprit le baron en souriant de la brusquerie du maestro.

— C'est la Porporina, mon élève, répondit le Porpora.

— C'est une personne fort habile, dit-on, reprit l'autre, et qui est attendue avec impatience à Berlin. Puisqu'elle est votre élève, je vois que c'est à l'illustre maître Porpora que j'ai l'honneur de parler.

— Pour vous servir, » répliqua le Porpora d'un ton bref, en renfonçant sur sa tête son chapeau qu'il venait de soulever, en réponse au profond salut du baron de Kreutz.

Celui-ci, le voyant si peu communicatif, le laissa avancer et se tint en arrière avec son lieutenant. Le Por-

Pour vous servir, répliqua le Porpora... (Page 280.)

pora, qui avait des yeux jusque derrière la tête, vit qu'ils riaient ensemble en le regardant et en parlant de lui dans leur langue. Il en fut d'autant plus mal disposé pour eux, et ne leur adressa pas même un regard durant toute la promenade.

CI.

On descendit une petite pente assez rapide au bas de laquelle on trouva une rivière en miniature, qui avait été un joli torrent limpide et agité; mais comme il fallait le rendre navigable, on avait égalisé son lit, adouci sa pente, taillé proprement ses rives et troublé ses belles ondes par de récents travaux. Les ouvriers étaient encore occupés à le débarrasser de quelques roches que l'hiver y avait précipitées, et qui lui donnaient un reste de physionomie : on s'empressait de la faire disparaître. Une gondole attendait là les promeneurs, une vraie gondole que le comte avait fait venir de Venise, et qui fit battre le cœur de Consuelo en lui rappelant mille souvenirs gracieux et amers. On s'embarqua; les gondoliers étaient aussi de vrais Vénitiens parlant leur dialecte ; on les avait fait venir avec la barque, comme de nos jours les nègres avec la girafe. Le comte Hoditz, qui avait beaucoup voyagé, s'imaginait parler toutes les langues : mais, quoiqu'il y mît beaucoup d'aplomb, et que, d'une voix haute, d'un ton accentué, il donnât ses ordres aux gondoliers, ceux-ci l'eussent compris avec peine, si Consuelo ne lui eût servi de truchement. Il leur fut enjoint de chanter des vers du Tasse : mais ces pauvres diables, enroués par les glaces du Nord, dépaysés et déroutés dans leurs souvenirs, donnèrent aux Prussiens un fort triste échantillon de leur savoir-faire. Il fallut que Consuelo leur soufflât chaque strophe, et promît de leur faire faire une répétition des fragments qu'ils devaient chanter le lendemain à madame la margrave.

Quand on eut navigué un quart d'heure dans un espace qu'on eût pu traverser en trois minutes, mais où l'on avait ménagé au pauvre ruisseau contrarié dans sa course mille détours insidieux, on arriva à la pleine mer. C'était un assez vaste bassin où l'on débouqua à travers des massifs de cyprès et de sapins, et dont le coup d'œil inattendu était vraiment agréable. Mais on n'eut pas le loisir de l'admirer. Il fallut s'embarquer sur un navire de poche, où rien ne manquait; mâts, voiles, cordages, c'était un modèle accompli de bâtiment avec tous ses agrès, et que le trop grand nombre de matelots et de passagers faillit faire sombrer. Le Porpora y eut froid. Les tapis étaient fort humides, et je crois bien que, malgré l'exacte revue que M. le comte, arrivé de la veille, avait fait déjà de toutes les pièces, l'embarcation faisait eau. Personne ne s'y sentait à l'aise, excepté le comte, qui, par grâce d'état, ne se souciait jamais des petits désagréments attachés à ses plaisirs, et Consuelo, qui commençait à s'amuser beaucoup de la folie de son hôte. Une flotte proportionnée à ce vaisseau de commandement vint se placer sous ses ordres, exécuta des manœuvres que le comte lui-même, armé d'un porte-voix, et debout sur la poupe, dirigea fort sérieusement, se fâchant fort quand les choses n'allaient point à son gré, et faisant recommencer la répétition. Ensuite on voyagea de conserve aux sons d'une musique de cuivre abominablement fausse, qui acheva d'exaspérer le Porpora.

« Passe pour nous faire geler et enrhumer, disait-il entre ses dents; mais nous écorcher les oreilles à ce point, c'est trop fort!

— Voile pour le Péloponèse! » s'écria le comte, et on cingla vers une rive couronnée de menues fabriques imitant des temples grecs et d'antiques tombeaux.

On se dirigeait sur une petite anse masquée par des rochers, et, lorsqu'on en fut à dix pas, on fut accueilli par une décharge de coups de fusil. Deux hommes tombèrent morts sur le tillac, et un jeune mousse fort léger, qui se tenait dans les cordages, jeta un grand cri, descendit, ou plutôt se laissa glisser adroitement, et vint se rouler au beau milieu de la société, en hurlant qu'il était blessé et en cachant dans ses mains sa tête, soi-disant fracassée d'une balle.

« Ici, dit le comte à Consuelo, j'ai besoin de vous pour une petite répétition que je fais faire à mon équipage. Ayez la bonté de représenter pour un instant le personnage de madame la margrave, et de commander à cet enfant mourant ainsi qu'à ces deux morts, qui, par parenthèse sont fort bêtement tombés, de se relever, d'être guéris à l'instant même, de prendre leurs armes, et de défendre Son Altesse contre les insolents pirates retranchés dans cette embuscade. »

Consuelo se hâta de se prêter au rôle de margrave, et le joua avec beaucoup plus de noblesse et de grâce naturelle que ne l'eût fait madame Hoditz. Les morts et les mourants se relevèrent sur leurs genoux et lui baisèrent la main. Là, il leur fut enjoint par le comte de ne point toucher tout de bon de leurs bouches vassales la noble main de Son Altesse, mais de baiser leur propre main en feignant d'approcher leurs lèvres de la sienne. Puis morts et mourants coururent aux armes en faisant de grandes démonstrations d'enthousiasme; le petit saltimbanque, qui faisait le rôle de mousse, regrimpa comme un chat sur son mât et déchargea une légère carabine sur la baie des pirates. La flotte se serra autour de la nouvelle Cléopâtre, et les petits canons firent un vacarme épouvantable.

Consuelo, avertie par le comte, qui ne voulait pas lui causer une frayeur sérieuse, n'avait point été dupe du début un peu bizarre de cette comédie. Mais les deux officiers prussiens, envers lesquels il n'avait pas jugé nécessaire de pratiquer la même galanterie, voyant tomber deux hommes au premier feu, s'étaient serrés l'un contre l'autre en pâlissant. Celui qui ne disait rien avait paru effrayé pour son capitaine, et le trouble de ce dernier n'avait pas échappé au regard tranquillement observateur de Consuelo. Ce n'était pourtant pas la peur qui s'était peinte sur sa physionomie; mais, au contraire, une sorte d'indignation, de colère même, comme si la plaisanterie l'eût offensé personnellement et lui eût semblé un outrage à sa dignité de Prussien et de militaire. Hoditz n'y prit pas garde, et lorsque le combat fut engagé, le capitaine et son lieutenant riaient aux éclats et acceptaient au mieux le badinage. Ils mirent même l'épée à la main et s'escrimèrent en l'air pour prendre part à la scène.

Les pirates, montés sur des barques légères, vêtus à la grecque et armés de tromblons et de pistolets chargés à poudre, étaient sortis de leurs jolis petits récifs, et se battaient comme des lions. On les laissa venir à l'abordage, où l'on en fit grande déconfiture, afin que la bonne margrave eût le plaisir de les ressusciter. La seule cruauté commise fut d'en faire tomber quelques-uns à la mer. L'eau du bassin était bien froide, et Consuelo les plaignait, lorsqu'elle vit qu'ils y prenaient plaisir, et mettaient de la vanité à montrer à leurs compagnons montagnards qu'ils étaient bons nageurs.

Quand la flotte de Cléopâtre (car le navire que devait monter la margrave portait réellement ce titre pompeux) eut été victorieuse, elle emmena prisonnière la flottille des pirates à sa suite, et s'en alla au son d'une musique triomphale (à porter le diable en terre, au dire du Porpora) explorer les rivages de la Grèce. On approcha ensuite d'une île inconnue d'où l'on voyait s'élever des huttes de terre et des arbres exotiques fort bien acclimatés ou fort bien imités; car on ne savait jamais à quoi s'en tenir à cet égard, le faux et le vrai étant confondus partout. Aux marges de cette île étaient amarrées des pirogues. Les naturels du pays s'y jetèrent avec des cris très-sauvages et vinrent à la rencontre de la flotte, apportant des fleurs et des fruits étrangers récemment coupés dans les serres chaudes de la résidence. Ces sauvages étaient hérissés, tatoués, crépus, et plus semblables à des diables qu'à des hommes. Les costumes n'étaient pas trop bien assortis. Les uns étaient couronnés de plumes, comme des Péruviens, les autres empaquetés de fourrures, comme des Esquimaux; mais on n'y regardait pas de si près; pourvu qu'ils fussent bien laids et bien ébouriffés, on les tenait pour anthropophages tout au moins.

Ces bonnes gens firent beaucoup de grimaces, et leur chef, qui était une espèce de géant, ayant une fausse barbe qui lui tombait jusqu'à la ceinture, vint faire un discours que le comte Hoditz avait pris la peine de composer lui-même en langue sauvage. C'était un assemblage de syllabes ronflantes et croquantes, arrangées au hasard pour figurer un patois grotesque et barbare. Le comte, lui ayant fait réciter sa tirade sans faute, se chargea de traduire cette belle harangue à Consuelo, qui faisait toujours le rôle de margrave en attendant la véritable.

« Ce discours signifie, Madame, lui dit-il en imitant les salamalecs du roi sauvage, que cette peuplade de cannibales dont l'usage est de dévorer tous les étrangers qui abordent dans leur île, subitement touchée et apprivoisée par l'effet magique de vos charmes, vient déposer à vos pieds l'hommage de sa férocité, et vous offrir la royauté de ces terres inconnues. Daignez y descendre sans crainte, et quoiqu'elles soient stériles et incultes, les merveilles de la civilisation vont y éclore sous vos pas. »

On aborda dans l'île au milieu des chants et des danses des jeunes sauvagesses. Des animaux étranges et prétendus féroces, mannequins empaillés qui, au moyen d'un ressort, s'agenouillèrent subitement, saluèrent Consuelo sur le rivage. Puis, à l'aide de cordes, les arbres et les buissons fraîchement plantés s'abattirent, les rochers de carton s'écroulèrent, et l'on vit des maisonnettes décorées de fleurs et de feuillages. Des bergères conduisant de vrais troupeaux (Hoditz n'en manquait pas), des villageois habillés à la dernière mode de l'Opéra, quoiqu'un peu malpropres vus de près, enfin jusqu'à des chevreuils et des biches apprivoisées vinrent prêter foi et hommage à la nouvelle souveraine.

« C'est ici, dit alors le comte à Consuelo, que vous aurez à jouer un rôle demain, devant Son Altesse. On vous procurera le costume d'une divinité sauvage toute couverte de fleurs et de rubans, et vous vous tiendrez dans la grotte que voici : la margrave y entrera, et vous chanterez la cantate que j'ai dans ma poche, pour lui céder vos droits à la divinité, vu qu'il ne peut y avoir qu'une déesse, là où elle daigne apparaître.

— Voyons la cantate, » dit Consuelo en recevant le manuscrit dont Hoditz était l'auteur.

Il ne lui fallut pas beaucoup de peine pour lire et chanter à la première vue ce pont-neuf ingénu : paroles et musique, tout était à l'avenant. Il ne s'agissait que de l'apprendre par cœur. Deux violons, une harpe et une flûte cachés dans les profondeurs de l'antre l'accompagnaient tout de travers. Le Porpora fit recommencer. Au bout d'un quart d'heure, tout alla bien. Ce n'était pas le seul rôle que Consuelo eût à faire dans la fête, ni la seule cantate que le comte Hoditz eût dans sa poche : elles étaient courtes, heureusement; il ne fallait pas fatiguer Son Altesse par trop de musique.

A l'île sauvage, on remit à la voile et on alla prendre terre sur un rivage chinois : tours imitant la porcelaine, kiosques, jardins rabougris, petits ponts, jonques et plantations de thé, rien n'y manquait. Les lettrés et les mandarins, assez bien costumés, vinrent faire un discours chinois à la margrave; et Consuelo qui, dans le trajet, devait changer de costume dans la cale d'un des bâtiments et s'affubler en mandarine, dut essayer des couplets en langue et musique chinoise, toujours de la façon du comte Hoditz :

Ping, pang, tiong,
Hi, han, hong,

Tel était le refrain, qui était censé signifier, grâce à la puissance d'abréviation que possédait cette langue merveilleuse :

« Belle margrave, grande princesse, idole de tous les cœurs, régnez à jamais sur votre heureux époux et sur votre joyeux empire de Roswald en Moravie. »

En quittant la Chine, on monta dans des palanquins très-riches, et on gravit, sur les épaules des pauvres serfs chinois et sauvages, une petite montagne au sommet de laquelle on trouva la ville de Lilliput. Maisons, forêts, lacs, montagnes, le tout vous venait aux genoux ou à la cheville, et il fallait se baisser pour voir, dans l'intérieur des habitations, les meubles et les ustensiles de ménage, qui étaient dans des proportions relatives à tout le reste. Des marionnettes dansèrent sur la place publique au son des mirlitons, des guimbardes et des tambours de basque. Les personnes qui les faisaient agir et qui produisaient cette musique lilliputienne, étaient cachées sous terre et dans des caveaux ménagés exprès.

En redescendant la montagne des Lilliputiens, on trouva un désert d'une centaine de pas, tout encombré de rochers énormes et d'arbres vigoureux livrés à leur croissance naturelle. C'était le seul endroit que le comte n'eût pas gâté et mutilé. Il s'était contenté de le laisser tel qu'il l'avait trouvé.

« L'usage de cette gorge escarpée m'a bien longtemps embarrassé, dit-il à ses hôtes. Je ne savais comment me délivrer de ces masses de rochers, ni quelle tournure donner à ces arbres superbes, mais désordonnés; tout à coup l'idée m'est venue de baptiser le lieu le désert, le chaos : et j'ai pensé que le contraste n'en serait pas désagréable, surtout lorsqu'au sortir de ces horreurs de la nature, on rentrerait dans des parterres admirablement soignés et parés. Pour compléter l'illusion, vous allez voir quelle heureuse invention j'y ai placée. »

En parlant ainsi, il contourna un gros rocher qui encombrait le sentier (car il avait bien fallu fourrer un sentier uni et sablé dans l'horrible désert), et Consuelo se trouva à l'entrée d'un ermitage creusé dans le roc et surmonté d'une grossière croix de bois. L'anachorète de la Thébaïde en sortit; c'était un bon paysan dont la longue barbe blanche postiche contrastait avec un visage frais et paré des couleurs de la jeunesse. Il fit un beau sermon, dont son maître corrigea les barbarismes, donna sa bénédiction, et offrit des racines et du lait à Consuelo dans une écuelle de bois.

« Je trouve l'ermite un peu jeune, dit le baron de Kreutz : vous eussiez pu mettre ici un vieillard véritable.

— Cela n'eût point plu à la margrave, répondit ingénument le comte Hoditz. Elle dit avec raison que la vieillesse n'est point égayante, et que dans une fête il ne faut voir que de jeunes acteurs. »

Je fais grâce au lecteur du reste de la promenade. Ce serait à n'en pas finir si je voulais lui décrire les diverses contrées, les autels druidiques, les pagodes indiennes, les chemins et canaux couverts, les forêts vierges, les souterrains où l'on voyait les mystères de la passion taillés dans le roc, les mines artificielles avec salles de bal, les Champs-Élysées, les tombeaux, enfin les cascades, les naïades, les sérénades et les *six mille* jets d'eau que le Porpora prétendait, par la suite, avoir été forcé d'*avaler*. Il y avait bien mille autres gentillesses dont les mémoires du temps nous ont transmis le détail avec admiration : une grotte à demi obscure où l'on s'enfonçait en courant, et au fond de laquelle une glace, en vous renvoyant votre propre image, dans un jour incertain, devait infailliblement vous causer une grande frayeur; un couvent où l'on vous forçait, sous peine de perdre à jamais la liberté, de prononcer des vœux dont la formule était un hommage d'éternelle soumission et adoration à la margrave; un arbre à pluie qui, au moyen d'une pompe cachée dans les branches, vous inondait d'encre, de sang ou d'eau de rose, suivant qu'on voulait vous fêter ou vous mystifier; enfin mille secrets charmants, ingénieux, incompréhensibles, dispendieux surtout, que le Porpora eut la brutalité de trouver insupportables, stupides et scandaleux. La nuit seule mit un terme à cette promenade autour du monde, dans laquelle, tantôt à cheval, tantôt en litière, à âne, en voiture ou en bateau, on avait bien fait trois lieues.

Aguerris contre le froid et la fatigue, les deux officiers prussiens, tout en riant de ce qu'il y avait de trop puéril dans les amusements et les *surprises* de Roswald, n'avaient pas été aussi frappés que Consuelo du ridicule de cette merveilleuse résidence. Elle était l'enfant de la nature, née en plein champ, accoutumée, dès qu'elle avait eu les yeux ouverts, à regarder les œuvres de Dieu sans rideau de gaze et sans lorgnon : mais le baron de Kreutz, quoiqu'il ne fût pas tout à fait le premier-venu dans cette aristocratie habituée aux draperies et aux enjolivements de la mode, était l'homme de son monde et de son temps. Il ne haïssait point les grottes, les ermitages et les symboles. En somme, il s'amusa avec bonhomie, montra beaucoup d'esprit dans la conversation, et dit à son acolyte qui, en entrant dans la salle à manger, le plaignait respectueusement de l'ennui d'une aussi rude corvée :

« De l'ennui? moi? pas du tout. J'ai fait de l'exercice, j'ai gagné l'appétit, j'ai vu mille folies, je me suis reposé l'esprit de choses sérieuses : je n'ai pas perdu mon temps et ma peine. »

On fut surpris de ne trouver dans la salle à manger qu'un cercle de chaises autour d'une place vide. Le comte, ayant prié les convives de s'asseoir, ordonna à ses valets de servir.

« Hélas ! Monseigneur, répondit celui qui était chargé de lui donner la réplique, nous n'avions rien qui fût digne d'être offert à une si honorable compagnie, et nous n'avons pas même mis la table.

— Voilà qui est plaisant ! » s'écria l'amphitryon avec une fureur simulée; et quand ce jeu eut duré quelques instants : « Eh bien ! dit-il, puisque les hommes nous refusent un souper, j'évoque l'enfer, et je somme Pluton de m'en envoyer un qui soit digne de mes hôtes. »

En parlant ainsi, il frappa le plancher trois fois, et, le plancher glissant aussitôt dans une coulisse, on vit s'exhaler de folles flammes odorantes; puis, au son d'une musique joyeuse et bizarre, une table magnifiquement servie vint se placer sous les coudes des convives.

« Ce n'est pas mal, dit le comte en soulevant la nappe, et en parlant sous la table. Seulement je suis fort étonné, puisque messire Pluton sait fort bien qu'il n'y a même pas dans ma maison de l'eau à boire, qu'on ne m'en ait pas envoyé une seule carafe.

— Comte Hoditz, répondit, des profondeurs de l'abîme, une voix rauque digne du Tartare, l'eau est fort rare dans les enfers; car presque tous nos fleuves sont à sec depuis que les yeux de Son Altesse margrave ont embrasé jusqu'aux entrailles de la terre; cependant, si vous l'exigez, nous allons envoyer une Danaïde au bord du Styx pour voir si elle en pourra trouver.

— Qu'elle se dépêche, répondit le comte, et surtout donnez-lui un tonneau qui ne soit pas percé. »

Au même instant, d'une belle cuvette de jaspe qui était au milieu de la table, s'élança un jet d'eau de roche qui pendant tout le souper retomba sur lui-même en gerbe de diamants au reflet des nombreuses bougies. Le *surtout* était un chef-d'œuvre de richesse et de mauvais goût, et l'eau du Styx, le souper infernal, furent pour le comte matière à mille jeux de mots, allusions et coq-à-l'âne qui ne valaient guère mieux, mais que la naïveté de son enfantillage lui fit pardonner. Le repas succulent, et servi par de jeunes sylvains et des nymphes plus ou moins charmantes, égaya beaucoup le baron de Kreutz. Il ne fit pourtant qu'une médiocre attention aux belles esclaves de l'amphitryon : ces pauvres paysannes étaient à la fois les servantes, les maîtresses, les choristes et les actrices de leur seigneur. Il était leur professeur de grâces, de danse, de chant et de déclamation. Consuelo avait eu à Passaw un échantillon de sa manière de procéder avec elles; et, en songeant au sort glorieux que ce seigneur lui avait offert alors, elle admirait le sang-froid respectueux avec lequel il la traitait maintenant, sans paraître ni surpris ni confus de sa méprise. Elle savait bien que le lendemain les choses changeraient d'aspect à l'arrivée de la margrave; qu'elle dînerait dans sa chambre avec son maître, et qu'elle n'aurait pas l'honneur d'être admise à la table de Son Altesse. Elle ne s'en embarrassait guère, quoiqu'elle ignorât une circonstance qui l'eût divertie beaucoup en cet instant : à savoir qu'elle soupait avec un personnage infiniment plus illustre, lequel ne voulait pour rien au monde souper le lendemain avec la margrave.

Le baron de Kreutz, souriant donc d'un air assez froid à l'aspect des nymphes du logis, accorda un peu plus d'attention à Consuelo, lorsque après l'avoir provoquée à rompre le silence, il l'eut amenée à parler sur la musique. Il était amateur éclairé et quasi passionné de cet art divin : du moins il en parla lui-même avec une supériorité qui adoucit, non moins que le repas, les bons mets et la chaleur des appartements, l'humeur revêche du Porpora.

« Il serait à souhaiter, dit-il enfin au baron, qui venait de louer délicatement sa manière sans le nommer, que le souverain que nous allons essayer de divertir fût aussi bon juge que vous !

— On assure, répondit le baron, que mon souverain est assez éclairé sur cette matière, et qu'il aime véritablement les beaux-arts.

— En êtes-vous bien certain, monsieur le baron? reprit le maestro, qui ne pouvait causer sans contredire tout le monde sur toutes choses. Moi, je ne m'en flatte guère. Les rois sont toujours les premiers en tout, au dire de leurs sujets; mais il arrive souvent que leurs sujets en savent beaucoup plus long qu'eux.

— En fait de guerre, comme en fait de science et de génie, le roi de Prusse en sait plus long qu'aucun de nous, répondit le lieutenant avec zèle; et quant à la musique, il est très-certain...

— Que vous n'en savez rien ni moi non plus, interrompit sèchement le capitaine Kreutz; maître Porpora ne peut s'en rapporter qu'à lui seul à ce dernier égard.

— Quant à moi, reprit le maestro, la dignité royale ne m'en a jamais imposé en fait de musique; et quand j'avais l'honneur de donner des leçons à la princesse électorale de Saxe, je ne lui passais pas plus de fausses notes qu'à une autre.

— Eh quoi! dit le baron en regardant son compagnon avec une intention ironique, les têtes couronnées font-elles jamais des fausses notes ?

— Tout comme les simples mortels, Monsieur! répondit le Porpora. Cependant je dois dire que la princesse électorale n'en fit pas longtemps avec moi, et qu'elle avait une rare intelligence pour me seconder.

— Ainsi vous pardonneriez bien quelques fausses notes à notre Fritz, s'il avait l'impertinence d'en faire en votre présence?

— A condition qu'il s'en corrigerait.

— Mais vous ne lui laveriez pas la tête? dit à son tour le comte Hoditz en riant.

— Je le ferais, dût-il couper la mienne! » répondit le vieux professeur, qu'un peu de champagne rendait expansif et fanfaron.

Consuelo avait été bien et dûment avertie par le chanoine que la Prusse était une grande préfecture de police, où les moindres paroles, prononcées bien bas à la frontière, arrivaient en peu d'instants, par une suite d'échos mystérieux et fidèles, au cabinet de Frédéric, et qu'il ne fallait jamais dire à un Prussien, surtout à un militaire, à un employé quelconque : « Comment vous portez-vous? » sans peser chaque syllabe, et tourner, comme on dit aux petits enfants, sa langue sept fois dans sa bouche. Elle ne vit donc pas avec plaisir son maître s'abandonner à son humeur narquoise, et elle s'efforça de réparer ses imprudences par un peu de politique.

« Quand même le roi de Prusse ne serait pas le premier musicien de son siècle, dit-elle, il lui serait permis de dédaigner un art certainement bien futile au prix de tout ce qu'il sait d'ailleurs. »

Mais elle ignorait que Frédéric ne mettait pas moins d'amour-propre à être un grand flûtiste qu'à être un grand capitaine et un grand philosophe. Le baron de Kreutz déclara que si Sa Majesté avait jugé la musique un art digne d'être étudié, elle y avait consacré très-probablement une attention et un travail sérieux.

« Bah! dit le Porpora, qui s'animait de plus en plus, l'attention et le travail ne révèlent rien, en fait d'art, à ceux que le ciel n'a pas doués d'un talent inné. Le génie de la musique n'est pas à la portée de toutes les fortunes, et il est plus facile de gagner des batailles et de pensionner des gens de lettres que de dérober aux muses le feu sacré. Le baron Frédéric de Trenck nous a fort bien dit que Sa Majesté prussienne, lorsqu'elle manquait à la mesure, s'en prenait à ses courtisans; mais les choses n'iront pas ainsi avec moi!

— Le baron Frédéric de Trenck a dit cela? répliqua le baron de Kreutz, dont les yeux s'animèrent d'une colère subite et impétueuse. Eh bien! reprit-il en se calmant tout à coup par un effort de sa volonté, et en parlant d'un ton d'indifférence, le pauvre diable doit avoir perdu l'envie de plaisanter; car il est enfermé à la citadelle de Glatz pour le reste de ses jours.

— En vérité! s'écria le Porpora : et qu'a-t-il donc fait?

— C'est le secret de l'État, répondit le baron : mais tout porte à croire qu'il a trahi la confiance de son maître.

— Oui! ajouta le lieutenant; en vendant à l'Autriche le plan des fortifications de la Prusse, sa patrie.

— Oh! c'est impossible! dit Consuelo qui avait pâli, et qui, de plus en plus attentive à sa contenance et à ses paroles, ne put cependant retenir cette exclamation douloureuse.

— C'est impossible, et c'est faux! s'écria le Porpora indigné; ceux qui ont fait croire cela au roi de Prusse en ont menti par la gorge !

— Je présume que ce n'est pas un démenti indirect que vous pensez nous donner? dit le lieutenant en pâlissant à son tour.

— Il faudrait avoir une susceptibilité bien maladroite pour le prendre ainsi, reprit le baron de Kreutz en lançant un regard dur et impérieux à son compagnon. En quoi cela nous regarde-t-il? et que nous importe que maître Porpora mette de la chaleur dans son amitié pour ce jeune homme?

— Oui, j'en mettrais, même en présence du roi lui-même, dit le Porpora. Je dirais au roi qu'on l'a trompé; que c'est fort mal à lui de l'avoir cru; que Frédéric de Trenck est un digne, un noble jeune homme, incapable d'une infamie !

— Je crois, mon maître, interrompit Consuelo que la physionomie du capitaine inquiétait de plus en plus, que vous serez bien à jeun quand vous aurez l'honneur d'approcher le roi de Prusse; et je vous connais trop pour n'être pas certaine que vous ne lui parlerez de rien d'étranger à la musique.

— Mademoiselle me paraît fort prudente, reprit le baron. Il paraît cependant qu'elle a été fort liée à Vienne avec ce jeune baron de Trenck?

— Moi, monsieur? répondit Consuelo avec une indifférence fort bien jouée; je le connais à peine.

— Mais, reprit le baron avec une physionomie pénétrante, si le roi lui-même vous demandait, par je ne sais quel hasard imprévu, ce que vous pensez de la trahison de ce Trenck?...

— Monsieur le baron, dit Consuelo en affrontant son regard inquisitorial avec beaucoup de calme et de modestie, je lui répondrais que je ne crois à la trahison de personne, ne pouvant pas comprendre ce que c'est que de trahir.

— Voilà une belle parole, signora! dit le baron dont la figure s'éclaircit tout à coup, et vous l'avez dite avec l'accent d'une belle âme. »

Il parla d'autre chose, et charma les convives par la grâce et la force de son esprit. Durant tout le reste du souper il eut, en s'adressant à Consuelo, une expression de bonté et de confiance qu'elle ne lui avait pas encore vue.

CII.

A la fin du dessert, une ombre toute drapée de blanc et voilée vint chercher les convives en leur disant : *Suivez-moi!* Consuelo, condamnée encore au rôle de margrave pour la répétition de cette nouvelle scène, se leva la première, et, suivie des autres convives, monta le grand escalier du château, dont la porte s'ouvrait au fond de la salle. L'ombre qui les conduisait poussa, au haut de cet escalier, une autre grande porte, et l'on se trouva dans l'obscurité d'une profonde galerie antique, au bout de laquelle on apercevait simplement une faible lueur. Il fallut se diriger de ce côté au son d'une musique lente, solennelle et mystérieuse, qui était censée exécutée par les habitants du monde invisible.

« Tudieu! dit ironiquement le Porpora d'un ton d'enthousiasme, monsieur le comte ne nous refuse rien! Nous avons entendu aujourd'hui de la musique turque, de la musique nautique, de la musique sauvage, de la musique chinoise, de la musique lilliputienne et toutes sortes de musiques extraordinaires; mais en voici une qui les surpasse toutes, et l'on peut bien dire que c'est véritablement de la musique de l'autre monde.

— Et vous n'êtes pas au bout! répondit le comte enchanté de cet éloge.

— Il faut s'attendre à tout de la part de Votre Excellence, dit le baron de Kreutz avec la même ironie que le professeur; quoique après ceci, je ne sache, en vérité, ce que nous pouvons espérer de plus fort. »

Au bout de la galerie, l'ombre frappa sur une espèce de tamtam qui rendit un son lugubre, et un vaste rideau s'écartant, laissa voir la salle de spectacle décorée et illuminée comme elle devait l'être le lendemain. Je n'en ferai point la description, quoique ce fût bien le cas de dire :

Ce n'était que festons, ce n'était qu'astragales.

La toile du théâtre se leva; la scène représentait l'Olympe ni plus ni moins. Les déesses s'y disputaient le cœur du berger Pâris, et le concours des trois divinités principales faisait les frais de la pièce. Elle était écrite en italien, ce qui fit dire tout bas au Porpora, en s'adressant à Consuelo :

« Le sauvage, le chinois et le lilliputien n'étaient rien ; voilà enfin de l'iroquois. »

Vers et musique, tout était de la fabrique du comte. Les acteurs et les actrices valaient bien leurs rôles. Après une demi-heure de métaphores et de concetti sur l'absence d'une divinité plus charmante et plus puissante que toutes les autres, qui dédaignait de concourir pour le prix de la beauté, Pâris s'étant décidé à faire triompher Vénus, cette dernière prenait la pomme, et, descendant du théâtre par un gradin, venait la déposer au pied de la margrave, en se déclarant indigne de la conserver, et s'excusant d'avoir osé la briguer devant elle. C'était Consuelo qui devait faire ce rôle de Vénus, et comme c'était le plus important, ayant à chanter à la fin une cavatine à grand effet, le comte Hoditz, n'ayant pu en confier la répétition à aucune de ses coryphées, prit le parti de le remplir lui-même, tant pour faire marcher cette répétition que pour faire sentir à Consuelo l'esprit, les intentions, les finesses et les beautés du rôle. Il fut si bouffon en faisant sérieusement Vénus, et en chantant avec emphase les platitudes pillées à tous les méchants opéras à la mode et mal cousues dont il prétendait avoir fait une partition, que personne ne put garder son sérieux. Il était trop animé par le soin de gourmander sa troupe et trop enflammé par l'expression divine qu'il donnait à son jeu et à son chant, pour s'apercevoir de la gaieté de l'auditoire. On l'applaudit à tout rompre, et le Porpora, qui s'était mis à la tête de l'orchestre en se bouchant les oreilles de temps en temps à la dérobée, déclara que tout était sublime, poëme, partition, voix, instruments, et la Vénus provisoire par-dessus tout.

Il fut convenu que la Consuelo et lui liraient ensemble attentivement ce chef-d'œuvre le soir même et le lendemain matin. Ce n'était ni long ni difficile à apprendre, et ils se firent fort d'être le lendemain soir à la hauteur de la pièce et de la troupe. On visita ensuite la salle de bal qui n'était pas encore prête, parce que les danses ne devaient avoir lieu que le surlendemain, la fête ayant à durer deux jours pleins et à offrir une suite ininterrompue de divertissements variés.

Il était dix heures du soir. Le temps était clair et la lune magnifique. Les deux officiers prussiens avaient persisté à repasser la frontière le soir même, alléguant une consigne supérieure qui leur défendait de passer la nuit en pays étranger. Le comte dut céder, et, ayant donné l'ordre qu'on préparât leurs chevaux, il les emmena boire le coup de l'étrier, c'est-à-dire déguster du café et d'exellentes liqueurs dans un élégant boudoir, où Consuelo ne jugea pas à propos de les suivre. Elle prit donc congé d'eux, et après avoir recommandé tout bas au Porpora de se tenir un peu mieux sur ses gardes qu'il n'avait fait durant le souper, elle se dirigea vers sa chambre, qui était dans une autre aile du château.

Mais elle s'égara bientôt dans les détours de ce vaste labyrinthe, et se trouva dans une sorte de cloître où un courant d'air éteignit sa bougie. Craignant de s'égarer de plus en plus et de tomber dans quelqu'une des trappes *à surprise* dont ce manoir était rempli, elle prit le parti de revenir sur ses pas à tâtons jusqu'à ce qu'elle eût retrouvé la partie éclairée des bâtiments. Dans la confusion de tant de préparatifs pour des choses insensées, le confortable de cette riche habitation était entièrement négligé. On y trouvait des sauvages, des ombres, des dieux, des ermites, des nymphes, des ris et des jeux, mais pas un domestique pour avoir un flambeau, pas un être dans son bon sens auprès de qui l'on pût se renseigner.

Cependant elle entendit venir à elle une personne qui semblait marcher avec précaution et se glisser dans les ténèbres à dessein, ce qui ne lui inspira pas la confiance d'appeler et de se nommer, d'autant plus que c'était le pas lourd et la respiration forte d'un homme. Elle s'avançait un peu émue et en se serrant contre la muraille, lorsqu'elle entendit ouvrir une porte non loin d'elle, et la clarté de la lune, en pénétrant par cette ouverture, tomba sur la haute taille et le brillant costume de Karl.

Elle se hâta de l'appeler.

« Est-ce vous, signora? lui dit-il d'une voix altérée. Ah! je cherche depuis bien des heures un instant pour vous parler, et je le trouve trop tard, peut-être!

— Qu'as-tu donc à me dire, bon Karl, et d'où vient l'émotion où je te vois?

— Sortez de ce corridor, signora, je vais vous parler dans un endroit tout à fait isolé et où j'espère que personne ne pourra nous entendre.

Consuelo suivit Karl, et se trouva en plein air avec lui sur la terrasse que formait la tourelle accolée au flanc de l'édifice.

« Signora, dit le déserteur en parlant avec précaution (arrivé le matin pour la première fois à Roswald, il ne connaissait guère mieux les êtres que Consuelo), n'avez-vous rien dit aujourd'hui qui puisse vous exposer au mécontentement ou à la méfiance du roi de Prusse, et dont vous auriez à vous repentir à Berlin, si le roi en était exactement informé?

— Non, Karl, je n'ai rien dit de semblable. Je savais que tout Prussien qu'on ne connaît pas est un interlocuteur dangereux, et j'ai observé, quant à moi, toutes mes paroles.

— Ah! vous me faites du bien de me dire cela; j'étais bien inquiet! je me suis approché de vous deux ou trois fois dans le navire, lorsque vous vous promeniez sur la pièce d'eau. J'étais un des pirates qui ont fait semblant de monter à l'abordage; mais j'étais déguisé, vous ne m'avez pas reconnu. J'ai eu beau vous regarder, vous faire signe, vous n'avez pris garde à rien, et je n'ai pu vous glisser un seul mot. Cet officier était toujours à côté de vous. Tant que vous avez navigué sur le bassin, il ne vous a pas quittée d'un pas. On eût dit qu'il devinait que vous étiez son scapulaire, et qu'il se cachait derrière vous, dans le cas où une balle se serait glissée dans quelqu'un de nos innocents fusils.

— Que veux-tu dire, Karl? Je ne puis te comprendre.. Quel est cet officier? Je ne le connais pas.

— Je n'ai pas besoin de vous le dire; vous le connaîtrez bientôt puisque vous allez à Berlin.

— Pourquoi m'en faire un secret maintenant?

— C'est que c'est un terrible secret, et que j'ai besoin de le garder encore une heure.

— Tu as l'air singulièrement agité, Karl; que se passe-t-il en toi?

— Oh! de grandes choses! l'enfer brûle dans mon cœur!

— L'enfer? On dirait que tu as de mauvais desseins.

— Peut-être!

— En ce cas, je veux que tu parles; tu n'as pas le droit de te taire avec moi, Karl. Tu m'as promis un dévouement, une soumission à toute épreuve.

— Ah! signora, que me dites-vous là? c'est la vérité, je vous dois plus que la vie, car vous avez fait ce qu'il fallait pour me conserver ma femme et ma fille; mais elles étaient condamnées, elles ont péri... et il faut bien que leur mort soit vengée!

— Karl, au nom de ta femme et de ton enfant qui prient pour toi dans le ciel, je t'ordonne de parler. Tu médites je ne sais quel acte de folie; tu veux te venger? La vue de ces Prussiens te met hors de toi?

— Elle me rend furieux, elle me rend fou... Mais non, je suis calme, je suis un saint. Voyez-vous, signora, c'est Dieu et non l'enfer qui me pousse. Allons! l'heure approche. Adieu, signora; il est probable que je ne vous reverrai plus, et je vous demande, puisque vous passez par Prague, de payer une messe pour moi à la chapelle de Saint-Jean-Népomuck, un des plus grands patrons de la Bohême.

— Karl, vous parlerez, vous confesserez les idées criminelles qui vous tourmentent, ou je ne prierai jamais pour vous, et j'appellerai sur vous, au contraire, la malédiction de votre femme et de votre fille, qui sont des anges dans le sein de Jésus le Miséricordieux. Mais comment voulez-vous être pardonné dans le ciel, si vous ne pardonnez pas sur la terre? Je vois bien que vous avez une carabine sous votre manteau, Karl, et que d'ici vous guettez ces Prussiens au passage.

— Non, pas d'ici, dit Karl ébranlé et tremblant; je ne veux pas verser le sang dans la maison de mon maître, ni sous vos yeux, ma bonne sainte fille; mais là-bas, voyez-vous, il y a dans la montagne un chemin creux que je connais bien déjà; car j'y étais ce matin quand ils sont arrivés par là... Mais j'y étais par hasard, je n'étais pas armé, et d'ailleurs je ne l'ai pas reconnu tout de suite, lui!... Mais tout à l'heure, il va repasser par là, et j'y serai, moi! J'y serai bientôt par le sentier du parc, et je le devancerai, quoiqu'il soit bien monté... Et comme vous le dites, signora, j'ai une carabine, une bonne carabine, et il y a dedans une bonne balle pour son cœur. Elle y est depuis tantôt; car je ne plaisantais pas quand je faisais le guet accoutré en faux pirate. Je trouvais l'occasion assez belle, et je l'ai visé plus de dix fois; mais vous étiez là, toujours là, et je n'ai pas tiré... Mais tout à l'heure, vous n'y serez pas, il ne pourra pas se cacher derrière vous comme un poltron... car il est poltron, je le sais bien, moi. Je l'ai vu pâlir, et tourner le dos à la guerre, un jour qu'il nous faisait avancer avec rage contre mes compatriotes, contre mes frères les Bohémiens. Ah! quelle horreur! car je suis Bohémien, moi, par le sang, par le cœur, et cela ne me pardonne pas. Mais si je suis un pauvre paysan de Bohême, n'ayant appris dans ma forêt qu'à manier la cognée, il a fait de moi un soldat prussien, et, grâce à ses caporaux, je sais viser juste avec un fusil.

— Karl, Karl, taisez-vous, vous êtes dans le délire! vous ne connaissez pas cet homme, j'en suis sûre. Il s'appelle le baron de Kreutz; je crains que vous ne saviez pas son nom et que vous le preniez pour un autre. Ce n'est pas un recruteur, il ne vous a pas fait de mal.

— Ce n'est pas le baron de Kreutz, non, signora, et je le connais bien. Je l'ai vu plus de cent fois à la parade : c'est le grand recruteur, c'est le grand maître des voleurs d'hommes et des destructeurs de familles; c'est le grand fléau de la Bohême, c'est mon ennemi, à moi. C'est l'ennemi de notre Église, de notre religion et de tous nos saints; c'est lui qui a profané, par ses rires impies, la statue de saint Jean-Népomuck, sur le pont de Prague. C'est lui qui a volé, dans le château de Prague, le tambour fait avec la peau de Jean Zyska, celui qui fut un grand guerrier dans son temps, et dont la peau était la sauvegarde, le porte-respect, l'honneur de la Bohême! Oh non! je ne me trompe pas, et je connais bien l'homme! D'ailleurs, saint Wenceslas m'est apparu tout à l'heure comme je faisais ma prière dans la chapelle; je l'ai vu comme je vous vois, signora; et il m'a dit : « C'est lui, frappe-le au cœur. » Je l'avais juré à la Sainte-Vierge sur la tombe de ma femme, et il faut que je tienne mon serment... Ah! voyez, signora! voilà son cheval qui arrive devant le perron; c'est ce que j'attendais. Je vais à mon poste; priez pour moi; car je paierai cela de ma vie tôt ou tard; mais peu importe, pourvu que Dieu sauve mon âme!

— Karl! s'écria Consuelo animée d'une force extraordinaire, je te croyais un cœur généreux, sensible et pieux; mais je vois bien que tu es un impie, un lâche et un scélérat. Quel que soit cet homme que tu veux assassiner, je te défends de le suivre et de lui faire aucun mal. C'est le diable qui a pris la figure d'un saint pour égarer ta raison; et Dieu a permis qu'il te fît tomber dans ce piége pour te punir d'avoir fait un serment sacriléger sur la tombe de ta femme. Tu es un lâche et un ingrat, te dis-je; car tu ne songes pas que ton maître, le comte Hoditz, qui t'a comblé de bienfaits, sera accusé de ton crime, et qu'il le paiera de sa tête; lui, si honnête, si bon et si doux envers toi! Va te cacher au fond d'une cave; car tu n'es pas digne de voir le jour, Karl. Fais pénitence, pour avoir eu une telle pensée. Tiens! je vois, en cet instant, ta femme qui pleure à côté de toi, et qui essaie de retenir ton bon ange, prêt à t'abandonner à l'esprit du mal.

— Ma femme! ma femme! s'écria Karl, égaré et vaincu; je ne la vois pas. Ma femme, si tu es là parle-moi, fais que je te revoie encore une fois et que je meure.

— Tu ne peux pas la voir : le crime est dans ton cœur, et la nuit sur tes yeux. Mets-toi à genoux, Karl; tu peux encore te racheter. Donne-moi ce fusil qui souille tes mains, et fais ta prière.

En parlant ainsi, Consuelo prit la carabine, qui ne lui fut pas disputée, et se hâta de l'éloigner des yeux de Karl, tandis qu'il tombait à genoux et fondait en larmes.

Elle quitta la terrasse pour cacher cette arme dans quelque autre endroit, à la hâte. Elle était brisée de l'effort qu'elle venait de faire pour s'emparer de l'imagination du fanatique en évoquant les chimères qui le gouvernaient. Le temps pressait; et ce n'était pas le moment de lui faire un cours de philosophie plus humaine et plus éclairée. Elle venait de dire ce qui lui était venu à l'esprit, inspirée peut-être par quelque chose de sympathique dans l'exaltation de ce malheureux, qu'elle voulait à tout prix sauver d'un acte de démence, et qu'elle accablait même d'une feinte indignation, tout en le plaignant d'un égarement dont il n'était pas le maître.

Elle se pressait d'écarter l'arme fatale, afin de le rejoindre ensuite et de la retenir sur la terrasse jusqu'à ce que les Prussiens fussent bien loin, lorsqu'en rouvrant cette petite porte qui ramenait de la terrasse au corridor, elle se trouva face à face avec le baron de Kreutz. Il venait de chercher son manteau et ses pistolets dans sa chambre. Consuelo n'eut que le temps de laisser tomber la carabine derrière elle, dans l'angle que formait la porte, et de se jeter dans le corridor, en refermant cette porte entre elle et Karl. Elle craignait que la vue de l'ennemi ne rendît à ce dernier toute sa fureur s'il l'apercevait.

La précipitation de ce mouvement, et l'émotion qui la força de s'appuyer contre la porte, comme si elle eût craint de s'évanouir, n'échappèrent point à l'œil clairvoyant du baron de Kreutz. Il portait un flambeau, et s'arrêta devant elle en souriant. Sa figure était parfaitement calme; cependant Consuelo crut voir que sa main tremblait et faisait vaciller très-sensiblement la flamme de la bougie. Le lieutenant était derrière lui, pâle comme la mort, et tenant son épée nue. Ces circonstances, ainsi que la certitude qu'elle acquit un peu plus tard qu'une fenêtre de cet appartement, où le baron avait déposé et repris ses effets, donnait sur la terrasse de la tourelle, firent penser ensuite à Consuelo que les deux Prussiens n'avaient pas perdu un mot de son entretien avec Karl. Cependant le baron la salua d'un air courtois et tranquille; et comme la crainte d'une pareille situation lui faisait oublier de rendre le salut et lui ôtait la force de dire un mot, Kreutz, l'ayant examinée un instant avec des yeux qui exprimaient plus d'intérêt que de surprise, il lui dit d'une voix douce en lui prenant la main :

« Allons, mon enfant, remettez-vous. Vous semblez bien agitée. Nous vous avons fait peur en passant brusquement devant cette porte au moment où vous l'ouvriez; mais nous sommes vos serviteurs et vos amis. J'espère que nous vous reverrons à Berlin, et peut-être pourrons-nous vous y être bon à quelque chose. »

Le baron attira un peu vers lui la main de Consuelo comme si, dans un premier mouvement, il eût songé à la porter à ses lèvres. Mais il se contenta de la presser légèrement, salua de nouveau, et s'éloigna, suivi de son lieutenant[1], qui ne sembla pas même voir Consuelo, tant il était troublé et hors de lui. Cette contenance confirma la jeune fille dans l'opinion qu'il était instruit du danger dont son maître venait d'être menacé.

Mais quel était donc cet homme dont la responsabilité pesait si fortement sur la tête d'un autre, et dont la destruction avait semblé à Karl une vengeance si complète et si enivrante ? Consuelo revint sur la terrasse pour lui arracher son secret, tout en continuant à le surveiller; mais elle le trouva évanoui, et, ne pouvant aider ce colosse à se relever, elle descendit et appela d'autres domestiques pour aller à son secours.

« Ah ! ce n'est rien, dirent-ils en se dirigeant vers le lieu qu'elle leur indiquait : il a bu ce soir un peu trop d'hydromel, et nous allons le porter dans son lit. »

Consuelo eût voulu remonter avec eux; elle craignait que Karl ne se trahît en revenant à lui-même, mais elle en fut empêchée par le comte Hoditz, qui passait par là, et qui lui prit le bras, se réjouissant de ce qu'elle n'était pas encore couchée, et de ce qu'il pouvait lui donner un nouveau spectacle. Il fallut le suivre sur le perron, et de là elle vit en l'air, sur une des collines du parc, précisément du côté que Karl lui avait désigné comme le but de son expédition, un grand arc de lumière, sur lequel on distinguait confusément des caractères en verres de couleur.

« Voilà une très-belle illumination, dit-elle d'un air distrait.

— C'est une délicatesse, un adieu discret et respectueux à l'hôte qui nous quitte, lui répondit-il. Il va passer dans un quart d'heure au pied de cette colline, par un chemin creux que nous ne voyons pas d'ici, et où il trouvera cet arc de triomphe élevé comme par enchantement au-dessus de sa tête.

— Monsieur le comte, s'écria Consuelo en sortant de sa rêverie, quel est donc ce personnage qui vient de nous quitter ?

— Vous le saurez plus tard, mon enfant.

— Si je ne dois pas le demander, je me tais, monsieur le comte; cependant j'ai quelque soupçon qu'il ne s'appelle pas réellement le baron de Kreutz.

— Je n'en ai pas été dupe un seul instant, repartit Hoditz, qui à cet égard se vantait un peu. Cependant j'ai respecté religieusement son incognito. Je sais que c'est sa fantaisie et qu'on l'offense quand on n'a pas l'air de le prendre pour ce qu'il se donne. Vous avez vu que je l'ai traité comme un simple officier, et pourtant... »

Le comte mourait d'envie de parler; mais les convenances lui défendaient d'articuler un nom apparemment si sacré. Il prit un terme moyen, et présentant sa lorgnette à Consuelo :

« Regardez, lui dit-il, comme cet arc improvisé a bien réussi. Il y a d'ici près d'un demi-mille, et je parie qu'avec ma lorgnette, qui est excellente, vous allez lire ce qui est écrit dessus. Les lettres ont vingt pieds de haut, quoiqu'elles vous paraissent imperceptibles. Cependant, regardez bien!... »

Consuelo regarda et déchiffra aisément cette inscription, qui lui révéla le secret de la comédie :

Vive Frédéric le Grand.

« Ah ! monsieur le comte, s'écria-t-elle vivement préoccupée, il y a du danger pour un tel personnage à voyager ainsi, et il en a plus encore à le recevoir.

— Je ne vous comprends pas, dit le comte; nous sommes en paix; personne ne songerait maintenant, sur les terres de l'empire, à lui faire un mauvais parti, et personne ne peut plus trouver contraire au patriotisme d'héberger honorablement un hôte tel que lui. »

Consuelo était plongée dans ses rêveries. Hoditz l'en tira en lui disant qu'il avait une humble supplique à lui présenter; qu'il craignait d'abuser de son obligeance, mais que la chose était si importante, qu'il était forcé de l'importuner. Après bien des circonlocutions :

« Il s'agirait, lui dit-il d'un air mystérieux et grave, de vouloir bien vous charger du rôle de l'ombre.

— Quelle ombre? demanda Consuelo, qui ne songeait plus qu'à Frédéric et aux événements de la soirée.

— L'ombre qui vient au dessert chercher madame la margrave et ses convives pour leur faire traverser la galerie du Tartare, où j'ai placé le champ des morts, et les faire entrer dans la salle du théâtre, où l'Olympe doit les recevoir. Vénus n'entre en scène tout d'abord, et vous auriez le temps de dépouiller, dans la coulisse, le linceul de l'ombre sous lequel vous aurez le brillant costume de la mère des amours tout ajusté, satin couleur de rose avec nœuds d'argent chenillés d'or, paniers très-petits, cheveux sans poudre, avec des perles et des plumes, des roses, une toilette très-décente et d'une galanterie sans égale, vous verrez! Allons, vous consentez à faire l'ombre; car il le faut marcher avec beaucoup de dignité, et pas une de mes petites actrices n'oserait dire à Son Altesse, d'un ton à la fois impérieux et respectueux : *Suivez-moi.* C'est un mot bien difficile à dire, et j'ai pensé qu'une personne de génie pouvait en tirer un grand parti. Qu'en pensez-vous ?

— Le mot est admirable, et je ferai l'ombre de tout mon cœur, répondit Consuelo en riant.

---

[1] On disait alors *bas officier*. Nous avons, dans notre récit, modernisé un titre qui donnait lieu à équivoque.

Peu importe, pourvu que Dieu sauve son âme. (Page 282.)

— Ah! vous êtes un ange, un ange, en vérité! s'écria le comte en lui baisant la main. »

Mais hélas! cette fête, cette brillante fête, ce rêve que le comte avait caressé pendant tout un hiver, et qui lui avait fait faire plus de trois voyages en Moravie pour en préparer la réalisation; ce jour tant attendu devait s'en aller en fumée, tout aussi bien que la sérieuse et sombre vengeance de Karl. Le lendemain, vers le milieu du jour, tout était prêt. Le peuple de Roswald était sous les armes; les nymphes, les génies, les sauvages, les nains, les géants, les mandarins et les ombres attendaient, en grelottant à leurs postes, le moment de commencer leurs évolutions; la route escarpée était déblayée de ses neiges et jonchée de mousse et de violettes; les nombreux convives, accourus des châteaux environnants, et même de villes assez éloignées, formaient un cortège respectable à l'amphitryon, lorsque hélas! un coup de foudre vint tout renverser. Un courrier, arrivé à toute bride, annonça que le carrosse de la margrave avait versé dans un fossé; que Son Altesse s'était enfoncée deux côtes, et qu'elle était forcée de séjourner à Olmütz, où le comte était prié d'aller la rejoindre. La foule se dispersa. Le comte, suivi de Karl, qui avait retrouvé sa raison, monta sur le meilleur de ses chevaux et partit à la hâte, après avoir dit quelques mots à son majordome.

Les Plaisirs, les Ruisseaux, les Heures et les Fleuves allèrent reprendre leurs bottes fourrées et leurs casaquins de laine, et s'en retournèrent à leur travail des champs, pêle-mêle avec les Chinois, les pirates, les druides et les anthropophages. Les convives remontèrent dans leurs équipages, et la berline qui avait amené le Porpora et son élève fut mise de nouveau à leur disposition. Le majordome, conformément aux ordres qu'il avait reçus, leur apporta la somme convenue, et les força de l'accepter bien qu'ils ne l'eussent qu'à demi gagnée. Ils prirent, le jour même, la route de Prague; le professeur enchanté d'être débarrassé de la musique cosmopolite et des cantates polyglottes de son hôte; Consuelo regardant du côté de la Silésie et s'affligeant de tourner le dos au captif de Glatz, sans espérance de pouvoir l'arracher à son malheureux sort.

Ce même jour, le baron de Kreutz, qui avait passé la nuit dans un village, non loin de la frontière morave, et qui en était reparti le matin dans un grand carrosse de voyage,

Oui, c'est moi, Signora, répondit le baron Frédéric. (Page 294)

escorté de ses pages à cheval, et de sa berline de suite qui portait son commis et sa *chatouille*[1], disait à son lieutenant, ou plutôt à son aide de camp, le baron de Buddenbrock, aux approches de la ville de Neïsse, et il faut noter que mécontent de sa maladresse la veille, il lui adressait la parole pour la première fois depuis son départ de Roswald :

« Qu'était-ce donc que cette illumination que j'ai aperçue de loin, sur la colline au pied de laquelle nous devions passer, en côtoyant le parc de ce comte Hoditz?

— Sire, répondit en tremblant Buddenbrock, je n'ai pas aperçu d'illumination.

— Et vous avez eu tort. Un homme qui m'accompagne doit tout voir.

— Votre Majesté devait pardonner au trouble affreux dans lequel m'avait plongé la résolution d'un scélérat...

— Vous ne savez ce que vous dites! cet homme était un fanatique, un malheureux dévot catholique, exaspéré par les sermons que les curés de la Bohême ont fait contre moi durant la guerre; il était poussé à bout d'ailleurs par

[1]. Son trésor de voyage.

quelque malheur personnel. Il faut que ce soit quelque paysan enlevé pour mes armées, un de ces déserteurs que nous reprenons quelquefois malgré leurs belles précautions...

— Votre Majesté peut compter que demain celui-là sera repris et amené devant elle.

— Vous avez donné des ordres pour qu'on l'enlevât au comte Hoditz?

— Pas encore, Sire; mais sitôt que je serai arrivé à Neïsse, je lui dépêcherai quatre hommes très-habiles et très-déterminés...

— Je vous le défends : vous prendrez au contraire des informations sur le compte de cet homme; et si sa famille a été victime de la guerre, comme il semblait l'indiquer dans ses paroles décousues, vous veillerez à ce qu'il lui soit compté une somme de mille reichsthalers, et vous le ferez désigner aux recruteurs de la Silésie, pour qu'on le laisse à jamais tranquille. Vous m'entendez? Il s'appelle Karl; il est très-grand, il est Bohémien, il est au service du comte Hoditz: c'en est assez pour qu'il soit facile de le retrouver, et de s'informer de son nom de famille et de sa position.

— Votre Majesté sera obéie.

— Je l'espère bien! Que pensez-vous de ce professeur de musique?

— Maître Porpora? Il m'a semblé sot, suffisant et d'une humeur très-fâcheuse.

— Et moi je vous dis que c'est un homme supérieur dans son art, rempli d'esprit et d'une ironie fort divertissante. Quand il sera rendu avec son élève à la frontière de Prusse, vous enverrez au-devant de lui une bonne voiture.

— Oui, Sire.

— Et on l'y fera monter seul : *seul*, entendez-vous? avec beaucoup d'égards.

— Oui, Sire.

— Et ensuite?

— Ensuite, Votre Majesté entend qu'on l'amène à Berlin?

— Vous n'avez pas le sens commun aujourd'hui. J'entends qu'on le reconduise à Dresde, et de là à Prague, s'il le désire; et de là même à Vienne, si telle est son intention : le tout à mes frais. Puisque j'ai dérangé un homme si honorable de ses occupations, je dois le remettre où je l'ai pris sans qu'il lui en coûte rien. Mais je ne veux pas qu'il pose le pied dans mes États. Il a trop d'esprit pour nous.

— Qu'ordonne Votre Majesté à l'égard de la cantatrice?

— On la conduira sous escorte, bon gré mal gré, à Sans-Souci, et on lui donnera un appartement dans le château.

— Dans le château, Sire?

— Eh bien! êtes-vous devenu sourd? L'appartement de la Barberini.

— Et la Barberini, Sire, qu'en ferons-nous?

— La Barberini n'est plus à Berlin. Elle est partie. Vous ne le saviez pas?

— Non, Sire.

— Que savez-vous donc? Et dès que cette fille sera arrivée, on m'avertira, à quelque heure que ce soit du jour ou de la nuit. Vous m'avez entendu? Ce sont là les premiers ordres que vous allez faire inscrire sur le registre numéro 1 du commis de ma chatouille : le dédommagement à Karl; le renvoi du Porpora; la succession des honneurs et des profits de la Barberini à la Porporina. Nous voici aux portes de la ville. Reprends ta bonne humeur, Buddenbrock, et tâche d'être un peu moins bête quand il me prendra fantaisie de voyager incognito avec toi. »

CIII.

Le Porpora et Consuelo arrivèrent à Prague par un froid assez piquant, à la première heure de la nuit. La lune éclairait cette vieille cité, qui avait conservé dans son aspect le caractère religieux et guerrier de son histoire. Nos voyageurs entrèrent par la porte appelée Rosthor, et, traversant la partie qui est sur la rive droite de la Moldaw, ils arrivèrent sans encombre jusqu'à la moitié du pont. Mais là, une forte secousse fut imprimée à la voiture, qui s'arrêta court.

« Jésus Dieu! cria le postillon, mon cheval qui s'abat devant la statue! mauvais présage! que saint Jean Népomuck nous assiste!

Consuelo, voyant que le cheval de brancard était embarrassé dans les traits, et que le postillon en aurait pour quelque temps à le relever et à rajuster son harnais, dont plusieurs courroies s'étaient rompues dans la chute, proposa à son maître de mettre pied à terre, afin de se réchauffer un peu par le mouvement. Le maestro y ayant consenti, Consuelo s'approcha du parapet pour examiner le lieu où elle se trouvait. De cet endroit, les deux villes distinctes qui composent Prague, l'une appelée *la nouvelle*, qui fut bâtie par l'empereur Charles IV, en 1348; l'autre, qui remonte à la plus haute antiquité, toutes deux construites en amphithéâtre, semblaient deux noires montagnes de pierres d'où s'élançaient çà et là, sur les points culminants, les flèches élancées des antiques édifices et les sombres dentelures des fortifications. La Moldaw s'engouffrait obscure et rapide sous ce pont d'un style si sévère, théâtre de tant d'événements tragiques dans l'histoire de la Bohême; et le reflet de la lune, en y traçant de pâles éclairs, blanchissait la tête de la statue révérée. Consuelo regarda cette figure du saint docteur, qui semblait contempler mélancoliquement les flots. La légende de saint Népomuck est belle, et son nom vénérable à quiconque estime l'indépendance et la loyauté. Confesseur de l'impératrice Jeanne, il refusa de trahir le secret de sa confession, et l'ivrogne Wenceslas, qui voulait savoir les pensées de sa femme, n'ayant pu rien arracher à l'illustre docteur, le fit noyer sous le pont de Prague. La tradition rapporte qu'au moment où il disparut sous les ondes, cinq étoiles brillèrent sur le gouffre à peine refermé, comme si le martyr eût laissé un instant flotter sa couronne sur les eaux. En mémoire de ce miracle, cinq étoiles de métal ont été incrustées sur la pierre de la balustrade, à l'endroit même où Népomuck fut précipité.

La Rosmunda, qui était fort dévote, avait gardé un tendre souvenir à la légende de Jean Népomuck; et, dans l'énumération des saints que chaque soir elle faisait invoquer par la bouche pure de son enfant, elle n'avait jamais oublié celui-là, le patron spécial des voyageurs, des gens en péril, et, par-dessus tout, *le garant de la bonne renommée*. Ainsi on voit les pauvres rêver à la richesse, la Zingara se faisait, sur ses vieux jours, un idéal de ce trésor qu'elle n'avait guère songé à amasser dans ses jeunes années. Par suite de cette réaction, Consuelo avait été élevée dans des idées d'une exquise pureté. Consuelo se rappela donc en cet instant la prière qu'elle adressait autrefois à l'apôtre de la sincérité; et, saisie par le spectacle des lieux témoins de sa fin tragique, elle s'agenouilla instinctivement parmi les dévots qui, à cette époque, faisaient encore, à chaque heure du jour et de la nuit, une cour assidue à l'image du saint. C'étaient de pauvres femmes, des pèlerins, de vieux mendiants, peut-être aussi quelques zingaris, enfants de la mandoline et propriétaires du grand chemin. Leur piété ne les absorbait pas au point qu'ils ne songeassent à lui tendre la main. Elle leur fit largement l'aumône, heureuse de se rappeler le temps où elle n'était ni mieux chaussée, ni plus fière que ceux-là. Sa générosité les toucha tellement qu'ils se consultèrent à voix basse et chargèrent un d'entre eux de lui dire qu'ils allaient chanter un des anciens hymnes de l'office du bienheureux Népomuck, afin que le saint détournât le mauvais présage par suite duquel elle se trouvait arrêtée sur le pont. La musique et les paroles étaient, selon eux, du temps même de Wenceslas l'ivrogne :

Suscipe quas dedimus, Johannes beate,
Tibi preces supplices, noster advocate:
Fieri, dum vivimus, ne sinas infames
Et nostros post obitum cœlis inter manes.

Le Porpora, qui prit plaisir à les écouter, jugea que leur hymne n'avait guère plus d'un siècle de date; mais il en entendit un second qui lui sembla une malédiction adressée à Wenceslas par ses contemporains, et qui commençait ainsi :

Sævus, piger imperator,
Malorum clarus patrator, etc.

Quoique les crimes de Wenceslas ne fussent pas un événement de circonstance, il semblait que les pauvres Bohémiens prissent un éternel plaisir à maudire, dans la personne de ce tyran, ce titre abhorré d'*imperator*, qui était devenu pour eux synonyme d'étranger. Une sentinelle autrichienne gardait chacune des portes placées à l'extrémité du pont. Leur consigne les forçait à marcher sans cesse de chaque porte à la moitié de l'édifice; là elles se rencontraient devant la statue, se tournaient le dos et reprenaient leur impassible promenade. Elles entendaient les cantiques ; mais comme elles n'étaient pas aussi versées dans le latin d'église que les dévots pragois, elles s'imaginaient sans doute écouter un cantique à la louange de François de Lorraine, l'époux de Marie-Thérèse.

En recueillant ces chants naïfs au clair de la lune, dans un des sites les plus poétiques du monde, Consuelo se sentit pénétrée de mélancolie. Son voyage avait été heureux et enjoué jusque là ; et, par une réaction assez naturelle, elle tomba tout d'un coup dans la tristesse. Le postillon, qui rajustait son équipage avec une lenteur germanique, ne cessait de répéter à chaque exclamation de mécontentement : « Voilà un mauvais présage ! » si bien que l'imagination de Consuelo finit par s'en ressentir. Toute émotion pénible, toute rêverie prolongée ramenait en elle le souvenir d'Albert. Elle se rappela en cet instant qu'Albert, entendant un soir la chanoinesse invoquer tout haut, dans sa prière, saint Népomuck le gardien de la bonne réputation, lui avait dit : « C'est fort bien pour vous, ma tante, qui avez pris la précaution d'assurer la vôtre par une vie exemplaire ; mais j'ai vu souvent des âmes souillées de vices appeler à leur aide les miracles de ce saint, afin de pouvoir mieux cacher aux hommes leurs secrètes iniquités. C'est ainsi que vos pratiques dévotes servent aussi souvent de manteau à l'hypocrisie grossière que de secours à l'innocence. » En cet instant, Consuelo s'imagina entendre la voix d'Albert résonner à son oreille dans la brise du soir et dans l'onde sinistre de la Moldaw. Elle se demanda ce qu'il penserait d'elle, lui qui la croyait déjà pervertie peut-être, s'il la voyait prosternée devant cette image catholique ; et elle se relevait comme effrayée, lorsque le Porpora lui dit :

« Allons, remontons en voiture, tout est réparé.

Elle le suivit et s'apprêtait à entrer dans la voiture, lorsqu'un cavalier, lourdement monté sur un cheval plus lourd encore, s'arrêta court, mit pied à terre et s'approcha d'elle pour la regarder avec une curiosité tranquille qui lui parut fort impertinente.

« Que faites-vous là, Monsieur ? dit le Porpora en le repoussant ; on ne regarde pas les dames de si près. Ce peut être l'usage à Prague, mais je ne suis pas disposé à m'y soumettre. »

Le gros homme sortit le menton de ses fourrures ; et, tenant toujours son cheval par la bride, il répondit au Porpora en bohémien, sans s'apercevoir que celui-ci ne le comprenait pas du tout ; mais Consuelo, frappée de la voix de ce personnage, et se penchant pour regarder ses traits au clair de la lune, s'écria, en passant entre lui et le Porpora : « Est-ce donc vous, monsieur le baron de Rudolstadt ?

— Oui, c'est moi, Signora ! répondit le baron Frédéric ; c'est moi, le frère de Christian, l'oncle d'Albert ; oh ! c'est bien moi. Et c'est bien vous aussi ! » ajouta-t-il en poussant un profond soupir.

Consuelo fut frappée de son air triste et de la froideur de son accueil. Lui qui s'était toujours piqué avec elle d'une galanterie chevaleresque, ne lui baisa pas la main, il ne songea même pas à toucher son bonnet fourré pour la saluer ; il se contenta de répéter en la regardant d'un air consterné, pour ne pas dire hébété : « C'est bien vous ! en vérité, c'est vous ! »

— Donnez-moi des nouvelles de Riesenburg, dit Consuelo avec agitation.

— Je vous en donnerai, Signora ! Il me tarde de vous en donner.

— Eh bien ! monsieur le baron, dites ; parlez-moi du comte Christian, de madame la chanoinesse et de...

— Oh oui ! je vous en parlerai, répondit Frédéric, qui était de plus en plus stupéfait et comme abruti.

— Et le comte Albert ? reprit Consuelo, effrayée de sa contenance et de sa physionomie.

— Oui, oui ! Albert, hélas ! oui ! répondit le baron, je veux vous en parler. »

Mais il n'en parla point ; et à travers toutes les questions de la jeune fille, il resta presque aussi muet et immobile que la statue de Népomuck.

Le Porpora commençait à s'impatienter : il avait froid ; il lui tardait d'arriver à un bon gîte. En outre, cette rencontre, qui pouvait faire une grande impression sur Consuelo, le contrarierait passablement.

— Monsieur le baron, lui dit-il, nous aurons l'honneur d'aller demain vous présenter nos devoirs ; mais souffrez que maintenant nous allions souper et nous réchauffer... Nous avons plus besoin de cela que de compliments, ajouta-t-il entre ses dents, en sautant dans la voiture, où il venait de pousser Consuelo, bon gré mal gré.

— Mais, mon ami, dit celle-ci avec anxiété, laissez-moi m'informer...

— Laissez-moi tranquille, répondit-il brusquement. Cet homme est idiot, s'il n'est pas ivre-mort ; et nous passerions bien la nuit sur le pont sans qu'il pût accoucher d'une parole de bon sens. »

Consuelo était en proie à une affreuse inquiétude :

« Vous êtes impitoyable, lui dit-elle tandis que la voiture franchissait le pont et entrait dans l'ancienne ville. Un instant de plus, et j'allais apprendre ce qui m'intéresse plus que tout au monde...

— Ouais ! en sommes-nous encore là ? dit le maestro avec humeur. Cet Albert te trottera-t-il éternellement dans la cervelle ? Tu aurais eu là une jolie famille, bien enjouée, bien élevée, à en juger par ce gros butor, qui a son bonnet caché sur sa tête, apparemment ! car il ne t'a pas fait la grâce de le soulever en te voyant.

— C'est une famille dont vous pensiez naguère tant de bien, que vous m'y avez jetée comme dans un port de salut, en me recommandant d'être tout respect, tout amour pour ceux qui la composent.

— Quant au dernier point, tu m'as trop bien obéi, à ce que je vois. »

Consuelo allait répliquer ; mais elle se calma en voyant le baron à cheval, déterminé, en apparence, à suivre la voiture ; et lorsqu'elle en descendit, elle trouva le vieux seigneur à la portière, lui offrant la main, et lui faisant avec politesse les honneurs de sa maison ; car c'était chez lui et non à l'auberge qu'il avait donné ordre au postillon de la conduire. Le Porpora voulut en vain refuser son hospitalité : il insista, et Consuelo, qui brûlait d'éclaircir ses tristes appréhensions, se hâta d'accepter et d'entrer avec lui dans la salle, où un grand feu et un bon souper les attendaient.

« Vous voyez, Signora, dit le baron en lui faisant remarquer trois couverts, je comptais sur vous.

— Cela m'étonne beaucoup, répondit Consuelo ; nous n'avons annoncé ici notre arrivée à personne ; et nous comptions même, il y a deux jours, n'y arriver qu'après-demain.

— Tout cela ne vous étonne pas plus que moi, dit le baron d'un air abattu.

— Mais la baronne Amélie ? demanda Consuelo, honteuse de n'avoir pas encore songé à son ancienne élève. »

Un nuage couvrit le front du baron de Rudolstadt : son teint vermeil, violacé par le froid, devint tout à coup si blême, que Consuelo en fut épouvantée ; mais il répondit avec une sorte de calme :

« Ma fille est en Saxe, chez une de nos parentes. Elle aura bien du regret de ne pas vous avoir vue.

— Et les autres personnes de votre famille, monsieur le baron, reprit Consuelo, ne puis-je savoir....

— Oui, vous saurez tout, répondit Frédéric, vous saurez tout. Mangez, signora ; vous devez en avoir besoin.

— Je ne puis manger si vous ne me tirez d'inquiétude. Monsieur le baron, au nom du ciel, n'avez-vous pas à déplorer la perte d'aucun des vôtres ?

— Personne n'est mort, » répondit le baron d'un ton aussi lugubre que s'il eût annoncé l'extinction de sa famille entière.

Et il se mit à découper les viandes avec une lenteur aussi solennelle qu'il le faisait à Riesenburg. Consuelo n'eut plus le courage de le questionner. Le souper lui parut mortellement long. Le Porpora, qui était moins inquiet qu'affamé, s'efforça de causer avec son hôte. Celui-ci s'efforça, de son côté, de lui répondre obligeamment, et même de l'interroger sur ses affaires et ses projets ; mais cette liberté d'esprit était évidemment au-dessus de ses forces. Il ne répondait jamais à propos, ou il renouvelait ses questions un instant après en avoir reçu la réponse. Il se taillait toujours de larges portions, et faisait remplir copieusement son assiette et son verre ; mais c'était un effet de l'habitude : il ne mangeait ni ne buvait ; et, laissant tomber sa fourchette par terre et ses regards sur la nappe, il succombait à un affaissement déplorable. Consuelo l'examinait, et voyait bien qu'il n'était pas ivre. Elle se demandait si cette décadence subite était l'ouvrage du malheur, de la maladie ou de la vieillesse. Enfin, après deux heures de ce supplice, le baron, voyant le repas terminé, fit signe à ses gens de se retirer ; et, après avoir longtemps cherché dans ses poches d'un air égaré, il en sortit une lettre ouverte, qu'il présenta à Consuelo. Elle était de la chanoinesse, et contenait ce qui suit :

« Nous sommes perdus ; plus d'espoir, mon frère ! Le docteur Supperville est enfin arrivé de Bareith ; et, après nous avoir ménagés pendant quelques jours, il m'a déclaré qu'il fallait mettre ordre aux affaires de la famille, parce que, dans huit jours peut-être, Albert n'existerait plus. Christian, à qui je n'ai pas la force de prononcer cet arrêt, se flatte encore, mais faiblement ; car son abattement m'épouvante, et je ne sais pas si la perte de mon neveu est le seul coup qui me menace. Frédéric, nous sommes perdus ! survivrons-nous tous deux à de tels désastres ? Pour moi, je n'en sais rien. Que la volonté de Dieu soit faite ! Voilà tout ce que je puis dire ; mais je ne sens pas en moi la force de n'y pas succomber. Venez à nous, mon frère, et tâchez de nous apporter du courage, s'il a pu vous en rester après votre propre malheur, malheur qui est aussi le nôtre, et qui met le comble aux infortunes d'une famille qu'on dirait maudite ! Quels crimes avons-nous donc commis pour mériter de telles expiations ? Que Dieu me préserve de manquer de foi et de soumission ; mais, en vérité, il y a des instants où je me dis que c'en est trop.

« Venez, mon frère, nous vous attendons, nous avons besoin de vous ; et cependant ne quittez pas Prague avant le 11. J'ai à vous charger d'une étrange commission ; je crois devenir folle en m'y prêtant ; mais je ne comprends plus rien à notre existence, et je me conforme aveuglément aux volontés d'Albert. Le 11 courant, à sept heures du soir, trouvez-vous sur le pont de Prague, au pied de la statue. La première voiture qui passera, vous l'arrêterez ; la première personne que vous y verrez, vous l'emmènerez chez vous ; et si elle peut partir pour Riesenburg le soir même, Albert peut-être sauvé. Du moins il dit qu'il se rattachera à la vie éternelle, et j'ignore ce qu'il entend par là. Mais les révélations qu'il a eues, depuis huit jours, des événements les plus imprévus pour nous tous, ont été réalisées d'une façon si incompréhensible, qu'il ne m'est plus permis d'en douter : il a le don de prophétie ou le sens de la vue des choses cachées. Il m'a appelée ce soir auprès de son lit, et de cette voix éteinte qu'il a maintenant, et qu'il faut deviner plus qu'on ne peut l'entendre, il m'a dit de vous transmettre les paroles que je vous ai fidèlement rapportées. Soyez donc à sept heures, le 11, au pied de la statue, et, quelle que soit la personne qui s'y trouvera en voiture, amenez-la ici en toute hâte. »

En achevant cette lettre, Consuelo, devenue aussi pâle que le baron, se leva brusquement ; puis elle retomba sur sa chaise, et resta quelques instants les bras raidis et les dents serrées. Mais elle reprit aussitôt ses forces, se leva de nouveau, et dit au baron qui était retombé dans sa stupeur :

« Eh bien ! monsieur le baron, votre voiture est-elle prête ? Je le suis, moi ; partons. »

Le baron se leva machinalement et sortit. Il avait eu la force de songer à tout d'avance ; la voiture était préparée, les chevaux attendaient dans la cour ; mais il n'obéissait plus que comme un automate à la pression d'un ressort, et, sans Consuelo, il n'aurait plus pensé au départ.

A peine fut-il hors de la chambre, que le Porpora saisit la lettre et la parcourut rapidement. A son tour il devint pâle, ne put articuler un mot, et se promena devant le poêle en proie à un affreux malaise. Le maestro avait à se reprocher ce qui arrivait. Il ne l'avait pas prévu, mais il se disait maintenant qu'il eût dû le prévoir : et en proie au remords, à l'épouvante, sentant sa raison confondue d'ailleurs par la singulière puissance de divination qui avait révélé au malade le moyen de revoir Consuelo, il croyait faire un rêve affreux et bizarre.

Cependant, comme aucune organisation n'était plus positive que la sienne à certains égards, et aucune volonté plus tenace, il pensa bientôt à la possibilité et aux suites de cette brusque résolution que Consuelo venait de prendre. Il s'agita beaucoup, frappa son front avec ses mains et le plancher avec ses talons, fit craquer toutes ses phalanges, compta sur ses doigts, supputa, rêva, s'arma de courage, et, bravant l'explosion, dit à Consuelo en la secouant pour la ranimer :

« Tu veux aller là-bas, j'y consens ; mais je te suis. Tu veux voir Albert, tu vas peut-être lui donner le coup de grâce ; mais il n'y a pas moyen de reculer, nous partons. Nous pouvons disposer de deux jours. Nous devions les passer à Dresde ; nous ne nous y reposerons point. Si nous ne sommes pas à la frontière de Prusse le 18, nous manquons à nos engagements. Le théâtre ouvre le 25 ; si tu n'es pas prête, je suis condamné à payer un dédit considérable. Je ne possède pas la moitié de la somme nécessaire, et, en Prusse, qui ne paie pas va en prison. Une fois en prison, on vous oublie ; on vous laisse dix ans, vingt ans ; vous y mourrez de chagrin ou de vieillesse, à volonté. Voilà le sort qui m'attend si tu oublies qu'il faut quitter Riesenburg le 14 à cinq heures du matin au plus tard.

— Soyez tranquille, mon maître, répondit Consuelo avec l'énergie de la résolution ; j'avais déjà songé à tout cela. Ne me faites pas souffrir à Riesenburg, voilà tout ce que je vous demande. Nous en partirons le 14 à cinq heures du matin.

— Il faut le jurer.

— Je le jure ! répondit-elle en haussant les épaules d'impatience. Quand il s'agit de votre liberté et de votre vie, je ne conçois pas que vous ayez besoin d'un serment de ma part. »

Le baron rentra en cet instant, suivi d'un vieux domestique dévoué et intelligent, qui l'enveloppa comme un enfant de sa pelisse fourrée, et le traîna dans sa voiture. On gagna rapidement Beraum et on atteignit Pilsen au lever du jour.

CIV.

De Pilsen à Tauss, quoiqu'on marchât aussi vite que possible, il fallut perdre beaucoup de temps dans des chemins affreux, à travers des forêts presque impraticables et assez mal fréquentées, dont le passage n'était pas sans danger de plus d'une sorte. Enfin, après avoir fait un peu plus d'une lieue par heure, on arriva vers minuit au château des Géants. Jamais Consuelo ne fit de voyage plus fatigant et plus lugubre. Le baron de Rudolstadt semblait près de tomber en paralysie, tant il était devenu indolent et podagre. Il n'y avait pas un an que Consuelo l'avait vu robuste comme un athlète ; mais ce corps de fer n'était point animé d'une forte volonté. Il n'avait jamais obéi qu'à des instincts, et au premier coup d'un malheur inattendu il était brisé. La pitié qu'il inspirait à Consuelo augmentait ses inquiétudes. « Est-ce donc ainsi que je vais retrouver tous les hôtes de Riesenburg ? » pensait-elle.

Le pont était baissé, les grilles ouvertes, les serviteurs attendaient dans la cour avec des flambeaux. Aucun des trois voyageurs ne songea à en faire la remarque ; aucun ne se sentit la force d'adresser une question aux domestiques. Le Porpora, voyant que le baron se traînait avec peine, le prit par le bras pour l'aider à marcher, tandis que Consuelo s'élançait vers le perron et en franchissait rapidement les degrés.

Elle y trouva la chanoinesse, qui, sans perdre de temps à lui faire accueil, lui saisit le bras en lui disant :

« Venez, le temps presse; Albert s'impatiente. Il a compté les heures et les minutes exactement; il a annoncé que vous entriez dans la cour, et une seconde après nous avons entendu le roulement de votre voiture. Il ne doutait pas de votre arrivée, mais il a dit que si quelque accident vous retardait, il ne serait plus temps. Venez, Signora, et, au nom du ciel, ne résistez à aucune de ses idées, ne contrariez aucun de ses sentiments. Promettez-lui tout ce qu'il vous demandera, feignez de l'aimer. Mentez, hélas! s'il le faut. Albert est condamné! il touche à sa dernière heure. Tâchez d'adoucir son agonie; c'est tout ce que nous vous demandons. »

En parlant ainsi, Wenceslawa entraînait Consuelo vers le grand salon.

« Il est donc levé? Il ne garde donc pas la chambre? demanda Consuelo à la hâte.

— Il ne se lève plus, car il ne se couche plus, répondit la chanoinesse. Depuis trente jours, il est assis sur un fauteuil, dans le salon, et il ne veut pas qu'on le dérange pour le transporter ailleurs. Le médecin déclare qu'il ne faut pas le contrarier à cet égard, parce qu'on le ferait mourir en le remuant. Signora, prenez courage; car vous allez voir un effrayant spectacle! »

La chanoinesse ouvrit la porte du salon, en ajoutant :

« Courez à lui, ne craignez pas de le surprendre. Il vous attend, il vous a vue venir de plus de deux lieues. »

Consuelo s'élança vers son pâle fiancé, qui était effectivement assis dans un grand fauteuil, auprès de la cheminée. Ce n'était plus un homme, c'était un spectre. Sa figure, toujours belle malgré les ravages de la maladie, avait contracté l'immobilité d'un visage de marbre. Il n'y eut pas un sourire sur ses lèvres, pas un éclair de joie dans ses yeux. Le médecin, qui tenait son bras et consultait son pouls, comme dans la scène de Stratonice, le laissa retomber doucement, et regarda la chanoinesse d'un air qui signifiait : « Il est trop tard. » Consuelo était à genoux près d'Albert, qui la regardait fixement et ne disait rien. Enfin, il réussit à faire, avec le doigt, un signe à la chanoinesse, qui avait appris à deviner toutes ses intentions. Elle prit ses deux bras, qu'il n'avait plus la force de soulever, et les posa sur les épaules de Consuelo; puis elle pencha la tête de cette dernière sur le sein d'Albert; et comme la voix du moribond était entièrement éteinte, il lui prononça ce peu de mots à l'oreille :

« Je suis heureux. »

Il tint pendant deux minutes la tête de sa bien-aimée contre sa poitrine et sa bouche collée sur ses cheveux noirs. Puis il regarda sa tante, et, par d'imperceptibles mouvements, il lui fit comprendre qu'il désirait qu'elle et son père donnassent le même baiser à sa fiancée.

« Oh! de toute mon âme! » dit la chanoinesse en la pressant dans ses bras avec effusion.

Puis elle la releva pour la conduire au comte Christian, que Consuelo n'avait pas encore remarqué.

Assis dans un autre fauteuil vis à vis de son fils, à l'autre angle de la cheminée, le vieux comte semblait presque aussi affaibli et aussi détruit. Il se levait encore pourtant et faisait quelques pas dans le salon; mais il fallait chaque soir le porter à son lit, qu'il avait fait dresser dans une pièce voisine. Il tenait en cet instant la main de son frère dans une des siennes, et celle du Porpora dans l'autre. Il les quitta pour embrasser Consuelo avec ferveur à plusieurs reprises. L'aumônier du château vint à son tour la saluer pour faire plaisir à Albert. C'était un spectre aussi, malgré son embonpoint qui ne faisait qu'augmenter; mais sa pâleur était livide. La mollesse d'une vie nonchalante l'avait trop énervé pour qu'il pût supporter la douleur des autres. La chanoinesse conservait de l'énergie pour tous. Sa figure était couperosée, ses yeux brillaient d'un éclat fébrile; Albert seul paraissait calme. Il avait la sérénité d'une belle mort sur le front, sa prostration physique n'avait rien qui ressemblât à l'abrutissement des facultés morales. Il était grave et non accablé comme son père et son oncle.

Au milieu de toutes ces organisations ravagées par la maladie ou la douleur, le calme et la santé du médecin faisaient contraste. Supperville était un Français autrefois attaché à Frédéric, lorsque celui-ci n'était que prince royal. Pressentant un des premiers le caractère despotique et ombrageux qu'il voyait couver dans le prince, il était venu se fixer à Bareith et s'y vouer au service de la margrave Sophie Wilhelmine de Prusse, sœur de Frédéric. Ambitieux et jaloux, Supperville avait toutes les qualités du courtisan; médecin assez médiocre, malgré la réputation qu'il avait acquise dans cette petite cour, il était homme du monde, observateur pénétrant et juge assez intelligent des causes morales de la maladie. Il avait beaucoup exhorté la chanoinesse à satisfaire tous les désirs de son neveu, et il avait espéré quelque chose du retour de celle pour qui Albert mourait. Mais il avait beau interroger son pouls et sa physionomie, depuis que Consuelo était arrivée, il se répétait qu'il n'était plus temps, et il songeait à s'en aller pour n'être pas témoin des scènes de désespoir qu'il n'était plus en son pouvoir de conjurer.

Il résolut pourtant de se mêler aux affaires positives de la famille, pour satisfaire, soit quelque prévision intéressée, soit son goût naturel pour l'intrigue; et, voyant que, dans cette famille consternée, personne ne songeait à mettre les moments à profit, il attira Consuelo dans l'embrasure d'une fenêtre pour lui parler tout bas, en français, ainsi qu'il suit :

« Mademoiselle, le médecin est un confesseur. J'ai donc appris bien vite ici le secret de la passion qui conduit ce jeune homme au tombeau. Comme médecin, habitué à approfondir les choses et à ne pas croire facilement aux perturbations des lois du monde physique, je vous déclare que je ne puis croire aux étranges visions et aux révélations extatiques du jeune comte. En ce qui vous concerne, du moins, je trouve fort simple de les attribuer à de secrètes communications qu'il a eues avec vous touchant votre voyage à Prague et votre prochaine arrivée ici. »

Et comme Consuelo faisait un geste négatif, il poursuivit : « Je ne vous interroge pas, Mademoiselle, et mes suppositions n'ont rien qui doive vous offenser. Vous devez bien plutôt m'accorder votre confiance, et me regarder comme entièrement dévoué à vos intérêts.

— Je ne vous comprends pas, Monsieur, répondit Consuelo avec une candeur qui ne convainquit point le médecin de cour.

— Vous allez me comprendre, Mademoiselle, reprit-il avec sang-froid. Les parents du jeune comte se sont opposés à votre mariage avec lui, de toutes leurs forces jusqu'à ce jour. Mais enfin, leur résistance est à bout. Albert va mourir, sa volonté étant de vous laisser sa fortune, ils ne s'opposeront point à ce qu'une cérémonie religieuse vous l'assure à tout jamais.

— Eh! que m'importe la fortune d'Albert? dit Consuelo stupéfaite : qu'a cela de commun avec l'état où je le trouve? Je ne viens pas ici pour m'occuper d'affaires, Monsieur; je viens essayer de le sauver. Ne puis-je donc en conserver aucune espérance?

— Aucune! Cette maladie, toute mentale, est de celles qui déjouent tous nos plans et résistent à tous les efforts de la science. Il y a un mois que le jeune comte, après une disparition de quinze jours, dont personne ici n'a pu m'expliquer, est rentré dans sa famille atteint d'un mal subit et incurable. Toutes les fonctions de la vie étaient déjà suspendues. Depuis trente jours, il n'a pu avaler aucune espèce d'aliments, et c'est un de ces phénomènes dont l'organisation exceptionnelle des aliénés offre seule des exemples, de voir qu'il ait pu se soutenir jusqu'ici avec quelques gouttes d'eau par jour et quelques minutes de sommeil par nuit. Vous le voyez, toutes les forces vitales sont épuisées en lui. Encore deux jours, tout au plus, et il aura cessé de souffrir. Armez-vous donc de courage : ne perdez pas la tête. Je suis là pour vous seconder et pour frapper les grands coups.

Consuelo regardait toujours le docteur avec étonnement, lorsque la chanoinesse, avertie par un signe du malade, vint interrompre ce dernier pour l'amener auprès d'Albert.

Albert, l'ayant fait approcher, lui parla dans l'oreille plus longtemps que son état de faiblesse ne semblait pouvoir le permettre. Supperville rougit et pâlit; la chanoinesse, qui les observait avec anxiété, brûlait d'apprendre quel désir Albert lui exprimait.

« Docteur, disait Albert, tout ce que vous venez de dire à cette jeune fille, je l'ai entendu. (Supperville, qui avait parlé au bout du grand salon, aussi bas que son malade lui parlait en cet instant, se troubla, et ses idées positives sur l'impossibilité des facultés extatiques furent tellement bouleversées qu'il crut devenir fou.) Docteur, continua le moribond, vous ne comprenez rien à cette âme-là, et vous nuisez à mon dessein en alarmant sa délicatesse. Elle n'entend rien à vos idées sur l'argent. Elle n'a jamais voulu de mon titre ni de ma fortune; elle n'avait pas d'amour pour moi. Elle ne cédera qu'à la pitié. Parlez à son cœur. Je suis plus près de ma fin que vous ne croyez. Ne perdez pas de temps. Je ne puis pas revivre heureux si je n'emporte dans la nuit du repos le titre de son époux.

— Mais qu'entendez-vous par ces dernières paroles? dit Supperville, occupé en cet instant à analyser la folie de son malade.

— Vous ne pouvez pas les comprendre, reprit Albert avec effort, mais elle les comprendra. Bornez-vous à les lui redire fidèlement.

— Tenez, monsieur le comte, dit Supperville en élevant un peu la voix, je vois que je ne puis être un interprète lucide de vos pensées; vous avez la force de parler maintenant plus que vous ne l'avez eu depuis huit jours, et j'en conçois un favorable augure. Parlez vous-même à mademoiselle; un mot de vous la convaincra mieux que tous mes discours. La voici près de vous; qu'elle prenne ma place, et vous entende. »

Supperville ne comprenant plus rien, en effet, à ce qu'il avait cru comprendre, et pensant d'ailleurs qu'il en avait dit assez à Consuelo pour s'assurer de sa reconnaissance au cas où elle viserait à la fortune, se retira après qu'Albert lui eut dit encore :

« Songez à ce que vous m'avez promis; le moment est venu : parlez à mes parents. Faites qu'ils consentent et qu'ils n'hésitent pas. Je vous dis que le temps presse. »

Albert était si fatigué de l'effort qu'il venait de faire qu'il appuya son front sur celui de Consuelo lorsqu'elle s'approcha de lui, et s'y reposa quelques instants comme près d'expirer. Ses lèvres blanches devinrent bleuâtres, et le Porpora, effrayé, crut qu'il venait de rendre le dernier soupir. Pendant ce temps, Supperville avait réuni le comte Christian, le baron, la chanoinesse et le chapelain à l'autre bout de la cheminée, et il leur parlait avec feu. Le chapelain fit seul une objection timide en apparence, mais qui résumait toute la persistance du prêtre.

« Si Vos Seigneuries l'exigent, dit-il, je prêterai mon ministère à ce mariage; mais le comte Albert n'étant pas en état de grâce, il faudrait premièrement que, par la confession et l'extrême-onction, il fît sa paix avec l'Église.

— L'extrême-onction! dit la chanoinesse avec un gémissement étouffé : en sommes-nous là, grand Dieu?

— Nous en sommes là, en effet, répondit Supperville qui, homme du monde et philosophe voltairien, détestait la figure et les objections de l'aumônier : oui, nous en sommes là sans rémission, si monsieur le chapelain insiste sur ce mariage; mais si monsieur le chapelain par l'appareil sinistre de la dernière cérémonie.

— Et croyez-vous, dit le comte Christian, partagé entre sa dévotion et sa tendresse paternelle, que l'appareil d'une cérémonie plus riante, plus conforme aux vœux de son esprit, puisse lui rendre la vie?

— Je ne réponds de rien, reprit Supperville, mais j'ose dire que j'en espère beaucoup. Votre Seigneurie avait consenti à ce mariage en d'autres temps...

— J'y ai toujours consenti, je ne m'y suis jamais opposé, dit le comte en élevant la voix à dessein; c'est maître Porpora, tuteur de cette jeune fille, qui m'a écrit de sa part qu'il n'y consentirait point, et qu'elle-même y avait déjà renoncé. Hélas! ç'a été le coup de la mort pour mon fils! ajouta-t-il en baissant la voix.

— Vous entendez ce que dit mon père? murmura Albert à l'oreille de Consuelo; mais n'ayez point de remords. J'ai cru à votre abandon, et je me suis laissé frapper par le désespoir; mais depuis huit jours j'ai recouvré ma raison, qu'ils appellent ma folie; j'ai lu dans les cœurs éloignés comme les autres lisent dans les lettres ouvertes. J'ai vu à la fois le passé, le présent et l'avenir. J'ai su enfin que tu avais été fidèle à ton serment, Consuelo; que tu avais fait ton possible pour m'aimer; que tu m'avais aimé véritablement durant quelques heures. Mais on nous a trompés tous deux. Pardonne à ton maître comme je lui pardonne! »

Consuelo regarda le Porpora, qui ne pouvait entendre les paroles d'Albert, mais qui, à celles du comte Christian, s'était troublé et marchait le long de la cheminée avec agitation. Elle le regarda d'un air de solennel reproche, et le maestro la comprit si bien qu'il se frappa la tête du poing avec une muette véhémence. Albert fit signe à Consuelo de l'attirer près de lui, et de l'aider lui-même à lui tendre la main. Le Porpora porta cette main glacée à ses lèvres et fondit en larmes. Sa conscience lui murmurait le reproche d'homicide; mais son repentir l'absolvait de son imprudence.

Albert fit encore signe qu'il voulait écouter ce que ses parents répondaient à Supperville, et il l'entendit, quoiqu'ils parlassent si bas que le Porpora et Consuelo, agenouillés près de lui, ne pouvaient en saisir un mot.

Le chapelain se débattait contre l'ironie amère du médecin, la chanoinesse cherchait pour un mélange de superstition et de tolérance, de charité chrétienne et d'amour maternel, à concilier des idées inconciliables dans la doctrine catholique. Le débat ne roulait que sur une question de forme; à savoir que le chapelain ne croyait pas devoir administrer le sacrement du mariage à un hérétique, à moins qu'il ne promît tout au moins de faire acte de foi catholique aussitôt après. Supperville ne se gênait pas pour mentir et pour affirmer que le comte Albert lui avait promis de croire et de professer tout ce qu'on voudrait après la cérémonie. Le chapelain n'en était pas dupe. Enfin, le comte Christian, retrouvant un de ces moments de fermeté tranquille et de logique simple et humaine avec lesquelles, après bien des irrésolutions et des faiblesses, il avait toujours tranché toutes les contestations domestiques, termina le différend.

« Monsieur le chapelain, dit-il, il n'y a point de loi ecclésiastique qui vous défende expressément de marier une catholique à un schismatique. L'Église tolère ces mariages. Prenez donc Consuelo pour orthodoxe et mon fils pour hérétique, et mariez-les sur l'heure. La confession et les fiançailles ne sont que de précepte, vous le savez, et certains cas d'urgence peuvent en dispenser. Il peut résulter de ce mariage une révolution favorable dans l'état d'Albert, et quand il sera guéri nous songerons à le convertir. »

Le chapelain n'avait jamais résisté à la volonté du vieux Christian; c'était pour lui, dans les cas de conscience, un arbitre supérieur au pape. Il ne restait plus qu'à convaincre Consuelo. Albert seul y songea, et l'attirant près de lui, il réussit, sans le secours du Porpora, à enlacer de ses bras desséchés, devenus légers comme des roseaux, le cou de sa bien-aimée.

« Consuelo, lui dit-il, je lis dans ton âme, à cette heure; tu voudrais donner ta vie pour ranimer la mienne : cela n'est plus possible; mais tu peux, par un simple acte de volonté, sauver ma vie éternelle. Je vais te quitter pour un peu de temps, et puis je reviendrai sur la terre, par la manifestation d'une nouvelle naissance. J'y reviendrai maudit et désespéré, si tu m'abandonnes maintenant, à ma dernière heure. Tu sais, les crimes de Jean Ziska ne sont point assez expiés; et toi seule, toi ma sœur Wanda, peux accomplir l'acte de ma purification en cette phase de ma vie. Nous sommes frères : pour devenir amants, il faut que la mort passe encore une fois entre Mais nous devons être époux par le serment; pour que je renaisse calme, fort et délivré, comme les autres hommes, de la mémoire de mes existences passées, qui fait mon supplice et mon châtiment depuis tant de siècles, consens à prononcer ce serment; il ne te liera pas à moi en cette vie, que je vais quitter dans une heure, mais il nous réunira dans l'éternité. Ce sera un sceau qui nous aidera à nous reconnaître, quand les ombres de la mort auront effacé la clarté de nos souvenirs. Consens! C'est une cérémonie catholique qui va s'accomplir, et que j'accepte, puisque c'est la seule qui puisse légitimer, dans l'esprit des hommes, la possession que nous prenons l'un de l'autre. Il me faut emporter cette sanction dans la tombe. Le mariage sans l'assentiment de la famille n'est point un mariage complet à mes yeux. La forme du serment m'importe peu d'ailleurs. Le nôtre sera indissoluble dans nos cœurs, comme il est sacré dans nos intentions. Consens!

— Je consens! s'écria Consuelo en pressant de ses lèvres le front morne et froid de son époux.

Cette parole fut entendue de tous. « Eh bien! dit Supperville, hâtons-nous! » et il poussa résolument le chanoine, qui appela les domestiques et se pressa de tout préparer pour la cérémonie. Le comte, un peu ranimé, vint s'asseoir à côté de son fils et de Consuelo. La bonne chanoinesse vint remercier cette dernière de sa condescendance, au point de se mettre à genoux devant elle et de lui baiser les mains. Le baron Frédéric pleurait silencieusement sans paraître comprendre ce qui se passait. En un clin d'œil, un autel fut dressé devant la cheminée du grand salon. Les domestiques furent congédiés; ils crurent qu'il s'agissait seulement d'extrême-onction, et que l'état du malade exigeait qu'il y eût peu de bruit et de miasmes dans l'appartement. Le Porpora servit de témoin avec Supperville. Albert retrouva tout à coup assez de force pour prononcer le *oui* décisif et toutes les formules de l'engagement d'une voix claire et sonore. La famille conçut une vive espérance de guérison. A peine le chapelain eut-il récité sur la tête des nouveaux époux la dernière prière, qu'Albert se leva, s'élança dans les bras de son père, embrassa de même avec une précipitation et une force extraordinaire sa tante, son oncle et le Porpora; puis il se rassit sur son fauteuil, et pressa Consuelo contre sa poitrine, en s'écriant :

« Je suis sauvé! »

— C'est le dernier effort de la vie, c'est une convulsion finale, dit au Porpora Supperville, qui avait encore consulté plusieurs fois les traits et l'artère du malade, pendant la célébration du mariage.

En effet, les bras d'Albert s'entr'ouvrirent, se jetèrent en avant, et retombèrent sur ses genoux. Le vieux Cynabre, qui n'avait pas cessé de dormir à ses pieds durant toute sa maladie, releva la tête et fit entendre par trois fois un hurlement lamentable. Le regard d'Albert était fixé sur Consuelo; sa bouche restait entr'ouverte comme pour lui parler; une légère coloration avait animé ses joues : puis cette teinte particulière, cette ombre indéfinissable, indescriptible, qui passe lentement du front aux lèvres, s'étendit sur lui comme un voile blanc. Pendant une minute, sa face prit diverses expressions, toujours plus sérieuses de recueillement et de résignation, jusqu'à ce qu'elle se raffermit dans une expression définitive de calme auguste et de sévère placidité.

Le silence de terreur qui planait sur la famille attentive et palpitante fut interrompu par la voix du médecin, qui prononça avec sa lugubre solennité ce mot sans appel : « C'est la mort! »

CV.

Le comte Christian tomba comme foudroyé sur son fauteuil; la chanoinesse, en proie à des sanglots convulsifs, se jeta sur Albert comme si elle eût espéré le ranimer encore une fois par ses caresses; le baron Frédéric prononça quelques mots sans suite ni sens qui avaient le caractère d'un égarement tranquille. Supperville s'approcha de Consuelo, dont l'énergique immobilité l'effrayait plus que la crise des autres :

« Ne vous occupez pas de moi, Monsieur, lui dit-elle, ni vous non plus, mon ami, répondit-elle au Porpora, qui portait sur elle toute sa sollicitude dans le premier moment. Emmenez ces malheureux parents. Soignez-les, ne songez qu'à eux; moi, je resterai ici. Les morts n'ont besoin que de respect et de prières. »

Le comte et le baron se laissèrent emmener sans résistance. La chanoinesse, roide et froide comme un cadavre, fut emportée dans son appartement, où Supperville la suivit pour la secourir. Le Porpora, ne sachant plus lui-même où il en était, sortit et se promena dans les jardins comme un fou. Il étouffait. Sa sensibilité était comme emprisonnée sous une cuirasse de sécheresse plus apparente que réelle, mais dont il avait pris l'habitude physique. Les scènes de deuil et de terreur exaltaient son imagination impressionnable, et il courut longtemps au clair de la lune, poursuivi par des voix sinistres qui lui chantaient aux oreilles un *Dies iræ* effrayant.

Consuelo resta donc seule auprès d'Albert; car à peine le chapelain eut-il commencé à réciter les prières de l'office des morts, qu'il tomba en défaillance, et il fallut l'emporter à son tour. Le pauvre homme s'était obstiné à veiller Albert avec la chanoinesse durant toute sa maladie, et il était au bout de ses forces. La comtesse de Rudolstadt, agenouillée près du corps de son époux, tenant ses mains glacées dans les siennes, et la tête appuyée contre ce cœur qui ne battait plus, tomba dans un profond recueillement. Ce que Consuelo éprouva en cet instant suprême ne fut point précisément de la douleur. Du moins ce ne fut pas cette douleur de regret et de déchirement qui accompagne la perte des êtres nécessaires à notre bonheur de tous les instants. Son affection pour Albert n'avait pas eu ce caractère d'intimité, et sa mort ne creusait pas un vide apparent dans son existence. Le désespoir de perdre ce qu'on aime tient souvent à des causes secrètes d'amour de soi-même et de lâcheté en face des nouveaux devoirs que leur absence nous crée. Une partie de cette douleur est légitime, l'autre ne l'est pas et doit être combattue, quoiqu'elle soit aussi naturelle. Rien de tout cela ne pouvait se mêler à la tristesse solennelle de Consuelo. L'existence d'Albert était étrangère à la sienne en tous points, hormis un seul, le besoin d'admiration, de respect et de sympathie qu'il avait satisfait en elle. Elle avait accepté la vie sans lui, elle avait même renoncé à tout témoignage d'une affection que deux jours auparavant elle croyait encore avoir perdue. Il ne lui était resté que le besoin et le désir de rester fidèle à un souvenir sacré. Albert avait été déjà mort pour elle; il ne l'était guère plus maintenant, et peut-être l'était-il moins à certains égards; car enfin Consuelo, longtemps exaltée par le commerce de cette âme supérieure, en était venue depuis, dans ses méditations rêveuses, à adopter la croyance poétique d'Albert sur la transmission des âmes. Cette croyance avait trouvé une forte base dans sa haine instinctive pour l'idée des vengeances infernales de Dieu envers l'homme après la mort, et dans sa foi chrétienne à l'éternité de la vie de l'âme. Albert vivant, mais prévenu contre elle par les apparences, infidèle à l'amour ou rongé par le soupçon, lui était apparu comme enveloppé d'un voile et impénétrable dans une nouvelle existence, incomplète au prix de celle qu'il avait voulu consacrer à l'amour sublime et à l'inébranlable confiance. Albert, ramené à cette foi, à cet enthousiasme, et exhalant le dernier soupir sur son sein, était-il donc anéanti pour elle? Ne vivait-il pas de toute la plénitude de la vie en passant sous cet arc de triomphe d'une belle mort, qui conduit soit à un mystérieux repos temporaire, soit à un réveil immédiat dans un milieu plus pur et plus propice? Mourir en combattant sa propre faiblesse, et renaître doué de la force; mourir en pardonnant aux méchants, et renaître sous l'influence et l'égide des cœurs généreux; mourir déchiré de sincères remords, et renaître absous et purifié avec les innéités de la vertu, ne sont-ce point là d'assez divines récompenses? Consuelo, initiée par les enseignements d'Albert à ces doctrines qui avaient leur source dans le hussitisme de la vieille Bohême et dans les mystérieuses sectes des âges antérieurs (lesquelles se rattachaient à de sérieuses interprétations de la pensée même du Christ et à celle de ses devanciers); Consuelo, doucement, sinon savamment convaincue que l'âme de son époux ne s'était pas brusquement détachée de la sienne pour aller l'oublier dans les régions inaccessibles d'un empyrée fantastique, mêlait à cette notion nouvelle quelque chose des souvenirs superstitieux de son adolescence. Elle avait cru aux revenants comme y croient les enfants du peuple; elle avait vu plus d'une fois en rêve le spectre de sa mère s'approchant d'elle pour la protéger et la préserver. C'était une manière de croire déjà à l'éternel hyménée des âmes des morts avec le monde des vivants; car cette superstition des peuples naïfs semble être restée de tout temps comme une protestation contre le départ absolu de l'essence humaine pour le ciel ou l'enfer des législateurs religieux.

Consuelo, attachée au sein de ce cadavre, ne s'imaginait donc pas qu'il était mort, et ne comprenait rien à l'horreur de ce mot, de ce spectacle et de cette idée. Il ne lui semblait pas que la vie intellectuelle pût s'évanouir si vite, et que ce cerveau, ce cœur à jamais privé de la puissance de se manifester, fût déjà éteint complétement.

« Non, pensait-elle, l'étincelle divine hésite peut-être encore à se perdre dans le sein de Dieu, qui va la reprendre pour la renvoyer à la vie universelle sous une nouvelle forme humaine. Il y a encore peut-être une sorte de vie mystérieuse, inconnue, dans ce sein à peine refroidi; et d'ailleurs, où que soit l'âme d'Albert, elle voit, elle comprend, elle sait ce qui se passe ici autour de sa dépouille. Elle cherche peut-être dans mon amour un aliment pour sa nouvelle activité, dans ma foi une force d'impulsion pour aller chercher en Dieu l'élan de la résurrection. »

Et, pénétrée de ces vagues pensées, elle continuait à aimer Albert, à lui ouvrir son âme, à lui donner son dévouement, à lui renouveler le serment de fidélité qu'elle venait de lui faire au nom de Dieu et de sa famille; enfin à le traiter dans ses idées et dans ses sentiments, non comme un mort qu'on pleure parce qu'on va s'en détacher, mais comme un vivant dont on respecte le repos en attendant qu'on lui sourie à son réveil.

Lorsque le Porpora retrouva sa raison, il se souvint avec effroi de la situation où il avait laissé sa pupille, et se hâta de la rejoindre. Il fut surpris de la trouver aussi calme que si elle eût veillé au chevet d'un ami. Il voulut lui parler et l'exhorter à aller prendre du repos.

« Ne dites pas de paroles inutiles devant cet ange endormi, lui répondit-elle. Allez vous reposer, mon bon maître; moi, je me repose ici.

— Tu veux donc te tuer? dit le Porpora avec une sorte de désespoir.

— Non, mon ami, je vivrai, répondit Consuelo; je remplirai tous mes devoirs envers *lui* et envers vous; mais je ne l'abandonnerai pas d'un instant cette nuit. »

Comme rien ne se faisait dans la maison sans l'ordre de la chanoinesse, et qu'une frayeur superstitieuse régnait à propos d'Albert dans l'esprit de tous les domestiques, personne n'osa, durant toute cette nuit, approcher du salon où Consuelo resta seule avec Albert. Le Porpora et le médecin allaient et venaient de la chambre du comte à celle de la chanoinesse et à celle du chapelain. De temps en temps, ils revenaient informer Consuelo de l'état de ces infortunés et s'assurer du sien propre. Ils ne comprenaient rien à tant de courage.

Enfin aux approches du matin, tout fut tranquille. Un sommeil accablant vainquit toutes les forces de la douleur. Le médecin, écrasé de fatigue, alla se coucher; le Porpora s'assoupit sur une chaise, la tête appuyée sur le bord du lit du comte Christian. Consuelo seule n'éprouva pas le besoin d'oublier sa situation. Perdue dans ses pensées, tour à tour priant avec ferveur ou rêvant avec enthousiasme, elle n'eut pour compagnon assidu de sa veillée silencieuse que le triste Cynabre, qui, de temps en temps, regardait son maître, lui léchait la main, balayait avec sa queue la cendre de l'âtre, et, habitué à ne plus recevoir les caresses de sa main débile, se recouchait avec résignation, la tête allongée sur ses pieds inertes.

Quand le soleil, se levant derrière les arbres du jardin, vint jeter une clarté de pourpre sur le front d'Albert, Consuelo fut tirée de sa méditation par la chanoinesse. Le comte ne put sortir de son lit, mais le baron Frédéric vint machinalement prier, avec sa sœur et le chapelain, autour de l'autel, puis on parla de procéder à l'ensevelissement; et la chanoinesse, retrouvant des forces pour ces soins matériels, fit appeler les femmes et le vieux Hanz. Ce fut alors que le médecin et le Porpora exigèrent que Consuelo allât prendre du repos, et elle s'y résigna, après avoir passé auprès du lit du comte Christian, qui la regarda sans paraître la voir. On ne pouvait dire s'il veillait ou s'il dormait; ses yeux étaient ouverts, sa respiration calme, sa figure sans expression.

Lorsque Consuelo se réveilla au bout de quelques heures, elle descendit au salon, et son cœur se serra affreusement en le trouvant désert. Albert avait été déposé sur un brancard de parade et porté dans la chapelle. Son fauteuil était vide à la même place où Consuelo l'avait vu la veille. C'était tout ce qui restait de lui en ce lieu qui avait été le centre de la vie de toute la famille pendant tant de jours amers. Son chien même n'était plus là; le soleil printanier ravivait ces tristes lambris, et les merles sifflaient dans le jardin avec une insolente gaieté.

Consuelo passa doucement dans la pièce voisine, dont la porte restait entr'ouverte. Le comte Christian était toujours couché, toujours insensible, en apparence, à la perte qu'il venait de faire. Sa sœur, reportant sur lui toute la sollicitude qu'elle avait eue pour Albert, le soignait avec vigilance. Le baron regardait brûler les bûches dans la cheminée d'un air hébété; seulement des larmes, qui tombaient silencieusement sur ses joues sans qu'il songeât à les essuyer, montraient qu'il n'avait pas eu le bonheur de perdre la mémoire.

Consuelo s'approcha de la chanoinesse pour lui baiser la main; mais cette main se retira d'elle avec une insurmontable aversion. La pauvre Wenceslawa voyait dans cette jeune fille le fléau et la destruction de son neveu. Elle avait eu horreur du projet de leur mariage dans les premiers temps, et s'y était opposée de tout son pouvoir; et puis, quand elle avait vu que, malgré l'absence, il était impossible d'y faire renoncer Albert, que sa santé, sa raison et sa vie en dépendaient, elle l'avait souhaité et hâté avec autant d'ardeur qu'elle y avait porté d'abord d'effroi et de répulsion. Le refus du Porpora, la passion exclusive qu'il n'avait pas craint d'attribuer à Consuelo pour le théâtre, enfin tous les officieux et funestes mensonges dont il avait rempli plusieurs lettres au comte Christian, sans jamais faire mention de celles que Consuelo avait écrites et qu'il avait supprimées, avaient causé au vieillard la plus vive douleur, à la chanoinesse la plus amère indignation. Elle avait pris Consuelo en haine et en mépris, lui pouvant pardonner, disait-elle, d'avoir égaré la raison d'Albert par ce fatal amour, mais ne pouvant l'absoudre de l'avoir impudemment trahi. Elle ignorait que le véritable meurtrier d'Albert était le Porpora. Consuelo, qui comprenait bien sa pensée, eût pu se justifier; mais elle aima mieux assumer sur elle tous les reproches, que d'accuser son maître et lui faire perdre l'estime et l'affection de la famille. D'ailleurs, elle devinait de reste que, si, la veille, Wenceslawa avait pu abjurer toutes ses répugnances et tous ses ressentiments par un effort d'amour maternel, elle devait les retrouver, maintenant que le sacrifice avait été inutilement accompli. Chaque regard de cette pauvre ante semblait lui dire : « Tu as fait périr notre enfant;

C'est la mort! (Page 295.)

tu n'as pas su lui rendre la vie; et maintenant, il ne nous reste que la honte de ton alliance. »

Cette muette déclaration de guerre hâta la résolution qu'elle avait déjà prise de consoler, autant que possible, la chanoinesse de ce dernier malheur.

« Puis-je implorer de Votre Seigneurie, lui dit-elle avec soumission, de me fixer l'heure d'un entretien particulier? Je dois partir demain avant le jour, et je ne puis m'éloigner d'ici sans vous faire connaître mes respectueuses intentions.

— Vos intentions! je les devine de reste, répondit la chanoinesse avec aigreur. Soyez tranquille, Mademoiselle; tout sera en règle, et les droits que la loi vous donne seront scrupuleusement respectés.

— Je vois qu'au contraire vous ne me comprenez nullement, Madame, reprit Consuelo; il me tarde donc beaucoup...

— Eh bien, puisqu'il faut que je boive encore ce calice, dit la chanoinesse en se levant, que ce soit donc tout de suite, pendant que je m'en sens encore le courage. Suivez-moi, Signora. Mon frère aîné paraît sommeiller en ce moment. M. Supperville, de qui j'ai obtenu encore une journée de soins pour lui, voudra bien me remplacer pour une demi-heure. »

Elle sonna, et fit demander le docteur; puis, se tournant vers le baron:

« Mon frère, lui dit-elle, vos soins sont inutiles, puisque Christian n'a pas encore recouvré le sentiment de ses infortunes. Peut-être cela n'arrivera-t-il point, heureusement pour lui, malheureusement pour nous! Peut-être cet accablement est-il le commencement de la mort. Je n'ai plus que vous au monde, mon frère; soignez votre santé, qui n'est que trop altérée par cette morne inaction où vous voilà tombé. Vous étiez habitué au grand air et à l'exercice : allez faire un tour de promenade, prenez un fusil : le veneur vous suivra avec ses chiens. Je sais bien que cela ne vous distraira pas de votre douleur; mais, au moins, vous en ressentirez un bien physique, j'en suis certaine. Faites-le pour moi, Frédéric : c'est l'ordre du médecin, c'est la prière de votre sœur; ne me refusez pas. C'est la plus grande consolation que vous puissiez me donner en ce moment, puisque la dernière espérance de ma triste vieillesse repose sur vous. »

Le baron hésita, et finit par céder. Ses domestiques l'emmenèrent, et il se laissa conduire dehors comme un enfant. Le docteur examina le comte Christian, qui ne donnait aucun signe de sensibilité, bien qu'il répondît à ses questions et parût reconnaître tout le monde d'un air de douceur et d'indifférence.

« La fièvre n'est pas très-forte, dit Supperville bas à la chanoinesse; si elle n'augmente pas ce soir, ce ne sera peut-être rien. »

Wenceslawa, un peu rassurée, lui confia la garde de son frère, et emmena Consuelo dans un vaste appartement, richement décoré à l'ancienne mode, où cette dernière n'était jamais entrée. Il y avait un grand lit de parade, dont les rideaux n'avaient pas été remués depuis plus de vingt ans. C'était celui où Wanda de Prachatitz, la mère du comte Albert, avait rendu le dernier soupir; et cette chambre était la sienne.

« C'est ici, dit la chanoinesse d'un air solennel, après avoir fermé la porte, que nous avons retrouvé Albert, il y a aujourd'hui trente-deux jours, après une disparition qui en avait duré quinze. Depuis ce moment-là, il n'y est plus entré; il n'a plus quitté le fauteuil où il est mort hier au soir. »

Les sèches paroles de ce bulletin nécrologique furent articulées d'un ton amer qui enfonça autant d'aiguilles dans le cœur de la pauvre Consuelo. La chanoinesse prit ensuite à sa ceinture son inséparable trousseau de clefs, marcha vers une grande crédence de chêne sculpté, et en ouvrit les deux battants. Consuelo y vit une montagne de joyaux ternis par le temps, d'une forme bizarre, antiques pour la plupart, et enrichis de diamants et de pierres précieuses d'un prix considérable.

« Voilà, lui dit la chanoinesse, les bijoux de famille que possédait ma belle-sœur, femme du comte Christian, avant son mariage; voici, plus loin, ceux de ma grand'-mère, dont mes frères et moi lui avons fait présent; voici, enfin, ceux que son époux lui avait achetés. Tout ceci appartenait à son fils Albert, et vous appartient désormais, comme à sa veuve. Emportez-les, et ne craignez pas que personne ici vous dispute ces richesses, auxquelles nous ne tenons point, et dont nous n'avons plus que faire. Quant aux titres de propriété de l'héritage maternel de mon neveu, ils seront remis entre vos mains dans une heure. Tout est en règle, comme je vous l'ai dit, et quant à ceux de son héritage paternel, vous n'aurez peut-être pas, hélas, longtemps à les attendre. Telles étaient les dernières volontés d'Albert. Ma parole lui a semblé valoir un testament.

— Madame, répondit Consuelo en refermant la crédence avec un mouvement de dégoût, j'aurais déchiré le testament, et je vous prie de reprendre votre parole. Je n'ai pas plus besoin que vous de toutes ces richesses. Il me semble que ma vie serait à jamais souillée par leur possession. Si Albert me les a léguées, c'est sans doute avec la pensée que, conformément à ses sentiments et à ses habitudes, je les distribuerais aux pauvres. Je serais un mauvais dispensateur de ces nobles aumônes; je n'ai ni l'esprit d'administration ni la science nécessaire pour en faire une répartition vraiment utile. C'est à vous, Madame, qui joignez à ces qualités une âme chrétienne aussi généreuse que celle d'Albert, qu'il appartient de faire servir cette succession aux œuvres de charité. Je vous cède tous mes droits, s'il est vrai que j'en aie, ce que j'ignore et veux toujours ignorer. Je ne réclame de votre bonté qu'une grâce : celle de ne jamais faire à ma fierté l'outrage de renouveler de pareilles offres. »

La chanoinesse changea de visage. Forcée à l'estime, mais ne pouvant se résoudre à l'admiration, elle essaya d'insister.

« Que voulez-vous donc faire? dit-elle en regardant fixement Consuelo; vous n'avez pas de fortune?

— Je vous demande pardon, Madame, je suis assez riche. J'ai des goûts simples et l'amour du travail.

— Ainsi, vous comptez reprendre... ce que vous appelez votre travail?

— J'y suis forcée, Madame, et par des raisons où ma conscience n'a point à balancer, malgré l'abattement où je me sens plongée.

— Et vous ne voulez pas soutenir autrement votre nouveau rang dans le monde?

— Quel rang, Madame?

— Celui qui convient à la veuve d'Albert.

— Je n'oublierai jamais, Madame, que je suis la veuve du noble Albert, et ma conduite sera digne de l'époux que j'ai perdu.

— Et cependant la comtesse de Rudolstadt va remonter sur les tréteaux!

— Il n'y a point d'autre comtesse de Rudolstadt que vous, madame la chanoinesse, et il n'y en aura jamais d'autre après vous, que la baronne Amélie, votre nièce.

— Est-ce par dérision que vous me parlez d'elle, Signora? s'écria la chanoinesse, sur qui le nom d'Amélie parut faire l'effet d'une brûlure.

— Pourquoi cette demande, Madame? reprit Consuelo avec un étonnement dont la candeur ne pouvait laisser de doute dans l'esprit de Wenceslawa; au nom du ciel, dites-moi pourquoi je n'ai pas vu ici la jeune baronne! Serait-elle morte aussi, mon Dieu!

— Non, dit la chanoinesse avec amertume. Plût au ciel qu'elle le fût! Ne parlons point d'elle, il n'en est pas question.

— Je suis forcée pourtant, Madame, de vous rappeler ce à quoi je n'avais pas encore songé. C'est qu'elle est l'héritière unique et légitime des biens et des titres de votre famille. Voilà ce qui doit mettre votre conscience en repos sur le dépôt qu'Albert vous a confié, puisque les lois ne vous permettent pas d'en disposer en ma faveur.

— Rien ne peut vous ôter vos droits à un douaire et à un titre que la dernière volonté d'Albert ont mis à votre disposition.

— Rien ne peut donc m'empêcher d'y renoncer, et j'y renonce. Albert savait bien que je ne voulais être ni riche, ni comtesse.

— Mais le monde ne vous autorise pas à y renoncer.

— Le monde, Madame! eh bien, voilà justement ce dont je voulais vous parler. Le monde ne comprendrait pas l'affection d'Albert ni la condescendance de sa famille pour une pauvre fille comme moi. Il en ferait un reproche à sa mémoire et une tache à votre vie. Il m'en ferait à moi un ridicule et peut-être une honte; car, je le répète, le monde ne comprendrait rien à ce qui s'est passé ici entre nous. Le monde doit donc à jamais ignorer, Madame, comme vos domestiques l'ignorent; car mon maître et M. le docteur, seuls confidents, seuls témoins étrangers de ce mariage secret, ne l'ont pas encore divulgué et ne le divulgueront pas. Je vous réponds du premier, vous pouvez et vous devez vous assurer de la discrétion de l'autre. Vivez donc en repos sur ce point, Madame. Il ne tiendra qu'à vous d'emporter ce secret dans la tombe, et jamais, par mon fait, la baronne Amélie ne soupçonnera que j'ai l'honneur d'être sa cousine. Oubliez donc la dernière heure du comte Albert; c'est à moi de m'en souvenir pour le bénir et pour me taire. Vous avez assez de larmes à répandre sans que j'y ajoute le chagrin et la mortification de vous rappeler jamais mon existence, en tant que veuve de votre admirable enfant!

— Consuelo! ma fille! s'écria la chanoinesse en sanglotant, restez avec nous! Vous avez une grande âme et un grand esprit! Ne nous quittez plus.

— Ce serait le vœu de ce cœur qui vous est tout dévoué, répondit Consuelo en recevant ses caresses avec effusion; mais je ne le pourrais pas sans que notre secret fût trahi ou deviné, ce qui revient au même, et je sais que l'honneur de la famille vous est plus cher que la vie. Laissez-moi, m'arrachant de vos bras sans retard et sans hésitation, vous rendre le seul service qui soit en mon pouvoir. »

Les larmes que versa la chanoinesse à la fin de cette scène la soulagèrent du poids affreux qui l'oppressait. C'étaient les premières qu'elle eût pu verser depuis la mort de son neveu. Elle accepta les sacrifices de Consuelo, et la confiance qu'elle accorda à ses résolutions prouva qu'elle appréciait enfin ce noble caractère. Elle la quitta pour aller en faire part au chapelain et pour s'entendre avec Supperville et le Porpora sur la nécessité de garder à jamais le silence.

CONCLUSION.

Consuelo, se voyant libre, passa la journée à parcourir le château, le jardin et les environs, afin de revoir tous les lieux qui lui rappelaient l'amour d'Albert. Elle se laissa même emporter par sa pieuse ferveur jusqu'au Schreckenstein, et s'assit sur la pierre, dans ce désert affreux qu'Albert avait rempli si longtemps de sa mortelle douleur. Elle s'en éloigna bientôt, sentant son courage défaillir, son imagination se troubler, et croyant entendre un sourd gémissement partir des entrailles du rocher. Elle n'osa pas se dire qu'elle l'entendait même distinctement : Albert ni Zdenko n'étaient plus. Cette illusion ne pouvait donc être que maladive et funeste. Consuelo se hâta de s'y soustraire.

En se rapprochant du château, à la nuit tombante, elle vit le baron Frédéric qui, peu à peu, s'était raffermi sur ses jambes et se ranimait en exerçant sa passion dominante. Les chasseurs qui l'accompagnaient faisaient lever le gibier pour provoquer en lui le désir de l'abattre. Il visait encore juste, et ramassait sa proie en soupirant.

« Celui-ci vivra et se consolera, » pensa la jeune veuve.

La chanoinesse soupa, ou feignit de souper, dans la chambre de son frère. Le chapelain, qui s'était levé pour aller prier dans la chapelle auprès du défunt, essaya de se mettre à table. Mais il avait la fièvre, et, dès les premières bouchées, il se trouva mal. Le docteur en eut un peu de dépit. Il avait faim, et, forcé de laisser refroidir sa soupe pour le conduire à sa chambre, il ne put retenir cette exclamation : « Voilà des gens sans force et sans courage ! Il n'y a ici que deux hommes : c'est la chanoinesse et la Signora ! »

Il revint bientôt, résolu à ne pas se tourmenter beaucoup de l'indisposition du pauvre prêtre, et fit, ainsi que le baron, assez bon accueil au souper. Le Porpora, vivement affecté, quoiqu'il ne le montrât pas, ne put desserrer les dents ni pour parler ni pour manger. Consuelo ne songea qu'au dernier repas qu'elle avait fait à cette table entre Albert et Anzoleto.

Elle fit ensuite avec son maître les apprêts de son départ. Les chevaux étaient demandés pour quatre heures du matin. Le Porpora ne voulait pas se coucher ; mais il céda aux remontrances et aux prières de sa fille adoptive, qui craignait de le voir tomber malade à son tour, et qui, pour le convaincre, lui fit croire qu'elle allait dormir aussi.

Avant de se séparer, on se rendit auprès du comte Christian. Il dormait paisiblement, et Supperville, qui brûlait de quitter cette triste demeure, assura qu'il n'avait plus de fièvre.

« Cela est-il bien certain, Monsieur ? lui demanda en particulier Consuelo, effrayée de sa précipitation.

— Je vous le jure, répondit-il. Il est sauvé pour cette fois ; mais je dois vous avertir qu'il n'en a pas pour bien longtemps. A cet âge, on ne sent pas le chagrin bien vivement dans le moment de la crise ; mais l'ennui de l'isolement vous achève un peu plus tard ; c'est reculer pour mieux sauter. Ainsi, tenez-vous sur vos gardes ; car ce n'est pas sérieusement, j'imagine, que vous avez renoncé à vos droits.

— C'est très-sérieusement, je vous assure, Monsieur, dit Consuelo, et je suis étonnée que vous ne puissiez croire à une chose aussi simple.

— Vous me permettrez d'en douter jusqu'à la mort de votre beau-père, Madame. En attendant, vous avez fait une grande faute de ne pas vous munir des pierreries et des titres. N'importe, vous avez vos raisons, que je ne pénètre pas, et je pense qu'une personne aussi calme que vous n'agit pas à la légère. J'ai donné ma parole d'honneur de garder le secret de la famille, et je vais attendre que vous m'en dégagiez. Mon témoignage vous sera utile en temps et lieu ; vous pouvez y compter. Vous me retrouverez toujours à Bareith, si Dieu me prête vie, et, dans cette espérance, je vous baise les mains, madame la comtesse. »

Supperville prit congé de la chanoinesse, répondit de la vie du malade, écrivit une dernière ordonnance, reçut une grosse somme qui lui sembla légère au prix de ce qu'il avait espéré tirer de Consuelo pour avoir servi ses intérêts, et quitta le château à dix heures du soir, laissant cette dernière stupéfaite et indignée de son matérialisme.

Le baron alla se coucher beaucoup mieux portant que la veille, et la chanoinesse se fit dresser un lit auprès de Christian. Deux femmes veillèrent dans cette chambre, deux hommes dans celle du chapelain, et le vieux Hanz auprès du baron.

« Heureusement, pensa Consuelo, la misère n'ajoute pas les privations et l'isolement à leur infortune. Mais qui donc veille Albert, durant cette nuit lugubre qu'il passe sous les voûtes de la chapelle ? Ce sera moi, puisque voilà ma seconde et dernière nuit de noces ! »

Elle attendit que tout fût silencieux et désert dans le château ; après quoi, quand minuit eut sonné, elle alluma une petite lampe et se rendit à la chapelle.

Elle trouva au bout du cloître qui y conduisait deux serviteurs de la maison, que son approche effraya d'abord, et qui ensuite lui avouèrent pourquoi ils étaient là. On les avait chargés de veiller leur quart de nuit auprès du corps de monsieur le comte ; mais la peur les avait empêchés d'y rester, et ils préféraient veiller et prier à la porte.

« Quelle peur ? demanda Consuelo, blessée de voir qu'un maître si généreux n'inspirait déjà plus d'autres sentiments à ses serviteurs.

— Que voulez-vous, Signora ? répondit un de ces hommes qui étaient loin de voir en elle la veuve du comte Albert ; notre jeune seigneur avait des pratiques et des connaissances singulières dans le monde des esprits. Il conversait avec les morts, il découvrait les choses cachées ; il n'allait jamais à l'église, il mangeait avec les zingaris ; enfin il y a qui peut arriver à ceux qui passeront cette nuit dans la chapelle. Il y irait de la vie que nous n'y resterions pas. Voyez Cynabre ! on ne le laisse pas entrer dans le saint lieu, et il a passé toute la journée couché en travers de la porte, sans manger, sans remuer, sans pleurer. Il sait bien que son maître est là, et qu'il est mort. Aussi ne l'a-t-il pas appelé une seule fois. Mais depuis que minuit a sonné, le voilà qui s'agite, qui flaire, qui gratte à la porte, et qui gémit comme s'il sentait que son maître n'est plus seul et tranquille là dedans.

— Vous êtes de pauvres fous ! répondit Consuelo avec indignation. Si vous aviez le cœur un peu plus chaud, vous n'auriez pas l'esprit si faible. »

Et elle entra dans la chapelle, à la grande surprise et à la grande consternation des timides gardiens.

Elle n'avait pas voulu revoir Albert dans la journée. Elle le savait entouré de tout l'appareil catholique, et elle eût craint, en se joignant extérieurement à ces pratiques, qu'il avait toujours repoussées, d'irriter son âme toujours vivante dans la sienne. Elle avait attendu ce moment ; et, préparée à l'aspect lugubre dont le culte l'avait entouré, elle approcha de son catafalque et le contempla sans terreur. Elle eût cru outrager cette dépouille chère et sacrée par un sentiment qui serait si cruel aux morts s'ils le voyaient. Et qui nous assure que leur esprit, détaché de leur cadavre, ne le voie pas et n'en ressente pas une amère douleur ? La peur des morts est une abominable faiblesse ; c'est la plus commune et la plus barbare des profanations. Les mères ne la connaissent pas.

Albert était couché sur un lit de brocart, écussonné par les quatre coins aux armes de la famille. Sa tête reposait sur un coussin de velours noir semé de larmes d'argent, et un linceul pareil était drapé autour de lui en guise de rideaux. Une triple rangée de cierges éclairait son pâle visage, qui était resté si calme, si pur et si mâle qu'on eût dit qu'il dormait paisiblement. On avait revêtu le dernier des Rudolstadt, suivant un usage en vigueur dans cette famille, de l'antique costume de ses pères. Il avait la couronne de comte sur la tête, l'épée au flanc, l'écu sous les pieds, et le crucifix sur la poitrine. Avec ses longs cheveux et sa barbe noire, il était tout semblable aux anciens preux dont les statues étendues sur leurs tombes gisaient autour de lui. Le pavé était semé de fleurs, et des parfums brûlaient lentement dans des cassolettes de vermeil, aux quatre angles de sa couche mortuaire.

Pendant trois heures Consuelo pria pour son époux et le contempla dans son sublime repos. La mort, en répandant une teinte plus morne sur ses traits, les avait si peu altérés, que plusieurs fois elle oublia, en admirant sa beauté, qu'il avait cessé de vivre. Elle s'imagina même entendre le bruit de sa respiration, et lorsqu'elle s'en éloignait un instant pour entretenir le parfum des réchauds et la flamme des cierges, il lui semblait qu'elle entendait de faibles frôlements et qu'elle apercevait de légères ondulations dans les rideaux et dans les draperies. Elle se rapprochait de lui aussitôt, et interrogeant sa bouche glacée, son cœur éteint, elle renonçait à des espérances fugitives, insensées.

Quand l'horloge sonna trois heures, Consuelo se leva et déposa sur les lèvres de son époux son premier, son dernier baiser d'amour.

« Adieu, Albert, lui dit-elle à voix haute, emportée par une religieuse exaltation : tu lis maintenant sans incertitude dans mon cœur. Il n'y a plus de nuages entre nous, et tu sais combien je t'aime. Tu sais que si j'abandonne ta dépouille sacrée aux soins d'une famille qui demain reviendra te contempler sans faiblesse, je n'abandonne pas pour cela ton immortel souvenir et la pensée de ton indestructible amour. Tu sais que ce n'est pas une veuve oublieuse, mais une épouse fidèle qui s'éloigne de ta demeure, et qu'elle t'emporte à jamais dans son âme. Adieu, Albert ! tu l'as dit, la mort passe entre nous, et ne nous sépare en apparence que pour nous réunir dans l'éternité. Fidèle à la foi que tu m'as enseignée, certaine que tu as mérité l'amour et la bénédiction de ton Dieu, je ne te pleure pas, et rien ne te présentera à ma pensée sous l'image fausse et impie de la mort. Il n'y a pas de mort, Albert, tu avais raison ; je le sens dans mon cœur, puisque je t'aime plus que jamais. »

Comme Consuelo achevait ces paroles, les rideaux qui retombaient fermés derrière le catafalque s'agitèrent sensiblement, et s'entr'ouvrant tout à coup, offrirent à ses regards, la figure pâle de Zdenko. Elle en fut effrayée d'abord, habituée qu'elle était à le regarder comme son plus mortel ennemi. Mais il avait une expression de douceur dans les yeux, et, lui tendant par-dessus le lit mortuaire une main rude, qu'elle n'hésita pas à serrer dans la sienne :

« Faisons la paix sur son lit de repos, ma pauvre fille, lui dit-il en souriant. Tu es une bonne fille de Dieu, et Albert est content de toi. Va, il est heureux dans ce moment-ci, il dort si bien, le bon Albert ! Je lui ai pardonné, tu le vois ! Je suis revenu le voir quand j'ai appris qu'il dormait ; à présent je ne le quitterai plus. Je l'emmènerai demain dans la grotte, et nous parlerons encore de Consuelo, *Consuelo de mi alma!* Va te reposer, ma fille ; Albert n'est pas seul. Zdenko est là, toujours là. Il n'a besoin de rien. Il est si bien avec son ami ! Le malheur est conjuré, le mal est détruit ; la mort est vaincue. Le jour trois fois heureux s'est levé. *Que celui à qui on a fait tort te salue !* »

Consuelo ne put supporter davantage la joie enfantine de ce pauvre fou. Elle lui fit de tendres adieux ; et quand elle rouvrit la porte de la chapelle, elle laissa Cynabre se précipiter vers son ancien ami, qu'il n'avait pas cessé de flairer et d'appeler.

« Pauvre Cynabre ! viens ; je te cacherai là sous le lit de ton maître, dit Zdenko en le caressant avec la même tendresse qui si c'eût été son enfant. Viens, viens, mon Cynabre ! nous voilà réunis tous les trois, nous ne nous quitterons plus ! »

Consuelo alla réveiller le Porpora. Elle entra ensuite sur la pointe du pied dans la chambre de Christian, et passa entre son lit et celui de la chanoinesse.

« C'est vous ? ma fille, dit le vieillard sans montrer aucune surprise : je suis bien heureux de vous voir. Ne réveillez pas ma sœur qui dort bien, grâce à Dieu ! et allez en faire autant ; je suis tout à fait tranquille. Mon fils est sauvé, dit Zdenko, et je serai bientôt guéri. »

Consuelo baisa ses cheveux blancs, ses mains ridées, et lui cacha des larmes qui eussent peut-être ébranlé son illusion. Elle n'osa embrasser la chanoinesse, qui reposait enfin pour la première fois depuis trente nuits. « Dieu a mis un terme dans la douleur, pensa-t-elle ; c'est son excès même. Puissent ces infortunés rester longtemps sous le poids salutaire de la fatigue ! »

Une demi-heure après, Consuelo, dont le cœur s'était brisé en quittant ces nobles vieillards, franchit avec le Porpora la herse du château des Géants, sans se rappeler que ce manoir formidable, où tant de fossés et de grilles enfermaient tant de richesses et de souffrances, était devenu la propriété de la comtesse de Rudolstadt.

———

Nota. Ceux de nos lecteurs qui se sont par trop fatigués à suivre Consuelo parmi tant de périls et d'aventures, peuvent maintenant se reposer. Ceux, moins nombreux sans doute, qui se sentent encore quelque courage, apprendront dans un prochain roman, la suite de ses pérégrinations, et ce qui advint du comte Albert après sa mort.

FIN DE CONSUELO.

LE CERCLE HIPPIQUE

DE MÉZIÈRES-EN-BRENNE

PAR UN HABITANT DE LA VALLÉE-NOIRE

GÉOGRAPHIE.

Le voyageur qui, venant d'Orléans, a traversé la Sologne aride, les plaines nues de Vatan, et enfin la brande d'Ardentes ou celle de Saint-Aoust, s'arrête ravi, à l'entrée de la Vallée-Noire. Quand il embrasse des hauteurs de Corlay, ou de celles de Vilchère, l'immensité de cet abîme de sombre verdure, relevé à l'horizon par les montagnes bleues de la Marche et du Bourbonnais, il croit entrer dans le paradis terrestre.

S'il remonte l'Indre jusque vers sa source, il aura à Sainte-Sevère et jusque vers Boussac de nouveaux enchantements. S'il la redescend par Buzançais et Chatillon, il contemplera encore une suite de beaux et vastes paysages, qui lui rappelleront les grands horizons de la Vallée-Noire.

Ou bien s'il gagne la Creuse vers le Pin, et qu'il descende avec elle jusqu'à Fontgombault, il traversera une petite Suisse ravissante, et il aura parcouru la plus belle partie du département et une des plus riantes contrées de la France.

En somme, ce département est sillonné par deux admirables vallées, celle de l'Indre, qui lui donne son nom, et celle de la Creuse, avec les ravins pittoresques de ses affluents torrentueux. Mais, entre ces deux régions profondes, fraîches et riches, s'étend un plateau uni, triste, malsain et pauvre : c'est la Brenne.

Si vous regardez la Brenne figurée sur les vieilles cartes enluminées de Cassini, la physionomie d'une contrée si sauvage vous serrera le cœur; pas de chemins, pas de villages, des espaces immenses sans un clocher, sans une ferme, sans un bosquet. Partout des étangs semés à l'infini dans la bruyère. Les nouvelles cartes départementales ne la montrent guère plus florissante.

Cependant la Brenne n'est ni aussi laide, ni aussi morte qu'elle le paraît dans ses portraits. Pour les yeux du peintre ou du romancier, cette rase terre, inondée en mille endroits, cette folle végétation d'herbes inutiles, qui s'engraissent dans le limon, ne manquent pas de caractère. Il y a même une certaine poésie de désolation dans ces plaines de roseaux desséchés par la canicule. On se croirait loin, bien loin de la France, dans quelque désert où l'homme n'aurait point encore pénétré. Si l'on peut trouver un tertre, un donjon, le château du Bouchet, par exemple, et que la vue parvienne à planer sur une grande étendue de terrain, cela est aussi beau, dans son genre, que nos tableaux chéris de l'Indre, de la Creuse ou de la Bouzanne.

HABITANTS RICHES ET PAUVRES.

Pour la vie de château, la Brenne est une terre promise. Il y a là de riches manoirs, de vastes espaces à parcourir pour la chasse, ou à fertiliser par la culture, du gibier en abondance et de gros revenus... plus gros en réalité que ceux de nos terres grasses, dont la moindre parcelle se vend au poids de l'or et ne peut fructifier en raison de sa valeur numéraire. Il y a en Brenne un magnifique avenir pour les riches : car les améliorations commencent à porter leurs fruits, et quiconque veut y verser des capitaux, peut déjà reconnaître qu'avec des engrais et des travaux d'irrigation ce sol devient fertile et généreux.

Que la richesse se tourne donc vers l'agriculture; que le gouvernement l'aide, et la Brenne, qui a déjà plusieurs routes importantes, aura des canaux, des moissons, des haras, de vastes fermes et de riches villages.

Tout cela est commencé, et déjà une apparence de bien-être se fait sentir. Depuis quelques années surtout la Thébaïde du Berry n'est plus reconnaissable. Elle se pare, elle se peuple, elle s'assainit. Le pauvre en profite... dans la limite que l'ordre social lui assigne, et ce n'est guère! Mais enfin c'est mieux que rien, et les efforts du riche pour doubler la richesse de la terre sont plus agréables à voir que l'incurie ou l'abandon, puisque l'indigence peut ramasser, du moins, les miettes d'une table bien servie.

Hélas! hélas! n'y aurait-il pas un chemin plus droit pour aller plus vite au secours de la misère, plus large surtout, pour que tous les hommes pussent y passer de front?

Mais à quoi bon soupirer? Ceux qui sont aux affaires de l'État ont bien d'autres soucis en tête que les affaires de l'humanité.

Pour ne parler que de ce qui serait possible dès à présent, je voudrais que l'État voulût acheter des terres en Brenne, en Sologne, dans la Marche, dans les landes de Bordeaux, dans tous ces pays incultes que ravage la fièvre, et que dépeuple la misère. Il en aurait de grandes étendues à vil prix. Il y établirait ces nombreuses familles de misérables, qui n'ont d'autres ressources que celles du brigandage ou de la mendicité. Il les rangerait sous la loi d'une communauté éclairée et dirigée officiellement par lui. Il leur ferait, en instruments de travail, les avances nécessaires. Le pays défriché, assaini, et fertilisé par ces travailleurs, verrait s'élever de riches colonies... mais c'est un rêve! Il faudrait consacrer quelques millions chaque année à la prospérité de l'homme, et le gouvernement ne marche point sur ces jambes-là. Il veut que le riche s'enrichisse encore et que le pauvre disparaisse par les moyens naturels, à l'usage des sociétés modernes, le vol ou la mort.

Aucune religion sociale, aucune pensée humaine dans l'esprit des gouvernants ne venant en aide, les devoirs des grands propriétaires à l'égard de leurs pauvres paysans sont restreints dans les limites du possible. Ce possible ne va pas loin. Les ressources à consacrer au salut du pauvre sont vite épuisées. Elles sont proportionnées au revenu, aux charges de famille et de position plus ou moins bien entendues. La charité particulière apporte un certain soulagement dans un certain rayon. Oui, c'est la question d'un peu plus ou d'un peu moins, suivant l'économie ou la libéralité de chacun. Ceux qui font tout le bien possible font immensément, vu la difficulté quasi insoluble d'être généreux sans se ruiner, dans cette société. Ils ne font presque rien si l'on considère le fait contre lequel leurs efforts se brisent; la chaumière à côté du château, la fièvre et la misère permanentes liées au sol, tandis que le riche se déplace à son gré, et ne vient respirer l'air des campagnes qu'à certains jours, au milieu des jouissances qu'il porte avec lui et qui lui servent de contre-poison contre l'insalubrité de ses domaines. Si le riche n'était pas gouvernement, il faudrait l'absoudre quand il est inoffensif, et le bénir quand il est paternel. Mais le riche est électeur, éligible, les chambres font les lois. La majorité des riches est donc sans entrailles?

La portion de la noblesse qui proteste contre ces majorités, ou qui, par dégoût, refuse de prendre part aux défaites parlementaires de toute bonne intention, retrouve, dans un certain sens, la supériorité morale que lui avait enlevée la révolution. On lui retira alors de vains et injustes privilèges, on fit fort bien. Sous la Restauration, elle voulut les recouvrer, et se perdit une seconde fois. A l'heure qu'il est, lorsqu'elle ne fait point cause commune avec le règne de l'argent, et lorsqu'elle ne conspire point pour un principe monarchique désavoué par le pays, son rôle est plus beau qu'il ne l'a jamais été. Il ne lui reste du passé qu'un seul droit: celui de faire le bien. C'est là, comme dit la chanson, *le plus beau droit du seigneur*. Quand le châtelain est riche et répand ses bienfaits autour de lui, comme il a beau jeu contre l'industrie qui l'a renversé du pouvoir! Retiré sur ses domaines, innocent des spéculations gouvernementales, patriarche aimé du paysan, qu'il soigne dans ses maladies et assiste dans sa détresse, il se venge, en *vrai* gentilhomme, du financier, ce faux ami du peuple, qui, après avoir exploité, en 1830, la bonne foi des masses, les écrase aujourd'hui, comme faisaient, au temps jadis, les rudes barons de la féodalité.

Vengez-vous ainsi, et vengez-vous beaucoup, patriciens! Parmi les parvenus, il en est qui le sont bien légitimement par leur mérite : vous vous entendez facilement avec ceux-ci. Quant aux simples parvenus de fortune, entraînez-les, si vous pouvez, par l'émulation ; sinon, faites-leur la guerre avec les armes qui sont dans vos mains. Achetez, par la bonté, le cœur des pauvres, et opposez cela aux consciences des électeurs achetées par l'appât de la cupidité. L'orgueil est dans votre sang, et, en attendant le règne de l'Évangile, qui condamne même l'orgueil de la vertu, ayez celui de la vertu ! Il vaut mieux que celui des écus et des blasons.

Ce qui caractérise le Berry autant que l'hospitalité et la libéralité de sa vieille noblesse, c'est l'indépendance et le dévouement d'une notable partie de sa bourgeoisie démocratique. Là, comme partout, le paysan n'a point encore d'idées sur les choses générales, quoique, dans les détails qui intéressent sa vie morale et physique, il soit éminemment judicieux. L'ouvrier des manufactures ne semble point cultivé comme celui des grands centres de population. Sans doute, là comme ailleurs, il rêve et creuse son problème; mais, là plus qu'ailleurs, il souffre et se tait. Le petit bourgeois, qui est tout près du peuple par son origine; l'avocat, le curé de campagne, le médecin, le notaire, ceux enfin qui touchent à ce qu'il y a de plus fier et à ce qu'il y a de plus humble dans le monde, le mince propriétaire qui, vivant aux champs, sait cultiver son esprit dans de doux loisirs; ces hommes-là, dans la Brenne comme dans la Vallée-Noire, sont portés, en grand nombre, à faire le bien.

DIGRESSION.

Je veux rappeler, en passant, un fait digne de remarque. Dans la petite ville de La Châtre (5,000 âmes), il y a huit médecins ; ce qui atteste qu'ils ne font point fortune, et auraient grand besoin d'être largement payés. Eh bien, tous exercent la médecine quasi gratis, dans les campagnes. Quand on a voulu dernièrement organiser chez nous une association de charité (que, par malheur, l'administration a refusé d'autoriser), ces huit médecins se sont trouvés tout prêts à exercer leurs fonctions envers les pauvres pour l'amour de Dieu. Par ce détail, et par le nombre de souscriptions rapidement couvertes, par le zèle des commissaires à s'enquérir des besoins des misérables qui pullulent dans cette ville, à leur porter du linge, du travail ; à leur ouvrir des salles d'asile, des écoles, des secours à domicile, on peut juger de nos bons cœurs berrichons.

Quelle inconcevable méfiance ou quelle légèreté impardonnable égare donc l'administration gouvernementale lorsqu'elle paralyse de si nobles élans? Craint-elle que les élections ne s'en ressentent? Le pauvre sera donc victime de la honte du système !

LE CERCLE HIPPIQUE.

Le gouvernement n'a encore fait pour la Brenne que très-peu, comparativement à ses grands besoins. Les conseils généraux s'en occupent, on en parle, on espère. Mais jusqu'à présent les améliorations notables sont venues des particuliers. Il en est une dont la pensée appartient à un noble propriétaire, et dont l'exécution repose presque entièrement encore sur le dévouement et le zèle d'une association d'individus. C'est l'institution du Cercle hippique de Mézières, encouragée et faiblement subventionnée par les ministères de la guerre et de l'agriculture.

HISTOIRE DE LA BRENNE.

Pour faire comprendre l'importance de cette création, il faut rappeler succinctement l'histoire agricole de la Brenne. MM. de la Tremblais, Navelet et de Lancosme-Brèves l'ont fait dans plusieurs écrits remarquables.

Couverte jadis de vastes forêts bien arrosées, cette contrée fut incendiée, en partie, par les habitants, qui sans doute disputèrent aux nobles veneurs, leurs suzerains, une terre que ceux-ci regardaient comme un lieu de plaisance pour courre le cerf, et que les pauvres voulaient convertir en vastes parcours pour leurs troupeaux. Puis vinrent les communautés religieuses, qui, propriétaires de grandes étendues de pays, et voyant leurs usines dévorer le reste des bois, cherchèrent une source de revenus dans le produit des étangs. Les barrages établis, les eaux retenues et multipliées, détruisirent par la souche ce qui demeurait de ces chênes séculaires, et la contrée commença à devenir malsaine, le climat mortel. Les bras manquant à la culture et le bois aux forges, la ressource funeste des étangs fut mise à profit avec une imprévoyance toujours croissante. La Brenne devint alors une sorte de désert, dont les pâles et rares habitants se traînaient sur un sol ruiné, respiraient des miasmes fétides, et mouraient avant d'atteindre la moitié de la durée moyenne de la vie.

En 93, la Convention ordonna la suppression des étangs dans certaines localités. Cette sage mesure porta ses fruits. La moyenne des décès fut d'un tiers moindre pendant la période de 1793 à 1802, dans laquelle la mesure du desséchement fut observée, que pendant la période de 1803 à 1812, où elle fut abandonnée, et les étangs remis en eaux.

La grande propriété qui, en Angleterre et en Irlande principalement, a chassé l'homme de ses domaines, l'a donc tué dans la Brenne. A l'heure qu'il est, elle voudrait repeupler le pays, chasser la fièvre, créer des ressources au paysan. Les hommes riches comprennent, soit par le cœur, soit par la raison, qu'il est d'un intérêt mal entendu de s'isoler de la population, et ils travaillent à réparer la faute des aïeux. Plusieurs, nous le croyons fermement, sont poussés à cette entreprise par des sentiments d'humanité et le cri d'une bonne conscience.

LE CHEVAL DE BRENNE.

On ne saurait trop approuver et encourager le propriétaire zélé à qui nous devons l'idée du Cercle hippique de Mézières. Amateur passionné des chevaux, il s'est pénétré du côté utile et sérieux de cette étude. Il y a consacré du temps, de l'argent, des voyages. M. le comte Savary de Lancosme-Brèves a donc droit à la gratitude de tous les habitants du pays.

Dans un très-bon rapport présenté en 1843 au conseil général de l'Indre, M. Navelet, maire de Mézières, propriétaire considérable et homme distingué par son érudition et ses connaissances, démontra la nécessité de canaliser la Claise. Il fournit plusieurs points de vue dignes d'être pris en considération. Déjà, en 1837, M. de Tremblais avait lu à la Société d'agriculture du département un mémoire intéressant sur cette question. Une commission composée de citoyens éclairés, chargée de s'enquérir des moyens les plus efficaces pour rendre la salubrité et la fertilité à la Brenne, s'était livrée à des travaux sérieux. En 1843, M. de Lancosme-Brèves présenta aussi un rapport qui résume les choses à ce point que nous en rendrons compte ici.

Après avoir retracé, rappelé et soutenu les études antérieures sur la Brenne, M. de Lancosme-Brèves demanda la création d'une école nationale d'agriculture et de haras, projet qui se rapporte à la grande question nationale agitée à la Chambre des députés, relative à l'industrie chevaline si compromise aujourd'hui. C'est, avec certaines différences de détail, le même projet, quant au fond, que M. le vicomte d'Aure poursuit encore maintenant avec zèle et talent. Moyennant la lumière et la sanction qu'apportera dans ces propositions l'examen approfondi des commissions nommées par la Chambre, de telles études hâteront, il faut l'espérer, la réhabilitation et le salut de l'industrie chevaline en France, et dans la Brenne en particulier. On peut résumer les divers travaux présentés sur cette matière, en disant que le gouvernement est appelé à prendre en main la haute direction de la production et de l'éducation du cheval, à apporter les réformes indispensables dans l'administration des haras, à créer des écoles spéciales, en un mot à reconnaître les ressources que possède la France, et à l'affranchir de l'énorme impôt payé à l'étranger pour la consommation générale et la remonte de la cavalerie.

Il ne nous appartient pas de trancher toutes les questions de détail soulevées par la question elle-même. Mais ce que nous voyons clairement avec tout le monde, c'est que l'État ne peut le laisser plus longtemps dans le doute, qu'il ne doit pas reculer devant des travaux d'examen et des sacrifices devenus indispensables. « On se rappelle, dit M. de Lancosme-Brèves, dans son rapport, que, sur un simple bruit de guerre, 20 millions furent votés : c'est-à-dire, qu'en un seul jour, l'État perdit un million de revenu, sacrifice qui ne profita qu'aux étrangers. »

Tous les hommes compétents qui aperçoivent ce que l'on pourrait faire en France pour l'industrie chevaline, avec 20 millions, déploreront longtemps l'erreur commise à cette époque, erreur énorme, mais que des abus consacrés et une longue incurie antérieure avaient rendue presque inévitable.

En attendant l'intervention large et réelle de l'État, M. de Lancosme-Brèves, soutenu par un zèle à toute épreuve, et résolu à ne reculer devant aucun sacrifice personnel, a réussi à créer le Cercle hippique. Il a été secondé par ses compatriotes. Riches, nobles, bourgeois, légitimistes, conservateurs ou démocrates, tous ont compris l'utilité de son plan, la nécessité de s'y associer, chacun dans la mesure de ses moyens ou de sa libéralité. Désormais le cercle hippique est fondé. Chaque année il prospère, et, déjà, ses beaux résultats dépassent les espérances qu'on en avait conçues.

C'est que, jusqu'à présent, et dès à présent, l'élevage du cheval a été, et doit être, la principale ressource de la Brenne. Ce qui doit nous intéresser au plus haut point, c'est que cette industrie agricole est la plus prompte, la plus certaine pour améliorer la condition du petit cultivateur et créer une occupation saine et fructueuse au prolétaire. Il se passera encore des années avant que les grands travaux de canalisation épurent l'atmosphère, avant que la grande culture puisse engraisser, sur tous les points, ces limons sablonneux, enfin avant que, dans tous ces progrès vastes, mais lents, le pauvre paysan ait trouvé assez d'ouvrage et recouvré assez de santé pour amasser quelque chose et s'affranchir un peu de l'aumône et du salaire. Tout en demandant les grands remèdes, M. de Lancosme-Brèves et tous ceux qui l'ont aidé de leur intelligence ou de leurs sacrifices, ont été fort sagement au plus pressé. C'était de créer une richesse agricole immédiate, et qui se trouvât pour ainsi dire sous la main. Elle était dans l'élevage et l'amélioration de la race chevaline.

Dans plusieurs écrits, M. de Lancosme-Brèves a prouvé l'excellence du cheval de Brenne. Nous ne citerons, pour abréger, que le résumé tracé dans son rapport au conseil général.

« Sans soin, sans nourriture substantielle, le cheval
« du pays arrive néanmoins à la constitution la plus ro-
« buste. Il est petit, mais vigoureux : ses naseaux ouverts
« indiquent que l'air arrive facilement aux organes de la
« respiration. Sa poitrine haute et large loge des poumons
« d'une nature exceptionnelle. Ces animaux font sou-
« vent des trajets de 40 à 50 kilomètres, sans en éprouver
« d'altération, et il n'est pas rare de rencontrer des che-
« vaux brennoux qui font dans une journée jusqu'à 100
« et 120 kilomètres. Leurs membres secs et évidés indi-
« quent encore que le sol ne donne pas au cheval qu'il
« nourrit le tempérament lymphatique qui se trouve dans
« une grande partie des chevaux de l'Europe. En un mot,
« les qualités du cheval de guerre, la sobriété, la vigueur,
« et les qualités brillantes du cheval arabe et du cheval
« anglais se retrouvent dans le fidèle compagnon du pay-
« san de la Brenne. Nous pouvons dire avec certitude,
« par l'expérience acquise de plusieurs éleveurs, que les
« qualités du cheval de sang recevraient de nouveaux dé-
« veloppements par la nature du sol de la Brenne.....

« Continuellement soumis aux intempéries des saisons,
« le cheval du pays se nourrit d'une herbe produite par
« un sol ni trop gras, ni trop maigre, dont le sous-sol,
« presque imperméable, retient les eaux facilement et
« fait de la terre une prairie sans fin, produisant l'herbe
« abondante, mais qui ne contient pas les principes trop
« nutritifs des prairies grasses. »

Nous pouvons aisément vérifier par notre expérience, nous autres habitants de la Vallée-Noire, la vérité de cette dernière assertion. Les herbages si gras et si magnifiques de nos prairies conviennent aux ruminants plus qu'au cheval, et encore avons-nous à lutter chaque année, aux jeunes herbes, contre l'apoplexie de nos superbes bœufs de trait. Le foin substantiel de nos vallées ne produit que des chevaux lymphatiques et de courte haleine, quand nous ne corrigeons pas cette pâture par des soins particuliers. La race du terroir est mauvaise. Pour l'usage, nous nous sommes longtemps approvisionnés de ces excellents petits chevaux brandins, que nous avons eu le tort d'abandonner, croyant obtenir des merveilles du croisement brusque de nos chétives poulinières avec les étalons de sang envoyés par les haras. Ces produits ont été généralement monstrueux et détestables, tout à fait impropres à soutenir la fatigue de notre pays montueux et des routes durement creusées sur presque tous les points de l'arrondissement de La Châtre. Ce n'est qu'en Brenne que nous pouvons espérer de remonter nos métairies par l'acquisition de ces juments brandines, qui s'allient si bien au sang percheron et au sang arabe, leur cousin germain, leur aïeul peut-être [1].

---

[1]. On prétend que les seigneurs croisés nous ont ramené beaucoup de chevaux de l'Orient et de l'Afrique, qui ont engendré notre race brandine. A voir la construction du cheval brennoux, cette supposition ne paraît point trop hasardée.

CONCOURS DE MÉZIÈRES.

Cette année, le concours des poulains et des juments de la Brenne a été des plus remarquables. Dans un vaste cirque de verdure, ombragé de beaux arbres, et borné par les sinuosités de la Claise, cette foule de jeunes quadrupèdes, hennissant et bondissant autour de leurs mères, offrait un spectacle aussi gracieux pour le peintre qu'intéressant pour l'agriculteur. On pouvait voir là le progrès rapide dans l'élégance des formes du poulain, et constater la bonté de la souche dans le flanc solide, la jambe sèche, et le large poitrail de la haquenée sa nourrice. Le caractère intelligent et doux de cette race, qui vit avec l'homme des champs comme le coursier d'Arabie avec son maître, pouvait aussi être constaté sur place. Le vaste et fier troupeau, agité par l'aspect de la foule, étonné de se voir retenu par des liens dont il ignorait encore l'usage, se livrait à un grand mouvement et à un grand bruit, mais sans colère et sans perfidie. Un enfant suffisait pour contenir les plus mutins, et l'on pouvait circuler, dans ce troupeau sauvage, sans craindre ni ruades ni morsures.

Les jeunes dompteurs indigènes, déjà mieux vêtus, mieux nourris, et mieux portants que par le passé, produisaient avec un naïf orgueil ce brillant résultat de leurs soins.

LES COURSES.

Après le concours et les primes accordées aux juments et à leur suite, les jeunes chevaux du pays ont lutté d'haleine et de rapidité sur l'hippodrome de Mézières, aujourd'hui le plus beau et le meilleur de France pour la course. L'émotion passionnée avec laquelle le public indigène, composé en grande partie de paysans à la physionomie caractérisée, assiste à ce spectacle, le rend plus animé et plus pittoresque qu'aucune course que j'aie vue. Une grande file de voitures offre aussi la variété la plus piquante, depuis le riche équipage traîné par de grands chevaux anglais jusqu'à la charrette du paysan tirée par sa paisible mais vigoureuse poulinière. Au centre de la Brenne, dans ce pays naguère si misérable, inondé la moitié de l'année, à peine habité, et nullement fréquenté, on est fort surpris de se trouver sur une belle route encombrée d'équipages fringants, d'omnibus, de diligences, de patachés, de curieux, et de véhicules de toute espèce. C'est Longchamps transporté au milieu du désert, plus la population rustique, qui donne la vraie vie au tableau, et qui s'amuse pour tout de bon, vu que ceci l'intéresse un peu plus que les splendeurs du luxe n'intéressent le pauvre peuple de Paris ou de Versailles.

A peine les courses ont-elles commencé, que l'arène est envahie par des flots de peuple, qui s'élance sous les pieds des chevaux pour encourager les concurrents ou féliciter les vainqueurs. C'est à grand' peine que les commissaires, le curé, les gendarmes et le garde champêtre, tous gens paternels dans notre bon pays, peuvent contenir cette agitation et prévenir les accidents. La course des *cavarniers* est la plus intéressante pour le compatriote, la plus originale pour l'artiste. Le cavarnier est le *gamin* de la Brenne. C'est le jeune garçon ou l'enfant qui élève, soigne et dompte le cheval sauvage. Pieds nus, tête nue, sans veste, le cavarnier galope sur le cheval nu. C'est tout au plus s'il admet le bridon, habitué qu'il est à diriger sa monture avec une corde qu'il lui passe dans la bouche. Celui qui a gagné le prix, cette année, avait, je crois, neuf ou dix ans. En arrivant au but, il a glissé en riant sous le ventre de son cheval baigné de sueur, luisant et poli comme un glaçon, mais non pas aussi froid ; car il faisait, ce jour-là, 32 degrés de chaleur à l'ombre, et l'ombre est un mythe sur les plateaux de la Brenne. Un brave paysan ramassa l'enfant et l'éleva dans ses bras pour l'embrasser. Il riait et pleurait en même temps, car il savait le danger qu'avait bravé son fils, et les quelques minutes d'une course si rapide sous les yeux du public sont bien longues pour un père.

Mais ce danger est une bonne nourriture pour l'homme, et j'aime que le paysan soit cavarnier de naissance. Il semble que cela le rende déjà libre et le grandisse de toute l'énergie, de toute la fierté que l'air des champs devrait souffler partout sur l'enfant de la nature.

Après les courses rustiques, et les *courses de char*, qu'il faudrait encourager partout, nous avons vu des courses fashionables. Elles ont été superbes, pleines de luxe, d'émotion, de courage et d'habileté. Mais il n'est pas de notre ressort de parler bien savamment de ces joutes élégantes. Les cavaliers applaudis de tout cœur et les victorieux intrépides n'ont pas besoin d'encouragements. Ils apportent à Mézières la gloire de leurs prouesses, et nous ne saurions rien y ajouter qui ne fût un hommage superflu.

Quant à nous, paisibles cavaliers et raisonnables voyageurs de la Vallée-Noire, nous devons prendre l'engagement, sinon de nous défaire de nos vieux chevaux, qui sont parfois de fidèles amis, ce qui serait par trop *romain*, du moins, aussitôt que nous aurons à les renouveler, d'aller en Brenne, afin d'encourager nos frères les cultivateurs de la plaine, et de pouvoir dire avec fierté : « Berrichon je suis, et mon cheval aussi. L'un portant l'autre, nous irons vite et loin. »

GEORGE SAND.

PROCOPE LE GRAND

« Ils troublent et confondent tous les droits
« humains, en disant qu'*il ne faut point obéir aux*
« *rois,* que tous les biens doivent être communs,
« et que tous les hommes sont égaux. »

(*Lettre du pape Martin V au roi de Pologne.*)

Nous avons promis à nos lecteurs, en terminant l'abrégé de l'histoire de Jean Ziska, un récit succinct de la vie de Procope, son élève dans l'art de la guerre, et son successeur dans le commandement de l'armée Taborite. On lit peu aujourd'hui l'histoire des sectes qui ont précédé la Réforme de Luther. Nous croyons pourtant cette étude fort curieuse, fort utile et intimement liée à la solution des problèmes qui agitent les peuples d'aujourd'hui. Nous nous promettons de l'approfondir et de la développer ailleurs. L'esquisse rapide que nous allons tracer ne doit être considérée que comme un fragment d'une œuvre plus complète.

Ziska, Procope, sont deux soldats glorieux d'une cause glorieuse. Il faudrait expliquer Ziska et Procope par les doctrines qu'ils ont soutenues de leur épée, et pour lesquelles ils moururent. Comprendrait-on nos guerres de la Révolution, si on n'avait aucune lumière sur les principes de cette Révolution? Ne faut-il pas Voltaire et Rousseau pour expliquer la Convention, Danton et Robespierre?

Les figures de Jean Huss, de Jérôme de Prague, de Wicklef, devraient donc précéder celles de Ziska et de Procope. Mais les réformateurs du quinzième siècle avaient eu leurs devanciers au treizième et au quatorzième. D'ailleurs toute cette cause se rattachait à l'Évangile, au Christ. Voilà donc en première ligne le Christ et l'Évangile; là est la lumière qui devrait éclairer le sujet tout entier. On le voit, nous sentons bien, du moins, l'immense difficulté d'une pareille tâche; et on nous pardonnera si, dans cette biographie comme dans la précédente, il s'agit plus des événements que de leur cause, plus d'histoire proprement dite que de théologie. Nous resserrons notre point de vue, pour pouvoir le remplir et pour être utile.

Avant de commencer, pourtant, nous prierons le lecteur de remarquer notre épigraphe; car, à défaut de mieux, elle explique, quant à présent, ce que nous avons tenté déjà de faire reconnaître et toucher au doigt dans l'histoire de Ziska. Voici, dans son entier, le fragment authentique où nous avons puisé cette épigraphe. C'est un passage d'une lettre écrite par le pape Martin V au roi de Pologne, en 1430, pour l'engager à se joindre à la croisade contre les hérétiques de Bohême. Ce prince lithuanien (Wladislas IV), très-récemment converti à la foi chrétienne, n'était probablement pas très-rompu aux subtilités théologiques. Aussi, le pape, jugeant à propos de lui parler clair et de ne pas équivoquer sur les mots, afin qu'il comprît l'importance de son alliance avec le saint-siége et l'Empire, s'exprimait en ces termes : « Ce n'est « pas seulement l'altération de la religion qui doit animer « contre *eux* un roi catholique : *la prudence le veut* « *aussi*. Par *les dogmes de ces gens-là*, toute police est « renversée ; l'autorité des rois est foulée aux pieds ; ils « troublent et confondent tous les droits humains, en « disant qu'il ne faut obéir à aucune puissance, *pas même* « *aux rois*, que *tous les biens doivent être communs*, « et que TOUS LES HOMMES SONT ÉGAUX ! »

Voilà donc la dispute théologique qui a paru si embrouillée, si ridicule et si méprisable aux écoles philosophiques du siècle dernier, résumée, jugée et condamnée par le pape, en deux mots. Qu'on ne dise donc plus que les hommes du passé se sont émus et ont lutté pour de vaines subtilités. Jean Huss et Jérôme de Prague ne sont pas les victimes volontaires d'un fol orgueil de rhéteurs, comme les écrivains orthodoxes ont osé le dire : ils sont les martyrs de la Liberté, de la Fraternité et de l'Égalité.

Oui, nos pères, qui eux aussi avaient cette devise, portaient la sainte doctrine éternelle dans leur sein ; et la guerre des Hussites est, non-seulement dans ses détails, mais dans son essence, très-semblable à la Révolution française. Oui, comme nous l'avons déjà dit bien des fois, ce cris de révolte : LA COUPE AU PEUPLE ! était un grand et impérissable symbole. Oui, les saintes hérésies du moyen âge malgré tout le sang qu'elles ont fait couler, comme notre glorieuse Révolution malgré tout le sang qu'elle a versé, sont les hautes révélations de l'Esprit de Dieu, répandues sur tout un peuple. Il faut avoir le courage de le dire et de le proclamer. Ce sang fatalement sacrifié, ces excès, ces délires, ces vertiges, ces crimes d'une *nécessité* mal comprise, tout ce *mal* qui vient ternir la gloire de ces révolutions et en souiller les triomphes, ce mal n'est point dans leur principe : c'est un effet déplorable d'une cause à jamais sacrée.

Mais d'où vient-il ce mal dont on accuse sans distinction et ceux qui le provoquent et ceux qui le rendent ? Il vient de la lutte obstinée, des hostilités, des provocations iniques des ennemis de la lumière et de la Vérité divine. Plus profondément, sans doute, il vient de l'épouvantable antagonisme des deux principes, le bien, et le mal. C'est peut-être ainsi que l'entendaient, dans leur origine, ces religions qui admettaient une lutte formidable entre le bon et le mauvais Esprit. Moins diaboliques que le Christianisme perverti, elles annonçaient la conversion et la réhabilitation de l'Esprit du mal ; elles le réconciliaient, à la fin des siècles, avec le Dieu bon ; elles prophétisaient peut-être ainsi sans le savoir la réconciliation de l'Humanité universelle, le triomphe miséricordieux de l'Égalité, la conversion et la réhabilitation des individus aujourd'hui rois, princes, pontifes, riches et nobles, esclaves de Satan, avec les peuples émancipés. Et si nous ne croyons pas un peu nous-mêmes à ce miracle de l'éternelle sagesse, de quel côté se tourneront nos espérances ? Retournerons-nous aux fureurs du Taborisme, à la Jacquerie, aux persécutions, à l'holocauste effroyable de toute une caste, à la guillotine, qu'au lendemain de la Révolution nous aurions dû briser pour ne la relever jamais, même pour les plus grands criminels ? Non. Ces fureurs, quelque légitimes qu'elles aient pu sembler, dans les siècles d'ignorance et dans les jours de désespoir, n'ont point profité à nos pères. L'Église de Rome a longtemps expié les supplices des hérétiques. Les hérétiques, à leur tour, ont expié de farouches représailles. Et nous, qui avons frappé par le glaive, nous sommes gouvernés par le glaive !

Nous n'étions pas mûrs pour faire régner une vérité sans tache : on ne nous juge pas dignes d'être gouvernés par la vérité. On nous enferme dans des murailles, on nous entoure de canons et de forteresses. Nous n'avons donc pas vaincu ! Et dire que tous les hommes sont égaux, que tous les biens doivent être communs à tous, en ce sens qu'ils doivent profiter à la COMMUNION universelle, et par cette COMMUNION, à chacun *individuellement*, au nom du pape et du roi. La doctrine de l'Église, comme la doctrine du trône, est encore ce qu'elle était au temps de Martin V et de Sigismond ; et il y a encore des croisades toutes prêtes à se former contre nous, quand nous voudrons donner la *coupe* à tout le monde. Hâtons donc le triomphe de la Vérité, et *faisons avancer la loi de Dieu* par les moyens conformes à la lumière de notre siècle et au respect de l'Humanité, telle qu'il nous est enfin accordé de la comprendre et de la connaître, après tant de siècles d'erreur et de misère. Admirons, dans le passé, la foi de nos pères les hérétiques, jointe à tant d'audace et de force ; mais enseignons à nos fils, avec la foi, le courage et la force, la douceur et la mansuétude.

La mission pacifique du Christ a porté de plus beaux fruits et transformé le monde plus profondément que les missions sanguinaires entreprises depuis en son nom. Les grands guerriers, les nobles champions de l'hérésie ont laissé des œuvres incomplètes, parce qu'ils ont versé le sang. L'Église est tombée au dernier rang dans l'esprit des peuples, parce qu'elle a versé le sang. L'Église n'est plus représentée que par des processions et des cathédrales, comme la royauté n'est plus représentée que par des citadelles et par des soldats. Mais l'Évangile, la doctrine de l'Égalité et de la Fraternité, est toujours et plus que jamais vivant dans l'âme du peuple. Et voyez le crucifié, il est toujours debout au sommet de nos édifices, il est toujours le drapeau de l'Église !

Il est là sur son gibet, ce Galiléen, cet esclave, ce lépreux, ce paria, cette misère, cette pauvreté, cette faiblesse, cette protestation incarnées ! Il est là-haut, non pas, comme ils le disent, dans les cieux inaccessibles, mais sur la terre, et comme planant au-dessus d'elle, au sommet des temples, et sur la coupole des hauts lieux réservés à la prière et à la méditation. Sa prophétie s'est accomplie, il est remonté dans le Ciel, parce qu'il est rentré dans l'Idéal. Et de l'Idéal il redescendra pour se manifester sur la terre, pour apparaître dans le réel. Et voilà pourquoi, depuis dix-huit siècles, il plane adoré sur nos têtes.

Étrange vicissitude de ta longue royauté, ô Christ ! ô le plus petit, le plus pauvre, le plus humble, le plus méprisé et le plus méconnu des enfants du peuple ! La tyrannie des papes, la tyrannie des empereurs et des rois, celle de la noblesse, celle de l'hypocrisie, toutes les tyrannies ont conservé ton symbole, comme une protestation invincible des petits et des pauvres contre l'orgueil et la dureté des puissants et des riches. On traîne à l'échafaud un misérable que la brutalité de l'ignorance et le désespoir furieux de la misère ont poussé au crime ; les lois religieuses et civiles le condamnent, la foule le contemple sans émotion, les gendarmes le lient, et le bourreau s'en empare. Un prêtre l'accompagne à l'échafaud, et lui présente un emblème. C'est une croix, c'est la figure d'un gibet ! La société tue ce misérable, qu'elle a abandonné au mal, et qu'elle ne sait ni ne veut convertir. Et si une voix puissante comme celle du Christ s'élevait dans la foule pour crier que cet homme est moins coupable que la société, et que, par conséquent, la société n'a pas le droit de l'immoler ; si le peuple, ému de cette parole, se soulevait ; s'il renversait l'échafaud, s'il repoussait la soldatesque, s'il courait vers la demeure du souverain pour lui demander la grâce des criminels et les moyens d'empêcher de nouveaux crimes, du pain et de l'instruction pour tous, au nom de l'Égalité, au nom de l'Évangile, au nom du Christ... la soldatesque reviendrait plus nombreuse et mieux armée, elle disperserait l'émeute, elle saisirait ceux qui ne voudraient pas fuir, elle les remettrait à des geôliers ; et ils comparaîtraient devant des juges, et ils seraient accusés comme révolutionnaires, comme criminels de lèse-société. Et s'ils voulaient plaider leur cause, l'Évangile à la main, ils seraient condamnés à la prison, à l'exil, à la mort peut-être. Et là, sur l'échafaud, un prêtre viendrait encore leur montrer le gibet, l'instrument du supplice de cet homme divin qui crut à l'Égalité, et qui fut condamné et immolé pour n'avoir pas ménagé les puissances de son temps, pour n'avoir pas redouté Caïphe et Pilate. O société inique et absurde ! où est donc ta force, puisque toi-même tu courbes le front et plies le genou devant l'image du représentant et du révélateur de cette Doctrine que tu condamnes! O Révélation de l'Égalité! quelle n'est donc pas ta puissance, puisque tu triomphes encore dans ton symbole, puisque tu protestes toujours contre le mensonge qui se pare de ton nom, puisque tu es toujours parmi nous sous la figure d'une croix rayonnante, pour proclamer au monde que ton règne, après deux mille ans, ne fait encore que de commencer!

Procope était, comme Ziska, un gentilhomme bohême de médiocre fortune. Élevé et adopté par un oncle qui le destinait à l'état ecclésiastique, il voyagea en France, en Italie, en Espagne, et jusque dans la Terre-Sainte. A son retour, rasé et ordonné prêtre malgré lui, il quitta bientôt la soutane pour l'épée, et s'élança sous les étendarts de Ziska. On l'a déjà vu se distinguer en Moravie contre les Autrichiens et Jean, *l'évêque de fer*. A la mort du *redoutable aveugle*, il fut élu chef des Taborites. Ziska, comme nous l'avons vu dans le précédent récit, mourut en 1424, désignant lui-même pour son successeur Procope, surnommé *Rase*, ou le *Rasé*, à cause de la circonstance que nous venons de mentionner. Quant au surnom de *Grand*, peut-être ne fut-il donné d'abord à Procope qu'à cause de sa taille et pour le distinguer d'un autre Procope surnommé le *Petit*, un des chefs des Orphelins. Toutefois l'historien Jacques Lenfant, qui a étudié et résumé les chroniques relatives à cette époque, affirme positivement que ce furent ses exploits militaires qui lui firent donner le nom de *Grand*.

Procope commença sa nouvelle carrière par une course en Autriche et par la prise de plusieurs places, entre autres celle de Hraditz, qui était extrêmement forte, et où le combat fut acharné. La ville fut brûlée, les habitants massacrés. Dans le même temps, les Hussites firent une *course* dans la Misnie, avec quatre mille lances, c'est-à-dire seize à vingt mille hommes, et prirent une autre place forte avec la même fureur et les mêmes scènes de carnage. Harcelés de tous côtés, anathématisés par le concile de Sienne et menacés d'une nouvelle croisade, les Bohémiens obéissaient à la nécessité de poursuivre le terrible système de Ziska.

Martin V fit jouer tous les ressorts de la politique pour réunir tous les rois, tous les princes et tous les évêques de l'Allemagne et des pays slaves *du nom chrétien*, contre les Hussites, pour extirper *l'infâme hérésie*, et pour *exterminer* tous les hérétiques. Il autorisa les princes de l'Église à lever des impôts extraordinaires pour les frais de la guerre sainte. Il écrivit à Sigismond qu'il devait, en cette circonstance, justifier sa qualité d'empereur, c'est-à-dire *celle de défenseur de l'Église, que cette dignité lui impose*. Enfin, il exhorta tous les souverains à oublier leurs propres querelles, et à se réconcilier pour l'amour de Dieu et pour l'extinction de l'hérésie.

A ces menaces, les Bohémiens répondirent « qu'on les « attaquait contre tout droit divin et humain; qu'on les « diffamait sans preuve, et sans avoir voulu les entendre; « qu'on ne pouvait, avec vérité, leur reprocher de croire à « autre chose qu'à la parole de Dieu, et aux symboles de « Nicée, de Constantinople, d'Éphèse, et de Chalcédoine; « qu'ils étaient résolus de défendre cette foi, au péril de « leurs biens et de leurs vies; qu'il n'y avait rien de « plus contraire à l'esprit du Christianisme que de vou-« loir les exterminer au gré du pape ou de l'Empereur. « Enfin, que si on les attaquait encore, appuyés qu'ils se « croyaient du secours de Dieu, ils repousseraient la force « par la force, et que tout le monde, femmes et enfants, « ils feraient une résistance qui serait admirable à tout « l'univers. »

Les Bohémiens tinrent leur promesse, et cette résistance qu'ils annonçaient fut admirable en effet. Mais ils devaient être vaincus un jour par la ruse des souverains, par leur propre lassitude, et surtout par leurs divisions de croyances et d'intérêts.

On n'a pas oublié que plusieurs sectes s'agitaient dans le sein du Hussitisme. Les armées de Ziska n'étaient pas, comme celles de tous les souverains de cette époque, des troupes d'aventuriers mercenaires ayant pour unique but le pillage, et ne connaissant en campagne ni amis ni ennemis. Ces armées étaient de véritables sectes religieuses, qui considéraient la violence et la cruauté comme des devoirs sacrés, et le pillage comme l'unique moyen de pourvoir aux frais de la guerre nationale. S'il y avait du fanatisme et de la férocité dans cette doctrine militaire, il y avait du moins un sentiment élevé de la mission du guerrier chrétien. Dans ces époques de lutte ardente, les hommes ne peuvent être grands que par la révolte et par la guerre. Jeanne d'Arc elle-même, cette figure angélique qui eût pu se placer à côté de celle de Marie dans la divine épopée de Jésus, apparaît au moyen âge sous la cuirasse et sous le casque, comme l'archange Michel, et c'est l'épée à la main qu'elle accomplit sa prédication sublime.

Mais si les sectes de Tabor étaient grandes et austères, il s'en fallait de beaucoup qu'elles fussent toutes suffisamment éclairées pour demeurer d'accord. Elles étaient parties en apparence de Wicklef et de Jean Huss, mais quelques-unes de leurs doctrines remontaient jusqu'à Pierre Valdo et à Bérenger. Nous avons vu Ziska, en grand général et en politique habile, pactiser tantôt avec les Calixtins, tantôt avec les Catholiques, poursuivre les *Picards* ou prétendus tels, et ensuite les tolérer ou se faire tolérer par eux. L'espèce de scission qui s'opéra dans son armée, au lendemain de sa mort, montre bien la différence des opinions qu'il avait réussi à tenir unies pour l'action, grâce au prestige de sa gloire et à l'ascendant de sa parole concise, énergique et vaillante. Mais on ne doit pas oublier qu'il se souciait plus de la guerre que de la foi, et qu'il se sentit, vers la fin, dépassé dans le mal apparent par l'ardeur sauvage de ses troupes, dans le bien réel par l'enthousiasme religieux qui les animait.

Il était mort, laissant la paix jurée, grâce à son habileté et aussi à sa clémence, entre toutes les branches du Hussitisme. Cette union ne pouvait durer. Les Orphelins, les Oréalites, et les Taborites, en se constituant en trois corps et en se choisissant des chefs différents, avaient semblé prévoir qu'ils ne marcheraient pas d'accord, s'ils ne se séparaient dans le repos pour se retrouver sur la brèche et s'entr'aider à l'heure du péril. Procope le Grand sentit qu'il fallait permettre cette division, et que sa mission était de cimenter au moins une alliance durable entre toutes ces forces de la résistance nationale. Il y travailla toute sa vie; mais, plus religieux et peut-être plus sincère que Ziska, il n'abjura jamais sa croyance personnelle, et resta franc *Picard* envers et contre tous. Ce fut sa gloire et la cause de sa perte.

Il eut bientôt à continuer l'œuvre de Ziska dans le maintien d'une alliance plus difficile encore. Je veux parler de l'espèce de paix qui, en présence de l'ennemi commun, soit le pape, soit l'Empereur, ou les princes soulevés par eux, réunissait les différentes sectes exaltées du Hussitisme au *juste-milieu* nobiliaire et bourgeois du temps. Les Orphelins ne tardèrent pas à rompre l'union avec *ceux de Prague*, c'est-à-dire avec les Calixtins. Fidèles au principe de *faire avancer la loi de Dieu* et obéissant à la nécessité de constituer et de formuler leurs doctrines, tous les Hussites étaient d'accord sur un point admirable, mais dangereux dans la circonstance : c'était d'employer en discussions sur les matières de foi, en assemblées de docteurs et en synodes généraux ou particuliers, tout le temps qui n'était pas employé à la défense du pays et aux travaux de la guerre. Pendant que le concile de Sienne mettait à prix le sang de la Bohême, on débattait en Bohême les plus hautes questions théologiques. Ce peuple qu'on traitait de barbare, de sanguinaire, d'impie et de débauché, offrait aux yeux du monde étonné le spectacle d'une Église nouvelle qui cherchait à réformer l'ancienne plus radicalement que les conciles œcuméniques, et qui, au milieu des ruines, et sous le feu de vingt puissances ennemies, s'efforçait de formuler et d'organiser les bases et la législation de la véritable religion évangélique. Le pape écrivait à l'Empereur qu'il ne concevait pas qu'il ne pût venir à bout d'une hérésie réfugiée dans un *petit coin du monde*. Ce petit coin était plus grand alors que le monde tout entier ; et la vaste Réforme de Luther était là en germe, avec bien d'autres Réformes encore que l'Humanité accomplira sans aucun doute, et peut-être sans violence, dans un avenir plus ou moins prochain.

Il arriva donc que les docteurs *Orphelins*, maître Jean Przibram, et maître Pierre de Mladowitz, ami de Jean Huss, se trouvèrent en dissidence sur les matières de foi avec le savant Wickléfite Pierre Payne, dit l'*Anglais*, et maître Jean de Rockisane, celui qui avait conclu la paix entre les Pragois et Ziska, et qui devait jouer encore un grand et fâcheux rôle dans cette révolution. On verra ailleurs quel était le fond de la dispute, et combien, sous ses formes ardues et mystérieuses en apparence, elle devait intéresser la religion et la politique de la nation. Les docteurs Orphelins furent mis en prison, puis élargis à la sollicitation de Rockisane ; et la décision de l'assemblée fut que Payne et Przibram, chacun de leur côté, ne parleraient de l'Eucharistie que dans les termes de l'Écriture et des Pères : conclusion fort vague, car la discussion roulait sur ces textes mêmes et sur l'interprétation qu'on devait leur donner. On essaya de calmer les esprits par une mesure de haute tolérance, en défendant aux deux docteurs de se traiter mutuellement d'hérétiques, non plus que Jean Wicklef, Jean Huss, et Jacobel. Mais si les Calixtins de Prague prenaient prudemment leur parti dans ces sortes de conflits dangereux, les Orphelins n'étaient pas d'humeur à transiger avec leurs doctrines ardentes et leur enthousiasme révolutionnaire. Leurs docteurs quittèrent Prague fort irrités, avec ceux des Pragois qui partageaient leurs sentiments, et ils allèrent trouver l'armée *Orpheline* dans son campement de chariots, ces villes ambulantes dont ils ne sortaient même pas pour se battre, ayant frappé d'interdit toutes les cités habitées par les autres hommes, on ne nous dit pas en vertu de quel préjugé fanatique ou de quelle protestation austère.

Aussitôt les Orphelins se mettent en campagne, ayant à leur tête Welichs et Procope le Petit, vaillant homme de guerre. Ils livrent de terribles assauts à la ville pragoise de Litomils *avec tant de furie, qu'on eût dit des démons sortis de l'enfer*. La ville est emportée, ravagée, et arrosée de sang après une vigoureuse résistance. Plusieurs autres villes éprouvèrent le même sort. Ensuite s'étant réunis à ceux des villes de Launi et de Zatec, ils allèrent se joindre à leurs frères les Taborites, qui étaient aux prises devant une ville autrichienne avec l'archiduc Albert. La ville fut prise et brûlée, mais le combat n'en fut que plus acharné avec les Autrichiens. Les Taborites y perdirent leurs chariots, et cependant ils en sortirent vainqueurs, après quoi, étant rentrés en Bohême malgré le grand froid (décembre 1425) ils allèrent tous ensemble tenter un coup de main sur Prague. Mais les Pragois agirent avec Procope le Grand comme ils avaient fait avec Ziska ; ils lui confièrent le salut de la patrie ; et Procope, apaisant les fureurs de son armée, conclut une *paix éternelle* entre toutes les sectes ennemies. De là, il a a avec les siens prendre ses quartiers d'hiver à Klattau ; mais il n'y fut pas longtemps oisif. Dès le printemps, et tandis que les princes allemands rassemblaient leurs forces pour une attaque décisive, il alla aux frontières de la Misnie châtier deux généraux de l'électeur de Saxe, qui exerçaient d'horribles cruautés sur les Bohémiens dans ces parages. Il reprit plusieurs places, puis courut au secours des Praguois, qui venaient d'éprouver un échec considérable devant Aussig.

Enfin, au mois de juin 1426, arriva une armée allemande de cent mille hommes, commandée par plusieurs princes de l'Empire et burgraves considérables. Les Hussites, ayant à leur tête un Podiebrad, un seigneur de Waldstein et Procope le Grand, se retranchèrent, pour attendre le combat, dans une enceinte de cinq cents chariots liés ensemble de doubles chaînes. Les Allemands passèrent tout un jour de chaleur excessive à briser ces chaînes avec des haches à deux tranchants dont on les avait munis à cet effet pour la première fois. Les Bohémiens, à couvert derrière leurs grands boucliers fichés en terre, les laissèrent s'épuiser à ce travail ; et dès que la cavalerie se présenta, ils la renversèrent avec leurs machines de guerre. Leurs fantassins étaient en outre armés d'une lance crochue de nouvelle invention, avec laquelle ils désarçonnaient les cavaliers. Le combat fut acharné, et les Hussites y perdirent trois mille hommes, perte considérable vu leur petit nombre ; mais cinquante mille Allemands périrent, dit-on, en Bohême, dans cette bataille et dans les diverses escarmouches qui harcelèrent leur fuite. La fleur de leur noblesse y demeura et fut ensevelie à Tœplitz sous des poiriers sauvages, qui, selon la tradition, ne portèrent jamais plus de fruit depuis ce temps-là. La même nuit qui vit cette déroute immense des Allemands, ceux des Taborites qui étaient restés occupés au siége d'Aussig emportèrent la place, la brûlèrent, et n'y laissèrent pas un être vivant.

Après la bataille, l'armée Hussite, qui semblait ne pas connaître le repos et se fortifier dans les fatigues et les combats, fit encore d'autres exploits, et enleva d'autres places aux Catholiques. En général, les assiégés se défendaient en désespérés, sachant bien que les Taborites ne faisaient pas quartier aux vaincus. Mais, par exception, la ville de Mise se rendit à dix hommes commandés par un chef Taborite appelé Przibik Klenowky, et surnommé *le héros invincible*. En réponse aux reproches de couardise de leurs voisins de Pilsen, *Ce chef*, dirent ceux de Mise, *avait une si longue épée, qu'elle pouvait atteindre d'une porte à l'autre*.

Pendant que les Taborites étaient occupés dans l'intérieur du pays, on ravageait leurs frontières. L'archiduc d'Autriche assiégeait une place de Moravie dans laquelle Procope avait mis garnison ; mais en apprenant l'approche du rasé, il s'en retira précipitamment, et Procope lui prit d'autres forteresses. Une seule fut opiniâtrement défendue par une jeune fille dont le père venait de mourir en lui confiant la garde de sa forteresse, jusqu'à l'arrivée d'un secours qu'on attendait des Catholiques. Le secours n'arriva point, les Taborites le détruisirent en chemin ; mais l'héroïne résista quinze jours encore aux menaces et aux promesses de Procope. Lorsqu'elle vit tous ses murs démantelés, elle accepta une capitulation honorable, et se retira avec une partie des siens, sous l'escorte d'un des capitaines assiégeants, abandonnant toutefois les vivres et les munitions de guerre.

Les Allemands étaient encore une fois vaincus ; la discorde malheureusement reparut bientôt en Bohême. On se rappelle Koribut, ce parent du roi de Pologne dont les Calixtins de Prague et les Catholiques de la Bohême avaient voulu faire un roi avant la mort de Ziska. Wladislas le leur avait envoyé dans un moment de dépit contre l'Empereur. Puis, s'étant réconcilié avec ce dernier, il l'avait rappelé. Mais Koribut, soit qu'il eût pris sincèrement parti pour cette nation héroïque, soit qu'il n'eût pas renoncé à l'espoir de régner, était rentré en Bohême avec quelques troupes ; et après avoir communié sous les deux espèces *avec son monde*, il faisait la guerre aux Allemands comme chef bohémien. Il accompagna les deux Procope dans une expédition qu'ils firent en Autriche, et d'où, après avoir ravagé le pays jusqu'aux bords du Danube, après avoir promené le fer et la flamme dans l'Autriche, la Hongrie, la Lusace et la Silésie, les Taborites et les Orphelins rapportèrent tant de butin que la Bohême se trouva un instant riche et l'armée pourvue de tout. Le bétail enlevé sur les terres ennemies était si considérable, qu'on achetait à cette époque en Bohême quinze bœufs pour deux écus.

Mais Koribut était tombé dans la disgrâce de ces Calixtins qui l'avaient appelé quelques années auparavant contre le gré des Taborites. On ne sait pas bien les causes véritables de cette inconstance, mais on peut présumer que Koribut, qui était un rude soldat fort aimé désormais des Taborites, avait plutôt abandonné que repris ses projets de royauté, et que les Calixtins lui en faisaient un crime et une honte. S'il en est ainsi, leur conduite à son égard fut hypocritement odieuse. Ils l'accusèrent d'avoir négocié sa réconciliation avec Martin V, et de vouloir trahir la Bohême pour s'en faire le souverain catholique et absolu. En conséquence, ils publièrent que ses mœurs brutales et ses intrigues criminelles avec Rome le rendaient incapable et indigne de gouverner ; et, l'ayant affublé par dérision d'un capuchon de moine, ils l'enfermèrent dans un couvent et ensuite dans la grande tour du château de Prague. Ce coup d'État souleva une grande indignation parmi les seigneurs catholiques qui voulaient qu'on respectât le sang royal, et qui regardaient peut-être la monarchie tempérée de Koribut comme un contre-poids bientôt nécessaire au despotisme du juste-milieu Calixtin. Cette guerre de religion était aussi une guerre de castes. L'opinion calixtine réunissait le plus grand nombre de *gentilshommes*, caste qui occupait entre les *seigneurs* et le peuple une place analogue à celle de la bourgeoisie dans nos dernières révolutions. Cette opinion eut ses savants et ses martyrs, ses doctrinaires et ses girondins ; mais en général elle n'eut pas le plus beau rôle dans toute cette guerre ; elle fit avorter tous les grands desseins de Ziska ; elle ne sut pas profiter de ses exploits. Brave et sanguinaire aussi quand elle défendait ses intérêts, elle devenait pusillanime, ingrate et rusée dès qu'elle les voyait menacés.

Ces rigueurs envers Koribut irritèrent aussi les Taborites et les Orphelins, qui l'avaient vu combattre hardiment avec eux contre les ennemis du pays et s'exposer, pour la cause bohémienne, à la disgrâce de son parent le roi de Pologne, aux anathèmes du pape et aux fureurs de l'Autriche. On vit alors une de ces monstrueuses alliances qui s'opèrent dans les grandes crises politiques entre deux minorités désespérées. L'extrême gauche et l'extrême droite de la nation, les Catholiques et les Taborites de Prague se liguèrent pour délivrer Koribut et s'emparer de la métropole. Un coup de main fut tenté pendant la nuit, et jeta l'alarme dans la ville. La paix éternelle jurée par Procope n'avait pas duré plus que l'apparition des Allemands en Bohême. Mais Procope fut étranger à cette conspiration ; et, d'ailleurs, les Calixtins avaient violé le pacte les premiers en violant le droit des gens dans la personne de Koribut, sans consulter la nation. Les bourgeois de Prague tendirent les chaînes des rues et repoussèrent l'attaque avec fureur ; plusieurs seigneurs catholiques y périrent. Un d'entre eux, Hincko de Waldstein, le même qui commandait avec Procope dans la grande bataille contre les Allemands, fut assassiné et pendu au gibet par un scélérat qu'il avait récemment sauvé de la corde. Les Orphelins et les Taborites de Prague furent si horriblement massacrés, qu'il ne s'en sauva pas vingt. Le parti calixtin préludait, par ces actes de rigueur et de haine, à la grande hécatombe de jacobins et de montagnards qu'elle devait bientôt offrir à l'Allemagne pour rentrer en grâce auprès d'elle.

Le lendemain, tandis qu'on procédait à l'exécution des citoyens soupçonnés d'avoir pris part à la conspiration, on força Koribut à signer son abdication, et on le renvoya secrètement sous bonne escorte jusqu'aux frontières de la Pologne.

Cependant la conduite ultérieure de ce prince nous démontre la sincérité de ses intentions. Il appela auprès de lui les principaux d'entre les Orphelins et les Taborites, et alla trouver le roi de Pologne, non pour rentrer en grâce avec lui et le saint-siège, mais pour lui demander hardiment secours et protection pour les libertés de la Bohême. Wladislas, qui ne se souciait plus de s'attaquer à l'Empereur et au pape, affecta un grand zèle pour la religion, et traita Koribut et ses adhérents comme des impies et des insensés. Tout ce qu'ils obtinrent de lui, ce fut de nouvelles promesses de les recommander à la miséricorde de Dieu et du saint-siège, s'ils voulaient se convertir. Koribut ne fléchit point, et s'emporta même jusqu'à menacer en termes peu diplomatiques le roi, les évêques, les églises de Pologne et jusqu'à saint Stanislas, patron du royaume, de la fureur des Taborites. Après cette sortie peu équivoque, il fut forcé de quitter la Pologne, où l'*interdit* et les menaces le poursuivaient de ville en ville, et il rentra en Bohême avec ses jacobins pour se joindre à l'armée taborite. Étrange destinée d'un prince qui était venu chercher le pouvoir au milieu de cette révolution, qui avait combattu le peuple pour s'emparer de la couronne, et qui maintenant se jetait dans les bras de ce même peuple, calomnié et persécuté par ses premiers partisans, pour avoir passé à la république.

La guerre civile recommença donc avec fureur entre les modérés et les enthousiastes. Taborites, Orébites et Orphelins reprirent plusieurs villes sur le juste-milieu, ravagèrent tout le district de Pilsen, et marchèrent sur Prague pour l'assiéger de nouveau. Mais la publication d'une nouvelle *croisade de Martin V* et l'approche d'une nouvelle armée allemande engagèrent, comme de coutume, les Pragois à demander la paix. Ils le firent, cette fois, par l'intermédiaire du prêtre taborite Coranda. Comme de coutume, les Taborites laissèrent apaiser leur ressentiment, et, en sauvant encore une fois la patrie, ils augmentèrent ce trésor d'ingratitude qu'on amassait contre eux.

Au milieu de juin 1427, l'armée allemande vint mettre le siège devant Mise. Elle n'était composée cette fois que de quatre-vingt mille hommes. Pour vaincre une armée de dix-huit à vingt mille Bohémiens, c'était peu ; mais le pape comptait sur l'énergie, l'habileté et le zèle du cardinal de Winchester son légat, qui avait levé lui-même les troupes en Angleterre, en Saxe, Franconie, Thuringe, Bavière, Carinthie, etc. L'électeur de Brandebourg commandait un des corps d'armée, et le cardinal en personne dirigeait le plus considérable. Sigismond ni aucun membre de sa famille ne se joignirent à cette seconde croisade ; ils avaient agi de même à l'égard de la précédente. D'une part, l'Empereur n'était pas fort bien réconcilié avec le saint-siège ; de l'autre, il ne voulait plus se compromettre en personne contre ses futurs sujets. En avançant en âge, l'Empereur, qui s'était imaginé d'abord ne rencontrer qu'une poignée de mutins et n'avoir qu'à montrer sa belle personne, son épaisse barbe blonde et ses longs cheveux bouclés, ceints de la couronne de Charlemagne, pour faire tomber à genoux les *porte-fléaux* et les *cordonniers* de la Bohême, avait fait bien des réflexions et profité de ses rudes désastres. Il comprenait enfin que l'intrigue et la désunion pouvaient seules corrompre ou paralyser ses fiers courages. Les prêtres taborites, peu touchés de sa beauté, l'avaient surnommé le *Cheval roux* de l'Apocalypse, comme ils appelaient le pape simoniaque l'*Antechrist*. L'Antechrist, en homme médiocre, se flattait toujours de réduire l'hérésie par la force des armes, et d'inaugurer les bûchers de l'inquisition sous les tilleuls de la Bohême. Mais le *Cheval roux*, meilleur politique, disait, sans s'émouvoir au récit des exploits de son peuple révolté : « Les Bohémiens ne seront vaincus que par les Bohémiens. » Amère et froide sentence, triste parole prophétique ! Il se tenait donc désormais à l'écart, et laissait faire ; sachant bien que son jour viendrait, et qu'avec de la ruse il ferait oublier ce que ses commencements avaient eu d'impopulaire et d'odieux ; même il affectait de blâmer les croisades du pape et les ravages des gens de guerre, qui lui gâtaient et lui ruinaient à plaisir sa pauvre, sa chère Bohême.

Dès que ceux de Prague eurent avis de l'arrivée des Allemands, ils envoyèrent en toute hâte demander secours à Procope le Grand et à toute sa bande de héros. Soit qu'en effet la marche des Taborites vers l'ennemi les contraignît de traverser Prague, soit que ces fières cohortes voulussent tirer une vengeance courtoise de leurs adversaires réconciliés, ils demandèrent le passage à travers la ville. On le leur accorda en tremblant, et en les conjurant de ne pas s'arrêter et de passer en bon ordre, sans commettre aucun acte de vengeance. Ils le promirent, et défilèrent lentement avec leurs chariots. Procope vint le dernier avec sa cavalerie et les chariots d'élite. On avait en lui une telle confiance, qu'on le retint et le logea dans la ville avec son monde durant quelques jours. Plusieurs seigneurs catholiques, des grands de Bohême et de Moravie, se joignirent même à lui pour combattre l'ennemi commun. Ils eussent été moins hardis et moins patriotes s'il se fût agi, comme du temps de Ziska, d'aller à la rencontre de Sigismond. Mais cette armée de mercenaires, commandée par un légat, représentait à leurs yeux un ennemi plus redoutable, un maître moins légitime, le pape. L'Europe, la Germanie surtout, tendait à se séculariser, à s'affranchir du joug de Rome, ouvertement ou indirectement.

Ce récit est monotone à force de présenter durant quatorze ans les mêmes circonstances merveilleuses. C'est la sixième fois, et non la dernière, que la vieille société germanique vient battre de toutes ses forces ces murailles vivantes qui défendent *la coupe*, le mystérieux symbole des libertés de la Bohême; et cette fois encore ce *petit coin du monde*, si méprisé par le pape, sera la grande nation qui repoussera toutes les nations étrangères. Bien des siècles auparavant, les moines poëtes de l'ancienne chevalerie avaient rêvé les légendes du *saint Graal*, la coupe eucharistique que les preux devaient chercher au fond des déserts, à travers tous les dangers, et voir une fois dans leur vie pour conquérir la gloire dans l'éternité. Mais au temps de la guerre des Hussites, l'esprit chevaleresque n'était plus dans les castes féodales. Le saint Graal était bien en Bohême, les Taborites en étaient bien les Templistes jaloux, les austères défenseurs; mais les chevaliers de l'ancien monde ne savaient même plus vaincre les mécréants. Les Turcs menaçaient la Chrétienté, et la Chrétienté ne songeait qu'à lutter mollement contre une hérésie sortie de son sein. Il est vrai que la Chrétienté officielle, c'était la vieille société des castes, prête à se dissoudre, et que l'hérésie, la nouvelle Jérusalem, le nouveau saint Graal, c'était le Peuple, son esprit, son symbole, son avenir et ses destinées.

Cette sixième déroute des Allemands est plus fabuleuse que les précédentes. Les historiens l'ont comparée à celle de Crassus chez les Parthes, de Vexoris et de Darius chez les Scythes, et de Xerxès chez les Grecs. Les Bohémiens n'eurent qu'à se montrer inopinément sur la rive opposée de la rivière de Mise, où était établi le camp des Allemands occupés au siége de la ville. Une terreur panique s'empara de ceux-ci, et tout prit la fuite à leur seul aspect sans coup férir, entraînant les chefs indignés et furieux, l'électeur de Brandebourg, celui de Trèves, et le cardinal de Winchester lui-même, qui faisait de vains efforts pour ranimer leur courage. Un immense butin abandonné fut la proie du vainqueur. Il n'y eut si petit serviteur de la cause qui n'en tirât sa bonne part. « De l'aveu de plusieurs gentilshommes catholiques dont les familles sont à présent fort distinguées, dit l'historien dont nous suivons le récit, ce fut là le commencement de leur fortune. Les fuyards crurent s'être mis à couvert en gagnant la forêt de Tausch. Les vainqueurs les battirent en queue, et les paysans en assommèrent un bon nombre; les Bohémiens n'y perdirent que peu de gens. Quand on sut cette bonne nouvelle à Prague, on y chanta un *Te Deum* en grande solennité. Cependant l'armée victorieuse assiégea et prit après seize jours de siége Tausch, où s'était retiré le reste des fuyards. On y passa tout au fil de l'épée. » D'après ces récits, il ne serait rien échappé de cette armée de quatre-vingts mille hommes.

« Nous avons appris avec une sensible douleur la *fuite « honteuse des fidèles* qui étaient allés en Bohême, « écrivit le pape au légat consterné; mais il faut se raidir « avec plus de courage que jamais contre la disgrâce. « Prenez des mesures pour lever cet opprobre de dessus « l'Église. »

Peu de temps après, le pape écrivait à ceux de Pilsen et de Carlstein (où la religion catholique prévalait) : « Nous « avons appris par les lettres de notre cher fils Jean, car-« dinal-prêtre de Saint-Cyriaque (c'est *l'évêque de fer*), « que vous avez fait trêve avec les perfides et détestables « hérétiques, et qu'à Noël prochain ils se trouveront de « gens de part et d'autre pour entrer en conférence sur « la foi et sur l'Écriture sainte à l'occasion de leurs er-« reurs. Nous ne doutons point que vous l'ayez fait de « bonne foi et à bonne intention; mais il faut se conduire « avec beaucoup de précaution à l'égard de ces serpents « rusés et imbus du venin de Satan. Ce qu'ils en font « n'est pas dans le dessein de se convertir, mais de vous « pervertir par leurs sophismes et fourberies. Ils ont la « peau de l'agneau, mais ils ont les dents du loup. « C'est pourquoi nous vous prions, sans pourtant vous « rien enjoindre, que *vous évitiez un pas si glissant, « de peur que vous ne tombiez*. Évitez une telle entre-« vue et des *disputes qui ne peuvent aboutir qu'à la « destruction de vos âmes*. La foi catholique est bien « assez appuyée et confirmée par le sang des martyrs; « elle a été d'ailleurs éclaircie par tant de conciles, par « tant de décrets des saints papes et d'écrits des saints « docteurs, qu'*il serait superflu d'en disputer davan-« tage*. Il est bien plus salutaire de s'en tenir à ce qu'ils « en ont décidé. Fuyez donc, encore une fois, cette con-« férence où *vous ne pouvez rien gagner et pouvez « beaucoup perdre*. »

Ainsi toute la foi, toute la force de l'Église catholique en était réduite à ce point, que le pape suppliait les fidèles de ne point disputer, pour n'être pas vaincus ! Voilà l'extrémité où une poignée de plébéiens inspirés avaient amené la religion officielle! Et ce n'est pas la crainte de leurs armes qui fait reculer le pape dans ce duel de l'esprit avec les Hussites; car il poursuit son plan d'extermination, et promet les secours de la force matérielle aux croyants, faute de pouvoir leur fournir les armes de l'intelligence, les forces vives de la doctrine ! « Soyez assurés, leur dit-il en terminant sa lettre, que « nous vous assisterons d'une telle manière, que l'or-« gueil des méchants sera brisé, et que non seulement « vous pourrez résister à leurs efforts, mais encore devenir « victorieux. »

Martin V en écrivit aussi à Jean de Fer, qui s'efforça d'empêcher la conférence, en faisant valoir ouvertement les mêmes raisons. Il publia un mandement dans son diocèse de Moravie pour ordonner de croire « le pur-« gatoire, la vénération des reliques, le culte des ima-« ges, les indulgences et les ordres; et pour défendre, « sous peine d'excommunication, de lire les livres de « Jean Huss, de Wicklef et de Jacobel, qui ont été tra-« duits en bohémien, de chanter les chansons défendues « comme étant *ineptes*, scandaleuses et séditieuses, « et surtout celles qui ont été faites contre le concile « de Constance, à la louange de Jean Huss et de « Jérôme de Prague. » L'archiduc, de son côté, menaça de peines sévères ceux de ses sujets qui chanteraient lesdites chansons dans les places, dans les tavernes, et jusque dans les maisons particulières. Nous regrettons bien de n'avoir pas quelques-unes de ces chansons ineptes, pour savoir à quoi nous en tenir sur le goût littéraire du cardinal et de l'archiduc.

La conférence eut lieu, malgré toutes les prières et les défenses de l'Église. Un historien catholique, qui déclare qu'elle n'aboutit qu'à une division plus profonde dans les esprits, semble confesser pourtant que plusieurs Moraves s'y rendirent, et qu'ils y furent convertis au hussitisme, car il prend soin de dire que ce furent de pauvres gens, de ceux, par conséquent, qui se vendent au plus offrant. Il assure qu'aucun grand de Moravie ne daigna s'y rendre, d'où il s'ensuit apparemment que la foi catholique fut sauvée en cette occurrence. De quel poids pourrait être, en effet, la conversion des pauvres gens? Les députés de Pilsen ne furent sans doute pas bien féroces, car ils obtinrent une nouvelle trêve.

Procope, après avoir séjourné quelque temps à Prague, pour y pacifier toutes choses autant qu'il put, alla assiéger Kolin, avec ceux de Prague. Mais la défense fut si vigoureuse, qu'il fallut appeler les Taborites et les Orphelins. Ils finirent par s'en rendre maîtres, mais non sans beaucoup de pertes et de revers. Procope y fut blessé d'une balle de plomb.

Au commencement de l'an 1428, il y eut en Bohême une nouvelle conférence pour pacifier les démêlés de religion, et formuler les dogmes hussitiques. Tout cet enfantement d'une nouvelle Église était laborieux et ne devait aboutir qu'à une immense élaboration de matériaux pour l'avenir. Les Orphelins, les Taborites et les Calixtins formaient à cette époque trois partis bien tranchés. On connaît et on apprécie les dissentiments des deux dernières sectes, mais on ne sait pas quelles idées séparaient les Taborites des Orphelins. La partie la plus importante de cette révolution est encore enveloppée de nuages, les historiens s'étant beaucoup plus occupés des effets que des causes. A la guerre, ils nous montrent constamment les Orphelins entreprenant les choses les plus téméraires, et sans doute avec moins de science et de tactique que les Taborites; car ils échouent souvent, éprouvent des pertes terribles, et sont même raillés par les Taborites, qui, les voyant écrasés par leur faute au siège de Kolin, leur demandent s'ils ont eu une bonne Saint-Martin. Mais, en toute rencontre, ces mêmes Taborites volent à leur secours, et achèvent glorieusement ce qu'ils ont audacieusement commencé. Les Orphelins jouent là le rôle que les troupes régulières de Marie-Thérèse laissaient aux Pandoures de la Croatie, dans les guerres contre Frédéric le Grand. Ce sont eux qui tentent les coups les plus insensés, qui se jettent dans l'eau, dans le feu, dans la glace, et qui, par fanatique mépris de la vie, rendent possible ce que la raison eût repoussé. Il est vrai que, sans Procope et sa cohorte invincible, à la fois prudente et acharnée, ces enthousiastes eussent été martyrs plus souvent que vainqueurs. Expliquera-t-on leurs querelles en temps de paix par la différence de leurs tempéraments et de leur conduite en temps de guerre? Ce serait expliquer le fait par le fait, et il est évident pour nous que cette fureur aveugle qui les poussait à sacrifier leurs vies, sans égard pour les dangers formidables qu'ils attireraient sur le reste de l'armée, était le résultat de quelque croyance particulière, peut-être celle de la résurrection immédiate dans de nouveaux corps, qui avait été prêchée à couvert durant les dernières années de Ziska.

Quoi qu'il en soit, la conférence de Béraune remua chaudement la question du dogme de la transsubstantiation, et celle du libre arbitre, de la justification et de la prédestination. On ne nous dit pas quelle part y eurent les uns ou les autres. On nous montre Procope soutenant, sans défaillance et sans variation, la croyance des Picards Taborites, qu'on pourrait appeler aussi croyances Bérengariennes. Comme, depuis le commencement de la révolution, ces doctrines s'étaient puissamment élaborées dans les fortes intelligences des prêtres taborites, Coranda, Jacobel, Biscupec et autres, et qu'ils firent encore des progrès dans la suite, nous les expliquerons en leur lieu, et nous suivrons rapidement les événements de la guerre.

Les Orphelins attaquant toujours, et les Taborites accourant toujours pour les sauver, l'armée révolutionnaire fit des expéditions formidables en Silésie et en Moravie. Douze villes furent brûlées, et le pays ravagé. La terreur fut portée jusqu'à Breslau. Après Neissa, Bruna fut assiégée, et Procope y soutint un de ces terribles combats où l'engageait trop souvent la confiance fanatique des Orphelins. De là il retourna porter la désolation et l'épouvante jusqu'aux portes de Vienne. Mais, à son retour, il trouva une de ses meilleures places enlevée et rasée par la garnison allemande de Bechin. Il assiégea cette dernière place, et y éprouva une grande douleur. Jaroslas, son intime ami, l'unique frère de Ziska, fut tué à ses côtés. Enfin il enleva Bechin, et y mit garnison. Tabor, qui était située dans le voisinage, avait couru de grands dangers durant cette campagne. De leur côté, après un long siège et de grandes pertes, les Orphelins prirent Lichtemberg, et, pénétrant dans le district de Glatz, y mirent tout à feu et à sang. Ils y soutinrent une bataille dans laquelle ils eussent succombé, sans l'arrivée du grand Procope, qui avait hérité de Ziska le don de porter toujours des coups décisifs. Mais, en somme, ces campagnes en Silésie et en Moravie furent presque aussi désastreuses qu'avantageuses aux Hussites. Ces races slaves, aux prises les unes contre les autres, ne pouvaient s'étreindre mollement. Ce n'étaient pas là les timides croisés de Martin V, ces mercenaires allemands, qui fuyaient à la seule vue du bouclier hussitique. La famille slave eût conquis le monde à cette époque, si elle eût été unie par une même foi. Le temps de Hunniade et de Scanderbeg approchait. Quelle croisade contre les Turcs, si Procope et Ziska l'eussent commencée!

Sigismond profita de l'hiver, qui ramenait et concentrait en Bohême tous les partis, pour envoyer une ambassade et proposer la paix. Procope reçut une députation à Tabor, et se flatta de négocier une réconciliation honorable. Il obtint un sauf-conduit, et alla trouver l'empereur en Autriche. Mais Sigismond ne voulut point se départir de son autorité, et Procope n'était pas homme à transiger avec la foi et l'honneur de sa patrie. Il revint irrité de l'obstination et de la folie de l'Empereur.

Cependant les deux villes de Prague (la vieille Prague et la nouvelle) exerçant de mortelles inimitiés l'une contre l'autre, Procope jugea bientôt qu'il devait faire tous ses efforts pour procurer la paix. Il proposa de recevoir Sigismond, à condition que lui et tous ses Hongrois voulussent suivre l'Écriture sainte, communier sous les deux espèces, et accorder aux Bohémiens toutes les grâces qu'ils lui demanderaient. Procope n'était pas l'homme des concessions, et ses bonnes intentions ne pouvaient combler un abîme. On accusait les Orphelins et les Taborites de rejeter tous les accommodements, pour perpétuer une guerre de rapines qui ne profitait qu'à eux. Ces accusations étaient amères au noble cœur de Procope. Il envoya faire de nouvelles offres à l'Empereur, et ce dernier assembla une diète à Presbourg, où Procope se rendit à la tête de la députation des grands de Bohême et des seigneurs de Prague. La timide politique des Calixtins voulait déborder la fière et loyale contenance du rasé. Pendant les conférences de la diète, les États de Prague s'assemblèrent, et résolurent d'envoyer à l'Empereur des propositions qui sans doute n'eussent pas été du goût de Procope; car les Orphelins et une partie des Taborites s'opposèrent à cette résolution, et proclamèrent avec une sainte fureur qu'un peuple libre n'avait pas besoin d'un roi. Les hostilités entre les partis des deux villes de Prague recommencèrent. Les négociations furent rompues, et Procope, averti sans doute de l'espèce de trahison qui tendait à le compromettre, revint à Prague sans rien conclure avec l'Empereur. Il rétablit la paix dans la capitale, et se joignant aux Orphelins avec son armée, il résolut, pendant que les Orébites iraient fourrager les districts de Glatz, de faire irruption dans la Misnie. Il harangua ses soldats en les appelant, comme faisait Ziska, ses très-chers frères, et les ayant enflammés de l'ardeur qui le remplissait, il passa l'Elbe et alla s'emparer de la vieille ville de Dresde. Repoussés par une surprise nocturne, les Bohémiens allèrent le long de l'Elbe, brûlant en chemin les pressoirs, dégâtant les vignes et pillant les villages. Ils entrèrent dans Meissen, et emprisonnèrent l'évêque Jean Hoffmann, qui avait voté la mort de Jean Huss à Constance. Ils remplirent de terre les puits et les fosses métalliques de Scharffenberg, et bouchèrent les veines et canaux des mines. Après quoi ils continuèrent à remonter l'Elbe, pillant et brûlant tout, jusqu'à Torgau et à Magdebourg. De là, ils jetèrent un pont sur le fleuve, passèrent dans la Lusace et dans la marche de Brandebourg, réduisirent Gouben en cendres, assiégèrent Gorlitz, et Bautschen, qui se défendit vigoureusement et finit par se racheter pour une forte somme. Ils rentrèrent en Bohême à l'époque de Noël, avec de riches provisions; dès le commencement de 1430, ils s'apprêtèrent à de nouvelles excursions. Ils se partagèrent en diverses bandes dont chacune prit un nom particulier, collecteurs, petits chapeaux, petits cousins, *troupes de loups*, petits hommes chaussés, etc. Un renfort de Hussites de Moravie vint les rejoindre après avoir enlevé la ville épiscopale de Jean de Fer et ravagé sa province. Ces bandes terribles réunies formaient une armée de vingt mille chevaux, et de trente mille hommes de pied, avec trois mille chariots atelés de six, de huit, et même de quatorze chevaux. Ils étaient commandés par Procope le Rasé, Guillaume de Kostka et Jean Zmrzlik. Ils firent une nouvelle irruption sur la Misnie, et retournèrent jusqu'au delà de Dresde. A Grimme et à Colditz près de Leipsick, ils battirent l'électeur de Brandebourg et repoussèrent une armée de confédérés, commandée par plusieurs princes et prélats qui venaient au secours de leur voisin. Mais la division était parmi ces seigneurs; l'empire germanique était en pleine dissolution, et la race allemande ne pouvait lutter contre les Bohémiens.

L'ivresse fanatique des Hussites augmentait avec leurs victoires. Ils prirent Altenbourg, ville impériale de la Misnie, et y exercèrent d'effrayantes représailles des bûchers de Jean et de Jérôme. La ville entière, avec la noblesse et les moines, fut à son tour un vaste bûcher. Parmi les vaincus, il y avait un bouffon qui s'écria : « Nous avons cuit l'oie, mais les Bohémiens nous donnent la sauce. » Allusion au nom de Huss, qui signifie oie.

Dans le Voigtland, après avoir brûlé quatre villes, ils assiégèrent Plaven et la traitèrent comme Altenbourg. Enfin, après avoir ravagé la Saxe et le duché de Cobourg, brûlé Culmbach, Bareith, forcé l'évêque de Bamberg à racheter sa ville pour neuf mille ducats d'or, arraché les mêmes actes de capitulation à l'électeur de Bandebourg, au duc de Bavière, au marquis d'Anspach, à l'évêque de Salzbourg, etc., ils exigèrent dix mille ducats d'or de Nuremberg pour l'épargner, et rentrèrent en Bohême au milieu de l'hiver. On compte « plus de cent places, tant « forts que villes, qui furent détruits dans cette expédi-« tion. »

1429 et 1430 virent mourir deux des héros de cette histoire : le premier fut Jacobel ou Jacques de Mise, l'ami de Jean Huss et le principal instigateur de la révolution de Bohême, homme éminent sous tous les rapports, et théologien redoutable à l'église romaine. Le second fut le cardinal évêque d'Olmutz, ce Jean de Prague ou Jean de Fer, prélat aux inclinations martiales, au courage de lion, mais dont la vaillante épée ne put servir la cause de Rome en proportion du mal que lui firent les écrits et les prédications de son compatriote Jacobel.

L'Empereur, épouvanté des progrès des Hussites, se rendit à Nuremberg, et y convoqua une diète qui dura huit mois. Presque tous les prélats et princes de l'Empire s'y rendirent, et il fut résolu une nouvelle expédition, que les historiens comptent pour la sixième, bien qu'elle soit effectivement la septième contre les Bohémiens. Le pape y envoya son légat pour prêcher en personne la croisade. La bulle de Martin contenait ces chefs princi-« paux : « On accorde cent jours d'indulgences à ceux qui « assisteront aux prédications du légat. — Indulgence « plénière tant à ceux qui se croiseront et qui iront à la « sainte guerre, soit qu'ils y arrivent heureusement, soit « qu'ils meurent en chemin, qu'à ceux qui, n'étant pas « en état d'y aller eux-mêmes, y enverront à leurs « dépens ou aux dépens d'autrui. — On remet soixante « jours de pénitence aux personnes de l'un et de l'autre « sexe qui, pendant l'expédition, feront des prières et « jeûneront pour son heureux succès. — On ordonne de « fournir des confesseurs aux croisés, soit séculiers, « soit réguliers, pour entendre leurs confessions et leur « donner l'absolution, quand même ils auraient usé de « violence contre des clercs ou des religieux, quand ils « auraient brûlé des églises ou commis d'autres sacri-« léges, et même dans les cas réservés au siége apos-« tolique. On défend aux confesseurs de prendre des « croisés au delà d'un demi-gros de Bohême, pour la « confession, et cela quand on l'offrira et sans l'exiger. « — On dispense de leurs vœux ceux qui en auraient fait « pour quelque pèlerinage, comme à Rome ou à Saint-« Jacques de Compostelle, à condition que l'argent qu'ils « auraient pu dépenser en ces voyages sera employé à la « croisade. »

Ce fut là le dernier acte de Martin. Il mourut d'une attaque d'apoplexie, le 30 janvier 1431. On l'ensevelit dans un mausolée d'airain, avec ces paroles pour épitaphe : « Il fut la félicité de son temps, » ironie sanglante à la destinée de ces temps malheureux !

Dès le 6 mars, quatorze cardinaux élurent Eugène IV, en lui imposant des conditions de soumission qu'il ne tint pas mieux que son prédécesseur. Le cardinal Julien fut confirmé dans la charge de légat en Allemagne pour la réduction des Bohémiens, et envoya des lettres et mandements d'un langage si haineux et si fanatique, qu'on les croirait aussi bien émanés de Tabor ou du camp des Orphelins que de la chaire pontificale. Les *damnables* hérétiques y sont comparés à l'aspic, aux bêtes farouches, etc. ; et au milieu de l'énergie d'expression que comportait une époque si tragique, ces pièces ont une éloquence ampoulée qui est aussi un des traits caractéristiques de l'école apostolique et romaine au quinzième siècle.

Pendant les préparatifs de la guerre, Sigismond s'avança jusqu'à Egra, et envoya deux seigneurs à Prague pour faire une nouvelle tentative d'accommodement. Il comptait sur la lassitude et la démoralisation du juste-milieu. Il savait que le Hussitisme s'était effacé autant que possible dans l'esprit des gentilshommes de Bohême, sorte de bourgeoisie noble attachée à ses intérêts plus qu'à ses doctrines. Cependant il connaissait mal l'espèce de résistance sourde et tenace dont est capable une bourgeoisie en train de s'affranchir. Les quatre articles des Calixtins étaient moins pour eux, comme nous l'avons dit souvent, des articles de foi, que des droits politiques, et il n'était pas si facile de les leur enlever qu'on se l'imaginait. Les Taborites, plus courageux et plus croyants, consentaient à reconnaître Sigismond, à la condition qu'il observerait lesdits articles, non-seulement quant à la forme, mais quant au fond, et qu'il les entendrait dans les sens politique et religieux. Ils s'obstinaient donc à le faire communier à leur façon, lui et toute sa grandeur hongroise et catholique. Quant aux Orphelins, inflexibles dans leur austère jacobinisme, ils ne voulaient aucune composition, et s'indignaient des illusions généreuses du candide Procope. Une députation à laquelle on adjoignit un prêtre taborite alla toutefois discuter avec l'Empereur pendant quinze jours ; mais Sigismond avait besoin de nouvelles leçons pour s'amender et se convaincre de la nécessité des concessions. Il n'accordait rien, et pendant ce temps ses plénipotentiaires intriguaient à Prague pour semer la division et lui faire des créatures. Et pendant ce temps aussi, on prêchait la croisade, et on armait tout l'Empire contre la Bohême. Les Orphelins s'écriaient que les lenteurs de la conférence étaient un piége de Sigismond pour les endormir et pour fondre sur eux à l'improviste. La méfiance et la peur relevèrent le courage des Calixtins. Les députés furent rappelés, et quittèrent Sigismond avec cette protestation « qu'on ne pouvait plus désormais « reprocher aux Bohémiens de ne vouloir pas terminer « par une paix loyale une guerre si désastreuse, puisqu'il « était notoire que c'était la faute des autres, et non la « leur. »

Lorsqu'ils firent leur rapport à Prague, les seigneurs, consternés, appelèrent le peuple aux armes, et proclamèrent le danger de la patrie pendant la procession de la Fête-Dieu. Le peuple entra en fureur, et le *Cheval roux* fut chargé de mille malédictions nouvelles. Le juste-milieu envoya avertir les *troupes de loups* les *petits cousins* et toutes les bandes les plus effroyables des Taborites, des Orébites et des Orphelins. Elles s'étaient dispersées, sans s'inquiéter du résultat de la diète, dans de nouvelles expéditions à l'extérieur et aux frontières. Tous revinrent, et « mirent sous leurs pieds « leurs inimitiés et leurs discordes, pour ne penser plus « qu'au salut de leur patrie. Les grands de Bohême et de « Moravie s'unirent étroitement dans la même vue, les villes « renouvelèrent leurs confédérations. Petits et grands, on « vit tout le monde s'armer avec une allégresse com-« mune. De sorte qu'en fort peu de temps il se trouva, « à la revue qui fut faite dans le cercle de Pilsen, « cinquante mille hommes d'infanterie et sept mille che-« vaux sous les armes, avec trois mille six cents chariots. « D'autre côté, on prit soin de garder les avenues. Les dis-

Ils arrivèrent à Bâle au nombre de trois cents... (Page 317).

« tricts de Zatec et de Launi, celui de Gratz et plusieurs
« villes frontières avaient l'œil sur la Moravie et sur l'Au-
« triche, pour fermer l'entrée à l'archiduc ou au capitaine
« de Moravie. Pendant que ces choses se passaient en Bo-
« hême, le cardinal Julien se donnait tous les mouvements
« imaginables pour animer le flegme des Allemands. »
C'était une entreprise difficile, comme le fait très-bien pressentir notre naïf historien, dont le vieux style est agréable
quand il n'est pas trop obscur. L'Allemagne embrassait
froidement la querelle de Sigismond, et les terribles
courses des hérétiques au cœur de ses plus riches provinces l'avaient frappée d'épouvante. C'était, parmi les
troupes des divers États, à qui n'entrerait pas la première
en Bohême. L'archiduc devait faire une diversion par la
Moravie, pour forcer l'ennemi à dégarnir ses autres frontières; mais Albert voulait que le cardinal vînt le joindre,
et le cardinal n'y alla pas. Chacun voulait rester chez soi
pour se défendre, trouvant que c'était bien assez d'embarras, comme dirait notre auteur, sans aller chercher le
danger au foyer de l'enfer. D'ailleurs plusieurs princes
de l'Empire étaient occupés à se faire la guerre, et laissaient le légat prêcher cette morale : « Au nom du Christ

« qui vous a enseigné la charité, ô mes frères! armez-vous
et unissez-vous; car il y a du sang à verser en Bohême,
et les hommes qui osent défendre leurs autels et leurs
foyers attendent de votre mansuétude la mort et la dam-
nation éternelles. »
Cette doctrine est pleinement développée dans toutes
les lettres du savant et disert cardinal Julien. Il écrit aux
Bohémiens au moment d'entrer en campagne, non pour
leur promettre de n'y point entrer s'ils se réconcilient,
mais pour les exhorter tendrement à se laisser convertir
et persuader par une armée de cent trente mille hommes :
— « Revenez donc à l'Église, votre mère, et ne l'affligez
« pas plus longtemps. Elle gémit, elle fond en larmes, elle
« jette des cris perçants. Revenez à nous, *chers cœurs*,
« nous irons au-devant de vous; nous nous jetterons à vos
« cous, nous vous donnerons des vêtements nouveaux,
« nous tuerons le veau gras, nous inviterons *nos voisins*
« *et nos amis* (les cent trente mille mercenaires) pour se
« réjouir avec nous du retour de nos enfants. Au fond,
« pourquoi feriez-vous difficulté de revenir à nous? Ne
« sommes-nous pas nés d'une même mère? N'avons-nous
« pas la même foi chrétienne, la même parole, les mêmes

« sacrements? Ne recevons-nous pas la même Écriture
« sainte? Qu'est-ce donc qui vous éloigne de nous?.....
« Nous vous le protestons *la larme à l'œil*, ce n'est
« qu'à notre grand regret et par la plus cruelle nécessité
« que nous nous armons contre vous. Nous y sommes
« portés par l'amour de *nos prochains*, persécutés, dé-
« pouillés, massacrés inhumainement *par les Bohé-
« miens.* » C'est à eux qu'il écrit ainsi à la seconde et à
la troisième personne en même temps. *Massacrés par
vous* eût été trop impoli, apparemment... « Si vous rejetez
« nos offres et nos *invitations*, ne nous imputez pas les
« malheurs de la guerre, et ne vous en prenez qu'au *refus
« des gens qui veulent être plus sages qu'il ne faut.*
« Croyez-vous que ces gens-là en sachent plus que l'an-
« cienne Église et celle d'aujourd'hui? Qu'est-ce que
« peuvent vous apprendre des gens de guerre, des pay-
« sans, des bourgeois grossiers? Des gens sans lettres
« sont-ils plus habiles que tant de docteurs, que tant
« d'académies où avaient fleuri les saintes lettres? Écou-
« tez saint Augustin qui vous dit *qu'il n'aurait pas cru
« à l'Évangile sans le témoignage de l'Église*, etc., etc. »

Autant la lettre du cardinal, dit Jacques Lenfant, est
pathétique, insinuante et artificielle (il aurait pu ajouter
aristocratique), autant la réponse des Bohémiens est
libre, ferme et même assez dure, mais nette et précise.
La voici :

« Il est impossible, révérend père en Christ (c'est le
« titre qu'on donnait à un simple prêtre), qu'une per-
« sonne d'un aussi grand esprit et d'une aussi grande
« autorité ignore que le Fils unique de Dieu, Notre-Sei-
« gneur Jésus-Christ, pendant sa vie sur la terre, non-
« seulement a donné aux hommes divers préceptes très-
« salutaires, mais qu'il les a pratiqués lui-même ; entre
« lesquels ces quatre sont les principaux : 1° *que le vé-
« nérable sacrement du corps et du sang de Jésus-
« Christ doit être administré sous les deux espèces*;
« 2° *que la parole de Dieu doit se prêcher librement
« et selon la vérité*; 3° *qu'il faut punir les péchés pu-
« blics, commis sous prétexte de religion*; 4° *qu'il faut
« ôter l'administration de la république aux ecclé-
« siastiques*. Ces quatre articles se prouvent clairement
« par les Évangiles, par les Apôtres, et par tous les saints
« Pères... Ils ont été reçus dans l'Église chrétienne, et
« gardés fidèlement pendant quelques siècles, comme
« cela paraît par les commentateurs et docteurs vraiment
« catholiques. Mais ils ont été violés et supprimés par
« nous ne savons quels petits prêtres, qui, dégénérant de
« la piété de leurs prédécesseurs, se sont éloignés de la
« règle de l'ancienne Église, s'ingérant dans les affaires
« du siècle, engagés dans les embarras et les épines des
« richesses mondaines, et, ce qui est plus déplorable et
« plus cuisant encore, croupissant dans la mollesse et
« dans l'oisiveté, au grand et irréparable dommage des
« âmes fidèles.

« C'est pour cela que, tout indignes que nous som-
« mes, mais appuyés du secours de Dieu, nous avons
« toujours travaillé, depuis plusieurs années, à les re-
« mettre sur pied, à les rétablir, à les éclaircir et à les
« faire observer et respecter, selon leur poids et leur
« mérite. Combien n'avons-nous point souffert d'inimi-
« tiés, d'injures, fait de dépenses, enduré de fatigues,
« encouru de périls pour les soutenir, sans même épar-
« gner nos vies? Nous avons demandé plusieurs
« fois avec instance d'être admis et écoutés publique-
« ment, dans un concile libre, paisible et sûr ; mais tout
« cela inutilement jusqu'ici. Qui peut s'empêcher d'ad-
« mirer la diligence et l'exactitude de vos pères, tant
« vantés, de vos prélats, et de l'Église romaine, à
« remédier aux maux de la chrétienté? Au lieu d'em-
« pêcher de ces vérités salutaires, annoncées et reçues
« avec tant d'éclat dans le monde, ne fussent ense-
« lies dans l'oubli, vous avez été les premiers à les
« négliger, surtout l'article de l'Eucharistie, où, depuis
« tant d'années, par le plus grand des sacriléges, vous
« AVEZ RETRANCHÉ LE CALICE AU PEUPLE, A QUI JÉSUS-
« CHRIST L'A DONNÉ. Comment avez-vous souffert cet
« abus? comment ne l'avez-vous pas vengé, pendant
« que vous étiez si soigneux de recevoir vos dîmes et
« vos impôts? Mais, sans parler ici de l'intérêt qu'a
« toute l'Église à ce rétablissement, pourquoi nous
« l'avez-vous refusé si opiniâtrement, à nous qui l'avons
« demandé avec tant d'instance, et à qui même vous
« l'auriez dû accorder, quand nous ne l'aurions pas
« demandé, pour prévenir tant d'effusion de sang? Nous
« ne saurions nous empêcher de croire qu'il y a là-
« dessous quelque dessein caché.

« Considérez la chose de près. Ne valait-il pas mieux
« rétablir une institution si utile, si nécessaire à l'Église,
« que d'assembler, au péril de leurs vies, de leurs États
« et de leurs âmes, et avec des frais immenses, tant de
« rois, de princes et de peuples de diverses nations et de
« diverses langues? Et pourquoi? Pour amener le royaume
« de Bohême à la religion romaine et à ses usages, rites
« et constitutions ecclésiastiques. Mais vous avez beau
« faire, ce royaume persistera dans la foi, et se reposera,
« comme il fait, dans le sein de la Sainte Mère Église
« orthodoxe, dont Jésus-Christ est le chef. Mais vous-
« mêmes, tout tant que vous êtes, vous rendriez un
« grand service à l'Église catholique, si vous vouliez
« embrasser ces vérités salutaires. Car, ni vous, mon
« très-cher père, ni vos adjudants, ne pourrez, selon le
« droit et la raison, être juges de cette cause. Cette
« sainte et éternelle loi dont Dieu lui-même est l'auteur,
« et que Notre-Seigneur Jésus-Christ a confirmée par sa
« vie et par sa mort, est très-juste par elle-même ; et
« il n'y a rien de plus indigne que de prétendre l'assu-
« jettir au jugement arbitraire des hommes, sujets à la
« mort et au péché, puisque saint Paul a dit : *Anathème
« même à un ange du ciel qui annoncerait un autre
« Évangile que celui que Jésus-Christ a enseigné.* Le
« cœur de l'homme abandonne souvent la vérité immuable
« pour suivre la direction d'une raison qui peut s'égarer,
« et qui s'égare en effet souvent. Nous n'avons donc
« garde de commettre le jugement de notre cause à des
« gens qui, ayant renoncé à la piété, regardent cette
« vérité comme une erreur manifeste, en traitant d'héré-
« tiques damnables ceux qui s'y attachent, et qui, outre
« cela, sont nos ennemis déclarés. Pour nous, nous
« sommes dans ce sentiment, que, dans un concile, il
« ne doit y avoir d'autre autorité que celle de l'Écriture
« sainte, qui est une règle très-certaine et le juge équi-
« table que Dieu a laissé au monde, qui n'est point
« trompé et ne trompe point ; y joignant le témoignage
« des saints docteurs, quand ils sont conformes à cette
« règle divine ; et quand l'Église l'aura reçue sur ce
« pied-là, nous serons tous réunis ensemble. Alors,
« toute l'Église militante, purgée de son mauvais levain,
« reprendra sa première splendeur ; la foi germera, la
« paix fleurira, l'amour et la concorde régneront.

« Mais c'est ce qui n'arrivera pas par votre nouvelle
« méthode, inconnue comme nous croyons aux Apôtres,
« de venir contre nous avec tant de milliers de soldats à
« qui les épées, les flèches et toutes sortes d'instru-
« ments de guerre tiennent lieu de l'Écriture et du rai-
« sonnement. Sont-ce là des armes dont un père se sert
« pour gagner ses enfants, comme vous nous appelez?
« Mais puisque vous avez choisi ces armes, nous en
« avons aussi de même trempe, et nous sommes prêts
« à en venir à un combat décisif. Si vous étiez entrés
« chez nous comme saint Pierre entra chez Corneille,
« vous y auriez sans doute fait de grands fruits ; et
« vous auriez réjoui les Pères de l'Église chrétienne ; et
« au lieu d'un veau ils auraient tué un bœuf gras, et in-
« vité leurs voisins à se réjouir avec eux. Toutes ces
« choses bien pesées, on voit assez ce qui nous sépare
« les uns des autres, quoique nous ayons le même bap-
« tême. C'est que nous autres non-seulement nous
« professons de bouche la religion, mais nous la prati-
« quons et l'exerçons en effet. Ainsi, nous vous prions
« de nous écouter fraternellement, *parce que la fin du
« monde approche*, de vous joindre avec nous et de
« marcher avec ardeur sur les traces de Jésus-Christ et
« de ses disciples. C'est par ce moyen que le peuple de

« Christ reposera paisiblement dans les tabernacles de « l'espérance et obtiendra le salut éternel.

« A Prague, au mois de juillet 1431. »

En même temps parut un Manifeste adressé, de la part des États de Bohême et de Moravie, à tous les rois, princes, comtes, marquis, etc., orthodoxes, où les quatre articles de foi religieuse et politique sont expliqués avec d'amples développements, et où, après avoir rappelé qu'on a toujours refusé de les entendre et de les discuter avec eux, les Bohémiens concluent ainsi :

« *Jugez vous-mêmes si, après un refus si obstiné,* « *nous devons reconnaître de tels juges, principale-* « *ment les ecclésiastiques, qui, comme des écailles, se* « *tiennent serrés auprès de l'Empereur de peur que la* « *vérité ne pénètre.* Cette obstination ne leur vient que « de leur orgueil et de leur arrogance. Oubliant l'humi- « lité de leur profession, ils ne pensent, ils n'agissent « que dans la vue d'envahir tous les empires et tous les « biens de la chrétienté. Pour y réussir, ils tournent à « tous vents, et font de la foi chrétienne une boule qui « roule du côté que l'on veut. Au lieu d'imiter Jésus- « Christ et les Apôtres, ils nagent dans les délices et dans « les voluptés de la chair. Comme des pourceaux, ils « foulent les choses saintes aux pieds; ils deviennent « les temples du Diable. Comme les sergents de l'Ante- « Christ, ils traitent d'hérésie les vérités chrétiennes, et « *il ne tient pas à eux que Jésus-Christ lui-même ne* « *soit hérétique.* Quoique non plus qu'aux Juifs il ne « leur soit permis de faire mourir personne, ils assas- « sinent par les traits empoisonnés de leurs langues; ils « le font à la lettre par cette croisade sanguinaire, et ils « vous ont engagé contre nous, ô rois et princes ! comme « si vous étiez leurs vassaux ou plutôt leurs satellites et « leurs bourreaux. C'est pour vous y amorcer qu'ils vous « promettent la rémission de vos péchés qu'ils n'ont pas « pour eux-mêmes, beaucoup moins peuvent-ils donner « le salut éternel dont ils vous bercent dans leurs « diplômes mêlés de fiel et de miel. »

Ce manifeste se termine par cette fière déclaration : « Si donc séduits par les artifices de vos petits prêtres, « vous faites irruption chez nous, les armes à la main, « appuyés sur le secours de celui dont nous défendons la « cause, nous repousserons la force par la force, et nous « nous vengerons des injures qui ne sont pas tant faites « à nous qu'à Dieu. Pour vous, la chair est votre bras; « mais le nôtre, c'est le Dieu des armées qui combat pour « nous. A lui soient gloire et louanges dans tous les « siècles ! »

Enfin la septième armée pénétra en Bohême, sous les ordres du cardinal Julien et de l'électeur de Brandebourg, qui avait reçu en grande solennité, à Nuremberg, l'*étendard bénit* des mains de ce prélat. Frédéric le Belliqueux, électeur de Saxe, ainsi que plusieurs autres princes et évêques, venaient après eux, avec des renforts considérables. C'était la plus *grosse armée* qu'on eût encore envoyée contre les Hussites; mais on grossissait en vain le nombre des hommes, le courage allait diminuant toujours. La Bohême était regardée superstitieusement comme le tombeau de l'Allemagne, et, au son du tambour des Taborites, on croyait voir apparaître le spectre exterminateur de Ziska. On entra donc timidement sur cette terre glorieuse, en détachant force espions en avant, et on s'enfonça en tremblant dans ces montagnes du Bœhmerwald où l'on s'attendait à mille embuscades. Procope, irrité de vaincre ces grandes armées sans les combattre, désirait les attirer à l'intérieur et les voir se réunir sous sa main terrible. Il s'avisa à cet effet d'un stratagème. Ce fut de tromper les espions, en leur faisant croire que la division s'était mise parmi les Hussites, que Prague abandonnait les Taborites, et que les Taborites, à leur tour, se séparaient des Orphelins. A cet effet, il fit faire aux divers corps de l'armée bohémienne diverses marches et contre-marches, qui semblaient annoncer l'incertitude et la désertion. En peu de jours les Impériaux furent persuadés qu'ils pouvaient hasarder leurs forces à découvert, et qu'ils n'avaient à combattre que de paysans et des ouvriers mal armés et mal dirigés. Sur ces fausses nouvelles, l'armée hâta sa marche, *chantant le triomphe avant la victoire.* Après avoir traversé la forêt de Bohême, les Allemands allèrent assiéger Taschau sur la Mise. On les laissa s'y agglomérer et s'y installer; puis, tout à coup, Procope fondit sur eux avec ses Taborites et les Orphelins. Ce fut le signal de la déroute la plus complète. Les Allemands épouvantés se répandirent au hasard dans le pays, ravageant tout sur leur passage, et se vengeant de leur honte par mille cruautés. Enfin, s'étant ralliés vers Taus (Tusta), dans le district de Pilsen, ils allèrent camper à Riesenberg, château situé sur une haute montagne. Procope se dirigeait sur eux à grandes journées; mais dès qu'ils en eurent avis et dès qu'ils apprirent le bon accord qui régnait parmi les Bohémiens pour les expulser, ils furent saisis d'une terreur panique et s'enfuirent vers la forêt, sans qu'il fût possible à leurs chefs de les rallier. C'est en vain que le cardinal leur adressa une harangue en beau style; c'est en vain qu'il s'écria : « *O Allemagne !* « *ô Allemagne !* que diraient les Arioviste, les Tuiscon « et les Arminius, s'ils voyaient fuir ainsi leurs descen- « dants au seul nom de l'ennemi? O honte ! ô infamie ! « nous fuyons la Bohême, mais la Bohême nous poursui- « vra et nous exterminera dans les lieux de nos retraites. « Où seront les murailles qui pourront nous mettre à « couvert? *Non, non, ce ne sont pas les murailles qui* « *défendent les hommes,* c'est la bravoure et l'hon- « neur ! » La voix éloquente du prélat se perdit dans les profondeurs du Bœhmerwald, et lui-même, entraîné par les fuyards, perdit sur les chemins de la bulle du pape, son chapeau et son habit de cardinal, sa croix et sa clochette. Ces insignes furent ramassés et portés à Taus, où ils restèrent longtemps dans les archives de la ville.

L'épouvante fut si grande, *qu'ayant oublié par où ils étaient venus,* et assourdis par le bruit de cent cinquante gros canons qu'ils avaient abandonnés, et que les Bohémiens s'amusaient à faire partir pour augmenter leur terreur, ils s'enfoncèrent pêle-mêle dans les chemins tortueux de la montagne, courant à toute bride; les chariots se croisant, se heurtant, les cavaliers s'abattant de tous côtés. C'était une confusion, des cris, un désordre dont rien ne peut donner l'idée, un *spectacle lamentable* à voir. Onze mille hommes périrent, pour ainsi dire, en courant. Sept cents tombèrent aux mains de l'ennemi. Toutes les munitions de guerre et de bouche, deux cent quarante chariots remplis les uns de vin, les autres d'or et d'argent, furent abandonnés. L'armée en déroute arriva à Ratisbonne dans un état déplorable, et y apporta le désespoir. Cette ville s'était épuisée pour les frais de la croisade, et il fallait qu'elle s'imposât à la hâte de nouveaux sacrifices pour se fortifier, car on attendait l'ennemi et sa vengeance. Mais le cardinal l'avait dit : « Ce ne sont « pas les murailles qui défendent les hommes. »

« Qui l'aurait cru, s'écrie à cette occasion l'historien « Cochlée, qu'une armée de quarante mille chevaux eût « pu prendre la fuite si soudainement? Le Turc, lui- « même, ce tyran si puissant par un si grand nombre de « royaumes et de provinces, n'oserait pas combattre une « telle armée. » Sans doute personne n'eût voulu le prévoir, cet ascendant irrésistible de la bonne cause sur la mauvaise; et bien que l'histoire soit pleine de pareilles leçons, les hommes sans croyance et sans enthousiasme s'en étonneront toujours. Mais la vie de l'Humanité est semée de miracles : malheur aux puissants qui ne les comprennent pas !

De son côté l'archiduc Albert profitait de cette diversion pour réduire son duché de Moravie et pour en *extirper l'hérésie.* Il y prit plusieurs villes qu'il livra au pillage de ses soldats, et y brûla cinq cents villages. Mais il ne les convertit pas, et fut forcé de fuir devant Procope le Petit et ses Orphelins, qui, ayant ravagé le territoire catholique, allèrent brûler les faubourgs d'Olmutz et dévaster l'Autriche jusqu'aux rives du Danube.

Procope le Grand fit une nouvelle course en Silésie; puis, s'étant réuni à Procope le Petit, il pénétra au cœur de la Hongrie. Mais certaines dissensions, qu'on ne nous explique pas, ayant forcé les Orphelins et les Taborites de se séparer, Procope le Rasé entra en Moravie ; et Procope le Petit, bien qu'il se défendit *comme un lion*, tomba dans une embuscade, et y éprouva de grandes pertes. Les Orphelins avaient hérité de l'intrépidité de Ziska, mais non de sa ruse et de sa prudence. Ils furent mis en déroute par les montagnards vaiaques, au milieu des glaces de l'hiver, et rentrèrent en Bohême, horriblement maltraités.

Le cardinal Julien, de retour à Nuremberg, fit à l'Empereur de grandes plaintes de la lâcheté des princes allemands. Le concile de Bâle venait de se rassembler. Il fut résolu d'y appeler ces terribles hérétiques, contre lesquels les armes ne pouvaient rien, et de tâcher de les gagner par composition. Il avait fallu bien des leçons pour ramener ainsi les choses à leur point de départ, et le supplice de Jean et de Jérôme était suffisammment vengé. En conséquence, l'Empereur écrivit aux Bohémiens une *lettre fort gracieuse*, mais un peu tardive.

« *Nous avons appris*, disait-il, qu'il s'est répandu des « bruits en Bohême; qu'étant à Egra, nous avions com- « mandé à notre armée d'entrer incessamment dans ce « royaume, et d'y mettre tout à feu et à sang, sans dis- « tinction d'âge ni de sexe. Mais il faut que vous sachiez « qu'une telle pensée ne nous est jamais venue dans l'es- « prit, *non pas même en dormant*... Nous souhaitons « que vous n'ajoutiez pas foi à ces faux bruits. Nous vous « exhortons et vous conseillons de revenir à l'Église « romaine, et de comparaître au concile. Là, vous trou- « verez le révérend père en Dieu, le seigneur cardinal- « légat du pape, avec notre lieutenant, le très-illustre et « sérénissime marquis de Brandebourg, que nous avons « chargé de protéger tous ceux qui viendront de Bohême « pour expliquer leur foi, de les aider, de les soutenir, « de confirmer tout ce dont on sera convenu, et de vous « faire connaître combien votre roi et seigneur hérédi- « taire est disposé à vous gratifier en toutes choses et « avancer vos intérêts » (octobre 1431).

Immédiatement les Bohémiens répondirent en ces termes : « Nous, les seigneurs, les chevaliers, les villes et « les États séculiers et ecclésiastiques de Bohême, faisons « savoir à Votre auguste Majesté que, par nos députés « envoyés à Egra et par les propres lettres de Votre « Majesté, nous avons appris et compris que, mal in- « struite par des ecclésiastiques contre lesquels nous nous « défendons avec vigueur et constance, Votre Majesté est « portée à empêcher la divine vérité que nous proposons « d'être annoncée à qui que ce soit, et qu'elle n'a point « d'autre vue que de nous en détacher pour nous unir « à l'Église romaine. C'est ce qui fit retirer nos députés, « et ce qui nous a empêchés d'entendre à aucune négo- « ciation ; car les lois divines et humaines nous défendent « d'accepter ce parti Que Votre auguste Majesté ne soit « donc pas surprise que nous refusions de déférer ni à « Votre auguste Majesté elle-même, ni à l'Église de Rome ; « puisque, vous opposant à la volonté de Dieu, vous ne « voulez pas nous procurer une audience légitime, selon « le désir que nous avons de rendre raison de notre foi. « Ce n'est pas de notre propre mouvement que nous nous « trouvons réduits à cette *honnête désobéissance*. C'est « par ordre de saint Pierre lui-même, qui nous apprend « à obéir plus à Dieu qu'aux hommes. C'est pourquoi « nous notifions à tous et à chacun que, puisqu'à la sol- « licitation des ecclésiastiques qui préfèrent leur volonté « à celle de Dieu, on veut nous contraindre à une obéis- « sance illégitime, nous sommes résolus de nous défendre, « appuyés sur le secours de Dieu » (octobre 1431).

En même temps que l'Empereur, le cardinal Julien écrivait de son côté : « Il vous sera permis de dire libre- « ment vos sentiments sur la religion, de consulter et de « proposer *des expédients*... Nous avons appris que vous « vous êtes souvent plaints de ne point obtenir d'audience. « Ce sujet de plainte cessera désormais. On vous enten- « dra, à l'avenir, publiquement et autant de temps que « vous le souhaiterez. C'est pourquoi nous vous prions et « supplions de tout notre cœur de ne point différer à « entrer par cette belle et grande porte qui vous est ou- « verte, et de venir en toute confiance au concile. De « peur que vous ne soyez retenus par quelque méfiance, « nous sommes prêts à vous donner un sauf-conduit plein « et suffisant pour venir, pour demeurer, pour vous en « retourner ; et nous vous accorderons, au nom de l'Église « universelle, tout ce qui pourra contribuer à la liberté « et à la sûreté de vos députés. Nous vous prions, au « reste, de les bien choisir, et d'envoyer des gens pieux, « doux, consciencieux, humbles de cœur, pacifiques, « désintéressés, chérissant la gloire de Jésus-Christ, et « non la leur. »

Il y a loin de cet humble et pacifique appel au bref que, trois ans auparavant, le pape adressait aux habitants de Pilsen, pour les détourner de discuter avec ces serpents rusés, à la peau d'agneau et aux dents de loup. L'Église, consternée de ses désastres, s'efforce enfin de revêtir elle-même cette peau d'agneau ; et, au risque *de la perdition des âmes*, elle consent à la discussion tant repoussée et tant redoutée. Les Bohémiens s'émurent peu de tant de courtoisie. L'expérience les avait rendus méfiants, et leurs députés répondirent fièrement à Sigismond, dans une conférence convoquée par lui à Presbourg, « que toute petite qu'était la province de Bohême, elle était assez puissante pour rendre le double à ses ennemis. »

Sigismond, au moment d'aller en Italie pour son couronnement, leur écrivit encore « qu'aucune nation ne lui « était plus chère que la leur, que par ses soins ils se- « raient favorablement reçus au concile, *pourvu qu'ils « ne prétendraient pas être plus sages que l'Église « romaine ; enfin qu'il ne prétendait pas les gouver- « ner autrement que les autres rois chrétiens.* » Nonobstant ces airs de douceur, remarque l'historien J. Lenfant, il y avait toujours dans les lettres de Sigismond quelques traits ambigus qui donnaient de la défiance aux Bohémiens, tels que la soumission au concile, et l'offre ou plutôt la menace de les gouverner *comme les autres*, c'est-à-dire de les mettre sous le joug de l'Église romaine. C'est ce qui les obligea à demander une conférence à Egra, « pour mieux savoir sur quel pied ils seraient entendus à Bâle. »

Dans cette conférence, ils demandèrent entre autres « choses *que le concile fût de telle nature que toutes sortes de gens et de peuple y pussent venir*; et que le pape n'eût pas la suprême autorité sur le concile, mais qu'il fût tenu de s'y soumettre. » Toutes leurs réclamations furent à peu de choses près les mêmes que firent les protestants au concile de Trente en 1551. Le sauf-conduit accorda tout, déclarant que le concile prenait sous sa protection non-seulement tous les ecclésiastiques et seigneurs, mais *encore tous ceux du peuple* de Bohême et de Moravie, *de quelque condition qu'ils fussent*. Les sûretés garanties pour leur indépendance et sécurité attestent minutieusement, et honteusement pour l'Église, les méfiances qu'elle avait à surmonter, en expiation de son crime envers Jean Huss et Jérôme, immolés en violation de la foi jurée. On délibéra à Prague sur la valeur de ces garanties. Les Taborites, Orébites et Orphelins, le peuple, en un mot, se refusait aux accommodements proposés ; les Calixtins et la noblesse voulaient tenter tous les moyens de conciliation, *sauf la vérité*, c'est-à-dire sauf le sacrifice des articles de foi.

Durant ces démarches et ces discussions, les Taborites et les Orphelins, jugeant avec raison que plus ils se rendraient redoutables, meilleures seraient les conditions de la paix, recommencèrent leurs courses dans l'intérieur du pays contre les Catholiques qui n'avaient pas voulu traiter avec eux, dans le Voigtland, dans la Misnie, dans la Silésie, le duché de Breslau, dans la marche de Brandebourg jusqu'à Custrin, puis à Francfort sur l'Oder, dans la Basse-Lusace, à Kœnigsberg, dans la Nouvelle-Marche, à Bernaw, à Angermunde, où ils se fortifièrent et demeurèrent quelque temps, ce qui fit donner à cette ville le nom d'*Angermunde l'Hérétique*; puis en Moravie, aux rives du Danube, etc. Dans toutes ces campagnes, quoique les Orphelins fussent souvent repoussés avec perte, l'armée bohémienne remporta de grands avantages, maintint l'épouvante chez ses voisins, fit des prodiges d'audace, de valeur et de cruauté, et revint, comme à l'ordinaire, chargée de butin. Nous ne manquons pas de détails sur ces divers événements; mais ils ne peuvent avoir, pour ceux qui lisent aujourd'hui l'histoire, qu'un intérêt de localité, et nous n'en citerons qu'un trait relatif à Procope. « Fumant de colère de la perte de Sternberg qui lui appartenait, il pardonna cependant à celui qui avait livré cette place à l'ennemi, et dont il voulait d'abord faire un exemple: mais ce fut à la condition qu'il le suivrait, et qu'il effacerait par quelque belle action la note d'infamie qu'il avait encourue dans cette occasion. » Il y a quelque chose d'antique et de chevaleresque dans cette justice de Procope le Grand.

Dans cette même année (1432), les Bohémiens envoyèrent une ambassade au roi de Pologne dont les Calixtins eussent préféré la protection, et la royauté au besoin, à celles de l'empereur Sigismond. Outre leur sympathie pour un prince *de leur langue*, c'est-à-dire de la famille slave, ils sentaient bien que ce prince, récemment converti à la foi chrétienne, serait moins chatouilleux qu'un prince du Saint-Empire sur les articles de la foi. Ils donnèrent donc pour prétexte à leur ambassade la réconciliation de Koribut, et l'offre de secourir la Pologne contre la Prusse, les Lithuaniens révoltés, les Chevaliers teutoniques, les Valaques et les Tartares qui la menaçaient de tous côtés. Le Polonais écouta favorablement leurs députés, et défendit à ses prélats de prononcer contre eux l'interdit, cette insultante prohibition du service divin dans les lieux souillés par leur présence, qui jusqu'alors les avait accompagnés et irrités dans tous leurs voyages à l'étranger. Wladislas regardait le secours d'une armée taborite comme une grande chance de salut, et il motiva sa tolérance envers l'hérésie sur le sauf-conduit du concile qui révoquait l'*interdit* et les admettait à réconciliation. Mais il y avait à Cracovie un évêque nommé Sbinko, homme d'une orthodoxie farouche et d'un caractère héroïque, qui résista au roi, brava ses menaces, lui tint les discours les plus hardis, et fulmina l'interdit avec toute l'audace de la primitive Église. Ce débat eut de longues et remarquables conséquences. Le roi penchait à coup sûr vers le hussitisme; car cette doctrine faisait de grands progrès dans le monde, et Wladislas souffrait qu'un prêtre bohémien prêchât les idées de Wicklef en sa présence.

Une chaude querelle s'engagea entre l'université de Cracovie et le roi de Pologne; l'avis de Sbinko ayant triomphé, le monarque slave irrité résolut de faire assassiner Sbinko. Bien que ce fait nous écarte un peu de la scène principale, comme il ressort de notre sujet, et qu'il montre une belle figure historique dans l'Église romaine, à cette époque où elles y sont fort rares, nous ne l'omettrons pas. « Il y eut des gens qui persuadèrent le roi de faire mourir l'évêque de Cracovie. Les bourreaux étaient déjà tout prêts pour l'exécution la nuit, lorsque le palatin de Cracovie en avertit le prélat. « Je « vous suis fort obligé de l'avis charitable que vous me « donnez, répondit celui-ci, mais je ne veux point fuir, « ni rien changer dans ma conduite. Je me tiendrai « tranquille dans le lit où j'ai accoutumé de coucher, sans « avoir personne qui me garde. J'entrerai dans l'église à « minuit pour célébrer les louanges de Dieu, avec un « prêtre et un homme de chambre, et je ne détour- « nerai pas ma tête de la main du bourreau. Je souhaite « seulement que cette victime soit agréable à Dieu. » Cependant l'exécution ne se fit point, quoique Sbinko ne prît aucune précaution. Ce Sbinko était guerrier aussi, comme évêque de fer. Il avait marché plusieurs fois contre Koribut, lorsqu'il se permettait des excursions sur la frontière de Pologne, et en toute occasion il s'opposa à la réconciliation de ce prince, qui eût probablement entraîné Wladislas dans les intérêts de la Bohême hussite.

Si l'Église romaine n'eût été composée que de membres aussi sincères et d'un caractère aussi noblement trempé, les vengeances de l'hérésie n'eussent peut-être pas ensanglanté les provinces slaves et germaniques.

Mais il s'en fallait de beaucoup que le concile eût dans son sein de pareils éléments de grandeur. L'Église romaine entrait en pleine dissolution, une corruption effroyable régnait parmi ses membres : la débauche, la simonie, la cupidité, le mensonge, l'intrigue, y trônaient effrontément. Le pape sentait sa puissance prête à lui échapper; et, dans ce grand conflit du pontife cherchant à poursuivre, sans grandeur et sans idéal, l'œuvre de Grégoire VII, et de l'Église essayant de faire alliance avec les puissances du siècle pour secouer la domination du pape, il était également impossible que la papauté recouvrât sa splendeur, et que l'Église reconquît noblement ses antiques libertés républicaines. Il y avait donc une lutte acharnée entre les conciles, pour se constituer, et le pape, pour dissoudre les conciles. Les Hussites se trouvaient d'accord avec les évêques sur un seul point, celui de soumettre les décisions du pape à celles du concile. La vie de Martin V avait été employée à corrompre et à désunir ces assemblées; Eugène IV continuait ce travail, mais avec moins d'habileté, et déjà il avait prononcé la dissolution du concile de Bâle, sous le prétexte que la moitié de la population de cette ville était hérétique, et que les doctrines de Wicklef et de Huss y trouveraient trop d'appui. Mais ce pontife rencontrait, dans son légat Julien, une résistance énergique, et, dans l'empereur Sigismond, un ennemi mal réconcilié, qui venait lui demander la couronne, le glaive à la main. « Quand vous devriez, écrivait Julien au saint-père, perdre « la vie à l'occasion de ce concile, il vaudrait mieux mou- « rir que de souffrir sur vous une tache ineffaçable, et de « donner lieu à des scandales dont vous rendrez compte « à Dieu. » Eugène IV voyait sa puissance ébranlée, et se flattait de la rétablir par l'intrigue, en gagnant du temps. D'un côté, il demandait au concile délai sur délai avant de répondre à la sommation d'y comparaître ou de s'y faire représenter; de l'autre, il retardait le couronnement de Sigismond, et suscitait contre lui les princes italiens, ses auxiliaires, pour l'empêcher d'entrer en Italie. L'Empereur, attaqué près de Milan par les Florentins et les Vénitiens réunis, fut plus heureux contre eux que contre les Bohémiens. Il les battit *dos et ventre*, dit notre auteur. Les Vénitiens tentèrent de l'empoisonner; mais, étant sorti vainqueur de tous ces périls, il traversa l'Italie avec les Allemands et ses Hongrois, que les Italiens traitaient de *barbares*, et alla attendre à Sienne le bon plaisir du pape, qui céda enfin au bout de six mois, et le couronna *Auguste*, c'est-à-dire empereur, selon l'institution de Grégoire V. Jusque-là Sigismond n'était que *César*, ou roi des Romains. Néanmoins les Allemands et les Slaves lui donnaient le titre d'empereur par anticipation.

Durant toute l'année 1432, le concile ne put s'occuper des Hussites, absorbé qu'on était par la difficulté de se constituer œcuméniquement sans le concours du pape. Le pape excommuniait et demandait grâce tour à tour, sous forme de pardon. Le concile formulait et ajournait tour à tour la déchéance du pape. Ce ne fut qu'en novembre 1433 que, grâce à l'intervention de l'empereur et à un nouveau délai de quatre-vingt-dix jours obtenu par lui pour le pape, on put s'entendre provisionnellement, en attendant une nouvelle rupture. Mais, pour ne pas anticiper sur les événements, nous rétrograderons vers le commencement de 1433, époque à laquelle les députés de la Bohême arrivèrent au concile, et y jouèrent un rôle.

Ils arrivèrent à Bâle au nombre de trois cents, ayant à leur tête Procope le Grand, Jean de Rockisane, Pierre Payne, l'Anglais, Nicolas Biscupec, prêtre des Taborites, Ulric, prêtre des Orphelins, Kostska, guerrier célèbre par ses courses déprédatrices, etc. « Leur arrivée parut un phénomène si nouveau, que tout le peuple, dit Æneas Sylvius, présent au spectacle, se répandit dans la ville et hors de la ville pour les voir entrer. Il se trouvait même parmi la foule plusieurs membres du concile, attirés par la réputation d'une nation si belliqueuse. Hommes, femmes, enfants, gens de tout âge et de toute condition, étaient dans les places publiques, ou aux portes et aux fenêtres, et même sur les toits pour les attendre. Les uns montraient l'un au doigt, les autres un autre. On était surpris de voir des habits étrangers et jusqu'alors inconnus, des visages terribles, et des yeux pleins de fureur. En un mot, on trouvait que la renommée n'avait point exagéré leur caractère. Surtout on avait les yeux sur Procope : « C'est celui-là, disait-on, qui, tant de fois, a mis en fuite les armées des fidèles, qui a renversé tant de villes, qui a massacré tant de milliers d'hommes; aussi redoutable à ses propres gens qu'à ses ennemis, capitaine invincible, hardi, intrépide et infatigable. »

Ne croirait-on pas, d'après ce récit du pape Pie II, voir l'Église retranchée, comme le vieux Priam, derrière les murailles troyennes du concile, faire le dénombrement des Grecs, et s'arrêter, avec une complaisante terreur, sur Procope, comme sur l'indomptable Achille? Ce devait être en effet un spectacle effrayant et bizarre que celui de ces représentants du peuple, ces guerriers implacables et ces prêtres austères, sans ornements et sans luxe, escortés d'hommes farouches, de sans-culottes terribles, traversant la foule brillante et corrompue des princes et des prélats épouvantés.

Dès la première audience, le cardinal Julien leur fit un discours emphatique et caressant, pour leur faire entendre, à l'aide de toutes les métaphores à la mode dans l'éloquence religieuse officielle de ce temps-là, qu'ils n'avaient qu'à se justifier, à se faire absoudre, et à rentrer aveuglément dans le sein de la sainte mère Église, *l'arche sainte*, le *jardin fermé*, la *fontaine cachetée*, dont *l'eau guérit à jamais de la soif...* de la connaissance, apparemment, etc., etc.; enfin, que, pourvu qu'ils reconnussent l'infaillibilité du concile, ils pouvaient compter sur leur pardon.

Ce n'était point là ce que les Bohémiens étaient venus chercher. Ils répondirent qu'ils ne méprisaient pas les conciles, mais qu'ils se fondaient avant tout sur les saintes Lettres, les Pères de l'Église, et l'Évangile, « qu'ils demandaient une audience publique à laquelle les Laïques assistassent. » Rockisane parla avec éloquence, habileté et fermeté. L'audience publique leur fut accordée.

Ils y proposèrent leurs quatre articles, à la grande surprise du concile, qui s'attendait à leur voir soutenir, outre les doctrines Calixtines, les doctrines plus hardies des Taborites et des Orphelins. Mais, au fond, les quatre articles bien entendus et bien interprétés contenaient la formule de toutes les libertés civiles, politiques et religieuses que réclamaient toutes les sectes hussites. Le légat eût voulu forcer les députés à se compromettre davantage, et il anima, par des questions insidieuses, Procope, qui invoqua avec impatience l'autorité des Prophètes et de Jésus-Christ contre les modernes institutions de l'Église, comme *des inventions du Diable et des œuvres de ténèbres*. Le candide Procope ne savait point à quels sceptiques il avait affaire, et son impétuosité fut accueillie d'un immense éclat de rire. Cette insultante hilarité resta comme un outrage ineffaçable sur le cœur des Taborites. Le légat sentit la faute du concile, et s'efforça de répondre, d'un ton conciliant que l'Église, assistée du Saint-Esprit, pouvait aller au delà de la lettre des Prophètes et de l'Évangile.

Les conférences suivantes furent employées à la défense des quatre articles; et chacun de ces articles fut défendu trois jours ou au moins deux jours durant, par un des docteurs élus à cet effet. Le Calixtin Rockisane démontra la nécessité de la communion sous les deux espèces ; le Taborite Nicolas, la répression des péchés publics selon la raison et la loi de Dieu ; l'Orphelin Ulric, la libre prédication ; le Wickléfite Payne, la négation du droit de possession des biens séculiers et temporels par les ecclésiastiques. Le concile nomma quatre docteurs pour leur répondre. Jean de Raguse, général des dominicains, parla pendant huit jours sur la motion de Rockisane; et comme il appliquait souvent aux Bohémiens les mots d'hérétiques et d'hérésie, Procope, perdant patience, s'en plaignit hautement. « Cet homme, qui est notre compatriote, dit-il, nous injurie en nous traitant d'hérétiques ! — C'est parce que je suis votre compatriote de langue et de nation, répondit le dominicain, que j'ai d'autant plus de passion de vous ramener. » Les Bohémiens irrités voulurent sortir du concile. On eut beaucoup de peine à les apaiser. Gille Chartier employa quatre jours à répondre à la seconde proposition; Kalteisen de Constance parla trois jours contre la troisième, et Polemar trois autres jours contre la quatrième.

Les Bohémiens paraissaient fort ennuyés de l'éloquence prolixe, fleurie et creuse de leurs adversaires. Ils les réfutèrent avec obstination. « On trouve bien les discours « des docteurs catholiques dans les actes du concile de « Bâle, mais *je ne sais par quelle raison* on n'y a point « inséré ceux des docteurs de Bohême. » Notre historien est bien bon de s'en étonner. On sait de reste, que ce fut la conduite constante de l'Église, en pareilles occasions, d'anéantir les écrits de ses adversaires, ce qui ne prouverait point qu'elle comptât sur l'infaillibilité de ses propres réfutations. Aussi ce sera un grand et difficile travail que de reconstruire, sur des lambeaux épars et sauvés à grand'peine, les importantes doctrines d'émancipation sociale que, jusqu'au dix-huitième siècle, on a essayé de flétrir du nom désormais glorieux d'hérésies.

Le pouvoir laïque, représenté par le duc de Bavière, protecteur du concile, était plus pressé d'arriver à la paix avec les Bohémiens qu'à la victoire des dogmes catholiques. Il représenta au concile que ces longues discussions ne serviraient qu'à aigrir les esprits de part et d'autre ; et le concile, partageant ses vues politiques, fit aux Bohémiens l'étrange proposition de s'unir par avance par quelque traité, dans l'espérance que *l'union faciliterait la discussion*. Mais les Bohémiens étaient venus chercher l'union religieuse avant l'union politique, et ils répondirent, en bons croyants et en bons logiciens, que l'une ne pouvait être que l'effet de l'autre. Axiome si simple et si vrai, qu'on s'étonne de voir encore aujourd'hui tant de gens demander des bouleversements politiques avant de songer à établir des doctrines religieuses et sociales. Le légat, forcé d'admettre ce principe irréfutable, retomba dans ses métaphores accoutumées, nommant le concile *le creuset du Saint-Esprit, où la rouille doit être séparée de l'or et de l'argent*; et, croyant trouver un moyen d'enlacer adroitement les Hussites, en les forçant à se condamner ou à s'absoudre eux-mêmes, il les accusa de s'être montrés Wickléfites dans leurs discours, et les somma de renier ou d'adopter Jean Huss, Jérôme et Wicklef dans certains articles sur l'Eucharistie et les autres sacrements. Il leur fit donc une série de questions délicates qu'on leur donnerait par écrit, afin qu'ils pussent répondre chacun, à chaque article, ces seuls mots, *nous croyons*, ou *nous ne croyons pas cela*. Les Bohémiens sentirent le piège; ils voulaient s'expliquer sur toutes ces propositions prétendues hérétiques, et les discuter en les développant, en les appuyant des textes sacrés et de l'autorité de la primitive Église. Les accepter par *oui* ou par *non*, c'était se soumettre à une condamnation formulée *à priori* et odieusement consacrée d'avance par les décrets du concile de Constance contre Wicklef, Jean et Jérôme. Ils répondirent que leur mandat ne les autorisait pas à discuter autre chose que leurs quatre articles; et ils quittèrent Bâle au mois d'avril 1433, sans avoir rien conclu, mais sans avoir cédé un pouce de terrain.

Le concile courut, en quelque sorte, après eux. Trois évêques, accompagnés de huit ou dix docteurs, des députés de plusieurs prélats et communautés, diverses ambassades des princes de l'Empire, du duc de Savoie, des électeurs et des villes libres, enfin une immense et imposante députation de diplomates choisis se rendit à Prague, en apparence pour y continuer la discussion et y offrir des accommodements; mais, dans le fait, pour les diviser, les corrompre, détacher d'eux les seigneurs catholiques qui avaient fait en politique cause commune avec eux, séduire et flatter les ambitieux, en un mot, triompher par l'intrigue, à défaut de mieux. Ceci n'est point une conjecture. Leurs ordres secrets portaient ces instructions. Les plus beaux discours furent échangés à Prague, et Rockisane ne céda pas la palme de l'éloquence aux beaux esprits du concile. Un chanoine de Magdebourg fit au nom de l'Église une allocution ampoulée à la vanité des Pragois. « Je te revois, s'écria-t-il, ô Prague, métropole de Bohême, ville magnifique, respectable à tous les rois et à tous les princes, pendant le temps de ta paix et de ton union au Seigneur! O cité de Dieu, souviens-toi de ton ancienne dignité! Nous sommes touchés d'une tendre compassion à la vue de ton état présent! Qu'est devenue cette ville si célèbre et qui avait à peine son égale? Tu as été comptée parmi les plus florissantes, et tu sais, et tu vois ce que tu es à présent, etc. »

La grande vérité que le style c'est l'homme est devenue proverbiale. Dans l'éloquence de tous les diplomates ecclésiastiques romains de cette époque, on voit percer l'enflure, la ruse et la vanité. Chez Rockisane, dont nous regrettons de ne pouvoir donner un échantillon de style, vu la nécessité de nous borner dans nos citations, on verrait aisément percer l'ambition et la personnalité. Mais chez Procope on ne trouve que force, droiture, religion et simplicité. « Cependant, répondit-il, il est arrivé
« un grand bien de cette guerre! Plusieurs adversaires
« de nos salutaires vérités, s'étant joints à nous pour la
« défense de la patrie, en sont venus à les reconnaître
« et à les embrasser. Les victoires que nous avons
« remportées y ont affermi le peuple, qui aurait été contraint de les abandonner par la violence de vos armes.
« Enfin, c'est cette guerre qui a obligé le concile de
« donner audience aux Bohémiens et de faire connaître
« nos saintes vérités à l'univers! Ne vous attendez donc
« point à voir la fin de ces troubles que la vérité ne soit
« reçue d'un commun consentement. »

Nous abrégerons, malgré l'intérêt que nous présentent ces longues négociations. La ruse et l'intrigue l'emportaient. Les compliments et les promesses qui ramenèrent aisément les Catholiques rebelles, ébranlèrent peu à peu les Calixtins. Le juste-milieu était las de la guerre, et se retranchait principalement derrière le premier article (la communion sous les deux espèces), comme sous le bouclier de son point d'honneur. Les trois autres articles, qui tendaient à débarrasser *temporellement* la Bohême laïque du joug ecclésiastique, subirent des modifications apparentes de part et d'autre. Mais, dans le fait, l'adroite et artificieuse rédaction du concile de Bâle ruina le fond de ces importantes protestations, et, feignant de céder sur l'article de la communion, donna une conclusion vague et d'une exécution éventuelle. On permettait la *libre prédication*, *à condition* que les prédicateurs seraient approuvés par le pape. On prononçait que les ecclésiastiques *doivent* administrer fidèlement les biens de l'Église et selon l'institution des saints Pères; mais, en déclarant que ces biens ne pouvaient être usurpés sans sacrilège par les laïques, on faisait assez pressentir pour l'avenir une mesure analogue à ce que serait chez nous aujourd'hui la restitution des biens nationaux. Enfin, sur l'article de la communion, tout en prononçant que l'Église a tout pouvoir sur une pareille question, et que les récentes institutions sont articles de foi comme les anciennes, « on accorde pour un temps aux Bohé-
« miens la permission de communier sous les deux es-
« pèces, par autorité de l'Église, pourvu qu'ils se réu-
« nissent à elle, » et qu'ils croient sans examen au dogme de la présence réelle, tel qu'il est enseigné par l'Église catholique, apostolique et romaine.

Les Calixtins, influencés par Rockisane, qui songeait à ses propres affaires, comme le prouve la suite de sa vie, envoyèrent, non plus trois cents, mais seulement trois députés à Bâle, pour notifier l'acceptation de cet arrangement hypocrite. Le concile, *ravi de joie*, dressa ce fameux traité de paix connu dans l'histoire sous le nom de *Compactata*. La Bohême signait son arrêt par la main du juste-milieu. L'Église et l'Empire allaient triompher sinon des libertés bourgeoises, du moins des grandes luttes et des inspirations infinies du peuple. Mais Procope était encore debout au milieu de ses fiers Taborites; Procope protestait contre ce lâche traité, et il fallait que Procope tombât, pour que Rome et l'Empereur pussent entrer à Prague sur le cadavre du prolétariat. Pendant le séjour de Procope à Bâle, il avait donné le commandement des Taborites à Pardus de Horka, lui recommandant de tenir ses troupes en haleine, afin d'intimider sans relâche le concile et le parti catholique. Horka avait encore une fois ravagé la Hongrie, et pris nombre de villes et de forteresses jusqu'aux frontières de la Pologne, avec tant de rapidité que les Hongrois n'avaient pas même songé à se défendre. De leur côté, les Orphelins, chargés de cimenter l'alliance avec le roi de Pologne avaient été l'aider à réduire les Chevaliers Teutoniques. Ils pénétrèrent en vainqueurs jusqu'à Dantzick, dont ils détruisirent le port et où ils remplirent des flacons d'eau de la mer pour porter ce signe de lointaine victoire à leurs compatriotes. Après une bataille gagnée sur le grand maître des Chevaliers, ils firent prisonniers des mercenaires de Bohême, qu'ils s'était attachés. Ils les traitèrent comme renégats et les jetèrent dans les flammes. Enfin, ayant forcé l'Ordre à capituler avec le roi de Pologne, ils reçurent de ce dernier de grands honneurs et de riches présents, et vinrent joindre Procope qui brûlait de rompre le honteux traité de Bâle.

Les deux Procope assiégèrent donc Pilsen, qui, malgré la victoire des Hussites dans tout ce district, était restée catholique et fidèle à l'Empereur. Ce siège fut long et opiniâtre. De fâcheuses diversions le firent interrompre. Un gros de Taborites s'était jeté sur la Bavière, et, surpris dans une embuscade, y avait été complètement écrasé. Les mêmes plaintes qui s'étaient élevées contre Ziska, vers la fin de sa laborieuse carrière, vinrent troubler le cœur magnanime de Procope. Dans ces moments de lutte désespérée, la foi au succès, surexcitée par l'impatience, se dévore et se détruit elle-même. Les Taborites se trouvaient, comme au temps des dernières conquêtes du redoutable aveugle, dans une situation effroyable. Ils voyaient les Calixtins et les Catholiques se liguer, de nouveau ensemble et les abandonner. Le salut de la cause ne reposerait bientôt plus que sur eux, et ils éprouvaient cette profonde et douloureuse terreur qui s'empare du plus ardent fanatisme lui-même, quand l'heure de la guerre civile recommence à sonner. Jusqu'alors les catholiques, fidèles au parti de Sigismond, avaient été considérés par eux comme des ennemis naturels, comme des étrangers. Mais ces Catholiques réconciliés, mais ces Calixtins qui avaient presque toujours marché avec eux contre l'étranger, et qui avaient défendu comme eux la révolution autant que le sentiment national, ils s'étaient habitués à les regarder, malgré leurs fréquentes ruptures, comme des frères de race et de religion. Au moment de leur livrer un duel à mort, leurs consciences étaient bouleversées; et, au moindre échec, transportés de rage, ils étaient prêts à accuser leurs chefs. Procope fut soupçonné par eux, comme autrefois Ziska, de céder à des ressentiments personnels. Plusieurs opinions se partageaient les esprits. On disait que lorsque les chefs taborites étaient rassemblés à une même table, ils se jetaient les vases et les gobelets à la tête. Procope éprouva un instant d'insurmontables dégoûts, et quitta l'armée. Les Taborites coururent après lui, et le ramenèrent vaincu par leurs instances et leurs larmes. Les Pragois eux-mêmes, soit qu'ils ne se trouvassent pas prêts à se passer de lui, soit qu'ils voulussent le forcer à séparer sa cause de la leur, l'engagèrent à retourner au camp.

Le siège de Pilsen fut donc repris avec ardeur; mais le concile fit passer de l'argent aux habitants, et les Calixtins (honteuse trahison) réussirent à y introduire des vivres. Dans une sortie, les assiégés prirent sur les Orphelins un chameau qu'ils avaient pris en Prusse sur les Chevaliers Teutoniques, et qu'ils promenaient avec amour-propre à travers la Bohême. Cette perte les affligea puérilement; ils jurèrent tous de périr devant la ville, plutôt que de ne pas reconquérir leur étrange trophée. Cependant Pilsen le conserva; et, par la suite, Sigismond lui donna le chameau pour armes, au lieu du limaçon qu'elle portait auparavant.

Sur ces entrefaites, les députés de Bohême et ceux du concile arrivèrent à Prague, où l'on assembla sur-le-champ les États pour la signature du concordat. Les Taborites, les Orphelins et les Orébites, qui formaient un parti dans cette capitale, s'y opposèrent avec indignation, accusèrent ouvertement Rockisane d'avoir vendu la patrie pour satisfaire ses desseins ambitieux, et déclarèrent le traité infâme, impie et frauduleux. Les députés du concile profitèrent de cette désunion pour animer la noblesse bohémienne contre les Taborites ; et alors fut résolu cet holocauste, abominable à Dieu, de tout le parti républicain, de toute la force, de toute la gloire, de toute la foi, de toute la vie de cette révolution, qui comptait, grâce à lui, quatorze années de triomphe sur le monde! On vit reparaître alors les grands traîtres qui avaient traversé les dernières années de Ziska : les Rosenberg, les Maison-Neuve, et un certain Riesenberg, qui jurèrent la perte des Taborites. Ils se jetèrent sur la nouvelle ville, où commandaient les Orphelins et les Taborites, et les taillèrent en pièces. Quinze à vingt mille hommes de ce parti périrent dans cette horrible journée. Procope le Petit, qui y était venu combattre le concordat, échappa à grand' peine à ce désastre, et alla rejoindre Procope le Grand devant Pilsen. Cette nouvelle releva le courage des assiégés, qui insultaient Procope du haut de leurs murailles, et lui conseillaient ironiquement d'aller *secourir les siens au lieu d'attaquer les autres*. C'était le jour de Saint-Stanislas, une grande fête pour toute la Bohême, et qui sembla néfaste aux Taborites. Ils levèrent le siége précipitamment, et marchèrent sur Prague, dont ils ravagèrent les environs ; puis ils coururent à Cuttemberg, d'où Procope écrivit à ses confédérés, aux villes de son parti, à tous les corps épars d'Orphelins et d'Orébites, de venir à lui, pour mourir avec lui ou recouvrer Prague sur le parti des traîtres. Les seigneurs, de leur côté, écrivirent aux villes de leur parti que le moment était venu d'écraser le parti des exaltés et des furieux ; et les deux armées se trouvèrent en présence à quatre milles de Prague. Procope n'avait pas résolu de compromettre toutes ses forces dans un combat si soudain. Il eût voulu aller droit à Prague, certain qu'il n'aurait qu'à se montrer pour s'en faire ouvrir les portes. Les seigneurs le savaient bien, et étaient résolus de ne point l'y laisser arriver. Ils fondirent sur ses retranchements à l'improviste, et les enfoncèrent. C'était la première fois que les Taborites voyaient la cavalerie se frayer passage au travers de leurs redoutables chariots. Ils reculèrent émus et comme frappés de la révélation de leur destinée. Procope, à la tête de sa phalange d'élite, se jeta au milieu des ennemis et leur disputa la victoire, *moins vaincu que las de vaincre*, dit Æneas Sylvius. Mais enveloppé par la cavalerie, il tomba frappé mortellement, sans qu'on ait su d'où partait le coup. On en accusa un chef de sa propre armée, gagné par l'argent ou les promesses de l'autre parti ; ce traître lui-même s'en vanta à tort ou à raison par la suite. La corruption triomphait donc jusque sur les champs de bataille. Czapeck, chef taborite qui s'était distingué en Prusse, fit aussi défection. O patriciens, chefs d'armée ou hommes d'État, c'est par vous que se font, dans l'histoire, ces hideuses transactions par lesquelles votre cause périt, en même temps que votre fortune s'élève ou se préserve. Procope le Petit tomba aussi percé de coups en se défendant vaillamment. Les traîtres prirent la fuite, et ne furent point poursuivis. Les fidèles périrent. « Telle fut « la fin de ces redoutables chefs et des Taborites jus- « qu'alors invincibles. » Ainsi arriva ce que Sigismond « avait prédit *que les Bohémiens ne pouvaient être* « *vaincus que par les Bohémiens.* » Après la victoire, le seigneur de *Maison-Neuve* choisit les meilleurs et les plus aguerris parmi les prisonniers, les fidèles compagnons de Ziska et de Procope, et les ayant fait entrer dans une grange, où il leur promettait de les gracier et de les enrôler pour la guerre contre Sigismond, il mit le feu à ce bâtiment et les fit tous brûler. Les troupes catholiques de Pilsen, qui avaient pris part à la bataille, égorgèrent leurs prisonniers, au nombre de mille. Ceux de Prague épargnèrent, dit-on, les leurs, pensant, comme Frédéric le Grand des Jésuites, qu'il était fort utile d'en garder pour la graine. Par la suite, ils eurent à se repentir de n'en avoir pas gardé davantage.

Æneas Sylvius, en racontant ces événements, fait ainsi le portrait des victimes: « C'étaient des hommes noirs, « endurcis au vent et au soleil, et nourris à la fumée des « camps. Ils avaient l'aspect terrible et affreux, les yeux « d'aigle, les cheveux hérissés, une longue barbe, des « corps d'une hauteur prodigieuse, des membres tout « velus, et la peau si dure qu'on eût dit qu'elle aurait « résisté au fer comme une cuirasse. » Ne dirait-on pas d'une race de sauvages importée en Bohême du fond de l'Océanie ? ou bien ces hommes intrépides, couchés dans le sang et dans la poussière, faisaient-ils encore peur au secrétaire intrigant de Sigismond, à l'écrivain hypocrite, athée et fanatique en même temps, à ce lâche des lâches qui fut pape sous le nom de Pie II ? Mais si l'habitude de la guerre et le farouche exercice de ses droits les plus implacables avaient le don de transformer ainsi en bêtes immondes ces effrayants soldats de la liberté, n'est-il pas à craindre que l'évêque de fer, l'énergique Sbinko, le cardinal de Winchester et le légat Julien lui-même, avec bien d'autres prélats et saints pères du concile, n'eussent aussi l'œil d'aigle, la peau noire, velue et dure comme l'acier ?

Il y avait encore quelques Taborites retranchés à Lomnety et sur le Tabor. Ils firent une tentative pour se réunir avec leurs armes et leurs chariots ; ils voulaient lutter encore, ils juraient de venger la mort de Procope. Mais Ulric Rosenberg les intercepta, et livra un combat à ceux de Tabor, où, malgré leur petit nombre, ils *se défendirent comme des lions*, depuis midi jusqu'à minuit. Ils n'étaient que trois cents, comme aux Thermopyles ! Enfin ils furent égorgés dans les ténèbres! *on entendit leurs cris d'un grand mille de Bohême*. Ils protestaient, en succombant, contre la tyrannie qui s'apprêtait à les venger. Les échos de la Bohême répétèrent ce cri terrible de vallée en vallée. C'était le dernier cri de la liberté.

L'histoire de Tabor n'est pourtant pas finie. Il restait quelques prêtres et des fidèles dispersés et désespérés. Sigismond allait revenir, la main sur son cœur, la cocarde calixtine au chapeau, et la *Marseillaise* bohémienne sur les lèvres, en attendant qu'il relevât les forteresses de Prague et qu'il mit le concordat dans sa poche. Mais les docteurs de la foi taborite conservaient dans leurs âmes comme un dépôt sacré la grande doctrine de l'égalité, formulée sous le symbole de la coupe. Cette doctrine, élaborée par eux, continue une lutte religieuse et philosophique, tout aussi importante dans l'histoire de la révolution hussite que les combats et les victoires de Ziska et de Procope. Nous reverrons à Tabor même ces vieux et augustes débris de la foi aux prises avec l'éloquence fallacieuse d'un pape. Nous regrettons que l'espace nous manque ici pour transcrire ces précieux documents et d'autres, qui jettent un grand jour sur les doctrines de l'Église et de l'hérésie. Nous y reviendrons dans un travail plus étendu et plus complet. Nous n'avons fait ici qu'extraire à la hâte, pour la commodité des lectrices, un livre difficile à lire, et un peu pâle de sentiments et d'opinions, en ne craignant pas de l'animer parfois, selon notre inspiration et notre conviction.

GEORGE SAND.

www.ingramcontent.com/pod-product-compliance
Lightning Source LLC
Chambersburg PA
CBHW071241160426
43196CB00009B/1142